Ferientermine

Ferientermine 2010

	Weihnachten 2009/2010	Winter 2010	Ostern/ Frühjahr 2010	Himmelfahrt/ Pfingsten 2010	Sommer 2010	Herbst 2010
Baden-Württemberg	23.12. – 09.01.	–	06.04. – 10.04.[1]	25.05. – 05.06.	29.07. – 11.09.	02.11. – 06.11.
Bayern	24.12. – 05.01.	15.02. – 20.02.	29.03. – 10.04.	25.05. – 05.06.	02.08. – 13.09.	02.11. – 05.11.
Berlin	21.12. – 02.01.	01.02. – 06.02.	31.03. – 10.04.	14.05. / 25.05.	07.07./08.07. – 21.08.	11.10. – 23.10.
Brandenburg	21.12. – 02.01.	01.02. – 06.02.	31.03. – 10.04.	–	08.07. – 21.08.	11.10. – 23.10.
Bremen	23.12. – 06.01.	01.02. – 02.02.	19.03. – 06.04.	25.05.	24.06. – 04.08.	09.10. – 23.10.
Hamburg	21.12. – 31.12.	29.01.	08.03. – 20.03.	14.05. – 22.05.	08.07. – 18.08.	04.10. – 15.10.
Hessen	21.12. – 09.01.	–	29.03. – 10.04.	–	05.07. – 14.08.	11.10. – 22.10.
Mecklenburg-Vorpommern	21.12. – 02.01.	06.02. – 20.02.	29.03. – 07.04.	21.05. – 22.05.	12.07. – 21.08.	18.10. – 23.10.
Niedersachsen	23.12. – 06.01.	01.02. + 02.02.	19.03. – 06.04.	14.05. / 25.05.	24.06. – 04.08.[2]	09.10. – 23.10.
Nordrhein-Westfalen	24.12. – 06.01.	–	27.03. – 10.04.	25.05.	15.07. – 27.08.	11.10. – 23.10.
Rheinland-Pfalz	21.12. – 05.01.	–	26.03. – 09.04.	–	05.07. – 13.08.	11.10. – 22.10.
Saarland	18.12. – 02.01.	15.02. – 20.02.	29.03. – 10.04.	–	05.07. – 14.08.	11.10. – 23.10.
Sachsen	23.12. – 02.01.	08.02. – 20.02.	01.04. – 10.04.	14.05.	28.06. – 06.08.	04.10. – 16.10.
Sachsen-Anhalt	21.12. – 05.01.	08.02. – 13.02.	29.03. – 09.04.	14.05. – 22.05.	24.06. – 04.08.	18.10. – 23.10.
Schleswig-Holstein	21.12. – 06.01.	–	03.04. – 17.04.	–	12.07. – 21.08.[3]	11.10. – 23.10.
Thüringen	19.12. – 02.01.	01.02. – 06.02.	29.03. – 09.04.	–	24.06. – 04.08.	09.10. – 23.10.

Angegeben ist jeweils der erste und letzte Ferientag; angegeben ist auch die Anzahl der beweglichen Ferientage. Nachträgliche Änderungen einzelner Länder sind vorbehalten.

[1] BW – Reformationsfest und Gründonnerstag ist schulfrei.
[2] Auf den niedersächsischen Nordseeinseln gelten Sonderregelungen.
[3] Auf den Inseln Sylt, Föhr, Amrum und Helgoland sowie auf den Halligen gelten für die Sommer- und Herbstferien Sonderregelungen.

Inhaltsverzeichnis

Aktivurlaub, Feriengebiete und vieles mehr ...

Ferientermine	V 2
Inhaltsverzeichnis	V 3
Service und Tipps	V 7
So funktioniert Ihr Reiseführer	V 10
Übersicht Urlaubsregionen	V 12
Ferienhöfe des Jahres	V 14
DLG – Prämierte Qualität	V 26
Hits für Kids	V 30
Fotowettbewerb	V 36

Spezialangebote und Aktivurlaub — V 40 – 95

Reiterhöfe	V 41
Reitmöglichkeit	V 44
Winzerhöfe	V 51
Biohöfe	V 53
Kneipp-Gesundheitshöfe	V 55
Wellnesshof	V 57
Kinderferienhof	V 59
Kinderbetreuung	V 60
Rollstuhlgerechte Unterkünfte	V 63
Barrierefreie Unterkünfte	V 65
Camping	V 67
Gruppenangebote	V 69
Tagungen und Seminare	V 73
Übernachten im Heu	V 75
Hofcafé	V 77
Direktvermarkter	V 80
Golf	V 83
Tennis	V 88
Angeln	V 89
Jagen	V 93

Pauschalangebote — V 96 – 111

Gesamtübersicht	V 112

Ferienunterkünfte

Schleswig-Holstein 26 – 93

1	Nordsee	26
2	Nordfriesische Inseln	47
3	Binnenland	50
4	Ostsee	58
5	Insel Fehmarn	72
6	Holsteinische Schweiz	84
7	Herzogtum Lauenburg	92

Mecklenburg-Vorpommern 118 – 133

8	Westmecklenburg - Schwerin	118
9	Mecklenburgische Ostseeküste	118
10	Fischland Darß-Zingst	-
11	Insel Rügen und Hiddensee	124
12	Insel Usedom	127
13	Vorpommern	129
14	Mecklenburgische Schweiz	130
15	Mecklenburgische Seenplatte	133

Niedersachsen 158 – 245

16	Nordseeküste	158
17	Ostfriesland	181
18	Land zwischen Elbe und Weser	184
19	Grafschaft Bentheim	189
20	Emsland	191
21	Osnabrücker Land	195
22	Oldenburger Münsterland	197
23	Mittelweser, Dümmer See	200
24	Lüneburger Heide	204
25	Hannover Region	238
26	Braunschweiger Land	-
27	Weserbergland	242
28	Harz	245

Inhaltsverzeichnis

Sachsen-Anhalt 270 – 273

29	Altmark	-
30	Magdeburg–Elbe–Börde–Heide	270
31	Harz	270
32	Anhalt-Wittenberg	272
33	Halle-Saale-Unstrut	-

Brandenburg 298 – 303

34	Prignitz	298
35	Ruppiner Land	299
36	Uckermark	299
37	Havelland	300
38	Potsdam	-
39	Barnimer Land	301
40	Märkisch-Oderland	-
41	Fläming	302
42	Dahme-Seengebiet	-
43	Oder-Spree-Seengebiet	-
44	Spreewald	303
45	Elbe-Elster-Land	-
46	Niederlausitz	303

Nordrhein-Westfalen 328 – 391

47	Niederrhein	328
48	Münsterland	332
49	Teutoburger Wald	349
50	Düsseldorf & Kreis Mettmann	-
51	Ruhrgebiet	-
52	Sauerland	358
53	Eifel & Region Aachen	387
54	Köln & Rhein-Erft-Kreis	389
55	Bergisches Land	389
56	Bonn & Rhein-Sieg	-
57	Siegerland-Wittgenstein	390

Hessen 416 – 433

58	Kassel Land	416
59	Hessisches Sauerland, Waldecker Land	417
60	Werra-Meißner-Land	422
61	Kurhessisches Bergland	424
62	Waldhessen	425
63	Marburg-Biedenkopf	-
64	Lahn-Dill	-
65	Region Vogelsberg	426
66	Rhön	428
67	Westerwald-Lahn-Taunus	-
68	Rheingau-Taunus Wiesbaden	-
69	Taunus Frankfurt	-
70	Spessart-Kinzigtal-Vogelsberg	430
71	Odenwald-Bergstraße-Neckartal	431

Thüringen 458 – 465

72	Nordthüringen	458
73	Thüringer Kernland	459
74	Thüringische Rhön	460
75	Thüringer Wald	461
76	Saaleland	463
77	Ostthüringen	-

Sachsen 490 – 499

78	Sächsisches Burgen- und Heideland	490
79	Sächsisches Elbland	491
80	Oberlausitz/Niederschlesien	493
81	Sächsische Schweiz	-
82	Erzgebirge	496
83	Westsachsen	-
84	Vogtland	499

Inhaltsverzeichnis

Rheinland-Pfalz 524 – 553

85	Eifel	524
86	Ahr	-
87	Mittelrhein-Lahn	533
88	Westerwald	535
89	Mosel-Saar	536
90	Hunsrück-Nahe	543
91	Rheinhessen	547
92	Pfalz	548

Saarland 578 — 579

93	Saarland	578

Baden-Württemberg 604 – 679

94	Kurpfalz	-
95	Odenwald	605
96	Taubertal	608
97	Kraichgau-Stromberg	609
98	Hohenlohe und Schwäbisch Hall	611
99	Nördlicher Schwarzwald	613
100	Mittlerer Schwarzwald	618
101	Südlicher Schwarzwald	638
102	Kaiserstuhl	651
103	Region Stuttgart	653
104	Schwäbische Alb	654
105	Bodensee-Oberschwaben	656

Bayern 704 – 823

Franken

106	Spessart-Main-Odenwald	704
107	Bayerische Rhön	705
108	Hassberge	-
109	Oberes Maintal/Coburger Land	708
110	Frankenwald	710
111	Fichtelgebirge	714
112	Liebliches Taubertal	-
113	Fränkisches Weinland	719
114	Steigerwald	720
115	Fränkische Schweiz	721
116	Romantisches Franken	727
117	Städteregion Nürnberg	-
118	Frankenalb	-
119	Fränkisches Seenland	729
120	Naturpark Altmühltal	735

Ostbayern

121	Oberpfälzer Wald	737
122	Bayerischer Jura	740
123	Naturpark Bayerischer Wald	742
124	Nationalpark Bayerischer Wald	756
125	Südlicher Bayerischer Wald	760
126	Niederbayern zwischen Donau und Inn	770

Oberbayern

127	Ammersee-Lech	772
128	Starnberger Fünf-Seen-Land	774
129	Münchner Umland	-
130	Ebersberg	-
131	Inn-Salzach	-
132	Pfaffenwinkel	775
133	Zugspitzregion	777
134	Tölzer Land	778
135	Tegernsee-Schliersee-Wendelstein	-
136	Chiemsee	786
137	Chiemgau	796
138	Berchtesgadener Land	801

Schwaben – Allgäu

139	Bayerisch Schwaben	-
140	Unterallgäu	809
141	Westallgäu	810
142	Ostallgäu	812
143	Oberallgäu	813

Impressum	825
Buchungen/ Reiserücktritt	825
Alphabetisches Ortsverzeichnis	826
Bestellkarte	833

Service und Tipps rund um Ihre schönste Zeit:

Gut geplant, macht Ihr Urlaub auf dem Bauernhof richtig Spaß!

Urlaub auf dem Bauernhof ist eine tolle und vielseitige Sache. Nicht nur für Familien. Damit Erholung und Ferienspaß für alle garantiert sind, schauen Sie sich die Angebote genau an. Es ist bestimmt auch das Richtige für Sie dabei. Daneben finden Sie auf den „**Blick-ins-Land**"-Seiten viele zusätzliche Informationen zu den Bundesländern und Regionen. Wir wünschen Ihnen einen schönen Land-Urlaub!

Weitere Angebote und Informationen: Internet plus

Besonders attraktive Angebote für Kinder: Freddis Extra-Tipp.

Freizeitmöglichkeiten, die nicht in jedem Reiseführer stehen: die Insider-Tipps.

Entspannen

Spaß

Genießen

Erfahrungen

Natur

Echt

Erholung

Freundschaft

Erleben

So einfach funktioniert Ihr Reiseführer:

Der Reiseführer für Ihren erholsamen und aktiven Landlusturlaub
Sie finden ca. 10.000 Urlaubsangebote aus ganz Deutschland, nach Bundesländern sortiert. Allen gemeinsam: Sie sind DLG-geprüft und garantieren Ihnen damit hohe Qualität und Landlust pur. Darüber hinaus haben wir viele Informationen für Sie zusammengestellt, damit Ihr Urlaub ein Rundum-Vergnügen wird.
Der „Blick ins Land" stellt Ihnen besondere Freizeitangebote und Ausflugsziele in jedem Bundesland vor. Diese sind nach unterschiedlichen Interessen geordnet. Tolle Ideen für Kinder, exklusive Wellness-, Kultur- oder Sportangebote: Hier ist sicher für jeden das Passende dabei. Schauen Sie doch mal rein!

Im Internet finden Sie unter www.landtourismus.de viele zusätzliche Informationen und Services für Ihren Urlaub.

Ganz besondere Angebote für Kinder finden Sie neben diesem Button.

Regionale Freizeitangebote, weg vom Üblichen, finden Sie unter dem Button „Insider-Tipp".

ADAC-Mitglieder erhalten bei Vorreservierung und Vorlage der Clubkarte 5 % Ermäßigung auf den Übernachtungspreis.

Der Blick ins Land
Besondere Freizeitangebote für jeden Geschmack

Zu folgenden Themen finden Sie Vorschläge für Ihre Freizeitgestaltung:
· Allgemeines
· Natur
· Genuss
· Wellness
· Kids
· Kultur
· Aktiv

Touristische Informationen zu den Bundesländern

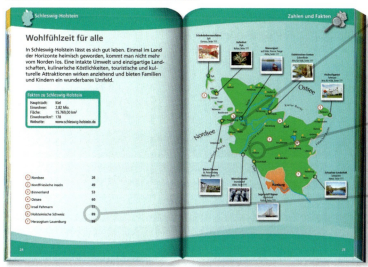

Übersichtliche Karten
Hier finden Sie die wichtigsten Städte und alle im Reiseführer beschriebenen Freizeitangebote auf einen Blick.

Die Urlaubsregionen
So finden Sie schneller an Ihr Ziel. Alle Regionen sind mit Nummern gekennzeichnet.

Die Seitenzahl gibt an, ab wo Sie im Reiseführer die Angebote aus dieser Ferienregion finden.

Alle Ferienhöfe sind genau beschrieben. Damit Sie sich auch von der Gegend ein Bild machen können, finden Sie zu jedem Angebot eine kurze Beschreibung des Ferienortes oder der Region. Die Symbole zeigen Ihnen das Angebot des Hofes auf einen Blick.

Beschreibung des Angebotes   **Kurzbeschreibung des Ferienortes**   **Die Symbole mit der Legende zum Ausklappen**

Wo möchten Sie gerne sein?

Mit dem Länderfarbcode finden Sie Ihr Wunsch-Urlaubsland ganz schnell. Und Sie sehen in der unten stehenden Übersicht die Zahl der Anbieter mit dem jeweiligen Gütezeichen in den einzelnen Bundesländern.

Über 10.000 Urlaubsangebote warten auf Sie!

Betriebe mit der Auszeichnung:	Urlaub auf dem Bauernhof	Landurlaub	Urlaub auf dem Winzerhof	
Schleswig-Holstein	90	23	0	S. 26
Mecklenburg-Vorpommern	12	10	0	S. 118
Niedersachsen	110	20	0	S. 158
Sachsen-Anhalt	2	3	0	S. 270
Brandenburg	8	4	0	S. 298
Nordrhein-Westfalen	73	11	0	S. 328
Hessen	25	6	0	S. 416
Thüringen	4	8	0	S. 458
Sachsen	7	8	1	S. 490
Rheinland-Pfalz	23	3	24	S. 524
Saarland	2	1	0	S. 578
Baden-Württemberg	114	13	11	S. 604
Bayern	184	31	3	S. 704

Die Besten der Besten:

Familie Bendfeldt, Ostsee-Ferienhof, Bliesdorf

Alle prämierten Höfe sind besonders kinderfreundlich.

Unsere 10 prämierten Ferienhöfe des Jahres

Erika Busch, Gut Sommereichen, Gaußig

Diese 10 ausgezeichneten Betriebe haben bewiesen, dass sie exzellente Landerlebnis-Highlights bieten. Genießen Sie Ihren Traumurlaub bei den Besten der Besten!

Für diese großartige Prämierung sind die Voraussetzungen sehr hoch:
Hier garantieren wir Ihnen spezielle Urlaubs-Höhepunkte mit einer herausragenden Qualität.
Die „Besten der Besten" werden von einer Fachkommission begutachtet und von einer unabhängigen und erfahrenen Jury ausgewählt.
Weitergehende Informationen finden Sie im Internet unter **www.landtourismus.de**

Familie Hilgert, Theresienhof, Kirchberg

Marianne Krafft, Steigerwaldhof, Markt Taschendorf

Familie Wutschik, Gutshof Bastorf, Bastorf

Familie Sindlhauser, Abrahamhof, Benediktbeuren

Familie Schmidt, Ferienhof zur Hasenkammer, Medebach

Die Jurymitglieder:

- **Ernst Birnmeyer**, Berater, Amt für Ernährung, Landwirtschaft und Forsten, Weißenburg
- **Renate Dölling-Lepper**, Geschäftsführerin DEHOGA Westfalen, Münster
- **Christiane Otter**, Leiterin Marketingmanagement, Deutsche Zentrale für Tourismus e.V., Frankfurt am Main
- **Reinhold Zapf**, Referent, Tourismuszentrum Oberpfälzer Wald, Neustadt an der Waldnaab

Familie Ober, Esterer Hof, Seeon

Familie Maier, Lohner-Hof, Chieming

Familie Neumeier, Wieshof, Kirchberg

Die Besten der Besten:

Familie Bendfeldt
Ostsee-Ferienhof, Bliesdorf

Familie Bendfeldt, Ostsee-Ferienhof, Bliesdorf

Familie Bendfeldt
Ostsee-Ferienhof
Brodauer Str. 23
23730 Bliesdorf
Tel.: 04562-22770
Fax: 04562-227722
E-Mail: ferienhof.bendfeldt@t-online.de
Internet: www.ferienhof-bendfeldt.de

Was ist hier so toll?
- Familienurlaub an der Ostsee
- Streicheltiere
- Reiten
- großes Spielgelände
- Kinderspielzimmer
- Kinderbetreuung
- Trecker fahren mit Bauer Martin
- kinderfreundliche Wohnungen
- Wellnesshäuser mit Stil

Familie Wutschik Gutshof Bastorf, Bastorf

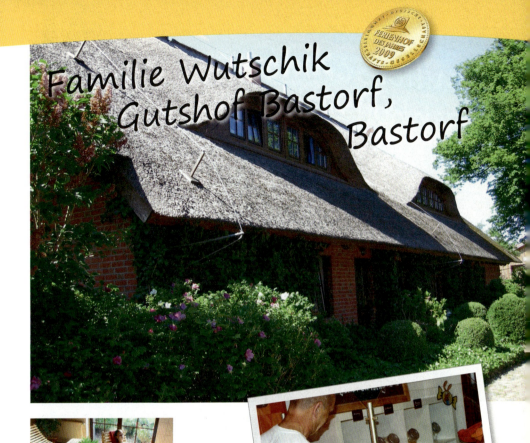

Familie Wutschik, Gutshof Bastorf, Bastorf

Was ist hier so toll?
- Familien- und Wellnessurlaub an der Ostsee
- Reetdächer
- alles für die Familie
- Kinderbetreuung
- Spielzimmer
- Beautypraxis
- Sportangebote
- Saunahaus
- Hofrestaurant mit Biergarten
- Hofladen
- Bonbonladen
- Trabbiverleih

Familie Wutschik
Gutshof Bastorf
Kühlungsborner Str. 1
18230 Bastorf
Tel.: 038293-6450
Fax: 038293-64555
E-Mail: wutschik@gutshof-bastorf.de
Internet: www.gutshof-bastorf.de

Die Besten der Besten:

Familie Schmidt
Ferienhof zur Hasenkammer, Medebach

Was ist hier so toll?
- Ferien für kleine Entdecker
- viele Bauernhoftiere
- Melkerdiplom
- Toben im Heu
- Spielplatz, Spielraum, Natur- und Erlebnispfad
- Walderlebnistouren
- Staudämme am Bach bauen
- Angelteich
- kindgerechte Wohnungen
- Camping

Fam. Schmidt, Ferienhof zur Hasenkammer, Medebach

Familie Schmidt
Ferienhof zur Hasenkammer
Hasenkammer 4
59964 Medebach
Tel.: 02982-8302
Fax: 02982-215
E-Mail: info@ferienhof-hasenkammer.de
Internet: www.ferienhof-hasenkammer.de

Erika Busch
Gut Sommereichen, Gaußig

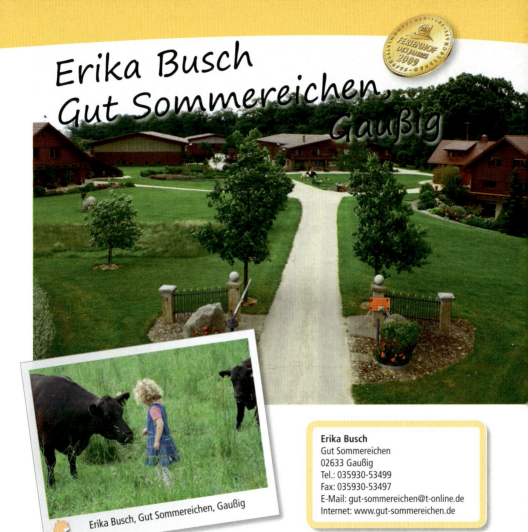

Erika Busch, Gut Sommereichen, Gaußig

Erika Busch
Gut Sommereichen
02633 Gaußig
Tel.: 035930-53499
Fax: 035930-53497
E-Mail: gut-sommereichen@t-online.de
Internet: www.gut-sommereichen.de

Was ist hier so toll?
- Landwirtschaft hautnah
- Traktorführerschein
- Streicheltiere
- Reiten
- Alpakas
- Hausreh
- Storchengehege
- Naturbeobachtungen
- Hofweiher zum Angeln mit Badestrand
- Grillkota
- Bastelkurse
- Wohnungen mit Pfiff

Die Besten der Besten:

Familie Hilgert
Theresienhof, Kirchberg

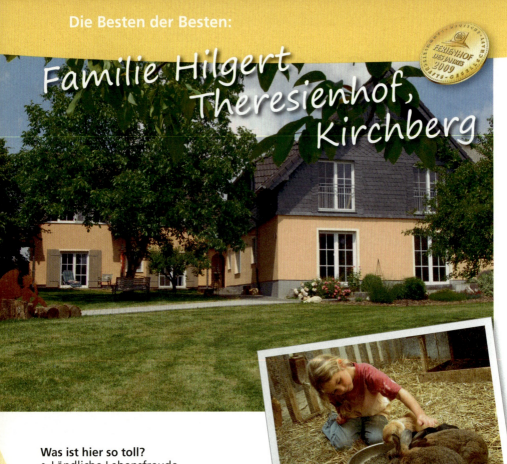

Was ist hier so toll?
- Ländliche Lebensfreude
- Geselligkeit
- Spieleabende
- Streicheltiere
- tägliches Reiten
- Gute-Nacht-Geschichten im Heu
- Hofweiher
- Ballsport mit den Gastgebern
- Bogenschießen
- Trimmparcours
- barrierefreie Wohnungen

Familie Hilgert
Theresienhof
55482 Kirchberg
Tel.: 06763-3754
Fax: 06763-960455
E-Mail: info@theresienhof24.de
Internet: www.theresienhof24.de

Marianne Krafft Steigerwaldhof, Markt Taschendorf

Marianne Krafft, Steigerwaldhof, Markt Taschendorf

Was ist hier so toll?
- Bauernhof mit Milchkühen und Kälbchen
- Streicheltiere
- Traktor fahren
- Abenteuerspielplatz
- Spielscheune
- Kinderbetreuung
- Wanderungen mit dem Bauern
- Schneeballen und Brot backen
- barrierefreie Wohnungen

Marianne Krafft
Steigerwaldhof
Hombeer 18
91480 Markt Taschendorf
Tel.: 09552-404
Fax: 09552-6380
E-Mail: info@steigerwaldhof-krafft.de
Internet: www.steigerwaldhof-krafft.de

Die Besten der Besten:

Familie Neumeier
Wieshof, Kirchberg

Familie Neumeier, Wieshof, Kirchberg

Was ist hier so toll?
- Biobauernhof
- viele Tiere
- Heuscheune
- Stalldiplom
- Reiten
- Hirsch Werner mit Herde
- Walderlebnispfad
- Bogenschießen
- Spielzimmer
- Hofmuseum
- Tanz auf der Tenne
- bayerische Spezialitäten
- Wellnessangebote

Familie Neumeier
Wieshof
Ebertsried 23
94259 Kirchberg
Tel.: 09927-348
Fax: 09927-903438
E-Mail: wieshof@wieshof-neumeier.de
Internet: www.wieshof-neumeier.de

Familie Sindlhauser Abrahamhof, Benediktbeuern

Familie Sindlhauser, Abrahamhof, Benediktbeuern

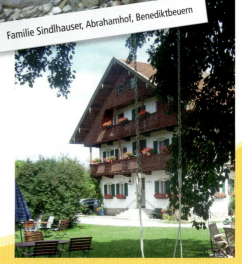

Was ist hier so toll?
- Bauernhof mit Milchvieh
- Streicheltiere
- Reiten
- Kutschfahrten
- Wildbachführungen
- Moorexpeditionen
- Bergwandern
- Rodeln
- Langlauf
- bäuerliche Traditionen
- gemütliche Wohnungen mit viel Holz
- Bergpanorama

Familie Sindlhauser
Abrahamhof
Angerfeldweg 10
83671 Benediktbeuern
Tel.: 08857-1560
Fax: 08857-694460
E-Mail: info@abrahamhof.de
Internet: www.abrahamhof.de

Die Besten der Besten:

Familie Maier
Lohner-Hof, Chieming

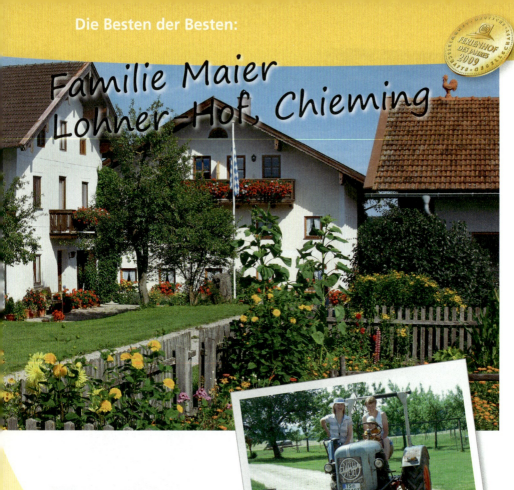

Familie Maier, Lohner-Hof, Chieming

Familie Maier
Lohner-Hof
Grilling 4
83339 Chieming
Tel.: 08669-6650
Fax: 08669-819799
E-Mail: info@lohner-hof.de
Internet: www.lohner-hof.de

Was ist hier so toll?
- Erlebnisbauernhof mit Familienanschluss
- viele Tiere
- Bambini-Stalldiplom
- Fahrten mit dem Traktor-Oldtimer
- Waldwanderungen mit dem Bauern
- Spielzimmer
- Sauna
- Brot backen
- bayerische Mundart und Tradition
- Geselligkeit

Familie Ober
Esterer Hof, Seeon

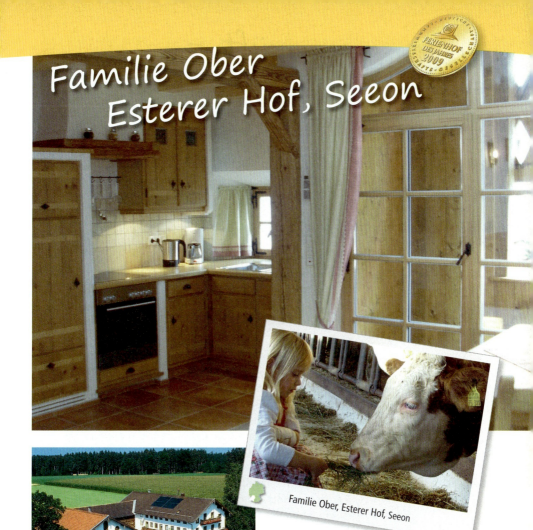

Familie Ober, Esterer Hof, Seeon

Familie Ober
Esterer Hof
Esterer 1
83370 Seeon
Tel.: 08621-1207
Fax: 08621-645850
E-Mail: estererhof@t-online.de
Internet: www.estererhof.de

Was ist hier so toll?
- Bauernhoferlebnisse
- Bambini-Stalldiplom
- Big-Farmer-Diplom
- Ponyreiten
- Kutschfahrten
- Nordic Walking mit der Bäuerin
- Infrarot-Vitaloase
- Hausmusik
- Geselligkeit
- kinderfreundliche Wohnungen
- Panoramablick

Wie wird prämiert?

Alles gut geprüft – alles bestens!

„Urlaub auf dem Bauernhof" ist der einzige Reiseführer, für den alle Ferienhöfe persönlich vor Ort geprüft werden. Damit Ihre kostbaren Urlaubstage zu traumhaft schönen Ferien werden. Sie können sich sicher entspannen und erholen: Dafür **prüfen** und **bewerten** wir schon seit fast 40 Jahren Qualität und Sicherheit der Angebote. Alles, was Sie in diesem Reiseführer finden, ist DLG-garantiert gut!

Prüfen: Es gibt strenge Kriterien, die für die Prüfung zugrunde gelegt werden. Die Basis-Prüfung wird nach den Kriterien des Deutschen Tourismusverbandes (DTV) beziehungsweise des Deutschen Hotel- und Gaststättenverbandes (DEHOGA) abgenommen. Voraussetzung für die anschließende DLG-Qualitätsprüfung sind mindestens 2 Sterne. Mit hohem Anspruch an die Qualität und die Vielfalt werden die Feriendomizile begutachtet.

Bewerten: Alle Gastgeber, die Sie im „Urlaub auf dem Bauernhof" finden, sind von einem DLG-Prüfer persönlich besucht worden. Dieser bewertet nach den strengen Vorgaben der RAL-Gütezeichen. Nur die „Kandidaten" mit den richtigen Voraussetzungen erhalten die begehrte Auszeichnung.

Prämieren: Jedes Jahr werden die 10 besten Ferienhöfe von einer Fachjury prämiert. Nähere Informationen dazu finden Sie auf Seite V 14.

Genauere Informationen rund um die Bewertungskriterien der DLG finden Sie unter www.landtourismus.de

Die DLG-Gütezeichen
Die strengen Kriterien sind ein Versprechen: Sie können sich auf die Qualität dieser Ferienhöfe verlassen. Hier werden Komfort, Gastfreundlichkeit und Landerlebnis garantiert.

Sicherheit zuerst:
Auf dem Land kann man viel erleben. Damit aus Erlebnissen schöne Erinnerungen werden, sind die Angebote DLG-geprüfter Gastgeber auf ihre Sicherheit begutachtet. Ergebnis: Die geprüften Angebote bieten oft höhere Standards als vom Gesetzgeber verlangt.

Barrierefrei:
Viele DLG-geprüfte Gastgeber haben ihre Einrichtungen barrierefrei und rollstuhlgerecht ausgebaut. Sie erkennen sie an diesen Piktogrammen.

Vor Ort geprüft
Alle Gastgeber werden von einem DLG-Prüfer persönlich begutachtet

DEHOGA-Sterne
Für hotelartige Betriebe.

★★
Standard-Unterkunft für mittlere Ansprüche

★★★
Komfortunterkunft für gehobene Ansprüche

★★★★
First-Class-Unterkunft für hohe Ansprüche

★★★★★
Luxus-Unterkunft für höchste Ansprüche

DTV-Sterne
★★
Zweckmäßige und gute Gesamtausstattung. Mittlerer Komfort.

★★★
Gute und wohnliche Gesamtausstattung mit gutem Komfort. Ansprechender Gesamteindruck.

Die neue G-Klassifizierung
Speziell für Gasthäuser und Pensionen gibt es neu 1 – 4-G-Sterne. Auch hier gilt: Mindestens 2 Sterne müssen erreicht sein, damit ein Betrieb von der DLG geprüft wird.

G★★
Unterkünfte für mittlere Ansprüche

G★★★
Unterkünfte für gehobene Ansprüche

G★★★★
Unterkünfte für hohe Ansprüche

★★★★
Hochwertige Gesamtausstattung mit gehobenem Komfort und gepflegter Qualität.

★★★★★
Erstklassige Gesamtausstattung mit besonderen Zusatzleistungen im Servicebereich und herausragende Infrastruktur des Objekts.

Wie wird prämiert?

10.000 ausgezeichnete Land

Was ist ein ausgezeichneter Hof?
Alle Anbieter im Reiseführer „Urlaub auf dem Bauernhof" sind von unseren Prüfern persönlich besucht und nach strengen Kriterien geprüft worden. Hier können Sie sich sicher sein: Jede Unterkunft entspricht genau dem, was wir Ihnen versprechen.

Hier machen Sie Urlaub auf richtigen Bauernhöfen – Sie sind mittendrin in der aktiven Landwirtschaft. Erleben Sie Bauernhöfe hautnah – auf Hof und Feld, mit Tieren und Treckern. Ihre Kinder werden es lieben.

Mehr als das Übliche!

Urlaub auf dem Bauernhof – das bedeutet für Sie: Sie finden bei allen unseren Anbietern ein großes Freizeitangebot, ganz nach Ihrem Geschmack. Sie wollen Reiten, Golfen, Jagen oder Angeln? Sie suchen Wellnessangebote, Biohöfe und gesundes Essen direkt beim Bauern? Sie möchten eine rollstuhlgerechte, barrierefreie Unterkunft? Oder suchen Sie das Passende, wenn Sie mit Ihren Kindern Urlaub machen? Dann finden Sie ab Seite 86 Ihren Urlaubstraum in folgenden Rubriken:

- ✓ Reiten / Reiterhöfe
- ✓ Winzerhöfe
- ✓ Biohöfe
- ✓ Gesund und Vital
- ✓ Kinder
- ✓ Barrierefrei und rollstuhlgerecht
- ✓ Camping
- ✓ Gruppen, Tagungen und Seminare
- ✓ Übernachten im Heu
- ✓ Auf dem Land genießen
- ✓ Golf
- ✓ Angeln
- ✓ Jagen

Der Bauernhof als Urlaubsgenuss …

erlebnisse auf Wunsch!

Hier stehen Erholung und Entspannen auf dem Lande im Vordergrund. Sie urlauben in traumhafter Landschaft und oft in Häusern mit besonderem Ambiente, wie zum Beispiel in alten Guts- und Herrenhäusern, Burgen und Schlössern.

Ob Genießereinzel, zu zweit oder in Gruppen: Auf zum Winzer und in den Weinberg – auf dem Winzerhof erleben Sie großartige Weine im Vergleich bei der Weinprobe und entdecken die Herkunft des Geschmacks durch Weinbau und Weinlese.

Stilvolle Landlust …

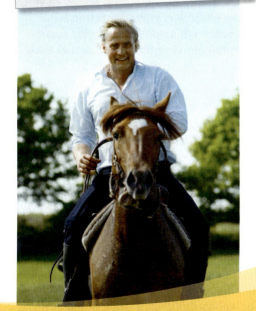

Für die Weinfreunde unter uns …

Kinder-Tipps

Freddi erklärt Euch den Bauernhof

Sagt mal, esst Ihr gerne Kekse?
Wenn Ihr auf einem Bauernhof Urlaub macht, gibt es einiges zu entdecken!
Zum Beispiel: Wie wächst eigentlich das Getreide, aus dem das Mehl für all die leckeren Kekse, Kuchen und Brote gemahlen wird? Und wie wird eine Kuh gemolken? Was passiert dann mit der Milch, bevor Ihr sie trinkt? Gerne verraten Euch die Landwirte auf den Urlaubshöfen, wie alles funktioniert. Ihr wollt vorher schon nachlesen? Kein Problem – auf unserer Internetseite **www.landtourismus.de** findet Ihr viele interessante Sachgeschichten von Freddi und dem Leben auf dem Bauernhof. Schaut mal rein!

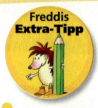

Wo ich abgebildet bin, gibt's besondere Erlebnisse und Tipps für Kinder.

Freddis Extra-Tipps
Manchmal finden wir ganz besondere Highlights speziell für Kinder. Damit Ihr diese gleich erkennt, gibt es „Freddis Extra-Tipp". Also: Da, wo Ihr diesen Button findet, ist es für Euch besonders interessant! Und Eure Eltern sehen auf einen Blick, was Ihr zusammen unternehmen könnt, ohne dass es Euch langweilig wird. Spaß für alle ist das Motto!

INTERNETplus

Sachgeschichten rund um den Bauernhof, Freddi-Ausmalbilder und vieles mehr zum Downloaden findet Ihr unter
www.landtourismus.de

Malt mich an!

Deine Checkliste für einen tollen Urlaub

Viele große und kleine Entdeckungen kannst Du auf einem Bauernhof machen, und ein bisschen Arbeit gibt's da auch. Zum Beispiel beim Schweinefüttern, Heumisten, Kühemelken oder bei der Arbeit auf dem Feld. In der Umgebung des Bauernhofes gibt es aber auch einiges zu entdecken. Deswegen ist es gut, wenn Du ein paar Dinge mitnimmst, damit Du für Wind und Wetter, für große und kleine Abenteuer gerüstet bist.

- Festes Schuhwerk ✓
- Gummistiefel ✓
- wetterfeste strapazierbare Kleidung, alte Jeans, T-Shirt ✓
- Fernglas ✓
- Lupe ✓
- Fotoapparat ✓
- Tagebuch ✓
- Basecap oder Mütze ✓

INTERNET plus

Weitere Checklisten für Deine Eltern findest Du unter www.landtourismus.de

Freddis Extra-Tipps

Seid Ihr öfter im Internet unterwegs? Dann besucht doch diese Seiten. Hier findet Ihr weitere tolle Tipps, Informationen und Downloads.

1. www.ima-agrar.de
2. www.wasistwas.de
3. www.marmilade.de

Kinder-Tipps

Auf dem Land, da kann man viel erleben!

Macht mit!
Urlaub auf dem Bauernhof: Das heißt nicht nur zuschauen. Ihr könnt ruhig fragen, ob Ihr mal im Stall oder auf dem Feld mithelfen dürft.
Es gibt auch viele Tiere. Haustiere wie Hunde und Katzen, aber vor allem Nutztiere. Da wird gemolken und gemistet, gefüttert und versorgt. Wenn Ihr Lust habt, könnt Ihr also eine ganze Menge erleben.

Viele Geschichten rund um die Landwirtschaft findet Ihr unter
www.landtourismus.de

Kinderspaß im Pony-Park
Auf vielen Ferienhöfen findest Du neben der Landwirtschaft tolle Angebote für Deine Freizeit. Es gibt zum Beispiel Reiterhöfe. Hier kannst Du reiten lernen und zum Teil auch ohne Deine Eltern Urlaub machen.
Einen besonderen Reiterhof stelle ich Dir an dieser Stelle vor:

Ponypark Wolfgang Kreikenbohm
Königsmoor 1
24634 Padenstedt
Tel.: 04321-81300
info@pony-park.de
www.pony-park.de

© Dirk Schaefer - fotolia.de

Freddis Extra-Tipps:

Ganz besondere Erlebnisse für Euch

In ganz Deutschland gibt es Zusammenschlüsse von Höfen mit einem besonderen Angebot für Kinder.
Hier findest Du ganz besondere Freizeitangebote für einen tollen Urlaub.
Ein paar Tipps stelle ich Dir hier vor.
Im Reiseführer findest Du darüber hinaus noch viel mehr Angebote.

Schmallenberger Kinderland e.V.
Poststr. 7, 57392 Schmallenberg
Telefon: 02972-97400, Fax: 02972-974026
info@schmallenberger-kinderland.de
www.schmallenberger-kinderland.de

Kinderland Bayern
BAYERN TOURISMUS Marketing GmbH
Leopoldstraße 146
80804 München
Telefon: 089-212397-0
tourismus@bayern.info
www.kinderland.by

Wunnerland Schleswig-Holstein
Tourismus-Agentur Schleswig-Holstein GmbH
Wall 55, 24103 Kiel
Telefon: 0431-600583
info@sh-tourismus.de
www.sh-tourismus.de

Advertorial

So schmeckt Kindheit: Familien-Picknick im Grünen

Picknicken ist für Groß und Klein immer ein Vergnügen. Und an der frischen Luft schmeckt es gleich noch einmal so gut. Ob als Kakao, Dessert oder Gebäck: Mit verbesserter Rezeptur schmeckt Nesquik sogar noch schokoladiger und kommt dabei komplett ohne zugesetzte Aromen aus – und nach wie vor ohne Geschmacksverstärker und Konservierungsstoffe.

Nesquik Muffins

Zubereitungszeit: ca. 30 Minuten

Zutaten für 12 Stück

Für den Teig:
- 260 g Mehl
- 2 TL Backpulver
- 2 EL Nesquik Kakaopulver
- 1 Ei
- 100 g Zucker
- 100 ml Speiseöl
- 250 ml Buttermilch
- 50 g gemischte, gehackte Nüsse

Nesquik Kakaopulver zum Bestäuben

Zubereitung:
Mehl, Backpulver und Nesquik Kakaopulver vermischen. In einer zweiten Schüssel Ei, Zucker, Öl und Buttermilch gut verrühren. Mehlmischung und Nüsse vorsichtig unterheben, den Teig in eine mit Papierförmchen ausgelegte Muffin-Form füllen und ca. 20-25 Minuten im vorgeheizten Ofen goldbraun backen (Elektro 180 Grad, Gas Stufe 3, **Umluft 160 Grad**). Mit Nesquik bestäubt servieren.

Nährwerte pro Stück
Brennwert: 973 kJ / 232 kcal; Eiweiß: 4,7 g; Fett: 11,3 g;
Kohlenhydrate: 27,9 g

Quickys Tipps für ein gelungenes Familienpicknick:

Neben einem geeigneten Platz und passender Ausrüstung ist der Inhalt des Picknickkorbs natürlich besonders wichtig. Bei Kindern besonders beliebt: alles, was man mit der Hand essen kann. Hier ein paar kindgerechte Ideen für ein abwechslungsreiches Büfett:

Gemüsesticks
- aus Möhren, Gurken, Paprika, Kohlrabi etc.
- mit Joghurt-Kräuter-Dip aus Naturjoghurt mit Tomatenmark oder -ketchup und gemischten Kräutern (frisch oder TK)

Bunte Obstspieße
- aus frischen Erdbeeren, Weintrauben, Stücken von Apfel, Birne etc. auf Schaschlik-Spießen aus Holz

Joghurt
- mit Nesquik ein Geheimtipp!

Herzhafte Happen
- Blätterteigtaschen oder -schnecken mit herzhafter Füllung wie Mini-Würstchen, Kochschinken, Frischkäse, Gouda, Lauch etc.

Süßes Gebäck
- Nesquik Muffins

Und nicht vergessen: ausreichend Getränke!
- Wasser, Fruchtschorle oder kalte fettarme Milch mit Nesquik

Mehr leckere Rezepte und Spielideen für Eltern & Kind gibt es unter www.nesquik.de

Gewinnen Sie 1 Woche Urlaub auf dem Bauernhof (für max. 4 Personen)

Großer Picknick-Foto-Wettbewerb

Fotowettbewerb „So schmeckt Kindheit"

Mitmachen und gewinnen!

Finger statt Besteck, Kleckern ohne Reue, Kakao aus der Thermoskanne – und dann am liebsten Nesquik. Machen Sie mit und fotografieren Sie Ihre Familie, wie sie sich ein Picknick im Grünen schmecken lässt!

Schicken Sie uns Ihre besten Schnappschüsse. **Die drei schönsten Fotos werden mit einer Woche Familienurlaub auf dem Bauernhof prämiert.** Zu gewinnen gibt es außerdem viele andere tolle Preise, wie zum Beispiel den einen Meter großen Quicky-Kuschelhasen oder die robuste Nesquik-Umhängetasche aus Jute und LKW-Plane.

Einsendeschluss ist der 31. Juli 2010. Die 30 besten Hobbyfotografen gewinnen tolle Preise.

©lily - Fotolia.com

Nicht vergessen:

Teilen Sie uns bitte mit, in welcher Altersgruppe Sie gewinnen möchten (für den Fall, dass Sie nicht den ersten Platz belegen sollten), und senden Sie Ihr Foto ausreichend frankiert an:

DLG-Verlags-GmbH
Stichwort Fotowettbewerb
Eschborner Landstr. 122
60489 Frankfurt/Main

oder per E-Mail an:
landtourismus@dlg.org*

*Konkret verwendet die DLG-Verlags-GmbH Ihre personenbezogenen Daten zur Durchführung des Gewinnspiels und um Sie über neue Produkte des Verlages im Bereich Landtourismus und Kinderbuch zu informieren.

©sherlich images - Fotolia.com

©sean prior - Fotolia.com

©sonya etchison - Fotolia.com

©vuk vukmirovic - Fotolia.com

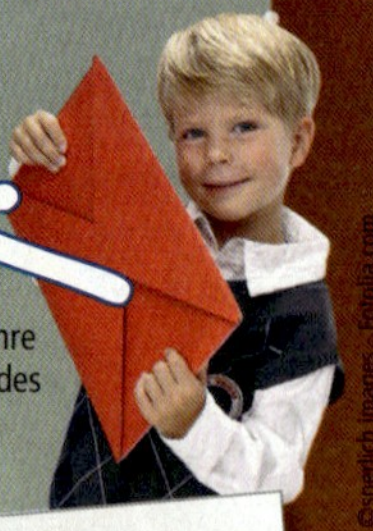

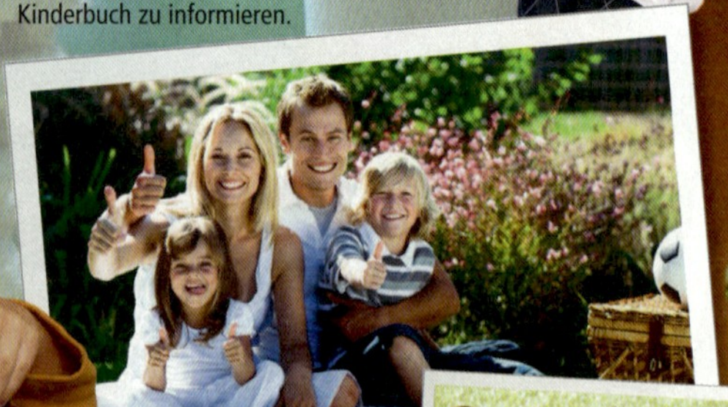

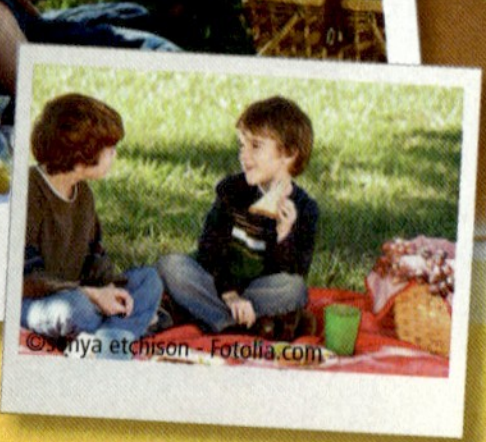

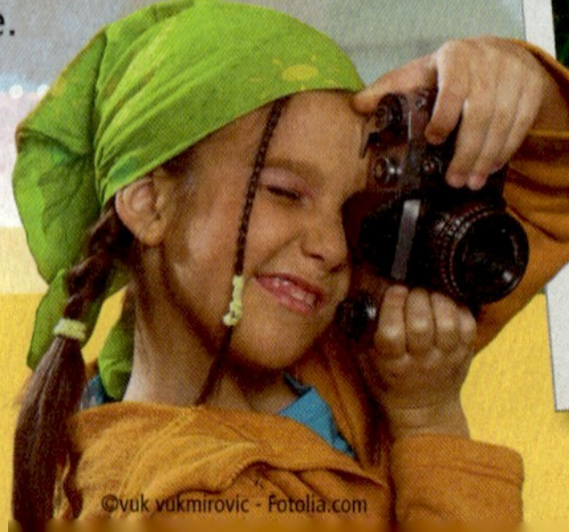

Unternehmen Leben

Wieder gesund. Wieder glücklich.

Die DAK, Deutschlands innovativer Krankenversicherer, bietet ausgezeichnete Angebote für Kinder und Jugendliche: zum Beispiel die DAK-Fachklinik auf Sylt – spezialisiert auf Atemwegserkrankungen und Adipositas. Denn wir wollen, dass jeder in Ihrer Familie sein Leben liebt. Jederzeit.

www.dak.de

Buchtipps

Wieso, weshalb, warum stellen Kinder tausend Fragen?

Weil alles neu für sie ist, unendlich aufregend und spannend. Weil sie einfach wissen wollen, was um sie herum geschieht – zu Hause, in der Stadt, in der Natur, am Himmel, in der Geschichte.

Wieso? Weshalb? Warum? gibt die Antworten auf Augenhöhe der Kinder. Durch das einzigartige Konzept werden sachliche, genau recherchierte Information und der Spaß am Wissen unter einen Hut gebracht und erlebbar gemacht.

Der Bauernhof

Wo kommt die Milch her? Wie kommt ein Küken zur Welt? Und was macht der Bauer am Sonntag? Ein Besuch auf dem Bauernhof bei dem schon kleine Kinder viel Wissenswertes erfahren und hinter Klappen entdecken können.

ISBN 978-3-473-33290-8
Preis: 8,95 € (D)
Alter: ab 2 Jahren

Unsere Tierkinder

Müssen Vogelkinder fliegen lernen? Wie entsteht ein Schmetterling? Ausflüge auf die Wiese, in den Wald und ans Wasser schicken Kinder auf eine Expedition, auf der sie einheimische Jungtiere in ihrer Umgebung entdecken können.

ISBN 978-3-473-32757-7
Preis: 8,95 € (D)
Alter: ab 2 Jahren

Was wächst da?

Was ist eine Pflanze? Was macht die Biene in der Blüte? Was können Pflanzen? Kindgerechte Texte, farbenfrohe Bilder und viele Klappen beantworten den Allerkleinsten Fragen zu Pflanzen und Natur.

ISBN 978-3-473-32776-8
Preis: 8,95 € (D)
Alter: ab 2 Jahren

Auf dem Bauernhof

Auf dem Bauernhof gibt es viel zu entdecken. Wo leben die Tiere? Was wird da geerntet? Welche Fahrzeuge sind das? Spannende Klappen geben überraschende Einblicke.

ISBN 978-3-473-33270-0
Preis: 12,95 € (D)
Alter: ab 4 Jahren

Alles über Pferde und Ponys

Was mögen und können Pferde und Ponys und was nicht? Wie lernt man reiten? Was geschieht beim Tierarzt und beim Hufschmied? Hier wird alles Wichtige dargestellt - auch die Geburt eines Fohlens.

ISBN 978-3-473-33258-8
Preis: 12,95 € (D)
Alter: ab 4 Jahren

Unsere Erde

Warum ist die Erde blau? Warum spucken Vulkane? In diesem Band geht es um die geologischen Faszinationen über und unter der Erde. Mit Kontinenten-Puzzle!

ISBN 978-3-473-32749-2
Preis: 12,95 € (D)
Alter: ab 4 Jahren

Ravensburger

Spezialangebote Aktivurlaub

Urlaub nach Wunsch!

© kristian sekulic - Fotolia.com

So finden Sie Ihr passendes Angebot:

Auf diesen Seiten haben wir für Sie spezielle Urlaubsangebote zusammengestellt, die Sie entweder direkt am Hof oder aber in maximal 2,5 km Entfernung finden.

Gegliedert sind die jeweiligen Verzeichnisse zunächst nach Feriengebieten, dann folgt der Ortsname und dahinter der Familienname.
Die Zahl hinter dem jeweiligen Feriengebiet bezeichnet die Seitenzahl, ab der das aufgeführte Feriengebiet beginnt.

Planen Sie Ihren Urlaub ganz nach Ihren Wünschen: von „Reiten" über „Gesund & Vital" bis „Jagen".

Reiterhöfe

Urlaub im Sattel

Pferd und mehr
Ob Anfänger, Fortgeschrittener oder erfahrener Reiter: Ein Landurlaub auf einem Reiterhof bietet Ihnen von den ersten Schritten an der Longe bis zur Profi-Reitstunde alles rund um das „Glück auf Erden". Erleben Sie Geländeritte, Western- oder Springreiten. Oder lernen Sie Kutsche fahren. Ganz nach Ihrem Geschmack.

Reiterhöfe

Ferienhöfe, deren reiterliches Angebot speziell von DLG-Fachleuten überprüft wurde. Voraussetzung für das Zusatzangebot „Reiterhof" sind fünf reitgewohnte Pferde/Ponys und die reiterliche Betreuung durch ausgebildete Personen. Außerdem werden der körperliche Zustand und die Ausbildung der Pferde, die Ställe, der Pflegezustand von Reitzeug und Geschirr und die Reitmöglichkeiten in der Halle oder auf dem Platz begutachtet.

Zusätzlich von der FN-geprüfte Reitanlagen erkennen Sie an diesem Symbol:

Schleswig-Holstein

3	**Binnenland**	510
	Beringstedt, **Wendell**	51
	Heinkenborstel, **Bracker**	53
	Padenstedt, **Kreikenbohm**	56
	Schafstedt, **Schreiber-Claußen**	57
4	**Ostsee**	58
	Havetoftloit, **Ruhe**	63
	Steinberg, **Lempelius**	68
	Timmendorfer Strand, **von Barby**	70
5	**Insel Fehmarn**	72
	Fehmarn, **Micheel-Sprenger**	79
6	**Holsteinische Schweiz**	84
	Bösdorf (Plön), **Siemen-Westphal**	88

Mecklenburg-Vorpommern

9	**Mecklenburgische Ostseeküste**	118
	Groß-Kordshagen, **Thomsen**	121
	Ribnitz-Damgarten, **Wieben**	122
11	**Insel Rügen und Hiddensee**	124
	Ummanz, **Kewitz**	126
	Ummanz/Rügen, **Kliewe**	127
13	**Vorpommern**	129
	Boldekow, **Quast**	129
	Ramin, **Brauer**	129
14	**Mecklenburgische Schweiz**	130
	Ganschow, **Mencke**	130
	Walkendorf, **Gut Dalwitz**	132

Reiterhöfe

Niedersachsen

16	Nordseeküste	158
	Bensersiel, **Janssen**	158
	Hooksiel, **Müller**	163
	Neuschoo, **Goldenstein**	169
	Norden, **Dirks**	170
20	Emsland	191
	Haren, **Hiebing**	193
21	Osnabrücker Land	195
	Ankum, **Eilfort**	195
22	Oldenburger Münsterland	197
	Emstek, **Meyer**	197
23	Mittelweser, Dümmer See	200
	Syke, **Einhaus**	203
24	Lüneburger Heide	204
	Amelinghausen, **Studtmann**	207
	Bispingen, **Albers**	210
	Bispingen, **Röhrs**	211
	Eschede, **Schlottau-Blume**	216
	Soltau, **Große-Lümern**	227
	Soltau, **Schmid**	228
	Trebel, **Gauster**	231

Sachsen-Anhalt

30	Magdeburg-Elbe-Börde-Heide	270
	Rietzel, **Rusch**	270

Brandenburg

35	Ruppiner Land	299
	Liebenwalde, **Steinbach**	299
36	Uckermark	299
	Oberuckersee, **Ruhnau**	300
37	Havelland	300
	Nennhausen, **Schoch-Dengs**	301
41	Fläming	302
	Brück, **Peters**	302

Nordrhein-Westfalen

47	Niederrhein	328
	Hamminkeln, **Altmann**	328
	Viersen, **Brandt**	331
48	Münsterland	332
	Everswinkel, **Schulze-Zurmussen**	335
	Havixbeck, **Schulze Schleithoff**	339
	Neuenkirchen, **Garmann**	343
	Sassenberg, **Winkler**	345
	Westerkappeln, **Rumler-Meiners**	349
49	Teutoburger Wald	349
	Borgentreich, **Möltgen**	351
52	Sauerland	358
	Attendorn, **Pulte**	379
	Eslohe, **Meier**	361
	Lennestadt, **Heinemann**	365

Hessen

58	Kassel Land	416
	Naumburg, **Schneider**	416
59	Hessisches Sauerland, Waldecker Land	417
	Korbach, **Lahme**	419
60	Werra-Meißner-Land	422
	Wanfried, **von Scharfenberg**	423
	Witzenhausen, **Hotze-Schaefer**	423
62	Waldhessen	425
	Nentershausen, **von Baumbach**	425
70	Spessart-Kinzigtal-Vogelsberg	430
	Bruchköbel, **Knop von Schwerdtner**	431

Thüringen

72	Nordthüringen	458
	Frankenroda, **Groß**	458
73	Thüringer Kernland	459
	Witterda, **Göbel**	459

Reiterhöfe

Rheinland-Pfalz

85	Eifel	524
	Utzerath, **Kessler**	532
87	Mittelrhein-Lahn	533
	Oberwesel, **Lanius-Heck**	534
88	Westerwald	535
	Welschneudorf, **Rücker**	535
89	Mosel-Saar	536
	Saarburg, **Scheuer**	543
90	Hunsrück-Nahe	543
	Holzbach, **Geiss**	545
	Kirchberg, **Hilgert**	545
	Sohren, **Wüllenweber**	546

Baden-Württemberg

95	Odenwald	605
	Buchen, **Pfeiffer**	605
99	Nördlicher Schwarzwald	613
	Freudenstadt, **Mast**	614
100	Mittlerer Schwarzwald	618
	Oberwolfach, **Faist**	629
104	Schwäbische Alb	654
	Bopfingen, **Bruckmeyer**	654
105	Bodensee-Oberschwaben	656
	Gaienhofen, **Burkart**	664
	Kißlegg, **Fimpel**	666
	Tettnang, **Köhn-Späth**	678

Bayern

107	Bayerische Rhön	705
	Oberelsbach, **Seufert**	707
	Sulzfeld, **Potthoff**	707
111	Fichtelgebirge	714
	Wunsiedel, **Schübel**	719
119	Fränkisches Seenland	729
	Meinheim, **Jochum-Müller**	733
121	Oberpfälzer Wald/Steinwald	737
	Neunburg, **Vetter**	739
122	Bayerischer Jura	740
	Hirschbach, **Herbst**	741
123	Naturpark Bayerischer Wald	742
	Eschlkam, **Altmann**	745
125	Südlicher Bayerischer Wald	760
	Thyrnau, **Schiermeier**	765
126	Niederbayern zwischen Donau und Inn	770
	Fürstenzell, **Urlhardt**	771
132	Pfaffenwinkel	775
	Hohenfurch, **Kögl**	777
136	Chiemsee	786
	Rimsting, **Mayer**	791
138	Berchtesgadener Land	801
	Ainring, **Ufertinger**	801
143	Oberallgäu	813
	Oy-Mittelberg, **Schall**	820

V 43

Reitmöglichkeit

Neben den geprüften DLG-Reiterhöfen gibt es zahlreiche Gastgeber, die ihren Gästen Reitmöglichkeiten anbieten. „Streichelponys" oder Reitpferde ermöglichen z. B. den Kindern eine erste Bekanntschaft. Das Reitangebot wurde nicht gesondert durch DLG-Fachleute überprüft.

Schleswig-Holstein

1	**Nordsee**	**26**
	Dagebüll, **Jensen**	26
	Emmelsbüll, **Carstensen**	27
	Garding, **Groth**	28
	Hattstedt-Feld, **Brodersen**	29
	Hedwigenkoog, **Brandt**	30
	Kaiser-Wilhelm-Koog, **Brandt**	31
	Kaiser-Wilhelm-Koog, **Wilkens**	31
	Kirchspiel Garding, **Dau**	28
	Klixbüll, **Petersen**	32
	Kronprinzenkoog, **Claußen**	33
	Langenhorn, **Ebsen**	33
	Neufelderkoog, **Bährs**	35
	Niebüll, **Matthiesen**	35
	Norddeich, **Witthohn**	36
	Oldenswort, **Stäcker**	37
	Reußenköge, **Denker**	38
	Reußenköge, **Petersen**	39
	Stadum, **Clausen-Hansen**	40
	Tating, **Gravert**	40
	Tating, **Jacobs**	41
	Tensbüttel, **Peters**	41
	Tetenbüll, **Reigardt**	42
	Tümlauer Koog, **Hartwig**	43
	Vollerwiek, **Dircks**	44
	Wennbüttel, **Struve**	45
2	**Nordfriesische Inseln**	**47**
	Föhr-Alkersum, **Olufs GbR**	47
	Föhr-Oevenum, **Matzen**	47
	Pellworm, **Dethlefsen**	48
	Pellworm, **Lucht**	49
3	**Binnenland**	**510**
	Aukrug, **Ratjen**	50
	Aukrug, **Ratjen**	50
	Beringstedt, **Wendell**	51
	Börm, **Tams**	52
	Heinkenborstel, **Bracker**	53
	Heinkenborstel, **Wichmann**	54
	Mörel, **Lucht**	55
	Padenstedt, **Kreikenbohm**	56
	Schafstedt, **Bothmann**	57
4	**Ostsee**	**58**
	Brodersby, **Block**	59
	Brodersby, **Schulz**	60
	Brodersdorf, **Voege**	60
	Gremersdorf, **Großmann**	61
	Grube, **Bormann**	61
	Hasselberg, **Thomsen**	62
	Havetoftloit, **Ruhe**	63
	Kappeln, **Johannsen**	64
	Kellenhusen, **Axt**	65
	Krokau, **Krohn**	65
	Pommerby, **Thomsen**	66
	Quern, **Struve**	67
	Ratekau, **Schacht**	67
	Stein, **Klindt**	68
	Steinberg, **Bendixen**	69
	Steinberg, **Lempelius**	68
	Timmendorfer Strand, **von Barby**	70
5	**Insel Fehmarn**	**72**
	Fehmarn, **Albert**	75
	Fehmarn, **Fleth**	73
	Fehmarn, **Hinz**	74
	Fehmarn, **Höper**	74
	Fehmarn, **Höper-Rauert**	72
	Fehmarn, **Hopp**	72
	Fehmarn, **Kähler**	76
	Fehmarn, **Kleingarn**	76
	Fehmarn, **Lafrenz**	76
	Fehmarn, **Liesenberg**	77
	Fehmarn, **Lüders-Köneke**	78
	Fehmarn, **Marquardt**	78
	Fehmarn, **Muhl**	79
	Fehmarn, **Prange**	80
	Fehmarn, **Rauert**	81
	Fehmarn, **Riessen**	81
	Fehmarn, **Sporleder**	82
	Fehmarn, **Weiland**	83
	Fehmarn, **Weilandt**	83
6	**Holsteinische Schweiz**	**84**
	Bad Malente, **Engel**	84
	Bad Malente, **Graage**	85
	Bad Malente, **Lenz**	86
	Bosau, **Brooks**	87
	Bosau, **Meier**	87
	Bösdorf (Plön), **Siemen-Westphal**	88
	Eutin, **Damlos**	90
	Eutin, **Gröne**	91
	Kaköhl, **Maßmann**	91
	Schönwalde, **Boyens**	92
7	**Herzogtum Lauenburg**	**92**
	Dargow/Schaalsee, **Schoppenhauer**	93

Reitmöglichkeit

Mecklenburg-Vorpommern

9	Mecklenburgische Ostseeküste	118
	Boldenshagen, **Roßmann**	119
	Groß-Kordshagen, **Thomsen**	121
	Oberhof, **Nölck**	122
	Ribnitz-Damgarten, **Wieben**	122
	Schmadebeck, **Heinz**	123
11	Insel Rügen und Hiddensee	124
	Haide/ Insel Ummanz, **Fröhlich**	125
	Middelhagen, **Behling**	124
	Ummanz, **Kewitz**	126
	Ummanz/Rügen, **Kliewe**	127
12	Insel Usedom	127
	Dargen, **Pussehl**	128
13	Vorpommern	129
	Boldekow, **Quast**	129
	Ramin, **Brauer**	129
14	Mecklenburgische Schweiz	130
	Ganschow, **Mencke**	130
	Walkendorf, **Gut Dalwitz**	132
15	Mecklenburgische Seenplatte	133
	Teschendorf, **Bredemeyer**	133

Niedersachsen

16	Nordseeküste	158
	Benserseil, **Janssen**	158
	Butjadingen, **Cornelius**	159
	Dornum, **Hans Hillrichs**	160
	Esens, **de Buhr**	161
	Hooksiel, **Müller**	163
	Jade, **Strodthoff-Schneider**	164
	Krummhörn, **Bauer**	165
	Krummhörn, **de Vries**	165
	Krummhörn, **Sanders**	166
	Krummhörn, **Schöningh**	166
	Neuharlingersiel, **Andreesen**	166
	Neuharlingersiel, **Bremer**	167
	Neuharlingersiel, **Esen**	167
	Neuharlingersiel, **Heyken**	167
	Neuharlingersiel, **Janssen**	168
	Neuschoo, **Goldenstein**	169
	Norden, **Bogena**	169
	Norden, **Dirks**	170
	Norden, **Gerdes**	170
	Norden, **Itzen**	170
	Norden, **Itzen**	170
	Norden, **Martens**	171
	Norden, **Oldewurtel**	171
	Norden, **Oldewurtel**	171
	Norden, **Roolfs**	172
	Norden, **Schmidt**	173
	Stedesdorf, **Tannen**	175
	Varel, **Sauer**	175
	Wangerland, **Ahrends**	176
	Wangerland, **Oetken**	178
	Werdum, **Becker**	179
17	Ostfriesland	181
	Bad Zwischenahn, **Ahlers**	181
	Bad Zwischenahn, **Wehmhoff**	181
	Mittegroßefehn, **Röhling**	182
	Strücklingen, **Olling**	183
	Wiefelstede, **Gertje**	183
18	Land zwischen Elbe und Weser	184
	Sauensiek, **Heimberg-Bowe**	186
	Selsingen, **Borchers**	188
	Selsingen, **Pape**	188
19	Grafschaft Bentheim	189
	Wilsum, **Garbert**	190
20	Emsland	191
	Haren, **Albers**	191
	Haren, **Griesen**	191
	Haren, **Hiebing**	193
	Haselünne, **Osterhues**	194
21	Osnabrücker Land	195
	Ankum, **Eilfort**	195
	Eggermühlen, **von Boeselager**	196
22	Oldenburger Münsterland	197
	Emstek, **Meyer**	197
	Friesoythe, **Wreesmann**	198
	Löningen, **Meyer**	199
23	Mittelweser, Dümmer See	200
	Lembruch, **Döbbeling**	201
	Syke, **Einhaus**	203
24	Lüneburger Heide	204
	Altenmedingen, **Hermann**	204
	Altenmedingen, **von Borries**	204
	Amelinghausen, **Hedder**	205
	Amelinghausen, **Studtmann**	207
	Bergen, **Averbeck-Pennington**	209
	Bergen, **von Harling**	209
	Bispingen, **Albers**	210
	Bispingen, **Röhrs**	211
	Bomlitz, **Carstens**	212
	Brockel, **Carstens**	213
	Celle, **Knoop**	214
	Eschede, **Moll**	215
	Eschede, **Schlottau-Blume**	216
	Gartow, **Kunzog**	218
	Hagen, **Fromhagen**	229
	Hellwege, **Heitmann**	220

V 45

Reitmöglichkeit

	Hemsbünde, **Delventhal**	221
	Himbergen, **Braesel-Behn**	222
	Kirchlinteln, **Gansbergen**	223
	Müden, **Meier**	223
	Munster, **Jungemann**	224
	Soltau, **Emmann**	227
	Soltau, **Große-Lümern**	227
	Soltau, **Schmid**	228
	Sprakensehl, **Bührke**	229
	Steinhorst, **Röling**	230
	Trebel, **Gauster**	231
	Visselhövede, **Spöring**	233
	Visselhövede, **Wilkens**	235
	Walsrode, **Sandvoss**	236
	Walsrode, **Wildung**	236
	Wienhausen, **Cammann**	237
25	**Hannover Region**	**238**
	Isenbüttel, **Müller**	238
	Mardorf, **Asche**	239
	Neustadt, **Seehawer**	239
	Springe, **Sander**	240
	Steimbke, **Hagedorn-Basler**	241
28	**Harz**	**245**
	Bad Lauterberg, **Ferienhof Morich**	245
	Osterode, **Römermann**	245

Sachsen-Anhalt

30	**Magdeburg-Elbe-Börde-Heide**	**270**
	Rietzel, **Rusch**	270

Brandenburg

34	**Prignitz**	**298**
	Boberow, **Gülzow**	298
	Karstädt, **Grote**	298
35	**Ruppiner Land**	**299**
	Liebenwalde, **Steinbach**	299
36	**Uckermark**	**299**
	Drense, **Gierke**	299
	Oberuckersee, **Ruhnau**	300
37	**Havelland**	**300**
	Nennhausen, **Schoch-Dengs**	301
41	**Fläming**	**302**
	Belzig, **Hübner**	302
	Brück, **Peters**	302
44	**Spreewald**	**303**
	Märkische Heide, **Kruspe**	303

Nordrhein-Westfalen

47	**Niederrhein**	**328**
	Hamminkeln, **Altmann**	328
	Sonsbeck, **Hawix**	329
	Uedem, **Derksen**	330
	Viersen, **Brandt**	331
48	**Münsterland**	**332**
	Ahaus, **Eilers**	332
	Ascheberg, **Siesmann**	332
	Dülmen, **Maasmann**	333
	Emsdetten, **Höwel**	333
	Ennigerloh, **Bettmann**	334
	Everswinkel, **Schulze-Zurmussen**	335
	Everswinkel, **Winkelkötter**	336
	Gronau, **Laurenz**	337
	Havixbeck, **Kückmann**	338
	Havixbeck, **Schleiner**	338
	Havixbeck, **Schulze Schleithoff**	339
	Horstmar, **Schulze Pröbsting**	341
	Lüdinghausen, **Löbbert**	342
	Metelen, **Stauvermann**	343
	Neuenkirchen, **Garmann**	343
	Sassenberg, **Winkler**	345
	Schöppingen, **Schulze Althoff**	346
	Westerkappeln, **Rumler-Meiners**	349
49	**Teutoburger Wald**	**349**
	Beverungen, **Wüllner**	350
	Borgentreich, **Möltgen**	351
	Brakel, **Hasenbein**	352
	Dörentrup, **Frevert**	353
	Horn-Bad Meinberg, **Kaiser**	354
	Lage, **Wehmeier**	355
	Petershagen, **Hüneke**	357
	Preußisch Oldendorf, **Stapel**	358
52	**Sauerland**	**358**
	Attendorn, **Pulte**	379
	Balve, **Schulte**	359
	Brilon, **Bals**	360
	Eslohe, **Meier**	361
	Eslohe, **Schade**	376
	Eslohe, **Schörmann**	362
	Kirchhundem, **Neuhaus**	363
	Lennestadt, **Dümpelmann**	364
	Lennestadt, **Heinemann**	365
	Lennestadt, **Pohl**	364
	Medebach, **Schmidt**	378
	Meschede, **Schmidt**	367
	Olsberg, **Hester**	369
	Schmallenberg, **Belke-Spork**	371
	Schmallenberg, **Beste**	382
	Schmallenberg, **Gördes**	376
	Schmallenberg, **Heite**	373
	Schmallenberg, **Heßmann**	372
	Schmallenberg, **Heuel**	375

Reitmöglichkeit

Schmallenberg, **Hillebrand**		376
Schmallenberg, **Köhne**		370
Schmallenberg, **Lumme**		379
Schmallenberg, **Meier**		376
Schmallenberg, **Mertens**		375
Schmallenberg, **Nowicki**		374
Schmallenberg, **Schmidt**		378
Schmallenberg, **Schmidt**		378
Schmallenberg, **Schumacher**		382
Schmallenberg, **Schulte-Göbel**		377
Schmallenberg, **Vogt**		374
Schmallenberg, **Vollmer-König**		383
Schmallenberg, **Voß**		383
Sundern, **Schelle**		372
Sundern, **Wiethoff- Hüster**		384
Werdohl, **Hurst**		385
Winterberg, **Huhne**		386
53	**Eifel & Region Aachen**	**387**
Kall, **Jakobs**		388
Mechernich, **Schröder**		388
54	**Köln, Rhein-Erft und Rhein-Sieg-Kreis**	**389**
Lohmar, **Trimborn**		389
57	**Siegerland-Wittgenstein**	**390**
Bad Berleburg, **Becker**		391
Bad Berleburg, **Schneider**		391

Hessen

58	**Kassel Land**	**416**
Naumburg, **Günst**		416
Naumburg, **Schneider**		416
Trendelburg, **Romberg**		417
59	**Hessisches Sauerland, Waldecker Land**	**417**
Bad Arolsen, **Hartmann**		417
Diemelsee, **Figge**		419
Korbach, **Lahme**		419
Vöhl, **Schöneweiß**		420
Willingen, **Sauer**		422
60	**Werra-Meißner-Land**	**422**
Wanfried, **von Scharfenberg**		423
Witzenhausen, **Hotze-Schaefer**		423
61	**Kurhessisches Bergland**	**424**
Borken, **Baun**		424
62	**Waldhessen**	**425**
Nentershausen, **von Baumbach**		425
65	**Region Vogelsberg**	**426**
Büdingen, **Herd**		426
Lauterbach, **Wiegel**		426
Schlitz, **Trier**		427
Schotten, **Michalek und Hippinen**		427
66	**Rhön**	**428**
Hosenfeld, **Neidert**		430
70	**Spessart-Kinzigtal-Vogelsberg**	**430**
Bruchköbel, **Knop von Schwerdtner**		431
71	**Odenwald-Bergstraße-Neckartal**	**431**
Mossautal, **Kübler**		432
Mossautal, **Muth**		432
Reichelsheim, **Schwöbel**		433

Thüringen

72	**Nordthüringen**	**458**
Frankenroda, **Groß**		458
Neustadt / Harz, **Ibe u. Kühne**		458
73	**Thüringer Kernland**	**459**
Witterda, **Göbel**		459
74	**Thüringische Rhön**	**460**
Diedorf/Rhön, **Peter**		460
75	**Thüringer Wald**	**461**
Hohenkirchen, **Landwirtschaftliche Erzeugergemeinschaft**		462
76	**Saaleland**	**463**
Linda, **Wolschendorf**		463

Sachsen

78	**Sächsisches Burgen- und Heideland**	**490**
Geringswalde, **Goldammer**		490
Mittweida, **Hammer und Bruse**		490
79	**Sächsisches Elbland**	**491**
Coswig, **Schuh**		491
80	**Oberlausitz/Niederschlesien**	**493**
Bernstadt, **Ritter**		493
Gaußig, **Busch**		494
Sohland am Rotstein, **Haubner**		495
82	**Erzgebirge**	**496**
Neuhausen, **Lüpfert**		497
Wolkenstein, **Rissmann**		498

V 47

Reitmöglichkeit

Rheinland-Pfalz

85	**Eifel**	**524**
	Bleialf, **Altendorf**	524
	Buchet, **Hansen**	525
	Fleringen, **Feinen**	526
	Kruchten, **Hoffmann**	527
	Lauperath, **Hermes**	527
	Rommersheim, **Barthems**	529
	Sinspelt, **Heyen**	531
	Utzerath, **Kessler**	532
87	**Mittelrhein-Lahn**	**533**
	Oberwesel, **Lanius-Heck**	534
89	**Mosel-Saar**	**536**
	Saarburg, **Scheuer**	543
90	**Hunsrück-Nahe**	**543**
	Herrstein, **Leroch**	544
	Holzbach, **Geiss**	545
	Kirchberg, **Hilgert**	545
	Sohren, **Wüllenweber**	546
	Sulzbach, **Conrath**	547
91	**Rheinhessen**	**547**
	Flörsheim, **Schmitt**	547

Saarland

93	**Saarland**	**578**
	Blieskastel, **Weingart**	578
	St. Wendel, **Laub**	579

Baden-Württemberg

95	**Odenwald**	**605**
	Buchen, **Pfeiffer**	605
	Hardheim, **Odenwald**	606
	Hardheim, **Schmitt**	606
	Höpfingen, **Gerig**	607
98	**Hohenlohe und Schwäbisch Hall**	**611**
	Dörzbach, **Gutheiß**	611
	Schwäbisch Hall, **Lang**	612
99	**Nördlicher Schwarzwald**	**613**
	Dornstetten, **Hamann**	613
	Freudenstadt, **Mast**	614
	Loßburg, **Reich-Marohn**	614
	Loßburg, **Schillinger**	615
	Loßburg, **Schmid**	615
	Pfalzgrafenweiler, **Hirschfeld**	616
	Simmersfeld, **Roller**	617
100	**Mittlerer Schwarzwald**	**618**
	Bad Peterstal, **Huber**	619
	Bad Rippoldsau, **Dieterle**	620
	Durbach, **Halter**	622
	Fischerbach, **Müller**	624
	Fischerbach, **Schwendenmann**	624
	Gutach, **Wöhrle**	626
	Hornberg, **Hildbrand**	627
	Mühlenbach, **Heizmann**	625
	Oberwolfach, **Faist**	629
	Oberwolfach, **Sum**	631
	Oppenau, **Springmann**	632
	Schiltach, **Spinner**	633
	Seelbach, **Fehrenbach**	634
	St. Georgen, **Kiewel**	635
	Wolfach, **Fahrner**	635
	Wolfach, **Schmid**	630
	Wolfach, **Schmid**	630
101	**Südlicher Schwarzwald**	**638**
	Biederbach, **Wernet**	639
	Breitnau, **Wehrle**	640
	Freiamt, **Bührer**	641
	Freiamt, **Schneider**	641
	Freiamt, **Zimmermann**	642
	Hinterzarten, **Fehrenbach**	642
	Hinterzarten, **Lück**	642
	Münstertal, **Gutmann**	644
	Schluchsee, **Rogg**	645
	St. Peter, **Scherer**	647
	St. Peter, **Weber**	647
	Titisee-Neustadt, **Hauser**	648
	Titisee-Neustadt, **Kleiser**	648
	Todtnau, **Brender**	649
	Todtnau, **Brender**	649
102	**Kaiserstuhl**	**651**
	Bötzingen, **Jenne**	651
	Freiburg, **Walter**	652
104	**Schwäbische Alb**	**654**
	Bopfingen, **Bruckmeyer**	654

Reitmöglichkeit

105 Bodensee-Oberschwaben	656
Bad Waldsee, **Schmid**	658
Beuron, **Käppeler**	659
Deggenhausertal, **Jehle**	661
Deggenhausertal, **Markhart**	661
Deggenhausertal, **Praster**	662
Ebersbach, **Baur**	662
Friedrichshafen, **Gessler**	663
Gaienhofen, **Burkart**	664
Kißlegg, **Fimpel**	666
Kressbronn, **Gührer**	667
Markdorf, **Heiß**	668
Markdorf, **Weigele**	669
Mühlingen, **Steinmann**	670
Neukirch, **Späth**	671
Ochsenhausen, **Mayer**	673
Ravensburg, **Ambs**	674
Tettnang, **Köhn-Späth**	678

Bayern

106 Spessart-Main-Odenwald	704
Großheubach, **Steiert**	704
107 Bayerische Rhön	**705**
Münnerstadt, **Pickelmann**	706
Oberelsbach, **Seufert**	707
Sulzfeld, **Potthoff**	707
109 Oberes Maintal/Coburger Land	**708**
Ebensfeld, **Finkel**	708
Itzgrund, **Treiber**	709
Lichtenfels, **Angermüller**	709
110 Frankenwald	**710**
Marktleugast, **Schramm**	771
Marktrodach, **Martini**	712
Presseck, **Burger**	713
Selbitz, **Kießling**	713
Wilhelmsthal, **Greser**	714
111 Fichtelgebirge	**714**
Münchberg, **Strößner**	716
Selb, **Wolf**	717
Wunsiedel, **Fröber**	718
Wunsiedel, **Hörath/Hafner**	718
Wunsiedel, **Schübel**	719
114 Steigerwald	**720**
Markt Taschendorf, **Krafft**	720
Uehlfeld, **Schemm**	721

115 Fränkische Schweiz	721
Ahorntal, **Neubig**	721
Ebermannstadt, **Dormann**	722
Etzelwang, **Wagner**	723
Hollfeld, **Seidler**	724
Waischenfeld, **Bauernschmitt**	727
116 Romantisches Franken	**727**
Colmberg, **Ohr**	727
Gerolfingen, **Joas**	728
Gerolfingen, **Losert**	728
Sachsen, **Wagner**	729
119 Fränkisches Seenland	**729**
Gunzenhausen, **Wißmüller**	732
Haundorf, **Reidelshöfer**	732
Meinheim, **Jochum-Müller**	733
Merkendorf, **Schottenhammel**	734
Merkendorf, **Winkler**	734
120 Naturpark Altmühltal	**735**
Riedenburg, **Halbig**	735
Titting, **Pfisterer**	736
Treuchtlingen, **Gagsteiger**	736
Treuchtlingen, **Hauck**	737
Treuchtlingen, **Katheder**	737
121 Oberpfälzer Wald/Steinwald	**737**
Bruck, **Fischer**	737
Neunburg, **Käsbauer**	738
Neunburg, **Vetter**	739
Schönsee, **Schmid**	739
Waldershof, **Wegmann**	739
122 Bayerischer Jura	**740**
Hirschbach, **Herbst**	741
Sulzbach, **Renner**	741
123 Naturpark Bayerischer Wald	**742**
Arnbruck, **Danzer**	743
Auerbach, **Nagl**	743
Bad Kötzting, **Bummer**	744
Eschlkam, **Altmann**	745
Eschlkam, **Pongratz**	745
Haibach, **Dirscherl**	747
Haibach, **Schötz**	747
Hohenwarth, **Fischer**	748
Hohenwarth, **Weiß**	748
Kirchberg, **Aulinger**	749
Kirchberg, **Neumeier**	749
Langdorf, **Zitzelsperger**	750
Patersdorf, **Hacker**	752
Regen, **Weiderer**	753
St. Englmar, **Reiner**	755
St. Englmar, **Schießl**	755

V 49

Reitmöglichkeit

124	**Nationalpark Bayerischer Wald**	756
	Altreichenau, **Paster**	759
	Eppenschlag, **Steininger**	756
	Freyung, **Sammer**	757
	Grafenau, **Blöchinger**	757
125	**Südlicher Bayerischer Wald**	760
	Breitenberg, **Schauberger**	761
	Büchlberg, **Ritzer**	761
	Neukirchen v. Wald, **Kobler**	762
	Salzweg, **Löw**	762
	Thyrnau, **Schiermeier**	765
	Tittling, **Klinger**	765
	Tittling, **Riesinger**	766
	Vilshofen, **Eineder**	766
126	**Niederbayern zwischen Donau und Inn**	770
	Fürstenzell, **Silbereisen**	771
	Fürstenzell, **Urlhardt**	771
127	**Ammersee-Lech**	772
	Rott, **Strauß**	773
132	**Pfaffenwinkel**	775
	Böbing, **Mayr**	776
	Hohenfurch, **Kögl**	777
133	**Zugspitzregion**	777
	Bad Kohlgrub, **Freißl**	777
134	**Tölzer Land**	778
	Benediktbeuern, **Sindlhauser**	779
	Kochel am See, **Lautenbacher**	782
135	**Tegernsee-Schliersee-Wendelstein**	785
	Bayrischzell, **Huber**	785
136	**Chiemsee**	786
	Bernau, **Steindlmüller**	786
	Bernau, **Wierer**	787
	Chieming, **Mitterleitner**	787
	Chieming, **Niederbuchner**	788
	Eggstätt, **Plank**	788
	Höslwang, **Arnold**	789
	Marquartstein, **Hacher**	790
	Rimsting, **Mayer**	791
	Seebruck, **Daxenberger und Bernhart**	792
	Seeon, **Ober**	793
	Seeon-Seebruck, **Huber**	792
	Staudach-Egerndach, **M. Plenk**	795
	Truchtlaching, **Maier**	793
	Truchtlaching, **Untermayer**	794
	Übersee, **Gschoßmann**	795
137	**Chiemgau**	796
	Petting, **Mayr**	796
	Siegsdorf, **Buchöster**	800
138	**Berchtesgadener Land**	801
	Ainring, **Ufertinger**	801
	Bad Reichenhall, **Gleißner/Limmer**	802
	Berchtesgaden, **Wimmer**	804
	Bischofswiesen, **Brandner**	805
	Marktschellenberg, **Aschauer**	805
	Marktschellenberg, **Krenn**	807
	Marktschellenberg, **Moldan**	807
	Marktschellenberg, **Stanggassinger**	807
140	**Unterallgäu**	809
	Pfaffenhausen, **Biehler**	809
141	**Westallgäu**	810
	Ellhofen, **Lau**	810
143	**Oberallgäu**	813
	Buchenberg, **Haggenmüller**	814
	Immenstadt, **Weber**	816
	Niedersonthofen, **Schneider**	822
	Obermaiselstein, **Berwanger**	817
	Oberstdorf, **Geiger**	819
	Oy-Mittelberg, **Schall**	820
	Waltenhofen, **Schöll**	823

BuchTipp: Urlaub im Sattel

Deutschlands größter Reiter-Reiseführer für den Urlaub mit Pferden. Für Reit-Profis, solche, die es erst noch werden wollen, Anfänger, Erwachsene und Kinder finden sich gleichermaßen viele Angebote.

12,90 €

Winzerhöfe

Weingenuss ab Hof

Der Traum jedes Weinliebhabers: Einmal „live" vor Ort sein, wo hochwertige Weine entstehen. Alle Winzerhöfe bieten Ihnen das ganz besondere Erlebnis rund um den Wein. Erweitern Sie Ihr Wissen über gute Weine bei einer kompetenten Kellerführung. Oder genießen Sie eine Weinbergwanderung mit Picknick.
Bei einer stimmungsvollen Verkostung lernen Sie die Spitzenprodukte Ihres Gastgebers kennen.

© tina stumpp - Fotolia.com

Winzerhöfe

Die Auslobung Winzerhof wird ausgesprochen, wenn spezielle Prüfkriterien erfüllt sind. Entscheidend dafür sind neben den eigenen Weinen der Aufenthaltsbereich zur Verkostung der Weine, eine originelle Weinkarte und die fachliche Betreuung der Weinproben. Wenn Sie also Weinliebhaber sind oder einer werden wollen, sind Sie von den Winzerfamilien, die sich hier vorstellen, herzlich eingeladen. Besichtigen Sie die Weinkeller, spazieren Sie durch die Weinberge und probieren Sie erlesene hofeigenen Weine.

	Sachsen	
79	Sächsisches Elbland	491
	Coswig, **Schuh**	491

	Rheinland-Pfalz	
87	Mittelrhein-Lahn	533
	Oberwesel, **Persch**	535
89	Mosel-Saar	536
	Briedel, **Walter**	536
	Burg, **Conrad**	536
	Erden, **Kaufmann**	537
	Erden, **Schwaab**	537
	Ernst, **Andrae**	538
	Ernst, **Andre**	538
	Ernst, **Göbel**	538
	Ernst, **Lönartz**	539
	Konz, **Lorenz**	539
	Konz, **Willems**	540
	Longuich, **Mertes**	540
	Longuich, **Theisen**	541
	Mehring, **Hoffranzen**	542

91	Rheinhessen	547
	Flörsheim, **Schmitt**	547
	Ockenheim, **Feser**	548
92	Pfalz	548
	Gönnheim, **Künzel**	548
	Ilbesheim, **Becker**	549
	Kirrweiler, **Zöller**	550
	Kirrweiler, **Zöller**	550
	Leinsweiler, **Stübinger**	551
	Ranschbach, **Morio**	551
	St. Martin, **Christmann**	552
	St. Martin, **Ziegler**	552

Winzerhöfe

Baden-Württemberg

96	Taubertal	608
	Külsheim, **Spengler**	608
97	Kraichgau-Stromberg	609
	Oberderdingen, **Lutz**	610
100	Mittlerer Schwarzwald	618
	Durbach, **Männle**	622
101	Südlicher Schwarzwald	638
	Bad Bellingen, **Männlin**	638
102	Kaiserstuhl	651
	Bötzingen, **Jenne**	651
	Freiburg, **Walter**	652
	Sasbach, **Domke**	652
	Vogtsburg, **Schätzle**	653
105	Bodensee-Oberschwaben	656
	Hagnau, **Gutemann**	665
	Immenstaad/Bodensee, **Arnold**	665
	Immenstaad/Bodensee, **Gomeringer**	666

Bayern

113	Fränkisches Weinland	719
	Iphofen, **Arnold**	719
	Iphofen, **Weigand**	719
141	Westallgäu	810
	Nonnenhorn, **Hornstein**	812

BuchTipp: Genießer-Urlaub

„Urlaub beim Winzer" lädt Sie zu genussreichen Tagen in Deutschlands schönen Weinregionen ein. Wählen Sie aus über 100 Winzerhöfen Ihr Feriendomizil aus.

12,90 €

Alles Bio? Logisch!

Urlaub beim Biobauern
Erleben Sie in Ihrem Urlaub einen Biohof und genießen Sie Fleisch, Obst und Gemüse aus organischem Anbau.

Biohöfe

Diese Bauernhöfe werden von echten „Biobauern" geführt. Sie betreiben ökologischen Landbau nach klar vorgegebenen Richtlinien und unterziehen sich regelmäßigen Kontrollen.

Schleswig-Holstein

1	Nordsee	26
	Langenhorn, **Ebsen**	33
4	Ostsee	58
	Kellenhusen, **Axt**	65
	Krokau, **Krohn**	65
5	Insel Fehmarn	72
	Fehmarn, **Albert**	75

Mecklenburg-Vorpommern

9	Mecklenburgische Ostseeküste	118
	Boldenshagen, **Roßmann**	119
14	Mecklenburgische Schweiz	130
	Walkendorf, **Gut Dalwitz**	132

Niedersachsen

16	Nordseeküste	158
	Esens, **de Buhr**	161
22	Oldenburger Münsterland	197
	Löningen, **Meyer**	199
25	Hannover Region	238
	Mardorf, **Asche**	239
	Neustadt, **Seehawer**	239

Sachsen-Anhalt

30	Magdeburg-Elbe-Börde-Heide	270
	Rietzel, **Rusch**	270

Brandenburg

34	Prignitz	298
	Karstädt, **Grote**	298
37	Havelland	300
	Nennhausen, **Käthe**	300

Biohöfe

Nordrhein-Westfalen

52	Sauerland	358
	Schmallenberg, **Köhne**	370
	Schmallenberg, **Voss**	383
	Schmallenberg, **Voß**	383
53	Eifel & Region Aachen	387
	Kall, **Jakobs**	388

Hessen

59	Hessisches Sauerland, Waldecker Land	417
	Vöhl, **Schöneweiß**	420
60	Werra-Meißner-Land	422
	Witzenhausen, **Hotze-Schaefer**	423
66	Rhön	428
	Hilders, **Frank**	428
	Hosenfeld, **Neidert**	430
71	Odenwald-Bergstraße-Neckartal	431
	Mossautal, **Kübler**	432
	Mossautal, **Weyrauch**	432

Thüringen

72	Nordthüringen	458
	Neustadt / Harz, **Ibe u. Kühne**	458
74	Thüringische Rhön	460
	Geisa, **Heller**	460

Sachsen

78	Sächsisches Burgen- und Heideland	490
	Geringswalde, **Goldammer**	490
84	Vogtland	499
	Heinsdorfergrund, **Tröger**	499

Rheinland-Pfalz

87	Mittelrhein-Lahn	533
	Hömberg, **Linscheid**	533

Baden-Württemberg

100	Mittlerer Schwarzwald	618
	Hornberg, **Hildbrand**	627
	Oberwolfach, **Sum**	631
	Schiltach, **Spinner**	633
101	Südlicher Schwarzwald	638
	Hinterzarten, **Fehrenbach**	642
	Neuenweg, **Rützler**	645
	Titisee-Neustadt, **Hauser**	648
	Titisee-Neustadt, **Kleiser**	648
	Todtnau, **Brender**	649
	Todtnau, **Brender**	649
104	Schwäbische Alb	654
	Hayingen, **Schwegler**	655
105	Bodensee-Oberschwaben	656
	Bad Waldsee, **Schmid**	658
	Deggenhausertal, **Praster**	662
	Immenstaad/Bodensee, **Gomeringer**	666
	Tettnang, **Köhn-Späth**	678

Bayern

110	Frankenwald	710
	Marktrodach, **Martini**	712
111	Fichtelgebirge	714
	Münchberg, **Strößner**	716
115	Fränkische Schweiz	721
	Ahorntal, **Neubig**	721
121	Oberpfälzer Wald/Steinwald	737
	Neunburg, **Vetter**	739
123	Naturpark Bayerischer Wald	742
	Haibach, **Dirscherl**	747
	Kirchberg, **Neumeier**	749
	Nittenau, **Dirnberger**	751
125	Südlicher Bayerischer Wald	760
	Tittling, **Riesinger**	766
133	Zugspitzregion	777
	Oberammergau, **Gerold**	778
134	Tölzer Land	778
	Jachenau, **Sachenbacher**	781
	Kochel am See, **Lautenbacher**	782
136	Chiemsee	786
	Staudach-Egerndach, **M. Plenk**	795
137	Chiemgau	796
	Reit im Winkl, **Heistracher**	797
143	Oberallgäu	813
	Blaichach, **Waibel**	814
	Oy-Mittelberg, **Schall**	820
	Waltenhofen, **Schöll**	823

Gesund und Vital

Rundum verwöhnen lassen

Wellness- und Gesundheitsangebote oder besondere Erlebnisaktivitäten – verbringen Sie Ihren Urlaub gesund und vital. Lassen Sie sich mit einer wohltuenden Massage oder einer Kosmetikbehandlung verwöhnen. Anwendungen nach Dr. Kneipp runden Ihr Gesundheitsprogramm ab. Fit im Urlaub – rundum.

Kneipp-Gesundheitshöfe

Vom Kneipp-Bund e.V. anerkannte Gesundheitshöfe. Hier können die Gäste die Grundlagen der Kneipp-Lehre nach Pfarrer Sebastian Kneipp kennen lernen. Nach dem Motto: Gesund an Körper, Geist und Seele, erleben die Urlauber die fünf Säulen Wasser, Ernährung, Kräuter, Bewegung und Ordnungslehre.

	Schleswig-Holstein	
1	Nordsee	26
	Sprakebüll, **Andresen**	39
6	Holsteinische Schweiz	84
	Bad Malente, **Engel**	84

	Niedersachsen	
16	Nordseeküste	158
	Esens, **de Buhr**	161
	Hooksiel, **Müller**	163
	Krummhörn, **Schöningh**	166
	Neuschoo, **Goldenstein**	169
	Norden, **Roolfs**	172
	Varel, **Sauer**	175
17	Ostfriesland	181
	Bad Zwischenahn, **Wehmhoff**	181
	Wiefelstede, **Gertje**	183
22	Oldenburger Münsterland	197
	Löningen, **Meyer**	199
24	Lüneburger Heide	204
	Celle, **Knoop**	214
27	Weserbergland	242
	Bad Gandersheim, **Sprengel**	243

	Nordrhein-Westfalen	
48	Münsterland	332
	Westerkappeln, **Holtgräwe**	348
52	Sauerland	358
	Meschede, **Kremer**	366

	Hessen	
58	Kassel Land	416
	Naumburg, **Günst**	416
61	Kurhessisches Bergland	424
	Borken, **Baun**	424

Gesund und Vital

Thüringen

72	Nordthüringen	458
	Neustadt / Harz, **Ibe u. Kühne**	458
74	Thüringische Rhön	460
	Diedorf/Rhön, **Peter**	460
75	Thüringer Wald	461
	Bücheloh, **Risch**	461

Rheinland-Pfalz

92	Pfalz	548
	Leinsweiler, **Stübinger**	551

Baden-Württemberg

96	Taubertal	608
	Bad Mergentheim, **Schwab**	608
	Weikersheim, **Henn**	609

Bayern

110	Frankenwald	710
	Wilhelmsthal, **Greser**	714
111	Fichtelgebirge	714
	Selb, **Wolf**	717
123	Naturpark Bayerischer Wald	742
	Eschlkam, **Altmann**	745
	Haibach, **Schötz**	747
	Hohenwarth, **Weiß**	748
	Langdorf, **Ellerbeck**	750
	St. Englmar, **Fuchs**	754
	St. Englmar, **Reiner**	755
	St. Englmar, **Schießl**	755
125	Südlicher Bayerischer Wald	760
	Breitenberg, **Lichtenauer**	760
132	Pfaffenwinkel	775
	Böbing, **Mayr**	776
138	Berchtesgadener Land	801
	Ainring, **Ufertinger**	801
	Marktschellenberg, **Brandauer**	806
	Marktschellenberg, **Ebner**	806
	Marktschellenberg, **Krenn**	807
140	Unterallgäu	809
	Pfaffenhausen, **Biehler**	809
143	Oberallgäu	813
	Blaichach, **Waibel**	814
	Immenstadt, **Herz**	815

Gesund und Vital

Wellnesshöfe

Höfe mit mindestens einer Einrichtung, z. B. Sauna, und mindestens einer Anwendung, z. B. Massagen, für Ihren Wohlfühlurlaub.

Schleswig-Holstein

1	Nordsee	26
	Hedwigenkoog, **Brandt**	30
	Langenhorn, **Ebsen**	33
	Reußenköge, **Denker**	38
	Tetenbüll, **Reigardt**	42
2	Nordfriesische Inseln	47
	Pellworm, **Dethlefsen**	48
4	Ostsee	58
	Brodersby, **Block**	59
	Brodersby, **Schulz**	60
	Havetoftloit, **Ruhe**	63
5	Insel Fehmarn	72
	Fehmarn, **Muhl**	79
	Fehmarn, **Sporleder**	82
6	Holsteinische Schweiz	84
	Bösdorf (Plön), **Siemen-Westphal**	88
	Eutin, **Gröne**	91
7	Herzogtum Lauenburg	92
	Dargow/Schaalsee, **Schoppenhauer**	93

Mecklenburg-Vorpommern

11	Insel Rügen und Hiddensee	124
	Ummanz/Rügen, **Kliewe**	127
12	Insel Usedom	127
	Rankwitz, **Gessner**	128

Niedersachsen

16	Nordseeküste	158
	Dornum, **Hans Hillrichs**	160
	Norden, **Roolfs**	172
17	Ostfriesland	181
	Bad Zwischenahn, **Ahlers**	181
18	Land zwischen Elbe und Weser	184
	Selsingen, **Borchers**	188
22	Oldenburger Münsterland	197
	Löningen, **Meyer**	199
24	Lüneburger Heide	204
	Altenmedingen, **Hermann**	204
	Altenmedingen, **von Borries**	204
	Celle, **Knoop**	214
	Trebel, **Gauster**	231
27	Weserbergland	242
	Bad Gandersheim, **Sprengel**	243

Brandenburg

36	Uckermark	299
	Oberuckersee, **Ruhnau**	300

Nordrhein-Westfalen

48	Münsterland	332
	Westerkappeln, **Holtgräwe**	348
49	Teutoburger Wald	349
	Borgentreich, **Möltgen**	351
53	Eifel & Region Aachen	387
	Mechernich, **Schröder**	388

Hessen

58	Kassel Land	416
	Naumburg, **Günst**	416
59	Hessisches Sauerland, Waldecker Land	417
	Diemelsee, **Figge**	419
61	Kurhessisches Bergland	424
	Borken, **Baun**	424
66	Rhön	428
	Hilders, **Will**	428

Gesund und Vital

Thüringen

72	**Nordthüringen**	458
	Neustadt / Harz, **Ibe u. Kühne**	458
75	**Thüringer Wald**	461
	Bücheloh, **Risch**	461
76	**Saaleland**	463
	Gumperda, **Schachtschabel**	463
	Linda, **Wolschendorf**	463

Rheinland-Pfalz

85	**Eifel**	524
	Fleringen, **Feinen**	526
	Sinspelt, **Heyen**	531

Saarland

93	**Saarland**	578
	St. Wendel, **Laub**	579

Baden-Württemberg

95	**Odenwald**	605
	Höpfingen, **Gerig**	607
96	**Taubertal**	608
	Bad Mergentheim, **Schwab**	608
	Weikersheim, **Henn**	609
101	**Südlicher Schwarzwald**	638
	Freiamt, **Bührer**	641
	Freiamt, **Zimmermann**	642
105	**Bodensee-Oberschwaben**	656
	Beuron, **Käppeler**	659
	Oberteuringen, **Hoher**	671
	Salem, **Schwehr**	675

Bayern

107	**Bayerische Rhön**	705
	Münnerstadt, **Pickelmann**	706
110	**Frankenwald**	710
	Marktrodach, **Martini**	712
	Wilhelmsthal, **Greser**	714
111	**Fichtelgebirge**	714
	Bad Alexandersbad, **Riedelbauch**	714
	Selb, **Wolf**	717
121	**Oberpfälzer Wald/Steinwald**	737
	Neunburg, **Vetter**	739
122	**Bayerischer Jura**	740
	Hirschbach, **Herbst**	741
123	**Naturpark Bayerischer Wald**	742
	Bad Kötzting, **Bummer**	744
	Eschlkam, **Altmann**	745
	Kirchberg, **Aulinger**	749
	Kirchberg, **Neumeier**	749
	Regen, **Weiderer**	753
	St. Englmar, **Reiner**	755
125	**Südlicher Bayerischer Wald**	760
	Breitenberg, **Lichtenauer**	760
126	**Niederbayern zwischen Donau und Inn**	770
	Fürstenzell, **Urlhardt**	771
132	**Pfaffenwinkel**	775
	Böbing, **Mayr**	776
135	**Tegernsee-Schliersee-Wendelstein**	785
	Bayrischzell, **Huber**	785
137	**Chiemgau**	796
	Reit im Winkl, **Heistracher**	797
138	**Berchtesgadener Land**	801
	Berchtesgaden, **Wimmer**	804
	Marktschellenberg, **Stanggassinger**	807
	Ramsau, **Bartels**	808
140	**Unterallgäu**	809
	Pfaffenhausen, **Biehler**	809
141	**Westallgäu**	810
	Ellhofen, **Lau**	810
143	**Oberallgäu**	813
	Waltenhofen, **Schöll**	823

Kinder

Kinderlachen wie gebucht

Kinderferien
Urlaub auf dem Bauernhof ist für Kinder immer das Richtige. Diese Anbieter leisten noch mehr. Ihre Kinder können sich auf Kinderferienhöfen sogar ganz ohne Eltern erholen und werden dabei bestens betreut. Spaß und tolle Erlebnisse garantiert!

Kinderferienhöfe

Bauernhöfe mit diesem Zeichen sind spezielle Kinderferienhöfe, die Kinder alleine, ohne Begleitung der Eltern, aufnehmen und die durch das zuständige Jugendamt betreut werden. Von der DLG werden hier besonders streng die fachkundige Betreuung der Kinder und die betriebseigenen Freizeiteinrichtungen geprüft.

	Schleswig-Holstein	
3	Binnenland	510
	Beringstedt, **Wendell**	51
	Padenstedt, **Kreikenbohm**	56
	Schafstedt, **Schreiber-Claußen**	57

	Mecklenburg-Vorpommern	
13	Vorpommern	129
	Ramin, **Brauer**	129
14	Mecklenburgische Schweiz	130
	Ganschow, **Mencke**	130

	Niedersachsen	
16	Nordseeküste	158
	Norden, **Dirks**	170
20	Emsland	191
	Haren, **Hiebing**	193
21	Osnabrücker Land	195
	Ankum, **Eilfort**	195
24	Lüneburger Heide	204
	Amelinghausen, **Studtmann**	207
	Eschede, **Schlottau-Blume**	216
25	Hannover Region	238
	Steimbke, **Hagedorn-Basler**	241

	Brandenburg	
35	Ruppiner Land	299
	Liebenwalde, **Steinbach**	299
36	Uckermark	299
	Oberuckersee, **Ruhnau**	300
37	Havelland	300
	Nennhausen, **Schoch-Dengs**	301

V 59

Kinder

Nordrhein-Westfalen

47	Niederrhein	328
	Viersen, **Brandt**	331
48	Münsterland	332
	Emsdetten, **Höwel**	333
	Everswinkel, **Schulze-Zurmussen**	335
	Havixbeck, **Schulze Schleithoff**	339

Hessen

70	Spessart-Kinzigtal-Vogelsberg	430
	Bruchköbel, **Knop von Schwerdtner**	431

Thüringen

73	Thüringer Kernland	459
	Witterda, **Göbel**	459

Rheinland-Pfalz

85	Eifel	524
	Utzerath, **Kessler**	532

Baden-Württemberg

104	Schwäbische Alb	654
	Bopfingen, **Bruckmeyer**	654
105	Bodensee-Oberschwaben	656
	Gaienhofen, **Burkart**	664

Bayern

121	Oberpfälzer Wald/Steinwald	737
	Neunburg, **Vetter**	739
125	Südlicher Bayerischer Wald	760
	Thyrnau, **Schiermeier**	765
136	Chiemsee	786
	Truchtlaching, **Untermayer**	794

Kinderbetreuung

Kinderbetreuung ist nach Absprache möglich. Spielplätze und -bereiche sind in Haus und Garten vorhanden.

Baby- und Kleinkindausstattung erkennen Sie an diesem Symbol:

Schleswig-Holstein

1	Nordsee	26
	Kaiser-Wilhelm-Koog, **Brandt**	31
	Stadum, **Clausen-Hansen**	40
3	Binnenland	510
	Heinkenborstel, **Bracker**	53
	Padenstedt, **Kreikenbohm**	56
	Schafstedt, **Schreiber-Claußen**	57
4	Ostsee	58
	Bliesdorf, **Bendfeldt**	59
	Brodersby, **Block**	59
	Brodersby, **Schulz**	60
	Kappeln, **Johannsen**	64
	Steinberg, **Lempelius**	68
5	Insel Fehmarn	72
	Fehmarn, **Hopp**	72
	Fehmarn, **Kleingarn**	76
	Fehmarn, **Riessen**	81

6	Holsteinische Schweiz	84
	Bad Malente, **Engel**	84
	Bad Malente, **Graage**	85
	Eutin, **Damlos**	90
	Eutin, **Gröne**	91

Mecklenburg-Vorpommern

9	Mecklenburgische Ostseeküste	118
	Bastorf, **Wutschik**	119
	Boldenshagen, **Roßmann**	119
	Groß-Kordshagen, **Thomsen**	121
	Oberhof, **Nölck**	122
11	Insel Rügen und Hiddensee	124
	Ummanz, **Kewitz**	126
14	Mecklenburgische Schweiz	130
	Walkendorf, **Gut Dalwitz**	132

Kinder

Niedersachsen

16	**Nordseeküste**	**158**
	Bensersiel, **Janssen**	158
	Dornum, **Hans Hillrichs**	160
	Hooksiel, **Müller**	163
	Neuschoo, **Goldenstein**	169
	Norden, **Bogena**	169
	Norden, **Dirks**	170
	Norden, **Gerdes**	170
	Norden, **Martens**	171
	Norden, **Roolfs**	172
	Wangerland, **Oetken**	178
17	**Ostfriesland**	**181**
	Bad Zwischenahn, **Ahlers**	181
18	**Land zwischen Elbe und Weser**	**184**
	Selsingen, **Pape**	188
20	**Emsland**	**191**
	Haren, **Albers**	191
	Haren, **Hiebing**	193
	Haselünne, **Osterhues**	194
21	**Osnabrücker Land**	**195**
	Eggermühlen, **von Boeselager**	196
24	**Lüneburger Heide**	**204**
	Amelinghausen, **Studtmann**	207
	Bispingen, **Röhrs**	211
	Eschede, **Schlottau-Blume**	216
	Gartow, **Kunzog**	218
	Hellwege, **Heitmann**	220
	Sprakensehl, **Bührke**	229
	Walsrode, **Wehrhoff**	236
25	**Hannover Region**	**238**
	Neustadt, **Seehawer**	239

Brandenburg

35	**Ruppiner Land**	**299**
	Liebenwalde, **Steinbach**	299
36	**Uckermark**	**299**
	Oberuckersee, **Ruhnau**	300

Nordrhein-Westfalen

47	**Niederrhein**	**328**
	Hamminkeln, **Altmann**	328
	Viersen, **Brandt**	331
48	**Münsterland**	**332**
	Gronau, **Laurenz**	337
	Havixbeck, **Schulze Schleithoff**	339
	Lüdinghausen, **Löbbert**	342
	Westerkappeln, **Holtgräwe**	348
49	**Teutoburger Wald**	**349**
	Brakel, **Hasenbein**	352
	Lage, **Wehmeier**	355
52	**Sauerland**	**358**
	Eslohe, **Schörmann**	362
	Olsberg, **Hester**	369
	Schmallenberg, **Meier**	376
	Schmallenberg, **Schulte-Göbel**	377
	Sundern, **Schelle**	372
	Winterberg, **Huhne**	386

Hessen

66	**Rhön**	**428**
	Hilders, **Will**	428
	Hosenfeld, **Neidert**	430
70	**Spessart-Kinzigtal-Vogelsberg**	**430**
	Bruchköbel, **Knop von Schwerdtner**	431

Thüringen

73	**Thüringer Kernland**	**459**
	Witterda, **Göbel**	459
74	**Thüringische Rhön**	**460**
	Spahl, **Biedenbach**	461

Sachsen

80	**Oberlausitz/Niederschlesien**	**493**
	Gaußig, **Busch**	494
84	**Vogtland**	**499**
	Heinsdorfergrund, **Tröger**	499

V 61

Kinder

Rheinland-Pfalz

85	Eifel	524
	Bleialf, **Altendorf**	524
	Utzerath, **Kessler**	532
87	Mittelrhein-Lahn	533
	Oberwesel, **Lanius-Heck**	534
88	Westerwald	535
	Welschneudorf, **Rücker**	535
90	Hunsrück-Nahe	543
	Herrstein, **Leroch**	544
	Kirchberg, **Hilgert**	545
	Sohren, **Wüllenweber**	546
	Sulzbach, **Conrath**	547

Baden-Württemberg

95	Odenwald	605
	Hardheim, **Ditter**	605
	Hardheim, **Odenwald**	606
	Hardheim, **Schmitt**	606
98	Hohenlohe und Schwäbisch Hall	611
	Schwäbisch Hall, **Lang**	612
99	Nördlicher Schwarzwald	613
	Pfalzgrafenweiler, **Hirschfeld**	616
105	Bodensee-Oberschwaben	656
	Beuron, **Käppeler**	659
	Tettnang, **Köhn-Späth**	678

Bayern

110	Frankenwald	710
	Marktrodach, **Martini**	712
111	Fichtelgebirge	714
	Wunsiedel, **Beck**	718
116	Romantisches Franken	727
	Colmberg, **Ohr**	727
119	Fränkisches Seenland	729
	Westheim, **Kleemann**	735
120	Naturpark Altmühltal	735
	Titting, **Pfisterer**	736
121	Oberpfälzer Wald/Steinwald	737
	Neunburg, **Vetter**	739
	Schönsee, **Schmid**	739
123	Naturpark Bayerischer Wald	742
	Kirchberg, **Neumeier**	749
124	Nationalpark Bayerischer Wald	756
	Eppenschlag, **Steininger**	756
125	Südlicher Bayerischer Wald	760
	Tittling, **Riesinger**	766
	Wegscheid, **Reischl**	769
136	Chiemsee	786
	Bernau, **Wierer**	787
	Truchtlaching, **Untermayer**	794
137	Chiemgau	796
	Siegsdorf, **Buchöster**	800
138	Berchtesgadener Land	801
	Marktschellenberg, **Stanggassinger**	807
143	Oberallgäu	813
	Oy-Mittelberg, **Schall**	820

BuchTipp: Ferkel, Schaaf, Kartoffelernte

Ferkel, Schaf, Kartoffelernte. Mit spannenden Geschichten von Ferkeln, Schafen, dem Weinbauern über die Arbeit der Maschinenringe zum Kartoffel- und Rapsanbau.

9,95 €

Barrierefrei

Urlaub ohne Beschränkung

Auch für Menschen mit Handicap ist ein Urlaub auf dem Bauernhof möglich. Die unten gelisteten Anbieter haben barrierefreie und/oder rollstuhlgerechte Unterkünfte und leisten darüber hinaus viel, damit Ihr Urlaub Erholung pur wird.

Rollstuhlgerechte Unterkünfte

Für Rollstuhlfahrer oder Gehbehinderte besonders geeignete Unterkünfte, welche die DIN 18025, Teil 1 erfüllen. Erkundigen Sie sich in jedem Fall zuvor, ob das gewählte Quartier die für Sie wichtigen Bedingungen erfüllt.

Schleswig-Holstein

1	Nordsee	26
	Sprakebüll, **Andresen**	39
	Stadum, **Clausen-Hansen**	40
2	Nordfriesische Inseln	47
	Föhr-Alkersum, **Olufs GbR**	47
5	Insel Fehmarn	72
	Fehmarn, **Höper**	74
6	Holsteinische Schweiz	84
	Bosau, **Brooks**	87

Mecklenburg-Vorpommern

9	Mecklenburgische Ostseeküste	118
	Bastorf, **Wutschik**	119
	Groß-Kordshagen, **Thomsen**	121
11	Insel Rügen und Hiddensee	124
	Middelhagen, **Behling**	124

Niedersachsen

16	Nordseeküste	158
	Bensersiel, **Janssen**	158
	Krummhörn, **Bauer**	165
	Krummhörn, **Reershemius**	165
	Krummhörn, **Schöningh**	166
	Norden, **Bogena**	169
	Pilsum, **Itzenga**	174
	Varel, **Sauer**	175
20	Emsland	191
	Haren, **Hiebing**	193
22	Oldenburger Münsterland	197
	Emstek, **Meyer**	197
	Löningen, **Meyer**	199
24	Lüneburger Heide	204
	Celle, **Knoop**	214
	Gartow, **Kunzog**	218
	Himbergen, **Braesel-Behn**	222
	Neuenkirchen, **Küsel**	225
	Walsrode, **Sandvoss**	236
	Walsrode, **Wehrhoff**	236

Barrierefrei

Sachsen-Anhalt

32	Anhalt-Wittenberg	272
	Priesitz, **Hohlfeld**	272

Brandenburg

34	Prignitz	298
	Karstädt, **Grote**	298

Nordrhein-Westfalen

48	Münsterland	332
	Ahaus, **Eilers**	332
	Emsdetten, **Höwel**	333
	Sassenberg, **Winkler**	345
49	Teutoburger Wald	349
	Borgentreich, **Möltgen**	351
	Dörentrup, **Frevert**	353
52	Sauerland	358
	Schmallenberg, **Köhne**	370
	Schmallenberg, **Schmidt**	378
	Schmallenberg, **Stratmann**	375

Hessen

59	Hessisches Sauerland, Waldecker Land	417
	Vöhl, **Schöneweiß**	420

Thüringen

75	Thüringer Wald	461
	Bücheloh, **Risch**	461

Sachsen

79	Sächsisches Elbland	491
	Lommatzsch, **Schwäbe**	492

Rheinland-Pfalz

85	Eifel	524
	Bleialf, **Altendorf**	524
	Manderscheid, **Krämer**	528
90	Hunsrück-Nahe	543
	Kirchberg, **Hilgert**	545
	Sohren, **Wüllenweber**	546

Baden-Württemberg

96	Taubertal	608
	Bad Mergentheim, **Schwab**	608
100	Mittlerer Schwarzwald	618
	Fischerbach, **Müller**	624
101	Südlicher Schwarzwald	638
	Schluchsee, **Rogg**	645
	Titisee-Neustadt, **Kleiser**	648
105	Bodensee-Oberschwaben	656
	Kressbronn, **Gührer**	667
	Tettnang, **Köhn-Späth**	678

Bayern

107	Bayerische Rhön	705
	Münnerstadt, **Schreiner**	706
110	Frankenwald	710
	Naila, **Lang**	712
111	Fichtelgebirge	714
	Münchberg, **Strößner**	716
	Stammbach, **Böhmer**	717
	Wunsiedel, **Beck**	718
114	Steigerwald	720
	Markt Taschendorf, **Krafft**	720
122	Bayerischer Jura	740
	Hirschbach, **Herbst**	741
125	Südlicher Bayerischer Wald	760
	Breitenberg, **Lichtenauer**	760
	Sonnen, **Moser**	763
126	Niederbayern zwischen Donau und Inn	770
	Bad Birnbach, **Bachhuber**	770
134	Tölzer Land	778
	Kochel am See, **Lautenbacher**	782

Barrierefrei

Barrierefreie Unterkünfte

Für Gehbehinderte besonders geeignete Unterkünfte, welche die DIN 18025, Teil 2 erfüllen.
Erkundigen Sie sich in jedem Fall zuvor, ob das gewählte Quartier tatsächlich die für Sie wichtigen Bedingungen erfüllt.

Schleswig-Holstein

1	Nordsee	26
	Neufelderkoog, **Bährs**	35
	Stadum, **Clausen-Hansen**	40
2	Nordfriesische Inseln	47
	Föhr-Alkersum, **Olufs GbR**	47
3	Binnenland	510
	Aukrug, **Henning**	50
5	Insel Fehmarn	72
	Fehmarn, **Albert**	75
	Fehmarn, **Höper**	74
6	Holsteinische Schweiz	84
	Eutin, **Damlos**	90

Niedersachsen

16	Nordseeküste	158
	Bensersiel, **Janssen**	158
	Krummhörn, **Bauer**	165
	Krummhörn, **Schöningh**	166
	Norden, **Bogena**	169
	Norden, **Martens**	171
	Varel, **Sauer**	175
	Wangerland, **Oetken**	178
19	Grafschaft Bentheim	189
	Wilsum, **Garbert**	190
20	Emsland	191
	Haren, **Albers**	191
22	Oldenburger Münsterland	197
	Friesoythe, **Wreesmann**	198
24	Lüneburger Heide	204
	Celle, **Knoop**	214
	Gartow, **Kunzog**	218
	Walsrode, **Sandvoss**	236
	Walsrode, **Wehrhoff**	236
25	Hannover Region	238
	Neustadt, **Seehawer**	239

27	Weserbergland	242
	Bad Gandersheim, **Sprengel**	243

Brandenburg

34	Prignitz	298
	Karstädt, **Grote**	298

Nordrhein-Westfalen

47	Niederrhein	328
	Nettetal, **Kaffil**	329
	Sonsbeck, **Hawix**	329
48	Münsterland	332
	Gronau, **Laurenz**	337
	Lüdinghausen, **Löbbert**	342
	Neuenkirchen, **Garmann**	343
49	Teutoburger Wald	349
	Brakel, **Hasenbein**	352
	Preußisch Oldendorf, **Blankenstein**	357
	Preußisch Oldendorf, **Stapel**	358
52	Sauerland	358
	Lennestadt, **Pohl**	364
	Olsberg, **Hester**	369
	Schmallenberg, **Heite**	373
53	Eifel & Region Aachen	387
	Mechernich, **Schröder**	388
55	Bergisches Land	389
	Radevormwald, **Hübel**	389
57	Siegerland-Wittgenstein	390
	Bad Berleburg, **Becker**	391

Hessen

59	Hessisches Sauerland, Waldecker Land	417
	Diemelsee, **Figge**	419
62	Waldhessen	425
	Nentershausen, **von Baumbach**	425

V 65

Barrierefrei

Thüringen

72	Nordthüringen	458
	Neustadt / Harz, **Ibe u. Kühne**	458
76	Saaleland	463
	Gumperda, **Schachtschabel**	463

Rheinland-Pfalz

85	Eifel	524
	Bleialf, **Altendorf**	524
	Manderscheid, **Krämer**	528
	Manderscheid, **Röhl**	529
90	Hunsrück-Nahe	543
	Kirchberg, **Hilgert**	545
	Sohren, **Wüllenweber**	546

Baden-Württemberg

96	Taubertal	608
	Bad Mergentheim, **Schwab**	608
100	Mittlerer Schwarzwald	618
	Schiltach, **Spinner**	633
101	Südlicher Schwarzwald	638
	Schluchsee, **Rogg**	645
102	Kaiserstuhl	651
	Freiburg, **Walter**	652
105	Bodensee-Oberschwaben	656
	Deggenhausertal, **Markhart**	661
	Ochsenhausen, **Mayer**	673
	Salem, **Schwehr**	675

Bayern

107	Bayerische Rhön	705
	Münnerstadt, **Pickelmann**	706
111	Fichtelgebirge	714
	Stammbach, **Böhmer**	717
	Wunsiedel, **Beck**	718
115	Fränkische Schweiz	721
	Ahorntal, **Neubig**	721
	Etzelwang, **Wagner**	723
116	Romantisches Franken	727
	Colmberg, **Ohr**	727
121	Oberpfälzer Wald/Steinwald	737
	Neunburg, **Vetter**	739
122	Bayerischer Jura	740
	Hirschbach, **Herbst**	741
123	Naturpark Bayerischer Wald	742
	Langdorf, **Ellerbeck**	750
125	Südlicher Bayerischer Wald	760
	Breitenberg, **Lichtenauer**	760
	Thyrnau, **Lichtenauer**	764
126	Niederbayern zwischen Donau und Inn	770
	Bad Birnbach, **Bachhuber**	770
134	Tölzer Land	778
	Kochel am See, **Lautenbacher**	782
137	Chiemgau	796
	Reit im Winkl, **Heistracher**	797
138	Berchtesgadener Land	801
	Marktschellenberg, **Stanggassinger**	807
140	Unterallgäu	809
	Pfaffenhausen, **Biehler**	809

Auf dem Bauernhof die Freiheit genießen: Camping auf dem Bauernhof verbindet zwei beliebte Urlaubsformen ideal. Erleben Sie lebendige Landwirtschaft und wohnen Sie dabei im eigenen Zelt oder Caravan. Gerade für Sie als Camping-Fan eine schöne Alternative zu herkömmlichen Campingplätzen.

Camping

Das Campingangebot wurde von DLG-Fachleuten nach speziellen Kriterien überprüft. Überprüft werden die Mindestgröße der Stellplätze, Strom-, Wasser- und Abwasseranschlüsse, der Sanitär-, Hauswirtschafts- und Aufenthaltsbereich.

Schleswig-Holstein

5	Insel Fehmarn	72
	Fehmarn, **Schmidt**	82

Mecklenburg-Vorpommern

11	Insel Rügen und Hiddensee	124
	Ummanz/Rügen, **Kliewe**	127

Niedersachsen

22	Oldenburger Münsterland	197
	Löningen, **Meyer**	199
23	Mittelweser, Dümmer See	200
	Rehden, **Buschmeyer**	202
24	Lüneburger Heide	204
	Hellwege, **Heitmann**	220
25	Hannover Region	238
	Neustadt, **Seehawer**	239

Nordrhein-Westfalen

48	Münsterland	332
	Schöppingen, **Schulze Althoff**	346
52	Sauerland	358
	Medebach, **Schmidt**	378

Thüringen

72	Nordthüringen	458
	Frankenroda, **Groß**	458

Rheinland-Pfalz

85	Eifel	524
	Rommersheim, **Barthems**	529
90	Hunsrück-Nahe	543
	Holzbach, **Geiss**	545

Camping

Baden-Württemberg

101	Südlicher Schwarzwald	638
	Biederbach, **Wernet**	639
105	Bodensee-Oberschwaben	656
	Tettnang, **Köhn-Späth**	678

Bayern

111	Fichtelgebirge	714
	Wunsiedel, **Beck**	718
121	Oberpfälzer Wald/Steinwald	737
	Neunburg, **Vetter**	739
125	Südlicher Bayerischer Wald	760
	Neukirchen v. Wald, **Kobler**	762
	Thyrnau, **Schiermeier**	765

Gruppen | Tagungen | Seminare

Arbeits- und Auszeit...

Seminar im Grünen
Ob Sie in einer größeren Gruppe Urlaub machen oder Ihre Tagung in herrlicher Umgebung durchführen wollen: Hier finden Sie das richtige Angebot.

Gruppenangebote

Die Gastgeber bieten Unterkünfte für mindestens 20 Personen in Ferienzimmern oder Ferienwohnungen/-häusern

	Schleswig-Holstein	
1	**Nordsee**	26
	Dagebüll, **Jensen**	26
	Garding, **Groth**	28
	Langenhorn, **Ebsen**	33
	Oldenswort, **Massow**	37
	Tetenbüll, **Reigardt**	42
2	**Nordfriesische Inseln**	47
	Pellworm, **Jansen**	49
3	**Binnenland**	510
	Heinkenborstel, **Bracker**	53
4	**Ostsee**	58
	Bliesdorf, **Bendfeldt**	59
	Hasselberg, **Thomsen**	62
	Havetoftloit, **Ruhe**	63
	Steinberg, **Lempelius**	68
	Winnemark, **Kühl**	71
6	**Holsteinische Schweiz**	84
	Bad Malente, **Engel**	84
	Bad Malente, **Graage**	85
	Bad Malente, **Lenz**	86
	Eutin, **Damlos**	90
	Eutin, **Gröne**	91
	Schönwalde, **Boyens**	92

7	**Herzogtum Lauenburg**	92
	Dargow/Schaalsee, **Schoppenhauer**	93
	Mecklenburg-Vorpommern	
9	**Mecklenburgische Ostseeküste**	118
	Oberhof, **Nölck**	122
	Ribnitz-Damgarten, **Wieben**	122
11	**Insel Rügen und Hiddensee**	124
	Ummanz/Rügen, **Kliewe**	127
13	**Vorpommern**	129
	Ramin, **Brauer**	129
14	**Mecklenburgische Schweiz**	130
	Walkendorf, **Gut Dalwitz**	132
	Niedersachsen	
16	**Nordseeküste**	158
	Bensersiel, **Janssen**	158
	Esens, **de Buhr**	161
	Hooksiel, **Müller**	163
	Krummhörn, **Schöningh**	166
	Norden, **Dirks**	170

V 69

Gruppen | Tagungen | Seminare

17	**Ostfriesland**	181
	Strücklingen, **Olling**	183
18	**Land zwischen Elbe und Weser**	184
	Sauensiek, **Heimberg-Bowe**	186
	Selsingen, **Borchers**	188
19	**Grafschaft Bentheim**	189
	Wilsum, **Garbert**	190
20	**Emsland**	191
	Haren, **Albers**	191
	Haren, **Griesen**	191
	Haren, **Hiebing**	193
22	**Oldenburger Münsterland**	197
	Emstek, **Meyer**	197
	Friesoythe, **Wreesmann**	198
	Löningen, **Meyer**	199
24	**Lüneburger Heide**	204
	Altenmedingen, **Hermann**	204
	Amelinghausen, **Studtmann**	207
	Bergen, **Averbeck-Pennington**	209
	Eschede, **Schlottau-Blume**	216
	Gartow, **Kunzog**	218
	Hellwege, **Heitmann**	220
	Hemsbünde, **Delventhal**	221
	Himbergen, **Braesel-Behn**	222
	Munster, **Jungemann**	224
	Neuenkirchen, **Küsel**	225
	Soltau, **Emmann**	227
	Soltau, **Große-Lümern**	227
	Soltau, **Schmid**	228
	Sprakensehl, **Bührke**	229
	Steinhorst, **Röling**	230
	Trebel, **Gauster**	231
	Undeloh, **Heins**	231
	Visselhövede, **Wilkens**	235
	Walsrode, **Sandvoss**	236
25	**Hannover Region**	238
	Isenbüttel, **Müller**	238
	Neustadt, **Seehawer**	239
27	**Weserbergland**	242
	Bad Gandersheim, **Sprengel**	243
28	**Harz**	245
	Bad Lauterberg, **Ferienhof Morich**	245

Brandenburg

35	**Ruppiner Land**	299
	Liebenwalde, **Steinbach**	299
36	**Uckermark**	299
	Oberuckersee, **Ruhnau**	300

Nordrhein-Westfalen

47	**Niederrhein**	328
	Hamminkeln, **Altmann**	328
	Uedem, **Derksen**	330
48	**Münsterland**	332
	Emsdetten, **Höwel**	333
	Ennigerloh, **Bettmann**	334
	Everswinkel, **Schulze-Zurmussen**	335
	Everswinkel, **Winkelkötter**	336
	Gronau, **Laurenz**	337
	Havixbeck, **Schulze Schleithoff**	339
	Horstmar, **Schulze Pröbsting**	341
	Lüdinghausen, **Löbbert**	342
	Sassenberg, **Winkler**	345
	Schöppingen, **Schulze Althoff**	346
	Warendorf, **Schwienhorst**	347
	Westerkappeln, **Holtgräwe**	348
49	**Teutoburger Wald**	349
	Beverungen, **Wüllner**	350
	Brakel, **Hasenbein**	352
	Dörentrup, **Frevert**	353
	Lage, **Wehmeier**	355
	Petershagen, **Hüneke**	357
52	**Sauerland**	358
	Brilon, **Bals**	360
	Eslohe, **Meier**	361
	Kirchhundem, **Neuhaus**	363
	Lennestadt, **Heinemann**	365
	Lennestadt, **Pohl**	364
	Medebach, **Schmidt**	378
	Meschede, **Kremer**	366
	Schmallenberg, **Belke-Spork**	371
	Schmallenberg, **Köhne**	370
	Schmallenberg, **Schulte-Göbel**	377
	Schmallenberg, **Vollmer-König**	383
	Sundern, **Wiethoff- Hüster**	384
57	**Siegerland-Wittgenstein**	390
	Bad Berleburg, **Becker**	391

Gruppen | Tagungen | Seminare

Hessen

58	Kassel Land	416
	Naumburg, **Günst**	416
	Naumburg, **Schneider**	416
59	Hessisches Sauerland, Waldecker Land	417
	Willingen, **Sauer**	422
60	Werra-Meißner-Land	422
	Witzenhausen, **Hotze-Schaefer**	423
61	Kurhessisches Bergland	424
	Borken, **Baun**	424
62	Waldhessen	425
	Nentershausen, **von Baumbach**	425
65	Region Vogelsberg	426
	Lauterbach, **Wiegel**	426
66	Rhön	428
	Hosenfeld, **Neidert**	430
70	Spessart-Kinzigtal-Vogelsberg	430
	Bruchköbel, **Knop von Schwerdtner**	431
71	Odenwald-Bergstraße-Neckartal	431
	Reichelsheim, **Schwöbel**	433

Thüringen

72	Nordthüringen	458
	Frankenroda, **Groß**	458
	Neustadt / Harz, **Ibe u. Kühne**	458
73	Thüringer Kernland	459
	Witterda, **Göbel**	459
74	Thüringische Rhön	460
	Spahl, **Biedenbach**	461
75	Thüringer Wald	461
	Bücheloh, **Risch**	461

Sachsen

79	Sächsisches Elbland	491
	Coswig, **Schuh**	491

Rheinland-Pfalz

85	Eifel	524
	Bleialf, **Altendorf**	524
	Kruchten, **Hoffmann**	527
	Manderscheid, **Krämer**	528
87	Mittelrhein-Lahn	533
	Oberwesel, **Lanius-Heck**	534
88	Westerwald	535
	Welschneudorf, **Rücker**	535
89	Mosel-Saar	536
	Longuich, **Theisen**	541
	Saarburg, **Scheuer**	543
90	Hunsrück-Nahe	543
	Holzbach, **Geiss**	545
	Kirchberg, **Hilgert**	545
	Sohren, **Wüllenweber**	546
	Sulzbach, **Conrath**	547
91	Rheinhessen	547
	Flörsheim, **Schmitt**	547
92	Pfalz	548
	Kirrweiler, **Zöller**	550
	Kirrweiler, **Zöller**	550

Saarland

93	Saarland	578
	St. Wendel, **Laub**	579

Baden-Württemberg

98	Hohenlohe und Schwäbisch Hall	611
	Schwäbisch Hall, **Lang**	612
99	Nördlicher Schwarzwald	613
	Loßburg, **Schillinger**	615
100	Mittlerer Schwarzwald	618
	Bad Peterstal, **Huber**	619
	Fischerbach, **Schwendenmann**	624
	Oberwolfach, **Schmid**	630
	Seelbach, **Fehrenbach**	634
	Wolfach, **Fahrner**	635
	Wolfach, **Schmid**	630
	Wolfach, **Schmid**	630

Gruppen | Tagungen | Seminare

101	**Südlicher Schwarzwald**	638
	Donaueschingen, **Albert**	640
105	**Bodensee-Oberschwaben**	656
	Beuron, **Käppeler**	659
	Deggenhausertal, **Jehle**	661
	Deggenhausertal, **Markhart**	661
	Gaienhofen, **Burkart**	664
	Hagnau, **Gutemann**	665
	Ochsenhausen, **Mayer**	673
	Salem, **Schwehr**	675

Bayern

106	**Spessart-Main-Odenwald**	704
	Großheubach, **Steiert**	704
107	**Bayerische Rhön**	705
	Münnerstadt, **Pickelmann**	706
109	**Oberes Maintal/Coburger Land**	708
	Ebensfeld, **Finkel**	708
	Itzgrund, **Treiber**	709
	Lichtenfels, **Angermüller**	709
110	**Frankenwald**	710
	Marktleugast, **Schramm**	771
	Marktrodach, **Martini**	712
	Selbitz, **Kießling**	713
	Wilhelmsthal, **Greser**	714
111	**Fichtelgebirge**	714
	Bad Alexandersbad, **Riedelbauch**	714
	Höchstädt, **Wittig**	715
	Stammbach, **Böhmer**	717
	Wunsiedel, **Beck**	718
	Wunsiedel, **Fröber**	718
	Wunsiedel, **Schübel**	719
114	**Steigerwald**	720
	Markt Taschendorf, **Krafft**	720
115	**Fränkische Schweiz**	721
	Ahorntal, **Neubig**	721
	Etzelwang, **Wagner**	723
116	**Romantisches Franken**	727
	Colmberg, **Ohr**	727
	Gerolfingen, **Joas**	728
119	**Fränkisches Seenland**	729
	Haundorf, **Reidelshöfer**	732
121	**Oberpfälzer Wald/Steinwald**	737
	Neunburg, **Vetter**	739
	Schönsee, **Schmid**	739
122	**Bayerischer Jura**	740
	Hirschbach, **Herbst**	741
123	**Naturpark Bayerischer Wald**	742
	Haibach, **Dirscherl**	747
	Hohenwarth, **Weiß**	748
	Kirchberg, **Neumeier**	749
	Langdorf, **Ellerbeck**	750
	Langdorf, **Zitzelsperger**	750
	Patersdorf, **Hacker**	752
	Regen, **Weiderer**	753
	St. Englmar, **Reiner**	755
124	**Nationalpark Bayerischer Wald**	756
	Eppenschlag, **Steininger**	756
125	**Südlicher Bayerischer Wald**	760
	Sonnen, **Moser**	763
	Thyrnau, **Schiermeier**	765
	Vilshofen, **Eineder**	766
	Wegscheid, **Reischl**	769
132	**Pfaffenwinkel**	775
	Böbing, **Mayr**	776
135	**Tegernsee-Schliersee-Wendelstein**	785
	Bayrischzell, **Huber**	785
136	**Chiemsee**	786
	Seeon-Seebruck, **Huber**	792
	Truchtlaching, **Untermayer**	794
140	**Unterallgäu**	809
	Pfaffenhausen, **Biehler**	809
143	**Oberallgäu**	813
	Oberstaufen, **Zinth**	818

Gruppen | Tagungen | Seminare

Tagungen und Seminare

Mindestens ein Raum mit Tagungstechnik ist vorhanden.

Schleswig-Holstein

1	Nordsee	26
	Stadum, **Clausen-Hansen**	40
	Tetenbüll, **Reigardt**	42
4	Ostsee	58
	Brodersby, **Schulz**	60
	Havetoftloit, **Ruhe**	63
	Steinberg, **Lempelius**	68
6	Holsteinische Schweiz	84
	Eutin, **Gröne**	91
7	Herzogtum Lauenburg	92
	Dargow/Schaalsee, **Schoppenhauer**	93

Mecklenburg-Vorpommern

9	Mecklenburgische Ostseeküste	118
	Bastorf, **Wutschik**	119
	Ribnitz-Damgarten, **Wieben**	122
11	Insel Rügen und Hiddensee	124
	Middelhagen, **Behling**	124
	Ummanz/Rügen, **Kliewe**	127
13	Vorpommern	129
	Ramin, **Brauer**	129
14	Mecklenburgische Schweiz	130
	Walkendorf, **Gut Dalwitz**	132

Niedersachsen

16	Nordseeküste	158
	Bensersiel, **Janssen**	158
	Krummhörn, **Schöningh**	166
18	Land zwischen Elbe und Weser	184
	Sauensiek, **Heimberg-Bowe**	186
19	Grafschaft Bentheim	189
	Wilsum, **Garbert**	190
20	Emsland	191
	Haren, **Hiebing**	193
22	Oldenburger Münsterland	197
	Löningen, **Meyer**	199
23	Mittelweser, Dümmer See	200
	Syke, **Einhaus**	203
24	Lüneburger Heide	204
	Altenmedingen, **Hermann**	204
	Altenmedingen, **von Borries**	204
	Amelinghausen, **Studtmann**	207
	Bergen, **Averbeck-Pennington**	209
	Eschede, **Schlottau-Blume**	216
	Gartow, **Kunzog**	218
	Himbergen, **Braesel-Behn**	222
	Soltau, **Emmann**	227
	Soltau, **Schmid**	228
	Steinhorst, **Röling**	230
25	Hannover Region	238
	Neustadt, **Seehawer**	239
27	Weserbergland	242
	Bad Gandersheim, **Sprengel**	243

Brandenburg

34	Prignitz	298
	Karstädt, **Grote**	298
36	Uckermark	299
	Oberuckersee, **Ruhnau**	300

Nordrhein-Westfalen

48	Münsterland	332
	Emsdetten, **Höwel**	333
	Ennigerloh, **Bettmann**	334
	Everswinkel, **Winkelkötter**	336
	Gronau, **Laurenz**	337
	Lüdinghausen, **Löbbert**	342
	Oelde, **Meier Gresshoff**	344
	Sassenberg, **Winkler**	345
49	Teutoburger Wald	349
	Lage, **Wehmeier**	355
52	Sauerland	358
	Balve, **Schulte**	359
	Eslohe, **Meier**	361
	Meschede, **Kremer**	366
54	Köln, Rhein-Erft und Rhein-Sieg-Kreis	389
	Lohmar, **Trimborn**	389

Gruppen | Tagungen | Seminare

Hessen

58	Kassel Land	416
	Naumburg, **Günst**	416
	Naumburg, **Schneider**	416
59	Hessisches Sauerland, Waldecker Land	417
	Willingen, **Sauer**	422
61	Kurhessisches Bergland	424
	Borken, **Baun**	424
66	Rhön	428
	Hosenfeld, **Neidert**	430

Thüringen

76	Saaleland	463
	Gumperda, **Schachtschabel**	463

Rheinland-Pfalz

85	Eifel	524
	Buchet, **Hansen**	525
	Sinspelt, **Heyen**	531
87	Mittelrhein-Lahn	533
	Oberwesel, **Lanius-Heck**	534
88	Westerwald	535
	Welschneudorf, **Rücker**	535
90	Hunsrück-Nahe	543
	Emmelshausen, **Becker**	543
	Holzbach, **Geiss**	545
	Sohren, **Wüllenweber**	546
91	Rheinhessen	547
	Flörsheim, **Schmitt**	547

Baden-Württemberg

100	Mittlerer Schwarzwald	618
	Oberwolfach, **Schmid**	630
	Wolfach, **Fahrner**	635
105	Bodensee-Oberschwaben	656
	Beuron, **Käppeler**	659
	Salem, **Schwehr**	675

Bayern

107	Bayerische Rhön	705
	Münnerstadt, **Pickelmann**	706
110	Frankenwald	710
	Marktrodach, **Martini**	712
111	Fichtelgebirge	714
	Höchstädt, **Wittig**	715
	Wunsiedel, **Beck**	718
116	Romantisches Franken	727
	Colmberg, **Ohr**	727
119	Fränkisches Seenland	729
	Abenberg, **Schwab**	729!!
	Absberg, **Rachinger**	730
121	Oberpfälzer Wald/Steinwald	737
	Neunburg, **Vetter**	739
123	Naturpark Bayerischer Wald	742
	Regen, **Weiderer**	753
124	Nationalpark Bayerischer Wald	756
	Eppenschlag, **Steininger**	756
125	Südlicher Bayerischer Wald	760
	Vilshofen, **Eineder**	766
135	Tegernsee-Schliersee-Wendelstein	785
	Bayrischzell, **Huber**	785
138	Berchtesgadener Land	801
	Marktschellenberg, **Stanggassinger**	807
140	Unterallgäu	809
	Pfaffenhausen, **Biehler**	809
143	Oberallgäu	813
	Oberstaufen, **Zinth**	818

Übernachten im Heu

Auf Heu gebettet...

Das ganz besondere Landerlebnis
Bestens schlafen in frisch duftendem Heu. Nicht nur für Kinder ein toller Urlaubs-Spaß! Vielleicht das Highlight für Ihre nächste Gruppenreise?

Übernachten im Heu

Bei diesen Gastgebern kann man im Heu übernachten. Das sind meistens Gemeinschaftsunterkünfte mit Sanitäreinrichtungen. Oft ist noch ein gesonderter Aufenthaltsraum zum gemütlichen Beisammensein und fürs Frühstück vorhanden.

Schleswig-Holstein

1	Nordsee	26
	Stadum, **Clausen-Hansen**	40
6	Holsteinische Schweiz	84
	Eutin, **Damlos**	90

Mecklenburg-Vorpommern

9	Mecklenburgische Ostseeküste	118
	Boldenshagen, **Roßmann**	119

Niedersachsen

16	Nordseeküste	158
	Krummhörn, **Schöningh**	166
	Neuschoo, **Goldenstein**	169
18	Land zwischen Elbe und Weser	184
	Sauensiek, **Heimberg-Bowe**	186
22	Oldenburger Münsterland	197
	Emstek, **Meyer**	197
24	Lüneburger Heide	204
	Hellwege, **Heitmann**	220
25	Hannover Region	238
	Neustadt, **Seehawer**	239

Sachsen-Anhalt

30	Magdeburg-Elbe-Börde-Heide	270
	Rietzel, **Rusch**	270

Brandenburg

34	Prignitz	298
	Karstädt, **Grote**	298

Übernachten im Heu

Nordrhein-Westfalen

47	Niederrhein	328
	Hamminkeln, **Herrmann**	328
	Uedem, **Derksen**	330
48	Münsterland	332
	Gronau, **Laurenz**	337
	Neuenkirchen, **Garmann**	343
52	Sauerland	358
	Attendorn, **Pulte**	379
	Schmallenberg, **Meier**	376

Hessen

58	Kassel Land	416
	Naumburg, **Schneider**	416

Thüringen

76	Saaleland	463
	Gumperda, **Schachtschabel**	463

Sachsen

84	Vogtland	499
	Heinsdorfergrund, **Tröger**	499

Rheinland-Pfalz

85	Eifel	524
	Rommersheim, **Barthems**	529
87	Mittelrhein-Lahn	533
	Oberwesel, **Lanius-Heck**	534
90	Hunsrück-Nahe	543
	Holzbach, **Geiss**	545

Baden-Württemberg

98	Hohenlohe und Schwäbisch Hall	611
	Schwäbisch Hall, **Lang**	612
99	Nördlicher Schwarzwald	613
	Freudenstadt, **Mast**	614
100	Mittlerer Schwarzwald	618
	Fischerbach, **Müller**	624
	Hornberg, **Hildbrand**	627

Bayern

110	Frankenwald	710
	Marktleugast, **Schramm**	771
111	Fichtelgebirge	714
	Wunsiedel, **Beck**	718
116	Romantisches Franken	727
	Colmberg, **Ohr**	727
119	Fränkisches Seenland	729
	Merkendorf, **Schottenhammel**	734
	Westheim, **Kleemann**	735
121	Oberpfälzer Wald/Steinwald	737
	Schönsee, **Schmid**	739
123	Naturpark Bayerischer Wald	742
	Kirchberg, **Aulinger**	749
	Kirchberg, **Neumeier**	749
125	Südlicher Bayerischer Wald	760
	Thyrnau, **Schiermeier**	765
134	Tölzer Land	778
	Benediktbeuern, **Sindlhauser**	779
143	Oberallgäu	813
	Waltenhofen, **Schöll**	823

Auf dem Land genießen

Direkt vor Ort genießen!

Nah, frisch und lecker
Selbst gebackenes Brot, leckere Kuchen, hochwertige Produkte aus der eigenen Landwirtschaft: Hier finden Sie Anbieter mit dem Plus für Ihren Gaumen. Genießen Sie regionaltypische Gerichte im Bauernhofcafé oder Hofrestaurant. Holen Sie frische Landeier und selbst gemachte Marmelade für Ihr Frühstück im Hofladen. Genießen Sie den Tag – auch kulinarisch.

Hofcafé

Auf dem Betrieb befindet sich ein Hofcafé, in dem Sie je nach Öffnungszeiten und Angebot frühstücken, einen Snack zu Mittag essen, aber auf alle Fälle am Nachmittag gemütlich Kaffee trinken können.

Schleswig-Holstein

1	Nordsee	26
	Stadum, **Clausen-Hansen**	40
3	Binnenland	510
	Padenstedt, **Kreikenbohm**	56
4	Ostsee	58
	Bliesdorf, **Bendfeldt**	59
	Quern, **Petersen**	66
	Steinberg, **Lempelius**	68
5	Insel Fehmarn	72
	Fehmarn, **Fleth**	73
	Fehmarn, **Lafrenz**	76
6	Holsteinische Schweiz	84
	Bad Malente, **Engel**	84
	Bosau, **Brooks**	87
	Eutin, **Gröne**	91

Mecklenburg-Vorpommern

11	Insel Rügen und Hiddensee	124
	Ummanz/Rügen, **Kliewe**	127
12	Insel Usedom	127
	Rankwitz, **Gessner**	128
13	Vorpommern	129
	Ramin, **Brauer**	129
14	Mecklenburgische Schweiz	130
	Prebberede, **Krause**	131
	Walkendorf, **Gut Dalwitz**	132

Niedersachsen

16	Nordseeküste	158
	Wangerland, **Oetken**	178
18	Land zwischen Elbe und Weser	184
	Selsingen, **Pape**	188

Auf dem Land genießen

19	Grafschaft Bentheim	189
	Wilsum, **Garbert**	190
20	Emsland	191
	Haren, **Hiebing**	193
22	Oldenburger Münsterland	197
	Emstek, **Meyer**	197
23	Mittelweser, Dümmer See	200
	Syke, **Einhaus**	203
24	Lüneburger Heide	204
	Altenmedingen, **Hermann**	204
	Altenmedingen, **von Borries**	204
	Bergen, **Averbeck-Pennington**	209
	Eschede, **Schlottau-Blume**	216
	Himbergen, **Braesel-Behn**	222
	Soltau, **Emmann**	227
	Soltau, **Schmid**	228
25	Hannover Region	238
	Neustadt, **Seehawer**	239
27	Weserbergland	242
	Bad Gandersheim, **Sprengel**	243

Brandenburg

36	Uckermark	299
	Drense, **Gierke**	299
46	Niederlausitz	303
	Kerkwitz, **Wehland**	303

Nordrhein-Westfalen

48	Münsterland	332
	Ennigerloh, **Bettmann**	334
	Gronau, **Laurenz**	337
	Schöppingen, **Schulze Althoff**	346
49	Teutoburger Wald	349
	Brakel, **Hasenbein**	352
	Lage, **Wehmeier**	355
52	Sauerland	358
	Balve, **Schulte**	359
	Brilon, **Bals**	360
	Kirchhundem, **Neuhaus**	363
	Lennestadt, **Heinemann**	365
	Meschede, **Kremer**	366
	Olsberg, **Hester**	369
	Schmallenberg, **Schulte-Göbel**	377
	Schmallenberg, **Voss**	383

Hessen

58	Kassel Land	416
	Naumburg, **Schneider**	416
59	Hessisches Sauerland, Waldecker Land	417
	Korbach, **Lahme**	419
	Willingen, **Sauer**	422
66	Rhön	428
	Hilders, **Will**	428
	Hosenfeld, **Neidert**	430

Thüringen

72	Nordthüringen	458
	Frankenroda, **Groß**	458
	Neustadt / Harz, **Ibe u. Kühne**	458
73	Thüringer Kernland	459
	Witterda, **Göbel**	459
76	Saaleland	463
	Gumperda, **Schachtschabel**	463

Sachsen

79	Sächsisches Elbland	491
	Coswig, **Schuh**	491
82	Erzgebirge	496
	Neuhausen, **Lüpfert**	497

Rheinland-Pfalz

85	Eifel	524
	Kruchten, **Hoffmann**	527
	Sinspelt, **Heyen**	531
88	Westerwald	535
	Welschneudorf, **Rücker**	535
90	Hunsrück-Nahe	543
	Emmelshausen, **Becker**	543

Baden-Württemberg

100	Mittlerer Schwarzwald	618
	Oberwolfach, **Schmid**	630
102	Kaiserstuhl	651
	Freiburg, **Walter**	652

Auf dem Land genießen

105 Bodensee-Oberschwaben	656
Aulendorf, **Harsch**	657
Kressbronn, **Gührer**	667
Ochsenhausen, **Mayer**	673
Tettnang, **Köhn-Späth**	678

Bayern

106 Spessart-Main-Odenwald	704
Großheubach, **Steiert**	704
110 Frankenwald	710
Marktrodach, **Martini**	712
111 Fichtelgebirge	714
Bad Alexandersbad, **Riedelbach**	714
Wunsiedel, **Beck**	718
115 Fränkische Schweiz	721
Etzelwang, **Wagner**	723
121 Oberpfälzer Wald/Steinwald	737
Neunburg, **Vetter**	739
Schönsee, **Schmid**	739
122 Bayerischer Jura	740
Hirschbach, **Herbst**	741

123 Naturpark Bayerischer Wald	742
Patersdorf, **Hacker**	752
124 Nationalpark Bayerischer Wald	756
Eppenschlag, **Steininger**	756
125 Südlicher Bayerischer Wald	760
Tittling, **Riesinger**	766
Vilshofen, **Eineder**	766
Wegscheid, **Reischl**	769
127 Ammersee-Lech	772
Rott, **Strauß**	773
136 Chiemsee	786
Bernau, **Wierer**	787
138 Berchtesgadener Land	801
Ramsau, **Bartels**	808
140 Unterallgäu	809
Pfaffenhausen, **Biehler**	809
143 Oberallgäu	813
Oberstaufen, **Zinth**	818
Oberstdorf, **Geiger**	819

V 79

Auf dem Land genießen

Direktvermarkter

Höfe mit einem Angebot an eigenen und/oder regionalen Erzeugnissen, z. B. Gemüse aus dem Bauerngarten oder Wurst aus der Hausschlachtung.

	Schleswig-Holstein	
1	Nordsee	26
	Langenhorn, **Ebsen**	33
	Neufelderkoog, **Bährs**	35
	Oldenswort, **Stäcker**	37
	Tetenbüll, **Reigardt**	42
3	Binnenland	510
	Aukrug, **Henning**	50
4	Ostsee	58
	Kellenhusen, **Axt**	65
6	Holsteinische Schweiz	84
	Bad Malente, **Engel**	84
	Bad Malente, **Lenz**	86
	Eutin, **Damlos**	90
7	Herzogtum Lauenburg	92
	Dargow/Schaalsee, **Schoppenhauer**	93

	Mecklenburg-Vorpommern	
12	Insel Usedom	127
	Dargen, **Pussehl**	128
14	Mecklenburgische Schweiz	130
	Walkendorf, **Gut Dalwitz**	132

	Niedersachsen	
16	Nordseeküste	158
	Norden, **Gerdes**	170
	Varel, **Sauer**	175
18	Land zwischen Elbe und Weser	184
	Ebersdorf, **Martens**	185
24	Lüneburger Heide	204
	Schneverdingen, **Harms**	226
	Steinhorst, **Röling**	230
	Walsrode, **Wildung**	236

25	Hannover Region	238
	Isenbüttel, **Müller**	238
27	Weserbergland	242
	Bad Gandersheim, **Sprengel**	243

	Brandenburg	
34	Prignitz	298
	Karstädt, **Grote**	298
36	Uckermark	299
	Drense, **Gierke**	299

	Nordrhein-Westfalen	
48	Münsterland	332
	Gronau, **Laurenz**	337
	Schöppingen, **Schulze Althoff**	346
49	Teutoburger Wald	349
	Bad Driburg, **Beine**	349
	Horn-Bad Meinberg, **Kaiser**	354
	Preußisch Oldendorf, **Stapel**	358
52	Sauerland	358
	Meschede, **Kremer**	366
57	Siegerland-Wittgenstein	390
	Bad Berleburg, **Afflerbach**	390

	Hessen	
59	Hessisches Sauerland, Waldecker Land	417
	Diemelsee, **Figge**	419
60	Werra-Meißner-Land	422
	Witzenhausen, **Hotze-Schaefer**	423
61	Kurhessisches Bergland	424
	Borken, **Baun**	424
66	Rhön	428
	Hosenfeld, **Neidert**	430

Auf dem Land genießen

Thüringen	
72 Nordthüringen	458
Neustadt / Harz, **Ibe u. Kühne**	458
74 Thüringische Rhön	460
Geisa, **Heller**	460
76 Saaleland	463
Linda, **Wolschendorf**	463

Sachsen	
82 Erzgebirge	496
Marienberg, **Wohlfarth-Feger**	496

Rheinland-Pfalz	
87 Mittelrhein-Lahn	533
Oberwesel, **Persch**	535
89 Mosel-Saar	536
Briedel, **Walter**	536
Erden, **Kaufmann-Schneider**	537
Ernst, **Andre**	538
Konz, **Willems**	540
Mehring, **Hoffranzen**	542
90 Hunsrück-Nahe	543
Holzbach, **Geiss**	545
Kirchberg, **Hilgert**	545
91 Rheinhessen	547
Flörsheim, **Schmitt**	547
Ockenheim, **Feser**	548
92 Pfalz	548
Ilbesheim, **Becker**	549
Leinsweiler, **Stübinger**	551
St. Martin, **Ziegler**	552

Baden-Württemberg	
96 Taubertal	608
Külsheim, **Spengler**	608
99 Nördlicher Schwarzwald	613
Pfalzgrafenweiler, **Hirschfeld**	616
100 Mittlerer Schwarzwald	618
Fischerbach, **Müller**	624
Fischerbach, **Schwendenmann**	624
Gutach, **Wöhrle**	626
Oberwolfach, **Schmid**	630
Oppenau, **Springmann**	632
Schiltach, **Spinner**	633
101 Südlicher Schwarzwald	638
Biederbach, **Wernet**	639
Münstertal, **Gutmann**	644
102 Kaiserstuhl	651
Freiburg, **Walter**	652
Vogtsburg, **Schätzle**	653
105 Bodensee-Oberschwaben	656
Aulendorf, **Harsch**	657
Bad Waldsee, **Schmid**	658
Deggenhausertal, **Jehle**	661
Deggenhausertal, **Markhart**	661
Deggenhausertal, **Praster**	662
Immenstaad/Bodensee, **Gomeringer**	666
Ochsenhausen, **Mayer**	673
Ravensburg, **Ambs**	674

BuchTipp: Genießen auf dem Land

Genuss, Qualität und Frische gepaart mit frischer Landluft und herzlichen Menschen, das ist es, was Sie mit diesem Reiseführer kennen lernen.

12,90 €

V 81

Auf dem Land genießen

Bayern

110	**Frankenwald**	710
	Marktrodach, **Martini**	712
111	**Fichtelgebirge**	714
	Kirchenlamitz, **Petzold**	715
	Stammbach, **Böhmer**	717
	Wunsiedel, **Hörath/Hafner**	718
113	**Fränkisches Weinland**	719
	Iphofen, **Arnold**	719
120	**Naturpark Altmühltal**	735
	Treuchtlingen, **Gagsteiger**	736
121	**Oberpfälzer Wald/Steinwald**	737
	Neunburg, **Vetter**	739
134	**Tölzer Land**	778
	Kochel am See, **Lautenbacher**	782
136	**Chiemsee**	786
	Höslwang, **Arnold**	789
	Übersee, **Gschoßmann**	795
138	**Berchtesgadener Land**	801
	Anger, **Stumpfegger**	801
141	**Westallgäu**	810
	Nonnenhorn, **Hornstein**	812
143	**Oberallgäu**	813
	Balderschwang, **Steurer**	813
	Oberstdorf, **Geiger**	819
	Waltenhofen, **Schöll**	823

Golf

Golf und mehr...

Abschlag in herrlicher Umgebung
Für Golffreunde ist Urlaub auf dem Bauernhof eine schöne Alternative zu Hotelanlagen: Natur pur und Erholung ohne Stress und Hektik. Hier finden Sie Anbieter mit einem schönen Golfplatz. Auch für weitere Sportaktivitäten sind viele Anbieter bestens gerüstet.

Golf

Ein Golfplatz befindet sich im Ort oder bis zu 10 km Entfernung. Im Katalogteil finden Sie das Golf-Symbol direkt bei den Informationen zu den Urlaubsorten.

	Schleswig-Holstein	
1	Nordsee	26
	Garding, **Groth**	28
	Hattstedt-Feld, **Brodersen**	29
	Hedwigenkoog, **Brandt**	30
	Kirchspiel Garding, **Dau**	28
	Klixbüll, **Petersen**	32
	Langenhorn, **Gonnsen**	34
	Norddeich, **Witthohn**	36
	Sprakebüll, **Andresen**	39
	Stadum, **Clausen-Hansen**	40
	Tating, **Gravert**	40
	Tating, **Jacobs**	41
	Tümlauer Koog, **Hartwig**	43
	Vollerwiek, **Dircks**	44
2	Nordfriesische Inseln	47
	Föhr-Alkersum, **Olufs GbR**	47
	Föhr-Oevenum, **Matzen**	47
3	Binnenland	510
	Aukrug, **Henning**	50
	Aukrug, **Ratjen**	50
	Aukrug, **Ratjen**	50
	Heinkenborstel, **Bracker**	53
4	Ostsee	58
	Bliesdorf, **Bendfeldt**	59
	Brodersdorf, **Voege**	60
	Hasselberg, **Thomsen**	62
	Havetoftloit, **Ruhe**	63
	Kappeln, **Johannsen**	64
	Kellenhusen, **Axt**	65
	Krokau, **Krohn**	65
	Quern, **Struve**	67
	Ratekau, **Schacht**	67
	Timmendorfer Strand, **von Barby**	70
	Winnemark, **Kühl**	71
5	Insel Fehmarn	72
	Fehmarn, **Höper**	74
	Fehmarn, **Höper-Rauert**	72
	Fehmarn, **Hopp**	72
	Fehmarn, **Kleingarn**	76
	Fehmarn, **Liesenberg**	77
	Fehmarn, **Lüders-Köneke**	78
	Fehmarn, **Marquardt**	78
	Fehmarn, **Mau**	78
	Fehmarn, **Micheel-Sprenger**	79
	Fehmarn, **Muhl**	79
	Fehmarn, **Prange**	80
	Fehmarn, **Riessen**	81
	Fehmarn, **Sporleder**	82
	Fehmarn, **Voss**	83
	Fehmarn, **Weilandt**	83

Golf

6	Holsteinische Schweiz	84
	Bad Malente, **Engel**	84
	Bad Malente, **Graage**	85
	Bad Malente, **Lenz**	86
	Bosau, **Brooks**	87
	Bosau, **Meier**	87
	Bösdorf (Plön), **Siemen-Westphal**	88
	Bothkamp, **Himmel**	89
	Eutin, **Gröne**	91
	Kaköhl, **Maßmann**	91

Mecklenburg-Vorpommern

8	Westmecklenburg - Schwerin	118
	Langen-Brütz, **Bondzio**	118
9	Mecklenburgische Ostseeküste	118
	Bastorf, **Wutschik**	119
	Boldenshagen, **Roßmann**	119
	Ribnitz-Damgarten, **Wieben**	122
	Schmadebeck, **Heinz**	123
11	Insel Rügen und Hiddensee	124
	Haide/ Insel Ummanz, **Fröhlich**	125
12	Insel Usedom	127
	Dargen, **Pussehl**	128
	Rankwitz, **Gessner**	128

Niedersachsen

16	Nordseeküste	158
	Hooksiel, **Müller**	163
	Neuharlingersiel, **Esen**	167
	Neuschoo, **Goldenstein**	169
	Norden, **Bogena**	169
	Norden, **Itzen**	170
	Norden, **Martens**	171
	Stedesdorf, **Tannen**	175
	Wangerland, **Hobbie**	177
	Wangerland, **Oetken**	178
	Werdum, **Becker**	179
	Wilhelmshaven, **Behrends**	180
17	Ostfriesland	181
	Bad Zwischenahn, **Ahlers**	181
	Bad Zwischenahn, **Wehmhoff**	181
18	Land zwischen Elbe und Weser	184
	Sauensiek, **Heimberg-Bowe**	186
20	Emsland	191
	Haren, **Albers**	191
	Haren, **Griesen**	191
	Haren, **Hiebing**	193
21	Osnabrücker Land	195
	Ankum, **Eilfort**	195
	Eggermühlen, **von Boeselager**	196
23	Mittelweser, Dümmer See	200
	Drebber, **Drebbermüller**	200
	Lembruch, **Döbbeling**	201
	Rehden, **Buschmeyer**	202
	Syke, **Einhaus**	203
24	Lüneburger Heide	204
	Altenmedingen, **Hermann**	204
	Bad Bevensen, **Bautsch**	208
	Bergen, **Averbeck-Pennington**	209
	Bergen, **von Harling**	209
	Bispingen, **Röhrs**	211
	Bohndorf, **Winkelmann**	211
	Brietlingen, **Soltau**	213
	Celle, **Knoop**	214
	Eschede, **Moll**	215
	Eschede, **Schlottau-Blume**	216
	Hellwege, **Heitmann**	220
	Hemsbünde, **Delventhal**	221
	Himbergen, **Braesel-Behn**	222
	Kirchlinteln, **Gansbergen**	223
	Müden, **Meier**	223
	Schneverdingen, **Harms**	226
	Soltau, **Emmann**	227
	Soltau, **Große-Lümern**	227
	Soltau, **Schmid**	228
	Walsrode, **Sandvoss**	236
	Walsrode, **Wehrhoff**	236
	Walsrode, **Wildung**	236
	Wienhausen, **Cammann**	237
25	Hannover Region	238
	Isenbüttel, **Müller**	238
	Mardorf, **Asche**	239
	Springe, **Sander**	240
28	Harz	245
	Bad Lauterberg, **Ferienhof Morich**	245

Sachsen-Anhalt

31	Harz (SA)	270
	Molmerswende, **Wiele**	271

Brandenburg

37	Havelland	300
	Nennhausen, **Käthe**	300
	Nennhausen, **Schoch-Dengs**	301

Golf

Nordrhein-Westfalen

47	**Niederrhein**	328
	Hamminkeln, **Herrmann**	328
	Nettetal, **Kaffill**	329
	Uedem, **Derksen**	330
	Viersen, **Brandt**	331
48	**Münsterland**	332
	Ascheberg, **Siesmann**	332
	Ennigerloh, **Bettmann**	334
	Everswinkel, **Schulze-Zurmussen**	335
	Gronau, **Laurenz**	337
	Havixbeck, **Schulze Schleithoff**	339
	Lüdinghausen, **Löbbert**	342
	Neuenkirchen, **Garmann**	343
	Sassenberg, **Winkler**	345
	Warendorf, **Schwienhorst**	347
	Westerkappeln, **Holtgräwe**	348
	Westerkappeln, **Rumler-Meiners**	349
49	**Teutoburger Wald**	349
	Bad Driburg, **Beine**	349
	Brakel, **Hasenbein**	352
	Horn-Bad Meinberg, **Kaiser**	354
	Lage, **Wehmeier**	355
	Nieheim, **Nolte**	356
	Petershagen, **Hüneke**	357
52	**Sauerland**	358
	Balve, **Schulte**	359
	Brilon, **Bals**	360
	Lennestadt, **Pohl**	364
	Möhnesee, **Thiele**	367
	Schmallenberg, **Beste**	382
	Schmallenberg, **Köhne**	370
	Schmallenberg, **Vollmer-König**	383
	Schmallenberg, **Voss**	383
	Sundern, **Wiethoff- Hüster**	384
53	**Eifel & Region Aachen**	387
	Kall, **Jakobs**	388
	Mechernich, **Schröder**	388

Hessen

59	**Hessisches Sauerland, Waldecker Land**	417
	Bad Arolsen, **Hartmann**	417
60	**Werra-Meißner-Land**	422
	Wanfried, **Heim-Diegel**	422
65	**Region Vogelsberg**	426
	Büdingen, **Herd**	426
	Lauterbach, **Wiegel**	426
	Schlitz, **Trier**	427
	Schotten, **Michalek und Hippinen**	427

66	**Rhön**	428
	Hilders, **Will**	428
	Hofbieber, **Haas**	429
	Hofbieber, **Will**	429
70	**Spessart-Kinzigtal-Vogelsberg**	430
	Bruchköbel, **Knop von Schwerdtner**	431
71	**Odenwald-Bergstraße-Neckartal**	431
	Beerfelden, **Seip**	431
	Mossautal, **Kübler**	432
	Mossautal, **Weyrauch**	432
	Reichelsheim, **Schwöbel**	433

Thüringen

72	**Nordthüringen**	458
	Neustadt / Harz, **Ibe u. Kühne**	458

Rheinland-Pfalz

85	**Eifel**	524
	Kruchten, **Hoffmann**	527
	Lauperath, **Hermes**	527
	Lauperath, **Weiß**	528
	Sinspelt, **Heyen**	531
88	**Westerwald**	535
	Welschneudorf, **Rücker**	535
89	**Mosel-Saar**	536
	Longuich, **Mertes**	540
	Longuich, **Theisen**	541
	Mehring, **Hoffranzen**	542
90	**Hunsrück-Nahe**	543
	Herrstein, **Leroch**	544
	Kirchberg, **Hilgert**	545
	Sohren, **Wüllenweber**	546
	Sulzbach, **Conrath**	547
91	**Rheinhessen**	547
	Flörsheim, **Schmitt**	547
92	**Pfalz**	548
	Kirrweiler, **Zöller**	550
	Kirrweiler, **Zöller**	550
	Leinsweiler, **Stübinger**	551
	St. Martin, **Ziegler**	552

Saarland

93	**Saarland**	578
	Blieskastel, **Lindemann**	578
	St. Wendel, **Laub**	579

Golf

Baden-Württemberg

95	**Odenwald**	**605**
	Hardheim, **Ditter**	605
	Hardheim, **Odenwald**	606
	Hardheim, **Schmitt**	606
	Heiligkreuzsteinach, **Elfner**	607
	Höpfingen, **Gerig**	607
96	**Taubertal**	**608**
	Bad Mergentheim, **Schwab**	608
97	**Kraichgau-Stromberg**	**609**
	Oberderdingen, **Lutz**	610
98	**Hohenlohe und Schwäbisch Hall**	**611**
	Schwäbisch Hall, **Lang**	612
	Stimpfach, **Hofmann**	613
99	**Nördlicher Schwarzwald**	**613**
	Freudenstadt, **Mast**	614
	Loßburg, **Reich-Marohn**	614
	Loßburg, **Schillinger**	615
	Loßburg, **Schmid**	615
100	**Mittlerer Schwarzwald**	**618**
	Fischerbach, **Müller**	624
	Fischerbach, **Schwendenmann**	624
	Mühlenbach, **Heizmann**	625
	Oberharmersbach, **Lehmann**	628
	Seelbach, **Fehrenbach**	634
	Wolfach, **Schmid**	630
101	**Südlicher Schwarzwald**	**638**
	Bad Bellingen, **Männlin**	638
	Biederbach, **Wernet**	639
	Bonndorf, **Maier**	639
	Breitnau, **Wehrle**	640
	Donaueschingen, **Albert**	640
	Hinterzarten, **Fehrenbach**	642
	Neuenweg, **Rützler**	645
	Schluchsee, **Rogg**	645
	St. Peter, **Blattmann**	647
	Titisee-Neustadt, **Hauser**	648
	Titisee-Neustadt, **Kleiser**	648
	Titisee-Neustadt, **Kleiser**	648
	Titisee-Neustadt, **Waldvogel**	648
	Waldkirch, **Haberstroh**	650
102	**Kaiserstuhl**	**651**
	Bötzingen, **Jenne**	651
	Freiburg, **Walter**	652
103	**Region Stuttgart**	**653**
	Murrhardt, **Böhm**	653
104	**Schwäbische Alb**	**654**
	Hayingen, **Schwegler**	655

105	**Bodensee-Oberschwaben**	**656**
	Bad Waldsee, **Schmid**	658
	Beuron, **Käppeler**	659
	Deggenhausertal, **Eichenhofer**	660
	Deggenhausertal, **Jehle**	661
	Deggenhausertal, **Markhart**	661
	Deggenhausertal, **Praster**	662
	Ebersbach, **Baur**	662
	Kressbronn, **Gührer**	667
	Markdorf, **Heiß**	668
	Markdorf, **Knödler**	668
	Markdorf, **Steffelin**	669
	Neukirch, **Späth**	671
	Oberteuringen, **Hoher**	671
	Ochsenhausen, **Mayer**	673

Bayern

106	**Spessart-Main-Odenwald**	**704**
	Hasloch, **Ott**	704
107	**Bayerische Rhön**	**705**
	Münnerstadt, **Pickelmann**	706
	Münnerstadt, **Schreiner**	706
	Sulzfeld, **Potthoff**	707
109	**Oberes Maintal/Coburger Land**	**708**
	Itzgrund, **Treiber**	709
110	**Frankenwald**	**710**
	Presseck, **Burger**	713
111	**Fichtelgebirge**	**714**
	Bad Alexandersbad, **Riedelbauch**	714
	Röslau, **Preiß**	716
	Wunsiedel, **Beck**	718
	Wunsiedel, **Fröber**	718
	Wunsiedel, **Schübel**	719
113	**Fränkisches Weinland**	**719**
	Iphofen, **Weigand**	719
115	**Fränkische Schweiz**	**721**
	Ahorntal, **Neubig**	721
	Ebermannstadt, **Dormann**	722
	Egloffstein, **Distler**	722
	Etzelwang, **Wagner**	723
	Hollfeld, **Seidler**	724
	Leutenbach, **Kern**	725
	Pegnitz, **Brütting**	725
	Plech, **Prey**	726
	Pottenstein, **Haberger**	726
116	**Romantisches Franken**	**727**
	Colmberg, **Ohr**	727
	Gerolfingen, **Joas**	728

Golf

119 Fränkisches Seenland		**729**
Abenberg, **Schwab**		729!!!!
Absberg, **Rachinger**		730
Merkendorf, **Schottenhammel**		734
121 Oberpfälzer Wald/Steinwald		**737**
Bruck, **Fischer**		737
Neunburg, **Käsbauer**		738
Neunburg, **Vetter**		739
122 Bayerischer Jura		**740**
Hirschbach, **Herbst**		741
123 Naturpark Bayerischer Wald		**742**
Altenthann, **Brandl**		742
Eschlkam, **Altmann**		745
Eschlkam, **Pongratz**		745
Kirchberg, **Aulinger**		749
Kirchberg, **Neumeier**		749
124 Nationalpark Bayerischer Wald		**756**
Altreichenau, **Paster**		759
Eppenschlag, **Steininger**		756
Freyung, **Sammer**		757
125 Südlicher Bayerischer Wald		**760**
Breitenberg, **Lichtenauer**		760
Breitenberg, **Schauberger**		761
Büchlberg, **Ritzer**		761
Salzweg, **Löw**		762
Thyrnau, **Lichtenauer**		764
Thyrnau, **Schiermeier**		765
Tittling, **Riesinger**		766
Wegscheid, **Reischl**		769
126 Niederbayern zwischen Donau und Inn		**770**
Bad Birnbach, **Bachhuber**		770
Fürstenzell, **Urlhardt**		771
127 Ammersee-Lech		**772**
Inning, **Glas**		772
128 Starnberger Fünf-Seen-Land		**774**
Münsing, **Holzer**		774
Münsing, **Singer**		774
Münsing, **Vogl**		775
133 Zugspitzregion		**777**
Oberammergau, **Gerold**		778
134 Tölzer Land		**778**
Benediktbeuern, **Geiger**		778
Benediktbeuern, **Rieger**		779
Reichersbeuern, **Ritter**		784
136 Chiemsee		**786**
Bernau, **Steindlmüller**		786
Bernau, **Weingartner**		787
Bernau, **Wierer**		787
Chieming, **Mitterleitner**		787
Chieming, **Niederbuchner**		788
Eggstätt, **Plank**		788
Höslwang, **Arnold**		789
Seebruck, **Daxenberger und Bernhart**		792
Seeon-Seebruck, **Huber**		792
Truchtlaching, **Maier**		793
Truchtlaching, **Untermayer**		794
137 Chiemgau		**796**
Reit im Winkl, **Breitwieser**		797
Ruhpolding, **Huber**		798
Siegsdorf, **Buchöster**		800
138 Berchtesgadener Land		**801**
Ainring, **Ufertinger**		801
Bad Reichenhall, **Gleißner/Limmer**		802
Berchtesgaden, **Aschauer**		802
Berchtesgaden, **Kurz**		803
Berchtesgaden, **Kurz**		803
Berchtesgaden, **Rasp**		803
Bischofswiesen, **Brandner**		805
Marktschellenberg, **Aschauer**		805
Marktschellenberg, **Brandauer**		806
Marktschellenberg, **Brandner**		806
Marktschellenberg, **Ebner**		806
Marktschellenberg, **Köppl**		806
Marktschellenberg, **Krenn**		807
141 Westallgäu		**810**
Grünenbach, **Wiedemann**		811
142 Ostallgäu		**812**
Lechbruck am See, **Leiß**		812
143 Oberallgäu		**813**
Blaichach, **Waibel**		814
Buchenberg, **Haggenmüller**		814
Niedersonthofen, **Schneider**		822
Obermaiselstein, **Berwanger**		817
Oberstdorf, **Geiger**		819
Oberstdorf, **Schraudolf**		819
Ofterschwang, **Rapp**		820
Oy-Mittelberg, **Schall**		820
Waltenhofen, **Schöll**		823
Wengen, **Jörg**		823

Tennis

Ein Tennisplatz oder eine Tennishalle befindet sich auf dem Ferienhof.

Schleswig-Holstein

1	Nordsee	26
	Langenhorn, **Gonnsen**	34
3	Binnenland	510
	Börm, **Tams**	52
4	Ostsee	58
	Havetoftloit, **Ruhe**	63
6	Holsteinische Schweiz	84
	Bothkamp, **Himmel**	89

Mecklenburg-Vorpommern

14	Mecklenburgische Schweiz	130
	Walkendorf, **Gut Dalwitz**	132

Niedersachsen

16	Nordseeküste	158
	Werdum, **Becker**	179
17	Ostfriesland	181
	Bad Zwischenahn, **Wehmhoff**	181
19	Grafschaft Bentheim	189
	Wilsum, **Akkermann**	189
21	Osnabrücker Land	195
	Eggermühlen, **von Boeselager**	196
22	Oldenburger Münsterland	197
	Emstek, **Meyer**	197
24	Lüneburger Heide	204
	Altenmedingen, **Hermann**	204
	Altenmedingen, **von Borries**	204
	Bad Bevensen, **Bautsch**	208
	Soltau, **Schmid**	228
25	Hannover Region	238
	Springe, **Sander**	240

Nordrhein-Westfalen

48	Münsterland	332
	Oelde, **Meier Gresshoff**	344
49	Teutoburger Wald	349
	Brakel, **Hasenbein**	352
	Lage, **Wehmeier**	355
	Petershagen, **Hüneke**	357

Hessen

58	Kassel Land	416
	Naumburg, **Schneider**	416

Rheinland-Pfalz

89	Mosel-Saar	536
	Longuich, **Mertes**	540

Baden-Württemberg

99	Nördlicher Schwarzwald	613
	Simmersfeld, **Roller**	617
	Simmersfeld, **Waidelich**	617
100	Mittlerer Schwarzwald	618
	Bad Peterstal, **Faißt**	618
105	Bodensee-Oberschwaben	656
	Ebersbach, **Baur**	662

Bayern

115	Fränkische Schweiz	721
	Plech, **Prey**	726
121	Oberpfälzer Wald/Steinwald	737
	Neunburg, **Vetter**	739
122	Bayerischer Jura	740
	Freudenberg, **Biehler**	740
123	Naturpark Bayerischer Wald	742
	Prackenbach, **Hastreiter**	753
125	Südlicher Bayerischer Wald	760
	Thyrnau, **Schiermeier**	765

Angeln

Petri Heil auf dem Ferienhof
Genießen Sie die herrliche Ruhe, wenn Sie im hofeigenen Gewässer den Köder auswerfen. Für Sie als Angler bieten diese Ferienhöfe Erholung pur.

Angeln

Angeln ist in hofeigenen Fischteichen möglich.

Schleswig-Holstein

1	Nordsee	26
	Lindewitt, **Comdühr**	34
	Neufelderkoog, **Bährs**	35
	Niebüll, **Matthiesen**	35
	Norddeich, **Witthohn**	36
	Wennbüttel, **Struve**	45
2	Nordfriesische Inseln	47
	Föhr-Oevenum, **Matzen**	47
	Hallig Hooge, **Binge**	48
3	Binnenland	510
	Aukrug, **Ratjen**	50
	Padenstedt, **Kreikenbohm**	56
4	Ostsee	58
	Bliesdorf, **Bendfeldt**	59
	Havetoftloit, **Ruhe**	63
	Ratekau, **Schacht**	67
	Steinberg, **Lempelius**	68
	Timmendorfer Strand, **von Barby**	70
5	Insel Fehmarn	72
	Fehmarn, **Höper-Rauert**	72
	Fehmarn, **Liesenberg**	77
	Fehmarn, **Prange**	80
	Fehmarn, **Rauert**	81
	Fehmarn, **Riessen**	81
	Fehmarn, **Schmidt**	82
6	Holsteinische Schweiz	84
	Bad Malente, **Engel**	84
	Bad Malente, **Graage**	85
	Bad Malente, **Lenz**	86
	Bosau, **Meier**	87
	Bösdorf (Plön), **Siemen-Westphal**	88
	Bothkamp, **Himmel**	89
	Eutin, **Damlos**	90

Mecklenburg-Vorpommern

8	Westmecklenburg - Schwerin	118
	Langen-Brütz, **Bondzio**	118

Angeln

9	Mecklenburgische Ostseeküste	118
	Groß-Kordshagen, **Thomsen**	121
	Oberhof, **Nölck**	122
	Schmadebeck, **Heinz**	123
11	Insel Rügen und Hiddensee	124
	Middelhagen, **Behling**	124
13	Vorpommern	129
	Boldekow, **Quast**	129
	Ramin, **Brauer**	129
14	Mecklenburgische Schweiz	130
	Prebberede, **Krause**	131
	Walkendorf, **Gut Dalwitz**	132
15	Mecklenburgische Seenplatte	133
	Teschendorf, **Bredemeyer**	133

Niedersachsen

16	Nordseeküste	158
	Butjadingen, **Cornelius**	159
	Dornum, **Hans Hillrichs**	160
	Hagermarsch, **Willms**	162
	Hooksiel, **Müller**	163
	Krummhörn, **de Vries**	165
	Krummhörn, **Schöningh**	166
	Norden, **Gerdes**	170
	Norden, **Itzen**	170
	Norden, **Roolfs**	172
	Pilsum, **Itzenga**	174
	Wangerland, **Hobbie**	177
	Werdum, **Becker**	179
17	Ostfriesland	181
	Bad Zwischenahn, **Ahlers**	181
	Bad Zwischenahn, **Wehmhoff**	181
	Mittegroßefehn, **Röhling**	182
	Strücklingen, **Olling**	183
	Wiefelstede, **Gertje**	183
18	Land zwischen Elbe und Weser	184
	Selsingen, **Borchers**	188
	Selsingen, **Pape**	188
20	Emsland	191
	Haren, **Albers**	191
	Haren, **Griesen**	191
	Haren, **Hiebing**	193
21	Osnabrücker Land	195
	Eggermühlen, **von Boeselager**	196
22	Oldenburger Münsterland	197
	Emstek, **Meyer**	197
	Friesoythe, **Wreesmann**	198
	Löningen, **Meyer**	199
23	Mittelweser, Dümmer See	200
	Drebber, **Drebbermüller**	200
	Lembruch, **Döbbeling**	201
	Rehden, **Buschmeyer**	202
24	Lüneburger Heide	204
	Amelinghausen, **Hedder**	205
	Bad Bevensen, **Bautsch**	208
	Bergen, **von Harling**	209
	Bohndorf, **Winkelmann**	211
	Eschede, **Moll**	215
	Hemsbünde, **Delventhal**	221
	Himbergen, **Braesel-Behn**	222
	Steinhorst, **Röling**	230
	Visselhövede, **Spöring**	233
	Wienhausen, **Cammann**	237
27	Weserbergland	242
	Duderstadt, **Hackethal**	244
	Uslar, **Otte**	244

Sachsen-Anhalt

30	Magdeburg-Elbe-Börde-Heide	270
	Rietzel, **Rusch**	270

Brandenburg

37	Havelland	300
	Nennhausen, **Schoch-Dengs**	301
44	Spreewald	303
	Märkische Heide, **Kruspe**	303

Angeln

Nordrhein-Westfalen

47	Niederrhein	328
	Hamminkeln, **Altmann**	328
	Nettetal, **Kaffill**	329
48	Münsterland	332
	Gronau, **Laurenz**	337
	Schöppingen, **Schulze Althoff**	346
49	Teutoburger Wald	349
	Bad Driburg, **Beine**	349
	Dörentrup, **Frevert**	353
	Lage, **Wehmeier**	355
	Petershagen, **Hüneke**	357
52	Sauerland	358
	Eslohe, **Meier**	361
	Kirchhundem, **Hermes**	363
	Kirchhundem, **Neuhaus**	363
	Lennestadt, **Pohl**	364
	Meschede, **Kotthoff**	366
	Schmallenberg, **Voss**	383
	Sundern, **Wiethoff- Hüster**	384
57	Siegerland-Wittgenstein	390
	Bad Berleburg, **Afflerbach**	390

Hessen

58	Kassel Land	416
	Naumburg, **Günst**	416
59	Hessisches Sauerland, Waldecker Land	417
	Vöhl, **Schöneweiß**	420
60	Werra-Meißner-Land	422
	Wanfried, **Heim-Diegel**	422
	Wanfried, **von Scharfenberg**	423
	Witzenhausen, **Hotze-Schaefer**	423
65	Region Vogelsberg	426
	Schlitz, **Trier**	427
66	Rhön	428
	Hosenfeld, **Neidert**	430
71	Odenwald-Bergstraße-Neckartal	431
	Mossautal, **Kübler**	432

Thüringen

74	Thüringische Rhön	460
	Geisa, **Heller**	460
75	Thüringer Wald	461
	Hohenkirchen, **Landwirtschaftliche Erzeugergemeinschaft**	462
76	Saaleland	463
	Linda, **Wolschendorf**	463

Sachsen

80	Oberlausitz/Niederschlesien	493
	Gaußig, **Busch**	494

Rheinland-Pfalz

90	Hunsrück-Nahe	543
	Kirchberg, **Hilgert**	545
	Sohren, **Wüllenweber**	546

Baden-Württemberg

98	Hohenlohe und Schwäbisch Hall	611
	Stimpfach, **Hofmann**	613
99	Nördlicher Schwarzwald	613
	Loßburg, **Schmid**	615
	Pfalzgrafenweiler, **Hirschfeld**	616
100	Mittlerer Schwarzwald	618
	Fischerbach, **Müller**	624
	Fischerbach, **Schwendenmann**	624
	Gutach, **Wöhrle**	626
	Hornberg, **Hildbrand**	627
	Oberharmersbach, **Lehmann**	628
	Oppenau, **Springmann**	632
	Wolfach, **Fahrner**	635
	Wolfach, **Schmid**	630
101	Südlicher Schwarzwald	638
	Biederbach, **Wernet**	639
	Schluchsee, **Rogg**	645
	St. Peter, **Weber**	647
	Titisee-Neustadt, **Waldvogel**	648
105	Bodensee-Oberschwaben	656
	Aulendorf, **Harsch**	657
	Beuron, **Käppeler**	659
	Deggenhausertal, **Markhart**	661
	Kressbronn, **Gührer**	667
	Tettnang, **Köhn-Späth**	678

Angeln

Bayern	
109 Oberes Maintal/Coburger Land	708
Itzgrund, **Treiber**	709
Lichtenfels, **Angermüller**	709
110 Frankenwald	710
Marktleugast, **Schramm**	771
Marktrodach, **Martini**	712
Naila, **Lang**	712
111 Fichtelgebirge	714
Kirchenlamitz, **Petzold**	715
Wunsiedel, **Beck**	718
Wunsiedel, **Fröber**	718
Wunsiedel, **Hörath/Hafner**	718
Wunsiedel, **Schübel**	719
114 Steigerwald	720
Uehlfeld, **Schemm**	721
116 Romantisches Franken	727
Colmberg, **Ohr**	727
Sachsen, **Wagner**	729
119 Fränkisches Seenland	729
Abenberg, **Schwab**	729
Haundorf, **Reidelshöfer**	732
121 Oberpfälzer Wald/Steinwald	737
Neunburg, **Käsbauer**	738
Neunburg, **Vetter**	739
122 Bayerischer Jura	740
Freudenberg, **Biehler**	740
Sulzbach, **Renner**	741
123 Naturpark Bayerischer Wald	742
Eschlkam, **Altmann**	745
Eschlkam, **Pongratz**	745
Geiersthal, **Schessl**	746
Kirchberg, **Aulinger**	749
Kirchberg, **Neumeier**	749
Prackenbach, **Hastreiter**	753
Regen, **Weiderer**	753
St. Englmar, **Reiner**	755
124 Nationalpark Bayerischer Wald	756
Eppenschlag, **Steininger**	756
125 Südlicher Bayerischer Wald	760
Breitenberg, **Lichtenauer**	760
Salzweg, **Löw**	762
Thyrnau, **Schiermeier**	765
126 Niederbayern zwischen Donau und Inn	770
Bad Birnbach, **Bachhuber**	770
127 Ammersee-Lech	772
Inning, **Glas**	772
134 Tölzer Land	778
Jachenau, **Sachenbacher**	781
136 Chiemsee	786
Seeon-Seebruck, **Huber**	792
Truchtlaching, **Maier**	793
142 Ostallgäu	812
Lechbruck am See, **Leiß**	812

weitere Sport-Angebote:

Sie finden im Katalogteil unter nachfolgenden Symbolen weitere Sport-Angebote vor Ort:

- Wassersport
- Wintersport
- Fahrradverleih

Jagen

Jagdzeit...

Sie haben einen Jagdschein? Dann sind diese Höfe das Richtige für Sie. Lernen Sie in Ihrem Urlaub neue Jagdreviere und einheimische Jäger kennen.

Jagen

Für Jagdscheininhaber besteht die Möglichkeit, jagen zu gehen.

Schleswig-Holstein

1	**Nordsee**	26
	Kaiser-Wilhelm-Koog, **Wilkens**	31
	Kronprinzenkoog, **Claußen**	33
	Tating, **Gravert**	40
2	**Nordfriesische Inseln**	47
	Föhr-Alkersum, **Olufs GbR**	47
	Pellworm, **Jansen**	49
4	**Ostsee**	58
	Kappeln, **Johannsen**	64
	Krokau, **Krohn**	65
	Steinberg, **Lempelius**	68
5	**Insel Fehmarn**	72
	Fehmarn, **Albert**	75
	Fehmarn, **Marquardt**	78
	Fehmarn, **Riessen**	81
6	**Holsteinische Schweiz**	84
	Bad Malente, **Lenz**	86
	Eutin, **Damlos**	90

Mecklenburg-Vorpommern

9	**Mecklenburgische Ostseeküste**	118
	Oberhof, **Nölck**	122
11	**Insel Rügen und Hiddensee**	124
	Haide/ Insel Ummanz, **Fröhlich**	125
	Middelhagen, **Behling**	124
	Ummanz/Rügen, **Kliewe**	127
12	**Insel Usedom**	127
	Rankwitz, **Gessner**	128
13	**Vorpommern**	129
	Boldekow, **Quast**	129
14	**Mecklenburgische Schweiz**	130
	Walkendorf, **Gut Dalwitz**	132
15	**Mecklenburgische Seenplatte**	133
	Teschendorf, **Bredemeyer**	133

Jagen

Niedersachsen

16 Nordseeküste — 158
- Hooksiel, **Müller** — 163
- Krummhörn, **Schöningh** — 166
- Neuschoo, **Goldenstein** — 169
- Norden, **Dirks** — 170
- Werdum, **Becker** — 179

18 Land zwischen Elbe und Weser — 184
- Selsingen, **Pape** — 188

19 Grafschaft Bentheim — 189
- Wilsum, **Garbert** — 190

20 Emsland — 191
- Haren, **Albers** — 191
- Haren, **Griesen** — 191
- Haren, **Hiebing** — 193

22 Oldenburger Münsterland — 197
- Friesoythe, **Wreesmann** — 198
- Löningen, **Meyer** — 199

23 Mittelweser, Dümmer See — 200
- Syke, **Einhaus** — 203

24 Lüneburger Heide — 204
- Altenmedingen, **Hermann** — 204
- Amelinghausen, **Hedder** — 205
- Bergen, **von Harling** — 209
- Bohndorf, **Winkelmann** — 211
- Eschede, **Schlottau-Blume** — 216
- Gartow, **Kunzog** — 218
- Müden, **Meier** — 223
- Soltau, **Große-Lümern** — 227
- Soltau, **Schmid** — 228
- Undeloh, **Heins** — 231

25 Hannover Region — 238
- Neustadt, **Seehawer** — 239

Sachsen-Anhalt

30 Magdeburg-Elbe-Börde-Heide — 270
- Rietzel, **Rusch** — 270

Brandenburg

34 Prignitz — 298
- Boberow, **Gülzow** — 298

35 Ruppiner Land — 299
- Liebenwalde, **Steinbach** — 299

36 Uckermark — 299
- Drense, **Gierke** — 299
- Oberuckersee, **Ruhnau** — 300

37 Havelland — 300
- Nennhausen, **Käthe** — 300

Nordrhein-Westfalen

49 Teutoburger Wald — 349
- Lage, **Wehmeier** — 355
- Petershagen, **Hüneke** — 357

52 Sauerland — 358
- Schmallenberg, **Hillebrand** — 376

53 Eifel & Region Aachen — 387
- Kall, **Jakobs** — 388

54 Köln, Rhein-Erft und Rhein-Sieg-Kreis — 389
- Lohmar, **Trimborn** — 389

57 Siegerland-Wittgenstein — 390
- Bad Berleburg, **Schneider** — 391

Hessen

58 Kassel Land — 416
- Naumburg, **Günst** — 416
- Trendelburg, **Romberg** — 417

59 Hessisches Sauerland, Waldecker Land — 417
- Willingen, **Sauer** — 422

60 Werra-Meißner-Land — 422
- Wanfried, **von Scharfenberg** — 423

65 Region Vogelsberg — 426
- Büdingen, **Herd** — 426
- Schlitz, **Trier** — 427

66 Rhön — 428
- Hosenfeld, **Neidert** — 430

71 Odenwald-Bergstraße-Neckartal — 431
- Mossautal, **Kübler** — 432

Thüringen

72 Nordthüringen — 458
- Frankenroda, **Groß** — 458

74 Thüringische Rhön — 460
- Geisa, **Heller** — 460
- Spahl, **Biedenbach** — 461

Jagen

75	Thüringer Wald	461		101	Südlicher Schwarzwald	638
	Bücheloh, **Risch**	461			Hinterzarten, **Fehrenbach**	642
76	Saaleland	463			Titisee-Neustadt, **Hauser**	648
	Linda, **Wolschendorf**	463		105	Bodensee-Oberschwaben	656
					Ochsenhausen, **Mayer**	673

Sachsen

80	Oberlausitz/Niederschlesien	493
	Gaußig, **Busch**	494

Bayern

109	Oberes Maintal/Coburger Land	708
	Lichtenfels, **Angermüller**	709
110	Frankenwald	710
	Marktrodach, **Martini**	712
	Presseck, **Burger**	713
111	Fichtelgebirge	714
	Höchstädt, **Wittig**	715
115	Fränkische Schweiz	721
	Egloffstein, **Distler**	722
119	Fränkisches Seenland	729
	Merkendorf, **Schottenhammel**	734
121	Oberpfälzer Wald/Steinwald	737
	Neunburg, **Vetter**	739
123	Naturpark Bayerischer Wald	742
	Haibach, **Dirscherl**	747
	Kirchberg, **Neumeier**	749
	Regen, **Weiderer**	753
124	Nationalpark Bayerischer Wald	756
	Eppenschlag, **Steininger**	756
136	Chiemsee	786
	Bernau, **Steindlmüller**	786
	Bernau, **Wierer**	787
	Truchtlaching, **Untermayer**	794
138	Berchtesgadener Land	801
	Marktschellenberg, **Brandner**	806
	Marktschellenberg, **Stanggassinger**	807
143	Oberallgäu	813
	Immenstadt, **Weber**	816
	Obermaistein, **Berwanger**	817
	Wengen, **Jörg**	823

Rheinland-Pfalz

85	Eifel	524
	Manderscheid, **Krämer**	528
87	Mittelrhein-Lahn	533
	Oberwesel, **Lanius-Heck**	534
89	Mosel-Saar	536
	Mehring, **Hoffranzen**	542
90	Hunsrück-Nahe	543
	Sohren, **Wüllenweber**	546
91	Rheinhessen	547
	Flörsheim, **Schmitt**	547
92	Pfalz	548
	Kirrweiler, **Zöller**	550

Saarland

93	Saarland	578
	Blieskastel, **Lindemann**	578

Baden-Württemberg

99	Nördlicher Schwarzwald	613
	Freudenstadt, **Mast**	614
100	Mittlerer Schwarzwald	618
	Bad Peterstal, **Huber**	619
	Bad Rippoldsau, **Schmid**	621
	Gutach, **Wöhrle**	626
	Oberwolfach, **Schmid**	630
	Schiltach, **Spinner**	633
	Seelbach, **Fehrenbach**	634
	Wolfach, **Schmid**	630

V 95

Pauschalangebote

Winterzauber auf dem Wieshof

Das erwartet Sie:
- Begrüßung mit unserem Hausschnaps
- 1 geselliger Abend mit Feuerzangenbowle
- 1 x Sauna
- 1 geführte Fackelwanderung
- 2 x Reiten oder Schlittenfahrt am hauseigenen Rodelberg mit Lift

Angebot im Januar

Angebot	
Dauer:	4 Übernachtungen
Unterkunft:	Ferienwohnung
Gästeanzahl:	2 Erwachsene mit 2 Kindern
Preis:	270,- €

5 Tage: 270,- € (für 2 E., 2 K.)

Buchung unter:
Wieshof – der besondere Bauernhof
Andrea und Leonhard Neumeier
Ebertsried 23
94259 Kirchberg i.W.
Telefon: 09927 – 348
Fax: 09927 – 903438
wieshof@wieshof-neumeier.de
www.wieshof-neumeier.de

Pauschalangebote

Schneemannpauschale

Für jede Familie, die einen Schneemann auf unseren verschneiten Wiesen baut, steht eine „gesunde Überraschung" bereit.

Angebot im Januar

Das erwartet Sie:
- Nutzung unserer neuen Infrarot-Vital-Oase, Bademäntel und Handtücher inklusive
- Gemeinsames Kaiserschmarrn-Essen in unserer gemütlichen Bauernstube
- Schlitten zum Ausleihen – Rodelhang in 10 Min. zu Fuß erreichbar
- Ponyreiten oder Kutsche fahren durch die traumhafte Winterlandschaft
- Kostenlose Eintrittskarten ins Erlebnisbad Prienavera
- Mithilfe im Stall für Groß und Klein, Bambini-Stalldiplom

Angebote	
Dauer:	1 Woche
Gästeanzahl:	für die ganze Familie
Preis 1:	429,- € Ferienwohnungen „Waldblick" oder „Blumenwiese"
Preis 2:	499,- € Ferienwohnungen „Sonnenschein" oder „Kirschblüte"
Preis 3:	649,- € in neuen Luxus-Ferienwohnungen mit Kachelofen „Zum Heustadel" oder „Am Scheunentor"

1 Woche ab: 429,- € (für 1 Fam.)

Buchung unter:
Esterer Hof
Hans und Maria Ober
Esterer 1
83370 Seeon
Telefon: 08621 – 1207
Fax: 08621 – 645850
info@estererhof.de
www.estererhof.de

Pauschalangebote

Wintertraum am Chiemsee

Angebot im Februar

Das erwartet Sie:
- Ein gemütlicher Abend mit Kaiserschmarrn-Essen
- Eine Rückenmassage vom Hausmasseur für 1 Person
- 1-stündige Pferdeschlittenfahrt durch die verschneite Winterlandschaft
- 1 x freier Eintritt ins Erlebnisbad Prienavera
- 1 x Berg- und Talfahrt auf den Rauschberg mit der gläsernen Großkabinenbahn
- Traktorrundfahrt für die ganze Familie
- Ponyreiten für Kinder und Schlittenverleih kostenlos
- Kaffee und Kuchen, Schmankerlkörberl mit hofeigenen Produkten, Bambini-Stalldiplom
- Kostenlose „Winterfreizeitkarte"

Angebote	
Dauer:	7 Übernachtungen
Unterkunft:	Ferienwohnung
Gästeanzahl:	2 Erwachsene und bis zu 3 Kinder
Preis 1:	499,- €
Preis 2:	599,- €

8 Tage ab: 499,- € (2 E., 3 K.)

Buchung unter:
Moierhof
Familie Untermayer
Stöffling 1
83376 Truchtlaching
Telefon: 08667 – 219
Fax: 08667 – 16286
info@moierhof.de
www.moierhof.de

Raus aus dem Alltag – gesund und energiereich Vitalität tanken
Für den Start in ein starkes Jahr
(09.02. bis 14.02.2010 und 16.02. bis 21.02.2010)

Angebot im Februar

Das erwartet Sie:
- Frühstücken zur Morgenstund
- Basische Mittags- und Abendmahlzeiten gemeinsam zubereiten
- Geführte Wanderungen: der Natur auf der Spur …
- Wellnessmassagen nach Wahl: klassisch, Hot Stone, Ayurweda oder Lomi Lomi Nui
- Sauna mit Aufgüssen
- Balancereiten, harmonisch und ohne Angst die eigene Mitte finden
- Meditation, z. B. Qi Gong, 5 Tibeter, Phantasiereisen
- Vortrag über Säuren-Basen-Haushalt mit Skript
- Verwendung von Jentschura-Produkten

Angebote	
Dauer:	5 Übernachtungen
Unterkunft:	Ferienwohnung
Preis 1:	1 Person ab 422,- €
Preis 2:	2 Personen ab 372,- € p. P.

6 Tage ab: 372,- € (p. P.)

Buchung unter:
Gutshof Käppeler
Familie Käppeler
Hofstraße 22
88631 Beuron-Thiergarten
Telefon: 07570 – 951910
Fax: 07570 – 678
info@gutshof-kaeppeler.de
www.gutshof-kaeppeler.de

Pauschalangebote

Kuschelwochenende

Angebot im März

Das erwartet Sie:
- Eine Flasche Sekt zur Begrüßung
- 1 x Thüringer Landfrühstück
- 1 x Sektfrühstück
- Ermäßigter Eintritt in die hawaiianische Badewelt Waikiki in Zeulenrode
- 2 Stunden Wellness in der gemütlichen Landsauna inklusive Obstteller, Mineralwasser, Musik und Lichttherapie

Angebot	
Dauer:	2 Übernachtungen
Unterkunft:	romantisches Doppelzimmer
Preis:	55,- € p. P.

Buchung unter:
Ferienhof Wolschendorf
Familie Wolschendorf
Koethnitz 11
07819 Linda
Telefon: 036481 – 22792
Fax: 036481 – 83800
raus@aufs-land.de
www.ferienhof-wolschendorf.de

3 Tage ab: 55,- € (p. P.)

Osterbräuche

Angebot im März

Das erwartet Sie:
- Basteln eines Osterkranzes (Türkranz) mit Naturmaterialien
- Palmbuschen oder Feldkreuz anfertigen zum Segnen am Palmsonntag
- Osterbrot backen im Steinbackofen
- Färben von 10 Eiern vom Hof

Angebot	
Dauer:	7 Übernachtungen
Unterkunft:	Ferienwohnung
Gästeanzahl:	4 Personen
Preis:	419,- €

Buchung unter:
Bio-Bauernhof
Gabriele und Johann Dirnberger
Muckenbach 6
93149 Nittenau
Telefon: 09436 – 2429
Fax: 09436 – 902965
info@urlaub-am-regen.de
www.urlaub-am-regen.de

8 Tage: 419,- € (für 4 P.)

© josef müllek - Fotolia.com

Pauschalangebote

„Frühlingserwachen auf dem Moierhof"
(10. 04. bis 24. 04. 2010)

Das erwartet Sie:
- Reichhaltiges, abwechslungsreiches Frühstücksbüfett
- 1 x Familienpizza selbst gemacht
- 1 x freier Eintritt ins Erlebnisbad Prienavera
- Große Traktorrundfahrt für die ganze Familie
- Lagerfeuer mit Stockbrot
- Gemeinsames Brotbacken mit der Bäuerin – jedes Kind darf ein eigenes Brot backen
- Reiten und Kutsche fahren für Kinder kostenlos
- Kaffee und Kuchen, Schmankerlkörberl mit hofeigenen Produkten, Bambini-Stalldiplom
- Freizeit-, Kultur- und Fahrradkarten

Angebote	
Dauer:	7 Übernachtungen
Unterkunft:	Ferienwohnung
Gästeanzahl:	1 Familie
Preis 1:	569,- €
Preis 2:	669,- €

Buchung unter:
Moierhof
Familie Untermayer
Stöffling 1
83376 Truchtlaching
Telefon: 08667 – 219
Fax: 08667 – 16386
info@moierhof.de
www.moierhof.de

8 Tage ab: 569,- € (für 1 Fam.)

Märchen, Wald und Bauernhof
Wanderhits für Eltern / Großeltern mit Kids

Kennen Sie den kleinen Rothaar oder den Siegerländer Dilldappen?
Waren Sie schon mal beim Hexenplatz oder auf dem Sagen- und Mythenweg?

Entdecken Sie diese märchenhaften Gestalten und Plätze bei unseren erlebnisreichen Wanderungen für Groß und Klein. Als Ausgangspunkt wohnen Sie auf einem richtigen Bauernhof mit vielen Tierarten, lassen sich verwöhnen mit hofeigenen Produkten und entdecken gemeinsam mit den Kindern die Natur.

Angebot im April

Pauschalangebote

So könnte Ihr Programm aussehen:
1. Tag: Nachmittags Anreise zum Hof Kilbe, Begrüßung mit Kaffee und Himmelstorte, anschließend Informationen und Auswahl der Wandertouren und warmes Abendessen
2. Tag: Mythen- und Sagenweg Laasphe
3. Tag: Ponywanderung: Die Kinder reiten durch den Wald, die Erwachsenen dürfen laufen, abends erkunden Sie bei einer Hofführung unseren Bauernhof
4. Tag: Dilldappenweg Irmgardeichen, 3,3 km, mit Kindern geeignet
5. Tag: Besuch beim kleinen Rothaar
6. Tag: Treckerrundfahrt zur Burgruine
7. Tag: Wanderung zum Hexenplatz, abends Lagerfeuer mit Stockbrotbacken
8. Tag: Nach dem Frühstück heißt es leider Abschied nehmen

- Vollpension bzw. Halbpension und Lunchpaket
- 2 Stunden Ponyreiten/-wandern pro Kind
- Hofführung und Treckerrundfahrt
- Ein Abend am Lagerfeuer mit Stockbrotbacken und Märchenlesung

Angebote	
Dauer:	7 Übernachtungen
Preis 1:	388,- € für 1 Erwachsenen und 1 Kind (unter 6 Jahren)
Preis 2:	777,- € für 2 Erwachsene und 2 Kinder (unter 6 Jahren)

Buchung unter:
Hof Kilbe
Familie Born und Becker
Am Kilbe 1
57319 Bad Berleburg-Berghausen
Telefon: 02751 – 5409
Fax: 02751 – 51279
info@hof-kilbe.de
www.hof-kilbe.de

8 Tage ab: 388,- € (für 1 E., 1 K.)

Parkwochenende
„Urlaub ohne Hektik"

Das erwartet Sie:
- 2 Übernachtungen mit reichhaltigem Frühstück
- 1 x Begrüßungsgetränk
- 1 x Saunabenutzung
- 1 x Eintrittskarte für einen Tierparkbesuch nach Wahl
- 1 x Eintrittskarte für einen Museumsbesuch nach Wahl

Angebot im Mai

Angebote	
Dauer:	2 Übernachtungen
Unterkunft:	Ferienhaus
Preis 1:	2 Personen 128,- bis 176,- €
Preis 2:	3 Personen 164,- bis 224,- €
Preis 3:	4 Personen 200,- bis 272,- €

©vely - Fotolia.com

3 Tage ab: 128,- € (für 2 P.)

Buchung unter:
Familie Gansbergen
Zur Reith 21
27308 Kichlinteln-Bendingbostel
Telefon: 04237 – 855
Fax: 04237 – 943983
ferienhaus-gansbergen@t-online.de
www.gansbergen-ferienhaus.de

Pauschalangebote

„Gehnuss-Wanderwochenende"

Angebot im **Mai**

Wandern einmal anders – im Sitzen!?

Gönnen Sie Ihren „Schusters Rappen" einmal eine Pause. Bei einer gemütlichen Kutschfahrt mit Einkehr können Sie die herrliche Oberpfälzer Landschaft genießen.
Oder Sie genießen die Natur auf unserem Hauswanderweg zum nahe gelegenen Wildpark und weiterführend zum Aussichtsturm „Stückstein" und erholen sich bei einer Rucksackbrotzeit.

Angebot	
Dauer:	2 Übernachtungen mit Frühstück
Unterkunft:	Zimmer
Preis:	66,- € p. P.

3 Tage: 66,- € (p. P.)

Buchung unter:
Landgasthof „Lindauer Wirt"
Familie Schmid
Lindau 3
92539 Schönsee
Telefon: 09674 – 524
Fax: 09674 – 524
LindauerWirt@t-online.de
www.LindauerWirt.de

„Vital-Tage auf dem Bauernhof"

Angebot im **Juni**

Sie möchten mal wieder so richtig abschalten, mal gar nichts tun, mit viel Schlaf, Massage und Saunieren, sich nach einem Spaziergang am Wasser am warmen Kamin entspannen und Ihre Ruhe finden?
„Nehmen Sie sich Zeit für sich – Wir nehmen uns Zeit für Sie!"

Das erwartet Sie:
- Zweimal französisches Frühstück an die Tür zu einer von Ihnen gewünschten Zeit
- Begrüßungstrunk im rustikalen Kaminzimmer
- Eine Ganzkörpermassage mit vorheriger Wärmeanwendung
- Eine Fußreflexzonenmassage
- Tägliche Benutzung der Sauna mit Liegeraum
- Fahrradnutzung

3 Tage nur: 169,- € (p. P.)

Angebote	
Dauer:	2 Übernachtungen
Unterkunft:	Ferienwohnung
Preis 1:	169,- € pro Person bei 2-Bett-Belegung
Preis 2:	239,- € pro Person bei 1-Bett-Belegung

Buchung unter:
Ferienhof Gröne
Familie Gröne
Bast 3
23701 Eutin-Fissau
Telefon: 04521 – 1083
Fax: 04521 – 798957
info@ferienhof-groene.de
www.ferienhof-groene.de

Pauschalangebote

Kreativkurs Aquarellmalerei

Angebot im Juni

In den Kreativ-Wochenenden stehen der fließende, spielerische Umgang mit den Materialien sowie das Ausprobieren und die Umsetzung eigener Ideen im Vordergrund.

Nach der Einführung in das Thema Aquarellmalerei geht es schrittweise an die Erstellung eigener Werke. Mit Unterstützung durch unseren Kreativ-Künstler Sven Becker klappt das in Riesenschritten.

Zum Thema Aquarell:
Aquarellfarben sind wasserlöslich und leicht zu verarbeitende Farben. Diese können als Lasur, aber auch pastos (direkt aus der Tube) aufgetragen werden. Bei Aquarellfarben können die Pigmente jedoch auch noch nach dem Trocknungsprozess mit Wasser wieder angelöst und wieder aufgenommen werden.

- Alle Werkzeuge und Materialien werden Ihnen gestellt
- Frühstück und Saunabenutzung inklusive

Angebote	
Dauer:	2 Übernachtungen
Preise:	186,- € pro Person
	Einzelzimmerzuschlag 30,- €
	Partner-/Freundinnenrabatt: 16,- € Rabatt ab der 2. Person bei gleichzeitiger Anmeldung

Buchung unter:
Gutshof Bastorf
Familie Wutschik
Kühlungsborner Str. 1
18230 Bastorf
Telefon: 038293 – 6450
Fax: 038293 – 64555
wutschik@gutshof-bastorf.de
www.gutshof-bastorf.de

3 Tage nur: 186,- € (p. P.)

V 103

Pauschalangebote

Eine Woche Wellness und Reiten

Angebot im Juli

Ihre gebuchte Ferienwohnung steht für Sie am Anreisetag ab 12:00 Uhr zur Verfügung. Nach Wahl können Sie schon gegen 14:00 Uhr die erste Reitstunde bekommen, entweder auf dem eigenen Pferd oder auf einem unserer Pferde. Die tägliche Reitstunde kann individuell abgestimmt werden. Hierfür steht Ihnen die moderne, helle und freundliche Reithalle zur alleinigen Verfügung.

- 5 x Reitunterricht alleine oder maximal zu zweit
- 1 x Öl-Entspannungsmassage
- 2 x Fußbad mit Mineralsalzen zur Entgiftung und anschließender Fußmassage
- 1 x Ganzkörpermassage mit Seidenhandschuh
- 1 x große Ayurvedamassage mit ausgesuchten Ölen
- 2 x Shiatsu-Klangliegenmassage
- 1 x Farbsauna mit Schwalldusche
- Fahrräder stehen Ihnen kostenlos zur Verfügung

Angebote	
Dauer:	7 Übernachtungen
Preise:	Aufenthalt im Himmelbett-Appartement bei Nutzung von 2 Personen 659,- € pro Person
	Für den Aufenthalt von 4–6 Personen steht unsere 100-qm-Ferienwohnung zur Verfügung

Buchung unter:
Vita-Farm
Bergmann-Scholvien
Schürkamp 2
33442 Herzebrock-Clarholz
Telefon: 05245 – 858925
Fax: 05245 – 858926
bergmann-scholvien@t-online.de
www.vita-farm.de

8 Tage nur: 659,- € (p. P.)

Drachen-„Flugschule"

Angebot im Juli

Jeder Schritt will gelernt sein: der richtige Aufbau, die Windtheorie, das sichere Starten, Fliegen, Landen – alles Bestandteile unserer „Flugstunden".
Auch bleibt genügend Zeit zum Ausprobieren und Testfliegen von anderen Schirmen, Matten, Speeddrachen, evtl. Wettbewerbsdrachen, ...

- Tägliches Frühstücksbüfett, Saunabenutzung
- Betreuung am Kitespot mit erfahrenem Trainer (mind. 2 Std.)
- Anleitung und Flugkurs inklusive Material
- Beratung für Kaufentscheidungen

Angebote	
Dauer:	2 Übernachtungen
Preis 1:	für Alleinreisende (Sie erhalten exklusives Einzeltraining) 294,- €
Preis 2:	Für 2 Personen im Doppelzimmer 155,- €

Buchung unter:
Gutshof Bastorf
Familie Wutschik
Kühlungsborner Str. 1
18230 Bastorf
Telefon: 038293 – 6450
Fax: 038293 – 64555
wutschik@gutshof-bastorf.de
www.gutshof-bastorf.de

3 Tage ab: 155,- € (2 P.)

Pauschalangebote

„Mit Schinken, Brot und Wanderstock über den Rothaarsteig"

Verbinden Sie das Wandern auf dem Rothaarsteig mit einem erholsamen Urlaub auf dem Bauernhof. Genießen Sie die gutbürgerliche Küche mit eigenen Wurst- und Fleischspezialitäten. Sie erhalten ein reichhaltiges Bauernfrühstück, für jeden Wandertag ein Lunchpaket und abends ein warmes 3-Gang-Menü.
Informationen, Wanderkarte und Routenplan halten wir für Sie bereit. Zur Entspannung erleben Sie ein Saunabad und einen Abend am Lagerfeuer.
Gesamtlänge: 98 km, Dauer: 8 Tage

So könnte Ihr Programm aussehen:
- 1. Tag: Nachmittags Anreise zum Hof Kilbe, Begrüßung und warmes Abendessen „Wittgensteiner Art". Anschließend Informationen zur Wanderroute
- 2.–7. Tag: Nach dem Frühstück Transfer zum Startpunkt, von wo Sie die Tagesroute wandern, Rücktransfer zur Pension und warmes Abendessen Zusätzlich: Saunabesuch, Lagerfeuer, Stadtbummel, auf Wunsch Hofführung
- 8. Tag: Nach dem Frühstück heißt es leider Abschied nehmen

Angebot im August

Angebot	
Dauer:	7 Übernachtungen
Unterkunft:	Zimmer
Preis:	319,- € p. P.

Buchung unter:
Hof Kilbe
Familie Born und Becker
Am Kilbe 1
57319 Bad Berleburg-Berghausen
Telefon: 02751 – 5409
Fax: 02751 – 51279
info@hof-kilbe.de
www.hof-kilbe.de

8 Tage ab: 319,- € (p. P.)

Freilichtspiel – Pascher „Die Nacht der langen Schatten"
(30. 07. bis 01. 08. 2010 und 06. 08. bis 08. 08. 2010)

Erleben Sie die Freilichtspielaufführung in Schönsee, danach begleitet Sie die Chefin des Hauses auf Schmugglers Pfaden zum Heimquartier, wo Sie eine deftige Schmugglerbrotzeit erwartet.

Angebot im August

Angebot	
Dauer:	Wochenende inklusive Eintrittskarte
Preis:	72,- € p. P.
Bitte buchen Sie bis zum 20.07.2010, damit wir die Karten reservieren können.	

Buchung unter:
Landgasthof „Lindauer Wirt"
Familie Schmid
Lindau 3
92539 Schönsee
Telefon: 09674 – 524
Fax: 09674 – 524
LindauerWirt@t-online.de
www.LindauerWirt.de

3 Tage nur: 72,- € (p. P.)

Pauschalangebote

Wandern auf dem Uplandsteig

Angebot im September

Der Uplandsteig, einer der schönsten Wanderwege Deutschlands, berührt mit seiner Länge von 64 km alle 9 Ortsteile rund um Willingen. Erleben Sie diesen „Qualitätswanderweg Wanderbares Deutschland" und genießen Sie die herrlichen Ausblicke und die schöne Natur des Sauerlandes.

- Halbpension mit 3-Gang-Menü
- Lunchpaket für die Wanderung
- Transfer zum Etappenstart und -ziel
- Wanderkarte und Begleitbuch
- 1 x Benutzung der hauseigenen Sauna
- Sauerlandcard

5 Tage ab: 211,- € (p. P.)

Angebote	
Dauer:	4 Übernachtungen
Preis 1:	Doppelzimmer 211,- € pro Person
Preis 2:	Einzelzimmer 232,- € pro Person

Buchung unter:
Landgasthof Sauer
Axel Sauer
An der Bicke 9
34508 Willingen-Eimelrod
Telefon: 05832 – 7449
Fax: 05632 – 7220
landgasthof-sauer@t-online.de
www.landgasthof-sauer.de

Daxlberger Zwergentage

Angebot im September

- Tolles Frühstücksbüfett mit vielen selbst erzeugten Produkten
- Einstündige Kosmetikbehandlung für die Mama
- Begrüßungsgetränk
- Kräutergartenrundgang mit der Bäuerin und Kräuterpädagogin Gabi
- Auf Anmeldung zwei Stunden Babysitting
- „Bambini-Stalldiplom" mit schöner Urkunde
- Ponyreiten für die Kinder
- Traktorrundfahrt mit der ganzen Familie
- Lagerfeuerabend beim Indianertipi
- Komplette Baby- und Kleinkindausstattung
- Überraschungsschmankerl als Abschiedsgeschenk

5 Tage ab: 309,- € (für 2 E., 1 K.)

Angebote	
Unterkunft:	Zimmer
Preis 4 Personen:	4 Übernachtungen 329,- € 7 Übernachtungen 539,- € 2 Erwachsene und 2 Kinder bis 5 Jahre
Preis 3 Personen:	4 Übernachtungen 309,- € 7 Übernachtungen 499,- € 2 Erwachsene und 1 Kind bis 5 Jahre

Buchung unter:
Daxlberger Hof
Familie Buchöster
Daxlberg 8
83313 Siegsdorf
Telefon: 08662 – 9264
Fax: 08662 – 12153
info@daxlbergerhof.de
www.daxlbergerhof.de

Pauschalangebote

Radlerwochenende
Ein Wochenende „Genießen und Erleben"

Das erwartet Sie:
- Reichhaltiges Frühstück
- Begrüßungsgetränk
- 1 x Saunanutzung
- 1 x Museumsbesuch nach Wahl
- Leihfahrrad und Tourenvorschläge

Angebot im **Oktober**

3 Tage ab: 104,- € (für 2 P.)

Angebote	
Dauer:	2 Übernachtungen
Unterkunft:	FH bzw. FeWo
Preis 1:	2 Personen ab 104,- €
Preis 2:	3 Personen ab 128,- €
Preis 3:	4 Personen ab 152,- €

Buchung unter:
Familie Gansbergen
Zur Reith 21
27308 Kichlinteln-Bendingbostel
Telefon: 04237 – 855
Fax: 04237 – 943983
ferienhaus-gansbergen@t-online.de
www.gansbergen-ferienhaus.de

Wo Milch und Honig fließen – Cleopatratage
... lassen Sie sich verwöhnen wie Cleopatra einst im alten Ägypten!

Das erwartet Sie:
- 1 x Begrüßungsdrink
- 1 x Cleopatrabad (alte Rezeptur mit Milch, Honig und Rosenöl)
- 1 x Ganzkörpermassage mit Rosenöl
- 1 x Rosensauna
- 1 x Solarium
- 3 x kulinarisches Frühstücksbüfett in der Kachelofenstube

Angebot im **Oktober**

4 Tage ab: 245,- € (p. P.)

Angebot	
Dauer:	3 Übernachtungen
Unterkunft:	Doppelzimmer oder Appartement
Preis:	ab 245,- € p. P.

Buchung unter:
Landhaus Waibelhof
Familie Waibel
Talstraße 74
87544 Blaichach-Gunzesried
Telefon: 08321 – 4580
Fax: 08321 – 4528
info@waibelhof.de
www.waibelhof.de

Pauschalangebote

Thüringer Landleben schnuppern

Angebot im November

Das erwartet Sie:
- Thüringer Landfrühstück, ausschließlich mit Produkten aus der Region
- 1 x traditionelles Hackepeter-Essen
- Gutschein für eine original Thüringer Rostbratwurst
- Eintritt in die historische Holländergaleriewindmühle in Linda
- Ermäßigter Eintritt in die hawaiianische Badewelt Waikiki in Zeulenroda
- Kostenlose Fahrradbenutzung

Angebote	
Dauer:	2 Übernachtungen
Preis 1:	pro Person 53,- €
Preis 2:	Kinder bis 12 Jahre 30,- € (im DZ der Eltern)

Buchung unter:
Ferienhof Wolschendorf
Familie Wolschendorf
Koethnitz 11
07819 Linda
Telefon: 036481 – 22792
Fax: 036481 – 83800
raus@aufs-land.de
www.ferienhof-wolschendorf.de

3 Tage nur: 53,- € (p. P.)

V 108

Pauschalangebote

„Zeit für sich" – 10 Tage Sauerstoffkur
Sauerstoffkur für geistige Vitalität, Fitness und Gesundheit

Nach dem Motto „Alles kann, nichts muss" bieten wir Ihnen eine einfache und doch wirksame Methode, sich fit zu machen für die Anforderungen an Beruf, Alltagsstress oder zum Erhalt der Vitalität im Alter.
Außerdem bieten wir Ihnen zusätzliche Leistungen wie Vitamingetränke, Saunagänge, Solarium, Kneippanwendungen, Massagen, Wärmepackungen, Fußpflege und Fußreflexzonenmassagen und verschiedene Kosmetikangebote in unserer Beautyscheune.
Erleben Sie unseren Kneipp-Garten und gönnen Sie sich mal etwas für sich selbst!

Angebote	
Dauer:	10 Tage, Frühstück und eine Sauerstoffanwendung pro Tag
Preis 1:	pro Person im Doppelzimmer ab 230,- €
Preis 2:	für 2 Personen in der Ferienwohnung ab 450,- €

ab: 230,- € (p. P.)

Buchung unter:
Pension „Haus Ibe"
Familie Ibe und Kühne
Burgstr. 28
99762 Neustadt / Harz
Telefon: 036331 – 42298
Fax: 036331 – 30454
info@pension-ibe.de
www.pension-ibe.de

Pauschalangebote

Weihnachten im Ostseeland

Weihnachtsurlaub an der Ostsee mit einem tollen Weihnachtsprogramm:
- Wellness- und Beautytermine sind möglich (Kinderbetreuung auch)
- Mineralwasser außerhalb der Mahlzeiten sowie freie Saunanutzung

22.12.: Anreise – Ihre weihnachtliche (Weihnachtsteller) Wohnung wartet auf Sie ab 15:00 Uhr
Abendmenü ab 18:30 Uhr
23.12.: Frühstück 8:00 – 10:00 Uhr
Kinderbetreuung mit Sternenbastelei 10:00 – 13:00 Uhr
Plätzchenbäckerei in der kleinen Backstube und Weihnachtsbasteln (mit Prosecco) 14:00 –17:30 Uhr
Abendmenü ab 18:30 Uhr
24.12.: Frühstücksbüfett 8:00 – 10:00 Uhr
individuelle Weihnachten
25.12.: Weihnachtsbrunch 9:00 – 11:30 Uhr
Kutschfahrt durch die winterliche Ostseeküstenlandschaft 14:00 Uhr
Weihnachtsmenü ab 18:30 Uhr
26.12.: Frühstücksbüfett und Abreise 8:00 – 11:00 Uhr

Angebote	
Dauer:	Weihnachtsurlaub, 4 Übernachtungen
Preis 1:	pro Person 219,- €
Preis 2:	Kinder 7 – 12 Jahre u. Preis ab 3. Person 189,- €
Preis 3:	Kinder 2 – 6 Jahre 169,- €

Buchung unter:
Gutshof Bastorf
Familie Wutschik
Kühlungsborner Str. 1
18230 Bastorf
Telefon: 038293 – 6450
Fax: 038293 – 64555
wutschik@gutshof-bastorf.de
www.gutshof-bastorf.de

5 Tage nur: 219,- € (p. P.)

Pauschalangebote

Silvester kompakt ohne Pferd

Angebot im Dezember

Genießen Sie den Jahreswechsel auf dem Glockenhof.

Das erwartet Sie:
- 3 x Frühstücksbüfett
- 3 x Abendbüfett inkl. 1 Tischgetränk
- 1 x Mittagsbüfett inkl. Tischgetränk
- 3 x Kaffee und Kuchen
- Begrüßungsabend, Klönschnackabend
- Über Silvester Wanderung inkl. Lagerfeuer und Punsch
- Silvesterparty inklusive Mitternachtssekt
- Katerfrühstück am 01.01.2011

4 Tage ab: 220,- € (p. P.)

Angebot	
Dauer:	3 Übernachtungen
Unterkunft:	Zimmer
Preis:	ab 220,- € p. P. / DZ ab 260,- € im EZ
Verlängerungstage sind möglich.	

Buchung unter:
Glockenhof
Familie Studtmann
Soltauer Str. 2 – 6
21385 Amelinghausen
Telefon: 04132 – 91230
Fax: 04132 – 912345
info@glockenhof-studtmann.de
www.glockenhof-studtmann.de

V 111

Gesamtübersicht

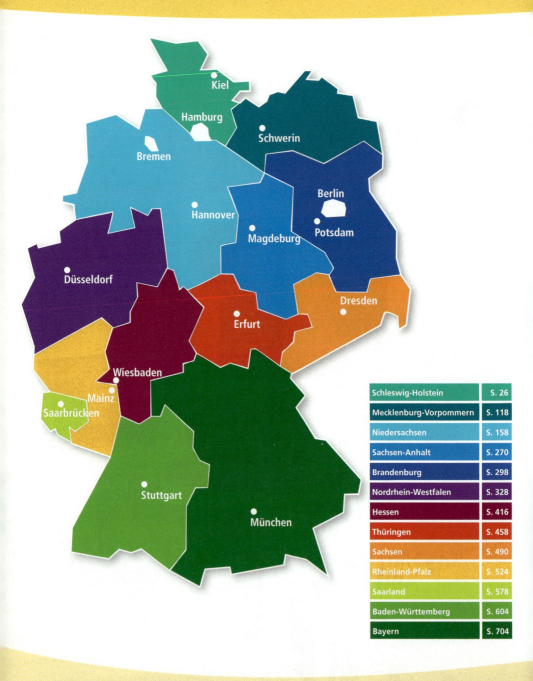

WWF *for a living planet*

Es wird eng
Retten Sie seine Heimat: 3 Euro für das Klima.
wwf.de

Werden Sie Teil des WWF-Rettungsplans!

Mit schon 3 Euro im Monat schützen Sie den Lebensraum der Eisbären in der Arktis. Mehr Infos unter: wwf.de
Einmalig spenden an den WWF entweder auf Konto 2000, Bank für Sozialwirtschaft BLZ 550 205 00, Stichwort „Klima" oder einfach per SMS, Kennwort „Klima" an die Nummer 81190.

Eine SMS kostet 2,99 €* davon gehen 2,82 € direkt an den WWF. Kein Abo! *zzgl. Kosten einer SMS

Schleswig-Holstein

Urlaub im Land

Abtauchen in Landschaften, die alle Sinne anregen und vor der Weite des blauen Horizonts die Gedankenwelt neu ordnen. Endlich Zeit abzuschalten und sich mit der Familie zu erholen.

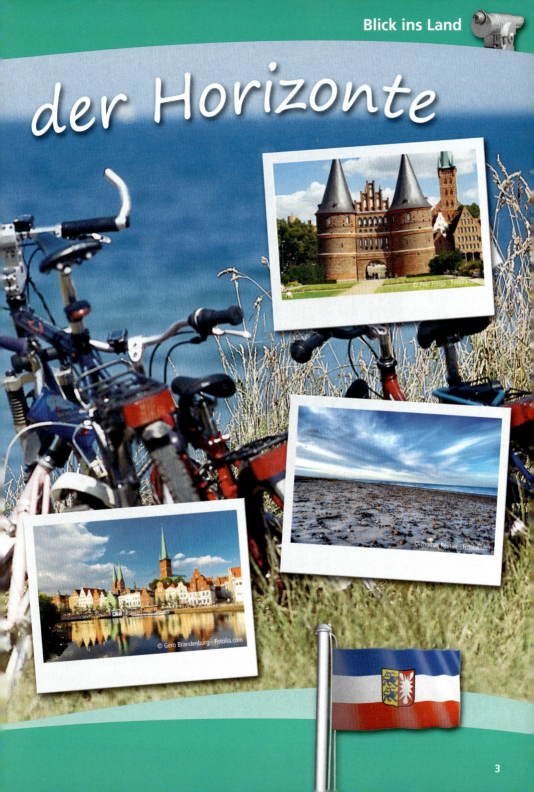

Schleswig-Holstein

An der Waterkant

Sylt

Schleswig-Holstein, das Land zwischen den zwei Meeren, hat eine Küstenlänge von 1.190 Kilometern. Dort gibt es natürlich viele Strände, die zum Baden, Sporttreiben, Ausruhen und Flanieren einladen.

Auf Sylt gibt es den längsten Strand des nördlichsten deutschen Bundeslandes – 40 Kilometer feinster Sandstrand entlang der Westküste; zwischen Lister „Ellenbogen" und Hörnumer Südspitze. Bunte Strandkörbe, tosende Brandung, die Luft prickelt wie Champagner – einmalig schön. Hier kann der Körper entspannen, die Seele baumeln, der Blick weit übers Meer schweifen.

Blick ins Land

St. Peter-Ording

Den breitesten Strand finden Sie in St. Peter-Ording – hier lockt der größte „Sandkasten" der Welt. Der bis zu zwei Kilometer breite und zwölf Kilometer lange Strand ist ein Erlebnis unendlicher Weite und Freiheit – ideal für lange Spaziergänge und Sport, zum Beispiel Strandsegeln, Kitesurfen oder Beachvolleyball. Typisch sind die Pfahlbauten: Holzhäuser auf hohen Pfählen zum Schutz vor der Flut.

Europas größter Strand ist eine der Insel Amrum unmittelbar angelagerte Sandbank. Wege über den „Kniepsand" bis zum Wasser sind ganz schön lang. Mal sind es „nur" 800 Meter, mal muss man mehr als einen Kilometer laufen, um ins erfrischende Nass zu kommen. Außerdem hat das Eiland ausgedehnte Dünenlandschaften und viel Wald. Dazu schöne Radwander- und Reitwege.

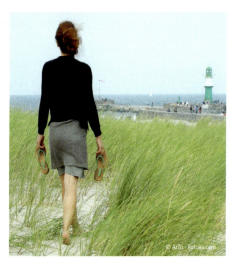

Schönberger Strand

Waren Sie schon am exotischsten Strand? Die Ortsschilder „Kalifornien" und „Brasilien" lassen Neulinge zunächst stutzen. Des Rätsels Lösung ist einfach: Es sind die Namen der zwei beschaulichen (Familien-)Strände westlich vom Schönberger Strand. Surfer finden hier ein anspruchsvolles, auch für Anfänger attraktives Revier. Schöne Strecke zum Promenieren: vom Ostseebad Stein bis zum Ostseebad Schönberger Strand – Stakendorf – Schmoel.

Schleswig-Holstein

Nicht nur für Vögel ein Paradies

© Romy1956 - Fotolia.com

Schaalsee-Landschaft

Eingebettet in ein eiszeitlich geformtes Hügelland, bilden 24 Seen die einzigartige Schaalsee-Landschaft in Schleswig-Holstein und Mecklenburg-Vorpommern. Zusammen mit Mooren, urwüchsigen Buchenwäldern und alter Kulturlandschaft begünstigen sie das Vorkommen einer reichen Tier- und Pflanzenwelt. In der Seenlandschaft tummeln sich Fischotter, brüten Kraniche und Seeadler. Jedes Jahr ab dem Spätsommer rasten mehr als 25.000 Enten und Gänse auf den Wasserflächen. Herz der Region ist der Schaalsee. Er ist 2.300 Hektar groß und mit 72 Metern der tiefste See Norddeutschlands. Sein Markenzeichen sind die vielen Buchten, Halbinseln und Inseln. Die Uferlinie wird geprägt durch ausgedehnte Röhrichte, Erlenbruchwälder und Steilhänge mit altem Buchenbestand. Der Schaalsee und die umgebende Landschaft sind als europäisches Vogelschutzgebiet ausgewiesen.

Natur

Infos erhalten Sie unter www.wwf.de

Schleswig-Holstein

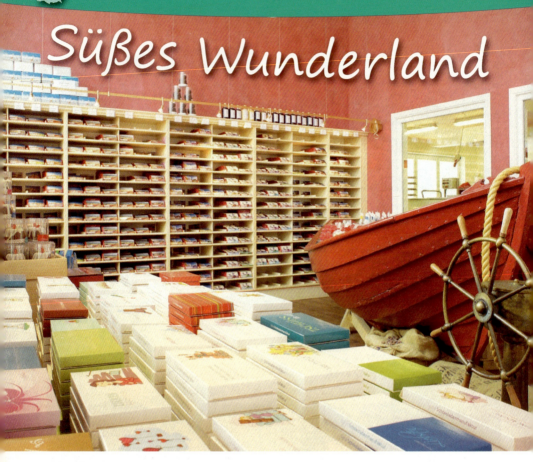
Süßes Wunderland

Sylter Schokoladenmanufaktur

Frische Austern, rote Grütze oder auch Friesentee – das alles steht für Genuss auf Sylt. Aber da gibt es noch mehr: Wie wäre es mit einem Besuch in der Sylter Schokoladenmanufaktur?!

Das moderne Schlaraffenland lädt schon im Eingangsbereich mit einem Schokoladenbrunnen zum Naschen ein. In gläsernen Vitrinen locken opulente Torten und über 100 hübsch garnierte Pralinensorten. Wem das nicht genug ist, der findet sicher unter den über 250 verschiedenen Geschmacks-Varianten die richtige Schokolade – für sich oder als Mitbringsel.

Genuss

Schokoladen-Seminar

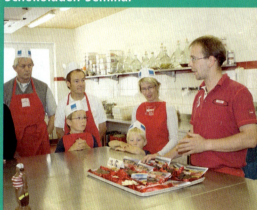

Infos erhalten Sie unter www.sylter-schokoladenmanufaktur.de

Anmeldung zum Seminar erforderlich!

Was nach Massenbetrieb klingt, ist nicht so: Alle süßen Schoko-Feinheiten werden liebevoll von Hand in der Manufaktur produziert – mit Produkten aus aller Welt: z. B. Macadamias aus Australien, Chili aus Südamerika oder Espresso aus Italien.

Wer den Chocolatiers über die Schultern schauen möchte, wird in einem Seminar in die Kunst der Schokoladenherstellung eingeweiht. In drei Stunden lernen Sie, wie Sie zu Hause Kuvertüre temperieren, Trüffelmassen kochen, Pralinen herstellen, Schokolade machen, köstliche Desserts für Ihre Gäste zaubern oder wie Sie mal ganz anders mit Schokolade kochen können.

Schleswig-Holstein

Gesundheitsparadies

Dünen-Therme

Die Dünen-Therme ist ein modernes Freizeit- und Erlebnisbad in St. Peter-Ording. Hier wurde der Sommer für Sie eingefangen, mit Wellen, Wärme, Wohlbefinden – nordseetypisch, mit allem, was dazugehört. Alles unter einem Dach, aber vieles auch im Freien.

Tauchen Sie ab in ein wunderschönes Badeerlebnis. Alle Becken, außer dem Kleinkinderbecken, sind mit reinem, klarem Nordseewasser gefüllt. Zu jeder halben Stunde beherrschen nordseetypische Brandungswellen das Wellenbecken. Einzigartig an der nordfriesischen Küste ist die Saunalandschaft. Wohlbefinden,

Wellness

**Infos
erhalten Sie unter
Tel. 0 48 63 / 9 99-0
oder
www.duenen-therme.de**

Entspannung und Fitness erleben Sie in der Kelo-Blockhaus-Sauna, Pfahlbau-Sauna, Dampfbad, Birkensauna und dem Sanarium. Ein Paradies für Ihre Gesundheit. Hier kommen Sie garantiert ins Schwitzen und erleben das angenehme Wechselspiel von Wärme und Kälte für den Körper.
Das ist der wohl gesündeste Weg zum Abbau von Stress, zur Abhärtung, Schönheitspflege und Fitness!

Schleswig-Holstein

Tiere in Not

Eichhörnchen-Station

In der Eichhörnchen-Station in Eckernförde werden verletzte und junge Eichhörnchen aufgepäppelt, bis sie wieder ausgewildert werden können. Eckernförde dient nicht nur als Informations- und Forschungsstation, sondern bietet mit seinem 50-m²-Gehege auch ausreichend Platz für die spätere Auswilderung von Eichhörnchen-Findelkindern und die längerfristige und artgerechte Unterbringung zum Überwintern. Bundesweit einmalig ist das 100 m² große und bis zu 7 m hohe Gehege für die „Dauergäste". Eichhörnchen mit kleineren Behinderungen die in der freien Wildbahn schnell Beute ihrer natürlichen Feinde würden,

Hits für Kids

© Eric Isselée - Fotolia.com

Infos erhalten Sie unter Tel. 0 43 51 / 72 02 55 oder www.eichhoernchen-notruf.com

finden hier einen natürlichen, geschützten Lebensraum. Sie können, wie jedes andere Tier auch, springen, klettern, beißen und sich ihr Futter selbständig holen. Die Tiere sind den Kontakt zum Menschen gewöhnt und so können Besucher Eichhörnchen aus nächster Nähe beobachten.

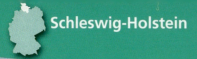 Schleswig-Holstein

Für Mutige

Hochseilgarten Fehmarn

Mut und Abenteuerlust sind im Hochseilgarten Fehmarn gefragt. Im 10 Meter hohen Hochseilgarten erleben Sie in halbtägigen Veranstaltungen beim Klettern, was in Ihnen steckt: Überwinden Sie Ihre Grenzen, spüren Sie Ihre Stärke, entwickeln Sie Ihr Selbstvertrauen – alles mit ganz viel Spaß und zuverlässig gesichert!

Ein Besuch im Hochseilgarten beginnt mit einer einstündigen Sicherheitseinweisung. Kleine Gruppen von 10 bis 15 Personen garantieren Ruhe, Übersicht und eine konzentrierte Atmosphäre. Sie benötigen keine ausgeprägte Kondition, nur Beweglichkeit – und das Herz am rechten Fleck!

Hits für Kids

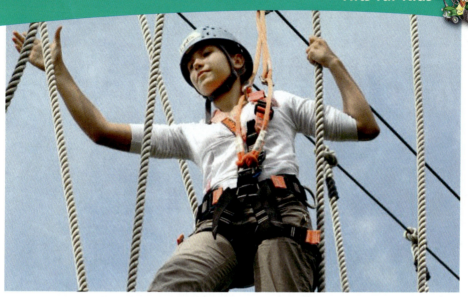

Infos erhalten Sie unter Tel. 0 43 71 / 21 89 oder www.hochseilgarten-fehmarn.de

Kinder ab 10 Jahren dürfen sich ans Kistenklettern wagen. Kiste für Kiste klettern sie, bis der Turm unter ihnen einstürzt. Irgendwann fällt jeder, wird aber sicher vom Trainer gehalten.

Ein Erlebnisprogramm ist ab 12 möglich und Kinder über 14 Jahre und mindestens 1,55 m Körpergröße dürfen alle Stationen ausprobieren.

Schleswig-Holstein

Föhr on Fire

Wyker Hafenfest

Wer sich von einem Feuerwerks-Schauspiel der besonderen Art verzaubern lassen möchte, sollte sich das Wyker Hafenfest auf der Insel Föhr am zweiten Augustwochenende unbedingt vormerken. Am Samstagabend verwandelt sich der Himmel vor der romantischen Kulisse der Nordsee in einen Rausch der Sinne – eine einmalige Komposition aus Klängen, Farben und Licht. Unter dem Titel „Föhr on Fire" erleben Sie die Faszination einzigartiger Feuerwerks-Effekte. In einer perfekt ausgetüftelten Choreografie verschmelzen die himmlischen Feuerbilder mit den Klängen der Musik zu einem poetischen Ballett der Sterne – Gänsehautfeeling pur. Tagsüber laden die

Kultur

Infos erhalten Sie unter Tel. 0 46 81 / 30 27 oder www.foehr.de

vielen Highlights des Hafenfestes zu einem Besuch ein. An beiden Tagen gibt es einen bunten Markt mit über 50 Ständen rings um den Hafen. Sie können mit einem Oldtimersegler eine Stichfahrt ins Wattenmeer unternehmen. Ein Unterhaltungsprogramm für Kinder, das traditionelle Seifenkistenrennen und ein abwechslungsreiches Musikprogramm mit zahlreichen Livebands runden das Programm ab.

Schleswig-Holstein

Leinen los!

Segelschiff Rigmor

Die „Rigmor" ist das älteste fahrtüchtige Segelschiff Deutschlands. Nach einer wechselvollen Geschichte, die 1853 als stolzer Zollkreuzer No. 5 begann und sich später als Steinfischer in Dänemark fortsetzte, ist sie am 11. Oktober 1992 an ihren Entstehungsort Glückstadt zurückgekehrt. Hier wurden in mühevoller Kleinarbeit von vielen freiwilligen Helfern Leckagen beseitigt.

Seit 1993 steht sie unter Denkmalschutz. Im Mai 1999 wurde das Segelschiff nach Elmshorn überführt und im Rahmen einer Qualifizierungs- und Beschäftigungsmaß-

Kultur

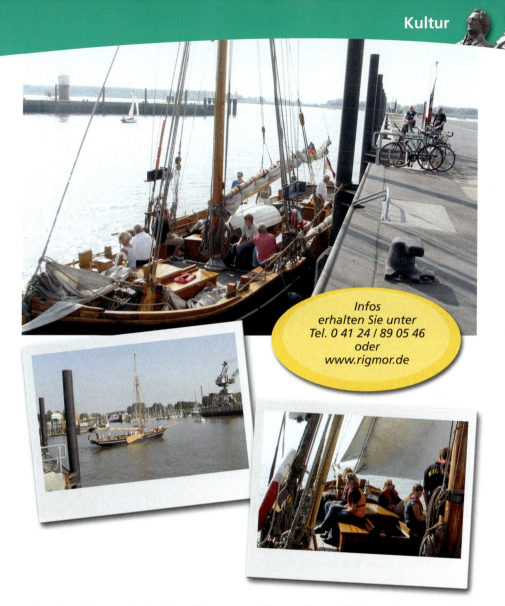

Infos
erhalten Sie unter
Tel. 0 41 24 / 89 05 46
oder
www.rigmor.de

nahme in der neu gegründeten Museumswerft von Jugendlichen weiter restauriert. Seit dem 1. Juni 2002 fährt die „Rigmor" unter Segeln von Glückstadt aus auf die Elbe und bietet Törns sowohl für Gruppen als auch für jedermann an. Gesegelt wird sie von ehrenamtlich tätigen Mitgliedern des „Fördervereins RIGMOR von Glückstadt e.V.".

Schleswig-Holstein

Entspannung auf

Eider, Treene und Sorge

Die drei Flüsse Eider, Treene und Sorge, die sich im größten zusammenhängenden Niederungsgebiet Schleswig-Holsteins befinden, scheinen in ihrem landschaftlichen Umfeld eigens dafür geschaffen, dem Menschen Erholung und Entspannung abseits der großen Touristenströme zu bieten. Hier lassen sich herrliche Touren mit dem Kanu machen. Die Eider, der längste Fluss des Bundeslandes, führt quer durch die Region. Im wenig besiedelten Geest- und Niederungsgebiet des Unterlaufes finden Sie absolute Entspannung in der Natur. Ein Höhepunkt ist das idyllische Holländerstädtchen Friedrichstadt. Hier mündet auch die Treene in die Eider.

Aktiv

dem Wasser

**Infos
erhalten Sie unter
Tel. 0 43 33 / 99 24 90
oder
www.eider-treene-sorge.de**

Der Nebenfluss ist einer der schönsten Paddelflüsse Schleswig-Holsteins. Er zieht sich durch die Marsch-Moorlandschaft. Die Sorge lädt zu einer kürzen, aber nicht minder attraktiven Tour. Sie führt durch ein mit Wald gesäumtes Geesttal, ehe sie durch das weitläufige Wiesen- und Niederungsgebiet der Region führt.

Schleswig-Holstein

Dat matscht so schön!

Brunsbütteler Wattolümpiade

Alljährlich am letzten August-Wochenende gibt es ein spektakuläres Sportevent an der schleswig-holsteinischen Elbmündung: die Brunsbütteler Wattolümpiade.

Wattleten aus dem In- und Ausland kämpfen um olümpisches Edelmetall. Das „ü" im Namen deutet darauf hin, dass im „Olümpischen Dorf" Brunsbüttel alles ein bisschen anders ist, als das, was man von Olympiaden sonst kennt. So werden herkömmliche Sportarten wie Handball und Fußball sowie traditionelle Küstendisziplinen wie Aalstaffellauf, Gummistiefelweitwurf und Nordic Watting auf der mit Abstand schlickigsten Fläche der Republik ausgetragen. Seit 2005 gibt es alle zwei Jahre sogar eine Kinderwattolümpiade.

Aktiv

Infos erhalten Sie unter www.wattoluempiade.de

„Schmutziger Sport für eine saubere Sache." – Was sich nach jeder Menge Quatsch im Matsch anhört, hat durchaus einen ernsthaften Hintergrund: Mit den Eintrittserlösen, die bei der Wattolümpiade und dem Wattstock-Festival am Vortag erwirtschaftet werden, finanzieren die Veranstalter unter anderem Beratungsstellen der Schleswig-Holsteinischen Krebsgesellschaft e.V. an der Westküste.

Schleswig-Holstein

In Schleswig-Holstein lässt es sich gut leben. Einmal im Land der Horizonte angekommen, kommt man nicht mehr vom Norden los. Eine intakte Umwelt und einzigartige Landschaften, kulinarische Köstlichkeiten, touristische und kulturelle Attraktionen wirken anziehend und bieten Familien und Kindern ein wunderbares Umfeld.

Diese und noch mehr Reisetipps gibt's unter:
www.sh-tourismus.de

Fakten zu Schleswig-Holstein

Hauptstadt:	Kiel
Einwohner:	2,82 Mio.
Fläche:	15.769,00 km^2
Einwohner/km^2:	178
Webseite:	www.schleswig-holstein.de

1. Nordsee — 26
2. Nordfriesische Inseln — 47
3. Binnenland — 50
4. Ostsee — 58
5. Insel Fehmarn — 72
6. Holsteinische Schweiz — 84
7. Herzogtum Lauenburg — 92

Zahlen und Fakten

Schleswig-Holstein
1 Nordsee

Hier werden Träume wahr!
Natürlich Urlaub machen

„Urlaub auf dem Bauernhof in Schleswig-Holstein 2010"

Gastfreundlichkeit pur in qualitätsgeprüften Unterkünften. Fordern Sie *jetzt* Ihr kostenloses Exemplar an!

Urlaub auf dem Bauernhof SH
Am Kamp 15 - 17
24768 Rendsburg
info@bauernhof-erlebnis.de
www.bauernhof-erlebnis.de

Urlaub zwischen Nord- und Ostsee

Dagebüll
45 km 1 km

Sibirische Vögel halten hier, im flachen Land, so weit das Auge reicht. Zu erkunden sind Felder, Wald, Geest und Marsch, die Deiche und der Nationalpark Wattenmeer ringsum per Fahrrad, Inliner, Pferd, Kutsche und Kanu. Fitness: Trimm-dich-Pfade, Erlebnisbad, Sauna, squashen, surfen. Museen. Freibad 5 km. Der Badestrand (3 km) wird von der DLRG vorsorglich bewacht, ist sandfrei und immer-grün. Specials: Vogelkundliche Führungen und Windmill-Climbing.

Infos unter: Dagebüll-Niebüll-Touristik
Tel. 04667 - 95000 oder www.amt-boekingharde.de

Hof Jensen***

Jensen, Uwe und Annine
Nr. 10
25899 Dagebüll,
OT Osewoldterkoog
Tel. 04667 - 801
Fax 04667 - 803   www.Jensen-Ferien.de

Einzelhof, Ferienwohnungen mit TV. Zimmer mit Terrasse und Teeküche, Kinderermäßigung, Waschmaschine, Trockner, Brötchenservice, Ackerbau, Grünland, Ponys und Pferde, Reithalle und -platz, TT, Schafe, Kaninchen, Katzen, Hund, Federvieh, Garten mit Liegewiese, großer Spielplatz mit Grillmöglichkeit, Englisch.

Anzahl	Art	qm	Personen	Preis
5	FeWo	35-50	2-5	ab 35,00 €
2	Zi.	20	2-3	ab 20,00 €

131955_1   F***P***

Schleswig-Holstein
Nordsee 1

Emmelsbüll
🚶 40 km 🚉 3 km

Emmelsbüll liegt kurz vor der Nordsee. Vermutlich zieht es Sie zur naturkundlichen Wattwanderung vor Südwesthörn, zu Würmern, Muscheln und Krabben (März bis Oktober geführt). Einmal an der Küste, steigen Sie auf den Nordseeküsten-Radweg (6.000 km entlang der Nordsee) nach St. Peter Ording und Dänemark. Oder Sie nehmen die Fähre zu einer Nordfries. Insel / den Halligen. Vor Ort: Badesee und Freibad. Hallenbad 16 km, Erlebnisbad 20 km. Kutsch-Fahrten, Reiten, Nolde-Museum.

Infos unter: Gemeinde Emmelsbüll-Horsbüll
Tel. 04665 - 331 oder www.emmelsbuell-horsbuell.com

***Carstensen, Silke u. Claus
Horsbüller Str. 39
25942 Emmelsbüll,
OT Horsbüll
Tel. 04665 - 381

silke.carstensen@t-online.de
www.poerksenhof.de

Unser Bauernhof liegt in ruhiger Lage auf einer Warft. Garten m. Laube, Spielgeräten, Grillplatz u. Baumhaus. Kleintiere, Reitmöglichkeiten, Ferienwohnungen, z.T. mit Terrasse und Einbauküche, Sat-TV, Geschirrspüler, Telefon, Waschmaschinen-/Trocknerbenutzung.

Anzahl	Art	qm	Personen	Preis
3	FeWo	70-72	1-4	ab 42,00 €

338574_1   F***/****

Hof Schnurrum****
Heisler, Jutta
Uthlandweg 6
25924 Emmelsbüll,
OT Horsbüll
Tel. 04665 - 514
Fax 04665 - 333015

JuttaHeisler@aol.com
www.ferienhof-schnurrum.de

„Schnurrum" - ein schöner Marschenhof, Alleinlage, in Blickweite des Außendeiches, dahinter die Nordsee mit Ebbe und Flut.
Ackerbaubetrieb mit Schweinen. Streicheltiere: Schafe, Katzen, Kaninchen, ein lieber Hund.
Ferienwohnung bis 4 Pers. im gemütlichen Friesenstil, Alkoven, 42,- bis 52,- €
FH bis 4 Pers., romantisches Ambiente, Kamin, separater Garten, 50,- bis 62,- €, Ferienwohnung und Ferienhaus sind ausgezeichnet mit 4 Sternen und sind komplett eingerichtet mit Waschmaschine, Spülmaschine, Mikrowelle, Sat-TV, Radio, WLAN-Zugang, Bettwäsche/Handtücher, Terrasse mit Gartenmöbeln, Liegen, Hobbyraum zum Klönen, Wellness - Raum mit Sauna, Whirlpool, Ergometer, Spielraum mit TT, Fußballkicker etc., Spielplatz.
Ausflüge: Nordfriesische Inseln (Sylt), Halligen, Wattwandern, Dänemark (Legoland, Röm), Nolde-Museum, Radfahren, Hausprospekt.

Anzahl	Art	qm	Personen	Preis
1	FeWo	50	2-4	ab 42,00 €
1	FH	65	2-4	ab 50,00 €

76966_1   F****

Schleswig-Holstein
1 Nordsee

Garding

🚶 50 km 🚆 Garding

Nordseehalbinsel Eiderstedt - die Nase Schleswig-Holsteins. Auf dem Boden des Wattenmeeres spazieren gehen - ein Wahnsinns-Erlebnis! Und gesund dazu. Lassen Sie sich beim Radwandern Inselluft um die Nase wehen! Hinterher genießen Sie das große Wellness- und Gesundheitsangebot. Besonderheit: Auf der Nordseehalbinsel Eiderstedt ist das Ringreiten seit eh und je Teil des dörflichen Lebens. Auf Angler warten 250 km fischreiche Wasserstrecke. Petri Heil!

Infos unter: Tourismus-Zentrale Eiderstedt e.V.
Tel. 04862 - 469 oder www.eiderstedt.de

117660_1 F***

Korndeichhof***
Bettina Dircks u. Karsten Dau
Korndeich 4
25836 Kirchspiel Garding
Tel. 04862 - 103284
korndeichhof@yahoo.de
www.eiderstedt.de/korndeichhof

7 gem. FeWo im Herzen der Halbinsel Eiderstedt für 2-5 Pers., voll ausgestattete Küchen, Mikrowelle, teilw. Geschirrspüler, Föhn, Kinderbett, Hochstuhl. Pferd, Ziegen, Katzen, Kaninchen, … Billard, Kicker, Tischtennis, Trampolin, Kinderfuhrpark, Floß, Bücher, Spiele, … Fußpflege, Waschmaschine und Trockner gegen Gebühr. Großer Garten mit Sitzecken, Strandkörbe, … Bettwäsche, Handtücher inkl., WLAN, Brötchenservice, Honig, Hausprospekt.

Anzahl	Art	qm	Personen	Preis
7	FeWo		2-5	auf Anfrage

115794_1 F***/****

Ferienhof Groth***
Birgit Groth
Hartkoogweg 1
25836 Garding, OT Sandwehle
Tel. 04862 - 952
Fax 04862 - 102343
groth@ferienhof-groth.de
www.ferienhof-groth.de

Einzelhof, FeWo bis 8 Pers., sehr kinderfreundlich, Kinderausstattung, Unterbringung von Gehbehinderten und Rollstuhlfahrern in der gr. FeWo möglich. Garten, Gartenhaus u. Grillhütte, Tischtennis, Liegewiese, viele Spielgeräte.
Grünland- und Ackerbaubetrieb, Bullen und Kälber, Schafe, Ponys, Katzen, Kaninchen, Hühner. Fahrräder, Brötchen, Trecker fahren, Gemeinschaftsabende, gerne Mithilfe!

Anzahl	Art	qm	Personen	Preis
5	FeWo	30-140	2-8	ab 40,00 €

So geht's zu auf dem Bauernhof

Die Foto-Sachgeschichten zeigen, wie Landwirte mit riesigen Traktoren ihre Felder bearbeiten. Was Erdbeerbauern im Tunnel machen. Wie Kühe Milch geben. Und wie Schweine Strom machen …

Ausgezeichnet von der Akademie für Kinder- und Jugendbuchliteratur

9,95 €

Nutzen Sie die Bestellkarte auf der letzten Seite!

Schleswig-Holstein
Nordsee 1

Hattstedt
🚶 40 km 🚆 6 km

Weite und Wind. Bis zum Nationalpark Wattenmeer, zur Nordsee und zum Badestrand ist es nur ein Steinwurf (2 km), bis Husum 5 km. Auf dem Fahrrad, Pferd oder zu Fuß (z. B. nach Nordstrand) können Sie auf ausgeschilderten Rad- und Wanderwegen den landschaftlich reizvollen Wechsel von Moor, Wald, Marsch und Geest hautnah erleben (auch Kanuwandern, Skaten/Inlinern). Tier-/Blumenpark Gettorf, Hansa-Park. Inseln und Halligen. Seehundsbänke. Krokosblütenfest.

Infos unter: Amt Hattstedt
Tel. 04846 - 69020 oder www.hattstedt.de

****Brodersen, Anja und Thomas
Alter Husumer Weg 2c
25856 Hattstedt-Feld
Tel. 04846 - 1783
Fax 04846 - 693270

ferienhof-brodersen@t-online.de
kontakt@ferienhof-brodersen.de
www.ferienhof-brodersen.de

Hof mit Milchwirtschaft in ruhiger, ländlicher Umgebung.

Die Nähe und der Umgang mit den Tieren (Kühe, Kälber, Ponys, Pferd, Hund, Kaninchen und Ziegen) ist ein besonderes Ereignis.
Reitmöglichkeit und viel Platz zum Spielen mit Traktoren, Tischtennis usw., Kaffeetrinken und Grillen in der Laube.

Komfortable Ferienwohnungen mit Balkon oder Terrasse, ausgestattet mit Sat-TV, Telefon, Geschirrspüler, Mikrowelle, Gefriertruhe und Fön.

266599_1   F****

Anzahl	Art	qm	Personen	Preis
3	FeWo	70-120	2-7	ab 50,00 €

Hedwigenkoog

Umrandet von grünen Deichen. Die reine Qualität des Meerwassers vor Ort und der feste Wattboden sind beliebt bei Einheimischen und Gästen. Hier kann die ganze Familie in der Nordsee richtig unbeschwert planschen und am grünen Natur-Badestrand buddeln (mit Kinderspielplatz). Das einzigartige Deichvorland zieht Natur- und Vogelfreunde an. Ideale Strecken für Radler und Skater laden dazu ein, die Natur zu erkunden und hier und dort bei einer Tasse Tee zu pausieren …

Infos unter: Fremdenverkehrsverein Hedwigenkoog
Tel. 04833 - 42230 oder www.hedwigenkoog.de

Schleswig-Holstein
1 Nordsee

www.Ferienhof-Brandt.de

Das gesunde Klima, die frische, würzige Nordseeluft und die harmonische, kindgerechte Atmosphäre auf unserem Bauernhof bilden die besten Voraussetzungen für wunderbare Urlaubstage.

Gönnen Sie sich und Ihren Kleinen Urlaubsgefühle pur
- auf dem Ferienhof Brandt -
wo wir Sie herzlich willkommen heißen.

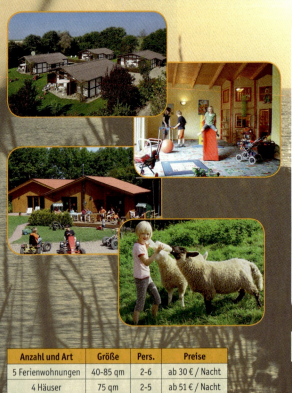

Unsere einzigartige Lage bietet Ihnen:

- kinderfreundliches Ambiente
- idyllischer Einzelhof im Grünen
- ein aktiver Vollerwerbsbetrieb
- nahe am Nordseeheilbad Büsum sowie am Badestrand
- Tiere wie Rinder, Schweine, Ponys, Hühner, Schafe, Ziegen, Katzen, Kaninchen

Genießen Sie:

- herrliches Kinderspielzimmer
- paradiesisch großer Stroh- und rustikaler Spielboden
- abwechslungsreicher Spielplatz
- verschiedene Kinderfahrzeuge in allen Größen
- neue erholsame Wellnessoase
- gemütliche „Klöndeel"
- große Sonnenterrasse mit Strandkörben

Anzahl und Art	Größe	Pers.	Preise
5 Ferienwohnungen	40-85 qm	2-6	ab 30 € / Nacht
4 Häuser	75 qm	2-5	ab 51 € / Nacht

Ferienhof Marten und Petra Brandt • Koogchaussee 1 • 25761 Hedwigenkoog
Telefon (0 48 34) 22 43 • Telefax (0 48 34) 24 39 • e-Mail info@ferienhof-brandt.de

Schleswig-Holstein
Nordsee 1

Kaiser-Wilhelm-Koog
🍴 30 km 🚉 14 km

Der Nationalpark *Schleswig-Holsteinisches Wattenmeer* grenzt unmittelbar im Westen an die Gemeinde an - nur einen Kilometer bis zur Nordsee! Das Watt vor Kaiser-Wilhelm-Koog ist Tummelplatz für Hobbyfischer mit und ohne Netz (Krabben- und Schollenfischer). Der urige Ausgangspunkt für Wattwanderer (geführte Wattwanderung!) zieht seit einigen Jahren Bernsteinsucher an. Die Umgebung bietet: Badestrand, Windpark, Kuranwendungen, Hallenbad, Theater und als Highlight die Seehundstation.

Infos unter: Touristik Marne-Marschenland e.V.
Tel. 04851 - 957686 oder www.urlaubandernordsee.de

Ferienhof Brandt***
Brandt, Elsbeth
Schulstr. 4
25709 Kaiser-Wilhelm-Koog
Tel. 04856 - 321
Fax 04856 - 382
info@ferienhof-brandt-nordsee.de
www.ferienhof-brandt-nordsee.de

Ruhig gelegener bewirtschafteter Bauernhof. Ferienwohnungen mit Geschirrspüler u. Mikrowelle. KB, TV, TT, WM, Spielplatz mit Trampolin, Dinocar, Fußballtor, Reiten, Kutsche fahren, Grillen, Lagerfeuer, Pharisäer, Ponys, Pferd, Schweine, Schafe, Hühner, Hund, Katzen, Kaninchen.

Anzahl	Art	qm	Personen	Preis
2	FeWo	60-80	4-6	ab 35,00 €

218911_1   F***

Ferienhof Wilkens***
Wilkens, Christiane
Schulstr. 5
25709 Kaiser-Wilhelm-Koog
Tel. 04856 - 885
Fax 04856 - 909898

www.ferienhof-wilkens.de
ferienhof.wilkens@t-online.de

Unser neuer Bauernhof ist ein Kinderparadies!

Auf dem Spielplatz können sich die Kleinen austoben: Fußball, Trampolin, Rutschen, Lagerfeuer, Klettern und in der Sandkiste buddeln.
In der Spielscheune kann man auch bei schlechtem Wetter herrlich spielen: Strohberg, Sandkiste, Kinderfahrzeuge, Schaukeln, Tischtennis und Basketball.
Im Gartenhaus gibt es Liegestühle, Grill, Kleinkinderspielkiste, Tischfußball und Badminton. Unsere zahlreichen Tiere wollen versorgt werden: Ziege, Enten, Gänse, Schweine und Hühner füttern, Eier sammeln, Katzen streicheln, Ponys putzen und reiten.
Die Häuser (bis 6 Pers., 2-3 Schlafräume) sind modern und komplett ausgestattet mit u. a. Einbauküche, Geschirrspüler, Mikrowelle, Sat-TV und Radio. Über WLAN haben Sie in jedem Haus Zugang ins Internet.
Ferner bieten wir Brötchenservice, Waschmaschinen- und Trocknerbenutzung, Kleinkinderausstattung.
Neu: Kinderplus-Zertifikat
Mehr Infos und Last-Minute-Angebote unter www.ferienhof-wilkens.de oder in unserem Hausprospekt.

Anzahl	Art	qm	Personen	Preis
4	FH	42-80	4-6	ab 30,00 €

232289_1   F***

Schleswig-Holstein
1 Nordsee

Klixbüll
🚶 45 km 🚆 5 km

Klixbüll hat 1000 Einw. und ist ein 5 km langes Straßendorf entlang der B 199. Es hat Reetdachhäuser und Bauernhöfe. Radwanderwege führen sogar Inlineskater durch die idyllische ebene Landschaft mit Biotop. Im Sommer ist immer Badesaison im beheizten Freibad (Wassertemp. 23 Grad, Mitte Mai bis September, Beachvolleyballfeld; Erlebnisbad im Nachbarort Leck ganzjährig. Nur 5 km nach Niebüll (da fahren Züge nach Sylt), Dagebüll 15 km (wo Schiffe nach Amrum, Föhr, Halligen ablegen).

Infos unter: Gemeinde Klixbüll, www.klixbuell.de

Hof Wragaard**
Petersen, Nicole und Torben
25899 Klixbüll
Tel. 04661 - 600064
Fax 04661 - 605695
torben-petersen@foni.net
www.petersen-wragaard.de

FeWo mit WC/D; 1 KiZi mit ETB; 1 SZ mit Kinderbett; TV; DVD-Player; Waschmaschine/Trockner g. Gebühr; Tel.; Internet; gr. Garten; überdachte Terrasse; Spielgeräte f. Kinder; Grill; Ackerbau; Grünland; Rinder; Pferde; Reiten auf dem Hof; Hausmappe; Ausflüge: Nordsee; Föhr, Amrum, Sylt; Erlebnisbad; Dänemark, Legoland.

Anzahl	Art	qm	Personen	Preis
2	FeWo	55-60	2-6	40,00 €

132527_1 F**

Kronprinzenkoog
🚶 30 km

Der Kronprinzenkoog liegt unweit der Nordseeküste. Er ist Bestandteil der „Jungen Marsch", die dem Meer abgerungen wurde. Die Gemeinde ist landwirtschaftlich strukturiert mit zahlreichen Windkraftanlagen. Um den Kindern im Winter eine Rodelmöglichkeit zu geben, legte die Gemeinde einen „Rodelberg" an. Zum Badestrand kann man radeln - und dort direkt eine geführte Wattwanderung machen (7 km) - ebenso zur Seehundstation! Reiten (Haflinger), Kutschfahrt. Keine Kurtaxe.

Infos unter: Touristik Marne-Marschenland e.V.
Tel. 04851-957686 oder www.urlaubandernordsee.de

Ferkel, Schaf, Kartoffelernte

Ferkel, Schaf, Kartoffelernte. Mit spannenden Geschichten von Ferkeln, Schafen, dem Weinbauern über die Arbeit der Maschinenringe zum Kartoffel- und Rapsanbau.

9,95 €

Nutzen Sie die Bestellkarte auf der letzten Seite!

Schleswig-Holstein
Nordsee 1

Ferienhof Claußen an der Deutschen Kohlstraße*
Claußen, Ove
Mitteldeichsweg 3
25709 Kronprinzenkoog
Tel. 04856 - 383
Fax 04856 - 537

ferienhof-claussen@t-online.de
www.ferienhof-claussen.de

**Tür auf - Kinder raus
Ausgezeichnet mit Kinderplus von SH-Tourismus**

… denn unser voll bewirtschafteter Ackerbaubetrieb mit Kohl, Weizen, Raps und Zuckerrüben liegt als ruhiger Einzelhof inmitten von Feldern. Den Kindern bieten wir: Bolz- und Spielplatz, Pony und Haflinger reiten, Lämmer und Ziegen streicheln, Trampolin springen, im Stroh schlafen, Spielscheune mit Spielen und Büchern, Tischtennisraum. Die Eltern haben die Möglichkeit, im großen Blumengarten mit vielen Sitzecken oder im Gartenhaus mit Grill und Kamin zu feiern oder zu faulenzen. Grillabende, Fische räuchern, Probe Dithmarscher Gerichte, Osterprogramm, Brötchenservice runden unser Angebot ab. Bis zum grünen Badestrand im Nationalpark Wattenmeer sind es 7 km, **Gesundheits- und Wellnesskuren** in Friedrichskoog 7 km. Nach Marne zum Einkaufen, Bummeln, Hallenbad, Tennis, Kino und Draisinenfahrten sind es 7 km. Ferienwohnungen mit Sat-TV, CD-Player, KB, Waschm./Trockner.
Schnupperpreis: 1. Nov. bis 20. Dez., 10. Jan. bis 20. März 250,00 €/Woche, Bettwäsche, Geschirrspüler, Hund einmalig 25,00 €.

Anzahl	Art	qm	Personen	Preis
5	FeWo	50-70	4-6	36-70 €

27374_1 F***/****

Langenhorn

🚆 15 km

Verbringen Sie Ihren Urlaub in Langenhorn, in einer schönen grünen Landschaft umgeben von Naturschutzgebiet und Heiden. Es gibt Rad- und Wanderwege. Angeln kann man bei den vorhandenen Fischteichen. Außerdem kann man das Bernsteinmuseum besuchen oder sich der Töpferei widmen. „Die Lammtage" sollte man sich auch nicht entgehen lassen.

Infos unter: Touristinfo Bredstedt, Tel. 04671-5821

***Ebsen, Oke
Hochacker 3
25842 Langenhorn,
OT Mönkebüll
Tel. 04672 - 77564
Fax 04672 - 77563

info@ferienhof-ebsen.de
www.Ferienhof-Ebsen.de

Bioland-Betrieb am Ortsrand mit Hofladen
6 FH mit gehobener Ausstattung: Spülmaschine, Waschmaschine, Telefon, Sat-TV und Sauna. Apartment für 2 Pers., 30 qm, D/WC. Rinder, Ponys, Schafe, Schweine, Geflügel, Hund, Katzen, Kaninchen, Reitmöglichkeit, Spielplatz, Riesentrampolin, Familien-Gokart, Wellnesshof, Mitarbeit möglich, Hausprospekt anfordern!

Anzahl	Art	qm	Personen	Preis
1	FeWo	30	2	35-45 €
6	FH	65	6	60-70 €

117661_1 F***/****

Schleswig-Holstein
1 Nordsee

215821_1 F***

***Gonnsen,
Hanna und Christian
Holmweg 32
25842 Langenhorn
Tel. 04672 - 856
Fax 04672 - 856

Landurlaub in Komfortferienwohnung in ruhiger Lage. Ferienwohnung mit sep. Eingang, Spielplatz mit Geräten, Liegewiese mit Strandkorb, Sat-Anschluss, 2 Schlafräume. Kurzurlaub möglich. Bettwäsche u. Handtücher werden gestellt. Waschmaschinen- u. Trocknerbenutzung.

Anzahl	Art	qm	Personen	Preis
1	FeWo	52	2-4	ab 30,00 €

Lindewitt
🚶 15 km

In der waldreichen Landschaft mit den Mooren von Sillerup und Seeland fließt die Linnau. Dort befindet sich auch ein Naturbad, das 1960 aus dem alten Mühlenteich entstanden ist. Im dortigen Mühlengebäude wurde noch bis 1950 Korn gemahlen. Schon vor 7000 Jahren wurde, wie Funde belegen, die Gegend um Lindewitt auf der Mittelgeest besiedelt. Man pflegt die Tradition im Bäckereimuseum mit Heimatmuseum. Entfernung Ostsee und Nordsee beide 25 Min.

Infos unter: Verein für Tourismus
Tel. 04639 - 7111 oder www.amt-schafflund.de

218669_1 F***/****

****Comdühr, Greta
Seeland 39
24969 Lindewitt
Tel. 04604 - 851
Fax 04638 - 1757

Unser Bauernhof hat 2 FeWo für 2-5 Pers. Zwischen Flensburg u. Husum in ruhiger Lage, Wohnungen im Obergeschoss des Bauernhauses, separate Eingänge, gemütliche. Atmosphäre mit Kaminraum, Bauerngarten, Spielplatz, TT in der Halle, Grill, Streicheltiere, Rad-/Wanderwege, Brötchenservice.

Anzahl	Art	qm	Personen	Preis
2	FeWo	70-90	2-5	ab 46,00 €

Neufelderkoog
🚶 40 km 🚆 15 km

Vom Neufelderkoog aus haben Sie eine wunderbare Aussicht auf die Elbmündung. Schauen Sie zu, wie die großen Schiffe auf dem Weg zum Hamburger Hafen die Elbe passieren. Genießen Sie die Weite des Deichvorlandes, die Salzwiesen, die reine jodhaltige Nordseeluft bei einem ausgedehnten Spaziergang am Deich. Nach einer geführten Wattwanderung mit Buttpetten oder Bernsteinsammeln stimmt Sie der Sonnenuntergang über dem Watt auf den Abend ein, der bei einem Pharisäer ausklingt.

Infos unter: Touristik Marne-Marschenland e.V.
Tel. 04851 - 957686 oder www.urlaubandernordsee.de

Schleswig-Holstein
Nordsee 1

Schäferei Bährs****
Bährs, Dorthe und Torsten
Nr. 25
25724 Neufelderkoog
Tel. 04856 - 530
Fax 04856 - 9130
hof-baehrs@t-online.de
www.hof-baehrs.de

Kaum Verkehr, ideal für Familien mit kleinen Kindern. Unsere FeWo haben 3 Schlafr., Terr., Tel., Sat-TV, Brötchen-/Einkaufsservice, Bettwäsche g. Geb., Handtücher inkl., WM-/Trocknerben., Spielplatz, TT, Kinderfahrzeuge, Bolzplatz, Grillplatz, Saunahaus/Wellnessangebot, Vollerwerbsbetrieb, Sauen, Mutterschafe, Hunde, Katzen, Pony. Unsere FeWo sind behindertengerecht.

Anzahl	Art	qm	Personen	Preis
2	FH	60	1-6	ab 60,00 €

214968_1 F****

Niebüll

🚆 Niebüll

Der Luftkurort Niebüll (10.000 Einw.) hat das Flair einer jungen lebendigen Stadt mit aktiver Freizeitgestaltung: Hallenbad, Naturfreibad Wehle, Squash, Reiten, gut ausgebautes Rad- und Wanderwegenetz sowie Nordic-Walking-Park mit 40 km Strecke. Der zentrale Wohnort im nördlichen Nordfriesland hat optimale Verkehrsanbindungen (Abstecher: Hamburg, Dänemark) und liegt verkehrsgünstig zur Nordseeküste, zu den Inseln und Halligen im Nationalpark Schleswig-Holsteinisches Wattenmeer.

Infos unter: Dagebüll-Niebüll-Touristik
Tel. 04661 - 941013 oder www.niebuell.de

Annenhof***
Matthiesen, Günter und Ella
Aventofter Str. 57
25899 Niebüll,
OT Gotteskoog
Tel. 04661 - 5336
Fax 04661 - 941136

annenhof-nf@foni.net
www.annenhof-nf.de

Einzelhof

3 DZ mit D/WC, 1 MBZ mit D/WC, Zimmer können auch als EZ vermietet werden, Kinderermäßigung, Kinderbetten, Saison-Ermäßigung, TV.
Ferienwohnungen u. Appartements für 2-5 Personen auch mit Terrasse u. Eingang vom Garten.

27185_1 F***/****P***

Fordern Sie unseren Hausprospekt an!

Einzelübernachtungen gegen Aufpreis

Frühstück auf Wunsch
Waschmaschine und Trockner gegen Entgelt
Grillplatz, großer Garten mit Gartenhaus und vielen Spielmöglichkeiten
Trampolin, Gokarts, Tischtennis, Fußballkicker und Spielscheune
Grünlandbetrieb, Pferde, Ponys, Rinder, Schafe und Kleintiere
Ponyreiten und Fahrradverleih kostenlos
Stellplätze für Gästepferde und Kutschfahrten

Anzahl	Art	qm	Personen	Preis
4	FeWo	32-72	2-5	ab 30,00 €
3	Zi.			ab 20,00 €

Schleswig-Holstein
1 Nordsee

Norddeich
🚶 16 km 🚂 2 km

Im Piraterie-Geschichten umwobenen Ort stehen die Häuser dicht zusammen, da der alte Ortskern auf einem Wurt-Hügel angesiedelt ist. Ein Spazierweg durch die Felder verbindet Norddeich mit Wesselburen. Den Weg an die Nordsee kann man auf 5 km befestigten Feldwegen an und auf Deichen entlang zurücklegen. Grüne Deiche prägen das Gesicht der Küstenlinie, dahinter fruchtbares Land, auf der anderen Seite das Wattenmeer mit faszinierender Meerlandschaft und Insel Helgoland.

Infos unter: Touristik-Information Norddeich
Tel. 04931 - 986200 oder www.norddeich.de

Witthohnhof*
Witthohn, Maike und Carsten
Mühlenstraße 50
25764 Norden-Norddeich
Tel. 04833 - 425643   info@witthohn-hof.de
Fax 04833 - 429768   www.Witthohn-Hof.de

MOIN MOIN!
Zwei gemütliche Ferienhäuser mit allem Komfort (75 qm) ab 45,- €, neben bewirtschaftetem Bauernhof am Dorfrand, Brötchenservice, Ponys, Katzen, Hühner, Kaninchen, große Spielwiesen, Grillplatz, vieles mehr. Hausprospekt.
Hier i watt los!

253165_1   F***

Anzahl	Art	qm	Personen	Preis
2	FH		bis 6	ab 60,00 €

Oldenswort
🚶 20 km 🚂 2 km

Das zwischen Husum und Tönning gelegene Oldenswort stellt den Mittelpunkt des östlichen Eiderstedt dar. Der anerkannte Erholungsort bietet gute Einkaufsmöglichkeiten und gepflegte Gaststätten. Der einmalige Naturraum umfasst Deiche, völlige Ebenheit und das satte Grün der „Fennen" (Weiden). Im Schutz unregelmäßig angeordneter Baumgruppen stehen die größten Bauernhäuser der Welt - die reetgedeckten Haubarge. Geführte Wattwanderungen, Führungen durch die Vogelschutzgebiete.

Infos unter: Kreis Nordfriesland
Tel. 04841 - 670 oder www.nordfriesland.de

Urlaub und Genießen beim Biobauern

Alle im Reiseführer aufgeführten Betriebe sind anerkannte Biobetriebe. Viele Unterkünfte sind darüber hinaus mit dem DLG-Gütezeichen ausgezeichnet und garantieren so besonderen Urlaubskomfort.

12,90 €

Nutzen Sie die Bestellkarte auf der letzten Seite!

Schleswig-Holstein
Nordsee 1

***Massow, Wilfried
Gunsbüttel 5b
25870 Oldenswort
Tel. 04864 - 607 oder 823
Fax 04864 - 10302

wmassow@aol.com
www.eiderstedt.de/massow

Einzelhof in sehr ruhiger Lage.

3 FeWo für bis zu 5 Personen,
1 FH für bis 10 Personen, 5 Schlafräume, Kaminzimmer,
2 FH für bis zu 8 Personen, 4 Schlafräume, Neubau.

Viele Tiere wie Pony, Schafe und Lämmer, Hund und Katzen, Kühe und Kälber und Kaninchen.
Brötchenservice, Kinderbett, Tischtennis, Gartenhaus mit Grillplatz, kinderfreundlich.

Fordern Sie unseren Hausprospekt an!

Wir freuen uns auf Ihren Besuch!

214966_1   F***

Anzahl	Art	qm	Personen	Preis
3	FeWo	55-85	3-5	ab 25,00 €
3	FH	110-140	8-10	ab 45,00 €

Weidenhof****
Stäcker, Levke und Christian
Bodderwech 2
25870 Oldenswort
Tel. 04864 - 100177
Fax 04864 - 100178

bauernhofurlaub@t-online.de
www.Auf-zum-Bauernhof.de

Ein Bauernhof für jede Jahreszeit!
Auf unserem kinderfreundlichen Bauernhof erwartet Sie eine Vielzahl von kleinen und großen Tieren zum Kennenlernen, Streicheln, Füttern und Reiten (unter Aufsicht). Der Umgang mit den Tieren ermöglicht Kindern den Bauernhof zu erleben. Ein großzügig angelegter Abenteuerspielplatz mit Kinderfuhrpark regt die Phantasie an und lädt Groß und Klein zum Spielen ein. Zum Ausspannen und Kaffeetrinken steht der Bauerngarten mit vielen Blumen zur Verfügung.
Grill- u. Lagerfeuerplatz bieten die Möglichkeit, einen gemütlichen stimmungsvollen Abend zu verbringen.
Die freundlich eingerichteten 2 Ferienwohnungen sind 60-70 m² groß und mit 2 Schlafzimmern (inkl. Bettwäsche/Handtücher), Wohnküche (GS), Sat-TV und Internetzugang ausgestattet.
Brötchen-, Frühstücks- und Getränkeservice, Direktvermarktung.
Viele attraktive Ausflugsziele in der nahen Umgebung runden Ihren Bauernhofurlaub an der Nordsee ab.
Ausgezeichnet mit Kinderplus-Gütesiegel!

Auf Ihr Kommen freuen sich Christian, Levke, Marten, Hauke und Henrieke Stäcker.

Anzahl	Art	qm	Personen	Preis
2	FeWo	55-65	1-5	ab 38,00 €

357726_1   F****

Schleswig-Holstein
1 Nordsee

Reußenköge

🚶 45 km 🚗 6 km

Die schöne Gemeinde Reußenköge liegt 20 km von der Kreisstadt Husum entfernt. Sie hat einen ca. 12 km langen Deich zur Nordsee, zwei Meeresbadestellen mit grünem Strand, Wattwanderungen, bei der Wattwerkstatt des Nationalparkservice kann alles, was beim Wattwandern gefunden wurde, unter das Mikroskop gelegt werden. Auf der Hamburger Hallig findet im Sommer an jedem Freitag Lammgrillen statt.

Infos unter: Gemeinde Reußenköge
Tel. 04671 - 9060 oder www.reussenkoege.de

Denker Gesundheitshof
Gesundheitsorientierter & kinderfreundlicher Ferienhof

F ★★★★
+ ★★★★★

Urlaub bei uns - Erholung für Körper, Geist & Seele

- 4 moderne & hochwertige Wohnungen
- ankommen, relaxen, erholen und sich wohl fühlen
- Kostenlos Fahrräder um auf dem Radwegenetz das flache, weite Nordfriesland & die Nordseeküste kennenzulernen
- reichlich Kinderausstattung, mit den Tieren leben
- viel Platz zum Spielen in der Spielscheune & im Garten
- die Nordsee um die Ecke zum Baden & Wattwandern
- Internet & W-LAN Zugang, Telefon, Taekwon-Do
- Sauna, Wohlfühlmassagen, Energieheilung, Reiki, Yoga

Jan & Nicole Denker
Cecilienkoog 7 - 25821 Reußenköge
Tel: 04671 1468
Fax: 04671 5133
info@holidayfarm.de

www.gesundheitshofdenker.de
Homepage mit Belegungskalender und Preisen
Gerne schicken wir Ihnen unser Hausprospekt zu.

 119309

Sachen suchen – Bei den Tieren

Großformatige Schaubilder zeigen die heimischen, aber auch die fremden Tiere. Kleine Ausschnitte fordern zum Suchen und Wiederfinden auf. Ein spannender Such-Spaß!

Ab 2 Jahren, 24 Seiten   **4,95 €**

Nutzen Sie die Bestellkarte auf der letzten Seite!

Schleswig-Holstein
Nordsee 1

Ferienhof Süderende

Willkommen auf unserem familienfreundlichen Bauernhof!

- Einzelhof mit DLG-Gütezeichen in ruhiger Lage
- Nordsee in 6 km Entfernung - Einkaufsmöglichkeiten 4 km
- komfortable Wohnungen (60-90 m²) für 2-4 (+1) Personen mit Küche, Dusche/WC und 2 oder 3 Schlafzimmern. Die Parterre-Wohnungen besitzen eine Terrasse.
- SAT-TV, Radio, DSL, Telefon, Mikrowelle, Spülmaschine, Waschmaschine / Trockner
- Gartenlaube, Spielplatz, Kettcars, Trampolin, Fußballtore, Tischfußball, Tischtennis
- Ponys, Ziegen, Kaninchen, Hofhund

Freuen Sie sich mit uns auf gemütliche Grillabende mit anderen Gästen, Ponyreiten oder eine ganz private Wattwanderung durch unser endloses Wattenmmer!

Bitte fordern Sie unverbindlich unserer Hausprospekt an oder schauen Sie doch mal unter www.ferienhof-suederende.de vorbei!

Ina und Holger Petersen
Sophie Magdalenen Koog 1
25821 Reußenköge
Tel. 04671 - 9 30 30 2
Fax 04671 - 9 30 30 5
info@ferienhof-suederende.de
www.ferienhof-suederende.de

173433

Sprakebüll

 15 km 20 km

Sprakebüll (dänisch: Spragebøl, friesisch: Språkebel) hat 224 Einwohner. Die Gemeinde, durch die die *Lecker Au* fließt, befindet sich in einer waldreichen Umgebung. Ins nächste Freibad können Sie laufen (4 km), bis zum Erlebnisbad radeln (9 km). Die freiwillige Feuerwehr kümmert sich aktiv um das kulturelle Dorfleben. Wenn Sie schon mal da sind, machen Sie einen Ausflug nach Dänemark (15 km)! Außerdem sind Nord- und Ostsee nur gut 20 km entfernt.

Infos unter: Gemeinde Sprakebüll, www.sprakebuell.de

Andresenhof*****

Andresen, Hans-Chr. u. Birgit
Hauptstr. 32
25917 Sprakebüll
Tel. 04662 - 2258
Fax 04662 - 70128

andresenhof@versanet.de
www.andresenhof.de

Einzelhof, Hausprospekt, Kinderbetten, 5 rollstuhlgerechte, gemütlich eingerichtete Ferienhäuser. Pflegebetten, Duschstühle vorhanden. Kaminofen, Nichtraucherhäuser, Waschmaschine, Trockner, TV, Grillplatz, Ackerbau, Grünland, Kühe, Kälber, Pony, Ziegen, Hühner, Meerschweinchen, Hunde, Katzen, Kettcars, Fahrräder, TT, Trampolin, Sauna im Haus.

Anzahl	Art	qm	Personen	Preis		
5	FH	90-115	4-6	ab 70,00 €	228990_1	F*****

Schleswig-Holstein
1 Nordsee

Stadum
🚶 20 km 🚆 7 km

In der schönen Nordsee-Landschaft kann man so richtig ausspannen. Hier durchweht einen die gute Nordfriesland-Luft. Die ruhige Gegend sorgt für eine entspannte Zeit. Beim Angeln, Radfahren, Tennis, Golf, Reiten, Schwimmen tut die frische Luft dem Körper besonders gut.
Als Ausflugsmöglichkeit bietet sich das Nachbarland Dänemark an - die dänische Grenzstadt Tondern erreicht man schon nach 20 km.

Infos unter: Bürgermeister Werner Klingebiel
Tel. 04662 - 937 oder www.stadum.de

F 1

315131_1   F****

Ferienhof Hedwigsruh****
Familie Clausen-Hansen
Hedwigsruh 6
25917 Stadum
Tel. 04662 - 70531
Fax 04662 - 885070

info@heuherberge-nf.de
www.heuherberge-nf.de

Ausspannen - Aufatmen - Wohlfühlen - Natur erleben!
Komf. FeWo (rollstuhlgerecht, NR) in Alleinlage umgeben von alten Bäumen, Bauerngarten, Wiesen und Feldern. Kinderparadies, viele Kleintiere, Spielscheune, Pony, schlafen im Heu, baden im Teich. Schöne Radwege, Wald 800 m, Hofcafé, Service mit Herz, Einkauf u. Rest 3 km, Nordsee 25 km, Ostsee 30 km, Dänemark 15 km.

Anzahl	Art	qm	Personen	Preis
1	FeWo	70	4-5	ab 60,00 €

Tating
🚶 35 km 🚆 1 km

In Tating befindet sich eines der drei bedeutendsten Gartendenkmale Nordfrieslands, der Hochdorfer Garten (jährliche Veranstaltungen: Kinderfest, Parkfeste). Beim Wandern auf weitläufigen Sandstränden tut das Inselklima richtig gut. Entlang zahlreicher gut ausgebauter (Rad-)Wege durch grüne Wiesen und Felder. Hier lebt eine vielfältige Tier- und Vogelwelt. Wildpark, Deiche und Wattenmeer vor der Tür. Für einen Ausflug lohnt sich der schöne, 12 km lange Sandstrand bei St. Peter-Ording.

Infos unter: Amt Eiderstedt
Tel. 04862 - 10000 oder www.tating.de

F 2

241389_1   F***/****

Ferienhof Gravert***
„Op de Lüb"
Gravert, Annelie
Osterende 2
25881 Tating
Tel. 04862 - 759
Fax 04862 - 102396

ferienhof-gravert@online.de
www.ferienhof-gravert.de

Komfortable FeWo mit Balkon o. Terrasse, allergikergeeignet, Bettw./Handt. inkl., Sat-TV, Tel., TT, Spiel- u. Reitplatz, Milchvieh, Rinder, Schafe, Pferde, Ponys, Ziegen, Katzen, Hund, Kaninchen, Mitarbeit möglich, Reiten kostenlos, Brötchenservice, frische Milch gratis, Hausprospekt!

Anzahl	Art	qm	Personen	Preis
4	FeWo	50-70	2-6	ab 30,00 €

Schleswig-Holstein
Nordsee 1

Osterhof ★★★★
Jacobs, A.
Wilhelminenkoog 1
25881 Tating,
OT Wilhelminenkoog
Tel. 04862 - 269

urlaub@ferienhof-jacobs.de
www.ferienhof-jacobs.de

Einzelhof in ruhiger Lage, kein Durchgangsverkehr, 4 Ferienwohnungen, Kinderbetten, Saison-Ermäßigung, Waschmaschine, TV, großer Garten mit Grill u. Kamin, Spielplatz und Gartenhäuschen, Kinderparadies, Ponys, Hühner, Schafe, Reiten, Reitplatz, Ackerbau, Nordseedeich 300 m.

Anzahl	Art	qm	Personen	Preis
4	FeWo	45-65	2-4	ab 40,00 €

76974_1

F★★★/★★★★

Tensbüttel
⛪ 3 km 🚉 4 km

An der nahen Nordsee gelegen und von weiträumigen Wäldern umgeben, herrscht hier ein gesundes Klima. Das hügelige Landschaftsbild am Nord-Ostsee-Kanal lädt mit gekennzeichneten Wegen zum Wandern und Radfahren ein. Der Luftkurort Albersdorf gehört zu den beliebtesten Ausflugsorten der Umgebung mit Kurpark und Freilichtbühne (2000 Plätze). Besondere Attraktionen: das beheizte Freibad mit 77-m-Riesen-Wasserrutsche sowie Grabstätten aus der Jungsteinzeit und Bronzezeit.

Infos unter: Amt KLG Albersdorf
Tel. 04835 - 97970 oder www.albersdorf.de

★★★★ Peters, Heike
Dorfstraße 1
25767 Tensbüttel
Tel. 04835 - 637
Fax 04835 - 971664

peters-tensbuettel@web.de
www.ferien-im-kornspeicher.de

In unserer komfortablen sonnigen Ferienwohnung mit gepflegter Ausstattung (EBK, Spülm., 2 Schlafr., TV) werden Sie und Ihre Familie sich wohl fühlen. Ein großer Garten, Streicheltiere, Spielwiese, Lagerfeuerplatz, div. Kinderfahrzeuge u. ein Spielwagen laden ein zum Urlaub auf dem Land. Reiten und Fahrräder sind kostenlos, geführte Radtouren im Sommer.

Anzahl	Art	qm	Personen	Preis
1	FeWo	65	bis 5	auf Anfrage

218181_1

F★★★★

Glantz-Zeiten

Die weitverzweigte Familie Glantz bewirtschaftete rund 300 Jahre verschiedene Güter in Mecklenburg. Heute steht der Name Glantz im Raum Hamburg und in der Region Wismar- Schwerin für Erdbeeranbau.

9,95 €

Nutzen Sie die Bestellkarte auf der letzten Seite!

Schleswig-Holstein
1 Nordsee

Tetenbüll
30 km 2 km

Hier gibt es angelegte Wanderwege, um seltene Wasservogelarten zu beobachten oder den Blick in die weite Marschenlandschaft zu genießen. Besichtigungen in Tetenbüll (360 Einwohner): mächtige St.-Annen-Kirche mit beachtenswerter Innenausstattung, Museum *Haus Peters* mit Original-Hökerladen. Hallenbad 20 km, Highlight: Meerwasserfreibad (7 km). Merke: *Wo't nienich dunnert, dor is ook nie fein Wedder* (wo es nicht donnert, ist auch kein schönes Wetter).

Infos unter: Fremdenverkehrsverein Tetenbüll
Tel. 04862 - 375 oder www.eiderstedt.de/tetenbuell

Kantorhof***
Kröger, Anita
Kantorsweg/Trockenkoog
25882 Tetenbüll
Tel. 04862 - 8140
Fax 04862 - 8140

Einzelhof, Hausprospekt, 3 Ferienwohnungen, Brötchenservice, Milch, Eier, Waschmaschine, Trockner, TV, Grillplatz, Grünland, Rinder, Ponys, Ziegen, Kaninchen, Meerschweinchen, Enten, Gänse. Wir sind eine große Familie mit 5 Kindern (1-14 Jahre), also sehr kinderfreundlich.

228995_1 F***/****

Anzahl	Art	qm	Personen	Preis
3	FeWo	50-60	2-5	ab 33,23 €

Ferienhof Reigardt****
Reigardt, Hans Jürgen
Kantorsweg 2
25882 Tetenbüll
Tel. 04862 - 8915
Fax 04862 - 8915

Ferienhof-Reigardt@t-online.de
www.ferienhaus-sh.de/reigardt/reigardt.htm

Ferienhof Reigardt

Das schöne, alte Bauernhaus liegt auf einem ca. 5000 qm großen Grundstück inmitten von Weideflächen. Die Ferienwohnungen, liebevoll gestaltet, gemütlich und modern eingerichtet, laden zum Wohlfühlen und Erholen ein. Wir bieten Reitplatz, Reithalle, alle zwei Tage ausgiebiges Reiten, Ausritte, schönen Spielplatz, Ruhemöglichkeiten, Heu-/Spielscheune, Terrassen, Grillplatz, Fußballfeld, Tischtennis.

Unsere Tiere: Pferde, Ponys, Katzen, Ziegen, Hängebauchschweine, Handlämmer, Kaninchen, Meerschweinchen.

Service: Hausprospekt, Homepage, Bettwäsche, Handtücher und Kinderbetreuung nach Absprache, Gästeabholung, Brötchenservice, Verkauf von Eiern etc.

Entfernungen: Strand 7 km, Restaurant 1 km, Bahnhof 3 km, Freibad 8 km.

241576_1 F***/****

Anzahl	Art	qm	Personen	Preis
3	FeWo	50-140	4-7	ab 39,50 €
1	FH		bis 6	ab 53,50 €

Schleswig-Holstein
Nordsee 1

Tümlauer Koog

Wie ein dicker Daumen ragt die 15 km breite Halbinsel Eiderstedt 30 km in die Nordsee hinaus. Ein breiter, hoher Grasdeich, auf dem Hunderte von Schafen weiden, schützt das dünn besiedelte Marschland vor den Fluten der Nordsee. Fahrradurlauber durchkreuzen die Felder und genießen auf den Binnendeichen die weite Sicht: eingedeichtes Marschland, nur von Kirchen und Haubargen (mächtige friesische Bauernhöfe mit pyramidenförmigen Dächern) überragt.

Infos unter: Tourismus-Zentrale Eiderstedt
Tel. 04862 - 469 oder www.eiderstedt.de

Ferienbauernhof Hartwig

Info + Buchung: Familie Hartwig - Koogstr. 61 - 25881 Tümlauer-Koog
Tel.: 04862/615 oder 0162/1684942, Fax: 103403

siehe große Landkarte: F 2

... wir bieten Ihnen und Ihren Kindern gemütliche Ferienwohnungen für 2 bis 6 Personen ...

Kinderbettchen - Hochstühle - Babywanne - Waschmaschine - Trockner - Farb-TV - Radio - großer Gartenspielplatz - Fußballplatz - Tischtennis - Basketball - Grill - Kühemelken - Kälberfüttern - Ponyreiten - Traktorfahren - Katzen - Kaninchen - frisch gemolkene Kuhmilch - fünf Autominuten nach Bad St. Peter-Ording - ruhige Einzelhoflage direkt am Wattenmeer - Fahrradwege am Seedeich - DLG-Gütezeichen

Weitere Infos in unserem Hausprospekt oder im Internet: www.ferienhof-hartwig.de

27166_1

Malen und Spielen mit Freddi

Riesen-Lese- und Spielespaß für kleine Bauern! In dem DIN-A3-Block finden Sie zwei verschiedene Malvorlagen und drei lustige Spiele zum Ausmalen. Jedes der fünf Motive gibt es viermal, so dass sich alle Kinder/Freunde gemeinsam vergnügen können, ohne Streit und Ärger.

5,00 €

Nutzen Sie die Bestellkarte auf der letzten Seite!

Schleswig-Holstein
1 Nordsee

Vollerwiek

🚶 30 km 🚆 5 km

Der Erholungsort Vollerwiek liegt an der Südküste der Halbinsel Eiderstedts, inmitten fruchtbaren Marschlandes. Der grüne Badestrand wartet vor der Haustür mit Wattwandern auf. Blauort ist ein besonderes Ziel für eine geführte Wattwanderung. Von der Salzwiese, vorbei an Lahnungen, geht es durch das teilweise überflutete Sandwatt zu einem Hochsand ca. 10 km von Büsum und dem Ausgangspunkt Heringsand entfernt. Töpfern, Galerien, Sauna, Reiten, gute Fahrrad- und Inlinerstrecken.

Infos unter: Tourismuszentrale Eiderstedt
Tel. 04862 - 469 oder www.eiderstedt.de

226164_1   F***/****

Schwalbenhof****
Dircks, Birgit
Langer Weg 5
25836 Vollerwiek
Tel. 04862 - 957
Fax 04862 - 957

schwalbenhof-dircks@t-online.de
www.nordsee-schwalbenhof.de

Bauernhof mit Milchkühen, Kälbern, Rindern und vielen Kleintieren zum Streicheln u. Kuscheln. Liebevoll eingerichtete Nichtraucher-Ferienwohnungen mit Einbauküchen, Sat-TV, teilweise Blick zum Seedeich, kinderfreundlich. Ponyreiten, Spielplatz, Sauna, Grill, Strandkorb, Hausprospekt.

Anzahl	Art	qm	Personen	Preis
5	FeWo	35-70	2-6	ab 30,00 €

DIE Qualitätsführer
DLG-Bier-Guide · DLG-Bio-Guide

Der Wegweiser zum perfekten Biergenuss –
DLG-geprüfte Qualität –
Gasthausbrauereien im Fokus

9,90 €

Der vorliegende DLG-Bio-Guide 2009 präsentiert Vorzeigebetriebe der Bio-Szene. Darunter sind Pioniere der Anfangsphase, innovative Neueinsteiger, Querköpfe mit weltanschaulichen Grundsätzen, Idealisten oder traditionsreiche Klosterbetriebe.

9,90 €

Nutzen Sie die Bestellkarte auf der letzten Seite!

Schleswig-Holstein
Nordsee 1

Wennbüttel
🚂 3 km

Durch die Gemeinde, die auch *das Dorf mit den großen Bäumen* genannt wird, schlängelt sich in ca. 3 km Länge die Gieselau. Sie mündet in den Nord-Ostsee-Kanal zwischen der Grünentaler Hochbrücke und der Weiche Fischerhütte. Sie liegt im Osten des Kreises Dithmarschen in einer waldreichen Umgebung. Die hügelige Geest prägt das Landschaftsbild. Zahlreiche Grabstätten der Jungsteinzeit und Bronzezeit sind zu besichtigen. Kneipp-Anwendungen, Reiten und Kutschfahrten.

Infos unter: Touristinformation - Amt KLG Albersdorf
Tel. 04835 - 979713 oder www.albersdorf.de/tourismus.html

Wohlfühl-Urlaub auf dem Struvehof
✿ ✿ ✿ ✿

Das Bauernhof-Leben mit allen Sinnen genießen:
- 5 liebevoll eingerichtete Ferienhäuser für 4-8 Pers.
- jedes Haus mit eigener Sauna und Kaminofen
- viel Platz zum Toben und Spielen
- im Stall und auf unserem Hof jede Menge erleben

Schauen Sie doch mal rein!
www.Struvehof.de

Heidi Struve
Dorfstraße 11
25767 Wennbüttel
Tel.04835-9252
Struvehof@t-online.de

174491

Auf dem Bauernhof

Auf dem Bauernhof gibt es viel zu entdecken. Wo leben die Tiere? Was wird da geerntet? Welche Fahrzeuge sind das? Spannende Klappen geben überraschende Einblicke.

Ab 4 Jahren, 16 Seiten   **12,95 €**

Nutzen Sie die Bestellkarte auf der letzten Seite!

Schleswig-Holstein
1 Nordsee

Wesselburenerkoog
🚶 12 km 🚆 6 km

Wesselburenerkoog - in ein paar Minuten am Strand. In der Gemeinde mit vielen Einzelgehöften und kleinen Siedlungen liegen Sie am kostenfreien Naturbadestrand. Bei Ebbe gehen Sie wattwandern und bei Flut besichtigen Sie das Eidersperrwerk. Dort, wo die Eider auf die Nordsee trifft, wurde ein schöner Badestrand mit Kiosk, Duschen und Liegewiesen eingerichtet. Sie können aufs Surfbrett steigen oder sich mit Ihren Liebsten ins Tretboot setzen. Freibad 5 km. Reitmöglichkeit.

Infos unter: Tourismusverein Wesselburen und Umland e.V.
Tel. 04833 - 4101 oder www.nordseebucht.de

117734_1   F***

***Dohrn, Olaf
Dammstr. 13
25764 Wesselburenerkoog
Tel. 04833 - 2257
Mobil 0172 4194146
Fax 04833 - 425928

ferienhof-dohrn@arcor.de
www.ferienhof-dohrn.de

Einzelhof.

6 Ferienwohnungen bis 6 Personen.

Kinderbetten, Waschmaschine, TV, Spielplatz, Terrasse, Aufenthaltsraum, Grillplatz, Katzen, Kaninchen, Hühner, Kamerunschafe, Fahrräder für Groß und Klein, Brötchendienst, Wattwanderungen, großer Freizeitraum.

Fordern Sie unseren Hausprospekt an!

Anzahl	Art	qm	Personen	Preis
6	FeWo	35-80	2-6	ab 29,00 €

Hallo, kleines Schweinchen!

Das kleine Ferkel hat jede Menge Spaß auf dem Bauernhof. Es suhlt sich im Matsch und versucht den Schmetterling zu fangen. Mit der kuscheligen Fingerpuppe kann man all seine kleinen Abenteuer miterleben.

Ab 12 Monaten, 16 Seiten **7,95 €**

Nutzen Sie die Bestellkarte auf der letzten Seite!

Schleswig-Holstein
Nordfriesische Inseln 2

Föhr

🏨 45 km 🚆 1 km + Fähre

Die Insel Föhr liegt geschützt hinter den Inseln Sylt und Amrum mitten im Nationalpark Schleswig-Holsteinisches Wattenmeer. Föhr teilt sich in drei Landschaftsformen: Geest (im Kern der Insel, entstanden in der Eiszeit, aus gewaltigen Gletschern geformt), Marsch (immergrüne Fläche) und Vorland (12 km lang, 7 km breit). Ab Föhr wandern Sie im Watt nach Amrum rüber (!), später lockt die Sauna. Surfen, Segeln, Kiten, Reiten, Töpferkurs u. v. m. Highlights: Biikebrennen (im Februar), Hühnengräber.

Infos unter: Tourismus GmbH
Tel. 04681 - 300 oder www.foehr.de

Ferienhof Matzen***
Matzen, Nora
Aussiedlungshof 7
25938 Föhr-Oevenum
Tel. 04681 - 2187
Fax 04681 - 570139
info@matzen-foehr.de
www.matzen-foehr.de

Wunderbar ruhig liegt unser Hof im Grünen am Nordseedeich. FeWo für 2-6 Personen hochwertig im nordischen Stil eingerichtet, keine Teppichböden. Spielwiese, Kinderfahrzeuge, Reitmöglichkeit, Brötchenservice, Einkaufsservice. Hausprospekt anfordern! Ideal für Kinder.

Anzahl	Art	qm	Personen	Preis
3	FeWo	70-100	4-6	auf Anfrage

238084_1   F***

Lindenhof***
Johann und Jens Olufs GbR
Poststr. 6
25938 Föhr-Alkersum
Tel. 04681 - 3177
Fax 04681 - 501460
nora.olufs@gmx.de
www.lindenhof-foehr.de

2 Gästehäuser, sehr ruhige Lage am Ortsrand, hübsche und gemütliche FeWo unterschiedlicher Art und Ausstattung, herrlicher Weitblick über die Insel, großer Garten mit vielen Spielgeräten, Grill, Strandkorb, Wasch- und Trockenraum, Grünlandbetrieb mit Milchviehhaltung (Rinder, Katzen, Kaninchen, Ziegen), Reiterhöfe im Ort.

Anzahl	Art	qm	Personen	Preis
4	FeWo	60-90	2-6	ab 50,00 €

238069_1   F***/****

DLG-Bio-Guide

Der vorliegende DLG-Bio-Guide 2009 präsentiert Vorzeigebetriebe der Bio-Szene. Darunter sind Pioniere der Anfangsphase, innovative Neueinsteiger, Querköpfe mit weltanschaulichen Grundsätzen, Idealisten oder traditionsreiche Klosterbetriebe.

9,90 €

Nutzen Sie die Bestellkarte auf der letzten Seite!

Schleswig-Holstein
2 Nordfriesische Inseln

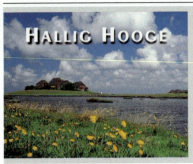

Hallig Hooge

Hallig Hooge ist ein kleines Eiland, welches die Nordsee um- und manchmal sogar überspült. Auf der *Königin der Halligen* stehen gastliche Häuser auf von Hand aufgeworfenen Hügeln (Warften). Vielseitig ist der Lebensraum, den sich wenige Menschen seit Jahrhunderten mit dem unbeschreiblichen Reichtum der Natur teilen. Am Badestrand, bei Schiffsausflügen (Helgoland, andere Halligen) und Wanderungen. Im Schleswig-Holsteinischen Wattenmeer läuft das Leben - statt nach der Uhr - mit Ebbe und Flut.

Infos unter: Touristikbüro Hallig Hooge
Tel. 04849 - 9100 oder www.hooge.de

Bingehof***
Binge, Gudrun
Mitteltritt 3
25859 Hallig Hooge
Tel. 04849 - 208
Fax 04849 - 909901

bingehof@gmx.de
www.hallighof.de

Auf unserem Hof erwarten Sie drei behaglich eingerichtete NR-Zimmer mit Blick a. d. Meer (200 m) u. über die eindrucksvolle Halligwelt. Geeignet auch als FeWo für 6 Pers. mit sep. Eingang, einem Aufenthaltsraum, Küche, Bad, Sonnenterrasse, Spielplatz, Hoftiere, eigene Produkte. Neu ist ein separates App. im Parterre für 2 Pers. m. Küchenzeile, Bad, eigener Terrasse u. Strandkorb.

Anzahl	Art	qm	Personen	Preis
2	FeWo	19-80	2-6	ab 32,00 €

267575_1 F***

Pellworm

🍴 40 km 🚆 20 km

Die grüne Insel im Wattenmeer ist von der Sonne verwöhnt. Auf den Sandbänken draußen im Watt sonnen sich die Seehunde. Im Frühjahr und Herbst nutzen Tausende Gänse, Knutts, Alpenstrandläufer, Brachvögel und Regenpfeifer das Deichvorland zum Rasten oder Überwintern. Im Frühling brüten sie in Pütten und Wiesen auf dem Vorland. Strenge Winter bringen sogar Gäste aus Sibirien. Die kleine Insel Pellworm ist ein Riese, was Unternehmungen angeht (monatlicher Veranstaltungskalender).

Infos unter: Kur- und Tourismusservice Pellworm
Tel. 04844 - 18940 oder www.pellworm.de

Ferienhof Dethlefsen****
Familie Dethlefsen
Waldhusen 17
25849 Pellworm
Tel. 04844 - 1370
Fax 04844 - 992092

info@ferienhof-dethlefsen.de
www.ferienhof-dethlefsen.de

Ankommen und sich wohl fühlen. Unser 4-Sterne-Ferienhof bietet Ihnen die besten Voraussetzungen für einen Landurlaub in einer reizvollen Landschaft. Direkt am Nordseedeich mit Blick auf das Wattenmeer und die Halligwelt. Vollholzsauna, Gemeinschaftsraum, Spielscheune, Streicheltiere. Pauschalangebote, Hausprospekt und MEER!

Anzahl	Art	qm	Personen	Preis
3	FeWo	70-80	4-6	ab 45,00 €

251488_1 F****

Schleswig-Holstein
Nordfriesische Inseln 2

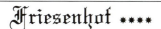

Friesenhof ★★★★
☎ (0 48 44) 7 62, Telefax 13 23
mit 6 FeWo und 2 DZ bietet

INSELURLAUB
ZWISCHEN EBBE & FLUT

Familie Jansen & Meesenburg
Alte Kirche 7 · 25849 Pellworm
www.friesenhof-pellworm.de

213614_2

Friesenhof
Schulze-Warft★★★★
Kobauer, Karin und Andreas
Parlament 10
25849 Pellworm
Tel. 04347 - 9717
Fax 04347 - 703775
info@schulze-warft.de
www.schulze-warft.de

Alleinlage am Deich, 2 Ferienwohnungen. Einkaufs-/Reinigungs-/ Wäscheservice, Klimatherapie mögl., Kuranwendungen, Kosmetikbehandlung, Sauna, Solarium, Brötchenservice, in Umgebung Progr. z. Unterhaltung, umweltgerechte Betriebsführung, Hausprospekt.

Anzahl	Art	qm	Personen	Preis
2	FeWo	78-82	4	ab 50,00 €

314867_1   F★★★★

★★★★Familie Lucht
Schluthweg 2
25849 Pellworm
Tel. 04844 - 602
Fax 04844 - 1492
info@nordsee-pellworm.de
www.nordsee-pellworm.de

Ferienhaus direkt am Nordseedeich in Alleinlage. Viel Ruhe u. Natur. Kinderfreundlicher Bauernhof mit vielen Tieren, z. B. liebes Pony und Ackerbau. Behagliche FeWo zum Wohlfühlen, umfangreiche Ausstattung (2 SZ, EBK, Geschirrspüler, MW, Sat-TV, Terrasse u. v. m.), Bettwäsche u. Handtücher inkl., WM/TR, gr. Spielplatz, Spielscheune, Hausprospekt, Komplettangebote.

Anzahl	Art	qm	Personen	Preis
4	FeWo	60	4-5	ab 59,00 €

238116_1   F★★★★

DLG-Bier-Guide

Der Wegweiser zum perfekten Biergenuss –
DLG-geprüfte Qualität –
Gasthausbrauereien im Fokus

9,90 €

Nutzen Sie die Bestellkarte auf der letzten Seite!

49

Schleswig-Holstein
3 Binnenland

Aukrug

🕊 10 km 🚋 Aukrug

Mitte von Schleswig-Holstein, abwechslungsreiche und ursprüngliche Landschaften wie Wälder, Teiche und Heidegebiete, reich an Quellen, Bächen, Moor- und Feuchtgebieten, Segelfliegen, Skaten, Reiten, zahlreiche Rad-, Wander- und Reitwege, Kurklinik mit Indikationsschwerpunkten Atemwegserkrankungen und orthopädische Erkrankungen des Bewegungsapparates, historische Wassermühle, Keramikatelier.

Infos unter: Tourismusbüro Naturpark Aukrug
Tel. 04873 - 99944 oder www.naturpark-aukrug.de

27169_1 F****

Ferienhaus Buchenweg**
Henning, Ingeborg
Buchenweg 2
24613 Aukrug, OT Homfeld
Tel. 04873 - 350
Fax 04873 - 350

ingehenning@online.de
www.henning-aukrug.de

Ruhige Lage, ebenerdige FeWo, sep. Eingang, eigener Garten mit Terrasse, elektr. Grill, Mikrowelle, Sat-TV, DVD, Musikanlage, Bücher, Spiele, Fahrräder, Waschm., inkl. Bettwäsche, Kurzreisezuschlag bis 4 Tage 6,- €/Tag, NR-Wohnung, Langzeitvermietung. W-LAN, eigene Erzeugnisse, ausgeschilderte Rad- und Wanderwege, Golfplatz 4 km, Freibad 3 km. Bitte Hausprospekt anfordern!

Anzahl	Art	qm	Personen	Preis
1	FeWo	45	2-3	ab 34,00 €

218164_1 F****

Buchenhof**
Ratjen, Marlen
Buchenweg 3
24613 Aukrug, OT Homfeld
Tel. 04873 - 342

buchenhof-ratjen@t-online.de
www.buchenhof-ratjen.de

Unser Hof liegt im Naturpark Aukrug mitten in Schleswig-Holstein. Ideal für Ausflüge. Wir bieten komplett komfortabel eingerichtete Ferienwohnungen. Geschirrspüler, Brötchenservice, Grillplatz im großen Garten. Wildbeobachtung. Ackerbau, Grünland, Forstwirtschaft, Rinder, Kühe, Kälber, Hund, Katze.

Anzahl	Art	qm	Personen	Preis
2	FeWo	45-55	2	ab 35,00 €

192303_1 F****

****Ratjen, Christine
Homfelder Str. 5
24613 Aukrug, OT Homfeldt
Tel. 04873 - 272
Fax 04873 - 973439

harder.ratjen@online.de
www.ferienhofratjen.de

Hof im Ort, Hausprospekt, 2 FeWo, SE, KB, Waschmaschine, TV, Grillplatz, Hausschlachtung, Brotbacken, Milchkühe, Kälber, Pferde, Ponys, Schwein, Kaninchen, Federvieh, Katzen, Ponyreiten, Hausmusik, gesellige Runden, Seniorenprogramm, behindertenfreundlich, Basteln, TT, Mitarbeit möglich, Saunahaus am Teich.

Anzahl	Art	qm	Personen	Preis
2	FeWo	48-52	4	ab 40,00 €

Schleswig-Holstein
Binnenland 3

Beringstedt
🚶 10 km 🚂 800 m

Die Gemeinde Beringstedt hat 750 Einwohner. Sie liegt in einer der schönsten Landschaften des Kreises. Schon der schleswig-holsteinische Heimatdichter Timm Kröger (1844-1918) beschrieb sie wie folgt: „Reizvoll ist die Landschaft um Beringstedt. Weite Ebenen, grüne Wiesen, farbfrohe Herden, düstere Moore, die im Herbst die Heide rötet, ein waldreiches Hochland, das sich als blauer, buchtenreicher Saum um die Niederung legt." Dorf-Olympiade. Kinderspielplätze, Freibad, Frühlingsfest, Fahrradrallye.

Infos unter: Gemeinde Beringstedt
Tel. 04874 - 563 oder www.beringstedt.de

Wendell, Karin und Hans Christian

Ponyhof
Eichenweg 3
25575 Beringstedt
Tel. 04874 - 215
PonyhofWendell@gmx.de
www.ponyhofwendell.de

Auf unserem Ponyhof bieten wir erlebnisreiche Ferien mit vielen Ponys und anderen Tieren zum Liebhaben. In den Ferien steht euch ein **eigenes** Pony zur Verfügung. Reiten in der Reitbahn, Reithalle, Waldreitplatz o. auch durch unsere eigenen Felder, Wiesen und Wälder. Preis: VP + Reiten 38,- EUR

Ponyhof — Wendell
228997_1

Anzahl	Art	qm	Personen	Preis
10	Zi.			ab 38,00 €

So geht's zu auf dem Bauernhof

Die Foto-Sachgeschichten zeigen, wie Landwirte mit riesigen Traktoren ihre Felder bearbeiten. Was Erdbeerbauern im Tunnel machen. Wie Kühe Milch geben. Und wie Schweine Strom machen …

Ausgezeichnet von der Akademie für Kinder- und Jugendbuchliteratur

9,95 €

Ferkel, Schaf, Kartoffelernte. Mit spannenden Geschichten von Ferkeln, Schafen, dem Weinbauern über die Arbeit der Maschinenringe zum Kartoffel- und Rapsanbau.

9,95 €

Nutzen Sie die Bestellkarte auf der letzten Seite!

Schleswig-Holstein
3 Binnenland

Börm

🚶 12 km 🚆 9 km

Nord- oder Ostsee ca. 30 Minuten entfernt - zwei verschiedene Naturräume. Westlicher Teil mit überwiegend Niedermoor, der östliche mit sandigem Boden, ausgeschilderte Rad-, Reit- und Wanderwege. Natürliche Badestelle und ein beheiztes Freibad, Schießanlage, Gildefeste der zwei Gilden (Börm / Neubörm), Hauptstraßenfest am 3. Sa. im Dez. seit 25 Jahren in der Nachbargemeinde Kropp (6 km).

Infos unter: Tourismusverein Kropp und Umgebung
Tel. 04624 - 450241 oder www.tku-kropp.de

Tams, Heike****
Ferienhof
Dreizehn Nr. 9
24863 Börm, OT Neubörm
Tel. 04627 - 437
Fax 04627 - 189392

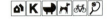

www.ferienhof-tams.de

Unser kinderfreundlicher Einzelhof liegt zentral im Herzen Schleswig-Holsteins, in der Mitte zwischen Nord- und Ostsee.

Wir bieten 5 komfortable, im nordischen Stil eingerichtete Ferienwohnungen an. Mit 2 Schlafräumen, Wohn- und Esszimmer, Flur, Einbauküche mit Geschirrspüler u. Mikrowelle, Duschbad/WC, eig. Eingang, Tel., Sat-TV, CD-Radio, Balkon und Terrasse mit Gartenmöbeln, Waschmaschine u. Trocknerbenutzung.

Hauseigenes Hallenbad (ca. 29° C, 9,5 x 5 m) mit angrenzendem Kinderbecken, Sauna, Solarium, Fitnessraum mit Bandmassagegerät und Body-Roller.

Großer Garten mit Spielplatz, Spielhaus mit Trampolin, Sandkasten, Rutsche, Wippe, kl. Tore, Schaukel, Torwand, Kinderspielhaus u. v. m.

Liegewiese mit Strandkörben und Sonnenliegen.
Pavillon mit Gartenmöbeln und großem Grill.

214972_1   F****

Große Go-Cars, Kleinkinderräder, Laufrad, Trettrecker, gr. Fahrräder, Bollerwagen, u. v. m.
Familien-Go-Car mit Überdachung.

Spielraum mit Billardtisch, TT, Tischfußball, Dartspiel, Aufenthaltsraum mit Bücherecke und Gesellschaftsspielen.

Vermietung ganzjährig. Bitte Hausprospekt anfordern.

Brötchen- und Getränkeservice, auf Wunsch gefüllter Kühlschrank.

Ackerbau, Grünland, Kühe, Kälber, Schwein, Ziege, Schafe, Hund, Katze, Kaninchen, Pferd, Pony, Reitmöglichkeit vorhanden.

Anzahl	Art	qm	Personen	Preis
5	FeWo	60-80	2-5	ab 50,00 €

Schleswig-Holstein
Binnenland 3

Heinkenborstel
🚶 15 km 🚉 6 km

Ein Ring von Hügeln und Wäldern umschließt den kleinen Ort. Er hat 162 Einwohner. Endlich einmal Ruhe von allem. Keine Betonblöcke, kein Kino, keine Disco. Dafür führen Rad- und Wanderwege durch die Stille der Felder. In der näheren Umgebung liegen viele Tierparks, Freilichtmuseum, Hansapark und und und. Ostsee und Nordsee sind in der Nähe für Ausflüge (knappe Autostunde). Manche Höfe bieten Reiten (auch in Reithallen) und Planwagenfahrten an.

Infos unter: Hohenwestedt-Land
Tel. 04871 - 360 oder www.amthohenwestedt-land.de

Kastanienhof****
Bracker, Volker
Gnutzer Str. 2
24594 Heinkenborstel
Tel. 04873 - 203600
Fax 04873 - 1548
info@ferienhof-bracker.de
www.ferienhof-bracker.de

Ich bin Sentha der Hofhund und möchte euch herzlich einladen, mit mir unseren Bauernhof kennen zu lernen. Neben unseren Aktivitäten wie Reiten, Eier sammeln, Lämmer füttern, dem Bauern beim Füttern helfen, Planwagenf., Geschichten im Stroh, Basteln i. d. Naturwerkstatt freuen sich unsere Tiere auf eure Streicheleinheiten, Trampolin, Fußball-, Spielplatz, Lagerfeuerstelle, Spieldiele, Strohecke, Hausprospekt.

Anzahl	Art	qm	Personen	Preis
7	FeWo	50-84	4-8	ab 60,00 €

156571_1   F***/****

Genießer-Urlaub
Urlaub beim Winzer · Genießen auf dem Land

„Urlaub beim Winzer" lädt Sie zu genussreichen Tagen in Deutschlands schönen Weinregionen ein. Wählen Sie aus über 100 Winzerhöfen Ihr Feriendomizil aus.

12,90 €

Genuss, Qualität und Frische gepaart mit frischer Landluft und herzlichen Menschen, das ist es, was Sie mit diesem Reiseführer kennen lernen.

12,90 €

Nutzen Sie die Bestellkarte auf der letzten Seite!

Schleswig-Holstein
3 Binnenland

URLAUB AUF DEM BAUERNHOF

★★★★ 35 Jahre Vermietung

Ferienhof Wichmann
Brahmbarg 5
24594 Heinkenborstel
Tel.: 04873 / 90 80-0
Fax: 04873 / 90 80-80
www.ferienhof-wichmann.de

Erleben Sie einen 150-ha-Vollerwerbsbetrieb in landschaftlich schöner, sehr ruhiger, aber dennoch zentraler Lage (ca. 50 Min. zu Nord- und Ostsee) mit Ackerbau, Mutterkuhhaltung und Kälbern, Pferden, Ponys, Schafen, Ziegen, Katzen, Kaninchen und Federvieh.

Wir bieten komplett eingerichtete und komfortable FeWo und Ferienhäuser mit 4-6 Betten, Balkon oder Terrasse, TV und Direktwahltelefon.

Außerdem bieten wir:
Kaminzimmer und Wintergarten zum gemütlichen Beisammensein sowie einen neu gestalteten Aufenthaltsraum mit Kinoleinwand und Kinderdisco. Eigenes Hallenbad (28 °C), Sauna, Solarium, separaten Kinderspielplatz, Tischtennis, Billard, Fahrräder, Kinderseilbahn, Bodentrampolin, Ponyreiten, Kutschfahrten, Traktorfahrten und Mithilfe am Betriebsablauf.

Das weiträumige Gelände mit der sehr ruhig gelegenen, parkähnlichen Liegewiese eignet sich besonders für Familien mit kleinen Kindern (am Hof kein Autoverkehr und keine Industrie).

Wohnungspreise ab 48,– €, inkl. Bettwäsche, Handtüchern und Endreinigung.

Bitte fordern Sie unseren umfassenden Hausprospekt mit Preisliste an!

241418_3

Schleswig-Holstein
Binnenland 3

Mörel
🚶 15 km 🚂 6 km

An einem Hang des Nindorfer Höhenzuges liegt die ruhige 272-Seelen-Gemeinde Mörel. Sie besitzt von den umliegenden Dörfern das meiste Moorland. Das kam nach Volksmund so: „Im Moor lag eine Leiche, niemand wollte sie begraben. Endlich ließen sich die Bewohner des Dorfes dazu bereit finden. Dafür erhielten sie das Moor und den Namen Mörel zugewiesen." In der landwirtschaftlich geprägten Umgebung lässt sich gut Radfahren und Wandern. Ausflugsziel: Nord-Ostsee-Kanal.

Infos unter: Hohenwestedt-Land
Tel. 04871 - 360 oder www.amthohenwestedt-land.de

Ferienparadies Lucht

Urlaub der besonderen Art!

Erlebnisbauernhof mit 3 Ferienwohnungen für bis zu 6 Personen

Hier gibt es viel zu sehen und zu erleben: Kühe, Ponys, Hühner, Katzen, Kaninchen...Treckerfahrten, Ponyreiten, Lagerfeuer, Entspannung...

Ferienparadies Lucht
Anke Lucht
Dorfstraße 12 :: 24594 Mörel
Tel. 04871 - 41 50
Fax 04871 - 70 89 23
www.ferienparadies-lucht.de

253744_3

Urlaub mit Pferden

Deutschlands größter Reiter-Reiseführer für den Urlaub mit Pferden. Für Reit-Profis, solche, die es erst noch werden wollen, Anfänger, Erwachsene und Kinder finden sich gleichermaßen viele Angebote.

12,90 €

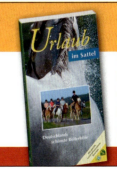

Nutzen Sie die Bestellkarte auf der letzten Seite!

Schleswig-Holstein
3 Binnenland

Padenstedt
🚶 5 km 🚉 Neumünster

Im Osten schließt das Stadtgebiet von Neumünster an Padenstedt an. Die Stör bildet im Norden der Gemeinde die natürliche Grenze. Der historische Radwanderweg durch Schleswig-Holstein - der Ochsenweg - führt durch die Gemeinde. Im Naherholungsbereich steht der Pferdesport an erster Stelle: Hier befindet sich das größte Haflingergestüt Norddeutschlands … für Kinder und Jugendliche sind in Padenstedt unbedingt Reitferien angesagt.

Infos unter: Gemeinde Padenstedt
Tel. 04873 - 9990 oder www.padenstedt.de

Pony-Park****
Kreikenbohm, Wolfgang
24634 Padenstedt
Tel. 04321 - 81300 oder 81377
Fax 04321 - 84758

info@pony-park.de
www.pony-park.de

Reiterferien für Kinder
Ferienhof des Jahres 2004/2006 (DLG)
12 MBZ mit Bad, Pauschalpreis inkl. aller Leistungen ab 49,- €, Kleinpferd und gesamtes Freizeitangebot, Kinderbetten, Saison-Ermäßigung, TV, Grünland-/Forstbetrieb, Schafe, Ziegen, Kamele, Federvieh, Esel, Zebras, Planwagen, Mitarbeit möglich, Schonkost, Englisch, Franz., Spanisch, eigener Badesee, Angeln, Segeln, Pferdebadestelle.

Spezialangebot „Reiten": nur für Kinder und Jugendliche von 8 - 16 Jahren, über 150 Haflinger und 100 Shetlandponys, Dartmoorponys, qualifizierter Reitunterricht, Freizeit- und Geländereiten, Springen, Voltigieren, Wanderreiten (Tagesausritt), Kutsch-, Schlitten- und Planwagenfahrten, Reiterpass, 5 Reitplätze, 3 Reithallen, Pferdespiel- und Übungsplatz, Ausritte, Reitstunden im Pensionspreis enthalten. Eig. Pferde können mitgebracht werden, Boxen, Weidegang. Freizeitreiten am Wochenende auch für Pferdefreunde aus der Umgebung. FN-geprüft, Kinder erhalten eig. Kleinpferd für die Dauer des Urlaubs für sich allein.
Größtes Haflinger-Reinzuchtgestüt Deutschlands.

76983_1

	Anzahl	Art	qm	Personen	Preis
P****	12	Zi.			ab 49,00 €

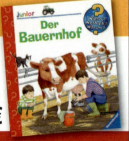

Der Bauernhof

Wo kommt die Milch her? Wie kommt ein Küken zur Welt? Und was macht der Bauer am Sonntag? Ein Besuch auf dem Bauernhof, bei dem schon kleine Kinder viel Wissenswertes erfahren und hinter Klappen entdecken können.

Ab 2 Jahren, 16 Seiten **8,95 €**

Nutzen Sie die Bestellkarte auf der letzten Seite!

Schleswig-Holstein
Binnenland 3

Schafstedt
🚶 5 km 🚆 10 km

Ein Dorf direkt am Nord-Ostsee-Kanal. Die nahegelegenen Eggstedter Moorkuhlen (Naturschutzgebiet) sind ein hervorragendes Angelrevier (vielfältiger und gesunder Fischbestand; Karpfen, Schleie, Rotauge). Viele Ausflugsmögl.: Badebucht *Klein Westerland*, Wattwandern, Waldmuseum im Luftkurort Burg, Archäologisch-Ökologisches Zentrum Albersdorf. Schiffstouren z. B. Helgoland in Büsum (30 Automin.), Wattenmeerforum (30 Automin.), Dithmarscher Kerzenhof, Reiten/Unterricht.

Infos unter: Gemeinde Schafstedt
Tel. 04825 - 657 oder www.fvv-schafstedt.de

Haus Marianne****
Familie Bothmann
Lehmberg
25725 Schafstedt,
OT Dückerswisch
Tel. 04806 - 364
Fax 04806 - 990171

info@haus-marianne.de
www.haus-marianne.de

Ferienhaus für max. 8 Pers., separates Kinderzimmer, liebevoll eingerichtet, direkt am Nord-Ostsee-Kanal, 4 DZ, 2 Bäder, D/WC, Gäste-WC, Handt./Bettw. inkl. mit TV/Radio, Tel., KB, Spül-/Waschm., gr. Garten, 2 Terrassen, Grill, Sauna/Solarium, Gartenhaus, Radtouren, Reiten, Schwimmen, Hausprospekt.

Anzahl	Art	qm	Personen	Preis
1	FH	140	8	ab 90,00 €

238591_1

Ponyhof Claußen***

Schreiber-Claußen, Heidi
Hochfeld 3
25725 Schafstedt
Tel. 04805 - 365
Fax 04805 - 901906

info@ponyhofclaussen.de
www.ponyhofclaussen.de

Ponys, Pferde, Reiten, Spiel und Spaß auf unserem Bauernhof in Schafstedt. Getreide, Kälber, Kühe, Geflügel, Kaninchen, Hunde, Katzen.

Ferien für die ganze Familie in unserer gemütlichen Ferienwohnung oder Ferien für Kinder auf unserem Ponyhof - „geprüfte Kinderferien".

FeWo: Küche mit Herd, Backofen, Spül- u. Kaffeemaschine, Toaster u. Brötchenservice, 2 Schlafzi. (Bettwäsche, Handtücher) u. Bad, geräumiges Wohnz., TV u. drum herum ein kleiner Garten mit Gartenmöbeln. Reit- und Spielmöglichkeiten oder auch Tagesbetreuung Ihrer Kinder bei uns auf dem Hof. Viele interessante Ausflugsziele oder Reiten, Wandern und Fahrradfahren.

Ponyhof-Ferien: Mit Spaß und Freude reiten u. reiten lernen. Reitplatz, -halle, kleines u. großes Hufeisen. Gute gesunde Verpflegung, Getränke zur freien Verfügung, liebevolle Betreuung rund um die Uhr, viel Platz zum Spielen, Strohscheune zum Toben, Tischtennis, Dinocars, Hof-Rallye.

2000518_1   F***

Anzahl	Art	qm	Personen	Preis
1	FeWo	90	5	54,00 €

57

Schleswig-Holstein
4 Ostsee

Barderup
⇪ 5 km 🚉 7 km

Inmitten der Gemeinde liegt der 66 ha große Sankelmarker See. Für die Naherholung wurde hier ein Wanderweg rund um den See (1,5 Std.) angelegt, den jedes Jahr Tausende von Bürgern aus Stadt und Land nutzen. Umgeben von einer knickreichen Landschaft und intensiv genutzten Feldern sind die Dörfer nach wie vor durch bäuerliche Betriebe geprägt. In der Gegend befindet sich ein Megalithgräberfeld. Die Entfernung zum Amtssitz sowie zum Oberzentrum Flensburg beträgt etwa 7 km.

Infos unter: Gemeinde Sankelmark in der Amtsverwaltung Oeversee
Tel. 04638 - 880 oder www.sankelmark.de

226188_1 F***

*****Schade,
Richard und Roswitha**
Petersholm 3
24988 Barderup
Tel. 04630 - 769
Fax 04630 - 5121

ferienhaeuser.schade@t-online.de
www.hotel-ami.de/ferienhaeuser/schade-sankelmark

Einzelhof, Hausprospekt

2 FH bis 5 Personen, Saison-Ermäßigung, Kinderbetten, Waschmaschine, TV, Telefon, Brötchenservice, Grillplatz, Grillhütte, Hausschlachtung.

Ackerbau, Grünland, Rinder, Schweine, Schafe, Ziegen, Kaninchen, Federvieh, Mitarbeit möglich, Fahrräder, Tischtennis.

Anzahl	Art	qm	Personen	Preis
2	FH	60	1-5	ab 45,00 €

Bliesdorf

Lassen Sie sich in einer der ansässigen Gaststätten mit abwechslungsreicher guter Küche verwöhnen - frische Luft macht hungrig! Sollte das Wetter mal nicht so schön sein, können Sie in der Umgebung vieles entdecken: Hansapark, Eutiner Festspiele, Grömitzer Zoo, diverse Schwimmbäder, Eselpark Nessendorf, Fünf-Seen-Rundfahrt, Grömitzer Welle, Haus der Natur, Dorfmuseum Schönwalde, Karl-May-Spiele Bad Segeberg, Ostseetherme, Timmendorfer Strand.

Infos unter: Gemeinde Schashagen
Tel. 04528 - 7006 oder www.bliesdorf.de

Schleswig-Holstein
Ostsee 4

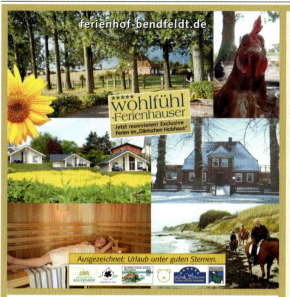

Lauschen sie dem Rauschen von Pappeln & Meer.

Einzigartig. Aktives Hofleben – Ihr urwüchsig-ruhiger Strand ist 1.500 m daneben. Entspannen Sie in unseren neuen 5-sternigen Wellness-Häusern mit Whirlness, Kamin, Sauna und Solarium. Reitplatz, beheizte Spielscheune, Grillhaus oder Abenteuerspielplatz – hautnah, erlebnisreich, familienfreundlich und erfrischend persönlich. „Nimmersatte" finden in der benachbarten Ostseeheilbad Grömitz weitere rahmensprengende „Frei-Zeiten".

****
Bendfeldt
Ostsee Ferienhof

Brodauer Str. 23
23730 Bliesdorf bei Grömitz
Tel. 04562/22 77 /-0 | Fax /-22
info@ferienhof-bendfeldt.de

Ausgezeichnet. Besinnliche Ferientage, allein, zu zweit, mit Ihren Zwergen oder lieben Freunden – 7zu5, WellnessWinter, Kurztripptage – einige interessante Angebote halten wir für Sie bereit.

27146_4

Brodersby

⛺ 45 km 🚉 15 km

Willkommen im Ostsee-Sonnenbad. Nach ein paar Minuten zu Fuß ist man von Brodersby aus am nächsten Badestrand. Im Ostsee-Sonnenbad Schönhagen tummeln sich Groß und Klein an schönen Stränden und erleben die Weite der offenen Ostsee. Am 10 km langen Sandstrand herrschen ideale Bedingungen für Wassersportfreunde (Surfen, Segeln, Tauchen). Für Sonnenanbeter stehen Strandkörbe zur Verfügung. Sonne für alle: FKK- und Hundestrand - wau!

Infos unter: Tourist-Information Schönhagen
Tel. 04644 - 9511 oder www.schoenhagen-ostsee.de

Ferienhof Block**
Drasberger Weg 8
24398 Brodersby
Tel. 04644 - 237
Fax 04644 - 7423

info@ferienhof-block.de
www.Ferienhof-Block.de

Wir bieten Ihnen 6 gemütliche und komfortable FeWo für 2-6 Personen. Mikrowelle, Geschirrspüler, WM, Trockner, Sat-TV. Sauna, Solarium, TT, Badminton, Strohspielboden, viele versch. Tiere u. Streichelgehege, tägl. Reiten u. Kutschfahrten, Reitunterricht, riesiges Gelände zum Ruhen und Toben, Fitness- und Wellnessangebote. Wir senden Ihnen gern unseren Hausprospekt oder besuchen Sie unsere Homepage.

Anzahl	Art	qm	Personen	Preis		
6	FeWo	70-80	2-6	ab 47,00 €	217094_1	F****

Schleswig-Holstein
4 Ostsee

219661_1   F****

Ferienhof Schulz****
Schulz, Gudrun und Dieter
Westerfelder Weg 20
24398 Brodersby
Tel. 04644 - 1041
Fax 04644 - 973350

ferienhof.schulz@t-online.de
www.ferienhofschulz.de

Komfortabel eingerichtete Ferienwohnungen auf ruhig gelegenem Hof am Ortsrand. Viele große und kleine Tiere, Streichelzoo, Reitmöglichkeit, Kinderspielplatz u. -Fahrzeuge, Lagerfeuerplatz u. Aufenthaltsraum für gemütliche Abende. Strohboden, TT, Tischfußball und Billard.

Anzahl	Art	qm	Personen	Preis
3	FeWo	65-75	4	ab 52,00 €

Brodersdorf

Brodersdorf ist von Kiel kommend das „Tor zur Probstei". Es ist ein beliebter Ferienort mit Nähe zum Ostseestrand (2 km). Ländliche Erholung wird hier mit Strandnähe unmittelbar verbunden. Gute Anbindung an die Kieler Buslinie. Schöne, gut ausgeschilderte Rad- und Fußwege mit weitem Blick über die Ostsee. Meerwasserhallenbad, U-Boot, Naturerlebnispark/Abenteuerspielplatz, Reitschule.

Infos unter: Interessengemeinschaft Brodersdorfer Vermieter
Tel. 0 43 43 - 86 29 oder www.brodersdorf.de

28041_1   F***/****

Familie Voege***
Schönberger Str. 5
24235 Brodersdorf
Tel. 04343 - 8137 u. 1494
Fax 04343 - 1527

info@hof-voege.de
www.hof-voege.de

Großzügige Hofanlage, 6 behagliche Ferienwohnungen, Inklusivpreise. Ponys, Schweine, Schafe, Kaninchen, Meerschweinchen, Hühner, toller Spielplatz, Grill- u. Grillhütte, Spielzeug, a. W. Frühstück od. Brötchenservice, Hausprospekt. **Gütezeichen Qualitätsurlaub in S.-H. und „Kinder plus"**

Anzahl	Art	qm	Personen	Preis
6	FeWo	38-80		ab 47,00 €

DLG-Käse-Guide

Der 1. DLG-Käse-Guide gibt dem Verbraucher Informationen an die Hand, die ihm bei der Auswahl seines Lieblingskäses helfen. Rund 1.000 Käse warten auf Ihren Genuß.

9,90 €

Nutzen Sie die Bestellkarte auf der letzten Seite!

Schleswig-Holstein
Ostsee 4

Gremersdorf
♂ 3 km 🚂 4 km

Die Gemeinde Gremersdorf hat eine fast 6 Kilometer lange Küste. Sie ist bewusst als unbebaute Steilküste erhalten worden und dient vielen Naturfreunden zur Erholung, vor allem im Sommer. In der Gemeinde aus 13 Dörfern mit 1476 Einwohnern stehen v. a. Raps, Weizen, Gerste, Hafer und Roggen auf den Feldern. Besichtigungen: nur 5 km bis Oldenburg; Ostseebad Heiligenhafen im Norden. Bis zum Badestrand (5 km) kommt man mit dem Rad, bei schlechtem Wetter geht es 3 km ins Hallenbad.

Infos unter: Oldenburg-Land
Tel. 04361 - 49370 oder www.amt-oldenburg-land.de

Hof Friedrichsthal***
Großmann, Julia
Friedrichsthal
23758 Gremersdorf
Tel. 04361-7233

grossmann.friedrichsthal@t-online.de
www.hof-friedrichsthal.de

Landurlaub in frischer Ostseeluft!
Sonnenbaden im großen Garten mit Spielplatz, Liegewiese u. Grillplätzen. Kinder entdecken Natur, Tiere und Feldarbeit. Brötchenservice. Ackerbau, 2 Pferde, 4 Ponys, Schafe, 2 Zwergschweine, Hund, Kaninchen, 2 Ziegen, 2 Katzen, Federvieh, Reitmöglichkeit, Englisch, Nebensaisonermäßigung.

Anzahl	Art	qm	Personen	Preis
4	FeWo	60-70	4-5	ab 65,00 €

228993_1   F***

Grube

Idyllisch im landschaftlich reizvollen Ostholstein, an der Ostsee mit einem Natur- und Sandstrand, der flach ins Meer abfällt. Sehr beliebt bei Familien mit Kindern. Das abgeschwächte Seeklima wirkt günstig auf vielerlei Krankheiten und die durch Meersalz angereicherte Luft ist vorteilhaft für Herz-Kreislauf-Beschwerden und Schlaflosigkeit. Naturfreunde kommen hier auf ihre Kosten und können Eisvögel, Graureiher und Kraniche beobachten. Auch für die kleinen Gäste hat Grube einiges zu bieten.

Infos unter: Handwerker und Gewerbeverein Grube
Tel. 04364 - 9696 oder www.grube-ostsee.de

Hof Rosenfelde***
Bormann, Ulrich u. Philippa
OT Rosenfelde
23749 Grube
Tel. 04365 - 343
Fax 04365 - 1232

hof-rosenfelde@gmx.de
www.hof-rosenfelde.de

Herrlich gelegener Einzelhof an der Ostsee, 800 m zum Naturstrand. Ackerbaubetrieb. 2 FeWo für 4-6 Pers., 65 qm, rustikal u. komfortabel eingerichtet. WM, Tel., Mikrowelle, TV, Terrasse, Liegestühle, Grill, Feuerstelle, viele Spielmöglichkeiten im riesigen Garten. Trampolin, Ponys, Kaninchen, Rad- u. Wanderwege.
HS 95,- €, NS ab 55,- €

Anzahl	Art	qm	Personen	Preis
2	FeWo	65	4-6	ab 55,00 €

236875_1   F**/***

Schleswig-Holstein
4 Ostsee

Hasselberg
🚶 18 km 🚉 18 km

Hier an der Ostsee Urlaub zu machen, bedeutet faulenzen an Naturstränden (Kurtaxe - frei), Rad fahren auf ausgeschilderten Routen entlang der urwüchsigen Küste und wandern durchs Naturschutzgebiet im sanften Hügelland. Hasselberg ist eingerahmt von fruchtbaren Feldern und naturbelassenen Wiesen und hat einen 2,5 km langen Natur-Badestrand. Wie wäre es mit einer Kutschfahrt zum Märchenpark … oder Lehrwandern und Kuranwendungen, Segeln, Surfen, Hochseeangeln?

Infos unter: Touristikverein Ferienland Ostsee Gelting-Maasholm e.V.
Tel. 04643 - 777 oder www.ferienlandostsee.de

77039_1 F***

***Thomsen, Maria
Baggelan 7
24376 Hasselberg,
OT Baggelan
Tel. 04642 - 6221
Fax 04642 - 6268

ferienhof@baggelan.de
www.baggelan.de

Einzelhof, 5 komfortable Ferienwohnungen, 3 Ferienwohnungen m. 2 Schlafräumen, 1 FH m. 2 Ferienwohnungen, 300 m v. Hof, Reetdachhäuser, 70-100 qm, für bis zu 6 Pers., Tel., Sat-TV, z.T. Spülmaschine, WM, Ackerbau, Reitmöglichkeit, Ponys, Kutschfahrten, Schweine/Katzen/Kaninchen, Spielplatz, TT, Kicker, Sauna, Hausprospekt, kinderfreundlich.

Anzahl	Art	qm	Personen	Preis
7	FeWo	45-70	2-6	ab 40,00 €
3	FH	70-100	2-6	ab 60,00 €

Havetoftloit
🚶 12 km 🚉 13 km

Zu den wenigen noch naturnahen und schönen Mooren gehört das in der Gemeinde liegende Hechtmoor. Dieses Moor wurde in seiner Größe von rund 35 ha bereits 1941 Naturschutzgebiet. Das Umland verfügt über ein gut ausgebautes Radwegenetz entlang saftiger Wiesen. Dank der Nähe zur Ostsee herrscht ein wohltuendes, frisches Klima. Das lassen Sie sich um die Nase wehen - unterwegs auf dem Rad zu Badesee, Freibad, Ostsee, Schlei oder zur dänischen Grenze.

Infos unter: Gemeinde Havetoftloit
Tel. 04623 - 7150 oder www.havetoftloit.de

Wir spielen auf dem Bauernhof

In diesem Bauernhofbuch fordern 22 Magnetteile zum Spielen, Ausprobieren und Entdecken auf. Zahlreiche Spielmöglichkeiten fördern die Kreativität und Fantasie des Kindes.

Ab 2 Jahren, 10 Seiten **14,95 €**

Nutzen Sie die Bestellkarte auf der letzten Seite!

Schleswig-Holstein
Ostsee 4

Hof Osterbunsbüll

Reiter- & Ferienhof
Ferienhof des Jahres 2002 & 2005
Ostsee - Schlei

Stilvolle 3-5 Sterne Ferienwohnungen für 2-6 Personen mit Kamin und Terrasse / DSL / W-Lan / Frühstück & Brötchenservice

- **Reiten:** Reithalle 20x40m, Dressur- & Springplatz, Reitunterricht
- **Gartenpark**, Tischtennis, Trampoline, Spielplätze, Go-Karts, Grillplatz
- **Bauernhof- & Streicheltiere, geführte Ponyausritte**
- Fahrrad- & Kanuverleih, Sauna / Schwimmteich / Badeseen in 5 km
- **Kinderbetreuungsangebote** / Kleinkindausstattung kostenlos,
- **Kreativkurse:** Drechseln, Naturexkursion, Kocherlebnisse
- Seminar- & Gruppenangebote, Seminarräume, Vollpension
- **Entspannungsangebote:** Joga, Qigong, Rückenschule, Malerei

Dr. Iris Ruhe, Osterfelder Weg 10, 24875 Havetoftloit,
Fon 04623 - 570, Fax -7445, ruhe@osterbunsbuell.de
w w w . o s t e r b u n s b u e l l . d e

77013

Kabelhorst
🏠 3 km 🚉 8 km

Zahlreiche Wälder, blühende Wiesen, reich tragende Felder und naturklare Seen findet man in Kabelhorst. Es ist idealer Ausgangspunkt für Ausflüge in die Umgebung - ob im Fahrrad- oder Pferdesattel, in Gummi- oder Wanderstiefeln. Entdecken Sie die nahe gelegenen Ostseebäder - wer seinen Füßen eine Pause gönnen will, nimmt Kutsche oder Planwagen. Schlemmer kommen durch kulinarische Köstlichkeiten auf ihre Kosten: gesund, lecker und hier gewachsen, eigene Schinkenräucherei.

Infos unter: Touristinformation Lensahn
Tel. 01805 - 5367246 oder www.lensahn.de

****Kripke-Danger, Iris
Diekstraat 21
23738 Kabelhorst,
OT Schwienkuhl
Tel. 04363 - 777 u. 3887

bauernhof-kripke@web.de
www.bauernhof-kripke.de

Kinderfreundlicher Ferienhof, 5 komfortable FeWo, ebenerdig, Terr./BK, EBK, Spülm., TV, Bettw./Handt., WM/Trockner, Aufenthaltsraum, Sauna/Solarium, Grill-/Spielplatz, Spielhaus, TT/Tischfußball, Treckerfahrten, Grünland, Rinder, Ponys, Schweine, Ziegen, Kaninchen, Meerschw., Federvieh, Hausprospekt.

Anzahl	Art	qm	Personen	Preis		
5	FeWo	45-80	2-6	ab 40,00 €	172747_1	F***/****

Schleswig-Holstein
4 Ostsee

Kappeln
🚶 27 km 🚆 10 km

Wenn Sie aus der Tür treten und einige Minuten radeln, kommen Sie an die Ostsee. Jetzt laufen Sie bei steifer Brise immer am Meer entlang. Wald in direkter Umgebung, ausgeschilderte Radwanderwege und Nordic-Walking-Routen. Spaßbad ca. 10 km entfernt, Spielplätze, Museumshafen, Segelhafen. Unterschiedliche Veranstaltungen über das Jahr verteilt (wie z. B.: Figurentheater-Tage im Frühjahr, Stadtfest „Heringstage" jedes Jahr ab Himmelfahrt für 4 Tage).

Infos unter: Tourist-Information
Tel. 04642 - 4027 oder www.kappeln.de

218672_1   F****

Ferienhof Johannsen****
Nonsfeld 4
24376 Kappeln
Tel. 04642 - 82563
Fax 04642 - 81803

www.nonsfeld.de

Einzelhof, Hausprospekt

3 Ferienwohnungen für 4-7 Personen, Stromkosten extra, 1 FH für 8 Personen, Kinderbetten, Waschmaschinenbenutzung, TV.

Grillplatz, Kleinkinderausrüstung, Kinderbetreuung, Tischtennis, Billard, Tischfußball, Trampolin.

Ackerbau, Grünland, Ponys, Rinder, Ziegen, Kaninchen, Reitplatz, Reitmöglichkeit.

Ausgezeichnet beim Kreiswettbewerb 1998 als „Kinderfreundliches Quartier".

Anzahl	Art	qm	Personen	Preis
3	FeWo	60-90	4-7	ab 46,00 €
1	FH	90	4-8	ab 62,00 €

Kellenhusen
🚶 14 km

Das Heilbad an der Ostsee zeigt sich oft von der sonnigen Seite. Schwimmen Sie im Meerwasser-Hallen-Freibad, schlendern Sie zum Museum und an der Promenade vorbei, die mit Dünen, einem Irrgarten und mehr Überraschungen versehen ist. Quasi im Vorübergehen (oder -reiten) ziehen Sie ein klimatisches Verwöhnprogramm durch - der Wind entführt der See die maritimen Aerosole (Salzkristalle), die reinigend und heilend auf Haut und Atemwege wirken.

Infos unter: Kurverein Kellenhusen
Tel. 04364 - 49750 oder www.kellenhusen.de

Schleswig-Holstein
Ostsee 4

Hof Bokhorst***
Axt, Marlen
Hof Bokhorst
23746 Kellenhusen
Tel. 04364 - 8244
Fax 04364 - 1425

info@hofbokhorst.de
www.hofbokhorst.de

Mitten zwischen Feldern und Wiesen in unmittelbarer Nähe der Ostsee, etwas außerhalb von Kellenhusen (600 m), liegt der Hof Bokhorst. Dieser Hof wird als Ackerbaubetrieb bewirtschaftet. Das Besondere an Bokhorst ist die herrliche und ruhige Lage, der große Bauerngarten mit altem Baumbestand und Blumenrabatten. Direkt vom Hof führen gepflegte Rad- und Wanderwege in den Erholungswald und an die Ostsee. Kinderfreundlicher Einzelhof, KB, WM/Trockner, TV, Grillplatz, Federvieh, Haustiere, Ponys, Spielplatz, Trampolin, Tischtennis, Liegestühle, Terrassen, Öko-Hof! Ferienwohnungen inklusive Bettwäsche, Handtücher und Brötchenservice.
Endreinigung zwischen 40,- und 60,- €.
3 FeWo, 40 bis 50 qm, 2 bis 4 Pers., 49,- bis 69,- € (f. 4 Pers.)
6 FeWo, 50 bis 65 qm, 2 bis 4 Pers., 59,- bis 85,- € (f. 4 Pers.)
1 FeWo, 65 qm, 2 bis 5 Pers., 55,- bis 75,- € (f. 4 Pers.)
Bitte Hausprospekt anfordern!

Wir freuen uns auf Ihren Besuch.

Anzahl	Art	qm	Personen	Preis
10	FeWo	50-56	2-6	ab 49,00 €
1	FH	80	2-6	ab 75,00 €

27144_1   F**/***

Krokau
↟ 20 km 🚉 2 km

Windmühlenflügel drehen sich - was die Krokauer Windmühle betrifft, seit dem Jahr 1874. Probieren Sie doch mal Aal in Sauer - nur nicht gerade vor Ihrer Schiffstour ... Zum Schönberger Strand läuft man 4 km, rein in die Salzwiesengebiete und zum Barsbeker See, zum Naturschutzgebiet Bottsand. Beim Ausritt sehen Sie andere beim Walken, kommen an der Probstei vorbei und halten am U-Boot-Ehrenmal. Hinterher holen Sie Ihre Kinder aus dem Abenteuerland Wendtorf ab.

Infos unter: Tourismusverband Probstei e. V.
Tel. 04344 - 306163 oder www.probstei.de

Wischhof***
Krohn, Elke
Dorfstr. 38
24217 Krokau
Tel. 04344 - 3541

wischhof_krokau@yahoo.de
www.wisch-hof.de

Lassen Sie die Seele baumeln ... Sie und Ihre Familie werden sich auf dieser schönen Hofanlage im Herzen der „Probstei" wohl fühlen. Aktivitäten für die ganze Familie ... Sommergarten, Ostseestrand, Schaukel, Grill, Spiel u. Spaß, Abenteuer Tier, Fahrradtouren in schönster Umgebung u. erleben Sie lebendige Landwirtschaft. Brötchenservice, Eier, Wurst. Neu: WLAN. Seien Sie uns herzlich willkommen!

Anzahl	Art	qm	Personen	Preis
1	FeWo		2-4	ab 40,00 €
1	FH	80	2-8	ab 85,00 €

130502_1   F***/****

Schleswig-Holstein
4 Ostsee

Pommerby

Das Ferienland zwischen Gelting und Maasholm zwischen Flensburger Förde, Ostsee und Schlei bietet neben seinen urwüchsigen Küstenregionen eine reizvolle Naturlandschaft in der ländlich geprägten Umgebung. Am Wegesrand Rinderherden auf saftigen Wiesen, plätschernde Bäche, kleine Waldungen, versteckt liegende Gehöfte, herrschaftliche Güter und reizvolle Dörfer. Jede Jahreszeit hat hier ihre Reize!

Infos unter: Tourist-Info
Tel. 04643 - 18320 oder www.pommerby.de

117672_1   F***/****

Hof Börsby***
Thomsen,
Hans Walter u. Hilke
Börsby 3
24395 Pommerby
Tel. 04643 - 2245   Thomsen@boersby.de
Fax 04643 - 2274   www.ferienhof-boersby.de

Vollbewirtschafteter Einzelhof in ruh. Lage, Ponys u. Streicheltiere, Spielplatz, Bolz- u. Lagerfeuerplatz, große Spieldiele mit TT, T-Fußball, Billard u. Kinderwerkstatt, Tretfahrzeuge, Oldtimertreckerfahrten. Geschirrspüler in den Wohnungen. 3 km zur Ostsee mit den schönen Badestränden.

Anzahl	Art	qm	Personen	Preis
5	FeWo	40-95	2-7	ab 40,00 €

Quern
🍴 30 km 🚉 Sörup

Zwischen Feldern, Naturstränden, Wiesen und Wäldern wandern Sie zum Scheersberg. Dort steht der Bismarckturm, der höchste Punkt der Region (Ausstellungen, standesamtliche Trauung!). Von hier aus haben Sie einen Rundblick über die Gegend und die Ostsee bis hin nach Dänemark sowie auf die alten Kirchen der Dörfer und Angelns größte Quelle im „Haberniser Moor". Im Sommer: familienfreundliche Veranstaltungen. Ideal zum Schwimmenlernen: bewachte Seebadeanstalt Norgaardholz.

Infos unter: Touristikverein Amt Steinbergkirche/Ostsee e.V.
Tel. 04632 - 849140 oder www.amt-steinbergkirche.de

231927_1   F***

***Petersen, Elke
Nübelfeld 80
24972 Quern
Tel. 04632 - 286   elke-petersen-fh@t-online.de
Fax 04632 - 875709   www.ferienhaus-petersen.de

Poolhaus für 2-9 Pers. auf ldw. Nebenerwerbsbetrieb mit Streicheltieren. Komfort-Ferienhaus mit SW-Pool (18 qm) u. Sauna, 4 Schlafzimmer 2 Duschbäder, große EBK, Sat-TV, WM, eigener Garten mit Terrasse, Strand 3 km, Gokart, TT und Billard; Vermietung ganzjährig, Hausprospekt.

Anzahl	Art	qm	Personen	Preis
1	FH	140	2-9	ab 75,00 €

66

Schleswig-Holstein
Ostsee 4

Kastanienhof***
Struve, Annegret
Kalleby 5
24972 Quern, OT Kalleby
Tel. 04632 - 422
Fax 04632 - 1885

annegret.struve@t-online.de
www.landluft.de/struve

Vollerwerbsbetrieb, Hof im Ort. Ackerbau, Ponys, Rinder, Milchkühe, Kälber, Katzen, Geflügel. 2 Block-FH bis 6 Personen, Terr., EBK, Mikrowelle, Tel., Sat-TV, WM, Bettw./Handt. pro Haus 15,- €, Garten m. Liegew., Gartenmöbel, Grill-/Spielpl., Fahrradfahren, Gokart, Nordic Walking, Meerwasser-Erlebnisbad, Hund 3,- €/Tag, ganzj. Vermietung, Hausprospekt.

Anzahl	Art	qm	Personen	Preis
2	FH	63-65	2-6	ab 44-60 €

77037_1   F***

Ratekau
🕺 3 km 🚆 6 km

Im Frühjahr begleiten die Möwen den Landwirt beim Pflügen. Im Sommer lädt der Hemmelsdorfer See zum Baden ein. Im Herbst verwandeln sich die Wälder (mit dem Pferd erkunden!). Im Winter gefrieren die Teiche und Senken. Die Gemeinde Ratekau zählt 16.000 Einwohner. Ländliche Idylle paart sich mit maritimer Frische. Wander- und Radwege durch die Küstenregion und die holsteinische Landschaft führen u. a. zur Feldsteinkirche und zu Museen. 10 Autominuten bis zur Ostsee und nach Lübeck.

Infos unter: Tourismusbüro in der Gemeinde Ratekau
Tel. 04504 - 715055 oder www.ratekau.de

****Schacht, Hans
Alt-Ruppersdorf 4
Ruppersdorf
23626 Ratekau
Tel. 04504 - 3275
Fax 04504 - 1621

Schacht.Alt-Ruppersdorf@t-online.de
www.ferienhof-alt-ruppersdorf.de

Schöpfen Sie neue Kraft aus: Gastfreundschaft in ruhiger, gemütlicher Atmosphäre auf unserem Bauernhof mitten in der Natur, wenige Autominuten zum Strand. **Ferien zum Wohlfühlen in** komf. FeWo, 2 Schlafz., TV, teilw. Kaminofen, WM, Trockner, TT, Spielgeräte/-plätze, Liegewiese, Brötchenservice. Vollerwerbsbetrieb mit Ackerbau und Tierhaltung.

Anzahl	Art	qm	Personen	Preis
3	FeWo	55	2-6	ab 60,00 €

230061_1   F****

Fühl mal die Tiere vom Bauernhof

Das weiche Fell des Lämmchens, das Ringelschwänzchen des Schweinchens, die kuscheligen Ohren vom Kälbchen oder den zotteligen Schweif des Pferdes – hier auf dem Bauernhof kann alles gestreichelt werden.

Ab 18 Monaten, 10 Seiten   **9,95 €**

Nutzen Sie die Bestellkarte auf der letzten Seite!

Schleswig-Holstein
4 Ostsee

Stein
A7 Kiel

Das freundliche Fischer- und Bauerndorf ist umgeben von Feldern und Salzwiesen. Abgeschiedene Wander- und Radwege führen entlang der Küste oder ins Land der Probstei an kleinen Auen und Seen vorbei. Stein hat eine von der Natur geformte Steilküste, dazu feinsandige, flach abfallende Strände mit vorgelagerten Sandbänken und Badeinseln. Sanfte Wellen zum Baden, viel Sand zum Buddeln! Abends Volksmusik am Lagerfeuer und Shanties. Naturkundliche Wanderungen und Vorträge.

Infos unter: Tourist-Info Stein
Tel. 04343 - 9299 oder www.stein-ostseebad.de

Ferienhof Klindt****
Klindt, Antje
Dorfring 12
24235 Stein
Tel. 04343 - 9232
Fax 04343 - 499919
www.ferienhof-klindt.de
www.stein-ostseebad.de

Idyllisch gelegener, bewirtsch. Hof direkt im Badeort Stein, nur 100 m vom Strand entfernt. Behagliche FeWo mit allem Komfort und mit skandinavischen Holzmöbeln ausgestattet, Bad o. D/WC, Farb-TV, Telefon. Alte Hofanlage mit Garten, Spielpl., Grillhaus, TT, Bollerw., Pferden, Katzen, Kaninchen und Hühnern. Herzlich willkommen!

Anzahl	Art	qm	Personen	Preis
3	FeWo	75-80	4	ab 50,00 €

226254_1 F****

Steinberg
30 km 9 km

Frischluft an der Ostsee! Das frische Klima sorgt für gute Durchblutung. Aber nicht nur das Wasser prägt den Charakter dieser Region - inmitten von sanften Hügeln und von Knicks umfriedeten Feldern (gar nicht flach!) werden Reiten und Spazieren zum landschaftlichen Genuss. Machen Sie einen Ausflug in der Umgebung in die Museen oder besichtigen Sie eines der vielen Schlösser in der Region! Mit dem Fahrrad ist man nach einer kleinen Radtour im Freibad (12 km), Hallenbad (20 km) oder im Freizeitpark (25 km). Bis nach Dänemark sind es 30 km.

Infos unter: Touristikverein Steinberg
Tel. 04632 - 849140 oder www.flensburger-aussenfoerde.de

Gut Oestergaard****
Fam. Lempelius
Oestergaard 2
24972 Steinberg
Tel. 04632 - 7249
Fax 04632 - 87309
info@gut-oestergaard.de
www.gut-oestergaard.de

Gutshof in Einzellage - 800 m zum Meer! FeWo/ FH mit 2-3 Schlafr., WZ, Küche u. Bad/WC. Reitschule, Pferde, Ponys, Reitplatz, Kaninchen, Hühner, Hausschweine, Katze, Hund, Spielplatz, Spielboden, Angeln, Ruderboot, Lagerfeuer, großzügiges Hofgelände zum Spielen + Toben, Ruheplätze, Brötchenservice, Hofcafé, Kulturscheune, Maislabyrinth.

Anzahl	Art	qm	Personen	Preis
8	FeWo	50-130	1-8	ab 35,00 €
2	FH	85-150	1-8	ab 60,00 €

88804_1 F****

Schleswig-Holstein
Ostsee 4

Ferienhof Bendixen***
Karin Bendixen
Nordstern 10
24972 Steinberg,
OT Norgaardholz
Tel. 04632 - 7077
Fax 04632 - 871595

info@ferienhof-bendixen.de
www.ferienhof-bendixen.de

Unser Einzelhof liegt in reizvoller u. ruh. Lage mit Wald- u. Ostseeblick u. bietet Ihnen ein FH bis 4 Pers. mit Kinderbett, Sat-TV, Tel., Bettw., Handtücher u. Grill. Sowie ein FH bis 6 Pers., Kinderbett, Sat-TV, Kaminofen, Tel., Spülm., 3 Schlafräume, Bettw., Handtücher, Grill. Trampolin. Im Nebengebäude: Sauna, Whirlpool, WM/Trockner. Hausprospekt, Brötchenservice.

Anzahl	Art	qm	Personen	Preis
2	FH	40–70	2-6	ab 40,-/55,- €

27147_1   F**/***

So geht's zu auf dem Bauernhof
Malen und Spielen mit Freddi · Junior Band 1 Bauernhof · Junior Bauernhof Memo

Riesen-Lese- und Spielespaß für kleine Bauern! In dem DIN-A3-Block finden Sie zwei verschiedene Malvorlagen und drei lustige Spiele zum Ausmalen. Jedes der fünf Motive gibt es viermal, so dass sich alle Kinder/Freunde gemeinsam vergnügen können, ohne Streit und Ärger.

5,00 €

Welche Tiere leben auf dem Bauernhof? Wie kommt die Milch in den Supermarkt? Wie wird aus Korn ein Brot? Die Junior-Reihe von WAS IST WAS ist für Erstleser der richtige Einstieg ins Thema: Altersgerechte Texte, spannende Aktivelemente und doppelseitige Illustrationen laden zum Entdecken ein!

Ab 5 Jahren, Hardcover, 24 Seiten

9,90 €

Tiere, Geräte, Pflanzen und natürlich Bauer und Bäuerin gehören zum Bauernhof. Mit dem Bauernhof Memo lernen Kinder die verschiedenen Begriffe ganz spielerisch kennen und üben gleichzeitig ihre Merkfähigkeit.

Ab 4 Jahren, 64 Memokarten, für 2–5 Spieler

9,90 €

Nutzen Sie die Bestellkarte auf der letzten Seite!

Schleswig-Holstein
4 Ostsee

Timmendorfer Strand
🚶 2 km 🚆 2 km

Am kilometerlangen Timmendorfer Strand ist ganz schön was los! Hier ist es trendy und dennoch traditionell. Entspannung pur mit Kuranwendungen. Sieben Kilometer Sandstrand, Promenade zum Bummeln, Sehen und Gesehenwerden. Südländisch mondän, schick und schön. Shoppen, was erlesen, gut und teuer ist. Top Restaurants, lässige Bistros, angesagte Kneipen, Feste, Konzerte und Veranstaltungen, Feierstimmung und Ferienlaune. Mekka des Beachvolleyballs. Im Winter Sauna und Eislaufen.

Infos unter: Tourist-Service
Tel. 04503 - 35770 oder www.timmendorferstrand.de

von Barby, Friedr.-Wilhelm und Inge
Hof am See ✶✶✶✶ / FN-geprüfter Reitstall TASH
23669 Timmendorfer Strand, OT Hemmelsdorf
☎ 0 45 03/3 14 29, Telefax: 6720
www.gestuet-hofamsee.de
www.ferienhaus-redewisch.de
info@gestuet-hofamsee.de

Der Hof am See liegt umgeben von 60 ha Weideland, direkt am Hemmeldorfer See (1,5 km zur Ostsee - Timmendorfer Strand). Eigener Angel- und Badesteg (surfen und segeln), Fahrrad- und Wanderwege führen vom Hof zur Ostsee.

Reithalle 20 x 40 m, Dressurbereich 30 x 70 m, Gastboxen und Paddocks, Führanlage, gemütliche Reiterstube. Individueller Reitunterricht für Kinder (Trainer-A-Scheine). Für Erwachsene auf eigenen Pferden. Reitwandernetz vom Ostseestrand ins weite Land erstellt. Ostsee v. 1.10. - 1.4. mit eigenem Pferd. Poloturnier auf dem Hof.
4 Ferienwohnungen für 4–5 Personen.
HS 83–88 € und 4 Blockhäuser 88 € inklusive Bettwäsche, Handtücher, Energie, Waschmaschine/Trockner.
Sie sind komfortabel im englischen Landhausstil eingerichtet, teils mit Wintergarten, Terrasse, Balkon und Liegewiese.
Kurtaxe. Nutzen Sie unsere verbilligte Nebensaison.
15/20 € Ostern, Herbst 7–10 € Nachlass à Tag.

Aktivitäten: 2 km Badelandschaft, diverse Golfplätze, Tennis, Eis-Sealife-Center, Hansapark, Grill- und Kinderspielplatz o. Hof, Segelschule, Carl-May-Spiele, historische Städte.

Neu: in Boltenhagen auf dem Hofgut Redenisch: eine exklusive 5 Sterne Doppelhaushälfte im mediterranen Stil (90 qm) mit 3 Schlafzimmern, 2 Bädern, Wohn- und Esszimmer, Küche (Spülmaschine), Waschmaschine/Trockner, an einem Teich gelegen. Das Herrenhaus ist ein Hotel und Restaurant. In 1500 m die schönsten Naturstrände (Steilküste).
Boltenhagen ist das kinderfreundlichste Bad in Mecklenburg. Reitanlage auch für Erwachsene und Kinder im Ort.
HS 90/95 € NS 70/75 €

F✶✶✶✶

Schleswig-Holstein
Ostsee 4

Winnemark
🚶 50 km 🚉 15 km

Die Gemeinde liegt direkt an der Schlei, im nördlichen Schwansen. Wogende Korn- und Rapsfelder und gastliche Dörfer mit Reetdachkaten finden sich hier überall. Die Gemeinde grenzt im Süden an die Gemeinde Thumby und im Norden an das Stadtgebiet von Kappeln. Eine Schleifähre verbindet Winnemark und Arnis, die kleinste Stadt in Deutschland. Weitere Ausflugsmöglichkeiten: Dänemark, Ostseebad Damp.

Infos unter: Fremdenverkehrsverein Mittelschwansen e.V.
Tel. 04352 - 2435 oder www.amt-schwansen.de

Gut Karlsburg***
Kühl, Jan-Hinrich
Gut Karlsburg 39/40
24398 Winnemark
Tel. 04644 - 409
Fax 04644 - 1018
info@landhaus-kuehl.de
www.landhaus-kuehl.de

6 komfortable Ferienwohnungen mit viel Atmosphäre für 2-6 Personen. TV, Telefon, auf Wunsch Frühstück, Saisonermäßigung, Kinderbetten, WM, Ackerbau, Ponys, Hund, Kleintiere, herrlicher Park mit Ruhezonen, Spielgeräten, Grillplätzen, TT, in nächster Nähe: Tennis, Golf.

Anzahl	Art	qm	Personen	Preis
6	FeWo	35-62	2-6	ab 40,00 €

204205_1 F**/***/****

So geht's zu auf dem Bauernhof

Die Foto-Sachgeschichten zeigen, wie Landwirte mit riesigen Traktoren ihre Felder bearbeiten. Was Erdbeerbauern im Tunnel machen. Wie Kühe Milch geben. Und wie Schweine Strom machen …

Ausgezeichnet von der Akademie für Kinder- und Jugendbuchliteratur

9,95 €

Ferkel, Schaf, Kartoffelernte. Mit spannenden Geschichten von Ferkeln, Schafen, dem Weinbauern über die Arbeit der Maschinenringe zum Kartoffel- und Rapsanbau.

9,95 €

Nutzen Sie die Bestellkarte auf der letzten Seite!

Schleswig-Holstein
5 Insel Fehmarn

Bei uns fängt der Urlaub an ...

Tourismus-Service Fehmarn
Südstrandpromenade 1, Burgtiefe · 23769 Fehmarn
Tel: 04371 / 506 300 · Fax: 04371 / 506 390
www.fehmarn.de

Fehmarn
🚶 30 km 🚉 12 km

Sonneninsel in der Ostsee. Das *Hawaii Deutschlands* hat lange Sand- und Naturstrände (78 km!) und vor allem Sonne (gilt als sonnenreichste Region Deutschlands). Das maritime Flair des 185 qkm großen Eilands ist gepaart mit dänischer Architektur und Lebensart. Besichtigungen: Holländische Segelwindmühle, St.-Nikolai-Kirche in Burg, Fehmarnsund-Brücke. Für Wasserratten: Meerwasser-Wellenbad, Surfen, Tauchen. Specials: Rundflüge, Kutterfahrt, Siloclimbing.

Infos unter: Tourismusinformation und Zentrale Fehmarn
Tel. 04371 - 506300 oder www.fehmarn-info.de

******Höper-Rauert,
Detlef und Petra**
Dorfstr. 14
23769 Fehmarn,
OT Neujellingsdorf
Tel. 04371 - 3676
Fax 04371 - 505868

info@ferienhof-hoeper-rauert.de
www.urlaub-auf-fehmarn-bauernhof.de

Herzlich willkommen auf unserem schönen Bauernhof! Gemütliche Komfort-Ferienhäuser **mit herrlichem Seeblick**. Sauna, Solarium, toller Spielplatz, Gokarts, Streicheltiere, Pony, Aufenthaltsraum, nette Grillabende und Brötchenservice, Hausprospekt. **Urkunden:** Vom Gast empfohlenes Haus, Qualitätsurlaub auf dem Bauernhof, Kinderplus.

231915_1 F***/****

Anzahl	Art	qm	Personen	Preis
8	FH	70	2-6	ab 50,00 €

Bauernhof Hopp***
Andreas Hopp
Vadersdorf 24 + 26
23769 Fehmarn
OT Vadersdorf
Tel. 04371 - 864364
Fax 04371 - 502474

bauernhof.hopp@t-online.de
www.bauernhof-hopp.de

Komfort-FeWo im Landhaus o. Fachwerkhaus, teilweise m. Kamin oder eig. Terrasse, ruhige Dorflage, großer Garten, Spiel-/Bolzplatz, Liegewiese, Gartenhaus mit Aufenthaltsraum, TT, Ponyreiten, Stall- und Streicheltiere, Kutschfahrten, Preise inkl. Bettw. u. Handt., ganzjährige Vermietung. Wir freuen uns auf Ihre Anfrage.

215659_5 F***/*****

Anzahl	Art	qm	Personen	Preis
7	FeWo	35-75	2-5	ab 27,00 €

Schleswig-Holstein
Insel Fehmarn 5

Ferienhof Ralf Becker***
Norderweg 6
23769 Fehmarn,
OT Dänischendorf
Tel. 04372 - 281
Fax 04372 - 1869
www.ferienhof-ralfbecker.de

Hof im Ort, 2 Ferienwohnungen, Bettwäsche/Handtücher 6,- EUR, Kinderbetten, Hochstuhl, Saison-Ermäßigung, TV, Waschmaschinenbenutzung, Grillplatz, großer Garten, 2 Tischtennisplatten, Rutsche, Schaukel, 2 Sandkisten, Wippe, 2 Hängematten, Grillabende, 2x die Woche Reitunterricht, gr. Trampolin, 2 Dinosaurier, Spielplatz, Parkplatz, Vermietung ganzjährig, Pkw erwünscht, Ackerbaubetrieb, Rinder, Schweine.

Anzahl	Art	qm	Personen	Preis
2	FeWo	60	2-5	ab 30,00 €

119181_1 F**/**

Ferienhof „Augustenhöhe"**
Volker Fleth
23769 Fehmarn,
OT Katharinenhof Nr. 3 b
Tel. 04371 - 3191
Fax 04371 - 879029

volker.fleth@t-online.de
www.ferienhof-augustenhoehe.de

Ruhe und Entspannung für jedermann

allein … zu zweit … die ganze Familie …

Im Osten der Insel Fehmarn finden Sie unseren Ferienhof in ca. 1000 m Entfernung vom Naturstrand.
Wir bieten Ihnen in ruhiger Lage zu jeder Jahreszeit einen erholsamen Aufenthalt in entspannter Atmosphäre für Familien, Jung und Alt.
Auf unserem großzügigen Gelände bieten wir Ihnen komfortable Ferienwohnungen in verschiedenen Objekten mit Terrasse, Balkon oder Garten.
Ausgestattet sind unsere Wohnungen wie folgt:
- komplett ausgestattete Küchenzeile (Backofen, Geschirrspüler, Mikrowelle, …)
- Sat-TV
- DVD
- Stereoanlage
- Bettwäsche und Handtücher im Preis enthalten

Auf unserem Hof finden Sie des Weiteren:
- unser Allee-Café in der umgebauten Hofscheune
- Spielscheune mit Kicker, Trampolin, Tischtennis usw.
- einen großen Kinderspielplatz
- Gokarts
- Ponys
- Streicheltiere
- Hauswirtschaftsraum mit Waschmaschine, Trockner, Bügeleisen usw.
- einen Fitnessraum
- Solarium
- Gastpferdeboxen
- und vieles andere mehr

Wir bieten Ihnen auch einen Brötchen- und Getränkeservice, für die Kleinen stellen wir Ihnen gerne eine entsprechende Kleinkindausstattung wie Hochstuhl, Kinderbett usw. zur Verfügung.
Auch Haustiere sind bei uns gern gesehene Gäste.

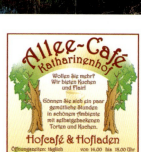

Anzahl	Art	qm	Personen	Preis
12	FeWo	45-100	1-6	ab 47,00 €

262371_1 F***/****

Schleswig-Holstein
5 Insel Fehmarn

Ferienhof Haltermann****

Haltermann, Christian
Hauptstr. 32
23769 Fehmarn,
OT Petersdorf
Tel. 04372 - 99790
Fax 04372 - 997922
info@ferienhof-haltermann.de
www.ferienhof-haltermann.de

Hof im Ort, 10 Ferienwohnungen und 3 Ferienhäuser, Saison-Ermäßigung, Kinderbetten, Telefon, TV, Waschmaschine, Trockner, Spielplatz auf dem Rasen, Grillplätze, Liegewiese, TT, Hausprospekt, Nähe Vogelschutzgebiet, Spielscheune, WLAN.

Anzahl	Art	qm	Personen	Preis
10	FeWo	34-60	2-4	ab 35,00 €
3	FH	90-130	6-8	ab 80,00 €

241958_1   F****

Hof Seelust***
Hinz, Rixa
23769 Fehmarn,
OT Landkirchen
Tel. 04371 - 2423
Fax 04371 - 87093

ferienhof_seelust@t-online.de
www.ferienhof-seelust.de

Einzelhof in ruhiger Lage, 2 km zum Strand und Naturschutzgebiet.

Auf unserer großzügigen Hofanlage gibt es einen großen Garten, eine Liegewiese mit Grillplatz mit Laube, ein Fußballfeld, einen großen Kinderspielplatz, Trampolin, Seilbahn und Weiden für unsere Haustiere, wie z.B. Ponys, Schafe, Schweine, Kaninchen, Meerschweinchen und Enten.

In der Scheune ist ein Aufenthalts- und Spielraum (mit Darts, Billard, Tischfußball u. Tischtennis) sowie Sauna, Solarium und Fitnessraum sowie ein Strohtobeboden. Für Groß und Klein stehen Dinocars zur Verfügung!

Für Eltern eine Oase, für Kinder ein Paradies.

139275_1   F***/****

Anzahl	Art	qm	Personen	Preis
3	FeWo	40-70	2-6	ab 25,00 €

Bauernhof Höper****
Höper, Rixa und Jürn-Wulf
Westerdorf 5
23769 Fehmarn,
OT Puttgarden
Tel. 04371 - 2277
Fax 04371 - 87644
info@bauer-hoeper.de
www.bauer-hoeper.de

Liebe Gäste. In unserem großen Bauerngarten können Sie die Ruhe genießen u. den Alltag hinter sich lassen, während sich Ihre Kinder auf dem Spielplatz mit Trampolin, Gokarts usw. vergnügen, mit den Tieren (Ponys, Katzen, Hasen) spielen oder in der Strohscheune herumtollen. Brötchenservice, Hausprospekt.

Anzahl	Art	qm	Personen	Preis
2	FeWo	90	4-6	ab 39,00 €
2	FH	80	4	ab 45,00 €

256326_1   F***/****

Schleswig-Holstein
Insel Fehmarn

Insel-Urlaub auf dem Biohof

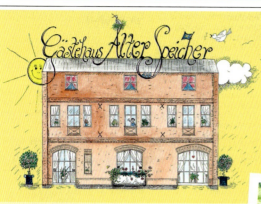

KINDERPARADIES

Spielscheune Ponys
Kinder- und Familienprogramm
Komfort-Ferienwohnungen
Kleinkindausstattung Bio-Hofladen
Top-Ausstattung Allergiker-freundlich
Internetzugang Grillabende
Strand in allen Himmelsrichtungen

Ferienhof Alter Speicher – Familie Albert
Ostermarkelsdorf 2 | 23769 Fehmarn
Tel. 0 43 71. 22 89 | Fax. 0 43 71. 46 00
ferienhof_albert@t-online.de
www.ferienhof-alterspeicher.de

213748

Urlaub und Genießen beim Biobauern

Alle im Reiseführer aufgeführten Betriebe sind anerkannte Biobetriebe. Viele Unterkünfte sind darüber hinaus mit dem DLG-Gütezeichen ausgezeichnet und garantieren so besonderen Urlaubskomfort.

12,90 €

Nutzen Sie die Bestellkarte auf der letzten Seite!

Schleswig-Holstein
5 Insel Fehmarn

262421_1   F***/****

Ferienhof***
Kähler, Birgit und Jörg
Schlagsdorf 20
23769 Fehmarn,
OT Schlagsdorf
Tel. 04372 - 991354
Fax 04372 - 991355

info@ferienhof-kaehler-fehmarn.de
www.ferienhof-kaehler.de

3 Ferienwohnungen und 1 Ferienhaus**** im Landhausstil mit Kaminofen und Terrasse, herrlich große Gartenanlage, Waschmaschine, Trockner, Sat-TV, Spülmaschine, Fahrräder, 2,5 km zum Strand, Hausprospekt.

Anzahl	Art	qm	Personen	Preis
3	FeWo	55-70	4-5	ab 35,00 €
1	FH	100	5	ab 35,00 €

76982_1   F***

Kleingarn, Ferienhof***
Meeschendorf 15
23769 Fehmarn,
OT Meeschendorf
Tel. 04371 - 3103
Fax 04371 - 87543

ferienhof_kleingarn@t-online.de
www.ferienhof-kleingarn.de

Erleben Sie erholsame Ferientage mit Kindern auf unserem Hof, genießen Sie die Ruhe der Vor- oder Nachsaison.

Ponys zum Reiten, Ziegen, Katze, Enten, gr. Spiel- und Grillplatz, Trampolin, Tischtennis, Sauna, Solarium, WM und Trockner, Hausprospekt.

Urlaub auf dem Land, nah am Strand!

Anzahl	Art	qm	Personen	Preis
9	FeWo	32-58		ab 30,00 €
2	FH	90-110	1-8	ab 55,00 €

356052_1   F****

Ferienbauernhof Lafrenz****
Lafrenz, Ulrike
Dorfstraße 30
23769 Fehmarn,
OT Klausdorf
Tel. 04371 - 879784
Fax 04371 - 87592

Bauernhof-Lafrenz@t-online.de
www.Bauernhof-Lafrenz.de

Erholungsurlaub auf dem Lande in Komfort-Ferien-Reihenhäusern. Unser Ferienbauernhof hat alles für Ihre Erholung vorbereitet. Spielwiese und -platz für alle, Grillabende, TT, Trampolin, Tiere zum Anfassen, Ponyreiten, Hofladen und Hofcafé. VS/NS. 1 km bis zum Strand. Sie sind uns ganzjährig herzlich willkommen!

Anzahl	Art	qm	Personen	Preis
2	FH	78-110	2-6	ab 55,00 €

Schleswig-Holstein
Insel Fehmarn 5

Urlaubsidylle auf dem Ferienbauernhof Liesenberg

Ferienbauernhof Liesenberg
Achim und Sonja Liesenberg
Katharinenhof 14
23769 Fehmarn
E-Mail: Liesenberg@t-online.de
www.liesenberg-katharinenhof.de
Tel.: (0 43 71) 50 23 80
Fax: (0 43 71) 50 31 38

4 Sterne Tin-Klassifizierung

Das Ferienparadies für den erholsamen Urlaub für die ganze Familie.
Direkt an der Ostsee auf dem ehemaligen Gutshof, dem Ferienbauernhof Liesenberg.
Komfortable Ferienhäuser und Ferienwohnungen mit viel Liebe im Landhausstil eingerichtet.
• von 55 bis 90 qm, für 2 bis 6 Personen

Traumhafter Seeblick vom Hof
Eig. Privatweg zum nur 300 m entfernten Naturbadestrand.
Dieses Ambiente bieten wir Ihnen auf unserem vollbewirtschafteten Ackerbaubetrieb und Ferienbauernhof mit Seeblick an!

Bauernhaus Badestrand

Der kinderliebe Familienurlaub direkt an der Ostsee mit Seeblick!

Jagdreihenhäuser Ferienreihenhäuser „Obstwiesen" Backhaus Försterhaus

Spaß für die Kinder – Erholung für Eltern und Großeltern!

Gepflegte ehemalige Gutshofanlage mit großem parkähnlichen Garten, Liegewiese, mit Liegestühlen, Kamingrill, Gartenpavillon für Grillabende, große Spielscheune mit Trampolin u. Spielboden, Tischtennis, Sandkiste+Buddelberg zum Toben, Bolzplatz, Korbball, Kinderspielzeug, Trampolin, Go-Carts, diverse Kinderfahrzeuge, Seilbahn, drei Ponys zum Reiten und viele Hof- und Streicheltiere.

Auch für die praktischen Dinge ist gesorg, insbesondere für unsere „kleinen" Kinder. Sie finden bei uns einen Wirtschaftsraum mit Waschmaschine, Trockner, Bügeleisen/-brett, Kinderbetten, Hochstühle, Wickelauflagen, Babybadewannen, Schutzgitter für die Türen und Treppen und diverses Baby- und Kinderzubehör.

Herzlich Willkommen – wir freuen uns auf Sie!

Weitere tolle und eindrucksvolle Informationen sowie Saisonzeiten und Preise finden Sie unter:
www.liesenberg-katharinenhof.de
Sie dürfen uns auch gerne anrufen, wir senden Ihnen unseren Hausprospekt zu.

Schleswig-Holstein
5 Insel Fehmarn

Ferienhof Lüders-Köneke***
Lüders-Köneke, Marianne
Dorfstr. 5
23769 Fehmarn, OT Klausdorf
Tel. 04371 - 6164
Fax 04371 - 9576
ferien@lueders-koeneke.de
www.lueders-koeneke.de

Ruhige idyllische Dorflage an der Ostküste der Insel mit Naturstrand und Steilküste. Großer Garten, Liegewiese mit Strandkörben, diverse Spielgeräte, u. a. Trampolin, Scheune zum Spielen mit Kinderfahrzeugen und TT etc., einige Fahrräder, Angeln, Pavillon, Grill, Streicheltiere, Pony. Ab 2010 Komfort-Ferienhäuser!

Anzahl	Art	qm	Personen	Preis
4	FeWo	35-65	1-4	ab 34,00 €
3	Zi.	16-25	1-2	ab 20,00 €

238037_1 F****P***

Landhaus Marquardt****
Thies und Juliane Marquardt
Teschendorf 27
23769 Fehmarn,
OT Teschendorf
Tel. 04371 - 2223
Fax 04371 - 9042

landhaus-marquardt@t-online.de
www.landhaus-marquardt.de

Wir heißen Sie herzlich willkommen auf unserem ruhig gelegenen Bauernhof. Bei uns wohnen Sie in gemütlichen Komfortferienwohnungen und -ferienhäusern für 2-7 Pers., 44,- bis 96,- €, Sat-TV, z. T. Geschirrspüler, Bettwäsche und Handtücher inklusive, Waschmaschine, Trockner.
Für weiteres Wohlbefinden bieten wir Ihnen und Ihrer Familie Sauna, Solarium, gemütliche Grillabende im Sommer und Speicherfeste im Frühjahr und Herbst, Aufenthaltsraum mit Büchern und Spielen, Fahrrad- und Brötchenservice, großzügige Gartenanlage, Bolzplatz, Spielplatz, TT, Gokarts, Kinderblockhaus, Trampolin, Tischfußball, WLAN, Babyausstattung u. v. m.
An unseren Schafen, Hühnern, Kaninchen und dem Pony erfreuen sich die Kinder. Außerdem bieten wir unseren Gästen ein Ruderboot auf dem Dorfteich, Jagdmöglichkeit und Frühstück auf Wunsch an.
Wir sind ein landwirtschaftlicher Vollerwerbsbetrieb mit Ackerbau. Gern schicken wir Ihnen unseren Hausprospekt.

Anzahl	Art	qm	Personen	Preis
7	FeWo	45-70	2-4	ab 44,00 €
4	FH	85	2-4	ab 69,00 €

218448_1 F***/****

***Mau, Brigitte
Dorfstr. 1
23769 Fehmarn,
OT Klausdorf
Tel. 04371 - 86190
Fax 04371 - 861999
info@ferienbauernhof-mau.de
www.ferienbauernhof-mau.de

Hof am Ortsrand, 7 Ferienhäuser, auf Wunsch Frühstück (Vollwertkost, selbst hergestellte Produkte), Kinderbetten, Saison-Ermäßigung, TV, Waschmaschine, Trockner, Grillplatz, Ackerbaubetrieb, Schweine, Federvieh, Pony, großer Garten mit Gartenlaube und Spielgeräten.

Anzahl	Art	qm	Personen	Preis
7	FH	82	2-5	ab 55 €

76995_1 F***

Schleswig-Holstein
Insel Fehmarn 5

Kämmererhof****
Fam. Micheel-Sprenger
Gammendorf Nr. 70
23769 Fehmarn,
OT Gammendorf
Tel. 04371 - 3248
Fax 04371 - 87819

micheel-sprenger@web.de
www.kaemmererhof.de

Ferienhof mit großer Gartenanlage am Ortsrand, 4 komf. Appartements mit je 2 Schlafräumen, Wohnraum, 2 Bäder, Sat-TV und eigener Südterrasse. Am Hof großer Spielplatz, Trampolin, Spielscheune, Streicheltiere, Ponyreiten, Waschmaschine, Trockner, Hausprospekt.

Anzahl	Art	qm	Personen	Preis
4	FeWo	70	2-5	ab 55,00 €

27189_1 F****

Ferienhof Muhl***
Edgar und Katja Muhl
Dörpstraat 11
23769 Fehmarn, OT Wulfen
Tel. 04371 - 87000
Fax 04371 - 87100

www.fehmarnferien-muhl.de

Unsere großz., kinderfreundliche Ferienhofanlage liegt direkt am Golfplatz, Surfgebiet und in Strandnähe im Süden der Insel Fehmarn. Einkaufen im Ort, großer Spielpl., Sauna, Solar., Fitnessr., WM/TR, Ponyreiten, Aufenthaltsraum mit Billard, Darts, Tischtennis.

Anzahl	Art	qm	Personen	Preis
6	FH	75-130	4-8	ab 75,00 €
6	FeWo	28-65	2-5	ab 35,00 €

262449_1 F***/****

So geht's zu auf dem Bauernhof

Die Foto-Sachgeschichten zeigen, wie Landwirte mit riesigen Traktoren ihre Felder bearbeiten. Was Erdbeerbauern im Tunnel machen. Wie Kühe Milch geben. Und wie Schweine Strom machen ...

Ausgezeichnet von der Akademie für Kinder- und Jugendbuchliteratur

9,95 €

Ferkel, Schaf, Kartoffelernte. Mit spannenden Geschichten von Ferkeln, Schafen, dem Weinbauern über die Arbeit der Maschinenringe zum Kartoffel- und Rapsanbau.

9,95 €

Nutzen Sie die Bestellkarte auf der letzten Seite!

Schleswig-Holstein
5 Insel Fehmarn

Presener Deichkrone ★★★★

Familie Bernd und Dagmar Prange
Presen Nr. 21, 23769 Fehmarn, Tel. (0 43 71) 92 17
www.presener-deichkrone.de

Neue Fachwerkhäuser
mit komfortablen Ferienwohnungen zu je 85 qm

- 2 Schlafräume, 2 WC's, teilweise 2 Duschen
- Bettwäsche und Handtücher incl.
- Terrasse und Loggia
- Beheizbarer Aufenthaltsraum in der Fachwerkscheune mit Büchern + Spielen, Solarium
- Großzügige Gartenanlagen mit Strandkörben, Kamin, Grill, Pavillon
- Spielscheunen, Spielplätze, „Dinocars"
- Treckerfahrten und Ponyreiten
- Tiere für Kinder wie Katzen, Hühner, Zwergkaninchen, Islandpferde…

- Nur 300m zum Strand!
- Nichtraucherhäuser
- Alles für Ihr Kind!
- Auf Wunsch kochen wir für Sie!

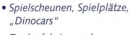

Wir bieten Meer!

Mehrfacher »Bundessieger für Familienferien« und DLG-Ferienhof des Jahres 2000 und 2003

Schleswig-Holstein
Insel Fehmarn 5

Ferienhof Rauert****
Rauert, Peter und Elisabeth
Dorfstraße 24
23769 Fehmarn, OT Puttgarden
Tel. 04371 - 3284
Fax 04371 - 869654

fehmarn@bauernhof-rauert.de
www.bauernhof-rauert.de

Hallo liebe Gäste!

Sie suchen einen familienfreundlichen Bauernhof für Jung und Alt? Dann kommen Sie doch mal zu uns ..., es wird Ihnen gefallen!

Exklusiv renovierte Bauernkate für 2-6 Pers. mit Kaminofen. Ferienhäuser und Ferienwohnungen mit Geschirrspüler, Sat-TV, 2 Schlafräumen, Terrasse, Waschmaschine/Trockner, Brötchenservice, Spielplatz, Grillabende, Ponys, Kaninchen, Heidschnucken, Rinder, Ziege. **Neue Spielscheune** mit TT, Badminton, Basketball, Reitbahn, toben und schlafen im Heu. Rufen Sie uns einfach mal an!
Hausprospekt. Auszeichnung: **Qualitätsgütezeichen SH, Qualitätsurlaub auf dem Bauernhof**

Neu: Wellnessoase mit Sauna, Solarium, Infrarotkabine und Aufenthaltsraum

Anzahl	Art	qm	Personen	Preis
5	FH	65-110	2-6	ab 48,00 €
3	FeWo	45-70	2-4	ab 45,00 €

241386_1   F***/****

Bauernhof Riessen
Klausdorf, Dorfstr. 12
23769 Fehmarn
Tel.: 04371 - 32 95
Fax: 04371 - 92 56
bauernhof-riessen@t-online.de
bauernhof-riessen.de

Freiraum für tolle Ferien!

FeWo und FH mit Komfort
für 2 bis 8 Pers., 39 - 120 qm
z.T. mit Kaminofen.

- Inkl. sämtl. Nebenkosten wie Bettwäsche, Handtücher u.s.w.
- Ganzjährige Vermietung.
- Ausführlicher Hausprospekt.

Urlaubserlebnis und tolle Ferien
für die ganze Familie bieten wir Ihnen auf unserem Bauernhof mit Tierhaltung. Für uns heißt das:

- Atmosphäre erleben
- Sich austoben dürfen
- Großzüg. Spielplatz + Trampolin
- Freizeitscheune
- Spielen im Stroh
- Viel Platz für Groß & Klein
- Ruhe finden
- Frühstück- u. Brötchenservice

Je nach Wind und Wetter veranstalten wir:

- Ponyreiten / Ponyreitunterricht
- Reitbahn - drinnen + draußen -
- Viele Tiere sowieso...
- Gesellige Abende

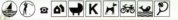

105933_5

Immer was los - nette Leute kennen lernen!

Schleswig-Holstein
5 Insel Fehmarn

***Schmidt, Marion
Ferienhof
Westermarkelsdorf Nr. 23
23769 Fehmarn,
OT Westermakelsdorf
Tel. 04372 - 405
Fax 04372 - 1476

fehmann-ferienhof@t-online.de
www.fehmarn-ferienhof.de

Ruhiger kinderfreundl. Ferienhof, Ackerbaubetr. mit 4 sehr komfortabel eingerichteten FeWo. Sep. Schlafzimmer, Dusche/WC, mod. Küchenzeile, Geschirrsp., MW, Tel., CD-Player. Viele Rasenflächen z. Erholung u. Spielen, Blockhaus als Aufenthaltsr., Kinderspielpl., Grill, Brötchenservice, 500 m zum Naturstrand, keine Haustiere.

Anzahl	Art	qm	Personen	Preis
4	FeWo	60-95	2-8	ab 45,00 €

77021_1   F***

Hedy Sporleder
Meeschendorf 37
23769 Fehmarn
www.ferienhof-sporleder.de
info@ferienhof-sporleder.de
Tel: 04371/9584 Fax: 04371/864744

Unsere komft.****-Ferienwohnungen (DTV-Klassifiz.) verfügen alle über Südterrassen oder –balkone mit traumhaften Ostseeblick. Die moderne Ausstattung lässt keine Wünsche offen.
Unser großer Garten mit Spielgeräten und Sitzgruppen lädt zum Verweilen ein.
Der kinderfreundliche Südstrand ist nur 1km vom Hof entfernt.

* Kleinkinderausst., Waschmaschine, Trockner
* Brötchen- und Wäscheservice
* Ponys, Kaninchen, Hühner, Enten, Hängebauchschweine u.v.m.
* Trampoline, Go-Carts, Seilbahn, Bolzplatz, Spielscheune

Lust auf einen erholsamen Urlaub?

Rufen Sie an, wir freuen uns auf Sie!

226267_5

Qualitätsgütezeichen
Schleswig-Holstein

Bes. geeignet für Reisende mit Kindern

Gütezeichen „Urlaub auf dem Bauernhof"

Genießer-Urlaub

Genuss, Qualität und Frische gepaart mit frischer Landluft und herzlichen Menschen, das ist es, was Sie mit diesem Reiseführer kennen lernen.

12,90 €

Nutzen Sie die Bestellkarte auf der letzten Seite!

Schleswig-Holstein
Insel Fehmarn 5

Landhaus Voss

toben • spielen • Spaß haben • nah zum Strand • Kaninchen streicheln • viel Platz für Euch

**** Ferienwohnungen

Herzlich Willkommen!
Familie Voss • Staberdorf • Dörpstraat 46 • 23769 Fehmarn
Tel. 04371-95 08 • Fax 04371-95 44 • www.landhaus-voss.de

229184

Bauernhof Weilandt**
Weiland, Hermann und Dörte
Dorfstr. 24
23769 Fehmarn,
OT Bojendorf
Tel. 04372 - 228
Fax 04372 - 1817
weiland-bojendorf@t-online.de
www.weiland-bojendorf.de

Willkommen auf unserem strandnahen Bauernhof! Wir bieten: Ponyreiten, Streicheltiere sowie eine große Spielwiese mit Trampolin und Fußballtoren, Gemeinschaftsterrasse mit Grill und Strandkorb, Brötchenservice, 5 Wohnungen mit eigener Terrasse, Kaminofen, Sat-TV, zum Teil Internet, **Hausprospekt.**

Anzahl	Art	qm	Personen	Preis
7	FeWo	43-80	2-5	ab 45,00 €

226262_1 F***/****

Ferienhof Weilandt**
Georg und Wiebke Weilandt
Haus 15
23769 Fehmarn, OT Presen
Tel. 04371 - 2915
Fax 04371 - 879851
info@presen.de
www.presen.de

Da, wo der Urlaub am schönsten ist ... 400 m zum Strand.
Komf. FH/FeWo m. 1-3 Schlafr., Wohnr. mit Küche (Spülm.), Bad, teilw. Kaminofen, Balk. o. Terrasse, inkl. Bettwäsche, Handtücher, Endreinigung. Ponyreiten, Tiere, Treckerf., Trampolin, Spielpl., Dinocars, Spielr., Reitplatz, Brötchenservice, Hausprospekt.

Anzahl	Art	qm	Personen	Preis
4	FeWo	55-85	1-5	35,00-110,00 €
2	FH	70-75	2-5	60,00-120,00 €

262203_1 F****/*****

83

Schleswig-Holstein

5 **Insel Fehmarn**
6 **Holsteinische Schweiz**

299361_1   F***/****

Ferienhof Wendel****
Wendel, Klaus
Blischendorf Haus 7
23769 Fehmarn,
OT Blieschendorf
Tel. 04371 - 6747
Fax 04371 - 87373

urlaub@klauswendel.de
www.klauswendel.de

Unser Ferienhof liegt etwa 3 km entfernt von der Stadt Burg auf Fehmarn, im idyllischen Örtchen Blieschendorf. Vom Naturstrand sind wir ca. 1,5 km entfernt, am Wulfener Binnensee befindet sich unser privates Seegrundstück, das bei Surfern jeder Könnerstufe besonders beliebt ist. Wir bieten Ihnen gemütlich eingerichtete Komfort-Ferienhäuser und Wohnungen, alle sind mit WLAN ausgestattet. Zwei große Spielplätze u. a. mit einem 5 x 6 m großen Hüpfkissen, die Spielscheune, der Bolzplatz und der Aufenthaltsraum mit Billard, Kicker, Flipper, Airhockey, Darts, Holzeisenbahn u. v. m. laden zum Spielen und Verweilen nicht nur kleiner Gäste ein. Wer mag, kann sich in der hauseigenen Sauna und dem Solarium entspannen oder das Umland mit dem Fahrrad erkunden. Auf unserem Hof leben Katzen, Kaninchen, Meerschweinchen, Esel, Schafe, Enten, Gänse und Hühner. Direkt nebenan kann man Ponys und Pferde zum gemeinsamen Ausritt ausleihen. Das Restaurant-Café-Hofboutique „Hoffmanns" befindet sich in unserer Nachbarschaft und verheißt kulinarische Genüsse im stilvollen Ambiente.
Regelmäßig veranstalten wir gemütliche Grillabende. Noch vieles mehr können wir über unseren Hof und die Insel Fehmarn erzählen, aber nichts ist so überzeugend wie der persönliche Eindruck.
Wir freuen uns auf Ihren Besuch!

Anzahl	Art	qm	Personen	Preis
14	FeWo	35-75	2-4	ab 32,00 €
5	FH	85-100	2-6	ab 40,00 €

Bad Malente
🚻 20 km 🚂 5 km

Malente … wohl fühlen und aktiv sein. Der anerkannte heilklimatische Kurort sorgt für Entspannung, Sport und Gaumenfreuden. Wasseraktivitäten noch und nöcher erwarten Sie in der traumhaften Natur - Rudern, Paddeln und alles rund ums Kneipp-Heilbad (medizinisches Fachpersonal). Wassergymnastik und Aquajogging ergänzen Sauna und Solarium. Schwimmen Sie im Freibad am Dieksee, machen Sie die 5-Seen-Tour! Reiten, Kutschfahrt, Schloss, Trimm-dich-Pfad, Freizeit-/Wildpark.

Infos unter: Tourismus-Service Malente
Tel. 04523 - 98990 oder www.bad-malente.de

214965_6   F****

INGENHOF****
Engel, Wolfgang und Renate
Dorfstr. 19
23714 Bad Malente,
OT Malkwitz
Tel. 04523 - 2306
Fax 04523 - 1415

urlaub@ingenhof.de
www.ingenhof.de

Eingebettet in die Holsteinische Schweiz liegt unser Erdbeerhof. Kinderfreundlich, allergikergerechte Ferienwohnungen, Geschirrspüler, sonnige SW-Terrasse, Sauna, Solarium, Ponyreiten, viele Tiere, Angelsee mit Boot, Spielplatz, weitläufige Park- und Hofanlage, Grillpavillon, Kräuterbeet. Ostseenah.

Anzahl	Art	qm	Personen	Preis
7	FeWo	70-80	2-6	ab 55,00 €

Schleswig-Holstein
6 Holsteinische Schweiz

Hof Neversfelde
Urlaub auf dem Bauernhof für die ganze Familie

Mitten in der Holsteinischen Schweiz mit Panoramablick in die anmutige Hügellandschaft der Seen und Knicks, abseits der Straße, liegt unser Hof Neversfelde mit einem reetgedeckten Bauernhaus.

Bauernhofgeborgenheit: gemütliche 4-Sterne-Wohnungen 50 -70 qm für 2-5 Pers. • ebenerdig mit direktem Zugang zum parkähnlichen Garten • Sauna mit Aufenthaltsraum • Waschmaschine mit Trockenraum • Kleinkindausstattung • täglicher Brötchenservice **Bauernhoffreunde:** Haflinger putzen • Reitplatz oder Ausritt in die Landschaft • Rinder, Ziegen und Schafe füttern • Gänse hüten • Kaninchen, Hunde & Katzen streicheln • frische Eier sammeln **Bauernhofglück:** große Spiel- und Liegewiesen mit Rutschenturm, Wasserpumpe, Sandkasten & Schaukeln • Grillfeuer mit Stockbrot • Treckerfahren • Spielscheune zum Klettern & Toben • Kinderfuhrpark mit Go-Cart, Fahrrädern, Bollerwagen & Bobbycar • Tischtennis • Fußballkicker • Bauerngarten • familiäre Atmosphäre

**Herzlich Willkommen bei Familie Lenz • Grebiner Weg 6a • 23714 Bad Malente • Fon: 04523 / 4358
Fon: 04523 / 984618 • Email: hofneversfelde@t-online.de • Internet: www.hofneversfelde.de**

27182

Bosau

⌂ 20 km ⛟ 11 km

„Die Perle am Großen Plöner See", großer Plöner See 32 km² groß, vielfältige Seenlandschaft, Anglerparadies, Naturschutzgebiet, Naturlehrpfad, ausgeschilderte Rad- und Wandertouren, naturbelassener Badestrand, Beachvolleyballplatz, Bootsfahrten, Segeln, Surfen, ayurvedische Massagen, Fußreflexmassagen, Glasbläserei, Maibaum aufstellen, Dorf- und Kinderfest, Beachparty.

Infos unter: Touristik-Information Bosau
Tel. 04527 - 97044 oder www.luftkurort-bosau.de

Achtung! Bauernhof!

Das große Spielbuch vom Bauernhof. Hier darf geklappt, gedreht, geschoben und gefühlt werden. Und die Ausklappseite bietet einen Überblick über den gesamten Bauernhof.

Ab 2 Jahren, 14 Seiten **14,95 €**

Nutzen Sie die Bestellkarte auf der letzten Seite!

Schleswig-Holstein
Holsteinische Schweiz 6

Hof Brooks****
Brooks, Christel
Helmoldplatz 1
23715 Bosau
Tel. 04527 - 271
Fax 04527 - 1877

urlaub@hof-brooks.de
www.hof-brooks.de

Genießen Sie die romantische Atmosphäre unseres reetgedeckten Bauernhauses unter alten Linden.
Großzügige Komfort-Ferienwohnungen mit geschmackvoller 4- und 5-Sterne-Ausstattung im Reetdachbauernhaus und im Gästehaus, 70 bis 110 qm, für zwei bis sechs Personen, Wohnzimmer, Küche, zwei bis drei Schlafzimmer, z.T. mit zwei Bädern und Gäste-WC, Telefon, TV, Geschirrspüler, Kinderausstattung.

Weiträumige Hof- und Gartenanlage mit 7 ha Grünfläche, Spielwiese, Feuerstelle und Seeufer mit Ruderboot am Großen Plöner See.

Kleine und große Ponys, Federvieh, Heidschnucken, Kaninchen. Bettwäsche und Handtücher, Gemeinschaftswaschmaschine und Trockner, Frühstück für FeWo möglich.

Am Ort: Gaststätten, Einkaufen, Arzt, Sandstrand, Wassersport, Golfplatz, Nordic Walking.

182145_1   F****/*****

Anzahl	Art	qm	Personen	Preis
6	FeWo	70-110	2-6	ab 55,00 €

Hof am See****
Meier, Enno
Helmoldplatz 5
23715 Bosau
Tel. 04527 - 284
Fax 04527 - 1880

info@hof-am-see.de
www.hof-am-see.de

Hof in ruhiger, 2 ha großer Direktlage am Großen Plöner See.

Ackerbau, Ponys, Hühner, Kaninchen, Angeln (1 Schein pro WE kostenlos).

Nordic Walking, Golfen (4 km), Ponyreiten, reitpädagogische BETREUUNG möglich, Reitplatz, Paddock, Gastbox für Ihr Pferd/Pony auf Anfrage möglich.

Gepflegte Ferienwohnungen und Ferienhäuser, Kinderbetten, SE, TV, DVD-Player, CD-Player, Telefon, Waschmaschine/Trockner, Geschirrspüler, Bettwäsche.

Eigener Bootssteg, Gastplätze für Segelboote, Ruderboote, Badesteg, Tischtennis, Bolzplatz, Spielgeräte, Kinder-Fahrzeuge, Kicker, Trampolin.

Im Ort: Gaststätten, Bäcker, Arzt, Veranstaltungen.

27187_1   F****

Anzahl	Art	qm	Personen	Preis
5	FeWo	64-78	2-6	ab 65,00 €
4	FH	62-68	2-5	ab 65,00 €

Schleswig-Holstein
6 Holsteinische Schweiz

Bösdorf

Bösdorf ist ideal für Erholungs- und Ruhesuchende und liegt an den schönsten Seen Schleswig-Holsteins, z. B. Großen Plöner See, für Wassersportbegeisterte einmalig. Aber auch Freunde ruhigerer Sportarten wie Golf, Radfahren oder Wandern finden in der herrlichen Landschaft umfassende Möglichkeiten, sich zu betätigen. Die Nähe zur Ostsee sowie zur Landeshauptstadt Kiel runden das Bild dieses herrlichen Fleckchens Erde ab. Wir freuen uns, Sie alsbald im Herzen der Holsteinischen Schweiz begrüßen zu dürfen.

Infos unter: Gemeinde Bösdorf
Tel. 04522 - 8114 oder www.boesdorf-holstein.de

Hof Augstfelde am See****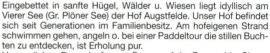
Siemen-Westphal, Maria
Hof Augstfelde 1
24306 Bösdorf,
OT Augstfelde am See
Tel. 04522 - 9484
Fax 04522 - 800200

info@hof-augstfelde.de
www.hof-augstfelde.de

Eingebettet in sanfte Hügel, Wälder u. Wiesen liegt idyllisch am Vierer See (Gr. Plöner See) der Hof Augstfelde. Unser Hof befindet sich seit Generationen in Familienbesitz. Am hofeigenen Strand schwimmen gehen, angeln o. bei einer Paddeltour die stillen Buchten zu entdecken, ist Erholung pur.
Unsere lieben Ponys laufen am See o. auf der Ponyweide. Sie erfreuen die Jüngsten und die Fortgeschrittenen mit ihrer Zuverlässigkeit, Geduld und Dynamik.
Die große Fachwerkscheune ist der Anlaufpunkt für viele Hofaktivitäten, z. B. Kaninchen u. Katzen füttern, TT, Billard u. Kicker spielen oder nachschauen, ob die Hühner wieder Eier gelegt haben. Stockbrotbacken, das gemeinsame Büfett genießen und am knisternden Lagerfeuer sitzen, runden unser Hofangebot ab. In Blickweite des Hofes liegt der herrliche 18-Loch-Golfplatz „Gut Waldshagen".
Wohnen unterm Reetdach oder im zentralen Gästehaus: Die freundlichen u. persönlichen Ferienwohnungen sind zwischen 40 und 60 qm groß und bieten für 2-5 Personen Platz. WLAN.
Einige Fahrräder, Trampolin, Waschmaschine, Trockner und Sauna stehen zur Verfügung.

Anzahl	Art	qm	Personen	Preis
6	FeWo	40-65	2-5	ab 59,00 €

77027_1   F***/****

Bothkamp
⛨ 15 km 🚉 7 km

Die Gemeinde Bothkamp hat 314 Einwohner, die sich 1375 ha teilen. Ein Zehntel der Fläche besteht aus Gewässer. In Mulden und Tälern liegen kleine Seen, Bäche und Moore. Im Gebiet können Sie die Dröge Eider erkunden, die Jungmoränenlandschaft durchstreifen und sich am Bothkamper See frische Luft um die Nase wehen lassen - auch auf dem Pferd oder in der Kutsche. Ausflug: Ostsee 30 Automin.; nach Kiel können Sie sogar radeln, bis zur Landeshauptstadt sind es nur 10 km.

Infos unter: Gemeinde Bothkamp
Tel. 04302 - 214 oder www.amtpreetzland.de

Schleswig-Holstein
Holsteinische Schweiz 6

****Himmel, Hanne
Dosenbek 8
24250 Bothkamp,
OT Dosenbek
Tel. 04302 - 683
Fax 04302 - 683

hannehimmel@t-online.de
www.hannehimmel.de

Neues Ferienhaus u. 3 Ferienwohnungen, ebenerdig eig. Terrasse, gr. Rasenfläche, gr. Aufenthaltsraum, Billard, eig. Kunstr.-/Quarzsand-Tennispl., Bouleplatz, Tel., TV, TT, SE, KB, WM/Trocknerben., Kühe auf der Weide, Kaninchen, Enten, Hühner, Teich, Naturlehrpfad 1 km, Golfplatz 10 km, **Nähe Kiel/Neumünster/Plön.**

Anzahl	Art	qm	Personen	Preis
2	FeWo	32-63	1-4	ab 46,00 €
1	FH	140	1-6	ab 95,00 €
1	Zi		1-2	ab 46,00 €

218674_1   F****/*****P****

Eutin
15 km Eutin-Bahnstation

Eutin liegt inmitten der sanften Hügel-, Wald- und Seenlandschaft des Naturparks Holsteinische Schweiz. Zu Fuß, per Rad, im Kanu oder Ausflugsboot können Sie die Natur hautnah erleben. „Weimar des Nordens" wird Eutin außerdem liebevoll genannt, da hier im ausgehenden 18. Jahrhundert am kleinen Hofe große Denker weilten - z. B. wurde der Komponist Carl Maria v. Weber hier geboren. Die Atmosphäre jener Zeit können Sie heute noch zwischen Schloss, Marktplatz und Mühle nachempfinden.

Infos unter: Tourist-Info Eutin
Tel. 0 45 21 - 70 97-0 oder www.eutin.de

Prämierter Genuss
DLG-Wein-Guide · DLG-Bio-Guide

Entdecken Sie Weingüter und ihre Weine und begeben Sie sich auf eine Weinreise durch Deutschland. Mit den aktuellen Testergebnissen der DLG-Wein-Prämierung und den Adressen der prämierten Winzer!

9,90 €

Der vorliegende DLG-Bio-Guide 2009 präsentiert Vorzeigebetriebe der Bio-Szene. Darunter sind Pioniere der Anfangsphase, innovative Neueinsteiger, Querköpfe mit weltanschaulichen Grundsätzen, Idealisten oder traditionsreiche Klosterbetriebe.

9,90 €

Nutzen Sie die Bestellkarte auf der letzten Seite!

Schleswig-Holstein
6 Holsteinische Schweiz

Ferien bei...
FAMILIE DAMLOS

Familie Damlos Eutiner Strasse 10 23701 Eutin-Sielbeck

Telefon 0 45 21 | 77 69 40
Telefax 0 45 21 | 77 69 50

www.ferienhof-damlos.de ferienhof-damlos@t-online.de
Fordern Sie unseren Hausprospekt an!

★★★★ Sterne-Ferienhof mit weitläufiger Garten und Hofanlage, inmitten der Holsteinischen Schweiz gelegen

- Komfortferienwohnungen für 2-6 Personen mit 2 Schlafzimmern und Sat-TV
- Terrasse oder Balkon
- Waschmaschine und Trockner befinden sich im Haus
- Handtücher und Bettwäsche
- Kleinkindaustattung stellen wir zur Verfügung
- Internetecke im Haus
- ganzjährig geöffnet
- Tiere zum Anfassen, wie: Rinder, Hühner, Flugenten, Ponys, Schafe, Kaninchen, Katzen, Meerschweinchen
- Spiele-Speicher
- Liegewiese, Spielplatz, Grill- und Bolzplatz befinden sich auf dem Hof
- wir veranstalten Ponyreiten, Traktorfahrten, Grillabende und Stockbrotbacken
- nur 50 m entfernt: Bootsfahrten, Badestelle am See, Kiosk und Restaurant

205490

Schleswig-Holstein
Holsteinische Schweiz 6

139323

Kaköhl
🍴 15 km 🚂 15 km

Natur pur - Sonne, Strand und Meer! Inmitten von Wald und Seen blühen die schönsten Rapsfelder im Mai und Juni. Am Strand befindet sich eine Surf- und Segelschule, das Ausleihen von Tretbooten ist mögl. Erlebnisbad Weißenhaus, Eutiner Festspiele, Karl-May-Spiele am Kalkberg. Zoos und Tierparks. Auf Rad- und Wanderwegen durchzieht der Reisende die hügelige Landschaft, während der Magen sich auf die Einkehr freut - besonders, wenn Spargelwochen und Heringswochen sind!

Infos unter: Kurverwaltung Sehlendorf
Tel. 04382 - 92234 oder www.sehlendorfer-strand.de oder www.feriengemeinde-blekendorf.de

****Maßmann,
Karl und Kathrin
Sandweg 8
24327 Kaköhl
Tel. 04382 - 249
Fax 04382 - 327

Hof.Massmann@t-online.de
www.Bauernhof-Massmann.de

Hof am Ortsrand, Hausprospekt, Saison-Ermäßigung, Kinderbetten, Waschmaschine, TV, Grillplatz, Gokarts und Trampolin für Kinder, Direktvermarktung, Hofladen, Ackerbau, Grünland, Schweine, Kaninchen, Esel, Federvieh, Mitarbeit möglich.

Anzahl	Art	qm	Personen	Preis
2	FeWo	45-55	2-5	ab 45,00 €
1	FH		2-4	ab 60,00 €

219677_1   F***/****/*****

Schönböken
🍴 1,5 km 🚂 14 km

Urlaub auf dem Land zwischen Nordsee und Ostsee. Die reizvolle Landschaft weist eine Kette idyllischer Seen auf. Auf zum Baden, Wandern, Radfahren umgeben von knickumsäumten Feldern und wildreichen Wäldern. In der näheren Umgebung: See-Naturstrände, Badestellen, Wassersport, Reiten, Beachball-Festspiele, Kräuterpark, Freizeit-/Wildpark. Karl-May-Spiele in Bad Segeberg, Schifffahrten, Naturpark-Haus in Plön. Verkehrsgünstig für Ausflüge an die Ostsee, Nordsee oder Kiel, Hamburg.

Infos unter: Fremdenverkehrsverein
Tel. 04326 - 2233 oder www.wankendorfer-seengebiet.de

Schleswig-Holstein

6 Holsteinische Schweiz
7 Herzogtum Lauenburg

Ferienhof Lange**
Lange, Maren und Harald
Lindenallee 23
24601 Schönböken
Tel. 04323 - 7277
Fax 04323 - 804436

marenl1@aol.com
www.ferienhof-lange.de

Kinderfreundlicher Ferienhof, ideal zum Radfahren. Parterre-FeWo mit 2-3 sep. Schlafräumen. Sat-TV, Spülmaschine usw. Tiere, Spielscheune, Tischfußball, Bolzplatz, Kettcars und vieles mehr. Brötchenservice u. Begrüßungskuchen warten auf Sie. Testen Sie unser Angebot. Wir freuen uns auf Sie.

Anzahl	Art	qm	Personen	Preis
2	FeWo	65-75	2-5	ab 42,00 €
1	FH	95	4-6	ab 52,00 €

218443_1   F***/****

Schönwalde
🚶 12 km 🚆 12 km

Schönwalde liegt etwa 10 km nordöstlich von Eutin und 10 km nördlich von Neustadt in Holstein im Naturpark Holsteinische Schweiz. Das Amtsgebiet Ostholstein-Mitte, zu dem die Gemeinde gehört, grenzt an der östlichen Seite an die Ostsee und an der westlichen Seite an den Bungsberg, die höchste Erhebung Schleswig-Holsteins. Es gibt Frei- und Hallenbad, einen Freizeit- und Wildpark, Museen, Schloss. Bis zur Ostsee sind es 15 km.

Infos unter: Fremdenverkehrsverein
Tel. 04528 - 364 oder www.schoenwalde-ostsee.de

Ferienhof Boyens*
Hansühner Str. 10
23744 Schönwalde,
OT Mönchneversdorf
Tel. 04528 - 763
Fax 04528 - 9201

ferienhof.boyens@t-online.de
www.ferienhof-boyens.de

Kinderfreundl. Hof mit vielen Tieren, kostenl. Ponyreiten, Liegewiese, Spielplatz, Sommerlaube mit Kamin, Sauna, TT, WM/Trockner, Bettwäsche u. Handtücher, Grillabende, Lagerfeuer, Brötchenservice, Angelsee 1 km, viele Wälder u. Seen, Komfort-FeWo, alle mit 2 Schlafräumen, Sat-TV, z.T. Terrasse oder Balkon, EB-Küche.

Anzahl	Art	qm	Personen	Preis
3	FeWo	50-80	4-5	ab 45,00 €
3	FH	60-70	4-5	ab 45,00 €

76961_1   F**/***

Dargow
🚆 5 km

Wald und Wiesen satt - und die lauenburgischen Seen in der Umgebung. Gehen Sie im Schutzgebiet für z.B. Kranich und Schaalseegroß auf den Aussichtsturm und zum Salemer See und Moor. Nach dem Rudern, Segeln, Reiten oder Wandern besuchen Sie die Fischräucherei und im Dezember den Weihnachtsmarkt. Bootsvermietung und Badestellen sind vorhanden (bis ins Hallenbad 5 km). Für Ausflüge lohnen sich Lübeck, Hamburg und Ostseebäder.

Infos unter: Gemeinde Salem
Tel. 04541 - 858145 oder www.salem-dargow.de

Schleswig-Holstein
Herzogtum Lauenburg 7

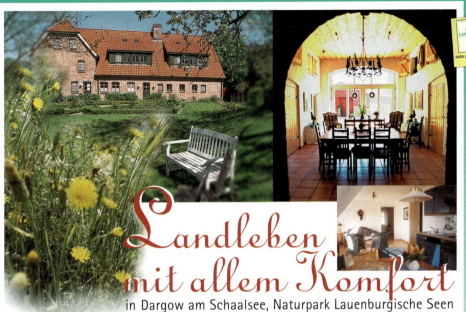

Landleben mit allem Komfort
in Dargow am Schaalsee, Naturpark Lauenburgische Seen

Im idyllischen Dörfchen Dargow, nahe zur See-Badestelle, bietet der SCHOPPENHOF geschmackvoll eingerichtete, komfortable Appartements und Ferienwohnungen für 2–8 Personen.
Herzstück des ehemaligen Bauernhauses, das liebevoll z. T. mit alten Materialien wiedererrichtet wurde, ist die großzügige Diele – ideal für gemütliche Plauder- oder Lesestunden, an kühlen Abenden vorm prasselnden Kamin.
Herrlich entspannen lässt es sich auch bei Sauna, Soft-Dampfbad, Solarium oder im Ruhe- und Fitnessraum. Direkt gegenüber dem Stammhaus bietet das Koppelhus zusätzlich fünf extra große Wohnungen mit bis zu 4 Schlafzimmern.
Große und kleine Gäste finden hier ein behagliches Zuhause.
Reiten auf kinderfreundlichen Ponys, Ziegen füttern, baden, auf hauseigenem Kanu oder Ruderboot den See erkunden, unter den Obstbäumen des üppigen Bauerngartens träumen ...

Zu erleben gibt es viel!
Sehenswerte Städte wie Mölln, Ratzeburg, Lübeck, Wismar, Schwerin laden zu Tagestouren; auch die Ostsee ist vom SCHOPPENHOF per PKW schnell zu erreichen.
Und die abwechslungsreiche, sanfte Hügellandschaft des Naturparks begeistert Naturfreunde, Angler, Wanderer, Radfahrer immer aufs Neue.
Ferien auf dem SCHOPPENHOF: Erwachsene finden hier die Erinnerung an Kinderglück – und Kinder ein Paradies ...

Tipp:
Von Nov.–März empfiehlt sich das Haus auch für Seminare und Gruppenreisen!
Fordern Sie unseren Hausprospekt an.
www.schoppenhof.de

236977_5

FERIEN IM SCHOPPEN HOF – FERIEN IM GLÜCK

Erich-Johann Schoppenhauer
Schaalseeufer 1, 23883 Dargow
Tel. 0 45 45 – 13 77 u. 0171 – 2174409
Fax 0 45 45 – 13 37
E-Mail: info@schoppenhof.de

Mecklenburg-Vorpommern

Auf Spurensuche

Reich an Wasser, Landschaften und Geschichten überrascht die Heimat Störtebekers Gäste immer aufs Neue mit ihrer reizvollen Vielfalt.

Mecklenburg-Vorpommern

Auf, am und im Wasser

Mecklenburg – Schwerin

Als eine Landschaft der Kontraste präsentiert sich die Ferienregion. Zu Fuß oder auf dem Fahrrad lassen sich die abwechslungsreichen Natur- und Kulturlandschaften zwischen Ostseeküste und Elbtalaue am besten erkunden. Auf den zahlreichen Wasserstraßen können Sie sich durch Wiesen und Wälder treiben lassen. Einblicke in die abwechslungsreiche Tier- und Pflanzenwelt der Region eröffnen Ihnen das Biosphären-Reservat „Schaalsee" und der Naturpark „Elbetal".

Urbane Reize verspricht die Landeshauptstadt Schwerin. Als Einkaufsparadies lädt sie zu einem Bummel durch die liebevoll restaurierten Gassen ein.

Blick ins Land

Rügen

Schon vor über 100 Jahren zog es Kurgäste und Badehungrige nach Rügen. Die größte Insel Deutschlands bietet Erholungssuchenden ein vielfältiges Angebot. Die Seebäder der Insel entführen Sie in die vornehmen Zeiten der Belle Époque. Fischerdörfer, Steilküsten aus schneeweißer Kreide und Strände mit feinem Sand beeindrucken mit ihrem natürlichen Charme. Hünengräber und Jahrhunderte alte Leuchttürme erzählen von der langen Geschichte der Insel, die sich auf einem gut ausgebauten Netz von Wander- und Radwegen erkunden lässt. Die majestätischen Kreidefelsen der Stubbenkammer und die Feuersteinfelder bei Mukran, der schmalspurige „Rasende Roland" und das malerische Jagdschloss Granitz, das fürstliche Putbus und die riesigen Burgwälle dürfen natürlich als weitere Highlights in Ihrer Urlaubsplanung nicht fehlen.

Vorpommern

Die Wasserwelt Vorpommerns gehört zu den attraktivsten maritimen Feriengebieten. Breite Sandstrände, Naturstrände und versteckte Badebuchten mit Wiesen und Schilf säumen Strelasund, Bodden, Peenestrom und das Stettiner Haff. Hafenstädtchen und Fischerdörfer verbreiten maritime Romantik. Im Inland führen Sie zahlreiche Flüsse wie die Peene oder Uecker durch urige Wälder und geheimnisvolle Sümpfe. An Land prägen weite Alleen, alte Gutshäuser und Schlösser das Bild.

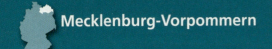

Mecklenburg-Vorpommern

Zauber der Stille

© C.-L. Köller

Feldberger Seenlandschaft

Der Fischotter ist das Wappentier des Parks Feldberger Seenlandschaft. Die Seen der Region, die durch die Eiszeit entstanden sind, stellen eine wichtige Lebensgrundlage für diese seltene Tierart dar. Eine weitere Attraktion sind die „Heiligen Hallen", Buchenstämme, die wie die Säulen einer Kirche in den Himmel streben. Weitgehend unberührt lässt der Wald erahnen, wie die Urwälder der Region einst aussahen.

Die Feldberger Seenlandschaft bildet mit dem brandenburgischen Naturpark Uckermärkische Seen eine Einheit. Beide zeigen die vollständige eiszeitliche Formenabfolge mit Grundmoräne, Endmoräne, Sander und Urstromtal. Die weiten Grundmoränenflächen im Norden des Naturparks werden heute vorwiegend landwirtschaftlich genutzt, da es sich um fruchtbare Böden handelt.

Natur

Infos erhalten Sie unter Tel. 03 98 31 / 27 00 oder www.feldberger-seenlandschaft.de

Als Wasserfreund können Sie in dem Park die unterschiedlichsten Seen erforschen und genießen. Dazu zählen viele Klarwasserseen, aber auch ungewöhnliche Seeformen. So lohnt ein Besuch des Schmale Luzins, der wegen seiner geringen Breite und dem bis zu 40 m hohen Steilufer eher einem Flusstal ähnelt.

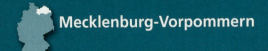

Mecklenburg-Vorpommern

Hhhm ... lecker

Süßes Gold

Als Freude des natürlichen Genusses sollten Sie Bekanntschaft mit dem „süßen Gold" aus Mecklenburg-Vorpommern schließen.
Honig ist wegen seiner Naturbelassenheit und der in ihm enthaltenen Wirkstoffe äußerst wertvoll. Die besonders schonende Handhabung des Honigs von der Ernte bis ins Glas macht ihn zu einem qualitativ hochwertigen regionalen Produkt. Dank des Blütenreichtums in Mecklenburg-Vorpommern werden neben den typischen Honigsorten je nach Nektar auch Spezialitäten angeboten. Zu ihnen zählt der Kornblumenhonig. Von Kennern geschätzt werden auch die regionalen Köstlichkeiten Honiglikör und Honigwein.

Genuss

Infos erhalten Sie unter Tel. 03 88 51 / 2 52 81 oder www.honig-mv.de oder www.bienen-neumann.de

Bienenmuseum

Im Bienenmuseum der ansässigen Schauimkerei Neumann erfahren Sie Wissenswertes über die Bienenzucht und ihre Geschichte.
Die Imker bieten Führungen und Verkostungen an, bei denen Sie Ihren Wissenshunger im Bienenmuseum, im Bienenweidegarten mit über 300 Bienennahrungspflanzen und in der Produktion stillen können.

Probieren und mitnehmen kann man die Honigerzeugnisse an zahlreichen Orten. Viele Hofläden und Imkereien verkaufen direkt, so zum Beispiel im Honighaus Bantin, im Landkreis Ludwigslust. Aber auch am Plauer Seekann können Sie sich den Urlaub mit Honig versüßen.

Mecklenburg-Vorpommern

Eintauchen & Wohlfühlen

Bernstein-Therme

Großzügig und farbenfroh präsentiert sich die Bade- und Saunalandschaft der Bernstein-Therme im Seebad Zinnowitz, die ganz an der Natur orientiert ist und die Faszination des Bernsteins widerspiegelt.

Das Angebot des 450 Quadratmeter großen Thermalbades bietet zahlreiche Möglichkeit, die Seele baumeln zu lassen und seinem Körper etwas Gutes zu tun. So sind die Innen- und Außenbecken mit heilsamer Sole angereichert. Die Wassertemperatur beträgt 32 °C.

Wellness

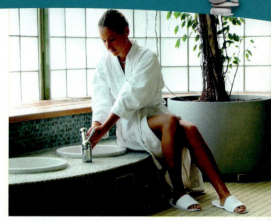

Infos erhalten Sie unter Tel. 03 83 77 / 3 55 00 oder www.bernsteintherme.de

Ein Highlight der Anlage ist der Geysir, der eine zehn Meter hohe Fontäne in die Höhe katapultiert. Sprudelbänke lockern Muskeln und sorgen für Entspannung. Kinder haben ihren Spaß im 28 °C warmen Meerwasserbad mit Nichtschwimmer- und Kinderbecken sowie dem Strömungsbecken.

Erholsam schwitzen können Sie in der abwechslungsreichen Saunalandschaft. Hier haben Sie die Wahl zwischen Farblichtsauna, finnischer Sauna, Sanarium, Hamam und Rasul.

Mecklenburg-Vorpommern

Erforscher

Schmetterlingspark Klütz

Schicken Sie Ihre Kinder auf Schmetterlingsexpedition. Der Schmetterlingspark Klütz eignet sich dafür bestens.
Die attraktiv gestaltete Anlage präsentiert Ihnen eine faszinierende Landschaft, in der Tausende tropische Schmetterlinge aus über hundert Arten zu sehen sind. Nicht nur die Fauna, auch die bunte Welt aus Palmen und Orchideen versetzt Sie in tropische Gefilde. Für Kinder besonders lehrreich ist, dass die Schmetterlinge in allen Lebensstadien zu betrachten sind. Vom Ei über die Raupe bis zum Schmetterling lernen junge und ältere Gäste die verschiedenen Stadien eines Schmetterlingslebens kennen.
An jedem Tag sind an die 600 lebende Schmetterlinge von 30 Arten im Schmetterlingshaus – kleine und große mit einer Spannweite von bis zu 32 cm.

Hits für Kids

der Lüfte

Die Schmetterlinge stammen aus Mittel- und Südamerika und aus Asien. Erstaunlich und für viele neu: die Geräusche, die Schmetterlinge machen können. Einige Exemplare sind überraschend laut. Nicht verpassen sollte man auch den eigens installierten Wasserfall. Der Besuch der Schmetterlinge lässt sich optimal mit einem Tag am Meer verbinden.

Infos
erhalten Sie unter
Tel. 03 88 25 / 26 39 87
oder
www.schmetterlings
garten.de

Mecklenburg-Vorpommern

Zwischen Riesenmuscheln

Muschelmuseum

Kinder gehören zu den eifrigsten Muschelsammlern. Im Muschelmuseum können sie die faszinierende Vielfalt aus allen Weltmeeren kennen lernen.
Es befindet sich direkt an der Seepromenade in Heringsdorf im oberen Bereich des Muschelbasars. Rund 3.000 Exponate lassen sich hier bestaunen.
In der abwechslungsreichen Ausstellung finden Sie aber nicht nur Muscheln, sondern auch andere Bewohner der maritimen Lebenswelten. Lassen Sie sich von der Farbenpracht und bizarren Formenvielfalt der Seesterne, Korallen oder Schnecken verzaubern. Ein weiterer Höhepunkt des Rundgangs durch das Muschelmuseum ist die Riesenmuschel. Mit 75 cm Breite und einem Gewicht von 95 kg präsentiert sie sich in einem Arrangement aus Seekiste, Muscheln und Fischernetz.

Hits für Kids

und Korallen

Infos erhalten Sie unter Tel. 03 83 77 / 3 58 31

Im Muschelbasar im Erdgeschoss können Sie anschließend Muscheln, Bernstein- und Korallenschmuck, Buddelschiffe und andere maritime Souvenirs erwerben.

Mecklenburg-Vorpommern

Steinerne Zeugen

Backsteinland

Backsteinkirchen, Bürgerhäuser und Stadtbefestigungen erzählen noch heute von der Geschichte Mecklenburg-Vorpommerns.

Ob per Rad, zu Fuß, mit dem Auto oder zu Wasser – die typische Backsteingotik der Region können Sie auf viele Arten kennen lernen. Bereisen Sie lebendiges Erbe des Mittelalters auf 12 Routen und erleben Sie Baukunst und ihre Geschichte von der Ostseeküste bis zur Seenplatte.

Kultur

Infos erhalten Sie unter www.auf-nach-mv.de

Eine Vielzahl von Sehenswürdigkeiten bietet zum Beispiel die Hansestadt Wismar. Über viele hundert Jahre blieb das Stadtbild nahezu unverändert. Drei himmelhohe Backsteinkathedralen prägen das Gesicht der Stadt. Seit 2002 gehört die Schatzkammer der Geschichte zum Welterbe der UNESCO. Vom Selbstbewusstsein der hanseatischen Kaufleute zeugt der riesige Marktplatz mit seinen restaurierten Gebäuden aus verschiedenen Epochen. Auf dem Weg zum Hafen säumen zahlreiche Patrizierhäuser, Speicher und Kontore Ihren Spaziergang. Kurz vor der Kaikante erinnert das Wassertor an die Stadtbefestigung, die einst die stärkste Festung Nordeuropas bewachte.

Mecklenburg-Vorpommern

Musikalische Glanzlichter

Festspiele Mecklenburg-Vorpommern

Lust auf eine musikalische Landpartie? Dann sollten Sie die Festspiele Mecklenburg-Vorpommern nicht verpassen. Erstklassige Konzerte, die stimmungsvolle Atmosphäre historischer Architektur, eine malerische Landschaft und zur Abrundung des kulturellen Erlebnisses das kulinarische Vergnügen – die Festspiele haben schon so manchen zum Lebenskünstler gemacht. Mit jährlich über 100 Konzerten ist es das drittgrößte Musikfestival in Deutschland.

Kultur

Seit 1990 sind in den Sommermonaten namhafte Solisten und Dirigenten, renommierte Orchester und Chöre, die internationale „Junge Elite" sowie die Preisträger der Festspiele Mecklenburg-Vorpommern zu Gast und erfüllen landesweit zahlreiche Spielstätten vom Klützer Winkel bis Usedom mit Musik auf höchstem Niveau.

Ob es die kleine, reizvolle Dorfkirche, die urige, Reet gedeckte Scheune, das liebevoll restaurierte Herrenhaus, das imposante Schloss oder eines der unzähligen anderen historischen Baudenkmäler ist – vom architektonischen Kleinod bis zum prunkvollen Prachtbau, oft vereint mit einem besonderen Natur- und Landschaftserlebnis – hier präsentiert sich Ihnen eine Vielfalt für Ohr und Auge.

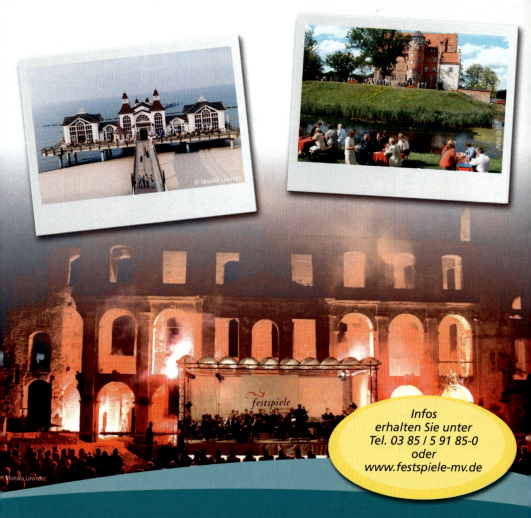

Infos erhalten Sie unter Tel. 03 85 / 5 91 85-0 oder www.festspiele-mv.de

Mecklenburg-Vorpommern

In die Pedale treten

Draisinebahn

Ein Aktiverlebnis mit 7-Gang-Schaltung erwartet Sie zwischen Karow und Borkow. Wo einst Züge verkehrten, können Sie heute auf einer Draisine sportlich die Naturlandschaft der Mecklenburger Seenplatte erkunden. Sie betreiben die Draisine wie ein Fahrrad. Allerdings brauchen Sie dafür einen Partner. Insgesamt finden bis zu vier Personen auf der Draisine Platz.

An der Ausleihstation Damerow-Kaserne nehmen Sie Ihre Draisine in Empfang. Gestartet wird je nach gewählter Tour zwischen 9:00 und 12:00 Uhr in Richtung Borkow. Wie weit Sie die insgesamt 23 km lange Strecke befahren, bestimmen Sie selbst. Um 13:00 Uhr, egal, wo Sie sich gerade befinden, müssen Sie jedoch wenden und in Richtung Karow zurückradeln.

Aktiv

Infos
erhalten Sie unter
Tel. 03 99 31 / 5 45 06
oder
www.draisine-mecklenburg.de

Um sicher zu gehen, dass am gewünschten Termin eine Draisine zur Verfügung steht, sollten Sie unbedingt rechtzeitig reservieren. Die Reservierung erfolgt telefonisch oder über das Reservierungsformular auf der Website der Draisinebahn.

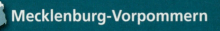

Mecklenburg-Vorpommern

Skater-Glück

Inline-Skaten

Über den Asphalt rollen, den Rausch der Geschwindigkeit spüren und die Lungen mit Frischluft füllen: Inline-Skaten ist Volkssport und eine reizvolle Alternative, Land und Leute kennen zu lernen. Orte zum Inline-Skaten finden Sie in Mecklenburg-Vorpommern viele. Auf der Halbinsel Fischland Darß-Zingst beispielsweise können Skater über gut ausgebaute Deiche gleiten – schöne Landschaft inklusive. In der Landeshauptstadt ist der vier Kilometer lange Franzosenweg entlang des Schweriner Sees längst kein Geheimtipp mehr. Und wer es rasanter mag, ist in Sporteinrichtungen wie dem Ueckermünder Skaterpark an der richtigen Adresse. Die Anlage verfügt über mehrere Hindernisse, zu denen eine Quarterpipe, eine Olliebox und eine Full Funbox gehören.

Aktiv

Mit dem Inline-Skaterlauf Wolgast oder der Rostocker Skaternacht haben sich darüber hinaus im Land mehrere Inline-Skater-Veranstaltungen etabliert. Denn feststeht, dass es sich zusammen besser rollt als allein.

Infos erhalten Sie unter www.mecklenburg-vorpommern.eu

Mecklenburg-Vorpommern

Auf nach Mecklenburg-Vorpommern. Mecklenburg hat 1.000 Gesichter und 8 wunderschöne Urlaubsregionen: Die Ostseeküste, das Fischland Darß-Zingst, Rügen und Hiddensee, die Insel Usedom, Vorpommern, die Mecklenburgische Schweiz, die Mecklenburgische Seenplatte und Mecklenburg-Schwerin mit der Landeshauptstadt. Da kommt man aus dem Staunen nicht mehr raus.

Angefangen bei den alten Bädern über die beeindruckende Natur bis hin zu tollen Schlössern und Parks. Machen Sie sich auf nach Mecklenburg!

Diese und noch mehr Reisetipps gibt's unter:
www.auf-nach-mv.de

Fakten zu Mecklenburg-Vorpommern

Hauptstadt:	Schwerin
Einwohner:	1,73 Mio.
Fläche:	23.171,00 km^2
Einwohner/km^2:	74
Webseite:	www.mecklenburg-vorpommern.de

(8)	Westmecklenburg-Schwerin	118
(9)	Mecklenburgische Ostseeküste	118
(10)	Fischland Darß-Zingst	-
(11)	Insel Rügen und Hiddensee	124
(12)	Insel Usedom	127
(13)	Vorpommern	129
(14)	Mecklenburgische Schweiz	130
(15)	Mecklenburgische Seenplatte	133

Zahlen und Fakten

Mecklenburg-Vorpommern
8 Westmecklenburg - Schwerin
9 Mecklenburgische Ostseeküste

Langen-Brütz
🚶 6 km 🚗 13 km

RUND UM LANGEN-BRÜTZ.
Die Motel, ein bescheidenes Flüsschen, durchfließt eine Reihe von wunderbaren Seen (Pragsee, Schwarzer See, Maasee), bevor es den großen Cambser See, an dessen Südostseite Langen-Brütz liegt, erreicht. Weiter geht es durch ein schwer zugängliches Feuchtbiotop mit dem großen und dem kleinen Pohlsee (das Gebiet soll unter Naturschutz gestellt werden) Richtung Süden durchs malerische Moteltal.

Infos unter: Tourismusverband Mecklenburgische Seenplatte e.V.
Tel. 03991 - 5380 oder www.mecklenburgische-seenplatte.de

„Landhaus Bondzio"****
Bondzio, Siegfried
Hauptstr. 21a
19067 Langen-Brütz
Tel. 03866 - 46050
Fax 03866 - 745

www.landhaus-bondzio.m-vp.de

Unsere Zimmer sind mit Dusche und WC ausgestattet, die Preise der Zimmer sind inkl. Frühstück, Kinder-/Saisonermäßigung. Die Zimmer sind modern und komfortabel eingerichtet. Kinderbett, Grillplatz, Sauna, Solarium, Spielplatz, Liegewiese, Kellerbar, Badestelle am Cambser See (10 Min.), Restaurantbetrieb auf dem Gelände, Hausprosp.

Anzahl	Art	qm	Personen	Preis
2	FeWo		4	ab 68,00 €
1	FH			ab 50,00 €
15	Zi.		1-4	ab 31,00 €

237843_1   F****

Bastorf
🚶 12 km

Klimatisch gesehen haben wir in der Region hinter dem Salzhaff eine Insellage, aus diesem Grund haben wir mehr Sonnenstunden als die ohnehin schon im Durchschnitt sonnenverwöhnte Umgebung! Gesundheits- und Wellness-Angebote in der Region: Massagen von Wellness bis Therapie, Chinesische Medizin (Akupunktur unter dem Leuchtturm), Sauerstoff- und Magnetfeldtherapie, Heilfasten und Ernährungsberatung, Kneipp-Wellness und Naturkosmetik.

Infos unter: Tourismus- und Gewerbeverein Bastorf e.V.
Tel. 03829 - 6450 oder www.bastorf.de

Welches Tier läuft denn hier?

Viele verdächtige Spuren gibt es auf dem Bauernhof.
Mia folgt ihnen auf der Suche nach ihrem Haarband. Mit der Drehscheibe können kleine Spurensucher selbst herausfinden, zu welchen Tieren die Spuren gehören.

Ab 2 Jahren, 10 Seiten   **7,95 €**

Nutzen Sie die Bestellkarte auf der letzten Seite!

Mecklenburg-Vorpommern
Mecklenburgische Ostseeküste 9

Gutshof Bastorf***
Wutschik, Frank u. Ralph
Kühlungsborner Str. 1
18230 Bastorf
Tel. 038293 - 6450
Fax 038293 - 64555

info@gutshof-bastorf.de
www.gutshof-bastorf.de

Unser Gutshof liegt in der Nähe der Ostseebäder Kühlungsborn/ Rerik.
Denkmalgeschützter Gutshof mit Reetdachscheune bietet stilvolle Ferienwohnungen und Appartements.
Café, Hofladen, Beauty- und Heilpraxis, Kinderparadies mit Spielplatz, Spielwiese, Spielraum auf 2 Ebenen, Kinder-Betreuung.
Tischtennis, Boule, Basketball, Sportkurse, Fitnessraum, Sauna, Solarium.
Winter-Wellnesswochen!
Kinderbetreuung, Kinderspielzimmer auf 2 Ebenen, Kinderfeste, Streicheltiere - Ihre Kleinen werden sich bei uns unbedingt wohl fühlen, auch während der „Freizeiten" der Eltern.

Ganzjähriger Ostseeurlaub mit viel Platz für die einzelnen Interessen eines jeden Familienmitglieds, das finden Sie bei uns - garantiert!!!

DLG-Ferienhof des Jahres 2001, 2005, 2006
ADAC-Tipp 2005 und 2006
Zertifiziert vom Deutschen Wellnessverband

Anzahl	Art	qm	Personen	Preis		
24	FeWo	20-85	2-8	ab 38,00 €	241710_1	F***/****

Boldenshagen
🚶 30 km 🚂 2,5 km

Werkstatt (therapeutische Einrichtung für Workaholics), Blumengarten, Reiten, Spielplatz, Radtouren, Floß fahren, Nachtwanderungen, Lagerfeuer, Wassersport und Golf.

Infos unter: Ferienhof Poggendiek
Tel. 038292 - 320 oder http://www.poggendiek.de/fr_start.html

Ferienhof und Heuherberge Poggendiek***
Roßmann, Iris
Lindenweg 4
18230 Boldenshagen
Tel. 038292 - 320

ferienhof@poggendiek.de
www.poggendiek.de

Der zwischen Rerik und Kühlungsborn gelegene Bauernhof bietet Ihnen und Ihren Kindern Erholung, Spaß und Abenteuer.
SE, Geschirrspüler, WM, TV, BK oder Terrasse, Grillplatz, Pferde, Kleintiere, TT. Volley-/Fußballplatz, Badeteich mit Floß, Spielscheune, Spielplatz. (Wochenpreis 380,- bis 560,- EUR)

Anzahl	Art	qm	Personen	Preis		
4	FeWo	32-75	2-6	auf Anfrage	218234_1	F***

Mecklenburg-Vorpommern

Mecklenburg-Vorpommern
Mecklenburgische Ostseeküste 9

Groß-Kordshagen
🚗 35 km 🚆 10 km

Die reizvolle Landschaft des Nationalparks Vorpommersche Boddenlandschaft mit seinen vielen seltenen Pflanzen und Vogelarten ist nicht nur für Naturliebhaber interessant. Im Herbst rasten auf den Feldern der Gemeinde Kraniche und Graugänse. Beachtenswert sind auch die Holzarbeiten in der Kirche Niepars, wie der schöne Taufengel und das Sakramentshaus.

Infos unter: Niepars
Tel. 038321 - 6610 oder www.amt-niepars.de

Hof Thomsen★★★★
Volkert Thomsen
Hofallee 1
18442 Groß-Kordshagen
Tel. 038231 - 45390
Fax 038231 - 45391
Mobil 0172 - 4534144

volkert.thomsen@t-online.de
www.hof-thomsen.m-vp.de

Hof Thomsen
Komfortable Ferienwohnungen
mit Reit-, Angel- & Jagdmöglichkeit

Unser Hof liegt sehr ruhig zwischen Fischland/Darß und Rügen, 2 km von der Boddenküste und 20 km von der Ostsee entfernt. 9 exklusive Nichtraucher-Ferienwohnungen für 2–4 Personen im restaurierten historischen Speicher werden Ihren gehobenen Ansprüchen gerecht. Alle Ferienwohnungen haben Wohn-/Schlafraum, 2 Schlafzimmer und eine komplette Küchenzeile. Hochstuhl und Kinderbett stellen wir gern bereit.
Zu unserer Reithalle gehört ein detailgetreu restaurierter Pavillon. Unsere Pferde eignen sich für Anfänger und Fortgeschrittene.
Auf der angrenzenden Terrasse können Sie den Tag beim Grillen und Plaudern ausklingen lassen.
Ist der Wettergott mal schlecht gelaunt, genießen Sie das offene Kaminfeuer im Pavillon.
Kutschfahrten, Bootverleih, Spielplatz u. Streicheltiere runden das Angebot ab.

Anzahl	Art	qm	Personen	Preis		
9	FeWo	40-90	2-8	ab 40,00 €	339686_9	F★★★★

DLG-Wein-Guide

Entdecken Sie Weingüter und ihre Weine und begeben Sie sich auf eine Weinreise durch Deutschland. Mit den aktuellen Testergebnissen der DLG-Wein-Prämierung und den Adressen der prämierten Winzer!

9,90 €

Nutzen Sie die Bestellkarte auf der letzten Seite!

Mecklenburg-Vorpommern
9 Mecklenburgische Ostseeküste

Oberhof - Klützer Winkel
✝ 16 km 🚆 12 km

Der Klützer Winkel ist „so wiet, as man den Klützer Kirchtorm süht" – so weit man den Klützer Kirchturm sieht. Auf halber Strecke zwischen Lübeck und Wismar, eingebettet in eine hügelige Endmoränen-Landschaft mit Steilküsten, Feldern, Wäldern und Baumalleen. Im Sommer finden auf Schloss Bothmer und dem Gut Brook Ausstellungen und Konzerte statt. Das Literaturhaus „Uwe Johnson" bietet neben der Dauerausstellung zum Schriftsteller literarische Veranstaltungen im Rahmen des Klützer LiteraturSommers. Im Schmetterlingspark Alaris erwarten Sie viele Hundert farbenprächtige lebende Schmetterlinge.

Infos unter: Stadtinformation Klütz
Tel. 038825 - 22295 oder www.kluetzer-winkel.de

Landgut Oberhof****
Nölck, Antje
Am Gutshof 1
23948 Oberhof
Tel. 038825 - 22896 Landgutoberhof@googlemail.com
Fax 038825 - 22895 www.landgutoberhof.de

Urlaub auf dem Gutshof in FeWo für 2 bis 8 Personen, ruhige Lage, 1,5 km zum Sandstrand an der Ostsee. Park mit Grill-Terrasse und Lagerfeuer, Kinderspielplatz, Tischtennis, Ballspiele, Trampolin, Sauna, Reiten in der Halle und auf dem Gutsgelände. Fordern Sie bitte unseren Hausprospekt an.

230077_1 F***/****

Anzahl	Art	qm	Personen	Preis
5	FeWo	40-145	2-10	ab 40,00 €

Ribnitz-Damgarten
✝ 20 km

Städtische Kultur, ländliche Idylle, Natur pur sind ideale Voraussetzungen für einen Urlaub zu jeder Jahreszeit. Baden im Meer, Segeln und Surfen, Radfahren und Wandern, Skaten und Golfen machen Spaß an Sommersonnentagen. Aktive Bewegung im Herbst und im Winter ist richtig gut für die Gesundheit und sorgt für Entspannung. Der Golfclub „Zum Fischland" heißt alle Gäste vom Anfänger bis zum Handicap-Spieler auf dem Golfplatz im Ortsteil Neuhof herzlich willkommen.

Infos unter: Ribnitz-Damgarten
Tel. 03821 - 71120 oder www.ribnitz-damgarten.de

Pferde-Ferien Hirschburg***
Neuklockenhäger Weg 1a
18311 Ribnitz-Damgarten
Tel. 03821 - 87800 info@pferdeferien.de
Fax 03821 - 878025 www.pferdeferien.de

Unsere familienfreundliche Ferienanlage liegt am Tor zum Fischland, nur 7 km bis zum Ostseestrand.
22 Ferienwohnungen und -häuser, Spielplatz, Spielscheune, Streichelzoo, Grill- und Lagerfeuerplatz, Reitunterricht, Ausritte, Ponyreiten, Gastpferdeboxen.

229109_1 F***/****

Anzahl	Art	qm	Personen	Preis
15	FeWo	33-99	2-8	ab 37,00 €
7	FH	105	1-8	ab 85,00 €

Mecklenburg-Vorpommern
Mecklenburgische Ostseeküste 9

Schmadebeck
🚶 10 km 🚆 6 km

Ursprüngliches und idyllisch gelegenes Bauerndörfchen zwischen dem Ort Satow und dem Ostseebad Kühlungsborn. In der Nähe befindet sich der eiszeitlich entstandene Höhenzug „Kühlung". Die Umgebung verfügt über ein sehr gut ausgebautes Rad- und Wanderwegenetz, in absoluter Nähe befinden sich größerer Ostseebäder. Wellness- und Gesundheitsangebote, Bauernhof mit Hofcafé und Hofladen.

Infos unter: Tourismuszentrum Mecklenburgische Ostseeküste
Tel. 03 82 92 - 86 13 oder www.auf-an-die-ostsee.de

Dreiseithof Schmadebeck***
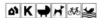

Heinz, Sigurd
Satower Straße 2
18236 Schmadebeck
Tel. 038292 - 78285
Fax 038292 - 78994

dreiseithof.schmadebeck@gmx.de
www.fewo-direkt.de

An einer Lindenallee in einer Hügellandschaft mit Wiesen, Wald und Teichen steht in Alleinlage der alte anmutige Dreiseithof. Das Bauernhaus von 1682, die Scheune von 1777 und das Viehhaus mit Göpel bilden zusammen die drei Seiten.

Im Erdgeschoss des Bauernhauses sind mit separaten Eingängen zwei Gästewohnungen im biedermeierlichen Ambiente mit moderner Ausstattung.
Die Fachwerkkammern der Scheune bilden eine sehr anheimelnde Wohnung mit ebenfalls moderner Ausstattung.

Tiere beleben Ställe, Hof und Weide.
Kinder und Eltern finden hier für den Urlaub ein kleines Glück.

Weiteres unter www.zenzuu.com/DreiseithofSchmadebeck

Anzahl	Art	qm	Personen	Preis		
3	FeWo	50-85	3-6	ab 50,00 €	241384_1	F**/***

Glantz-Zeiten

Die weitverzweigte Familie Glantz bewirtschaftete rund 300 Jahre verschiedene Güter in Mecklenburg. Heute steht der Name Glantz im Raum Hamburg und in der Region Wismar- Schwerin für Erdbeeranbau.

9,95 €

Nutzen Sie die Bestellkarte auf der letzten Seite!

Mecklenburg-Vorpommern
11 Insel Rügen und Hiddensee

Middelhagen

🚆 17 km

Halbinsel Mönchgut, wo Land und Meer sich begegnen. Ein Slogan, der hält, was er verspricht. Unser Land Mecklenburg-Vorpommern ist schön, die Insel Rügen ist noch schöner, aber die Halbinsel Mönchgut ist ein Traum. Die sanften Hügelketten der Höfte, der ständige Wechsel zwischen Land und Wasser, Bodden und Ostsee, Steilküsten und breiten weißen Sandstränden, hier finden Sie Ihr lang gesuchtes Urlaubsziel.

Infos unter: Kurverwaltung Middelhagen
Tel. 038308 - 2153 oder www.middelhagen.de

236543_1   F****

****Behling,
Kerstin u. Rainer
Dorfstr. 7
18586 Middelhagen
Tel. 038308 - 5480
Fax 038308 - 54822

ruegen-rohrhus@t-online.de
www.Ruegen-Rohrhus.de

Unsere Ferienwohnungen befinden sich in drei reetgedeckten Ferienhäusern, 1-2 Schlafräume, Sat-TV, Telefon, Preis inklusive aller Nebenkosten, Sauna/Wellness, Frühstück/Halbpension. Frühstück oder Brötchen, Terrasse, Liegewiese, Wäscheservice, Fahrräder, Pony, Katzen, Kinderspielplatz.

Anzahl	Art	qm	Personen	Preis
13	FeWo	20-75	2-6	ab 30,00 €

Seitenweise prämierte Qualität
DLG-Wein-Guide · DLG-Bier-Guide

Entdecken Sie Weingüter und ihre Weine und begeben Sie sich auf eine Weinreise durch Deutschland. Mit den aktuellen Testergebnissen der DLG-Wein-Prämierung und den Adressen der prämierten Winzer!

9,90 €

Der Wegweiser zum perfekten Biergenuss –
DLG-geprüfte Qualität –
Gasthausbrauereien im Fokus

9,90 €

Nutzen Sie die Bestellkarte auf der letzten Seite!

Mecklenburg-Vorpommern
Insel Rügen und Hiddensee 11

Ummanz
🚂 100 km 🚊 20 km

Schöne Landschaft sehen und erleben.
Weites flaches Land, das sich kaum mehr als drei Meter über den Boddengewässern erhebt – das ist die Insel Ummanz. Kurz nach der Ummanzer Brücke liegt in Waase hinter einer Feldsteinmauer die kleine Inselkirche. Die Backsteinkirche, erbaut im 15. Jahrhundert, birgt einen der schönsten gotischen Schnitzaltäre Norddeutschlands.

Infos unter: Tourist-Info Ummanz
Tel. 038305 - 8135 oder www.ummanz.de

Pension „Haide-Hof"****
Fröhlich, Mathias
Haide 15
18569 Haide/Insel Ummanz
Tel. 038305 - 55360
Fax 038305 - 55359

haide-hof@m-vp.de
www.haide-hof.de

Alleinlage gleich hinterm Deich. Sonnen- und badehungrige Gäste kommen auf ihre Kosten.

Alle Zimmer mit D/WC, Sat-TV. Preis pro Person und inklusive Frühstück 25,- bis 35,- €.

Die Pension ist mit dem Qualitätslogo „Regionale Esskultur" und als „Nationalparkfreundliche Hotel-Pension" ausgezeichnet.

Im Blockbohlenhaus, Frühjahr 2002 fertig gestellt, befinden sich 2 komfortable Ferienwohnungen für 2-6 Personen, ab 40,- bis 70,- €/4 Personen, jede weitere Person 10,- €, inklusive Bettwäsche und Handtücher.

Von der Terrasse mit Blick Richtung Bodden sieht man im Herbst Wildgänse und Kraniche.

Anzahl	Art	qm	Personen	Preis
2	FeWo		2-6	ab 40,00 €
9	Zi.	10-30	1-4	ab 25,00 €

294280_1   F****

Urlaub und Genießen beim Biobauern

Alle im Reiseführer aufgeführten Betriebe sind anerkannte Biobetriebe. Viele Unterkünfte sind darüber hinaus mit dem DLG-Gütezeichen ausgezeichnet und garantieren so besonderen Urlaubskomfort.

12,90 €

Nutzen Sie die Bestellkarte auf der letzten Seite!

Mecklenburg-Vorpommern

11 Insel Rügen und Hiddensee

NATUR ERLEBEN — ERHOLUNG GENIESSEN

AUF DEN BAUERNHÖFEN SIMON UND THESENVITZ

- moderne, komfortable Ferienwohnungen
- Kamin in jeder Wohnung
- Höfe direkt am Bodden mit Ruderboot
- Spielplatz und Tretfahrzeuge für Kinder
- Reitplatz und Ausritte (Erwachsene/Kinder)
- Ponyreiten und Streicheltiere
- Fahrradverleih für Groß und Klein
- Frühstück- und Brötchenservice
- Saunabereich mit Solarium

Familie Kewitz
18569 Ummanz
☏ 03 83 05 / 53 37 80
urlaub@ruegen-ferienhof.de

NS: 2-4 Pers. ab 55,- € / 4-6 Pers. ab 72,- € pro Tag
ZS: 2-4 Pers. ab 66,- € / 4-6 Pers. ab 88,- € pro Tag
HS: 2-4 Pers. ab 88,- € / 4-6 Pers. ab 119,- € pro Tag
Preise gelten für Buchungen ab 4 Tage; inkl. MwSt., Geschirr-, Handtücher, Bettwäsche, Endreinigung und Ponyreiten.
In der Nebensaison inkl. Sauna und Solarium 2x pro Woche, Fahrradverleih, Kaminholz

mehr Fotos unter:
338726

www.ruegen-ferienhof.de

Achtung! Bauernhof!

Das große Spielbuch vom Bauernhof. Hier darf geklappt, gedreht, geschoben und gefühlt werden. Und die Ausklappseite bietet einen Überblick über den gesamten Bauernhof.

Ab 2 Jahren, 14 Seiten **14,95 €**

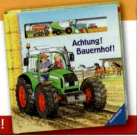

Nutzen Sie die Bestellkarte auf der letzten Seite!

Mecklenburg-Vorpommern

Insel Rügen und Hiddensee 11
Insel Usedom 12

Erlebnis-Bauernhof Kliewe

18569 Ummanz / Rügen OT Mursewiek 1 Telefon 038305-8130
E-Mail: Bauernhof-Kliewe@t-online.de ; Internet www.Bauernhof-Kliewe.de

Gemütliche Ferienwohnungen

Idyllisch direkt am Wasser gelegen
Sehr komfortabel eingerichtet, alle mit Balkon oder Terrasse mit Seeblick
Sauna & Solarium im Haus, Familienclubraum, Waschmaschine & Trockner

Großer Hofladen

Geflügelspezialitäten
Regionale Produkte
& Geschenkartikel
Täglich
von 9.00 - 22.00 Uhr geöffnet

Bauernhofcafé & Restaurant

Regionale Gerichte, hausgemachter Küchen & Eis
Durchgehend warme Küche ab 11.00 Uhr

Spiel & Spaß für Kinder

Streicheltiere, Reiten
Kettcarfahren, Strohburg,
Großer Spielplatz, Trampolin
Traktorfahren für Kinder

**Fahrrad- & Familienkettcar-
verleih**

Tierpark Greifswald
„Ein kleiner grüner Magnet am Rande der Altstadt"
- den Wundern der Natur ein Stück näher -

Greifswald ist eine kleine Universitätsstadt am Greifswalder Bodden. Der ca. 4 ha große Tierpark beherbergt 150 Tierarten mit 500 Tieren aus aller Welt rund um den idyllischen Schwanenteich sowie die Bauernhoftiere, allerlei Ziergeflügel und das „Gläserne Kükenhaus". Ein alter Baumbestand, ein Kreativspielplatz, Zooschule, Umweltpavillon gehören mit dazu. Die Termine für unsere traditionellen Feste (Oster-, Sommer-, Musikfest u.a.) sind der Lokalpresse zu entnehmen. Hunde an der Leine sind erlaubt.

Tierpark Greifswald
Nähe Bahnhof/ Busbahnhof

Tel. 03834- 502279
Fax 03834- 894148
www.tierpark-greifswald.de
info@tierpark-greifswald.de

Mecklenburg-Vorpommern
12 Insel Usedom

Dargen
🚂 12 km

Naturpark Usedom, Kaiserbäder am Ostseestrand, Kuranwendungen, Radwandern, Reiten, Backsteingotik, Ausflug nach Polen, Kindersport, Tanz und Schauorchester Weimar, Wolgaster Orgelsommer, Benzer Kirchensommer. Fit und aktiv: Beach Nordic Walking für Einsteiger, Vorträge, Live-Musik, Zaubershow für die ganze Familie, Konzerte, Qi Gong am Strand, italienische Nächte, Wanderungen, Einführung in die Geschichte des Glücksspiels und und und …

Infos unter: Gemeindebüro Dargen
Tel. 038376 - 20296 oder www.usedom.de/dargen

siehe große Landkarte: P 3

Ferienhof Hafflandsichten**
Familie Pussehl
Haffstr. 37
17419 Dargen
Tel. 038376 - 20410   info@hafflandsichten.de
Fax 038376 - 20410   www.hafflandsichten.de

Natur erleben auf unserem Ferienhof mit Ackerbau, nahe der Haffküste! Erholen + entspannen in liebevoll gestalteten FeWo mit gemütl. Wohn- u. Esszimmern, 1-2 sep. Schlafzi., Küche, D/WC, Sat-TV, Bücher + Spiele, KB. Genießen Sie die Sonne: große Liegewiese, bunter Spielgarten, Weiden-Tipi, Streicheltiere, Grill, Parkplatz.

Anzahl	Art	qm	Personen	Preis
4	FeWo	42-62	2-4	ab 29,-/39,- €

238176_1   F**/***

Rankwitz
🍴 28 km

Unberührte Natur, viel Sehenswertes machen das Achterland im Lieper Winkel der Insel Usedom aus.
Der kleine Hafen in Rankwitz ist in den Sommermonaten ein beliebter Anlegeplatz für Segelboote und Yachten. Von der Mole aus hat man einen herrlichen Blick auf die Peene. Fischgaststätte und -verkaufsstelle bieten die besten Fischgerichte der Gegend.

Infos unter: Usedom Tourismus GmbH
Tel. 038375 - 23410 oder www.usedom.de/rankwitz

siehe große Landkarte: O 3

***Gessner, Ingrid
Am Achterwasser
Dorfstr. 12
17406 Rankwitz, OT Warthe
Tel. 038372 - 7520   ingrid.gessner-warthe@t-online.de
Fax 038372 - 75252   www.am-achterwasser.de

13 Ferienwohnungen in herrlich ruhiger Lage mit Garten und Blick aufs Achterwasser, SE, KB, WM, TV, Grill.
Sie können auf die Jagd gehen, baden, Radtouren unternehmen. Hauseigenes Café. Spezialarrangements für naturverbundene Kleingruppen. Fordern Sie den Hausprospekt an!
Gesundheits- und Basenfastenwochen!

Anzahl	Art	qm	Personen	Preis
13	FeWo	27-80	2-6	ab 46,00 €

238029_1   F**/***

Mecklenburg-Vorpommern
Vorpommern 13

Boldekow
🚶 15 km 🚆 16 km

Die Gemeinde Boldekow liegt südlich von Anklam. Eine attraktive Sehenswürdigkeit ist das Schloss in Zinzow. Der dazugehörige Landschaftspark ist öffentlich zugänglich. Eine weitere Sehenswürdigkeit ist der Blücherstein in Kavelpaß. Mit einem Umfang von 11,5 m zählt der Blücherstein zu den imposantesten Findlingen Vorpommerns. Weitere Sehenswürdigkeiten sind die Burgen Spantekow und Müggenburg, die Mühle Spantekow, das Parkhaus Lüskow und etliche Kirchen der Region.

Infos unter: Gemeinde Boldekow
Tel. 039722 - 20375 oder www.amt-spantekow.de/boldekow.html

Kastanienhof***
Quast, Gundula u. Hermann
Dorfstraße 4
17392 Boldekow, OT Borntin
Tel. 039727 - 21003
Fax 039727 - 21610   Quastanienhof@t-online.de

Idyllische Einzelhoflage Nähe Usedom und Vorpommern. Boddenlandschaft/Oderhaff, aktive Landwirtschaft mit Tierhaltung, Eigenjagd und Angelmöglichkeiten.
Preis ohne NK, WM, Reitpferde, Kinderponyreiten, Fahrrad-/Inlinerverleih, Fitnessraum, gr. Spiel- und Grillplatz. Hausprospekt!

Anzahl	Art	qm	Personen	Preis
3	FeWo	52-55	2-6	ab 48,00 €

267471_1   F***/****

Ramin
🚶 15 km 🚆 20 km

Ramin mit seinen gepflasterten Dorfstraßen kann sich wegen seines Schlosses glücklich schätzen. In der gepflegten Parkanlage findet der Besucher inmitten alten Baumbestandes einen Teich, Brücken und Bänke zum besinnlichen Verweilen. Neben dem Schloss dürfte die Feldsteinkirche aus dem 13. Jahrhundert eine Besichtigung wert sein. Die Gemeinde Ramin verfügt über einen neu angelegten Rastwanderplatz und bietet den Touristen des Oder-Neiße-Radweges Erholung und Entspannung.

Infos unter: Tourismusinformation
Tel. 039754 - 20454 oder www.loecknitz-online.de

Familie Brauer ***
Bauernhof zum Tanger
OT Hohenfelde, Tanger 2, 17321 Ramin
Tel.: 03 97 54-2 13 10 Fax: 2 35 47

4 Fewo, 3-6 Pers., 30-50 qm 35,00 bis 65,00 Euro, SE, KB, Waschma., SAT-TV, Grill, Hausschlachtung, Ackerbau, Grünl. Forst, Pferde, Ponys, Milchv., Schweine, Kaninchen und Hühner. Reiten, Reitunterricht, Reithalle, Kutsch- u. Schlittenf. Jagdmögl., Fahrradverl. Hausprospekt.

www.bauernhof-tanger.de

237358_13

Mecklenburg-Vorpommern
14 Mecklenburgische Schweiz

Ganschow

🚶 20 km 🚆 10 km

Die erste urkundliche Erwähnung der Orte Gutow und Ganschow ist von 1226 bekannt. Die Orte liegen eingangs der abwechslungsreichen Endmoränen-Landschaft südlich von Güstrow, die zur Mecklenburger Seenplatte gehört. Insel- und Sumpfsee grenzen an das Gemeindegebiet. Sehenswert sind die Obstplantagen während der Blüte, die Feldsteinkirche in Badendiek, in Gutow das Neubaugebiet „Am Biotop", das Gestüt Ganschow und die Dorfanlage von Schönwolde.

Infos unter: Fremdenverkehrsverein Güstrow e.V.
Tel. 0180 - 5681068 oder www.guestrow-tourismus.de

Gestüt Ganschow GmbH***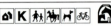
Mencke, Friedhelm
Dorfstr. 48
18276 Ganschow
Tel. 038458 - 20226   gestuet-ganschow@t-online.de
www.gestuet-ganschow.de

Urlaub auf dem größten Gestüt Mecklenburg-Vorpommerns mit 300 Pferden. Es kommen jährlich bis zu 70 Fohlen zur Welt! Nur 8 km von der Residenzstadt Güstrow entfernt. Reit- und Fahrunterricht, Kutschfahrten, Reitferien, Tages- und Wanderritte, Fahr- und Reitlehrgänge, Pensionsboxen, Besichtigungen.

234886_1   F***/****

Anzahl	Art	qm	Personen	Preis
6	FeWo	ab 35	2-8	ab 47,00 €

Genießer-Urlaub
Urlaub beim Winzer · Genießen auf dem Land

„Urlaub beim Winzer" lädt Sie zu genussreichen Tagen in Deutschlands schönen Weinregionen ein. Wählen Sie aus über 100 Winzerhöfen Ihr Feriendomizil aus.

12,90 €

Genuss, Qualität und Frische gepaart mit frischer Landluft und herzlichen Menschen, das ist es, was Sie mit diesem Reiseführer kennen lernen.

12,90 €

Nutzen Sie die Bestellkarte auf der letzten Seite!

Mecklenburg-Vorpommern
Mecklenburgische Schweiz 14

Prebberede-Neu Heinde
⛪ 9 km 🚉 10 km

Zur Gemeinde Prebberede gehören die Orte Belitz, Grieve, Groß Bützin, Neu Heinde, Rabenhorst, Rensow und Schwiessel. Alle diese Orte liegen im grünen Herzen Mecklenburg-Vorpommerns, in der Mecklenburgischen Schweiz. Ob Sie Rad fahren, reiten, wandern, baden, angeln, segeln, surfen oder Kunst und Kultur genießen möchten - unsere wunderschöne, urwüchsige Landschaft bietet Erholung pur und jede Menge Gelegenheit, die Seele baumeln zu lassen.

Infos unter: Tourismusverband Mecklenburgische Schweiz e.V. Tel. 03994 - 299781 oder www.mecklenburgische-schweiz.com

Straußenhof Neu Heinde***
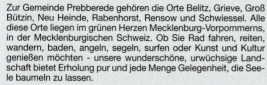

Herr Krause
Kastanienallee 1
17168 Prebberede
Tel. 039976 - 50279
Mobil 0176 - 78018783
Fax 039976 - 50770

krause@straussenhof.de
www.straussenhof.de

Seeblick.
Ganzjährig geöffnet.

4 Ferienwohnungen mit Seeblick mit je 2 Schlafzimmern für 4-5 Personen, 50 qm, DG, 45,- bzw. 54,- €/Tag + 20,- € Endreinigung, Bettwäsche inklusive, Aufbettung 5,- €/Tag.

Frühstück auf Wunsch möglich, Terrasse, große Spielwiese, Sandkasten, Schaukel, Grillplatz, Kleintiere, Waschbären, Hunde, Angeln, Tischtennis, Fahrräder.

Hofcafé, Backhaus.
Kremserfahrt möglich.
Hofladen, Straußenprodukte, Brötchenservice.

Anzahl	Art	qm	Personen	Preis		
4	FeWo	50	4-5	ab 45,00 €	226392_1	F***

DLG-Käse-Guide

Der 1. DLG-Käse-Guide gibt dem Verbraucher Informationen an die Hand, die ihm bei der Auswahl seines Lieblingskäses helfen. Rund 1.000 Käse warten auf Ihren Genuß.

9,90 €

Nutzen Sie die Bestellkarte auf der letzten Seite!

Mecklenburg-Vorpommern
14   Mecklenburgische Schweiz

Walkendorf
🚶 7 km 🚉 10 km

Mit dem heutigen Ausbau der Alten Ausspanne hat der Heimat- und Kulturverein Güstrow ein geschichtsträchtiges kulturelles Zentrum aufgebaut. Hier finden Ausstellungen und Gesprächsrunden mit den Künstlern statt, die das kulturelle Leben der Region bereichern. Sichtbare Anziehungspunkte für Besucher finden wir im Ortsteil Dalwitz. Das ansehnlich renovierte Bassewitzer Gutshaus mit seinem Wallgraben, der gut besuchte Reithof und der Tennisplatz beeindrucken zahlreiche Gäste.

Infos unter: Gemeinde Walkendorf
Tel. 039972 - 51256 oder www.gemeinde-walkendorf.de

Ferienwohnungen Dalwitz****
Dorfstr. 43
Gut Dalwitz
17179 Walkendorf
Tel. 039972 - 56140   post@gutdalwitz.de
Fax 039972 - 569817   www.gutdalwitz.de

Unser traditionsreiches Gut im Tudorstil liegt inmitten einer unberührten Parklandschaft in den Ausläufern der Mecklenburgischen Schweiz.
Für Ihren Urlaub bieten wir Ihnen 8 Ferienwohnungen, im alten Stil renoviert, im Verwalterhaus und ein Ferienhaus, 50-100 qm, für 50,- bis 95,- € und 5 DZ im Gutshaus, 50,- bis 75,- € als DZ und für 50,- € als Einzelzimmer mit Frühstück an.
Alle Wohnungen und Zimmer sind mit Bad, TV und Telefon ausgestattet. Im Park finden Sie Tennisplatz, Streichelzoo, Liegewiese, Kinderspiel- und Grillplatz.
Wir bieten Ihnen Urlaub auf dem Gutshof mit allem, was das Landleben bietet.
Der landwirtschaftliche Betrieb bewirtschaftet ökologisch ca. 1000 ha Felder und Wiesen mit 1000 Rindern in ganzjähriger Freilandhaltung sowie 600 ha Wald.
In unserem Hofrestaurant kochen wir mit den hofeigenen Produkten und bieten insbesondere unsere eigenen Steaks an.
Der hofeigene Reiterhof hält über 100 Pferde und Ponys, darunter 30 südamerikanische Criollos (Westernpferde) und bietet Wanderritte, Mitarbeit zu Pferd bei den Rinderarbeiten, Voltigieren, Kutsche fahren, Ausritte, Reiten in der Halle an.
Sie können zu uns zur Bockjagd im Frühjahr oder zur Drückjagd im Winter kommen, in nahe gelegenen Seen angeln oder baden. Für mehr Information fordern Sie bitte unseren Hauskatalog an oder besuchen Sie uns auf der Internetseite.

DLG-Ferienhof des Jahres 2001

232907_14   F****P****

Anzahl	Art	qm	Personen	Preis
1	FH	100	6	ab 95,00 €
8	FeWo	50-100	2-6	ab 50,00 €
5	Zi.	20-50	2-4	ab 50,00 €

Mecklenburg-Vorpommern
Mecklenburgische Seenplatte 15

Teschendorf
⌂ 50 km 🚉 6 km

Teschendorf zeichnet sich durch die schönen Seen in der Umgebung aus. An jedem sind zahlreiche Badestellen vorhanden, die den Aufenthalt so angenehm wie möglich machen können. Wer nicht den ganzen Tag am See sein möchte, der kann sich beim Wandern frei entfalten. Die herrliche Umgebung ist dafür die ideale Voraussetzung. Für einen kulturellen Abschnitt ist natürlich auch gesorgt. Interessante Kirchen und das renovierte Gutspächterhaus laden ein!

Infos unter: Touristinformation
Tel. 039603 - 20895 oder www.stargarder-land.de

Margelkuhlhof**
Bredemeyer, Marlies
Siedlung 10
17094 Teschendorf
Tel. 039603 - 20509

Einzelhof
Zimmer mit D/WC, Preis pro Übernachtung und Person und Frühstück ab 20,45 €. Kochgelegenheit, KE, KB, SE, WM-Benutzung, Grillplatz, Hausschlachtung, Lehrwandern, Ackerbau, Grünland, Obst-/Gemüsebau, Pferde, Ponys, Federvieh.

Anzahl	Art	qm	Personen	Preis
3	Zi.		2	ab 20,45 €

236792_1 P**

So geht's zu auf dem Bauernhof

Die Foto-Sachgeschichten zeigen, wie Landwirte mit riesigen Traktoren ihre Felder bearbeiten. Was Erdbeerbauern im Tunnel machen. Wie Kühe Milch geben. Und wie Schweine Strom machen …

Ausgezeichnet von der Akademie für Kinder- und Jugendbuchliteratur

9,95 €

Ferkel, Schaf, Kartoffelernte. Mit spannenden Geschichten von Ferkeln, Schafen, dem Weinbauern über die Arbeit der Maschinenringe zum Kartoffel- und Rapsanbau.

9,95 €

Nutzen Sie die Bestellkarte auf der letzten Seite!

Niedersachsen

Urlaub für Zwei –

Niedersachsen ist ein „Pferdeland". Weltweit anerkannte Zuchtgestüte, schwungvolle Hengstparaden, spannende Pferde-Auktionen und große Turniere sind Treffpunkte für Pferde-Freunde aus aller Welt.

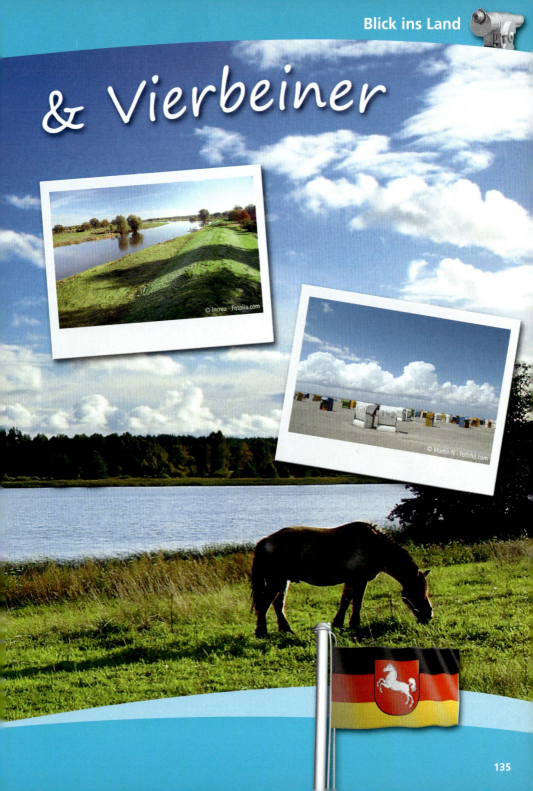

Niedersachsen

Von den Bergen bis zum Meer

Von der Nordsee über die Heide bis zum Harz können Sie in Niedersachsen auf unterschiedlichste Weise das Landleben genießen. Viel Abwechslung versprechen die beiden großen Nationalparks. Der eine platt wie eine Flunder, der andere hoch wie ein Riese: Mit dem Wattenmeer und dem Harz präsentieren sich Ihnen zwei außergewöhnliche Naturlandschaften mit einer beeindruckenden Artenvielfalt.

Ostfriesland

Moin! So begrüßen Sie die Ostfriesen. Der Nordwesten des Bundeslandes lädt Sie bei einer Tasse ostfriesischen Tees ein, die Schönheit der Landschaft mit ihren zahllosen Windmühlen zu bewundern. Ostfriesland hat aber noch viele weitere sympathische Gesichter: Backstein- und Granitquaderkirchen, Gutshöfe, Burgen,

Blick ins Land

Leuchttürme, Wallheckenlandschaften und Rhododendrenparks sowie Moor, Geest und Marsch. Und natürlich die Nordsee. Kanäle mit Schleusen und Klappbrücken durchziehen das Land. Halten Sie Ausschau nach dem Maljan. Das ist ein kurzer, senkrechter Stab mit blumenähnlichen Verzierungen, der den Dachfirst bis zu einem halben Meter überragt. Der Maljan bewahrt das Haus vor Unheil.

Oldenburger Münsterland

Wenn Sie Ferien auf dem Rücken der Pferde verbringen möchten, besuchen Sie das Oldenburger Münsterland Auch das Niedersächsische Freilichtmuseum in Cloppenburg ist immer eine Reise wert.

Emsland

Reizvolle Kontraste von Tradition und Moderne bietet Ihnen eine Entdeckungsreise durch die Kanal- und Fehnstadt Papenburg.
Besuchen Sie das barocke Gut Altenkamp und werfen Sie dann einen Blick auf moderne Hightech-Anlagen bei einer Führung auf der Meyer-Werft. Papenburg ist die nördlichste Stadt des Emslandes und zugleich die südlichste Seehafenstadt Deutschlands. Die Wiege der Kreuzfahrtschiffe. In der Meyer-Werft können Sie den Bau der Ozeanriesen hautnah mitverfolgen. Die Ausdockung und die Überführung der Luxusliner sind ein spektakuläres Ereignis, das immer wieder Tausende Menschen anzieht.

Niedersachsen

Unberührte Natur

Flusslandschaft Elbe

Flugsanddünen, Auenwälder, Steilufer, Schwarzstörche, Seeadler und Biber erwarten Sie im Biosphärenreservat. Als Modellregion, in der ein umweltgerechter Umgang mit natürlichen Ressourcen gepflegt wird, betreten Sie hier weithin unberührte Natur. Die Landschaft entlang der Elbe ist wichtiger Brut- und Rastplatz für Zugvögel auf ihrer Reise zwischen Afrika und dem hohen Norden. Teiche und Altarme der Elbe sind bis in den Sommer mit Wasser gefüllt. Denn hier dehnt sich der große Strom in den Wintermonaten bis weit ins Land hinein aus und prägt das Bild der Landschaft.

Naturnaher Tourismus wird im Biosphärenreservat groß geschrieben. Gehen Sie am besten per Fahrrad, Schiff oder auf dem Pferd auf Entdeckungstour. Auf Hunderten Kilometer Radwegen gelangen Sie durch idyllische Dörfer und kleine Städte.

Natur

Historisches Burgfest

Ob Gaukler, Puppenspieler oder reitende Boten: das alljährlich Anfang August stattfindende **historische Burgfest** im Elbschloss bietet unter wechselnden Themen ganz unterschiedliche Attraktionen. Und bei manchen können Sie selbst mitmachen, z. B. beim Bogenschießen oder Hämmern auf dem Amboss des Schmiedes. Kunsthandwerker demonstrieren ihr Können direkt am Stand, bieten ihre handgemachten Waren an.

Freddis Extra-Tipp

Infos erhalten Sie unter Tel. 0 58 52 / 95 14-0 oder www.elbschloss-bleckede.de

Im Elbschloss Bleckede, dem zentralen Informationszentrum für das Biosphärenreservat, können Sie sich ausführlich über die Flusslandschaft Elbe informieren. Spezielle pädagogische Angebote vermitteln Ihren Kindern grundlegende Kenntnisse zu Fauna und Flora der Region.

 Niedersachsen

Leckeres Edelgemüse

Weißes Gold

Willkommen auf der niedersächsischen Spargelstraße. Das Edelgemüse ist eine typische Spezialität Niedersachsens. Rund 20 Prozent der deutschen Spargelernte werden hier erzeugt. Seit 1999 können Sie auf 750 km Länge die wichtigsten Anbaugebiete der Region besuchen. Hier schlemmen Sie nicht nur genussvoll das weiße Gold, sondern erleben auch zahlreiche Feste, Märkte und Sonderaktionen, in denen sich alles um den Spargel dreht.

Nehmen Sie sich die Zeit, in die kulinarische Welt des Spargels einzutauchen. Beobachten Sie die Spargelstecher bei der Arbeit, entdecken Sie neue Rezepte und informieren Sie sich über die lange Tradition des Spargelanbaus in der Region.

Genuss

Infos erhalten Sie unter Tel. 0 51 36 / 89 81 10 oder www.niedersaechsische-spargelstrasse.de

Niedersächsisches Spargelmuseum

© emmi - Fotolia.com

An Hand von Fotos, aber auch Originalerntemaschinen und Spargelmessern wird die aufwändige Arbeit des Anbaus, die Züchtung und das Wachsen der Pflanze mit ihren vielen langen Wurzeln über Weiterverarbeitung, Konservierung, Vermarktung und Vertrieb dargestellt. Auf dem Außengelände werden Großgeräte wie ein Tiefpflug, ein Dammbräumer und die erste Spargel-schälmaschine präsentiert.

Infos erhalten Sie unter:
Tel. 0 50 21 / 1 24 61 oder www.museum-nienburg.de

Der Spargel selbst wird zwar nur von Ende April bis Ende Juni gestochen, doch die Spargelfelder prägen schon ab März das Landschaftsbild. Nach der Ernte sind die Felder bis weit in den Herbst hinein an den grünen Pflanzen mit den roten Beeren zu erkennen.

Niedersachsen

Meeresrauschen

Badehaus Norderney

Das Meer ist eine erstklassige homöopathische Apotheke. Schon Fontane, Heine und Bismarck wussten davon zu berichten. Im größten Thalasso-Zentrum Deutschlands, dem Badehaus Norderney, können Sie die Behandlungen rund um Schlick, Salz und Algen in zahlreichen Varianten genießen. Europas ältestes Meerwasserwellenbad setzt aber auch visuelle Akzente. Im Mittelpunkt steht die puristisch anmutende Architektur des Bauhaus-Stils. Sie beruhigt das Auge und lässt Sie in die Welt des Wohlbefindens abtauchen.

Wellness

Infos erhalten Sie unter Tel. 0 49 32 / 89 10 oder www.badehaus-norderney.de

Das Badehaus ist auf zwei Ebenen nach den klassischen Thalasso-Anwendungen gegliedert: Feuer und Wasser. Das Feuer beherrscht den Sauna-Bereich. Auf dem Dach können Sie sich in einer Kelo-Außensauna gleich doppelt entspannen: bei 90 °C und einem Panoramablick aufs Meer. Anwendungen mit Schlamm sowie Schlick und ein Nickerchen auf erhitzten Steinen sind Balsam für Ihre Seele. In der Solegrotte, wo der hohe Salzgehalt den Körper federleicht macht, können Sie sich abschließend in den Abend treiben lassen.

Niedersachsen

Affenartiges Vergnügen

Tier- und Freizeitpark Thüle

Mitten im Erholungsgebiet Thülsfelder Talsperre empfängt Sie und Ihre Kinder der Tier- und Freizeitpark Thüle. Auf einer Fläche von achteinhalb Hektar erwartet Sie eine Fülle von Attraktionen, die einen erlebnisreichen Tag garantieren.

Wenn Sie das Gelände betreten, treffen Sie zunächst auf den Freizeitpark mit einer großen Anzahl an Fahrgeschäften und Spielgeräten für alle Altersklassen. Hat Ihr Nachwuchs sein persönliches Lieblingsgerät erst einmal entdeckt, gibt es kein Halten mehr. Nach dem Austoben im Freizeitpark geht es dann auf große Entdeckungstour durch den Tierpark: Großzügige Freigehege und artgerecht gestaltete Unterkünfte beherbergen eine stattliche Anzahl von rund 120 Tierarten. Besondere Anziehungspunkte sind immer wieder die verschiedenen Affen-

Hits für Kids

Infos erhalten Sie unter Tel. 0 44 95 / 2 55 oder www.tier-undfreizeit parkthuele.de

arten. Jeder Besucher stößt irgendwann auf seinen Favoriten. Ob Krallenäffchen, Gibbon oder Katta. Zu den Besonderheiten des Zoos zählt die Anlage der Berberaffen, die man auf einem Laufsteg erreicht, der direkt über den Köpfen der Tiere „schwebt". Auf diese Weise kann man dem Treiben der Affen aus der ersten Reihe zuschauen.

Niedersachsen

Frisch von der Kuh

Infos erhalten Sie unter Tel. 0 41 44 / 41 47 oder www.niedersaechsische-milchstrasse.de

Milchland Niedersachsen

Wie fing das denn mal alles an mit Moor und Kuh, mit Milch und Butter, Quark und Käse? Probieren Sie es selbst und radeln entlang der Milchstraße. Ausgebildete Gästeführer begleiten Sie gerne von Station zu Station und ermöglichen einen Blick hinter die Kulissen der Milchwirtschaft.

Vom Boxenlaufstall zur Milchtankstelle geht es entlang der **Route 1** durch den Mikrokosmos von Geest, Marsch und Moor.
Nach einem Glas eiskalter Milch erwartet Sie **Route 2.** Das Thema: Edelstahl, Euter und Zentrifuge.

Hits für Kids

Moorwirtschaft und Hightech-Kuh bietet die **Route 3:** Milchverarbeitung des 21. Jahrhunderts ist Hochtechnologie. Jede Kuh ist erfasst und trägt ihre Daten auf einem Chip um den Hals. Trotzdem wirkt der Besuch auf dem Hof wie aus guten alten Tagen, wo die Kühe friedlich und frei herumliegen, wiederkäuen und große Kuhaugen sich mit großen staunenden Kinderaugen treffen. Buttern wie Uropa kann man auf der **Route 4** im Norden.

Niedersachsen

Palette an Attraktionen

© Nicole Kanning/www.worpswede.de

Künstlerkolonie Worpswede

„Worpswede, Worpswede … es ist ein Wunderland", schrieb die Malerin Paula Modersohn-Becker 1897 begeistert in ihr Tagebuch. Und Rainer Maria Rilke schwärmte von einem „Himmel von unbeschreiblicher Veränderlichkeit und Größe". Bis heute zieht der Ort zahlreiche Kunstbegeisterte in seinen Bann.

Die Künstlerkolonie Worpswede wurde 1889 als Lebens- und Arbeitsgemeinschaft von Künstlern gegründet. Im Teufelsmoor, 18 Kilometer nordöstlich von Bremen gelegen, wurde sie zur Heimat zahlreicher Künstler des Impressionismus und Expressionismus.

Kultur

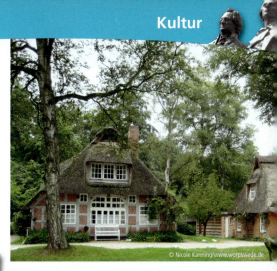

*Infos
erhalten Sie unter
Tel. 0 47 92 / 93 58 20
oder
www.worpswede.de*

Lassen auch Sie sich von der Außergewöhnlichkeit des Lichts und der Landschaft faszinieren. Kleine schwarze Torfkähne mit braunen Segeln, der legendäre Moorexpress und die überall verstreuten Kunstobjekte und Skulpturen sind Teil des wunderschönen Landschaftsbildes.

Empfehlenswert ist eine Fahrt im Moorexpress, der die Städte Stade, Bremervörde und Osterholz-Scharmbeck miteinander verbindet. Der Künstler Heinrich Vogeler entwarf viele Bahnhöfe entlang der Strecke – der Bahnhof Worpswede ist hierfür das beste Beispiel.

 Niedersachsen

Kulturschätze der Welfen

Schloss Marienburg

Gehen Sie auf historische Spurensuche rund um Hannover. Hier treffen Sie auf die einzigartigen Kulturschätze der Welfen, die von der wechselvollen Geschichte des Königshauses zeugen. Ein Besuch auf der ehemaligen Sommerresidenz des Herrschergeschlechts darf nicht fehlen: Das Schloss Marienburg mit seiner unverwechselbaren Silhouette am Südwesthang des Marienbergs ragt schon von weitem sichtbar aus den sanften Hügeln des Leinetals hervor. Der Welfen-Sitz zählt zu den bedeutendsten neugotischen Baudenkmälern Deutschlands.
Im Schlossrestaurant können Sie im Ambiente eines französischen Bistros des 19. Jahrhunderts genussvoll Schlemmen. Auch fürs Ohr wird hier viel geboten:

Kultur

Während der Saison finden auf Schloss Marienburg zahlreiche Konzerte statt. Für Jazzliebhaber gibt es am ersten Sonntag im Monat einen Jazzfrühschoppen. Den Klassikfan erwartet monatlich ein Konzert im Rittersaal mit Künstlern von nationalem Rang. Als herausragendes Ereignis finden Anfang September die „Schloss Marienburg Klassik Open-Air-Konzerte" statt. Genießen Sie im illuminierten Innenhof musikalische Highlights umrahmt von einem romantischen Feuerwerk.

Infos erhalten Sie unter Tel. 0 50 69 / 4 07 oder www.schloss-marienburg.de

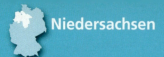
Niedersachsen

Mit Drachenkraft

© Surfer's Paradise

Kitesurfen

Egal, ob im Herbst, Frühling, Sommer oder Winter – Kitesurfen ist die Trendsportart für Wassersportler. An vielen Stränden der Region fasziniert die Sportart dank ihrer spektakulären Akrobatik. Schnuppern Sie doch mal in den neuen In-Sport rein und gleiten Sie mit Drachenkraft übers Wasser. In Hooksiel bei Wilhelmshaven an der Nordseeküste gibt es sogar speziell für Kite-Surfer abgesteckte Strandbereiche.

Das Steinhuder Meer ist ebenfalls ein attraktiver Platz, um das etwas andere Wellenreiten zu erlernen. Der größte Binnensee Nordwestdeutschlands bietet Ihnen dafür ideale Bedingungen.

Aktiv

Infos
erhalten Sie unter
Tel. 0 50 36 / 98 81 19
oder
www.surfers-p.de

In der Wassersportschule Surfer's Paradise können Sie das Kiten in Anfänger-, Aufsteiger-, Fortgeschrittenen- und Profikursen erlernen. Die Kurse werden stets in sicheren Revieren von erfahrenen Trainern durchgeführt. Die Kurse beginnen immer Montag, Mittwoch, Samstag und an allen Feiertagen. Die genauen Termine sowie die mehrtägigen Kitesurf-Specials finden Sie im Internet.

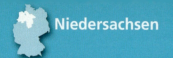

Niedersachsen

Moderne Pfadfinder

GPS-Touren

Willkommen in der modernen Welt der Pfadfinder! Gehen Sie mit GPS auf Entdeckerkurs. Die Satelliten-Navigation bietet Ihnen interessante Alternativen, Ihre Ferienregion im Detail zu erforschen. Die Landesvermessung und Geobasisinformation Niedersachsen (LGN) bieten exakte Karten und Routen für Radfahrer, Wanderer und Reiter zum Download an. Werden Sie „Geonaut" und gehen Sie auf Schatzsuche. Viele Ferienorte in Niedersachsen haben für Sie attraktive Routen vorbereitet.

So lockt auch Bad Harzburg mit reizvollen GPS-Touren. Egal, ob Sie Wanderer, Nordic Walker oder Mountainbiker sind: Bei der Touren-Auswahl rund um die Stadt und im Nationalpark Harz hilft Ihnen ein komfortabler Tourassistent. Alle Stre-

Aktiv

Infos erhalten Sie unter Tel. 0 53 22 / 7 53 30 oder www.bad-harzburg.de/gps.html

cken sind nach Kondition, Technik und Erlebniswert beurteilt. Wenn Sie kein Navigationssystem besitzen, können Sie sich in der Regel eines an der Touristeninformation ausleihen.

Niedersachsen

Bunte Vielfalt vom Harz bis zur Nordsee – Wer von Hessen Richtung Nordsee fährt, der kommt mitten durch Niedersachsen und kann eine Menge erleben auf dem platten Land. Nicht nur die beliebten Regionen wie die Lüneburger Heide oder die Küste sind interessant für schöne Ferien. Auch im Weser-Bergland, in dem die Märchen und Sagen zu Hause sind, oder dem Osnabrücker Land, in das die Eiszeit zurückgekehrt ist, kann der Urlauber tolle Sachen erleben.

Diese und noch mehr Reisetipps gibt's unter:
www.reiseland-niedersachsen.de

Fakten zu Niedersachsen

Hauptstadt:	Hannover
Einwohner:	7,98 Mio.
Fläche:	47.614,00 km^2
Einwohner/km^2:	167
Webseite:	www.niedersachsen.de

⑯	Nordseeküste	158	㉓	Mittelweser/Dümmer See	200
⑰	Ostfriesland	181	㉔	Lüneburger Heide	204
⑱	Land zwischen Elbe und Weser	184	㉕	Hannover Region	238
⑲	Grafschaft Bentheim	189	㉖	Braunschweiger Land	-
⑳	Emsland	191	㉗	Weserbergland	242
㉑	Osnabrücker Land	195	㉘	Harz	245
㉒	Oldenburger Münsterland	197			

Zahlen und Fakten

Niedersachsen
16 Nordseeküste

Bensersiel
🚶 40 km 🚆 2 km

Luft wie Sekt, jeder Atemzug eine Kur, Salz auf der Haut. Die Nordsee ist zeitlos. Weiter Horizont, Nordsee-Energie für Ihre Batterie, mit der Sie vital und fit Deich und Strand erobern. Wie wär's mit einem Verwöhnurlaub für Sie und Ihn am Nordseeheilbad mit Massagen, Sauna, Thalasso-Anwendungen. Auf den flachen, weiten Stränden gibt's jeden Tag ein neues Programm. Kuranw., Hochseeangeln. Reiten und Kutschfahrten mögl. Seniorenschwimmen bei 30° in der Nordseetherme *Sonneninsel*.

Infos unter: Kurverein Nordseeheilbad Esens-Bensersiel e.V.
Tel. 04971 - 9170 oder www.bensersiel.de

156706_1   F***

„Hof Seewind"***
Hicken, Gertrud
Westbense 1
26427 Bensersiel
Tel. 04971 - 4557

Gertrud.Hicken@t-online.de
www.hof-seewind-hicken.de

Hof in Einzellage, Bettwäsche und Handtücher müssen mitgebracht werden, SE, KB, Waschmaschine, TV, Grillplatz, Brötchendienst, Ackerbau, Grünland, Kühe, Schweine, Ziegen, Kaninchen, Federvieh, Katzen, Hunde, Schaf, Bollerwagen, Tischtennis, Mitarbeit möglich.

Anzahl	Art	qm	Personen	Preis
4	FeWo	32-68	2-4	ab 30,00 €

75831_1   F***/****

Ferienhof Rixte****
Janssen, Alwin
Rotzmense 2
26427 Bensersiel,
OT Westbense
Tel. 04971 - 4938
Fax 04971 - 5600

FerienhofRixte@aol.com
www.FerienhofRixte.de oder
www.ferienhof-rixte.de

Familienfreundlicher Reiterhof an der Nordseeküste, 300 m bis zum Meer und Nationalpark, am Ortsrand vom Nordseeheilbad Bensersiel. Frühstücksbüfett, Brötchen-/Getränkeservice. Kaminzimmer, Spielplatz, Streicheltiere, Reitunterricht, Kutschfahrten, Kinderanimation, Wellness/Fitness, Kreativworkshops.

Anzahl	Art	qm	Personen	Preis
8	FeWo	45-100	2-5	ab 40,00 €

Butjadingen
🚶 30 km 🚆 8 km

Butjadingen ist eine Halbinsel mit kleinen Orten. Im Nationalparkhaus Fedderwardersiel führt ein langer Entdeckungspfad ins Deich- und Grodengelände, ans Watt und auf die Salzwiese (individuelle Führungen: Seehunde im Wattenmeer). Sehenswert: Fischkutterhafen, Tropen-/Tierpark, Kuren, Sauna, Erlebnisbad, Schifffahrten, Inlineskaten, Reiten. Wassersport: Parasailing, Skaten, Surfen ... Das Nordseebad Burhave bietet Strandvergnügen mit Spielscheune und ganzjähriger Kinderbetreuung.

Infos unter: Tourismus-Service Butjadingen GmbH & Co. KG
Tel. 04733 - 929310 www.budjadingen.de

Niedersachsen
Nordseeküste 16

Ferienhof Cornelius***
Cornelius, Claudia
Widderweg 13
26969 Butjadingen
Tel. 04731 - 923543
Fax 04731 - 923544

cp.cornelius@t-online.de
www.ferienhof-cornelius.de

218189_1   F***

Vollbewirtschafteter Milchvieh- und Ackerbaubetrieb, Reetdachhaus mit großem Garten in idyllischer Einzelhoflage, inmitten grüner Wiesen, markierte Radwanderwege, Nordseebäder und Hafenstädte in der Nähe, vielfältige Ausflugsmöglichkeiten. Nordsee 2 km, Strand 8 km.

1 FeWo mit 2 Schlafzimmern, Telefon, Mikrowelle, Sat-TV, DVD, sep. Kinderspielecke, viele Bücher u. Spiele, Tischfußball, Bettwäsche und Handtücher nach Absprache, Hausprospekt.

Sport, Kultur, Mithilfe im Stall oder einfach nur ganz viel Ruhe, es ist alles möglich. Großer Garten, Grillecke, Hausschlachtungen, Sonnenliegen, Bolzplatz, Spielgeräte, Tischtennis, Spieldiele, Haustiere nach Absprache.
Freundliche Tiere: viele Kühe, Kälber, Schafe, Pferde, Pony, Hunde, Katzen und Federvieh.

Besuchen Sie uns im Internet.

Anzahl	Art	qm	Personen	Preis
1	FeWo	85	2-6	ab 35,00 €

Carolinensiel
🚆 2 km

Fahren Sie mal zum *Großen Meer*! - Der Flachmoorsee ist mit Binnenseen verbunden und gibt gerade außerhalb der Saison seine vielfältige Flora und Fauna am Seeufer preis. Nach einem langen Spaziergang oder Ritt erholen Sie sich im Sole- u. Dampfbad, in der Sauna oder bei einer Massage. Am nächsten Morgen wandern Sie im Watt, dann schwimmen Sie im Meerwasser-Freibad. Minigolf, Kanu, Beach-Volleyball. Torf-/Siedlungsmuseum Wiesmoor, Freizeitpark, Miniaturstadt *Lütge Land*.

Infos unter: Nordseebad Carolinensiel-Wittmund GmbH
Tel. 04464 - 94930 oder www.harlesiel.de

Tannenwerth***
Gerdes, Gisela und Hillert
Carolingroden West 2
26409 Carolinensiel
Tel. 04464 - 293
Fax 04464 - 8525

gerdes.c-siel@t-online.de
www.tannenwerth.de

Wir bewohnen und nutzen die Wohn- und Wirtschaftsgebäude der ehemaligen königlich-preußischen Domäne „Tannenwerth", wir betreiben keine Landwirtschaft, Einzelhoflage am südlichen Ortsrand von Carolinensiel, 2 km bis zum Strand, 10.000 qm parkähnlicher Garten und Hofraum, KB, Saisonermäßigung, WM, Sat-TV, Terrasse, Grillplatz, Fahrradverleih.

Anzahl	Art	qm	Personen	Preis
4	FeWo	35-60	1-4	ab 30,00 €

89987_1   F***

Niedersachsen
16 Nordseeküste

Dornum

🍴 45 km 🚆 20 km

„Die Herrlichkeit Dornum" direkt an der ostfriesischen Nordseeküste gelegen, Meerwasserfreibad, Strandgymnastik, Wattwandern, Surfen, Reiten, Minigolf, Therapie- und Wohlfühlzentrum, offene Badekuren, Ritterspiele auf dem Schlossplatz, Hafenfest Bockwindmühle, Ausflugsfahrten mit dem Schiff, Mitfahrgelegenheit auf einem Schiff mit Fischfang, Krabbenpulen, Krabbenkochen und kleiner Knotenkunde.

Infos unter: Tourismus GmbH Gemeinde Dornum
Tel. 04933 - 91110 oder www.dornum.de

Ferienhof Hillrichs****
A. Harles u. H. Hillrichs
Buterhusen 17
26553 Dornum,
OT Westeraccum
Tel. 04933 - 361   info@hillrichshof.com
Fax 04933 - 879021   www.hillrichshof.com

Vollerwerbsbetrieb, Einzelhof mit parkähnlicher Anlage. FeWo teilweise mit Kamin, Spülmaschine, 2 WC, heilpädagogisches Reiten, Naturspielplatz, Spielhütte, Grillplatz, Bauerngarten, Tretboot, Kanu, Kinderbetreuung und Aktivitäten mit Gästen auf Wunsch, z.B. Filzen mit Wolle, Streicheltiere, Spielscheune, Sauna, Boote, Billard, Tischtennis, Fußballtisch etc.

Anzahl	Art	qm	Personen	Preis
3	FeWo	50-80	2-6	ab 46,00 €
1	FH	55	2-5	ab 54,00 €

331039_1   F****/*****

Esens

🍴 30 km 🚆 Esens

Nordseeheilbad Esens: „Den Urlaub machen wir". Nationalpark Niedersächsisches Wattenmeer, Moor, Esens ist fahrradfreundlichste Kommune Niedersachsens 2004 geworden, Nordseetherme, Meerwasser-Wellenfreibad, Wattwanderung, maritimer Sport-Themen-Park, Dampfbäder, Beautyabteilung mit Ayurveda, Museum „Leben am Meer", Bernsteinhaus, 3D-Museum, Abenteuerspielpark mit Kletterschiff, Schiffstouren.

Infos unter: Nordseeheilbad Esens
Tel. 04971 - 9170 oder www.esens.de

DLG-Käse-Guide

Der 1. DLG-Käse-Guide gibt dem Verbraucher Informationen an die Hand, die ihm bei der Auswahl seines Lieblingskäses helfen. Rund 1.000 Käse warten auf Ihren Genuß.

9,90 €

Nutzen Sie die Bestellkarte auf der letzten Seite!

Niedersachsen
Nordseeküste 16

Ekenhoff
Urlaub auf dem Bio-Hof

Elke de Buhr
26427 Esens, OT Neugaude

Ekenhoff ✱✱✱, Ihne-Heiken-Weg 2a
☎ 04977/91 29 55, Fax: 91 29 57
www.ekenhoff.de   anfrage@ekenhoff.de

Freuen Sie sich auf 6 gemütl., kinderfreundliche und komplett eingerichtete FeWo, 2–5 Pers., 45–90 qm, 38,– bis 66,– €. Teilw. auch mit Haustier erlaubt und barrierefrei.

Unser Ekenhoff
In einer idyllischen Alleinlage am Waldrand liegt unser (zukünftiger Kneipp-Bauern-) Hof mit ca. 10.000 qm Hofgrundstück. Unser Ackerbaubetrieb (Bioland anerkannt) liegt nur 15 Autominuten von der Küste (Bensersiel) entfernt. Nicht weit, ca. 1 km, liegt unser Naturschutzgebiet „Ochsenweide". Wir bieten Ruhe und Erholung im gesundheitsfördernden Nordseeklima, abseits des touristischen Trubels mit vielen Rad- und Wanderwegen, tollen und interessanten Museen und vielen anderen Freizeitmöglichkeiten.
Ihre Kinder können gespannt sein auf: 12 Ponys, Schweine, Ziegen, Enten, Gänse, Hühner usw. Genießen Sie auch unseren Kräuter- und Gemüsegarten und zukünftig auch unser Kneippangebot.
Wir würden uns sehr freuen, wenn Ihnen unser Angebot zusagt und wir Sie mit einem herzlichen **„Moin"** bei uns auf dem Hof begrüßen dürften.

241609_16

Ferienhof Oltmanns✱✱✱
Oltmanns, Hinrike
Sterbur 1
26427 Esens
Tel. 04971 - 1701
Fax 04971 - 1701

Johann.Oltmanns@t-online.de
www.Ferienhof-Oltmanns.com

Der Ferienhof Oltmanns bietet Ihnen einen ruhigen und erholsamen Nordsee-Urlaub in ländlicher Umgebung. KB, NR, WM/Trockner, Spielplatz, Kinderfahrzeuge, Streicheltiere, Mitarbeit möglich, Liegewiese, Grillplatz, Freisitz, TT, Garten, Parkplatz am Haus, Gästeabholung vom Bahnhof, Hausprospekt.

Anzahl	Art	qm	Personen	Preis		
4	FeWo	45-60	4-6	ab 34,00 €	295155_1	F✱✱✱

Niedersachsen
16 Nordseeküste

Hagermarsch
🚶 40 km 🚆 10 km

Hagermarsch hat knapp 500 Einwohner. Vor allem im Winter und Frühjahr wird Bosseln gespielt (eine typische Sportart der Gegend, bei der man eine so genannte Bosselkugel aus schwerem Pockholz wirft - viel Spaß!). Ebenso beliebt: Pultstockspringen. Im nahen Hilgenriedersiel befindet sich die einzige naturbelassene Badestelle an der ostfriesischen Nordseeküste. Hallen-/Freibad 7 km. MachMit-Museum, Landesmuseum und Kunsthalle Emden, Wattwanderung, Inlineskaten, Paddeln, Reiten, Surfen.

Infos unter: Kurverwaltung Hage
Tel. 04931 - 189970 oder www.hagermarsch.de

Ferienhof Vossegatt***

Willms, Anna
Dornumerstr. 1
26524 Hagermarsch
Tel. 04938 - 201

Ruhig gelegener ehemaliger Gulfhof mit großflächigen Rasenanlagen und altem Baumbestand. Saisonermäßigung für 2 Personen, TV, Kinderbett, Waschmaschine, Geschirrspülmaschine, Mikrowelle, Liegewiese, Spielplatz, 1 Pony, 4 Schweine, Federvieh. In der Nähe: Sauna, Solarium, Minigolf.

Anzahl	Art	qm	Personen	Preis
3	FeWo	65-110	5-7	ab 41,00 €

238101_1   F***

Hooksiel

Der Küstenbadeort bietet neben dem gut ausgebauten Strandgelände (auch FKK) ein 650 ha großes, begrüntes Freizeitgelände mit 12 km Rad-, Wander- u. Reitwegen, Trab- u. Galopprennbahn, Sportplätzen. Er verfügt über ein Meerwasserwellen-Hallenbad (Sauna), Liegeplätze für Segeljachten. Mehrmals in der Saison startet ein Katamaran nach Helgoland, Amrum, Föhr und Sylt. Am Hooksmeer von der Seeschleuse gibt es Wasserskilift, Surfschule, eine große Spielscheune und Bootsverleih.

Infos unter: Wangerland Touristik GmbH
Tel. 04426 - 9870 oder www.wangerland.de

Hallo, kleines Schweinchen!

Das kleine Ferkel hat jede Menge Spaß auf dem Bauernhof.
Es suhlt sich im Matsch und versucht den Schmetterling zu fangen. Mit der kuscheligen Fingerpuppe kann man all seine kleinen Abenteuer miterleben.

Ab 12 Monaten, 16 Seiten   **7,95 €**

Nutzen Sie die Bestellkarte auf der letzten Seite!

Niedersachsen
Nordseeküste 16

Traberhof
Ferienwohnungen
Landurlaub in seiner schönsten Form.

Für einen erlebnisreichen und erholsamen Urlaub sorgen ...

bei unseren kleinen Gästen ...
- unser Unterhaltungsteam: Kaninchen, Ponys, Ziege, Enten, Hühner, Katzen...
- phantastisches Spielen im riesigen Garten mit Sand, Wasser, Rutsche...
- großer Fahrzeugpark Trecker, Go-Karts, Bikes, Trikes, Tretboot...
- Ponyreiten auf dem Reitplatz in kinderfreundlicher Umgebung.

bei den großen Gästen ...
- absolute Ruhe im Küstenklima
- Entspannung in Sauna und Solarium
- gesellige Abende mit Grillen, Spielen, Klönen...
- Radtouren und Ausflüge entlang der Küste oder zu den Inseln
- ein vielfältiges Freizeitangebot in den benachbarten Küstenorten
- Sektfrühstück in der Nebensaison in familiärer Atmosphäre

geprüfter Ferienbetrieb

Familie Remmer Müller
Traberhof · 26434 Hooksiel
Tel. 04425 / 443 · Fax: 1781
E-Mail: info@traberhof.net
Internet: www.traberhof.net

Niedersachsen
16 Nordseeküste

Jade
🚶 10 km 🚆 10 km

Ferienland am Jadebusen - Über 12 km der Gemeindegrenze liegen am Jadebusen. Gehen Sie auf eine Marschwiese, um wie in den Erzählungen von Nils Holgerson Tausende von Graugänsen zu beobachten! Eine Vielzahl von Vogelarten (auch Zugvögel) ist vorzufinden, wie Fischreiher, Weihen, Kormorane. Zahlreiche Radrouten schlängeln sich durch die idyllische, flache Marsch-/Moorlandschaft. Ausflüge: Strandbad und Schwimmendes Moor Sehestedt, Schloss, Theater, Zoo, Salzwiesenlehrpfad.

Infos unter: Touristikverein „Südliche Nordsee-Jadebusen" e.V.
Tel. 04455 - 1458 oder www.gemeinde-jade.de

338801_1   F****

Louisenhof****
Strodthoff-Schneider, Anette
Bundesstraße 29
26349 Jade, OT Schweiburg
Tel. 04455 - 439   info@louisenhof.de
Fax 04455 - 1405   www.louisenhof.de

Ackerbau, Grünland, Milchviehhaltung, Liegewiese, Grillabende mit Lagerfeuer. Mitarbeit möglich, kleine Pferdezucht, Reitmöglichkeit, Gastpferdeboxen, Frühstück 8,- €/Pers., D/WC, Küche, Sat-TV, Telefon, Terrasse. Brötchenservice.
Großer Spielboden mit Billard, Kicker, Bällepool etc.
Bitte fordern Sie unseren Hausprospekt an!

Anzahl	Art	qm	Personen	Preis
2	FeWo	50-80	1-6	ab 50,00 €

Krummhörn
🚶 17 km 🚆 20 km

Die Gemeinde Krummhörn setzt sich aus 19 Ortschaften zusammen. Besonders sehenswert ist der Hafen in Greetsiel mit seinen Krabbenkuttern und der historischen Häuserzeile aus dem 17. Jahrhundert. Den Fischern bei der täglichen Arbeit zusehen, durch malerische Gassen bummeln, Boote im Kanal beobachten oder das weiträumige Kanalnetz selbst erkunden, historische Siele bewundern, frischen Fisch essen und andere schöne Dinge machen Krummhörn liebenswert.

Infos unter: Tourist-Info Krummhörn-Greetsiel
Tel. 04926 - 91880 oder www.krummhoern.de

Urlaub mit Pferden

Deutschlands größter Reiter-Reiseführer für den Urlaub mit Pferden. Für Reit-Profis, solche, die es erst noch werden wollen, Anfänger, Erwachsene und Kinder finden sich gleichermaßen viele Angebote.

12,90 €

Nutzen Sie die Bestellkarte auf der letzten Seite!

Niedersachsen
Nordseeküste 16

Helenenhof****
Familie Bauer
Langer Weg 3
26736 Krummhörn,
OT Pewsum
Tel. 04923 - 7183
Fax 04923 - 912006

info-helenenhof@t-online.de
www.helenenhof-nordsee.de

DER HELENENHOF ...

... ein schöner, alter Gulfhof im Herzen der Krummhörn.

- Unsere 4-Sterne-Ferienwohnungen bieten einen angenehmen Urlaubskomfort.
- Der große parkähnliche Garten mit Kinderspielplatz, Paddel- und Angelmöglichkeit am angrenzenden Kanal ist ein Paradies für Jung und Alt.
- Als besonderes Angebot laden wir unsere Gäste wöchentlich zur gemütlichen ostfriesischen Teestunde ein. Zusätzlich bieten wir dreimal wöchentlich Kinderreiten unter fachkundiger Anleitung an.

DIE KRUMMHÖRN mit den romantischen Warfendörfern und das nahegelegene Wattenmeer runden das vielfältige Angebot auf besondere Weise ab.

Anzahl	Art	qm	Personen	Preis		
3	FeWo	70	4	55,- bis 75,- €	189239_1	F****

Ferienhof
Gut Middelstewehr****
De Vries, Hilde
Greetsieler Str. 9
26736 Krummhörn
Tel. 04926 - 350
Fax 04926 - 1638

hilde.devries@t-online.de
www.ostfriesland-greetsiel.de
www.gut-middelstewehr.com

Erleben - genießen - wohl fühlen
Ferienhof Gut Middelstewehr, denkmalgesch. ostfr. Gulfhof.
2 km von dem idyllischen Fischerdorf Greetsiel, parkähnlicher Garten, 5000 qm, Kanalgrundstück für Angler, gr. Gartenhaus, Grillplätze, Spielplatz/-geräte, Sonnenterrassen, gesundheitliche Anwendungen.

Anzahl	Art	qm	Personen	Preis		
3	FeWo	50-110	2-6	ab 30,00 €		
1	FH	80	4-6	ab 60,00 €	241180_1	F****/*****

Ferienhof
Rüsthofen-Campen****
Reershemius, Gerda
Krummhörner Str. 1
26736 Krummhörn
Tel. 04927 - 236
Fax 04927 - 236

info@ruesthofen.de
www.ruesthofen.de

Weite - Wind und Wellen. Frische Luft genießen, Ebbe und Flut erleben, sich wohl fühlen auf Rüsthofen. In einem FH oder in einer FeWo****. Ebenerdig, senioren- und behindertengerecht, parkählicher Garten, Grillplatz, Teestube, Tischtennisraum, kinderfreundlich, Spielgeräte, Streicheltiere, „Rad up Pad".

Anzahl	Art	qm	Personen	Preis		
1	FeWo	90	2-5	ab 35,00 €		
1	FH	140	2-6	ab 40,00 €	156320_1	F****

Niedersachsen
16 Nordseeküste

267804_1   F***

***Sanders, Wilhelm
Schoonorther Straße 1
26736 Krummhörn,
OT Schoonorth
Tel. 04920 - 569
Fax 04920 - 939004

wigestewi@ewetel.net
www.ferienhof-sanders.de

Unser großer ostfriesischer Bauernhof liegt im Nordseeküstenbereich u. bietet Ihnen einen gr. Garten, Spiel-/Liegewiese, Ackerbau, Kälberaufzucht, Ponys, Hunde, Katzen, Minischwein, Meerschweinchen, Kaninchen. Preise bis 4 Pers., Eier vom Hof. Hausprospekt.
Weitere Infos auf unserer Homepage: www.ferienhof-sanders.de

Anzahl	Art	qm	Personen	Preis
3	FeWo	75-130	4-6	ab 36,00 €

241143_1   F****

Deichhof Leeshaus****
D. und P. Schöningh
Leeshaus 14
26736 Krummhörn,
OT Hamswehrum
Tel. 04923 - 7111
Fax 04923 - 990526

Schoeningh.Deichhof-Leeshaus@t-online.de
www.deichhof-leeshaus.de

Kneipp-Gesundheitshof unmittelbar am Nordseedeich (200 m!), Urlaub mit allen Sinnen erleben und genießen! 4 FeWo, DZ, Heuhotel (bis 20 Pers.) laden dazu ein. Bei uns können Sie der Sonne endlich mal wieder „gute Nacht" sagen - ein Sonnenuntergang am Meer ist immer wieder ein Erlebnis für alle.

Anzahl	Art	qm	Personen	Preis
4	FeWo	55-108	2-6	ab 33,00 €

Neuharlingersiel
⋔ 40 km 🚉 8 km

Eine Krabbenkutterflotte liegt am Poller - frischere Krabben zu pulen als direkt vom Kutter gibt es keine! Seefische werden nach alter Sitte geräuchert, die beleuchtete Deich- und Strandpromenade lädt abends noch zum Bummeln ein. Familienspaß bieten Buddelschiffmuseum, Hafenkonzerte, Kutsch-/Planwagenfahren. Die Großen treffen sich zu Teeseminaren, die Kleinen lieben Leuchttürmchenclub, Wasserspielanlage „Platschi" und den Sandstrand zum Burgenbauen. Meerwasser-Hallenbad (Sauna).

Infos unter: Kurverein Neuharlingersiel e.V.
Tel. 04974 - 1880 oder www.neuharlingersiel.de

238113_1   F****

Warftenhof Andreesen****
Andreesen, Hajung und Dagmar
Klein-Holum 1
26427 Neuharlingersiel
Tel. 04974 - 234

Info@Ferienhof Andreesen.de
www.Ferienhof-Andreesen.de

Es erwarten Sie 2 Neubau-FeWo mit großer Wohnküche und hochwertiger Einrichtung aus Massivholz, BK, Tel., Mikrowelle, Spülm., Preis inkl. Bettwäsche und Handtücher, SE, KB, Hochstuhl, Waschm.-/Trocknerben., Sat-TV, DVD, Brötchenservice, Liegewiese u. Terr., Ponys, Federvieh, Ackerbau, Hausprospekt.

Anzahl	Art	qm	Personen	Preis
2	FeWo	60	2-6	ab 42,00 €

Niedersachsen
Nordseeküste 16

Ferienhof „Nordsee"****
Becker, Heero
Deichstrich 2
26427 Neuharlingersiel
Tel. 04974 - 256
Fax 04974 - 912220
www.nordseehof-becker.de

Moderne und gemütliche FeWo auf unserem Bauernhof (Rinder, Kälber, Ziegen, Kleintiere). 300 m bis zur Nordsee, 1 km zum Strand. Wohnraum m. Küchenzeile (Geschirrspülm., Mikrow.). WM u. Trockner. Gr. Garten m. Terrasse, Grill, Spielplatz, Gokart, TT, Tischfußball u. v. m. Milch, Eier aus eig. Betrieb. Brötchenservice.

Anzahl	Art	qm	Personen	Preis
3	FeWo	50-55	2-4	ab 30,00 €

230068_1   F****

Ferienhof-Bremer***
Bremer, Almuth
Dorfstraße 17
26427 Neuharlingersiel,
OT Groß-Holum
Tel. 04974 - 263
Fax 04974 - 1490
Almuth.Bremer@ewetel.net
www.ferienhof-bremer.de

Erfahren und genießen Sie liebenswerte Gastlichkeit in unseren gemütlichen ****FeWo und ***DZ mit D/WC am Ortsrand. Die FeWo sind komplett ausgestattet. Waschmaschine, Trockner, Grillplatz, Liegewiese, Spielplatz, Pony, Bauernhoftiere. Fahrradweg, 2,5 km bis zum Strand, Kuren mögl., Brötchenservice, Hausprospekt.

Anzahl	Art	qm	Personen	Preis
3	FeWo	50-60	2-4	ab 31,00 €
2	Zi.	19+24	2-3	20,00 €

130448_1   F****P***

„Wiesenhof"
Esen, Irma
Hartward-Ost 8
26427 Neuharlingersiel
Tel. 04971 - 673
Fax 04971 - 911327
rudolf.esen@ewetel.net
www.wiesenhof-nordsee.de

„Hof" im Ort, Bettwäsche nach Vereinbarung, Kinderbett, Hochstuhl, Waschmaschine, Trockner, TV, Radio, Brötchenservice, Liegewiese, Grillhaus, Spielplatz mit diversen Spielgeräten für drinnen und draußen, Bauernhof-Kleintiere sowie zwei Ponys. Bitte Hausprospekt anfordern.

Anzahl	Art	qm	Personen	Preis
3	FeWo	55-65	4-5	ab 41,00 €
2	FH	55-65	4-5	ab 46,00 €

191931_1

Mühlenhof****
Heyken, Marianne
Hartward-Ost 10
26427 Neuharlingersiel,
OT Hartward
Tel. 04971 - 3112
Fax 04971 - 912894
muehlenhof-heyken@web.de
www.muehlenhofheyken.de

Hof am Ortsrand. FeWo mit TV, Telefon, WM- u. Trocknerbenutzung, Spülmaschine, Kinderbett, Grillpl. Wir sind ein Ackerbau-/Grünlandbetrieb mit Rindern, Ziegen, Kaninchen, Esel, 2 Ponys, Reitmöglichkeit. Ein bes. Erlebnis sind unsere Strohburg u. Fahrten mit dem Oldtimertrecker. Pauschalangebot in der NS inkl. Wellnessbenutzung. Wir freuen uns auf Ihren Besuch.

Anzahl	Art	qm	Personen	Preis
2	FeWo	70	4-5	ab 40,00 €

237860_1   F****

Niedersachsen
16 Nordseeküste

156724_1

Friesenhof*
Janssen, Mareke
Dorfstr. 14
26427 Neuharlingersiel,
OT Groß-Holum
Tel. 04974 - 840
Fax 04974 - 912278

info@friesenhof-janssen.de
www.friesenhof-janssen.de

Auf unserem voll bewirtschafteten Hof im Ort können Sie richtig ausspannen. Wir bieten Ihnen und Ihren Kindern ein reichhaltiges Angebot an Unterhaltung.

F***/****

Saisonermäßigung, Kinderbett, auf Wunsch Frühstück, gemütlicher Aufenthaltsraum, Waschmaschine, TV, Grillplatz.

Ackerbau, Grünland, Pony, Rinder, Kühe, Hängebauchschweine, Kaninchen, Federvieh, Reitmöglichkeit, Mitarbeit möglich.

In der Nähe Töpfern, Spinnen, Weben, Seniorenprogramm, Mineralien und Fossilien sammeln.

Bitte fordern Sie unseren Hausprospekt an.

Wir freuen uns über Ihren Besuch!

Anzahl	Art	qm	Personen	Preis
9	FeWo	35-60	2-6	ab 28,00 €
1	FH	100	6	auf Anfrage

Neuschoo
⚑ 30 km 🚉 10 km

Neuschoo liegt im küstennahen Erholungsgebiet und hat etwa 1.200 Einwohner. Hier können Sie durch Wiesen, Felder, Wald und Moor Rad fahren oder Reiten und beim Wandern sogar Ihr *Holtriemer Wanderdiplom* machen. Gute Angelmöglichkeiten liegen im Naturschutzgebiet *Ewiges Meer* mit Deutschlands größtem Hochmoorsee. Zum Badestrand und Hallenbad sind es ca. 10 km. Es werden besinnliche Handarbeiten angeboten wie Korbflechten, Glasmalerei und Töpfern.

Infos unter: Tourist-Information
Tel. 04975 - 919315 oder www.holtriem-tourismus.de

Malen und Spielen mit Freddi

Riesen-Lese- und Spielespaß für kleine Bauern! In dem DIN-A3-Block finden Sie zwei verschiedene Malvorlagen und drei lustige Spiele zum Ausmalen. Jedes der fünf Motive gibt es viermal, so dass sich alle Kinder/Freunde gemeinsam vergnügen können, ohne Streit und Ärger.

5,00 €

Nutzen Sie die Bestellkarte auf der letzten Seite!

Niedersachsen
Nordseeküste 16

Ponyhof Goldenstein GbR**
Goldenstein, Elke
Alter Weg 6
26487 Neuschoo
Tel. 04975 - 91040
Fax 04975 - 910438

goldenstein@t-online.de
www.ponyhof-goldenstein.de

Unser voll bewirtschafteter Milchviehbetrieb liegt in der Nähe des Küstenbadeortes Esens in einer ruhigen Lage ohne Durchgangsverkehr am Ortsrand von Neuschoo.

Unsere Kinder freuen sich auf Spielkameraden.
Kutschfahrten, Tischtennis, Drachen steigen lassen, Fußball spielen, im Heu herumtoben, abends die Kühe reintreiben, mitfahren auf dem Trecker, reiten in der Reithalle, Gokart fahren, mit den Streicheltieren spielen und vieles mehr.

Das ewige Meer ist in der Nähe.
Fahrradtour über den Holtriemer Wanderweg, große Sonnenterrasse, Grillplatz.

Alle unsere Ferienwohnungen sind komfortabel eingerichtet und ausgestattet. Sie haben jeweils ein Wohnzimmer mit Radio und TV, Küche, 2 oder 3 Schlafzimmer, ein Bad (D/WC) und einen Flur. Saisonermäßigung und Kinderbetten.

Wir würden uns freuen, Sie bei uns begrüßen zu dürfen!

Anzahl	Art	qm	Personen	Preis
4	FeWo	50-65	2-6	ab 32,00 €

Norden
🚶 33 km 🚆 7 km

Endlich erkunden Sie einmal die ostfriesische Teezeremonie ausführlich. Nach einem Strand-Spaziergang mit Wattwanderung machen Sie eine Kutterfahrt. Sie besichtigen historische Mühlen und Kirchen. Dann geht's ins Alte Rathaus mit Heimatmuseum und ostfriesischem Teemuseum, wo die Teezeremonie folgt mit knisterndem Kluntjes, duftendem, herbem Tee, süßen Sahnewolken ... *Dree Koppje sind Ostfreesenrecht*. Mögl.: Makrelen angeln, Inselfahrten. Konzerte, Kleinkunst und Theater, Kuranwendungen.

Infos unter: Tourist-Information Norddeich
Tel. 01805 - 008375200 (12 Cent/Min.) oder www.norddeich.de

Ferienhof „Osterwarf"**
Hilke Bogena
Osterwarfer Weg 5
26506 Norden,
OT Westermarsch II
Tel. 0177 - 2911855
Fax 04938 - 914909

bogena@landurlaub-osterwarf.de
www.landurlaub-osterwarf.de

Der sympathische Ferienhof OSTERWARF bietet Ihnen die besten Voraussetzungen, Urlaub inmitten von Wiesen u. Feldern, einer reizvollen Landschaft mit ges. Klima direkt am Seedeich zu machen. Herrliches Ambiente mit altem Baumbestand in absolut ruhiger Lage (Strandnähe ca. 2,5 km). Alle Altersgruppen sind herzlich willkommen.

Anzahl	Art	qm	Personen	Preis
8	FeWo	50-90	4-6	ab 45,00 €

Niedersachsen
16 Nordseeküste

**Reiterhof
Kinderferienparadies****
Anke Dirks
Ernst-August-Polder 1
26506 Norden,
OT Neuwesteel
Tel. 04931 - 12575
Fax 04931 - 992060

info@ferienponyhof.de
www.ferienponyhof.de

Einzelhof, Hausprospekt, Ackerbaubetrieb, Pferde u. Ponys, Kleintiere, Wochenpauschale Samstag - Samstag 280,- Euro.
Ferienhäuser u. Wohnungen auf den zum Hof gehörenden Flächen.

Auf dem idyllisch gelegenen Hof nehmen wir in den Oster-/Sommer-/Herbst- und Silvesterferien bis zu 40 Jungen u. Mädchen im Alter von 6-14 Jahren bei uns auf, um unter Aufsicht von Betreuern unvergessliche Reiterferien zu verbringen. Die Kinder haben die Möglichkeit, 2x täglich zu reiten.

Der Spielplatz, die Streichelwiese, die große Scheune mit Strohburg, der Bastelraum u. v. m. lassen nie Langeweile aufkommen. Bitte fordern Sie doch einfach unseren Hausprospekt an.

241144_16   F***P**

Anzahl	Art	qm	Personen	Preis
2	FeWo	70-85	1-7	auf Anfrage
2	FH	80-95	4-6	auf Anfrage
9	Zi.		4-6	auf Anfrage

Ferienhof Gerdes*****
Gerdes, Helga
Westermarscher Straße 20
26506 Norden-Norddeich
Tel. 04931 - 6088
Fax 04931 - 6098

ferienhof.gerdes@t-online.de
www.ferienhof-gerdes.de

Unser kinderfreundlicher Bauernhof (Einzelhof in ruhiger Lage) mit Kühen, Kälbern, Katzen, Schafen, Schweinen, Ponys, Hühnern, Kaninchen, Meerschw. verfügt über div. Spielmögl. (gr. Garten mit Spielpatz, Kinderfahrz.). Komplett einger. FeWo (Sat-TV, Tel., Safe)
Beliebtester Ferienhof Niedersachsens 1998, 2005 und 2006

237641_1   F*****

Anzahl	Art	qm	Personen	Preis
2	FeWo	40-80	2-6	ab 35,00 €
1	FH	140	2-8	ab 35,00 €

Hof Itzen***
Itzen, Anneliese und Focko
Neudeicher Weg 2
26506 Norden-Norddeich,
OT Westermarsch
Tel. 04931 - 8730
Fax 04931 - 9720536

info@hof-itzen.de
www.hof-itzen.de

Kur-/Familienurlaub auf unserem voll bew. Hof an der Nordsee. Herrl. Atmosphäre mit viel Ruhe in gesunder Luft. Ein tolles Erlebnis ist unsere Tierwelt. SE, Bettw./Handt., gr. Wohnraum m. Küchenz., 2 Schlafr., D/WC, KB, Sat-TV, WM/Trockner, Grillpl., TT, Eier-/Milch-/Brötchenservice, Basteln, Senioren-/Kinderprogramme.

142064_1   F***

Anzahl	Art	qm	Personen	Preis
2	FeWo	49-50	1-4	ab 25,00 €

Niedersachsen
Nordseeküste 16

Ferienhof „Westerhörn"***
Familie Itzen
Westerhörner Straße 8
26506 Norden,
OT Westermarsch
Tel. 04931 - 4615
Fax 04931 - 975163

familie.itzen@westerhoern.de
www.westerhoern.de

Wir bieten Ihnen einen erholsamen Urlaub auf unserem Ferienhof inmitten eines Vogelschutzgebietes, abseits vom Alltags-Trubel in ländlicher Alleinlage. Zu jeder Jahreszeit finden Sie Spaß und Entspannung auf unserem 9000-qm-Grundstück mit großem Garten und altem Baumbestand.
Unsere Ponys begrüßen Sie zu einem Ausritt, aber auch das Schwein Inge, Kälber, Hühner (für das tägliche Frühstücksei), Katzen, Kaninchen und andere Streicheltiere sind bei uns zu Hause. Vier exklusive komfortable Wohnungen, super Ausstattung, Farb-TV, DVD, CD-Radio, Telefon, Geschirrspüler, Mikrowelle, Safe, Kinderbett, Hochstuhl, Waschmaschine/Trockner, Bettwäsche und Handtücher inklusive.
Spielscheune, Grill-/Spielhaus, mit Gartenmöbeln und -liegen, Terrasse, großes Trampolin, Liegewiese, Strandkörbe umgeben von Sand und Spielzeug, Hobbyraum, Tischtennis, Billard, Trimmrad, Spielgeräte, Basketballkorb, Schaukel, Torwand, Sandkasten, Boot, Lagerfeuer, kostenlose Reitmöglichkeit, Bollerwagen, Buggy und Kleinstfahrzeuge, Fahrräder, Stützräder/Kindersitze/-hänger. Brötchenservice, ostfriesischer Tee mit selbst gebackenen Torten und Kuchen. Hausprospekt.

Anzahl	Art	qm	Personen	Preis
4	FeWo	45-75	2-4	ab 26,00 €

133114_1 F*****

Ferienhof „GROOT PLAATS"**
Deichstr. 31
26506 Norden,
OT Westermarsch II
Tel. 04931 - 8639
Fax 04931 - 81933

groot-plaats@t-online.de
www.groot-plaats.de

Unser trad. Bauernhof liegt direkt am Seedeich (Nationalpark Wattenmeer) u. bietet für jede Generation das ganze Jahr Erholung pur. Sie können wählen zw. Parterre u. FeWo mit Meerblick, die modern, gemütl. u. komf. eingerichtet sind. Garten mit Spielplatz/ -geräten/-haus u. Liegestühlen, Grill u. Streicheltiere laden ein.

Anzahl	Art	qm	Personen	Preis
5	FeWo	45-65	2-4	ab 40,00 €

131983_1 F****

Ferienhof Oldewurtel*
Oldewurtel, Ellen und Johann
Neudeicher Weg 3
26506 Norden,
OT Westermarsch
Tel. 04931 - 82284 und 8664 ferienhof-oldewurtel@gmx.net
Fax 04931 - 8664 www.Ferienhof-Oldewurtel.net

Unser voll bewirtschafteter Bauernhof mit vielen Tieren liegt in ruh., idyll. Lage (Sackgasse) ca. 200 m vom Deich. FeWo 1-3 Schlafzimmer, D/WC, Sat-TV, Radio, teilw. Geschirrsp., Mikrowelle, Handtücher, Bettwäsche, mehrere Räder, Tretfahrzeuge, Spielplatz, Liegewiese mit Sitzgel. inkl., tägl. frische Milch u. Eier, Brötchenservice saisonal, WM/Trockner geg. Geb.

Anzahl	Art	qm	Personen	Preis
5	FeWo	30-60	1-4	ab 25,00 €

111244_1 F***/****

Niedersachsen
16 Nordseeküste

137995_1   F***/****

„Hof Oldewurtel"***
Oldewurtel, Johann,
Gerda und Hans-Jürgen
Neudeicherweg 4
26506 Norden, OT Westermarsch II
Tel. 04931 - 8731
Fax 04931 - 971994

info@bauernhof-oldewurtel.de
www.bauernhof-oldewurtel.de

Natur pur erleben - Urlaub für Jung und Alt
Bauernhof 3 km westl. v. Norddeich, idyll. Lage (Sackgasse, direkt h. Deich). Voll bewirt. Familienbetrieb (Kühe, Ponys, Kleintiere), mod. eingericht. FW (40-50 qm)/FH (80 qm, Parterre, Terrasse), gr. Garten, Blockh., Sitzecken, Grillpl., Spielpl., Kinderfahrz., Fuß- u. Basketball, TT, tgl. frische Milch + Eier, Brötchendienst.

Anzahl	Art	qm	Personen	Preis
3	FeWo	40-50	1-4	ab 30,00 €
1	FH	80	1-5	ab 45,00 €

129006_1   F***/****/*****

Ferienhof „Upwarf"***
Familie Roolfs
Westermarscher Str. 22
26506 Norden-Norddeich
Tel. 04931 - 4574
Fax 04931 - 959010

detlef.roolfs@nwn.de
www.upwarf.de

Beliebtester Kinder-Ferienhof Deutschlands 2007
Beliebtester Ferienhof Niedersachsens 2008
Unterschiedlich große Ferienwohnungen und Ferienhaus mit 1-3 Schlafräumen. Sat-TV, Internetzugang über WLAN, CD-Stereo-Anlage, Video, DVD, Spülmaschine, Küchenausstattung vom Mixer über Waage bis Eierkocher, Waschmaschine + Trockner.
Alle klassischen Bauernhoftiere vom Federvieh bis zur Kuh, auch zum Streicheln, dazu Kaninchen, Meerschweinchen, Katzen und Hunde. 12 Ponys in unterschiedlichen Größen, Reiten auch mit kostenloser professioneller Hilfe. Ponykutsche, selbst Trecker fahren, Terrassen, mehrere Freisitze z.T. überdacht mit anliegender Küche. Grillen, Räuchern, Lagerfeuer, Basteln, Teezeremonie mit Waffeln backen. Angeln, Ruder- und Tretboot, Segeljolle.
Spielscheune, Riesentrampolin, Sandhaufen drinnen und draußen, Toben im Stroh, Spielplätze mit verschiedenen Geräten und Bolzplatz, Bocciaplatz, Basketball, Tischtennis, Tischfußball, Torwand, Spielfahrzeuge u. a. m
Kneipp-zertifizierter Gesundheitshof, Sauna, Whirlpool, Fitnessgeräte, Sonnenbank.
Aktuelle Sonderangebote siehe www.upwarf.de
Unsere Philosophie im 4-Sterne-Haus:
Glückliche Kinder = stressfreie Eltern

Anzahl	Art	qm	Personen	Preis
9	FeWo		2-7	ab 41,00 €
2	FH		2-8	ab 63,00 €

So geht's zu auf dem Bauernhof

Die Foto-Sachgeschichten zeigen, wie Landwirte mit riesigen Traktoren ihre Felder bearbeiten. Was Erdbeerbauern im Tunnel machen. Wie Kühe Milch geben. Und wie Schweine Strom machen …

Ausgezeichnet von der
Akademie für Kinder-
und Jugendbuchliteratur

9,95 €

Nutzen Sie die Bestellkarte auf der letzten Seite!

Niedersachsen
Nordseeküste 16

Ferienhof Westerwarf***
Familie Schmidt
Waterwarfer Weg 1
26506 Norden-Norddeich,
OT Westermarsch
Tel. 04931 - 4874
Fax 04931 - 959978

www.ferienhof-westerwarf.de

Urlaub für die ganze Familie
Auf unserem Ferienhof fühlen sich Kinder und Eltern, natürlich auch Großeltern so richtig wohl. Unser Ferienhof liegt nur 300 m vom Nordseedeich entfernt, 5 km westlich von Norddeich.
Es gibt viel zum Spielen, Entdecken, Kennenlernen. Milchkühe, Streicheltiere (Meerschweinchen, Kaninchen, Schafe, Ziegen, Lama, Affen, Hochlandrinder, Esel, Schwein, Katzen, Hund, Kälber, Hühner), Ponys (eig. Reitplatz), gr. Trampolin, Familiencars, Kettcars, Spielwiese, Kleinkinderfahrzeuge, Schaukeln. Ein Spielhaus mit TT u. die Scheune mit Heu u. Stroh zum Toben lassen auch bei Regenwetter keine Langeweile aufkommen. Unsere Grillhütte mit Gartenkamin u. Lagerfeuerplatz lädt zu gemütl. Grillabenden ein. Ruhe u. Erholung finden Sie in unserem gr. parkähnl. Garten oder bei ausgedehnten Spaziergängen am Norddeich. In unseren gemütl. u. komf. FeWo finden Sie auf bis zu 90 qm alles, was Sie für einen erholsamen Urlaub brauchen. Spülmaschine und Mikrowelle gehören ebenso zur Ausstattung wie Sat-TV u. Radio. Alle Wohnungen verfügen über 2 Schlafz., gr. Wohnz. mit Küchenzeile oder sep. Küche u. Bad mit Dusche. Unser Service: Bettwäsche u. Handtücher im Mietpreis enthalten, Brötchenservice, Kleinkinderausstattung, Münzwaschmaschine, Trockner.

105923_1   F***/****

Anzahl	Art	qm	Personen	Preis
6	FeWo	46-90	4-5	ab 35,00 €

DIE Qualitätsführer
DLG-Bier-Guide · DLG-Bio-Guide

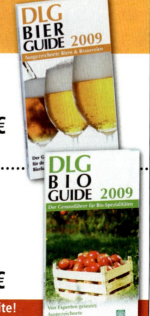

Der Wegweiser zum perfekten Biergenuss –
DLG-geprüfte Qualität –
Gasthausbrauereien im Fokus

9,90 €

Der vorliegende DLG-Bio-Guide 2009 präsentiert Vorzeigebetriebe der Bio-Szene. Darunter sind Pioniere der Anfangsphase, innovative Neueinsteiger, Querköpfe mit weltanschaulichen Grundsätzen, Idealisten oder traditionsreiche Klosterbetriebe.

9,90 €

Nutzen Sie die Bestellkarte auf der letzten Seite!

Niedersachsen
16 Nordseeküste

Pilsum
🚶 20 km 🚆 20 km

Pilsum war in den vergangenen Jahren oft Mittelpunkt für Fernsehaufnahmen. Immer wieder steht dabei der Pilsumer Leuchtturm im Mittelpunkt. Verwinkelte Gassen, mit viel Liebe renovierte Landarbeiterhäuser, Gulfhöfe und die als nationales Baudenkmal eingestufte Kirche geben dem Dorf einen unverwechselbaren Charme. Hier lebt das ursprüngliche ostfriesische Dorfleben (Osterfeuer, Maifeier, Schlickschlittenrennen). Fischerdorf Greetsiel 4 km, Nordsee 2 km. Seehundstation.

Infos unter: Pilsum-Krummhörn
Tel. 04923 - 990165 oder www.pilsum.de

****Itzenga, Detert
Zum Diekskiel 1
26736 Pilsum
Tel. 04926 - 473
Fax 04926 - 473

hofamturm@gmx.de
www.hof-am-turm.de

Hier lässt freie Sicht über die Felder die Seele baumeln.

Eine große Spielwiese mit Spielgeräten lässt Kinderherzen höher schlagen. Einzelhof. Liebevoll eingerichtete Doppelzimmer mit D/WC, reichhaltigem Frühstück, ein besonderes Wohnen im Turm, Ferienwohnungen mit allem Komfort, geschützte Terrassen, Strandkörbe, eine rollstuhlgerechte Ferienwohnung und ganz viel Service extra bieten Ihnen viele Möglichkeiten für einen gelungenen Urlaub.

NS: 1.10. - 31.3., ganzjährig geöffnet.
Federvieh.

Hausprospekt anfordern!

Angebote im Ort: Watt- und Schlickwanderungen, Exkursionen zu Sehenswürdigkeiten, Nationalpark, Angelmöglichkeit u. v. m.

338966_1   F****/*****P****

Anzahl	Art	qm	Personen	Preis
4	FeWo	45-83	2-4	ab 37,00 €
1	FH	65	4	ab 49,00 €
3	Zi.	16-18	2	ab 19,00 €

Stedesdorf
🚶 30 km 🚆 4 km

Die Gemeinde Stedesdorf ist sehr tierfreundlich und hat eigene Haustierparks. Auf den Weiden der Ferienbauernhöfe stehen Milchkühe und Kälber, auf den Höfen tummeln sich Katzen und Federvieh. Wer reiten möchte, kommt hier ebenso auf seine Kosten wie der, der es erst lernen will. Nach ca. 10 Autominuten erwartet Sie die Nordsee (Kutter-Inselfahrt mögl.). Es lohnt sich eine Kutschfahrt in der weiten, nordischen Landschaft.

Infos unter: Gemeinde Stedesdorf
Tel. 04971 - 1521 oder www.stedesdorf.de

Niedersachsen
Nordseeküste 16

Tannen, Heidi
Fasanenweg 10
26427 Stedesdorf,
OT Thunum
Tel. 04971 - 827
Fax 04971 - 827

r.tannen@t-online.de

Einzelhof in ruhiger Lage, 2 Nichtraucher-Ferienwohnungen, Kinderbett, Saisonermäßigung, TV, Waschmaschine, Grillplatz, Ackerbau, Grünland, Kühe, Federvieh, Mitarbeit möglich, Spielplatz und Blockhütte, Tischtennis, Pkw empfehlenswert, Mitfahren auf dem Trecker möglich. Besonders kinderfreundlich.

128996_1

Anzahl	Art	qm	Personen	Preis
2	FeWo	50-60	2-4	ab 30,00 €

Varel
🚶 5 km 🚆 6 km

Hier erleben Sie das Wechselspiel der Gezeiten direkt am Jadebusen. Im Nordseebad Dangast (Ortsteil von Varel) stehen alte Fischerhäuser und schaukelnde Segelboote. Der Sandstrand bietet reichlich Ferienfreuden. Auf Inlinern geht es bei steifer Brise am Deich entlang. Die saftigen Wiesen der Marsch und die Geest bieten dem Naturfan Abwechslung. Das sehr wertvolle Heilwasser (Jod-Sole-Wasser) dient für Kurzwecke. Attraktives Veranstaltungsangebot. Planwagen-/Kutschfahrten.

Infos unter: Varel-Touristik
Tel. 04451 - 968432 oder www.varel.de, www.varel-touristik.de

Ferienhof Funke****
Funke, Hans-Hermann
Wehgaster Str. 5
26316 Varel, OT Dangast
Tel. 04451 - 85138

info@ferienhof-funke.de
www.ferienhof-funke.de

Ruhige Ortsrandlage, ca. 1,5 km bis zum Strand und zum Freizeitbad, FeWo mit je 2 bis 3 Schlafzimmern und kleiner separater Küche, Sonnenterrasse, Spielplatz, Saisonermäßigung, Kinderbett, Waschmaschine, Sat-TV und Radio/CD, TT, Ackerbau, Grünland, Rinder, Kühe, Kälber, Schweine, Kaninchen, Federvieh, Mitarbeit auf dem Hof mögl., Hausprospekt erhältlich.

206651_1 F****

Anzahl	Art	qm	Personen	Preis
2	FeWo	61	4-5	ab 42,00 €

Bauernhof Sauer****
Sauer, Jutta
Südende 4
26316 Varel, OT Dangast
Tel. 04451 - 959486
Fax 04451 - 959443

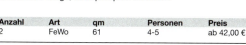

bauernhof-sauer@dangast.com
www.bauernhof-sauer.de

Genießen Sie die friesische Nordseeluft auf unserem vollbewirtschafteten Bauernhof, nur 1 km von der Nordsee entfernt. 3 FeWo + 2 barrierefreie Ferienhäuser. Familienfreundlich, großer Spielplatz mit Trampolin, Gartenhaus mit Grillplatz, Waschm., Trockner, Saisonerm., Grünland, Kühe, Rinder, Kälber, Hühner, Katzen und 2 Ponys, Mitarbeit mögl., ideal für Kinder u. barrierefreies Wohnen.

75888_1 F***/****/*****

Anzahl	Art	qm	Personen	Preis
3	FeWo	50-70	2-5	ab 33,00 €
2	FH	90	2-5	ab 60,00 €

Niedersachsen
16 Nordseeküste

Wangerland
🚶 10 km 🚆 15 km

Friesische Nordsee Wangerland - Wiesen, Sand und Meer! Das Wangerland grenzt im Norden an die offene See, im Osten an die Außenjade an (27 km lange Küstenlinie). Die typische Weite der friesischen Landschaft bietet ideale Voraussetzungen zum Radfahren in „echt Plattdeutschland". Die frische Nordseeluft ist immer dabei. Ausflüge zu ostfr. Inseln, Nordseeheilbad Horumersiel-Schillig, Nordseeküstenbadeorte. Thermalbad, Kuren, Ponys, Spielscheune, Segelschule, Wattwanderung, Wasserski.

Infos unter: Wangerland-Touristik GmbH
Tel. 04426 - 9870 oder www.wangerland.de

Ferienhof Süder-Nauens***
Ahrends, Geesche
Nauens 1
26434 Wangerland,
OT Hooksiel
Tel. 04425 - 323
Fax 04425 - 991716

info@ahrends-bauernhof.de
www.ahrends-bauernhof.de

Auf unserem Bauernhof an der friesländischen Nordseeküste heißen wir Sie gerne herzlich willkommen.
Entspannen Sie sich in ruhiger Lage zwischen dem Erholungszentrum Hooksiel und dem Kurort Horumersiel.
Unsere Ferienwohnungen und unser Ferienhaus sind ausgestattet mit 2-3 Schlafräumen (inklusive Kinderbett), einem Wohn-/Essraum (inklusive Spülmaschine), D/WC, Telefon, TV, Stereoanlage. Bettwäsche und Handtücher gegen Gebühr.
In unserem großen Garten mit Liegewiese, Spielgeräten und großem Mühlespiel können Sie sich von dem Stress und der Hektik aus dem Alltag erholen.
Unsere Schweine, Hund, Katze, Pferd und Kaninchen freuen sich auf Sie und Ihre Kinder.
Außerdem laden unsere großen Kettcars, kleinen Trecker, Bobbycars, Sandkasten, Schaukel, Basketball, Tischtennis, Tischfußball, Darts, Legoecke, Air-Hockey und das große Trampolin zum Spielen und Toben ein.
Wir haben einen Aufenthaltsraum für alle Gäste mit Getränkeservice. Nach Absprache Reiten, Milch- und Brötchenservice.

230372_1   F***/****

Anzahl	Art	qm	Personen	Preis
2	FeWo	50-60	4-8	ab 36,00 €
1	FH	70	4-8	ab 36,00 €

Ferienhof Osterende***
Eilers, Hans-Gerd
Jadestr. 5
26434 Wangerland,
OT Schillig
Tel. 04426 - 1496
Fax 04426 - 991476

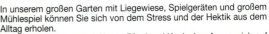

Hof direkt am Deich, Endreinigung extra, Kinderbett, Kinder- und Saisonermäßigung, TV, Radio, Mikrowelle, Waschmaschine, Telefon, Bettwäsche auf Wunsch, großer Garten zum Spielen, Sitzen und Grillen, Kutschfahrten, Wattwandern, Milchvieh, Ackerbau, Hühner, Katze, Ziege. Bitte Hausprospekt anfordern.

130447_1   F***

Anzahl	Art	qm	Personen	Preis
2	FeWo	25-80	2-7	ab 33,00 €

Niedersachsen
Nordseeküste 16

****Hobbie, Maike**
Dieken 2
26434 Wangerland
Tel. 04425 - 3 09
Fax 04425 - 15 87

www.ferienhof-dieken.de

Erholsamer Urlaub auf unserem kinderfreundlichen Ferienhof in Einzellage in der weiten ostfriesischen Landschaft in 1 FeWo mit 2 separaten Schlafräumen. Fahrräder, Bettwäsche und Handtücher inklusive, Rinderzuchtbetrieb mit Pony, Reitmöglichkeit, Kaninchen, Katzen und Hund, Spielplatz mit Kinderspielhaus.

231936_1   F****

Anzahl	Art	qm	Personen	Preis
1	FeWo	60	2-4	ab 40,00 €

Ferienhof Friederikensiel**
Janßen, Christiane
Küstenstr. 3
26434 Wangerland,
OT Friederikensiel
Tel. 04463 - 1672
Fax 04463 - 808171

Ferienhof-Friederikensiel@web.de
www.ferienhof-friederikensiel.de

Ackerbaubetrieb am Ortsrand mit Streicheltieren, Kinderfahrzeugen, Fußballtor, Blockhaus, Grillmöglichkeit, großem Garten zum Entspannen und viel Platz für Ihre Kinder zum Spielen. Komfortable ***Ferienwohnungen zum Wohlfühlen. Brötchenservice auf Wunsch. Bitte fordern Sie unseren Hausprospekt an.

138013_1   F***

Anzahl	Art	qm	Personen	Preis
4	FeWo	60	2-5	ab 36,00 €

Prämierter Genuss
DLG-Wein-Guide · DLG-Bio-Guide

Entdecken Sie Weingüter und ihre Weine und begeben Sie sich auf eine Weinreise durch Deutschland. Mit den aktuellen Testergebnissen der DLG-Wein-Prämierung und den Adressen der prämierten Winzer!

9,90 €

Der vorliegende DLG-Bio-Guide 2009 präsentiert Vorzeigebetriebe der Bio-Szene. Darunter sind Pioniere der Anfangsphase, innovative Neueinsteiger, Querköpfe mit weltanschaulichen Grundsätzen, Idealisten oder traditionsreiche Klosterbetriebe.

9,90 €

Nutzen Sie die Bestellkarte auf der letzten Seite!

Niedersachsen
16 Nordseeküste

Ferien- und Erlebnishof Janssen

Inh. Thorsten Oetken
Wiardergroden 18a
26434 Wangerland
Telefon (0 44 26) 92 90 17
Fax (0 44 26) 92 90 18
E-Mail: annette.oetken1@ewetel.net
Internet: www.ferienhof-janssen.de

In direkter Nachbarschaft zum Nordseeheilbad Horumersiel liegt der Ferien- und Erlebnishof Janssen.
Fernab von überfüllten Strandflächen und touristischem Trubel bieten sich gerade für Kinder herrliche Spieloasen.

Wir bieten einen Urlaub für die ganze Familie! Besonders sind wir auch auf kleine Kinder eingerichtet!

Spielscheune:
Trampoline, Heuhöhlen, rollende Tonne, Tischtennis, Kicker, Taifun, viele Spielgeräte, und im Stallkeller erwarten Sie viele Überraschungen, z. B. Spaßlabyrinth.

Freigelände:
Kettcarbahn, Seilbahn, Karussell, Torwand, Tarzanschaukel, Spielplatz.
Bauer Janssen lädt zu Treckerfahrten ein.

Ponyreiten
ist natürlich auch kostenlos. Viele Kleintiere warten auf ihre Streicheleinheiten. Im Sommer bieten wir zusätzlich ein Maislabyrinth an.
Vier Nachmittage in der Woche steht der Hof und unser Hofcafé für einige Stunden der Öffentlichkeit zur Verfügung.

Wohnungen:
11 komfortable 3 - 4 Sterne Ferienwohnungen und 3 Ferienhäuser in unterschiedlichen Größen, für 2 bis 6 Personen, stehen zur Auswahl.
Die Wohnungen sind mit Mikrowelle und Spülmaschine ausgestattet.
Im Keller finden Sie ein Solarium, Waschmaschine und Trockner.

oben: kostenloses Ponyreiten!

links: Hofcafé „Pferdetränke"

oben: Themenstraße heimisches Wild

oben: Streicheleinheiten für ein kleines Lamm
rechts: viel Verkehr auf der Kettcarbahn

Die Familie Oetken freut sich auf Ihren Besuch!

75828_16

Niedersachsen
Nordseeküste 16

****Remmers, Hans und Ilka
Tatshausen
26434 Wangerland
Tel. 04463- 346
Fax 04463 - 942637
info@tatshausen.de
www.tatshausen.de

Einzelhof ohne Durchgangsverkehr mit Kühen, Kälbern, Ziegen, Ponys, Kaninchen. Separates Gästehaus mit zwei 4-Sterne-Ferienwohnungen mit TV, Waschmaschinenbenutzung, Bettwäsche und Handtücher inkl., Kinderbetten. Großer Garten, Grillplatz, Kindertrettrecker, Kettcars, Fahrräder, Reiten für Kinder.

Anzahl	Art	qm	Personen	Preis
2	FeWo	70	1-4	ab 45,00 €

230073_1 F****

Werdum
🍴 40 km 🚆 8 km

Luftkurort Werdum - die grüne Oase an der Nordsee. Das Kostbarste vor Ort ist die salzhaltige und mit Jod angereicherte Luft. Es finden traditionelle Veranstaltungen wie Schmiedefest, Mühlenfest, Haustierparkfest, Ossiabend (Volksmusik) statt. 6 km weiter ist man am Nordseedeich zum Burgen im Sand bauen, Sonnenbaden oder für einen Schiffsausflug. Hinterher gibt's ostfriesische Bohnensopp, Krabbenbrot mit Spiegelei, die gepriesene Seezunge oder frische Maischolle.

Infos unter: Heimat- und Verkehrsverein Werdum e.V.
Tel. 04974 - 990099 oder www.werdum.de

„Warfthof" Becker****
Becker, Anne
Anderwarfen 3
26427 Werdum,
OT Neuharlingersiel
Tel. 04974 - 312
Fax 04974 - 1373
steffens@warfthof-becker.de
www.warfthof-becker.de

Unser Bauernhof in Einzellage bietet für Familien einen Erlebnis- und Erholungsurlaub. Zimmerpreise mit Frühstück, Kinder- und Saisonermäßigung, Kinderbett, Waschmaschine, TV, Grillplatz, Ponys, Rinder, Schweine, Ziegen, Federvieh, Reiten, Mitarbeit möglich, Töpfern, Lehrwanderungen, Englisch.

Anzahl	Art	qm	Personen	Preis
4	FeWo	40-80	2-5	ab 31,00 €
2	Zi.	20	2-4	ab 18,00 €

128987_1 F****P***

Ferkel, Schaf, Kartoffelernte

Ferkel, Schaf, Kartoffelernte. Mit spannenden Geschichten von Ferkeln, Schafen, dem Weinbauern über die Arbeit der Maschinenringe zum Kartoffel- und Rapsanbau.

9,95 €

Nutzen Sie die Bestellkarte auf der letzten Seite!

Niedersachsen
16 Nordseeküste

Wilhelmshaven

Marine- und Hafenstadt Wilhelmshaven
Erholsame Ferien am Meer und gleichzeitig das breite Freizeit- und Kulturangebot einer Metropole bietet die Marine- und Hafenstadt Wilhelmshaven. Maritimes Flair, einzigartige Museen und Erlebniswelten, der größte Marinestützpunkt Deutschlands sowie das Informationszentrum zum JadeWeserPort sorgen für einen abwechslungs- und erlebnisreichen Urlaub. Ein breit gefächertes Veranstaltungsangebot, ausgezeichnete Hotels und Ferienwohnungen sowie Restaurants lassen kaum Wünsche offen. Mit dem Südstrand und seinen vielen maritimen Attraktionen ist Wilhelmshaven zu jeder Jahreszeit eine Reise wert und ein äußerst sehenswertes Urlaubsziel.

Infos unter: Wilhelmshaven Touristik & Freizeit GmbH
Tel. 04421 - 92790 oder www.wilhelmshaven-touristik.de

Ferienhaus „anner Hus"*****
Behrends, Thea
Groß-Buschhausen 4
26388 Wilhelmshaven
Tel. 04425 - 258 info@landurlaub-anner-hus.de
Fax 04425 - 81419 www.landurlaub-anner-hus.de

Das Ferienhaus „anner Hus" gehört zu einem aktiven landwirtschaftlichen Betrieb und befindet sich in unmittelbarer Nähe zum Fischerdorf Hooksiel. Das Haus bietet ausreichend Platz für 6-11 Personen. Waschmaschine und Trockner vorhanden, großer Kinderspielplatz. Separates Kinderspielzimmer, diverses Kinderspielzeug vorhanden, Fahrradverleih gegen Gebühr, großer Bauerngarten, Handtücher und Bettwäsche inkl.

331042_1   F*****

Anzahl	Art	qm	Personen	Preis
1	FH	205	6-11	ab 75,00 €

Genießer-Urlaub

Genuss, Qualität und Frische gepaart mit frischer Landluft und herzlichen Menschen, das ist es, was Sie mit diesem Reiseführer kennen lernen.

12,90 €

Nutzen Sie die Bestellkarte auf der letzten Seite!

Verwöhn-Urlaub

Einmal wie ein echter Landlord leben! Im Übernachtungsführer „Urlaub auf Landsitzen" werden die schönsten Herrensitze, Burgen und Schlösser und andere historische Gebäude vorgestellt.

12,90 €

Nutzen Sie die Bestellkarte auf der letzten Seite!

Niedersachsen
Ostfriesland 17

Bad Zwischenahn
⛪ 2 km 🚉 3 km

Die Perle des Ammerlandes. Am Zwischenahner Meer (drittgrößtes Binnengewässer Niedersachsens) tut sich ein Surf- und Segelparadies auf. Es bietet mit Naturbädern natürliche Bademöglichkeiten. Das Hallenbad (mit Sauna am Meer) und das Wellenhallenbad bieten ganzjährigen Badespaß. Entdeckungstouren mit dem Fahrrad sind ein besonderes Erlebnis dank ebener, landschaftlich attraktiver Routen. Segelfliegen mögl., Segelregatten, Tier-/Freizeitpark, Rhododendronpark.

Infos unter: Bad Zwischenahner Touristik GmbH
Tel. 04403 - 61159 oder www.bad-zwischenahn.de

****Ahlers, Werner und Petra
Oldenburger Str. 24
26160 Bad Zwischenahn,
OT Aschhauserfeld
Tel. 04403 - 58151
Fax 04403 - 58102

www.hof-ahlers.de

Unser Bauernhof befindet sich im schönen Ammerland, etwa 2 km außerhalb von Bad Zwischenahn, dem staatlich anerkannten Moorheilbad. Die parkähnliche Landschaft und das Zwischenahner Meer laden zum Radfahren, Wandern, Segeln und Schwimmen ein. Die Nähe zur Nordsee bietet außerdem viele Möglichkeiten, z. B. für Tagesausflüge zu den Inseln.
Unsere Ferienwohnungen befinden sich im Obergeschoss des Hofes. Die Zimmer sind jeweils 55 qm groß und komplett ausgestattet. Zur Einrichtung gehören Mikrowelle, Radio, TV, Telefon, WLAN. Für die abendliche Entspannung steht für jede Ferienwohnung eine Terrasse mit Grillplatz zur Verfügung.
Milch und Eier von glücklichen Tieren gibt es täglich frisch und kostenlos. Zudem bieten wir einen Brötchenservice, Einkaufsservice, Bahnhoftransfer und Kinderbetreuung nach Absprache.
Besuchen Sie unseren Hof und kommen Sie auf „Tuchfühlung" mit der Natur. Wenn Sie lustig sind, dann versuchen Sie eine Kuh mit der Hand zu melken oder fahren mit dem hofeigenen Traktoren.
Wir bieten einen kleinen Streichelzoo, das Füttern der Hoftiere, Eiersammeln und natürlich Ponyreiten.
Wir würden uns sehr freuen, wenn Sie sich persönlich bei uns melden.
Bis dahin verbleiben wir mit freundlichen Grüßen.
Ihr Hof Ahlers

Anzahl	Art	qm	Personen	Preis
2	FeWo	50	2-5	ab 45,00 €

232290_1   F****

Landhaus****
Wehmhoff, Rosi
Am Moordamm 1
26160 Bad Zwischenahn,
OT Kayhausen
Tel. 04403 - 2264
Fax 04403 - 65110

herbert.wehmhoff@t-online.de

Hof in Einzellage, alle DZ mit Bad, Balkon und Küche. Kinderermäßigung, FeWo mit Kinderbett, Saisonermäßigung, TV, Grünland, Pferde, Ponys, Schafe, Streicheltiere, Federvieh, Reiten, Kutsche fahren, Mitarbeit möglich, Brot backen, Schonkost, Seniorenprogramme, Hausprospekt, anerkannter Kneipp-Gesundheitshof.

Anzahl	Art	qm	Personen	Preis
5	FeWo	25-45	2-4	ab 30,00 €
3	Zi.		2	ab 20,00 €

75903_1   F***/****P***

Niedersachsen
17 Ostfriesland

Mittegroßefehn
🚶 13 km 🚆 22 km

Der freundliche Urlaubsort liegt im 5-Mühlen-Land nahe der Nordsee. Er ist guter Ausgangspunkt für Gäste, die zu Fuß, mit dem Rad oder Auto in Ostfriesland die Landschaft erkunden. Dabei sind so manches Fehndorf, Fischerdorf, Sieldorf oder auch Städte mit an Baukunst und Baudenkmälern reicher Architektur zu entdecken sowie historische Windmühlen. Kinderfreundlich. Wassersportler mit Kanu (mietbar) fahren zwischen Ems und Timmeler Meer. Freibäder, alte Seefahrtsschule.

Infos unter: Touristinfo Großefehn
Tel. 04943 - 920292 oder www.grossefehn.de

Bauernhofurlaub vom Feinsten

In einer einzigartigen Fehnlandschaft am Rande des Naturschutzgebietes "Flummniederung" liegt unser Ferienhof an einer sehr ruhigen Sackgasse, direkt am Fehnkanal.
Unsere komfortablen Ferienwohnungen sind im Friesenstil eingerichtet, mit je 2 Schlafzimmern, Sat-TV, WM/ Trockner, Küche mit Spülmaschine.

340792

Wir bieten tägl. frische Milch fürs Frühstück sowie Brötchenservice, Eier, Gemüse aus dem Bauerngarten und Produkte aus der Hofmolkerei wie Butter, Quark, Joghurt und Käse.

- Pferde und Reitplatz
- Sauna und Solarium
- Ruderboote und Kanus
- Spielplatz mit Trecker und Co.
- TT und Kicker
- überdachter Pool
- Liegewiese
- landw. Lehrpfad
- Angeln
- Fahrräder
- Kutschfahrten
- Hofmolkerei
- Hofmuseum
- Minigolf
- Imkerei
- Baby u. Kleinkindausstattung
- Grillabend mit Stockbrot und Lagerfeuer

Ferienhof Röhling
Hauptkanal Nord 14
26629 Mittegroßefehn

Tel. 04943 4723
Fas 04943 2287
info@fewo-roehling.de
www.fewo-roehling.de

3 Fewo von 55 - 95 qm
ab 40.-€

Strücklingen
🚶 16 km 🚆 7 km

Durch die Nähe zur Nordsee (1 Autostunde) ist das Erholungsgebiet ein idealer Standort für einen Familienurlaub. Erkunden Sie die Natur, genießen Sie die Gastfreundschaft und die Ruhe und erholen Sie sich vom Alltag. Tierpark und Moorbahn sind vorhanden, bis zum Frei- und Hallenbad sind es 8 km. Die wohltuende Umgebung bringt den Körper in Schwung bei Wanderungen auf dem Deich und am Moor entlang oder bei einer Fahrradtour in der ostfriesischen Landschaft.

Infos unter: Gemeinde Saterland
Tel. 04498 - 940115 oder www.struecklingen.de

Niedersachsen
Ostfriesland 17

**Ferienhof
„Am Klosterbusch"*****
Olling, Gerd
Möhlenkampsweg Nr. 9
26683 Strücklingen
Te. 04498 - 1621
Fax 04498 - 7621

www.ferienhof-klosterbusch.de
info@klosterbusch.de

Das Haus liegt 60 m vom eigenen Bade- und Angelsee entfernt. Nebenerwerbslandwirtschaft auf gepflegtem Hofgelände mit Haflingern, Rindern, Schafen, Ziegen und Katzen.

Ferienwohnungen mit D/WC, 1-2 Schlafzimmern, Wohnküche mit Einbauküche, Telefon, Kinderbett, Waschmaschinenbenutzung. Preis für 1-2 Personen 35,- €, jede weitere Person 5,- € zusätzlich. Frühstück 6,50 €, Einzel-ÜF 25,- €, Kinder unter 6 Monaten ohne Berechnung.

Sehr kinderfreundlicher Betrieb mit großem Kinderspielplatz, Spiel- und Liegewiese, Sandhaufen, Schaukel, Badeteich, Schlafen und Spielen im Heu und Stroh. Reitmöglichkeit.

Anreise: B 72 - Ausfahrt Strücklingen Richtung Strücklingen. Nach 400 m im Kreisel die Ausfahrt Bokelesch nehmen und nach 2 km in den Möhlenkampsweg einbiegen.

Anzahl	Art	qm	Personen	Preis
3	FeWo	62-69	2-7	ab 35,00 €

Wiefelstede
🚶 4 km

Wiefelstede, natürliche Idylle in der Parklandschaft Ammerland, sehr gut ausgebaute und idyllische Radwanderwege, Nordic-Walking-Routen, teilweise Moorgebiete, Inlinerstrecken, Frei- und Hallenbad, Badeseen, Westernreiten, Reitwege, Mutter-Vater-Kind-Kurklinik, Bäckereimuseum, Kegelbahnen, Spielplätze, Rhododendronpark, Badepark, Kreativarbeiten mit Naturprodukten für Kinder, Spinnen nach alter Tradition.

Infos unter: Touristik Wiefelstede e.V.
Tel. 04402 - 965150 oder www.touristik-wiefelstede.de

******Gertje,
Annelene und Joh.**
Alter Mühlenweg 26
26215 Wiefelstede, OT Bokel
Tel. 04402 - 6777
Fax 04402 - 6633
johann.gertje@t-online.de
www.ferienhof-am-buchenhain.de

Entspannen Sie sich in einer 10.000 qm gr. Gartenlandschaft. FeWo im Nebengebäude als alt. Einzelhof. Ponys, Pferde, Schweine, Mutterkühe, Hühner, Streicheltiere, Reitmöglichkeiten, 1 FH am Bade-/Angelsee, Kamin, Sat-TV, Telefon, TT, Grill- und Spielplatz, Liegewiese, Bauerngarten, Klönschnack, Kneipp-Gesundheitshof, Sauna.

Anzahl	Art	qm	Personen	Preis
1	FeWo	75	2-6	ab 36,00 €
1	FH	60	2-5	ab 36,00 €

Niedersachsen
18 Land zwischen Elbe und Weser

Cuxhaven
A 27 im Ort

Direkt an der Nordsee gelegen ist Cuxhaven als Halbinsel, die weit ins Meer reicht, ein perfekter Ort für Entspannung und Erholung. Besonders interessant für Groß und Klein sind die Führungen durch das Wattenmeer, bei denen man auf viele Mitbewohner des Wattes treffen kann. Ein weiterer Anziehungspunkt sind die Fischauktionen in Cuxhaven, für die es sich lohnt, auch im Urlaub mal früh aufzustehen. Denn der Seefischmarkt ist einer der größten Fischumschlagplätze in Europa.

Infos unter: Cuxhaven-Tourismus
Tel. 04721 - 404142 oder www.cuxhaven.de

128919_1   F****P****

Ferienhof****
Maaß, Gisela
Osterende 72
27478 Cuxhaven,
OT Lüdingworth
Tel. 04724 - 1701
Fax 04724 - 811220

info@ferienhof-luedingworth.de
www.ferienhof-luedingworth.de

Bauernhof in ruhiger, ländlicher Marschlandschaft mit Milchwirtschaft und Getreideanbau.
Unser 4-Sterne-Haus bietet behaglich eingerichtete und gemütliche Räume mit Kinderzimmer, Dusche/WC und TV. Extra Kinderzimmer für 1-2 Kinder ab 15,- €.
Auch ein Grillabend sorgt für Leib und Seele. Die Kleinen erholen sich auf dem Spielplatz im Grünen und die Großen halten sich beim Tischtennis fit, spielen Billard oder auch Tischfußball.
Erkunden Sie Cuxhaven mit seinem Meerwasser-Brandungsbad und langen Sandstränden oder erleben Sie Ottendorf mit seinem ruhigen Badesee und seinem modernen Hallenbad.
Die vielen Ausflugsmöglichkeiten halten für jeden etwas bereit: Wattwandern zu Fuß oder mit der Kutsche zur Insel Neuwerk, Radeln, Wandern auf dem Deich oder in der Heide, auch eine Fahrt mit der urigen Moorbahn mit Führung ist möglich.

Weitere Informationen bietet unser Hausprospekt!

Anzahl	Art	qm	Personen	Preis
1	FeWo	80	4	ab 40,00 €
1	Zi.	17	2	ab 36,00 €

Dorum
 im Ort

Hier befindet sich das Niedersächsische Deichmuseum. Wenige km weiter findet man den Kutterhafen, das Nationalpark-Haus und das Schwefelsole-Wellenfreibad (mit Wasser aus der nahen Schwefelsole-Heilquelle). Besonders beliebt sind die kinderfreundlichen breiten Grünstrände direkt vor den Deichen. Attraktion: im alten Leuchtturm steht noch die original erhaltene Einrichtung der letzten Leuchtturmwärter - fast so, als würde ihr Pfeifengeruch noch in der Luft hängen ...

Infos unter: Kurverwaltung Land Wursten
Tel. 04741 - 9600 www.wursterland.de

184

Niedersachsen
Land zwischen Elbe und Weser 18

***Dahl, Jochen
Feldsating 3
27632 Dorum, OT Feldsating
Tel. 04742 - 475 und 579
Fax 04742 - 475

ferienhof.dahl@ewetel.net
www.ferienhofdahl.de

Hof am Ortsrand, Nordsee 7 km, 2 FeWo, 1 Appartement mit Wintergarten, großzügige helle Räume, 3 Schlafräume mögl., Sat-TV, SE, geeignet für Gruppen, KB, WM/Trocknerben., gr. Rasen mit Gartenmöbeln, Spielgeräte, Sandkasten, TT, Grillplatz, überdachte Terrasse, Grünland, Kühe, Kälbchen, Schweine, Pferde, Ponys, Pferdeboxen, Reitplatz, Hühner, Katzen. Getränke- und Brötchenservice, Hausprospekt anfordern!

Anzahl	Art	qm	Personen	Preis
3	FeWo	50-80	2-7	ab 25,00 €

27382_1   F***

Ebersdorf

... der lebenswerte Ort im Elbe-Weser-Dreieck. Ebersdorf bietet eine waldreiche Landschaft mit vielen Wanderwegen ohne große Höhenunterschiede - ideal für Radler. Kinder können hier so richtig toben und tollen, u. a. auf den Spielplätzen. Im August findet im Ebersdorfer Wald ein ganzer Tag nur für Kinder und Jugend statt, im Februar ist Kinderfasching. Sommer: Reiterfest. Ausflug: Cuxhaven, Bremerhaven, Stade. Umweltpyramide 8 km. Wattenmeer, Ferienparks Soltau u. Verden, Babyzoo Wingst.

Infos unter: Gemeindebüro
Tel. 04765 - 1587 oder www.ebersdorf-nds.de

***Martens, Helga
Leischstr. 14
927432 Ebersdorf
Tel. 04765 - 600
Fax 04765 - 1613

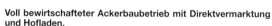

www.hofmartens.de.vu
hofmartens@gmx.de

Voll bewirtschafteter Ackerbaubetrieb mit Direktvermarktung und Hofladen.

2 Ferienwohnungen im Blockhaus, gemütlich eingerichtet, mit Terrassen, ebenerdig, für 6 Personen u. Kinder auf dem Schlafboden, komplett eingerichtete Küchen, teilweise mit Spülmaschine, Baby- und Kinderausstattung, große Wohnung mit Kaminofen. Beide Wohnungen können zusammen gemietet werden.
Überdachtes Schwimmbecken im Sommerbetrieb. Grillplatz, Sandkiste, Spiel- und Bolzplatz, große u. kleine Fahrräder, Kettcars, Tischtennis überdacht, Tischfußball, Lagerfeuer mit Stockbrot. Hund (Boxer), Zwerghühner für Kinder. Selbst gebackenes Brot, Frühstück auf Anfrage.

Ausflugsziele: Bremervörde - Natur- und Erlebnispark, Umweltpyramide, Bremerhaven, Cuxhaven - Wattenmeer, Stade, Babyzoo Wingst. Fahrräder stehen zur Verfügung, gute Radwege.

Wir freuen uns auf Ihren Besuch!
Bitte Hausprospekt anfordern.

Anzahl	Art	qm	Personen	Preis
2	FeWo	40-110	6 + Kinder	ab 35,00 €

24288_1   F***

Niedersachsen
18 Land zwischen Elbe und Weser

Sauensiek

🚶 6 km 🚆 7 km

Am Tor zum Alten Land sorgen große Wald- und Moorgebiete für Erholung. Der Ausblick vom Litberg ist hervorragend (Landschaftsschutzgebiet). Urgeschichtliche Steingräber und Hünengräber bieten Besinnlichkeit und Kultur abseits vom Alltag (Radwanderweg). Buxtehude und Stade liegen mit reizvollen Altstädten vor der Tür. Natur-Freibad, Sportschießen, Kegelbahn, Reiten, Wild-/Freizeitparks. Ausflüge: Stader Geest, Hamburg/Fischmarkt, Dampferfahrt nach Cuxhaven und Helgoland.

Infos unter: Gemeinde Sauensiek
Tel. 04169 - 919011 oder www.sauensiek.de

Eichenhof****
Familie Heimberg
Bredenhorn 12
21644 Sauensiek
Tel. 04169 - 212
Tel./AB: 04169 - 1683
Fax 04169 - 909206

heimbergbowe@aol.com
www.hof-heimberg.de

NIEDERSÄCHSISCHER BAUERNHOF IN DER NORDHEIDE
Lage: am Tor zum „Alten Land", 50 km südwestlich von Hamburg, Eichenhof in idyllischer, ruhiger Einzellage.
Tiere: 4 Ponys, Rinder, Schweine, Ziegen, Hasen, Meerschweinchen, Katzen und Hund. Gut geeignet für Familien, Senioren und Gruppen.
Heu-Hotel bis 4 Personen.
Reiten kostenlos!! Hunde dürfen mit!! Kinderfreundlich!!
2 GÄSTEZIMMER, 3 FERIENHÄUSER UND 5 FERIENWOHNUNGEN
Zimmer mit D/WC, Zusatz- oder Kinderbett möglich.
„**Roukhus**": (40 qm, 1-4 Pers.) Wohn-/Schlafraum, Schlafraum, kl. Kochnische, D/WC, „**Eckhus**": (160 qm, 4-10 Pers.) 4 Schlafr., gr. Wohnr., 2x D/WC, gr. kompl. Küche u. Esszimmer im EG, Schlafr. im OG, „**Lütthus**": (100 qm, 4-8 Pers.) Wohnr. m. Kamindiele, Wohnküche, GS, 4 Schlafr., 2x D/WC, „**Neethus I**": 1 DZ, Wohnküche, D/WC. „**Neethus II**": 2 DZ, Wohnküche, D/WC. „**Neethus III**": 3 DZ, Wohnküche und D/WC. Alle Häuser mit Südterrasse, Sat-TV. FeWo „**Haupthaus I**" 2 Schlafr., Wohnküche und 2x D/WC (60 qm). FeWo „**Haupthaus II**": 2 Schlafr., Wohnküche und 2x D/WC (60 qm).
Familienfeste, vielseitige Küche nach Hausmacherart, reichh. Frühstücksbüfett und warmes Abendessen (bei HP), Hausschlachtung und gemeinsame Kaffeestunden mit selbst gebackenem Kuchen. Spezialität des Hauses: selbst angesetzter Schlehenlikör. Grillplatz und Lagerfeuer.

FREIZEIT UND SPORT
Auf dem Hof: Terrasse, Kaminstube, Bücherecke u. Getränketresen, Aufenthaltsraum, Billard, Sat-TV, Sauna m. Ruheraum, gr. Baumbestand, Kinderspielplatz, Kinderspielzimmer, Fußballtor u. Turngeräte, Tischtennis, Dinocars, Fahrradverleih (3,- €/Tag). Kostenloses Ponyreiten. In der Umgebung: Reiten, Kartbahn, Kegeln, Sportschießen, Tennis, Kanufahrten u. Naturfreibad. Wanderungen im Moor u. im Landschaftsschutzgebiet am Litberg. Ausflugsziele: Freizeitparks, Altstädte von Buxtehude u. Stade, Lüneburger Heide, Altes Land und Elbe, Fischmarkt in Hamburg.

**Grundpreise für Ferienwohnungen bis 4 Personen und Tag.
Jede weitere Person 6,50 €.**
Kosten der Endreinigung je nach Größe der FeWo 20,- € bis 50,- €

75392_1   F***/****P***

Anzahl	Art	qm	Personen	Preis
5	FeWo	40-60	4	ab 38,00 €
3	FH	40-160	4-10	ab 38,00 €
2	Zi.	12	2-3	ab 42,00 €

Niedersachsen
Land zwischen Elbe und Weser 18

Schwanewede
🚶 9 km 🚆 12 km

Gemeinde Schwanewede - Ein schönes Stückchen Erde. Marsch, Moor, Geest und die längste Flussinsel Europas: Harriersand, 11 km lang. Hier lässt sich den Segelbooten und Schiffen zusehen, die auf der Weser vorbeiziehen - wenn man nicht gerade selber auf dem Ausflugsschiff tuckert. August: *Gartenkultur-Musikfestival des Nordwestens*. Freibad; Hallenbad 8 km. Viele Museen (z. B. Schifffahrt/Torfabbau). Reiten, Kutschfahrten. Rundflüge möglich. Ausflug: Tiergarten Ludwigslust.

Infos unter: Touristikverein Schwanewede
Tel. 04209 - 7449 oder www.schwanewede.de

Ferienwohnungen Stellerbruch★★★★

Mattfeldt, Margrit und Gerhard
Hof Stellerbruch
28790 Schwanewede-Neuenkirchen
Tel. 0421 - 682534　　stellerbruch@t-online.de
Fax 0421 - 683854　　www.stellerbruch.de

Hof in Einzellage am nördlichen Stadtrand von Bremen. Ferienwohnungen mit Terrasse oder Balkon, Handtücher auf Anfrage. Garten mit Obstbaumwiese, Ponys, Ziegen, Hunde, Kaninchen. Ideal zum Wandern oder Radfahren.

Anzahl	Art	qm	Personen	Preis
3	FeWo	64-78	2-5	ab 50,00 €

346605_1　　　　　　　　　　　　　　　F★★★★

DLG-Bier-Guide

Der Wegweiser zum perfekten Biergenuss –
DLG-geprüfte Qualität –
Gasthausbrauereien im Fokus

9,90 €

Nutzen Sie die Bestellkarte auf der letzten Seite!

DLG-Bio-Guide

Der vorliegende DLG-Bio-Guide 2009 präsentiert Vorzeigebetriebe der Bio-Szene. Darunter sind Pioniere der Anfangsphase, innovative Neueinsteiger, Querköpfe mit weltanschaulichen Grundsätzen, Idealisten oder traditionsreiche Klosterbetriebe.

9,90 €

Nutzen Sie die Bestellkarte auf der letzten Seite!

Niedersachsen
18 Land zwischen Elbe und Weser

Selsingen
🚶 20 km 🚉 15 km

In der unberührten und vielfältigen Natur lässt es sich wunderbar Kanu fahren sowie Wandern und Radwandern. Die Flüsse Oste und Bevern schlängeln sich durch saftige Wiesen und Weiden. Im Hochmoor „Huvenhoopsmoor" kann man in den Morgenstunden erleben, wie sich die Moore in einen sanften Schleier von Nebel und Morgentau hüllen. Frei-/Hallenbad, Freizeitpark, Reiten, Moorlehrpfad im Nachbarort. Erkunden Sie das Teufelsmoor und/oder machen Sie Ihr Torfstecher-Diplom!

Infos unter: Samgemeinde Selsingen
Tel. 04284 - 93070 oder www.selsingen.de

Ferienhof Borchers****
Familie Borchers
Uhlenbusch 5
27446 Selsingen-Granstedt
Tel. 04284 - 95172
Fax 04284 - 95173

ferienhof-borchers@ewetel.net
www.Ferienhof-Borchers.de

Der voll bewirtschaftete Bauern- und Ferienhof liegt inmitten von Natur- und Landschaftsschutzgebiet zwischen Zeven und Bremervörde. Wir bieten **6 Ferienwohnungen, 1 Appartement und 1 DZ**, teilweise mit Terrasse oder Balkon. Die Einrichtung ist komfortabel und modern, mit Sat-TV, Stereoanlage, kompletter Küche mit Mikrowelle und teilweise Spülmaschine etc. 3 Reitponys, viele Katzen, 70 Kühe, Kälber, Kaninchen im Freigehege, Meerschweinchen und Zwergkaninchen, Eselfamilie, Zwergziegen.
Mitarbeit möglich.
Attraktion: **Hallenbad** mit 32° C, Wassergymnastik möglich, Sauna, Solarium, Massage auf Anfrage! Hobbyraum für vielseitiges Basteln, Spielscheune, 2 Kanus, Aufenthaltsraum mit Kamin, Bar inklusive Wintergarten. Planwagenfahrt durch Wald und Heide auf Anfrage, Gartenpavillon, großer Spielplatz mit Grillhütte, Lagerfeuer und Beachvolleyballplatz, Bolzplatz, Fahrräder, Kettcar etc. Riesentrampolin im Freien, Tischtennisraum.
Brötchenservice, Bettwäsche und Handtücher als Erstausstattung. Frühstück auf Anfrage. Telecash-Zahlung möglich! WLAN.
Wir freuen uns auf Ihren Besuch.

Anzahl	Art	qm	Personen	Preis
7	FeWo	40-79	2-6	ab 44,00 €
1	Zi.	16	2	20,00 €

F****/*****

75383_1

Ferienhof Pape****
Pape, Ulrike und Angelus
Hempstraße 15
27446 Selsingen,
OT Granstedt
Tel. 04284 - 8754
Fax 04284 - 8253

pape-granstedt@t-online.de
www.ferienhof-pape.de

Bauernhof mit Kühen, Kälbern, Kaninchen, Katzen, Hund, Ponys, Aufenthaltsraum mit Küche, Kachelofen, 3 Whg. Stereo-Anlage, Sat-TV, Video, Terrasse o. Balkon, Spielplatz, Trampolin, Karussell, Rutsche etc. Pool, Out-Door-Schachfeld, Grillplatz überdacht, gr. Kinder-Fuhrpark, Spielscheune, Teich mit Tretboot, Angelmöglichkeit, Baumhaus, Torwand.

Anzahl	Art	qm	Personen	Preis
3	FeWo	43-51	2-4	ab 36,00 €

299846_1 F****

Niedersachsen
Grafschaft Bentheim 19

Wilsum

🏨 30 km 🚆 25 km

Stille Landschaften und ein gut ausgebautes Netz von Rad- und Wanderwegen sind die ideale Voraussetzung für die Erlebnissuche in einer noch weitgehend intakten Natur. Auch für moderne Sportarten wie Inlineskating gibt es hier tolle Möglichkeiten. Besuchen Sie unser Moormuseum Groß Hesepe, das Tropenschwimmbad „Huttenheugte", die Sternwarte Neuenhaus mit Planetarium. Ein besonderes Erlebnis ist Giethorn in den Niederlanden, welches auch „Klein Venedig" genannt wird!

Infos unter: Verkehrsbüro Uelsen
Tel. 05942 - 1411 oder www.wilsum.de

Ruhe genießen...   *Natur* erleben...   *Neues* entdecken...

Ferienhof Akkermann ✿ ✿ ✿

Urlaub unter alten Eichen. Sie wohnen in einem ehemaligen Bauernhaus, mit 2 komplett ausgestatteten Ferienwohnungen für bis zu 6 Personen im Landhausstil. Gelände mit großem Spielplatz, Spielgeräten, Streichelzoo, Stockbrot am Lagerfeuer, Nachtwanderungen. Machen Sie mit bei Spannung, Spaß & Spiel beim Grafschafter Bauerndiplom.
Buchung auch über Internet möglich. Hausprospekt auf Anfrage.

232794

Zur Ferte 2 - 49849 Wilsum - Tel.: 05945 - 1093 - Fax: 9959730 - www.ferienhof-akkermann.de

Achtung! Bauernhof!

Das große Spielbuch vom Bauernhof. Hier darf geklappt, gedreht, geschoben und gefühlt werden. Und die Ausklappseite bietet einen Überblick über den gesamten Bauernhof.

Ab 2 Jahren, 14 Seiten   **14,95 €**

Nutzen Sie die Bestellkarte auf der letzten Seite!

Fühl mal die Tiere vom Bauernhof

Das weiche Fell des Lämmchens, das Ringelschwänzchen des Schweinchens, die kuscheligen Ohren vom Kälbchen oder den zotteligen Schweif des Pferdes – hier auf dem Bauernhof kann alles gestreichelt werden.

Ab 18 Monaten, 10 Seiten   **9,95 €**

Nutzen Sie die Bestellkarte auf der letzten Seite!

Niedersachsen
19 Grafschaft Bentheim

★★★★ Landferienhof Garbert

Gepflegtes und sehr großzügiges Anwesen in Alleinlage

7 gemütliche FEWO**** im Landhausstil, Nichtraucher, für 5-6 Pers., mit 2 bzw. 3 sep. Schlafzimmern, Frühstück, W-LAN - Internet

Großer Gemeinschaftsraum (Billard, Kicker) mit Küche, separates Spielzimmer, Leseecke, viel Platz zum Bauen und Toben auf der Empore

Ideal auch für Familientreffen und Gruppen bis 40 Personen

Bauernhofleben für die Kinder: Pferde, Ponys, Streicheltiere, Riesentrampolin, Heuscheune, viele Fahrzeuge ...

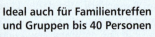

Wir freuen uns auf Sie!

Familie Garbert

Neue Internetseite:
www.ferienhof.com

Weitere Infos und Hausprospekt:

Landferienhof Garbert
Am Fertenbach 3
49849 Wilsum
Telefon 05945-678   Fax 670
e-Mail: garbert@ferienhof.com

Niedersachsen
Emsland 20

Haren (Ems)

Haren ist eine Schifferstadt mit Tradition und Zukunft! Der staatl. anerkannte Erholungsort Haren liegt an einem der schönsten Flüsse Deutschlands, ausgeschilderte Rad-, Wander- und Reitwanderwege, Spaßbad, Wasserski, Surfen, Tauchen, Kartbahn, Bowling, Minigolf, Skaterbahn, Bootsverleih, Kegeln, Sauna, Fitnesstreff, Lauftreff, Sonnenstudios, Massage, Schifffahrtsmuseum, Mühlenmuseum, Disco.

Infos unter: Tourismus Haren (Ems)
Tel. 05932 - 71313 oder www.haren.de

Ferienhof Albers****
Albers, Elisabeth und Hans
Bockholt 1
49733 Haren
Tel. 05932 - 2543
Fax 05932 - 503644

kontakt@ferienhof-albers.de
www.ferienhof-albers.de

Liebe Gäste - unser Familienbetrieb liegt 2 km nördlich der Stadt Haren, eine Stadt mit guten Einkaufsmöglichkeiten.
Es gibt schöne Fahrradwege entlang der Ems. Auf dem ruhig gelegenen Einzelhof halten wir Ponys, Rinder, Hühner, Kaninchen, Katzen und einen Hund. Auf unseren Feldern wachsen Kartoffeln, Getreide und Mais.
6 FeWo, 56-75 qm, davon 5 FeWo mit Terrasse/Balkon, Wohnzimmer, Küche, 2 Schlafzimmer, Bad/Dusche, Kinderausstattung, Aufenthaltsraum, Reiten kostenlos, großer Spielplatz, Lagerfeuerabende, Bolzplatz, Grill, Tischtennis, Basketball, Trampolin, Kicker, Spielscheune mit Stroh, Gartenmöbel, Liegewiese, viel Platz für Kinder, Angelmöglichkeiten und Brötchenservice.
Preise: VS 35,- bis 50,- € HS 53,- bis 57,- €, Endreinigung 25,- €, Bettwäsche 6,- €, Gruppenreisen möglich.
Besichtigungen in der Umgebung:
Meyer-Werft Papenburg 30 km, Schloss Dankern mit Badesee und Spielhalle 3 km, Jagdschloss Clemenswerth, Sögel 23 km, Moormuseum 20 km, Festung Bourtange 20 km, Tierpark Emmen Holland 20 km.
Wir freuen uns auf Ihren Besuch!

Anzahl	Art	qm	Personen	Preis		
6	FeWo	56-75		ab 35,00 €	218182_1	F****

Ferienhof Griesen****
Griesen, Martin und Monika
Mühlenberg 5
49733 Haren
Tel. 05932 - 71090   info@griesen.de
Fax 05932 - 4900   www.griesen.de

Urlaub für Groß u. Klein m. Ponys u. Pferden, 2 Jagdhunde Cindy und Sina, Katzen, Meerschweinchen u. Hühnern. Die hofeigene Reithalle mit Pferdepension, das eigene Pferd kann mitgebracht werden. Lagerfeuerhaus mit Dach, Stockbrot backen. Reiten kostenlos, gr. Spielplatz, Reitunterricht. FeWo mit eigener Terrasse, Spülmaschine, Waschmaschine, Trockner.

Anzahl	Art	qm	Personen	Preis		
3	FeWo	40-80	2-8	ab 30,00 €	237680_1	F****

Niedersachsen
20 Emsland

Unser Hof ist geeignet für:
Familien,
Familientreffs,
alleinreisende Kinder,
Schulklassen,
Behindertenfreizeiten,
Senioren,
Gruppen
und Seminare.

Angebote direkt auf unserem Hof:
Reiten, Reithalle, Reitplätze
überdachtes Spielland
Kettcars · Fahrräder
Bolzplatz · Beach-Volleyball
Streetball · Tischtennis
Heuhütte · Waldlehrpfad
Rhododendronpark · Kicker
Grillplätze · Abenteuerspielplatz
Bootfahren · Angeln · Billard
Schach · Trampolin · Kneippgarten

www.HausLandegge.de

Niedersachsen
Emsland 20

Spezialangebot Reiten:
Im Wohnungspreis ist das Reiten (1 Pony pro Wohnung) von 10:00 Uhr bis 12:00 Uhr enthalten!
Reiten auf über 50 Ponies und Pferden, Reitunterricht für Anfänger und Fortgeschrittene – jung und alt, Ausritte, kl. und gr. Hufeisen, Reiterpass und Reitabzeichen möglich, 4 Reitplätze, Reithalle 20 x 60 m, Eigenes Pferd kann mitgebracht werden (Gastboxen und Paddocks vorhanden).

HAUS LANDEGGE
FERIEN AUF DEM GUT

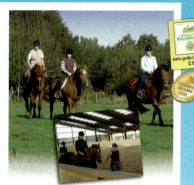

Zur Information:
Alle Ferienwohnungen sind mit Kabelfernseher ausgestattet und haben Terrassen. Anreise ab ca. 14 Uhr.

WOHNUNGEN IM HERRENHAUS

WOHNUNG	BESCHREIBUNG	GRÖSSE	BELEGUNG	PREIS HS
Saal	4 Schlafzimmer, 9 Betten, 2 Bäder, Küche, Wohnzimmer (mit Kamin).	140 m²	max. 9 Pers.	á 138,00 EUR
Ecke	2 Schlafzimmer, 4 Betten, 1 Bad, Wohnzimmer (Kamin) mit integrierter Küche.	75 m²	max. 4 Pers.	á 86,00 EUR
Entenhaus	2 Schlafzimmer, 7 Betten, 1 Bad, Küche, Bad, Wohnzimmer.	75 m²	max. 7 Pers.	á 86,00 EUR
Friede	3 Schlafzimmer, 6/7 Betten, Bad, Küche, Wohnzimmer.	110 m²	max. 6-7 Pers.	á 104,00 EUR
Peter	2 Schlafzimmer, 4 Betten, Bad, Wohnzimmer mit integrierter Küche.	55 m²	max. 4 Pers.	á 82,00 EUR
Garten	2 Schlafzimmer, 5 Betten, Bad, Wohnzimmer mit integrierter Küche.	70 m²	max. 5 Pers.	á 88,00 EUR
Glocke	2 Schlafzimmer, 5 Betten, Bad, Küche, Wohnzimmer.	65 m²	max. 5 Pers.	á 88,00 EUR

WOHNUNGEN IM GRÄFTENHAUS

WOHNUNG	BESCHREIBUNG	GRÖSSE	BELEGUNG	PREIS HS
Ilex Buchsbaum	1 Schlafzimmer unten, 3 Schlafzimmer oben, 2 Du-Bäder, Küche, Wohnzimmer.	120 m²	max. 9 Pers.	á 142,00 EUR
Forsythie Haselnuss Hortensie	2 Schlafzimmer oben, 1 Du-Bad, Küche, Wohnzimmer.	60 m²	max. 5 Pers.	á 95,00 EUR
Lorbeer	1 Schlafzimmer unten, 1 Schlafzimmer oben, 4 Betten, Bad, Wohnzimmer, 1 Schlafcouch.	110 m²	max. 5 Pers.	á 108,00 EUR
Zypresse Zeder	1 Schlafzimmer, 1 DU/WC	25 m²	max. 2 Pers.	á 60,00 EUR

Verpflegung/Sonstiges
Frühstück	8,50 EUR
Halbpension	17,50 EUR
Vollpension	22,50 EUR
2-Gänge-Menue	9,50 EUR
Kaffee & Kuchen	ab 4,00 EUR

Kinderermäßigung
unter 2 Jahren	kostenlos
2 – 6 Jahre	50 %
7 – 12 Jahre	25 %

Bettwäsche	á 7,50 EUR
Endreinigung	40,00 – 60,00 EUR
Haustiere	5,– EUR/Tag
Gastboxen (inkl. Stroh & Heu)	10,– EUR/Tag

WOHNUNGEN IM LANDHAUS

WOHNUNG	BESCHREIBUNG	GRÖSSE	BELEGUNG	PREIS HS
Eiche, Erle Kastanie Esche, Birke Buche	2 Schlafzimmer, 5 Betten, 2 Bäder, Küche, Wohnzimmer.	80 m²	max. 5 Pers.	á 98,00 EUR
Knusperhaus	2 Schlafzimmer, 6 Betten, 1 Bad, Küche, Wohnzimmer.	80 m²	max. 6 Pers.	á 98,00 EUR

Fordern Sie unseren Hausprospekt an!

Vorsaison bis zu 25 % Ermäßigung! Wochenendpauschale – Bitte anfragen!

Marianne Hiebing · Landegge 1 · 49733 Haren (Ems)
Telefon (0 59 32) 12 21 · Telefax (0 59 32) 12 47 · www.HausLandegge.de

Besichtigungsziele, Aktivitäten in nächster Umgebung:
Schloss Dankern mit seinen vielen Einrichtungen zur Freizeit (Badestrand, Surfschule, Tauchschule, Kanuverleih, Kart-Bahn u.v.m.) · Spaßbad Topas · Ausflugsfahrten auf der Ems mit Fahrtgastschiff „Amisia" · Planwagenfahrten · Schloß Clemenswerth (Töpferei und kulturelle Einrichtungen) · Magnetschwebebahn · die Städte Haren, Meppen, Papenburg (Fußgängerzone) · Schifffahrts- und Mühlenmuseum in Haren · Moormuseum · Schützen- und Stadtfeste · Hallen- und Wellenbad · Freilichtbühne, Theater, Kino & Konzerte · Niederlande ca. 10 km (Festung Bourtange, Zoo in Emmen, etc.)· Meyer-Werft Papenburg · Mercedes-Teststrecke · Fitness-Center · Squash · Golf · Tennis

Niedersachsen
20 Emsland

Haselünne
🚶 20 km 🚉 20 km

„Die historische Korn- und Hansestadt", „Staatlich anerkannter Erholungsort", Naturschutzgebiet Wacholderhain, ausgeschilderte Rad-, Wander- und Reitwege, Kanutouren, Hallenbad, Freibad, Skateranlage, Minigolf, Surfen, Squash, Tretboot fahren, Bootsverleih, Nordic Walking, Sauna, historischer Korn- und Hansemarkt, Freilicht- und Heimatmuseum, 3 Brennereien, Disco, Bowling-/Kegelbahn, Spielplätze, Wildgehege.

Infos unter: Stadt Haselünne
Tel. 05961 - 509320 oder www.haseluenne.de

****Carmen und Andreas Osterhues**
Loherfeld 10
49740 Haselünne, OT Lohe
Tel. 05966 - 1291
Fax 05966 - 1293

info@ferienhof-am-karlswald.de
www.karlswald.de

Ehemaliger Bauernhof mit 3 Ferienwohnungen, Terrasse, Saisonermäßigung, Mikrowelle, Sat-TV, Stereoanlage, Waschmaschinenbenutzung, Trockner, Grillplatz, Spielplatz, Großtrampolin, Fußball- und Zeltplatz, TT, Ponys, Ziegen, Katzen, Kaninchen, Schafe, Hühner, frische Eier. Bitte Hausprospekt anfordern!

Anzahl	Art	qm	Personen	Preis
3	FeWo	50-65	2-5	ab 35,00 €

243972_1 F****

Malen und Spielen mit Freddi

Riesen-Lese- und Spielespaß für kleine Bauern! In dem DIN-A3-Block finden Sie zwei verschiedene Malvorlagen und drei lustige Spiele zum Ausmalen. Jedes der fünf Motive gibt es viermal, so dass sich alle Kinder/Freunde gemeinsam vergnügen können, ohne Streit und Ärger.

5,00 €

Nutzen Sie die Bestellkarte auf der letzten Seite!

Wir spielen auf dem Bauernhof

In diesem Bauernhofbuch fordern 22 Magnetteile zum Spielen, Ausprobieren und Entdecken auf. Zahlreiche Spielmöglichkeiten fördern die Kreativität und Fantasie des Kindes.

Ab 2 Jahren, 10 Seiten   **14,95 €**

Nutzen Sie die Bestellkarte auf der letzten Seite!

Niedersachsen
Osnabrücker Land 21

Ankum

Ankum entdecken und erleben, Naturpark Teutoburger Wald/Wiehengebirge, ebenes Gelände, verborgene Moore, sanft ansteigende Hügelketten, so präsentiert sich das Ankumer Land seinen Besuchern. Der sportliche Ehrgeiz genauso wie das „Seele-baumeln-Lassen", beides steht bei uns hoch im Kurs. Ankum live - hier swingt, rockt und groovt es in vielen Kneipen des Ortes.

Infos unter: Tourist-Information
Tel. 05462 - 747417 oder www.ankum.de

Reiterhof Eilfort*****
Eilfort, Ernst
Tütingen 6
49577 Ankum, OT Tütingen
Tel. 05462 - 318
Fax 05462 - 962420

info@reiterhof-eilfort.de
www.reiterhof-eilfort.de

Ruhige Einzellage am Waldrand. Teilbewirtschafteter Bauernhof mit Hannoveraner Pferden, Fohlen, Ponys, Katzen und Hunden.

Ideal für Reitsportbegeisterte, Reitergruppen, Familien mit Kindern, Wanderer und Erholungssuchende.

Reithalle, -platz und -unterricht, Reitdistanzstrecke bzw. schönes Ausreitgelände, Reiterstübchen, Gastpferdeboxen und -weiden, gemütliche Grill- und Sitzplätze.

Ferienhaus mit 3 Schlafräumen, 2 D/WC, gr. Küche inkl. Spülmaschine, zusätzliche Schlafmöglichkeiten 8,- €; Frühstück 8,- €; Kinderermäßigung; DZ Preis inkl. Frühstück.

Mitarbeit möglich, Stockbrot backen, Basteln, Hausprospekt.

133214_1 F*****

Anzahl	Art	qm	Personen	Preis
1	FeWo	45	4	ab 57,00 €
1	FH	70	6	ab 65,00 €

Verwöhn-Urlaub

Einmal wie ein echter Landlord leben! Im Übernachtungsführer „Urlaub auf Landsitzen" werden die schönsten Herrensitze, Burgen und Schlösser und andere historische Gebäude vorgestellt.

12,90 €

Nutzen Sie die Bestellkarte auf der letzten Seite!

195

Niedersachsen
21 Osnabrücker Land

Eggermühlen
🚶 25 km 🚆 11 km

Nicht nur ein Dorf im Norden des Osnabrücker Landes ist Eggermühlen, am Ortsrand von Wiesen und Wäldern umgeben. Besuchen Sie unser Schloss Eggermühlen, von wo aus Wander- und Fahrradfreunde direkt starten können. Angeln Sie im Schlossteich oder besuchen Sie den Reiterhof Vox. In Eggermühlen gibt es eine Vielzahl von großen und kleinen Tieren zum Anfassen und Füttern. Machen Sie eine Wildbeobachtung, oder sitzen Sie einfach entspannt am Lagerfeuer und grillen.

Infos unter: Gemeindeverwaltung Eggermühlen
www.eggermuehlen.de

230062_1 F***

Schloss Eggermühlen***
Freiherr von Boeselager
409577 Eggermühlen
Tel. 05462 - 74210
Fax 05462 - 742110

SchlossEggermuehlen@t-online.de
www.schloss-eggermuehlen.de

Unser **voll bewirtschaftetes, historisches Rittergut** an der Artlandroute liegt am Ortsrand von Wiesen und Wäldern umgeben. Bei uns warten auf Sie eine Vielzahl von großen und kleinen Tieren zum Anfassen und Füttern.

Wanderer und Fahrradfreunde können direkt vom Schloss aus starten. Für Reiterfreunde gibt es Sandwege und einen Außenreitplatz 20 x 40 m im Wald.
Angeln im Schlossteich, Wildbeobachtung, Lagerfeuer, Grillen, Spielwiese mit -geräten vor den Ferienwohnungen.

Sie wohnen in den Vorgebäuden des Schlossinnenhofes. Die neu **renovierten, komfortablen Ferienwohnungen** ab 50,- € + Nebenkosten verfügen über Waschmaschine, Sat-TV, Telefon, Geschirrspüler, Kinderbett.
Großes Ferienhaus für 22 Personen, 10 Personen ab 230,- € + Nebenkosten.

Bitte fordern Sie unseren Hausprospekt an!

Anzahl	Art	qm	Personen	Preis
5	FeWo	40-95	2-8	ab 50,00 €
1	FH		10-22	ab 230,- €

Welches Tier läuft denn hier?

Viele verdächtige Spuren gibt es auf dem Bauernhof.
Mia folgt ihnen auf der Suche nach ihrem Haarband. Mit der Drehscheibe können kleine Spurensucher selbst herausfinden, zu welchen Tieren die Spuren gehören.

Ab 2 Jahren, 10 Seiten **7,95 €**

Nutzen Sie die Bestellkarte auf der letzten Seite!

Niedersachsen
Oldenburger Münsterland 22

Emstek

Gelegen im Südosten des Landkreises Cloppenburg im Oldenburger Münsterland. Im Gemeindegebiet von Emstek befinden sich drei Naturschutzgebiete, von denen der „Urwald Baumweg" das älteste darstellt. Badesee, Hallenbad, Margarethenmarkt (Juli), Herbstkirmes (Oktober), „Nacht der Nächte" (April), Spargel-Wochenenden, Wildwochen, Kohl- und Pinkeltouren, Reiten.

Infos unter: Gemeinde Emstek
Tel. 04473 - 9484-0 oder www.emstek.de

Meyer, Rudolf
Eichenallee 2
49685 Emstek
Tel. 04473 - 947110
Fax 04473 - 947112

info@hof-meyer.de
www.hof-meyer.de

Ferien für die ganze Familie auf unserem voll bewirtschafteten Bauernhof mit Pferdezucht im Herzen des Oldenburger Münsterlandes.

Hof am Ortsrand, Waldnähe, 10 Ferienwohnungen.

Nebenkosten: Bettwäsche und Endreinigung.

Unsere Gäste wohnen in gemütlich eingerichteten Wohnungen mit einer kompletten Küchenzeile. Fast alle Wohnungen haben 2 Schlafzimmer mit je 2 Betten, Zustellbetten können zugestellt werden.

Auf Wunsch können Sie aber auch in unserem Hofcafé Frühstück, Kaffee und Kuchen sowie Mittag- und Abendessen (Schonkost) erhalten. Einige Wohnungen sind behindertengerecht eingerichtet. Gruppen oder Klassen sind herzlich willkommen.
Kinderbetten, Waschmaschine, Hausschlachtung, Hausgarten, Grillplatz, Hütte „Döskatoorn" mit Kamin und Hofteich sowie großer Spielplatz, Wald und Fischteich.
Paddelboot, Tischtennis, Mitarbeit möglich, Netzball-/Korbballspiele, Billard, Trampolin.
Ackerbau- und Grünlandbetrieb, Schweinezucht, Federvieh, Pferde.

Spezialangebot Reiten: für Kinder und Jugendliche, Erwachsene, Anfänger, Zuchtbetrieb für Oldenburger mit ca. 12 Stuten und Nachzucht, 7 Ponys, reiterliche Betreuung, Kutschfahrten, Reitplatz, Reithalle mit Reiterstübchen, Reitstunden nach Vereinbarung, eigene Pferde können mitgebracht werden, Kosten auf Anfrage, Boxen vorhanden.

Auch Übernachtungen im Heuhotel.

23171_1

Anzahl	Art	qm	Personen	Preis
8	FeWo	25-70	2-6	ab 45,00 €

Niedersachsen
22 Oldenburger Münsterland

Friesoythe
🚶 25 km 🚆 25 km

Stadt mit Herz! … Und nette Leute!
Es erwarten Sie eine lebendige Stadt und ländliche Idylle. Geführte (Rad-)Wanderungen durchziehen ausgedehnte Wälder, weite Wiesen und Felder, Moore, Flüsse und Kanäle und nicht zuletzt die einzige Talsperre Nordwestdeutschlands (15 km). Besuchen Sie die Maitage in Friesoythe, den Bauernmarkt in Altenoythe oder das Kulturzentrum Alte Wassermühle, Kletterwald, Frei- und Hallenbad (5 km), Reiten, Wildpark.

Infos unter: Stadt Friesoythe
Tel. 04491 - 92930 oder www.friesoythe.de

Gut Altenoythe***
Wreesmann, Ludwig
Vitusstr. 9
26169 Friesoythe
Tel. 04491 - 921223   fewo@wreesmann.de
Fax 04491 - 921229   www.wreesmann.de

Ruhe und Erholung mit Vogelstimmen aus dem Eichenwald.
Einige Tage mit Ihrer Familie oder guten Freunden (bis 20 Pers.) unter sich sein. Die Wohnungen sind mit allem Komfort ausgestattet. Auf dem Hof mit verschiedenen Tieren ist viel Platz zum Toben mit Kettcar und Trampolin.

19544_1   F***

Anzahl	Art	qm	Personen	Preis
4	FeWo	60	4-7	ab 50,00 €

Löningen
🚶 40 km 🚆 13 km

Ein kleines Stück heile Welt … Staatlich anerkannter Erholungsort. Das Erholungsgebiet Hasetal hat „ausgezeichnete" Radwanderwege, Hase-Ems-Tour, Frei-/Hallenbad, Sportplätze, Reiten, Kneipp, wechselnde Ausstellungen in der Löninger Galerie, Waldbühne Ahmsen in unmittelbarer Nähe, Rosengalerie.

Infos unter: Stadtmarketing Löningen GmbH
Tel. 05432 - 941048 oder www.loeningen.de

Urlaub und Genießen beim Biobauern

Alle im Reiseführer aufgeführten Betriebe sind anerkannte Biobetriebe. Viele Unterkünfte sind darüber hinaus mit dem DLG-Gütezeichen ausgezeichnet und garantieren so besonderen Urlaubskomfort.

12,90 €

Nutzen Sie die Bestellkarte auf der letzten Seite!

Niedersachsen
Oldenburger Münsterland 22

Hof am Kolk

- denkmalgeschützte Hofanlage
- harmonisch und liebevoll eingerichtete Wohnungen und Häuser
- eingebettet in wunderschöner Landschaft
- vielfältiges Angebot: Turnhalle, Trampolin, Kreativstübchen
- ökologisch bewirtschafteter Betrieb: Spargel, Erdbeeren, Mutterkühke, Hofkäserei
- vom Kneippbund anerkannter Gesundheitshof
- Sauna, Massagen
- 33,00 € - 70,00 € Übernachtung, inkl. Nebenkosten.
- Hausprospekt

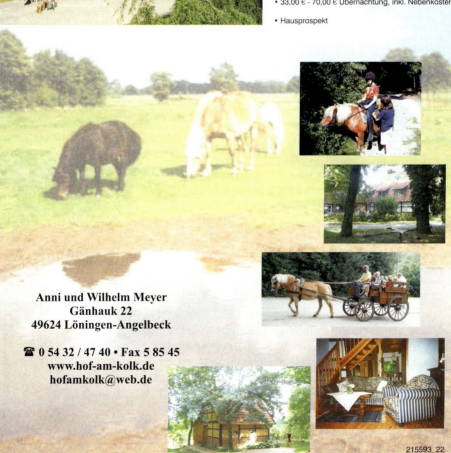

Anni und Wilhelm Meyer
Gänhauk 22
49624 Löningen-Angelbeck

☎ 0 54 32 / 47 40 • Fax 5 85 45
www.hof-am-kolk.de
hofamkolk@web.de

Niedersachsen
23 Mittelweser, Dümmer See

Drebber
🚶 25 km 🚆 7 km

Drebber ist von Moorlandschaft umgeben. In der Nähe liegt der Dümmer See. Radwege, Heimatmuseum, Marienkirche, Jacobikirche, Kegelbahnen in öffentlichen Lokalen, Skateranlage, Spielplätze, Weihnachtsmarkt, Schützenfeste, Ferienwohnungen, Drebbermüller „Mühlenhof", Schulstraße 1, 49457 Drebber, Tel. 05445/684.

Infos unter: Samtgemeinde Barnstorf
Tel. 05442 - 8090 oder www.barnstorf.de

siehe große Landkarte:
E 6

27429_1   F***/****

Mühlenhof****
Drebbermüller, Eric und Irmke
Schulstr. 1
49457 Drebber,
OT Jacobidrebber
Tel. 05445 - 684
Fax 05445 - 998550

info@drebbermueller.de
www.drebbermueller.de

Am Ortsrand von Drebber befindet sich in ruhiger und ländlicher Umgebung der ehemalige Wassermühlenbetrieb. Das 10.000 qm große Grundstück mit Bauerngarten und parkähnlicher Anlage bietet viel Platz für Spiel und Spaß. Besuchen Sie uns im Internet oder fordern Sie unseren Hausprospekt an.

Anzahl	Art	qm	Personen	Preis
2	FeWo	40-55	2-4	ab 36,00 €
3	FH	62-75	4-6	ab 49,00 €

So geht's zu auf dem Bauernhof

Die Foto-Sachgeschichten zeigen, wie Landwirte mit riesigen Traktoren ihre Felder bearbeiten. Was Erdbeerbauern im Tunnel machen. Wie Kühe Milch geben. Und wie Schweine Strom machen …

Ausgezeichnet von der Akademie für Kinder- und Jugendbuchliteratur

9,95 €

Ferkel, Schaf, Kartoffelernte. Mit spannenden Geschichten von Ferkeln, Schafen, dem Weinbauern über die Arbeit der Maschinenringe zum Kartoffel- und Rapsanbau.

9,95 €

Nutzen Sie die Bestellkarte auf der letzten Seite!

Niedersachsen
Mittelweser, Dümmer See 23

Lembruch am Dümmer See
🍴 20 km 🚆 5 km

Der Naturpark Dümmer ist die größte zusammenhängende Moorlandschaft Westeuropas. Auf gut ausgeschilderten Rad- und Wanderwegen kommen Sie gut vorwärts. Auf dem Rundweg auf dem Deich laufen Sie 18 km um den Dümmer See herum. Aktivitäten: Segeln, Surfen, Kanu fahren, Planwagen- und Kutschfahrten, Badesee, Hallen- und Freibäder, Wellnessangebote, Sauna, Kulturveranst. im Rittersaal Lemförde, Vogelmuseum, Abenteuerspielplätze. Schlemmen: Matjeswochen, Käserei.

Infos unter: Tourist-Information Dümmerland
Tel. 05447 - 242 oder www.duemmer.de

Birkenhof*****
Döbbeling, Irene und Heinrich
Wagenfelder Str. 188
49459 Lembruch
am Dümmer See
Tel. 05447 - 1285
Fax 05447 - 921897

info@ferienhof-doebbeling.de
www.ferienhof-doebbeling.de

Idyllisch gelegener Einzelhof mit FH und FeWo im Haupthaus. Preis inklusive Handtücher und Bettwäsche, zzgl. Endreinigung. Alle Wohnungen mit Einbauküche (Ceranfeld, Geschirrspüler etc.), sehr geschmackvoll eingerichtet und mit eigener Gasheizung, dadurch für jede Jahreszeit sehr gut geeignet. Sat-Anschluss, TV-Raum.

Eigener Bade- und Angelsee mit Sandstrand, Tretboot und Surfbrett. Kostenlose Reitmöglichkeit auf einem unserer Ponys, Hofhund Bea, große Gokarts, Lagerfeuer- und Grillplatz, TT, Schaukel, Fußballtore etc., großer gemütlicher Aufenthaltsraum zum Klönen, Spielen oder Basteln.

Der ideale Ort zum Relaxen, Natur erleben, Spielen, Radfahren, Mountainbiking, Nordic Walking, Segeln, Surfen … oder einfach nur, um die Seele baumeln zu lassen. Genießen Sie ein paar Tage oder sogar Wochen in familiärer und liebevoller Atmosphäre.

Wir würden uns freuen, Sie bei uns begrüßen zu dürfen!
Bitte fordern Sie unseren Hausprospekt an.

Anzahl	Art	qm	Personen	Preis			
3	FeWo	85-100	1-4	ab 60,00 €	90005_1		F*****

DLG-Bio-Guide

Der vorliegende DLG-Bio-Guide 2009 präsentiert Vorzeigebetriebe der Bio-Szene. Darunter sind Pioniere der Anfangsphase, innovative Neueinsteiger, Querköpfe mit weltanschaulichen Grundsätzen, Idealisten oder traditionsreiche Klosterbetriebe.

9,90 €

Nutzen Sie die Bestellkarte auf der letzten Seite!

Niedersachsen
23 Mittelweser, Dümmer See

Rehden
🚶 25 km 🚆 8 km

Besonders reizvoll sind die noch erhaltenen Hochmoorflächen im etwa 2.000 ha großen Naturschutzgebiet „Rehdener Geestmoor" sowie die ausgedehnten Waldflächen, Radwegesystem, Themenrouten, zwei Schäferhöfe, Aussichtsturm im Moor, Westernreithof „Peppys Tino Ranch", Weihnachtsmarkt am 2. Sonnabend im Dezember, Frühlingsmarkt, Herbstmarkt, Rehden liegt an der Niedersächsischen Spargelstraße.

Infos unter: Samtgemeinde Rehden
Tel. 05446 - 209-0 oder www.rehden.de

Ehrlingshof ★★★

Buschmeyer, Anette und Hartmut
Wähaus-Ehrling 41
49453 Rehden, OT Ehrling
Tel. 05446 - 610
Fax 05446 - 902110
buschmeyer@ehrlingshof.de
www.ehrlingshof.de

Waldsee vom Ehrlingshof

Hofmuseum

Der **Ehrlingshof** ist seit 1970 ein Ferienhof und bietet inmitten 30.000 qm Naturgartenanlage, beschattet von uralten Eichen, unseren Gästen vielseitige und geruhsame Erholung.
Das gesamte Gelände ist für die Feriengäste zugänglich.
5 gemütlich eingerichtete **Ferienhäuser** für 4-8 Personen, 1 Nichtraucher-Haus.
Idyllisch gelegener **Campingplatz:** Von Bäumen leicht beschattete großräumige Rasenflächen, gleich nebenan Dusche und Toiletten.
10.000 qm großer **Waldsee** mit Boot, Floß, Schutzhütte, Badesteg und Sonnenwiese.
Forellenteich am Hof. Kleine Schwimmhalle mit Sauna und Solarium, Waschmaschine und Trockner.
Ponys zum Reiten und Pflegen. **Streichelgehege** mit Kaninchen und Meerschweinchen. Schafe, Hängebauchschweine, Hund und Katzen.
Großer **Spielplatz** mit Seilbahn, großem Trampolin, Schiffschaukel, Kettenkarussell, Monsterwippe, Teufelsrad und Sandkiste. Viele **Tret-Cars** in verschiedenen Ausführungen.
Große Fußballwiese, Grillplatz mit Lagerfeuer, Zwergendörfchen, Kindertrecker, Tischtennis, Liebesschaukel, Fußballkicker, Töpferei, Drechslerei.
Hofmuseum als Gemeinschaftshaus mit Kamin, Billard und Oldie-Treckersammlung. Radfahren auf ebenen Nebenstraßen.   Milch-/Brötchenservice, Hofladen im Ort.

Bitte **Hausprospekt** anfordern.

Wir freuen uns auf Ihren Besuch,
Familie Buschmeyer

Anzahl	Art	qm	Personen	Preis		F★★★/★★★★
5	FH	45-80	4-8	ab 30,00 €		27367_23

Niedersachsen
Mittelweser, Dümmer See 23

Syke
🚶 15 km 🚆 Syke

Syke liegt im Naturpark Wildeshauser Geest, inmitten von dörflich geprägten Ortsteilen u. d. großen Wäldern Friedeholz und Westermark. In Syke finden Spaziergänger u. Radler ruhige Erholung. Sehenswert: Kreismuseum mit Aktions- u. Backtagen. Reichhaltiges Kulturangebot: Konzerte in der Wolfsschlucht, Summer-Dream-Party, das Festival Jazz Folk & Bike bietet Kulturgenuss u. Unterhaltung. Kino, Sauna, Freibad, Hallenbäder u. 5 Syker Themenradrouten sind vorhanden.

Infos unter: Naherholung/Tourismus Syke
Tel. 0 42 42 - 164-220 oder www.syke.de/tourist

Eschenhof ★★★
Einhaus, Gisela
Clueser Straße 37
28857 Syke, OT Heiligenfelde
Tel. 04242 - 2608
Fax 04242 - 4124

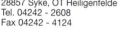

eschenhof@t-online.de
www.clueser-eschenhof.de

Gemeinsam mit Ihrer Familie finden Sie in unserem idyllischen Clueser Hachetal einerseits Erholung, gleichzeitig aber auch Möglichkeiten zu vielfältigen Freizeitaktivitäten wie Reiten, Wandern, Kutschfahrten, und, und, und …

Hof in Einzellage, Frühstück pro Person 6,- €, Bettwäsche und Handtücher 6,- € pro Person, Endreinigung 26,- €, Hauptsaison 15.6. - 15.9., Vor- und Nachsaison Preisnachlass 6,- € pro Ferienwohnung, Waschmaschinenbenutzung, Telefon, TV, Radio, Grillplatz.
Ackerbau, Grünland, Forstwirtschaft, Hühner, Kaninchen, Enten, Schweine, Pferde, Ziegen.
Mitarbeit möglich, Reitunterricht, Gastpferdeboxen 6,- € pro Tag, Reitplatz/-halle, Kutsch-/Planwagenfahrten, Räder, Kinderspielplatz.

Wir freuen uns auf Ihren Besuch!

229010_1   F★★★

Anzahl	Art	qm	Personen	Preis
6	FeWo	25-76	2-6	ab 41,00 €

Malen und Spielen mit Freddi

Riesen-Lese- und Spielespaß für kleine Bauern! In dem DIN-A3-Block finden Sie zwei verschiedene Malvorlagen und drei lustige Spiele zum Ausmalen. Jedes der fünf Motive gibt es viermal, so dass sich alle Kinder/Freunde gemeinsam vergnügen können, ohne Streit und Ärger.

5,00 €

Nutzen Sie die Bestellkarte auf der letzten Seite!

Niedersachsen
24 Lüneburger Heide

Altenmedingen

Die weite Landschaft, ausgedehnte Wälder, Gastfreundschaft und gesunde, sauerstoffreiche Luft lassen jeden Urlauber durchatmen. In der ursprünglichen Landschaft kann er entspannen und zu sich selbst finden. Ausflüge: Bootsfahrt auf der Ilmenau, Mineralheilbad Bad Bevensen, Hügelgräber von Haaßel, Kloster Ebstorf, Museumsdorf in Hösseringen. Familien-Fahrrad-Rallye, Herbstfest, Wildscheibenschießen, Schlachtessen, Erntedankfest, Weihnachtsmarkt, Silvesterschießen, Königsball.

Infos unter: Gemeinde Altenmedingen
Tel. 05807 - 240 oder www.altenmedingen.de

*** Landgasthof Stössel
29575 Altenmedingen · OT Bohndorf
Im Dorfe 2 · Tel. (0 58 07) 2 91 · Fax 12 17
Familien Täger und Hermann
www.landgasthof-stoessel.de · info@landgasthof-stoessel.de

- Speisekarte mit regionalen, saisonalen, vegetarischen und gutbürgerlichen Köstlichkeiten
- Hotel - 3 Sterne Komfort
- Appartement und Ferienwohnung im 4 Sterne Komfort
- sportliche Freizeitangebote (Symbole) kostenlos
- Kinder übernachten im Zimmer der Eltern zu Frühstückspreisen
- Hausprospekt und Angebote anfordern - Kennwort DLG

116062_24

Hotel Hof Rose GbR***
von Borries, Christof u. Sabine
Niendorfer Weg 12
29575 Altenmedingen
Tel. 05807 - 98960   info@hofrose.de
Fax 05807 - 9896125   www.hofrose.de

12 DZ, davon 2 Familienzimmer, 2 exkl. FeWo****, 1 idyllisches Ferienhaus****, Hallenbad 29 °C, Sauna, röm. Dampfbad, 5 Golfplätze in der Nähe, eigener Reitplatz, Gastpferdeboxen, liebevoll und frisch zubereitetes Abendessen mit Fleisch von eigenen Weidetieren u. aus eigener Jagd, Massagen, Seminarraum (90 qm), Kinderbetreuung.

Anzahl	Art	qm	Personen	Preis
2	FeWo	85-120	4-6	ab 94,00 €
1	FH	120		ab 114,00 €
1	Zi.			ab 45,00 €

339175_1   F****P***

Der Bauernhof

Wo kommt die Milch her? Wie kommt ein Küken zur Welt? Und was macht der Bauer am Sonntag? Ein Besuch auf dem Bauernhof, bei dem schon kleine Kinder viel Wissenswertes erfahren und hinter Klappen entdecken können.

Ab 2 Jahren, 16 Seiten   **8,95 €**

Nutzen Sie die Bestellkarte auf der letzten Seite!

Niedersachsen
Lüneburger Heide 24

Amelinghausen

🚶 12 km

Die Urlaubsregion Amelinghausen liegt in der Lüneburger Heide und ist umgeben von Natur und Kultur pur, 22 km südwestlich von Lüneburg, 60 km südlich von Hamburg und 100 km nördlich von Hannover. Wald- und flussreiche Landschaft mit idyllischen Heideflächen, Paradies für Rad- und Reittouren, ausgeschilderte Nordic-Walking-Strecken, Archäologisches Museum, Zinnfiguren-Museum, Kegelbahn, Minigolf.

Infos unter: Tourist-Information Amelinghausen
Tel. 04132 - 930550 oder www.amelinghausen.de

1 *** EZ Du/WC ab € 34,-
9 *** DZ Du/WC, € 24,- bis 30,-
5 *** Ferienwohnungen,
2-5 Pers., ab € 40,-

Umgeben von alten Eichen, bietet der Thieshof auf einem parkähnlichen Gelände mit Rhododendron, ländlich familiäre Atmosphäre und Gastfreundschaft. Freundlich eingerichtete Zimmer, alle mit Du/WC, teilw. Sat-TV und Loggia oder Terrasse, laden zum Ausspannen ein. Teeküchenbenützung, Grillplatz, Liegewiese im Baumgarten, Tischtennis und Fahrradverleih sind gegeben. 5 Ferienwohnungen mit Terrasse, Spielplatz, Waschmaschinen- und Trocknerbenutzung sowie Brötchenservice stehen Ihnen zur Verfügung. Amelinghausen bietet neben mehreren Restaurants, ein Schwimmbad, Arzt und Apotheke, vielfältige Einkaufsmöglichkeiten. Fordern Sie gerne unseren Hausprospekt an!

Fam. Hedder · Lüneburger Straße 18 · 21385 Amelinghausen · ☎ (0 41 32) 4 09 · Fax: 4 59 · www.thieshof.de · info@thieshof.de

Sachen suchen – Bei den Tieren

Großformatige Schaubilder zeigen die heimischen, aber auch die fremden Tiere. Kleine Ausschnitte fordern zum Suchen und Wiederfinden auf. Ein spannender Such-Spaß!

Ab 2 Jahren, 24 Seiten **4,95 €**

Nutzen Sie die Bestellkarte auf der letzten Seite!

Niedersachsen

Glockenhof

Großzügiger Heidehof unterm Reetdach mit modernen Ferienwohnungen, DZ und EZ:

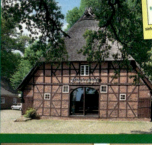

Juniorclub
ganztägige Kinderbetreuung rund um Pferd und Pony

Lebendige Gastronomie
im Gartencafé, im eigenen Restaurant oder auf der Niedersachsentenne

Eigene Hannoveraner
Ausritte, Reitunterricht, Lehrgänge, Abzeichen

- Sauna, Solarium, Billard
- Tennis-, Volley-, Fußballplatz
- überdachter Spielplatz
- Kleintierzoo
- Hofmuseum
- Fahrradverleih
- 50 Pferde und Ponys
- Reithalle, Gastboxen
- 2 Reitlehrerinnen

Sattelfest in Englisch und Französisch
Einwöchige Sprachkurse kombiniert mit Ausritten und Reitunterricht

Fußballcamp
Fußballfeld und Training für alle Fußballbegeisterten

Karin und Jochen Studtmann
Soltauer Str. 2-6
21385 Amelinghausen

Tel.: 0 41 32 - 9 12 30
Fax: 0 41 32 - 91 23 45
Mobil: 01 71 - 2 11 02 16

Reiten für und mit den Kleinsten
Spezielle Kinderbetreuung zwischen 3 und 6 Jahren

Immer aktuell:
Last-Minute-Angebote

unter
www.glockenhof-studtmann.de
info@glockenhof-studtmann.de

Niedersachsen
24 Lüneburger Heide

Bad Bevensen
🚶 28 km 🚆 Bad Bevensen

Die Quelle des Wohlbefindens in der Lüneburger Heide, sanfthügelige Landschaft in der norddeutschen Tiefebene, ausgeschilderte Rad- u. Wanderwege und Nordic-Walking-Strecken, beheiztes Freibad, TreeTrek-Hochseilklettergarten, Sole-Therme mit römisch-finnischer Saunalandschaft, Kloster Medingen, großer Kurpark, Sonnenuhrgarten, Garten der Sinne, Neptun-Brunnen, Wochenmarkt - 3x in der Woche.

Infos unter: Kurverwaltung Bad Bevensen
Tel. 05821 - 570 oder www.badbevensen-tourismus.de

27251_1   F***

Forellenhof***
Bautsch, Carl-Friedrich
Groß Hesebeck 1
29549 Bad Bevensen,
OT Groß Hesebeck
Tel. 05821 - 7456
Fax 05821 - 9675388

www.c-bautsch.de

Unser Haus ist ein alter Niedersachsenhof und seit mehr als 550 Jahren im Familienbesitz. Er stammt aus dem Jahre 1826 und wurde 1976 umgebaut.
Er liegt direkt am Wald in einem herrlichen Wiesental.
Alte Eichen, Buchen, Linden, Erlen und Eschen geben dem Hof ein eigenes Gepräge. In nahen Fischteichen können Sie Karpfen und Forellen angeln.
Lage am Landschaftsschutzgebiet. Ruhe in ländlicher Umgebung.

Preis der Ferienwohnungen zuzüglich Endreinigung, Kinderbett, TV.
Grünland, Forstwirtschaft, Fahrräder, eigener Honig, modernes Kurzentrum Bad Bevensen 2,5 km.
Preis inklusive Kurtaxe.

Bitte fordern Sie unseren Hausprospekt an.

Anzahl	Art	qm	Personen	Preis
2	FeWo	55	2	ab 40,00 €

Bergen
🚶 30 km 🚆 20 km

Die Stadt Bergen bietet das ganze Jahr über Aktivitäten: Volksradfahren, Heidjerfest, bunter Abend im Bürgerpark, Feuerwehrwettkämpfe, Sommerfest, Laternenfest, Leseabend, Kartoffelball, Frauenfrühstück, Maibaumfest, Erntefest, Preisschießen, Weihnachtsmarkt. Historischer Rundgang durch Bergen, Heimatmuseum. Ausflüge: Bronzezeitliches Hügelgrab bei Wohlde. Große Steingrabanlage *Sieben Steinhäuser*. Squash, Sauna, Minigolf, Kegelbahnen, Frei- und Hallenbad 9 km, Badestrand 10 km.

Infos unter: Stadt Bergen - Landkreis Celle
Tel. 05051 - 4790 oder www.bergen-online.de

Niedersachsen
Lüneburger Heide 24

Landhaus Averbeck****
Averbeck-Pennington,
Frauke und Ross
Hassel 3
29303 Bergen, OT Hassel
Tel. 05054 - 249
Fax 05054 - 269

info@landhausaverbeck.de
www.landhausaverbeck.de

… Begegnung mit Hof, Wald und Wild.

Ruhig, inmitten von Wiesen und Wäldern, liegt unser Hof Averbeck. Wir betreiben Land- und Forstwirtschaft sowie vielseitige Tierhaltung und bieten in ländlicher Atmosphäre geräumige, moderne Zimmer mit D/WC und reichhaltigem Frühstücksbüfett, komplett eingerichtete Appartements.

Fordern Sie unseren Hausprospekt an.
Für Abwechslung sorgen Pferde, Schweine, Hühner, Enten, Gänse, Schafe …
Kaminzimmer, Lese- und Aufenthaltsraum, Terrasse und Liegewiese, großer Spielplatz, vielfältige, interessante Angebote kultureller, sportlicher oder unterhaltender Art in der Nähe.
Zimmer mit D/WC, Preis pro Person inklusive Frühstück.

Neu: seit 2006 bieten wir das „Landlümmels", eine Indoorspielscheune für Kinder. Daran angeschlossen ist ein BISTRO.
Hausgäste, die HP buchen, können die Spielscheune von 18.00 bis 19.00 Uhr kostenfrei nutzen.

Anzahl	Art	qm	Personen	Preis
1	FeWo	61	2-4	ab 79,00 €
10	Zi.		1-3	ab 36,00 €

61076_1 F****P****

Rittergut Feuerschützenbostel***
Familie von Harling
29303 Bergen,
OT Feuerschützenbostel
Tel. 05054 - 94180
Fax 05054 - 980790

vHarling@feuerschuetzenbostel.de
www.feuerschuetzenbostel.de

Momente in der Natur auf idyllisch gelegenem Forstgut, großzügige, von Wald umgebene Hofanlage am Heidefluss Oertze in sehr ruhiger Lage.
Unsere Ferienwohnung und unser Ferienhaus sind individuell, behaglich und stilvoll ausgestattet. TV, KB, zum Teil mit Terrasse, Garage.
Liegewiese, Reitplatz, Boxen für Gastpferde, Wildbeobachtung in der Eigenjagd, Fährtendiplom für Kinder, traditionelles Weihnachtsbaumschlagen im Advent, reizvolle Wanderwege für Fuß, Rad, Pferd ab Hof.
Verschiedenste Ausflugsziele: unter anderem Celle, Lüneburg, Freizeitparks, Kloster Wienhausen, Hengstparade, Snow-Dome und Kartbahn Bispingen.

Bitte fragen Sie nach unserem Hausprospekt.

251698_1 F***

Anzahl	Art	qm	Personen	Preis
1	FeWo	80	1-4	ab 60,00 €
1	FH	65	1-5	ab 60,00 €

Niedersachsen
24 Lüneburger Heide

Bispingen
🚶 4 km

Aktiv-Urlauber aufgepasst! Sport und Erlebnis satt. Hier zeigen Ihnen Kutscher die schönsten Plätze in der Lüneburger Heide. Im Landschaftspark und Jagdschloss Iserhatsche steht Burgberg Montagnetto („Neuschwanstein des Nordens"). Rauf auf eine der modernsten Indoor-Kartanlagen Europas. Seit kurzem gibt's sogar ein *Snow Dome* mit 300-m-Piste und Wellnessbereich. In Bispingen ist noch viel mehr los - Brunausee, Greifvogelgehege, Abenteuerspielplatz, alte Feldsteinkirche, Walderlebniszentrum. ...

Infos unter: Bispingen-Touristik e.V.
Tel. 05194 - 39850 oder www.bispingen.de

Reiterpension-Rosenhof***
Albers, Marion
29646 Bispingen,
OT Behringen
Tel. 05194 - 7164
Fax 05194 - 2992
kontakt@albers-rosenhof.de
www.albers-rosenhof.de

Herzlich willkommen auf unserem Hof in Einzellage.

Wer möchte in unserem gemütlichen Haus mit freundlichen Zimmern und Wohnungen Gast sein? Wir bieten Ihnen auf unserem landwirtschaftlichen Betrieb, dem großen Garten, den Teichanlagen und dem ausgedehnten Waldgebiet Ruhe und Erholung.

2 DZ, D/WC, ÜF 25,- €, HP ab 34,- €
6 Ferienwohnungen bis 5 Personen, 70 qm, 50,- bis 75,- €, Bettwäsche 6,- €, Endreinigung 26,- €. Kinderermäßigung, Kinderbetten, TV, Grillplatz, Spielplatz, Tischtennis, Aufenthaltsraum.
Ackerbau- und Forstbetrieb, Streicheltiere, Mitarbeit möglich.

Spezialangebot Reiten: 5 Großpferde, 2 turniererfahren, 2 Ponys, reiterliche Betreuung, Freizeit- und Geländereiten, Dressur, Jagd- und Wanderreiten, Reithalle 20 x 40 m, Reitplatz, Ausritte, 300 km Reitwege in der Lüneburger Heide, Reitstunde 15,- €.
Eigene Pferde können mitgebracht werden, Kosten pro Tag inklusive Unterbringung und Futter 13,- € in Boxen, Weidegang. Reitangebote auch für Pferdefreunde aus der Umgebung.

Wir sprechen auch Englisch.

Bitte fordern Sie unseren Hausprospekt an.

119812_1   F**/***P**

Anzahl	Art	qm	Personen	Preis
6	FeWo	72-74	1-5	ab 50,00 €
2	Zi.	30	1-4	ab 25,00 €

Niedersachsen
Lüneburger Heide 24

Röhrshof***
Familie Röhrs
Heberer Str. 36
29646 Bispingen,
OT Behringen
Tel. 05194 - 2439

roehrshof@hotmail.com
www.roehrshof.de

Wir heißen Sie herzlich willkommen auf unserem Hof mit Ackerbau, Grünland, Forstwirtschaft, 6 Ponys, Schweinen, Hühnern und Streicheltieren.
Luftkurort, waldreiche Umgebung. A 7 Abfahrt Bispingen-Behringen, auf Wunsch Gästeabholung vom Bahnhof.

Neue und geräumige Ferienwohnungen, ausgestattet mit Telefon, Sat-TV. Preis inklusive Wäsche und Handtücher. Heizung, Endreinigung 21,- €.
Brötchenservice, Grillhütte, Freizeitscheune, Tischtennis, Leihfahrräder, diverse Kinderfahrzeuge, Ponyreiten gratis.

Wir freuen uns auf Ihren Besuch!

Anzahl	Art	qm	Personen	Preis		
3	FeWo	70-90		ab 38,00 €	75512_1	F**/***

Bohndorf
♙ 25 km 🚉 1 km

Bohndorf besteht aus wenigen Häusern und Höfen. Wer mit dem Zug ankommt, schaut sich den Hundertwasser-Bahnhof an. Später macht man lange Spaziergänge um Bohndorf herum, radelt zum Kurort Bad Bevensen, 13 km, oder in die Salzstadt Lüneburg, 20 km. Für heiße Tage: Freibad in 7 km, sonst ein Hallenbad in 20 km. Ausflüge: Heidepark Soltau, Serengeti-Park, Vogelpark Walsrode, Alaris - Schmetterlingspark. Nationalpark Elbauen. Otter-Zentrum Hankensbüttel. Reiten, Thermalbad.

Infos unter: Gemeinde Altenmedingen
Tel. 05807 - 240 oder www.altenmedingen.de

Hof Winkelmann*****
Winkelmann, Ruth
Im Dorfe 4
29575 Bohndorf
Tel. 05807 - 480

FeWo-Winkelmann@gmx.de
www.ferienhof-winkelmann.de

Bauernhof in idyllischer Lage mit vielen Tieren. FeWo mit gemütlichem Wohnraum, Sat-TV, Küche (Vollausstattung), Bad, 2 Schlafräume, inkl. Endreinigung. Grünfläche, Terrasse, Spielgeräte, Fahrräder, Sauna, Fitnessgeräte, Mitarbeit auf Hof und Feld, Jagdmöglichkeit. Wellnessangebote in der Naturheilpraxis.

Anzahl	Art	qm	Personen	Preis		
2	FeWo	70	2-4	ab 50,00 €	238066_1	F*****

Niedersachsen
24 Lüneburger Heide

Bomlitz
🚶 7 km 🚆 7 km

Urlaub zwischen den Freizeitparks. Ruhig und doch zentral in der Vogelpark-Region, Nordsee: 120 km, Ostsee: 150 km, beheiztes Freibad, Radwandern, Nordic Walking, Sauna, Massage, Kegelbahn, Reiturniere, Porzellanbörse, Wandertag mit Lichterfest, Mühlentag mit Handwerkermarkt, Scheunenfest, Schützenfeste, Weihnachtsmarkt, Wochenmarkt, Spargel, Kartoffeln, Fisch, Honig, Hausschlachtung, Hofläden.

Infos unter: Verkehrsverein Bomlitz e. V.
Tel. 05161 - 949681 oder www.heideurlaub-bomlitz.de

161039_1   F***/****

Meyernhof***
Familie Uwe und Ursula
Carstens
Rieper Str. 14
29699 Bomlitz-Bommelsen
Tel. 05197 - 392
Fax 05197 - 1250

Carstens-Meyernhof@gmx.de
www.carstens-meyernhof.de

Im Zentrum der Südheide liegt das idyllische Bommelsen. Unser 835 erstmals urkundlich erwähnter **Meyernhof** - ein Vollerwerbshof - ist arrondiert gelegen mit weitläufigem Waldbestand.

Insgesamt stehen 2 geschmackvoll und komfortabel eingerichtete Ferienwohnungen und 1 Ferienhaus zur Verfügung, Endreinigung 30,- bis 35,- €. Bettwäsche auf Wunsch 6,- €/Bett.

Zusätzlich stehen zur Verfügung: Grillplatz, Gartenhaus, Liegewiese, Kinderspielplatz, Spielgeräte, Tischtennisplatte und Waschmaschine.

Tiere zum Bestaunen und Anfassen: 2 Ponys, Hängebauchschweine, Ziegen, Kaninchen, Damwildgehege, Hühner, Jagdhund „Andra" sowie die 2 Katzen „Susi" und „Flecki".

Ausgeschilderte Wander- und Fahrradwege sowie viele Ausflugsmöglichkeiten in unmittelbarer Nähe.

Fordern Sie unseren Hausprospekt an!

Anzahl	Art	qm	Personen	Preis
3	FeWo	80-160	4-8	ab 40,00 €
1	FH	40	2-3	35,00 €

Brietlingen
🚶 10 km 🚆 10 km

Die 2800 Brietlinger haben einen See, den Reihersee. Weil der so schön ist, müssen sie ihn sich mit den Hamburgern teilen, die extra angefahren kommen. Er ist eine natürliche Verbreiterung des Flüsschens Neetze, hat Schilf und ein bisschen Sand und schafft ein frisch-windiges Naherholungsgebiet. Wem das Wasser zu kalt ist, der radelt ins nächste Hallenbad (10 km). Morgens steht Nebel in den Feldern, da kann man sich ein Pferd von der Weide stehlen (oder vorher fragen) und zum See reiten.

Infos unter:
Tel. 04133 - 400644 oder www.brietlingen.de

Niedersachsen
Lüneburger Heide 24

Hof Sieben Eichen****
Soltau, Lore
Kleine Straße 15
21382 Brietlingen
Tel. 04133 - 3403
Fax 04133 - 4008590

info@hof-sieben-eichen.de
www.hof-sieben-eichen.de

Unser kinderfreundlicher Bauernhof in ruhiger Lage am Ortsrand lädt zum Ausruhen und Spielen (z. B. auf dem Riesen-Trampolin) ein. Die modernen Komfort-Ferienwohnungen verfügen über 2 Schlafräume, großen Wohnraum, voll eingerichtete Küche, Sat-TV, Klein-Kinder-Ausstattung und Terrasse ohne.

217543_1

Anzahl	Art	qm	Personen	Preis
3	FeWo	60-70	4	ab 40,00 €

F****

Brockel

Die Kirchspielgemeinde Brockel (1370 Einw.) war in früherer Zeit ein bekannter Wallfahrtsort und gehörte zum Kloster Rastede. Die Gegend ist eine der waldreichsten im Landkreis Rotenburg (Wümme). Fitness: Spaß- u. Erlebnisbäder / Freibad 3 km, Kanufahren, Hochseilklettern, Trimm-dich-Pfad, Reiten. Landpark Lauenbrück, Wildpark. Kino, Theater, Minigolf. Wahrzeichen: alte holländische Galeriewindmühle von 1860 mit weithin sichtbaren Flügeln, gelegen an der 250 km langen Windmühlen-Radroute.

Infos unter: Gemeindebüro Brockel
Tel. 04266 - 936911 oder www.bothel.de

Jörg und Imke Carstens
Carstenshof***
OT Bellen 10
27386 Brockel
Tel. 04266 - 2242 und 8910
Fax 04266 - 954912

Carstens-Hof@gmx.de
www.carstens-hof.de

Hof am Ortsrand, Ackerbau und Forstbetrieb, Jagdhaus und 2 Ferienhäuser für 4/5 Personen, 1 Ferienhaus Honigspeicher für 2 Personen, Preise 38,- bis 52,- €.

Aufenthaltsraum mit Kamin und Grillmöglichkeit, Tischtennis, Kräutergarten, Kleintiere, Hausprospekt, Fahrradverleih, Imkerei, Ponyreiten.

Am Rande der Lüneburger Heide liegt unser kleiner Ort, umgeben von Feldern, Wiesen und großen Wäldern, ideal für Radwanderungen.
Nähe zu Heidepark, Serengeti-Park und Vogelpark.

Ruhe und Erholung sind zu jeder Jahreszeit gegeben.

Anzahl	Art	qm	Personen	Preis
4	FH	35-70	2-5	ab 38,00 €

19468_24

F***

Niedersachsen
24 Lüneburger Heide

Celle
🚶 30 km

Residenzstadt Celle. Geschlossener Altstadtkern, Fachwerk der Jahrhunderte, älteste, bespielte Barocktheater, Stadtführungen, Kirchturmbesteigung, Spaßbad, Kino, Discos, Kart-Bahn, Bowlingcenter, Weinfest im Juli, die Celler Hengstparade an den letzten beiden Septemberwochenenden und am ersten Oktoberwochenende.

Infos unter: Tourismus-Region Celle GmbH
Tel. 05141 - 12 12 oder www.region-celle.de

Besonderheit auf dem Hof:
Historischer Gewölbekeller – 1848 –, Kräuterinfo im Bauerngarten, Mithilfe möglich, Fitnessraum, Wellnessbereich mit komfortabler Sauna und Ruhebereich

1. Kneipp-Gesundheitshof im Celler Land

Knoop, Ingrid u. Jürgen
Ferienhof Knoop
Lachtehäuser Str. 28
29223 Celle
☎ 05141/93 04 00, Fax: 93 04 02
www.ferienhof-knoop.de
info@ferienhof-knoop.de

Unser voll bewirtsch. Bauernhof am Celler Stadtrand führt Milchkühe, Kälber, Bullen, Hühner, Kaninchen zum Streicheln, Katzen, Hund Susi und 5 Ponys. Gemütlichkeit u. Komfort finden Sie in unseren 4 liebev. eingericht. FeWo mit TV, ISDN-Anschluss u. Komfortküche; 50,– / 70,– € ab 1 Woche Aufenthalt (Nebensaison Preiserlass), Bettw./Handt., Endreinigung 30,– bis 40,– €. Terrassen u. Garten laden zum Erholen ein. Für Kinder sind Schaukel, Sandkiste, Kinderhaus, Wippe u. Räder sowie Hochstuhl u. Babybett vorhanden. Kinder dürfen im Garten zelten, Fußball spielen und Pony reiten - eigenes Aufsatteln erforderlich! Brot backen, Seniorenprogramm, Großeltern-Großkind-Programm. 7 Tage wohnen - 6 Tage bezahlen (außerhalb der Ferien).
Bei uns sind Sie herzlich willkommen!

238448_24

Urlaub und Genießen beim Biobauern

Alle im Reiseführer aufgeführten Betriebe sind anerkannte Biobetriebe. Viele Unterkünfte sind darüber hinaus mit dem DLG-Gütezeichen ausgezeichnet und garantieren so besonderen Urlaubskomfort.

12,90 €

Nutzen Sie die Bestellkarte auf der letzten Seite!

Niedersachsen
Lüneburger Heide 24

Drögennindorf
🚶 12 km 🚆 22 km

Gründe für einen längeren Aufenthalt in der Lüneburger Heide gibt es viele. Besonders unterhaltsam für Familienurlauber ist das Greifvogelgehege hinter Rehrhof oder der Wildpark Lüneburger Heide. Geschichte zum Anfassen mit historischen Fachwerkhäusern und vielen landwirtschaftlichen Eindrücken sind im Museumsdorf Hösseringen und im Freilichtmuseum am Kiekeberg zu finden. Zum Durchwandern lädt der nahe gelegene Naturschutzpark Lüneburger Heide ein.

Infos unter: Tourist-Information
Tel. 04132 - 930550 oder www.amelinghausen.de

Hof Hartmann***
Lange, Anke und Ulrich
Im alten Dorfe 18
21386 Drögennindorf
Tel. 04138 - 241
Fax 04138 - 510237
ankelange@heidehof-hartmann.de
www.heidehof-hartmann.de

Unser Bauernhof bietet Ihnen alle Möglichkeiten für einen erholsamen Urlaub. Endreinigung 22,50 €, KB, Waschmaschinenbenutzung, Riesengartentrampolin, Bogenschießen auf Anfrage. Grillplatz, Streichelzoo, Ponys, Kinderspielplatz, Tischfußball-Kicker, 2 große Kettcars, TT, eigene Pferde können mitgebracht werden, Brötchenservice.

Anzahl	Art	qm	Personen	Preis
4	FeWo	42-62	2-5	ab 35,00 €

192305_1 F***

Eschede
🚶 6 km 🚆 9 km

Jeder Tag ein Ferientag. Zwanzig Dörfer, romantisch mit einem Hauch skandinavischer Atmosphäre, bilden die Samtgemeinde Eschede. Der größte Teil liegt im Naturpark Südheide mit Rad- und Reitwegen in weiten Wäldern, entlang an feuchten Niederungen, urwüchsigen Moorlandschaften, kleinen Fließgewässern, Wacholder-, Rapsfeldern und idyllischen Fischteichen. In den Ferien gibt's für die Kleinen Nachtwandern, Kanufahren u. a. Filmtier-Park. Hallen-/Freibad 10 km, Minigolf 3 km. Celle 15 km.

Infos unter: Touristinformation Eschede
Tel. 05142 - 416415 oder www.eschede.de

Voigtshof Rebberlah***
Moll, Susanne
Heuweg 5
29384 Eschede
Tel. 05142 - 92121
Fax 05142 - 92123
voigtshof@web.de
www.voigtshof.de

Sehr empfehlenswertes Ferienhaus im Celler Land, Waldnähe, Endreinigung ab 25,- €, KB, SE, Waschmaschine, TV, Grill, Spielplatz, TT, Ackerbau, Grünland, Forstwirtschaft, Kleintiere, Pferde, Ponys, **Reithalle, Gastpferdeboxen, ideales Reitgelände**, Englisch.

Anzahl	Art	qm	Personen	Preis
4	FH	60-80	2-5	ab 45,00 €

115326_1

Niedersachsen
24 Lüneburger Heide

Heidegut Eschede
Feriendorf & Reitsportanlage
FN-Reitschule°°°°
K. D. und I. Schlottau-Blume
29348 Eschede, OT Heidegut
Tel. 05142 - 2076
Fax 05142 - 1656

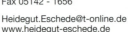

Heidegut.Eschede@t-online.de
www.heidegut-eschede.de

Feriendorf**/***
In unseren gemütlich eingerichteten Ferienhäusern werden Sie sich wohl fühlen und die Urlaubstage so richtig genießen. Sie versorgen sich selber oder lassen sich mit einem reichhaltigen Frühstück verwöhnen. **Gruppen,** Vereine oder Lehrgangsteilnehmer werden a. W. in Vollpension verpflegt.
Die 40-80 qm großen Häuser bieten Platz für 2-5 Personen.
Ideal für Familien/Reiter/Wanderer/Radfahrer und Freunde der Natur - Auch **Kurzurlauber** sind herzlich willkommen!

Die FN-Reitschule°°°°/Reitsportanlage
2 moderne Reithallen, 2 Außenplätze (20 x 40 m + 20 x 60 m), 50 meist Außenboxen, ein 7000 qm großer Springplatz für Vielseitigkeitsreiter, herrliches Ausreitgelände in den Naturpark Südheide, Führanlage, Solarium und qualifizierter Unterricht.

Lehrgänge für Deutsche Reitabzeichen bis Trainer C - Basissport.

Anzahl	Art	qm	Personen	Preis
10	FH	40-80	2-5	40,- b. 75,- €

75518_1

Garlstorf
👤 1 km 🚉 18 km

Garlstorf liegt am Ostrand des Naturschutzgebietes „Lüneburger Heide" zwischen den Tälern der Luhe und der Aue im Landschaftsschutzgebiet „Garlstorfer Wald". Der Ort hat viel von seinem ursprünglichen Charakter mit zahlreichen Eichen bewahren können. In der Nähe findet sich auch der Wildpark Lüneburger Heide sowie eine Holländerwindmühle aus dem Jahr 1865, frühgeschichtliche Hühnengräber am Höllenberg, ein Schießstand der Landesjägerschaft, Wander- und Reitmöglichkeiten.

Infos unter: Garlstorf
Tel. 04172 - 8625 oder www.garlstorf.de

Meierhof****
Jagau, Anke
21376 Garlstorf
Tel. 04172 - 7114
Fax 04172 - 961285

h.jagau@gmx.de
www.jagau-garlstorf.de

Gepflegter Gutshof (Ackerbau) in idyl., ruh. Dorfrandlage, von hohen Bäumen umgeben, fernab gr. Straßen, gr. gemütl., stilvolle FeWo, 3 Schlafz., gr., Wohnz., Kabel-TV, Küche m. Essecke, Geschirrspüler, 2 KB + 2 Hochstühle, gr. Spielplatz, TT, Liegewiese, Grill- und Lagerfeuerplatz, Riesen-Kettcars, Kindertrecker, Bolzplatz, Baumhaus, kl. See m. Floß. 3 Pferde, 3 Ponys, Jagdhund, Dackel, Hühner, Gänse, Mithilfe im Stall für Kinder möglich. Ponyreiten jederzeit u. kostenlos.

172178_1   F****

Anzahl	Art	qm	Personen	Preis
1	FeWo	60-95	2-6	ab 45,00 €

Niedersachsen
Lüneburger Heide 24

Gartow
🚶 60 km 🚆 28 km

Gartow - Ihr Luftkurort in der Elbtalaue direkt am Gartower See. Ausgeschilderte Rad-, Wander- und Reitwege, Inline-Strecken, Minigolfplatz, Wasser-Erlebnispark, Abenteuerspielplatz, Thermalsole-Becken, finnische Saunakabinen, Kelo-Blockbohlensauna, römisches Dampfbad, Krankengymnastik- und Massagepraxis, Museen, Schlosspark, St.-Georg-Kirche, Gartower Elbmarsch.

Infos unter: Tourist-Information Gartow
Tel. 05846 - 333

Lustiges Landleben
Malen und Spielen mit Freddi · Was macht das Schwein in der Stadt? Was macht das Schwein auf dem Ei?

Riesen-Lese- und Spielespaß für kleine Bauern! In dem DIN-A3-Block finden Sie zwei verschiedene Malvorlagen und drei lustige Spiele zum Ausmalen. Jedes der fünf Motive gibt es viermal, so dass sich alle Kinder/Freunde gemeinsam vergnügen können, ohne Streit und Ärger.

5,00 €

Jeden Tag nach Körnern scharren, das kann nicht alles sein, denkt Huhn Loretta. Und so verkündet sie kurzerhand den Bauernhoftieren, dass sie heute einen Ausflug in die Stadt machen werden. Bei diesen köstlichen Verwirrungen und Verwicklungen geht es um Schein und Sein, aber auch darum, dass Tiere eben Tiere sind und dass Hühner eigentlich nicht in die Stadt gehören.

12,90 €

Jeden Tag der gleiche Trott? Da muss es doch noch etwas anderes geben, denkt Huhn Loretta. Kurzerhand fordert sie Schwein Knuddel zum Tauschen auf und verbringt nun einen herrlich faulen Tag in dessen Sonnenkuhle. Nach und nach tauschen alle Bauernhoftiere die angestammten Plätze und Aufgaben. Dieses Buch macht einfach Spaß und gute Laune!

12,90 €

Nutzen Sie die Bestellkarte auf der letzten Seite!

Niedersachsen
24 Lüneburger Heide

Kunzog's Ferienhof ***

Volkhard Kunzog
Am Ortfeld 6
29471 Gartow
Tel. 05846 - 356
Fax 05846 - 2268

info@kunzog.de
http://www.kunzog.de

Lassen Sie sich in das Land der Rundlinge in das Urstromtal der Elbe entführen.
Der Luftkurort Gartow, im Biosphärenreservat Flusslandschaft Elbtalaue gelegen, gilt noch als Geheimtipp.

Gartow hat viele Logenplätze für das eindrucksvolle Schauspiel der Natur.
Machen Sie sich auf Entdeckungsreise beim Themenradeln, Wandern, Reiten und Skaten.
Klassikfans treffen sich zu den Schlosskonzerten, beim Orgelsommer in Gartow oder zu den „Schubertiaden" in Schnackenburg.

Der 67 ha große Gartower See als fischreiches Angelgewässer bietet viele Möglichkeiten wie Segeln, Surfen, Kanu- und Bootfahren etc. ... Kinder können in den flachen Badebuchten gefahrlos spielen und im reinen Sand buddeln.

Das großzügige Thermalbad mit Wasserrutsche, Sauna, Solebecken und Massageabteilung sowie ein Wassererlebnispark nur fünf Minuten vom Hof vervollständigen das Angebot zu jeder Jahreszeit.

Am Ortsrand von Gartow finden Sie auf unserem Ferienhof alles, was Sie sich von einem Urlaub wünschen: Umgeben von gemütlichen Ferienwohnungen und **** finnischen Blockhäusern lädt der Innenhof zu abendlicher Geselligkeit ein.
Allein, mit der Familie oder als Gruppe, Sie werden sich in unseren z.T. barrierefreien bzw. rollstuhlgerechten Ferienwohnungen wohl fühlen. Wir bieten Übernachtungen mit Frühstück oder Brötchenservice an.

Kinderspielplatz, Ponys, Katzen und Hund bieten auch Ihren Kindern mehr als Zeitvertreib. Pferdeboxen, Paddock und Weide, Ausritte auf endlosen Reitwegen sowie Radtouren oder Wanderungen auf gut beschilderten Wegen direkt vom Hof. Sie können sich im Ort voll versorgen.

Gerne schicken wir einen Hausprospekt oder Pauschalangebote auf Anfrage.
Auf Wunsch holen wir Sie vom Bahnhof ab.

	Anzahl	Art	qm	Personen	Preis
	4	FeWo	57-90	2-8	ab 49,00 €
75446_24 F***/****	2	FH	116	4-10	ab 75,00 €

Niedersachsen
Lüneburger Heide 24

Hanstedt
🚶 6 km 🚆 25 km

Hanstedt ist staatlich anerkannter Erholungsort im Landschaftsschutzgebiet *Garlstorfer Wald*. Der Ort liegt zu beiden Seiten des idyllischen Tals *Schmale Aue*. Die Landschaft ist abwechslungsreich und hügelig mit Wald und Heide und liegt am Nordrand der Lüneburger Heide (Naturschutzpark). Reizvoll: die Heidehochfläche *Auf dem Töps* mit Aussichtspunkt bei klarem Wetter bis Hamburg und mit einer Heidschnuckenherde (grast von Mai bis Oktober). Naturlehrpfad, Badesee, Waldbad 3 km, Wildpark.

Infos unter: Tourist-Information Hanstedt
Tel. 04184 - 525 oder www.hanstedt-nordheide.de

Pension Ehrhorn***
Ehrhorn, Anke und Rainer
Höllenweg 1
21271 Hanstedt, OT Ollsen
Tel. 04184 - 7181
Fax 04184 - 897734
ra-ehrhorn@t-online.de
www.ollsen.de

Am Ortsrand in ruhiger Lage. Alle Zimmer mit TV, gemeinsamer Aufenthaltsraum mit Sat-TV, reichhaltiges Frühstück, Liegewiese, Gartenlaube, überdachte Parkmöglichkeit, Gästeabholung. Nordic Walking möglich, Musicals in Hamburg 40 km, Kartbahn Bispingen 20 km. Bitte fordern Sie unseren Hausprospekt an.

265641_1   F****P***

Anzahl	Art	qm	Personen	Preis
1	FeWo	70	2-4	ab 45,00 €
4	Zi.		1-2	ab 22,00 €

Seitenweise prämierte Qualität
DLG-Wein-Guide · DLG-Bier-Guide

Entdecken Sie Weingüter und ihre Weine und begeben Sie sich auf eine Weinreise durch Deutschland. Mit den aktuellen Testergebnissen der DLG-Wein-Prämierung und den Adressen der prämierten Winzer!

9,90 €

Der Wegweiser zum perfekten Biergenuss –
DLG-geprüfte Qualität –
Gasthausbrauereien im Fokus

9,90 €

Nutzen Sie die Bestellkarte auf der letzten Seite!

Niedersachsen
24 Lüneburger Heide

Hellwege
⋔ 5 km 🚌 10 km

Zu den Sehenswürdigkeiten gehören das Heimatmuseum in Sottrum mit Spieker, Backhaus und Querdurchfahrtsscheune sowie das Rathaus der Gemeinde in Sottrum. Die Feldscheune in Jeerhof und der alte Schafstall in Höperhöfen verbreiten nostalgisches Flair. Die ausgedehnte Wümmeniederung, die Everinghauser Dünen und der Wolfsgrund in Eversen laden zu Wanderungen und Radtouren ein. In Ahausen und in Stuckenborstel sind Wassermühlen zu bestaunen.

Infos unter: Samtgemeinde Sottrum
Tel. 04264 - 832014 oder www.sottrum.de

Pension Eichenhof**
Heitmann, Susanne
Am Goldanger 10
27367 Hellwege
Tel. 04264 - 83990
Fax 04264 - 839933

pension.eichenhof@web.de
www.pensioneichenhof.de

Unser von Eichen umgebener Hof am Ortsrand bietet Ruhe und Erholung.
Genießen Sie unsere komfortablen Ferienwohnungen, teilweise mit Mikrowelle, Geschirrspüler, TV digital, Telefon.
Reichhaltiges Frühstück/Büfett (50 % Kinderermäßigung), Brötchenservice und Hausmacherkost wird angeboten. WM/Trockner vorhanden.
Erholung und Spiele im parkähnlichen Garten mit großem Spielplatz, überdachte Sonnenterrasse mit Grill, Stockbrot backen, gemütlicher Aufenthalts- und Frühstücksraum mit Sat-TV, Spielzimmer mit TT und T-Fußball.
Reiten, organisierte Kanutouren, Fahrräder, Fahrradkarten, Camping und Mithilfe beim Füttern von Pferden, Hühnern, Fasanen, Kaninchen und anderen Tieren sowie Kater Tobi und die Hunde Tina und Cassy.
Gastpferdeboxen.
Sparwochen außerhalb der Ferienzeit: 7 Übernachtungen - 6 bezahlen, 14 Übernachtungen - 11 bezahlen.
Wir sprechen Englisch. Internetzugang über WLAN.
Bitte fordern Sie unseren Hausprospekt an.

75394_1   F***/****

Anzahl	Art	qm	Personen	Preis
1	FeWo	40-65	4-8	ab 46,00 bis 66,00 €
1	Zi.		2-4	ab 24,00 bis 28,00 €

DLG-Bier-Guide

Der Wegweiser zum perfekten Biergenuss –
DLG-geprüfte Qualität –
Gasthausbrauereien im Fokus

9,90 €

Nutzen Sie die Bestellkarte auf der letzten Seite!

Niedersachsen
Lüneburger Heide 24

Hemsbünde

Heide und Nordsee, Elbe und Weser! Eindrucksvolle Heideflächen, geheimnisvolle Moore, ausgedehnte Wälder, blaue Seen und Flüsse sowie idyllische Dörfer laden zum Träumen und Verweilen ein. Erleben Sie die norddeutsche Landschaft zu Fuß, vom Wasser, Pferd oder Fahrrad aus. Bei Schietwetter: Besuchen Sie die Museen, Kirchen, Mühlen oder Vorträge oder gönnen Sie sich ein Verwöhnprogramm (verschiedene Wellness-Angebote, Hallen- und Erlebnisbäder mit Sauna).

Infos unter: Touristikverband Landkreis Rotenburg
Tel. 04261 - 81960 oder www.tourow.de

Vollmers Hof***
Familie Delventhal
Worth 2
27386 Hemsbünde
Tel. 04261 - 62539
Fax 04261 - 63912

welfdelventhal@t-online.de
www.ferienhof-delventhal.de

Urlaub auf dem Bauernhof „Vollmers Hof"

Im Ortskern von Worth auf parkähnlicher Anlage mit großem Eichenbestand gelegener Bauernhof. 4 km von Rotenburg (W.), Ackerbau und Grünland mit Forstwirtschaft.

BAB Soltau, Verden, Stuckenborstel. Bahnhof in Rotenburg.
Auf Wunsch Transfer zum Bahnhof.
In der Umgebung wunderschöne Rad- und Wanderwege, Frei- und Hallenbad, Badesee in 4 km. Ponyreiten am Hof. Große Freifläche mit Spielplatz. Mithilfe bei landwirtschaftlichen Arbeiten möglich.

Vor- und Nachsaison ermäßigt, Kinderbett und Hochstuhl auf Anfrage. Wohnraum, Essecke, Kochnische, Schlafzimmer, D/WC plus WC extra.

Freisitz, Liegewiese, Grillplatz, Kaminraum am Hof.
Vermietung ganzjährig.
Speisegastwirtschaft nebenan.

Ausflugsziele: Vogelpark, Lüneburger Heide, Magic-Park Verden, Safaripark, Heidepark, Nord- und Ostsee, Hamburg, Bremen und vieles mehr.

27392_1   F**/***

Anzahl	Art	qm	Personen	Preis
5	FeWo	60-90	5-6	ab 36,00 €

Niedersachsen
24 Lüneburger Heide

Himbergen

🚶 80 km 🚆 15 km

Durch die waldreiche Umgebung, der Wiebeck im Norden und der Göhrde im Osten, ist es ein ideales Erholungsgebiet. Bauernhofpensionen in verschiedenen Ortsteilen sowie Gasthäuser und Privatpensionen werden gerne besucht. Die Gegend ist geprägt durch Kartoffel-, Rüben- und Getreideanbau, kleine Heideflächen und Auenlandschaften. Gäste schätzen nicht nur das milde Reizklima, sondern auch die kulturhistorischen Kleinodien der Region.

Infos unter: Gemeinde Himbergen
Tel. 05828 - 543 oder www.himbergen.de

Hotel-Pension Eichenhof
Braesel-Behn, Antje
Rohrstorf 2
29584 Himbergen
Tel. 05828 - 880
Fax 05828 - 88135

info@hotel-pension-eichenhof.de
www.hotel-pension-eichenhof.de

Herzlich willkommen auf dem komfortablen, seit 1835 familiär geführten Eichenhof!
Nach Ihren Wünschen richten wir Ihnen gern den Urlaub oder eine Festlichkeit aus.
Vieles ist möglich - wir machen es möglich!
4 Appartements, 17 Zimmer.

- Telefon, Radio, Balkon, Terrasse
- Kaminzimmer, Bar, Saal, Sauna, Solarium
- Ponys, Katzen, Minischwein, Kaninchen
- große Hofanlage
- Pauschalangebote

Ponyreiten - ohne Berechnung (für Kinder im Hotel)

Bitte fordern Sie unseren Hausprospekt an.

Wir freuen uns auf Ihren Besuch!

229011_1   F***

Anzahl	Art	qm	Personen	Preis
4	FeWo			ab 49,00 €
17	Zi.		1-2	ab 50,00 €

Glantz-Zeiten

Die weitverzweigte Familie Glantz bewirtschaftete rund 300 Jahre verschiedene Güter in Mecklenburg. Heute steht der Name Glantz im Raum Hamburg und in der Region Wismar- Schwerin für Erdbeeranbau.

9,95 €

Nutzen Sie die Bestellkarte auf der letzten Seite!

Niedersachsen
Lüneburger Heide 24

Kirchlinteln
Verden-Ost/Kirchlinteln 3 km Verden 7 km

Als Gast gekommen … als Freund gegangen: Ausgeschilderte Rad- und Wanderwege, Skaterstrecke, Spaßbad „Verwell" und Magic-Park in Verden ca. 3 km, Vogelpark Walsrode ca. 20 km, Heidepark Soltau ca. 40 km, Waldspielplatz, St.-Petri-Kirche, Heitmann Heuhotel, Mosterei Sehlingen, Natur- und Kulturpfad, Osterfeuer, lebendiger Adventskalender, Nachtwächterrundgang, Heilpflanzenschule mit Heilpflanzengarten.

Infos unter: Tourismus Kirchlinteln e.V.
Tel. 04236 - 942455 oder www.kirchlinteln.de

Ferienhaus am Rübenberge****

Gansbergen, Heinz-Hermann
Zur Reith 21
27308 Kirchlinteln,
OT Bendingbostel
Tel. 04237 - 855
Fax 04237 - 943983

ferienhaus-gansbergen@t-online.de
www.gansbergen-ferienhaus.de

In unseren komfortablen Ferienhäusern in dörflicher Ruhe wird Urlaub ein Erlebnis für große u. kleine Gäste. Garten, Liegewiese, Schwimmhalle, Sauna, Spielplatz, Sandkiste, Schaukel, Tischtennis u. Fahrräder, dazu die Freizeitangebote der Umgebung. Auf Wunsch auch Frühstück. Wann sind Sie unsere Gäste?

Anzahl	Art	qm	Personen	Preis
2	FH	50-75	2-5	ab 29,00 €

266105_1

Müden

Fernab von Massentourismus und Ballungszentren finden Sie in unseren Dörfern ländliche Ruhe und Erholung. Weite Wald-, Wiesen- und Wasserflächen bieten Urlaubern und Einheimischen Möglichkeiten zu ausgedehnten Spaziergängen, fröhlichen Radtouren und reizvollen Wassersporttouren. In gepflegter Gastlichkeit steht der Spargel aus hiesigen Anbaugebieten als besondere Spezialität in allen Gasthäusern auf der Speisekarte. Kindern bieten wir attraktive Erlebnisprogramme an.

Infos unter: Gewerbeverein Müden-Aller e.V.
Tel. 05375 - 9777 oder www.gewerbeverein-mueden.de

Eichenhof***

Meier, Marlies
Spiekerweg 7
38539 Müden
Tel. 05375 - 2600
Fax 05375 - 1760

eichenhof-meier@web.de
www.eichenhof-meier.de

Hof am Ortsrand, FeWo mit TV, KB, Nebenkosten extra, SE, Grillplatz, Grünland- u. Forstbetrieb, Ponys, Federvieh, Ponyreiten und Fahrradverleih kostenlos, Spielraum und -wiese. Große Reithalle mit Pferdeboxen und Weide am Hof, über 30.000 qm Grundstück. Jagdgelegenheit. Bitte Hausprospekt anfordern!

Anzahl	Art	qm	Personen	Preis
5	FeWo	60	2-6	ab 40,00 €

75458_1

F***/****

Niedersachsen
24 Lüneburger Heide

Munster

🚶 10 km 🚆 Munster

Munster - Stadt der Kultur und des Sports, liegt am Scheitelpunkt zwischen Nord- und Südheide, ausgeschilderte Rad- und Wanderwege, Naherholungsgebiet Flüggenhofsee (Baden, Surfen, Angeln), Minigolfanlage, Ayurveda-Haus, Deutsches Panzermuseum, Kartoffelfest mit Hobbykünstlermarkt im Autohaus Plaschka.

Infos unter: Munster Touristik
Tel. 05192 - 89980 oder www.munster.de

Ferienhof Jungemann****
Jungemann, Otto und Renate
Alvern Nr. 2
29633 Munster, OT Alvern
Tel. 05190 - 392   Ferienhof-Jungemann@t-online.de
Fax 05190 - 989842   www.ferienhof-jungemann.de

Unser Hof liegt in einer landschaftlich schönen Umgebung. Die FeWos sind modern u. mit Liebe zum Detail eingerichtet. Den kl. Gästen bieten wir einen gr. Spielplatz, Tischtennis, Kettcars u. vieles mehr. Unsere Ponys u. Kaninchen freuen sich auf Streicheleinheiten. Spiel u. Spaß auf dem Beachvolleyball- u. Fußballplatz.

Anzahl	Art	qm	Personen	Preis
4	FeWo	65-90	2-7	ab 39,00 €

171867_1   F***/****

Neuenkirchen

Schnuckendorf Neuenkirchen liegt in der Nähe vom Heide-Park Soltau, abwechslungsreiche Heidelandschaft mit Wald-, Wiesen- und Moorlandschaft, Nähe Naturschutzpark Lüneburger Heide, ausgeschilderte Rad- und Wanderwege, Natur-Freibad, Nähe Soltau-Therme, Barfuß-Wohlfühlpfad, Bratkartoffelabende auf dem Schröers-Hof immer montags ab 18.00 Uhr von Ende Mai bis Ende Oktober.

Infos unter: Heide-Touristik Neuenkirchen
Tel. 05195 - 5132 oder www.heideurlaub24.de

***Brockmann, Irmtraud
Vahlzen 7
29643 Neuenkirchen
Tel. 05195 - 1664   brockmannvahlzen@t-online.de
Fax 05195 - 933320   www.Ferienhof-brockmann.de

Machen Sie Urlaub auf dem Bauernhof. Das FH u. die FeWo liegen auf unserem sehr ruh. gelegenen, voll bew. Bauernhof. Gerne darf bei der Stall- u. Feldarbeit mitgeholfen werden. Terrassen, Carport u. ein sehr gr. Spielpl. mit mehreren Sitzecken u. Lagerfeuerpl. liegen unter altem Baumbestand im Dreieck Schneverdingen, Neuenkirchen u. Heide-Park Soltau (je 8 km).

Anzahl	Art	qm	Personen	Preis
1	FeWo	50-90	4-8	ab 45,00 €
1	FH	80	4-8	ab 60,00 €

233213_1   F***

Niedersachsen
Lüneburger Heide 24

Cohrshof***
Delventhal, Andrea
Ruthenmüllerstraße 4
29643 Neuenkirchen,
OT Brochdorf
Tel. 05195 - 377
Fax 05195 - 341

cohrshofbrochdorf@hotmail.com
www.cohrshof.de

Erleben Sie einen „echten" Bauernhof mit Kühen, Kälbern, Hund, Katzen, Ziegen und Hühnern. Auf dem großen Hofgelände können Kinder das Landleben genießen. Grill- und Lagerfeuerplatz, „Wig-Wam", Fußballplatz. Gemütliche FeWo und FH mit Terrasse, Abholservice vom Bahnhof, Vorabeinkauf möglich.

Anzahl	Art	qm	Personen	Preis
1	FeWo	85	bis 6	51,00 €
1	FH	95	bis 6	56,00 €

331035_1　　　　　　　　　　　　　　　　　F***

***Küsel, Dieter
OT Ilhorn Nr. 3
29643 Neuenkirchen
Tel. 05195 - 1856
Fax 05195 - 5118

info@d-kuesel.de
www.d-kuesel.de

Auf unserem voll bewirtschafteten Hof finden Sie Ruhe und Erholung, aber auch Spiel, Sport, Unterhaltung und ein Paradies für die Kinder.

Unsere Ferienwohnungen sind ausgestattet mit 2 Schlafräumen, Küche, TV, Terrasse/Loggia.

Liegewiese, Spielplatz, Grill-/Lagerfeuerplatz, Tischtennis, großer Aufenthaltsraum mit Spiel- und Malecke, Kicker, Kinderbetreuung nach Wunsch.
Brötchenservice, Waschmaschine und Trockner, Endreinigung 25,- €.

Ackerbau, Pferd, Pony, Schäferhund, Ziegen, Kaninchen, Hühner, Trettrecker und Kettcars, Spielscheune, Reisegruppen-Frühstücksbüfett möglich.

Bitte fordern Sie unseren Hausprospekt an.

241140_1　　　　　　　　　　　　　　　　　F***

Anzahl	Art	qm	Personen	Preis
6	FeWo	50-60	bis 5	ab 32,00 €

Fühl mal die Tiere vom Bauernhof

Das weiche Fell des Lämmchens, das Ringelschwänzchen des Schweinchens, die kuscheligen Ohren vom Kälbchen oder den zotteligen Schweif des Pferdes – hier auf dem Bauernhof kann alles gestreichelt werden.

Ab 18 Monaten, 10 Seiten　**9,95 €**

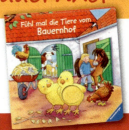

Nutzen Sie die Bestellkarte auf der letzten Seite!

Niedersachsen
24 Lüneburger Heide

Schneverdingen

⍋ 20 km 🚆 Eilzugstation Naturschutzgebiet Lüneburger Heide

Willkommen im Landschaftsschutzgebiet Höpen! Kutschwagenfahrten, Rad-, Wander- und Reitwegenetz, Erlebnisspielplatz, Kegeln, Bowling, Segelfliegen, Quellenbad, Saunalandschaft mit Wellnessangebot, Waldklassenzimmer, Naturlehrpfade, Spionagemuseum, Schäferabende im rustikalen Schafstall, Schmalzbrotabend, Klönschnack am Backhus, Heidegeist Käseschmiede in Lünzen.

Infos unter: Schneverdingen-Touristik
Tel. 05193 - 93800 oder www.schneverdingen-touristik.de

Spargel- u. Ferienhof***
Harms, Florian
Reimerdingen Nr. 40
29640 Schneverdingen,
OT Reimerdingen-Langeloh
Tel. 05199 - 288
Fax 05199 - 566

Harms-Ferienhof@t-online.de
www.harms-ferienhof.de

Urlaub unter alten Eichen a. großer Hofanlage im separaten Gästehaus mit Hund, Katzen, Kaninchen, Mutterkühen. Grill- und Lagerfeuerplatz, Liegewiese, Schaukel, Sandkiste, Kinderbetreuung. Ruhige Lage, auch für Senioren gut geeignet. Ferienwohnungen mit je 2 Schlafräumen, KB, Waschmaschine, Sat-TV.

Anzahl	Art	qm	Personen	Preis
2	FeWo	60-70	2-6	ab 45,00 €

230072_1   F***/****

Soltau

⍋ 5 km 🚆 Soltau

Soltau - im Herzen der Lüneburger Heide - liegt im Dreieck der Städte Bremen, Hannover und Hamburg, ausgeschilderte Rad- und Wanderwege, die durch romantische Heidelandschaften, beschauliche Dörfer oder vorbei an Flusstälern führen. Soltau-Therme, von Juni - September findet jeden Donnerstag auf dem Marktplatz der „Soltauer Sommer" statt. Heide-Park Soltau, jeden Mittwoch und Samstag Wochenmarkt .

Infos unter: Soltau-Touristik GmbH
Tel. 05191 - 828282 oder www.soltau-touristik.de

Auf dem Bauernhof

Auf dem Bauernhof gibt es viel zu entdecken. Wo leben die Tiere? Was wird da geerntet? Welche Fahrzeuge sind das? Spannende Klappen geben überraschende Einblicke.

Ab 4 Jahren, 16 Seiten   **12,95 €**

Nutzen Sie die Bestellkarte auf der letzten Seite!

Niedersachsen
Lüneburger Heide 24

Emhof

Hotel Emhof
Emmann, Hermann
Emhof Nr. 1
29614 Soltau, OT Hötzingen

Tel. 05190 - 98970
Fax 05190 - 1228
emhof@t-online.de
www.hotel-emhof.de

Der Emhof liegt inmitten von Wald und Heide abseits vom Verkehr.
6 km von der Autobahn Soltau-Ost entfernt.
Durch die zentrale Lage können Sie z. B. Ausflüge zum/zur/nach: Heide-Park, Vogelpark Walsrode, Serengeti-Park Hodenhagen, Skihalle und Schuhmachers Kartbahn in Bispingen, Hamburg, Celle oder Lüneburg unternehmen.

Der Emhof bietet:
Hallenbad (4 x 8 m), Sauna, Solarium, Restaurant, Wintergarten, Kaffeeterrasse, Liegewiese, Kinderspielplatz, Boule-Platz, Tischtennis.
Zimmer: 3 EZ, 5 MBZ, 15 DZ bzw. 3. Bett möglich. Alle mit D/WC, TV, Telefon, Kosmetikspiegel und Fön.
Preise: 30,00 Euro bis 39,00 Euro pro Person pro Übernachtung mit Frühstücksbüfett inklusive Schwimmbad-Benutzung.
Kinderermäßigung bis einschließlich 14 Jahre.
4 Ferienwohnungen: 35 qm: 2–3 Personen, 50 qm: 2–5 Personen, 2x 65 qm: 4–5 Personen, alle FW mit TV, Telefon, D/WC, Fön und Kosmetikspiegel.
Preise von: 52,00 Euro bis 103,00 Euro.

Busse und Gruppen willkommen! Fordern Sie unseren Hausprospekt an!

18741_24

Theeshof***
Familie Ilka und Thomas
Große-Lümern
Leitzingen 9
29614 Soltau, OT Leitzingen
Tel. 05191 - 17699
Fax 05191 - 977956

urlaub@theeshof.de
www.theeshof.de

Einzelhof am Wald, Preis inklusive Frühstück, HP, Pferdebox 13,- €, Kinderbetten, Kinderermäßigung, Billard, TT, Spielplatz, TV, WM, Grillplatz, Ackerbau-/Grünland-/Forstwirtschaft, Federvieh, Hunde, Katzen, 20 Pferde und 2 Ponys, Mitarbeit möglich, Jagdmöglichkeit, traumhafte Reit- und Wanderwege, Poloplatz und Gastboxen.

Anzahl	Art	qm	Personen	Preis
10	Zi.	16-25	2-3	ab 27,00 €

161313_1

P***

227

Niedersachsen
24 Lüneburger Heide

HOF SPRINGHORN
Urlaub für die ganze Familie

★★★★*

„RUHEOASE UND AKTIVPARCOURS INMITTEN URWÜCHSIGER HEIDELANDSCHAFT"

Unser ca. 520 ha großer Einzelhof liegt 8 km von Soltau entfernt in herrlicher Natur und Heidelandschaft. Der Hof wird voll bewirtschaftet (Zuckerrüben, Kartoffeln, Forstwirtschaft, Pferdezucht, Kleintiere, Damwildgehege) und bietet interessante Einblicke in die moderne Landwirtschaft.

Schön für Kinder: Großer Kinderspielplatz, Ponyreiten, Fahrradausflüge, Grillfeste, Tiere füttern. Ideal für Reiter: Große Pferdeaußenboxen, hervorragende Ausrittmöglichkeiten in unberührter Natur, eigene Reithalle 20 x 60 m, Springplatz, Wasserparcour, Führanlage. Herrlich für die ganze Familie: Badeausflüge zum Stichter See, Original Heide-Schafstall, Vogelpark Walsrode, Wildpark Lüneburger Heide, Heide-Park Soltau, Snow-Dome Bispingen ‚Tagesausflüge nach Hamburg, Bremen oder Hannover.

Das Haupthaus verfügt über 15 komfortable Gästezimmer, teilweise mit Balkon, alle mit Duschbad/WC, Minibar, Telefon u. TV, DZ incl. Frühstücksbüffet ab 60,- €. Sehr schöner Garten mit Liegewiese, grosse Aussenterrasse, Hausbar, gutbürgerliche Küche, Tennisplatz, Fahrradverleih. Außerdem befinden sich auf dem Hofgelände 15 modern ausgestattete Ferienhäuser für 2 - 5 Pers., alle mit eigener Terrasse - je nach Größe ab 70,- € pro Tag.

*4 Sterne nach DTV-Klassifizierung

Bitte fordern Sie unseren Hausprospekt an. Wir freuen uns auf Ihren Besuch!

Familie Walter Schmid · Hof Springhorn · 29614 Soltau · OT Frielingen Nr. 9 · Tel. 0 51 97 - 180 oder 212
Fax 0 51 97 - 1 81 40 · eMail: info@ferienhof-springhorn.de · Internet: www.ferienhof-springhorn.de

Niedersachsen
Lüneburger Heide 24

Sprakensehl
🚆 15 km

Auf dem langen Weg von Lüneburg nach Braunschweig erholten sich Kaufleute oft am Teich und erzählten sich Geschichten von ihren Reisen. Sehl = sol und bedeutet Tümpel oder Teich. Der erste Teil des Ortsnamens stammt wohl von spraken = sprechen. Miteinander sprechen, sich in einer gemütlichen Atmosphäre unterhalten, das können die Reisenden auch heute am Teich, zum Beispiel im Hofcafé. Hallenbad und Kutschfahrten im Ort, Freibad 2 km. Ausflug: Otterzentrum und Museen 10 km.

Infos unter: Samtgemeinde Hankensbüttel
Tel. 05832 - 83381 oder www.sg-hankensbuettel.de

Dennhornshof★★★★

Bührke, Jürgen
Stadtweg 4
29365 Sprakensehl
Tel. 05837 - 140093   info@dennhornshof.de
Fax 05837 - 1238   www.dennhornshof.de

Familiärer Urlaub in stilvollen FeWo. Hof in Wald- und Feldnähe mit 3 Islandpferden, 2 Fjordpferden, Shetty, Hund, Katzen, Ziegen und Kleintieren. Wir bieten Reitunterricht, Ausritte, Reitplatz, Gastboxen, Offenställe, Weiden, Reiterladen, einen großen Garten mit Spielplatz, Fahrräder kostenlos, Tischtennis.

Anzahl	Art	qm	Personen	Preis
5	FeWo	55-70	4-5	ab 38,00 €

241397_1   F★★★/★★★★

Ferienhof Fromhagen★★★
Fromhagen, Traute-Marie
Hagener Dorfstr. 17
29365 Sprakensehl,
OT Hagen
Tel. 05837 - 1254   info@ferienhof-fromhagen.de
Fax 05837 - 1252   www.FerienhofFromhagen.de

5 FH am Hof in einer weitläufigen Grünanlage für je 4 Pers. (Zustellbett mögl.), je 2 Schlafz., komplett u. gemütlich einger., Sat-TV, Tel., Mikrowelle, z.T. Geschirrsp., überdachte Terrasse. 2 FH sind **behindertenfreundlich**. Für **Gastpferde** haben wir Weiden am Hof, Boxen u. Unterstände. Kostenlos können Sie u. Ponys aufzäumen u. reiten. **Hallenbad** im Ort, Gaststätte gegenüber.

Anzahl	Art	qm	Personen	Preis
5	FH	50	1-5	ab 45,00 €

82617_1   F★★/★★★/★★★★

Verwöhn-Urlaub

Einmal wie ein echter Landlord leben! Im Übernachtungsführer „Urlaub auf Landsitzen" werden die schönsten Herrensitze, Burgen und Schlösser und andere historische Gebäude vorgestellt.

12,90 €

Nutzen Sie die Bestellkarte auf der letzten Seite!

Niedersachsen
24 Lüneburger Heide

Steinhorst

Hier beginnt die Südheide. Weite, flachkuppige Landschaften mit Wäldern, Moor und Heideflächen, dazu Seen und Flussläufe wie im Allerurstromtal sind typisch für diese Gegend. An der frischen Heideluft locken Reiten und außerdem Kutschfahrten. Als Abstecher lohnen sich Burg und Schloss (30 km), bis zum Freibad sind es 4 km. Die Stadt Gifhorn und ihre Umgebung bieten zahlreiche kulturelle Highlights und verschiedene Veranstaltungen.

Infos unter: Tourist-Info Hankensbüttel
Tel. 05832 - 7066 oder www.gifhorn4u.de

Pension Eichenhof***
Röling, Hartmut
Lindenstr. 4
29367 Steinhorst,
OT Räderloh
Tel. 05148 - 666
Fax 05148 - 4379

webmaster@eichenhof-roeling.de
www.eichenhof-roeling.de

Hof im Ort, Hauspr., Hausschl., Wildspezialitäten, Frühstücks-/Abendbüfett; Grünland-/Forstbetrieb, Pferde, Ponys, Streichelwiese, Ziegen, Federvieh, 3 Minischweine, Kutsch-/Schlittenfahrten, Sauna, Mitarbeit mögl., Gastpferdeboxen, Weidegang, Reitgelände, ausgew. Fahrstrecke, Landestrainingsstätte für Gespannfahrer.

Anzahl	Art	qm	Personen	Preis
3	FeWo	51-64	2-5	ab 49,00 €
5	Zi.		1-2	ab 27,50 €

75508_1   F***/****P***

Trebel

Schöne Dörfer, Wald, Wiesen, bestellte Felder bestimmen das Landschaftsbild. Man erlebt bei reiner Luft und vielen Sonnentagen auf dem Fahrrad, zu Fuß oder mit Inline-Skates die Natur ... ein großes lila Blütenmeer entsteht im Spätsommer in der Nemitzer Heide auf hellem Pudersand. In unmittelbarer Nähe liegt das Elbe-Urstromtal mit alten Eichen- und Erlenbeständen (Herbst/Frühjahr: Vogelschwärme). Das Biosphärenreservat umfasst eine üppige Pflanzenwelt, Kraniche, Störche, Biber.

Infos unter: Elbtalaue-Wendland-Touristik
Tel. 05841 - 120263 oder www.trebel.de

Urlaub mit Pferden

Deutschlands größter Reiter-Reiseführer für den Urlaub mit Pferden. Für Reit-Profis, solche, die es erst noch werden wollen, Anfänger, Erwachsene und Kinder finden sich gleichermaßen viele Angebote.

12,90 €

Nutzen Sie die Bestellkarte auf der letzten Seite!

Niedersachsen
Lüneburger Heide 24

Ferien- und Bauernhof Gauster***
Gauster, Lieselotte und Horst
Marleben 2
29494 Trebel, OT Marleben
Tel. 05848 - 819 oder 810
Fax 05848 - 812

info@ferien-und-bauernhof-gauster.de
www.ferien-und-bauernhof-gauster.de

Möchten Sie entspannen, Natur genießen und viel frische Luft tanken? Dann verbringen Sie Familienurlaub auf unserem voll bewirtschafteten und tierreichen Bauernhof! Ideal für Familien mit Kindern und Ruhe suchende Gästen.
Wir bieten komplett eingerichtete und komfortable FeWo und Ferienhäuser mit 4-6 Betten, Kinderhochstuhl, Kinderbett und Sonnenterrassen. Eine Waschmaschine steht unseren Gästen zur Verfügung.
Es gibt viel auf unserem Hof zu entdecken: Kühe, Kälber, Ponys, Hühner, Hunde, Katzen und Kaninchen. Ein Spiel- und Bolzplatz mit Fußballtor, Schaukel, Wippe und Sandkiste, Tischtennisraum und Heuscheune bieten viel Platz zum Toben. Ponyreiten ist kostenlos. Alle unsere Gäste sind herzlich eingeladen, am Bauernhofleben teilzunehmen, mitzuhelfen oder auf dem Trecker mitzufahren. Reisenden mit Pferden bieten wir Gastpferdeboxen mit Hofweide. Für gesellige Abende stehen 2 Grillplätze zur Verfügung und in unserem Wellnessbereich bieten wir pure Entspannung mit Sauna und Massageangeboten. Herrliche kleine Straßen und ausgewiesene Wanderwege laden ein zu ausgedehnten Fahrrad- und Inlinertouren sowie Wanderungen z. B. in die Nemitzer Heide. Fahrräder können auch am Hof ausgeliehen werden.
Badesee und Wendlandtherme Gartow: 10 km.

Anzahl	Art	qm	Personen	Preis
3	FeWo	60-80	bis 6	ab 32,00 €
5	FH	60	bis 6	ab 32,00 €

90004_1   F***/****

Undeloh
⋔ 6 km 🚉 100 m

Naturschutzgebiet Lüneburger Heide ... und Undeloh mittendrin! Die wechselvolle Heide (Wacholderheide, Nadel-/Mischwald, Moore, Teiche) bietet zu jeder Jahreszeit fantastische Möglichkeiten für (Rad-)Touren. Von Mai bis Oktober gibt es wöchentlich geführte Wanderungen und bei klarem Wetter den *Spaziergang unterm Sternenhimmel*. Waldlehrpfad. Beliebtes Wanderziel: Heidemuseum *Dat ole Huus*. Kutschfahrten. Wald-Schwimmbad *Aquadies* (8 km). Konzertreihe *Musik in alten Heidekirchen*.

Infos unter: Verkehrsverein Undeloh
Tel. 04189 - 333 und - 19433 oder www.undeloh.de

Ferienhof Heins***
Zur Dorfeiche 12
21274 Undeloh
Tel. 04189 - 541
Fax 04189 - 811046

info@ferienhofheins.de
www.ferienhof-heins.de

Familienfreundlicher Hof im Ort, DZ und FeWo. Aufenthaltsraum, a. W. Frühstück, KB, Waschmaschine, Grillplatz, Spielplatz, Vermietung ganzjährig. Ackerbau, Pferde, Vermietung von Gastpferdeboxen, Kutsch- und Schlittenfahrten. Tischtennis, Fahrradverleih in Hofnähe.

Anzahl	Art	qm	Personen	Preis
4	FeWo	60-80	2-5	ab 33,00 €
4	Zi.	20-25	2	ab 24,00 €

115686_1   F**/***P***

Niedersachsen
24 Lüneburger Heide

Visselhövede

🚶 15 km 🚉 3 km

Der idyllische Erholungsort mit 10.000 Einwohnern erhielt vom Verband Lüneburger Heide das Prädikat „besonders familiengerecht". Er liegt mit 14 gepflegten, landwirtschaftlich geprägten Dörfern in einer abwechslungsreichen Landschaft. Ein gesundes Klima umweht herrliche (Rad-) Wanderwege. Rundherum: die 12 schönsten Freizeit-, Tier- und Erlebnisparks Norddeutschlands, z. B.: Heidepark Soltau (20 km). Hallenfreibad mit Vissel-Seen-Erholungspark. Kutschfahrten, Moorwandern, Imkerführungen.

Infos unter: Tourist-Center Visselhövede, Tel. 04262 - 959800 oder www.visselhoevede.de, www.touristik.visselhoevede.de

Landhof Elmers**
Elmers, Martina
Ostendestr. 22
27374 Visselhövede,
OT Schwitschen
Tel. 04262 - 3777
Fax 04262 - 959725

Am Rande des Ortsteiles liegt unser Hof umgeben von alten Eichen. Preis der Ferienwohnungen zuzüglich 25,- € Endreinigung. Große Spiel- und Liegewiese, Spielgeräte, Tischtennis, Grillplatz, Fahrräder, Brötchenservice, auf Wunsch auch Frühstück. Bitte fordern Sie unseren Hausprospekt an.

Anzahl	Art	qm	Personen	Preis
4	FeWo	48	2-4	ab 35,00 €

266104_1   F**

So geht's zu auf dem Bauernhof

Die Foto-Sachgeschichten zeigen, wie Landwirte mit riesigen Traktoren ihre Felder bearbeiten. Was Erdbeerbauern im Tunnel machen. Wie Kühe Milch geben. Und wie Schweine Strom machen …

Ausgezeichnet von der Akademie für Kinder- und Jugendbuchliteratur

9,95 €

Ferkel, Schaf, Kartoffelernte. Mit spannenden Geschichten von Ferkeln, Schafen, dem Weinbauern über die Arbeit der Maschinenringe zum Kartoffel- und Rapsanbau.

9,95 €

Nutzen Sie die Bestellkarte auf der letzten Seite!

Niedersachsen
Lüneburger Heide 24

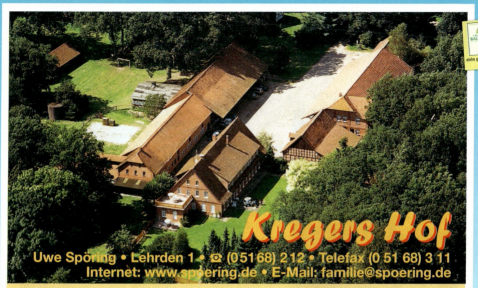

Kregers Hof

Uwe Spöring • Lehrden 1 • ☎ (0 51 68) 212 • Telefax (0 51 68) 3 11
Internet: www.spoering.de • E-Mail: familie@spoering.de

Ruhige Einzellage mit außergewöhnlich schönem Panoramablick am romantischen Lehrdetal, umgeben von Wald, Wiesen, Heideflächen und Teichen mit Angel-/Bademöglichkeiten und eigenem Badestrand. Auch unsere anspruchsvollen Gäste bestätigen uns dies immer wieder und loben unser einzigartiges Ambiente.

Ein Bauernhof mit Ackerbau, Grünland und Forstwirtschaft, Eigenjagd hält Mutterkühe, Schafe, Schweine, Pferde und Pony mit Reitmöglichkeit, Ziegen, Hühner, Enten, Gänse, Katzen, Hund und einen Bienenzaun am Waldesrand, Gasthaustiere nach Absprache.

Am Hof Steinbackofen, große Tenne mit Kamin, Spielwiese unter Eichen, Quelle zum Matschen und Planschen, wetterunabhängige Grillmöglichkeit, Tischtennis, Spielgeräte

FeWo im Bauernhaus, 65–100 qm, für 2 bis 6 Personen, 2/3 Schlafr., Wohnraum mit Essecke, kompl. Küche, z. T. mit Geschirrspüler, D/WC, ZH, sep. Eingang, eig. Terrasse, Wohngarten mit gemütl. Sitzecken, Carport, HWR-Nutzung, Preis pro Tag ab 36,– € je nach Person u. Saison

Ferienhäuser für 2 bis 5 Pers., 2 Schlafr., komf. Wohnräume, alle mit Kamin, kompl. Küchen mit Geschirrspüler, D/WC, alle Räume ebenerdig oder Häuser mit OG, Garten mit Terrasse, Carport, Preis pro Tag ab 40,– € je nach Person und Saison, Strom und Heizung nach Verbrauch

Besonderheiten des Hofes: Feldrundfahrten mit Trecker, Backofentreff und Rauchfang (heißer Tipp!), Wildbeobachtung in der Eigenjagd, Teilnahme am aktiven Bauernhofleben

FeWo und FH: Endreinigung 30,– bis 40,– €, Bettwäsche, KB, Hochstühle a. W., Vermietung ganzjährig, Sparpreise FH vom 10.11. bis 15.12. und vom 10.1. bis 1.3. des Jahres. Hausprospekt anfordern!

★★★★

Niedersachsen
24 Lüneburger Heide

Petra Voigt
Lehrden 3
27374 Visselhövede
Tel.: 0 51 68 / 321
E-Mail: voigt@ostermanns-hof.de

Ostermanns Hof - Landleben erleben

Genießen Sie das Leben auf dem Lande. Unter alten Eichen erwartet Sie ein großzügiges gepflegtes Anwesen.

• **Urlaub vom ersten Augenblick an**
Komfortable, liebevoll eingerichtete Ferienhäuser und -wohnungen bieten Ihnen ein angenehmes Ambiente. In den behaglichen Wohnräumen mit Kaminofen, SAT-TV und CD-Radio können Sie entspannen, lesen und träumen. Von den Essplätzen in den komplett eingerichteten Küchen (Geschirrsp., Mikrow., div. Kleingeräte) schweift Ihr Blick ins Grüne. Sonnige Terrassen mit Grillkamin laden zum Verweilen ein.
Besonderheiten: FH Honigspeicher: Wintergarten mit Blick auf den kleinen Fluß Lehrde. Auch im Winter sehr idyllisch.
FH Häuslingshaus: 2 sep. Wohnungen ("Waldblick" und "Groote Döör"), die gemeinsam von bis zu 10 Pers. genutzt werden können.

• **Erholung pur inmitten der Natur**
Ihre Kinder erobern das weitläufige Hofgelände, während Sie auf lauschigen Plätzen die Ruhe genießen. Der direkte Kontakt mit den Tieren, das Toben auf dem großen Spielplatz und die vielen Fahrzeuge lassen keine Langeweile aufkommen. Am Ufer des hofeigenen Badesees darf gebuddelt, gematscht, gebadet und so manches entdeckt werden. Ein Strohboden, TT und Kicker bieten bei trübem Wetter Abwechslung für die ganze Familie. Die Mitfahrgelegenheit auf dem Trecker und die Hilfe bei der Landarbeit sind nicht nur für die "Kleinen" ein Erlebnis.

• **Unser Bauernhof - aktives Leben auf dem Land**
Entdecken Sie die Vielfalt unseres Betriebes. Neben Ackerbau, Forstwirtschaft und Direktvermarktung erwarten Sie Mutterkühe mit Kälbern, Schweine, Hühner und Hahn, Kaninchen, Meerschweine, Hunde und Katzen.

Honigspeicher
Häuslingshaus
Spielplatz

	qm	Personen	Preis pro Nacht Neben-/Hauptsaison	Endreinigung
FH Honigspeicher	60	4	42,- / 52,-	32,-
FeWo Waldblick	65	4	42,- / 52,-	32,-
FeWo Groote Döör[1]	90	4	44,- / 54,-	36,-

Haustiere nur nach Absprache	2,- € / Tag
+ Endreinigung	10,- €
Bettwäsche auf Wunsch	6,- €/Pers.
Handtücher, Strom, Heizung, Kaminholz inkl.	
[1] max. 6 Pers., 5. und 6. Pers. je 6,-/Nacht	

Mehr über uns erfahren Sie unter www.ostermanns-hof.de

129055_24

Urlaub mit Pferden

Deutschlands größter Reiter-Reiseführer für den Urlaub mit Pferden. Für Reit-Profis, solche, die es erst noch werden wollen, Anfänger, Erwachsene und Kinder finden sich gleichermaßen viele Angebote.

12,90 €

Nutzen Sie die Bestellkarte auf der letzten Seite!

Niedersachsen
Lüneburger Heide 24

Hof Tadel**
Wilkens, Hannes
Hof Tadel 1
27374 Visselhövede
Tel. 04237 - 435
Fax: 04237 - 1345

hoftadel@visselhoevede.de
www.hof-tadel.de

**** Urlaub auf dem Hof Tadel ****
Der Ferienhof in Einzelhoflage ist sehr großzügig parkartig angelegt und bietet viel Platz zum Radfahren, Sport und Spiel oder zum Verweilen. Idealer Ausgangspunkt für Tagesausflüge.

2 FeWo / 2 FH
Große FeWo „Sperlingslust" mit 3 Doppelzimmern, ideal als Gemeinschaftsunterkunft für Gruppen geeignet, Gartenpavillon, am großen Tisch finden bis zu 16 Personen Platz.
FeWo „Morgensonne", 2 Schlafzimmer, Gartenpavillon, eigener Kellerraum.
FH „Backhaus", 2 Doppelzimmer, eigener Garten, Blick in die Pferdeweide, Kaminofen.
FH „Honigspeicher", idyllisch am Waldrand gelegen, 2 Doppelzimmer, Kaminofen.

Freizeitmöglichkeiten auf dem Hof
Aufgrund der Lage inmitten der Natur können Sie direkt vom Hof aus zu Fahrradtouren auf dem gut ausgebauten Radwegenetz starten. Radweg der Bremer Stadtmusikanten. Großer Spielplatz mit Rutsche, Spielhaus, Sandkasten, Klettergerüst. Fußballball- und Volleyballfeld. 60 qm großer Freizeitraum mit umfassenden Infos zu den Ausflugszielen der Umgebung. 50 qm großer Innenspielplatz mit Tischtennis, Tischkicker, Schaukel. Grillplatz, Ponyreiten.

Tiere auf dem Hof
Reitpferd, Hühner, Katze, Kaninchen, Meerschweinchen.

Freizeitmöglichkeiten in der unmittelbaren Umgebung
In 30 Minuten Entfernung Heide-Park Soltau, Magic-Park Verden, Serengeti-Park Hodenhagen, Vogelpark Soltau, das Erlebnisbad Ronolulu, die Soltau-Therme, Waldspielplatz Kirchlinteln.

Besonderheiten
Brötchen-Service, morgendliches Versorgen aller Tiere gemeinsam mit den Kindern, Treckertour, Eier, Milch und Honig.

75590_1   F****

Leistungen und Preise
Preise inkl. Energiekosten, Wasser, Handtücher, Müllgebühr, Kaminholz sowie Nutzung aller Freizeiteinrichtungen und Ponyreiten. Sparpreise in der Nebensaison. Haustiere auf Anfrage. Aufpreis Endreinigung 20,- bis 25,- Euro und bei mitreisenden Hunden 15,- Euro. Bettzeug auf Wunsch für 6,- Euro/Bett.

Wo die Bremer Stadtmusikanten aus der Heide loszogen!

www.hof-tadel.de

Anzahl	Art	qm	Personen	Preis
2	FeWo	50-110	3-6	ab 37,00 €
2	FH	50-80	bis 4	ab 50,00 €
1	Zi.	20	2	ab 20,00 €

Niedersachsen
24 Lüneburger Heide

Walsrode
⇈ 2 km 🚂 3 km

Die Lüneburger Heide liegt vor der Haustür. Nicht nur zur Heideblütenzeit im August/September, sondern zu jeder Jahreszeit ist die Heide einen Besuch wert. Eine Vielfalt von Pflanzen und Tieren hat in der Heide ihren Lebensraum gefunden. So kann der aufmerksame Naturfreund noch das Birkhuhn, Heidelerche, Brachvogel beobachten, auch Heidelibellen und Ameisenjungfern. Frei- und Hallenbad, Badestrand, Planwagenfahrten. Heidepark Soltau 25 km, Serengetipark 10 km, Vogelpark 5 km.

Infos unter: Tourismus-Agentur Vogelpark-Region GmbH
Tel. 05162 - 400400 oder www.vogelpark-region.de

Ferienhof Meinerdingen***
Familie Sandvoss
Dorfallee 1
29664 Walsrode
Tel. 05161 - 72002
Fax 05161 - 910477
post@hof-meinerdingen.de
www.hof-meinerdingen.de

Voll bewirtschafteter Bauernhof mit Streicheltieren. Sehr ruhige Lage am Landschaftsschutzgebiet. Nähe Vogelpark Walsrode und Serengeti-Park Hodenhagen. Club-Karte der Soltau-Therme, Frühstück, Brötchenservice, Wohnungen können kombiniert werden, ideal auch für Gruppen. Aufenthaltsraum vorhanden. Bitte Hausprospekt anfordern!

Anzahl	Art	qm	Personen	Preis
6	FeWo	53-74	2-6	ab 50,00 €
1	FH	93	4-7	ab 70,00 €

266302_1   F***

***Wehrhoff, Wolfgang
Schneeheide 31
29664 Walsrode
Tel. 05161 - 71612
Fax 05161 - 71320
urlaub@unser-bauernhof.de
www.unser-bauernhof.de

Hof in Einzellage, FeWo mit Südterrasse, neu und komplett eingerichtet, Endreinigung 21,- bis 23,- €, 1 FeWo rollstuhlgerecht, KB, WM/Tr., Sat-TV, Grillplatz, Spielplatz, Garten, Hausschl., Brötchen-/Getränkeservice, a. W. Frühstück, Ackerbau, Grünland, Schweine, Ziege, Kanin., Meerschw., Milchkühe, Federvieh, Mitarbeit mögl., WLAN-Nutzung kostenl., Hausprospekt!

Anzahl	Art	qm	Personen	Preis
5	FeWo	50-75	2-4	ab 36,00 €

219670_1   F***/****

Wildungs-Hof***
Familie Wildung
Dorfallee 4
29664 Walsrode,
OT Honerdingen
Tel. 05161 - 2133
wildungshof@aol.com
www.wildungs-hof.de

Ruhig gelegener Bauernhof unter alten Eichen, Zimmer mit D/WC und TV, Übernachtung mit Frühstück ab 20,- € pro Pers., KE, Wintergarten, Grillplatz, großer Spielplatz, viele Spielgeräte, TT, Billard, Ackerbau-/Grünland-/Forstbetrieb, Kühe, Schweine, Pferde, Schafe, Hund, Katze, Kaninchen, Haustiere erlaubt.

Anzahl	Art	qm	Personen	Preis
3	FeWo	50-70	2,5	42,00 €
1	FH	60	2-6	42,00 €
3	Zi.		2-3	ab 20,00 €

156907_1   F**/***P***

Niedersachsen
Lüneburger Heide 24

Wienhausen
🍴 30 km 🚂 20 km

Die Samtgemeinde mit 11.000 Einwohnern lädt mit ihren Gutshöfen und beschaulichen Dörfern zu Ausflügen ein. In einer abwechslungsreichen Wald-, Feld- und Flurenlandschaft liegt Wienhausen. Dort steht ein bedeutendes, ab dem 13. Jahrhundert errichtetes Zisterzienserinnen-Kloster. In der Nähe: Badestrand und Freizeitpark. Das ganze Jahr über wird eine breit gefächerte Auswahl an Konzerten, Floh- und Kunsthandwerkermärkten, Kleinkunst und kulinarischen Festen geboten.

Infos unter: Verkehrsverein Flotwedel in Wienhausen e.V.
Tel. 05149 - 8897 oder www.wienhausen.de/102.html

Landurlaub Cammann***
Burgstr. 10
29342 Wienhausen,
OT Nordburg
Tel. 05082 - 839
oder 05082 - 912004
camping-landurlaub@t-online.de
www.camping-landurlaub.de

Auf unserem 10.000 qm gepflegten Hofgelände befindet sich unser denkmalgeschützter Speicher anno 1606 und bietet Erholung in den wohl ältesten als „Herberge" genutzten Mauern der Südheide. Rustikaler Wohnraum m. kompl. Einbauküche, Zugang zur Terrasse, 2 Schlafräume, D/WC, Sat-TV, CD-Rec., Kettcars, Fahrräder, hofeigene Angelteiche.

Anzahl	Art	qm	Personen	Preis
1	FH	90	2-6	40,- bis 45,- €

115546_1   F***

Ferienhof Scheele***
Scheele, Imke
Burgstraße 5
29342 Wienhausen,
OT Nordburg
Tel. 05082 - 678
Fax 05082 - 913896

Ferienhofscheele@t-online.de

Ein ca. 300 Jahre alter Kornspeicher im Eichenpark, 107 qm, vollständig renoviert.

1 FH, 2 WC, 2 D, 3 Schlafzimmer (7 Betten), Wohnzimmer, Telefon, TV, Küche, nur Nichtraucher, Zustellbett möglich! Ab der 8. Person pro Person 5,- € extra, max. 9 Personen.

Preis 50,- bis 65,- €, Strom/Wasser inkl., Endreinigung 50,- €.

SE, KB, Grillplatz, Gokarts, Trettrecker, Trampolin, Schaukel, Sandkasten.

Grünland, Forstwirtschaft, Pferde, Ziegen, Schafe, Esel, Gänse und Hunde.

Kutschfahrten nach Absprache im Nachbardorf.

Bitte keine eigenen Haustiere mitbringen!

Anzahl	Art	qm	Personen	Preis
1	FH	107	7-9	ab 50,00 €

218236_1   F***

237

Niedersachsen
25 Hannover Region

Isenbüttel
🚶 2 km 🚆 15 km

Isenbüttel liegt im Städtedreieck Gifhorn, Wolfsburg, Braunschweig. Im nahen Edesbüttel mündet der Elbe-Seiten-Kanal in den Mittellandkanal. Umfangreiche Wald-, Heide- und Wiesenflächen laden zum Wandern, Radfahren und Reiten ein. Das bekannte Naherholungsgebiet *Tankumsee* liegt nur 3 km nördlich (6 km zur Niedersächsischen Spargelstraße). Im großen Gebiet finden sich Liegewiesen und ein weißsandiger Badestrand. Heißluftballonfahrten, Gesundheitszentrum mit Sauna.

Infos unter: Fremdenverkehrsverein Tankumsee Samtgemeinde Isenbüttel, Tel. 05374 - 880 oder www.isenbuettel.de

299845_1 F****P****

Landhaus Diana****
Müller, Henning
Hauptstraße 27
38550 Isenbüttel
Tel. 05374 - 1218
Fax 05374 - 673615

muellers-bauernhof@t-online.de
www.muellers-bauernhof.de

FeWo und helle ländlich-idyllische Gästezimmer, ideal für Gruppen die ein tolles Wochenende verbringen wollen, abwechslungsr. Programm. Hofladen mit leckeren Köstlichkeiten, voll bewirtschafteter Bauernhof, Spielwiese, Terrasse, Pavillon, Wintergarten, Hausprospekt, Ponys, TT, Kicker u. mehr. Partyraum bis 40 Pers.

Anzahl	Art	qm	Personen	Preis
1	FeWo	48	4-5	ab 60,00 €
8	Zi.	20-35	1-3	ab 31,00 €

Mardorf
🚶 25 km 🚆 12 km

Die Dorfgemeinschaft Mardorf e.V. setzt sich seit über zwanzig Jahren dafür ein, dass der dörfliche Charakter des Ortes erhalten bleibt. Nicht nur für seine Bürger, sondern auch für die Touristen, die das als Besonderheit in Mardorf suchen: ein Dorf optisch „wie früher", aber mit guten infrastrukturellen Anlagen und Einrichtungen von erheblichem Freizeitwert. In Mardorf kann man wandern, radeln, segeln, surfen, reiten, golfen und feiern!

Infos unter: Verkehrsverein Mardorf
Tel. 05036 - 92121 oder www.mardorf.de

Genießer-Urlaub

Genuss, Qualität und Frische gepaart mit frischer Landluft und herzlichen Menschen, das ist es, was Sie mit diesem Reiseführer kennen lernen.

12,90 €

Nutzen Sie die Bestellkarte auf der letzten Seite!

Niedersachsen
Hannover Region 25

**** „Wieschen Hof"

- Naturpark Steinhuder Meer: radeln, baden, segeln, golfen u.v.m.
- Gastronomie u. Einkaufsmöglichkeiten im Ort
- 8 komfortable Ferienwohnungen mit 1-3 Schlafräumen für 2-5 Pers.
- Terrasse bzw. Balkon mit Gartenmöbeln
- HS ab 49,– €/Ü., NS ab 39,– €/Ü., inkl. Bettwäsche und Handtücher
- gepflegtes **44.000** qm Anwesen mit Ball- u. Kinderspielplatz, Liegewiese, überd. Grillplatz
- voll bewirtschafteter Biohof mit Mutterkuhhaltung, Pferden, Ponys, Hühnern, Katzen, Kaninchen, Ziegen u. drei „Sommer-Schweinen"
- kostenloses Ponyreiten f. Kinder
- Hausprospekt

Wilfried Asche · Kleiner Brink 2
31535 Mardorf/Steinhuder Meer
Tel.: 0 50 36-25 08
Fax: 0 50 36-92 56 56
www.wieschen-hof-mardorf.de
E-Mail: Wieschen-Hof@t-online.de

175085_25

Neustadt
🏠 20 km 🚂 20 km

Landschaftliche Vielfalt und zahlreiche Sport- und Freizeitangebote machen den Reiz des Neustädter Landes aus. Paddeln auf der Leine, Fahrten mit der Pferdekutsche, Fahrradtouren mit der ganzen Familie - für jeden ist etwas dabei. Ein Großteil des Neustädter Landes gehört zum Nationalpark Steinhuder Meer. Der größte Binnensee Norddeutschlands ist ein Wassersportparadies. Baden, Segeln und Surfen - auf 32 Quadratkilometern.

Infos unter: Stadt Neustadt am Rübenberge
Tel. 05032 - 840 oder www.neustadt-a-rbge.de

Rittergut Evensen***
Seehawer, Eckhard
Schelppwisch 1
31535 Neustadt, OT Schleppwisch
Tel. 05072 - 583
Fax 05072 - 583

rittergut-evensen@web.de
www.rittergut-evensen.de

Im ökolog. und hist. Ambiente bieten wir Übernachtungen in Ferienwohnungen und Ferienhäusern, Gästezimmern, Heuhotel, Bauwagen und Camping sowie Erlebnisgastronomie, Veranstaltungsräume, Tagungsmöglichkeiten und Events mit Aktivitäten: Bogenschießen, Treckerfahrten, Irrlichter u. a. an. Streicheltiere und ökologischer Landbau vorhanden.

Anzahl	Art	qm	Personen	Preis
1	FeWo	70	2-6	ab 30,00 €
2	FH	68-120	2-14	ab 50,00 €
2	Zi.	20	2	ab 20,00 €

340579_1   F**/***P***

Niedersachsen
25 Hannover Region

Springe

⛪ 16 km 🚆 3 km

Ringsum liegen Natur- und Wildparks, Besucherbergwerk, Schlösser; etwas weiter der Erlebniszoo Hannover. Im Erholungsort Springe weist der historische Stadtkern schmucke niedersächsische Fachwerkbauten auf, und in der Fußgängerzone - hübsche Restaurants, Außenplätze, Straßencafés - erklingen Melodien vom Glockenturm. Highlights: Haus Peters (Weserrenaissance); Führung von Ratsnachtwächter *Heinerich* (2. Freitag im Monat) durch die historische Altstadt.

Infos unter: Tourist-Information Springe
Tel. 05041 - 73273 oder www.springe.de

Erdbeer- und Ferienhof***
Sander, Ute
Suderbruchtrift 10
31832 Springe, OT Gestorf
Tel. 05045 - 961058
Fax 05045 - 962206

info@erdbeerhof-sander.de
www.erdbeerhof-sander.de

Der Erdbeer- und Ferienhof am südlichen Ortsrand von Gestorf bietet einen herrlichen Panoramablick über Felder und Wälder bis zum Schulenburger Berg.

Die Gäste wohnen im neuen Ferienhaus (ökologische Bauweise), überdachte Terrasse, sehr hell, ländlich mediterrane Einrichtung, zum Teil Fußbodenheizung, allergikergeeignet.

Große Spiel- und Liegewiese im Garten laden zur Entspannung ein, großer Sandkasten, Schaukel, diverse Trettrecker. Rad-, Inliner- und Wanderwege führen direkt am Hof entlang.

In der Erdbeerzeit können Gäste nach Herzenslust Erdbeeren pflücken. Saisonale Erzeugnisse neben Erdbeeren sind Spargel, Heidelbeeren, Kartoffeln, Eier, Marmelade, Honig etc.

Langeweile kann hier nicht aufkommen: Spaßbäder, Naturbäder, Heilbäder im Umkreis von 15 km, Schlösser, Burgen, Museen, Freizeitparks, Besucherbergwerke, Natur- und Wildparks, Erlebniszoo, Wander- und Radwandergebiet Calenberger Land und Deister, 15 Autominuten zum Messegelände Hannover!

344313_1

	Anzahl	Art	qm	Personen	Preis
F*****	1	FH	85	2-4	ab 56,00 €

DLG-Bier-Guide

Der Wegweiser zum perfekten Biergenuss –
DLG-geprüfte Qualität –
Gasthausbrauereien im Fokus

9,90 €

Nutzen Sie die Bestellkarte auf der letzten Seite!

Niedersachsen
Hannover Region 25

Steimbke
⚐ 25 km 🚆 20 km

Nahe der Kreisstadt Nienburg/Weser liegt inmitten einer Heide-, Moor- und Waldlandschaft die Samtgemeinde Steimbke. Geographisch liegt sie zwischen Hannover und Bremen. Hier finden Sie Ruhe in einer dörflich orientierten Landschaft, die mit ihren Rad- und Wanderwegen dazu einlädt. Die nahe gelegene Kreisstadt Nienburg oder die mit der Bahn zu erreichende Landeshauptstadt Hannover bieten hierzu die gewünschte Abwechslung. Hallenbad, Freibad. In der Gegend: Hügelgräber (Bronzezeit).

Infos unter: Samtgemeindeverwaltung Steimbke
Tel. 05026 - 98080 oder www.steimbke.de

PONYHOF HAGEDORN

Jutta Hagedorn-Basler
Am Walde 4
31634 Steimbke

Telefon 0 51 65 / 23 72
Fax 0 51 65 / 29 01 53

info@ponyhof-hagedorn.de
www.ponyhof-hagedorn.de

siehe große Landkarte: G 6

Der Ponyhof Hagedorn in Lichtenhorst ist ein Familienbetrieb zwischen Nienburg und Walsrode und liegt direkt am Wald. Hier können alleinreisende Kinder von 6 – 15 Jahren tolle Reiterferien erleben. Nach Absprache ist aber auch Familienurlaub möglich. Außerdem werden Schulklassen, Kindergärten und Vereine außerhalb der Ferien beherbergt.

- 50 Ponys und Pferde
- Swimmingpool
- tägl. Ausritte und Reitunterricht
- überdachte Hüpfburg
- viele verschiedene Gokarts
- Fußballplatz
- Großer Abenteuerspielplatz
- Beachvolleyball
- Meerschweinchen- und Kaninchenhaus
- Lagerfeuer- und Grillplatz
- Streichelwiese mit vielen Tieren
- Spielraum mit Kicker, Tischtennis, …

Reiterferien / Familienurlaub / Klassenfahrten / Kindergeburtstage / Tagesausflüge / Kindergartenfahrten / Schnupperwochenenden

141141_25

DLG-Bio-Guide

Der vorliegende DLG-Bio-Guide 2009 präsentiert Vorzeigebetriebe der Bio-Szene. Darunter sind Pioniere der Anfangsphase, innovative Neueinsteiger, Querköpfe mit weltanschaulichen Grundsätzen, Idealisten oder traditionsreiche Klosterbetriebe.

9,90 €

Nutzen Sie die Bestellkarte auf der letzten Seite!

Niedersachsen
27 Weserbergland

Bad Gandersheim
🚶 13 km 🚆 Bad Gandersheim

1150-jährige Kur-, Kultur- und Festspielstadt, beschilderte Rundwanderwege, See-Kurpark, Skulpturenweg, Fitness- und Wellness-Center, Waldschwimmbad, Minigolfplatz, Sauna, Fitness und Wellness im „Vitalpark", Kino, mittelalterlicher Stadtkern mit vielen Sehenswürdigkeiten: Dom (Stiftskirche), Kaisersaal, St.-Georgs-Kirche, Burg der Braunschweiger Herzöge, Fachwerkhäuser, Osterfeuer, Altstadtfest, Bauernmarkt.

Infos unter: Tourist-Information Bad Gandersheim
Tel. 05382 - 73700 oder www.bad-gandersheim.de

Ferienhof Ebeling***
Ebeling, Marianne
Wolperode 31
37581 Bad Gandersheim,
OT Wolperode
Tel. 05382 - 5345
Fax 05382 - 958375

Hof im Ort, Frühstück auf Wunsch € 5,50/Pers., Kinderermäßigung, TV, Radio, KB, Acker-/Grünland-/Forstwirtschaft, Kühe, Kälber, Rinder, Katzen, Hund, Mitarbeit möglich, Staudengarten mit Sitzecke, Gartenhaus z. Klönen, Grill, TT, hofeigene Erzeugnisse, Melkerdiplom, Aktivurlaub. Bitte Hausprospekt anfordern.

230075_1   F***

Anzahl	Art	qm	Personen	Preis
2	FeWo	70-92	4-6	ab 32,00 €

Achtung! Bauernhof!

Das große Spielbuch vom Bauernhof. Hier darf geklappt, gedreht, geschoben und gefühlt werden. Und die Ausklappseite bietet einen Überblick über den gesamten Bauernhof.

Ab 2 Jahren, 14 Seiten   **14,95 €**

Nutzen Sie die Bestellkarte auf der letzten Seite!

Malen und Spielen mit Freddi

Riesen-Lese- und Spielespaß für kleine Bauern! In dem DIN-A3-Block finden Sie zwei verschiedene Malvorlagen und drei lustige Spiele zum Ausmalen. Jedes der fünf Motive gibt es viermal, so dass sich alle Kinder/Freunde gemeinsam vergnügen können, ohne Streit und Ärger.

5,00 €

Nutzen Sie die Bestellkarte auf der letzten Seite!

Niedersachsen
Weserbergland

Gemütliche Atmosphäre in gastlicher Umgebung!

· Inh. B. Sprengel ·

Tel. (0 53 82) 95 55 0 · Fax 95 55 55
37581 Bad Gandersheim · OT Wolperode

E-Mail: info@bauerncafe-sprengel.de
Internet: www.bauerncafe-sprengel.de

- 7 FeWo ✶✶✶✶ für 2–6 Personen mit 1–2 Schlafzimmern
- EZ, DZ, MBZ mit Dusche/WC
- KB, TV, KE, TT
- FeWo teilweise mit Balkon oder Terrasse
- Frühstücksbüfett und Abendessen
- Romantische Sitzecken
- Waschmaschine und Trockner

- Kneipp-Gesundheitshof
- Kurzurlaub möglich
- Gewölbekeller für Gruppen steht zur Verfügung
- Grillabende auf Absprache
- Unterkunft für Gruppen und Großfamilien
- Seminare möglich
- Idyllisches Bauerncafé mit heimischer Küche
- Spielscheune, Spielgeräte
- Tiere zum Anfassen und Streicheln (Pony, Esel, Ziege, Katzen, Hühner, Gänse, Enten, Kaninchen, Schweine)
- Vollerwerbsbetrieb mit Ackerbau und Schweinehaltung
- Eigene Hofbäckerei u. Hofschlachterei
- Kutschfahrten für Kinder auf Absprache
- Schaubacken im eigenen Backhäuschen
- Hausprospekt anfordern
- FeWo ab 38,– €, ÜF ab 25,– €

Urlaub bei uns bedeutet Erholung zu jeder Jahreszeit!

Genießer-Urlaub

Genuss, Qualität und Frische gepaart mit frischer Landluft und herzlichen Menschen, das ist es, was Sie mit diesem Reiseführer kennen lernen.

12,90 €

Nutzen Sie die Bestellkarte auf der letzten Seite!

Niedersachsen
27 Weserbergland

Duderstadt
🚶 16 km 🚌 16 km

Duderstadt liegt in der Kulturlandschaft des Eichsfeldes. Sie zeigt ein mittelalterliches Stadtbild und einige Baudenkmäler (u.a. Fachwerkhäuser). Von weitem ragt die Silhouette von Kirchtürmen und Westerturm empor, der mit Warten, Wall und Mauer vor vielen hundert Jahren errichtet wurde. Mittendrin steht das von drei Erkertürmen gekrönte Rathaus, eines der ältesten Deutschlands. Hallenbad. Heinz-Sielmann-Natur-Erlebniszentrum. Theater. Historischer Markt, Stadtmauerfest.

Infos unter:
www.duderstadt.de

131804_1 F****P***

Domäne Paterhof***
Familie E. Hackethal
37115 Duderstadt,
OT Fuhrbach
Tel. 05527 - 4106
Fax 05527 - 4106

Hof in Einzellage, Waldnähe, Zimmer mit D/WC, Preis inklusive Frühstück, Gästeküche, Aufenthalts-/Seminarraum bis 20 Personen, Preis der Ferienwohnung pro Person/Tag, KB, Waschmaschine, TV, Hausschlachtung, Pkw erwünscht, Ackerbau- und Grünlandbetrieb, Rinder, Schweine.

Anzahl	Art	qm	Personen	Preis
1	FeWo			ab 16,00 €
2	Zi.		2	ab 23,00 €

Uslar
🚶 20 km 🚌 7 km

Die Ferienregion Uslarer Land ist ideal für Wanderungen, Nordic-Walking-, Mountainbike-, Fahrrad- und Kanutouren. Abwechslung bieten Schmetterlingspark, Uslarer Badeland mit einer 84-m-Riesenrutsche, Erlebnis-Wald, Museen und Erlebnis-Landschaft. Ein Highlight ist der Uslarer Kleinkunst-Weihnachtsmarkt mit Riesenadventskalender.

Infos unter: Touristik-Information
Tel. 05571 - 92240 oder www.uslarer-land.de

134916_1 F****

****Otte, Heinrich
Kastensiekstr. 2
37170 Uslar, OT Schönhagen
Tel. 05571 - 2563
Fax 05571 - 914810
heinrich.otte@fleischerei-otte.de
www.fleischerei-otte.de

Hof am Ortsrand, Waldnähe, Ferienwohnungen mit separaten Eingängen, Balkon oder Loggia, Kinderbetten, TV, Waschmaschine, Grillplatz, Spielplatz, Kinderfahrzeuge, Liegewiese, Ackerbau, Grünland, Kühe, Schweine, Fischteiche, Pferde, Hausschlachtung, Mitarbeit möglich, Einkaufsmöglichkeit im Ort.

Anzahl	Art	qm	Personen	Preis
2	FeWo	50-130	2-8	ab 29,00 €

Niedersachsen
Harz 28

Bad Lauterberg
🚆 4 km

Im mehr als 800-jährigen Bad Lauterberg im Harz sind Tradition und Fortschritt auf vorzügliche Weise miteinander verbunden. Im Städtchen finden Sie im Ortskern eine kleine Altstadt mit vielen Fachwerkhäusern und einer attraktiven Bummelmeile. Boutiquen, Cafés und andere gastronomische Betriebe wechseln sich ab. Wochenmärkte an der St.-Andreas-Kirche ergänzen das bunte Treiben. Bad Lauterberg ist staatlich anerkanntes Kneipp-Heilbad und beliebter Urlaubsort.

Infos unter: Kur- und Touristikbetrieb
Tel. 05524 - 92040 oder www.badlauterberg.de

Ferienhof Morich****
Bockelnhagener Straße 3+5
37431 Bad Lauterberg,
OT Bartolfelde
Tel. 05524 - 4924 od. 1308   Ferienhof.Morich@t-online.de
Fax 05224 - 932149   www.ferienhofmorich.de

Ackerbaubetrieb, Schweine (zur Selbstversorg.), 3 Ponys, Hunde Felix u. Berry, 2 Katzen, Kaninchen, Meerschweinchen, 2 Zwergziegen, tgl. Ponyreiten kostenlos. Abgeschl. geräum. Hofraum u. Garten m. Sitzecke, Schaukel u. Kinderfahrzeugen. Für die schönsten Tage im Jahr „Erleben und Erholen". Hausprosp., HP mögl., Vegetar. Kost, KE, SE.

Anzahl	Art	qm	Personen	Preis
4	FeWo	45-95	2-6	35,-/60,- €
2	FH	45-125	4-7	60,-/80,- €
4	Zi.			20,-/25,- €

75470_1   F***/****/*****P***

Osterode
🚆 2 km

Landschaftlich sehr reizvoll zwischen Sösestausee, Südharzer Karstgebirge, sonnigem Lerbachtal und direkt am Einstieg zum Harzer Hexenstieg gelegen, finden Sie inmitten einer gut erhaltenen Stadtmauer die Altstadt Osterodes. Viele Fachwerkhäuser, Kirchen und eine autofreie Fußgängerzone bieten eine beeindruckende Kulisse für Märkte, Veranstaltungen und Stadtführungen. Entdecken Sie selbst, wie liebens- und erlebenswert Osterode am Harz und seine Umgebung sind.

Infos unter: Tourist-Information
Tel. 05522 - 318360 oder www.osterode.de

Ferienhof Renziehausen***
Römermann, Silke
Northeimer Str. 21
37520 Osterode
Tel. 05522 - 71227

1 DZ D/WC, 1 DZ B/WC gegenüber, ÜF 17,- bis 20,- EUR, HP 20,- bis 25,- €, Endreinigung für Ferienwohnungen 15,- €, Kinder- und Saisonermäßigung, KB, TV, Grillplatz, Liegewiese, Spielgeräte, Hausschlachtung, Ackerbau, Grünland, Ponys, Rinder, Schweine, Federvieh, Reiten, Kutschfahrten, Mitarbeit möglich.

Anzahl	Art	qm	Personen	Preis
2	FeWo	36-40	2-4	ab 30,00 €
1	FH	30	2-4	ab 30,00 €
2	Zi.	16	2	ab 17,00 €

75506_1   F**/***/****P***

Sachsen-Anhalt

Ein Streifzug durch mehr

Weite Landschaften, viel Kultur und edle Weine. Urlaub für alle Sinne versprechen die Ferienregionen von der Altmark bis zur Saale.

Blick ins Land

als 1.000 Jahre Geschichte

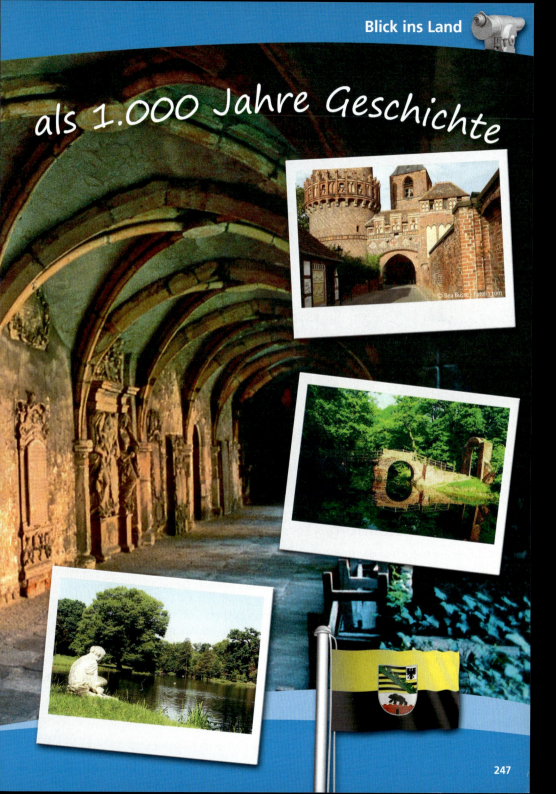

 Sachsen-Anhalt

Unverwechselbare Landschaften

© Johannes Lüthi - Fotolia.com

Anhalt-Wittenberg

Mit einem Besuch in der Region begeben Sie sich auf eine historische Zeitreise. Kunst, Religion, Musik und Architektur haben allerorts ihre Spuren hinterlassen und prägen bis heute das Gesicht von Sachsen-Anhalts Osten.

Folgen Sie in Wittenberg den Spuren Martin Luthers und seiner Thesen, die die christliche Welt reformierten. Musikalisch empfangen Sie in Köthen die Brandenburgischen Konzerte Bachs. Ästhetische Einblicke in Natur und Politik bietet das Dessau-Wörlitzer Gartenreich, das der anhaltische Fürst Franz ganz im Sinne der Aufklärung gestaltete. Als Kunstliebhaber sollten Sie dem Dessauer Bauhaus einen

Blick ins Land

Besuch abstatten. Die ausgestellten Künstler und ihre Werke prägten die Avantgardekunst des 20. Jahrhunderts. Eindrucksvolle Schlösser und Burgen, romanische Kirchen, mittelalterliche und barocke Stadtanlagen sowie weltberühmte Gemälde ergänzen das außergewöhnliche Kulturprogramm.

Saale und Unstrut

Nicht nur Liebhaber edler Tropfen fühlen sich in dieser Landschaft wohl. Denn der Süden Sachsen-Anhalts bietet seinen Gästen auch eine Vielzahl beeindruckender Landschaften und seltener archäologischer Schätze.

Sensationelle archäologische Funde wie die Himmelsscheibe von Nebra machten die Region in den letzten Jahren berühmt. Das älteste Sonnenobservatorium der Welt finden Sie in Goseck. Die Anlage datiert zwischen 5000 und 4800 v. Chr.

Altmark

Schon Theodor Fontane rühmte das mittelalterliche Flair der im Norden gelegenen Altmark. Im Tiefland zwischen Elbe und Ohre erwarten Sie mächtige gotische Kirchen und einsame Landstriche, in denen berühmte Hansestädte von der traditionsreichen Geschichte erzählen. Einen abwechslungsreichen Kontrast dazu bietet das beliebte Urlaubs- und Ausflugsziel rund um den Arendsee. Machen Sie sich zu Fuß, auf dem Rad oder mit dem Pferd auf, die herbe Schönheit der Region zu erkunden. Es lohnt sich.

 Sachsen-Anhalt

Heimische Tierwelt

Wildpark Christianental

Die Vielfalt der heimischen Tierwelt zeigt Ihnen der Wildpark in Wernigerode. Während Ihres Spazierganges begegnen Ihnen Tiere, die in freier Wildbahn selten zu beobachten sind. Rund 130 Wildtiere und 100 Haustiere bevölkern den Park und erzählen vom Leben in den Wäldern und Feldern sowie von der Lebensgemeinschaft zwischen Mensch und Tier.

Rot-, Dam- und Muffelwild haben im Großgehege des Parks ein Zuhause gefunden. Hautnah können Sie aber auch Rehe und Schwarzwild in ihrem natürlichen Lebensraum beobachten. In geräumigen Volieren zeigen Raben und Finken ihre Flugkünste und Jagdfasane ihr farbenprächtiges Gefieder.

Natur

Der Wildpark beteiligt sich am Zuchtprojekt für den Europäischen Nerz und pflegt kranke Greifvögel wieder gesund. Die gesunden Tiere werden in artgerechten neuen Netzgittervolieren gehalten.
Im Streichelgehege können Ihre Kinder aus nächster Nähe die Tiere des Parks und ihr Verhalten kennen lernen. Schautafeln informieren Sie über Wissenswertes rund um Fauna und Flora im Harz.

Infos
erhalten Sie unter
Tel. 0 39 43 / 2 52 92
oder
www.wernigerode.de

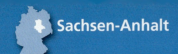
Sachsen-Anhalt

Weinbautradition

Weinstraße

Zwischen Saale und Unstrut erwartet Sie der genussvolle Charme der berühmten Wein- und Burgenregion. Von Laucha über Freyburg, Naumburg bis ins thüringische Bad Sulza führt Sie die Weinstraße entlang.

Nehmen Sie sich Zeit, die regionaltypischen Weine zu verkosten, zum Beispiel im „Landesweingut Kloster Pforta" bei Bad Kösen. Das Weingut ist idyllisch direkt zu Füßen der Weinberge an den Saalhäusern gelegen. Jeden Donnerstag und jeden ersten Samstag im Monat laden Sie Führungen und Weinproben in die Saalhäuser Weinstuben ein. Der Besuch der Weinkeller mit ihren alten Holzfässern lohnt sich

Genuss

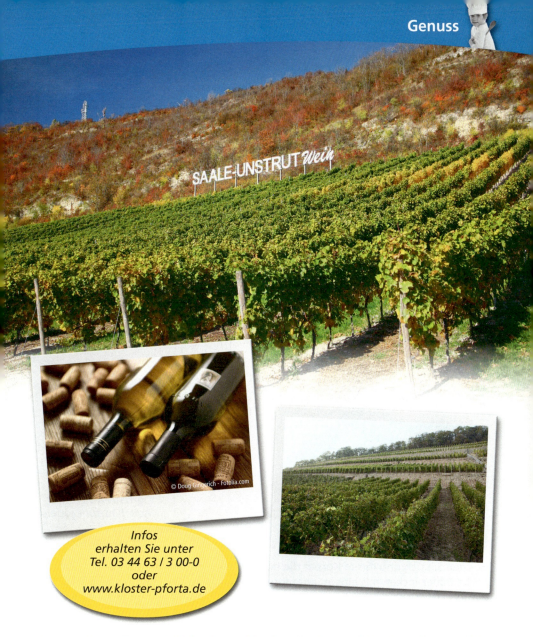

Infos
erhalten Sie unter
Tel. 03 44 63 / 3 00-0
oder
www.kloster-pforta.de

ebenso wie der Blick auf die kostbaren Tropfen des Weinarchivs, das Jahrgänge bis zurück in die 60er Jahre enthält. Auf geführten Weinbergswanderungen erfahren Sie Interessantes aus der 850-jährigen Weinbautradition.

 Sachsen-Anhalt

Heilende Kräfte

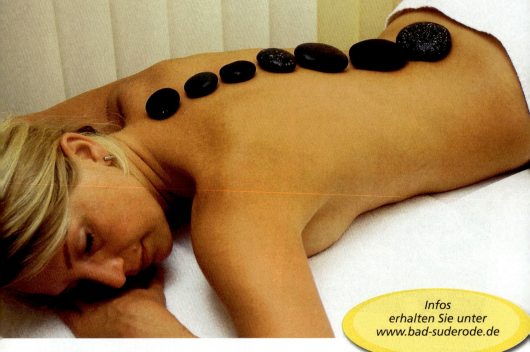

Infos erhalten Sie unter www.bad-suderode.de

Bad Suderode

Gönnen Sie sich und Ihrem Körper die heilenden Kräfte der Harzer Quellen. Zahlreiche Bäder locken mit einem umfangreichen Wellness-Angebot. So auch Bad Suderode, das für seine Kuren und Aktivprogramme bekannt ist und architektonisch eine Augenweide darstellt.

Das filigrane Schnitzwerk der restaurierten Holzbalkone an den Gästehäusern erzählt Ihnen von der abwechslungsreichen Kurgeschichte des Ortes. Schon 1829 gab es hier erste Bademöglichkeiten.

Wellness

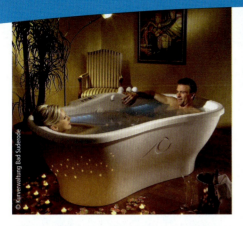

Heute können die Gäste im modernen Kurzentrum in 32 °C warmer Calciumsole baden, bei Qi Gong entspannen oder sich mit warmen Steinen massieren lassen. Der „Behringer Brunnen" zählt zu den stärksten Calciumquellen Europas. Das Wasser lindert vor allem Knochen- und Gelenkbeschwerden. Ayurvedische Massagen mit warmen Ölen oder Wohlfühlbäder in der Klangwanne sollten Sie besonders in den warmen Monaten einmal ausprobieren.

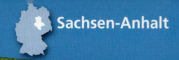

Sachsen-Anhalt

Geschwindigkeitsrausch

Sommerrodelbahn

Rodeln im Sommer? In Eckartsberga kein Problem. Hier wartet ein rasanter Fahrspaß auf Sie und Ihre Kinder. Seit 1997 begeistert die abenteuerliche Fahrt Jung und Alt. Bevor Sie aber den Berg hinuntersausen können, geht es mit dem Rodel rund 200 Meter hinauf. Insgesamt bewältigen die Rodler einen Höhenunterschied von ca. 45 Minuten, wobei das Gefälle durchschnittlich sechs Prozent beträgt. Knapp drei Minuten können Sie dann mit Ihren Kindern den Rausch der Geschwindigkeit genießen, wenn es auf dem Schlitten durch zwölf Steilkurven, über einen Jump sowie durch einen Kreisel geht. Nervenkitzel garantiert.
Das „Après-Rodeln" genießen Sie mit Ihrer Familie auf der Sonnenterrasse der Raststätte „Rodler-Treff". In der Nähe der Sommerrodelbahn gelegen, gibt es dort nicht nur eine wunderschöne Aussicht, sondern auch schmackhafte Speisen und Getränke.

Hits für Kids

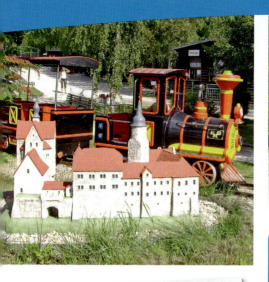

Irrgarten Eckartsberga

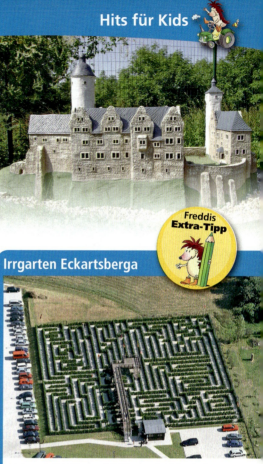

Freddis Extra-Tipp

Er ist mit 54,80 m x 54,80 m = 3.003 m² einer der größten seiner Art. Es ist schwieriger, als es anfangs scheint, den Weg – möglichst noch den kürzesten – zum Ziel im Zentrum zu finden. Aber keine Bange, bisher hat noch jeder – früher oder später – den Ausgang erreicht. Das Wegenetz ist insgesamt 1.550 m lang. Richtig gut ist, wer nach 365 m an der Aussichtsplattform angekommen ist – das ist der kürzeste Weg vom Eingang bis zum Ziel.

Infos erhalten Sie unter:
Tel. 03 44 67 / 4 03 59

Infos
erhalten Sie unter
Tel. 03 44 67 / 2 00 19
oder
www.sommerrodelbahn-eckartsberga.de

Sachsen-Anhalt

Einmal Lokführer sein

© EFSFT, Jürgen Kreb

Traditionsbahnbetriebswerk

Für große und kleine Lokführer sind das „Traditionsbahnbetriebswerk Staßfurt" und das „Eisenbahnmuseum im Salzland" beliebte Ausflugsziele. In Staßfurt werden die Lokomotiven in einer authentischen Umgebung präsentiert, die zur Reise in vergangene Eisenbahnepochen einlädt.

Vor allem das alte Bahnbetriebswerk mit seinem imposanten Halbrundschuppen aus der Zeit vor 1900 sowie die angrenzenden Anlagen versetzen einen in die faszinierende Atmosphäre der Eisenbahnwelt von vor hundert Jahren. Nicht nur Kindern macht die historische Spurensuche zwischen 30 Lokomotiven und einer Vielzahl von Wagen und Bahndienstfahrzeugen Spaß. Hier befinden sich viele

Hits für Kids

Infos erhalten Sie unter Tel. 03 83 77 / 3 58 31

berühmte Baureihen von Dampflokomotiven, darunter sogar eine Dampfschneeschleuder. Vier Lokomotiven sind dank der Arbeit der Eisenbahnfreunde Staßfurt noch voll betriebsbereit.

Besuchen Sie die Dampflokfeste auf dem Gelände des Bahnbetriebswerkes Staßfurt. Hier haben Sie die Möglichkeit, viel Wissenswertes über die Arbeit der Eisenbahnfreunde und ihrer Lokomotiven zu erfahren. Eine Fahrt mit dem Salzland-Express sollte auf Ihrer Erlebnistour ebenfalls nicht fehlen.

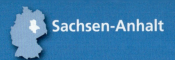

Sachsen-Anhalt

Eine Zeitreise

Straße der Romanik

Die Region zwischen Harz und Elbe ist das Kernland deutscher Geschichte, das Land der frühen Könige und Kaiser, Heinrichs I. und Ottos des Großen. Als Architekturliebhaber sollten Sie sich auf die Straße der Romanik begeben und die zahlreichen Zeugnisse mittelalterlicher Kultur besuchen. Auf der Route erwarten Sie mehr als 70 Bauwerke in der typischen Rundbogenarchitektur der Romanik.
Manche davon sind weltberühmt, wie die Stiftskirche von Quedlinburg, die sich über der Altstadt mit 1.200 Fachwerkhäusern erhebt und zum UNESCO-Weltkul-

Kultur

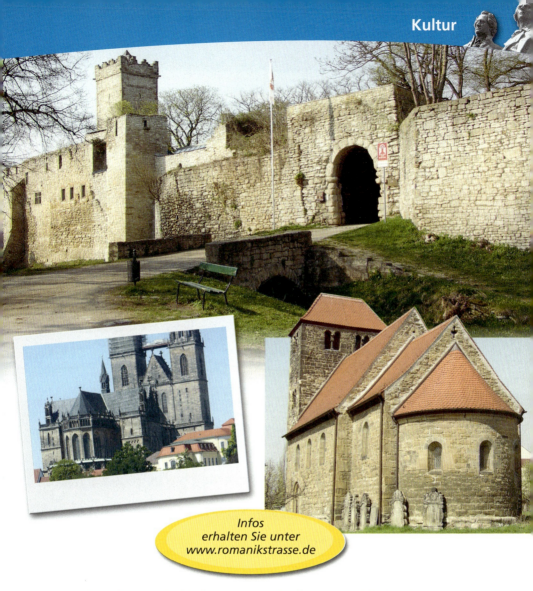

Infos erhalten Sie unter www.romanikstrasse.de

turerbe gehört. Aber auch die altmärkischen Dorfkirchen und Backsteinbauten, die spätromanischen Wandmalereien in der St.-Thomas-Kirche in Pretzien oder die Klostergärten von Drübeck sind eine Reise wert.
Wie man im Mittelalter gelebt und gefeiert hat, zeigen Ihnen Rittermahle, Minnegesang oder mittelalterliches Markttreiben, die Sie vielerorts mit auf eine Zeitreise nehmen.

Sachsen-Anhalt

Auf den Spuren Homers

Winckelmann-Museum

Im Winckelmann-Museum in Stendal können Sie auf den Spuren Homers und seiner Ilias wandern. Das Museum ist dem berühmten Archäologen J. J. Winckelmann gewidmet, der die Literatur der deutschen Klassik und die europäische Kunst des 18. Jahrhunderts durch sein Antikbild nachhaltig beeinflusste.
In der ständigen Ausstellung wird die umfangreiche Winckelmann-Sammlung gezeigt, die die 1940 gegründete Winckelmann-Gesellschaft über Jahrzehnte zusammengetragen hat. Das Highlight erwartet Sie allerdings im Museumshof: das mit 15,60 m weltweit größte „Trojanische Pferd".

Kultur

Winckelmann-Museum

Junge Besucher können im Kindermuseum auf Entdeckungsreise gehen und die aufregende Welt der Griechen und Römer erleben. Erkunden Sie mit Ihren Kindern eine beim Vesuvausbruch verschüttete römische Villa, besteigen Sie das Trojanische Pferd oder suchen Sie sich den Weg durch ein antikes Labyrinth. Viel Spaß macht es auch, sich als Römer oder Grieche zu verkleiden oder Spiele zu spielen, die die Kinder vor 2.500 Jahren begeisterten.

Infos erhalten Sie unter Tel. 0 39 31 / 21 52 26 oder www.winckelmann-gesellschaft.de

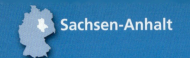

Sachsen-Anhalt

Romantik pur

Kanufahrten im Mondschein

Eine Erlebnistour für Körper und Geist versprechen Ihnen Kanufahrten im Mondschein auf Saale und Unstrut. Im Fackelschein gleiten Sie über das Wasser und genießen die Ruhe der Dunkelheit. Nebenbei bringen Sie Ihren Körper beim Paddeln in Schwung. Auf der Suche nach Sternschnuppen wird auch für Ihre Kinder der Ausflug auf den nächtlichen Fluss zu einem unvergesslichen Erlebnis.

Treffpunkt für die nächtliche Bootsfahrt ist die Kanustation in Naumburg. Von dort geht es nach einer kurzen Einweisung in die Kunst des Kanu- oder Schlauchbootfahrens auf die geführte Saale-Tour. Mindestens ein erfahrener und ortskundiger

Aktiv

Kanute begleitet Sie die ganze Zeit. Unterwegs werden Fackeln entzündet und bei einem Gläschen Wein aus den Reben vor Ort können Sie sich schließlich vom Paddeln genussvoll erholen.

Infos erhalten Sie unter Tel. 0 34 45 / 20 20 51 oder www.saale-unstrut.de

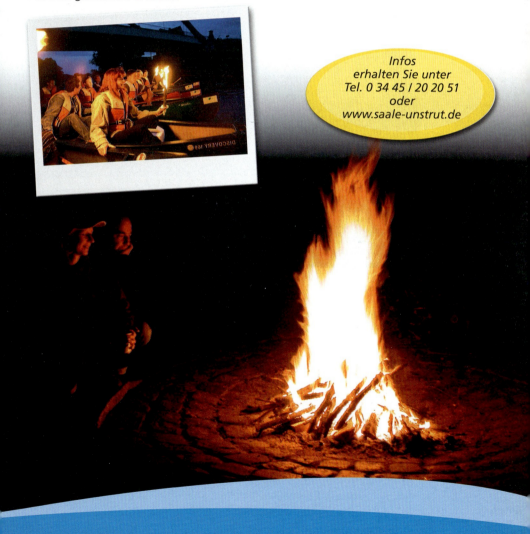

Sachsen-Anhalt

Reizvolle Radpartie

Havel-Radweg

Zahlreiche Radwege erschließen Ihnen die Schönheit der Altmark. Der Havel-Radweg führt Sie auf rund 42 Kilometern entlang der Havel durch den Landkreis Stendal. Genießen Sie die beschaulichen Orte, die imposanten Bauwerke und die einzigartige Flora und Fauna.

Sie starten in Rathenow und fahren bis nach Warnau. Dieses sehr idyllisch gelegene Fischerdorf lädt Sie zu einer kulinarischen Entdeckungsreise ein. Weiter geht es nach Havelberg. Hier sind der Dom und das Wassertouristik-Zentrum touristische Highlights. Von dort führt der Radweg am Schleusenkanal vorbei, entlang des Mitteldeiches zwischen Havel und Elbe bis in die Nähe von Gnevsdorf, wo Sie den Zusammenfluss beider Flüsse betrachten können.

Aktiv

Der Havelradweg

Der **Havelradweg** führt durch die Bundesländer Mecklenburg-Vorpommern, Berlin, Brandenburg und Sachsen-Anhalt.
Über ihn erreichen Sie auch folgende Radwege:

Altmarkrundkurs:
515 km im Städtedreieck
Hamburg–Berlin–Hannover
www.altmarkrundkurs.de

Elbradweg:
860 km – vom Elbsandsteingebirge
bis zum Wattenmeer
www.elberadweg.de

Euro-Route R1:
3500 km – von Boulogne-sur-Meer bis
St. Petersburg
www.euroroute-r1.de

Havelland-Radweg:
98 km – von der Grenze Sachsen-Anhalts
bis Berlin-Spandau
www.havelland-radweg.de

Die Region bietet viele kulinarische Highlights. Verwöhnen Sie sich und Ihre Familie mit frisch zubereitetem Fisch oder probieren Sie eines der berühmten Schwarzbiere aus den ansässigen Brauereien.

Infos erhalten Sie unter www.havelradweg.de

Sachsen-Anhalt

Sachsen-Anhalt ist alles andere als eintönig oder fade. Ob Altmark im Norden oder die Saale-Unstrut Region im Süden, ob Harz, Anhalt-Wittenberg oder die Magdeburger Börde – Sachsen-Anhalt ist das Land der unverwechselbaren Landschaften und bietet zugleich einen Streifzug durch mehr als 1.000 Jahre Geschichte. Erleben Sie das Blaue Band, die Straße der Romantik oder die Himmels-Wege. Lassen Sie sich inspirieren von der reichen Kultur, den tollen musikalischen Angeboten, dem weiten Land und den pulsierenden Städten. Erleben Sie Sachsen-Anhalt.

Diese und noch mehr Reisetipps gibt's unter:
www.sachsen-anhalt-tourismus.de

Fakten zu Sachsen-Anhalt

Hauptstadt:	Magdeburg
Einwohner:	2,55 Mio.
Fläche:	20.447,00 km^2
Einwohner/km^2:	124
Webseite:	www.sachsen-anhalt.de

(29) Altmark		-
(30) Magdeburg – Elbe – Börde – Heide		270
(31) Harz		270
(32) Anhalt – Wittenberg		272
(33) Halle – Saale – Unstrut		-

Zahlen und Fakten

Sachsen-Anhalt

30 Magdeburg-Elbe-Börde-Heide
31 Harz (SA)

Rietzel
🚶 8 km 🚂 10 km

Die kleine Gemeinde Rietzel ist Teil des Landschaftsschutzgebietes Möckern - Magdeburger Forth und liegt im östlichen Teil des Jerichower Landes. Umgeben von Kiefernwäldern, Wiesen und Feldern bietet das kleine Dörfchen einen reizvollen Anblick. Gut gepflegte Reitplätze und Stallanlagen stehen für Reitsportfreunde zur Verfügung. Die typischen Herrenhäuser der Region sowie das Schloss Möckern können bei einem Rundgang bestaunt werden.

Infos unter: Gemeindeverwaltung Rietzel
www.moeckern.de

Lindenhof****
Rusch, Dr. Gebhard
Dorfstr. 1
39291 Rietzel
Tel. 039223 - 62030
Fax 039223 - 62037

lindenhof@landurlaub.de
www.landurlaub.de/lindenhof

Mitteldeutscher Hof am Ortsrand, mit 4 Doppelzimmern. TV, Tel., Saison-Ermäßigung, Kinderbetten, Kinder-Ermäßigung, sep. Wirtschaftsraum, Sauna, TT, Mitarbeit (Feld u. Forst) mögl., 7 Pferde, Katzen, Pferdepension, Reitmöglichkeit, Kutschfahrten, Jagdmöglichkeit, Heu-Hotel, Hausprospekt.

230078_1   P****

Anzahl	Art	qm	Personen	Preis
4	Zi.		1-2	ab 25,00 €

Königerode
🚂 9 km

Königerode wurde erstmalig 992 erwähnt. Haupteinnahmequelle der Bürger waren Land- und Forstwirtschaft, besonders die Köhlerei. Das Handwerk der Holzkohleherstellung beherrschen in der traditionellen Art heute noch einige Bürger des Ortes. Sie demonstrieren dieses Können bei den jährlichen Braunlager Köhlertagen. Königerode liegt an der alten Salzstraße, wunderschöne ruhige Erholungs- und Waldgebiete laden zum Urlaub ein. Frei-/Hallenb. 9 km, Reiten, Harzer Schmalspurbahn.

Infos unter: Fremden-Verkehrs-Verein Harzgerode e.V.
Tel. 039484 - 2715 oder www.urlaub-harzgerode.de

***Pohle, Ruth
Klausstr. 151
06493 Königerode
Tel. 039484 - 8203

FH-Pohle@freenet.de
www.pohle.Harz-Urlaub.de

Unsere beiden FH sind in Dankerode. Preis je nach Belegung. TV, Grillplatz und Kinderspielplatz stehen zur Verfügung. Dankerode ist staatl. anerkannter Erholungsort. Im Ort 3 Gaststätten, Fleischer und Bäcker. Hallenbad 15 km, Wellness 10 km, Quedlinburg 25 km. Talsperre und Angelmöglichkeiten in der Nähe. Kremser- und Kutschfahrten und Harzrundreisen werden organisiert.

219705_1   F***/****

Anzahl	Art	qm	Personen	Preis
2	FH	50	2-4	ab 30,00 €

Sachsen-Anhalt
Harz (SA) 31

Molmerswende
⛪ 70 km

Das Mansfelder Land liegt an den Ausläufern des Harzes in seiner Vielseitigkeit wohl einzigartigen Landschaft. Ausgedehnte Wälder, weitläufige Wiesen, grüne Täler und eine außergewöhnliche Seenlandschaft.
Der Landkreis Mansfelder Land bietet Ihnen mit ausgewählten Wander- und Radwanderwegen die Möglichkeit, die reichhaltige Flora und Fauna sowie die vielfältigen Zeugnisse der Geschichte zu bewundern.

Infos unter: Haus des Gastes
Tel. 03475 - 6677911 oder www.mansfelderland.de

Unterharzer Landwirtschaftsbetrieb Becker GbR***
Hauptstraße Molmerswende 28
06343 Mansfeld,
OT Molmerswende
Tel. 034779 - 20213
Fax 034779 - 20101

Hof im Ort, Hausprospekt, 1 Ferienwohnung, Kinder 50 % Ermäßigung, D/WC, TV, kleine Küche, Waschmaschine, Grillplatz, Hausschlachtung, Ackerbau, Mutterkuhhaltung - Rotes Höhenvieh, Mitarbeit möglich, viele Haustiere, Kreativangebote.

Anzahl	Art	qm	Personen	Preis
1	FeWo		1-6	ab 18,00 €

182996_1 F***

Alter Bauernhof***
Wiele, Henny
Hauptstr. 17
06543 Molmerswende
Tel. 034779 - 20309   dorothea.moras@t-online.de
Fax 034779 - 900150   www.urlaub-im-unterharz.de

Wir bieten im Garten 1 FH (2 Schlafzimmer, D/WC) voll ausgestattet, überdachte Terrasse, Kaminofen als Zusatzheizung. Im Hof 1 Appartement (D/WC, Küchenzeile) und Zimmer (D/WC, Miniküche) sowie 1 Gemeinschaftsraum. Bettwäsche u. Handtücher inkl., Aufbettung möglich, Kinderermäßigung 50 %, Hausprospekt.

Anzahl	Art	qm	Personen	Preis
1	FeWo	35	2	ab 30,00 €
1	FH	60	2-4	ab 30,00 €
1	Zi.	25	2	ab 30,00 €

230085_1 F***P***

Verwöhn-Urlaub

Einmal wie ein echter Landlord leben! Im Übernachtungsführer „Urlaub auf Landsitzen" werden die schönsten Herrensitze, Burgen und Schlösser und andere historische Gebäude vorgestellt.

12,90 €

Nutzen Sie die Bestellkarte auf der letzten Seite!

Sachsen-Anhalt
32 Anhalt-Wittenberg

Priesitz

🚶 30 km 🚆 2 km

Die Gemeinde Priesitz liegt im südlichen Teil des Kreises Wittenberg auf dem linken Teilhang des Urstromtales der Elbe. Die geographische Lage im Städtedreieck Berlin-Leipzig-Dresden bietet Ihnen eine einmalige Symbiose zwischen Tradition und Fortschritt. Nicht weit entfernt von den Elbauen sind Ausflüge in die Natur und Geschichte, wie nach der Lutherstadt Wittenberg oder in das sächsische Torgau, bequem zu erreichen.

Infos unter: Eisenmoorbad Bad Schmiedeberg Kur GmbH
Tel. 034925 - 630371 oder www.bad-schmiedeberg.de

Pension „Am Storchennest"**
Hohlfeld, Ingrid
Dorfstraße 10
06909 Priesitz
Tel. 034926 - 57693
Fax 034926 - 58447

am-storchennest@t-online.de
www.pension-am-storchennest-priesitz.de

Die Pension liegt am Rande des Naturparks Dübener Heide, eine Wald- und Seenreiche Landschaft in der Weite der Elbtalauen, auf einem Bauernhof inmitten dörflicher Idylle. Grillplatz, Liegewiese, Spielplatz, Hausschlachtung, Brötchenservice, 3 Rinder, Tauben, Katzen, Hund, Kaninchen, Federvieh. Mithilfe im Stall ist möglich! Hausprospekt.

Anzahl	Art	qm	Personen	Preis
1	FeWo	65	4-6	ab 48,00 €
6	Zi.		1-2	ab 23,00 €

241417_1   F***P***

So geht's zu auf dem Bauernhof

Die Foto-Sachgeschichten zeigen, wie Landwirte mit riesigen Traktoren ihre Felder bearbeiten. Was Erdbeerbauern im Tunnel machen. Wie Kühe Milch geben. Und wie Schweine Strom machen …

Ausgezeichnet von der Akademie für Kinder- und Jugendbuchliteratur

9,95 €

Ferkel, Schaf, Kartoffelernte. Mit spannenden Geschichten von Ferkeln, Schafen, dem Weinbauern über die Arbeit der Maschinenringe zum Kartoffel- und Rapsanbau.

9,95 €

Nutzen Sie die Bestellkarte auf der letzten Seite!

Sachsen-Anhalt

Brandenburg

Natur soweit das

Auf dem Rad durch Wälder und über Wiesen fahren, ohne einer Menschenseele zu begegnen, oder einem klassischen Konzert in Schlössern, Kirchen oder Klöstern lauschen - das ist Urlaub in Brandenburg.

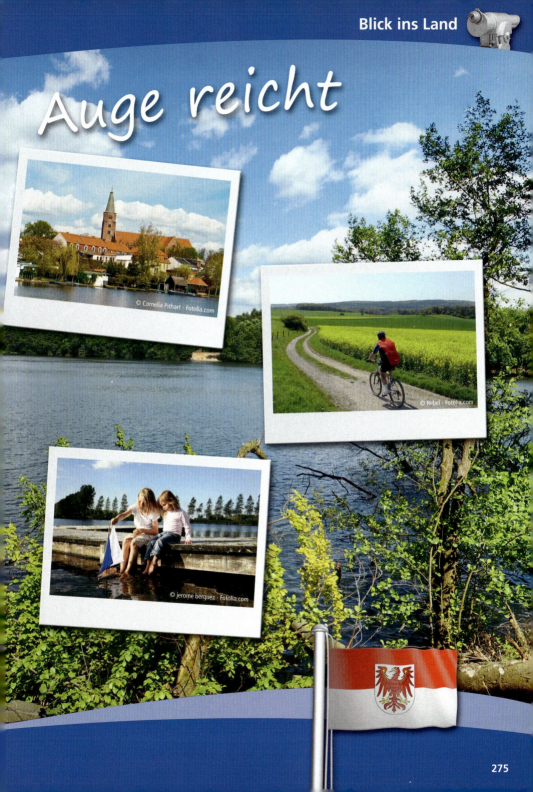

Brandenburg

Das blaue Paradies

Oder-Spree-Seengebiet

Eine Idylle für alle Wassersportler und Naturliebhaber. Die Wechselspiele von Wasser und märchenhafter Landschaft, Lehm-, Sand-, Moorböden, Sumpfgebieten, Wiesen, Wäldern, kleinen Fließgewässern und 2.300 Seen verleihen der Landschaft einen romantischen Zauber. Als „grüne Perle an der Spree" gilt Fürstenwalde mit seinen historischen Parkanlagen. Als „Tor zum Osten" wird Frankfurt an der Oder bezeichnet, das mit der größten Hallenkirche Norddeutschlands und dem ältesten mittelalterlichen Rathaus aufwarten kann.

Spreewald

Einzigartig in Europa und weithin bekannt ist das „Venedig Brandenburgs": eine kultivierte Flusslandschaft mit einem 970 Kilometer weiten Fließgewässernetz, über

Blick ins Land

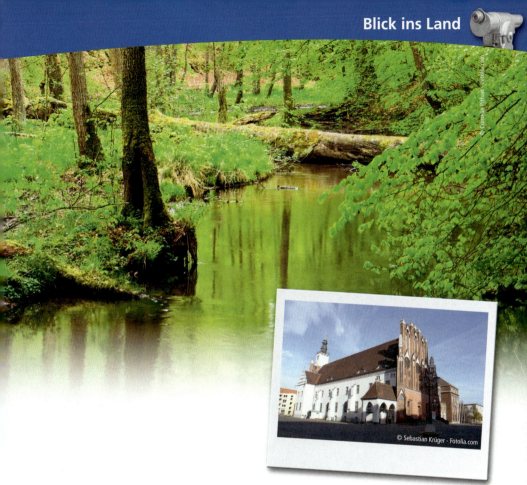

das sich, wie ein Dach, die Baumkronen beugen. Die Bewohner der Region nutzen die beschilderten Wasserstraßen, um mit dem Kahn zur Arbeit, in die Schule oder zum Einkaufen zu fahren. Eine traditionelle Kahnfahrt durch das Wasserlabyrinth ist auch für Besucher lohnenswert. Der Spreewald ist seit 1991 Biosphärenreservat und unter den Schutz der UNESCO gestellt.

Dahme-Seengebiet

Das „blaue Wunder" ist mit seinen weitverzweigten Seen und Wasserläufen und den kleinen alten Städten eines der Hauptausflugsziele der Berliner und hält mittlerweile ein reichhaltiges Sport- und Freizeitangebot bereit: Campen, Surfen, Baden, Paddeln, Wandern, Radfahren, Reiten – für alle diese Aktivitäten ist das Dahme-Seengebiet gut gerüstet.

Brandenburg

Welt der Tropen

Biosphäre Potsdam

Tropenurlaub inmitten von Potsdam? Aber klar. Hier befinden Sie sich zwischen den schönsten tropischen Pflanzen dieser Erde: Orchideen, Epiphyten, Palmen etc. Über 14 Meter hohe Bäume säumen Ihren Weg durch die Biosphäre. Die verschiedensten Pflanzen warten darauf, entdeckt und erforscht zu werden. Die Temperatur schwankt zwischen 23 und 28 °C bei fast 80 % Luftfeuchtigkeit – ein ewiger Sommer.

Am Mangrovensumpf vorbei geht es durch einen Palmenhain, immer begleitet von einem Wasserlauf. An der Schamanenhütte vorbei führt Sie der Weg durch den Ficuswald direkt in die Höhle der Fledermäuse. Neben den prächtigen Tropenpflanzen gibt es einen Wasserfall, zwei Seen und eine manigfaltige tropische

Natur

Infos erhalten Sie unter Tel. 03 31 / 55 07 40 oder www.biosphaere-potsdam.de

Biosphäre Potsdam

Freddis Extra-Tipp

Tierwelt zu entdecken. Frei fliegende Vögel, Schmetterlinge, Terrarien mit Insekten und Reptilien, Vogelvolieren und eine Unterwasserwelt im Stil eines historischen U-Bootes mit farbenfrohen tropischen Fischen repräsentieren die tropische Fauna.

Zu festen Terminen werden thematische Führungen gemacht, z. B. zum Thema Schmetterlinge oder tropische Gewürz- und Nutzpflanzen. Bei der Koi-Fütterung darf man sogar aktiv mitmachen.
Daneben werden individuell zu vereinbarende Tier- und Pflanzenführungen, Führungen zur Artenvielfalt oder zu aktuellen Sonderausstellungen angeboten.

Da die Zahl der Teilnehmer jeweils begrenzt ist, ist eine Anmeldung unbedingt erforderlich!

Brandenburg

Rund um die Knolle

Infos erhalten Sie unter Tel. 03 37 41 / 8 09 06 oder www.niedergoersdorf.de

Kartoffeltage

Der lösshaltige Boden im Niederen Fläming bietet ideale Voraussetzungen für den Kartoffelanbau; gepaart mit dem Wissen und der Erfahrung der Landwirte, ist dies ein Garant für hohe Erträge und Qualität.

Seit 2004 organisiert der Niedergörsdorfer Skaterstammtisch die „Kartoffeltage" in der Gemeinde Niedergörsdorf und stellt dabei nicht nur die geschmackliche Seite der so genannten Flämingknolle heraus.

Los geht's mit der großen Eröffnungsveranstaltung, wo viele Informationen rund um die Kartoffel, Schmackhaft-Kartoffeliges, ein Kartoffelsalat-Wettbewerb und

Genuss

mehr geboten werden. Feldtage, Kartoffelerkundungstouren, Betriebsbesichtigungen – im September dreht sich alles um die Kartoffel!
Die Wirtshäuser aus dem Ort werben mit einer speziellen Kartoffelkarte und den krönenden Abschluss haben die Kartoffeltage mit dem Kartoffelkabarett; ein Abend voller Wortwitz, mit süßen und deftigen Kartoffelvariationen.

Brandenburg

Sprudelndes Wasservergnügen

Fläming-Therme

Im Freizeitbad in Luckenwalde sorgen Strömungskanal, Massagedüsen, Bodenbrodler, Whirlpools, Hangelseil, Kletternetz, Wasserfall und die beiden Großwasserrutschen gerade bei Familien für nasse Abwechslung und Spaß. Ausreichende und immer wieder spannende Möglichkeiten, das Element Wasser zu genießen, gibt es für die Jüngsten in der Kleinkinderwelt. Kinderrutsche, exotische Tierfiguren, der Luckenwalder Pelikan und jede Menge Platz zum Planschen und Spielen wollen erobert werden.

Wellness

Wer einmal so richtig die Seele baumeln lassen will, kann das in der großzügigen Saunalandschaft tun. Hier findet jeder seine Lieblingssauna. Hauptattraktion ist die original Karpaten-Sauna aus urigem Holz, mit einer besonderen Atmosphäre. Dazu gibt es deftige Spezialaufgüsse mit originalen Reisgruten aus den Karpaten. Danach lädt der schöne Saunagarten mit Teichanlage und Wasserlauf zum Ausruhen ein.

Mitternachtssauna

Jeden 1. Sonnabend im Monat von 21.00 – 1.00 Uhr (Einlass ab 21.00 Uhr) mit FKK im Badbereich und Mitternachtsbüfett.

Anmeldung und Vorverkauf der Eintrittskarten an der Kasse der Fläming-Therme oder telefonisch.

Infos erhalten Sie unter Tel. 0 33 71 / 40 02-0 oder www.flaeming therme.de

Brandenburg

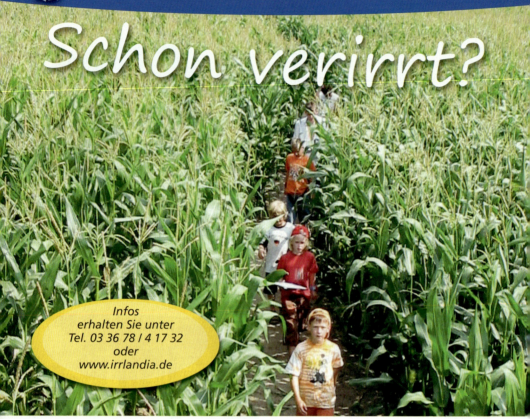

Infos erhalten Sie unter Tel. 03 36 78 / 4 17 32 oder www.irrlandia.de

MitMachPark Irrlandia

Von Ende Mai bis Anfang Oktober lädt der Park in Storkow zum Suchen und Verirren, Spielen, Toben und Klettern, Murmeln, Rutschen, Schaukeln oder Hopsen, Rätseln und Staunen, Bauen und Basteln, Matschen und Werfen – also einfach zum Mitmachen – ein.

Verirren Sie sich im Kräuterlabyrinth, Barfußlabyrinth, Erdlabyrinth, Türenlabyrinth, Hindernis-Hecken-Labyrinth, Pfählelabyrinth oder ab Mitte Juli im 20.000 m² Mais- oder Sonnenblumenlabyrinth.

Eine ganze Reihe weiterer Spiel- und Erlebnisbereiche warten auf Sie. Zum Beispiel die Murmelbahn mit einigen eingebauten Tücken, eine Schiffschau-

Hits für Kids

kel oder auch die Kinderbaustelle. Sehr beliebt sind die Wasserbombenwurfanlage und das Hydrowegium. Wer lieber hoch hinaus will, kann sich an der Kletterwand oder im Hochseilgarten versuchen.

Brandenburg

Mit Levi, Yukon und

© El Gaucho - Fotolia.com

Huskyhof

In Frankendorf gibt es ein Tiererlebnis der ganz besonderen Art! Elmar Fust und Sabine Kühn haben sich seit vielen Jahren dem Schlittenhundesport verschrieben. Auf ihrem Hof leben sie mit 25 Siberian Huskies und bieten verschiedene Aktivitäten gemeinsam mit den Hunden an, z. B. eine Husky-Wanderung in fröhlicher Atmosphäre, reich an Erlebnissen und Erfahrungen für Kinder und Erwachsene. Denn der Besuch des Huskyhofs bietet der ganzen Familie neue Eindrücke, die gemeinsam erlebt werden:
Eltern können mit einem Kind zusammen einen Hund führen. Die Jüngsten lernen, wie man Hunde richtig begrüßt. Die älteren Geschwister sind stolz,

Hits für Kids

Duschka on Tour

Infos erhalten Sie unter
Tel. 03 39 24 / 7 99 45
oder
www.freizeit-mit-huskies.de

vielleicht das erste Mal einen eigenen Hund zu führen, und selbst Jugendliche finden schnell einen Lieblingshund und können sich auf der Wanderung mal richtig auspowern.

 Für die Jüngsten steht ein geländegängiger Buggy mit Husky zur Verfügung, der von einem Tourguide gefahren wird.

© Zarathustra - Fotolia.com

Glasmacherhaus Neuglobsow

Die historische Ausstellung beflügelt die Fantasie zu einer Zeitreise in die Vergangenheit. Viele Exponate und Informationstafeln erläutern die Historie und Herstellung von Gebrauchsglas im 18./19. Jahrhundert. Zwölf Geschichten stammen aus der Zeit, als Neuglobsow vor über 200 Jahren als Glasmacherdorf entstand. Eine Geschichte erzählt von der Gründerin und Betreiberin der Hütte, Frau Johanna Pirl.
Sie baute in der Männergesellschaft des 18. Jahrhunderts eines der erfolgreichsten Glasunternehmen Brandenburgs auf.

Kultur

Infos erhalten Sie unter Tel. 03 30 82 / 4 08 63 oder www.naturparkhaus.de

Das Museum befindet sich in einem ca. 225 Jahre alten ehemaligen Wohnhaus der Glasmacher. Es wurde im Jahr 2001 nach historischem Vorbild aufwändig und mit viel Liebe zum Detail rekonstruiert und stellt heute ein wahres Kleinod dar.

Brandenburg

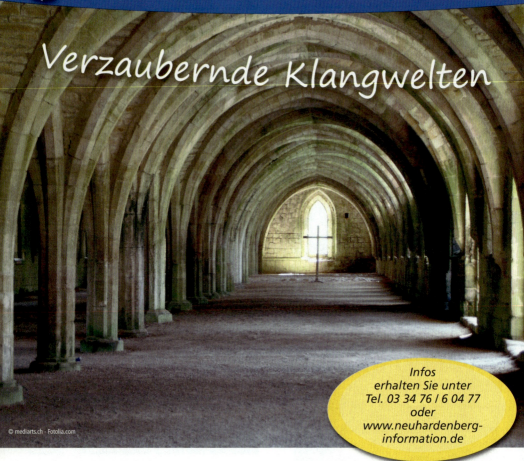

Verzaubernde Klangwelten

Infos erhalten Sie unter Tel. 03 34 76 / 6 04 77 oder www.neuhardenberg-information.de

Klosterkonzerte

Die Entstehung von Altfriedland beginnt mit dem Bau des Zisterzienserinnenklosters um 1230, von dem heute noch Teile als Ruine erhalten sind. Der Baustil – spätmittelalterlich bis frühgotisch – wurde durch Erhaltungsarbeiten der Öffentlichkeit zugänglich gemacht. Sehenswert sind u. a. das Refektorium mit dem Sternrippengewölbe und die Reste des Kreuzganges mit Kreuzgewölbe. Führungen werden durch den Kulturförderverein Kloster Altfriedland e.V. angeboten.

Eine kulturelle Attraktion im östlichen Teil des Landes Brandenburg sind die Klosterkonzerte im Refektorium der mittelalterlichen Zisterzienserinnenabtei Altfriedland.

Kultur

Schloss Neuhardenberg

Ein Ausflugsziel ganz in der Nähe für Kunst- und Kulturinteressierte ist Schloss Neuhardenberg. Ein Refugium und Bühne zur Welt. Einerseits ein ruhiger Ort der Konzentration für Gespräche und Konferenzen, andererseits ein Platz für internationale Produktionen, die sich künstlerisch, politisch und wissenschaftlich den Fragen und Aufgaben der Gegenwart stellen.

Das Veranstaltungsprogramm fällt nicht mit der Tür ins Haus. Ziel und Anliegen ist es, einen Ort zu schaffen, an dem Gewusstes neu gedacht, schon einmal Gehörtes wieder zur Sprache gebracht, Gesehenes erneut betrachtet, Empfundenes berührbar gemacht werden kann.

Infos unter www.schlossneuhardenberg.de

Von Anfang August bis Mitte September ist die Klosterruine Schauplatz einer ambitionierten Konzertreihe mit Musik der klassischen Epoche. Besucher werden eingeladen, in die alte klösterliche Welt einzutauchen, die historischen Räume der Abtei zu erleben und im Einklang mit nahezu unberührter Natur wunderbare Musik zu genießen.

 **Brandenburg**

Teuflische Radtour

Niederlausitzer Bergbautour

Folgen Sie den Spuren des Teufels und machen Sie bei dieser Radtour eine spannende Entdeckungsreise durch mehr als 150 Jahre Braunkohlegeschichte. Der Rekord-Teufel, der nicht nur das Symbol für Kohle aus der Lausitz, sondern auch für diesen Radweg ist, führt Sie auf etwa 510 km durch die Region. Dabei können Sie eine Mischung aus Industriekultur, malerischen Orten, imposanten Tagebauen und neuen Landschaften erleben. Die Tour kann an 19 Bahnhöfen der Region begonnen und beendet werden.

Kaum ein anderer Teil Deutschlands widmet dem Teufel in der Sagenwelt eine so große Rolle wie die Lausitzer. Alles, was den Menschen widerfährt oder missglückt,

Aktiv

wird auf den Teufel geschoben, der wendisch „Tscherenbog" heißt. So sagen die Bergleute mit einem Augenzwinkern: „Der liebe Gott hat die Lausitz geschaffen, und der Teufel hat die Kohle versteckt aber wir haben sie gefunden und gehörig abgetragen!"

Niederlausitz

Die Niederlausitz ist geprägt durch die Braunkohle, die hier mit Hilfe imposanter Geräte abgebaut wird. In den drei aktiven Tagebauen der Region (Welzow-Süd, Cottbus-Nord und Jänschwalde) wird das braune Gold mit Hilfe riesiger Abbaumaschinen und Förderbagger zu Tage gebracht. An allen drei Tagebauen haben Sie die einmalige Möglichkeit, diese Maschinen an Aussichtspunkten bei ihrer Arbeit zu beobachten.

Infos erhalten Sie unter Tel. 0 35 63 / 60 23 40 oder www.niederlausitz.de

Brandenburg

Knackig, kräftig, köstlich!

Panoramaweg Werderobst

Seit über 100 Jahren ist Werder (Havel) der Obst- und Gemüsegarten der nahe gelegenen Metropole Berlin. Das milde, sonnenreiche Klima lässt auf den Plantagen und in den Gärten nicht nur äußerst schmackhaftes Obst heranwachsen. Es lockt auch viele Spaziergänger, Radwanderer und Wasserfreaks in das „vom Wasser umflossene Land" – wie „Werder" ursprünglich heißt.

Um die reichhaltigen Produkte direkt erlebbar zu machen, wurde in den vergangenen Jahren der neue Panoramaweg angelegt. Auf dieser rund 15 Kilometer langen Tour erschließt sich die ganze Pracht der Kultur- und Obstlandschaft. Von den Höhen des Fuchs- bzw. Telegrafenberges und des Karfunkelberges kann man den

Aktiv

Obstbaumuseum

© Wolfgang Jagstorff - Fotolia.com

Das Museum wurde 1959 gegründet. Es befindet sich im ehemaligen Stadtgefängnis (Inselstadt) von Werder und ist das einzige seiner Art in Deutschland.
Den Besuchern wird die Entwicklung des Obstbaus, der Fischerei und des Weinbaus anhand von Bildern, Büchern, Dokumenten, Kleidungsstücken, Geräten usw. gezeigt. Anfänglich waren es Schuten, die per Hand bis nach Berlin gerudert wurden. Dann übernahm der Raddampfer „Luise" und später Lastkraftwagen und Eisenbahn den Transport.
Im Innenhof geben größere Arbeitsgeräte der Obstzüchter einen Einblick in deren Arbeit. Auf Wunsch kann dies anschaulich demonstriert werden.

Infos erhalten Sie unter Tel. 0 33 27 / 78 33 74 oder www.werder-havel.de

Blick über weitläufige Obstflächen und die herrliche Havelseelandschaft schweifen lassen. Direkt am Wegesrand kann eine nach historischen Vorbildern neu angelegte Etagenobstfläche und eine Obstwiese genauso bewundert werden wie eine der größten zusammenhängenden Süßkirschenanlagen Deutschlands.

Brandenburg

Stadt, Land, Fluss, das ist es, was Brandenburg zu bieten hat. Ob eine tolle und erlebnisreiche Bootsfahrt im Spreewald mit dem Genuss der Spreewaldgurken, ein Besuch in Potsdam und Sanssouci, dem Filmpark Babelsberg oder dem Seenland Oder-Spree. Brandenburg hat eine Menge zu bieten, bei dem kleine und große Kinder bei gutem und schlechtem Wetter voll auf ihre Kosten kommen. Und in der Mitte von Brandenburg, da liegt Berlin und wartet auf Ihren Besuch.

Diese und noch mehr Reisetipps gibt's unter: www.reiseland-brandenburg.de

Fakten zu Brandenburg

Hauptstadt:	Potsdam
Einwohner:	2,58 Mio.
Fläche:	29.476,00 km^2
Einwohner/km^2:	87
Webseite:	www.brandenburg.de

(34) Prignitz	298		(41) Fläming	302	
(35) Ruppiner Land	299		(42) Dahme-Seengebiet	-	
(36) Uckermark	299		(43) Oder-Spree-Seengebiet	-	
(37) Havelland	300		(44) Spreewald	303	
(38) Potsdam	-		(45) Elbe-Elster-Land	-	
(39) Barnimer Land	301		(46) Niederlausitz	303	
(40) Märkisch-Oderland	-				

Zahlen und Fakten

Brandenburg
34 Prignitz

Boberow

Boberow ist ein kleiner Ort mit nur etwa 200 Einwohnern, ziemlich genau auf halber Strecke zwischen den Metropolen Berlin und Hamburg und gehört zur Gemeinde Karstädt. Wir züchten in Boberow Rinder der Rasse Fleckvieh und werden in Kürze auch Uckermärker in unser Zuchtprogramm aufnehmen. Auf dem Gelände unseres Schützenvereins findet immer am dritten Wochenende im Juni das Schützenfest statt.

Infos unter: Gemeinde Karstädt
Tel. 038797 - 770 oder www.gemeinde-karstaedt.de

Freizeithof „Alte Schmiede"***
Gülzow, Barbara
Sackgasse 4
19357 Boberow
Tel. 038781 - 4 09 00
Fax 038781 - 4 09 01   Barbara.Guelzow@gmx.de

Ein abwechslungsreicher Urlaub erwartet Sie auf unserem ehemaligen Hof mit 2 Ferienhäusern mit komfortabler Ausstattung im skandinavischen Stil. Terrasse mit Grill, Gastpferdeboxen, Fahrradverleih wird organisiert.

233839_1   F***

Anzahl	Art	qm	Personen	Preis
2	FH		1-4	ab 30,00 €

Karstädt
🚶 30 km 🚆 8 km

Das Gemeindegebiet Karstädt erstreckt sich auf einem wunderschönen Areal mit ausgedehnten Wald- und Wiesenflächen. Fern von Ballungsräumen lädt die ländliche Ruhe zum Verweilen ein. Der Ort Mankmuß liegt zwischen den ausgedehnten Waldgebieten im Löcknitztal und bietet Naturfreunden eine Vielzahl heimischer und geschützter Pflanzen und Tiere. Der denkmalgeschützte Gutshof und die Kirche in Mankmuß zählen zu den Sehenswürdigkeiten des Ortes.

Infos unter: Gemeinde Karstädt
Tel. 038797 - 770 oder www.gemeinde-karstaedt.de

Gutshof Mankmuß****
Grote, Martina
Mankmußer Dorfstraße 1
19357 Karstädt,
OT Mankmuß
Tel. 038797 - 51147   gutshof.mankmusz@web.de
Fax 038797 - 51147   www.gutshof-mankmuss.de

Erholung + Erlebnis pur im Biosphärenreservat Elbtalaue auf dem denkmalgeschützten Gutshof. Zwei individuelle Ferienwohnungen oder Übernachtung im Heuhotel mit Lagerfeuerabend, Bauerngarten und viel Platz zum Spielen auf dem geschützten Vierseithof laden Sie ein. Wanderreitstation, Hausprospekt anfragen!

226563_1   F****

Anzahl	Art	qm	Personen	Preis
1	FeWo	130	1-8	ab 80,00 €
1	FH	130	1-8	ab 90,00 €

Brandenburg

Ruppiner Land 35
Uckermark 36

35

Liebenwalde
🚶 20 km 🚆 6 km

Haben Sie Lust auf einen Besuch im Knast? Im Heimatmuseum finden Sie vergitterte Fenster, Spione und Futterluken in den Türen, original Wandmalereien von Häftlingen und interessante Ausstellungen zur Stadt-, Kirchen-, Schul- und Vereinsgeschichte und zur Geschichte der umliegenden Dörfer. Bei uns erfahren Sie, was eine Sackklopfmaschine ist oder wie Liebenwalde zu seinem Rauchklub kam. Das Heimatmuseum liegt direkt am Radfernweg Berlin - Kopenhagen.

Infos unter: Liebenwalder Tourismusverein e.V.
Tel. 033054 - 80550 oder www.liebenwalde.de

Ponyhof Neuholland****
Steinbach, Monika
Nassenheider Chaussee 27
16559 Liebenwalde,
OT Neuholland
Tel. 033054 - 61029
Fax 033054 - 61029
service@ponyhof-neuholland.de
www.ponyhof-neuholland.de

Einzelhof umgeben von Wiesen u. Wasserläufen im Gebiet der „Schnellen Havel". Über 50 Ponys, 2 Esel und Pensionspferde. FeWo 2-12 Personen, FH 2-6 Personen. Grill- und Lagerfeuerplatz, Hofteich, Liegewiese im Obstgarten. Reitunterricht, Reiterferien, Wanderreiten, Pferdepension, Gastpferde, Sommerweiden.

Anzahl	Art	qm	Personen	Preis
3	FeWo	40-120	2-12	auf Anfrage
1	FH	100	2-6	auf Anfrage

229057_1   F****

36

Drense
🚶 8 km 🚆 8 km

Willkommen im uckermärkischen Geschichtsdorf Drense, unmittelbar östlich der Kreisstadt Prenzlau. Noch heute ist der ukrainische Burgwall zu erkennen, der aus dem 8. Jahrhundert stammt. In den 80er-Jahren wurden bei Ausgrabungen Handelswaren aus Polen, Mähren und der Kiewer Rus gefunden. Neben Jagdwanderungen, Baden am nahen Badestrand oder Kegeln gibt es noch vieles mehr zu erleben.

Infos unter: Amt Gramzow - Gemeinde Drense
Tel. 039861 - 60010 oder www.amt-gramzow.de

Bauernhofpension Gierke***
Gierke, Lutz
Dorfstr. 16
17291 Drense
Tel. 039857 - 5100
Fax 039857 - 5101
info@naturbauernhof.de
www.naturbauernhof.de

Leben wie in einer Großfamilie! Wir sind ein uriger traditioneller Bauernhof. Bei uns kann man entweder die Seele baumeln lassen o. aktiv sein. Jeder Gast wird bei uns wie ein langjähriger Freund behandelt. Ob Pferd, Schwein, Kuh, Ente, Huhn, Katze oder Hund, alle freuen sich auf Ihren Besuch! Reiten mit Führung, Ausritte oder Kutsch- und Traktorfahrten.

Anzahl	Art	qm	Personen	Preis
3	FeWo	45-70	1-4	ab 54,00 €
4	Zi.		3	p.P. 25,00 €

233186_1   F****P***

Brandenburg

36 Uckermark
37 Havelland

Oberuckersee
⊼ 15 km 🚊 7 km

Sommerspaß an den Uckerseen. Entdecken Sie den 8 km langen, 1,7 km breiten und bis zu 25 Meter tiefen Oberuckersee, an dem unsere Gemeinde Warnitz liegt. Hier können Sie nach Herzenslust segeln, surfen, baden und tauchen. In Potzlow finden Konzerte im Rahmen des brandenburgischen und uckermärkischen Musiksommers statt. Wer die Ferienregion Uckerseen vom Rücken der Pferde erleben will, ist beim Reiterhof Ruhnau gern gesehener Gast.

Infos unter: Tourismusverein Uckerseen e.V.
Tel. 039863 - 78122 oder www.ferienregionuckerseen.de

****Pferdehof Ruhnau FN
Ruhnau, Ralf
17291 Oberuckersee,
OT Potzlow-Abbau
Tel. 039863 - 6010
Mobil 0172 - 1666226
Fax 039863 - 60199

info@pferdehof-ruhnau.de
www.pferdehof-ruhnau.de

Alleinlage auf Anhöhe mit Rundumblick auf die Uckerseen, umfangreiches Reitwegenetz, Wanderreitstation, Reitschule, Großpferde, Ponys, 6 FeWo mit TV, Tel., Internet, SE, KB, Kaminsalon, Kinderferien, Tagungen bis 35 Personen, Billard, Tischtennis, Sauna, Schwimmbad, Reitunterricht, Kutschfahrten, Pensionspferdeboxen, Reithalle, Hausprospekt

Anzahl	Art	qm	Personen	Preis
6	FeWo	50	1-4	ab 55,00 €

233625_1   F****

Nennhausen/Gräningen
⊼ 30 km 🚊 4 km

Östlich grenzt das Havelländische Luch an die Gemeinde, in dem sich ein ausgedehntes Schutzgebiet für die stark gefährdeten Großtrappen befindet. Der Ortsteil Buckow beherbergt die staatliche Vogelschutzwarte des Landes Brandenburg. Nennhausen liegt in unmittelbarer Nähe der Stadt Rathenow. Hier sind besonders das 1717 erbaute Schloss und der dazugehörige Park sehenswert. Es diente den romantischen Schriftstellern Caroline und Friedrich de la Motte Fouqué als Wohnsitz.

Infos unter: Amt Nennhausen
Tel. 033878 - 6490 oder www.amt-nennhausen.de

***Käthe, Willi
Rathenower Str. 7
14715 Nennhausen,
OT Gräningen
Tel. 033878 - 60269

kontakt@bauernhof-kaethe.de
www.bauernhof-kaethe.de

Kneipp-Gesundheitshof mit Sauna, Wassertretbecken, Kräuterbeet im Ort, Hausprospekt, Ferienwohnungen mit KB und WM nach Absprache, TV, Fitnessraum, TT, Spielplatz, Grillplatz, Hausschlachtung, ökologischer Landbau/Grünland/Forstwirtsbetrieb, Pony, Rindvieh, Schweine, Schafe, Hühner, Pensionspferde, Mitarbeit möglich, kinderfreundlich, Wildbeobachtung, Jagdmöglichkeit, Modellflugplatz 1,5 km.

Anzahl	Art	qm	Personen	Preis
3	FeWo	65	1-3	ab 36,00 €

213616_1   F****

Brandenburg

Havelland 37
Barnimer Land 39

Gestüt Neuwaldeck GmbH & Co KG***

Schoch-Dengs, Stefanie
14685 Nennhausen,
OT Gräningen
Tel. 033878 - 6580
Fax 033878 - 65848
reiten@neuwaldeck.de
www.neuwaldeck.de

Hausprospekt, Zimmer mit D/WC, Gruppenangebote, KB, WM, TV, Grillplatz, selbst gebackenes Brot, Schonkost, Kinderbetr., Engl., Franz., Holländ., Ackerbau, Grünland und Forstwirtschaft, Pferde, Ponys, Meerschw., Katzen, Reiten, Reitlehrgänge, behindertenfreundlich, Seminare möglich, Weihnachtspauschalangebote.

Anzahl	Art	qm	Personen	Preis
16	Zi.			ab 29,14 €

218449_1 P***

Falkenberg

🚏 30 km 🚉 10 km

Falkenberg liegt in einem der schönsten Wandergebiete des Landes Brandenburg. Badesee, Zisternen-Kloster Chorin, Schiffshebewerk Niederfinow, Biosphärenreservat Schorfheide, Reiten, Rad- und Wanderwege, Falkenberg (Mark) - Geheimtipp für Naturfreunde, Dorfkirche in Heckelberg, Angeln, Restaurant 10 km.

Infos unter: Amt Falkenberg-Höhe
Tel. 033458 - 64610 oder www.amt-fahoe.de

Landgut Kruge

Zimmer, Gabriele
Tramper Damm 7
16259 Falkenberg
Tel. 033451 - 60437
Fax 033451 - 60439
langut-kruge@t-online.de
www.landgut-kruge.de

In einem historischen Gebäude des Landgutes aus dem 17. Jahrhundert stehen Ihnen FeWo und App. mit D/WC, Sat-TV und teilweise 2 Schlafräumen zur Verfügung. Ackerbaubetrieb mit einem großen Feldgarten mit Gemüse, Salaten u. Erdbeeren. Viele Wander-, Radwege und Badeseen, um den Urlaub zu genießen.

Anzahl	Art	qm	Personen	Preis
5	FeWo	42-74	2-5	ab 35,00 €

344966_1

DLG-Wein-Guide

Entdecken Sie Weingüter und ihre Weine und begeben Sie sich auf eine Weinreise durch Deutschland. Mit den aktuellen Testergebnissen der DLG-Wein-Prämierung und den Adressen der prämierten Winzer!

9,90 €

Nutzen Sie die Bestellkarte auf der letzten Seite!

Brandenburg
41 Fläming

Belzig/Neschholz
🚶 14 km 🚉 5 km

Das Straßendorf Neschholz ist ein Ortsteil der Kreisstadt Belzig im Brandenburger Landkreis Potsdam-Mittelmark. Seine Fläche beträgt sieben Quadratkilometer, auf der rund 150 Menschen leben. Neschholz ist der ideale Ausgangspunkt für Ausflüge in den Spreewald, nach Potsdam oder nach Berlin! Aber auch vor Ort lassen die Altstadt von Belzig oder die Burgen Eisenhard und Rabenstein keine Langeweile aufkommen.

Infos unter: Tourist-Information Belzig
Tel. 033841 - 3879910 oder www.belzig.com

Ferienwohnungen Ilka Hübner****
Hübner, Ilka
Neschholz Nr. 37
14806 Belzig, OT Neschholz
Tel. 033841 - 8274
Fax 033841 - 38103

ferienwohnung-huebner@t-online.de
www.ferienwohnungen-hübner.de

Kinderfreundlicher Hof am Ortsrand, sep. Eingang, Aufbettung mögl., Kinderausstattung (Hochstuhl, Reisebett). Ausflugsz. Spreewald, Wörlitzer Park, Wittenberg. 5 Automin. bis Belzig m. Freibad u. Therme, stündl. Zugverb. n. Berlin u. Potsdam, 35 Automin. bis Berlin. Gr. Garten, Terr., Spiel-Liegewiese, Sandkasten, Kinderschaukel, Grillpl., Hühner, Kanin., Katzen, Fahrräder, Einkaufsservice vor Anreise.

241356_1   F***/****

Anzahl	Art	qm	Personen	Preis
2	FeWo	44-60	2-5	ab 30,00 €

Brück
🚶 10 km 🚉 1 km

Ein wenig abseits von stark befahrenen Straßen liegt Brück, umgeben von Wäldern, Feldern und am Rande der Belziger Landschaftswiesen. Brück ist ein gut erhaltenes Gassendorf mit geschlossenem Ortskern, ein für die Mark Brandenburg typisches Straßendorf. Bereits 1313 urkundlich erwähnt, ist der Ort seither von Land- und Forstwirtschaft geprägt. Diese landschaftlich reizvolle Lage und idyllische Ruhe lockt jedes Jahr zahlreiche Urlauber und Wochenendbesucher an.

Infos unter: Fremdenverkehrsverein Brück e.V.
Tel. 033844 - 620 oder www.fvv-brueck.de

**Peters, Rita
Im Winkel 22
14822 Brück, OT Baitz
Tel. 033841 - 33874
Fax 033841 - 45609

reitstall-peters@t-online.de
www.reitstall-peters.de

Genießen Sie Ihren Urlaub auf unserem Reiterhof im Ort mit Ferienwohnungen und 1 Doppelzimmer mit D/WC und TV, Grillplatz, Ackerbau, Grünland- und Forstwirtschaft, Pferde, Ponys, Schweine, Federvieh, Pferdezucht, Reitunterricht, Pensionspferdeboxen, Hausschlachtung, Mitarbeit möglich, Hausprospekt.

232288_1   F**p***

Anzahl	Art	qm	Personen	Preis
3	FeWo	40-50	2-4	ab 40,00 €
1	Zi.		2	ab 40,00 €

Brandenburg

Spreewald 44
Niederlausitz 46

Märkische Heide
⌂ 26 km 🚉 20 km

Die Gemeinde Märkische Heide mit ihren 17 Ortsteilen liegt am Rande des Unterspreewaldes. Heidelandschaft, wunderschöne Wälder, verträumte Waldseen sind ein Muss für jeden Erholungssuchenden. Ob ein Urlaub auf dem Bauernhof oder direkt beim Fischer, es gibt zahlreiche Übernachtungsmöglichkeiten für Kurz- oder Langzeiturlauber.

Infos unter: Tourismusinformation Märkische Heide
Tel. 035471 - 85113 oder www.maerkische-heide.de

****Kruspe, Jens u. Heike
Pretschener Anger 7
15913 Märkische Heide,
OT Pretschen
Tel. 035476 - 3166
Fax 035476 - 210

Jens.Kruspe@gmx.de
www.ferienwohnung-kruspe.de

Ehemaliger Hof direkt an der Pretschener Spree, Ferienwohnungen mit moderner Küche, Preise und Frühstück auf Anfrage, Waschmaschine, TV, Grillplatz, Tischtennis, Pool, Darts, Paddelboote, verschiedene Haustiere, Angelmöglichkeiten, Fahrradverleih, Kinderspielplatz, Hausprospekt.

Anzahl	Art	qm	Personen	Preis
2	FeWo		2-6	auf Anfrage

238034_1 F****

Kerkwitz
⌂ 30 km 🚉 1 km

Im Süden Brandenburgs, unweit von Guben, inmitten einer wald- und seenreichen Lausitzer Landschaft liegt das schmucke Dörfchen Kerkwitz. Bei uns gibt es ein Frei-/Hallenbad, einen Badestrand, es besteht die Möglichkeit zu reiten oder Tennis zu spielen. Die nächsten Sehenswürdigkeiten sind das Hutmuseum oder die Sprucker Mühle. Zum Grenzübergang nach Polen sind es nur 5 km.

Infos unter: Gemeindeverwaltung
Tel. 03561 - 55620 oder www.kerkwitz.de

Gästehaus Wehland***
Wehland, Gisela
Hauptstr. 73
03172 Kerkwitz
Tel. 035692 - 204
Fax 035692 - 66100

Erleben Sie Ihre Ferien auf unserem ehemaligen Hof. Wir bieten Ihnen Doppelzimmer mit Dusche/Bad/WC, 1 Küche, Aufbettung möglich. Tagungsraum, TV, Grillplatz, Tischtennis.
Bitte fordern Sie unseren Hausprospekt an!
Wir freuen uns auf Sie!

Anzahl	Art	qm	Personen	Preis
4	Zi.		1-2	ab 20,00 €

226600_1 P***

Nordrhein-Westfalen

Erleben – Entdecken

Von der Zeche bis zum Naturpark. Nordrhein-Westfalen fasziniert Sie durch seine vielen Gesichter.

Nordrhein-Westfalen

Ruhr 2010 –
Kulturhauptstadt Europas

© RUHR20

Ruhrgebiet

Die „Kulturhauptstadt Europas RUHR.2010" vereint die 53 Städte und Gemeinden des Ruhrgebiets mit ihren 5,3 Millionen Einwohnern zu einer Metropole ganz neuen Typs. Das Ruhrgebiet mit seinen 170 verschiedenen Nationen ist ein Europa im Kleinen. Es wurde durch Einwanderung aus allen europäischen Ländern geprägt und zu einem Herzstück der deutschen Industriewirtschaft. Kohle und Stahl prägten die Identität, den Mythos Ruhrgebiet. Der Niedergang der Montanindustrie bedeutete enorme Veränderung. Die Herausforderungen des Strukturwandels nehmen die Menschen mutig mit Tatkraft an und definieren ihre Identität heute neu: als Dienstleistungs- und Tourismusmetropole. Die Angebote sind äußerst vielfältig

Blick ins Land

und sprechen die unterschiedlichsten Urlaubstypen an: Familien und Kegelvereine, Kulturinteressierte und Shoppingfreunde, Musical- und Fußballfans, Radfahrer und Schwindelfreie.

© Bernhard Küpper - Fotolia.com

Eifel

Von der Mosel bis zum Naturpark „Hohes Venn" erstreckt sich der Höhenzug der Eifel. Der nordrhein-westfälische Teil der Region hat sich in den letzten Jahren zu einem äußerst attraktiven Reiseziel entwickelt. Mit dazu beigetragen hat der „Nationalpark Eifel", der Einzige seiner Art in Nordrhein-Westfalen. Eine weitere Attraktion ist Deutschlands größter Stausee, der Rursee. Die historischen Fachwerkstädte Bad Münstereifel, Monschau und Blankenheim laden Sie zu einem Besuch ein.
Zu Fuß können Sie die Sehenswürdigkeiten der Eifel auf dem Eifelsteig entdecken. Vom flachen Norden bei Aachen durch das einsame Rurtal, den „Nationalpark Eifel" und über die Kalk- und die Vulkaneifel bis hin zur Südeifel führt er durch die unterschiedlichsten Landstriche. Der Aachener Dom und die Domschatzkammer, die einen der bedeutendsten Kirchenschätze Europas beherbergt, dürfen auf der Liste Ihrer Sehenswürdigkeiten natürlich nicht fehlen.

Nordrhein-Westfalen

Auf dem Holzweg!

Europäische Holzroute

Lassen Sie sich in der Eifel auf den Holzweg führen. Denn hier startet die europäische Holzroute in Nordrhein-Westfalen. Die Themenstraße verbindet herausragende Holzbauobjekte, wie die historischen Fachwerkhäuser Bad Münstereifels, Einrichtungen und Betriebe des Holzsektors sowie besondere Waldgebiete. Informationen, Schulungen und Beratung rund ums Holz erhalten Sie beim Holzkompetenzzentrum Rheinland in Nettersheim oder im Walderlebniszentrum in Gemünd.

Im Waldpädagogischen Zentrum Eifel, dem Rheinischen Freilichtmuseum Kommern, lernen Sie Wald und Bäume aus völlig unterschiedlichen Perspektiven kennen. Im Mittelpunkt stehen dabei historische Waldbewirtschaftungsformen. Entdecken Sie,

Natur

EUROPÄISCHE
HOLZROUTE

*Infos
erhalten Sie unter
Tel. 0 24 86 / 80 10 24
oder
www.holzroute.de*

wie die Waldarbeit vor 100 Jahren ausgesehen hat. Nehmen Sie an Führungen über den Walderlebnispfad teil oder besuchen Sie einen der zahlreichen Workshops zu den Themen Umweltbildung, Ökologie, Wald, Heilpflanzen und Brauchtumsforschung.

Nordrhein-Westfalen

Käseroute

Wenn Sie wissen wollen, was der Käsebruch ist, oder warum ein Käse ein Salzbad nehmen muss, sollten Sie der KäseRoute in Nordrhein-Westfalen folgen. Der Weg führt an 26 Hofkäsereien vorbei, die Ihnen genussvolle Einblicke in die handwerkliche Herstellung von qualitativ hochwertigen Käseprodukten geben.
Sich auf die KäseRoute begeben, heißt auch, eine Vielzahl attraktiver landschaftlicher Regionen kennen zu lernen. In vielen Betrieben erwarten Sie nicht nur regionale Käsespezialitäten, sondern auch eine abwechslungsreiche Gastronomie, Streichelzoos oder auch Schaukäsereien.
Dort erleben Sie mit Ihrer Familie in spannenden Führungen, wie in schonender Handarbeit aus Milch traditionsbewusst nach alter Sitte Käse hergestellt wird.

Genuss

Infos
erhalten Sie unter
Tel. 0 21 74 / 6 12 68
oder
www.kaeseroute-nrw.de

Sie erfahren dabei auch Wissenswertes über die artgerechte Haltung von Kühen, Ziegen und Schafen, über die Versorgung der Tiere und wie Käse abgeschöpft und gepresst wird. Am Ende wissen Sie dann auch, dass der Käse durch das Salzbad seine schöne Rinde bekommt.

Nordrhein-Westfalen

Aktiv relaxen

Sauerlandtherme

Eine Auszeit vom Alltag verspricht die Sauerlandtherme AquaOlsberg. Sie ist das einzige Solebad im Sauerland, das so konsequent die Themen Kneipp, Wellness und Gesundheit miteinander kombiniert. Doch auch Spaß und Bewegung kommen nicht zu kurz.

Abwechslungsreiche Entspannung versprechen der Sole- und Kneippbereich sowie die Waldsauna. Über den Wintergarten gelangen Sie ins Freibad, das reichlich Platz für ausgiebigen Wasserspaß bietet. Auf weitläufigen Grünflächen mit Beachvolley-

Wellness

Infos erhalten Sie unter Tel. 0 29 62 / 98 20 oder www.aquaolsberg.de

ballfeld und einem Matschplatz für Kinder bietet die Anlage viel Raum zum Toben und Sporttreiben.

Vollkommene Entspannung finden Sie sicher bei einem der zahlreichen Massageangebote. Von der Ganzkörpermassage über die ayurvedische Ölmassage bis zur Fußmassage können Sie sich Ihr ganz individuelles Wohlfühlpaket schnüren.

Nordrhein-Westfalen

Bergbau-Museum

Schicken Sie Ihre Kinder auf eine spannende Entdeckungsreise in die Welt unter Tage und statten Sie dem Deutschen Bergbau-Museum in Bochum einen Besuch ab. In dem Anschauungsbergwerk erhalten Sie auf der rund 2,5 km langen Strecke interessante Einblicke in die Arbeit des Eisenerz- und Steinkohlebergbaus. Bis 1966 verrichtete das Grubenpferd Tobias hier seinen Dienst und so findet sich hier neben vielen Maschinen und Anlagen auch ein Modell dieses Pferdes wieder.

Nach dem Besuch der Stollen und Flöze unter der Erde erwartet Sie oberirdisch die umfangreiche Ausstellung des Museums. Ein besonderes Highlight ist die Fahrt auf die 63 m hohe Aussichtsplattform am Förderturm der ehemaligen Zeche Germania, von wo Sie einen Blick über Bochum und das Ruhrgebiet werfen können.

Hits für Kids

Infos
erhalten Sie unter
Tel. 02 34 / 5 87 70
oder
www.bergbaumuseum.de

Nordrhein-Westfalen

Ab ins grüne Klassenzimmer

Schloss Dyck

Lernen ohne Stress verspricht das grüne Klassenzimmer Schloss Dyck mit seinen Park- und Gartenanlagen. In der Schlossanlage beschäftigen sich Ihre Kinder mit der großen regionalen und europäischen Geschichte. In den umliegenden Gewässern mit Fischreichtum erfährt Ihr Nachwuchs viel Wissenswertes über das komplexe Zusammenspiel in einem Ökosystem. Bei einer Führung oder einem Kurs im artenreichen Park und Wald entdecken Kinder nicht nur die einheimische Tier- und Pflanzenwelt, sondern werden auch dazu aufgefordert, die Welt mit allen Sinnen wahrzunehmen. Die vom Park angebotenen Kurse arbeiten nach

Hits für Kids

Infos erhalten Sie unter Tel. 0 21 82 / 82 40 oder www.stiftung-schloss-dyck.de

dem gartenpädagogischen Konzept „Wild – Formal – Art", in dem selbst gemachte Erfahrungen in Produkten verarbeitet und dann interpretiert werden.
Eine Attraktion von Schloss Dyck sind die Neuen Gärten, ein 25 Hektar großes Meer aus China-Schilf, in dessen Innern es über 20 verschiedene Gärten zu erforschen gilt. Hier lernen Ihre Kinder zum Beispiel, wie man aus dem Schilf Material für den Hüttenbau gewinnt.

Nordrhein-Westfalen

Mit der Straßenbahn on tour

Infos erhalten Sie unter Tel. 02 01 / 82 60 oder www.kulturlinie107.de

KulturLinie 107

2010 wird das Ruhrgebiet Kulturhauptstadt Europas sein. Vom Weltkulturerbe Zollverein in Essen können Sie sich dann mit der Straßenbahn KulturLinie 107 auf Entdeckungsreise begeben. Auf einer Strecke von 17 Kilometern liegen Vergangenheit und Zukunft, Industriebrachen und einhundert Jahre alte Wälder dicht beieinander. Der Weg führt von den Villenvierteln im grünen Essener Süden unterirdisch weiter durch Kneipenviertel, vorbei an Dienstleistungszentren und Bürotürmen. Oberirdisch geht die Fahrt in den vom Kohleabbau und Arbeitersiedlungen geprägten Essener Norden bis nach Gelsenkirchen. Entlang der Strecke liegen auch knapp 60 kulturelle Sehenswürdigkeiten und Einrichtungen. Dazu zählen zwei Opernhäuser, ein Dom, eine Philharmonie, zwei große Museen und das Weltkulturerbe „Zeche Zollverein".

Kultur

KulturLinie 107

Die KulturLinie 107 fährt im normalen Linienbetrieb der Essener Verkehrs-AG (EVAG) und Sie können an jeder Haltestelle ein- oder aussteigen. Tickets erhalten Sie wie üblich am Automaten, im KundenCenter oder in den Verkaufsstellen. Den Fahrplan der Linie 107 finden Sie als PDF-Datei auf den Internetseiten der EVAG.

Nordrhein-Westfalen

Traumhafte Klänge

© de.photo - Fotolia.com

Klavier-Festival Ruhr

Das Klavier-Festival hat sich in seiner rund 20-jährigen Geschichte zum weltweit größten Klavierereignis entwickelt. Die Veranstalter haben es sich zur Aufgabe gemacht, den gesamten Kosmos der Klaviermusik in seinem vollen Reichtum und für möglichst viele Menschen erlebbar werden zu lassen.

Dank des umfassenden und sehr abwechslungsreichen Festivalprogramms erleben Sie nicht nur die großen Pianisten unserer Zeit, sondern auch zahlreiche junge Talente. So werden alljährlich rund zwanzig junge Pianisten zu ihren Debüts eingeladen, darunter Preisträger wichtiger internationaler Wettbewerbe.

Kultur

Um zeitgenössische Musik geht es in der seit 1996 bestehenden Reihe JazzLine. In ihr spiegeln sich die Strömungen neuer improvisierter Musik aus Europa ebenso wie traditionelle und avantgardistische Entwicklungen des amerikanischen Jazz wider.

Das Festival möchte auch ein junges Publikum begeistern. Zahlreiche Aufführungen richten sich deshalb an junge Konzertbesucher. Durch den Besuch eigens konzipierter Familienkonzerte können Sie Ihren Nachwuchs früh für die abwechslungsreiche Welt der klassischen Klaviermusik begeistern.

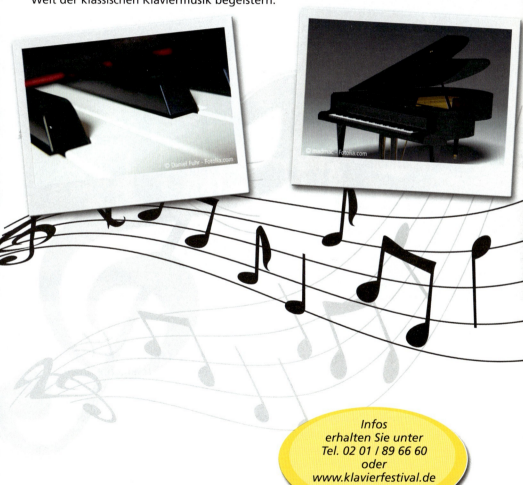

*Infos
erhalten Sie unter
Tel. 02 01 / 89 66 60
oder
www.klavierfestival.de*

Nordrhein-Westfalen

Kletterwald Niederrhein

Hoch hinauf geht es für Ihre ganze Familie im Kletterwald Niederrhein. Auf einer Fläche von 27.500 m² finden Sie über 100 verschiedene Kletterelemente. In einer Höhe von 1 Meter bis 16 Meter sind an den Bäumen Plattformen angebracht. Zwischen den Bäumen werden Stahlseile, Netze und andere Elemente installiert. So entstehen Hindernisparcours mit unterschiedlichen Schwierigkeitsgraden. Auf sieben verschiedenen Parcours trainieren Sie Ihr Gleichgewicht und akrobatisches Können. Für die kleinsten Besucher eignet sich der Spaß-Parcours in einer Höhe von einem bis zwei Metern. Drei Fitness-Parcours bieten Ihnen die Gelegenheit, Ihre Geschicklichkeit und Ausdauer zu testen. Auf zwei Abenteuer- und einem Risiko-

Aktiv

Infos erhalten Sie unter Tel. 0 21 62 / 1 06 66 45 oder www.kletterwald.net

Parcours klettern Sie schließlich in Höhen bis zu 16 Metern. Nach kurzer Einweisung können Sie den Parcours durchlaufen, ohne den Waldboden zu berühren. Professionelle Kletterausrüstung wird gestellt und ist für jeden Besucher Pflicht. Da der Kletterpark nicht eingezäunt wird, bleibt er für Mensch und Tier in seiner natürlichen Form erlebbar.

Nordrhein-Westfalen

Sportlich – spritzig

© Rainer Nieger/WasserFes

Wildwasserpark

Wasser-Spaß mit dem besonderen Kick finden Sie in den Wildwasserparks in Lippstadt und Hohenlimburg. Hier erlernen Sie ohne Angst und Stress den Umgang mit dem Kajak. Um die Spielregeln des Wildwasserfahrens zu beherrschen, profitieren Sie von der kompetenten Anleitung erfahrener Kanulehrer sowie einer individuellen Betreuung.

Auf den künstlich angelegten, komprimierten und ungefährlichen Strecken lassen sich Grundtechniken wie Kehrwasserfahren, Traversieren, das Ein- und Ausschlingen sowie verschiedene Fahrtaktiken hervorragend trainieren. Zahlreiche Spielstellen runden den Kajakspaß ab.

Aktiv

Infos
erhalten Sie unter
Tel. 02 51 / 3 79 55 63
oder
www.wasserfest.net

Trainiert wird auf der Lenne, die in einem bewaldeten, tief eingeschnittenen Tal mit windungsreichem Lauf das bergige Sauerland durchfließt. Die Touren führen Sie ins Gebiet um Altena und Hohenlimburg. Je nach gewähltem Abschnitt wird die Abschlussbefahrung der Slalomstrecke in Hohenlimburg für Sie der Höhepunkt sein.

Mehr als Ruhrgebiet und Zechen – Abseits der Zentren ist NRW natürlich, ursprünglich, ländlich. So ergibt sich eine ideale Mischung zwischen Metropolen und Landschaften und zwischen Ruhe und Action. Nordrhein-Westfalen ist künstlerisch, sportlich, modern, urwüchsig und trägt das Herz auf der Zunge. Erleben Sie das Abenteuer NRW und kombinieren Sie einen Urlaub auf dem Land mit dem Besuch in der Stadt!

Diese und noch mehr Reisetipps gibt's unter: www.nrw-tourismus.de

Fakten zu Nordrhein-Westfalen

Hauptstadt:	Düsseldorf
Einwohner:	18,07 Mio.
Fläche:	34.081,00 km^2
Einwohner/km^2:	528
Webseite:	www.nordrhein-westfalen.de

(47) Niederrhein 328
(48) Münsterland 332
(49) Teutoburger Wald 349
(50) Düsseldorf u. Kreis Mettmann -
(51) Ruhrgebiet -
(52) Sauerland 358
(53) Eifel u. Region Aachen 387
(54) Köln u. Rhein-Sieg-Kreis 389
(55) Bergisches Land 389
(56) Bonn u. Rhein-Sieg -
(57) Siegerland-Wittgenstein 390

Zahlen und Fakten

Käseroute
z. B.: Straetmannshof
Kerken-Stenden
Genuss, Seite 310

KulturLinie 107
Essen
Kultur, Seite 318

Bergbau-Museum
Bochum
Hits für Kids, Seite 314

Wildwasserpark
z. B.: Lippstadt
Aktiv, Seite 324

Kletterwald Niederrhein
Viersen
Aktiv, Seite 322

Sauerlandtherme
Olsberg
Wellness, Seite 312

Schloss Dyck
Dyck
Hits für Kids, Seite 316

Europäische Holzroute
Freilichtmuseum Kommern
Natur, Seite 308

Klavier-Festival Ruhr
z. B.: Düsseldorf
Kultur, Seite 320

Orte auf der Karte: Espelkamp, Lienen, Bielefeld, Extertal, Detmold, Coesfeld, Münster, Höxter, Kleve, Wadersloh, Bad Driburg, Wesel, Xanten, Essen, Dortmund, Warburg, Brilon, Meschede, Sundern, Düsseldorf, Eslohe, Schmallenberg, Mönchengladbach, Lennestadt, Bad Berleburg, Köln, Gummersbach, Olpe, Siegen, Bonn, Aachen, Monschau

Flüsse: Weser, Ems, Lippe, Ruhr, Rur, Rhein

Nummern: 47, 48, 49, 50, 51, 52, 53, 54, 55, 56, 57

327

Nordrhein-Westfalen
47 Niederrhein

Hamminkeln

Natur & Kultur pur - die junge Stadt mit Zukunft liegt am rechten unteren Niederrhein, südlich von Bocholt (ca. 13 km). Dort wiederum befindet sie sich im westlichen Teil des Naturparks Hohe Mark. Die herb-schöne, typisch niederrheinische Landschaft mit vielen Wiesen und Feldern und einigen Waldgebieten erschließt sich am besten zu Fuß. Für Bequemere: Planwagen- und Kutschfahrten. Kulturveranstaltungen, Martinsmarkt.

Infos unter: Stadt Hamminkeln
Tel. 02852 - 880 oder www.hamminkeln.de

160764_1

Reit- u. Fahrschule Gervershof
Altmann, Manfred
Gerwersweg 1
46499 Hamminkeln, OT Loikum
Tel. 02852 - 4474
Fax 02852 - 4847
www.gervershof.net
www.vfdwesel.de

Reitsport/Fahrsport: alle Lehrgänge und Abzeichen.
Tauchsport: vom Einsteiger bis zum Tauchlehrer.
Alle Unterrichtsformen im Einzel- und Gruppenunterricht.
Preise auf Anfrage.

Anzahl	Art	qm	Personen	Preis
1	FeWo	46	2-3	auf Anfrage
1	Zi.		1-4	auf Anfrage

233253_1   F***P****

Pension Paus****
Herrmann, Beatrice
Kirchweg 22
46499 Hamminkeln,
OT Marienthal
Tel. 02856 - 708
Fax 02856 - 980556
info@pension-paus.de
www.pension-paus.de

Terrasse, Grillplatz, Schlafen im Heu, Schafe, Ziegen, Geflügel, Pony, Niederrhein- und Münsterlandroute in unmittelbarer Nähe. Wir freuen uns auf Ihren Besuch und senden Ihnen gerne unseren Hausprospekt zu!

Anzahl	Art	qm	Personen	Preis
1	FeWo		2-4	ab 50,00 €
3	Zi.		1-2	ab 26,00 €

DLG-Käse-Guide

Der 1. DLG-Käse-Guide gibt dem Verbraucher Informationen an die Hand, die ihm bei der Auswahl seines Lieblingskäses helfen. Rund 1.000 Käse warten auf Ihren Genuß.

9,90 €

Nutzen Sie die Bestellkarte auf der letzten Seite!

Nordrhein-Westfalen
Niederrhein 47

Nettetal

Nettetal ist das Herzstück des internationalen Naturparks Maas-Schwalm-Nette. Mit ihren 12 Naturseen, den 70 km Radwegen, 145 km Wanderwegen und 4 Naturerlebnisgebieten ist die Seenstadt am Niederrhein geologisch interessant und einmalig. Angeln, Wassersport, Radfahren, Tennis, Golf, Ballonfahrten, Boccia, Schwimmbad, Reiten, Kutschfahrten, Minigolf. Nettetal ist mit den Stadtteilen Hinsbeck und Leuth staatlich anerkannter Erholungsort.

Infos unter: Netteagentur
Tel. 02153 - 95880 oder www.nettetal.de

Enkenshof****
Kaffill, Mechtild
Busch 12
41334 Nettetal, OT Leuth
Tel. 02157 - 6143
Fax 02157 - 874977

mechthild.kaffill@enkenshof.de
www.enkenshof.de

4 ruhige geräumige Ferienwohnungen, 80 qm, mit je 2 bis 3 Schlafzimmern, 2 Ferienwohnungen im Erdgeschoss für Rollstuhlfahrer. Eigener Garten. 1 App. im Dachgeschoss bis 2 Pers., Fahrräder und Kinderspielgeräte vorhanden. Unser Bauernhof wird noch richtig bewirtschaftet. Wir freuen uns auf Sie!

Anzahl	Art	qm	Personen	Preis
5	FeWo	30-80	1-5	ab 25,00 €

255247_1   F***/****/*****

Sonsbeck
Sonsbeck 8 km

„Grüne Perle" am Niederrhein, 2 große Waldgebiete für ausgedehnte Wanderungen, Ausflugsziel alte Römerstadt Xanten und Marienwallfahrtsort Kevelaer. Im Norden erhebt sich der niederrheinische Höhenzug, die „Sonsbecker Schweiz". Freizeitanlage „Pauenhof" mit dem größten Traktorenmuseum Deutschlands, Oldtimer-, Traktoren- und Geschicklichkeitsfahren, Kegelbahnen, Grillplatz.

Infos unter: Tourismus Sonsbeck
Tel. 02838 - 36130 oder www.sonsbeck.de

****Familie Gerd Hawix
Bögelscher Weg 9
47665 Sonsbeck
Tel. 02838 - 1803
Fax 02838 - 778198

info@urlaub-auf-dem-bauernhof-hawix.de
www.urlaub-auf-dem-bauernhof-hawix.de

Sie verbringen Ihren Urlaub auf unserem landw. Betrieb inmitten der „Sonsbecker Schweiz" mit Weitblick über d. schönen Niederrhein. Die FeWo sind komf. einger. u. mit Sat-TV ausgest. Die 70 qm Wohn. ist mit einer Spül- u. Waschmaschine ausgestattet. Eine Grillhütte u. Liegewiese laden zum Verweilen ein. Kinderfahrzeuge u. Spielgeräte sowie viele Tiere warten auf unsere kleinen Gäste.

Anzahl	Art	qm	Personen	Preis
3	FeWo	45-70	2-6	ab 36,00 €

299308_1   F****

Nordrhein-Westfalen
47 Niederrhein

218757_1 F****

Hallmannshof****
Rita Lemken
Balberger Str. 78
47665 Sonsbeck
Tel. 02838 - 1534
Fax 02838 - 96434
info@hallmannshof.de
www.hallmannshof.de

Unser Hof ist ein landwirtschaftlicher Familienbetrieb mit Kühen, Kälbern u. Schweinen. 150 m vom Hof entfernt haben wir in einem ehemaligen Landarbeiterhaus zwei gemütl. FeWo für jeweils 2 bis 5 u. 2 bis 7 Pers., Kinderausstattung, inkl. Bettwäsche, Küche, Sat-TV, Grillplatz, Brötchenservice, Garage für Auto u. Fahrräder. Ruhige Lage am schönen Niederrhein, schöne Fahrradtouren.

Anzahl	Art	qm	Personen	Preis
2	FeWo	80	2-6	ab 38,00 €

219676_1 F***p***

Bossenhof**
Moertter, Dorothee
Balberger Str. 153
47665 Sonsbeck
Tel. 02838 - 3834
Fax 02838 - 96638
info@bossenhof.de
www.bossenhof.de

Einzelhof am Waldrand mit Ackerbau, Forstwirtschaft, Schweinen und Kleintieren.
Einzelübernachtungen und Kurzurlaub möglich, für Gruppen geeignet, Frühstück wird angeboten, Grillmöglichkeit vorhanden.

Anzahl	Art	qm	Personen	Preis
2	FeWo	45-65	2-4	ab 35,00 €
1	Zi.		1-2	ab 22,00 €

Uedem
🏕 6 km 🚂 10 km

Herzlich willkommen in unserer Gemeinde Uedem. Erleben Sie Uedems herrliche Umgebung, zum Beispiel beim Radwandern auf der Niederrhein-Route. Oder beim Wandern auf dem Mühlenweg. Genießen Sie Ihre Zeit beim Planwagenfahren, Reiten, oder Grillen. Erkunden Sie unsere Stadt bei einer Stadtführung oder bei einer unserer Ausstellungen, wie zum Beispiel „Landwirtschaft zum Anfassen". Toben Sie sich aus auf der Skateranlage und unserer Tennissportanlage. Wir freuen uns auf Sie.

Infos unter: Gemeinde Uedem
Tel. 02825 - 880 oder www.uedem.de

241783_1 F***

Poenenenhof***
Fam. Derksen
Kirsel 111
47589 Uedem
Tel. 02825 - 6729
Fax 02825 - 10181

poenenhof@t-online.de
www.poenenhof.de

Der Urlaubsbauernhof für Groß u. Klein am unteren Niederrhein. FeWo m. Sat-TV, Aufenthaltsraum, Liegewiese, Grillhütte, Beachvolleyballplatz, Kettcars, TT, Strohburg, Trampolin, Spielplatz (ideal auch für die Wintermonate!). Landwirtschaftlicher Betrieb mit Kühen und Kälbern zum Anfassen, Ponys, Ziegen, Kaninchen usw. Kindergeburtstage (ab 60,- €).

Anzahl	Art	qm	Personen	Preis
6	FeWo	60	1-8	ab 40,00 €

Nordrhein-Westfalen
Niederrhein 47

Viersen
🚶 2 km 🚂 4 km

Stadt der Gärten und Parks. Kulturstadt am Niederrhein. Es gibt mindestens 365 gute Gründe - für jeden Tag des Jahres einen -, um nach Viersen zu kommen. Zum Beispiel die vielfältigen Freizeit- und Erholungsmöglichkeiten ... Oder die mehr als 100 Kulturveranstaltungen, die alljährlich in unserer Stadt ihr Publikum finden. Oder die schönen Gärten und Parks in der Innenstadt. Oder das vielfältige gastronomische Angebot. Oder ... Viersen hat Ihnen eine Menge zu bieten.

Infos unter: Bürgerbüro der Stadt Viersen
Tel. 02162 - 101141 oder www.viersen.de

Genengerhof***
Brandt, Ulrich
Ummerstr. 96
41748 Viersen
Tel. 02162 - 30045
Fax 02162 - 356952

genenger-hof@t-online.de
www.reitschule-genengerhof.com

Hof am Ortsrand, Hausprospekt, VP 2 Reitstunden, 1 Stunde Theorie, Freizeit-Betr. 45,- €/Tag, Reitstunden 12,- bis 15,- €, Pferde, Ponys, Reitplatz, Reithalle, Gastpferdeboxen. Seit über 10 Jahren bieten wir über einen französischen Anbieter Bildungsurlaub für franz. und spanische Jugendliche an. Dadurch lernen auch unsere deutschsprachigen Gäste spielerisch Fremdsprachen.

Anzahl	Art	qm	Personen	Preis
11	Zi.			ab 45,00 €

213608_1   P***

Urlaub mit Pferden

Deutschlands größter Reiter-Reiseführer für den Urlaub mit Pferden. Für Reit-Profis, solche, die es erst noch werden wollen, Anfänger, Erwachsene und Kinder finden sich gleichermaßen viele Angebote.

12,90 €

Nutzen Sie die Bestellkarte auf der letzten Seite!

Auf dem Bauernhof

Auf dem Bauernhof gibt es viel zu entdecken. Wo leben die Tiere? Was wird da geerntet? Welche Fahrzeuge sind das? Spannende Klappen geben überraschende Einblicke.

Ab 4 Jahren, 16 Seiten   **12,95 €**

Nutzen Sie die Bestellkarte auf der letzten Seite!

Nordrhein-Westfalen
48 Münsterland

Ahaus
🚶 10 km 🚆 6 km

Besuchen Sie Ahaus und entspannen Sie sich. Sie betätigen sich sportlich - spielen Sie Golf, unternehmen Sie Radwandertouren, Ballonfahrten, Planwagen- und Pengel-Anton-Fahrten, oder leihen Sie sich ein Boot. Besuchen Sie die Holzschuhmachereien und nehmen Sie teil an City-Aktionen, zum Beispiel dem Oldtimertreffen, Schützenmeisterschaften, Büchermarkt, Ahauser Wellnesstag und Senioren- und Jugendangeboten.

Infos unter: Ahaus Marketing & Touristik GmbH
Tel. 02561 - 444444 oder www.ahaus.de

Barler Ferienhof****
Eilers, Herbert
Barle 7
48683 Ahaus, OT Wüllen
Tel. 02561 - 81383
Fax 02561 - 86422
info@ferienhof-eilers.de
www.ferienhof-eilers.de

Einzelhof aus dem Jahre 1772 in Waldnähe.
Kinderbett, Waschmaschine, TV, Grillplatz, Liegewiese, Grünland, Forstwirtschaft, Rinder, Schweine, Kaninchen, Federvieh, Pferd, Ponys, Reiten, Fischteich, Planwagenfahrten.

Anzahl	Art	qm	Personen	Preis
6	FeWo	51-108	4-8	ab 51,13 €

129126_1   F****

Ascheberg

Im Umkreis von 13 km liegen 18 Schlösser, Burgen und Gräftenhöfe. Das Naherholungsgebiet „die Davert", Landschaftsschutz- und Waldgebiet, ist ein bevorzugtes Ziel für Wanderer, Radfahrer und Reiter. Die bekannte 100-Schlösser-Rad-Route zieht sich im Umkreis von 12,5 Kilometer herum. Solebad 20 km entfernt mit Saunalandschaft, Kultur, Museen in den Schlössern, Schlosskonzerte.

Infos unter: Tourist-Information Ascheberg e.V.
drei Orte - eine starke Gemeinde
Tel. 02593 - 63 24 oder www.ascheberg-touristinfo.de

Siesmann's Ferienhof***
Familie Siesmann
Westerhoven 18
59387 Ascheberg
Tel. 02593 - 369
Fax 02593 - 951348
siesmanns.ferienhof@t-online.de
www.siesmanns-ferienhof.de

Einzelhof, Hausprospekt, Zustellbett, Bettwäsche. Genießen Sie schöne Urlaubstage auf unserem gepflegten westfälischen Bauernhof. Grillplatz, schöne Sitzecken, gr. Spielplatz m. Riesentrampolin, Kicker, Kettcars, Bolzplatz, Leihfahrräder, Ponys, Rindvieh, Schweine, Kleintiere, Mitarbeit möglich, Bauernhofurlaub pur!

Anzahl	Art	qm	Personen	Preis
2	FeWo	65	3-5	ab 38,00 €

32788_1   F***

Nordrhein-Westfalen
Münsterland 48

Dülmen
🚶 5 km 🚆 7 km

Rund 47.000 Einwohner leben in Dülmen. Die Stadt liegt zwischen Münsterland und Ruhrgebiet. Sie legt viel Wert auf ihre Wildpferde - es werden Führungen im Wildpferde-Gehege angeboten, März bis Oktober hat die Wildpferdebahn geöffnet. In der freien Zeit gehen auch die Dülmener auf ihre Pilgerpfade, Radwanderwege. Familienspaß: Figurentheater, großes Erlebnisbad, Sauna-Insel. Ballonfahrten möglich. Highlight: Wildpferdefang im Sommer.

Infos unter: Dülmen Marketing e. V.
Tel. 02594 - 12345 oder www.duelmen.de

****Maasmann, Franz u. Renate
Bauerschaft 42
48249 Dülmen, OT Merfeld
Tel. 02594 - 2317
Fax 02594 - 890339
ferienwohnung-maasmann@t-online.de
www.ferienwohnung-maasmann.de

Einzelhof, Hausprospekt, 1 Ferienwohnung für 2-6 Personen, 80 qm, bis 4 Personen 65,- €, jede weitere Person 5,- €, Frühstück möglich, KB, Grillplatz, TT, Spielgeräte, ruhige Lage, Pferde, Ponys, Esel, Ziegen, Kaninchen, Federvieh, Hunde, Katzen, begehbares Ziegen-, Kaninchen- und Meerschweinchengehege.

Anzahl	Art	qm	Personen	Preis
1	FeWo	80	4-6	ab 65,00 €

183353_1   F****

Emsdetten
🚶 15 km 🚆 4 km

Besuchen Sie Emsdetten im westfälischen Jutezentrum. Besuchen Sie die Stroetmanns Fabrik, unser Speichermuseum, das Wannenmachermuseum oder das August-Holländer-Museum. Relaxen Sie in unserem Frei- und Hallenbad, oder erleben Sie die Natur beim Wandern, Radwandern, Angeln oder Reiten. Unternehmen Sie eine Ballonfahrt, spielen Sie Golf oder Tennis. Bei uns im Emsdetten ist alles möglich.

Infos unter: Verkehrsverein Emsdetten e.V.
Tel. 02572 - 93070 oder www.emsdetten.de

Pension Harkotten**
Familie Höwel
Hollingen 19
48282 Emsdetten,
OT Hollingen
Tel. 02572 - 7157
Fax 02572 - 97057
kontakt@pension-harkotten.de
www.pension-harkotten.de

Hof mit Ackerbau und Grünland in der Münsterländer Parklandschaft. EZ, DZ und MBZ, Kinderermäßigung bis 50 %, EZ-Zuschlag 2,- €, HP/VP möglich, Ferienwohnungen mit 4 Schlafräumen und 2 D/WC. Gruppenprogramm, Aufenthaltsräume, Terrasse, Liegewiese, Spielplatz, Sporthalle, Tiere, Extras für Schulklassen.

Anzahl	Art	qm	Personen	Preis
2	FeWo	120	8	ab 100,00 €
17	Zi.		1-4	ab 25,00 €

27616_1   F**p**

Nordrhein-Westfalen
48 Münsterland

Ennigerloh
🚶 7 km

Ennigerloh … da ist Bewegung drin! In der Parklandschaft des südöstlichen Münsterlandes, im Städtedreieck Münster - Hamm - Bielefeld liegt Ennigerloh. Auf einer Fläche von 125 qkm leben rund 21.000 Bürgerinnen und Bürger. Im zentral gelegenen Ennigerloh leben ca. 12.000 Einwohner. Sehenswürdigkeiten: St.-Jacobus-Kirche, Denkmal des St. Hubertus.

Infos unter: Verkehrsverein Ennigerloh
Tel. 02524 - 8300 www.ennigerloh.de

Ferienhof Bettmann***
Bettmann, Waltraud
Beesen 4
59320 Ennigerloh
Tel. 02524 - 2140
Fax 02524 - 4661

ferienhof.bettmann@t-online.de
www.ferienhof-bettmann.de

Einzelhof in ruhiger Lage

EZ mit Bad und WC, DZ mit Dusche und WC,
MZB mit Dusche und WC.
Kinderermäßigung, Kinderbetten, Waschmaschine, TV, Diele mit Kamin, Tagungsraum, Grillplatz, Hausschlachtung, Grillhütte.

Ackerbaubetrieb, Rinder, Schweine, Schafe, Kaninchen, Pferde, Pony, Reiten möglich, Kutschfahrten, Mitarbeit möglich, Seniorenprogramme, Schonkost, Kinderspielplatz und Spielzimmer, Camping möglich.

Mitglied bei „Landferien": Europas schönste Bauernhöfe für Wochenenden und Urlaub.
Neu: Bettmann's Tenne für Feiern und Festlichkeiten.

Fordern Sie unseren Hausprospekt an.

27286_48   P***

Anzahl	Art	qm	Personen	Preis
10	Zi.		1-3	ab 24,00 €

Everswinkel
🚶 20 km 🚆 20 km

Everswinkel - der freundliche Winkel im Münsterland. Eine abwechslungsreich gegliederte Parklandschaft wartet auf Sie. Der Ort bietet ein ausgedehntes Radwanderwegenetz rundherum. Beliebt: Reiterferien für Klein und Groß, geführte Ausritte und Anschluss an die 120 Kilometer lange regionale Reitroute. Entspannung: Vitus-Saunadorf, Kabarett- und Musikabende, Theater für Kinder. Besichtigung: Herrenhaus *Gut Brückhausen* von 1601.

Infos unter: Verkehrsverein Everswinkel e.V.
Tel. 02582 - 669313 oder www.verkehrsverein-everswinkel.de

Nordrhein-Westfalen
Münsterland 48

Ferien auf dem
PONYHOF GEORGENBRUCH

Reiterferien mitten in der Natur – darauf können sich alle Pferdeliebhaber freuen. Ganz in der Nähe der bekannten Pferdestadt Warendorf liegt unser romantischer westfälischer Gutshof. Seit über 1000 Jahren ist der Hof in Familienbesitz. Bereits im Jahre 1963 haben wir ihn von der Landwirtschaft zu einem Ferienbetrieb der besonderen Art umgestaltet und zählen heute zu den ältesten und erfahrensten Ferienhöfen in Westfalen. Der Hof liegt inmitten von 100 Hektar Land, Wäldern und Feldern, die wir auch zur Versorgung unserer Pferde nutzen.

Wir haben uns auf pferdebegeisterte Kinder spezialisiert. Jungen und Mädchen im Alter von 8 bis 15 Jahren, denen wir ein breites Spektrum an Aktivitäten bieten. Die Kinder wohnen im gemütlich eingerichteten Wohnhaus in zwölf Zimmern für je vier bis sechs Kinder. Sie werden ganztags von unserer Familie gemeinsam mit freundlichen Helferinnen betreut. So haben Ihre Kinder jederzeit jemanden, an den sie sich wenden können – mit kleinen Sorgen und großen Wünschen.
Die Verpflegung besteht täglich aus vier ausgewogenen Mahlzeiten, die auf den Geschmack der Kinder ausgerichtet sind. Dazu gibt es die verschiedensten Getränke.

**Ferien auf dem Ponyhof Georgenbruch.
Zu jeder Jahreszeit. Immer anders.
Und immer spannend und schön.**

- romantischer westfälischer Gutshof in idyllischer Landschaft
- gepflegte Reitanlage
- qualifizierter Reitunterricht für Anfänger und Fortgeschrittene
- täglich Ausritte
- 90 Kleinpferde und Ponys aus eigener Zucht
- nette familiäre Betreuung
- leckere abwechslungsreiche Verpflegung
- Freizeitprogramm und Abenteuerschwimmbadbesuche
- Hausprospekt

- Wir bieten Ferienaufenthalte zu allen Ferienzeiten und verlängerten Wochenenden – auch außerhalb der Saison
- Ganzjährig bieten wir regelmäßigen Reitunterricht und Ausritte in Gruppen für Kinder ab acht Jahren aus der Umgebung
- Klassenreisen/-fahrten zu uns können das ganze Jahr über organisiert werden

Ponyhof Georgenbruch · Ferienreitschule für Kinder
Clemens-August und Micaela Schulze Zurmussen

Müssingen 25	Telefon (0 25 82) 12 16	E-Mail	Info@Ponyhof-Georgenbruch.de
48351 Everswinkel	Telefax (0 25 82) 90 25 85	Internet	www.Ponyhof-Georgenbruch.de

Nordrhein-Westfalen
48 Münsterland

Der lebendige »Sauwohlfühlhof« im Münsterland für Klein und Groß, Jung und Alt!

WINKELKÖTTER
»Saustark!«

Gemütlicher lebendiger Ferienbauernhof (Schweine, Ferkel, Schafe, Ziegen, Hühner, Damwild, Ponys, Katzen) in der typischen münsterländer Parklandschaft. Ausgangspunkt für kleine und große Rad- und Wandertouren. Westfälische Behaglichkeit finden Sie in unseren FeWo ab 40,- EUR (2-6 Pers.). Großer Partyraum für Familientreffen und Feiern, Grillplatz, Fitnessraum, Solarium, Kaminraum, Spielzimmer, Spielplatz, Liegewiese, Tisch/-tennis, -fußball, Billard, Ponyreiten, Planwagenverleih.
Abenteuerbad 5 km,
Restaurant/Gasthof 2 km.

Prospekt anfordern!

★★★

FERIENHOF WINKELKÖTTER
Evener 6 (Alverskirchen)
48351 Everswinkel
Fon 0 25 82 / 93 00
Fax 0 25 82 / 97 21
www.sauwohlfuehlhof.de
info@sauwohlfuehlhof.de

Gronau
⛪ 5 km

Das Städtchen an der Dinkel hat rund 31.000 Einwohner. Damit die sich alle in ihrer Freizeit erholen, hat die Stadt ein Rad-Wegenetz angelegt, mit Parks drumherum. Jetzt liegt Gronau inmitten einer Parklandschaft. Mit einem der 180 LAGA-Räder bewegen Sie sich auf einem vorbildlichen Radwege-Netz - vorbei an verträumten Wasser- und Windmühlen, durch eine abwechslungsreiche Landschaft aus Wäldern, Wiesen und Mooren.

Infos unter: Stadt Gronau
Tel. 02562 - 120 oder www.gronau.de

Nordrhein-Westfalen
Münsterland 48

Nordrhein-Westfalen
48 Münsterland

Havixbeck

Wer nach Havixbeck fährt, der wandert auch in die Baumberge. Beliebtes Besichtigungsziel ist der Longinusturm, der um 1900 herum gebaut wurde - Material: Baumberger Sandstein. Er steht auf dem Westerather Berg, 186 m hoch, höchste Erhebung der Baumberge. Turmhöhe 31 m, auf 23 m liegt die Besucherplattform. Während Sie die schöne Aussicht rundum genießen, powern sich die Kinder unter Anleitung auf Pferden und Ponys aus.

Infos unter: Verkehrsverein Havixbeck
Tel. 02507 - 7510 oder www.touristik.havixbeck.de

***Kückmann, Annemarie
Natrup 20
48329 Havixbeck
Tel. 02507 - 1248
Fax 02570 - 570607
info@sandsteinhof.de
www.sandsteinhof.de

Einzelhof, Hausprospekt, Zuschlag für Kurzurlaub 10,- € pro Nacht, Waschmaschinenbenutzung, TV, Grillplatz, selbst gebackenes Brot, Kinderbetreuung, Ackerbau, Grünland, Forstwirtschaft, Schweine, Federvieh, Hund, Katzen, Fahrräder, Sauna, Lehrwandern, Englisch- und Französischkenntnisse.

Anzahl	Art	qm	Personen	Preis
1	FeWo	75	4-6	ab 44,00 €
1	FH	60	4	56,00 €

229007_1   F***

Natur erleben
Kultur genießen

Familie Schleiner
Herkentrup 6
48329 Havixbeck
Fon 02507/609
Fax 02507/571609
mail@schleinershof.de
www.schleinershof.de

... beschauliche Entspannung und Erholung auf einem idyllisch und ruhig gelegenen Hof in der wunderschönen münsterländischen Parklandschaft. Wir bieten Ihnen Ferienwohnungen und -zimmer zum Wohlfühlen und als Ausgangspunkt für vielfältige interessante Ausflugsangebote in der Gegend.

3✱✱✱ FeWo, 2–4 Pers., ab 45 m², ab 45,– €
3✱✱✱ Zimmer, 2–3 Pers., ab 32,– €, Etagenküche, SAT-TV, Tel., Gastpferdeboxen, Reitplatz, Hausprospekt

SCHLEINERSHOF
Landurlaub im Münsterland

238673_48   F***/**** P***

Nordrhein-Westfalen
Münsterland 48

Ponyhof Schleithoff

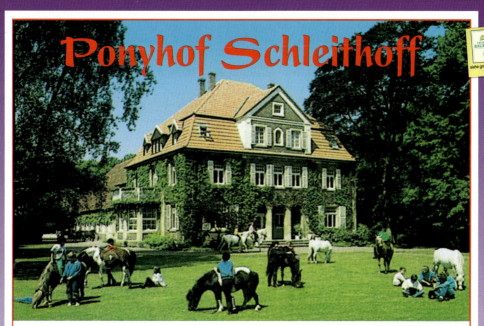

Unvergessliche Reiterferien für Kinder im Alter von 7 bis 14 Jahren auf unserem alten, romantisch gelegenen Münsterländer Bauernhof. Täglich zwei Reitstunden mit qualifizierten Ausbildern in der Reitbahn und im Gelände. Zusätzlich theoret. u. praktischer Unterricht. Spiel und Spaß nach den Reitstunden lassen keine Langeweile aufkommen.
Familiäre Betreuung.
Ausstattung: 60 Reitponys, 3 Außenplätze, 2 Reithallen, Hufeisen- und Reitabzeichenkurse, eigenes Ausreitgelände, Pensionsställe, Fußballplatz, Basketball, Tischtennis und Ruderboot. Schulklassen.

48329 Havixbeck
Herkentrup 4

Telefon (0 25 07) 12 27
Telefax (0 25 07) 43 29

www.ponyhof.de
E-Mail: info@ponyhof.de

Radeln und Erholen im Münsterland

Unsere Vier-Sterne-Komfortferienwohnungen, 1,5 km entfernt, lassen keine Wünsche offen. Das ruhig gelegene alte Bauernhaus mit großer Obstwiese dient als Ausgangspunkt für schöne Münsterlandferien.
Auf der Schlösser- und Sandsteinroute mit dem Fahrrad Wasserburgen und alte Landgasthäuser besuchen. Die historische Innenstadt Münster mit ihrem Kulturangebot (15 km) erleben.
Eigene Pferde mitbringen. Wandern in den nahe gelegenen Baumbergen.
Ihre Kinder oder Enkelkinder nehmen wir gerne als Tagesgäste in unserer Reitschule auf.
Gehobene Ausstattung: Sauna, Sat-TV, Stereo-Anlage, Telefon, Kaminofen, Spülmaschine, Mikrowelle, Herd mit Backofen und Ceranfeld, Garagen, pro Tag eine Ponymietstunde frei.

Nordrhein-Westfalen
48 Münsterland

Hopsten
🚶 10 km 🚆 20 km

Die Hopstener legen Wert auf Gemütlichkeit. Auf Radwanderwegen erkunden sie immer wieder ihre blühende Landschaft. Tun Sie es ihnen nach auf dem 135 km langen Rundwanderweg, der über verschiedene Gemeinden den Spuren der Tödden folgt … und wenn es mal regnet, lassen Sie sich Planwagen fahren. Am besten machen Sie direkt das „Tödden-Diplom", das heißt, Sie werden „Hopstener Tödde". Amüsante Stunden mit leckerem Dröpcken + Hopstener Pralinchen - die fetteste Praline der Welt!

Infos unter: Gemeinde Hopsten
Tel. 05458 - 9325-0 oder www.hopsten.de

****Lömker, Reinhard
Napoleondamm 3
48496 Hopsten, OT Schale
Tel. 05457 - 1456 und 1200   www.ferienhof-loemker.de

Gepflegter Bauernhof am Ortsrand, FeWo im rustikalen Landhausstil, je 1 Wohnraum m. offenem Kaminofen, 2 Schlafr., Küche, D/WC, Tel., behindertenfreundl., Spielplatz, viel Freiraum a. d. Hof, Sitzplätze, Rundweg, Lehrpfad, Angelteich, Reiten, Kutschfahrten, auch ideal f. Senioren, Ponys, Kühe, Collie, Kaninchen, Hühner, Meerschw., Hausprospekt. Anbindung mit Fuß-/Radweg an den denkmalgeschützten Ortskern mit guter Gastronomie.

268167_1   F****

Anzahl	Art	qm	Personen	Preis
2	FeWo	60-85		ab 29,00 €

Seitenweise prämierte Qualität
DLG-Wein-Guide · DLG-Bier-Guide

Entdecken Sie Weingüter und ihre Weine und begeben Sie sich auf eine Weinreise durch Deutschland. Mit den aktuellen Testergebnissen der DLG-Wein-Prämierung und den Adressen der prämierten Winzer!

9,90 €

Der Wegweiser zum perfekten Biergenuss – DLG-geprüfte Qualität – Gasthausbrauereien im Fokus

9,90 €

Nutzen Sie die Bestellkarte auf der letzten Seite!

Nordrhein-Westfalen
Münsterland 48

Horstmar
🏠 20 km 🚂 10 km

Stadt der Burgmannhöfe. Horstmar hieß einmal „Hustmere" und war eine Burganlage. Sie ist heute nur noch als Bodendenkmal vorhanden. Aus ihr entstand die Burgmannsstadt Horstmar. Von den Burgmannshöfen sind bis heute vier erhalten. Für das Münsterland einzigartig ist der nahezu quadratische Grundriss der Stadt, der an römische Stadtgründungen erinnert. Er ist heute noch gut ablesbar und wurde von zwei umlaufenden Gräben und Außen- und Innenwällen umschlossen.

Infos unter: Stadt Horstmar
Tel. 02558 - 790 oder www.horstmar.de

Ferienhof Reining

siehe große Landkarte: C 8

Familie Schulze Pröbsting
Schagern 8
48612 Horstmar
Telefon: 0 25 58 - 71 33
Fax: 0 25 58 - 71 34
www.hof-reining.de
info@hof-reining.de

Wohnen und Erholen in unseren gemütlichen Ferienwohnungen.

Attraktive Freizeitangebote wie Sauna, Swimmingpool in weitläufiger Gartenanlage, Tischtennis, großes Trampolin, Spiel- und Turngeräte oder unser Tretmobil für bis zu 8 Personen warten auf Sie. Auch Ruhe und Gemütlichkeit kommen im Kaminraum, auf der Liegewiese oder an der Grillstelle nicht zu kurz.

Alle Ferienwohnungen sind mit SAT-TV ausgestattet. Eine unserer Wohnungen ist behindertenfreundlich eingerichtet.

Selbstversorgern bieten wir: Brötchenservice, selbstgemachte Marmelade, frische Eier von hofeigenen Hühnern und Obst der Saison.

Anzahl	4
Art	FeWo
qm	60 – 90
Personen	2 – 8
Preis	ab 57,00 €

Bitte fordern Sie unseren Hausprospekt an!

236868_48

DLG-Bio-Guide

Der vorliegende DLG-Bio-Guide 2009 präsentiert Vorzeigebetriebe der Bio-Szene. Darunter sind Pioniere der Anfangsphase, innovative Neueinsteiger, Querköpfe mit weltanschaulichen Grundsätzen, Idealisten oder traditionsreiche Klosterbetriebe.

9,90 €

Nutzen Sie die Bestellkarte auf der letzten Seite!

Nordrhein-Westfalen
48 Münsterland

Lüdinghausen
🚶 10 km 🚆 5 km

Die Burgen in Lüdinghausen:
Lüdinghausen ist ein Standort von drei Wasserburgen, die jeweils mit einer Gräftenanlage umgeben sind (Gräften sind ein die Burg umgebener Teich). Jedoch unterschieden sich die Burgen durch ihren Charakter: die Burg Vischering ist als eine mittelalterliche Burg, die Burg Kakesbeck war Sitz des selbstbewussten bis streitbaren Münsterländer Adels und die Burg Lüdinghausen ist als eine Renaissanceburg zu umschreiben.

Infos unter: Lüdinghausen Marketing e.V.
Tel. 02591 – 78008 oder www.luedinghausen-tourismus.de

Bauernhof-Pension-Ferienhof*
Löbbert, Hedwig
Leversum 19
59348 Lüdinghausen, OT Seppenrade
Tel. 02591 - 987072
Fax 02591 - 987073

info@bauernhofpension-loebbert.de
www.bauernhofpension-loebbert.de

Auf unserem schönen, typisch Münsterländer Bauernhof mit Ackerbau, Schweinemast und vielen Tieren in ruhiger Lage werden Sie sich richtig wohl fühlen.

Hier in der Münsterländer Parklandschaft können Sie beides: aktiv sein, z. B. herrliche Radtouren unternehmen, oder einfach nur „die Seele baumeln lassen"!
Liegewiese, Spielplatz, Streicheltiere, Wildbeobachtung, Grillabende am Lagerfeuer, Weinproben, Reitmöglichkeit, Gastpferde, Mitarbeit möglich, Planwagenfahrt.

3 Ferienwohnungen, Bad o. D/WC, Ü ab 55,- €, Einbauküche, Spülmaschine, Telefon, Sat-TV, Radio, allergikergerecht.
2 Doppelzimmer ab 28,- €, 1 Mehrbettzimmer ab 26,- € und 1 Einzelzimmer ab 32,- €, Bad o. D/WC, Übernachtung mit Frühstück. Brötchenservice,
Halbpension und Vollpension möglich.

Fordern Sie unseren Hausprospekt an!

338735_48   F*** P***

Anzahl	Art	qm	Personen	Preis
3	FeWo	30-65	3-6	ab 55,00 €
4	Zi.		1-3	ab 28,00 €

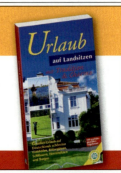

Verwöhn-Urlaub

Einmal wie ein echter Landlord leben! Im Übernachtungsführer „Urlaub auf Landsitzen" werden die schönsten Herrensitze, Burgen und Schlösser und andere historische Gebäude vorgestellt.

12,90 €

Nutzen Sie die Bestellkarte auf der letzten Seite!

Nordrhein-Westfalen
Münsterland 48

Metelen
🍴 8 km 🚉 Metele

Das Vechtestädtchen Metelen liegt im Herzen des Steinfurter Landes in einer schönen Freizeitregion. Metelen ist eine junge alte Gemeinde, typisch münsterländisch. Hiervon zeugen die großen, idyllischen Landschaftsschutzgebiete. ausgeschilderte Rad- und Reitwege, Hallenbad, Abenteuerpark, Mühlenmuseum, Bahnhofsmuseum, Kirche mit Stiftskammer, Imkerei.

Infos unter: Touristinformation Metelen
Tel. 02556 - 8922 oder www.metelen.de/tourismus

***Familie Stauvermann   K
Naendorf 40
48629 Metelen, OT Naendorf
Tel. 02556 - 240
Fax 02556 - 997165
stauvermann-bauernhofpension@web.de

Über unseren Ferienhof mehr Infos auf der Bauernhofplattform der Landwirtschaftskammer NRW unter www.landservice.de oder unter www.landtourismus.de
Preise beinhalten die Übernachtung mit Frühstück!
Ihre Bauernhofpension Stauvermann.

Anzahl	Art	qm	Personen	Preis
5	Zi.		1-2	ab 25,00 €

82531_1   P***

Neuenkirchen
🍴 10 km 🚉 8 km

Erleben Sie die 52 km lange Fahrradtour „Geschichten erfahren", welche zu über 60 Stationen rund um das größte Dorf im Münsterland führt und auch zu jeder Station eine Geschichte parat hat. Sei es zu Sagen, zu archäologischen Ausgrabungen, zu geologischen Besonderheiten, zu Sehenswürdigkeiten aus der Tier- und Pflanzenwelt oder zu geschichtsträchtigen Orten. Besuchen Sie Neuenkirchens Wahrzeichen, die in den Jahren 1896-1899 im neoromanischen Stil erbaute St.-Anna-Pfarrkirche.

Infos unter: Gemeinde Neuenkirchen
Tel. 05973 - 9260 oder www.neuenkirchen.de

6 FeWo's ca. 55-80 qm
für 4-8 Per. ab 59 Euro
3 App. ca. 30-40 qm
für 2-3 Per. ab 39 Euro
Für alle Unterkünfte:
Komplett eingerichtete Küche mit Backofen, Mikrowelle...
Spülmaschine nur bei FeWo's

Ferienpension & Reiterhof Familie Garmann

Erleben Sie täglich neue Eindrücke auf unserem vollbewirtschafteten Bauernhof. Schauen Sie zu wie Kälbchen geboren und Kühe gemolken werden. Reiten Sie auf großen und kleinen Pferden. Kicken Sie auf dem Bolzplatz wie „Poldi", und stärken Sie sich abends am Grill oder Lagerfeuer.

Rote Erde 12
48485 Neuenkirchen
Tel.: 05973/3453
Fax: 05973/96394
www.margarethen-hof.de
info@margarethen-hof.de

Margarethen-Hof

Mit Pferd und Kuh auf Du und Du!

Nordrhein-Westfalen
48 Münsterland

Oelde
🚶 4 km 🚆 5 km

Oelde - sehenswert und immer wieder anders.

Lassen Sie den Alltag hinter sich und besuchen Sie die Stadt der erfolgreichsten Landesgartenschau in Deutschland. Die vielen Blickwinkel, unter denen sich eine Entdeckungstour durch Oelde immer wieder aufs Neue lohnt, beweisen es. Ob Kultur oder Natur, ob Handel oder Gewerbe - Oelde ist eine Reise wert.

Infos unter: Forum Oelde
Tel. 02522 - 72800 oder www.oelde.de

***Meier Gresshoff, Maria
Gresshoffweg 6
59302 Oelde,
OT Keitlinghausen
Tel. 02522 - 9130
Fax 02522 - 913222

info@meier-gresshoff.de
www.Meier-Gresshoff.de

EZ, DZ und MBZ in 3 verschiedenen Häusern des Gutes, Zimmer mit TV + Tel., KE, KB, Wochenendpauschale für Gruppen, 4 Seminarräume mit Technik, Forstbetrieb, Rinder, Bullen, Wildgehege, Schwimmbad, 2 Tennisplätze, Sauna, Fitness, Englischkenntnisse, Seniorenprogramm.

Anzahl	Art	qm	Personen	Preis
54	Zi.			auf Anfrage

76014_1   ***

Sassenberg
🚶 20 km

Sassenberg ist Teil der Münsterländer Parklandschaft. Außerdem befindet sich das Erholungsgebiet Feldmark vor Ort. Im Zentrum liegt der Feldmarksee, er hat eine Wasserfläche von rund 13 ha und verfügt über eine Vogelschutzinsel. Beliebtes Ausflugsziel der Gegend ist die Doppelschlossanlage aus dem 14. Jahrhundert. Sie befindet sich im Stadtteil Füchtorf (eine der Spargel-Hochburgen). Lohnend ist ein Spaziergang um die Gesamtanlage. Ein besonderer Blickfang ist dabei die ca. 500 m östlich des Schlosses von Ketteler befindliche imposante Atlasfigur mit Weltenkugel.

Infos unter: Stadt Sassenberg
Tel. 02583 - 3090 oder www.sassenberg.de

Sachen suchen – Bei den Tieren

Großformatige Schaubilder zeigen die heimischen, aber auch die fremden Tiere. Kleine Ausschnitte fordern zum Suchen und Wiederfinden auf. Ein spannender Such-Spaß!

Ab 2 Jahren, 24 Seiten   **4,95 €**

Nutzen Sie die Bestellkarte auf der letzten Seite!

Nordrhein-Westfalen
Münsterland 48

Landhaus Ferienhof Buddenkotte

★★★

Elve 12 • 48336 Sassenberg • Füchtorf • Ruf: 0 54 26/6 81 • Fax: 0 54 26/36 35
www.ferienhof-buddenkotte.de • info@ferienhof-buddenkotte.de

Unser gepflegtes Haus liegt in einer der schönsten Regionen des Münsterlandes, direkt an der 100-Schlösser-Route, und verfügt über 25 Gästebetten. Alle Zimmer sind mit Dusche, WC, Telefon und TV ausgestattet.
Bewusst wurde das ländlich-rustikale Ambiente gepflegt und erhalten.
Innerhalb der Ferien finden Familien mit Kindern ein ideales Urlaubsangebot. Qualifizierter Reitunterricht durch erfahrene Reitlehrer, Anleitung zur Betreuung und Pflege der Pferde in Theorie und Praxis runden das Angebot ab.

Neue Reitanlage mit Halle und Gastpferdeboxen. FN-anerkannte Reitschule unter Leitung von Dipl.-Pädagogin u. Pferdewirtschaftsmeisterin Andrea Winkler.

Aktiv-Gäste finden in der Landschaft Wasserschlösser, stille Klöster, gepflegte Gehöfte und urige Gaststätten. Spezialangebote für Gourmets, Gruppen und Vereine, Tagungen und Seminare.

In familiärer Atmosphäre findet jeder Gast Ruhe und Erholung.
Die Parklandschaft des Münsterlandes lädt ein zum Reiten, Radfahren, Paddeln auf der Ems, Planwagenfahrten usw.
Die Küche bietet westfälische Spezialitäten und abwechslungreiche Gerichte unter Verwendung von naturerzeugten Produkten und aus artgerechter Tierhaltung. Bitte Hausprospekt anfordern.
Übernachtung/Frühstück ab 26,– €
HP ab 32,– €, VP ab 40,– €

Ausflugsziele:
Bad Rothenfelde,
Bad Laer; Bad Iburg,
Wasserburgen des Münsterlandes,
Westfälisches Landesgestüt,
Deutsche Reitschule DORK
in Warendorf.

27356_48

Nordrhein-Westfalen
48 Münsterland

Schöppingen

🚶 10 km 🚉 15 km

Schönes Münsterland - ein großer grüner Park mit gepflegten Wäldern, Wiesen, Bauerngärten und Wasserschlössern, mit alten Kirchen, Kapellen und Dörfern - ein Land zum Glücklichsein. Die Gemeinde Schöppingen liegt an den Ausläufern der Baumberge im westlichen Münsterland. Vom Schöppinger Berg (156 m) aus genießt man eine hervorragende Weitsicht über das nordwestliche Münsterland bis weit in die Niederlande. Wie wäre es mit einer Radtour auf der ausgeschilderten „100-Schlösser-Route"?

Infos unter: Verkehrsamt Gemeinde Schöppingen
Tel. 02555 - 880 oder www.schoeppingen.de

****Familie Schulze Althoff
Heven 48
48624 Schöppingen
Tel. 02555 - 93850
Fax 02555 - 938514

Info@SchulzeAlthoff.de
www.SchulzeAlthoff.de

Natur erleben - in der Natur erholen
Genießen Sie die schönste Zeit des Jahres auf unserer jahrhundertealten Hofanlage, im Naturschutzgebiet Vechte gelegen, umgeben von 300-jährigen Eichen und 5000 qm Parkanlage.

Neben Brötchenservice, Frühstücksbüfett und Hausmacherprodukten wie Knochenschinken, Wurst, Likör etc. bieten wir Ihnen zahlreiche Freizeitangebote: überdachte Terrasse, beheiztes Freibad, 2000 qm Liegewiese, Trampolin, Spielplatz, Angelsee mit Boot, Kettcar und Trampeltrecker fahren, mit Max und Moritz spazieren gehen oder unter Anleitung reiten auf unserem Reitplatz.

Dienstags Stockbrot backen am Lagerfeuer und donnerstags grillen im Biergarten; jeden 1. Samstag und Sonntag Bauernhofcafé ab 14.00 Uhr und nach Absprache Gruppen ab 12 Pers. zu jeder Zeit. 5 FeWo, 1 Appartement und 5 Doppelzimmer, 20 Stellplätze für Wohnmobile/-wagen, Vollerwerbsbetrieb mit Ackerbau, Forst, Schweinemast, Schafen, Pferden und Kleintieren. Mitarbeit möglich, Hausprospekt.

Anzahl	Art	qm	Personen	Preis
5	FeWo	60-130	4-8	ab 55,00 €
3	Zi.		1-2	ab 25,00 €

219669_1   F****

Fühl mal die Tiere vom Bauernhof

Das weiche Fell des Lämmchens, das Ringelschwänzchen des Schweinchens, die kuscheligen Ohren vom Kälbchen oder den zotteligen Schweif des Pferdes – hier auf dem Bauernhof kann alles gestreichelt werden.

Ab 18 Monaten, 10 Seiten   **9,95 €**

Nutzen Sie die Bestellkarte auf der letzten Seite!

Nordrhein-Westfalen
Münsterland 48

Warendorf
⛪ 20 km 🚉 Warendorf

„Pferde, Flair und viel Vergnügen". Eiszeitliche Endmoränenlandschaft mit Binnendünengebieten links und rechts der Ems, sehr gut ausgeschildertes Radroutennetz, umfangreiche Reitmöglichkeiten im Gelände, ausgeschilderte Joggingrouten, Wellness, klassizistisches Stadtpalais mit Tapetensaal, Biedermeierzimmer; Theater, Pfarrkirchen, historische Altstadt mit mehr als 600 denkmalgeschützten Häusern.

Infos unter: Verkehrsverein Warendorf e.V.
Tel. 02581 - 787700 oder www.verkehrsverein-warendorf.de

Ferienhof Schwienhorst****
Schwienhorst,
Paul und Gabriele
Hoetmarer Dorfbauerschaft 10
48231 Warendorf,
OT Hoetmar
Tel. 02585 - 1237
Fax 02585 - 7446

info@ferienhof-schwienhorst.de
www.ferienhof-schwienhorst.de

Der voll bewirtschaftete Hof liegt eingebettet in Wiesen und Äcker.

Die Ferienwohnungen sind teilweise mit Kamin und Terrasse ausgestattet. Bettwäsche und Handtücher sind im Preis inklusive.

Ein großer Spielplatz bietet Platz zum Toben, Schweine, Schafe, Katzen, ein Hund und das Pony Moritz lassen die Welt der Tiere lebendig werden.

Ideal für Familien, Familientreffen oder Gruppen.

Fordern Sie unseren Hausprospekt an.

Anzahl	Art	qm	Personen	Preis		
4	FeWo	70-180	6-15	ab 40,00 €	265201_1	F****/*****

Wir spielen auf dem Bauernhof

In diesem Bauernhofbuch fordern 22 Magnetteile zum Spielen, Ausprobieren und Entdecken auf. Zahlreiche Spielmöglichkeiten fördern die Kreativität und Fantasie des Kindes.

Ab 2 Jahren, 10 Seiten **14,95 €**

Nutzen Sie die Bestellkarte auf der letzten Seite!

Nordrhein-Westfalen
48 Münsterland

Westerkappeln
🚶 7 km

Unsere im landschaftlich reizvollen Tecklenburger Land gelegene Gemeinde hat einiges zu bieten. Zu Fuß und mit dem Fahrrad können Sie die nähere Umgebung erkunden. Im Süden liegen die Höhenzüge der so genannten „Mettener Schweiz", im Norden sind Wander- und Radwanderwege durch die flache Düsterdieker Niederung angelegt. Versch. Sehenswürdigkeiten erzählen von der Geschichte des Ortes, wie die „Sloopsteine", welche Zeugen von den ersten Einwohnern Westerkappelns sind.

Infos unter: Gemeindeverwaltung Westerkappeln
Tel. 05404 - 8870 oder www.gemeinde-westerkappeln.de

Brunhild & Fritz Holtgräwe
Greiwenhof ****
Oberdorf 3
49492 Westerkappeln
Tel.: 05404/27 99
Fax: 05404/91 96 36
ferien@holtgraewe.de
www.holtgraewe.de

Die Seele baumeln lassen
Abseits vom Verkehrslärm, aber nicht einsam liegt der Greiwenhof am Rande des Naturschutzgebietes "Düsterdieker Niederung".

Hier können Sie Ziegen füttern und Kaninchen streicheln, Hühner scheuchen und Schmetterlingen hinterher jagen, die Eier zum Frühstück selber suchen oder erleben wie ein Kälbchen auf die Welt kommt, faulenzend in der Sonne liegen, den Schwalben nachschauen und auch mal hören, wie ein Apfel vom Baum fällt... Das alles sollten Sie sich nicht entgehen lassen, bei uns auf dem Greiwenhof!

Unser Angebot:
3 NR-Whg., 73-83 qm, 3-7 Pers., mit Sat-TV, Spülmaschine, Mikrowelle, ab 57,00 €, inkl. NK. und Endreinigung.
Kleines Wellnessangebot á la Kneipp
Bitte fordern Sie unseren Hausprospekt an.

267216_48

Ferkel, Schaf, Kartoffelernte

Ferkel, Schaf, Kartoffelernte. Mit spannenden Geschichten von Ferkeln, Schafen, dem Weinbauern über die Arbeit der Maschinenringe zum Kartoffel- und Rapsanbau.

9,95 €

Nutzen Sie die Bestellkarte auf der letzten Seite!

Nordrhein-Westfalen

Münsterland 48
Teutoburger Wald 49

Rumler-Hof***
Rumler-Meiners, Ulrike
Wallenbrock 1
49492 Westerkappeln, OT Seeste
Tel. 05404 - 6104
Fax 05404 - 72804

info@rumler-meiners.de
www.rumlerhof.de

… wo Reiten Spaß macht.

Pferde- und menschenfreundlicher Reitunterricht für Kinder und Erwachsene, für Anfänger, Wiedereinsteiger, Fortgeschrittene, Reithalle, Reitplatz, geführte Ausritte.

Gerne Familien mit Kindern

Viel Platz zum Spielen und Entdecken, Schaukeln, Klettern, Radeln. Abende am Lagerfeuer, Stockbrotbacken, ein Glas Rotwein im Grünen, mit den Katzen im Heu dösen, Pferde und Ponys erleben, in der Hängematte träumen.

Schöne Bilder vom Hof sehen Sie auf unserer Homepage.

Ferienwohnungen zum Wohlfühlen, Ferienhaus mit Kamin.

Bezogene Betten erwarten Sie.

„So gut habe ich schon lange nicht mehr geschlafen."

Herzlich willkommen!

Anzahl	Art	qm	Personen	Preis
3	FeWo	50-56	4-5	ab 60,00 €
1	FH	62	5-6	ab 76,00 €

75887_1   F***/****

Bad Driburg
🍴 25 km 🚉 7 km

Das staatlich anerkannte Heilbad Bad Driburg liegt am Fuße des Eggegebirges in einem Naturpark - dem „Heilgarten Ostwestfalens". Kuren hat in Bad Driburg eine über 200-jährige Tradition. Mit der Driburg-Therme, dem Kurpark und Kurhäusern im englischen Landhausstil sowie einladenden Einkaufszonen ist die Stadt attraktiv für ihre Gäste.

Infos unter: Stadt Bad Driburg
Tel. 05253 - 880 oder www.bad-driburg.de

***Beine Gast GbR
Obermühle 1
33014 Bad Driburg,
OT Dringenberg
Tel. 05259 - 546
Fax 05259 - 932930

g-beine@gmx.de
www.obermuehle-beine.de

Einzelhof am Ortsrand in Waldnähe am Rande des Eggegebirges. Zimmer mit D/WC und TV, gemütlich ausgestattet. Aufenthaltsraum mit TV. Grillplatz, KE, KB, kinderfreundlich. Rinder, Schweine, Schafe, Hund, Katzen, Geflügel und Rotwild. Forellenzucht mit hauseigenem Angelteich (ohne Fangbegrenzung). Gut ausgebaute Wanderwege, Tennisplätze und Reitmöglichkeiten im Ort.

Anzahl	Art	qm	Personen	Preis
6	Zi.		1-2	ab 27,50 €

142348_1   P***

349

Nordrhein-Westfalen
49 Teutoburger Wald

Beverungen
🚉 3 km

Willkommen im Land der Märchen und Sagen! Gesäumt von ausgedehnten Wäldern, sanft geschwungenen Hügeln romantischen Schlössern und idyllischen Ortschaften schlängelt sich die Weser durch ein landschaftlich und kulturell einzigartiges Bergland. Wer will, kann hier auf den Spuren der Brüder Grimm, der Droste und Wilhelm Raabes wandeln, sich die Natur zu Fuß, per Kanu oder mit dem Rad erschließen oder einfach entspannt die märchenhafte Szenerie auf sich wirken lassen.

Infos unter: Tourist-Information
Tel. 05273 - 392221 oder www.beverungen.de

76201_1   F***P***

Bauernhof-Pension Wüllner***
Wüllner, Arnim
Am Bastenberg 1
37688 Beverungen,
OT Amelunxen
Tel. 05275 - 664
Fax 05275 - 8579
info@bauernhof-wuellner.de
www.bauernhof-wuellner.de

Wir betreiben einen Bauernhof am Ortsrand von Amelunxen mit Mutterkuhhaltung. Bei uns findet man so ziemlich alle Tiere, die auf einen Bauernhof gehören: Schweine, Pferde, Ziegen, Katzen, Kaninchen, diverses Federvieh, unter anderem ein Emu-Pärchen, und natürlich unseren Hund Jeff, der gleich immer alle Neulinge oder Stammgäste begrüßt.
Für die Kinder sind ein großer Spielplatz, eine Wiese mit Weideniglu oder das Spielzimmer im Haus vorhanden, außerdem noch der Bereich, in dem sich der Bauernhof-Betrieb abspielt. Von der großen überdachten Terrasse oder diversen anderen Sitzgelegenheiten im Garten hat man einen guten Überblick über die Rasselbande.
Zum Entspannen eignet sich die hauseigene Sauna oder zum Tagesausklang ein Plausch an der Bar.
Grillabende in unserer Hütte mit Lagerfeuer und Stockbrotbacken sowie Wanderungen oder orig. Planwagenfahrten ins Blaue mit Rast bei hausgebackenem Kuchen gehören im Sommer zum Programm. In der dunkleren Jahreszeit veranstalten wir auch Hüttenabende mit Punsch sowie Nachtwanderungen. In und um Amelunxen können Sie auf ausgeschilderten Wegen Wanderungen unternehmen oder am Wassertretbecken die Ruhe genießen. Kinder bis 3 Jahren sind frei und bis 12 Jahren gewähren wir Ermäßigung. Wir freuen uns, Sie kennen zu lernen!

Anzahl	Art	qm	Personen	Preis
3	FeWo	40-65	2-4	ab 40,00 €
8	Zi.	15-25	1-3	ab 25,00 €

Malen und Spielen mit Freddi

Riesen-Lese- und Spielespaß für kleine Bauern! In dem DIN-A3-Block finden Sie zwei verschiedene Malvorlagen und drei lustige Spiele zum Ausmalen. Jedes der fünf Motive gibt es viermal, so dass sich alle Kinder/Freunde gemeinsam vergnügen können, ohne Streit und Ärger.

5,00 €

Nutzen Sie die Bestellkarte auf der letzten Seite!

Nordrhein-Westfalen
Teutoburger Wald

Borgentreich
🚶 18 km 🚆 18 km

... Zwischen Egge und Weser ...

Hohe Lebensqualität und unbeschwertes Urlaubsvergnügen. Besonders naturhungrige und ruhebedürftige Menschen finden in dieser landwirtschaftlich geprägten Stadt Erholung. Die Stadt bietet unbeschwertes Urlaubsvergnügen und ein vielseitiges Unterhaltungsangebot für die ganze Familie.

Infos unter: Stadt Borgentreich
Tel. 05643 - 8090 oder www.borgentreich.de

Rittergut, Burg Borgholz***
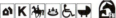
Familie Möltgen
34434 Borgentreich-Borgholz
Tel. 05645 - 213
Fax 05645 - 248

www.burg-borgholz.de

In der weitläufigen geschlossenen Anlage können Kinder sich gefahrlos austoben und den Geheimnissen der Ritter nachspüren. Auch die Eltern finden hier jederzeit ein ruhiges Plätzchen unter alten Kastanien.

Wie es sich für eine Ritterburg gehört, leben am Hof eine Vielzahl von Streicheltieren, natürlich auch Pferde und Ponys.
Reitunterricht gibt es in der Reithalle sowie auf dem Außenplatz.

Ritterliche Tugenden wie Sportlichkeit und Fairness lassen sich außerdem auf den angrenzenden Tennisplätzen erproben.
Bei schönem Wetter kann man Rehwild, Füchse und Waschbären in den zum Hofgut gehörenden Wäldern beobachten oder das nahe gelegene mittelalterliche Städtchen Warburg besichtigen.

Dank der interessanten Museen der Gegend, dank der großen Spielscheune für Kinder, der Sauna im Keller der Burg und der hauseigenen Praxis für Physiotherapie mag manchem Urlauber auch der eine oder andere Regentag vielleicht nicht ganz ungelegen kommen.

Anzahl	Art	qm	Personen	Preis
7	FeWo	45-100	2-7	ab 35,00 €

215122_1   F***

So geht's zu auf dem Bauernhof

Die Foto-Sachgeschichten zeigen, wie Landwirte mit riesigen Traktoren ihre Felder bearbeiten. Was Erdbeerbauern im Tunnel machen. Wie Kühe Milch geben. Und wie Schweine Strom machen ...

 Ausgezeichnet von der Akademie für Kinder- und Jugendbuchliteratur   **9,95 €**

Nutzen Sie die Bestellkarte auf der letzten Seite!

Nordrhein-Westfalen
49 Teutoburger Wald

Brakel
🚶 31 km

Geprägt von einem Mittelgebirgs-Schonklima hat Brakel einiges zu bieten: Zahlreiche überörtliche Wanderwege, örtliche Rundwanderwege führen in Feld, Wiesen und Brakeler Bergland. Vergnügen: Hallen- und Freibad, Aufführungen der Freilichtbühne Bökendorf. Sehenswert: alte Waage, kath. Pfarrkirche St. Michael, Kapuzinerkirche. Die Kunst der Bleiverglasung kann im Kreativhof erlernt werden, Töpfern, Imkerei. Im Frühling ist Kirmes mit Stadtfest.

Infos unter: Fremdenverkehrs- und Kulturamt Brakel
Tel. 05272 - 360269 oder www.brakel.de

Feriendorf „Natur pur"***
Hasenbein, Elisabeth
Am Strickberg 1
33034 Brakel, OT Bellersen
Tel. 05276 - 98800
Fax 05276 - 988047
info@feriendorf-naturpur.de
www.feriendorf-naturpur.de

Es erwartet Sie unser idyll. Feriendorf auf autofreiem Gelände, in einer natürlichen Umgebung. Hier finden Sie, fernab vom hektischen Alltag, die Ruhe, die Sie suchen u. Entspannung vom täglichen Stress. Aktivitäten für Jung und Alt. Rad-/Wanderwege, Schwimmbad, Abenteuerspielplatz, gem. Schänke, Kutschfahrten, Ponyreiten, Werkhaus, Urdorf - u. v. m.! Hausprospekt.

Anzahl	Art	qm	Personen	Preis
15	FeWo		3-7	ab 40,00 €
3	FH		4	ab 50,00 €

264317_1   F***

Dörentrup
🚶 20 km

Dörentrup liegt im Herzen des Lippischen Berglandes zwischen der Weser und dem Teutoburger Wald. Die Erholungslandschaft ist umgeben von den Bädern Bad Oeynhausen, Bad Salzuflen, Bad Meinberg, Bad Pyrmont und verfügt über Buchenhochwälder, kleine Bäche und Täler sowie Bergkegel bis zu 400 m hoch. Zahlreiche Wanderwege mit Ruhebänken sorgen für angenehme Brotzeiten. Das Schonklima in Dörentrup ist gut geeignet, um Erkrankungen der Atemwege nachhaltig zu lindern.

Infos unter: Verkehrsamt Dörentrup
Tel. 05265 - 739182 oder www.doerentrup-lippe.de

Glantz-Zeiten

Die weitverzweigte Familie Glantz bewirtschaftete rund 300 Jahre verschiedene Güter in Mecklenburg. Heute steht der Name Glantz im Raum Hamburg und in der Region Wismar- Schwerin für Erdbeeranbau.

9,95 €

Nutzen Sie die Bestellkarte auf der letzten Seite!

Nordrhein-Westfalen
Teutoburger Wald 49

• Urlauben Sie einmal anders •
Bauernhofpension »Waldmühle«

Erleben Sie, wie das Getreide in unserer historischen Wassermühle gemahlen wird. Wir laden Sie ein, beim Brotbacken mitzumachen, oder möchten Sie von Oma das »Spinnen« lernen? Planwagen fahren, im eigenen komfortablen, beheizten Hallenbad schwimmen, in die Sauna gehen, solarbräunen, nachtwandern, Tischtennis spielen, auf Ponys reiten, Ihren Kreislauf im Kneipptretbecken trimmen, an einem Schwimmlehrgang teilnehmen, vorzügliche Kost aus eigener Erzeugung mit Fleisch, Gemüse, Obst, Forellen aus eigenen Teichen und auf Wunsch Vollwert-Ernährung kennen lernen? Den Tag gemütlich am Kaminfeuer beschließen? Dann heißen wir Sie als Gäste herzlich willkommen.

Freundliche Doppel-, Einzel- und Mehrbettzimmer mit D/WC sowie Ferienwohnungen stehen zur Verfügung. Vollpension ab 42,– €, Kinderermäßigung, behindertenfreundlich. Separater Aufenthaltsraum, große Liegewiese mit Liegestühlen.

Beheiztes Freibad 1 km, Tennisplätze 1,5 km, Reitunterricht 4 km. Unser Hof liegt am Ortsrand. Bitte fordern Sie unseren Hausprospekt an.

Auf Ihren Besuch auf unserem traditionsreichen, voll bewirtschafteten Bauernhof in ruhiger Waldlage freut sich Familie Frevert.

32694 Dörentrup, OT Hillentrup, Telefon (0 52 65) 2 62, Telefax (0 52 65) 65 97

www.bauernhofpension-waldmuehle.de   Schulklassen ♥lich willkommen!

Nordrhein-Westfalen
49 Teutoburger Wald

Horn-Bad Meinberg

🚶 30 km 🚆 3 km

Die Stadt Horn-Bad Meinberg liegt im wohl schönsten Teil des Teuteburger Waldes, zwischen dem Hermannsdenkmal und der 468 m hohen Velmerstot. Geschichte zum Anschauen gibt es in Horn an jeder Ecke. Lassen Sie sich durch den historischen Stadtkern von Horn führen und die Spuren der über 750 Jahre alten Geschichte live erleben.

Infos unter: Tourist-Info
Tel. 05234 - 2010 oder www.horn-badmeinberg.de

219662_1 F***/****

****Kaiser,
Martina und Manfred
Tiefer Weg 2
32805 Horn-Bad Meinberg,
OT Bellenberg
Tel. 05234 - 5875
Fax 05234 - 69439

info@kaisers-hof.de
www.kaisers-hof.de

Hof im Ort Bellenberg, ohne Durchgangsverkehr, KB, Waschmaschine, Grillplatz, Liegewiese mit altem Baumbestand, erholsame Wanderungen, Hausschlachtung, Ackerbau, Grünland, Forstwirtschaft, Ponyreiten, Schweine, Federvieh, Mitarbeit möglich, Nichtraucherwohnungen, Hausprospekt.

Anzahl	Art	qm	Personen	Preis
3	FeWo	38-75	2-6	ab 44,00 €

Genießer-Urlaub
Urlaub beim Winzer · Genießen auf dem Land

„Urlaub beim Winzer" lädt Sie zu genussreichen Tagen in Deutschlands schönen Weinregionen ein. Wählen Sie aus über 100 Winzerhöfen Ihr Feriendomizil aus.

12,90 €

Genuss, Qualität und Frische gepaart mit frischer Landluft und herzlichen Menschen, das ist es, was Sie mit diesem Reiseführer kennen lernen.

12,90 €

Nutzen Sie die Bestellkarte auf der letzten Seite!

Nordrhein-Westfalen
Teutoburger Wald 49

Lage
⌘ 15 km

Lage-Hörste ist ein sanftes Gesundheitsdorf im Mittelgebirge. Neben Reitsport, Wandern und Nordic Walking gibt es viele weitere Angebote wie z. B.: Tischtennis, Squash, Badminton, Boccia, Skateboardanlage. Historischer Wanderweg; karolingische Steinkirche in Stapellage (um 790) mit Bauernburg; Kurpark Hörste; Marktkirche St. Johann (um 900); Schloss Iggenhausen; Wehrkirche in Lage-Heiden; Frühjahrsmarkt.

Infos unter: Verkehrsamt Lage
Tel. 05232 - 8193 oder www.lage.de

Wehmeier, Dorothea
Hiddentruper Str. 85
32791 Lage, OT Hörste
Tel. 05232 - 87008
Fax 05232 - 8238

iutspann@hiddentrup.de
www.hiddentrup.de

Ein 300-jähriger Hof, der lebt und voll bewirtschaftet wird und - nur ein paar Schritte entfernt - die urgemütlichen Blockhäuser mit allem Komfort.

Gütesiegel „Fit for quality", Umweltsiegel „Blaue Schwalbe".

Bettwäsche extra, NK, KB, SE, Ackerbau-/Grünland-/Forstbetrieb, Kleinpferd, Federvieh, Reiten, Sauna, Grillplatz, Meridian-Energie-Familienprogramme.
Auszeichnung Bundeswettbewerb Familienferien in Deutschland.

Wochenendprogramm mit VP, Bauernstube mit Bewirtung.

Tagungen und Seminare möglich.

76193_1

Anzahl	Art	qm	Personen	Preis
11	FH	42-65	2-5	ab 39,00 €

Urlaub und Genießen beim Biobauern

Alle im Reiseführer aufgeführten Betriebe sind anerkannte Biobetriebe. Viele Unterkünfte sind darüber hinaus mit dem DLG-Gütezeichen ausgezeichnet und garantieren so besonderen Urlaubskomfort.

12,90 €

Nutzen Sie die Bestellkarte auf der letzten Seite!

Nordrhein-Westfalen
49 Teutoburger Wald

Nieheim

Der Käse und die kleine Stadt. Der 7500-Seelen-Ort ist vom 1. bis 3. September Schauplatz des größten Käsemarktes Deutschlands. Drei Tage lang wird gemolken, gebuttert und gekäst. Würzig, säuerlich, reichlich mit Kümmel gespickt, hat der Nieheimer Käse seit Jahrhunderten seinen Stammplatz in der heimischen Gastronomie. Am heilklimatischen Kurort steigt der Appetit nach Nordic Walking und Motorradtouren. Westfalen Culinarium (kulinarische Erlebnis-Museumsmeile), Holztage.

Infos unter: Tourismus-Service Nieheim
Tel. 05274 - 8304 oder www.nieheim.de

Landgasthaus Nolte
Nolte, Claudia und Wilfried
Erwitzen 14
33039 Nieheim
Tel. 05274 - 696
Fax 05274 - 95122

nolte@erwitzen.de
www.erwitzen.de

Landgasthaus Nolte
Erfreulich freundlich

Unser Landgasthaus liegt in der kleinen Dorfgemeinde Erwitzen bei Nieheim im Kreis Höxter im Weserbergland, inmitten einer reizvollen waldreichen Landschaft.
In freundlicher, ungezwungener familiärer Atmosphäre können Sie sich bei uns wohl fühlen und in ruhiger Umgebung die freie Natur genießen.
Zahlreiche Möglichkeiten für sportliche Betätigung oder Freizeitgestaltung bieten Ihnen im näheren Umfeld willkommene Abwechslung. Reiten - auch mit Kindern - Wandern, Rad fahren, Tischtennis, Kickern, Billard oder auch das Leben auf dem Bauernhof kennen lernen.
Unser Restaurant bietet die Möglichkeit, à la carte zu Essen oder Halbpension zu buchen.
Bei den FeWo zzgl. Endreinigung 26,- €.
Angebot: 1 Woche HP im DZ für nur 189,- € oder VP 213,- € pro Person.

129221_1   F***

Anzahl	Art	qm	Personen	Preis
4	FeWo		2-6	ab 43,50 €
11	Zi.			ab 23,00 €

DLG-Käse-Guide

Der 1. DLG-Käse-Guide gibt dem Verbraucher Informationen an die Hand, die ihm bei der Auswahl seines Lieblingskäses helfen. Rund 1.000 Käse warten auf Ihren Genuß.

9,90 €

Nutzen Sie die Bestellkarte auf der letzten Seite!

Nordrhein-Westfalen
Teutoburger Wald 49

Petershagen
🚶 30 km 🚆 6 km

Petershagen - eine lebendige Stadt voller Möglichkeiten

Neben sehenswerten historischen Ortskernen hat Ihnen die mühlenreichste Kommune im Kreisgebiet noch einiges mehr zu bieten: landschaftlich reizvolle Naturschutzgebiete, die Weseraue Petershagen, in der die letzten Weißstörche Nordrhein-Westfalens leben und brüten, den Luftkurort Bad Hopfenberg, um nur einige Beispiele zu nennen.

Infos unter: Stadt Petershagen
Tel. 05707 - 8220 oder www.petershagen.de

Rittergut Schlüsselburg****
Hüneke, Karin
Brückenweg 40
32469 Petershagen
Tel. 05768 - 202
Fax 05768 - 1325

Rittergut.schluesselburg@t-online.de
www.rittergut-schluesselburg.de

Ferienwohnungen mit KB, Waschmaschine/Trockner, Frühstück auf Wunsch, Einkaufsservice, TT, Sauna, viele Spielgeräte und -fahrzeuge, Bocciabahn, Ponyreiten, Reitunterricht, Ackerbau, Direktvermarktung von frischem Spargel.
Fordern Sie unseren Hausprospekt an.

Anzahl	Art	qm	Personen	Preis
8	FeWo		2-7	ab 40,00 €

264518_1   F**/***/****

Preußisch Oldendorf
🚶 30 km 🚆 1 km

Das Heilbad Bad Holzhausen und die Luftkurorte Preußisch Oldendorf und Börninghausen liegen in landschaftlich reizvoller Lage direkt am Wiehengebirge. Das ideale und beliebte Erholungsgebiet inmitten eines Naturparks ist geprägt durch den Kurpark mit dem neuen Garten der Generationen (ein Bewegungspark für Jung und Alt), dem Nordic-Walking-Park, den weitläufigen Rad- und Wanderwegen mit direkten Verbindungen zur „Westfälischen Mühlenstraße", ein großes Veranstaltungsprogramm und eine abwechslungsreiche Mittelgebirgslandschaft.

Infos unter: Touristik - Preußisch Oldendorf
Tel. 05742 - 4224 oder www.preussischoldendorf.de

Blankenstein, Sabine
Dummerter Straße 40
32361 Preußisch Oldendorf,
OT Holzhausen
Tel. 05742 - 969730
Fax 05742 - 969739

post@landhaus-blankenstein.de
www.landhaus-blankenstein.de

Ortsrand, Hausprospekt, DZ mit D/WC, teilweise mit Balkon, KE, KB, SE, Sat-TV, Kühlschrank, Telefon, Ackerbau-/Forstbetrieb, Schweine, gute Wandermöglichkeiten, Ausflugsfahrten, Schloss Crollage, Burgruine am Limberg, geeignet für Kur-Urlaub, nächstgelegene Pension zu den Kurhäusern.

Anzahl	Art	qm	Personen	Preis
9	Zi.		1-2	ab 33,50 €

27300_1

Nordrhein-Westfalen

49 Teutoburger Wald
52 Sauerland

siehe große Landkarte: E 7

218242_1 F***

Hof Stapel***
Stapel, Friedrich und Lianne
Zur Egge 2
32361 Pr. Oldendorf,
OT Börninghausen/
Eininghausen
Tel. 05742 - 2692
Fax 05742 - 920256
info@hof-stapel.de
www.hof-stapel.de

Unser Hof liegt direkt am Wiehengebirge, eine Oase der Ruhe. Erkunden Sie die Gegend auf Schusters Rappen oder freunden Sie sich mit unseren Tieren (Pferde, Ponys, Ziege, Hängebauchschweine, Katzen, Kaninchen) an. Auf Wunsch Kutschfahrten und Zustellbett möglich. Gastpferdeboxen und genügend Platz zum Spielen, Grillen und Entspannen.

Anzahl	Art	qm	Personen	Preis
2	FeWo	53–75	2–4	ab 30,00 €

Balve
🚶 15 km 🚆 Balve

Balve liegt im harmonischen Naturpark Homert mit herrlichen Rundwanderwegen und ausgeschilderten Nordic-Walking-Parcours. Hallenbad mit Sauna, 3 km zum Sorpesee, Segelflugplatz in Küntrop 4 km, Luisenhütte (Deutschlands älteste noch erhaltene Hochofenanlage), Museum für Vor- u. Frühgeschichte, Museum, Schloss Wocklum, Reckenhöhle (Tropfsteinhöhle), Discos, Kegelbahnen.

Infos unter: Verkehrsverein Balve e.V.
Tel. 02375 - 926-190 oder www.balve.de

So geht's zu auf dem Bauernhof

Die Foto-Sachgeschichten zeigen, wie Landwirte mit riesigen Traktoren ihre Felder bearbeiten. Was Erdbeerbauern im Tunnel machen. Wie Kühe Milch geben. Und wie Schweine Strom machen …

Ausgezeichnet von der Akademie für Kinder- und Jugendbuchliteratur

9,95 €

Ferkel, Schaf, Kartoffelernte. Mit spannenden Geschichten von Ferkeln, Schafen, dem Weinbauern über die Arbeit der Maschinenringe zum Kartoffel- und Rapsanbau.

9,95 €

Nutzen Sie die Bestellkarte auf der letzten Seite!

Nordrhein-Westfalen
Sauerland 52

76149_52

P ****
F ****

Schultenhof

Hubertus Schulte
Leveringhausen 1 • 58802 Balve-Garbeck
Telefon 02375-4063 • Fax 02375-1898
www.schultenhof.de • info@schultenhof.de

      K P

Ferienwohnung bis 6 Pers., 2 Schlafz., Wohnz./TV, Küche, Bad, WC, 54,- €/Tag. See mit Bademöglichkeit 12 km, Wintersportmöglichkeiten 3 km, Rodeln beim Haus, Hallenbad im Haus sowie Sauna, Kaminzimmer, Spielplatz, Grillen, Treckerfahrten, Tischtennisraum, Bastelabende, Grillabende.
Ausflugsziele: Burg Altena, Sorpesee, Tropfsteinhöhlen, Museen, Wildwald, Märchenwald. Fordern Sie unseren Hausprospekt an.

Grünland, Forstwirtschaft (Ponys, R, S, H, Ziegen, Schafe), Einzelhof, Panoramablick, BAB Hemer, Iserlohn über Hönnetal-Balve, Bahnstation Garbeck, Iserlohn 4 km, Gäste können vom Bahnhof abgeholt werden.

3 DZ., 7 MZ., alle mit DU/WC, ZH, WC, Aufenthaltsraum mit TV, Terasse, Liegewiese mit Liegestühlen, Kinderspielplatz, ab 4 Tage: ÜmF 27,- €, HP 33,50 €, VP 36,- €, Kinderermäßigung, Vermietung ganzjährig.

Ihr Ferienhof im Sauerland

Nordrhein-Westfalen
52 Sauerland

Brilon

🚶 45 km 🚆 12 km

Herzlich willkommen in der Stadt des Waldes, im Land der tausend Berge. Hier in Brilon erwartet Sie für die schönsten Tage des Jahres ein besonderes Angebot: Erleben Sie Naturabläufe selbst mit und lassen Sie sich die Schönheit unserer Landschaft mit ihren Geheimnissen zeigen. Wie wär's mit einem Ausflug in die Zeit der Dinosaurier oder dem Besuch auf dem Bauernhof? Entspannung und Spaß kommen bestimmt nicht zu kurz und auch Kinderaugen sollen zum Leuchten gebracht werden.

Infos unter: BWT - Brilon Wirtschaft und Tourismus GmbH
Tel. 02961 - 96990 oder www.brilon-tourismus.de

Bauernhofpension Bals

An der Haar 14
59929 Brilon-Altenbüren
Tel.: 02961 / 2632 + 54462 - Fax: 02961 / 54463
Internet: www.bauernhofpension-bals.de
oder e-mail: bauernhofpension-bals@t-online.de

Unser voll bewirtschafteter Bauernhof liegt am Ortsrand, eingebettet in Weiden u. Wiesen und bietet für alle Erholungsuchenden, ob jung oder alt, groß oder klein, die richtige Atmosphäre, Landwirtschaft zum Anfassen und Mithelfen. Kühe, Kälber, Jungvieh, Pferde, Ziegen, Hunde, Kaninchen und Hühner. Großer Spielplatzbereich, Terrasse mit Liegestühlen. Grillabende, Stockbrot backen usw. ... Gute Küche mit frischen Produkten aus der heimischen Landwirtschaft, die durch eigene Hausschlachtung unterstützt wird. Kuchenspezialitäten, frisch gebackenes Brot und auf Wunsch Schonkost.

Moderne, gemütliche Zimmer mit D/WC, Balkon u. komfortable FeWo (54-74 m²) mit 1 od. 2 Schlafräumen u. Balkon ab 46,- €. Alle Einh. m. Telefon u. Kabel-TV.
P★★★★, F★★★★
Baby- und kleinkindergerechte Ausstattung.
Hausprospekt!
ÜF 28,- €, HP 37,- €

*Herzlich willkommen bei uns ...
Ihre Familie Bals*

27230_52

Eslohe

🚶 30 km 🚆 15 km

Grüne Ferienregion im Sauerland. Tagsüber tanken Sie hier viel Grün. Sie stärken die Muskeln beim Wandern und gönnen sich abends zur Entspannung mehrere Saunagänge. Sonstige Sportmögl.: Reiten, Wintersport, Rad-/Wanderwege. Familien-Spaß: Freizeitparks Fort Fun in Wasserfall und Panoramapark in Kirchhundem. Ausgehen: Karl-May-Festspiele in Elspe. Wenn Sie schon mal da sind, besichtigen Sie die Atta-Höhle - die größte Tropfsteinhöhle Deutschlands in Attendorn.

Infos unter: Kur- und Verkehrsverein Eslohe
Tel. 02973 - 81664 oder www.eslohe.de

Nordrhein-Westfalen
Sauerland 52

Ponyhof Meier
Der Top-Ferienhof im Sauerland!

Urlaub für die ganze Familie!

Abenteuer und Spaß für Kinder, Mama, Papa, Oma und Opa. Unser Ferienhof liegt im schönen Sauerland am Ortsrand von Eslohe. Verbringen Sie erlebnisreiche Tage bei uns und lernen Sie das Leben auf dem Hof kennen. Ponys putzen, Reiten lernen und den ganzen Tag im Streichelzoo.
Glückliche Kinder, zufriedene Eltern.

Familie Meier
Homertstraße 16
59889 Eslohe/Sauerland
☎ 02973 6394
www.ponyhof-meier.de

Sie wohnen in gemütlichen Zimmern mit DU/WC und TV. Die Familienzimmer verfügen über ein separates Kinderzimmer und Balkon.

Lassen Sie sich von unserer Küche mit Halb- oder Vollpension verwöhnen. Wir sind auf den Geschmack der kleinen und großen Gäste eingestellt. Das reichhaltige Frühstücksbuffet, die Menüs und das große Salatbuffet lassen keine Wünsche offen. Das Ferienprogramm wird durch einen Grillabend oder ein Festessen und einen Bowleabend abgerundet.

Auf dem Hof:
- Ponys in verschiedenen Größen
- Reithalle und Reitplatz
- 4x wöchentlich Ponywanderung und Planwagen
- Reitunterricht für Kinder ab 8 Jahren
- Geführte Ausritte
- Zwergziegen, Kaninchen, Meerschweinchen, Hunde
- Spielplatz, Tretbecken, Liegewiese
- Großer Hobbyraum mit Tischtennis, Tischkicker und Billard

Unser Erlebnis-Wochenende:
Gönnen Sie sich und Ihren Kindern ein unvergessliches Wochenende!
★ 2x Übernachtung
★ 2x Frühstücksbuffet
★ 3x 3-Gang-Menü
★ ein kalt/warmes Büffet oder Grillabend
★ Lagerfeuer mit Stockbrot
★ 2x Ponywanderung

76012

Im Ort Eslohe: Erlebnisbad (2 Fußminuten) mit großer Rutsche, Kinderbecken, Dampfbad, Whirlpool und Freibad, Kurpark, Minigolf, Haus des Gastes, Tennisplätze, Maschinenbaumuseum.
In der näheren Umgebung: Hennetalsperre, Attahöhle, Karl-May-Festspiele, Freizeitparks Fort Fun und Panoramapark

Wir freuen uns auf Sie!
Ihre Familie Meier

www.ponyhof-meier.de

Nordrhein-Westfalen
52 Sauerland

Bilderbuchbauernhof
Hubertushof im Wennetal

Urlaub auf dem Bilderbuchbauernhof …

… inmitten von Wäldern in einer wunderschönen Landschaft. Unser Hof ist ein voll bewirtschafteter Betrieb in zentraler, ruhiger Lage, der sich sehr stark auf unsere Gäste, besonders auf die Kinder, konzentriert. Wir bieten Ihnen einen unvergesslichen Bauernhofurlaub in bequemen Doppel- oder Familienzimmern.

Und in unserer *Hubertus-Tenne* bieten wir Ihnen ebenfalls komfortable Zimmer etwas abseits vom Hoftrubel an.

- Ferienwohnungen auf Anfrage -

Alles, nur nicht langweilig …

…ist es auf unserem Bauernhof mit einem großen Angebot an Freizeitmöglichkeiten: Planwagenfahrten, Reiten, Spielplatz, TT, Fahrräder, Dreiräder, große Kettcars … Auch bei schlechtem Wetter sind ausreichend Spiel- und Freizeitmöglichkeiten vorhanden.

Außerdem gehören natürlich viele Tiere zum Programm dazu. Dies alles lässt den Urlaub für die ganze Familie zum Erlebnis werden.

Wanderland + Winterland = Sauerland

Die Sauerländer Bergwelt lädt zu jeder Jahreszeit sowohl zu kurzen Spaziergängen als auch zu ausgiebigen Wandertouren ein. Und selbst in der kalten Jahreszeit bietet unser Indoor-Bereich mit Kicker, TT, Zaubertruhe etc. viele Spielmöglichkeiten.

Aktuelle Preise im Internet !

Wir werden Sie herzlich WILLKOMMEN heißen !

Hubertus-Tenne

Ihre **Familie Schörmann** mit Johanna, Eva-Maria, Florian, Pauline und Jakob

Marianne und Hubertus Schörmann - Email : kontakt@bilderbuchbauernhof.com
Wenneweg 2 - 59889 Eslohe-Wenholthausen - Tel.: 02973 - 6722 FAX: 02973 – 908489
Besuchen Sie uns auch im Internet : http://www.bilderbuchbauernhof.com

Urlaub mit Pferden

Deutschlands größter Reiter-Reiseführer für den Urlaub mit Pferden. Für Reit-Profis, solche, die es erst noch werden wollen, Anfänger, Erwachsene und Kinder finden sich gleichermaßen viele Angebote.

12,90 €

Nutzen Sie die Bestellkarte auf der letzten Seite!

Nordrhein-Westfalen
Sauerland 52

Kirchhundem

Aktiv sein, Ruhe finden und relaxen in den weitläufigen Wäldern und gemütlichen Dörfern der Ferienregion Kirchhundem und sich freuen an der natürlichen Vielfalt der Natur. Das ist Urlaub in der Gemeinde Kirchhundem mitten am Rothaarsteig. Die Landschaft lockt mit traumhaftem Panorama: endlose Horizonte, wilde Wiesen, bewaldete Kuppen und Berge soweit das Auge reicht. Diese natürliche Vielfalt lädt ein, auf abwechslungsreiche Art und Weise körperliche Aktivität mit Naturerlebnis zu verbinden.

Infos unter: Touristinfo Kirchhundem
Tel. 02723 - 686780 oder www.kirchhundem.de

Haus Hermes***
Hermes, Wolfgang
Emlinghausen 9
57399 Kirchhundem
Tel. 02723 - 2195
Fax 02733 - 686170
info@haus-hermes.de
www.haus-hermes.de

Wunderschöne, waldreiche Einzelhoflage, seit 30 Jahren Träger des DLG-Gütezeichens! Wander-, Fahrradwege beginnen direkt am Hof, Nutz- und Kleintiere, Liegewiese mit großem separatem Spielplatz, ein Bachlauf lädt zum Planschen und Staudammbauen ein, TT-Raum, Grill- und Hüttenabende, eigene Schlachtung, KE, Hausprospekt, HP 28,- €, VP 32,- €.

Anzahl	Art	qm	Personen	Preis
6	Zi.		1-2	ab 21,00 €

75920_1 P***

Ferienhotel Gut Ahe***
Bauernhof-Café
Neuhaus, Georg
57399 Kirchhundem, OT Ahe
Tel. 02723 - 3151
Fax 02723 - 925107
info@hotel-ahe.de
www.hotel-ahe.de

Urlaub auf dem Bauernhof
Familienhotel und Bauernhof-Café in waldreicher Einzellage mitten im Naturpark Rothaargebirge. Kurze Spaziergänge, ausgiebige Wandertouren oder ein Ausritt auf unseren Haflingern. Genießen Sie die Sauerländer Wälder. Es erwartet Sie Ruhe und Erholung. Besuchen Sie uns im Internet. Wir freuen uns auf Sie.
Ihre Familie Neuhaus.

Anzahl	Art	qm	Personen	Preis
10	Zi.		1-2	ab 28,00 €
1	FeWo		4-6	ab 70,00 €

76055_52 ***/F***

DLG-Wein-Guide

Entdecken Sie Weingüter und ihre Weine und begeben Sie sich auf eine Weinreise durch Deutschland. Mit den aktuellen Testergebnissen der DLG-Wein-Prämierung und den Adressen der prämierten Winzer!

9,90 €

Nutzen Sie die Bestellkarte auf der letzten Seite!

Nordrhein-Westfalen

52 Sauerland

Lennestadt
🍴 30 km

... der Schatz im Sauerland. Im Schnittpunkt der drei Naturparke Rothaargebirge, Ebbegebirge und Homert liegt Lennestadt. Einer der Schätze Lennestadts ist die in großen Bereichen unverfälschte und ursprüngliche Natur, die es wie einen Schatz zu entdecken gilt. Durch Hunderte Kilometer gekennzeichneter Wander- und Radwanderwege erschlossen, steht sie Erholungssuchenden genauso wie Freizeitsportlern zu allen Jahreszeiten offen.

Infos unter: Touristinfo Lennestadt
Tel. 02723 - 686780 oder www.lennestadt.de

Dümpelmanns Hof
Dümpelmann, G. und M.
Friedhofsweg 3 + 4
57368 Lennestadt
OT Milchenbach
Tel. 02972 - 47210

duempelmanns-hof@freenet.de
www.duempelmanns-hof.de

Wander- und Treckertouren, Planwagenfahrt mit Kaffeetrinken, Lagerfeuer, Stockbrot, Stall- und Hoferlebnisse, Spielplatz, Terrasse und Liegewiese, Kühe, Ponys und andere Tiere. Zimmer mit ÜF, D/WC, KE, KB, Aufenthaltsraum, Ferienwohnung mit Geschirrspüler und sonstiges, Hausprospekt. Besuchen Sie uns im Internet.

Anzahl	Art	qm	Personen	Preis
1	FeWo	50	2-4	ab 40,00 €
2	Zi.		2-4	ab 20,00 €

27436_52   F*** P**

Pension Pohl***
Kählingstr. 15
57368 Lennestadt,
OT Milchenbach
Tel. 02972 - 6113
Fax 02972 - 961164

info@pension-pohl.de
www.pension-pohl.de

Unser familienfreundlicher Ferienbauernhof liegt im Bundesgolddorf Milchenbach abseits der Hauptverkehrsstraßen und bietet Kindern viel Freiraum, um sicher die Gegend kennen zu lernen und unbeschwert herumzutoben. Urlaub für Groß und Klein vom ersten Tag an: Sauna, Solarium, Dampfdusche, 3 Aufenthaltsräume, Ponys, Hunde, Katzen, Kühe, Kaninchen, Forellenteiche, neuer Kinderspielraum, Kinderfuhrpark, Heuboden, überdachte Terrasse, große Liegewiese, Grillmöglichkeit im Garten.
- **Neu in 2010:** 4 neue Ferienwohnungen mit Balkon, eine Wohnung rollstuhl- und seniorengerecht. Alle ausgestattet mit Spülmaschine, Mikrowelle, Herd mit Ceranfeld, Kühlschrank mit Gefrierfach.
- 5 DZ + 1 EZ mit D/WC, wahlweise mit Frühstücksbüfett, Halb- oder **Vollpensio**n. Auf Wunsch Kaffeetrinken am Nachmittag mit hausgemachtem Kuchen
- **Highlights unseres Hofes:** Ackerwagenfahrten und Grillabende mit Lagerfeuer und Abendwanderungen.
- Unterstellmöglichkeiten für Fahrräder und Motorräder.
- 60 km ausgezeichnete herrliche Rundwanderwege direkt ab Hof, Rothaarsteig 4 km, Wandergruppentransfer möglich, Bahnhof-Abholservice, Einkaufsmöglichkeiten in 4 km Entfernung.
- Gruppen bis ca. 30 Pers. mögl.
- 1 Woche Vollpension 224,- €, Kinderermäßigung

Wir freuen uns auf Sie. Ihre Familie Pohl

Anzahl	Art	qm	Personen	Preis
8	FeWo	40-80	1-7	ab 36,00 €
6	Zi.	19	1-3	ab 21,00 €

76066_1   F***P***

Nordrhein-Westfalen
Sauerland 52

Urlaub für die ganze Familie ...

Herzlich willkommen auf unserem Ferienhof inmitten von Pferdeweiden und Wald. Hier wird es Ihnen leicht gemacht, mal abzuschalten und neue Seiten an Sich und dem Leben zu entdecken. Dafür sorgen viele nette Zwei- und Vierbeiner, die vielen Pferde und Ponys, aber auch Hofhund Benni, kleine Kätzchen, anhängliche Schweine und allerlei Kleinvieh. Kinderfreundlichkeit und herzliche Atmosphäre rund um Haus und Hof sind uns sehr wichtig.

Ankommen und sich wohl fühlen - dieses Gefühl möchten wir Ihnen gerne vermitteln. Unsere 11 Ferienwohnungen haben wir deshalb liebevoll und gemütlich für Sie eingerichtet.

NEU* ab 2009: Exclusives Ferienhaus in direkter Nähe mit zwei Wohnungen für 4 und 8 Personen, auch für große Familien oder Gruppen super geeignet!

Reiten lernen mit Spaß ermöglichen wir Kindern und Erwachsenen mit freundlicher Anleitung durch erfahrene Ausbilderinnen. Neben einigen Reitponys werden auch Großpferde eingesetzt. In kleinen Gruppen dürfen fortgeschrittene Reiter auch an Ausritten teilnehmen. Unsere weniger erfahrenen Reiter werden auf Ausflügen in den Wald auf den Ponys geführt.

Genießen Sie am Nachmittag doch mal ein schönes Stück vom hausgebackenen Kuchen, einen Eisbecher oder ein rustikales hausmacher Schnittchen in unserem eigenen Bauernhofcafe!

Wir freuen uns auf Sie.
Ihre Familie Heinemann

Familie Heinemann
Im Brauck 4
57368 Lennestadt-Kickenbach
Tel.: 0 27 23 / 83 08
Fax: 0 27 23 / 8 07 08
www.heinemannshof.de

Mitglied im "Schmallenberger Kinderland"

* Alle unsere Ferienwohnungen sind mit 3*** bzw. 4**** Sternen ausgezeichnet.

Nordrhein-Westfalen
52 Sauerland

Meschede

⛪ 0 km 🚉 0 km

Meschede - mitten im Sauerland. Naturpark, ausgeschilderte Mountainbikestrecken und Wanderwege, Hallen- und Freibad, (im Sommer mittwochs Open-Air-Konzerte - live, umsonst und draußen), Seefest am Hennesee, Besichtigung Staumauer von innen, Burgruine, Bowlingbahn, Personenschifffahrt, Minigolf, Freizeitpark (18 km), Veltins Brauerei in Meschede-Grevenstein.

Infos unter: Tourist-Information
Tel. 0291 - 9022443 oder www.hennesee-tourismus.de

****Kotthoff, Franz-Josef
Mielinghausen 2
59872 Meschede,
OT Mielinghausen
Tel. 0291 - 50833
Fax 0291 - 56143

info@ferienhof-kotthoff.de
www.ferienhof-kotthoff.de

Unser Bauernhof mit vielen Tieren liegt in Waldnähe direkt am Hennesee.

Pferde, Schweine, Puten, Schafe, Hund, Katze und Kaninchen, Getreide- und Forstbetrieb.

Alle Freizeiteinrichtungen in der Nähe, Ski-Abfahrt und Langlauf-Loipen ca. 10 km.

Komfortable Ferienwohnungen mit 1 oder 2 Schlafzimmern, alle mit TV. Auf Wunsch werden Kuchen oder Waffeln angeboten.

Viel Platz für Kinder und Senioren, weitläufige Gartenanlage mit Grill, Tischtennisplatte, Fußballtor, Schaukel und Sandkasten, Fahrräder werden gestellt, Badestrand 300 m, Hallenbad 400 m, Segelfliegen, Wassersport.

Durch die günstige zentrale Lage können Sie von hier aus die Sehenswürdigkeiten des Sauerlandes schnell erreichen.

129163_1   F****

Anzahl	Art	qm	Personen	Preis
2	FeWo			ab 32,00 €

Hofhotel Haus Kremer****
Kremer, Hans-Josef
Erflinghausen 1
59872 Meschede,
OT Erflinghausen
Tel. 0291 - 53130
Fax 0291 - 53141

info@hofhotel.com
www.hofhotel-kremer.de

- Niveauvolle Doppel- und Einzelzimmer.
- Restaurationsbetrieb mit Mittags- und Abendkarte.
- Direktvermarktung eigener landwirtschaftlicher Produkte.
- Übernachtung mit Frühstück ab 35,- €.
- 7-Tage-Angebot mit Halbpension 238,- €.
- Biker willkommen! Bitte Hausprospekt anfordern.

89996_1   P****

Anzahl	Art	qm	Personen	Preis
13	Zi.		1-3	ab 35,00 €

Nordrhein-Westfalen
Sauerland 52

Bauernhofpension***
Schmidt, Paul u. Gabi
Ulmecke 1
59872 Meschede,
OT Ulmecke
Tel. 0291 - 1482
Fax 0291 - 1482

www.Bauernhofpension.com

Einzelgehöft in reizvoller Lage am Fuße des Köpperkopfs (504 m), nahe dem Hennesee. 3 DZ, D/WC, 1 DZ, 1 EZ, Etagenbad/WC, alle Zimmer Fön u. Radiowecker, HP ab 3 Tagen 28,- €, KB, KE. Frühstücks- u. Aufenthaltsraum mit TV, DVD-Player u. Kühlschrank, Grünland/Forstwirtschaft, Kühe, Kälber, Pferde, Katzen, TT, Gartenhütte, Liegewiese, Mitarbeit mögl., Spielplatz.

Anzahl	Art	qm	Personen	Preis
5	Zi.		1-3	ab 16,00 €

76139_1 P***

Möhnesee

Möhnesee liegt am nördlichen Rand des Sauerlands, ca. 10 km südlich von Soest. Der Möhnesee ist mit 10 km² der größte See im Sauerland. 75 % der Gemeindefläche liegen im Naturpark Arnsberger Wald. Segeln, Surfen, Tauchen, Spazierwege, Fernwanderwege, Wellness, imposante Sperrmauer, Kapelle, die St.-Pankratius-Kirche, Bismarckturm, Kunst- und Handwerkermarkt, Schützenfeste, Seefest in Körbecke.

Infos unter: Touristik GmbH Möhnesee
Tel. 02924 - 497 oder www.moehnesee.de

Pension Hof Thiele***
Thiele, Peter und Stefanie
Soester Str. 20
59519 Möhnesee, OT Günne
Tel. 02924 - 409
Fax 02924 - 851323

pension@hof-thiele.de
www.hof-thiele.de

Hof im Ort.

Zimmer*** mit D/WC und TV und teilweise Balkon.
Frühstück, Kinderermäßigung, Kinderbett.
Schöner Aufenthaltsraum.
Einzelübernachtung ab 28,- €.

Komfortable Ferienwohnung**** (unteres Foto).
2 Schlafzimmer mit D/WC, inklusive Bettwäsche.
Küche mit Mikrowelle, Spülmaschine.
Wohnraum mit TV, Terrasse.

Grillmöglichkeit.

Spielplatz im Garten.

Anzahl	Art	qm	Personen	Preis
1	FeWo	58	1-4	ab 50,00 €
8	Zi.	16-24	1-2	ab 24,00 €

76181_1 F****P***

Nordrhein-Westfalen
52 Sauerland

Olsberg

⛪ 20 km

Urlaub in und um Olsberg ist ein Geheimtipp. Schön, dass auch Sie diesem Tipp auf die Spur gekommen sind. Olsberg mit seinen 11 Dörfern ist nicht nur der ideale Ausgangspunkt für Aktivitäten. Hier ist auch Ihr Ruhe- und Angelpunkt. Unsere Heimat ist Ihre Urlaubsbasis. Ihren Urlaub können Sie sich so aktiv, so abenteuerlich und spannend oder so ruhig, naturverbunden, still und leise gestalten, wie Sie möchten. Von hier aus nur einen Mausklick entfernt …

Infos unter: Touristik & Stadtmarketing Olsberg GmbH
Tel. 02962 - 97370 oder www.olsberg-touristik.de

So geht's zu auf dem Bauernhof
Malen und Spielen mit Freddi · Junior Band 1 Bauernhof · Junior Bauernhof Memo

Riesen-Lese- und Spielespaß für kleine Bauern! In dem DIN-A3-Block finden Sie zwei verschiedene Malvorlagen und drei lustige Spiele zum Ausmalen. Jedes der fünf Motive gibt es viermal, so dass sich alle Kinder/Freunde gemeinsam vergnügen können, ohne Streit und Ärger.

5,00 €

Welche Tiere leben auf dem Bauernhof? Wie kommt die Milch in den Supermarkt? Wie wird aus Korn ein Brot? Die Junior-Reihe von WAS IST WAS ist für Erstleser der richtige Einstieg ins Thema: Altersgerechte Texte, spannende Aktivelemente und doppelseitige Illustrationen laden zum Entdecken ein!

Ab 5 Jahren, Hardcover, 24 Seiten

9,90 €

Tiere, Geräte, Pflanzen und natürlich Bauer und Bäuerin gehören zum Bauernhof. Mit dem Bauernhof Memo lernen Kinder die verschiedenen Begriffe ganz spielerisch kennen und üben gleichzeitig ihre Merkfähigkeit.

Ab 4 Jahren, 64 Memokarten, für 2–5 Spieler

9,90 €

Nutzen Sie die Bestellkarte auf der letzten Seite!

Nordrhein-Westfalen
Sauerland · 52

Dümpelhof

Ein Ferienparadies für große und kleine Gäste!
Unseren Bauernhof finden Sie in urwüchsiger Landschaft umrahmt von Wiesen und Wäldern.

Ganz viel Platz zum Toben und Spielen: Spielplätze, Tischtennis, Basketball, Tischfußball, Trampelgokarts, Bobbycars und Trettrecker, Bollerwagen, Traktorfahren. Klön- und Grillabend am Lagerfeuer.

Darauf können Sie sich freuen:
Unser Reitangebot: Haflinger, Ponyreiten, Kutschfahrten.
Viele Tiere: Haflinger · Ponys · Schafe · Kaninchen · Hühner · Schweine · Ziegen · Hofhund.
Wochenprogramm: Treckerwagenfahrt, geführte Erlebniswanderungen in unserem eigenen Wald, Trampeltreckerführerschein, Stockbrot backen ...
Die „Haferkiste": Selbstgebackene ofenfrische Kuchen, bäuerliche Spezialitäten, Pfannekuchen, deftige Eintöpfe oder "Herzhaftem" bei frisch gezapftem Bier.

NEU: Naturspielplatz, große Spielscheune, Riesen-Trampolin

8 FeWo's 50-78 qm,
Preis 48,- bis 89,- €
Frühstück 8,- € oder
Brötchenservice.

Baby und Kleinkind gerechte Ausstattung!

**Familie Hester · Dümpelhof 1
59939 Olsberg - Wulmeringhausen
Telefon: 0 29 62 / 12 65 · Fax: 0 29 62 / 80 23 56
E-Mail: info@duempelhof.de · www.duempelhof.de**

75921_52

369

Nordrhein-Westfalen
52 Sauerland

Nordrhein-Westfalen
Sauerland 52

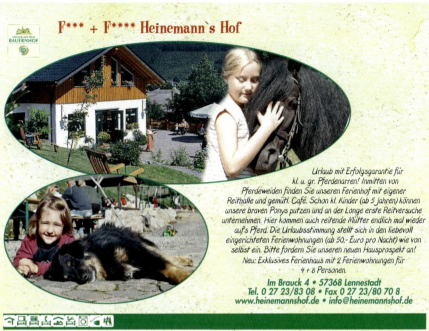

F*** + F**** Heinemann's Hof

Urlaub mit Erfolgsgarantie für kl. u. gr. Pferdenarren! Inmitten von Pferdeweiden finden Sie unseren Ferienhof mit eigener Reithalle und gemütl. Café. Schon kl. Kinder (ab 5 Jahren) können unsere braven Ponys putzen und an der Longe erste Reitversuche unternehmen. Hier kommen auch reitende Mütter endlich mal wieder auf's Pferd. Die Urlaubsstimmung stellt sich in den liebevoll eingerichteten Ferienwohnungen (ab 50,- Euro pro Nacht) wie von selbst ein. Bitte fordern Sie unseren neuen Hausprospekt an!
Neu: Exklusives Ferienhaus mit 2 Ferienwohnungen für 4 + 8 Personen.

Im Brauck 4 • 57368 Lennestadt
Tel. 0 27 23/83 08 • Fax 0 27 23/80 70 8
www.heinemannshof.de • info@heinemannshof.de

F**** Ferienhof Belke-Spork

Beliebtester Ferienhof 2006 • Beliebtester Ferienhof 2007 • Beliebtester Ferienhof 2008

Vom Gast empfohlenes Haus

Erleben Sie unseren Bauernhof mit Kühen, Kälbern, Pferden, Ponys, Ziegen, Kaninchen, Meerschweinchen, Hühnern und unserer Hündin Lissy. Reiten im Gelände oder auf unserem Reitplatz, Toben auf dem Spielplatz, beim Melken und Füttern zuschauen oder sogar „mithelfen", Treckerfahrten, Tischtennis, Kicker, Kinderfuhrpark, Spielzimmer u. Planwagenfahrten. Ein Paradies für Jung und Alt. Sie wohnen in gemütl. FeWo, baby- u. kleinkindgerecht einger., z.T. mit Balkon oder Terrasse, weiter stehen Grillplatz u. Brötchenservice zur Verfügung. Waldnähe, 2 km Bad Fredeburg und SauerlandBad. Gerne senden wir Ihnen unserem Hausprospekt.

Ohlbergstraße 2 • 57392 Schmallenberg-Holthausen
Telefon 0 29 74-67 55 • Telefax 0 29 74 - 83 37 35
www.ferienhof-belke-spork.de
info@ferienhof-belke-spork.de

Bauernhof Erlebnis ...hier können Sie was erleben!

Nordrhein-Westfalen
52 Sauerland

Nordrhein-Westfalen
Sauerland 52

F**** Hof Heite

Wie wär's mit einem Urlaub auf unserem kinderfreundlichem Ferienhof mit Ponys und vielen Streicheltieren? Wir bieten Brötchenservice, kostenloses Ponyreiten, Bolzplatz, Spielplatz mit Gartentrampolin, Spielscheune mit Kinderfahrzeugen, Aufenthaltsraum mit Kicker, Billard, Tischtennis und viel Platz zum Toben. Sie wohnen in komfort. und liebevoll eingerichteten FeWos, u. a. mit Sat-TV, WLAN, Spülmaschine und Mikrowelle. Die FeWos sind Baby und Kleinkindgerecht ausgestattet, 2 sind behindertengerecht. Bei uns ist immer was los: Ponyreiten, Bastelvormittage, Treckerfahrten, Waffeln- und Stockbrotbacken, Kinderdisco u.v.m. ab 34,- Euro

Altenilpe 6 • 57392 Schmallenberg-Altenilpe
Tel. 0 29 71 - 8 64 47 • Fax 0 29 71 - 8 66 69
info@hof-heite.de • www.hof-heite.de

F**** Familie Hester

Dümpelhof

Ein Ferienparadies für große und kleine Gäste! Unser Ferienhof ist eingebettet in Wiesen und Wälder und liegt abseits befahrener Verkehrsstraßen. Ganz viel Platz zum Toben und Spielen, Spielplätze, Tischtennis, Basketball, Kicker, Trampelgokarts, Bobbykars, großes Trampolin, Trettrecker.
Viele Tiere: Haflinger, Ponys, Ziegen, Schweine, Kaninchen, Hühner, Hofhund Berry und Frieda, große Spielscheune.
Stockbrotbacken, Traktorfahrten, geführte Natur- und Walderlebniswanderungen u.v.m. Brötchenservice.
8 Fewo für 2 bis 6 Pers. 50 - 75 qm.

Dümpelhof 1 • 59939 Olsberg-Wulmeringhausen
Tel. 02962/1265 • Fax 02962/802356
www.duempelhof.de • info@duempelhof.de

F**** Ferienbauernhof Voß

ÖKOLOGISCHER LANDBAU

Glückliche Kinder - erholte Eltern?! Vergessen Sie den Alltag auf unserem Bio-Bauernhof eingebettet im Uentroptal. Wir stellen Ihnen 3 komfortabel eingerichtete Fewos zur Verfügung. Hofeigener Spielplatz, großes Trampolin, Kühe, Pferde, Ziegen, viele Kleintiere zum Streicheln. Trampeltrecker, Kicker, Kettcars, geführtes Reiten, Kutsch- und Traktorfahrten, Kühe melken uvm. bringen Spaß für Groß und Klein. Plätzchen zum Relaxen, Klön- oder Grillabende, markierte Wanderwege, ausgedehntes Radwegenetz. Im Winter direkte Nähe zu den Skigebieten für Ski- und Schlittenfahrten.

Uentropstr. 12 • 57392 Schmallenberg-Lenne
Tel. 02972/5500 • Fax 02972/921659
info@ferienbauernhof-voss.de
www.ferienbauernhof-voss.de

Nordrhein-Westfalen
52 Sauerland

F*** Birkenhof Ferienwohnungen & Landcafé

Landurlaub. Erleben Sie Urlaub auf einem Ferienhof mit Landcafé. Kleintiere, Ponys und Pferde, Reiten auf eigenem Reitplatz, Ausritte durch Wiesen u. Felder direkt ab Hof. In kindersicherer Umgebung haben Ihre Kleinen Spaß beim Toben auf dem Spielplatz oder im Baumhaus, beim Gokart, beim Versorgen der Tiere, bei Grill u. Spielnachmittagen. Basteln, Kickern, Tischtennis, Billard etc. Sie wohnen in familienfreundlichen modernen Fewos, alle mit 2 Schlafz. Dusche/WC, Wohnraum, Sat-TV, Küche und überdachter Terrasse zum Garten, mit Blick auf die Sauerländer Berge. Wanderwege, attraktive Ausflugsziele, Schwimmbäder, Badeseen. Loipen und Skilifte in unmittelbarer Umgebung. Frühstück, hausgemachter Kuchen und Snacks im eigenen Café. Hausprospekt.

Heustraße 19 • 57392 Schmallenberg-Holthausen
Telefon 0 29 74/2 49 • Telefax 0 29 74/2 19
post@birkenhof-nowicki.de • www.birkenhof-nowicki.de

F**** Ferienerlebnis auf dem Gerwenshof

Im romantischen Sorpetal, im Bundesgolddorf Niedersorpe unweit von Schmallenberg und Winterberg bieten wir Ihnen neben Reiten, Matschkuchenbacken auch die Möglichkeit, Tiere aus nächster Nähe zu sehen z.B. unsere Häschen, Hühner, Esel, Schafe, Ziegen, die Hunde Molly und Sandy usw. Ebenso ist der Bolzplatz, Tischtennis und der Ententeich direkt am Haus. Oder ihr fahrt mit unseren Berg-Gocarts, Roller, Trampeltrecker usw. auf unserem Hof herum. Wenn das Wetter dann mal nicht so mitspielt, stehen Ihnen unser Spielraum, das Solarium und klimaline Sauna zur Verfügung. Die Fewos sind baby u. kleinkindgerecht und für 2-8 Pers., auch behindertengerecht ab 52.- Euro incl. Kurtaxe, Bettwäsche + Endreinigung. Hausprospekt.

57392 Schmallenberg–Niedersorpe 7
Tel. 0 29 75 / 89 24 • Fax 0 29 75 / 13 83
www.gerwenshof.de • info@gerwenshof.de

F**** Ferienwohnung Familie Vogt

Bewirtschafteter Bauernhof mit Milchkühen, Pferd, Ponys, Kleintieren, Kinderspielplatz, Liegewiese, Neue u. bes. kinderfr. ausgestattete Fewos. 50-70 m² 2-5 Personen, Spielräume vorhanden. Familienfreundlich. Aufenthaltsraum mit Kamin. Abseits der Hauptstraße, Waldnähe. 1,5 km von der Kernstadt Schmallenberg. Hausprospekt anfordern.

Obringhausen 7 • 57392 Schmallenberg
Tel. 0 29 72 - 65 25 • Fax 0 29 72 - 92 13 25
bauernhof-vogt@t-online.de • www.bauernhof-vogt.de

Nordrhein-Westfalen
Sauerland 52

F*** + F**** Ferien-Bauernhof Bernd Stratmann

Abwechslungsreicher Urlaub auf dem kinderfreundlichen Bauernhof mit vielen Tieren: Kühe, Ponys, Zwergziegen, Kaninchen. Sechs Top-Ferienwohnungen, teilweise mit Balkon, von 55 qm - 80 qm für 2-7 Personen. Eine Ferienwohnung ist behindertengerecht eingerichtet. Aufenthaltsräume, Hobbyraum, Liege- und Spielwiese, Spielscheune mit großem Trampolin, Terrasse, Grillmöglichkeit und Brötchenservice. Hausprospekt anfordern. Ruhige Lage am Ortsrand in Waldnähe. FeWo ab 40,- € p. Tag.

Vom Gast empfohlenes Haus

Kirchilpe 3 • 57392 Schmallenberg
Tel. 0 29 71 - 8 62 85 • Fax 0 29 71 - 8 77 07
info@fwstratmann.de
www.fwstratmann.de

F*** + F**** Ferienwohnungen Kastanienhof Mertens

3 hochwertige und liebev. einger. Nichtraucher Fewos mit 2 bzw. 3 Schlafzimmern, separat. WC, Tel., Spülmaschine, große Liege- u. Spielwiese mit vielen Spielgeräten wie Schaukel, Rutsche Spielhaus, Kletterwand, Tischtennis, Basketballkorb, Dart, kostenloses Reiten, Traktortouren, etc., überdachte Terrasse, Freizeitraum, Billard, Kicker. Im Spielstall könnt Ihr Kinder mit Schaukel, Rutsche, uvm. spielen und gleichzeitig die Tiere wie Kühe, Pony, Zwergziegen, Kaninchen, Meerschweinchen beobachten, füttern u. pflegen. Kinderfahrzeuge vorhanden. (Waschmaschine und Trockner) Zentral und ruhig in ländlicher Umgebung mit Blick auf Berg und Tal. 36,- - 65,- Euro pro Tag - Hausprospekt auf Anfrage!

Jagdhauser Str. 4 • 57392 Schmallenberg-Fleckenberg
Tel. 0 29 72 - 4 81 00 • Fax 0 29 72 - 92 08 18
urlaub@kastanienhof-sauerland.de
www.kastanienhof-sauerland.de

F**** Ferien-Bauernhof Reiner Heuel

Erlebnisr. Urlaub auf einem Bauernhof mit Pferden, Ziegen, Kaninchen, Hühnern, Katzen u. Hund. Komf.-FeWos für 2-6 Pers. Baby- und kleinkindgerecht ausgestattet. 2 Schlafzi., Balk., Tel., Sat-TV, Aufenthaltsr. m. Kachelofen, Spielraum m. Flipper, Kicker u. Computer, großes Gartentrampolin, rägl. Reiten. Großz. Gartenanl., Ter., Grillpl., Spielscheune mit Kletterwand, Tischtennis, Kinderspielpl., Beach-Volleyball, Matschecke, Baumhaus, Reitplatz. Stockbrot am Lagerfeuer, Waffelbacken, Kutsch- u. Traktorfahrten. Aktionen für Groß und Klein. Brötchenservice. Hausprospekt. Ruhige Lage am Wald im Feriendorf Altenilpe.

Altenilpe 14 • 57392 Schmallenberg-Altenilpe
Tel. 0 29 71 - 8 64 91 • Fax 0 29 71 - 8 70 02
ferienhof-heuel@ferienhof-heuel.de • www.ferienhof-heuel.de

Nordrhein-Westfalen
52 Sauerland

F**** Landerlebnishof Schmidt-Mühle
Erholsamer Urlaub in 6 neuen FeWo's sowie gemütl. Zi. mit Du/WC, TV auf Wunsch, Haustiere gerne. Gutb. Küche, Aufenthaltsr. mit TV und Kamin. ÜF od. HP möglich, auch veget. Liegew., Sonnenter., Spiel- u. Tischtennisr., Spiel-Heuboden, Pferd, Ziegen, Streicheltiere. Geführtes Reiten am Hof gratis, SauerlandBAD 300m, Kleinstadtangeb. zu Fuß mögl. Ideal für Fam. u. Grp.
57392 Schmallenberg-Bad Fredeburg • Leißestraße 1
Tel. 0 29 74/93 99-05 • Fax 0 29 74/93 99-06
info@schmidt-muehle.eu • www.schmidt-muehle.eu

F**** Bauernhof Gördes
In malerischer Lage im Bundesgolddorf Oberhenneborn, abseits vom Verkehr, erwartet Sie der Ferienhof Gördes. Ein richtiger Bauernhof m. v. Tieren zum Beobachten, Streicheln und Füttern. Beim Kühe melken zuschauen, Ponyreiten, Traktorfahren, Spielscheune mit Heuboden, Trimm-Raum, Kinderspielpl. Stockbrot am Lagerfeuer, Grillmöglichkeit, Planwagenfahrt, Waffelbacken und andere Aktivitäten. 4 komfort. FeWos, Brötchen- Service
57392 Schmallenberg-Oberhenneborn • Zum Hömberg 11 • Tel. 0 29 71/8 72 64
Fax 8 60 34 • info@bauernhof-goerdes.de • www.bauernhof-goerdes.de

F**** FeWo's Heumes Hof
4 Komfort-FeWos bis 6 Pers. Sauna u. Sonnenbank. Grillfeste im Hof u. am Lagerfeuer auf der Reitwiese. Ponyreiten im Gelände u. auf dem Reitplatz. Wochenendpauschale auf Anfr. Kinderbetreuung. Lifte u.Loipen in der Nähe, Streichelzoo. Übern. im Heu. Ausgangspunkt für Wanderungen.Zentr., ruhige Lage im Bundesgolddorf Oberhenneborn.
Zum Kreuz 2 • 57392 Schmallenberg-Oberhenneborn
Tel. 0 29 72 - 96 24 29 morgens • Tel. 0 29 71/8 60 18
Handy-Nr. 0170-1 85 69 77
www.heumeshof.de • heumes-hof-ferienwohnungen@t-online.de

F**** P*** Ferienhof Schade
Die ruhige Lage am Wald bietet Erholung u. Abwechslung für Groß u. Klein. Ponys freuen sich auf fügl. Pflege u. kostenl. Ausritte. Katzen, Kaninchen, Schafe u. Hofhündin „Anka" warten auf Euch. Kühe u. Kälbchen auf den Wiesen am Hof. Spielen auf dem Heuboden, Spielplatz, Kinderfahrz. Grillbak. Stockbrot backen u. Treckerf. Gemütl. Fam. Zimmer mit DU/WC, teilw. Südbalkon. Neue FeWos f. 2-6 Pers. sowie gemütliche Familienzimmer mit DU/WC, teilw. Südbalkon, HP wird mit eigenen Produkten ergänzt. Spiel- u. Aufenthaltsr. m. TV. Hausprospekt
59889 Eslohe-Obermarpe 3 • Tel. 02973/3778 • Fax 3747
www.hof-schade.de • E-Mail: info@hof-schade.de

P*** Pens. Haus Wilmes Hof
Ferienhof in romant. Südhanglage des Sorpetals. Bauernhof live: mit unseren Tieren den Milchkühen, Pferden, Schweinen, Pony, Esel, Kaninchen, Ziege Bärbel,Schaf Willi u. Hund Lissy. Grillhütte u. Angelreich. Wir verwöhnen Sie mit eigenen Produkten bei ÜF 26,- Euro /HP 36,- Euro. Kinderermr. Alle Zim. mit DU/WC. Teeküche, Frühstücksraum u. sep. Fernseh-, Aufenthaltsr., Spielraum u. Sauna. Hausprospekt.
Mittelsorpe 2 • 57392 Schmallenberg
Tel. 0 29 75 - 5 76 • Fax 0 29 75 - 80 92 22
info@wilmeshof.de • www.wilmeshof.de

F*** + F**** Ferienhof Richard
Einzelhoflage ohne Durchgangsverkehr. 5 FeWo, 2 - 6 Pers, 45 - 120 m², BK, 34,- bis 60,- €, KB, TV, Trockner, Waschmaschine. Grillplatz, Terrasse, großes Trampolin, Spielplatz, Spielscheune, Backes, Grünland-/Forstbetrieb, Milchkühe, Hühner, Gänse, Haflinger, Ziegen, Pony, Hund, Katzen, Kaninchen, gute Rad- und Wandermöglichkeiten. Wir freuen uns auf ihren Besuch!
57368 Lennestadt/OT Petmecke • Haus Pettmecke 2 • Tel. 0 27 21/1 22 95
oder 29 25 • info@bauer-richard.de • www.bauer-richard.de

Nordrhein-Westfalen
52 Sauerland

F**** + F***** Ferienhof & Camping "Zur Hasenkammer"

Viel Spaß für kleine und große Entdecker bietet unser, in unberührter Natur eingebetteter Ferienhof, Spielscheune mit Heidischaukel und Tarzanseil, Klettern im Stroh, Spielraum mit Tischtennis, Kicker, Spiel- und Malecke, ... Bolz- und Spielplatz mit Trampolin, Seilbahn, Sandkiste, Gokarts, Trampeltrecker, Bobbycars, Ponyreiten, Walderlebnistouren, Planwagenfahrten, Lagerfeuer mit Stockbrot, Grillabende, Fackelwanderungen, Naturweg mit Barfusspfad und spielen am Bach, zuschauen beim Melken oder mithelfen beim Kälberfüttern. Kaninchen, Meerschweinchen, Hühner, unsere Ziege Fienchen und Meckie unser Schaf, freuen sich genauso auf euch wie wir. 5 liebevoll eingerichtete, komfortable Ferienwohnungen mit Balkon oder Terasse, für 2 - 6 Personen, 40-80 qm und 1 App. 35 qm mit Balkon, Preis 50 bis 105 €; inkl. Brötchen, Milch und Eier, auf Wunsch Frühstück 8 €/Person, Kinder bis 7 Jahre 4 €

Campingplatz mit neuen Sanitäranlagen, 30 Stellplätze mit Stromanschluss, teilweise mit Wasser- und Abwasseranschluss, Preis für 2 Erwachsene im Zelt ab 18 €, inkl. Strom und Wasser sowie Brötchen, Milch und Eier. Nur wenige Gehminuten von unserem Ferienhof befindet sich der Center Park mit dem Südseebadeparadies, Sauna und Solarium, Tennis, Squash,...

Familie Schmidt · Hasenkammer 4
59964 Medebach
Telefon 0 29 82 / 83 02 · Fax 0 29 82 / 2 15
www.ferienhof-hasenkammer.de
info@ferienhof-hasenkammer.de

Nordrhein-Westfalen
Sauerland 52

F*** Haus Steimel

Auf unserem bewirtschafteten Bauernhof direkt am Waldesrand, in Einzellage gelegen, werden Sie sich wohlfühlen und vor allem ländliche Natürlichkeit und Herzlichkeit genießen. Damit Sie herrlich ausspannen können, finden Sie bei uns: Sonnenterrasse, Spielplatz, Kinderfahrzeuge, Spielscheune, Grillmöglichkeit, Pferde (Reitmöglichkeit), Kühe, Hühner, Hund und noch einiges mehr. Hausprospekt.

57392 Schmallenberg-Kirchrarbach
Telefon 0 29 71/8 71 18 oder 8 73 59
Fax 9 08 1 22 · Handy 0160/8073519
www.haus-steimel.de · margit.lumme@t-online.de

F*** + F**** Sonnenhof Pulte

Unser Hof liegt idyllisch am Waldrand, mit einem weiten Blick in das wunderschöne Repetal. Hier können Sie die Natur in Ihrer ursprünglichen Art erleben und genießen. Wir laden Sie herzlich ein, abwechslungsreiche oder ruhige Urlaubstage bei uns zu verbringen. Einzelhof, Ferienwohnung mit Terrasse, Sat-TV, Parkplatz, Grillplatz, Spielplatz, Liegewiese, vielseitig bewirtschafteter Bauernhof, Pferde, Ponys, Milchkühe, Kälber, Kaninchen, Geflügel, Hund, Katze, Reiten, Reithalle, Gastpferdeboxen, Mitarbeit möglich, Hausprospekt.

Klaus Pulte · Zum Sonnenberg 35
57439 Attendorn · OT Helden
Telefon 0 27 22 / 83 54 · Fax 0 27 22 / 63 75 64
www.pension-pulte.de · pension.pulte@t-online.de

BITTE BEACHTEN SIE:

- Zimmer mit Balkon od. Terrasse
- Hallenbad
- Waschmaschine
- Kreditkarten akzeptiert
- Fernseher im Zimmer
- Haustiere erlaubt
- Angeln
- Kindergerecht
- Bar im Zimmer
- Lift
- Aussenschwimmbad
- PA Pauschalangebote
- Radio im Zimmer
- Nichtraucher-Zimmer
- Garten-Liegewiese
- Radler willkommen
- Motorradfahrer willkommen
- Einrichtungen für Behinderte
- Golfplatz
- Telefon im Zimmer
- Sauna
- Skilift
- Fitnessraum
- Solarium
- A Allergiker-Zimmer

Nordrhein-Westfalen
52 Sauerland

Aktionswochen im Schmallenberger Kinderland
Schwimmen, Skifahren, Kinderbetreuung

Neu!

Schwimm-Kurs
25 m schwimmen, in schultertiefem Wasser tauchen und vom Beckenrand springen. Das lernen Kids ab 3 Jahren bei uns ganzjährig. Und zwar in Begleitung ihrer Eltern für 6 € pro Kind und Unterrichtsstunde. Eintritt 3 € pro Person, Zuschauer gratis.

Ab auf die Bretter ...
... heißt es von Dezember bis Mitte März im beschneiten Skizentrum Sellinghausen. Nach 18 Unterrichtsstunden an sechs Tagen kommen kleine und große Skipioniere hier sicher und schwungvoll den leichten bis mittelschweren Hang hinunter. Kosten: pro Tag: 8 € pro Kind und 11 € pro Erwachsene. Leihausrüstung nach Absprache.

Kinderbetreuung*****
Urlaub mit den Kindern ist einfach klasse, aber mal ein paar Stunden alleine die herrliche Landschaft mit all seinen Facetten zu erkunden, wäre doch auch traumhaft, oder? Unsere Lösung: die 5-Sterne Kinderbetreuung in Thikos Kinderland, einem wahren In- und Outdoor-Paradies für Kinder ab 3 Jahren. 22. - 26.03.2010, 19. - 23.04.2010 und 25. - 29.10.2010

Rechtzeitig buchen
Sie wollen mitmachen? Dann sprechen Sie mit Ihrem Kinderland-Gastbetrieb: Der informiert Sie über die genauen Uhrzeiten, Anmeldefristen, Örtlichkeiten etc. und kümmert sich um alles Weitere.

Diese Angebote sind bei allen Kinderlandbetrieben buchbar!

Nordrhein-Westfalen
Sauerland 52

Dafür steht Kinderland
- unsere Vorteile auf den Punkt gebracht -

Kein Risiko
· Kinder werden kurzfristig krank - das wissen wir. Deshalb können Sie auch kurzfristig von Ihrer Reise zurücktreten und innerhalb eines Jahres nachholen.

Im Notfall versorgt
· Kinderarzt und Krankenhaus sind bei uns rasch erreichbar.

Natur + Tiere = Bauernhof
· Bei uns lernen Sie und Ihre Kinder den Bauernhof so richtig kennen. Melken, Ausmisten, Tiere im Stall erleben.

Die Eltern haben Ausgang
· Abends ausgehen dank Babysitterservice? Herzlich gerne! Auf Wunsch füllen wir auch vor Ihrer Ankunft Ihren Kühlschrank.

Eierkuchen backen und Zwergenwanderung
· Ob Treckerfahrt, Erlebniswanderung, Biotoperkundungen oder Milchstraße - der Aktionskalender sorgt für viel Spaß und Abwechslung.

Reisebetten und Babypaket
· Wollen Sie einen Buggy, ein Reisebett, Flaschenwärmer, Herdschutzgitter oder Babyfon ausleihen? Alles da - auch Windeln halten wir für Ihre Kleinen bereit.

Land in Sicht
· Unsere Bauernhöfe bieten genügend Platz für Kinder zum Spielen und zum Erkunden.

Allergien
· Haben Sie ein allergisches Kind, dann sind Sie bei uns richtig. Wir haben speziell für Allergiker eingerichtete Zimmer.

Natürlich ist Behinderung kein Hindernis
· Wir haben auf einigen Höfen rollstuhlgerechte Zimmer u. Wohnungen. Selbstverständlich spielt Ihr geistig- oder körperbehindertes Kind mit in unseren Gruppen.

Die Sicherheit wird bei uns groß geschrieben
· Von Steckdosensicherung bis Treppengitter. Wir achten darauf, dass Ihre Kinder ohne Gefahr spielen und toben können.

Kostenlose Informationen und Tipps erhalten Sie unter folgender Adresse

Ferien Service
Schmallenberger Kinderland
Poststr. 7 · 57392 Schmallenberg
Tel. 08 00 - 0 11 41 30
Tel. 0 29 72 - 97 40 - 0
Fax. 0 29 72 - 97 40 - 26

www.schmallenberger-kinderland.de
info@schmallenberger-sauerland.de

Nordrhein-Westfalen
52 Sauerland

Schmallenberg

🚶 40 km 🚆 20 km

Wanderwelt Schmallenberger Sauerland: Das wahre Land der 1000 Berge, ausgeschilderte Wanderwelt, Mountainbike-Arena, Frei- und Hallenbäder, Hochseil-Klettergarten, Schneeschuhwandern, Wellnessangebote, Saunalandschaft, alte Besteckfabrik, Schieferbergbau- und Heimatmuseum, Puppenmuseum, Erlebnismuseum, Kinderferienprogramm, Stadtführungen, Erlebnis- und Abenteuerwege, Wochenmärkte.

Infos unter: Kur- und Freizeit GmbH
Tel. 02972 - 97400 oder www.schmallenberger-sauerland.de

siehe große Landkarte: E 11

27285_1   F***

Bauernhof Beste***
Beste, Franz Georg
Stationsweg 12
57392 Schmallenberg,
OT Dorlar
Tel. 02971 - 86124
Fax 02971 - 908330
info@bauernhof-beste.de
www.bauernhof-beste.de

Erleben Sie Familienurlaub in kinderfreundlicher Umgebung! Auf unserem Bauernhof können Kinder spielen (Eltern faulenzen), beim Kühemelken zusehen, Eier suchen, Ponys reiten, den Hofhund kraulen … Die idyllische Südhanglage, inmitten von Weiden, lädt zum Wandern ein. TT, Spiel- und Grillplatz, Hausprospekt!

Anzahl	Art	qm	Personen	Preis
4	FeWo	50-60	2-4	ab 38,00 €

siehe große Landkarte: E 11

267709_1   F***

Fronenhof***
Schumacher,
Bernadette u. Ludger
Graf-Gottfried-Straße 37
57392 Schmallenberg,
OT Bödefeld
Tel. 02977 - 1230
Fax 02977 - 709382
info@fronenhof.de
www.fronenhof.de

Milchviehbetrieb am Ortsrand, waldnah, Liegewiese mit Spielplatz, Kinderfahrzeuge, TT, Streicheltiere, Mithilfe möglich, Brötchenservice, Hausprospekt. 2 Ferienwohnungen mit D/WC, Geschirrspüler, Sat-TV, Bettwäsche und Handtücher ab 3 Übernachtungen.

Anzahl	Art	qm	Personen	Preis
2	FeWo	55-65	2 - 4	ab 34,00 €

Hallo, kleines Schweinchen!

Das kleine Ferkel hat jede Menge Spaß auf dem Bauernhof. Es suhlt sich im Matsch und versucht den Schmetterling zu fangen. Mit der kuscheligen Fingerpuppe kann man all seine kleinen Abenteuer miterleben.

Ab 12 Monaten, 16 Seiten   **7,95 €**

Nutzen Sie die Bestellkarte auf der letzten Seite!

Nordrhein-Westfalen
Sauerland 52

Landgasthof Vollmer-König

Gastronomie mit gutbürgerlicher Küche und Café. Gästeabholservice vom nächsten Bahnhof. Hervorragendes Wander-, Mountainbike- und Skigebiet.

Das bietet unser Haus:
Hallenbad (28°C), Sauna, Solarium, Liegewiese, Aufenthalts- und Spielraum.

Der kinderfreundliche Familienbetrieb im Schmallenberger Sauerland.

Bitte fordern Sie unseren Hausprospekt an.

Wir bieten Einzel-, Doppel- und Mehrbettzimmer.
ÜF 31,- € · HP 39,- € · VP 44,- €
Ferienwohnungen von 2-5 Personen teilweise mit Balkon
60,- € incl. Endreinigung.
Pauschalangebote:
5-Tage-Fitnesswoche, Wander-, Mountainbike- oder Reiterwoche

Kinder-Ermäßigung, Kinderbetten, eigene Landwirtschaft, Zwergponys, Ponys, Pferde, Schweine, Kaninchen, Ziegen und Hühner.

Wir freuen uns auf Ihren Besuch
Familie Vollmer-König

Hochstraße 1 · 57392 Schmallenberg-Holthausen
Telefon (0 29 74) 3 21 · Telefax (0 29 74) 3 25
www.vollmer-koenig.de · kontakt@vollmer-koenig.de

76188_52

Gasthof Voss
„Im Arpetal"***
Voss, Heinrich
Arpe 10
57392 Schmallenberg
Tel. 02971 - 86971
Fax 02971 - 86132
gasthof-voss@t-online.de
www.gasthof-voss.de

Wir heißen Sie herzlich willkommen in u. Gasthof inmitten der Ferienregion Schmallenberger Sauerland. Gemütl. Komfort-Zimmer mit D/WC, Sat-TV. Leckere Spezialitäten aus der Region u. saisonale Gerichte werden stets frisch zubereitet. Die Hausschlachtung garantiert schmackhaftes Fleisch, die Forellen fangen wir für Sie aus unseren hauseigenen Forellenteichen. Bundeskegelbahn!

Anzahl	Art	qm	Personen	Preis
5	Zi.	22-30	1-4	ab 27,00 €

265519_1 ***

Malen und Spielen mit Freddi

Riesen-Lese- und Spielespaß für kleine Bauern! In dem DIN-A3-Block finden Sie zwei verschiedene Malvorlagen und drei lustige Spiele zum Ausmalen. Jedes der fünf Motive gibt es viermal, so dass sich alle Kinder/Freunde gemeinsam vergnügen können, ohne Streit und Ärger.

5,00 €

Nutzen Sie die Bestellkarte auf der letzten Seite!

Nordrhein-Westfalen
52 Sauerland

Sundern

🚶 15 km 🚉 12 km

Sundern liegt im Naturschutzgebiet und hat viele ausgeschilderte Rad- und Gehwege rund um den Sorpesee, Museen: Alte Kornbrennerei, Heinrich-Lübke-Haus, Heimatmuseum, Kultur: Kunstsommer, Waldlehr- und Erlebnispfad, Geschichtswanderweg, Stadtfest im September, Laternenmarkt im November, wöchentlicher Markt in der Fußgängerzone.

Infos unter: Stadtmarketing Sundern eG
Tel. 02933 - 979590 oder www.sundern.de

Haflingerhof
***
Herzlich willkommen

www.wiethoff-huester.de

Unser Hof liegt am Ortsrand von Meinkenbracht, direkt am Wald, mit herrlichem Weitblick, in ruhiger Lage. Zahlreiche ebene und gut begehbare Wander- und Rundwanderwege umgeben den Hof.

Wir bewirtschaften einen Milchvieh- und Forstbetrieb. Bei uns leben Kühe und Kälber, Pferde und Esel Rosi, Ziegen, Kaninchen und ein Hund.

Es erwarten Sie geräumige im Landhausstil neu eingerichtete Gästezimmer. KE KB
7 DZ mit Du/WC, 1 DZB, 3 EZB

Übern./Frühst. 24,00 €
Halbpension 30,00 €
Vollpension 34,00 €

In unserem großen Garten mit Liegewiese und Grillplatz steht ein Gartenhaus für Spiel und Feier. Wir bieten unseren Gästen Tischtennis, Planwagenfahrten mit Kaffee und Kuchen, Grillfeste und Waffelnachmittage sowie Reiten und Kutschfahrten für Kinder. Alle Aktivitäten des Hofes werden kostenlos angeboten. In unserer Küche werden auch frische Produkte aus eigener Landwirtschaft verwendet.

Familie Wiethoff-Hüster
Im Senkel 2 · 59846 Sundern
Telefon   (0 29 34) 3 43
Telefax   (0 29 34) 77 93 60
wiethoff-huester@t-online.de
www.wiethoff-huester.de

Nordrhein-Westfalen
Sauerland 52

Werdohl
⛪ 3 km 🚂 Werdohl

Werdohl liegt in einer Mittelgebirgslandschaft. Sie ist durchzogen von Wanderwegen und Radwegen. Wenn es die Werdohler nicht in die freie Natur zieht, gehen sie ins Freibad, Hallenbad oder auch mal zum Minigolf. Am Wochenende findet man die Jugend auf dem Fußballfeld, Beachvolleyballfeld, in der Streetsocceranlage und manchmal auch im Kulturring (Theatervorstellungen). Kultursommer (Veranstaltungen im Freien), Stadtmuseum, Spielplatz, kreativer Hobbykreis, Stadtfest, Weihnachtsmarkt.

Infos unter: Stadtverwaltung Werdohl
Tel. 02392 - 917232 oder www.werdohl.de

Ferienhof Repke***
Hurst, Birgit
Repke 3
58791 Werdohl
Tel. 02392 - 507700
Fax 02392 - 5077022
info@ferienhof-repke.de
www.ferienhof-repke.de

Einzelhof am Ortsrand in Waldnähe. Der bewirtschaftete Grünland- und Forstbetrieb mit allen Tierarten hat Ponyreiten, Kutsch- und Planwagenfahrten anzubieten. Mitarbeit ist möglich.
Im Bauerncafé können Sie sich bei Kaffee und hausgemachten Kuchen verwöhnen lassen. Hausprospekt!

Anzahl	Art	qm	Personen	Preis
7	FeWo	35-60	2-5	ab 35,00 €

219680_1   F**/***

Ferienhof Sönnecken***
Sönnecken, Dietrich
Hinterbrenge 61
58791 Werdohl,
OT Hinterbrenge
Tel. 02392 - 2463
Fax 02392 - 4248
info@ferienhof-soennecken.de
www.ferienhof-soennecken.de

Einzellage in waldreicher Umgebung, kompl. eingerichtete Ferienwohnungen, Spielscheune, Spielplatz, Kettcars, Tischtennis, Rinder, Pony, Esel, Ziegen, Schweine, Kaninchen, Hühner, Preise pro Übernachtung inkl. Bettwäsche u. Endreinigung, Sonderregelung bei Kurzurlaub, Heizkosten nach Verbrauch, Hausprospekt.

Anzahl	Art	qm	Personen	Preis
7	FeWo	40-60	3-5	ab 37,00 €

76171_1   F**/***

Genießer-Urlaub

„Urlaub beim Winzer" lädt Sie zu genussreichen Tagen in Deutschlands schönen Weinregionen ein. Wählen Sie aus über 100 Winzerhöfen Ihr Feriendomizil aus.

12,90 €

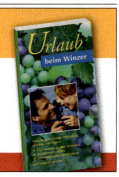

Nutzen Sie die Bestellkarte auf der letzten Seite!

Nordrhein-Westfalen
52 Sauerland

Winterberg

🚶 20 km 🚉 Winterberg

Ferienwelt Winterberg - wo das Sauerland am höchsten ist. Naturschutzgebiet Hochheide, Niedersfeld mit Wanderparadies. Land der tausend Berge mit vielen Tälern, Quellen und Flüssen. Bike-Arena Sauerland mit 1.700 km ausgeschilderten Bikestrecken, Wellnessangebote, Schützenfeste, Bob- und Rodelbahn, Bowlingbahn, Freizeitpark Fort Fun 15 km, Kartoffelbraten nach alter Väter Sitte. Osterfeuer.

Infos unter: Touristinformation Winterberg
Tel. 02981 - 2500 oder www.winterberg.de

Bürger's Hof****
Huhne, D. und A.
Hoheleye 3
59955 Winterberg,
OT Hoheleye
Tel. 02758 - 275
Fax 02758 - 350

info@buergers-hof.de
www.buergers-hof.de

Einzelhof am Südhang des Kahlen Asten, am Rothaarsteig (dem Weg der Sinne) gelegen, stilvolles Fachwerkhaus aus dem Jahre 1713 mit alter bäuerlicher Wohnkultur, Hausprospekt, Ferienwohnungen mit KB, Telefon und TV, ökologisch bew. Grünland, Forstwirtschaft, Pferde, Ponys, Kühe, Hühner, bek. Wintersportgebiet.

75942_1 F****

Anzahl	Art	qm	Personen	Preis
2	FeWo	120	1-5	ab 20,00 €

Urlaub mit Pferden

Deutschlands größter Reiter-Reiseführer für den Urlaub mit Pferden. Für Reit-Profis, solche, die es erst noch werden wollen, Anfänger, Erwachsene und Kinder finden sich gleichermaßen viele Angebote.

12,90 €

Nutzen Sie die Bestellkarte auf der letzten Seite!

Genießer-Urlaub

Genuss, Qualität und Frische gepaart mit frischer Landluft und herzlichen Menschen, das ist es, was Sie mit diesem Reiseführer kennen lernen.

12,90 €

Nutzen Sie die Bestellkarte auf der letzten Seite!

Nordrhein-Westfalen
Eifel & Region Aachen 53

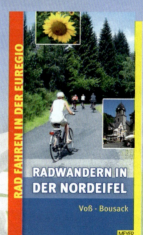

Nordrhein-Westfalen
53 Eifel & Region Aachen

Kall
🚶 8 km 🚆 4 km

Der Duft der großen weiten Welt riecht hier nach Wiesenblumen und frischem Heu, nach Kartoffelfeuern und Pfifferlingen, nach Pfingstrosen - und auf dem nahe gelegenen Nürburgring auch mal nach Benzin.

Infos unter: Eifel-Tourismus
Tel. 06551 - 96560 oder www.eifel.info

Scheidhof****
Jakobs, Elisabeth u. Hermann J. Diefenbach
53925 Kall
Tel. 02441 - 5164
Fax 02441 - 777998   scheidhof.farm@t-online.de

Der Grünlandbetrieb mit Milchkühen, Kälbchen, Hunden, Katzen und 2 Pferden liegt ruhig gelegen als Einzelhof in Waldnähe. Unser Hof ist zentral gelegen für Wanderungen und Tagestouren zu den Sehenswürdigkeiten der Eifel. Nähe Nationalpark Nordeifel, Sat-TV, Liegewiese, sep. Eingang, Hausprospekt, freier Blick auf die herrliche Landschaft.

Anzahl	Art	qm	Personen	Preis
1	FeWo	90	2-7	ab 46,00 €

267506_1   F****

Mechernich
🚶 3 km 🚆 2 km

Mechernich hat alles, was Sie brauchen. Am Rande des Nationalparks Eifel bieten sich Natur und Erholung, ebenso Sport und Unterhaltung. Kombinieren Sie beispielsweise Nordic Walking auf einer eigens dafür vorbereiteten Strecke mit einem Besuch des Rheinischen Freilichtmuseums in Kommern. Der Nationalpark am Ruhrstausee liegt in Fahrrad-Entfernung. Das Wochenende verbringen in Mechernich nicht wenige ausgebrannte Großstädter aus dem Umland (Reichweite bis nach Düsseldorf).

Infos unter: Touristik-Agentur Mechernich e.V.
Tel. 02443 - 49251 oder www.mechernich.de

Margarethenhof****
Schröder, Toni
Virnicher Str. 3
53894 Mechernich/Eifel
Tel. 02256 - 7126
Fax 02256 - 950526   Landurlaub@margarethenhof.info
www.margarethenhof.info

Landhaus-Ferienwohnungen mit sep. Eingang in ehemaligem Bauernhof, TV, Telefon, 3300 qm Grundstück mit Liegewiese, Teich, Grillhütte, 14 Fahrräder, Spielwiese, TT, Parkplatz, Sauna, Waschm./Trockner, Terrasse, Kinderbett. Umgebung: Eifeltherme und Bowling 300 m, Museumsdorf, Nationalpark, Phantasialand, Burgen u. Seen. Brötchenservice. Preisnachlass Nov.-Dez.

Anzahl	Art	qm	Personen	Preis
4	FeWo	55-80	4-6	ab 42,00 €

231948_1   F****

Nordrhein-Westfalen

Köln, Rhein-Erft und Rhein-Sieg-Kreis 54
Bergisches Land 55

Lohmar

Das Gebiet der Stadt Lohmar im Rhein-Sieg-Kreis erstreckt sich über das untere Aggertal. Durch gute Verbindungsmöglichkeiten ist man schnell in Köln, Bonn oder Siegburg. Sehenswürdigkeiten in Lohmar sind zum Beispiel die Burg Lohmar und etwas weiter entfernt die Gammersbacher Mühle und das Schloss Auel. Viele Freizeitangebote wie z. B. ein Golf- und Tennisplatz, Reitmöglichkeiten, Nordic Walking, Fahrradtouren und ein abwechslungsreiches Natur- und Kulturprogramm.

Infos unter: Tel. 02246 - 150 oder www.lohmar.de

Bauerngut Schiefelbusch*****

Trimborn, Albert und Helga
Schiefelbusch 1
53797 Lohmar
Tel. 02205 - 83554
Fax 02205 - 87953
info@bauernlaedchen.de
www.bauernlaedchen.de

Der Bauernhof im Schiefelbusch ist ein idyllisch gelegener, voll bewirtschafteter Hof am Anfang des Bergischen Landes. Unsere neuen FeWo sind kompl. eingerichtet u. ermöglichen einen entspannten Urlaub. Auf dem Hof ist für Abwechslung garantiert: Streichelzoo, Kühe melken, Maislabyrinth, Spielpl., Bouleplatz und einkaufen im Hofladen.

Anzahl	Art	qm	Personen	Preis
3	FeWo	45-85	2-4	ab 30,00 €

364516_1 F****/*****

Radevormwald

Radevormwald „Stadt auf der Höhe" liegt 400 m ü. NN und ist eine der ältesten Städte im Bergischen Land. Zwischen 1309 und 1316 erfolgte die Stadtrechtsverleihung. Die Stadt ist umgeben von mehreren Talsperren und bietet so eine große Auswahl an Wassersportmöglichkeiten. Auch Landratten haben auf ausgeschilderten Rad- und Wanderwegen die reizvollen vielfältigen Möglichkeiten der sportlichen Betätigung. Wald-Wasser-Wolle-Wanderweg mit 20,5 km wurde 2008 zum beliebtesten Rundwanderweg in NRW gewählt. Gute Anreise und auf Wiedersehen in Radevormwald.

Infos unter: Wirtschaftsförderungsgesellschaft Radevormwald GmbH & Co KG, Tel. 02195 - 68922-12 oder www.radevormwald.de

Ferienwohnung Hübel*****

Familie Hübel
Heidt 1
42477 Radevormwald
Tel. 02195 - 8087
Fax 02195 - 599151
h.e.huebel@t-online.de
www.fewohuebel.de

Komfortable Ferienwohnungen in landschaftlich schöner und ruhiger Lage, umgeben von Wiesen und Wäldern. Wir haben Mutterkuhhaltung, Hund, Katze, Hühner und Kaninchen. Ausgangspunkt für viele Aktivitäten.
Wir freuen uns auf Sie. Ihre Familie Hübel.

Anzahl	Art	qm	Personen	Preis
2	FeWo	90-115	2-5	ab 42,00 €

299303_1 F*****

Nordrhein-Westfalen
57 Siegerland-Wittgenstein

Bad Berleburg

Das romantische Kneippheilbad und die liebenswerte Urlaubsregion Bad Berleburg am Rothaarsteig mit seiner rund 750-jährigen Stadtgeschichte liegt inmitten des Naturparks Rothaargebirge, eingebettet in einer der waldreichsten Landschaften der Bundesrepublik. Geführte Wanderungen, Internationale Musikfestwoche auf Schloss Berleburg. Schieferschaubergwerk, Wollmarkt, Wochenmarkt.

Infos unter: Tourist-Information
Tel. 02751 - 9363-3 oder www.bad-berleburg-tourismus.de

Steffes-Hof****
Afflerbach, Jörg
Weidenhauser Straße 8
57319 Bad Berleburg,
OT Weidenhausen
Tel. 02751 - 5516
Fax 02751 - 958582

steffes-hof@web.de
www.steffes-hof.de

Herzlich willkommen in unserer familiär geführten Bauernhofpension.
Erholen Sie sich vom Alltag bei unserer abwechslungsreichen Küche, Planwagenfahrten, Waffelnachmittagen oder beim Angeln im hauseigenen Teich. Für Jung und Alt wird Ihnen hier etwas geboten. Wandern Sie auf dem nahe liegenden Rothaarsteig in die schöne Natur des Sauerlandes.

Direkter Kontakt zu unseren Hoftieren. Genießen Sie unsere hofeigenen Produkte. Die neu eingerichteten Zimmer sind mit D/WC, TV und Internetanschluss ausgestattet.

Kinder-Ermäßigung 25 bis 50 %, Pauschalangebote für Wanderer, Gästeabholung
Fordern Sie unseren Hausprospekt an oder besuchen Sie uns im Internet!

Anzahl	Art	qm	Personen	Preis		
7	Zi.	14-23	1-2	ab 24,00 €	338736_1	P****

Sachen suchen – Bei den Tieren

Großformatige Schaubilder zeigen die heimischen, aber auch die fremden Tiere. Kleine Ausschnitte fordern zum Suchen und Wiederfinden auf. Ein spannender Such-Spaß!

Ab 2 Jahren, 24 Seiten **4,95 €**

Nutzen Sie die Bestellkarte auf der letzten Seite!

Nordrhein-Westfalen
Siegerland-Wittgenstein

Hof Kilbe***
Bauernhof, Pension
Am Kilbe 1
57319 Bad Berleburg,
OT Berghausen
Tel. 02751 - 5409
Fax 02751 - 51279

info@hof-kilbe.de
www.hof-kilbe.de

Urlaub auf Hof Kilbe

Ruhe und Erholung, Natur- und Wandererlebnisse, hofeigene Aktivitäten und Erlebnis-Bauernhof

Zum Erholen: ruhige Lage, gemütliche Aufenthaltsräume, Liegewiese, Terrasse, Solarium, Sauna, reichhaltige Küche, Hausschlachtung, Schonkost.

Zum Erleben: Grillfeste, Planwagenfahrten, geführte Wanderungen, Spielraum, -platz und -wiese, Tischtennis, Reitponys für Kinder, Schweine, Kühe, Katzen, Kaninchen, Hühner, Kinderermäßigung, Kinderbetten, TV, Wanderprogramme, Gästeabholung ab Wohnung.
Zimmer mit D/WC, teils Parterre, teilweise mit Balkon.

Hausprospekt oder Wanderprogramm anfordern.

Wir freuen uns auf Ihren Besuch.
Familie Born und Becker

Anzahl	Art	qm	Personen	Preis		
3	FeWo		2-6	ab 38,00 €		
5	Zi.		1-2	ab 25,00 €	27326_57	F***/**** P***

Pension Schneider-Feige***
Schneider, Heinz
Hof Struthbach 2
57319 Bad Berleburg,
OT Christianseck
Tel. 02750 - 301   info@pension-schneider-feige.de
Fax 02750 - 222896   www.pension-schneider-feige.de

Erholungs- und Erlebnisurlaub auf dem Bauernhof in ruhiger Lage für Jung und Alt. Gepflegte Zimmer mit D/WC, Kinderermäßigung, Produkte aus eigener Herstellung. HP 24,- €, VP 28,- €. Aufenthaltsraum, Balkon, Terrasse, Liegewiese, Schaukel, Tischtennis, viele Tiere zum Streicheln. Abholung v. Bahnhof möglich. Fordern Sie unseren Hausprospekt an!

Anzahl	Art	qm	Personen	Preis		
4	Zi.	16-21	1-3	ab 21,00 €	345431_1	P***

Fühl mal die Tiere vom Bauernhof

Das weiche Fell des Lämmchens, das Ringelschwänzchen des Schweinchens, die kuscheligen Ohren vom Kälbchen oder den zotteligen Schweif des Pferdes – hier auf dem Bauernhof kann alles gestreichelt werden.

Ab 18 Monaten, 10 Seiten **9,95 €**

Nutzen Sie die Bestellkarte auf der letzten Seite!

Hessen

Einfach märchenhaft

Jahrhundertalte Kultur eingebettet in abwechslungsreiche Naturlandschaften - von der Rhön bis zum Rhein lässt sich Hessen auf vielfältige Art genießen.

Blick ins Land

urlauben

Hessen

Hessen entdecken

Rheingau

Der Rheingau beherbergt eines der schönsten Weinanbaugebiete Europas. Die Riesling- und Spätburgunderweine der Region gehören dank des außergewöhnlich milden Mikroklimas zu den weltweit begehrtesten Tropfen. An den Ufern des Rheins treffen Sie auf eine der bedeutendsten Anreihungen von Baudenkmälern in Deutschland. Dazu zählen neben der ehemaligen Zisterzienserabtei Kloster Eberbach, das Kloster Eibingen sowie die Schlösser Johannisberg und Vollrads. Seit 2002 bildet die Weinbauregion mit den Städten Rüdesheim am Rhein und Lorch am Rhein das Tor zum UNESCO-Welterbe Oberes Mittelrheintal. Die „Rheinromantik" können Sie am besten beim Wandern oder Radeln erleben. Der Besuch einer der zahlreichen Straußwirtschaften darf dabei natürlich nicht fehlen. Genuss für alle Sinne versprechen kulturelle und kulinarische Veranstaltungen, wie das Rheingau Musik Festival, die Rheingauer Schlemmerwochen oder das Rheingau Gourmet & Wein Festival.

Blick ins Land

Odenwald

Romantische Täler mit Flussläufen, Bächen und Seen erwarten Sie. Entdecken können Sie die Region auf dem „Odenwald-Schmetterling", vier Wander-Rundtouren auf insgesamt 510 Kilometern, die sich – wie Schmetterlingsflügel – über den gesamten Odenwald ausbreiten. Wenn Sie gerne radeln, sollten Sie sich auf den 3-Länder-Radweg begeben, der Sie über viele Kilometer an Flüssen entlang führt. Auch kulturell hat die Region viel zu bieten. So entführen Sie historische Stadtkerne und altehrwürdige Gemäuer in die Vergangenheit, wie in Michelstadt das Rathaus „auf Stelzen" sowie das Lichtenberger Schloss in Fischbachtal. Einen Einblick in 50 Millionen Jahre Erdgeschichte gewährt das UNESCO-Welt-Naturerbe Grube Messel, das einzige UNESCO-Welt-Naturerbe in Deutschland.

Rhön

In der einzigartigen Kulturlandschaft finden Sie auf 6.000 Kilometern Wanderwegen sowie beim Radwandern, Klettern, Reiten, Kanufahren oder Gleitschirmfliegen zahlreiche Möglichkeiten, um vom Alltagsstress abzuschalten. Einen hohen Verwöhnungsfaktor versprechen die acht Heilbäder mit ihrem abwechslungsreichen Angebot. Als Kulturliebhaber sollten Sie der Barockstadt Fulda oder der bekannten Theaterstadt Meiningen einen Besuch abstatten.

Hessen

Kontrastreiche

Nibelungensteig

Von Zwingenberg nach Gras-Ellenbach begegnen Sie einem faszinierenden Mix aus Landschaft, Kultur und Geschichte. Der anspruchsvolle Wanderweg von über 1.600 Höhenmeter auf 40 km Länge führt Sie durch kontrastreiche Naturlandschaften. Die Bilderbuchpanoramen lassen Sie das ständige Auf und Ab auf den zum Teil steilen Pfaden vergessen. Natur pur erwartet Sie auf den Höhen der sonnenverwöhnten Bergstraße. Über die Rheinebene wandert Ihr Blick auf die Bergkette des Pfälzer Waldes, den Donnersberg und den Taunus. Genießen Sie das Wechselspiel bewaldeter Kuppen, kleiner, vielfach verästelter Täler, langgestreckter Hubendörfer mit ihren prächtigen Hofreiten und Fachwerkbauten. Ein Höhepunkt ist der Durchstieg durch das Reichenbacher Felsenmeer, das in seiner bizarren Schönheit jeden in seinen Bann schlägt. Auf dem Wanderweg erleben Sie auch das enge Zusammen-

Natur

Naturlandschaften

Infos erhalten Sie unter Tel. 0 62 51 / 17 52 60 oder www.nibelungenland.info

spiel zwischen Natur und Kultur. Harmonisch in die Landschaft eingebettet begegnen Ihnen auf Ihren Wanderungen zahlreiche Burgen und Schlösser.

Hessen

Sauer macht lustig

Kelterei Höhl

Hessen ist für sein flüssiges Obst berühmt. In der Kelterei Höhl können Sie auf eine faszinierende Reise rund um den Apfel gehen und die Spezialitäten des Hauses genießen. Die Kelterei befindet sich in Hochstadt inmitten des größten Streuobstwiesengebietes Deutschlands. In den hessischen Streuobstwiesen haben rund 80 verschiedene Apfelsorten ihre Heimat gefunden, die sich alle hinsichtlich Aroma, Säure und Zuckergehalt unterscheiden.

Die Kelterei blickt auf eine über 200jährige traditionsreiche Geschichte zurück. Heute zählt das Familienunternehmen zu den führenden Keltereien der Region. Bei einem Besuch vor Ort sollten Sie unbedingt das Nationalgetränk der Hessen

Genuss

probieren. Der Apfelwein ist wie kein anderes Getränk ein Kulturgut der Region. Der alte Hochstädter Speyerling ist in der Kelterei der unumstrittene Klassiker. Die beliebte Traditionsmarke aus der Landkelterei Höhl begeistert als kräftiger und ausdrucksvoller Speyerling-Apfelwein. Im Herzen Hochstadts, an der alten Kopfsteinpflasterstraße gelegen, lädt das Historische Rathaus als Kellereiausschank zum Schoppen frisch vom Fass ein.

Infos erhalten Sie unter Tel. 0 61 81 / 4 09 90 oder www.hoehl-hochstadt.de

Hessen

Sprudelndes Wohlgefühl

Spessart-Therme

Wellness-Vergnügen in all seiner Vielfalt bieten die Therme in Bad Soden. Eine Hauptattraktion für Groß und Klein ist der Strömungskanal. Auch der Poseidontempel mit einem Wasservorhang sowie einer Fontäne, verschiedenen Sprudeln und Duschen im Inneren sorgt für jede Menge Spaß. In den beiden Wellness-Sprudel-Becken erleben Sie auf 540 qm Wohlgefühle der besonderen Art. Über 180 verschiedenen Attraktionen sind im Einsatz, so dass Sie immer neue Sprudelnischen mit Massagedüsen und Fontänen entdecken. Vielleicht lassen Sie sich auch in einer Sprudelsitznische massieren.

Wellness

Neu ist die Sauna-Erlebniswelt: Ob klassisch finnisch oder russisch in der glühenden Steinhitze der Banja, beim Saunieren in der Erdsauna oder kreativ im kurzweiligen Wechselbad der trendigen Eventsauna, als Fan des gesunden Schwitzens wird Ihnen hier viel Abwechslung geboten.

Infos erhalten Sie unter Tel. 0 60 56 / 74 41 44 oder www.badsoden-salmuenster.de

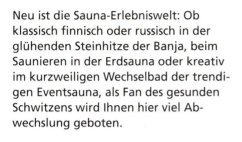

Hessen

Barfuß durch die Natur

Barfuß-Erlebnispfad

Auf freiem Fuß erleben Sie mit Ihren Kindern die Vielfalt der Natur in Hofbieber. Der nahe dem Ortskern gelegene Barfußpfad nimmt Sie mit auf eine sinnliche Reise durch die Hessische Rhön. Der ein Kilometer lange Rundweg beginnt am Wassertretbecken. Nach einer ersten Runde im kalten Wasser geht es ein Stück über Grasboden, dann auf Holz- und Rindenmulch durch einen Buchenwald. 18 Stationen mit verschiedenen Materialien aus der Rhön, wie körnigem Sand, massierendem Kies, lehmiger Erde, rauem Gestein, Natur gewachsenem Holz oder erfrischendem Wasser, sorgen für ein gesundes Erlebnis, das „die Sinne weckt". Als besonderer Höhepunkt bietet ein schwankender Balancebalken die Möglichkeit, artistischen Gleichgewichtssinn zu entwickeln. Am Ende des Rundgangs steht eine Fußwaschanlage zur Verfügung.

Hessen

Galaktische Eindrücke

Planetarium im Vonderau Museums

Ihre Kinder werden zu Entdecker fremder Welten im Planetarium in Fulda. Unter der halbkugelförmigen Kuppel werden auf deren Innenfläche Bilder des Sternenhimmels von einem speziellen Projektor erzeugt. Mit dem Zeiss-Laser-Projektor lassen sich die virtuellen Ausflüge in ferne Galaxien besonders spektakulär darstellen. Ihre Kinder lernen so anschaulich, was Sterne sind, wie die Milchstraße aussieht und wie sich Sonnensysteme zusammensetzen. Größere Gruppen erhalten nach Absprache spezielle Sonderführungen.

Hits für Kids

Infos
erhalten Sie unter
Tel. 06 61 / 92 83 50
oder
www.museum-fulda.de

Hans-Nüchter-Sternwarte

Freddis Extra-Tipp

Das Planetarium ist Teil des Vonderau Museums für Kulturgeschichte und Naturkunde. Nach dem Besuch des Planetariums haben Sie so die Möglichkeit, auf der Erde weiter zu forschen. Im Museumscafe können Sie dann mit Ihren Kindern über das Erlebte sprechen.

Wenn Sie nach den Vorführungen Lust bekommen haben, den wirklichen Sternhimmel zu betrachten, können Sie noch die Hans-Nüchter-Sternwarte in Fulda besuchen.

Hessen

Für glänzende

© Zarathustra - Fotolia.com

Infos erhalten Sie unter Tel. 0 60 45 / 51 50 oder www.schotten.de

Privat-Spielzeugmuseum Schotten

Seit 1992 beherbergt die restaurierte Nickels-Mühle das Privat-Spielzeugmuseum Schotten. Ein Paradies für kleine und große Spielzeug-Freunde. In den Ausstellungsräumen stehen Ihren Kindern rund 400 Exponate zum Ansehen und Spielen bereit. Etwa 50 bis 100 Jahre sind die Spielzeuge alt. Kleine Puppen und Teddys lassen so manches Kinderherz höher schlagen. Das Holz- und Blechspielzeug sowie die Eisenbahnen laden im Spielzeugmuseum zum Ausprobieren ein. Tanzpuppen in bayrischer Tracht oder die alten Bettpuppen geben Einblicke in regionale Spielzeugtraditionen.

Kultur

Kinderaugen

Hier können Sie Spielzeug aus der alten DDR besichtigen. Auch die Spielzeug-Klassiker wie LEGO, Märklin oder Barbie fehlen nicht. Ein weiteres historisches Highlight ist die Laterna Magica aus dem Jahr 1870. Diesen Apparat aus der Vorgeschichte des Kinos findet man heutzutage nur an wenigen Orten.
Ein Besuch ist nur nach Vereinbarung möglich.

Hessen

Märchen für Groß und Klein

Brüder-Grimm-Märchenfestspielen

Hanau, die Geburtsstadt der Brüder Grimm, ehrt seine weltberühmten Bürger nicht nur mit einem Denkmal auf dem Marktplatz als Ausgangspunkt der deutschen Märchenstraße, sondern auch mit den inzwischen überregional populären Märchenfestspielen.

Seit 1985 werden die jahrhundertealten Märchen im historischen Park des Schlosses Philippsruhe lebendig. Vor der romantischen Kulisse von Park und Schloss können Sie auf der komplett überdachten Spielstätte jedes Jahr neue Inszenierungen erleben. Die Aufführungen versuchen, die Botschaften der alten Volksmärchen für den heutigen Besucher transparent zu machen. Das Konzept, dramatisierte Märchen gleichermaßen als Theater für Erwachsene und Kinder zu interpretieren, wird auch Sie begeistern.

Vor der Aufführung können Sie sich auf der Terrasse von Schloss Philippsruhe in die Zeit der Gebrüder Grimm zurückversetzen oder im Museumscafé Kaffee und Kuchen oder ein Glas Brüder-Grimm-Sekt genießen.

Kultur

Infos
erhalten Sie unter
Tel. 0 61 81 / 2 46 70
oder
www.brueder-grimm-
maerchenfestspiele.de

Hessen

Über Berg und Tal

Mountainbiking im Mittelgebirge

Gehen Sie mit dem Mountainbike in den Mittelgebirgsregionen Hessens auf die Suche nach den schönsten Touren. Hier hat man sich vielerorts speziell auf Mountainbiker eingestellt. So auch in Willingen, der Mountainbike-Hochburg im Sauerland. Hier können Sie das ganze Spektrum der Trend-Sportart erleben.

Erkunden Sie auf sanften Familientouren mit überschaubarer Länge die Region. Eine Vielzahl abwechslungsreicher Touren führen Sie durch das Sauerland und Upland mit ihren Hügeln und Bergen. Wenn Sie es bergab etwas schneller und actionreicher mögen, kommen Sie in der Willinger Bike-Welt auf Ihre Kosten. Auf der Free-Ride-Strecke geht es steil bergab. Sprünge üben Sie auf dem Übungsparcours der Eishalle.

Aktiv

Einmal im Jahr ist Willingen der Nabel der (Bike-)Welt: Bei Deutschlands größtem Bike-Festival kommt jeder auf seine Kosten, ob beim Free-Ride-Contest, auf geführten Touren, beim Marathon mit vier verschiedenen Strecken oder in der riesigen Expo-Area. Auch wenn Sie „nur" Zuschauer sind, sollten Sie sich das Spektakel nicht entgehen lassen.

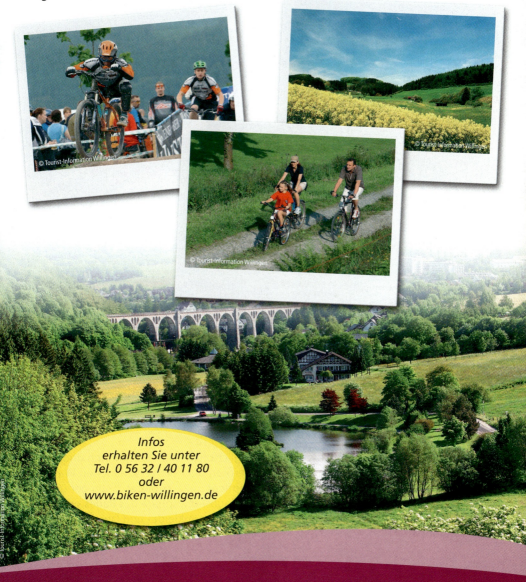

Infos
erhalten Sie unter
Tel. 0 56 32 / 40 11 80
oder
www.biken-willingen.de

Hessen

Natürliche Badefreuen

© Barefoot - Fotolia.com

Naturbadesee Arheilger Mühlchen

Sportlich geht es im und um den Naturbadesee zu. Im Norden von Darmstadt gelegen, bietet er Ihrer ganzen Familie Wasserspaß in einem natürlichen Ambiente. Er wird seit 1924 als öffentliches Schwimmbad genutzt und ist eine Oase sowohl für Familien mit Kindern als auch für Ruhesuchende.

Das öffentliche Schwimmbad bietet viele Möglichkeiten zum Entspannen und Relaxen. Vom Ufer aus betrachten Sie die Seerosen oder die verschiedenen Wasservögel. Der alte Baumbestand des liebevoll gepflegten Parks bietet Ihnen genügend Schatten, wenn es einmal zu heiß wird. Die Urlaubsatmosphäre des Bades wird durch den nach historischen Vorlagen restaurierten Umkleide- und Duschentrakt vervollständigt.

Aktiv

Bei einer Wassertiefe von ca. 2,20 m können Sie hier Schwimmen und Toben oder sich vom Sprungturm mit 1- und 3-Meter-Brett in die Fluten stürzen. Für die ganz Kleinen gibt es eine Wasserrutsche und ein Planschbecken. Sportlich geht es auf dem Volleyballfeld zu, während sich Ihr Nachwuchs im Kinderspielbereich betätigen kann.

Infos
erhalten Sie unter
Tel. 0 61 51 / 1 31
oder
www.darmstadt.de

Hessen

Ab in die Mitte – Hessen bietet eine ganze Palette von Urlaubsalternativen. Ob Kulturreise, Aktivurlaub, Wellnessurlaub oder Naturerlebnis – in Hessen gibt es passende Angebote.
Die Attraktivität der Landschaften, die Vielfalt der kulturellen Stätten, zahlreiche Möglichkeiten zur sportlichen Betätigung und eine vielfältige Gastronomie garantieren Erholung pur; fernab vom Stress des Berufsalltags. Lassen Sie sich von der Vielseitigkeit überraschen und schnuppern Sie hessische Luft!

Diese und noch mehr Reisetipps gibt's unter:
www.hessen-tourismus.de

Fakten zu Hessen

Hauptstadt:	Wiesbaden
Einwohner:	6,09 Mio.
Fläche:	21.115,00 km^2
Einwohner/km^2:	288
Webseite:	www.hessen.de

58	Kassel Land	416		
59	Hessisches Sauerland, Waldecker Land	417		
60	Werra-Meißner-Land	422		
61	Kurhessisches Bergland	424		
62	Waldhessen	425		
63	Marburg-Biedenkopf	-		
64	Lahn – Dill	-		
65	Region Vogelsberg	426		
66	Rhön	428		
67	Westerwald – Lahn – Taunus	-		
68	Rheingau – Taunus – Wiesbaden	-		
69	Taunus – Frankfurt	-		
70	Spessart – Kinzigtal – Vogelsberg	430		
71	Odenwald – Bergstraße – Neckartal	431		

Zahlen und Fakten

Hessen
58 Kassel Land

Naumburg

Naumburg - „heimliche Apfelhauptstadt", Naumburg liegt im waldreichen Nordhessen zwischen Kassel und Edersee abseits der viel befahrenen Fernstraßen. Naumburg liegt in einer reizvollen Basaltkuppenlandschaft, die einst durch Burgen geschützt war. Burgruine Weidelsburg, Rad- und Wanderwege, Erlebnisbad, Eisenbahnmuseum, Kegelbahnen, Hessische Pomologentage (Apfeltage), Märchenweihnachtsmarkt.

Infos unter: Kur- und Verkehrsverwaltung Naumburg
Tel. 05625 - 7909-13 oder www.naumburg.eu

Märchen-Kinderbauernhof
Familie Günst
Weidelshof 1
34311 Naumburg
Tel. 05625 - 1754
Fax 05625 - 922378

info@weidelshof.de
www.maerchenbauernhof.de

Unser Kinderbauernhof liegt ca. 800 m außerhalb von Naumburg im Naturpark Habichtswald im Märchenland der Brüder Grimm, inmitten der schönen nordhessischen Landschaft/Wanderregion. Der Edersee mit Wildtierpark und dem Nationalparkzentrum Kellerwald-Edersee bietet Naturerlebnis pur.
Am Hof ist alles auf Babys und Kleinkinder eingerichtet: Rutschautos, Dreiräder, Kettcar, Bollerwagen und ein schöner Spielplatz mit Hüpftier, Sandkasten, Rutsche und Schaukel stehen zur Verfügung.
Wir bieten einen „Wohlfühl-Urlaub" für die ganze Familie: Unsere neue Spiel- und Märchenscheune bietet viele Spielmöglichkeiten unter Dach. Märchen-Spielzimmer mit Fußbodenheizung für die Kleinsten. Märchenlesung und Riesensandkasten lassen Kinderherzen höher schlagen.
Unsere Ponys sind an Kinder gewöhnt: Ponyreiten kostenlos. Die Schafe, Ziegen, Katzen, Hasen und Meerschweinchen sind die Lieblinge der Kinder.

Kneipp-Gesundheitshof: Sauna, Solarium, Wassertretstelle. Jede Ferienwohnung/Haus verfügt über Babyausstattung, eine eigene Terrasse/Balkon.

229013_1   F***/****

Anzahl	Art	qm	Personen	Preis
4	FeWo	45-60	2-5	ab 45,00 €
1	FH	90	4-8	ab 75,00 €

Familienfreundliches Hotel • Restaurant • Reitbetrieb

Landhotel-Ferienhof Schneider
Kirschhäuser Str. 7
34311 Heimarshausen
Tel. 0 56 22 - 91 51 12
info@landhotel-schneider.de
www.landhotel-schneider.de

Hessen

Kassel Land 58
Hessisches Sauerland, Waldecker Land 59

Trendelburg
🚶 6 km 🚆 32 km

Markierte Rundwanderwege und Radwege durchziehen die Landschaft. Fahren Sie zur Burg Trendelburg, oder wandern Sie entlang der Diemel. Vom Wasserschloss Wülmersen gelangen Sie auf dem Reinhardswald-Radweg zur Sababurg. Beheiztes Freibad in schöner Umgebung. Hofgut Stammen bietet neben Fahrradtouren, Bogenschießen und Erlebnisparcours Kanutouren an. Hallenbad, Märchenlandweg, Reiten, Kutschfahrten, Wildpark. In der Nähe: Bad Karlshafen, Liebenau und Warburg.

Infos unter: Stadt Trendelburg
Tel. 05675 - 74990 oder www.trendelburg.de

Ferienhof Romberg***
Reinhardswaldstr. 2
34388 Trendelburg,
OT Friedrichsfeld
Tel. 05675 - 309
Fax 05675 - 720634
ferienhof.romberg@gmx.de
www.ferienhof-romberg.de

Hof am Ortsrand, 2 DZ/D/WC/Sat-TV, ÜF ab 25,- €, FeWo mit Kinderbetten, Sat-TV, Endreinigung 25,- €, Spielplatz, Grillplatz, Liegewiese, Fahrräder, TT, Aufenthaltsraum, Hausschlachtung, Ackerbau, Grünland, Rinder, Hund, Kaninchen, Katze, Pferd, Pony, Mitarbeit möglich. Gastpferde möglich, Englisch, Französisch.

Anzahl	Art	qm	Personen	Preis
2	FeWo	70	2-5	ab 40,00 €
2	Zi.	25	2	ab 25,00 €

23885_1   F***P***

Bad Arolsen
🚶 12 km 🚆 6 km

Bad Arolsen liegt in der Mittelgebirgslandschaft des Waldecker Landes am Twistesee, ca. 45 km westl. von Kassel. Für Liebhaber von Sport u. Bewegung bietet Bad Arolsen hervorragende Voraussetzungen: Laufen, Wandern, Nordic Walking, Schwimmen im kostenlosen Strandbad am Twistesee in völlig sauberem Wasser, Segeln, Rudern, Angeln, Rad fahren, Tennis, Reiten, Golfen, Heißluftballonfahrten, Rundflüge, Trap- u. Skeetschießen. Mit zahlreichen Angeboten wird für Unterhaltung gesorgt, Schlosskonzerte, die jährl. Barock-Festspiele, Kurkonzerte, Schloss- u. Museumsbesichtigungen, Kunstausstellungen, Kreativarbeiten und „der Arolser Kram- u. Viehmarkt" stehen auf dem Programm.

Infos unter: Gäste- und Gesundheitszentrum Bad Arolsen
Tel. 05691 - 801240 oder www.bad-arolsen.de

Ferienhof Weißgärber***
Inh. Hartmann, Udo und Heidi
Sandlandstr. 21
34454 Vahlhausen
bei Bad Arolsen
Tel. 05691 - 5447
Fax 05691 - 912703
udohartmannv@aol.com
www.ferienhof-vahlhausen.de

Bauernhof direkt am Wald mit guten Reit-, Wander- und Radwegen. Modern eingerichtete Ferienwohnungen mit Telefon, Sat-TV, KB, WM und Trockner, mit Balkon. Reitmöglichkeit mit unseren 2 Pferden. Ackerbaubetrieb, Schafe, Federvieh, Hasen, Katzen, Hund. Liegewiese, Spiel- und Grillplatz, Sandkasten, Brötchens., Frühstück möglich.

Anzahl	Art	qm	Personen	Preis
2	FeWo	65-80	2-5	ab 35,00 €

75264_1   F***

Hessen
59 Hessisches Sauerland, Waldecker Land

Burgwald
⋔ 30 km

Eingebettet in eine zu allen Jahreszeiten reizvolle Berg- und Waldlandschaft gelegen, lädt die Gemeinde Burgwald mit freundlichen Dorfbildern und Fachwerkidyllen zum Ausspannen und Erholen ein. Die Natur mit dem milden Reizklima beginnt buchstäblich vor der Haustür. Für Urlauber, die sich neben dem entspannenden Ausruhen durch Wandern, Radfahren oder Reiten aktiv erholen möchten, hat der Burgwald ausreichende Möglichkeiten zu bieten.

Infos unter: Tourist-Info
Tel. 06451 - 72060 oder www.burgwald.de

Linnermühle***
Pohlmann, Wilhelm
35099 Burgwald,
OT Bottendorf
Tel. 06451 - 1775
Fax 06454 - 715021

info@linnermuehle.de
www.linnermuehle.de

Eingebettet zwischen Wiesen und Wald - direkt an einem Bach liegt unser liebevoll restaurierter Bauernhof.
Bei uns können Sie Landwirtschaft „natürlich" erleben.

Die herrliche Wald- und Wiesenlandschaft lädt zu ausgiebigen Wanderungen ein. Viele Ausflugsziele in der Nähe sorgen für Abwechslung und Unterhaltung.

2 Ferienwohnungen für 2 bis 5 Personen, TV, Grillplatz, Kinderspielplatz.
Saisonermäßigung.

Hausschlachtung, Milchwirtschaft, Ackerbaubetrieb, Pferde, Schweine, Ziege.

Mitarbeit möglich, Englisch, ruhige Waldlage.

75094_1   F***

Anzahl	Art	qm	Personen	Preis
2	FeWo	ab 50	2-5	ab 33,00 €

Diemelsee
⋔ 30 km 🚆 15 km

Romantische Orte, grüne Wiesen und Wälder und ein tiefblauer See, Diemeltalsperre, Mittelgebirgslandschaft, Segeln, Windsurfen, Baden, Angeln, Kanufahren, Tauchen, Frei- und Hallenbad, Wander- und Radwege, Nordic-Walking-Strecken, Wellness, Besucherbergwerk Grube „Christiane" mit Bergwerksmuseum, Aussichtsturm, Adorfer Kram- und Viehmarkt (seit 490 Jahren), Weihnachtsmarkt, Ostermarkt.

Infos unter: Tourist-Information Diemelsee
Tel. 05633 - 91133 oder www.diemelsee.de

Hessen
Hessisches Sauerland, Waldecker Land

Wiesenberghof***
Familie Figge
Am Wiesenberg 21
34519 Diemelsee, OT Ottlar
Tel. 05633 - 1054
Fax 05633 - 1679

wiesenberghof@t-online.de
www.wiesenberghof.de

Für jedes Alter etwas! Hallenbad, Sauna, Solarium, Aufenthaltsraum, Spielplatz, Spielscheune, Trampolin, Gokart, Tischtennis, Grillhütte mit Lagerfeuer, Ponyreiten, Rinder, Kälbchen, Ziegen, Hühner, Katzen, Kaninchen, Sat-TV, Telefon, Balkon, Kleinkinderausstattung, waldreiches Wandergebiet.

Anzahl	Art	qm	Personen	Preis
8	FeWo	25-90	2-6	ab 25,00 €

27489_1   F***/****

Korbach

🍴 50 km 🚉 17 km

In Korbach verschmelzen deutsche Kleinstadttradition und moderne Gegenwart. In diesem Jahrhundert hat sich die Stadt zu einem bedeutenden Einkaufszentrum mit einer attraktiven Fußgängerzone, einem Gewerbe- und Freizeitzentrum entwickelt. Korbach bietet eine Vielzahl von Freizeitmöglichkeiten, z. B. ein modernes Sport- und Freizeitbad, Motor- und Segelflugplätze, Tenniszentren, Reitmöglichkeiten und Rundwanderwege.

Infos unter: Tourist-Information Korbach
Tel. 05631 - 53202 oder www.korbach.de

Reit- und Ferienanlage Tannenhof***
Lahme, Michael
Tannenhofweg 9
34497 Korbach
Tel. 02982 - 900461

michael.lahme@tannenhof-ferien.de
www.tannenhof-ferien.de

Wir bieten Ihnen 4 Ferienwohnungen, ausgestattet mit Waschmaschine und Trockner, Kinderbetten, Mikrowelle, Sat-TV, Stereo-Anlage.
Aufenthaltsraum.

Freisitz, Liegewiese, Grillplatz, Parkplatz am Haus

Spielplatz, Spielgeräte, Tischtennis

Gastpferdeboxen, Geländeritte
Wanderungen und Radtouren mit Führung
Hofcafé
Fahrradverleih

Herzlich willkommen!

320970_1   F***

Anzahl	Art	qm	Personen	Preis
4	FeWo	46-48	4	ab 41,00 €

Hessen

59 Hessisches Sauerland, Waldecker Land

Vöhl

✝ 15 km 🚂 40 km

Neben einem umfangreichen und attraktiven Angebot von geführten Wanderungen in den Natur- und Nationalpark hin zu den Freizeit- und Gastronomieeinrichtungen der Ferienregion Edersee wird an sechs Terminen Hessens größte Talsperre auf dem Urwaldsteig Edersee umwandert. Darüber hinaus können auch ausgesuchte Festivitäten der Region, wie z. B. das Drachenbootrennen in Vöhl-Herzhausen oder das Ederseefest in Edertal-Hemfurt, besucht werden.

Infos unter: Gemeinde Vöhl
Tel. 05635 - 993111 oder www.voehl.de

253969_1 F****

Ferienhof Schöneweiß*****
Schöneweiß, Andreas
Dorfstraße 21 a
34516 Vöhl, OT Harbshausen
Tel. 05635 - 991300
Fax 05635 - 991301

info@ferienhof-edersee.de
www.ferienhaus-edersee.de

* 2 FH in ruhiger Lage am Ortsrand
* 4-10 Personen, mit Babyausstattung
* 110 qm auf 2 Etagen
* komplette Küche mit Spülmaschine
* Mikrowelle, Waschmaschine
* 4 Schlafräume, 2x D/WC
* Sat-TV, Stereoanlage, Telefon
* Grundpreis 92,- € für 4 Personen (inkl.)
* Terrasse mit Gartenmöbeln, Grill

* Spielplatz, Spielecke im Haus

* große und kleine Tiere, Ponyreiten

* geführte Rad- und Wandertouren, Wassersport

* Badesee 2 km entfernt

* Nationalpark Kellerwald - Edersee

Anzahl	Art	qm	Personen	Preis
2	FH	110	4-10	ab 92,00 €

Glantz-Zeiten

Die weitverzweigte Familie Glantz bewirtschaftete rund 300 Jahre verschiedene Güter in Mecklenburg. Heute steht der Name Glantz im Raum Hamburg und in der Region Wismar- Schwerin für Erdbeeranbau.

9,95 €

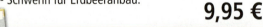

Nutzen Sie die Bestellkarte auf der letzten Seite!

Hessen
Hessisches Sauerland, Waldecker Land

Willingen
🚂 Willingen

Willingen liegt im Feriengebiet Hochsauerland, ca. 130 km östlich von Dortmund. Naturschutzgebiete, einzigartige Hochheidelandschaft, Wanderwege, Mountainbike-Park mit markierten Trails, Freeride-/Downhillstrecke, Testparcours, Lagunen-Erlebnisbad, Aqua-Rutschen-Park, Saunalandschaft, sportmedizinische Angebote, Kurmittelhäuser, Besucherbergwerk, Glasbläserei, Brauhaus, jährlich Weltcup-Skispringen.

Infos unter: Tourist-Information
Tel. 05632 - 401180 oder www.willingen.de

Pension und Ferienwohnungen
★★★★★

Familie Habermann
An der Bicke 3
34508 Willingen, OT Eimelrod
Tel. 0 56 32/51 08, Fax 0 56 32/51 08
fewo@habermann-eimelrod.de
www.habermann-eimelrod.de

Unser Bauernhof liegt auf einem großzügigen Gelände. Der extensiv bewirtschaftete Hof hat 30 Mutterkühe. Sie wohnen bei uns ganz nach Wunsch in traditionellen Pensionszimmern mit DU/WC** oder in einer von vier sehr schönen Ferienwohnungen***/****, die, so haben uns viele Gäste immer wieder bestätigt, was ganz besonderes sind.
Eimelrod ist ein anerkannter, sehr schön gelegener Erholungsort. Wir freuen uns auf Sie.

Preise: Pension, ÜF ab € 20,– / Pers./DZ, KE. Ferienwohnung ab € 38,–/48,– bis 72,–/Tag, bei 2-6 Pers., Bettw. u. Handtü. € 6,– je Pers., Endreinigung € 20,–/30,– nach Wohnungsgr.

Ferienwohnungen „Alte Schule"**
Ute Rohde
Seereweg 4
34508 Willingen, OT Eimelrod
Tel. 05632 - 1328   rohde.dach@t-online.de
Fax 05632 - 5411   www.willingen-eimelrod.de/rohde

Modern und gemütlich ausgestattete Ferienwohnungen auf großem Grundstück mit je 2-3 Schlafzi., D/Bad/WC, Wohnzimmer, Küche (mit Spülmaschine). Sauna, Solarium, Fitnessraum, WM u. Trockner, Brötchenservice. Große Liege- und Spielwiese, TT u. Grillplatz. Zwei Pferde, Streicheltiere, Hühner und Brieftauben runden das ländliche Bild ab. Hausprospekt.

Anzahl	Art	qm	Personen	Preis		
6	FeWo	50-115	2-7	ab 43,00 €	269649_1	F****

Hessen

59 Hessisches Sauerland, Waldecker Land
60 Werra-Meißner-Land

Willkommen im Landgasthof Sauer ***
im Wander- und Ferienparadies Willingen (Upland)

- Kinderfreundlicher Bauernhof mit eigener Gaststätte im Ortskern
- direkt am Uplandsteig gelegen
- Viele Pauschalangebote
- Ü/F ab 27 € pro Person und Tag im DZ

Sind Sie neugierig geworden?
Dann besuchen Sie uns auf unserer Homepage
www.landgasthof-sauer.de

Landgasthof Axel & Ute Sauer
An der Bicke 9
34508 Willingen – Eimelrod
Tel: 05632/7449
Fax: 05632/7220

landgasthof-sauer@t-online.de

75172

Wanfried
🚶 30 km 🚆 18 km

Wanfried ist ein malerisches Fleckchen Erde. Weitab von ausgetretenen Tourismus-Pfaden lädt eine unberührte Landschaft zum Entdecken ein, die dem Besucher ihre Schätze offenbart. Sie sollten einmal Ihr ganz persönliches Wanfried erleben. Ob beschaulich zu Fuß auf schönen Wanderwegen, per Drahtesel auf bestens ausgebauten Wanderwegen, per Kanu auf der Werra oder als Ausgangspunkt für abwechslungsreiche Spritztouren.

Infos unter: Tourist-Information
Tel. 05651 - 331985 oder www.werratal-tourismus.de

Ferienwohnung Werrablick***
Heim-Diegel, Irmhild
Insel 5
37281 Wanfried,
OT Altenburschla
Tel. 05655 - 93177

www.werrablick-online.de

Ehemaliger Bauernhof mit 1 Ferienwohnung, 2 Schlafzi., Aufbettung mögl., KB, TV. Gut geeignet f. 2 befreundete Familien! Große Essküche mit Geschirrspüler. Spiel- u. Grillplatz, TT, Lagerfeuer, Parkplatz, gr. Garten mit Liegewiese direkt an der Werra bietet Ihnen u. Ihrer Familie Ruhe u. Entspannung! Frühstück, Hausprospekt.

Anzahl	Art	qm	Personen	Preis
1	FeWo	75	2-4	ab 40,00 €

235562_1   F***

Hessen
Werra-Meißner-Land 60

Rittergut Wanfried****
Andreas von Scharfenberg
Kalkhof
37281 Wanfried
Tel. 05655 - 8534
Fax 05655 - 922111

rittergut.wanfried@t-online.de
www.rittergut-wanfried.de

Gutshof in Einzellage mit 3 komf. Ferienwohnungen, inkl. Bettwäsche/Handtücher etc., KB, Spülmaschine, TV, Grünland, Schafe, Pferdepension, Reitplatz/-halle, Dressurviereck, Geländestrecke, Schulpferde, Reitstunden, Jagdmöglichkeit, Rad-/Wanderwege, Park m. Forellenteich, Liegewiese mit Grill, Sauna, Hausprospekt.

Anzahl	Art	qm	Personen	Preis
3	FeWo	52-122	2-8	ab 60,00 €

237049_1   F****

Witzenhausen
⌂ 12 km

Malerische Dörfer, in die Berg- und Flusslandschaft eingefügt, wurden zu Witzenhausener Stadtteilen, ohne sich dabei selber aufzugeben, und eine lange Geschichte wird lebendig, zukunftsweisend, so wie einst die Kirsche die Rebenkultur ersetzte. Erholen Sie sich in den malerisch gelegenen Luftkurorten Dohrenbach und Ziegenhagen sowie im Erholungsort Rossbach.

Infos unter: Tourist-Info Witzenhausen
Tel. 05542 - 60010 oder www.kirschenland.de

Pension Hotze****
Hof Carmshausen
Hotze-Schaefer, Christine
37213 Witzenhausen
Tel. 05542 - 3214
Fax 05542 - 6852

christine.hotze@t-online.de
www.hof-carmshausen.de

Umgeben von Wiesen und Wäldern liegt unsere Pension in einem kleinen Tal bei Witzenhausen und lädt zum Wandern, Radfahren und Reiten ein.

Sie können zwischen gemütlichen Gästezimmern mit Dusche/WC, TV und Balkon und Ferienwohnungen wählen. Frühstück und HP (gutbürgerliche Küche mit Nahrungsmitteln aus eigener ökologischer Landwirtschaft) ist auch für Ferienwohnungs-Gäste möglich. Gruppen bis zu 30 Personen nehmen wir auf.

Wir bieten Urlaub auf dem Bio-Bauernhof mit Angel- und Reitmöglichkeiten am Hof. Gastpferde und Hund können mitgebracht werden.

Für Kinder gibt es einen flachen Bachlauf zum Planschen und viel Platz zum Toben, einen Spielplatz, Spielzimmer, Tischtennisraum, Fahrräder etc. und viele verschiedene Tiere (Pferde, Ponys, Esel, Rinder, Schweine, Hund, Katzen, Kaninchen, Meerschweinchen, Geflügel).

Zum Entspannen bieten wir eine Gartenterrasse, Sauna und Solarium, einen großen Garten und viel Natur ...

Anzahl	Art	qm	Personen	Preis
5	FeWo	32-70	2-6	ab 35,00 €
9	Zi.		1-4	ab 22,00 €

74986_1   F***/****P****

Hessen
61 Kurhessisches Bergland

Borken (Hessen)
🚶 4 km 🚉 Borken

Borken ist Vielfalt - Naturschutzgebiet „Borkener See", Surfparadies „Singliser See" mit Aqua-Golf-Anlage; Archäologischer Kelten-Wanderweg; Saunawelt im Freizeit-Erlebnis-Hallenbad, Hessisches Braunkohle-Bergbaumuseum mit Besucherstollen, Wasserturm, St.-Michael-Kirche, Seidenmalen, Schwälmer Stickerei, Puppen basteln oder Kränze aus Naturmaterialen herstellen. Stadt- und Heimatfest, wöchentlicher Bauernmarkt.

Infos unter: Touristinformation der Stadt Borken
Tel. 05682 - 808271 oder www.borken-hessen.de

Ferienhof Zinn*
Baun, Annette und Matthias
Hardtstr. 6
34582 Borken,
OT Trockenerfurth
Tel. 05682 - 7390375 o. 3556
Fax 05682 - 739667
matthias.baun@t-online.de
www.zinn-ferienhof.de

Das Erlebnis Hof
3-Sterne-Hof mit Tradition und Gastfreundschaft. Bei hessischen Schmandwaffeln haben an unserer Tafel so manche Gäste Freundschaften fürs Leben geschlossen. Am Hof finden Sie Kräutergarten, Kneippanlage, Sauna, viele Spielgeräte, kostenloses Ponyreiten und Leihfahrräder.

182598_1 F***

Anzahl	Art	qm	Personen	Preis
6	FeWo	35-56	2-5	25,- bis 52,- €

Seitenweise prämierte Qualität
DLG-Wein-Guide · DLG-Bier-Guide

Entdecken Sie Weingüter und ihre Weine und begeben Sie sich auf eine Weinreise durch Deutschland. Mit den aktuellen Testergebnissen der DLG-Wein-Prämierung und den Adressen der prämierten Winzer!

9,90 €

Der Wegweiser zum perfekten Biergenuss –
DLG-geprüfte Qualität –
Gasthausbrauereien im Fokus

9,90 €

Nutzen Sie die Bestellkarte auf der letzten Seite!

Hessen
Waldhessen 62

Nentershausen

Eine Urlaubsregion mit Tradition.
Einst war Nentershausen einer der schönsten Vororte Berlins. Erinnern Sie sich noch? Die Zonengrenze teilte Deutschland und wenn die Berliner ihren Urlaub verbringen wollten, lag nichts näher, als im herrlichen Nentershausen zu verweilen. Und auch heute sind die Berliner uns treu, aber nicht nur die Hauptstädter kommen gern! Nentershausen und seine Ortsteile sind gerüstet:: alles, was zeitgemäßen Urlaub ausmacht, ist bei uns vorhanden!

Infos unter: Gemeindeverwaltung
Tel. 06627 - 920213 oder www.nentershausen.de

Gutshof Baumbach

— *Ferien!*

Hofanlage aus dem 16. Jahrhundert mit 8 geräumigen Ferienwohnungen und Ferienhäusern von 45 – 135 m².

Viel Freiraum – besonders für Kinder. Lagerfeuerplatz, Heuboden, Obstwiesen, Reiten, Kleintiergarten, Treckerfahrten, Leckeres aus dem Backhaus, Ausflüge zur Tannenburg und vieles mehr.
Die Gemeinschaftsscheune mit separatem Aufenthalts- und Seminarraum ist frisch saniert und neu eröffnet. Küche und Speiseraum für Gruppen und Familien, auf Wunsch auch mit Frühstücksbuffet.

- Klimafreundliche Energieversorgung mit Solarenergie und Holzschnitzel-Heizung.
- Die Wohnungen sind vollständig ausgestattet mit Kaminofen, Internetzugang etc.
- Die Preise sind inkl. Bettwäsche, aller Nebenkosten und Endreinigung.
- Rabatte in der Nebensaison, für Gruppen und bei Anreise mit dem Zug.

Gutshof Baumbach
Gutsstraße 8 — 36214 Nentershausen
Tel. 0 66 27 . 553 — Fax 0 66 27 . 86 24
mail@gutshof-baumbach.de
www.gutshof-baumbach.de

Hessen
65 Region Vogelsberg

Büdingen
🚆 7 km

Führungen in der historischen Altstadt. Einen Überblick der Historie Büdingens erhalten Sie mit den verschiedenen Altstadtführungen, die Empfänge in mittelalterlichen Gebäuden und auch Theaterszenen aus der früheren Zeit an historischen Schauplätzen anbieten. Begleiten Sie zum Beispiel unseren Nachtwächter auf seinem Rundgang durch die winkeligen Gassen der Altstadt und hören Büdinger Geschichten, Legenden und Anekdoten.

Infos unter: Tourist-Info
Tel. 06042 - 8840 oder www.stadt-buedingen.de

***Herd, Karla
Rinderbüger Hauptstr. 15
63654 Büdingen,
OT Rinderbügen
Tel. 06049 - 7574
Fax 06049 - 7348   Karla.Herd@t-online.de

Hof im Ort, 2 DZ, 1 MBZ, alle mit D/WC, Tel., Sat-TV, ÜF ab 24,- €, KB, Kinderzimmer, Gästeküche, Aufenthaltsraum, TT, Klavier, Grillplatz, Spielplatz, Liegewiese, Forellenteich, Galloway-Rinder, Burenziegen, Katzen, Hühner, Enten, Kaninchen, Gemüsegarten, Englisch, Hausprospekt.

Anzahl	Art	qm	Personen	Preis
3	Zi.		2-3	ab 24,00 €

27256_1   P***

Lauterbach
🚶 20 km 🚆 2 km

Lauterbach … Kreisstadt des Vogelsbergkreises, romantischer Luftkurort an der Deutschen Märchenstraße. Lauterbach heute bezeichnet sich als „Urlaubsstadt - Erlebnisstadt - Einkaufsstadt". In keiner Landschaft Mitteleuropas sind so gewaltige Lavamassen so hoch gedrungen wie im Vogelsberg. Auf der Trasse der ehemaligen Eisenbahn wurde der Vulkan-Radweg hergestellt, der den Radler bequem und ohne große Steigungen durch das Bergmassiv führt.

Infos unter: Tourist-Center
Tel. 06641 - 184112 oder www.lauterbach-hessen.de

***Wiegel, Michael
Lauterbacher Str. 4
36341 Lauterbach, OT Rimlos
Tel. 06641 - 2219   ferienhof-wiegel@web.de
Fax 06641 - 63309   www.ferienhofwiegel.de

Willkommen auf unserem malerisch gelegenen Ferienhof zwischen Wald, Wiese und Bach - einem idyllischen und natürlichen Spiel-Paradies, wo sich Kinder ganz in ihrem Element fühlen dürfen. Tauchen Sie mit Ihrer Familie ein in unsere erlebnisreiche Hof- und Ferienwelt und genießen Sie sorglos unvergessliche Tage!
- Radfahrer u. Wanderer für eine Nacht sind herzlich willkommen -

Anzahl	Art	qm	Personen	Preis
2	FeWo	35-65	2-5	ab 31,00 €
7	Zi.	15	2	ab 19,00 €

75267_1   F***P***

Hessen
Region Vogelsberg

Schlitz
🏠 20 km 🚉 8 km

Die Burgenstadt Schlitz mit historischem Stadtbild, Marktplatz mit goth. Rathaus, Fachwerk, Rad- und Wanderwege, Badesee, beh. Freibad, Konzerte, Open-Air-Vorstellungen am Marktplatz, Burgmuseum, Spielplätze, Schlosspark, traditionelle Weberei. Intern. Heimat- u. Trachtenfest immer in ungeraden Jahren am 2. Juli-Wochenende, Altbierfest in geraden Jahren am 2 Juli-Wochenende, Schlitzer Kornbrennerei.

Infos unter: Tourist-Info Schlitz
Tel. 06642 - 97062

Ferienbauernhof Trier***
Trier, Silvia und Gerhard
Salzschlirfer Str. 98
36110 Schlitz
Tel. 06642 - 919140
Fax 06642 - 919141

info@ferienbauernhof-trier.de
www.ferienbauernhof-trier.de

Hof am Ortsrand mit 4 Ferienwohnungen, Saison- u. Kinderermäßigung, KB, Tel., WM, TV, Spiel- und Grillplatz, Liegewiese, Mitarbeit möglich, Hausschlachtung, Brötchenservice, Englisch, Ackerbau, Grünland, Forstwirtschaft, Pferde, Ponys, Rinder, Schweine, Hund, Kleintiere, Reiten, Pensionspferde, TT, Hausprospekt.

Anzahl	Art	qm	Personen	Preis
4	FeWo	44-54	2-6	ab 29,00 €

241320_1   F***/****

Schotten

Im Herzen des erloschenen Vulkans Vogelsberg, umgeben von Hügeln, Feldern und Wäldern liegt die über 650 Jahre alte Stadt Schotten. Schotten ist ein Luftkurort mit hoher Schneesicherheit im Winter und vielen Wandermöglichkeiten im Sommer. Auch Wassersport auf dem Niddastausee ist möglich. Im äußersten Nordwesten des Stadtgebietes befindet sich die Niddaquelle, welche ein beliebtes Wanderziel ist. Der mittelalterliche Stadtkern lädt mit seinen liebevoll restaurierten Fachwerkhäusern ein.

Infos unter: Tourist-Information Schotten
Tel. 06044 - 6651 oder www.schotten.de

Kirchberghof***
Michalek und Hippinen
Niddergrund 2
63679 Schotten,
OT Burkhards
Tel. 06045 - 1831
Fax 06045 - 1882

Kirchberghof@t-online.de

Bei uns auf dem **KIRCHBERGHOF** sind Sie herzlich willkommen! Große Spiel- und Liegewiese, überdachter Grillplatz, TT und Fitnessraum, Sauna, Solarium, Treckerfahrten, Brötchenservice, ab 2-wöchiger Buchung - kostenloser Grillabend. Streicheltiere, einen Haflinger, ein deutsches Pony, Schweine, Hasen, Hühner. „VOM GAST EMPFOHLENES HAUS".

Anzahl	Art	qm	Personen	Preis
3	FeWo	50-75	2-5	ab 40,00 €

75048_1   F***

Hessen
66 Rhön

Hilders

🚶 33 km 🚆 30 km

Der Luftkurort Hilders liegt im UNESCO-Biosphärenreservat mitten in der Rhön, nahe der Wasserkuppe (950 m ü. M.), Erlebnisbad Ulsterwelle (Frei- und Hallenbad mit Riesenrutschbahn, Massagedüsen, Unterwasserliegen, Springturm), mehrere Rundwanderwege, Kneipptretbecken, Theateraufführungen, Konzerte, Ruine Auersburg, Kegelbahn, Spielplätze, Heimatfest, Michaelismarkt, Lichtmarkt, Kirmes.

Infos unter: Tourist-Information Hilders
Tel. 06681-960815 oder www.hilders.de

182735_1   F***

Heckenmühle***
Frank, Marita
Heckenmühle 1
36115 Hilders,
OT Simmershausen
Tel. 06681- 500

heckenmuehle@web.de
www.ferienhof-heckenmuehle.de

Naturidylle in ruhiger Einzellage. Der Bio-Bauernhof mit kleinem Mühlenmuseum bietet eine ideale Ausgangsposition zum Wandern im Naturpark Rhön. Der Bach, die Ruhe und viel Platz im Grünen - ein Paradies für die ganze Familie. Wir empfehlen unser Gartenhäuschen, Grillplatz, Kräuterspirale, Lagerfeuer usw.

Anzahl	Art	qm	Personen	Preis
1	FeWo	61	4	ab 30,00 €

339794_1   F***/****P*****

Landhaus Will****
Familie Will
Von-Guttenberg-Str. 14
36115 Hilders,
OT Eckweisbach im Scheppenbachtal
Tel. 06681 - 318
Fax 06681 - 919570

FeWo.Will@t-online.de
www.FeWo-Will.de

6 Ferienwohnungen auf einem Anwesen, familiär geführt, Kaminofen, Internet, Tel., Sat-TV, Stereoanlage, Fahrräder, Terrasse möbliert, Wellness-Oase mit Massagen im Haus (Fastenwanderwochen), Frühstücksbüfett. Heimelige Stube, Kinder bis 6 Jahre frei, bis 12 Jahre 50 % Ermäßigung.

Anzahl	Art	qm	Personen	Preis
6	FeWo	35-70	2-4	ab 33,00 €
1	Zi.	39	2	ab 24,00 €

So geht's zu auf dem Bauernhof

Die Foto-Sachgeschichten zeigen, wie Landwirte mit riesigen Traktoren ihre Felder bearbeiten. Was Erdbeerbauern im Tunnel machen. Wie Kühe Milch geben. Und wie Schweine Strom machen ...

Ausgezeichnet von der Akademie für Kinder- und Jugendbuchliteratur

9,95 €

Nutzen Sie die Bestellkarte auf der letzten Seite!

Hessen
Rhön 66

Hofbieber
🚶 12 km 🚆 14 km

„Wir haben die Schönwettergarantie" bei der Wasserkuppe (Berg der Segelflieger), Mittelgebirgslandschaft im Biosphärenreservat Rhön, Freibad (quellwassergespeist), ausgeschilderte Rad- und Wanderwege, Kunstwoche im Ortsteil Kleinsassen (August jeden Jahres), Kunststation (ständig nationale u. internationale Aussteller), Barfuß-Erlebnispfad, Spielplätze, Kegelbahnen, Holzschnitzerei, Kirmes.

Infos unter: Tourist-Information
Tel. 06657 - 98720 oder www.hofbieber-tourismus.de

Hahnershof***
Haas, Peter
Elters 1
36145 Hofbieber, OT Elters
Tel. 06684 - 285
Fax 06684 - 917062

hahnershof@yahoo.de
www.hahnershof.de

Genießen Sie Ihre Ferien auf dem Hahnershof - Einzelhof in ruhiger, schöner Lage, unmittelbare Waldnähe, 2 FeWo, 2 Zusatzbetten mögl., KB, Hochstuhl, Balkon, Sat-TV, NK nach Verbrauch, Spielplatz, Kühe, Rinder, Schweine, Hund, Katzen. In der Umgebung Frei- und Hallenbad, Milseburgradweg, Barfußpfad.

Anzahl	Art	qm	Personen	Preis
2	FeWo	70	2-4	ab 37,00 €

27606_1   F***

Königsmühle***
Fam. Will
Haus-Nr. 1
36145 Hofbieber, OT Obernüst
Tel. 06684 - 282
Fax 06684 - 282

info@koenigsmuehle.de
www.koenigsmuehle.de

Einzelhof mit Wasserradmühle in unmittelbarer Waldnähe in idyllischer, schöner Lage.

2 (3 + 4 Sterne) gemütlich eing. Ferienwohnungen für je 4 Pers., ab 34,- €, mit Sat-TV, Radio, WM, Fön, Hochstuhl, Babybett. Bettwäsche und Handtücher inklusive. Auf Wunsch bieten wir Ihnen ein reichhaltiges Frühstück an.

Bauerngarten mit Kräuterinfo, Grillmöglichkeit, Tischtennis und Spielboden (bei schlechtem Wetter), überdachte Terrasse.
Hausschlachtung.
Für die Kinder sind Schaukel, Sandkasten, Wippe und Karussell vorhanden.

Ackerbau-, Grünland- und Forstbetrieb, 22 ha, 20 Kühe, Rinder, Schweine, Pony, Katzen, Hund. Mitarbeit möglich.

106082_1   F***/****   Wir freuen uns auf Ihren Besuch. Fordern Sie bitte unseren Hausprospekt an!

Hessen

66 Rhön
70 Spessart-Kinzigtal-Vogelsberg

Hosenfeld

Zwischen Rhön und Vogelsberg liegt Hosenfeld. Im nahegelegenen Naturschutzgebiet liegt der Himmelsberg im Gieseler Forst. Dort kann man vor allem schön wandern. Wer laufmüde wird, guckt sich das Ganze einfach aus der Luft von einem Motor- oder Segelflugzeug aus an. Beim Radfahren und Reiten durch die Natur sollten Sie das Wildgehege besuchen. Surfen, Bootsverleih. Sehenswürdigkeiten: Pfarrkirche, Probstei Blankenau, Schlingenkapelle Jossa, Stegmühle Hainzell. Heimatmuseum.

Infos unter: Gemeinde Hosenfeld
www.gemeinde-hosenfeld.de

Gasthof Sieberzmühle

DTV 3-4 Sterne

LANDURLAUB

Urwüchsige Hochwaldlage im Siebenbrunnental · Naturidylle · Ferienwohnungen · Familienzimmer · Appartements · Studios · laufendes Mühlenrad · Ausflugslokal · traditionelle und regionale Küche · Kinderspielplatz · Streicheltiere · Wildgehege · Wintergärten · Freiterrassen · Waldpanorama · Wanderwege und Kurzwanderungen · Öko-Landwirtschaft · Highland-Zucht · Bauernmarkt mit heimischen Spezialiäten · Naturidyll mit Badeteich · Seminarräume · Pferde-Trekkingstation · Seniorenprogramme · großzügige Außenanlage · Planwagenfahrten · Busse willkommen · Backhaus für Feiern · Kegelbahnen · Freilandspiele

Sieberzmühle 1-3 · 36154 Hosenfeld bei Fulda
Tel. (0 66 50) 9 60 60 · Fax 8193   **www.sieberzmuehle.de**

Bruchköbel

⛨ 8 km 🚉 im Ort

Bruchköbel. Da will ich leben!
Bruchköbel ist eine dynamisch gewachsene Stadt am Rande der sanft auslaufenden Hügel von Spessart und Vogelsberg. Die Kernstadt und ihre Stadtteile verbinden die Vorzüge einer modernen Stadt mit dem ländlichen Charme idyllischer Dorfkerne. Die „Hohe Straße" im Norden Bruchköbels ist als Rad- und Wanderweg ausgebaut und bietet Einblicke in das Niddatal, die Skyline Frankfurts und den Vogelsberg.

Infos unter: Tourist-Info
Tel. 06181 - 9750 oder www.bruchkoebel.de

Hessen

Spessart-Kinzigtal-Vogelsberg 70
Odenwald-Bergstraße-Neckartal 71

Kinderferienhof Rosenhof
Knop von Schwerdtner, Alice
Langstraße 14
63486 Bruchköbel,
OT Oberissigheim
Tel. 06183 - 2525
Fax 06183 - 2595

info@rosenhof-reiterferien.de
www.rosenhof-reiterferien.de

Hof im Ort, 13 Mehrbettzimmer, familiäre Betreuung, tolles Freizeitprogramm, 2,5 Std. Reiten täglich, Schulklassen willkommen.
Spezialangebot Reiten: 10 Pferde, 25 Ponys, teilw. turniererfahren, Reitplatz/-halle, qual. Unterricht, Dressur, Springen, Geländereiten, gef. Ausritte, kl. u. gr. Hufeisen, Reitabzeichen, Planwagenfahrten.

Anzahl	Art	qm	Personen	Preis
13	Zi.			auf Anfrage

75215_1　　P**

Beerfelden
⛰ 0,5 km

Das Gebiet des Beerfelder Landes liegt in einem der waldreichsten Regionen des Odenwaldes inmitten des Naturparks „Bergstraße-Odenwald". Als sagenhafte Wanderregion gilt dieser Bereich bei vielen als Geheimtipp. Seit 1997 steht der Begriff „Beerfelden Land" als markanter Name für die touristischen Einrichtungen der Stadt Beerfelden.

Infos unter: Tourist-Information Beerfelder Land
Tel. 06068 - 930320
www.beerfelden.de

Lindenhof****
Seip, Hildegard
Erbacher Str. 58
64743 Beerfelden,
OT Hetzbach
Tel. 06068 - 1464

info@seip-lindenhof.de
www.seip-lindenhof.de

Voll bewirtschafteter Bauernhof im Ort.

Wir gehen auf die Wünsche der Gäste ein, so dass die Urlaubsgäste aus dem Alltagstrott herauskommen, Natur erleben und sich erholen, familiären Kontakt zu unserer Großfamilie bekommen und vor allem die Kinder viele Tierarten streicheln dürfen.

75218_1　　F****

Ferienwohnung I, 120 qm, 6 Pers., 3 Doppelzimmer, 2 WC, großes Wohnzimmer, offener Kamin, Wickeltisch, Waschmaschine, Küche mit Spülmaschine, Bad, TV, ab 70,- €
Ferienwohnung II, 140 qm, bis 8 Pers., 4 Doppelzimmer, 2 WC, Bad, Wohnraum, Waschmaschine, Küche mit Spülmaschine, TV, ab 80,- €, unter 4 Tage 5,- € pro bezogenes Bett.
Ferienwohnung III, 60 qm, 2 Personen
Grillplatz, Hausschlachtung, Grünland, Rinder, Schweine, Tischtennis, Spielplatz, Aufnahme von Gruppen; herrliche Spaziergänge, Krähberg, Himbächel-Viadukt, Jagdschloss Krähberg, Königsbrunnen.

Fordern Sie unseren Hausprospekt an.

Anzahl	Art	qm	Personen	Preis
3	FeWo	60-140	2 bis 8	ab 70,00 €

Hessen
71 Odenwald-Bergstraße-Neckartal

Mossautal
🚆 4 km

Der lang gestreckte Ort war bis ins 16. Jahrhundert Sitz der Johanniter, worauf die gut erhaltene Johanniter-Kirche (erbaut 1252) heute noch deutlich verweist. Auf gut markierten Wanderwegen bieten sich Spaziergänge, aber auch ausgedehnte Wanderungen über die Höhen mit herrlichen Ausblicken und durch die Buchenmischwälder an.

Infos unter: Touristik-Büro Mossautal
Tel. 06062 - 919911

75012_1   F***/****

Waldhubenhof****
Familie Kübler
64756 Mossautal,
OT Hüttenthal
Tel. 06062 - 3898
Fax 06062 - 910525

waldhubenhof@gmx.de
www.waldhubenhof.de

Zertifizierter Biobetrieb in der Nähe des Marbachstausees, FH mit Terrasse, FeWo mit Terrasse u. Balkon, bis 4 Pers. ab 45,- €, j. w. Pers. 6,- €, plus NK, Grünland-/Forstbetrieb, Pferde, Rinder, Schafe, Ziegen, Hühner, Katzen, Hunde, Spielplatz, Grillhütte, Kutschfahrten, Reiten, Jagd- u. Angelmöglichkeit.

Anzahl	Art	qm	Personen	Preis
7	FeWo		2-4	ab 45,00 €
2	FH		2-4	ab 60,00 €

75082_1   F**/***

Bärenhof***
Muth, Helga u. Herbert
In der Großen Harras 11
64756 Mossautal,
OT Güttersbach
Tel. 06062 - 7185
Fax 06062 - 913512

Baerenhof.muth@t-online.de
www.baerenhof-ferien.de

Mitten im Grünen liegen unsere Ferienhäuser im Blockhausstil mit 2 Schlafräumen, Wohnraum mit Küchenzeile, Duschbad, Balkon. Aktiver Milchviehbetrieb mit großer Kuhherde und Nachwuchs, Ponys, Hunde, Katzen, Ziegen, Hühner usw. Viel Platz zum Spielen und Erholen. Gute Gastronomie und Einkaufsmöglichkeit im Ort.

Anzahl	Art	qm	Personen	Preis
2	FH	45	4-5	ab 51,00 €

75266_1   F***

Siefertshof***
Weyrauch, Adolf
Hauptstraße 12
64756 Mossautal,
OT Ober-Mossau
Tel. 06061 - 2380
Fax 06061 - 960479

weybasi@t-online.de
www.bauernhofurlaub.com/hoefe/siefertshof.htm

Wasser, Wald und Wiesen, ein Ort der Ruhe und Beschaulichkeit, Einzelhof, ruh. Lage, Grünlandbetrieb m. Mutterkuhherde. Gr. Spielpl. u. Liegewiese am Haus. 2 FH komfortabel u. gemütlich, mit offenem Kamin, Garage u. Balkon plus eine Sitzgruppe im Freien. Eigener Teich zum Baden u. Bootfahren nur für Gäste. TT, Tischfußball, Engl. u. Franz., Kurzurlaub u. Tiere mit Aufpreis.

Anzahl	Art	qm	Personen	Preis
2	FH	65	4	ab 45,00 €

Hessen
Odenwald-Bergstraße-Neckartal

Reichelsheim
🚶 27 km

Reichelsheim liegt in der Ferienregion im Odenwald und zählt als UNESCO-Geopark. In der intakten Natur erwarten Sie sanfte Hügel, klare Bäche, bunte Wiesen und viel Wald. 240 km ausgeschilderte Wander- und Radwege, solarbeheizte Freischwimmbäder, Reiten, Kegeln, priv. Sauna-Zentrum, Märchen- und Sagentage letztes Wochenende im Oktober, Veranstaltungen im Freilandmuseum, Schloss Reichenberg.

Infos unter: Tourist-Information Reichelsheim
Tel. 06164 - 508-0 oder www.reichelsheim.de

Ferienhof Käsrah***
Familie Schwöbel
Kriemhildstr. 8
64385 Reichelsheim,
OT Gumpen
Tel. 06164 - 1541   kaesrah@t-online.de
Fax 06164 - 54136   www.kaesrah.de

Zimmer mit D/WC, Balkon oder Terrasse, Halbpension möglich, KE bis 100 %, Ferienwohnungen mit Balkon, KB, TV, Brot backen, Nahrungsmittel vom Hof, Ackerbau-, Grünland- und Forstbetrieb, Pferde, Rinder, Schweine, Reiten, Spielplatz, Liegewiese, Aufenthaltsräume, Mitarbeit möglich, Engl. Franz., Blockbohlensauna.

Anzahl	Art	qm	Personen	Preis
9	FeWo	50-70	2-6	ab 35,00 €
4	Zi.		2	ab 22,00 €

74989_1   F***/****P***

DIE Qualitätsführer
DLG-Bier-Guide · DLG-Bio-Guide

Der Wegweiser zum perfekten Biergenuss –
DLG-geprüfte Qualität –
Gasthausbrauereien im Fokus

9,90 €

Der vorliegende DLG-Bio-Guide 2009 präsentiert Vorzeigebetriebe der Bio-Szene. Darunter sind Pioniere der Anfangsphase, innovative Neueinsteiger, Querköpfe mit weltanschaulichen Grundsätzen, Idealisten oder traditionsreiche Klosterbetriebe.

9,90 €

Nutzen Sie die Bestellkarte auf der letzten Seite!

 Thüringen

Kultur und Natur

Abwechslungsreiche Landschaften, Burgen und Schlösser, kulturelle Vielfalt und jede Menge Freizeitspaß – dafür steht das Urlaubsland Thüringen.

Thüringen

Abwechslungsreiche

© Thüringer Tourismus GmbH, Fotograf: Barbara Neumann

Thüringer Kernland

Landschaftlich reizvoll liegt das Kernland zwischen den Ausläufern des Thüringer Waldes im Süden und der Thüringer Pforte im Norden. Einige touristische Höhepunkte des Reise- und Urlaubslandes Thüringen sind hier zu finden. Dazu gehören Rokokoschloss und Park Molsdorf, Arnstadt, einstmals Wirkungsort des jungen Johann Sebastian Bach, und der Schriftsteller Willibald Alexis, Ludwig Bechstein und Eugenie Marlitt, die einstige Residenzstadt Gotha mit barocker Schlossanlage, bedeutenden Museen und dem wohlerhaltenen barocken Ekhof-Theater oder Thüringens erster Nationalpark der Hainich. Nicht zu vergessen - die Klassikerstrasse Thüringen, die das Thüringer Kernland durchquert und hier viele Höhepunkte hat.

Thüringer Rhön

Die einzigartige Kulturlandschaft, geprägt von zahllosen unbewaldeten Kuppen, lieblichen Tälern, Mooren und einzigartiger Flora und Fauna, lässt Ihre Blicke über die Thüringer Rhön schweifen und Ihre Gedanken bekommen Flügel.

Blick ins Land

Landschaften

Im Herzen Deutschlands entdecken Sie ein Eldorado für die Seele - und Deutschlands Wanderwelt Nr. 1. Doch nicht nur die hervorragend ausgeschilderten Wanderwege laden zu aktiver Erholung ein, auch Golfen, Radwandern, Klettern, Reiten, Kanufahrten, Gleitschirmfliegen sowie zahlreiche Bäder gehören zum breiten sportlichen Angebot der Rhön.

Ost-Thüringen

Es wird geprägt von fürstlichen Residenzen und einer mehr als 1100 jährigen Geschichte. Mit ihrer kulturellen Vielfalt eignet sich diese Region hervorragend für Städte- und Kurzurlauber.
Besuchermagneten finden sich aber auch in den ländlichen Gegenden Ostthüringens, die sich mit idyllischen Dörfern und Bauernhöfen harmonisch in die abwechslungsreiche Landschaft einfügen. Die Preußischen Fürsten haben unzählige Schlösser und Parks hinterlassen.

Thüringer Meer

Kennen Sie Deutschlands größte Stauseeregion- das Thüringer Meer im Saaleland? Es liegt in einer schönsten Gegenden im Thüringer Wald. Der Fluss „Saale" wurde ab dem Jahre 1932 zur Energiegewinnung und zum Hochwasserschutz künstlich angestaut. Damit entstand die Saalekaskade mit insgesamt 5 Stauanlagen. Heute können wir eine traumhafte Landschaft genießen, die einen enormen Erholungs- und Freizeitwert birgt. Mit insgesamt über 70 km Staulänge ist die Saalekaskade eine der größten künstlichen Gewässer Europas. Eingebettet in das waldreiche Tal der Saale finden Sie hier noch richtig idyllische Flecken und das mitten in Deutschland.

Thüringen

Pflanzenparadies

Rennsteiggarten Oberhof

Er ist als Botanischer Garten für Gebirgsflora ein beliebtes Ausflugsziel und in den letzten Jahren weit über die Grenzen Thüringens und Deutschlands bekannt geworden.
Auf einer Fläche von 7 Hektar rund um den 868 Meter hohen Pfanntalskopf bei Oberhof können Sie ca. 4000 verschiedene Pflanzenarten aus den Gebirgen Europas, Asiens, Nord- und Südamerikas, Neuseelands und aus der arktischen Region kennen lernen.
Viele Vertreter bekannter Gebirgspflanzengattungen, wie Enziane, Primeln, Glockenblumen, Nelken, Edelweiß und Alpenrosen entfalten im Rennsteiggarten ihre attraktiven Blüten. Ein aufmerksamer Besucher entdeckt auch weniger bekannte Schönheiten wie Blauen Himalayamohn, Andenpolster und Bitterwurz. So wechselt

Natur

die Blütenpracht ständig, und Sie erleben bis hinein in den Oktober die Vielfalt der Gebirgsflora bis zu den leuchtend blauen Blüten des Chinesischen Schmuckenzians, in welche mitunter schon Ende Oktober die ersten Schneeflocken fallen.

Für den eigenen Garten können einige Pflanzen auch käuflich erworben werden.

Infos erhalten Sie unter Tel. 03 68 42 / 2 22 45 oder www.rennsteiggarten oberhof.de

Thüringen

Nicht weinen!

Zwiebelmarkt

Weimars Zwiebelmarkt ist legendär.
Nichts geht am zweiten Oktober-Wochenende in Weimar ohne Zwiebel: Auf dem Kuchen, in der Suppe, im berühmten Zopf oder Gesteck.
Thüringens größtes Volksfest wird 2010 zum 357. Mal gefeiert. damit gehört der Zwiebelmarkt mit zu den ältesten Volksfesten in der Region. Begonnen hat die Tradition anno 1653 als „Viehe- und Zippelmarckt". Damals gab es nicht nur Zwiebeln: Verkauft wurden auch Sellerie, Meerettich, Knoblauch, Poree und Majoran sowie zahlreiche andere Gemüse- und Gewürzsorten.
Der Markt entwickelte sich in der Mitte des 19. Jahrhunderts zum Zwiebel-Einkaufszentrum für ganz Mitteldeutschland. Zu DDR-Zeiten kamen bis zu 120.000 Besucher

Genuss

Infos erhalten Sie unter Tel. 0 36 43 / 7 45-0 oder www.weimar.de

in die Stadt - an nur einem Tag. 32.000 Zwiebelzöpfe wurden beispielsweise 1970 verkauft - immerhin 100 Tonnen Zwiebeln waren dazu nötig.
Heute kommen mehr als 300.000 Besucher in die Klassikerstadt. Sie probieren die Zwiebelmarktsuppe, bejubeln die Zwiebelmarktkönigin oder nehmen sogar am Zwiebelmarktlauf teil.

Thüringen

Pures Wasservergnügen

Kyffhäuser-Therme

Hier in Bad Frankenhausen gibt es innen und außen tolle Wasserattraktionen. Begeistert bewältigen die Kinder den Wildwasserkanal, erfrischen sich unter dem Wasserfall oder schwingen sich voller Energie auf die 50 Meter lange Rutschbahn. Die Kleinsten spielen im Kinderplanschbecken und sausen jauchzend von der Mini-Rutsche in das Wasser. Ein Schiffchenkanal inspiriert zu neuen Spielvarianten und die Sprudler animieren die Kinder zum Lachen.
Währenddessen können Sie ein paar Bahnen in den Solebecken ziehen, sich auf den Sprudelliegen entspannen oder eines der vielen Wellness-Angebote nutzen,

Wellness

wie beispielsweise Moor- oder Heupackungen oder einen Ganzkörper-Heuwickel mit anschließender Massage.

In der Saunalandschaft haben Sie die Wahl zwischen Saunen im Innen- und im Außenbereich. Biosauna, finnische Sauna, Dampfkammer und Erlebnisbecken zieren den Innenbereich. Außerhalb finden Sie eine Blockbohlensauna oder die Erdsauna, in der zu besonderen Anlässen das Kaminfeuer angefacht wird. Anschließend können Sie gemeinsam mit Ihren Kindern den Barfußtherapiepfad entlang wandeln.

Infos erhalten Sie unter Tel. 03 46 71 / 51 23 oder www.kyffhaeuser-therme.de

Thüringen

Mit dem Tier auf du und du!

Tiergarten Eisenberg

Auf dem 2,5 ha großen Gelände leben rund 480 Tiere in 50 verschiedenen Arten. Der Tiergarten zeigt kleine Haustierrassen, Wildtiere aus Australien und aus afrikanischen Gebirgsgegenden sowie einheimische Waldbewohner.
Ein besonderer Anziehungspunkt für Kinder ist der begehbare „Bauernhof der Zwerge" mit Ponys, Esel, Schaf- und Ziegenrassen. Auch dort ist das Füttern und Streicheln der Tiere ausdrücklich erlaubt. Allerdings darf nur das an der Kasse erhältliche Futter verwendet werden, um die Tiere nicht zu gefährden.
Im Eisenberger Tiergarten ist es das ganze Jahr über interessant, aber zwei Termine sollte man sich besonders vormerken: An jedem Ostersonntag versteckt der Osterhase für alle kleinen Tiergartenbesucher die Ostereier und Höhepunkt der Saison ist das zweitägige Tiergartenfest Ende August.

Thüringen

Adrenalin pur

Sommerrodelbahn Saalburg

Hier erleben Sie mit Ihren Kindern faszinierenden Fahrspaß. Zuvor geht es aber erst einmal bequem mit Hilfe des automatischen Lifts hinauf. Oben angekommen gibt es dann kaum noch ein Halten.
Nervenkitzel und Adrenalin folgen, nachdem sich der Schlitten mit seinen Passagieren in Bewegung gesetzt hat. Wer es etwas langsamer liebt, der kann die Bremse betätigen und den Schlitten damit zum langsameren Fahren zwingen. Besonders in den Kurven der Sommerrodelbahn Saalburg wird davon gern Gebrauch gemacht.

Hits für Kids

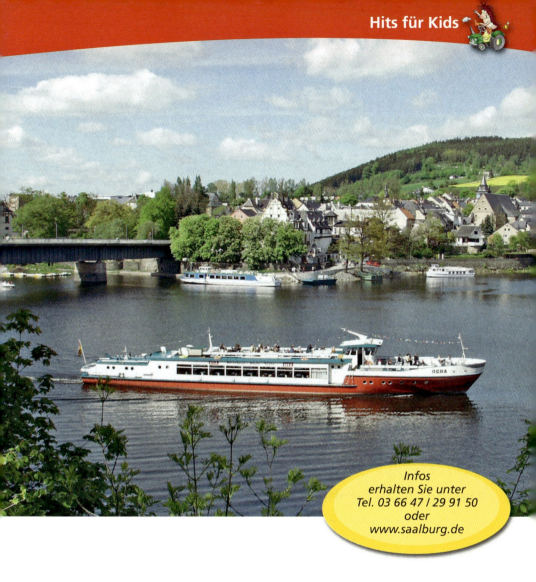

Infos erhalten Sie unter Tel. 03 66 47 / 29 91 50 oder www.saalburg.de

Unten angekommen können Sie sich im Hotel Fürstenhöhe stärken, bevor Sie zur zweiten Runde starten oder die schöne Aussicht von oben genießen.

Machen Sie danach auch noch unbedingt eine Schifffahrt auf dem größten Stausee Deutschlands.

Thüringen

Ein Weltrekord!

Riesiges Märchenbuch

Der Verein Kinder- und Jugenderholung e.V. in Dittrichshütte hat das bisher größte Märchenbuch der Welt gebaut, ein Weltrekord! Es hat 12 Seiten, ist ca. 4 Meter hoch und drei Meter breit. 1 „Blatt" wiegt 52 kg.
Johanna Kirchstein schrieb die elf ausgewählten Märchen, wie „Rotkäppchen" oder „Der gestiefelte Kater" von Willhelm Hauff und den Brüdern Grimm auf eine Kurzform zusammen, Edeltraud Stapf übernahm die schönen Illustrationen. An der Herstellung des Märchenbuches waren mehrere Unternehmen beteiligt, darunter eine Spezialdruckerei aus Leipzig und ein Stahlbau-Unternehmen aus Pößneck.
Nach der Besichtigung des riesigen Märchenbuches haben viele Kinder Lust bekommen, sich auch zu Hause wieder intensiver mit ihren Märchenbüchern zu beschäftigen.

Kultur

Goldmarie und Pechmarie

Es war einmal eine Witwe die hatte zwei Töchter. Die eine war schön und fleißig, die andere häßlich und faul. Die Mutter hatte die häßliche und faule viel lieber, während die schöne und fleißige alle Arbeit tun mußte. Sie mußte spinnen bis ihre Finger und die Spindel blutig waren. Beim Abwaschen fiel diese in den Brunnen. Aus Angst vor der Mutter sprang das Mädchen auch hinein, um die Spule zu holen. Es wurde besinnungslos und wachte auf einer schönen Blumenwiese wieder auf. Es kam an einen Backofen voller Brot: „Ach, zieh mich raus, sonst verbrenne ich!", rief das Brot und das Mädchen holte es mit dem Brotschieber heraus. Danach rief ein Baum voller Äpfel: „Ach, schüttle meine reifen Äpfel vom Baum!" Auch hier half das Mädchen. Dann kam sie zu einer freundlichen alten Frau. „Hilf mir beim Bettenmachen. Wichtig ist, daß du fleißig schüttelst, daß die Federn fliegen, dann schneit es in der Welt. Ich bin die Frau Holle." Es ging dem Mädchen gut aber nach einiger Zeit hatte es doch Heimweh. Frau Holle gab ihr die Spule wieder und führte sie durch ein Tor. Es regnete Gold, welches an dem Mädchen hängenblieb. So kam es zu Hause an und der Hahn rief: „Kikeriki, unsere goldene Jungfrau ist wieder hie!" Da staunte die Mutter über den Reichtum und die Faule mußte auch in den Brunnen springen. Aber sie half nicht dem Backofen, auch nicht dem Apfelbaum. Auch bei Frau Holle war sie faul und wurde von ihr an das Tor geführt. Aber es kam kein Goldregen sondern ein großer Kessel Pech ergoß sich über sie und der Hahn auf dem Brunnen zu Hause rief: „Kikeriki, unsere schmutzige Jungfrau ist wieder hie." Das Pech blieb das ganze Leben an der Faulen hängen.

Infos
erhalten Sie unter
Tel. 03 67 41 / 57 00
oder
www.dittrichshuette.de

Kleinkunst der Besten

Meininger Kleinkunsttage

Sie wurden erstmals 1992 ins Leben gerufen. Das in Thüringen einmalige Festival erfreut sich großer Beliebtheit und ist inzwischen deutschlandweit zu einer bekannten und gern besuchten Adresse für Künstler und Besucher geworden.
Das Markenzeichen der Meininger Kleinkunsttage ist die Vielfalt. Während andernorts reine Kabaretttage bzw. Comedy-Festivals veranstaltet werden, wird in Meiningen die ganze Vielgestaltigkeit der Kleinkunst präsentiert. Von Ende August bis Ende September gibt es zahlreiche Veranstaltungen in ganz unterschiedlichen Genres und Ausdrucksformen, ein bunter Mix aus Musik, Kabarett, Comedy und Literatur.
Der jährlich dort verliehene „Meininger Georg" zählt zu den höchst dotierten Preisen der deutschsprachigen Kleinkunstszene.

Thüringen

Es klappert die Mühle...

Thüringer Mühlenradweg

25 Mühlen verbindet der Rundkurs auf 80 km und führt dabei durch drei der schönsten Täler des Saalelandes.
Meist Abseits der Orte liegen die alten Holz-, Mahl- und Lumpenmühlen in einer Wald- und Wieseneinsamkeit, wo es fließendes Wasser und Platz für einen Mühlteich gibt. Nur wenige Mühlen klappern am rauschenden Bach. Doch die historischen Gebäude in idyllischer Lage beherbergen heute Gaststätten, Reiterhöfe, Hotels, Museen oder sind bewohnt. In der Talmühle in Thalbürgel und in der Wassermühle Hainbücht ist das Mühlenhandwerk noch lebendig und kann besichtigt werden.

Aktiv

Für seine Mühlendichte bekannt ist das Mühltal bei Eisenberg, wo auf acht Kilometern sieben Mühlen den Weg säumen und ein Mühlenminiaturpark die Entwicklung des Mühltals nachzeichnet. Weniger bekannt sind der Zeitzgrund und das Gleistal, doch auch dort stehen die Mühlen in dichter Reihenfolge. Hier wechseln Wälder und Wiesen einander ab. Im Gleistal und im Saaletal dagegen öffnet sich die Landschaft und an den hellen Muschelkalkhängen wachsen Obstbäume und Wein.

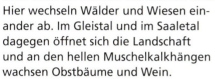

Infos erhalten Sie unter
Tel. 03 64 24 / 7 84 39
oder
www.saaleland.de

Thüringen

Spaß am XXL-Format

Thuringia Funpark XXL

Das Mekka für Skater, Inliner, Bmx´er, Dirtbiker sowie große und kleine Gäste, finden Sie in der Mitte Deutschlands bei Mühlhausen.
Bei dem Indoor-Park handelt es sich um den Titus-Meisterschaftspark vom Monster Mastership 2002 in Dortmund. Auf einer Fläche von 2.100 m² versprechen zahlreiche Banks, Ledges, Quarters, Wallrides, London Gaps, Rails, Spins, Minirampen und die zweitgrößte Indoor-Halfpipe Deutschlands absoluten Spaß. Das ist ein wahres Skaterparadies! Zudem ist der gesamte Parcours mit Buchenplatten überzogen, was beste Skatebedingungen schafft. Durch den geschickten Einbau von verschiedenen kleinen Elementen ist der Parcours immer noch sehr anspruchsvoll, aber dennoch Anfängerfreundlich.

Aktiv

Infos erhalten Sie unter Tel. 0 36 01 / 88 72 19 oder www.thuringia-funpark.de

Thüringen

Jeder hat schon mal ein Stück Thüringen gehört. Sei es ein Gedicht von Goethe, dessen 260. Geburtstag in diesem Jahr gefeiert wird. Seien es die Biathlonwettkämpfe in Oberhof oder die berühmten Thüringer Rostbratwürste. Thüringen ist vielfältig sowohl im Winter als auch im Sommer, mit und ohne Kinder. Die vorgestellten Reisetipps machen Appetit auf dieses schöne Bundesland und jeden Urlaub zu einem Erlebnisurlaub.

Diese und noch mehr Reisetipps gibt's unter:
www.thueringen-tourismus.de

Fakten zu Thüringen

Hauptstadt:	Erfurt
Einwohner:	2,37 Mio.
Fläche:	16.171,5 km^2
Einwohner/km^2:	146,5
Webseite:	www.thueringen.de

(72)	Nordthüringen	458
(73)	Thüringer Kernland	459
(74)	Thüringische Rhön	460
(75)	Thüringer Wald	461
(76)	Saaleland	463
(77)	Ostthüringen	-

Zahlen und Fakten

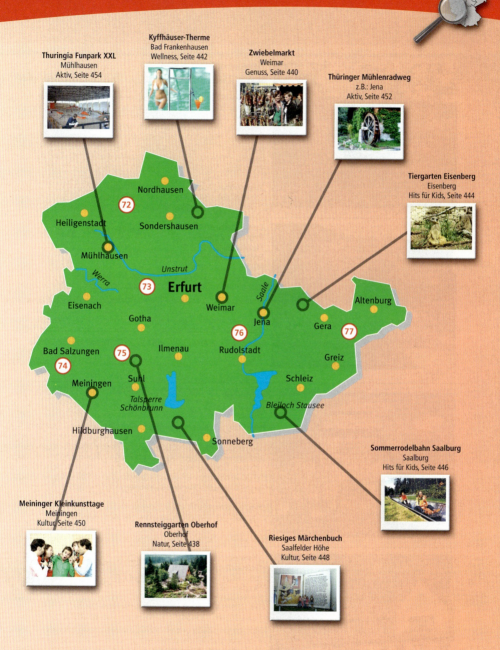

Thüringen
72 Nordthüringen

Frankenroda
🚶 18 km 🚆 18 km

Unsere Region zählt zu den schönsten Abschnitten des Werra-Tals. Hier kann man noch „Natur pur" erleben. Es gibt viele historische und landschaftliche Sehenswürdigkeiten sowie eine Unmenge an Angeboten für Sport und Freizeit. Wer sportlich aktiv die unberührte Natur erfahren will, hat die Qual der Wahl zwischen dem Radfahren auf dem Werratal- und Haineckradweg, Reiten, Wandern, Schwimmen sowie den Boots- und Kanufahrten auf der Werra.

Infos unter: Tourist-Informationsstelle
Tel. 036924 - 38018 oder www.vg-mihla.de

Landgasthof/Reiterhof Probstei Zella
Familie Groß
Probstei Zella 1
99528 Frankenroda
Tel. 036924 - 41976
Fax 036924 - 41874
zella@t-online.de
www.zella.de

Zimmer D/WC, inkl. Frühstück, TV, FeWo, Campingplatz, Biergarten, Schwimmteich (ökologische Badelandschaft), 20 Pferde verschiedener Rassen, Reitunterricht (Reithalle, Platz, Gelände), Fahrradverleih, Kutsch- und Kremserfahrten, Spiel-/Grillplatz, Streichelzoo, TT, Bootsanlegesteg, Bootsverleih, traditionelle Thüringer Küche.

Anzahl	Art	qm	Personen	Preis
7	FeWo			ab 50,00 €
1	FH			auf Anfrage
12	Zi.			ab 30,00 €

331282_1   F***P***

Neustadt
🚶 10 km 🚆 15 km

Herrliche Umgebung mit alten Mischwäldern, sauberer Luft und dem besonderen Klima für Atemwegserkrankte und Kreislaufrehabilitationen. 150 km gut markierte Wanderwege, herrlich gelegenes Waldbad, Sauna, Massagen, Kurkonzerte, ein kulinarisches Sommerfest, 1120 errichtete Burgruine Hohnstein, die 1730 errichtete Rolandfigur sowie das 1412 erbaute Stadttor. Campingplatz, Osterfeuer, Walpurgisfeiern.

Infos unter: Neustadt-Information
Tel. 036331 - 46277 oder www.neustadt-harz.de

„Kneipp-Gesundheitshof"****
Ibe, Helga u. Kühne, Birgit
Burgstr. 28
99762 Neustadt/Harz
Tel. 036331 - 42298
Fax 036331 - 30454
info@pension-ibe.de
www.pension-ibe.de

Hof im Ort, Zimmer mit D/WC, Zimmerpreise inklusive Frühstück. Kinderbetten, Kinderermäßigung, Garten-Café, Massagen, Kosmetik, Fußpflege, Sauerstoffkur, Solarium, Sauna, Billard, TV, Grillplatz, Liegewiese, Hausschlachtung, Nutz- und Streicheltiere, Ponys, Hausmusik, Tischtennis, Kutschfahrten.

Anzahl	Art	qm	Personen	Preis
7	FeWo	40-70	2-5	ab 35,00 €
4	Zi.	16	1-2	ab 18,00 €

154457_1   P****F***/****

Thüringen
Thüringer Kernland 73

Witterda

Witterda liegt 12 km nördlich von Erfurt entfernt am Nordhang der Fahnerschen Höhe - zu jeder Jahreszeit ein Besuch wert. Ein recht junges Wanderwegenetz - der Fahner Höhen-Wanderweg. Aber auch das Reiten oder Radfahren findet hier immer mehr an Bedeutung. Das Kirschfest mit überregionalem Charakter mit Wettbewerben wie z. B. das Kirschkernweitspucken oder im Herbst (erstes Oktoberwochenende) das Erntefest mit der längsten Apfeltheke Thüringens lädt Sie recht herzlich ein.

Infos unter: Tourismusverein „Fahner Höhe"
Tel. 036206 - 21692 oder www.witterda.de

© Peter Groth

Pension „Zum Roß"***
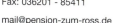
Göbel, Achim und Angelika
Malzgasse 132
99189 Witterda
Tel. 036201 - 85972
Fax: 036201 - 85411

mail@pension-zum-ross.de
www.pension-zum-ross.de

Auf unserem Hof am Ortsrand finden Sie zu jeder Zeit eine Atmosphäre zum Wohlfühlen in ländlicher Idylle.

Ackerbau und Grünland mit Pferden, Ponys, Ziegen, Kaninchen, Federvieh. Reiten, Kutschfahrten, Pensionspferde.

Geeignet auch für Gruppen, eigener Parkplatz, Haustiere erlaubt ohne Aufpreis, Tischtennis. Wir sprechen Englisch.

Separater Gastraum bis 90 Personen. Entspannen Sie bei Kaffee und selbst gebackenem Kuchen auf unserer Gartenterrasse, bei unterhaltsamen Grillabenden am Lagerfeuer oder einfach auf unserer Liegewiese.

Kinderfreundliche Atmosphäre mit Tischtennis, einem Kinderspielplatz mit Holzspielgeräten und einem Reiterstübchen.

Wir freuen uns, Sie auf unserm Bauernhof begrüßen zu dürfen.

Anzahl	Art	qm	Personen	Preis
4	FeWo	60-80	3-4	ab 45,00 €
11	Zi.	18	1-3	ab 20,00 €

214679_1   F****p***

Verwöhn-Urlaub

Einmal wie ein echter Landlord leben! Im Übernachtungsführer „Urlaub auf Landsitzen" werden die schönsten Herrensitze, Burgen und Schlösser und andere historische Gebäude vorgestellt.

12,90 €

Nutzen Sie die Bestellkarte auf der letzten Seite!

459

Thüringen
74 Thüringische Rhön

Diedorf
🚆 1 km

Diedorf verfügt über ein Wanderwegenetz, das in den Thüringer Wald hineinreicht sowie in das Wanderwegenetz der Hohen Rhön und Vorderen Rhön. Auch Lehrwanderungen sind möglich. In der Nähe befinden sich ein Museum und ein Besucherbergwerk. Ausflüge: Freizeitpark, Burgen. In jedem Fall haben Sie Ihre Ruhe und können morgens, mittags, abends dem Vogelgezwitscher und dem Rauschen des Waldes lauschen.

Infos unter: Gemeinde Diedorf
Tel. 036966 - 80028 oder www.diedorf.de

****Peter, Janet und Jan
Georgenstr. 1
36452 Diedorf/Rhön
Tel. 036966 - 7077
Mobil 0171 - 2144341
Fax 036966 - 80697

janpeter11@t-online.de
www.ferienhaus-zum-weinberg.de

Verbringen Sie Ihren Urlaub in unserem Ferienhaus in ruhiger Lage am Waldrand. Der Bauernhof befindet sich am Ortsrand ca. 700 m vom Ferienhaus entfernt.
Ferienhaus mit TV, Kinderbett, Kind 12,50 €/Tag. Grillplatz, Hausschlachtung, Ackerbau, Grünland, Rinder, Kühe, Schweine, Hühner, Mitarbeit möglich, Fahrradverleih, Garage vorhanden.

Anzahl	Art	qm	Personen	Preis
1	FH	72	1-6	ab 40,00 €

183251_1 F****

Geisa/Spahl
🚶 15 km 🚆 12 km

Lebensraum Rhön - Ein Biosphärenreservat der UNESCO. Wer hat die gerundeten Bergkegel aus vulkanischer Zeit, die fast waldlosen Hochebenen und die Hochmoore mit ihrer seltenen Pflanzenwelt schon selbst kennen gelernt? Vom kleinen Ort Spahl aus kann man den hessischen, thüringischen und bayerischen Teil der Rhön erkunden. Erlebnisbergwerk. In Spahl lädt eine Fest- und Traditionsscheune mit Dorfmuseum zu Rhöner Feierlichkeiten mit regionalen Spezialitäten ein.

Infos unter: Fremdenverkehrsbüro Geisa
Tel. 036967 - 690 oder www.roehn.de oder www.stadt-geisa.de

Seeleshof****
Heller, Brigitte
Kettener Str. 60
36419 Geisa, OT Spahl
Tel. 036967 - 51081

seeleshof@web.de
www.ferienwohnung-seeleshof.de

Urlaub in der Thüringer Rhön, Fam. mit Kindern, Wanderer u. alle, die die Rhön erleben wollen, sind uns herzl. willkommen. Unsere kinderfreundl. FeWo am Ortsrand hat einen gr. Wohnr. u. 2 sep. Schlafr. mit Balkon. Spielpl., Liegewiese, Sitzpl. mit Grillhütte u. einen Streichelzoo. Sep. Eingang, Sat-TV, KB, WM, TT, Angeln u. Natur genießen am eig. Teich, Bauerngarten, Ulsterdorfradweg.

Anzahl	Art	qm	Personen	Preis
1	FeWo	110	2-6	ab 38,00 €

251077_1 F****

Thüringen

Thüringische Rhön 74
Thüringer Wald 75

***Biedenbach, Klaus und Michaela
Kettener Str. 4
36419 Spahl
Tel. 06652 - 918606
Fax 06652 - 918666
Familie.Biedenbach@web.de
www.pension-goeb.de

Wanderferienhof am Ortsrand mit 1 ****-FeWo, Baujahr 2004, 2 Schlafräume, große Wohnküche, Spülmaschine, TV, WM, Trockner, KB, großer Garten mit Spiel- und Grillplatz, 3 DZ mit Dusche/WC, für Gruppen geeignet, Hund, Katze, Meerschweinchen. Idyllischer herrlicher Blick in die Rhönberge, überdachter Freisitz.

Anzahl	Art	qm	Personen	Preis
1	FeWo	90	2-6	ab 40,00 €
3	Zi.	18	2	ab 30,00 €

347094_1   F****P***

Bücheloh
🚶 2 km 🚂 5 km

Ein Paradies nicht nur für Wanderer und Naturliebhaber. Hier finden Sie Kultur, Handwerk, Traditionen und Brauchtum in den vielfältigsten Formen. Alte Klöster und Burgruinen, stolze Burgen und Schlösser entführen Sie in die bewegte Geschichte der Region. Auch viele berühmte Persönlichkeiten wie Martin Luther, Johann Sebastian Bach, Friedrich Fröbel, um nur einige zu nennen, hinterließen hier ihre Spuren. Die UNESCO erklärte diesen einzigartigen Naturraum zum Biosphärenreservat.

Infos unter: Gemeindeverwaltung Wolfsberg
Tel. 036785 - 50209 oder www.wolfsberggemeinde.de

Landpension Risch
Risch, Sabine
Ilmenauer Str. 42
98693 Bücheloh
Tel. 03677 - 62855
Fax 03677 - 895384
Handy-Nr. 0170 - 8355737
Pension-Risch@t-online.de
www.pension-risch.de

Zimmer mit D/WC, Preis inklusive Frühstück. Jede weitere Person in FeWo und FH 8,- €, zusätzlich Nebenkosten, HP 9,- €, Kinderbett, WM, TV, gemütliches Kaminzimmer, Sauna, Grillplatz, TT, Hausschlachtung, Kaninchen, Federvieh, Katzen, Mitarbeit möglich, anerkannter Kneipp-Ferienhof, Hausprospekt.

Anzahl	Art	qm	Personen	Preis
2	FeWo	50-55	2-3	ab 40,00 €
1	FH	55	2-5	ab 40,00 €
6	Zi.		1-3	ab 20,00 €

180940_1   F**/***/G***

DLG-Bio-Guide

Der vorliegende DLG-Bio-Guide 2009 präsentiert Vorzeigebetriebe der Bio-Szene. Darunter sind Pioniere der Anfangsphase, innovative Neueinsteiger, Querköpfe mit weltanschaulichen Grundsätzen, Idealisten oder traditionsreiche Klosterbetriebe.

9,90 €

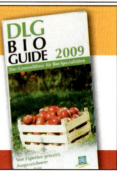

Nutzen Sie die Bestellkarte auf der letzten Seite!

Thüringen

75 Thüringer Wald

Hohenkirchen

🚶 7 km 🚊 4 km

Hohenkirchen ist ein sympathisches Straßendorf mit den meisten Torfahrten im Landkreis. Eingangsbereich zum Naturpark „Thüringer Wald", dem größten zusammenhängenden Nadelwaldgebiet Deutschlands. Nähe zum Rennsteig, dem legendären Höhenweg und idealer Ausgangspunkt für Touren zur Klassikerstraße oder zum Wintersportort Oberhof, Hallen-Familien-Bad, Saunalandschaft, Streichelzoo.

Infos unter: Gemeinde Hohenkirchen
Tel. 036253 - 380 oder vg.apfelstaedtaue.de

Landpension Hohenkirchen***
Landwirtschaftliche
Erzeugergemeinschaft
„Ohratal" GmbH
Mittelröder Weg 4
99887 Hohenkirchen
Tel. 036253 - 31210
oder 31214
Fax 036253 - 31212

leg.hohenkirchen@t-online.de
www.landpension-hohenkirchen.de

Freuen Sie sich auf ein paar schöne Urlaubstage auf unserem Ferienhof in Thüringen. Erleben Sie die Natur des Thüringer Waldes.

Zimmer mit Dusche und WC, TV, Radio, Telefon, Aufbettung möglich, Preis inklusive Frühstück.

In unserer Gaststätte mit Biergarten verwöhnen wir Sie mit Produkten aus Thüringer Landschlachtung.
Ackerbau und Grünland, Rinder, Schweine, Federvieh, Ziegen, Schafe, Pony, Tiergehege, Grillplatz.

Wir freuen uns auf Ihren Besuch und beraten Sie gerne bei Ihren Ausflügen.

331661_1

	Anzahl	Art	qm	Personen	Preis
P***	4	Zi.	30-45	2	23,00 €

DLG-Bier-Guide

Der Wegweiser zum perfekten Biergenuss –
DLG-geprüfte Qualität –
Gasthausbrauereien im Fokus

9,90 €

Nutzen Sie die Bestellkarte auf der letzten Seite!

Thüringen
Saaleland 76

Gumperda/Röttelmisch
🚶 12 km 🚂 5 km

Mitten im Kulturkreis der Städte Weimar, Jena und Rudolstadt liegt der Reinstädter Grund mit dem Dörfchen Röttelmisch. Als Naturliebhaber kommen Sie im Saaleland ganz auf Ihre Kosten. Die ausgedehnten Wälder, idyllischen Täler und die reizende Flusslandschaft können Sie ganz nach Ihrem Geschmack zu Fuß oder mit dem Rad erkunden. Die Thüringer Porzellanstraße führt Sie an alle wichtigen Orte, in denen Porzellan noch heute entsteht.

Infos unter: Thüringer Tourismusverband Jena-Saale-Holzland e.V. Tel. 036535 - 78439 oder www.saaleland.de

Ferienhof „Reinstädter Grund"****

Schachtschabel, Margit
Röttelmisch 14
07768 Gumperda
Tel. 036422 - 22400
m.schachtschabel@t-online.de
www.ferienhof-th.de

Unser ehemaliger Hof ist ruhig, harmonisch und idyllisch, abseits vom Stadtstress, aber mitten im Kulturkreis der Städte Weimar, Jena, Rudolstadt. Dorfleben, Natur, Sport, Spiel, Tiere, Sauna und unsere eigene Gastronomie können für Sie eine Entdeckungsreise sein. KE.
Herzlich willkommen in Röttelmisch!

Anzahl	Art	qm	Personen	Preis
14	Zi.	21-31	1-4	ab 21,00 €

227756_1 P***

Linda
🚶 7,5 km 🚂 am Ort

Die Knapp-Mühle in Linda bei Neustadt an der Orla im schönen Thüringen ist eine nach kompletter Restauration voll funktionsfähige Galerieholländerwindmühle aus dem Jahr 1892. Inklusive Kleinkunstbühne. Kaum eine Landschaft ist so vielseitig wie das Ostthüringer Land. Neustadt an der Orla ist eine Stadt, die auf über 700 Jahre seit ihrer Gründung zurückblicken kann. Linda und Neustadt an der Orla sind der Ausgangspunkt für Wanderungen und Radtouren in eine reizvolle und auf Grund der geologischen Vielfalt abwechslungsreiche Landschaft.

Infos unter: Tourismus-, Kultur- & Fremdenverkehrsverband Tel. 036481 - 85121oder www.neustadtanderorla.de

Ferienhof Wolschendorf****

Wolschendorf, Peter
Koethnitz Nr. 11
07819 Linda, OT Köthnitz
Tel. 036481 - 22792
Fax 036481 - 83800
raus@aufs-land.de
www.ferienhof-wolschendorf.de

Schöner Ferienhof mit 4 Teichen zum Angeln oder Erholen mit 3 DZ, ÜF ab 18,- € pro Pers., EZ ab 25,- €, 1 FH, 1 FeWo mit Terrasse ab 37,- €, j. w. Pers. 6,- €, KB, TV, Grill- und Spielplatz, Holzbackofen, Grillabende, Liegew., Brötchen- u. Getränkeservice, Sauna u. Dampfbad. Grünland u. Forstwirtschaft mit Schafen, Ziegen, Kaninchen, Federvieh, Katzen u. Hund. Mitarbeit möglich. Hausprosp.

Anzahl	Art	qm	Personen	Preis
2	FeWo	ab 40	4-6	ab 37,00 €
3	Zi.	ca. 20	1-3	ab 18,00 €

241383_1 F****P****

463

Thüringen
76 Saaleland

Remptendorf
🚶 19 km 🚌 10 km

In reizvoller Gegend liegen die Orte der Gemeinde Remptendorf. Ländliche Struktur, ausgedehnte Wälder und freundliche Menschen kennzeichnen diese Region. Erholung pur in abwechslungsreicher Natur ist zu allen Jahreszeiten zu erleben.

Infos unter: Gemeinde Remptendorf
Tel. 036640 - 4490 oder www.remptendorf.de

Ferienhaus „Villa Luftig"*****
Jäschner, Antje
Rödern 16a
07368 Remptendorf
Tel. 036640 - 22416
Fax 036640 - 284617

urlaub@lueckenmuehle.de
www.lueckenmuehle.de

Klein - aber fein.
Es sind oft die kleinen Dinge, die einen Aufenthalt behaglich und unvergesslich machen - die Terrasse im Grünen, liebevolle Details in der Ausstattung, jahreszeitliche Dekorationen, noch eine Kuscheldecke zusätzlich, Kerzen für gemütl. Abende … Lassen Sie sich überraschen - wir freuen uns auf Sie. Ihre Fam. Jäschner.

233665_1   F****/*****

Anzahl	Art	qm	Personen	Preis
2	FeWo	40-64	2-5	ab 27,00 €

Saalburg
🚶 8 km 🚌 12 km

Urlaub in Thüringen am größten Stausee Deutschlands, Saalburg liegt direkt am Stausee in herrlicher Mittelgebirgslandschaft, Wasser, Wald und Berge bilden die wunderbare Harmonie, vielfältige Wanderwege, Saale-Radweg, alle Arten von Wassersport, Ardesia-Therme Bad Lobenstein, Schloss Burg 10 km, Märchenwald, Sommerrodelbahn, Michaelismarkt, Weihnachtsmarkt.

Infos unter: Touristinformation
Tel. 036647 - 29080 oder www.saalburg-ebersdorf.de

***Daudert, Kerstin
Zoppoten Nr. 31
07929 Saalburg-Ebersdorf
Tel. 036647 - 23986
Fax 036647 - 294720

Komfortabel eingerichtete Ferienwohnung mit 2 Schlafzimmern, Wohnraum mit Küchenzeile, Essecke, TV, Radio. Großer, heller Fitnessraum mit Tischtennis, Darts usw., Sauna, Grillmöglichkeit, Liegewiese, Spielplatz, Ruderboot, Fahrräder mit Kindersitz. Nichtraucherwohnung! Kinderermäßigung.

241346_1   F***

Anzahl	Art	qm	Personen	Preis
1	FeWo	70	2-5	ab 35,00 €

Thüringen

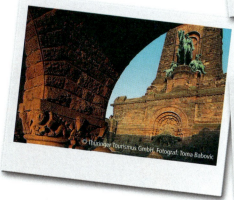

Sachsen

Sachsen – Land

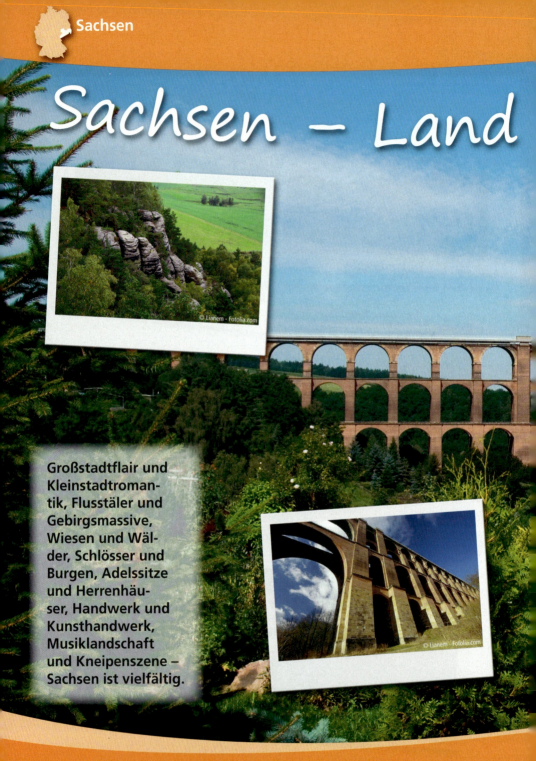

Großstadtflair und Kleinstadtromantik, Flusstäler und Gebirgsmassive, Wiesen und Wälder, Schlösser und Burgen, Adelssitze und Herrenhäuser, Handwerk und Kunsthandwerk, Musiklandschaft und Kneipenszene – Sachsen ist vielfältig.

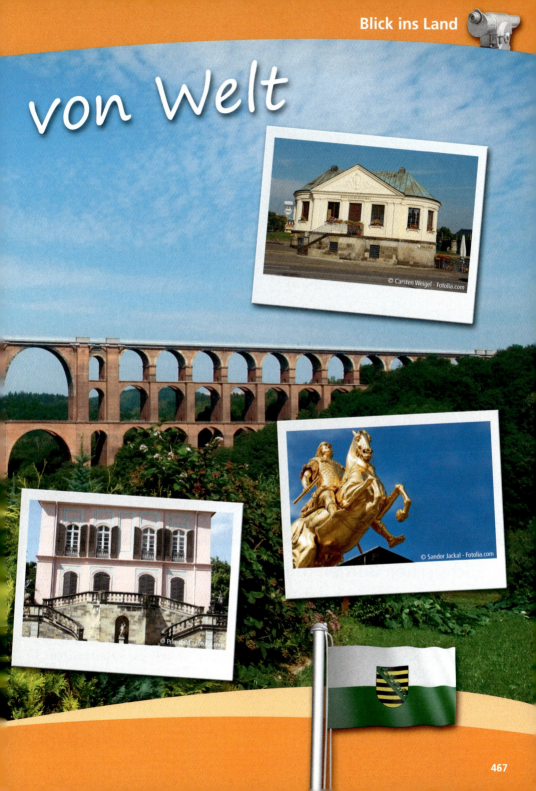

 Sachsen

Lebenslust und Kunstgenuss

© Holger Kramer - Fotolia.com

Sächsischen Burgen- und Heideland

Nirgendwo sonst in Sachsen ist die Dichte an Burgen, Schlössern und Parkanlagen so hoch wie in dieser klassischen Landschaft. Wie eine Perlenschnur säumen die alten Gemäuer die Täler entlang der Flüsse. Ob bei Flusstrekking entlang der Mulde, Wanderungen, Rad- und Reittouren in Dahlener und Dübener Heide oder bei wohltuendem Vitalurlaub in Bad Düben oder Bad Lausick, die majestätischen Bauten grüßen schon von Weitem.

Blick ins Land

Sächsisches Elbland

Mitten im Herzen Sachsens erstreckt sich mit mildem Klima, traditionsreicher Geschichte und mediterranem Charme diese romantische Ferienregion. Wer die Wiege sächsischer Lebensart entdecken möchte, ist zwischen Torgau und Dresden genau richtig. Wer Wein mag, wird die Sächsische Weinstraße lieben. Für Freunde feinen Porzellans ist das Sächsische Elbland eine Reise in die Geburtsregion des weltberühmten Meissener Porzellans.

Sächsische Schweiz

Gleich vor den Toren Dresdens erhebt sich die wildromantische Felsenwelt des Elbsandsteingebirges als eine der eigenwilligsten Naturschönheiten Deutschlands. Viele kennen diesen Landstrich als Sächsische Schweiz. Ein großer Teil davon ist zum Nationalpark erklärt. Er gehört zu einem der Bedeutendsten in Deutschland.

Erzgebirge

Wer hier Urlaub macht kann viel erleben: auf Berge, jahrhundertealtes Kunsthandwerk, geschichtsträchtige Städte, lebendige Bergbautraditionen. Fast jeder kennt die Nussknacker und Räuchermännchen, die zur Weihnachtszeit heiß begehrt sind. Es hat sich herumgesprochen, dass Oberwiesenthal und Altenberg Wintersportzentren und die unzähligen Waldwege ein wahres Wanderparadies sind. Die Städte spiegeln den Reichtum aus glanzvollen Bergbauzeiten wider.

 Sachsen

Kontrastreiche Natur

Lausitzer Findlingspark

Der zwei Hektar große Park in Nochten bietet mit rund 5000 Findlingen viele tolle optische Überraschungen. Während des Rundgangs durchstreifen Sie verschiedene Gebiete im Findlingspark. Sie starten an einem großen Findling und durchlaufen Parkbereiche wie die Atlantischen Heiden, Heidemoor, Irische Heide, den Spätsommerbereich oder auch das Gebiet in dem Kakteen wachsen.

Besonders spannend für Kinder ist der Gipfelbereich, von aus Sie einen schönen Blick auf den gesamten Park haben. Außerdem erfahren Sie hier Interessantes zum Braunkohlebergbau und der Rekultivierung.

Natur

Ebenfalls ein Anziehungspunkt sind Bäche mit Kaskaden, die in einem See zusammentreffen. An dieser Stelle gibt es sehr schönen Rhododendron, Formbäume und Wasserpflanzen.

Infos erhalten Sie unter Tel. 03 57 74 / 7 47 11 oder www.lausitzer-findlingspark-nochten.com

Sachsen

Fang frisch

Lausitzer Fischwochen

Die Oberlausitzer Heide- und Teichlandschaft ist eines der größten wirtschaftlich genutzten Teichgebiete Deutschlands. Seit dem 13. Jahrhundert werden in dem Gebiet vor allem Karpfen aber auch Hechte, Schleie, Zander und Wels aufgezogen. Der Lausitzer Spiegelkarpfen wurde zu einem Qualitätsprodukt weit über die Grenzen der Region hinaus.

Seit 2002 laden die Lausitzer Fischwochen von Mitte September bis Ende Oktober ein, an den beliebten traditionellen Abfischfesten und Märkten teilzunehmen.

Teichwirtschaften, Gasthäuser und Restaurants, Gästeführer, Naturschutzeinrichtungen sowie weitere touristische Einrichtungen arbeiten partnerschaftlich zusammen

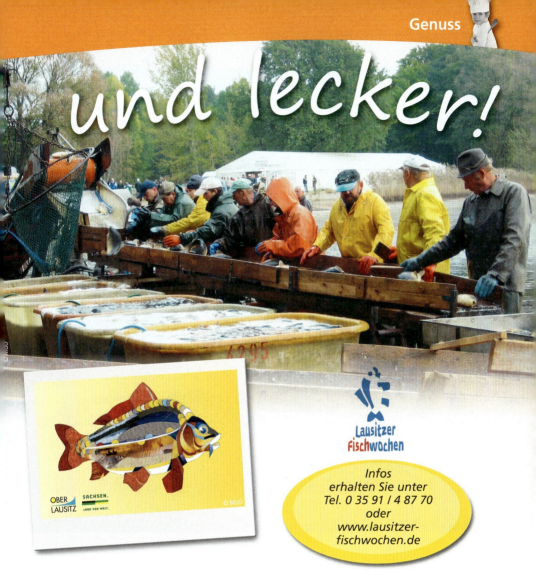

Genuss

und lecker!

Infos erhalten Sie unter Tel. 0 35 91 / 4 87 70 oder www.lausitzer-fischwochen.de

und bieten gemeinsam Angebote rund um frischen, heimischen Fisch, insbesondere um den Lausitzer Karpfen.

Beteiligte Gastwirte haben mindestens drei Fischgerichte zur Auswahl. In den Hofläden der Teichwirtschaften gibt es ein breites Angebot von frischen und geräucherten Fischen. Informationen „rund um den Fisch" stehen auch im Mittelpunkt der Teichwanderungen, Exkursionen und Ausstellungen.

 Sachsen

Erholung mit Ausblick

Aquadon Bad Brambach

Die Bade- und Saunalandschaft bietet fröhlichen Wasserspaß für Groß und Klein in einem ganz besonderen Ambiente.

Ein 25-Meter-Becken, Whirlpool, Nackenduschen, Bodensprudler sowie ein Außenschwimmbecken bieten Ihnen bei einer Wassertemperatur von 32 °C garantiert Erholung. Genießen Sie den Panorama-Ausblick auf die bewaldeten Wiesen des Kurparks. Das ist Entspannung pur!

Wellness

Infos erhalten Sie unter Tel. 03 74 38 / 8 82 67 oder www.saechsiche-staatsbaeder.de

Relaxen Sie in der großzügigen Saunalandschaft mit Tepidarium, Dampfbad und Finnischer Sauna im Innenbereich oder in der großen Außensauna mit Aufguss-Sauna, Finnischer Sauna und Brambacher Kräutersauna in romantischen Pavillons. Eine gemütliche Kaminhütte bietet Ihnen Entspannung mit Blick in den historischen Kurpark. Genießen Sie einfach den Tag!

Zahlreiche Wellness-Angebote, wie das IceAge-Bad oder auch Stutenmilchbäder runden das Angebot ab.

Sachsen

Indoor Kart fahren

Wo könnte Kart fahren mehr Spaß machen, als in direkter Nachbarschaft zu einer Rennstrecke, auf dem sogar Formel 1 Rennwagen ihre Runden ziehen. Auf dem Sachsenring wird man schnell von der einzigartigen Rennatmosphäre angesteckt.

Das Ambiente des Sachsenrings beflügelt die eigenen Bemühungen, die flotten Karts so schnell wie möglich um die Kurven zu zirkeln. Spannende Positionskämpfe und wagemutige Drifts lassen die gefahrenen Runden wie im Flug vorüber ziehen. Die nicht fahrenden Familienmitglieder können die Rennen im Zuschauerraum auf einem großem Monitor voll Spannung mit verfolgen – und natürlich bei der anschließenden Siegerehrung laut applaudieren.

Hits für Kids

die Großen

Die Indoorkart-Bahn am Sachsenring bietet eine anspruchsvoll Strecke, auf der die 6 PS-Karts so richtig ausgefahren werden können. Auch für die Kleinsten ab 6 Jahren stehen 2 spezielle Kinderkarts bereit.

Nach dem anstrengenden Rennen können Sie sich beim Boxenstop kulinarisch verwöhnen lassen und bei Häppchen, Buffet und Getränken das Rennen noch einmal Revue passieren lassen.

Infos
erhalten Sie unter
Tel. 0 37 27 / 6 53 30
oder
www.sachsenring.de

Sachsen

Eichhörnchen, Rentier und Co.

Natur- und Wildpark Waschleithe

Ca. 200 Tiere in 40 Arten leben auf dem etwa 4,5 Hektar großen Gelände. Hier begegnen sich Mensch und Tier in freier Natur: die urigen Esel, elegantes Damwild, der scheue Rothirsch, Mufflons klettern im Wald, zottige Wildschweine suhlen sich, Ziegen und Schafe laden zum Streicheln ein. Die Ponys erwarten liebe Kinder, Eichhörnchen Putzi freut sich schon, die Füchse fühlen sich wohl, Rentier Rudi und Gefolge liefern sich ein Wettrennen. Aber auch alle anderen Tiere warten auf aufmerksame Besucher, denn es werden in nächster Zeit immer mehr Tierparkbewohner.

Hits für Kids

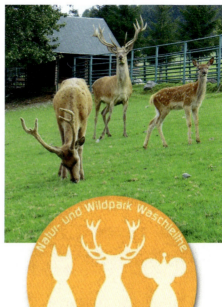

Infos
erhalten Sie unter
Tel. 0 37 74 / 17 77 35
oder
www.tierpark-
waschleithe.de

Außerdem gibt es für Kinder auch die Möglichkeit, sich auf einem kleinen Spielplatz auszutoben. Ganz neu wurde ein Backofen gebaut. Mitarbeiter und Besucher können hier künftig ihr eigenes Brot backen.

Während des Jahres finden zahlreiche Aktionen und Feste statt. So gibt es z.B. das traditionelle Ostereiersuchen, den „Tag des Landlebens", eine Pilzaustellung, Backtage und interessante Vorträge.

 Sachsen

Deutsches Stuhlbaumuseum

In Sachsen lebt eine alte Handwerkskunst - so wie in keinem anderen Teil Deutschlands. Seit Generationen werden in meisterlicher Handwerksarbeit Stühle gefertigt. Möbel mit Charakter. Von Meistern mit einzigartigen Erfahrungen.

Rabenow ist bekannt für seine lange Stuhlbautradition. Seit 400 Jahren werden in der Stadt Stühle hergestellt.

Das Deutsche Stuhlbaumuseum in Rabenau ist seit dem Jahr 2005 für Besucher geöffnet. Auf ca. 240 m² werden Stühle aus verschiedenen Stilepochen gezeigt.

Kultur

Infos erhalten Sie unter Tel. 03 51 / 6 44 67 03 oder www.stuhlbau.de

Darunter sind Originale aus dem Barock, Biedermeier, Gründerzeit, Jugendstil und Rabenauer Thonetstühle.

Werkzeuge, Vorrichtungen, Maschinen und Holzbildhauerarbeiten ergänzen die Ausstellung.

Im Museum befindet sich außerdem der Maschinenraum des Rabenauer Stuhlbaumeisters Kurt Aehlig. In diesem sehen Sie die kleinen Maschinen und erfahren, wie sich der Stuhlbaumeister mit seinem Handwerk gegen die Industrie durchgesetzt hat.

Sachsen

Vielfalt für Ohr und Auge

artmontan - Kulturtage

Das Festival ist das einzige in Sachsen, das die Besucher unter Tage führt. „artmontan" das sind Events unterschiedlichster Genres, die ausschließlich in bergbaulichen und Industrieanlagen stattfinden.
Außergewöhnliche künstlerische Begegnungen, die die gewachsene Architektur des unterirdischen Gesteins sowie die technischen Anlagen und Maschinen mit Hilfe der außergewöhnlichen Wirkung von Klang und Farbe in Szene setzen.

Vor allem junge Künstler nutzen hier die besonderen Möglichkeiten von Raum, Atmosphäre und Akustik zu künstlerischen Experimenten, Neukompositionen und Inszenierungen.

Kultur

Es sind Veranstaltungen der besonderen Art, die den Berg, das Bergwerk und die Werkhalle erlebbar machen und den Besucher Abstand gewinnen lassen. Es geht um Emotionen, die freigesetzt werden, wenn den archaischen Räumen angepasst, Musik erklingt, ein besonderes Lichtdesign erzeugt wird, junge Stimmen alte Steine und technische Anlagen sinnbildlich zum Leben erwecken.

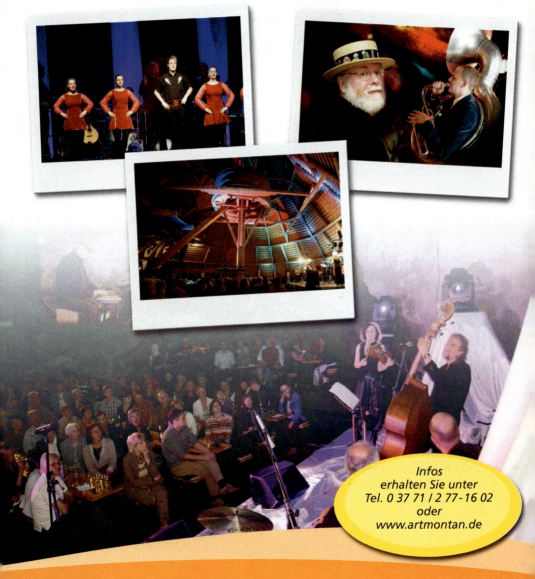

Infos erhalten Sie unter Tel. 0 37 71 / 2 77 - 16 02 oder www.artmontan.de

Sachsen

Wildes Fahrwasser

Kanupark Markkleeberger See

Der Markkleeberger See bildet das Eingangstor in die entstehende Seenkette südlich der Stadt Leipzig. Aus einstigen Braunkohletagebauen wachsen hier viele attraktive Freizeit- und Erholungslandschaften wie der Kanupark heran.

Der Kanupark hat eine der modernsten Wildwasseranlagen in Europa. Hier stürzen sich nicht nur Leistungssportler in die Fluten – auch Freizeitpaddler können beim Wildwasser-Rafting und -Kajak die Kraft des Wassers hautnah spüren.
Die Rafting- oder Kajakfahrten sind allerdings nur für Kinder ab 12 Jahren, die gut schwimmen können und auch sonst körperlich fit sind.

Aktiv

*Infos
erhalten Sie unter
Tel. 03 42 97 / 14 12 91
oder
www.kanupark-
markkleeberg.de*

Die Ausrüstung von Neoprenbekleidung über Schwimmweste bis hin zum Sicherheitshelm wird zur Verfügung gestellt. Nach einer Einweisung an Land folgen die ersten Paddelübungen im Zielbecken und dann geht die Fahrt im Wildwasser auch schon los. Dabei genießen Sie den Komfort der Bootsförderbänder und überwinden so ganz einfach den Höhenunterschied zwischen Ziel- und Startbecken, um sich ohne auszusteigen wieder in die Fluten stürzen zu können.

Sachsen

Hoch durch die Lüfte

Hochseilgarten in Oberwiesenthal

Der Hochseilgarten besteht aus einem Übungsparcour am Boden und aus einer Hochseilgarten-Anlage. Am Boden werden Sie langsam an die Technik herangeführt und lernen die Handhabung mit Kletterseil und Karabiner.

In der Hochseilgarten-Anlage erwarten Sie 12 Meter hohe Baumstämme die variationsreich miteinander verbunden sind. Zehn Hindernisse wie Hängebrücke, Cargo-Netz, Kletterwand, Riesenstrickleiter oder Giant Swing wollen bezwungen werden und animieren die Bezwinger zu Höchstleistungen. Eine tolle Herausforderung für die ganze Familie.

Aktiv

Während der ganzen Zeit steht Ihnen immer ein Trainer des Hochseilgartens zur Seite. Helme und Klettergurte werden zur Verfügung gestellt.

Infos erhalten Sie unter Tel. 03 73 48 / 1 40 oder www.hochseilgarten-oberwiesenthal.de

Sachsen

In Sachsen hängt der Himmel voller Geigen. Und nicht nur das! Wer das Land mit seinen reichen Kunstschätzen, der hochkarätigen Musik, dem weltberühmten Traditionshandwerk und der modernen Manufaktur-Geschichte erleben möchte, muss dennoch nicht auf Natur und Genuss verzichten. Besuchen Sie den Nationalpark Sächsische Schweiz, die Oberlausitz, das Erzgebirge oder Vogtland und genießen Sie die hervorragenden preisgekrönten Weine.

Diese und noch mehr Reisetipps gibt's unter:
www.sachsen-tour.de

Fakten zu Sachsen

Hauptstadt:	Dresden
Einwohner:	4,34 Mio.
Fläche:	18.413,00 km^2
Einwohner/km^2:	235
Webseite:	www.sachsen.de

78	Sächsisches Burgen- und Heideland	490
79	Sächsisches Elbland	491
80	Oberlausitz/Niederschlesien	493
81	Sächsische Schweiz	-
82	Erzgebirge	496
83	Westsachsen	-
84	Vogtland	499

Zahlen und Fakten

Sachsen
78 Sächsisches Burgen- und Heideland

Geringswalde
🚶 20 km 🚆 10 km

Eingebettet in landwirtschaftliche Strukturen und Waldgebiete. Das Bild der Stadt ist von Gebäuden geprägt, die vor etwa hundert Jahren entstanden sind. Im denkmalgeschützten Stadtkern befinden sich der gepflasterte Markt und repräsentative Gebäude aus der Zeit der Jahrhundertwende. Zu den Sehenswürdigkeiten zählen das Rathaus, die Martin-Luther-Kirche, die Postmeilensäule, der König-Friedrich-August-Turm, der Aitzendorfer Bauernmarkt und die Dorfkirchen der Umgebung.

Infos unter: Geringswalde
Tel. 037382 - 80622 oder www.geringswalde.de

Biohof Goldammer***
Goldammer, Ekkehard
Hauptstr. 1
09326 Geringswald, OT Arras
Tel. 037382 - 81544   info@biohof-goldammer.de
Fax 037382 - 81354   www.biohof-goldammer.de

Urlaub mitten in der Natur, Ortsrandlage u. Waldnähe, 3***-NR-Suiten mit Küchenbenutzung, Veranda, Spielzimmer, Pool, Grillmöglichkeit, Fahrräder, Spielscheune, Tiere, Traktor fahren, Frühstück u. HP möglich. Burg Kriebstein, Basilik, Wechselburg, Schloss Rochlitz, Colditz, Mildenstein, Kloster Buch, Dresden 80 km, Leipzig 60 km.

605227_1   P****

Anzahl	Art	qm	Personen	Preis
3	Zi.	50	4	ab 29,00 €

Mittweida
🚶 10 km 🚆 Mittweida

Kreis- und Hochschulstadt Mittweida - im mittelsächsischen Hügelland, Erzgebirgsvorland - drei Landschaftsschutzgebiete: Talsperre, Rundwanderwege, Zschopautalradweg, Freibad, Minigolf, Bowling- und Kegelbahnen, Fitness, Sauna, Solarium, Mittweidaer Altstadtfest, Hängebrückenfest, Schleppertreffen im OT Tanneberg, Museum „Alte Pfarrhäuser" mit Johannes-Schilling-Haus, privates Raumfahrtmuseum.

Infos unter: Mittweida-Information
Tel. 03727 - 967350 oder www.mittweida.eu

Landgasthof Pension Hammer GbR
Inh. Hammer, Renate und
Bruse, Diana
Tanneberger Hauptstr. 59
09648 Mittelwalda,
OT Tanneberg
Tel. 03727 - 92286 und 90909   info@landgasthof-hammer.de
Fax 03727 - 979074   www.landgasthof-hammer.de

Ruhe u. Erholung finden am Stausee/Talsperre Kriebstein. Garten mit Swimmingpool, Grillplatz, Sport- u. Freizeitraum, Streicheltiere, Pony reiten, Boot fahren, Ferienspiele usw. Clubraum, Spielplatz, kinderfreundl., eig. Gaststätte, Familientreffen u. Vereinsabende. Wir sind ganzjährig für Sie da. Hausprospekt.

206388_1   F****

Anzahl	Art	qm	Personen	Preis
2	FeWo			ab 48,00 €
12	Zi.		1-3	ab 18,00 €

Sachsen

Sächsisches Burgen- und Heideland 78
Sächsisches Elbland 79

St. Egidien
🕂 3 km 🚆 5 km

Die Region ist zwischen Chemnitz und Zwickau gelegen und bietet ihren Besuchern ein vielfältiges Angebot an Kultur und touristischen Sehenswürdigkeiten. Die abwechslungsreiche Landschaft und die zahlreichen historischen Schauplätze, wie die Burgen und Schlösser, prägen das Gesicht des Chemnitzer Landes. Es ist das ideale Ausflugsziel und die perfekte Ferienregion für alle, die sich aktiv erholen möchten und sich von sächsischer Küche verwöhnen lassen wollen. Das enorme Freizeitangebot bietet Erholung und Spaß für die ganze Familie.

Infos unter: Regionalmarketing und Tourismusverein Chemnitzer Land e.V.
Tel. 037608 - 27243 oder www.tourismus-chemnitzerland.de

***Prüstel, Heike
Hohensteiner Str. 24
09356 St. Egidien/-
Obercallenberg
Tel. 03723 - 47481
oder 47565
Fax 03723 - 415148

Besuchen Sie unseren Hof in Ortsrandlage am Stausee Oberwald. Zimmer m. D/WC, Ü mit Frühstück ab 18,- €, Kochgelegenheit, Kinder- u. Saisonerm., KB, TV, Grillplatz, Hausschlachtung. Ackerbau, Grünland, Obst-/Gemüsebau, Mitarbeit mögl., Rinder, Federvieh, Swimmingpool, TT, Bademöglichkeiten und Bootsverleih am See, Minigolf, Sommerrodelbahn, Wasserrutsche, Tauchbasis. Hausprospekt.

Anzahl	Art	qm	Personen	Preis
4	Zi.		2-3	ab 14,50 €

219679_1   P***

Coswig
🕂 10 km 🚆 2 km

Die junge Stadt am grünen Rande Dresdens

Badesee Kötiz, Boselspitze (Spaargebirge), Bürgerpark Coswig, Elberadweg, Friedewald, Weinwanderweg, Barockkirche Brockwitz, Karrasburg (Stadtmuseum), Peter-Pauls-Kirche, Villa Teresa, Rote Presse.

Infos unter: Coswig
Tel. 03523 - 66330 oder www.coswig.de

Weincafé-Pension „Zur Bosel"****
Schuh, Martina
Weinhaus Schuh
Dresdener Straße 314
01640 Coswig, OT Sörnewitz
Tel. 03523 - 84810
Fax 03523 - 84820

info@weinhaus-schuh.de
www.weinhaus-schuh.de

Genießen Sie Ihren Urlaub in unserem Fachwerkhaus anno 1819. Zimmer mit D/WC, Preis inklusive Frühstück, Kinderermäßigung, Telefon, TV, Weinbau, Mithilfe im Weinbau möglich, Fahrradverleih, Wir sprechen Englisch. Bitte fordern Sie unseren Hausprospekt an!

Anzahl	Art	qm	Personen	Preis
2	FeWo	45	4	ab 58,50 €
6	Zi.		1-3	ab 34,50 €

251838_1   F****P***

Sachsen
79 Sächsisches Elbland

Lommatzsch

🚶 25 km 🚆 5 km

Nordwestlich der Landeshauptstadt Dresden, mitten in der Kornkammer Sachsens gelegen. Das mittelsächsische Lößhügelland prägt diese fruchtbare Agrarregion. Lommatzsch zeichnet sich durch seine besonders zentrale Lage im Umfeld von touristischen Sehenswürdigkeiten aus. Rad-, Wander- und Reittourismus, viele Sportmöglichkeiten sowie zahlreiche kulturelle und kulinarische, zur Region typische Veranstaltungen locken das ganze Jahr über.

Infos unter: Förderverein für Heimat und Kultur
Tel. 035241 - 51490 oder www.lommatzscher-pflege.de

237883_1 F****

Ferienhof Schwäbe*
Schwäbe, Katrin
OT Trogen Nr. 6
01623 Lommatzsch
Tel. 035241 - 52699

www.fewoschwalbe.de

Verbringen Sie Ihren Urlaub auf unserem sehr ruhig am Ortsrand gelegenen, modernen ehemaligen Bauernhof. Nichtraucherwohnungen mit Frühstück auf Anfrage laden zum Erholen und Entspannen ein. Genießen Sie den weiten Blick über die Felder. Auf Sie warten Früchte der Saison, Urlaubergarten, Grill und Streicheltiere.

Anzahl	Art	qm	Personen	Preis
3	FeWo	45-80	2-6	ab 32,00 €

Neuseußlitz

🚶 25 km 🚆 10 km

Das nördlichste Weinanbau-Gebiet Europas - die Sächsische Riviera! Diesbar-Seußlitz liegt direkt am großen Elbebogen (Neuseußlitz ist OT von Diesbar-Seußlitz).
Elbe-Radweg, Badestrand 15 km, Kutschfahrten, Reiten, Lehrwanderungen.

Infos unter: Touristinformation Diesbar-Seußlitz
Tel. 035267 - 50225 oder www.meiland.de

241220_1 P****

Pension Rieger**
Rieger, Annegret
Neuer Weg 1
01612 Neuseußlitz
Tel. 035267 - 50940
Fax 035267 - 50942

info@pension-rieger.de
www.pension-rieger.de

Pension im ehemaligen Hof am Ortsrand, D/WC, bei längerem Aufenthalt Preisnachlass, Telefon, TV, KB, KE, Aufenthaltsraum mit TV, Liegewiese, Grillplatz, Feuerstelle, Sauna, Fahrradverleih. 1 Pony, 5 Schafe, Hund und Katze freuen sich mit uns auf Ihren Besuch. Hausprospekt anfordern.

Anzahl	Art	qm	Personen	Preis
4	Zi.		2	ab 23,00 €

Sachsen
Oberlausitz/Niederschlesien 80

Bernstadt
⚑ 30 km 🚉 10 km

Bernstadt auf dem Eigen …
… das ist die Altstadt und der Marktplatz mit dem „Erdachsenbrunnen", das anschließende Kirchplatzgelände mit dem ältesten Bauwerk der Stadt, der ev. Kirche sowie Teilen der alten Kirchmauer, das Waldbad im schönen Kemnitzbachtal, Obercunnersdorf mit seinen vielen schönen Umgebindehäusern, Oberoderwitz mit drei intakten Bockwindmühlen und noch vieles mehr …

Infos unter: Stadtverwaltung Bernstadt
Tel. 035874 - 2850 oder www.bernstadt.info

Berghof Ritter**
Ritter, Kai-Uwe
Lindelberg 4
02748 Bernstadt, OT Kemnitz
Tel. 035874 - 22111
oder 23669

Unser Bauernhof liegt am Ortsrand von Kemnitz. Tiere wie Kühe, Katzen, Schafe, manchmal auch Schweine können Sie hautnah erleben. Die Kinder dürfen gern im Stall helfen oder mit dem Traktor mitfahren. Im Garten haben wir u. a. eine Feuerstelle und Tischtennisplatte. Hausprospekt, auf Wunsch Frühstück 3,- €.

Anzahl	Art	qm	Personen	Preis
3	FeWo	30-40	2-5	ab 13,00 €

230080_1   F**

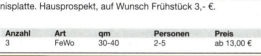

Die Foto-Sachgeschichten zeigen, wie Landwirte mit riesigen Traktoren ihre Felder bearbeiten. Was Erdbeerbauern im Tunnel machen. Wie Kühe Milch geben. Und wie Schweine Strom machen …

Ausgezeichnet von der Akademie für Kinder- und Jugendbuchliteratur

9,95 €

Ferkel, Schaf, Kartoffelernte. Mit spannenden Geschichten von Ferkeln, Schafen, dem Weinbauern über die Arbeit der Maschinenringe zum Kartoffel- und Rapsanbau.

9,95 €

Nutzen Sie die Bestellkarte auf der letzten Seite!

493

Sachsen

80 Oberlausitz/Niederschlesien

Gaußig

Liebe Gäste unserer Gemeinde Doberschau-Gaußig. Zur Gemeinde zählen 21 Ortsteile und alle Ortsteile sind ideale Ausgangspunkte für Wanderungen in das Mittellausitzer Bergland. Erholungssuchende finden hier günstige klimatische Verhältnisse, Freunde der Natur können intensive Pflanzen- und Tierbeobachtungen machen. Viele beliebte Ausflugsziele sind in wenigen Autominuten zu erreichen: Altstadt Bautzen, Saurierpark, Erlebnisbäder, Thermen und vieles mehr. Erleben Sie es selbst!

Infos unter: Gemeinde Doberschau-Gaußig
Tel. 035930 - 50230 oder www.doberschau-gaussig.de

Lust auf Landurlaub

Bauernhofurlaub
Ferienwohnung/Ferienhäuser
Gut Sommereichen
Familie Busch

Gut Sommereichen 1 · 02633 Gaußig · www.gut-sommereichen.de
Tel. 035930/53499 · Fax 53497 · e-mail gut-sommereichen@t-online.de

219656

Genießer-Urlaub

„Urlaub beim Winzer" lädt Sie zu genussreichen Tagen in Deutschlands schönen Weinregionen ein. Wählen Sie aus über 100 Winzerhöfen Ihr Feriendomizil aus.

12,90 €

Nutzen Sie die Bestellkarte auf der letzten Seite!

Sachsen
Oberlausitz/Niederschlesien 80

Seeligstadt
♂ 8 km

Oberlausitz - Ferienregion im Südosten Sachsens im Dreiländereck Deutschland-Polen-Tschechische Republik.
Aktivurlaub in außergewöhnlichen Landschaften zwischen Bergland, Heide, Teichen und Seen, mit lebendigen Traditionen und geschichtsträchtigen Städten mit pulsierendem Leben inmitten faszinierender mittelalterlicher Gemäuer und Türme. Genießen Sie regionale Veranstaltungen wie das Oberlausitzer Genussfestival oder die Lausitzer Fischwochen!

Infos unter: Marketing-Gesellschaft Oberlausitz-Niederschlesien mbH
Tel. 03591 - 48770 oder www.oberslausitz.com

***Familie Rüdiger
Hauptstr. 50
01909 Seeligstadt
Tel. 035200 - 24265
Fax 035200 - 24265

ferienwohnung@bauernhof-ruediger.de
www.bauernhof-ruediger.de

Hof im Ort, Ferienwohnungen mit Balkon, separatem Eingang, TV, Grillplatz, TT, Brötchenservice, Ackerbau, Grünland, Hausgarten, Rinder, Schafe, Kaninchen, Federvieh, Hund, Katzen, Ziegen, Bachlauf, Teich, Biotop, viel Platz zum Spielen, Toben und Träumen. Bitte fordern Sie unseren Hausprospekt an.

Anzahl	Art	qm	Personen	Preis
2	FeWo	40-45	2-4	ab 27,00 €

215657_1 F**/***

Sohland / Rotstein
♂ 15 km 🚆 8 km

Sohland mit dem Rotstein und Umgebung bietet eine Vielzahl von Möglichkeiten, einen interessanten Urlaub zu verbringen. Auf bequemen Wanderwegen erreicht man den Rotstein von Sohland, Zoblitz, Dolgowitz.
Von vielen Stellen aus ist es möglich, die reizvolle Oberlausitzer Landschaft und bei guter Fernsicht das Iser- und Riesengebirge zu sehen.

Infos unter: Görlitz-Information
Tel. 03581 - 47570 oder www.sohland-rotstein.de / www.goerlitz-tourist.de

„Holländerwindmühle"***
Haubner, Birgit
Dorfstraße 280 b
02894 Sohland am Rotstein
Tel. 035828 - 7640
Fax 035828 - 76424

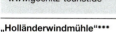

muehlenurlaub-sachsen.de

Erleben Sie Ihren Urlaub in unserem Ferienhaus, Kinder bis 14 Jahre 10,- €/Tag, Kinder unter 3 Jahren frei. Kinderausrüstung nach Vereinbarung, TV, Grillplatz, Haustiere nach Vereinbarung, funktionsfähige Holländerwindmühle, Schwimmbad 5 km.

Anzahl	Art	qm	Personen	Preis
1	FH	72	4-6	ab 20,00 €

230093_1 F***

495

Sachsen
82 Erzgebirge

Altenberg
🚂 4 km

Kneippangebote, Wandern, Biken, Wohlfühlen (Pauschalangebote), Tagesausflüge, Führungen, Wanderungen, Erzgebirge erleben, Dia-Vorträge, Gymnastik, Tanzabende, Spiele, Mal- und Zeichenzirkel, Kräuter- und Forstwanderungen, Wachsmalerei, Musik, Spaß und Unterhaltung. Weltcup Rennrodel 1.12. bis 6.12.09 - Europacup Bob + Skeleton 7.12. bis 13.12.09 / Weltcup Bob + Skeleton 14.12. bis 20.12.09.

Infos unter: Tourist-Info-Büro Altenberg
Tel. 035056 - 23993 oder www.altenberg.de

Landhaus Berger***
Berger, Renate und Arnd
Max-Reimann-Str. 19
01773 Altenberg, OT Kipsdorf
Tel. 035052 - 64206
Fax 035052 - 29700
www.landhaus-renate-berger.com

Privatquartier auf dem Lande, ruhige Lage. 1 App., 35 qm, 2 Pers. 40,- €, 1 FeWo, 56 qm, bis 4 Pers., ab 50,- €, D/WC, Bäckerserv., Parkpl., Liegew., Spielplatz. Dresden, Meißen, Sächs. Schweiz, Prag, Seiffen. Endstation der dienstältesten, dampfbetriebenen Schmalspurbahn Deutschlands in wenigen Minuten zu erreichen. FeWo zzgl. Endreinigung u. Kurtaxe, Vermietung ganzjährig.

213727_1   F***

Anzahl	Art	qm	Personen	Preis
2	FeWo	35-56	2-4	ab 40,00 €

Marienberg
🚶 50 km 🚂 9 km

Marienberg liegt im wunderschönen Naturpark Erzgebirge/Vogtland. Dieser, im Südwesten Sachsens gelegen, erstreckt sich entlang der böhmischen Grenze auf einer Gesamtfläche von 1507 km² vom vogtländischen Schönberg bis zum osterzgebirgischen Frauenstein. Das Erzgebirge ist ein sehr traditionsbehafteter Landstrich. Die Bewohner gelten als gemütlich und gastfreundlich und nicht nur die jährlichen Bergparaden locken Tausende Besucher an.

Infos unter: Tourist-Info
Tel. 03735 - 602270 oder www.marienberg.de

Landwirtschaftsbetrieb***
Familie Wohlfarth/Feger
Unterer Natzschungweg 6B
09496 Marienberg,
OT Rübenau
Tel. 037366 - 6370
Fax 037366 - 13641
www.landtourismus.de

Grünlandbetrieb in ruhiger Lage mit Mutterkühen, Hühnern, Hasen, Hund, Katzen, Ziege und Esel, TT, Grillplatz, kleiner Pool, Sauna mit Kaminofen, Liegewiese, Schlitten, Grenzübergang CSR im Ort. 12 km: Spielehaus, Kupferhammer. 20 km: Seiffen, Marienberg, Erlebnisbad, Erzgebirgsmuseum. 30 km: Annaberg, Augustusburg, Scharfenstein, Frauenstein.

219843_1   F***/****

Anzahl	Art	qm	Personen	Preis
2	FeWo	60-70	4	ab 28,00 €

Sachsen
Erzgebirge 82

Neuhausen
🚶 50 km 🚃 4 km

... Ihre Ferienregion im Erzgebirge, die Sie mit einem vielfältigen Angebot für Erholung und Entdeckung begrüßt.
Freiberg, die über 800 Jahre alte Universitätsstadt mit ihrer einzigartigen Altstadt, lädt zum Entdecken und Bummeln über betagtes Pflaster ein. Viele Veranstaltungen, die im Jahresverlauf ein vielseitiges und buntes Programm bilden, sind weit über hundert Jahre alt. Kleine Feste und große Veranstaltungen - alle haben ihr eigenes Flair und Publikum.

Infos unter: Tourismusregion SILBERNES ERZGEBIRGE e. V.
Tel. 037322 - 2550 oder www.silbernes-erzgebirge.de

***Lüpfert, Evelyn
Hauptstr. 139 a
09544 Neuhausen
Tel. 037327 - 9601
Fax 037327 - 9635

cafeentree@cafeentree.de
www.cafeentree.de

Ehemaliger Hof in ruhiger Lage. Grillplatz, Kinderspielplatz. Wandermöglichkeiten für verschiedene Ansprüche. Selbst gebackener Kuchen, Brot und Pizza im Café. Tagesausflug nach Dresden, Annaberg, Prag und Seiffen möglich. Wir senden Ihnen gern unseren Hausprospekt zu und freuen uns auf Ihren Besuch.

Anzahl	Art	qm	Personen	Preis
2	FeWo	45-65	2-4	ab 30,00 €

233787_1 F***

Oederan
🚶 20 km 🚃 ca. 2 km

Oederan liegt in einem weiten Talkessel. Die Altstadt, die unter Denkmalschutz steht, ist sehr geschickt städtebaulich auf einem Hügel inmitten der Talmulde angelegt. Oederan wurde im Jahre 1286 erstmals als Stadt erwähnt und die Fachwerkhäuser sind heute noch zu erkennen. Freizeit- oder Urlaubsvergnügen bieten Ihnen das Hetzdorfer Viadukt, das Dorfmuseum, das Erlebnisbad u. v. m.

Infos unter: Stadtverwaltung Oederan
Tel. 037292 - 27128 oder www.oederan.de

Drei-Seiten-Hof Kirchbach****
Familie Sturge
Dorfstraße 23
09569 Oederan,
OT Kirchbach
Tel. 037292 - 63928

riedel@sturge.de
www.sturge.de

Unser Hof wurde vor ca. 220 Jahren erbaut und ist inzwischen liebevoll rekonstruiert. Das 2007 fertig gestellte Ferienhaus wartet auf Sie! Genießen Sie Natur pur - einfach weg vom Alltagslärm oder werden Sie kreativ in einem unserer Kurse wie Filzen, Pappmaché-arbeiten, Malen oder Zeichnen!

Anzahl	Art	qm	Personen	Preis
1	FH	105	4-8	ab 48,00 €

2005982_1 F****

Sachsen
82 Erzgebirge

Wolkenstein
🚶 30 km 🚆 0,3 km

Stadt Wolkenstein an der Silberstraße
Die Stadt Wolkenstein begann sich bereits Ende des 12. Jahrhunderts als Vorburgsiedlung zu entwickeln. Wenn auch ein Großteil der Gebäudesubstanz nach mehreren Stadtbränden erneuert wurde, so ist doch noch heute die mittelalterliche Stadtanlage unverkennbar. Abseits vom Durchgangsverkehr strahlt die historische Altstadt von Wolkenstein Ruhe und Behaglichkeit aus.

Infos unter: Gästebüro
Tel. 037369 - 1310 oder www.stadt-wolkenstein.de

Pension Sonnenhof***
Rissmann, Andrea
Häuslergasse 6
09429 Wolkenstein,
OT Schönbrunn
Tel. 037369 - 5893 info@landpension-sonnenhof.de
Fax 037369 - 5893 www.landpension-sonnenhof.de

Unsere Pension bietet 1 EZ D/WC, 2 DZ D/WC, 2 MBZ D/WC, 1 MBZ D/WC und BK, Preis inklusive Frühstück, Gästeküche, Kinderermäßigung 50 %, Kinderbett, TV, Zimmertelefon, Internetanschluss, Grillplatz, Thermalbad. Skihang direkt am Haus, Waldnähe. Englischkenntnisse. Wir freuen uns auf Ihren Besuch.

217466_1 P***

Anzahl	Art	qm	Personen	Preis
6	Zi.		1-4	ab 17,00 €

Seitenweise prämierte Qualität
DLG-Wein-Guide · DLG-Bier-Guide

Entdecken Sie Weingüter und ihre Weine und begeben Sie sich auf eine Weinreise durch Deutschland. Mit den aktuellen Testergebnissen der DLG-Wein-Prämierung und den Adressen der prämierten Winzer!

9,90 €

Der Wegweiser zum perfekten Biergenuss –
DLG-geprüfte Qualität –
Gasthausbrauereien im Fokus

9,90 €

Nutzen Sie die Bestellkarte auf der letzten Seite!

Sachsen
Vogtland 84

Heinsdorfergrund
⛪ 3 km 🚉 2,5 km

Herzlich willkommen im Herzen des nördlichen Vogtlandes. Mitten in der Natur, aber nah genug an einer der Vogtlandmetropolen (nur 2 km von der Stadt Reichenbach entfernt), bietet sich eine klassische Dorfidylle mit eigenem Charakter und einem hohen Freizeit- und Erholungswert. Eine besondere Attraktion ist die einzige noch existierende Rollbocklokomotive Bauart Fairlie. Sie wird museal erhalten, um eine Aussage zum Eisenbahnwesen im Raum nördliches Vogtland zu geben.

Infos unter: Gemeinde Heinsdorfergrund
03765 - 12364 oder www.heinsdorfergrund-vogtland.de

Ferienhof „Tröger"****
Tröger, Siglinde
Hauptstr. 26
08468 Heinsdorfergrund,
OT Hauptmannsgrün
Tel. 037600 - 3559
Fax 037600 - 50067

Urlaub@Ferienhof-Troeger.de
www.ferienhof-troeger.de

Ruhig gelegener Biohof mit angrenzenden Feldern, Wiesen und Wald.

Auf dem Hof leben viele Tiere zum Streicheln und Liebhaben. Es gibt täglich frische Eier, Milch sowie Gemüse und Obst aus eigenem ökologischem Anbau.

Schöne FeWo bis 4 Personen (Aufbettung möglich) in renoviertem Fachwerkhaus: attraktiver Aufenthaltsraum mit offenem Kamin, großer Garten, Grill- und Lagerfeuerplatz.
Saisonermäßigung.

Gasthöfe, Einkaufsmöglichkeiten sowie viele interessante Ausflugsziele in der Nähe.
Sie können bei uns auch im Heu schlafen oder campen.

Schauen Sie doch mal vorbei unter www.Ferienhof-Troeger.de

184639_1   F****

Anzahl	Art	qm	Personen	Preis
3	FeWo	90	2-4	ab 45,00 €

Urlaub mit Pferden

Deutschlands größter Reiter-Reiseführer für den Urlaub mit Pferden. Für Reit-Profis, solche, die es erst noch werden wollen, Anfänger, Erwachsene und Kinder finden sich gleichermaßen viele Angebote.

12,90 €

Nutzen Sie die Bestellkarte auf der letzten Seite!

Rheinland-Pfalz

Urlaub zwischen

Rheinland-Pfalz, das ist die pure Erholung in prachtvoller Natur. Mit malerischen Landschaften, in denen man urwüchsige Natur, kulturellen Feingeist und kulinarischen Hochgenuss gleichermaßen zelebrieren kann.

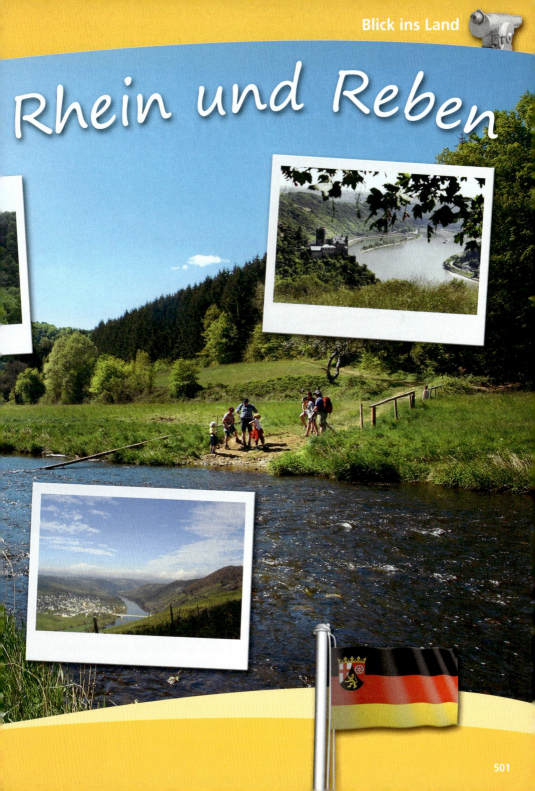

Blick ins Land

Rhein und Reben

Rheinland-Pfalz

Einzigartig vielseitig

Eifel

Vulkankegel und die blauen Kraterseen der Eifelmaare prägen die Landschaft zwischen Mosel und Ahr. Zahlreiche geologische Entdeckungstouren führen hinein in ein grünes Land mit versteckten Tälern und ursprünglichen Orten, wo Burgen und Klöster auch eine reiche Kulturlandschaft widerspiegeln. Für langsamere Gangarten sollte man sich hier entscheiden, will man zu Fuß oder auch auf dem Sattel des Rades die Schönheit der Landschaft mit ihren über hundert Mineralquellen erobern. Natur wird hier zur Philosophie.

Romantischer Rhein

Eine Ferienregion bzw. ein Flusstal wie aus dem Bilderbuch. Mit schroffen Felsen, steilen Weinbergslagen, einer Burg auf fast jeder hohen Bergeskuppe und pittoresken Orten links und rechts der Ufer. Sagenhaften Geschichten kann man lauschen. Von der schönen Loreley auf hohem Fels oder den feindlichen Brüdern. Die Landschaft lädt wirklich zum Träumen ein. Eine Schifffahrt auf dem Rhein gehört zu den nachhaltigsten Erlebnissen am Mittelrhein. Den Wein der vorüberziehenden Reblagen dabei trinken, die Sonne auf dem Oberdeck genießen, die Pfalz im Rhein bestaunen und zu wissen: darum ist es am Rhein so schön.

Westerwald

Frisch wie der Wind – so beschreibt sich die Region gerne selbst. Und wahrhaftig bietet die noch weitgehend intakte Natur mit ihren ausgedehnten Wäldern und stillen Bachtälern ein frisches grünes Bild. Ideal für Wanderer und Liebhaber der Trendsportart Nordic Walking. Sieg, Dill, Lahn und Rhein umgrenzen den Westerwald, wo noch viel Ursprünglichkeit anzutreffen ist.

Rheinland-Pfalz

Faszinierende Natur

Naturpark Nassau

Er liegt im Rheinischen Schiefergebirge und hat eine Größe von 590 km². Das Lahntal bildet die Hauptachse in Ost-West-Richtung. Fast 100 Brutvogelarten mit Wanderfalke, Haselhuhn, Uhu, Schwarzspecht, Wasseramsel und Eisvogel sind hier zu beobachten. Darüber hinaus gibt u. a. zahlreiche Fledermaus-, Libellen- und allein 39 Heuschreckenarten.

Buchenwaldgesellschaften mit Frühblühern sind typisch für den Naturpark. In einigen Kerbtälern findet man Schluchtwälder mit Hirschzunge und Silberblatt und an warmen Standorten im Lahn- und Rheintal wärmeliebende Eichenwälder und Felsspaltengesellschaften. Bei Kalkvorkommen im Boden gedeihen auch wunderschöne Orchideen.

Natur

Natur kennen lernen

Viele Veranstaltungen rund um das Thema Natur, wie beispielsweise Vogelstimmen-, Fledermaus- oder Kräuterwanderungen, laden Kinder wie Erwachsenen ein, sich näher mit der Natur auseinanderzusetzen.

Infos erhalten Sie unter Tel. 0 26 04 / 43 68 oder www.naturparknassau.de

Freddis Extra-Tipp

Rheinland-Pfalz

Schön scharf

Rettichfest

Schifferstadt besitzt mit etwa 450 Hektar eine der größten Anbauflächen Deutschlands für das „weiße Gold": Jährlich werden hier 67 Millionen Bündel Rettich gepflanzt. Einen noch größeren Schwerpunkt aber hat der Anbau von Radieschen: 2.500 Hektar. Keine andere Gemüsesorte besitzt eine so große Anbaufläche. Der Marktanteil der Pfalz an der gesamten deutschen Radieschen-Produktion liegt bei 85 % und auch beim Rettichanbau sind es mindestens 50 %.

Der Rettichanbau ist in Schifferstadt so stark verankert, dass es seit 1936 ein spezielles Volksfest für den Rettich gibt: das Rettichfest. Vier Tage lang wird hier das scharfe Gemüse gefeiert, beispielsweise mit einer Rettichpolka, dem traditi-

Genuss

© Olga Shelego - Fotolia.com

Rezeptideen

© AGphotographer - Fotolia.com

Rettich-Gesundheitscocktail

Zutaten
500 g Rettich
1 EL Honig
¼ l Apfelsaft

Zubereitung
Gewaschenen Rettich zerkleinern und im Entsafter auspressen.
Saft mit Honig und Apfelsaft verquirlen.
Den frischen Saft sofort trinken, da sich die wertvollen Wirkstoffe rasch verflüchtigen.

Infos erhalten Sie unter Tel. 0 62 35 / 4 41 32 oder www.schifferstadt.de

onellen Rettichboxen und natürlich mit vielen Gaumenfreuden: Rettich nicht nur roh, sondern blanchiert, gekocht, gebraten, eingelegt … Neben dem bekannten weißen Rettich kann man dort auch schwarze kugelförmige und kleine rote Wurzeln probieren. Und natürlich kommen hier dann auch die Kinder nicht zu kurz. Vom Süßwarenstand bis zum Autoscooter finden Sie alles, was ihr Herz begehrt.

Kristall Rheinpark-Therme

Die Therme in Bad Hönningen liegt inmitten wunderschöner Natur direkt am Rheinufer. Hier kann man in venezianischem Ambiente das Beste genießen, Energie tanken und Gesundbaden in Thermal-Heilwasser, das aus einer Tiefe von über 370 m gefördert wird. Die Therme wurde mit echtem Marmor und mehreren Tonnen Edel- und Halbedelsteinen nach der Heilslehre der Weltheiligen Hildegard von Bingen ausgestaltet.

Wellness

Infos erhalten Sie unter Tel. 0 26 35 / 95 21 10 oder www.kristall-rheinpark-therme.de

Die Saunawelt ist dem Markusplatz in Venedig nachempfunden und wurde mit Marmor, Fliesen, Edel- und Halbedelsteinen und original türkischen Ornamenten ausgestaltet.
Der Sauna-Freiluftbereich befindet sich direkt am Rheinufer. In den drei Gondel-Außensaunen lässt es sich mit Blick auf den Rhein und die vorbeifahrenden Schiffe besonders gut relaxen.

Rheinland-Pfalz

Tiere hautnah

Wildfreigehege Wildenburg

Eingebettet in die einzigartige Wald- und Berglandschaft des Hunsrücks voller Schönheit und Idylle, mit einer seltenen Flora und Fauna, liegt der Wildpark bei Kempfeld.

Auf dem 42 ha großen Areal wurde den Tieren hier Umfeld und Lebensraum geschaffen der ihren natürlichen Lebensbedingungen in freier Wildbahn entspricht. Man wandert auf romantischen Naturwegen, die zum Wohlfühlen, Abschalten und Entspannen einladen. Ein Streichelzoo gibt Kindern die Gelegenheit, Kleintiere wie Kaninchen, Meerschweinchen, Ziegen und Kamerunschafe hautnah kennen zu lernen.

Hits für Kids

Wildfütterung

**Infos
erhalten Sie unter
Tel. 0 67 86 / 72 12
oder
www.wildfreigehege-
wildenburg.de**

In den Ferien bietet das Wildfreigehege ein besonderes Highlight für Kinder an. Jeweils dienstags und donnerstags ab 9 Uhr finden Führungen mit dem Wildhüter statt, den man beim Füttern der Wildtiere begleiten kann.

Rheinland-Pfalz

Für Technik-Freaks

Auto & Technik Museum Sinsheim

Direkt an der Autobahn A 6, eine Stunde südlich vom Frankfurter Flughafen, liegt das weit über die Grenzen hinaus bekannte größte Privatmuseum Europas.

Rund 1 Million Besucher aus Deutschland und der ganzen Welt kommen jährlich, um die Ausstellung auf einer Hallenfläche von über 30.000 m² mit mehr als 3.000 Exponaten zu besichtigen.

Die Vielfalt des Museums reicht von den ersten Automobilen bis hin zu Formel-1-Boliden. Über 300 Oldtimer bieten einen repräsentativen Querschnitt durch alle Automarken und Epochen.

Hits für Kids

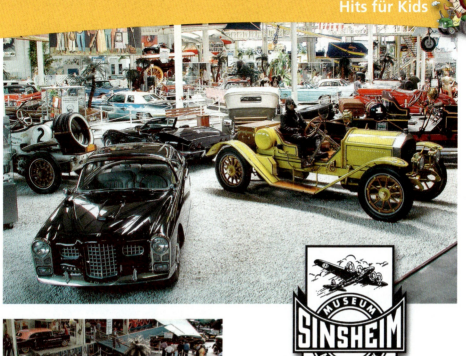

Unübertroffen sind die edlen Maybach- und Bugatti-Exponate. Traktoren aus aller Welt sind genauso vertreten wie zwei Riesendampfpfluglokomobile aus dem Jahr 1912. Über 50 Flugzeuge umfasst die einmalige luftfahrt-technische Ausstellung. Hauptattraktion dabei ist das Überschall-Passagierflugzeug „Concorde" der Air France. Sie schwebt seit 2004 neben ihrer russischen Konkurrentin, der Tupolev 144, weithin sichtbar über dem Museumsdach. Beide sind auch von innen begehbar.

Rheinland-Pfalz

Musik in stilvollem

Wachenheimer Serenaden

Weit über die Ferienregion hinaus hat sich die Konzertreihe einen Namen gemacht und prägt seit über 40 Jahren das Kulturgeschehen der Stadt Wachenheim.

An ausgesuchten Veranstaltungsorten wie der Sektkellerei Schloss Wachenheim, der gotischen Ludwigskapelle oder der Ruine Wachtenburg, wo das stilvolle Ambiente mit der Musik eine eindrucksvolle Symbiose eingeht, erleben Besucher aus nah und fern Kammermusik mit herausragenden Ensembles und Solisten. Dazu zählen „Stammgäste" wie die Camerata Instrumentale Gerhard Koch, deren Konzerte in der Regel sehr schnell ausverkauft sind, aber auch interessante künstlerische Neubegegnungen.

Kultur

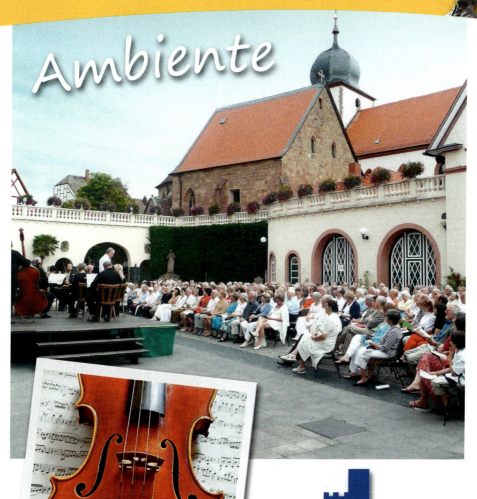

Ambiente

Kinder bis 12 Jahre dürfen Sie kostenlos mitbringen. Eine einmalige Gelegenheit, sie an die Vielfalt und Schönheit klassischer Musik heranzuführen.

Infos erhalten Sie unter
Tel. 0 63 22 / 95 80-32
oder
www.wachenheimer-serenade.de

Rheinland-Pfalz

Rheinromantik pur

Oberes Mittelrheintal

Die seit 2002 als Unesco-Welterbe anerkannte Region ist der südliche, rund 65 km lange Abschnitt des Mittelrheingebiets, definiert als das Durchbruchstal des Rheins durch das Rheinische Schiefergebirge. Im Herzen unseres Kontinents gelegen, mal Grenze, mal Brücke der Kulturen, spiegelt es die Geschichte des Abendlandes exemplarisch wider. Hochrangige Baudenkmäler haben sich hier in einer Fülle und Dichte erhalten, die in keiner anderen europäischen Kulturlandschaft so wieder zu finden sind.

Zu den herausragenden Besonderheiten gehören die rund 40 Burgen, Schlösser und Festungen entlang des Rheins zwischen Bingen und Koblenz: Diese Burgendichte

Kultur

Infos erhalten Sie unter www.welterbe-mittelrheintal.de

ist weltweit einmalig! Der Grund liegt in der Geschichte: Wegen seiner strategischen Lage und der einträglichen Zölle war das Mittelrheintal schon immer Zankapfel zahlreicher Herren. Hier hatten die Erzbistümer Köln, Mainz und Trier ebenso Besitz wie die Pfalzgrafen und die hessischen Landgrafen. Aber auch Burgen des niederen Adels sind hier anzutreffen.

# Rheinland-Pfalz

# Kleinbahn-Idylle

Kleinbahn-Radrundweg

Auf den Trassen der beiden ehemaligen Kleinbahnen führt Sie die Radtour durch die beiden Täler Ellerbachtal und Gräfenbachtal.

Zuerst fahren Sie auf dem vielfach geschwungenen Talweg, dem Ellerbach folgend, auf Bockenau zu. Hier lädt das Kleinbahnmuseum am Ortsanfang zu einer Pause ein. Ab dort geht es auf idyllischer Waldstraße hinauf nach Allenfeld, um in das Tal des Gräfenbachs hinüberzuwechseln. Oben auf der „Passhöhe" haben Sie einen weiten Ausblick in den mächtigen Soonwald.

Aktiv

Infos erhalten Sie unter Tel. 0 67 52 / 13 76-10 oder www.naheland.net

In rasanter Abfahrt geht es hinab nach Argenschwang. Bis Dalberg ist das Tal dicht bewaldet, danach weitet sich das Land. Sie können Ihre Blicke weit über Wiesen und Äcker hinweg zu den Weinbergen schweifen lassen. In munterer, leichter Talfahrt rollen Sie schließlich zum Ausgangspunkt, der Lohrermühle, zurück.

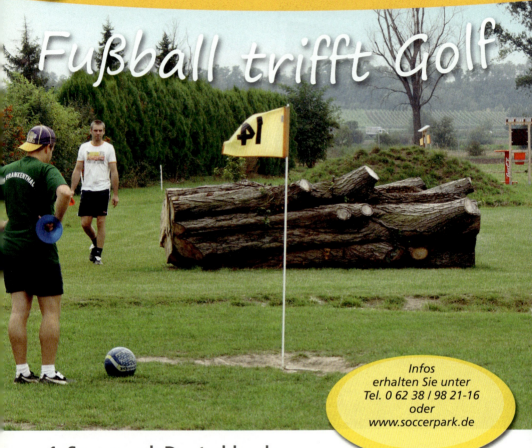

Rheinland-Pfalz

Fußball trifft Golf

Infos erhalten Sie unter Tel. 0 62 38 / 98 21-16 oder www.soccerpark.de

1. Soccerpark Deutschlands

Fußballgolf ist die Kombination zweier Sportarten, die vor wenigen Jahren zum ersten Mal in Schweden bekannt wurde. Es wird wie Golf auf 18 Bahnen gespielt. Dabei wird ein Ball mit dem Fuß ohne Einsatz eines Schlägers mit möglichst wenigen „Abschlägen" über verschiedenste Hindernisse bis zum Loch gespielt.

Die Fußballgolf-Anlage in Dirmstein umfasst eine Spielfläche von mehr als 60.000 m². Die Bahnen sind zwischen 30 und 250 Meter lang, die Gesamtstrecke aller Bahnen beträgt ca. 2 km. Man sollte rund 2 Stunden Zeit einplanen! Das ist ein Freizeitspaß für die ganze Familie. Geübte Fußballer sind dabei nicht immer im Vorteil!

Aktiv

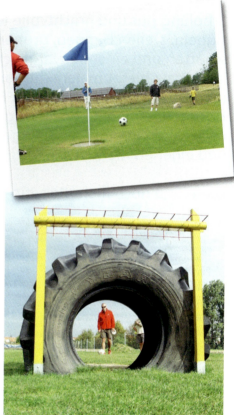

Im feinen weißen Sand in der Sonne liegen, einen fruchtigen Cocktail genießen und den Alltag vergessen, das können Sie hier in der Beach Area: Sie bietet neben der Beach Bar und ausreichend Sitz- und Liegemöglichkeiten je einen Beachvolleyball- und Beachsoccer-Platz auf insgesamt 1.400 m².

Rheinland-Pfalz

Erholung pur und prachtvolle Natur. Eine Region mit sanften Hügeln, steilen Hängen, grünen Wäldern, romantischen Ortschaften und einem unvergleichlichen Lebensgefühl. Rheinland-Pfalz bietet malerische Landschaften, in denen man urwüchsige Natur, kulturellen Feingeist und kulinarischen Hochgenuss findet. Einzigartig ist jede der acht rheinland-pfälzischen Regionen. Mit eigener Natur, eigener Geschichte und eigenen Menschen.

Diese und noch mehr Reisetipps gibt's unter: www.rlp-info.de

Fakten zu Rheinland-Pfalz

Hauptstadt:	Mainz
Einwohner:	4,06 Mio.
Fläche:	19.853,00 km^2
Einwohner/km^2:	204
Webseite:	www.rlp.de

85	Eifel	524
86	Ahr	-
87	Mittelrhein-Lahn	533
88	Westerwald	535
89	Mosel-Saar	536
90	Hunsrück-Nahe	543
91	Rheinhessen	547
92	Pfalz	548

Zahlen und Fakten

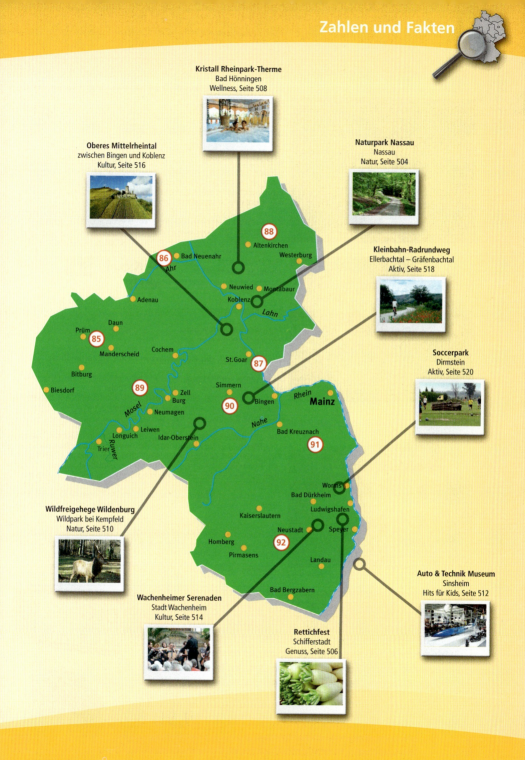

Rheinland-Pfalz
85   Eifel

Bleialf

☨ 4 km

Lust auf Natur? Dann komm nach Bleialf

Die Begegnung von Landschaft, Luft und Leuten macht den Aufenthalt zum Erlebnis. Kommen Sie in unsere herbe und zugleich schöne Landschaft mit Mittelgebirgscharakter und Bergen mit einer Höhe bis zu 700 m. Für noch mehr Abwechslung sorgen die herrlichen Feste in unseren Dörfern. Zu jeder Jahreszeit finden Konzerte, Kunstausstellungen statt.

Infos unter: Fremdenverkehrsverein Bleialf-Schneifel e.V.
Tel. 06555 - 302 oder www.bleialf.de

Hof Pallandt***
Altendorf, Elisabeth
Bahnhofstraße 1
54608 Bleialf
Tel. 06555 - 320
Fax 06555 - 936222

hof-pallandt@t-online.de
www.hof-pallandt.de

Ein Bauernhof, der Kinderherzen höher schlagen lässt.

In unseren komfortabel, mit viel Liebe eingerichteten Ferienwohnungen werden Sie sich rundum wohl fühlen.
Unser Haus bietet einen großen Aufenthaltsraum mit separater Küche und einem schönen alten Backofen.
Preise für 2 Pers., j. w. Pers. 6,- €.

Bei uns haben viele Tiere ein Zuhause: Kühe und Kälber, Ziegen und Pferde, Kaninchen, Katzen und unser Hofhund Bella.
Der große Hof lädt zu vielen Aktivitäten ein, wie z. B. Tischtennis und Federball, Gokart und Fahrrad fahren, für die Kleineren stehen Trettraktoren, Sandkasten, Rutsche und Schaukel zur Verfügung.

Für die ruhigeren Momente finden Sie eine Liegewiese im Garten, oder entspannen Sie doch in unserer Sitzecke am schön gelegenen Fischteich.

Nachtwanderungen, Planwagenfahrten, gemeinsam Pizza backen, Grillabende und vieles mehr lassen Ihren Urlaub zu den schönsten Tagen im Jahr werden.

		Anzahl	Art	qm	Personen	Preis
267076_1	F***/****	4	FeWo	40-82	2-8	ab 49,00 €

DLG-Wein-Guide

Entdecken Sie Weingüter und ihre Weine und begeben Sie sich auf eine Weinreise durch Deutschland. Mit den aktuellen Testergebnissen der DLG-Wein-Prämierung und den Adressen der prämierten Winzer!

9,90 €

Nutzen Sie die Bestellkarte auf der letzten Seite!

Rheinland-Pfalz
Eifel 85

Buchet
🚶 8 km 🚆 30 km

Bei uns ist immer was los … Sternsinger, Burgbrennen, Frühjahrsspaziergang, Kameradschaftsabend, Skulpturenausstellung, Tanzfest, Alte Kirmes, Badewannenrennen, Tartenfest, Hydrantenschmieren, Nikolausfeier, Seniorentag …
Kommen Sie vorbei und erleben es selbst.

Infos unter: Gemeinde Buchet
Tel. 06555 - 8676 oder www.buchet.de

Alfbachhof****
Hansen, Edmund und Rosella
Halenfeld 7c
54608 Buchet, OT Halenfeld
Tel. 06555 - 931192   alfbachhof@t-online.de
Fax 06555 - 931190   www.Alfbachhof.de

Auf dem Alfbachhof können Sie angeln, wandern, spazieren gehen, die Natur per Auto oder Rad erkunden, Traktorfahrten, grillen und basteln! Gastpferdbox, Englisch.
Endreinigung für die FeWo 15,- €, Haustier 5,- €. Kinderbett, TV Waschmaschine, Telefon. Bitte Hausprospekt anfordern.

Anzahl	Art	qm	Personen	Preis
2	FeWo	60	2-5	ab 35,00 €

225807_1   F****

Eilscheid
🚶 12 km 🚆 30 km

Herzlich willkommen in der Ortsgemeinde Eilscheid.
Auf unserer Internetseite können Sie schon einen Bummel durch den schönen Eifelort unternehmen. Gerne würden wir Sie aber auch persönlich begrüßen und Ihnen viel Vergnügen bei unseren Freizeitmöglichkeiten, wie zum Beispiel Schwimmen, Tennis, Reiten oder Segeln, wünschen.

Infos unter: Verbandsgemeindeverwaltung Arzfeld
Tel. 06550 - 9740 oder www.islek.info

Ferienhof Pütz****
Pütz, Christiane und Lothar
Dorfstraße 1
54649 Eilscheid
Tel. 06554 - 7206   puetz-eilscheid@t-online.de
Fax 06554 - 900528   www.ferienhof-puetz.de

Hof inmitten großer Wiesen und Wälder am Ortsrand, ideal zum Wandern. Ferienwohnung mit Spülmaschine, KB, Sat-TV, Tel., separater Eingang, Bettwäsche und Handtücher. Grillen, Spielplatz, Liegewiese, Milchvieh, Ackerbau, Grünland, 2 Ponys, Hund, Enten, Kaninchen, Katzen, Mitarb. mögl., Hausprosp., reg. Küche für Hausgäste.

Anzahl	Art	qm	Personen	Preis
1	FeWo	85	2-5	ab 55,00 €

268105_1   F****

525

Rheinland-Pfalz
85 Eifel

Fleringen

🚶 6 km 🚉 15 km

Willkommen in Fleringen im Herzen der Eifel.

Fleringen bietet ausgebaute Wander- und Spazierwege bis in die Schönecker Schweiz, Dolomitenfelsen und Kalkhöhlen. Die Dolomitenschichten rund um den Ort sind wahre Fundgruben für Gesteins- und Fossiliensammler.

Frei-/Hallenbad, Rad-/Wandern.

Infos unter: Ortsgemeinde Fleringen
Tel. 06558 - 359 oder www.fleringen.de

Ferienhof Feinen

Ferienhof "Im Wiesengrund"
Familie Feinen
Brunnenstraße 6
54597 Fleringen

urlaub@ferienhof-feinen.de
Tel. 06558 8570
Fax 06558 1257

Lust, mehr über uns zu erfahren?
Besuchen Sie uns im Internet:
www.ferienhof-feinen.de

Urlaub auf dem Bauernhof

✶✶✶✶ - Ferienwohnungen

www.ferienhof-feinen.de

Ihre Kinder können unter anderem Folgendes entdecken:
Streichelzoo, Reiten, Seilbahn (30 m), Outdoor-Rollbahn, Spielplätze, Bolzplatz, Indoorspielplatz (mit Kletterwand, Rollbahn, Bowling-Bahn, Trampolin, Torwand), Spielzimmer, künstlicher Bachlauf, Trettraktoren, Kettcars, Strohscheune, Tischtennis, Tischfußball.
Wir halten Kühe, Schweine, Schafe, Ziegen, Pferde, Enten, Hühner, Kaninchen, Katzen, Hund.

Außerdem bieten wir Ihnen unter anderem folgenden Fitness-, Wellness- und Erholungsservice:
Fahrradverleih, 12-Loch-Minigolfanlage, 90 qm Fitnessraum mit Kraft- und Cardiobereich, 90 qm Saunabereich (finnische Sauna, Infrarotsauna, Fußbäder, Dampfbad, Frischluftterrasse), Solarium, beheiztes Hallenbad (9 x 4 m) mit Gegenstromanlage, Wellnessangebote, Barfußpfad mit Tretbecken, Wanderwege, Grillplatz, Grillhütte, Backhaus, Liegewiesen, überdachte Sitzmöglichkeit, Aufenthaltsraum, Hausbar, Wagenrundfahrten.

Rheinland-Pfalz
Eifel 85

Kruchten

Im Ort besteht ein sehr reges Vereinsleben. Überregional bekannt ist beispielsweise der KKV „Hunekäp", bekannt durch den Karneval bei Nacht und das sog. Altstadtfest sowie viele weitere Aktivitäten. Alle Vereine leisten aktive Jugendarbeit. Es bestehen heute noch 5 landwirtschaftliche Vollerwerbsbetriebe in Kruchten.

Infos unter: Touristinfo Kruchten
Tel. 06564 - 19433 oder www.kruchten-eifel.de

Ferienbauernhof - Gasthaus***
Hoffmann, Marko
Maximinstr. 40
54675 Kruchten
Tel. 06566 - 291   info@pension-hoffmann.de
Fax 06566 - 8460   www.pension-hoffmann.de

Genießen Sie einen abwechslungsr. Urlaub für Jung u. Alt mit Kühen, Kälbern, Schweinen, Ponys u. Katzen z. Schmusen. **Ponyreiten kostenlos!** HP Zuschlag 8,- €, VP 13,50 €. Sauna, Solarium, Fitnessraum, TT, Grillplatz, Liegew., Spielpl., gr. Garten, eig. Schnapsbrennerei, Planwagenfahrt. **Hausprospekt!**

Anzahl	Art	qm	Personen	Preis
4	FeWo	80	2-6	ab 42,00 €
9	Zi.	14-40	1-4	ab 23,00 €

76514_1   F****P***

Lauperath
⛪ 10 km 🚉 40 km

Der Wanderer und Naturfreund wird über das vielfältige Landschaftsbild, das sich ihm im Irsental zeigt, beeindruckt und entzückt sein. In idealer Weise greifen hier Gewässer mit angrenzenden Wiesen, Fels-Ökosysteme und Niederwaldbereiche ineinander. Bereits nach wenigen Schritten schlägt die Natur den Wanderer in seinen Bann. Der Duft von Wiesenhonig liegt in der Luft. Allgegenwärtig ist das Summen und Brummen einer vielfältigen und emsigen Insektenwelt.

Infos unter: Verbandsgemeindeverwaltung Arzfeld
Tel. 06550 - 9740 oder www.islek.info

****Familie Hermes
Kapellenweg 4
54649 Lauperath
Tel. 06554 - 935093   info@mayischhof.de
Fax 06554 - 900668   www.mayischhof.de

Erleben Sie den Urlaub mit allen Sinnen auf dem vorbildlich restaurierten Mayischhof, ein Stockgut, das bereits 1136 erwähnt wird. Schmuckstück mit alter Chorturmkapelle und vielen Tieren, voll bewirtschafteter Hof am Ortsrand mit **3 Ferienwohnungen.**
Eifel zu Pferd - Wanderreitstation.

Anzahl	Art	qm	Personen	Preis
3	FeWo	70	4-6	ab 50,00 €

225815_1   F****

Rheinland-Pfalz
85 Eifel

76956_1   F***/****P***

***Weiß, Theo,
Scheuerbaum 1
54649 Lauperath,
OT Scheidchen
Tel. 06554 - 819
Fax 06554 - 1571

Erholung pur auf unserem ruhigen, von Wiesen und Wäldern umgebenen Bauernhof mit Kühen, Kälbern, Rindern, Schweinen, Kaninchen, Katzen, Schaf und Hund.

Nostalgisch eingerichteter Partyraum, Tischtennis, Fahrräder, Trettraktoren, Roller, Spielplatz sowie Planwagenfahrten stehen unseren Gästen zur Verfügung.

Zimmer mit D/WC und Balkon.
Endreinigung für Ferienhaus 30,- € und Ferienwohnung 25,- €,
Energie nach Verbrauch.
Spülmaschine, Bettwäsche und Handtücher vorhanden, Kinderbetten, Saisonermäßigung, Waschmaschine, TV, Wickeltisch, Hochstuhl.
Grillplatz, Frühstücks- und Brötchenservice.

Anzahl	Art	qm	Personen	Preis
1	FeWo	60	2-4	ab 38,00 €
1	FH	90	2-7	ab 41,00 €
2	Zi.	24	2-3	ab 16,00 €

Manderscheid
🚶 7 km

Die geschichtlichen Wurzeln der Gemeinde Manderscheid bilden das Kurfürstentum Trier und das Herzogtum Luxemburg. Die beiden Manderscheider Burgen symbolisierten die beiden Machtblöcke im hiesigen Raum. Die Oberburg war kurtrierische Landesburg und die Niederburg Domizil der Herren von Manderscheid im Luxemburger Hoheitsgebiet. Aus den großen königlichen Besitzungen der Region wurden von Königen und Kaisern ganze Gebiete an die verschiedenen Klöster verschenkt.

Infos unter: Tourist-Info
Tel. 06572 - 932664 oder www.manderscheid.de

241318_1   F*****

Kapellenhof*****
Krämer, Günter
Kapellenhof
54531 Manderscheid
Tel. 06572 - 4408
Fax 06572 - 92785

Post@kapellenhof.de
www.kapellenhof.de

Wenn Sie richtig abschalten wollen. Gelegen zw. Wald u. Wiesen, Vollerwerbslandw. mit Kühen, Kälbern, Ziegen, Pony, Schweinen, Hühnern, Grillhütte, Wintergarten, überdachte Spielhalle, Holzbackofen, Brot u. Flammkuchen backen. Hausprospekt. Auszeichnung „Beliebtester Ferienhof Rheinland-Pfalz" 2001-2002-2003-2005-2007-2008.

Anzahl	Art	qm	Personen	Preis
3	FeWo	60-80	2-6	ab 50,00 €
4	Zi.		2-4	ab 17,50 €

Rheinland-Pfalz
Eifel 85

Lindenhof**
Röhl, Familie
Wittlicher Straße
54531 Manderscheid
Tel. 06572 - 4404
Fax 06572 - 4404

info@lindenhof-eifel.de
www.lindenhof-eifel.de

Unser Hof, ein Vollerwerbsbetrieb (Milch) mit vielen Tieren. Umrahmt von grünen Wiesen liegt unser Ferienhaus mit 4 FeWo, jede 2 Schlafzimmer, Balkon, geräumig und gut ausgestattet, Wäsche vorhanden, überdachter Freisitz mit Grill, Spielplatz, Tischtennis, Wanderwege direkt ab Hof. Hausprospekt oder ein Besuch im Internet.

Anzahl	Art	qm	Personen	Preis
4	FeWo	70	2-6	ab 50,00 €

76658_1   F****

Rommersheim

🍴 4 km 🚉 20 km

Im Herzen Europas bietet das Prümer Land die Ruhe seiner tiefen Wälder und den Reiz seiner charakteristischen Landschaft. Die typische Fauna und Flora sind noch geschützt und dies insbesondere innerhalb der Naturschutzreservates Hohes Venn. Ganzjährig bietet sich der Schwarze Mann, der höchste Berg im gleichnamigen Skigebiet der Schneifel, zu Sport und Erholung an. Gut markierte Rad- und Wanderwege des Eifelvereins in der gesamten Umgebung!

Infos unter: Tourist-Information Prümer Land
Tel. 06551 - 505 oder www.pruem.de / www.rommersheim.de

Görgenhof**
Barthems, Regina u. Moritz
Hauptstr. 15
54597 Rommersheim
Tel. 06551 - 3740
Fax 06551 - 9819157

Moritz.Barthems@t-online.de
www.ferienhof-barthems.de

Bauernhof in Ortsrandlage, Kühe, Kälber, Ponys, Hühner, Katzen, Hund, Schafe, Ziegen. Ferienwohnungen mit Kinderausstattung, Mikrowelle, Spülmaschine, Telefon. Nebenkosten nach Verbrauch. Tischtennis, Kicker, Spielplatz und -fahrzeuge.
Bitte fordern Sie unseren Hausprospekt an.

Anzahl	Art	qm	Personen	Preis
4	FeWo	60-80	2-5	ab 38,00 €

263421_1   F****

Verwöhn-Urlaub

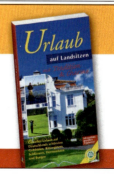

Einmal wie ein echter Landlord leben! Im Übernachtungsführer „Urlaub auf Landsitzen" werden die schönsten Herrensitze, Burgen und Schlösser und andere historische Gebäude vorgestellt.

12,90 €

Nutzen Sie die Bestellkarte auf der letzten Seite!

Rheinland-Pfalz
85 Eifel

Schlausenbach
🏠 15 🚂 35

Das obere Ourtal liegt im Zentrum der großen touristischen Region „Eifel-Ardennen" und grenzt unmittelbar an den kürzlich gegründeten Nationalpark Eifel. Die waldreiche und mit zahlreichen malerischen ländlichen Dörfchen gezierte Gegend liegt zwischen zwei Höhepunkten: dem „Weißen Stein" (690 m) in Belgien und dem „Schwarzen Mann" (697 m) in Deutschland. Das ganze Jahr hindurch ist diese Gegend ein wahres Paradies für Wanderer.

Infos unter: Verkehrsverein Ourquelle VOG - Belgien
www.auw-eifel.de

Hof Görrespesch****
Plattes, Erika
Görresweg 10
54597 Schlausenbach
Tel. 06552 - 929295
Fax 06552 - 991556

se.plattes@t-online.de
www.fewo-plattes.de

Hof mit Damwild, Ortsrand, ruhige u. waldr. Umgebung. Eine Liegewiese, Naturteich, Grünfläche und viel Platz laden Kinder zum Entdecken und Erwachsene zum Entspannen ein. Komfortable FeWo mit Terrasse, Haustier 5,- €, Bettw., Endr. und NK inklusive, Sat-TV, K, DZ, MBZ, D/WC. Haustiere willkommen! Hausprosp.

	Anzahl	Art	qm	Personen	Preis
267508_1 F****	1	FeWo	65	2-4	ab 35,50 €

Sellerich
🏠 7 km 🚂 20 km

Intakte Natur, saubere Luft und mildes Mittelgebirgsklima

Der Eifelort Sellerich mit überwiegend landwirtschaftlicher Struktur hat 350 Einwohner. Die Gemeinde bietet dem Urlauber eine idyllische Parkseeanlage, Wassertretbecken, eine gut ausgestattete Grillhütte sowie ein Gasthaus. Auch für Kinder hat der schmucke Eifelort ein großes Herz.

Infos unter: Verkehrsverein Schwarzer Mann e.V.
Tel. 06551 - 6560 oder www.sellerich.de

****Schminnes, Karin
Auf dem Tribunal 2
54608 Sellerich,
OT Herscheid
Tel. 06551 - 3571
Fax 06551 - 965185

info@hof-schminnes.de
www.hof-schminnes.de

Hof in Einzellage, Saisonermäßigung, KB, Waschmaschinenbenutzung, TV, Bauernstube, Grünland, Forstwirtschaft, Mutterkühe, Kälber, Schweine, Esel, Maultier, Hasen, Katzen und Hund Terry, Mitarbeit möglich, Binden von Reisigbesen, Englisch.
Bitte fordern Sie unseren Hausprospekt an.

	Anzahl	Art	qm	Personen	Preis
225812_1 F****	2	FeWo	56	2-4	ab 37,00 €

Rheinland-Pfalz
Eifel 85

Sinspelt
🚶 75 km 🚃 20 km

Nähe Luxemburg und Belgien, ausgeschilderte Wander- und Radwegenetze, Frei- und Hallenbad, Kinderspielplätze, Reiten, Musikalischer Sommer von Juni-September, Eifelzoo (30 km), Eifelpark (30 km), touristische Städte Neuerburg 5 km, Vianden 10 km, Wandergebiete, Teufelsschlucht/Müllertal 15 km, Brauchtumsveranstaltungen: Fastnacht, Hüttenbrennen, Maibaum errichten, Kirmes, Martinsumzug.

Infos unter: Tourist-Information
Tel. 06522 - 344 oder www.eifel.de

Heyenhof****
Heyen, Johanna
In der Gracht 4
54675 Sinspelt
Tel. 06522 - 512
Fax 06522 - 1419

info@heyenhof.de
www.heyenhof.de

Genießen Sie Ihren Urlaub in einem Eifeler Stockgut, waldnah gelegen. Gartenlaube, Grillplatz, Liegewiese, Tischtennis, Spielplatz mit Tret-Traktor, Bobbicar, Dreirad, Kinderfahrrad usw. Bauernhofcafé, Schaubrennerei und Probierstube, Kühe, Kälber, Pferde, Ziegen, Hühner, Katzen, Kaninchen. Viel Platz um Haus und Hof und Parkplätze. Hausprospekt.

Anzahl	Art	qm	Personen	Preis
4	FeWo	60-100	2	ab 36,00 €

27381_1   F****

Prämierter Genuss
DLG-Wein-Guide · DLG-Bio-Guide

Entdecken Sie Weingüter und ihre Weine und begeben Sie sich auf eine Weinreise durch Deutschland. Mit den aktuellen Testergebnissen der DLG-Wein-Prämierung und den Adressen der prämierten Winzer!

9,90 €

Der vorliegende DLG-Bio-Guide 2009 präsentiert Vorzeigebetriebe der Bio-Szene. Darunter sind Pioniere der Anfangsphase, innovative Neueinsteiger, Querköpfe mit weltanschaulichen Grundsätzen, Idealisten oder traditionsreiche Klosterbetriebe.

9,90 €

Nutzen Sie die Bestellkarte auf der letzten Seite!

Rheinland-Pfalz
85 Eifel

Utzerath

🚶 3 km 🚆 20 km

Utzerath liegt gepflegt in idyllischer Vulkanlandschaft und ist von Mischwald eingekesselt. Mit seinem historischen Bahnhofsgebäude liegt Utzerath genau mittig an der Eifelquerbahn. Das Rad- und Wanderwegenetz mit Schutzhütte und Ruhebänken erstreckt sich über die gesamte Gemarkung und ist darüber hinaus verbunden mit allen Nachbargemeinden, welche weitere Sehenswürdigkeiten bieten. Ausflugsziele sind der Nürburgring, Cochem, Koblenz oder Gerolstein.

Infos unter: Ortsgemeinde Utzerath
Tel. 02676 - 1059 oder www.utzerath-eifel.de

Gestüt Pfauenhof ★★★★

Familienurlaub zum Wohlfühlen im Einklang mit der Natur

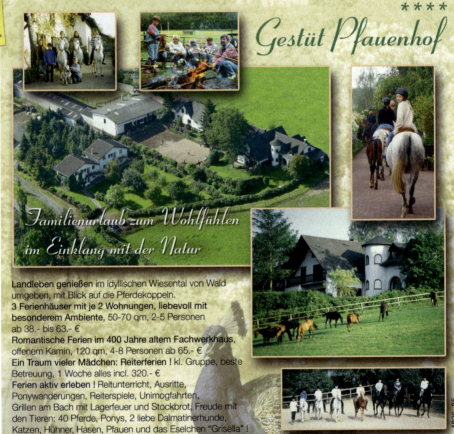

Landleben genießen im idyllischen Wiesental von Wald umgeben, mit Blick auf die Pferdekoppeln.
3 Ferienhäuser mit je 2 Wohnungen, liebevoll mit besonderem Ambiente, 50-70 qm, 2-5 Personen ab 38.- bis 63.- €
Romantische Ferien im 400 Jahre altem Fachwerkhaus, offenem Kamin, 120 qm, 4-8 Personen ab 65.- €
Ein Traum vieler Mädchen: Reiterferien ! kl. Gruppe, beste Betreuung, 1 Woche alles incl. 320.- €
Ferien aktiv erleben ! Reitunterricht, Ausritte, Ponywanderungen, Reiterspiele, Unimogfahrten, Grillen am Bach mit Lagerfeuer und Stockbrot, Freude mit den Tieren: 40 Pferde, Ponys, 2 liebe Dalmatinerhunde, Katzen, Hühner, Hasen, Pfauen und das Eselchen "Grisella" !

Gestüt Pfauenhof
Dorle und Egon Kessler
Mühlenweg 2-4
54552 Utzerath / Vulkaneifel
Tel. 0 26 76 / 603 o. 17 71
gestuet-pfauenhof@t-online.de
www.ferien-gestuet-pfauenhof.de

Rheinland-Pfalz
Mittelrhein-Lahn 87

Hömberg
🚶 13 km 🚉 4 km

Wandern auf neu markierten Wanderrouten. Steigen Sie auf zu ungeahnten Aussichtspunkten und erobern Sie Lichtungen, wo Blumen, Farne und Beerensträucher Ihnen den Weg weisen. Oder kommen Sie zum Nassauer Michelmarkt, der 1912 als „Vieh-, Obst- und Krammarkt" entstand und der Ende September stattfindet. Anderswo gibt es Stadtführungen mit einem Nachtwächter; in Nassau gehen die Teilnehmer selber mit Laternen durch die abendliche Stadt. Erleben Sie es selbst!

Infos unter: Touristen-Information Nassau
Tel. 02604 - 97020 oder www.vgnassau.de

Landhaus Lichius****
Lichius, Ursel
Gartenstr. 6-8
56379 Hömberg
Tel. 02604 - 4838
Fax 02604 - 952113

info@landhaus-lichius.de
www.landhaus-lichius.de

Eselhof am Ortsrand, 400 m über NN, tägliche Stallzeiten, 10 kleine Esel, Pferd, Ziegen, Schwein, Schaf, Hühner, Katzen, Hasen, Meerschweinchen, Enten, Sauna, Solarium, Grill-/Spielgarten, Brötchenservice, Telefon, TV, Aufenthaltsraum. Saisonermäßigung, Endreinigung und Strom extra.

Anzahl	Art	qm	Personen	Preis
3	FeWo	40-60	2-4	ab 40,00 €
1	FH	80	2-8	ab 55,00 €

27734_1   F****

Ferienhof Taunusblick***
Linscheid, Hiltrud
56379 Hömberg
Tel. 02604 - 5516
Fax 02604 - 6559

info@ferienhof-taunusblick.de
www.ferienhof-taunusblick.de

Ferienwohnungen mit Sat-TV, Telefon, Spülmaschine, kindgerechter Einrichtung. Saisonermäßigung, Streichelwiese, Spiel- und Liegewiese, Spielplatz, Biolandbetrieb im Vollerwerb, Grünland, Kühe, Ziegen, Pferde, Esel, Hühner, Hunde, Katzen, Kaninchen, Käserei, Hofladen. Bitte Hausprospekt anfordern!

Anzahl	Art	qm	Personen	Preis
3	FeWo	35-110	2-10	ab 30,00 €

76597_1   F***

Oberwesel
🚶 10 km 🚉 2 km

Stadt der Türme und des Weines.

Oberwesel gehört zu den größten Weinanbauregionen am Mittelrhein. Auf der steilen Weinbergslage Schloss Schönburg bauen die Winzer hauptsächlich Riesling, Müller-Thurgau und Kerner an. Bei der Vielfalt der Qualitätsstufen ist die Auswahl nicht leicht. Einfacher ist es, seinen Lieblingswein bei einer Weinprobe zu entdecken.

Infos unter: Tourist-Information Stadt Oberwesel
Tel. 06744 - 710624 oder www.oberwesel.de

Rheinland-Pfalz
87 Mittelrhein-Lahn

... raus aus allem, rein in Natur pur!

Hardthof

Hoch über dem Tal der Loreley ...
Fern vom Alltag und dem Himmel ganz nah unbeschwerte Tage im Blockhaus genießen.

9 komfortable Ferienhäuser ...
einzigartige Aussicht auf die Oberweseler Schönburg, den Mittelrhein und die Landschaft des UNESCO-Weltkulturerbes. 75 qm, 4 - 5 Pers., 60 - 83 EUR, SE, KB, TV

Unser Bauern- und Reiterhof – ein Paradies für Kinder!
Pferde, Ponys, Rinder, Schweine, Pfauen, Federvieh, Streicheltiere und Michel, unser Wildschwein. Reithalle, Reitplatz, Ställe, Scheune, Winzerhof und Weinberg.

- Reitschule (FN), Ausritte für Groß & Klein
- geführte Wanderungen
- Kutschfahrten
- Weinprobe im eigenen Weingut
- Jagdmöglichkeit in unserem Revier
- Tagungsraum
- Picknicken & Grillen mit Panoramablick
- Beauty, Solarium, Massage, Sauna
- Spielhaus & Animation für Kinder
- Hofcafé
- Frühstücksbüffet
- Hofladen für Selbstversorger
- wer möchte: mitarbeiten auf dem Hof!

218228_87

HOF HARDTHÖHE
Rita Lanius-Heck
55430 Oberwesel
Telefon 0 67 44 / 72 71
Telefax 0 67 44 / 74 20
www.ferienhof-hardthoehe.de

Rheinland-Pfalz

Mittelrhein-Lahn 87
Westerwald 88

Weingut***
Persch, Winfried und Karin
Rieslingstr. 1
55430 Oberwesel,
OT Engelhoell
Tel. 06744 - 215
Fax 06744 - 1687

weingut.wpersch@t-online.de
www.hotel-weinproben-rhein.de

Winzerhof direkt an den Weinbergen, Blick auf die 1000-jährige Schönburg. Bei uns schlafen Sie im Kabinett oder in der Rieslingstube. In Ihrem Urlaub können Sie den Wein von allen Seiten erleben. Weinprobe im alten Gewölbekeller.
Zimmer mit D/WC, Preis inklusive Frühstück.

Anzahl	Art	qm	Personen	Preis
8	Zi.		1-4	ab 30,00 €

316387_1 P***

Welschneudorf

Ob in freier Natur oder in den Dorfgemeinschaftshallen in den Gemeinden: für Spiel, Sport und Entspannung finden Sie vielfältige Möglichkeiten. Den Kindern stehen naturnahe Spielplätze zur Verfügung - oder der Wald in direkter Nachbarschaft zum Erforschen und Durchstromern. Die Sporthallen, Sportplätze oder Trimm-dich-Pfade bieten für alle möglichen Aktivitäten Raum. Und außerdem lädt Sie das Mons-Tabor-Bad das ganze Jahr über zu Schwimmspaß und Erholung ein.

Infos unter: Westerwald-Touristik-Service
Tel. 02602 - 30010 oder www.ww-touristik.de

Landdomäne Rückerhof***
Rücker, Jens
Tiergarten 1-4
56412 Welschneudorf
Tel. 02608 - 208
Fax 02608 - 1488

rueckerhof@t-online.de
www.rueckerhof.de

„Ferien vom Ich" mit Pferden, Kühen, Schweinen, Schafen und Kleinvieh auf dem historischen Gutshof über dem reizvollen Lahntal auf den Höhen des Westerwaldes.

Reiten in Halle, Bahn und Wanderreiten im Gelände, Kutsche fahren, Kutschenfahrkurse, Gastpferdeboxen.

Lebensfreude rund ums alte Gutshaus (Dämmerschoppen am Kachelofen, abendliches Bauernmahl und Jungbauernmahl in der Diele oder im Garten). Restaurant und Hofcafé.

Familienferien - Reiterurlaub - idealer Seniorenurlaub in Vor- und Nachsaison, Erlebniswochenenden für Familien und Gruppen, Wohnen in Fachwerkhäusern auf der Obstwiese mit offenem Kamin, Galeriewohnungen und Bauernstuben urgemütlich mit Alkovenbetten. Übernachtungspreise je nach Typ und Belegung.

Bitte Hausprospekt anfordern.

Anzahl	Art	qm	Personen	Preis
7	FeWo	36-113	4-6	ab 48,00 €
3	FH	48-55	4-5	ab 64,00 €
7	Zi.			ab 25,00 €

76660_1 F**/***P***

Rheinland-Pfalz
89 Mosel-Saar

Briedel
🚶 25 km 🚆 3 km

Sonnenverwöhnte Weinberge umbetten den traditionsreichen Weinort mit seinen romantischen Fachwerkhäusern im Ortskern. Auch für Wanderfreunde und Radfahrer ist Briedel das ideale Urlaubsdomizil. Ein besonderes Schmuckstück ist die barocke St.-Marien-Kirche mit ihrem reich geschmückten Hochaltar und der Stumm-Orgel. Ausflugsfahrten per Schiff, Bahn oder Bus laden ein, das Moseltal, die alte Römerstadt Trier, das Herzogtum Luxemburg und die Hunsrück- und Eifelhöhen zu erkunden.

Infos unter: Tourist-Info
Tel. 06542 - 4013 oder www.briedel.de

51553_1 F****

Domizil am Weingarten****
Walter, Alfred
Hauptstr. 188
56867 Briedel/Mosel
Tel. 06542 - 98690
Fax 06542 - 986925
info@weingut-walter.de
www.weingut-walter.de

Domizil am Weingarten**** FeWo mit Balkon und Moselblick, Sat-TV, Waschmaschine und Trockner, inklusive Bettwäsche und Handtücher. Am Ortsrand gelegen. Fahrradgarage, in wenigen Minuten am Fahrradweg und Kinderspielplatz, Hausprospekt.
DLG-empfohlenes Weingut. Weinprobe und Kellerbesichtigung.

Anzahl	Art	qm	Personen	Preis
4	FeWo	50-75	2-5	ab 43,00 €

Burg
🚶 30 km 🚆 3 km

Alles, was ein Moseldorf braucht, hat Burg zu bieten: einen hübschen Ortskern, Weinberge, Moselufer und auf der Höhe ausgedehnte Waldungen. Nur eine Burg sucht der Besucher in Burg vergeblich. Möglicherweise geht der Name auf eine römische Befestigungsanlage zurück, die hier an der Mosel lag. Im Mittelalter schützen es starke Mauern mit drei befestigten Toren. Heute fließt der Durchgangsverkehr an Burg vorbei und die Dorfstraßen sind dementsprechend ruhig.

Infos unter: Tourist-Information-Traben-Trarbach
Tel. 06541 - 83980 oder www.traben-trarbach.de

76500_1 F****

HEIDHOF****
Conrad, Harald und Sigrid
Schulstr. 27
56843 Burg
Tel. 06541 - 83940
Fax 06541 - 839428
info@heidhof.de
www.heidhof.de

Hof am Ortsrand, Hausprospekt, Zimmer mit D/WC, Preis inklusive Frühstück, Gästeküche, Aufenthaltsraum, Sommerterrasse mit Moselblick. Komfortable FeWo, Südterrasse, 1 FeWo für 4 Personen mit 2 Schlafräumen, auf Wunsch Frühstück 7,- €/Person, Bettwäsche und Handtücher inklusive, Weinprobe, Weinlehrpfad.

Anzahl	Art	qm	Personen	Preis
4	FeWo		2-4	ab 55,00 €
4	Zi.		2	ab 30,00 €

Rheinland-Pfalz
Mosel-Saar 89

Erden
🍴 13 km 🚂 12 km

Herzlich willkommen im ältesten Dorf der Welt!

… Mosel, Freibad, Wassersport, Fahrradverleih, Joggen, Nordic Walking, Inline-Skating, Klettern, Mountain-Biking, Gleitschirm-Fliegen, Drachen-Fliegen, Wasserski, Rudern, Sport-Drachen-Fliegen, Spazieren, geführte Radtouren, Wein- und Brunnenfest an der Brunnenanlage Treppchenblick, Erdener Weinkirmes - Große Weinprobe, Winzer-, Wein- und Straßenfest …

Infos unter: Verkehrsbüro Erden
Tel. 06532 - 2549 oder www.erden.de

Weingut Kaufmann-Schneider****

Kaufmann, Dirk
Fährstraße 2-4
54492 Erden/Mosel
Tel. 06532 - 4624   info@weingut-kaufmann-schneider.com
Fax 06532 - 4175   www.weingut-kaufmann-schneider.com

Weingut direkt am Moselufer. Alle Zimmer sind auf neuestem Niveau und bieten einen einmaligen Blick auf die Mosel, Wald und Weinberge. Wir bieten Ihnen Weinbergswanderungen, Weinproben, Kellerbesichtigung an. Fahrradgarage, Liegewiese mit Grillplatz, Spielplatz, sep. Teeküche und Frühstücksbüfett.

Anzahl	Art	qm	Personen	Preis
1	FeWo	66	4	ab 50,00 €
5	Zi.		2-3	ab 18,00 €

140483_1   F*****P****

Weingut-Gästehaus***

Schwaab, Uwe Eugen
Am Moselufer 5
54492 Erden
Tel. 06532 - 4711
Fax 06532 - 945110

gaestehaus@weinhaus-schwaab.de
www.weinhaus-schwaab.de

Hausprospekt

Erleben Sie unseren Hof im Ort in Wald- und Moselnähe.
Rad- und Wanderwege, Damwild, Liegewiese mit Spielecke und Grillplatz.

Doppelzimmer mit D/WC, Preis inklusive reichhaltigem Frühstück, zum Teil vom Büfett.
Ferienwohnungen mit Telefon, TV, Handtücher und Bettwäsche vorhanden, keine Nebenkosten!

Weinstube: Weine und Sekt aus eigener Herstellung, Küche nach „Hausfrauenart", Kaffee und Hausgebackenes, Weinprobe und Kellerbesichtigung.

Kostenloser Service: Kinder- bzw. Babyausstattung, Fahrerservice bei An- und Abreise mit der Bahn, Diätprodukte zum Frühstück.

143219_1   F**P***

Anzahl	Art	qm	Personen	Preis
2	FeWo	60	4	ab 40,00 €
4	Zi.		2	ab 16,00 €

Rheinland-Pfalz
89 Mosel-Saar

Ernst
🚶 17 km 🚋 5 km

„Ernst macht Spaß", 5 km entfernt von der Kreisstadt Cochem, Weinanbaugebiet, romantische Flusslandschaft, durchgängiges Radwegenetz, Hallenbad, Freibäder, Wanderwegenetz, Nordic-Walking-Park, Nature-Fitness-Park, Kanuverleih. Der Kurort Bad-Bertrich liegt ca. 30 km von Ernst entfernt. Saunalandschaft, Wellnessbereich, traditionelles Wein- und Heimatfest, Ernscher Käs, Sommerfest.

Infos unter: Touristinfo Ernst
Tel. 02671 - 916748 oder www.ernst-mosel.de

Weingut Andrae-Goebel***
Andrae, Petra
Fährstraße 9
56814 Ernst
Tel. 02671 - 7447 andrae-goebel@gmx.de
Fax 02671 - 91356 www.weingut-andrae-goebel.de

Erleben Sie Ihren Urlaub auf unserem Winzerhof. Ferienwohnungen mit Sat-TV, Kinderbetten, Kinder- und Saisonermäßigung, Endreinigung € 18,-, Brötchenservice. Eigene Weinberge, Mitarbeit möglich, Weinwanderungen, Weinabend mit Kellerrundgang und Weinprobe mit dem Winzer. Hausprospekt!

251740_1   F***

Anzahl	Art	qm	Personen	Preis
3	FeWo	48-60	2-5	ab 36,00 €

Weingut Georg Andre Söhne***
Andre, Günter und Hiltrud
Zehnthausstr. 8
56814 Ernst
Tel. 02671 - 7378 info@weingut-andre.de
Fax 02671 - 7812 www.weingut-andre.de

Verbringen Sie Ihren Urlaub auf unserem Weingut in ruhiger und doch moselnaher Lage. Unsere ***Ferienwohnungen bieten Ihnen einen angenehmen Urlaubskomfort. Genießen Sie den Blick auf die Weinberge oder erleben Sie die Steillagen hautnah bei einer Fahrt mit der Monorack-Bahn. Die informative Weinprobe ist ein besonderes Erlebnis und lässt keine Frage offen.

214986_1   F***

Anzahl	Art	qm	Personen	Preis
3	FeWo	45-60	2-4	ab 38,00 €

Haus Sonnenschein***
Göbel, Hedwig
Klosterstraße 12
56814 Ernst
Tel. 02671 - 7444 pension-sonnenschein@t-online.de
Fax 02671 - 7445 www.sonnenschein-mosel.de

Winzerhof in Ortsrandlage, Doppelzimmer mit Balkon, D/WC bzw. Bad/WC, Preis inklusive Frühstück, HP 11,- €/Person Aufschlag, Bettwäsche und Handtücher, Sat-TV, KB, Grillplatz, Liegewiese, Mitarbeit möglich, Weinproben/-seminare, Lehrwanderungen, Gästeabholung ab Bahnhof, Parkplatz am Haus, Hausprospekt.

266297_1   ***

Anzahl	Art	qm	Personen	Preis
15	Zi.		2-3	ab 28,00 €

Rheinland-Pfalz
Mosel-Saar 89

Weingut Lönartz-Thielmann
Lönartz, Beate
Im Plenter 30
56814 Ernst
Tel. 02671 - 1640
Fax 02671 - 5882

mail@ferienweingut-loenartz-thielmann.de
www.ferienweingut-loenartz-thielmann.de

Genießen Sie den Blick auf unsere Weinberge und erleben Sie, wie der Wein gemacht wird. Fragen Sie den Winzer selbst, was immer Sie über Wein und Landschaft wissen möchten.

Gönnen Sie sich eine wohlverdiente Ruhepause abseits vom Alltag. Wir sind für Sie da und tun alles, damit unser Ferienweingut zu einer Ihrer angenehmsten Erinnerungen wird.

Ferienwohnungen mit Balkon und Blick auf die Weinberge, Kinderbetten, Telefon, Sat-TV, Waschmaschinen- und Trocknerbenutzung.

Viel Platz ist auf der großen Spielwiese. Hier können die Kinder ausgiebig toben und spielen.
Spielen Sie Tischtennis oder faulenzen Sie auf unserer Liegewiese, dem idealen Patz für Sonnenanbeter.
Gestalten Sie Ihren Urlaub aktiv. Ganz nach Lust und Laune, wie Sie es mögen.
Für einen stimmungsvollen Grillabend stellen wir Ihnen einen Grill und Holzkohle zur Verfügung.

Weinwanderungen mit Weinprobe.

241393_1   F***

Anzahl	Art	qm	Personen	Preis
8	FeWo	45-60	2-5	ab 38,00 €

Konz
10 km Konz

Die Stadt liegt am Zusammenfluss von Saar und Mosel, Mittelgebirgslandschaft, im Naturpark Saar-Hunsrück, Weinlandschaft, zahlreiche Wanderwege, Inlineskaten, Hallen- und Freibad, Saunalandschaft, Freilichtmuseum, regelmäßige Ausstellungen im Kloster Karthaus, Ruinen der Römischen Kaiservilla, zahlreiche Kunstobjekte in der Stadtmitte, Segelfliegen, Kegelbahnen, Squash, Minigolf, Planwagenfahrten.

Infos unter: Saar-Obermosel-Touristik
Tel. 06501 - 7790 oder www.saar-obermosel.de

Weingut Lorenz***
Familie Lorenz
Im Gartenfeld 1
54329 Konz, OT Oberemmel
Tel. 06501 - 15558
oder 06501 - 6055095
Fax 06501 - 150715

weingut-lorenz@t-online.de
www.weingut-lorenz.com

Entdecken Sie unseren Winzerhof im Ort, Preis für Ferienwohnungen variiert je nach Größe und Anzahl der Personen. Frühstück möglich, Sat-TV, Liegewiese, Terrasse, alle FeWo mit BK, Brötchenservice, Weinbau, Weinproben, Herstellung von Winzersekt, Weinbergführungen, HOFFEST am 3. Wochenende im JULI.

Anzahl	Art	qm	Personen	Preis
3	FeWo	28-60	2-4	ab 30,00 €

251743_1   F***

Rheinland-Pfalz
89 Mosel-Saar

151220_1   F**

Ferienweingut Willems**
Willems, Maria und Karl
Mühlenstr. 13
54329 Konz, OT Oberemmel
Tel. 06501 - 15816
Fax 06501 - 150387
Weingutwillems@aol.com
www.weingut-willems.de

Verbringen Sie Ihren Urlaub bei uns in idyllischer Landschaft (Nähe Trier) in ruhigen, komfortablen Ferienwohnungen und einem Appartement. Wir bieten Erholung zu jeder Jahreszeit. Radeln, Wandern, Ausflüge. Auf Wunsch: Weinprobe und Flammkuchen. Radgarage, Grillplatz u. gr. Garten vorhanden. Einkaufsmöglichkeit in d. Nähe. Weine aus eigenem Anbau.

Anzahl	Art	qm	Personen	Preis
2	FeWo	36-50	2-4	ab 35,00 €

Longuich
1 km 13 km

Den Rucksack auf den Schultern oder die Pedale unter den Füßen, das Racket in der Hand oder den Fisch am Haken, den Drachen über und die Landschaft unter sich, kurze Abstecher in die älteste Stadt Deutschlands oder in das Großherzogtum Luxemburg, in die benachbarte Eifel oder den angrenzenden Hunsrück - alles steht Ihnen in Longuich offen. Je nach Lust und Laune und Kondition.

Infos unter: Longuich-Kirsch Tourist-Information
Tel. 06502 - 1716 oder www.longuich.de

Weinschänke-Gästehaus***
Mertes, Franz-Josef
Alte Burg
Maximinstr. 39
54340 Longuich
Tel. 06502 - 5587
Fax 06502 - 5594

info@alteburg-mertes.de
www.alteburg-longuich.de

Urlaub-Wein-Kultur-Natur-Erlebnis
„Ein Kleinod erwartet Sie"

Modernes Gästehaus mit schönen *** u.****Zimmern, D/WC, teilweise TV, Übernachtung mit reichhaltigem Frühstück in der Ritterstube. Die Zimmer können auch als Ferienwohnung oder Appartements gemietet werden.

Idyllischer Burggarten: Kaffee, hausgebackener Kuchen, erlesene Rieslingweine, Rotwein und Sekt.

Burgkeller: urgemütliche Weinschänke aus dem 12. Jahrhundert, kleine Gastei - Winzervesper.

Weingut: Kellerbesichtigung, Weinproben.

Spezialität Rittermahle: Großes Gelage an der Rittertafel mit „Troubadur" Burgsänger, Burgherr, Knappen und Mägden. Am Wochenende Anmeldung erforderlich.

89994_1   P***/****

Bitte Prospekt anfordern

Anzahl	Art	qm	Personen	Preis
19	Zi.		1-2	ab 25,00 €

540

Rheinland-Pfalz
Mosel-Saar 89

Franziskus-Hof ★★★
Weingut – Gästehaus

Weingut-Gästehaus
Theisen, Johannes
Cerisiersstraße 3
54340 Longuich
Tel. 06502 - 91450
Fax 06502 - 914520

weingut@franziskus-hof.de
www.franziskus-hof.de

Urlaub, Freizeit und Erholung auf dem Winzerhof.

Zimmer mit D/WC, Telefon, TV, Preis inklusive Frühstücksbüfett.
Moderne, ruhige Gästezimmer, familiäre Atmosphäre, reichhaltiges Frühstücksbüfett.
Sonnenterrasse, Weinproben, Weinseminare für 15–60 Personen mit Keller- und Betriebsbesichtigung, Weinbergswanderung mit kleinem Umtrunk im eigenen Winzerhäuschen im Steilhang mit herrlichem Ausblick auf das Moseltal und den Weinort Longuich.
Flaschenweinversand, Winzersekt, eigene Brennerei, Mitarbeit bei der Weinlese möglich.
Seniorenprogramm.
Ausflugsziele: Trier, Bernkastel, Eifelmaare, Saarburg, Luxemburg, Idar-Oberstein (Edelsteinbörse).

Bitte fordern Sie unseren Hausprospekt an!
Wir freuen uns auf Ihren Besuch.

Anzahl	Art	qm	Personen	Preis		
1	FeWo			auf Anfrage		
15	Zi.		2	ab 62,00 €	68275_89	F***/P***

Genießer-Urlaub
Urlaub beim Winzer · Genießen auf dem Land

„Urlaub beim Winzer" lädt Sie zu genussreichen Tagen in Deutschlands schönen Weinregionen ein. Wählen Sie aus über 100 Winzerhöfen Ihr Feriendomizil aus.

12,90 €

Genuss, Qualität und Frische gepaart mit frischer Landluft und herzlichen Menschen, das ist es, was Sie mit diesem Reiseführer kennen lernen.

12,90 €

Nutzen Sie die Bestellkarte auf der letzten Seite!

Rheinland-Pfalz
89 Mosel-Saar

Mehring
🏠 5 km 🚉 20 km

Eingebettet in die herrliche Mosellandschaft zählt unser Urlaubsort zu den schönsten Flecken dieser Erde. Schon die Römer wussten dies vor über 2000 Jahren zu schätzen und haben deshalb hier prächtige Landvillen errichtet. Auch heute können wir unsere Gäste mit allen Annehmlichkeiten eines modernen Urlaubsortes verwöhnen. Schauen Sie sich in Ruhe um, wir informieren Sie gerne und würden uns sehr freuen, auch Sie als unseren Gast in Mehring begrüßen zu können!

Infos unter: Touristinformation Mehring
Tel. 06502 - 1413 oder www.mehring-mosel.de

263378_1 P***

Classisches Weingut***
Hoffranzen, Hans
Schulstr. 22
54346 Mehring
Tel. 06502 - 8441
Fax 06502 - 980574

info@weingut-hoffranzen.de
www.weingut-hoffranzen.de

Unser 400-jähriges Weingut mit seinen alten Gewölbekellern inmitten eines moseltypischen Winzerdorfes lädt Sie zu einem unvergesslichen Erlebnis ein.

Probieren Sie Rieslingweine, Sekte und Destillate.

Erleben Sie ein Schlemmerwochenende, lassen Sie sich verwöhnen mit kulinarischer Weinprobe und lernen Sie dabei Landschaft und Wein exklusiv kennen.

Vinothek mit Präsentideen rund um den Wein, Garten mit mediterranem Flair.

Doppelzimmerpreise inklusive Frühstück.

Bitte fordern Sie unseren Hausprospekt an.

Anzahl	Art	qm	Personen	Preis
7	Zi.			54,00 €

Saarburg
🏠 25 km 🚉 Saarburg

Saarburg hat einen imposanten Wasserfall mitten in der Stadt und liegt in einer reizvollen Mittelgebirgslandschaft im Naturpark Saar-Hunsrück. Zahlreiche Wanderwege, Inlineskaten, Kanufahren, Rudern, Sauna, Glockengießerei-Museum, Mühlenmuseum, historische Altstadt, Burganlage, Sommerrodelbahn, Greifvogelpark, Schiffstouren, Sessellift, Stadtrundfahrten mit der Saartalbahn, sagenhaftes Saarweinfest.

Infos unter: Saar-Obermosel-Touristik
Tel. 06581 - 995980 oder www.saar-obermosel.de

Rheinland-Pfalz

Mosel-Saar 89
Hunsrück-Nahe 90

Kunoweiherhof***

Scheuer, Rainer
54439 Saarburg
Tel. 06581 - 3171
Fax 06581 - 99185

kunoweiherhof@t-online.de
www.kunoweiherhof.de

Unser familienfreundlicher Bauern- u. Reiterhof mit Groß- u. Kleinvieh in ruhiger, sonniger Lage bietet Ihnen Reitunterricht u. Ausritte auf Islandpferden, hofeigene Produkte, Mithilfemöglichkeit, Grillplatz, Spiel- u. Liegewiese, Tischtennis, Obstbrennerei u. Hofbesichtigung, Gästeabholung, Kühe, Hunde, Katzen u. Kaninchen, Islandpferde.

Anzahl	Art	qm	Personen	Preis
3	FeWo	25-75	2-5	ab 50,00 €
2	Zi.		2-3	ab 36,00 €

76934_1   F***P***

Emmelshausen

Ferienregion Emmelshausen „ganz vorne im Hunsrück". Die Täler der Ehrbachklamm und der Baybachklamm sind besondere Attraktionen für den Wanderer. Zurück geht's mit dem Wanderbus. Ausgebaute Radstrecken führen zum Rhein und zur Mosel. Eine besondere Radstrecke ist der Schinderhannesradweg, der auf einer ehemaligen Bahntrasse von Emmelshausen nach Simmern führt. Im Bereich Kultur ist die Gemeinde Emmelshausen ein Mittelpunkt im gesamten Rhein-Mosel-Dreieck.

Infos unter: Tourist-Info Emmelshausen
Tel. 06747 - 93220 oder www.rhein-mosel-dreieck.de

Landgasthof „Baunhöller-Mühle"***

Familie Becker
Baunhöller Mühle
56281 Emmelshausen
Tel. 06747 - 8201
Fax 06747 - 8665

baunhoeller-muehle@t-online.de
www.baunhoeller-muehle.de

Hof in Einzellage bietet Zimmer mit D/WC, zum Teil Teeküche und Balkon, TV-Anschluss. Ferienwohnung mit TV, KB, Kinderhochstuhl. Zusätzlich bieten wir Ihnen Frühstücks-, Brötchen- und Zeitungsservice oder lassen Sie sich in unserem Restaurant mit kulinarischen Genüssen verwöhnen.
Ackerbau, Schweine, Hühner, Hasen, Spiel- und Liegewiese, Spielplatz, Englisch, Parkplatz am Haus.

Unsere Mühle (früher Getreidemühle) ist ein sehr idyllisch gelegenes Einzelgehöft, mitten im Wald, direkt am Preisbach.
Bei uns haben Sie die Möglichkeit zu einem erholsamen Aufenthalt, mit Spaziergängen in unberührter Natur und klarer frischer Luft, z. B. durch das nahe gelegene Ehrbach- oder Baybachtal. Rhein (Loreley) und Mosel mit ihren bekannten Weinanbaugebieten und einzigartigen Burgen sind nur jeweils 15 km entfernt. Außerdem erwartet Sie ein gut ausgebautes Radwegenetz.

Suchen Sie einen schönen Ort für Ihren Urlaub zu jeder Jahreszeit, so fordern Sie unseren Hausprospekt an. Bei der Ferienwohnung gilt der Preis pro Tag, beim DZ pro Zimmer inklusive Frühstück, VP zusätzlich 11,- EUR.

Anzahl	Art	qm	Personen	Preis
10	FeWo	32-52	2-5	ab 30,00 €
4	Zi.	25-28	2	ab 50,00 €

90023_1   F***/P***

Rheinland-Pfalz
90 Hunsrück-Nahe

Herrstein
🏠 25 km 🚂 15 km

Historischer Ortskern Herrstein - das Rothenburg des Hunsrücks. Mittelgebirgslandschaft, zwischen Idar- und Erbeskopf gelegen, im Naturpark Saar-Hunsrück, subtropisches Erlebnisbad ca. 25 km. Das mittelalterliche Fachwerkstädtchen ist bekannt für seine vorbildliche Restaurierung der ca. 60 Fachwerkhäuser. Im Stadttor aus dem 15. Jahrhundert befindet sich der Uhrturm, das Wahrzeichen Herrsteins.

Infos unter: Tourist-Information
Tel. 06785 - 79103 oder www.deutsche-edelsteinstrasse.de

Steinäckerhof****
Leroch, Klaus
Neuer Weg
55756 Herrstein
Tel. 06785 - 7427
Fax 06785 - 998748
info@steinaeckerhof-Leroch.de
www.steinaeckerhof-Leroch.de

Einzelhof, Panoramablick, 2 Holzblockhäuser im Landhausstil, allergikergerecht, KB, Milchvieh, Ackerbau, Grünland, Schafe, Kaninchen, Hund, Katzen, 4 Pferde, 3 Ponys, Getränke-, Brötchen- und Wäscheservice, Grillen, Oldtimer-Traktor fahren, Tischtennis, Spielplatz, Liegewiese, Kinderbetreuung, Hausprospekt.

Anzahl	Art	qm	Personen	Preis
1	FeWo	40-55	1-5	ab 40,00 €
2	FH	73	2-6	ab 55,00 €

218673_1 F****

Holzbach
🏠 8 km

Die Wohngemeinde mit ländlichem Charakter hat eine Hang- und Muldenlage am gleichnamigen Bach, der bei Ohlweiler in den Simmersbach mündet. Ob Sie sich im Schinderhannes-Turm in die Räuberzeit zurückversetzen lassen wollen oder in einer der Kirchen einen Moment die Zeit ruhen lassen, Simmern, „die Heimat des Jägers aus Kurpfalz", und seine Umgebung bietet viele interessante Sehenswürdigkeiten, die zur Besichtigung und Träumen einladen …

Infos unter: Team Tourist-Info
Tel. 06761 - 837106 oder www.simmern.de

DLG-Käse-Guide

Der 1. **DLG-Käse-Guide** gibt dem Verbraucher Informationen an die Hand, die ihm bei der Auswahl seines Lieblingskäses helfen. Rund 1.000 Käse warten auf Ihren Genuß.

9,90 €

Nutzen Sie die Bestellkarte auf der letzten Seite!

Rheinland-Pfalz
Hunsrück-Nahe 90

„Der Höhenhof im Hunsrück"****
Inhaber: Christian Geiß
Höhenhof
55469 Holzbach
Tel. 06761 - 6290
Fax 06761 - 14732

info@hoehenhof.de
www.hoehenhof.de

Der Erlebnis-Bauernhof in Alleinlage am Waldrand
300 m von der Hauptstraße, 8 km zur A 61

Auf einer voll arrondierten Fläche von **18.000 qm** haben Sie auf und um den Hof eine **Heuspielscheune**, einen **Kleinkinderscheunenspielplatz**, einen Gemeinschaftsraum für 20 Personen. Seminarraum für 40 Personen, Bauernladen, Bolzplatz, Basketballplatz, TT, Kicker, Kinderspielplatz. Ein Schilfabyrinth der Sinne 10 km, **Erlebnissee 1000 m**, Streuobstwiesen, Holunderplantage, über 1 km Hecken und Feldgehölze. **Liegewiese, Grillplatz, Reitplatz**. Ein Erlebnis-Barfußpfad 1,3 km. Kneipptretbecken, Trimmpfad usw.
Heuhotel für 23 Personen, Bauerngolf pro Person 17,- €.
3 Stellplätze auf 80-100 qm.
Die Tiere: **8 Pferde, kleine und große**, Amenkühe, Ziegen und Schweine, Hühner und Hahn, Hasen, Meerschweinchen und Katzen.

Unser Angebot für Sie: Reitstunden, Ausritte, Pony-/Kinderreiten, Grillabend, Bauernschmaus, Nachtwanderung, Kutsch- und Planwagenfahrten, Backmobil, sonntags Brötchenservice, Kinderbetreuung.

Anzahl	Art	qm	Personen	Preis
2	FH	68	5	ab 64,00 €
5	FeWo	30-80	2-6	ab 38,00 €

174355_1 F****

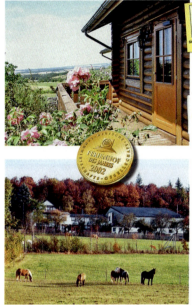

Kirchberg
🍴 5 km 🚆 11 km

Unser Feriengebiet Kirchberg mitten im Hunsrück, am Fuße des Soonwaldes und des Idarwaldes, ein Gebiet mit sauberer, reiner Luft - ein ideales Ferienland. Hier findet der Wanderer einsame Bachtäler mit klaren Wasserläufen, stille Waldwege und Schneisen mit Rot- und Schwarzwild, saftig grüne Wiesen, wogende Getreidefelder, saubere Dörfer mit Fachwerkhäusern und in der Sonne glänzenden Schieferdächern. Die 40 Ortsgemeinden der Region Kirchberg laden Sie herzlich ein, Gast zu sein und „Ihren" Lieblingsort ausfindig zu machen.

Infos unter: Tel. 06763 - 910144 oder www.kirchberg-hunsrueck.de

Theresienhof****
Hilgert, Beate
55481 Kirchberg
Tel. 06763- 3754

info@theresienhof24.de
www.theresienhof24.de

Der Theresienhof - ein besonderer Ort. Hier schöpft der Mensch Kraft aus dem Füllhorn der Natur. Reiten, Spielen, Tiere füttern, Abenteuer erleben, Nachtwanderung, Bogenschießen, TT, Billard, Kicker, Bolzplatz, Boot fahren. 7 großzügige Ferienwohnungen**** mit hochwertigem Komfort. Dieses Fleckchen Erde macht uns glücklich.

Anzahl	Art	qm	Personen	Preis
7	FeWo	45-150	4-5	ab 48,00 €
1	FH	180	5	ab 75,00 €

218161_1 F****/*****

Rheinland-Pfalz
90 Hunsrück-Nahe

Sohren

Urlaub vom Alltag!

Sohren bietet hierzu ein breites Angebot für jeden Geschmack. Ob Tagesausflüge in die Weinbauregionen der umliegenden Täler, kulinarische Genüsse der heimischen Gastronomie oder Familienurlaub auf dem Bauernhof.

Wir freuen uns auf Sie!

Infos unter: Ortsgemeinde Sohren
Tel. 06543 - 3441

Gretenhof****
Wüllenweber, Siegfried
Gretenhof
55487 Sohren
Tel. 06543 - 2648
Fax 06543 - 2724

s.wuellenweber@gretenhof.de
www.gretenhof.de

„08 Bauernhof des Jahres"

Bei uns ist an Kinder gedacht, hier hat die ganze Familie **Erlebnisferien.** Preisträger „Familienferien in Deutschland", 2006 als besonders kindersicherer Bauernhof von der Berufsgenossensch. ausgez. Voll bewirtsch., naturnaher Erlebnisbauernhof mit eigenen Tieren zum Pflegen, Reitunterricht, Ausritte/ Ponyreiten, Wanderreitstation, Gastpferdeunterbringung, Aufenthaltsr., Spielscheune mit Rutschbahn ins Stroh, Sandkiste im Trockenen, TT, Kicker, Malecke, großer Spielpl. mit Spielgeräten für Groß und Klein zum Toben: Rutschbahn, Schaukeln, Wippe, Seilbahn, Karussell, Sandkiste, Spielhaus, Schwimmteich, jede Menge Ballsportarten vorhand., viele Fahrräder in allen Größen, Kettcars auch für Erw., Bollerwagen, Bobbycars, Traktoren mit Anhängern, Dreiräder, Trampolin u. v. m. Liegewiese zum Erholen, ausgearbeitete Fahrradtouren, großer Rundgang, Landwirtschaft erleben, Bäume und Getreide erkennen. **Hofprogramm:** Grillabende, Kaffeeklatsch, Hausschlachtung, Heuwagenfahrt, Ausrichtung von Familienfesten aller Art. 8 gemütliche FeWo mit TV, Spülm., Mikrowelle und vielen E-Geräten. Ü/Frühstück pro Pers. 30,00 €
Auch f. Gruppen u. Schulen m. VP. Viele Serviceang., Hausprosp. anfordern! Im Umkreis (1 km): Hallenbad, Sauna, Solarium, Tennis, Kegeln, Fitnessclub, Wellness, Schießen, Wassertretb., Trimmpfad, Weinproben, Restaurant, Geschäfte, Arzt, Apotheke. (4 km) Kartbahn, Golf. (8 km) Freibad.

		Anzahl	Art	qm	Personen	Preis
76958_1	F****	8	FeWo	25-70	2-6	ab 41,00 €

Achtung! Bauernhof!

Das große Spielbuch vom Bauernhof. Hier darf geklappt, gedreht, geschoben und gefühlt werden. Und die Ausklappseite bietet einen Überblick über den gesamten Bauernhof.

Ab 2 Jahren, 14 Seiten **14,95 €**

Nutzen Sie die Bestellkarte auf der letzten Seite!

Rheinland-Pfalz

Hunsrück-Nahe 90
Rheinhessen 91

Sulzbach

🚶 35 km 🚆 16 km

In Sulzbach werden Sie erst mal Ihre Wanderschuhe auspacken. Dann geht's in die Natur - Sulzbach ist umgeben von Hoch- und Mischwäldern der Idar-Waldausläufer. Sie durchqueren das 500 km lange Wanderwegnetz. Im stillen Tal des Rhaunenbaches, fernab von städtischem Getöse, zwischen Stipshausen und Rhaunen, finden Sie das Waldfreibad *Idarwald*, das ein beliebtes Ziel ist und sogar beheizt wird. Weitere Ausflugsziele sind der Wildpark und das Besucherbergwerk.

Infos unter: Tourist-Info
Tel. 06544 - 18130 oder www.rhaunen.de

Ferienhof Conrath***
Guido und Heike Conrath
Wiesenweg 5
55758 Sulzbach
Tel. 06544 - 8997 info@ferienhof-conrath.de
Fax 06544 - 9609 www.ferienhof-conrath.de

Urlaub nach Ihren Wünschen erlebnisreich, aktiv oder erholsam. Hof am Ortsrand, FeWo mit 2-3 Schlafz., kinder- und familienfreundlich, in waldreicher Mittelgebirgslandschaft, Ackerbau, Ponys, Ziegen, Kaninchen, Katzen, Hühner. Ponyreiten, Planwagenfahrten, Brotbacken, großer Spielraum, Aufenthalts- und Fitnessraum, Grill- und Spielplatz. Wanderwegenetz mit Traumschleifen.

Anzahl	Art	qm	Personen	Preis
5	FeWo	75-100	2-8	ab 44,00 €

27380_1 F***

Flörsheim

🚶 6 km 🚆 1 km

Die Perle Rheinhessens. Flörsheim liegt so idyllisch, dass Sie vermutlich schon am Frühstückstisch einzelne Vogelarten aus dem Vogelschutzgebiet trällern hören. Aktivitäten: Schifffahrten, Zoobesuch, Theater, Konzerte. Beim Radeln und Wandern kommen Sie zur Weinburg Flörsheim-Dalsheim, nachdem Sie viele Winzerhöfe (Weinfeste!), alte Herrenhäuser und Arbeiterkaten passiert haben.

Infos unter: Verkehrsverein Südlicher Wonnegau e.V.
Tel. 06243 - 905818 oder www.suedl-wonnegau.de

Gästehaus Schmitt***
Schmitt, Gabriele
Weedenplatz 1
67592 Flörsheim-Dalsheim
Tel. 06243 - 8515 info@gutsschaenke-schmitt.de
Fax 06243 - 6180 www.gutsschaenke-schmitt.de

Zimmer mit D/WC, TV, Telefon, Preis inklusive Frühstück, Bettwäsche und Endreinigung bei Appartements inklusive. Kinderermäßigung, Frühstücksbüfett, Einkaufsservice, Gruppenangebote: Planwagenfahrten, Grillabende, Jagdmöglichkeit. Servicequalität R.-Pf. Gutes Essen und beste Weine! Herzlich willkommen!

Anzahl	Art	qm	Personen	Preis
3	FeWo	27-60	2-5	ab 40,00 €
7	Zi.	18-22	2-3	ab 30,00 €

331069_1 F***/P***

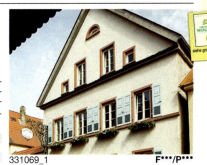

Rheinland-Pfalz

91 Rheinhessen
92 Pfalz

Ockenheim

In einem der reizvollsten Teile des Weinanbaugebietes Rheinhessen, dem Land mit der Magie der 1000 Hügel, im idyllischen Rheintal, dort, wo der Rhein die Weinberge streichelt und sich von seiner romantischsten Seite zeigt, liegt unser seit 823 durch seinen vortrefflichen Wein bekanntes Ockenheim, behaglich am nördlichen Fuße des 265 m hohen St.-Jakobs-Berges. Bereits seit dem Frühmittelalter pflegten hier Klöster und Adel intensiv Weinbau. In Deutschland einmalig ist die Weinlaube auf dem Jakobsberg, wo mehr als 130 verschiedene Rebsorten wachsen.

Infos unter: Gemeindeverwaltung
Tel. 06725 - 2442 oder www.ockenheim.de

Familienweingut Wigbert Feser****

Bahnhofstr. 16
– Stempelstelle am Jakobsweg Rheinhessen –
55437 Ockenheim
Tel. 06725 - 5104
Fax 06725 - 5105
weingutfeser@t-online.de
www.weingutfeser.de

Den Winzer erleben, Wein und Winzerspezialitäten genießen und sich in der komfortablen Nichtraucherferienwohnung „Anno" oder „Dazumal" (allergikergeeignet) erholen. Das Weingut mit gemütlicher Straußenwirtschaft und Weinstube, im Ortskern und am Fuße des Jakobsberges mit vielen Wander- und Pilgerwegen. Gerne schicken wir Ihnen unseren Hausprospekt und Veranstaltungskalender. Wochenendpauschalen von März bis Juni.

Anzahl	Art	qm	Personen	Preis
2	FeWo	ca. 80	1-6	ab 43,00 €

89724_1 F****

Gönnheim

🚶 6 km 🚆 6 km

… am Rande des Pfälzer Walds gelegen, eingebettet in ein grünes Meer von Reben …
Die bevorzugte Lage mit ihrem milden Klima verleiht der Landschaft südliches Ambiente, lässt Kastanien, Mandeln, Feigen, ja sogar Zitronen gedeihen. Vielfältiges Freizeitangebot: Chorkonzert, Rittermahle, Freilichtmuseum, historische Schmiede, Backhaus, Reiten, Radwandern, Tennis, Mountainbiking …

Infos unter: VG Wachenheim
Tel. 06322 - 95800 oder www.vg-wachenheim.de

Winzer-Gästehaus „Mechthild"

Künzel, Mechthild
Bahnhofstr. 2
67161 Gönnheim
Tel. 06322 - 5003
Fax 06322 - 981623
frank_kuenzel@t-online.de
www.weingut-kuenzel.de

Hof im Ort. Einzelzimmer mit Bad, WC und Balkon, Doppelzimmer mit D/WC, ein Zimmer mit Balkon. Preise inklusive Frühstück. Ferienwohnung mit Kinderbett, TV, Grill, Weinbau, Gästehaus ca. 150 m vom Weingut entfernt.
Wir freuen uns auf Ihren Besuch.

Anzahl	Art	qm	Personen	Preis
1	FeWo	40	2-3	ab 50,00 €
5	Zi.		1-2	ab 50,00 €

170786_1

Rheinland-Pfalz
Pfalz 92

Heuchelheim
ℸ 4 km 🚆 7 km

Hier in Heuchelheim und Klingen werden Sie schon erwartet. Die Zimmer sind gerichtet, die Betten geschüttelt und was Sie brauchen, steht bereit. Für Ihren Urlaub beim Winzer, in kleinen gemütlichen Pensionen oder ganz privat. Wir möchten, dass Sie sich bei uns wohl fühlen, und zeigen uns gern von unserer besten Seite.

Infos unter: Büro für Tourismus Landau-Land
Tel. 06345 - 3531 oder www.klingbachtal.de

Gästehaus Gitte****
Rothe, Gitte
Kirchstr. 8
76831 Heuchelheim
Tel. 06349 - 8847
Fax 06349 - 996241

mail@gaestehaus-gitte.de
www.gaestehaus-gitte.de

Alle Zimmer m. Sat-TV, Radiowecker, D/WC, Fön u. Kosmetikspiegel, eigenem überdachtem Freisitz, Frühstücksbüfett, Frühstücksraum, Aufenthaltsraum mit Teeküche, Videorekorder und Getränkekühlschrank, Gästebibliothek, Wintergarten, Bibelgarten, idyll. Garten m. Gartenmöbeln und Quellenlauf, Parkplatz, Abholung vom Bahnhof.

Anzahl	Art	qm	Personen	Preis
4	Zi.		2	ab 19,00 €

263202_1   P****

Ilbesheim
ℸ 5 km 🚆 5 km

Die Vereinigung Gast & Wein legte 1996 den Kalmitgarten mit 19 verschiedenen Rebenerziehungsformen an. Sie zeigen die Entwicklungsgeschichte des Weinbaus von der Antike bis zur Gegenwart. Für 150 Rebstockbesitzer aus dem In- und Ausland werden 900 Weißburgunderreben gepflegt. Alljährlich am Pfingstsonntag, anlässlich der Kalmitwingerttafel, erhalten die Rebstockbesitzer jeweils sechs mit ihrem eigenen Etikett versehene Flaschen Wein.

Infos unter: Ortsgemeinde Ilbesheim
www.ilbesheim.de

Heißbühlerhof***
Weingut Becker
Familie Becker
Im unteren Heißbühl 1
76831 Ilbesheim
Tel. 06341 - 3595
Fax 06341 - 33992

info@wein-gut-becker.de
www.wein-gut-becker.de

Ihr Feriendomizil liegt mitten in den Weinbergen von Ilbesheim, eingebettet in eine bildschöne Landschaft. Die Weinberge, der nah gelegene Pfälzer Wald, gut ausgebaute Radwege und unser herrlicher Wein geben Ihnen Anlass für vielfältige Aktivitäten.
Auf Ihren Besuch freut sich Familie Becker!

Anzahl	Art	qm	Personen	Preis
5	FeWo	26-90	2-5	ab 23,00 €

218178_1   F***/****

Rheinland-Pfalz
92 Pfalz

Kirrweiler
🚶 3 km 🚆 2 km

Die Weinbaugemeinde mit großer Vergangenheit gilt noch als Geheimtipp in puncto Urlaub an der Südlichen Weinstraße. Umgeben von Weinbergen mit Blick auf das nahe Mittelgebirge Pfälzer Wald, lässt sich hier Erholungslandschaft vom Feinsten entdecken. Das Örtchen Kirrweiler ist ein idealer Ausgangspunkt für Radtouren. Verwunschene Gässchen, barocke Fachwerkhäuser und prächtige Sandsteinfassaden geben die romantische Kulisse ab für beschauliche Urlaubsträumereien.

Infos unter: Büro für Tourismus
Tel. 06321 - 952768 oder www.kirrweiler.de

67950_1   F***P**

Weinhaus**
Zöller, Hermann
Marktstr. 16
67489 Kirrweiler
Tel. 06321 - 5500 oder 58287   zoeller@weinhaus-zoeller.de
Fax 06321 - 58153   www.weinhaus-zoeller.de

Besuchen Sie unseren Hof am Ortsrand. Wie bieten Ihnen Zimmer mit D/WC, TV, teilweise mit Balkon, Preis inklusive Frühstück, Ferienwohnung mit 2 Schlafzimmern, KE, TV.
Grillplatz, Hausschlachtung, Kelterhausfest am 1. August-Wochenende. Weinbau, Mitarbeit möglich, Hausprospekt.

Anzahl	Art	qm	Personen	Preis
1	FeWo	85	2-4	50,00 €
15	Zi.		1-3	ab 30,00 €

241317_1   P***

Gästehaus Norbert Zöller***
Zöller, Norbert
Jahnstraße 20
67489 Kirrweiler
Tel. 06321 - 58797   info@wein-gaestehaus-zoeller.de
Fax 06321 - 57491   www.wein-gaestehaus-zoeller.de

Genießen Sie Ihren Aufenthalt in unserem Winzerhof am Ortsrand, Doppelzimmer mit D/WC und Balkon. Lassen Sie sich nach erholsamem Schlaf am Morgen mit einem reichhaltigen Frühstück verwöhnen. Kinderermäßigung, Kinderbett, Liegewiese, Weinbau, Weinproben, Kellerbesichtigung, Lehrwanderungen.

Anzahl	Art	qm	Personen	Preis
5	Zi.		2	ab 45,00 €

Leinsweiler
🚶 5 km 🚆 7 km

Der staatlich anerkannte Erholungsort Leinsweiler mit seinem historischen Ortskern ist geprägt von schmucken Fachwerkhäusern, romantischen Winzerhöfen und urigen Weinkellern. Das sehr milde Klima mit überdurchschnittlich vielen Sonnentagen lässt Edelkastanien gedeihen, Mandel-, Feigen- und Zitronenbäume blühen und einen edlen Wein reifen. Leinsweiler verfügt über 64 km markierte Rundwanderwege im Naturpark Pfälzer Wald und ist Ausgangspunkt erlebnisreicher Radtouren.

Infos unter: Büro für Tourismus Landau-Land
Tel. 06345 - 3531 oder www.leinsweiler.de

Rheinland-Pfalz
Pfalz 92

***Ferienweingut Peter Stübinger
Peter Stübinger
Hauptstr. 12
76839 Leinsweiler
Tel. 06345 - 1572
Fax 06345 - 1000

info@weingut-stuebinger.de
www.weingut-stuebinger.de

Wir laden Sie ein in unser Weingut an der Südlichen Weinstraße. Gepflegte Qualitäts- und Prädikatsweine, Winzer-Jahrgangssekte, gemütliche Weinprobierstube, komfortabel ausgestattete Ferienwohnungen mit Balkon.
Als „Schönes Winzerhaus an der Deutschen Weinstraße" prämiert.

161042_1   F***/****

Hausprospekt, gemütliche, mit allen Bequemlichkeiten ausgestattete Ferienwohnungen mit Fußbodenheizung, TV-Anschluss, Bettwäsche und Handtücher inklusive. Grillplatz, Gartenanlage, Privat-Parkplatz am Haus, Obst- und Weinbaubetrieb, Lehrwanderungen.

Wildwanderpark, Weinprobe, Kellerführung, Liegewiese, Boule und Bolzplatz, Kneipp-Anlage, Radwandern, Waldwanderungen (70 km Rundwanderwege), Walking-Park, 6 Routen (über 40 km) nach DSV-Richtlinien.

Wir freuen uns auf Ihren Besuch!

Anzahl	Art	qm	Personen	Preis
5	FeWo	32-80	2-5	ab 37,00 €

Ranschbach
🍴 5 km 🚌 6 km

In reizvoller Landschaft, direkt an der Deutschen Weinstraße, liegt das „Seligmacher-Dorf" Ranschbach. Prächtige Kastanienwälder schließen sich direkt an die berühmte Weinlage „Seligmacher" an. Ein Spaziergang durch das romantische Rosental zur historischen Wallfahrtsstätte ist zu jeder Jahreszeit - besonders im zeitigen Frühjahr - ein Erlebnis. Bei den freundlichen Winzern sind Sie zu einer Weinprobe herzlich willkommen. Denn gesellig sind wir allemal.

Infos unter: Gemeinde Ranschbach in der Pfalz
Tel. 06345 - 93058 oder www.ranschbach.de

Weingut „Am Bildstock"***
Morio, Helga
Sportplatzstr. 1
76829 Ranschbach
Tel. 06345 - 1407
Fax 06345 - 918656   www.Ferien-WeingutMorio.de

Genießen Sie Ihren Aufenthalt an der Südlichen Weinstraße in behaglicher, familiärer Atmosphäre auf unserem Hof am Ortsrand. Zimmer mit D/WC, Balkon und Frühstück. Aufenthaltsraum mit TV, Weingut, Weinstube, Weinprobe, Flaschenweinverkauf, Obst. Bitte fordern Sie unseren Hausprospekt an.

Anzahl	Art	qm	Personen	Preis
4	Zi.		2	ab 40,00 €

188998_1   P***

Rheinland-Pfalz
92 Pfalz

St. Martin
🚶 4 km 🚉 4 km

Unser malerischer Luftkurort liegt inmitten toskanischer Gefilde. Dort, wo die grünen Wogen des pfälzischen Rebenmeeres an das Hardtgebirge stoßen, erwartet Sie die kleine, aber feine „Metropole der pfälzischen Toskana". Im historischen Ortskern imponieren liebevoll restaurierte Fachwerkbauten. Lassen Sie sich verzaubern von einem abendlichen Spaziergang durch die stillen Gassen unseres Dorfes, wenn der warme Lichtschein der Straßenlaternen nostalgische Gefühle wachruft.

Infos unter: Touristinfo
Tel. 06321 - 58990 oder www.sankt-martin.de

Landhaus Christmann***
Christmann, Christine
Riedweg 1
67487 St. Martin
Tel. 06323 - 94270   info@landhaus-christmann.de
Fax 06323 - 942727   www.landhaus-christmann.de

In unserem Landhaus u. Weingut können Sie „Urlaub bei Ihrem Winzer" erleben! Zimmer mit D/WC, teilw. BK, Sat-TV, KB, Frühstück. Schonkost, Grillplatz, kostenlose Parkplätze am Haus, Weinproben, Weinprobierkeller, Gartenterrasse, Ausflüge ins Elsass, Hausprospekt.

„Empfohlenes gastliches Haus" – Gastronomie-Wettbewerb SÜW

Anzahl	Art	qm	Personen	Preis
1	FeWo	40	2-3	ab 55,00 €
8	Zi.		1-2	ab 41,00 €

232678_1   F***P***

Weingut Alfons Ziegler/ Haus Palatinum****
Ziegler, Michael
Jahnstraße 11
67487 St. Martin
Tel. 06323 - 5337   info@weingut-ziegler.de
Fax 06323 - 7667   www.weingut-ziegler.de

Genießen Sie die bes. Reize der Pfalz in unserem direkt am Weingut geleg. Gästehaus. Individuell einger. Zimmer ü. d. Dächern St. Martins, gr. toskanischer Garten u. ein beeindruckender Panoramablick laden Sie zum Verweilen ein, eine gute Gelegenheit, unsere Weine zu probieren: rote u. trockene Spez. sind die Stärke d. Weinguts.

Anzahl	Art	qm	Personen	Preis
1	FeWo	45	1-4	ab 65,00 €
5	Zi.	36	1-3	ab 32,00 €

267908_1   F****P****

Der Bauernhof

Wo kommt die Milch her? Wie kommt ein Küken zur Welt? Und was macht der Bauer am Sonntag? Ein Besuch auf dem Bauernhof, bei dem schon kleine Kinder viel Wissenswertes erfahren und hinter Klappen entdecken können.

Ab 2 Jahren, 16 Seiten   **8,95 €**

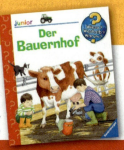

Nutzen Sie die Bestellkarte auf der letzten Seite!

Rheinland-Pfalz

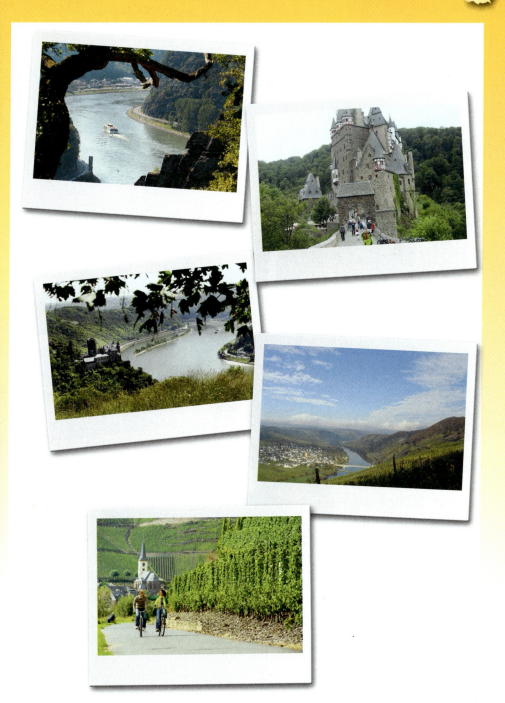

 Saarland

Urlaub im Herzen

Das Saarland hat viel zu bieten! Bliesgau, Warndt, St. Wendeler Land und die übrigen Landschaften zeichnen sich durch eine artenreiche Naturvielfalt und tief verwurzelte Kulturtraditionen aus.

Blick ins Land

Europas

 Saarland

Klein aber Ohoo ...

© Christian Jung - Fotolia.com

Das Saarland erstreckt sich über Teile des Hunsrücks mit dem Schwarzwälder Hochwald, des Lothringischen Schichtstufenlandes und des Saar-Nahe-Berglandes. Außerdem dringen die Ausläufer des Pfälzerwaldes weit in das Land ein.

Die höchste Erhebung ist der Dollberg (695,4 m), nördlich von Nonnweiler zweithöchster ist der Schimmelkopf (694,8 m) im Schwarzwälder Hochwald. Die jedoch bedeutendste Erhebung ist der Schaumberg, der „Hausberg des Saarlandes". Er ist mit seinen 569 m zwar relativ niedrig, ragt aber allein aus einer eher flachen Umgebung heraus und ist dadurch auch aus recht großer Entfernung gut in der Landschaft zu erkennen.

Bliesgau

Eine der schönsten Landschaften des Saarlandes. Als Grenzen gelten im Westen die Saar, im Süden die Grenze zu Frankreich und im Osten zu Rheinland-Pfalz.

Blick ins Land

Namensgebend für den Bliesgau ist die im nördlichen Saarland entspringende Blies. Bei Einöd tritt sie ins Bliesgau ein. Ihr Tal und das ihrer direkten oder indirekten Nebenflüsse bestimmen die ganze Landschaft. Abgesehen vom kurzen Streifen an der Mosel zwischen Perl und Nennig, ist diese Ferienregion die mildeste Gegend des Saarlandes. Reicher Obstbau und südländische Vegetation wie der Mandelbaum verleihen der Gegend ein fast mediterranes Erscheinungsbild.

Saargau

Ein Höhenzug im äußersten Westen Deutschlands. Westlich der Saar, erstreckt er sich von Berus im Süden entlang der französischen Grenze nordwärts, vom Saarland bis hinüber ins benachbarte Rheinland-Pfalz.
Der nördliche Teil wird im Westen von der Mosel begrenzt. Nach Westen hin, Richtung Lothringen und über die Landesgrenze hinaus, ist die Gaulandschaft eher flach und weit, mit sanften Wellen und Hügeln. Geologisch gehört der Saargau zum Lothringer Stufenland, das alle paar Kilometer, von West nach Ost, eine Steilstufe aufweist, und zwischen je zwei solcher Stufen kaum merklich wieder ansteigt. Die Gaulandschaft ist zum größten Teil vom schweren Muschelkalkboden geprägt.

 Saarland

Grenzenlose Natur

Garten der Sinne

„Gärten ohne Grenzen" ist ein grenzüberschreitendes Netzwerk zu dem 2009 schon insgesamt 26 zur Besichtigung geöffnete Gärten gehörten, davon 2 in Luxemburg, 6 in Frankreich und 18 im Saarland. Der „Garten der Sinne" in Merzig ist einer von Ihnen.

Im Klanggarten, im Rosengarten, im Wassergarten oder im Meditationsgarten können Sie Ihren Sinnen auf einer Fläche von 20.000 qm freien Lauf lassen. Besonderes Highlight ist ein ca. 5000 qm großer Kiesgarten, der in seiner Größe und Bepflanzung einzigartig in Europa ist.

Im Tastgarten ist anfassen erlaubt und gewünscht. Hier können Sie die Schönheit der Pflanzen nicht nur mit Augen und Nase erfahren. Für Kinder bietet nicht nur der Klanggarten, sondern auch der Spielplatz aus reinen Naturmaterialien allerlei

Natur

kreative Möglichkeiten. Sie finden Ruhe und Entspannung in vollständiger Harmonie mit der Natur. Es sei denn, Sie möchten lieber Ihre Pflanzenkenntnisse verbessern oder ein kulturelles Ereignis im Gartentheater erleben. Aber warum nicht alles zusammen?

Verpassen Sie auch auf keinen Fall die beiden Höhepunkte der Saison, nämlich die Rosentage Anfang Juni und die Veranstaltung „Garten im Licht" im August.

Infos
erhalten Sie unter
Tel. 0 68 61 / 91 10 68
oder
www.merzig-wadern.de

 Saarland

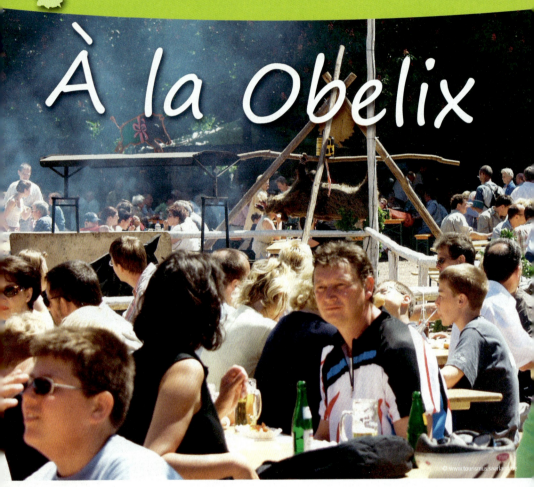
À la Obelix

Wildsaufest

Jedes Jahr Anfang Juni laden die Karlsbrunner zum Wildsaufest nach Warndt ein. Dieses Fest hat einen historischen Hintergrund. In früheren Zeiten haben in Karlsbrunn Staatsjagden stattgefunden und die Treiber wurden aus der Bevölkerung rekrutiert. Nach der Jagd durften die Treiber mitfeiern und bekamen ihren Teil vom Wildbrett ab. Der erste prominente Jäger im Warndtwald soll Kaiser Barbarossa gewesen sein.

Genuss

Infos erhalten Sie unter www.warndt.eu

Insgesamt zwölf Schwarzkittel werden jedes Jahr an den beiden Festtagen zubereitet und zum Verzehr angeboten. Dabei darf man gespannt sein, welche Namen die „Säue am Spieß" vom Chefkoch verpasst bekommen. Denn auch das ist Tradition. Ist eine Wutz gar, wird durch eine Bimmel verkündet, dass „Erna" oder „Anton" zum Verzehr bereit sind. Die „Jagd" auf die Küche kann dann beginnen.

Neben den kulinarischen Köstlichkeiten gibt es ein tolles Unterhaltungsprogramm für die ganze Familie - von Kinderschminken, über Ponyreiten, bis hin zum Frühschoppenkonzert. Auch ein Spaziergang zum nahegelegenen Wildpark, um die lebenden Wildschweine zu betrachten, bietet sich an.

Saarland

Mehr als nur Badespaß

Schaumbergbad Tholey

Das Freizeitbad hat nicht nur die längste Wasserrutsche des Saarlandes, sondern auch eine abwechslungsreiche Bade- und Saunalandschaft zu bieten.

Während die Saunalandschaft mit vielfältigen Möglichkeiten zur Entspannung einlädt, z.B. in der Blockhaussauna mit Biolichttherapie oder auch im Licht-, Aroma- und Musikraum, können kleine und große Wasserratten in der Badelandschaft richtig toben und plantschen.

Wellness

Wer darüber hinaus Abwechslung sucht, kann sich kostenlos im neu errichteten behindertengerechten Erlebnispark umschauen. Minigolf, Boule-Bahn, Beach-Volleyball, ein Abenteuerspielplatz oder auch der Barfußweg animieren zu zahlreichen Aktivitäten.

Dabei sind die einzelnen Stationen so naturnah angelegt, dass die grüne Umgebung noch eine zusätzliche Aufwertung erfährt. Die Bewegungsbereiche Gehen, Laufen, Hüpfen, Balancieren sind immer kombiniert mit anderen Sinneserfahrungen wie Klängen oder Drehgeschwindigkeit. Man läuft auf Kieselsteinen, Mulch, Pflanzen, Pflaster, in einem Korkbett oder auf Knüppeldämmen. Zur Erholung gibt es dann ein Fußbad oder gleich eine ganze Kneippanlage.

Infos erhalten Sie unter Tel. 0 68 53 / 9 11 10 oder www.schaumbergbad.de

Saarland

Praehistorium Gondwana

Das Museum in Reden erweckt die Urzeiten zum Leben. „Stell Dich dem Abenteuer" ist die Aufforderung des Museums an die Besucher. Faszinierende und längst vergangene Welten erleben Sie hier hautnah. Durch die Eingangshalle, mit dem über 8 m hohen und ca. 40 m langen Argentinosaurus, geht es auf die Zeitreise von der Silur- bis zur Kreidezeit. Am Weg warten Monsterskorpione, riesenwüchsige Libellen und Dinosaurier. Im 3D-Kino werden Sie Augenzeuge des großen Aussterbens der Saurier.
In den Erdzeithallen zeigen große phosphoreszierende Erdkugeln, die die Verschiebung der Kontinente in allen Erdzeitaltern sowie die jeweilige Position des heutigen Saarlandes in diesen Millionen von Jahren während Zeiträumen zeigen. Und Sie erfahren darüber hinaus auch viel über das Klima und seine

Hits für Kids

Entwicklung im Laufe vieler hundert Millionen Jahre.
Es ist kein Zufall, dass das Praehistorium gerade auf dem ehemaligen Gelände der Grube Reden entstand. War doch die hier geförderte Kohle einst Urwald und Lebensraum früherer Insekten, Tausendfüßler und Amphibien.

Infos erhalten Sie unter Tel. 0 68 21 / 93 16 31-0 oder www.gondwana-praehistorium.de

 Saarland

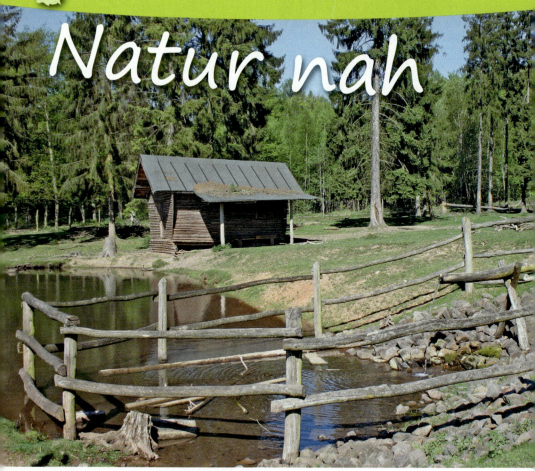

Natur nah

Wildfreigehege Wolfsrath

Seit Beginn der 70er Jahre lädt das Wildfreigehege in Saarwellingen zu einem Spaziergang durch die Natur ein. Wanderwege mit Schutzhütten erschließen die Gehege, welches mitten im Naherholungsgebiet „Wolfsrath" liegt. Auf ihnen bewegen Sie sich nicht nur an der frischen Luft, sondern können zusätzlich noch viele heimische und exotische Nutzholzarten betrachten.
In den Gattern erleben Sie Bergziegen, Mufflons und Wildschweine. Rot- und Damhirsche lassen sich von der Sonne bescheinen und stellen stolz ihr samtiges Fell zur Schau. Außerdem bieten Fischteiche dem Wassergeflügel einen geeigneten Lebensraum.

Hits für Kids

und aufregend

Infos erhalten Sie unter
Tel. 0 68 38 / 9 00 71 32
oder
www.saarwellingen.de

Bergziegen

Angelockt von einem trockenen Stück Brot lassen sich die Bergziegen gerne streicheln.

Freddis Extra-Tipp

Zusätzlich gibt es ein noch Kneipp-Tretbecken und einen Waldlehrpfad. Und der Waldspielplatz lädt zu Entdeckungstouren ein.

Saarland

Orchestrion, Grammophon & Co.

Museum für mechanische Musik und Kuriosa

Besuchen Sie dieses außergewöhnliche Museum in Weiskirchen. Staunen und begeistern Sie sich an historischen Drehorgeln und Puppenautomaten die sich auf geheimnisvolle Weise bewegen. Wer möchte, kann mitsingen oder auch selber mal drehen.

Mit höchster Präzision bestiftete Walzen lassen Tonkämme erklingen, sowie Polyphone, die ihre Musik auf Blechplatten gespeichert haben.
Ob elektrisches Klavier oder Orchestrion, hier sind die Musikstücke auf Papierrollen eingestanzt und werden mit Druck- oder Saugluft abgetastet. All diesen genialen technischen Erfindungen wurde durch Phonographen und Grammophone ein Ende bereitet. Doch sie leben weiter bei Sammlern und Nostalgiebegeisterten.

Kultur

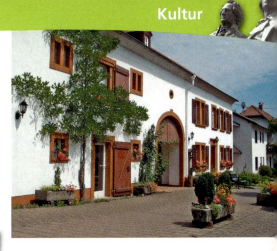

*Infos
erhalten Sie unter
Tel. 0 68 76 / 75 20
oder
www.mechanischer-
musiksalon.de*

Darüber hinaus gibt es hier auch Teppichklopfer in vielen verschiedenen Formen, Materialien und Flechtarten. Und zwei Vitrinen voll von kleinen Gegenständen und Musikwerken, von denen sie gewiss auch einige besitzen.

 Saarland

© www.tourismus.saarland.de

Zeugen der Schlossberghöhlen

In Homburg, unterhalb der Ruinen der Hohenburg auf dem Schlossberg, liegen Europas größte Buntsandsteinhöhlen. Geheimnisvolle Gänge führen die Besucher in imposante Kuppelhallen, die aufgrund der gelben, roten und gelbroten Verfärbung des Sandes einen besonderen Reiz ausüben. Entstanden ist der Buntsandstein vor etwa 250 Millionen Jahren. Neben den interessanten Verfärbungen sind die sogenannten Rippelmarken charakteristisch für die Schlossberghöhlen. Diese sind Wellenspuren bewegten Wassers, wie sie auch an Stränden zu beobachten sind. Sie sind untrügliche Zeugen für die vor vielen Millionen Jahren von Wasser bedeckten Flächen in der Region.
Nachdem die Höhlen für einige Zeit in Vergessenheit gerieten, wurden sie in den 30er-Jahren wiederentdeckt.

Kultur

Vergangenheit

Infos
erhalten Sie unter
Tel. 0 68 41 / 20 64
oder
www.homburg.de

In jüngster Vergangenheit wurden sie aufwändig saniert. Die neu entstandenen Sicherheitseinrichtungen aus Beton und Stahl bieten in den Höhlen nicht nur den bestmöglichen Schutz, sie sind ihrerseits sehenswerte Bestandteile dieses einzigartigen Besuchserlebnisses.

**Die Höhlen sind nur mit Führung zu besichtigen.
Telefonische Voranmeldung erforderlich.**

 Saarland

Über Stock und Stein

Kirkeler Felsenpfad

Der Felsenpfad inkl. geologischem Lehrpfad eignet sich hervorragend für eine Wanderung für Eltern mit Kindern. Start ist der Parkplatz Marktplatz Wielandstraße wo Sie den Waldeingang Kohlroterweg nehmen.
Kurz darauf erreichen Sie einen Wasserfelsen, der stets Tropfwasser abgibt. Besonders im Winter ist es schön anzusehen wie die Eiszapfen den Felsen verschönern. Von dort aus genießen Sie den schönen Blick auf die Kirkeler Burg und die Umgebung. Etwas weiter den Weg entlang beginnt der geologische Lehrpfad. Hier erfahren Sie etwas über die Gesteine wie Porphyr, Kuselit, oder auch den Taunusquarzit. Alle Steine sind besonders ausgezeichnet und werden durch Infotäfelchen näher erläutert.

Aktiv

Am Ende des Lehrpfades linker Hand, beginnt dann der eigentliche Felsenpfad mit beeindruckenden hohen Felsengruppen, zerklüfteten Wänden und engen Spalten. Gegen Ende des Pfades erreichen Sie die Hohlkanzel, ein Fels der nahe am Abhang steht. Werfen Sie von dort noch mal einen Blick auf die schöne Gegend, bevor Sie den Rückweg antreten.

Infos erhalten Sie unter Tel. 0 64 81 / 80 98-0 oder www.kirkel.de

Saarland

Von der Musik geführt

Fritz-Wunderlich-Radweg

Musik und Wege verbinden. So wurde auch der Name des berühmten, aber Heimat verbunden gebliebenen Sängers Fritz Wunderlich für den Radweg gewählt. Kammersänger Fritz Wunderlich wurde am 1930 in Kusel geboren. Knapp 7 Jahre hat die Weltkarriere Fritz Wunderlichs gedauert. In dieser Zeit hat er sich auf vielen Bühnen in ganz Europa und in Übersee einen großen Namen gemacht. Man nannte ihn den besten Mozarttenor unserer Tage. Kurz vor seinem 36. Geburtstag beendete ein tragischer Unfall sein Leben und die Weltkarriere.

Der Fritz-Wunderlich-Radweg beginnt in Freisen und endet in der Stadtmitte von Kusel.

Aktiv

Infos
erhalten Sie unter
www.freisen.de

Die Tour hat insgesamt eine Länge von ca. 24 km und ist größtenteils eben trassiert, so dass er insbesondere für Familien mit Kindern, ältere Mitbürger und auch Behinderte gut zu nutzen ist.

Saarland

Saarland – grenzenlos charmant! Dieses kleine, aber feine Land im Westen der Republik bietet unverbrauchte Landschaft, kulturhistorische Zeugnisse und das Flair eines Landes an zwei Staatsgrenzen. Der Tourismus über die Grenzen hinweg gibt der Region zusätzliche Impulse. So klein das Saarland von der Fläche her ist, so vielfältig ist seine Landschaftsstruktur. Ein echter Geheimtipp!

Diese und noch mehr Reisetipps gibt's unter: www.tourismus.saarland.de

Fakten zu Saarland

Hauptstadt:	Saarbrücken
Einwohner:	1,06 Mio.
Fläche:	2.572,00 km²
Einwohner/km²:	412
Webseite:	www.saarland.de

Zahlen und Fakten

Saarland

93 Saarland

Blieskastel

⛶ 7 km

Wir wollen, dass es Ihnen in unserer Stadt so richtig gefällt. Blieskastel - der Kneippkurort mitten im Bliesgau. Viele Sehenswürdigkeiten, wie der Gollenstein, die Orangerie, die Schlosskirche, das barocke Rathaus und die barocken Hofratshäuser, die Pfarrkirche St. Mauritius mit Glockenspiel. Die ehemalige Bahntrasse zwischen Blieskastel und Rheinheim ist besonders gut für Radfahrer, Inline-Skater und Spaziergänger geeignet. Besuchen Sie uns - Sie werden begeistert sein.

Infos unter: Verkehrsamt Blieskastel
Tel. 06842 - 52075 oder www.blieskastel.de

Gut Lindenfels****
Lindemann, Karin u. Christian
66440 Blieskastel,
OT Alschbach-Lautzkirchen
Tel. 06842 - 4688   info@gut-lindenfels.de
Fax 06842 - 52634   www.gutlindenfels.de

Gepflegtes Forstgut in malerischer Umgebung (dennoch zentral) mit Eigenjagdrevier, Forst- und Baumschulbetrieb, Pflanzen und Rhododendronpark, idyllischer Grillplatz und Terrassen. Preis für 2 Personen, jede weitere Person 5,- €/Tag. Bitte fordern Sie unseren Hausprospekt an oder besuchen Sie unsere Homepage!

Anzahl	Art	qm	Personen	Preis
3	FeWo	75-95	2-6	ab 35,00 €
1	FH	80	2-4	ab 45,00 €

268479_1   F****

Eschenhof**
Weingart, Christel und Stefan
66440 Blieskastel,
an der B 423
Tel. 06842 - 536297
Fax 06842 - 507868

Einzelhof in idyllischer Lage, markierte Rad- und Wanderwege, Ferienwohnung mit separatem Eingang, Kinderbett, Spielplatz, Liegewiese, Gartenmöbel, Hofladen mit eig. Produkten, Grünland, Ponys, Rinder, Kaninchen, Hühner, Reitplatz, Pensionspferde möglich, Hausprospekt.

Anzahl	Art	qm	Personen	Preis
1	FeWo	50	2-4	ab 40,00 €

251741_1   F***

Sachen suchen – Bei den Tieren

Großformatige Schaubilder zeigen die heimischen, aber auch die fremden Tiere. Kleine Ausschnitte fordern zum Suchen und Wiederfinden auf. Ein spannender Such-Spaß!

Ab 2 Jahren, 24 Seiten   **4,95 €**

Nutzen Sie die Bestellkarte auf der letzten Seite!

Saarland

Saarland 93

St. Wendel

Die malerische Altstadt mit ihrer historischen Bausubstanz vermittelt noch heute einen Hauch bewegter Geschichte durch das Mittelalter bis zur Neuzeit. Weithin bekannt ist die Stadt durch ihren in vielen Teilen der Welt verehrten Schutzpatron, den heiligen Wendalinus, dessen Gebeine in der Basilika ruhen. Die abwechslungsreiche Landschaft, große Open-Air-Konzerte, Auftritte namhafter Künstler und zahlreiche Freizeitangebote rund um Sport und Erholung runden Ihren Aufenthalt ab.

Infos unter: Tourist-Info
Tel. 06851 - 7788 oder www.sankt-wendel.de

UrLaub's Hof****
Christine u. Klaus Laub
Urweilerhof
66606 St. Wendel
Tel. 06851 - 82378
Fax 06851 - 869368
info@urlaubshof-saarland.de
www.urlaubshof-saarland.de

Wiesen, Wald u. Weite. Hof m. Milchkühen u. Kälbchen. 5 FeWo, „kuhle" Details z. Wohlfühlen, 1-3 Schlafzi., Brötchen- u. Getränkeserv., Spielpl. m. Seilbahn, Liegewiese m. Pool, Grillpl., Gästeraum, Sauna, Kicker, TT, Streicheltiere, Ponys, Traktorfahrten, Fuhrpark. St. Wendeler Land u. Bostalsee f. idealen Freizeitspaß … So wird jeder Tag ein UrLaub's Tag!

Anzahl	Art	qm	Personen	Preis
5	FeWo	40-90	2-6	ab 40,00 €

331167_1 F****

So geht's zu auf dem Bauernhof

Die Foto-Sachgeschichten zeigen, wie Landwirte mit riesigen Traktoren ihre Felder bearbeiten. Was Erdbeerbauern im Tunnel machen. Wie Kühe Milch geben. Und wie Schweine Strom machen …

Ausgezeichnet von der Akademie für Kinder- und Jugendbuchliteratur

9,95 €

Ferkel, Schaf, Kartoffelernte. Mit spannenden Geschichten von Ferkeln, Schafen, dem Weinbauern über die Arbeit der Maschinenringe zum Kartoffel- und Rapsanbau.

9,95 €

Nutzen Sie die Bestellkarte auf der letzten Seite!

Baden-Württemberg

Wo Wein und Maultaschen

Genuss wird in Baden-Württemberg groß geschrieben. Aber nicht nur die Speisekarte bietet ein abwechslungsreiches Angebot, auch die Freizeitmöglichkeiten sind vielfältig und abwechslungsreich.

Blick ins Land

zu Hause sind

Baden-Württemberg

Zwischen zwei Bergen

Neckar-Zaber

Die Region **Neckar-Zaber** wird eingerahmt von den Höhenzügen Stromberg und Heuchelberg. Die reizvolle Weinlandschaft liegt zum Großteil im Naturpark Stromberg-Heuchelberg südwestlich von Heilbronn. Die beiden Höhenzüge bescheren der Region ein mildes Klima, das im Zusammenspiel mit dem fruchtbaren Keuperboden ideale Voraussetzungen für den Weinbau bietet. Die erste urkundliche Überlieferung stammt aus dem 8. Jahrhundert! Heute gedeihen in der Region Neckar-Zaber auf knapp 2.300 ha edle Tropfen. In Brackenheim, der größten Weinbaugemeinde Württembergs, können Sie sich in der WeinInfothek informieren oder in Güglingen ein „gutes Tröpfchen" direkt aus dem Weinbrunnen verkosten!

Markgräflerland

Im äußersten Südwesten Deutschlands, zwischen dem Rhein und Schwarzwaldhöhen, breitet sich das klimatisch begünstigte und durch Obst- und Weinanbau

Blick ins Land

geprägte **Markgräflerland** aus. Typischer Wein der Region ist der „Gutedel". Die Weinrebe wurde um 1780 vom badischen Großherzog Markgraf Karl Friedrich von Baden aus dem schweizerischen Vevey ins Markgräflerland gebracht. Aufgrund des günstigen Klimas gedeihen hier aber auch Burgundersorten. Wegen des reizvollen Landschaftsbildes und des milden Klimas bezeichnet man es auch gerne als „Toscana Deutschlands".

Bodensee

Der **Bodensee** ist mit seinen 572 km² der größte deutsche See. Der nordöstliche Bereich ist schwäbisches Sprachgebiet. Der westliche Bodensee gehört zu Baden. Hier wird, wie auch entlang der Schweizer und österreichischen Grenze, Alemannisch gesprochen. Im Bodensee gibt es drei größere Inseln, die weltbekannt sind und zu den größten Besuchermagneten des Bodensees gehören. Die **Insel Mainau** ist durch eine kleine Brücke vom Ufer aus zu erreichen. Die gesamte Insel ist als Park mit Bäumen und vor allem Blumen angelegt, weshalb sie auch als „Blumeninsel" bezeichnet wird. Die etwas größere **Insel Reichenau** gehört aufgrund der historischen Bedeutung des ehemaligen Klosters Reichenau zum Welterbe der UNESCO. Sie ist aber wegen des intensiv betriebenen Gemüseanbaus weithin auch als „Gemüseinsel" bekannt. Am Nordufer der Bregenzer Bucht liegt die historische **Altstadt Lindaus**. Sie steht auf einer Insel und ist bis heute von einem mittelalterlichen Baustil geprägt.

Baden-Württemberg

Natur pur!

Naturpark Schwäbisch-Fränkischer Wald

Im Nordosten von Baden-Württemberg, vor den Toren der Landeshauptstadt Stuttgart, liegt der rund 900 km² **Naturpark Schwäbisch-Fränkischer Wald.** Das grüne, waldreiche Herz des Naturparks bilden die fünf Naturräume: Welzheimer Wald im Süden, Murrhardter und Mainhardter Wald im Zentrum sowie Löwensteiner und Waldenburger Berge im Norden. Am westlichen und nordwestlichen Rand bestimmen steile Weinberglagen das Landschaftsbild. Ausgedehnte Hochebenen, langgestreckte Tallagen und bewaldete Steilhänge charakterisieren den inneren Schwäbisch-Fränkischen Wald. Mosaikartig sind Äcker, Wiesen, Weiden und Wälder

Natur

Infos
erhalten Sie unter
Tel. 0 71 92 / 213-888
oder
www.naturpark-sfw.de

und die verstreut liegenden Weiler und Höfe miteinander verflochten. Zu den besonders typischen Landschaftselementen zählen die Vieh- und Schafweiden, die orchideenreichen Feuchtwiesen in den Talauen und die Streuobstwiesen der Hanglagen. In den Seitentälern versteckt liegen schluchtwaldartige Tobel, Klingen und kleine Wasserfälle.

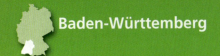

Baden-Württemberg

Außergewöhnliches genießen

© xeipe - Fotolia.com

Topinambur-Tage im Luftkurort Oppenau

Jedes Jahr in der ersten Märzhälfte finden die Topinambur-Tage im Luftkurort Oppenau statt. Ein Muss für Genießer.
Wie soll man Topinambur beschreiben? Diese „Tolle Knolle", die von Kennern „Erd-Artischocke", von den Amerikanern „Jerusalem-Artischocke"„ genannt und von den meisten nur in flüssiger Form genossen wird?
Im und um den Luftkurort Oppenau im Mittleren Schwarzwald wird Topinambur angebaut und in zahlreichen Brennereien zu einem beliebten „Verdauungswässerchen" gebrannt.
Die Gastronomie des Renchtalortes will Topinambur aber vor allem als Speise bekannt machen.

Genuss

Häuser, die Topinambur auf der Speisekarte – auch als Menü - anbieten und unsere Direktvermarkter-Hofläden die teilweise auch Topinambur-Knollen oder Topinambur-Brotaufstrich anbieten, finden Sie im Internet oder in einer speziellen Information der Tourist-Information.

Infos erhalten Sie unter Tel. 0 78 04 / 91 08 30 oder www.oppenau.de

Baden-Württemberg

Entschleunigen und Entspannen

Infos erhalten Sie unter Tel. 0 70 31 / 22 60 28 oder www.mineraltherme-boeblingen.de

Mineraltherme Böblingen

Thermalwasser aus eigener Quelle: Gesund, warm und wohltuend. Das ist der Ursprung der Mineraltherme Böblingen. Lassen Sie die natürliche Kraft dieses Wassers auf sich wirken und erleben Sie eine Atmosphäre der
Ruhe und Entspannung.
Ob innen oder außen, Sprudelliegen, Massagedüsen, oder Nackendusche:
In den fünf Entspannungsbecken mit Wassertemperaturen von 31 bis
36 Grad bleiben keine Badewünsche offen. Whirlpool, Kaltwassertauchbecken und Kneipp-Anlage sorgen dazu für ein prickelndes Badeerlebnis.

Wellness

Ob Sie Ihren Badebesuch mit einem Saunagang abrunden oder gleich mehrere Saunagänge machen möchten: Die Saunalandschaft bietet Ihnen hierzu vielfältige Möglichkeiten in attraktivem Ambiente.
Wählen Sie zwischen verschiedenen Saunen und dem SinnBad. Das ist alles andere als ein gewöhnliches Dampfbad – es ist eine Oase der Entspannung: Licht und Dampfschwaden erfüllen den Raum. Ätherische Öle befreien die Atemwege. Und das alles im Zusammenspiel mit entspannender Musik bietet Ihnen Erholung pur.

Baden-Württemberg

Cäsar & Julchen

Reptilienhaus Unteruhldingen

Lassen Sie sich und Ihre Familie in die exotische Tierwelt unserer Erde entführen…

Das Reptilienhaus Unteruhldingen führt Sie in die letzten Refugien unserer Erde. Ein Besuch voller lebendiger Eindrücke für Sie in die faszinierende Reptilienwelt verschiedener Kontinente. „Reisen" Sie in die Biotope der Sonora-Wüste, in das Outback Australiens oder in die Savanne Afrikas und erleben Sie die seit Urzeit geprägte Anpassungsfähigkeit dieser faszinierenden Tiere.

Hits für Kids

Infos erhalten Sie unter Tel. 0 75 56 / 92 97 00 oder www.reptilienhaus.com

Im weitgehend natürlichen und artgerechten Lebensraum können Sie hier lebende Schlangen, Echsen, Schildkröten und Vogelspinnen aus Wüste und Regenwald bestaunen.

Finden Sie heraus, was der natürliche Lebensraum der quirligen Bartagamen „Cäsar und Julchen" ist oder welche Essgewohnheiten eine grüne Mamba pflegt.

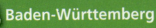 Baden-Württemberg

Gehvergnügen

BarfussPark

„Auf nackten Sohlen über Stock und Stein" heißt es jedes Jahr ab 1. Mai im **BarfussPark in Hallwangen.**
Im wunderschönen Gelände kann man einfach mal die Seele baumeln lassen. Der Pfad führt durch ein kleines Tal mit Bach und Wiesen und mündet in der zweiten Hälfte in einem Wald. Die 2,4 km lange Strecke führt über verschieden Beläge wie Matsch, Kies, Moos, Steine und Rindenmulch und Wasser, dem eine besondere Bedeutung eingeräumt wird. Angefangen beim Wassererlebnisspielplatz mit Matschtisch, Fontänenhüpfer und Archimedischer Spirale bis hin zum altbewährten Kneippschen Wassertretbecken.

Hits für Kids

Ein besonderes Gehvergnügen bereitet die Führung „Brain – Fit – Adventure", eine Art Gehirnjogging, wo sich erstaunliche Zusammenhänge zwischen Barfuss laufen und Denken bemerkbar machen. Diese und andere Führungen sind bestens geeignet für Betriebsausflüge, Schulklassen, Familien und alle Personen, die Spaß und Gesundheit vereinen wollen.

Für Führungen ist eine Anmeldung erforderlich.

Infos erhalten Sie unter Tel. 0 74 43 / 96 20 30 oder www.barfusspark.de

Baden-Württemberg

Ruhe finden und

Prämonstratenser-Kloster Mönchsroth

1126 wurde das Prämonstratenser-Kloster Mönchsroth gegründet. Noch heute ist der Geist der Reichsunmittelbarkeit in der Klosteranlage zu spüren. Die Besichtigung der großartigen Bauten lohnt sich besonders, nachdem in den letzten Jahren viele Objekte denkmalgerecht saniert wurden und eine zeitgemäße Nutzung erfahren haben.
In der HAP-Grieshaber Galerie in der Ökonomieanlage ist eine Dauerausstellung mit Werken des Ehrenbürgers HAP-Grieshaber zu sehen. Auch das ehemalige Kloster wird zu Ausstellungszwecken genutzt. Die Orgelkonzerte in St. Verena mit der bekannten Holzhey-Orgel sind nicht nur für Liebhaber der Orgelmusik ein weiterer

Kultur

Kraft tanken

Infos erhalten Sie unter Tel. 0 83 95 / 94 05 11 oder www.rot.de

Höhepunkt beim Besuch der Gemeinde. Wer Rot an der Rot kennen lernen und in die Geschichte eintauchen will, dem sei ein Spaziergang entlang des Mönchsrother Pfades empfohlen.

Baden-Württemberg

Starke Maschinen

Unimog-Museum

Seit über einem halben Jahrhundert ist der Unimog ein faszinierender Teil der Nutzfahrzeuggeschichte. Das zeigt sich in vielen Arbeitseinsätzen weltweit – und seit 2006 in einem eigenen Museum. Im badischen Gaggenau, wo der Unimog über 50 Jahre produziert wurde, lädt das Unimog-Museum zum Staunen und Erleben ein. Hier wird Technik begreifbar gemacht: Durch eine Ausstellung verschiedener Unimog, vom Prototypen bis zur neuen Generation der Geräteträger. Durch Schnittmodelle und Fahrzeugteile, durch Bilder, Filme und Geschichten. Wer will, kann eine Führung buchen, als Bei-(Fahrer) auf dem Parcours die Einzigartigkeit des Unimog selbst erleben oder sich in einem Laufrad mit einem Unimog messen und die eigene Steigfähigkeit erproben.

Kultur

Infos erhalten Sie unter
Tel. 0 72 25 / 98 13 10
oder
www.unimog-museum.de

Das Museum ist eine Hommage an den Unimog und gleichzeitig eine Erinnerungsstätte zur Zeitgeschichte ab 1945, zu Wirtschaft und Arbeitsleben. Mit speziellen Angeboten für Kinder und Jugendliche.

Führung nach Anmeldung

 Baden-Württemberg

Bergauf und bergab

Nordic Aktiv Walking

Die Schwäbische Alb ist eine Charakterlandschaft voller ursprünglicher Intensität. Wild, herb, rau und unverfälscht, erfrischend und belebend und begeisternd.
Das **DSV Nordic Aktiv Walking Zentrum Albstadt** liegt in einer Landschaft die sich dem Betrachter auf der einen Seite rau und markant, auf der anderen aber anmutig und verschwenderisch zeigt. Typische Buchenwälder, überschwänglich blühende Bergwiesen, duftende Wachholderheiden im Wechsel mit karstigen Felsformationen gehören zum unverwechselbaren Landschaftsbild von Albstadt, dem Mittelzentrum auf der Schwäbischen Alb.

Aktiv

Das „DSV Nordic Aktiv Walking Zentrum" ist mit seinen drei Strecken in diese Landschaft eingebunden. Drei Strecken bieten von leicht bis anspruchsvoll, sowohl Anfängern als auch Fortgeschrittenen den richtigen Rahmen für diese so überaus gesunde Sportart. Herrliche Ausblicke, unter anderem der einmalige Blick auf die Burg Hohenzollern, dem Stammhaus der Preußen, bieten sich den Nordic Walkern.

Infos erhalten Sie unter Tel. 0 74 31 / 160-12 05 oder www.albstadt.de

Baden-Württemberg

In luftiger Höhe

Naturhochseilgarten in Triberg

Im Naturhochseilgarten in Triberg an Deutschlands höchsten Wasserfällen kann man sich die Welt von oben ansehen. In dem natürlich gewachsenen Wald am Bergseeweg sind zwischen Bäumen in einer Höhe von 4 bis 20 Metern künstliche Hindernisse und Aufgaben aus Stahlseile gespannt, die es zu überwinden gilt. Am Ende jeder Übung können Sie sich auf einer kleinen Plattform erholen, bevor es zur nächsten Aufgabe weitergeht. So erkunden Sie den Wald aus einer völlig anderen Perspektive. Genießen Sie geniale Ausblicke, meistern Sie überraschende Herausforderungen und erleben Sie interessante Momente.

Aktiv

Infos
erhalten Sie unter
Tel. 0 77 22 / 8 66 57 41
oder
www.forestfun.de

Jeder Besucher erhält eine Sicherheitsausrüstung und eine ausführliche Einweisung von entsprechenden Trainern. Am Klettergurt befinden sich zwei Karabiner, davon ist mindestens einer der beiden immer in das Sicherungsseil eingehängt. So können Sie sich völlig sicher in der Höhe bewegen.

Der Hochseilgarten ist für alle Besucher ab ca. 8 Jahren (je nach Körpergröße) geöffnet. Kinder unter 14 Jahren müssen von einem Erwachsenen kletternd begleitet werden.

Baden-Württemberg

Deutschlands Südwesten ist ein Landstrich von faszinierender Vielfalt. Beispielsweise der wild-romantische Schwarzwald mit: Wäldern und Wiesentälern, Schluchten, Mühlen, Bauernhöfen und Kuckucksuhren. Diese Landschaften zu entdecken und zu erobern lohnt. Als Wanderer, als Radfahrer, als Anhänger von Nordic Walking, Felsenklettern oder Kanu fahren. Und im Anschluss laden aller Orten die sehr guten Gastronomen zu purem Genuss ein. Nirgendwo sonst findet sich eine derartige Vielzahl und Vielfalt an erstklassigen Restaurants. Vielfach umgeben von Weinbergen steht den Gaumenfreuden nichts im Weg. Genuss für Leib und Seele halten die Kur- und Heilbäder, Thermen und Wellness-Oasen bereit. Wie zum Beispiel das traditionsreiche Baden-Baden, stehen sie weltweit für höchste Bäder-Kultur.

Diese und noch mehr Reisetipps gibt's unter: www.tourismus-bw.de

Fakten zu Baden-Württemberg

Hauptstadt:	Stuttgart
Einwohner:	10,66 Mio.
Fläche:	35.751,00 km²
Einwohner/km²:	298
Webseite:	www.baden-wuerttemberg.de

94	Kurpfalz	-	100	Mittlerer Schwarzwald	618
95	Odenwald	605	101	Südlicher Schwarzwald	638
96	Taubertal	608	102	Kaiserstuhl	651
97	Kraichgau-Stromberg	609	103	Region Stuttgart	653
98	Hohenlohe und Schwäbisch Hall	611	104	Schwäbische Alb	654
99	Nördlicher Schwarzwald	613	105	Bodensee-Oberschwaben	656

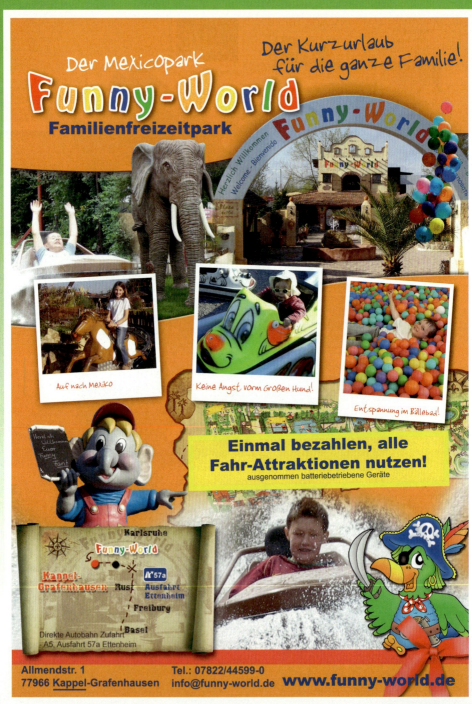

Baden-Württemberg
Odenwald 95

Buchen
🚶 15 km 🚆 1 km

Buchen liegt zwischen dem Bundsandstein-Gebiet des Odenwaldes und dem Muschelkalk-Gebiet des Baulandes. Hier kann man die geologischen Unterschiede sehr schön entdecken und erleben, besonders auch in der Tropfsteinhöhle. Buchen bietet unter anderem: Freilichtaufführungen, Radeln, Reiten, Kegeln, Minigolf (6 km).

Infos unter: Stadt Buchen (Odenwald)
Tel. 06281 - 2780 oder www.buchen.de

Ferienhof Pfeiffer****
Pfeiffer, Rainer
Hammelsbusch 4
74722 Buchen-Bödigheim
Tel. 06292 - 7500
Fax 06292 - 7500

ferienhof.pfeiffer@t-online.de
www.ferienhof-pfeiffer.de

3 komf. eingerichtete Blockhäuser, 2 Schlafz., Tel., Sat-TV, Spülm., überd. Terrasse, am Wald mit Burgblick, Brötchenservice, TT, ökol. Badeteich, Hasen, Schafe, Katzen, Hunde, 12 gr. u. kl. Reitponys (qualifiz. Reitunterricht FN), Reithalle/-platz, indiv. Tennistraining, Legehennenhalt., Hausprospekt. Mitten im Geopark Odenwald. Naturerlebnistage für Gruppen bis 12 Pers., Pauschalangebote.

Anzahl	Art	qm	Personen	Preis
3	FH	59-60	2-6	ab 55,00 €

241249_1   F****

Hardheim

Geburtsort von Weltraumpionier Walter Hohmann. Die Gemeinde Hardheim (Neckar-Odenwald-Kreis) ist eine Mittelpunktgemeinde im schönen Erftal. Landschafts- und Heimatmuseum mit ständiger Weltraumfahrtausstellung. Regelmäßige Aufführungen der Badischen Landesbühne. Konzerte, Theateraufführungen. Historischer Ortskern mit Schloss, Sternwarte mit Planetenweg. Keltenschanze, Burgruine.

Infos unter: Bürgermeisteramt
Tel. 06283 - 5826 oder www.hardheim.de

****Ditter,
Hildegard und Berthold
Rüdentaler Str. 13
74736 Hardheim,
OT Rüdental
Tel. 06283 - 1475
Fax 06283 - 226597

ferienwohnung-ditter@t-online.de
www.ferienwohnung-ditter.de

Unsere drei familienfreundlichen FeWo liegen am Ortsrand. Ruhige Lage, waldreiche Gegend. Pavillon mit Spielplatz, Grillmöglichkeiten, Hobbyraum mit Freizeitmöglichkeiten. Besuch auf dem benachbarten Bauernhof möglich. Traktor fahren, Brötchenserv., verbilligte Eintrittsgutscheine. Zwei Schlafz., überd. Balkon, WM, Bettwäsche und Handtücher werden gestellt.

Anzahl	Art	qm	Personen	Preis
3	FeWo		2-5	ab 35,00 €

73913_1   F****

Baden-Württemberg
95 Odenwald

205632_1   F****

****Schmitt, Anita u. Stefan
Vollmersdorfer Str. 1
74736 Hardheim
Tel. 06283 - 50440
Fax 06283 - 50441
ferienhofschmitt@aol.com
www.ferienhof-schmitt.de

3 4-Sterne-FeWo's, 2-3 Schlafr., Spül-/Waschm., Bettw./Handt., Sat-TV, Tel. babygerecht. Milchviehbetrieb. Unsere Gäste sind begeistert vom Tierkontakt, füttern u. versorgen der Kühe, 2 Ponys, Ziege, Hasen, Katzen. Gr. Hofraum mit viel Grün. Blumengarten, Spielpl., TT, TF, Kinderfahrzeuge, Brötchenservice, Hausprospekt. **Neu ab 2007: „Geopark" ab Bauernhof.**

Anzahl	Art	qm	Personen	Preis
3	FeWo	72-96	2-6	ab 45,00 €

Ferienwohnungen Odenwald****
Familie M. Odenwald
Steinigweg 3
74736 Hardheim,
OT Dornberg
Tel. 06283 - 50298
Fax 06283 - 50159

odenwald.dornberg@freenet.de
www.odenwald-urlaub.de

Erholung vom Alltag - Erholung an der frischen Luft - Erholung mit Kindern!

Urlaub in einem kleinem Ort, am Ortsrand sehr ruhige, waldreiche Lage. Wir begrüßen Sie herzlich auf unserem **großen, kinderfreundlichen Hof** mit privatem 1000 m² großem Spiel- und Freizeitplatz mit Liegewiese, Grill u. Pavillon. Unsere Kinder (zzt. 8-14 Jahre) freuen sich auf Spielkameraden. Es gibt viele Kleinfahrzeuge und Fahrräder etc. Wir haben **viele Tiere:** Hasen, Meerschweinchen, Enten, Hühner, Gänse, Vögel, Katze und neu auch Pferde und Ponys auf dem Hof, zum Reiten oder spazieren gehen. Natürlich freut sich auch unser Hofhund Ben auf Sie. Unsere **komfortabel eingerichteten Ferienwohnungen** mit 1-2 Schlafzimmern, alle mit Balkon und herrlichem Fernblick in die Natur, warten auf Sie (Kinderbetten u. Babyausstattung a. W.). Hobbyraum mit Freizeitspielen, Bausteinen, Spielzeug, Fahrzeugen und Gesellschaftsspielen für Groß und Klein. Auch eine kleine Bibliothek ist dabei.
Service: Brötchenservice, gefüllter Kühlschrank, günstige Eintrittskarten, Grillabend.
Wir laden Sie ein, unsere private Homepage zu besuchen, in der Sie viele weitere Bilder und Informationen finden.

241179_1   F****/*****

Anzahl	Art	qm	Personen	Preis
3	FeWo	45-70	2-6	ab 30,00 €

Heiligkreuzsteinach
⛨ 13 km

Der 3000 Einwohner zählende staatlich anerkannte Erholungsort Heiligkreuzsteinach im oberen Steinachtal grenzt mit seiner Gemarkung direkt an das Bundesland Hessen.
Die Bergstraße - auf 120 km malerischen und gut markierten Wandwegen bietet sich die Gelegenheit, die reizvolle Mittelgebirgslandschaft kennen zu lernen. Planetarium Mannheim, Techniknikmuseum Mannheim, Technikmuseum Sinsheim.

Infos unter: Fremdenverkehrsamt
Tel. 06220 - 922010 oder www.heiligkreuzsteinach.de

Baden-Württemberg
Odenwald 95

Pension Lindenhof***
Elfner, Ilse
Zur Stiefelhöhe 13
69253 Heiligkreuzsteinach,
OT Eiterbach
Tel. 06220 - 497
Fax 06220 - 497

www.pensionlindenhof.de

Unser Lindenhof liegt sehr idyllisch in sonniger, ruhiger Alleinlage am Waldrand mit Panoramablick ins Eiterbachertal.

Sie erreichen in 15 Minuten das **Neckartal** mit zahlreichen Burgen und **Heidelberg** in 30 Minuten.

Wir bieten:
EZ mit D/WC, Föhn, Kühlschrank, Sat-TV
DZ o. MBZ mit D/WC, Föhn, Kühlschrank, Sat-TV und überd. Balkon.
1-Zi.-Appartement mit Küchenzeile, Spülm., Sat-TV und überd. Balkon.
1-Zi.-Appartement mit Küche extra, Balkon, Sat-TV und überd. Balkon.
2-Zimmer-Appartement mit Wohnküche, ein Schlafzimmer, Sat-TV und überd. Balkon.
Gästezimmer auch als Wohnung zu vermieten, für Gruppen geeignet. Preis n. V.

KE, Gästeküche, Aufenthaltsraum, Liegewiese, Grillplatz, Gartenmöbel, Spielplatz, Treckerfahrt auf Wunsch, Gästeabholung möglich, Pkw vorteilhaft, Vermietung ganzjährig.

Kühe, Kälber, Schafe, Ziegen, Hühner und Katzen. ADAC: „Vom Gast empfohlenes Haus", Hausprospekt.

73915_1   F***/****/P***

Anzahl	Art	qm	Personen	Preis
4	FeWo		2-4	ab 35,00 €
5	Zi.			ab 22,00 €

Höpfingen
⚡ 20 km 🚆 5 km

Familienbad mit Kleinkinderbereich, Saunaland, Solarium, Sportplatz, Bundeskegelbahnen, Kneippanlage, Reitplatz und Reithalle, ein echtes Kleinod bietet das neu eröffnete Heimatmuseum „Bauernhaus im Dorf". Geschichte ist hier hautnah und lebensecht erlebbar. Besonders zünftig ist dabei der Abschluss mit Bauernvesper im Gewölbekeller. Sportfest des TSV Höpfingen Ende Juli, Schlachtfest, Fest der Vereine.

Infos unter: Bürgermeisteramt Höpfingen
Tel. 06283 - 22 06-0 oder www.hoepfingen.de

Ferienbauernhof****
Familie Gerig
Schlempertshof
74746 Höpfingen
Tel. 06283 - 328
Fax 06283 - 8992

gerig.mroba@t-online.de
www.ferienbauernhof-gerig.de

Ruhig u. idyllisch gelegener Bauernhof mit Pferd, Rind, Schwein, Huhn, Hund u. Katze, zu jeder Jahreszeit reizvoll für jedermann. 2 moderne Ferienhäuser, Ferienwohnung. **Neu: Sauna!!** Viel Platz für Kinder zum Toben, Spielgeräte/-fahrzeuge für drinnen und draußen. Grillplatz, Reiten, Kutsche fahren, Mitarbeit möglich.

Anzahl	Art	qm	Personen	Preis
1	FeWo	60	4	ab 40,00 €
2	FH	75	4-5	ab 50,00 €

230104_1   F****

Baden-Württemberg
96 Taubertal

Bad Mergentheim
🚶 15 km 🚆 Bad Mergentheim

Kur- und Urlaubsstadt an der Romantischen Straße. Es gibt 1000 gute Gründe, Bad Mergentheim zu entdecken. Liebliches Taubertal, Weingegend, Hollenbacher See, Badeseen, Bade- und Wellnesspark Solymar, Kulturforum, Schlosshof, Open-Air-Kino, Pferdemarkt, Weinfest in Bad Mergentheim, Stadtfest, Weinproben und Weinrundgänge.

Infos unter: Tourist-Information
Tel. 07931 - 57131 oder www.bad-mergentheim.de

Ferienhof★★★★
Schwab, Renate u. Rainer
Alte Kaiserstr. 5
97980 Bad Mergentheim,
OT Herbsthausen
Tel. 07932 - 8101
Fax 07932 - 7402

info@ferienhof-schwab.de
www.ferienhof-schwab.de

Ferienwohnungen am Waldrand - Nichtraucherwhg. (3 behindertenger.), Wohn-/Schlafr., 1 o. 2 Schlafr., Küche, D/Bad, BK/Terr., KB, TV, Tel., je sep. Eing., Gartenmöbel, Liegewiese, Spielpl., Ackerbau/Forstwirtschaft, Obstbau, Kleintiere, Gästeabh. Gesundheitshof mit Wellness-Anlage, Hausprospekt.

Anzahl	Art	qm	Personen	Preis
8	FeWo	32-71	2-6	ab 28,00 €

264004_1   F★★★/★★★★/★★★★★

Külsheim

Külsheim ist als Brunnenstadt bekannt. Besondere Aussichtspunkte sind die Erhebungen des Kattenberges sowie die Weinbergslage Hoher Herrgott - ein Ausblick über die ganze Stadt und das liebliche Taubertal entschädigt für die Mühen des Aufsteigens. Feiern Sie mit uns die vielen traditionellen Feste im Jahresverlauf. Wir beraten Sie gerne bei der Gestaltung Ihres Freizeitprogrammes und Ihren individuellen Wünschen kommen wir entgegen, so dass Ihr Aufenthalt in Külsheim ein unvergessliches Erlebnis wird.

Infos unter: Stadt Külsheim
Tel. 09345 - 6730 oder www.kuelsheim.de

Winzerhof Spengler★★★
Spengler, Thomas
Seeweg 1
97900 Külsheim
Tel. 09345 - 1435
Fax 09345 - 9280626

kontakt@winzerhof-spengler.de
www.winzerhof-spengler.de

Raus aus dem Alltag, tanken Sie neue Energie in herrlicher Landschaft in der Nähe der Weinberge „Hoher Herrgott". Im Frühjahr/Herbst ist unsere Besenwirtschaft geöffnet. Liegewiese, Grillplatz, Spielplatz/-wiese, NR, Aufenthaltsr. Brötchenserv., Frühstück mögl. Selbstvermarktung von Weinen u. Wurstwaren. Wir freuen uns auf Ihren Besuch.

Anzahl	Art	qm	Personen	Preis
2	FeWo	48-61	4-6	ab 43,00 €
3	Zi.		2	ab 36,00 €

263826_1   F★★★★P★★★

Baden-Württemberg

Taubertal 96
Kraichgau-Stromberg 97

Weikersheim

⛺ 20 km

Weikersheim, eine gastfreundliche Stadt von edler Schönheit, mit einer lebendigen Geschichte und dem noch heute spürbaren Charme, erwartet Sie. Staatlich anerkannter Erholungsort, eingebettet in Weinberge. Renaissance-Schloss mit schönem barockem Garten, Marktplatz mit historischer Altstadt, die geprägt ist von Fachwerk und denkmalgeschützten Gebäuden. Schöne Rad- und Wanderwege.

Infos unter: Kultur- und Verkehrsamt Weikersheim
Tel. 07934 - 102-55 oder www.weikersheim.de

Ferienhof Henn
Kneipp-Gesundheitshof****

Henn, Elsbeth und Otto
Lange Str. 10
97990 Weikersheim, OT Nassau
Tel. 07934 - 7060
Fax 07934 - 3690
Bernd-Henn@t-online.de
www.Ferienhof-Henn.de

5 km Bahnhof, 30 km Autobahn, eig. Freibad, Hallenbad 6 km, Badepark Solymar, 12 km Museum, Burg, Schloss, Kuranwendungen. ÜF ab 20,- €; Hausprosp. Romantisches Seitental der Tauber mit Angelsee, Ackerbau, Rinder, Schweine, Hühner, Hasen, Katzen, BK, KB, TV, WM, KE, NS, Tel., TT, Sauna, Wellness, NR, Gruppen bis 14 Pers.

Anzahl	Art	qm	Personen	Preis			
4	FeWo	35-70	2-6	ab 30,00 €	153622_1		F***/****/*****

Auto & Technik
MUSEUM SINSHEIM

Original Concorde der Air France und „Russische Concorde" Tupolev 144

Oldtimer, Formel 1, Renn- und Sportwagen, Rekordfahrzeuge, Motorräder, Lokomotiven, Militärgeschichte, „Flight Deck" mit begehbaren Flugzeuge uvm.

IMAX 3D Filmtheater - Das größte Filmerlebnis der Welt

Spielplatz, Restaurant, Event-Service für Feiern und Veranstaltungen jeder Art

Bequeme Übernachtungsmöglichkeiten bietet das **Hotel Sinsheim** direkt beim Museum

365 Tage geöffnet • Tel. 0 72 61 / 92 99 - 0 • www.technik-museum.de

Baden-Württemberg
97 Kraichgau-Stromberg

Urlaub im Land der 1000 Hügel

Genießen Sie Ihre Auszeit bei Kultur, Kulinaria, Wein, Wandern, Sport, Spiel und Spaß in der herrlichen Landschaft zwischen Rhein und Neckar!

Gleich kostenfreien Reisekatalog bestellen!
Telefon 07252 9633-0
info@kraichgau-stromberg.com

www.kraichgau-stromberg.com

Oberderdingen
🍴 20 km 🚉 3 km

Der Aussichtspunkt „Derdinger Horn" bietet bei schönem Wetter einen herrlichen Panoramablick weit über Oberderdingen hinaus. Der neu gestaltete Bereich bietet neben einer Aussichtsplattform Wanderern eine Schutzhütte - Kinder können sich beim Rutschen vergnügen. Empfehlenswert ist auch das geologische Fenster auf dem Horn, ein seltenes Naturdenkmal, das geologische Aufschlüsse über eine größere Schicht einer Erdformation gibt.

Infos unter: Gemeinde Oberderdingen - Touristikinformation
Tel. 07045 - 202768 oder www.oberderdingen.de

161137_1   P****

Weingut Lutz, Weinstube und Gästehaus****

Lutz, Reinhilde
Amthof 1
75038 Oberderdingen
Tel. 07045 - 20190
Fax 07045 - 2019030

kontakt@weingut-lutz.com
www.weingut-lutz.com

Das traditionsreiche Weingut liegt in den sanften Hügeln und Tälern der Landschaft Kraichgau-Stromberg.

Das Weingut wurde im Jahre 1935 im Amthof, einem ehemaligen Kloster, gegründet. Mittlerweile wird das Weingut in der dritten Generation betrieben und die Familientradition weiter fortgesetzt. Mit Brennerei und Weinstube im Ort, sehr ruhig gelegen.

In dem 230 Jahre alten Anwesen befinden sich EZ, DZ und MBZ mit D/WC, TV und Telefon, die sehr ruhig zum Innenhof gelegen sind. KE, Waschmaschine.

Mitarbeit möglich, Brotbacken, Lehrwandern, Schonkost, Seniorenprogramme, Englischkenntnisse, Hausprospekt.

Weinproben und Schaubrennen!

Anzahl	Art	qm	Personen	Preis
6	Zi.		2	ab 35,00 €

Baden-Württemberg
Hohenlohe und Schwäbisch Hall 98

ERLEBNIS FINDER

140 Ziele für Ausflüge und Gruppenreisen nach Hohenlohe und Schwäbisch Hall

Kostenlos anfordern

Hohenlohe + Schwäbisch Hall Tourismus e.V.
Münzstraße 1 • 74523 Schwäbisch Hall
www.erlebnisfinder-hohenlohe.de

BAUERNHOFURLAUB HOHENLOHE
Erlebnisse pur mit Natur

Urlaub buchen - Tiere erleben
www.bauernhofurlaub-hohenlohe.de

Dörzbach
⛪ 25 km 🚉 14 km

Das landschaftlich reizvolle Jagsttal, Rad-, Wanderwege, Pfad der Stille, Kurklinik Bad Mergentheim, Freizeitpark Soymar, Sauna, Veranstaltungen im Rahmen vom Hohenloher Kultursommer, Kapelle St. Wendel zum Stein, historische Ölmühle, Kirche zur hl. Dreifaltigkeit, großer Abenteuerspielplatz, Maifest, Brückenfest, Weinfest, Frühjahrspferdemarkt, Herbstpferdemarkt, Weihnachtsmarkt, Grüner Markt, Hofladen.

Infos unter: Bürgermeisteramt
Tel. 07937 - 91190 oder www.doerzbach.de

****Familie Gutheiß**
Birkenhöfe 8
74677 Dörzbach
Tel. 07937 - 5871
Fax 07937 - 802404

kontakt@ferien-bei-gutheiss.de
www.ferien-bei-gutheiss.de

Ferienhaus „Jagsthöhe" auf landw. Hof in Einzellage, 300 m zum Wald, traumhafte Fernsicht. Stilvolle Landhaus-Einrichtung, NR, WZ, Essküche m. kompl. EBK, 3 Schlafz., BW/D, Tel., TV, WM, KB, Terrasse m. eig. Garten, ebenerdig u. geräumig. Kinder bis 3 Jahre frei, Brötchen-, Getränke- und Einkaufsservice, Gästeabholung, Internet-Anschluss, Tischtennisplatte.

siehe große Landkarte: G 16

Anzahl	Art	qm	Personen	Preis
1	FH	96	2-6	ab 40,00 €

331368_1

Baden-Württemberg
98 Hohenlohe und Schwäbisch Hall

Schwäbisch Hall
🚶 10 km

„Tradition trifft Zukunft", „Kunst- und Einkaufsstadt mit Atmosphäre" an der Burgenstraße am Rande des Schwäbisch-Fränkischen Waldes. Rundum viel intakte Natur, Innenstadt mit Stadtpark, Starkholbacher See, Solebad, Saunawelt, Freilichtspiele, malerische Altstadt, einer der schönsten Marktplätze Deutschlands, Bootfahren, Stadtführungen zu besonderen Themen (Nachtwächterführung, Kinderführungen …).

Infos unter: TMG Schwäbisch Hall
Tel. 0791 - 751246 oder www.schwaebischhall.de

Neulandhof***
Lang, Jürgen u. Sanja
Hohenholz 8
74523 Schwäbisch Hall,
OT Hohenholz
Tel. 0791 - 56071
Fax 0791 - 56072

ferienhof-lang@t-online.de
www.lang-ferienhof.de

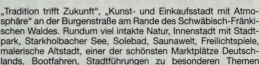

Stilvolles Bauernhaus mit Ferienwohnungen, DZ und EZ. FH (ehem. Backhaus). Weiträumiger Hof mit artgerechter Tierhaltung, Mithilfe mögl., Grillplatz, Liegewiese, Weinlaube, Felderrundfahrt, Pfadfinderweg, Schweine, Pferde, Reitmöglichkeit, Hühner, Kleintiere, rollstuhlgeeignet, Kaminkeller, Hausprospekt.

Anzahl	Art	qm	Personen	Preis
3	FeWo		2-5	ab 47,00 €
1	FH		8-10	ab 80,00 €
2	Zi.		1-2	auf Anfrage

82680_1   F***P**

Stimpfach
🚶 9 km 🚆 9 km

Ein Familienferienort in herrlicher Lage im mittleren Jagsttal. Die Gemeinde Stimpfach hat eine idyllische Kulturlandschaft mit modernen Gastronomiebetrieben mit einem sehr breiten Angebot in allen Kategorien. Ferien auf den Bauernhof, Reiterferien und Ferienwohnungen zeugen davon und laden zum Entspannen, Verweilen und Erholen ein. Ein gut erschlossenes Wanderwegenetz und die ausgezeichnete Lage zwischen Seen und Wäldern sowie zahlreiche Sehenswürdigkeiten in der Umgebung machen Stimpfach so attraktiv.

Infos unter: Rathaus Stimpfach
Tel. 07967 - 90010 oder www.stimpfach.de

Ferienhof Ebert***
Ebert, Josef und Gertrud
Mühlstr. 14
74597 Stimpfach
Tel. 07967 - 6435
Fax 07967 - 6435

info@ferienwohnung-stimpfach.de
www.ferienwohnung-stimpfach.de

Hof im Ort, FeWo mit KB, Waschmaschine, TV-Anschluss, Grillplatz, Volleyballfeld, gemütliches Gartenhaus, Hausschlachtung, Ackerbau, Grünland, Forstbetrieb, Rindvieh, Schweine, Kaninchen, Lehrwanderungen, Mitarbeit möglich, Hausprospekt.

Anzahl	Art	qm	Personen	Preis
2	FeWo	45-55	3-5	ab 30,00 €

214985_1   F***

Baden-Württemberg

Hohenlohe und Schwäbisch Hall 98
Nördlicher Schwarzwald 99

***Familie Fritz Hofmann
Eichishof 7
74597 Stimpfach
Tel. 07967 - 277
Fax 07967 - 710521

www.eichishof.de

Hof im Ort in Waldnähe gelegen.
Ferienwohnungen mit KB und Waschmaschine, Grillplatz, Hausschlachtung, Ackerbau-/Grünlandbetrieb, Rinder, Schweine, Kaninchen, Federvieh, Katzen, Brotbacken, Schnapsbrennerei, eigener Most und Apfelwein.

Anzahl	Art	qm	Personen	Preis
2	FeWo	65-70	2-5	ab 39,00 €

114997_1 F***

Dornstetten

Entdecke Deine Sinne!

Burgartig liegt das mittelalterliche Städtchen auf einem schmalen Bergrücken. Ein Ort, der zum Bummeln und Verweilen einlädt.
Das Zentrum des liebevoll restaurierten Stadtkerns bildet der historische Marktplatz. Touristisch sind neben der historischen Altstadt als Mitglied in der deutschen Fachwerkstraße, der weit über die Grenzen hinaus bekannte BarfussPark und das historische Bergwerk „Himmlisch Heer" in Hallwangen Besuchermagnete. Das schon mit Preisen ausgezeichnete Heimatmuseum in der alten Zehntscheuer und dem Fruchtkasten mit der Kunststiftung Eleonore Kötter sowie das Puppen- und Spielzeugmuseum sind Anziehungspunkte für Gäste aus nah und fern.

Infos unter: Tourist-Information Dornstetten, Tel. 07443 - 962000
www.dormstetten.de oder www.barfusspark.de

Fischbachhof***
Hamann, Christian
72280 Dornstetten
Tel. 07443 - 8781
Fax 07443 - 8889

hamann-fischbachhof@t-online.de
www.hamann-fischbachhof.de

Unser Fischbachhof liegt ca. 900 m von Dornstetten entfernt in landschaftlich schöner Lage. Wanderwege, z.T. markiert, führen an unserem Grundstück vorbei. Unser Hof wird geprägt von viehloser Grünlandbewirtschaftung. 3 Ponys stehen u. Feriengästen zur Verfügung. Geführte abendliche Ausritte sowie Oldtimer-Traktoren-Rundfahrten. Mitarbeit auf Hof und Feld ist möglich.

Anzahl	Art	qm	Personen	Preis
2	FeWo	72 u. 96	2-6	ab 40,00 €

27624_1 F****

DLG-Wein-Guide

Entdecken Sie Weingüter und ihre Weine und begeben Sie sich auf eine Weinreise durch Deutschland. Mit den aktuellen Testergebnissen der DLG-Wein-Prämierung und den Adressen der prämierten Winzer!

9,90 €

Nutzen Sie die Bestellkarte auf der letzten Seite!

Baden-Württemberg
99 Nördlicher Schwarzwald

Freudenstadt

30 km Freudenstadt

Freudenstadt - da fühl' ich mich wohl im nördlichen Schwarzwald im Naturpark Schwarzwald Mitte/Nord. Ausgeschilderte Wander- und Radwege, Wellnesshotels, Kurärzte für ambulante Kuren, Erlebnisbad, Panorama-Bad. Besonders hervorzuheben sind Schwarzwald Musikfestival und Freudenstädter Sommertheater. Größter Marktplatz Deutschlands mit einmaliger Stadtkirche in Winkelhakenform.

Infos unter: Freudenstadt-Tourismus
Tel. 07441 - 8640 oder www.freudenstadt-tourismus.de

Danielshof*****

Mast, Dorle
Stutztalstr. 18
72250 Freudenstadt,
OT Igelsberg
Tel. 07442 - 5278
Fax 07442 - 121628

dorle.mast@freenet.de
www.danielshof-igelsberg.de

Ankommen - durchatmen - erholen! Gönnen Sie sich etwas Zeit zum Abschalten, Ausschlafen, Träumen oder einfach Nichtstun. Bei uns sagen sich Fuchs und Hase noch persönlich „Gute Nacht". Unser Hof liegt am Ortsrand. 2 gemütliche FeWo warten auf Sie. Tauchen Sie ein in die dörfliche Idylle, erleben und genießen Sie unsere wunderschöne Natur. Wir freuen uns auf nette Gäste.

205122_1   F*****

Anzahl	Art	qm	Personen	Preis
2	FeWo	110-140	2-8	ab 50,00 €

Loßburg

Fröhliche Familienferien im Loßburger Ferienland inmitten von Tannenhochwäldern, ausgeschilderte Wanderwege, Freizeitbad, Minigolf, Nordic-Walking-Strecken, Naturlehrpfad „Zauberland an der Kinzig", Flößerpfad, Saunalandschaft, Mutter-Kind-Kurheim, Kegelbahnen, Abenteuerspielplätze mit Grillstelle, Wanderung zur Forellenzucht, verschiedene Dorffeste, Sonnwendfeiern, Erdbeerfest, Freitag ist Märchentag.

Infos unter: Loßburg-Information
Tel. 07446 - 950460 oder www.lossburg.de

Schulzenhof****

Familie Reich-Marohn
Kanzelweg 10
72290 Loßburg, OT Sterneck
Tel. 07446 - 841
Fax 07446 - 841

info@schulzenbauer.de
www.schulzenbauer.de

Landessieger „familien-ferien". Vielseitiges Angebot für drinnen und draußen, für große und kleine Gäste. Gemütliche im Bauernstil eingerichtete Ferienwohnungen. BK, KB, SE, Sat-TV, WM, TT, Fitness- u. Reiterstüble, Reithalle, gr. Grill- u. Spielplatz, Trampolin, Kicker u. v. m. Ponys, Kleintiere. Ruhige Lage, schöne Aussicht.

105888_89   F****

Anzahl	Art	qm	Personen	Preis
3	FeWo	50-63	2-5	ab 35,00 €

614

Baden-Württemberg
Nördlicher Schwarzwald 99

Pension - Killguß-Hof***
Schillinger, Wilhelm
Ödenwald 2
72290 Loßburg,
OT Ödenwald
Tel. 07446 - 1443
Fax 07446 - 3660
service@killgusshof.de
www.killgusshof.de

Die idyllische Oase mitten im Wald, Grünland, Forstbetrieb, Kühe, Pony, Hafl. u. mehr, eig. Schlachtung. Im Nebengeb. schöne FeWo, alle Spülm. Allergikerwohn. Im Haupthaus schöne DZ, D/WC, ÜF. Aufenthaltsr., Kinderspielpl., Spielzi., Fuhrpark, Grillpl., TT, Boccia, Wassertretst., Wanderweg, Skilanglauf direkt ab Haus. Hausprospekt. Gruppen bis 24 Pers.

Anzahl	Art	qm	Personen	Preis
4	FeWo	50-70	2-5	auf Anfrage
7	Zi.			auf Anfrage

90016_1 F***/P***

Sternenhof****
Familie Schmid
Kanzelweg 8
72290 Loßburg, OT Sterneck
Tel. 07446 - 687
Fax 07446 - 916197
info@sternenhof.com
www.sternenhof.com

Familienfreundliche Ferien bei herzlichen Gastgebern mit liebenswerten Bauernhoftieren und Haflingerpferden. Komp. Reitanleitung/Reitplatz. Aktives Vergnügen u. Naturgenuss direkt vor der Tür. Immer im Mittelpunkt: glückliche Kinder! Spielzimmer, Frühstücksservice, Nordic Walking, Pauschalen, Hausprospekt.

Anzahl	Art	qm	Personen	Preis
6	FeWo	35-65	2-5	auf Anfrage
1	Zi.	18	1-2	auf Anfrage

74088_99 F****

Genießer-Urlaub
Urlaub beim Winzer · Genießen auf dem Land

„Urlaub beim Winzer" lädt Sie zu genussreichen Tagen in Deutschlands schönen Weinregionen ein. Wählen Sie aus über 100 Winzerhöfen Ihr Feriendomizil aus.

12,90 €

Genuss, Qualität und Frische gepaart mit frischer Landluft und herzlichen Menschen, das ist es, was Sie mit diesem Reiseführer kennen lernen.

12,90 €

Nutzen Sie die Bestellkarte auf der letzten Seite!

Baden-Württemberg
99 Nördlicher Schwarzwald

Pfalzgrafenweiler

🚶 35 km 🚆 17 km

Pfalzgrafenweiler - das Wanderparadies im „Weiler Wald", Mittelgebirgslandschaft, Hochebene zwischen 2 Tälern, Landschaftsschutzgebiet, Stausee „Nagoldtalsperre", Freizeitbad - mit Riesenrutsche, Beach-Volleyball, ausgeschilderte Rad- und Wanderwege, 4 Themenrundwege, 10 Abenteuerspielplätze, Burgruine, Themenweg „Holzköpfe im Weiler Wald", 28 Holzköpfe.

Infos unter: Gäste-Information
Tel. 07445 - 859001 oder www.pfalzgrafenweiler.de

siehe große Landkarte: E 18

Hirschfeld, F., Teichweg 2
72285 Pfalzgrafenweiler-Edelweiler
☎ 07445/2475, Fax: 859878
www.ferienhof-hirschfeld.de
urlaub@ferienhof-hirschfeld.de

Ferien mit und auf dem Bauernhof bieten wir allen, die **naturnahen Erlebnisurlaub** verbringen möchten. Hof am Ortsrand nahe Wald, extensive Grünland- u. Forstw., Kühe, Schafe, Kälbchen, Pony, Hasen, Hund, Katze, im Sommer Enten und Gänse. **Kinder und Eltern haben bei uns die Möglichkeit, aktiv am Landleben teilzunehmen und das Diplom »Ferienbauer« zu erwerben.** Vielseitiger Spielplatz, Spiele für drinnen u. draußen, kostenloses Ponyreiten, Kutschfahrten, Hausmacher-Spezialitäten, Käse- u. Butterherstellung, Hausprospekt. 2 FeWo ✶✶✶✶, senioren- u. kindger. gemütl. mit je 70 qm, 2 Schlafz., TV, Tel., Preise ab € 30,–. Gerne würden wir Sie als unsere Gäste begrüßen; es freut sich Familie Hirschfeld (Vater, Mutter, 4 Kinder, Oma, Opa, Hund und Katze).
Wintersonderaktion ab 199,– €/Woche/Fam.

✶✶✶✶

27513_99

Ferkel, Schaf, Kartoffelernte

Ferkel, Schaf, Kartoffelernte. Mit spannenden Geschichten von Ferkeln, Schafen, dem Weinbauern über die Arbeit der Maschinenringe zum Kartoffel- und Rapsanbau.

9,95 €

Nutzen Sie die Bestellkarte auf der letzten Seite!

Baden-Württemberg
Nördlicher Schwarzwald 99

Simmersfeld

Der Luftkurort Simmersfeld liegt auf einem welligen Hochplateau mit besonders gesundheitsförderndem Reizklima. In dieser unverbrauchten Natur, inmitten der „grünen Lunge Schwarzwald", wird es Ihnen nicht schwer fallen, Ihre Alltagssorgen zu vergessen. Eine so durch und durch grüne Natur, wie Sie sie bei uns vorfinden, braucht auch mal einen Regentag. An solchen Tagen bietet sich ein Besuch der zahlreichen Museen oder Thermalbäder in der Umgebung an.

Infos unter: Gemeinde Simmersfeld
Tel. 07484 - 93200 oder www.simmersfeld.de

Ferienbauernhof★★★★
Roller, Karl
Obere Str. 29
72226 Simmersfeld,
OT Ettmannsweiler
Tel. 07484 - 20200
Fax 07484 - 20201
ferienhof-roller@t-online.de
www.ferienhof-roller.de

Unser Hof liegt am Ortsrand in ruhiger Lage. Gemütliche FeWo im Landhausstil mit Wasch- und Spülmaschine, Nachlass VS/NS, Kräuter- und Meditationsgarten (Naturpädagogin), großer Kinderspielplatz, eigene Lebensmittel und Kräuterprodukte. 2 Ponys, Streichelzoo für Kinder. Mithilfe auf dem Hof ist möglich.

Anzahl	Art	qm	Personen	Preis
2	FeWo	85-90	2-6	ab 36,00 €

74097_1 F★★★★

★★★GbR Waidelich,
Jochen und Dietrich
Fuchsenhausweg 8
72226 Simmersfeld,
OT Ettmannsweiler
Tel. 07484 - 91103
Fax 07484 - 91104

k.waidelich@t-online.de
www.Ferienhof-Waidelich.de

Ackerbau-/Grünlandbetrieb mit großem Zuchtviehbestand.

Die Ferienwohnungen sind gut und gemütlich eingerichtet, mit Schlaf-/Wohnraum, Kochecke, D/WC, Bett-/Tischwäsche ist vorhanden.

Hofeigene Erzeugnisse werden geboten: z. B. selbst gebackenes Brot, Hausmacherwurst, Milch, Eier etc.
Idealer Urlaubsplatz in schöner, ruhiger Lage abseits der Hauptstraße, auf der Hochebene zum Nagold- und Enztal.

Sie finden Ruhe u. Erholung inmitten von Wald und Wiesen. Im Winter laden wir Sie ein zum Langlauf auf gespurten Loipen. Bei uns erwartet Sie eine familiäre Atmosphäre.

Gästeabholung. Spiel-/Grillplatz, Liegewiese. Bastelmöglichkeit, z. B. Bauernmalerei, Blumenstecken und vieles mehr. Tischtennis, Hausmusik.

74119_1 F★★★/★★★★

Anzahl	Art	qm	Personen	Preis
2	FeWo		2-6	auf Anfrage

617

Baden-Württemberg
100 Mittlerer Schwarzwald

Bad Peterstal-Griesbach
🚶 28 km 🚆 im Ort

Bad Peterstal-Griesbach liegt zentral im mittleren Schwarzwald im oberen Renchtal. Das Angebot umfasst: Reiten, Schneeschuhwandern, Thermal-Mineralbad, Saunen, Tanzabende, Heimatfeste, Kegeln, Minigolf, Tischtennis, Spielplätze, Reiten, Fronleichnam und Christi Himmelfahrt mit dem Aufmarsch der Historischen Bürgermiliz Bad Peterstal, Sommernachtsfest, der Eintritt für das beheizte Freibad und Minigolf ist frei.

Infos unter: Kur und Tourismus GmbH
Tel. 07806 - 91000 oder www.bad-peterstal-griesbach.de

siehe große Landkarte: D 18

251854_1

Ehrenmättlehof****
Ferienparadies Faißt
Kniebisstr. 5a
77740 Bad Peterstal-Griesbach
Tel. 07806 - 98450
Fax 07806 - 9845444

faisst@t-online.de
www.hotel-faisst.de oder
www.schnapsversand.de

Grüß Gott im Schwarzwald
Großzügige 1- bis 3-Zi.-Ferienwohnung mit TV, BK, Bad/D/WC, Südhanglage, herrl. Rundblick, Schnapsbrennerei, Wassertretstelle, Kinderspielplatz, Tiergehege, Hallenbad und Sauna kostenlos im Peterstaler Kur- und Ferienhotel Faißt; Entspannung inbegriffen ... Kinder herzlich willkommen ... Hausprospekt!

Anzahl	Art	qm	Personen	Preis
4	FeWo		1-4	ab 29,00 €

Prämierter Genuss
DLG-Wein-Guide · DLG-Bio-Guide

Entdecken Sie Weingüter und ihre Weine und begeben Sie sich auf eine Weinreise durch Deutschland. Mit den aktuellen Testergebnissen der DLG-Wein-Prämierung und den Adressen der prämierten Winzer!

9,90 €

Der vorliegende DLG-Bio-Guide 2009 präsentiert Vorzeigebetriebe der Bio-Szene. Darunter sind Pioniere der Anfangsphase, innovative Neueinsteiger, Querköpfe mit weltanschaulichen Grundsätzen, Idealisten oder traditionsreiche Klosterbetriebe.

9,90 €

Nutzen Sie die Bestellkarte auf der letzten Seite!

Baden-Württemberg
Mittlerer Schwarzwald 100

Hoferpeterhof
Urlaub für die ganze Familie

Familie Huber
Littweg 3
77740 Bad Peterstal

Tel. 0 78 06 / 98 75 0
Fax 07806 / 98 75 55
hoferpeterhof@t-online.de
www.hoferpeterhof.de

siehe große Landkarte: D 18

Bad Peterstal-Griesbach, OT Freiersbach (400 – 1000 m ü. M.), ist ein bekannter heilklimatischer Kur- und Erholungsort im landschaftlich besonders reizvollen Renchtal im mittleren Schwarzwald. Der Kurort verfügt über alle Einrichtungen eines modernen Badeortes wie Hallenbad, beheiztes Freibad, Kurhaus und Kurpark.
Die Vorzüge der Landschaft und die Behaglichkeit der Unterkunft bilden eine Einheit, die durch die Kinderfreundlichkeit der Anlage wirkungsvoll unterstrichen wird.

Leibgedinghaus

Der Forsthof „*Hoferpeterhof*" liegt im romantischen Renchtal, einem der schönsten Seitentäler des Rheins. Wir bürgen für erholsame Ferientage in absolut ruhiger, ursprünglicher Schwarzwaldlandschaft. In ungezwungener, familienfreundlicher Atmosphäre fühlen sich unsere Gäste wohl.

Bauernhaus mit Ferienhaus

Wir bieten Ihnen:
- Ruhige Lage am Waldrand mit Blick auf charakteristisches Schwarzwaldpanorama
- Eigene Jagd
- Komplett und großzügig eingerichtete Wohnungen
- Jede Wohnung mit SAT-TV und Telefon
- Gemütlicher Aufenthaltsraum, Tischtennisraum
- Freilichtkegelbahn / Fußballplatz
- Liegewiese, Parkplätze beim Haus
- Kinderspielzimmer und Kinderspielplatz
- Waschmaschine
- Kleintierhaltung / Ponys zum kostenlosen Reiten
- 7-Tage-Brötchenservice
- nach Absprache Bauernvesper
- Grillabende
- Sauna
- Beheiztes Freibad 500 m / Hallenbad 5 km
- Mountainbike-Routen / Nordic-Walking-Park
- Wanderwege ab Hof
- *Ausflugsziele:* Europa-Park Rust, Freilichtmuseum, Wasserfälle, Straßburg, Baden-Baden, Freiburg usw.

Mietpreis je nach Wohnung und Personenzahl
von 25,-- bis 60,-- €
Schnupperwochen in der Nebensaison!

Bitte fordern Sie unseren ausführlichen Hausprospekt an!

Baden-Württemberg
100 Mittlerer Schwarzwald

Bad Rippoldsau-Schapbach
🚶 40 km 🚆 15 km

Naturheilgarten und höchstes Mineral- und Moorbad im Schwarzwald, der Ort schlängelt sich 23 km dem Flüsschen Wolf entlang in einer Höhe zwischen 400 und 900 m, mildes Mittelgebirgsklima, Mineralthermalbad mit Innen- und Außenbecken, Kinderferienprogramm, Abenteuerkinderspielplätze, Bundeskegelbahnen, Kurpark, Brauchtumsabende, Fronleichnamsumzüge, Adventsmarkt.

Infos unter: Tourist-Information Bad Rippoldsau-Schapbach
Tel. 07440 - 913940 oder www.bad-rippoldsau-schapbach.de

siehe große Landkarte: E 18

Urlaub im Naturpark Schwarzwald

Anita und Ursula Dieterle
Dorfstr. 10
77776 Bad Rippoldsau - **Schapbach**

Tel. 07839 / 910 99 00
www.maierhof.com
info@maierhof.com

**Familienurlaub --
bei uns immer ein Erlebnis:**
- komfortable ****-FeWo´s ab 29,- EURO / 2 Pers.
- Familienzimmer mit Du/WC und Kochnische; ÜF ab 15,- EURO
- spezielle Urlaubsarrangements (Kur- und Wellnessangebote)
- großer Spielplatz für die Kinder
- Kinderausstattung
- Streicheltiere (Ziegen, Esel, Meerschweinchen, Kaninchen, Kälber und Kühe)
- Eselreiten
- Brötchen- und Getränkeservice
- Grill- und Flammkuchenabende

Maierhof
...den Schwarzwald erleben!

27405

So geht's zu auf dem Bauernhof

Die Foto-Sachgeschichten zeigen, wie Landwirte mit riesigen Traktoren ihre Felder bearbeiten. Was Erdbeerbauern im Tunnel machen. Wie Kühe Milch geben. Und wie Schweine Strom machen ...

Ausgezeichnet von der Akademie für Kinder- und Jugendbuchliteratur

9,95 €

Nutzen Sie die Bestellkarte auf der letzten Seite!

Baden-Württemberg
Mittlerer Schwarzwald 100

Hansenhof
Familie Johannes Dieterle
Am Hansenhof 1
77776 Bad Rippoldsau, OT Schapbach
Tel. 07839/275
www.reisen-ferienwohnung.de
Info@Hansenhof-Schwarzwald.de

Anzahl	Art	qm	Personen	Preis
4	FeWo	40-67	2-5	ab 30.00€

27404_100

Urlaub für Groß und Klein „Der Schmidhof"

Unser familienfreundlicher Hof liegt in Ortsnähe von Schapbach - Startpunkt für Ausflüge, Wanderungen, Nordic Walking und Mountainbiking.
Bei uns gibt es Tiere zum Anfassen - Chicco das Pferd, Sam unser Pony, die Ziegen Max und Moritz mit Marie, die Katze Emil, das Minischwein Miss Piggy, die Kaninchen und die Kamerunschafe.

Sie wohnen in gemütlich eingerichteten Ferienwohnungen mit ✶✶✶ oder ✶✶✶✶, jeweils mit Balkon, Terrasse oder Gartenlaube. Ob für 2 Personen (47 m^2) oder für die große Familie (85 m^2), die Wohnungen sind komplett ausgestattet. Jede verfügt über Sat-TV, Radio und DSL-Anschluss.

Wir bieten Ihnen:
Tischfußball, Tischtennis, Kinderfahrzeuge, Trampolin, Spielplatz, Grillplatz, Liegewiese, verschiedene Sitzplätze, Ponyreiten, auf Wunsch geführte Nordic-Walking-Touren, Brötchenservice, Gästeabholung.

Klicken Sie einfach mal bei uns vorbei, wir freuen uns auf Ihren Besuch

Schmidhof✶✶✶
Neumaier, Helga und Michael
Dorfstr. 67
77776 Bad Rippoldsau, OT Schapbach
Tel. 07839 - 250
Fax 0721 - 151265046
www.schmidhof.de

ferien@schmidhof.de

Anzahl	Art	qm	Personen	Preis
5	FeWo	47-85	2-5	ab 33,00 €

74091_100   F✶✶✶/F✶✶✶✶

Vogtshof✶✶✶
Schmid, Albert
Wolftalstr. 15
77776 Bad Rippoldsau
Tel. 07440 - 755 oder 248
Fax 07440 - 755 oder 248

schmid-vogtshof@t-online.de
www.schmid-vogtshof.de

Einzelhof mit Leibgedinghaus in ruhiger, sonniger Lage. Forstwirtschaftsbetrieb. Neue, gemütlich und komfortabel eingerichtete Ferienwohnungen. Grill- und Spielplatz, TT, Terrasse, Unterstellmöglichkeiten für Fahr- und Motorräder, Brötchenservice, Frühstück möglich, ideal für Kururlaub. Hausprospekt.

Anzahl	Art	qm	Personen	Preis
6	FeWo	30-60	2-5	ab 26,00 €

74101_1   F✶✶✶

Baden-Württemberg
100 Mittlerer Schwarzwald

Durbach
🚶 10 km 🚉 10 km

Durbach, das goldene Weindorf an der Badischen Weinstraße, lädt zum Genießen, Entspannen und aktiv Erholen ein. Durbach liegt in der malerischen Vorbergzone zwischen Rheinebene und Schwarzwald, überragt von Schloss Staufenberg, einer ehemaligen Ritterburg aus dem 11. Jahrhundert. 160 km Wanderwege führen Sie durch Wald und Weinberge. Radfahrer können zwischen bequemen Radwanderungen in der Rheinebene oder anspruchsvolleren Strecken im Gebirge wählen.

Infos unter: Tourist-Information Durbach
Tel. 0781 - 42153 oder www.durbach.de

Halterhof***
Halter, Rita und Alfred-Josef
An der Moos 1
77770 Durbach, OT Gebirg
Tel. 0781 - 42129
Fax 0781 - 9489427

Einzelhof, KB, WM-Ben., TV, Hausschlachtung, Brotbacken, Edelbrände, Obstbau, Forstwirtschaft, Weinbau, Rinder, Pferde, Streicheltiere, Mitarbeit möglich, Kinderspielplatz. Ideal zum Wandern, beheiztes Schwimmbad im Ort, Pkw erforderlich, Hunde 3,- €/Tag. Fordern Sie unseren Hausprospekt an.

Anzahl	Art	qm	Personen	Preis
1	FeWo		2-6	ab 40,00 €

Ritterhof****
Kuderer, Andreas
Ritterberg 1
77770 Durbach
Tel. 0781 - 41586   ritterhof@web.de
Fax 0781 - 41591   www.ritterhof-durbach.de

Schwarzwaldhof in ruhiger Alleinlage mit neu erbautem Ferienhaus. Forstwirtschaft, Obstbau, Brennerei, Imkerei, Grünland, Rinder, Katzen, Federvieh, Ponys, Hund. Großer Spielplatz, Liegewiese, Grillplatz, Tischtennis, Tischfußball. Alle Wohnungen mit Sat-TV und Telefon. Hausprospekt!

Anzahl	Art	qm	Personen	Preis
3	FeWo	37-77	2-6	ab 34,00 €

Weingut****
Männle, Heinrich
Sendelbach 16
77770 Durbach,
OT Sendelbach
Tel. 0781 - 41101   info@weingutmaennle.de
Fax 0781 - 440105   www.weingutmaennle.de

Hof am Ortsrand, Hausprospekt, KB, jede Ferienwohnung mit überdachter Terrasse, WM, TV, Grillplatz, Weinbau, Abfindungs-Brennerei, Obstbau, Kaninchen, Mitarbeit bei der Weinlese/Obsternte möglich, selbst erzeugte Weine werden angeboten, Spielplatz, Weinprobierstube.

Anzahl	Art	qm	Personen	Preis
3	FeWo	42-69		ab 36,00 €

Baden-Württemberg
Mittlerer Schwarzwald 100

****Mayer, Erna
Obertal 21
77770 Durbach, OT Obertal
Tel. 0781 - 41157
Fax 0781 - 9486366

siehe große Landkarte:
D 18

Bauernhof in ruhiger, sonniger Lage.
Ferienwohnungen mit KB und TV. Ackerbau- und Forstbetrieb, Weinbau, Obstbau, Tischtennis.
Honig aus eigener Imkerei, Edelbranntweinbrennerei, Pkw vorteilhaft, gute Wandermöglichkeiten.

Anzahl	Art	qm	Personen	Preis
2	FeWo	80	2-5	ab 34,00 €

73717_1   F****

So geht's zu auf dem Bauernhof
Malen und Spielen mit Freddi · Junior Band 1 Bauernhof · Junior Bauernhof Memo

Riesen-Lese- und Spielespaß für kleine Bauern! In dem DIN-A3-Block finden Sie zwei verschiedene Malvorlagen und drei lustige Spiele zum Ausmalen. Jedes der fünf Motive gibt es viermal, so dass sich alle Kinder/Freunde gemeinsam vergnügen können, ohne Streit und Ärger.

5,00 €

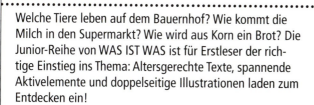

Welche Tiere leben auf dem Bauernhof? Wie kommt die Milch in den Supermarkt? Wie wird aus Korn ein Brot? Die Junior-Reihe von WAS IST WAS ist für Erstleser der richtige Einstieg ins Thema: Altersgerechte Texte, spannende Aktivelemente und doppelseitige Illustrationen laden zum Entdecken ein!

Ab 5 Jahren, Hardcover, 24 Seiten   **9,90 €**

Tiere, Geräte, Pflanzen und natürlich Bauer und Bäuerin gehören zum Bauernhof. Mit dem Bauernhof Memo lernen Kinder die verschiedenen Begriffe ganz spielerisch kennen und üben gleichzeitig ihre Merkfähigkeit.

Ab 4 Jahren, 64 Memokarten, für 2–5 Spieler   **9,90 €**

Nutzen Sie die Bestellkarte auf der letzten Seite!

Baden-Württemberg
100 Mittlerer Schwarzwald

URLAUB BEI FREUNDEN ...
FISCHERBACH - HASLACH - HAUSACH - HOFSTETTEN - MÜHLENBACH - STEINACH

Natur pur - ländliche Idylle • 4 beheizte Freibäder und 1 Hallenbad • Rodelbahn, Barfußpark, große Modelleisenbahnanlage und weitere 70 Sehenswürdigkeiten im Kinzigtal • gut erreichbar ist der Europapark Rust • Kinzigtalradweg und Inlinerstrecke • 520 km Wanderwege • 33 Nordic-Touren • Mountainbiken • vielfältige Veranstaltungen für Groß und Klein ... **und das alles im angenehmen Kinzigtäler Klima!**

Suchen Sie sich gleich Ihr Quartier unter: www.gastliches-kinzigtal.de - Ferien auf dem Bauernhof

Tourist Information Gastliches Kinzigtal e.V., Klosterstr. 1, 77716 Haslach, Tel. 07832-706-170, Fax -706-179, info@gastliches-kinzigtal.de

Fischerbach
40 km 10 km

Malerisch schön liegt das kleine Schwarzwalddorf in reizv. Südhanglage zw. Kinzig (220 m ü. NN) und Brandenkopf (945 m ü. NN) inmitten von Weiden, bunten Streuobstwiesen u. umrahmt von grünen Mischwäldern, liebevoll auch die „Sonnenterrasse des Kinzigtals" genannt. Die Pfarrkirche St. Michael ist sowohl vom Kinzigtalradweg als auch von Schwarzwaldbahn u. B 33/B 294 aus als Blickfang u. Kleinod zu erkennen. Fischerbach liegt a. d. Hauptstrecke des Kinzigtalradweges. Ausgeschilderte Wanderwege, Nordic-Walking-Arena-Touren u. Mountainbikestrecken. Die Walderholungsanlage im Eschbach u. der Walderlebnispfad im Andersbach bringen viel Spaß und Abenteuer.

Infos unter: Gemeindeverwaltung Fischerbach
Tel. 07832 - 91900 oder www.fischerbach.de

202486_1 F*****

Ferienparadies Ramsteinerhof*****
Müller, Brigitte und Ulrich
Hintertal 21
77716 Fischerbach,
OT Hintertal
Tel. 07832 - 2390
Fax 07832 - 994690

info@mueller-fischerbach.de
www.mueller-fischerbach.de

Urlaub auf dem Ramsteinerhof: Wer die Natur liebt, sich auf Tiere und den Duft von frischem Holzofenbrot freut, der ist bei uns genau richtig. In unseren ebenso komfortablen wie urgemütlichen Ferienwohnungen können Sie ohne Blick auf die Uhr entspannen. Wir freuen uns auf Sie!

Anzahl	Art	qm	Personen	Preis
3	FH	65-90	2-6	ab 48,00 €

Erholen, Entspannen, Durchatmen - im Schwarzwald

In einem romantisch sonnigen Seitental inmitten von Wiesen und Wäldern liegt Ihre Wohlfühloase. Die Ruhe, die Landschaft und die frische Bergluft werden Sie verzaubern. Genießen Sie mit Ihrer Familie einen erholsamen sowie ereignisreichen Aufenthalt auf unserem Bauernhof, in gemütlich eingerichteten Ferienwohnungen!

Preise pro Übernachtung ab 38,- / 2 Personen. Auch für Gruppen geeignet!

Rechtgrabenhof
Fam. Schwendenmann
Hintertal 5
77716 Fischerbach
Tel.: 0 78 32 / 84 26
info@rechtgrabenhof.de
www.rechtgrabenhof.de

Baden-Württemberg
Mittlerer Schwarzwald 100

Mühlenbach

Mühlenbach liegt am Ausgangspunkt von sieben typischen Schwarzwaldtälern mit schattigen Tannenwäldern, saftigen grünen Wiesen und kristallklaren Bächen. Die herrliche Landschaft und das gesunde Klima bieten dem stressgeplagten Gast das ganze Jahr über Möglichkeiten, sich von der Hektik des Alltags zu erholen. Das umfangreiche Freizeitsportangebot lässt keine Langeweile aufkommen. Aktiv pur! Die herrliche Landschaft um Mühlenbach garantiert Spaß für „Groß und Klein".

Infos unter: Tourist-Info Gastliches Kinzigtal
Tel. 07832 - 706170 oder www.muehlenbach.de

Steffeshof***
Wilhelm Heizmann
Bärenbach 17
77796 Mühlenbach
Tel. 07832 - 8963
Fax 07832 - 994099

wilhelm.heizmann@t-online.de
www.steffeshof-schwarzwald.de

Erholen und entspannen Sie sich auf unserem Bauernhof.

Ein Paradies für Naturliebhaber und Wanderer. Unsere Ferienwohnungen und das „Hexenhäuschen" sind sehr komfortabel und gemütlich.

Grünland- und Forstbetrieb, Mutterkühe und Schweine. Kaninchen und Katzen sind zum Streicheln.
Tischfußball, Tischtennis, große Spielwiese und Kinderspielplatz. Brötchenservice. Auf Wunsch wird auch den Gästen der Ferienwohnungen Frühstück serviert.

Angebote im Frühjahr und im Herbst:

7 Tage buchen - 6 Tage bezahlen
14 Tage buchen - 12 Tage bezahlen

Fordern Sie unseren Hausprospekt an!

Anzahl	Art	qm	Personen	Preis
2	FeWo	40-70	2-4	ab 23,00 €
1	FH	80	bis 6	54,00 €
1	Zi.	20	2	27,00 €

73681_1   F***/****P**

Glantz-Zeiten

Die weitverzweigte Familie Glantz bewirtschaftete rund 300 Jahre verschiedene Güter in Mecklenburg. Heute steht der Name Glantz im Raum Hamburg und in der Region Wismar- Schwerin für Erdbeeranbau.

9,95 €

Nutzen Sie die Bestellkarte auf der letzten Seite!

Baden-Württemberg
100 Mittlerer Schwarzwald

Gutach
🚶 2 km 🚉 1 km

Der Erholungsort hat 2170 Einwohner, die dafür bekannt sind, dem Bollenhut eine Heimat zu geben. Diesen und andere traditionelle Dinge zeigt das Schwarzwälder Freilichtmuseum im Ort. Gutach liegt im Gutachtal, einem Seitental des Kinzigtales, das sich von Hausach bis St. Georgen erstreckt. Hier hat die Schwarzwaldbahn ihren wohl interessantesten Abschnitt. Barfußwege führen durch das Landschaftsschutzgebiet zu Duftstationen und Fühl-Pavillons.

Infos unter: Gemeinde Gutach
Tel. 07833 - 93880 oder www.gutach-schwarzwald.de

73719_1   F***P***

Joklisbauernhof***
Moser, Elfriede
Ramsbachweg 58
77793 Gutach
Tel. 07833 - 7176
Fax 07833 - 960148
urlaub@joklisbauernhof.de

Einzelhof.
Alle Zimmer mit D/WC, KB, TV, Hausschlachtung, Brotbacken, Grünland-/Forstbetrieb, Rinder, Schweine, Federvieh, Englisch, eigene Schnapsbrennerei.

Anzahl	Art	qm	Personen	Preis
1	FeWo	56	2-4	ab 25,00 €
5	Zi.		1-2	ab 12,50 €

73754_1   P***

Zimmerbauernhof***
Wälde, Hanno
Wählerhöfe 2
77793 Gutach, OT Turm
Tel. 07831 - 6305
Fax 07831 - 966503
h-waelde@t-online.de

Hof im Weiler, DZ und MBZ mit D/WC/Föhn, BK, plus Kurtaxe, KB, Aufenthaltsraum mit Sat-TV, Gästeküche, Grillplatz, Hausschlachtung, Brotbacken, Forstbetrieb, Rinder, Kleintiere, Lehrwanderungen, im Winter Schnapsbrennen, Liegewiese, Sandkasten, Schaukel, für Senioren geeignet.

Anzahl	Art	qm	Personen	Preis
4	Zi.			ab 13,00 €

73764_1   F****

Müllerjorgenhof****
Wöhrle, Bernd
Steinenbach 11
77793 Gutach,
OT Steinenbach
Tel. 07833 - 372
Fax 07833 - 959548
info@muellerjoergenhof.de
www.muellerjoergenhof.de
www.muellerjoergenstube.de

Fantastische Alleinlage, umgeben von grünen Wiesen und sanften Hügeln. Das idyllische Tal ist ein kleines Paradies für erholsamen Urlaub und gesunden Schlaf. Besonders reizvoll im Frühjahr und Herbst. Gemütlich eingerichtete Ferienwohnungen. Unsere Wege laden zu tollen Nordic-Walking-Touren ein.

Anzahl	Art	qm	Personen	Preis
3	FeWo	40-75	2-5	ab 32,00 €

Baden-Württemberg
Mittlerer Schwarzwald

Hornberg

Inmitten des klimatisch günstig gelegenen Gutachtals, ein Seitental der Kinzig, umgeben von Wäldern, Bergen und Wiesen, liegt der staatlich anerkannte Erholungsort Hornberg mit den Ortsteilen. Besuchen Sie den historischen Schlossberg mit der Burgruine, das Viadukt der Schwarzwaldbahn, die Freilichtbühne Hornberg mit der Aufführung des „Hornberger Schießens" oder fahren Sie mit der Schwarzwaldbahn; mit 36 Tunneln eine der schönsten Mittelgebirgsbahnen Europas.

Infos unter: Tourist-Information Hornberg
Tel. 07833 - 79344 oder www.hornberg.de

★★★ Ferien u. Reiterhof Hasenhof

Christa u. Hans Hildbrand Frombachstr. 72   78132 Hornberg
Tel: 07833 / 7104   Fax: 07833 / 95 92 89
Email: jhildbrand@t-online.de   www.hasenhof-hornberg.de

Abseits vom Verkehr in einem idyllischen Seitental, umgeben von Wäldern und Wiesen sind Sie bei uns herzlich Willkommen. Erholen Sie sich in den Ferienhäusern auf unserem Bauernhof mit Reitpferden, Forellenzucht Schnapsbrennerei und Kleintieren. In gemütlich und komplett eingerichteten **Ferienwohungen** mit Kachelofen, Terrasse, Grillplatz, Kinderspielplatz, Liegewiese.

Übernachten Sie in unserem **urigen Heuhotel** - in kuscheligen Kammern im eigenen Schlafsack
Camping auf dem Bauernhof, Reitmöglichkeit, Freibad 1 km.

Ferienhäuser ab 32.- €
Heuhotel ÜF Ki: 9.-€ Erw.-12.-€ Camping 14.- €

Verwöhn-Urlaub

Einmal wie ein echter Landlord leben! Im Übernachtungsführer „Urlaub auf Landsitzen" werden die schönsten Herrensitze, Burgen und Schlösser und andere historische Gebäude vorgestellt.

12,90 €

Nutzen Sie die Bestellkarte auf der letzten Seite!

Baden-Württemberg
100 Mittlerer Schwarzwald

Oberharmersbach

Gesund und fit entspannen und dabei ein Stück Schwarzwälder Urwüchsigkeit erleben! Zentrale Lage im Mittleren Schwarzwald. Große Wiesenflächen gehen langsam über in ausgedehnte Wälder. Mountainbike-Strecken, sechs Nordic-Walking-Strecken, beheiztes Freibad, geführte Wanderungen, Adventure-Mini-Golf-Park, bäuerlicher Weihnachtsmarkt, Schwarzwald-Forellen, Schwarzwälder Schinken.

Infos unter: Tourist-Information Oberharmersbach
Tel. 07837 - 277 oder www.oberharmersbach.net

Bläsihof**
Lehmann, Frank
Zuwald 8
77784 Oberharmersbach
Tel. 07837 - 1661 oder 483
Fax 07837 - 922608
blaesihof@t-online.de
www.blaesihof.de

Hof in idyllischem Seitental, Brötchenservice, Frühstück auf Anfrage, Bettwäsche/Handtücher vorh., Geschirrspüler, TV, Spielgrillplatz, sep. Aufenthaltsraum, Kühe, Schweine, Ziege, Hasen, Katzen, Forellen, Wandermöglichkeiten, Nordic-Walking- und Mountainbikestrecke, Hausprospekt.
„Vom Gast empfohlenes Haus".

214465_1   F***/****

Anzahl	Art	qm	Personen	Preis
4	FeWo	26-63	2-4	ab 24,00 €

Der Bauernhof

Wo kommt die Milch her? Wie kommt ein Küken zur Welt? Und was macht der Bauer am Sonntag? Ein Besuch auf dem Bauernhof, bei dem schon kleine Kinder viel Wissenswertes erfahren und hinter Klappen entdecken können.

Ab 2 Jahren, 16 Seiten **8,95 €**

Nutzen Sie die Bestellkarte auf der letzten Seite!

Auf dem Bauernhof

Auf dem Bauernhof gibt es viel zu entdecken. Wo leben die Tiere? Was wird da geerntet? Welche Fahrzeuge sind das? Spannende Klappen geben überraschende Einblicke.

Ab 4 Jahren, 16 Seiten **12,95 €**

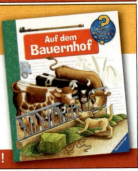

Nutzen Sie die Bestellkarte auf der letzten Seite!

Baden-Württemberg
Mittlerer Schwarzwald

Oberwolfach
🚶 40 km 🚋 4 km

Der Luftkurort Oberwolfach im Herzen des Schwarzwaldes bietet sich dem Erholung suchenden Menschen als ein Feriendomizil dar, wo man abseits der großen Touristikzentren Ruhe und Entspannung finden kann. Wandern, Radfahren, Bergbau- und Mineralienmuseum, Besucherbergwerk Grube Wenzel, Spielplätze, Grillplätze, Minigolf, Vogellehrpfad, Glashütte in Wolfach. Regionale Spezialitäten in den Gaststätten.

Infos unter: Gemeinde Oberwolfach
Tel. 07834 - 83830 oder www.oberwolfach.de

Reiter- und Ferienhof Landeckhof***
Familie Fridolin Faist
Landeck 1
77709 Oberwolfach
Tel. 07834 - 4158

f.faist@landeckhof.de
www.landeckhof.de

Erholen, genießen, Natur erleben!

Auf unserem idyllisch gelegenen Schwarzwaldhof bieten wir Ihnen unvergesslichen Familien-/Reiturlaub.

Gemütlich eingerichtetes **Ferienhaus** für 2-6 Pers. in separater Lage oder stilvoll modernisierte **Ferienwohnungen** mit 30-60 qm Wohnfläche. Sat-TV, Terrasse, Grillplatz mit Grillhäuschen, Spielscheune, Kinderspielplatz, Kicker.

Reitplatz, Reithalle, Viele Tiere (Pferde, Esel, Ziegen, Katzen, Hund, Hasen, Meerschweinchen).

Qualifizierter Reitunterricht und geführte Reittouren auf gut ausgebildeten Islandpferden. Tägliches Reitprogramm für Groß und Klein. Viel Platz zum Toben, viele Wandermöglichkeiten, einzigartige Aussicht.

Anzahl	Art	qm	Personen	Preis
2	FeWo	30-60	2-4	ab 30,00 €
1	FH	70	2-6	ab 48,00 €

27475

Malen und Spielen mit Freddi

Riesen-Lese- und Spielespaß für kleine Bauern! In dem DIN-A3-Block finden Sie zwei verschiedene Malvorlagen und drei lustige Spiele zum Ausmalen. Jedes der fünf Motive gibt es viermal, so dass sich alle Kinder/Freunde gemeinsam vergnügen können, ohne Streit und Ärger.

5,00 €

Nutzen Sie die Bestellkarte auf der letzten Seite!

Baden-Württemberg
100 Mittlerer Schwarzwald

URLAUB ZUM WOHLFÜHLEN UND ERLEBEN

700 m über dem Alltag

HANSELEHOF ★★★★
seit 1682
mit HAUS LANDECK

Familie Hermann Schmid · Bad Rippoldsau/Schapbach · 77709 Oberwolfach/Walke
Tel. 0 78 39 / 230 · Fax 1310 · hanselehof@t-online.de · www.hanselehof.de

Im „Landschaftspark Hanselehof-Schwarzenbruch" steht frei das Hofgebäude mit Haus Landeck und die Hofkapelle mit Bauerngarten. Eine traditionelle Bergbauern-Kulturlandschaft, gepflegt und abwechslungsreich. **Hier ist es gutsein.** Man sieht von diesen Höhen unverstellt in die Landschaft und nimmt ihre Schönheiten wieder wahr. Die Welt, von der wir uns erträumen, sie wäre noch ein bißchen heil, hier ist sie es, die Idylle **HANSELEHOF: Schön zu jeder Jahreszeit, ein Lebensraum als Lebenstraum.** Für Groß und Klein. Lassen Sie sich verwöhnen aus unserer bekannt guten Hofküche mit eigenen Produkten, wie auch durch unser **umfangreiches Wochenprogramm.** Wir laden Sie herzlich ein, uns zu besuchen.

Ihre Familie Schmid

- Geführte Wanderungen mit dem Hausherrn Wissenswertes über Wald und Flur mit Quiz Rücktransport mit Unimog und „Heu-Shuttle"
- Hütten-Grillabende an der Hasenackerhütte mit Lagerfeuer, Bier vom Faß und viel Spaß für alle
- Unsere beliebte „Hofhockete" in der Scheune oder im Freien unterm großen Walmdach mit badischen Spezialitäten aus der Hofküche Hofführungen und Betriebsbesichtigung mit Schnaps- oder Weinprobe im „Alten Mostkeller"
- Unsere Tiere: Mütterkühe mit Kälbern, Schweine, Pferd, Esel, Gans und Ziege, Katzen groß und klein, sowie unsere Hundedame Kyra
- Stockbrotbacken bei Feuerschein mit einem Gläschen Wein, Rückkehr im Fackellicht
- Eigene Jagd und Brennerei, Bauernstube mit Kachelofen, gepflegter Hofbereich, Sitzgelegenheiten mit Ausschank, Kinderspielplatz, Strohburg
- Diaabende, Infomappe, Liegewiese, Mountainbike Verleih, weitläufiges und gepflegtes Hofareal

Frühbucherrabatt/gr. Kinderspielpl. m. Wasserbereich
9 Ferienwhg. – 1 Ferienhäuschen – 8 Gästezimmer

Inklusivpreise pro Person bzw. Einheit

Doppelzimmer DU/WC HP € 36 bis 39
6 x abends 4 Gänge-Menü

Ferienwohnungen für
2 bis 6 Personen ab € 44 bis 93

Ferienhäuschen für 2 bis 4 Personen
€ 28 bis 41

Verpflegung Ferienwohnung
Frühstück   + € 9,80
Abendessen   + € 12,90
HP 4-Gänge-Menü + € 21,00
Kinder-Ermäßigung Essen bis 50 %

NATURPARK SCHWARZWALD

Baden-Württemberg
Mittlerer Schwarzwald 100

Schornhof***
Sum, Reinhard
Schwarzenbruch 16
77709 Oberwolfach,
OT Walke
Tel. 07834 - 9464
Fax 07834 - 869729

info@schornhof.com
www.schornhof.com

Einzelhof in herrlicher Höhenlage im Herzen des Schwarzwaldes. Komfortable Ferienwohnungen mit 2 Schlafzimmern, Wohnküche, Balkon. Milchvieh, Schweine, Enten, Schwimmbad, Schnapsbrennerei, Grillplatz, Brotbacken, eigene Produkte, Panoramablick, Wander-/Mountainbikemöglichkeiten, Hausprospekt.

Anzahl	Art	qm	Personen	Preis
2	FeWo	60	2-4	ab 30,00 €

241446_1   F***

Urlaubsparadies im Schwarzwald: Oppenau!
Oppenau mit seinen Ortsteilen ist ein bezaubernd stimmungsvoller Luftkurort im Naturpark „Schwarzwald Mitte/Nord", zwischen der Schwarzwald-Hochstraße und der Badischen Weinstraße, umgeben von einer idyllischen Bergwelt. Vom ersten Augenblick an werden Sie sich in der Atmosphäre herzlicher Gastlichkeit wohlfühlen. Unser Ferienangebot ist vielfältig: von Angeln über Wandern, Radtouren, Gleitschirmfliegen bis zu einem Besuch im Familien-Freizeitbad mit Riesenrutsche und großem Kindermatschplatz ist für jeden das Richtige dabei. Wählen Sie einfach nach Lust und Laune!

Tourist-Information Oppenau,
Tel. 0 78 04 / 91 08 30 oder www.oppenau.de

Oppenau
🚶 21km

Wandern - Erholen - Genießen - im Herzen des Schwarzwaldes. Auf ausgeschilderten Wanderwegen (ganze 350 km) und Mountainbike-Wegen (500 km) aller Schwierigkeitsgrade powern Sie sich so richtig aus. Sie rasten an Wasserfällen im Grünen. Wer noch nicht genug hat: Es gibt Startplätze für Gleitschirmflieger. Traditionelle Feste: Ostermarkt, Fronleichnamsprozession, Dorffeste einheimischer Vereine, Stadtfest. Ausflug: nach Straßburg 35 km.

Infos unter: Tourist-Information
Tel. 07804 - 910830 oder www.oppenau.de

Hansmartinshof***
Huber, Josef
Rollwasen 2
77728 Oppenau, OT Ibach
Tel. 07804 - 2108
Fax 07804 - 2427

hansmartinshof@t-online.de
www.badenpage.de/oppenau/hansmartinshof

Einzelhof mit Großviehhaltung und eigener Edelbranntwein-Brennerei in ruhiger Lage umgeben von Laub- und Nadelwald. Nebelfreie Lage. Preise der Ferienwohnungen zzgl. Kurtaxe, Freisitz, Liegewiese, Gartengrill und Spielplatz, Hausprospekt, Auszeichnung: „Schönes Gasthaus". Bei Kurzurlaub ist der Preis pro FeWo 130,- € für 2 od. 3 Übernachtungen.

Anzahl	Art	qm	Personen	Preis
2	FeWo	60-70	2-6	ab 26,00 €

345469_1   F***

Baden-Württemberg
100 Mittlerer Schwarzwald

233386_1 F***

Suschethof***

Huber, Bernhard
Suschet 1
77728 Oppenau
Tel. 07804 - 811
Fax 07804 - 912982

Unser landschaftlich wunderschön gelegener Einzelhof bietet Ihnen Ferienwohnungen mit KB und TV.
Hausschlachtung, frisches Brot, Milchvieh, Schweine, Federvieh und Kaninchen zum Streicheln. Ausflugsziele: Bodensee, Straßburg, Schweiz. Fordern Sie unseren Hausprospekt an!

Anzahl	Art	qm	Personen	Preis
2	FeWo	65-75	2-6	ab 33,00 €

Springhansenhof****

Springmann,
Maria und Martin
Hinter-Ibach 6
77728 Oppenau, OT Ibach
Tel. 07804 - 651   info@springhansenhof.de
Fax 07804 - 910430   www.springhansenhof.de

Einzelhof im Ibachtal. FeWo mit Balkon o. Terrasse, Spülmaschine, SE, KB, TV, Grill-/Spielplatz, Liegewiese, Brötchenservice, Hausschlachtung, Hausbrennerei mit Probierstübchen. Grünlandbetrieb, Forstwirtschaft, Rinder, Schafe, Pony, Kaninchen, Ziegen, Reitmöglichkeit, TT, Fahrradverleih, Sauna, Angeln, Brotbacken, Hüttenvermietung.

Anzahl	Art	qm	Personen	Preis
4	FeWo	55-80	2-6	ab 25,00 €

251826_1 F****

Schiltach
🚏 25 km 🚆 Schiltach

Schiltach liegt im Naturpark Schwarzwald Mitte/Nord. Markierte Rad- und Wanderwege führen durchs Grüne. Die Stadt des Fachwerks, der Flößer und der Gerber blickt auf eine lange Tradition. Die Gerberei kann heute noch besichtigt werden. Abends kehren Sie in der historischen Altstadt ein. Ausflüge: nach Strasbourg 70 km, Freiburg 60 km. Besichtigungen: Schüttesäge-Museum, Apotheken-Museum, Wasser-Bad-Design-Museum.

Infos unter: Tourist-Information
Tel. 07836 - 5850 oder www.schiltach.de

Ferienwohnung Rösch***

Rösch, Heinz
Vor-Eulersbach 80
77761 Schiltach
Tel. 07836 - 2081
Fax 07836 - 957627   heinzRosch@aol.com

Ausgangspunkt für schöne Ausflugs- und Wanderziele. Hausprospekt, Ferienwohnung mit 2 DZ, Wohnzimmer, Küche, Bad, D/WC, Balkon, Telefon, Sat-TV und KB. Preise inkl. Garage u. Kurtaxe. Jede weitere Person 6,- €/Tag, einmalig 18,- € Endreinigung, Liegewiese, Brötchenservice.

Anzahl	Art	qm	Personen	Preis
1	FeWo	65	2-4	ab 31,00 €

241372_1 F***

Baden-Württemberg
Mittlerer Schwarzwald 100

Simonshof**
Spinner, Klaus u. Birgit
Liefersberg 97
77761 Schiltach,
OT Vorderlehengericht
Tel. 07836 - 7215
Fax 07836 - 96985
info@simonshof.de
www.simonshof.de

Biobauernhof in ruhiger, sonniger Höhenlage mit einzigartigem Ausblick! Stilvoll eingerichtete FeWo's mit viel Komfort (WLAN, Kachelofen). Viele Tiere (Pferde, Kühe, Kälber, Ziegen, Mini-Meerschweinchen, Hasen, Katzen). Großes Freizeitangebot, z. B. Reit-, Spielplatz, Spielscheune, Trampolin, Gokarts, Heuburg, Wohlfühlgarten. Viele Wandermgl. ab Hof. Wir freuen uns auf Sie!

Anzahl	Art	qm	Personen	Preis
5	FeWo	42-100	2-6	ab 38,00 €

129276_1   F****/****

Lustiges Landleben
Malen und Spielen mit Freddi · Was macht das Schwein in der Stadt? Was macht das Schwein auf dem Ei?

Riesen-Lese- und Spielespaß für kleine Bauern! In dem DIN-A3-Block finden Sie zwei verschiedene Malvorlagen und drei lustige Spiele zum Ausmalen. Jedes der fünf Motive gibt es viermal, so dass sich alle Kinder/Freunde gemeinsam vergnügen können, ohne Streit und Ärger.

5,00 €

Jeden Tag nach Körnern scharren, das kann nicht alles sein, denkt Huhn Loretta. Und so verkündet sie kurzerhand den Bauernhoftieren, dass sie heute einen Ausflug in die Stadt machen werden. Bei diesen köstlichen Verwirrungen und Verwicklungen geht es um Schein und Sein, aber auch darum, dass Tiere eben Tiere sind und dass Hühner eigentlich nicht in die Stadt gehören.

12,90 €

Jeden Tag der gleiche Trott? Da muss es doch noch etwas anderes geben, denkt Huhn Loretta. Kurzerhand fordert sie Schwein Knuddel zum Tauschen auf und verbringt nun einen herrlich faulen Tag in dessen Sonnenkuhle. Nach und nach tauschen alle Bauernhoftiere die angestammten Plätze und Aufgaben. Dieses Buch macht einfach Spaß und gute Laune!

12,90 €

Nutzen Sie die Bestellkarte auf der letzten Seite!

Baden-Württemberg
100 Mittlerer Schwarzwald

Ferien auf dem Bauernhof!
SCHUTTERTAL

Für Urlaub auf dem Bauernhof ist Schuttertal der optimale Ort, es wird ein buntes abwechslungsreiches Freizeitprogramm für Familien, Sportbegeisterte und Senioren angeboten.

- über 200 km gut markierte Wanderwege
- 3 Themenwege: Achatweg, Aussichtsweg, Waldspielweg
- tägliches Ferienprogramm für Kinder, z. B. Brotbacken auf dem Bauernhof, Übernachten im Heu, Erlebniswanderungen mit dem Förster
- verträumte Mühlenromantik in der historischen Jägertonimühle
- einladende Ausflugslokale
- romantische Bauernhöfe

Schuttertal Tourist-Information • Hauptstraße 5 • 77978 Schuttertal • Tel. 07826/9666-19 • tourist-info@schuttertal.de • www.schuttertal.de

Seelbach
🚶 15 km 🚆 0 km

Seelbach - ausgezeichnet im Landeswettbewerb „familien-ferien" - ein Paradies zum Wandern und Reiten, für Nordic-Walking- und Mountainbike-Touren, Badespaß im Schwimmbad, GPS und Geo-Caching, Burgruine Hohengeroldseck, Seelbacher Erlebniswochen, 35 Min. zum Europapark Rust, attraktive Vergünstigungen mit der Seelbacher Gästekarte!
Wir informieren Sie gerne!

Infos unter: Tourist-Info Seelbach
Tel. 07823 - 949452 oder www.seelbach-online.de

Kempfenhof****
Fehrenbach, Hubert und Rosi
Litschental 108
77960 Seelbach
Tel. 07823 - 2223
Fax 07823 - 960362

info@kempfenhof.de
www.kempfenhof.de

Einzelhof in ruhigem, sonnigem Seitental, abseits vom Durchgangsverkehr, direkt am Wald, Ackerbau-/Forstbetrieb, Jagdmöglichkeiten, Milchkühe u. Kälber, Schweine, Ponys und Pferde, Reitmöglichkeit, Kaninchen, Federvieh, Hund, Katzen, Wildgehege, Spiel- und Naturspielplatz, Grillplatz, Spiel-/Freizeitraum, Wassertretanlage, TT, Schnapsbrennen, Brotbacken, viele frische Nahrungsmittel ab Hof, Englisch.
Im Haupthaus: 1 FeWo mit Balkon für 2–3 Pers.
Im Leibgedinghaus: 4 FeWo mit Balkon für 2–5 Pers., 1 Einzelzimmer mit Miniküche u. D/WC.
Ein Komfort-„Häusle" mit Balkon u. Terrasse für Sie ganz allein? Die Zimmer und FeWo sowie das „Häusle" sind großzügig gestaltet u. gemütlich eingerichtet. Wäsche u. Geschirr sind vorhanden. TV-Anschluss, KB, SE, Waschmaschine.
Auf Wunsch servieren wir Ihnen in unserer Bauernstube gerne das Frühstück.
Möchten Sie mehr über unser Angebot wissen?
Beachten Sie unsere aktuellen Angebote im Internet oder fordern Sie bitte unseren ausführlichen Hausprospekt an.

Entfliehen Sie dem Alltagstrott und genießen Sie hautnah die Natur und Ruhe unseres Hofes.

F****

Anzahl	Art	qm	Personen	Preis
5	FeWo	38-95	2-5	ab 30,00 €
1	FH	80	2-5	ab 54,00 €

27481_100

Baden-Württemberg
Mittlerer Schwarzwald 100

St. Georgen
🚆 1 km

Die Stadt St. Georgen hat ihren Ursprung in dem 1084 gegründeten Benediktinerkloster. Außerhalb der Klostermauern siedelten schon bald Handwerker und andere Leute, die im Kloster beschäftigt waren. Die traumhafte Schwarzwaldlandschaft um St. Georgen bietet dem Erholungssuchenden und Urlauber alles, was sein Herz begehrt. St. Georgen bietet eine große Auswahl an Freizeitmöglichkeiten im sportlichen und außersportlichen Bereich für Groß und Klein.

Infos unter: Tourist-Information
Tel. 07724 - 870 oder www.st-georgen.de

Ferienhof Gerda★★★★
Kiewel, Gerda u. Herbert
Uhlbachweg 4
78112 St. Georgen-Oberkirnach
Tel. 07724 - 3964   info@haus-gerda.com
Fax 07724 - 918886   www.haus-gerda.com

Hier werden Sie sich wohl fühlen! Neu umgebauter Bauernhof in ruhiger Lage, umgeben von Wiesen und Wäldern. Bei uns gibt es viele Streicheltiere, Pferde und Ponys zum Reiten und Lieb haben, Kinderfahrzeuge, großes Trampolin. Gartenhaus, überdachter Freisitz, FeWo mit 2 getrennten Schlafzimmern, Brötchenservice, **Hausprospekt!**

Anzahl	Art	qm	Personen	Preis
4	FeWo	25-75	2-7	ab 26,00 €

339044_1   F★★★/★★★★

Wolfach
🍽 40 km 🚆 4 km

In der Dorotheenhütte, der letzten Glasmanufaktur des Schwarzwalds, zeigen die Glasmacher, wie aus Feuer und Sand funkelndes Bleikristall entsteht. Neben der Erkundung der herrlichen Landschaft auf Schusters Rappen oder mit dem Mountainbike gibt es eine Vielzahl von Aktivitäten - mit dem Gleitschirm lautlos zu Tal schweben, auf Langlaufski durch den Winterwald gleiten - worauf haben Sie Lust? Die fischreiche Wolf bietet den Petri-Jüngern einen guten Fang.

Infos unter: Tourist-Info Wolfach
Tel. 07834 - 835353 oder www.wolfach.de

Horberlehof★★★★
Fahrner, Luitgard u. Roland
Langenbach 31
77709 Wolfach, OT Kinzigtal
Tel. 07834 - 6217   horberlehof@gmx.de
Fax 07834 - 8685850 www.horberlehof.de

Ankommen - wohl fühlen - Natur genießen. Weitab von Lärm u. Hektik können unsere Gäste in fam. Atmosphäre entspannen. Ausritte u. Kutschf., Damwildgehege, Kleintiere, Forellen, sep. Aufenthaltsr., VS/NS-Preise, Billard, TT, Darts usw., Liegew., Grillabende, Lagerf., Brötchens., Frühstück mögl., WLAN, Hausprosp.

Anzahl	Art	qm	Personen	Preis
3	FeWo	37-49	2-4	ab 38,00 €
1	FH	65	2-5	ab 60,00 €
2	Zi.	30-34	1-3	ab 32,00 €

73733_1   F★★★★p★★★★

635

Baden-Württemberg
100 Mittlerer Schwarzwald

Guck a'mol nei: www.schmid-bauernhof.de
Erlebnisbauernhof für Jung und Alt   Erholen-Baden-Sport-Reiten-Angeln-Jagen

liche Grüße vom Schmidbauernhof

Familiärer Bauernhof * * * *
Sonniges und ruhiges Seitental
im Herzen des Schwarzwalds.
Die Ferienwohnungen sind liebevoll im Landhausstil mit viel Holz
komfortabel eingerichtet. Terrasse
mit Liegestühlen und Grill.
Schwimmbad und Liegewiese,
Spiel- und Fußballplatz,
Forellenweiher mit Tretboot.
Lagerfeuer, Tischtennis, Basketball.

Viele Tiere zum Streicheln und
Füttern. Ponys und Isländerpferde
für Anfänger und Reiter. Reitplatz.
Brennerei mit Probierkeller.
Jagd- und Angelmöglichkeit.
Brötchenservice.
Gruppen herzlich willkommen.

Ferienprogramm ganzjährig: geführtes Ponyreiten, Ausritte, Traktorfahrt, Lagerfeuer, Kinderbasteln, Brotbacken, Brennereiführung. Kinderermäßigung 50 %. In der Nebensaison 10 % Rabatt ab 8. Tag.

Hermann Schmid Übelbach 23 77709 Wolfach im Kinzigtal
Tel. 07834/6769 Fax 869807   info@schmid-bauernhof.de   weitere Infos: www.wolfach.de

Fussbauernhof
IM URLAUB SO SCHÖN WOHNEN WIE ZU HAUSE!

Familie Gustav Schmid
Übelbach 20 · 77709 Wolfach
Tel. (0 78 34) 69 25 · Fax 85 98 00
Internet: www.Fussbauernhof.de
E-Mail: Fussbauernhof@t-online.de

Typischer Schwarzwälder Einzelhof in idyllischem, ruhigem Seitental, auf einer traumhaft sonnigen Anhöhe liegend. Umgeben von Wiesen u. Weiden, herrlicher Ausblick ins Tal, Waldnähe, verkehrsfrei

Grünland- und Forstbetrieb, Kühe, Schweine, Streicheltiere, Brotbacken, Hausschlachtung

Ferienhaus mit komfortablen Ferienwohnungen, rustikaler Charakter mit heimischem Fichtenholz gefertigt, jeweils mit Terrasse bzw. Balkon. Zwei getrennte Schlafräume, Wohnzimmer mit TV, Küche oder abgeteilte Kochnische gehören zur Ausstattung. Bad oder D/WC. NR-Wohnung, Allergikerbetten, WM und Trockner vorhanden. Frühstück möglich, **Brötchenservice**

Große Liegewiese mit Swimmingpool, Gartenmöbel, Spiel- und Lagefeuerplatz, Grillstelle, Tischtennis, Volleyball, Mountainbikes. Gute Wandermöglichkeiten mit reizvollen Zielen, Reiterhof in der Nähe, Preis ab 35,- €

Hausprospekt

Baden-Württemberg
Mittlerer Schwarzwald 100

Ferien auf dem Schillingerhof
naturnah, ruhig, komfortabel, familienfreundlich

Manfred Schmider, Übelbach 17, 77709 Wolfach Tel.: 07834-729
Fax: 07834-869680 - info@schillingerhof.de -- www.Schillingerhof.de

Einzelhof im Herzen des Schwarzwaldes nahe des schönen Städtchens Wolfach, umgeben von Wiesen und Wäldern in idylischem Schwarzwaldtal. Auf unseren Weiden grasen Kühe mit Kälbern, Damwildgehege, Schweine, Zwergziegen, Enten, Verkehrsfreie Lage, gute Wandermöglichkeit, schöne Ausflugsziele in der Umgebung.
Wir bieten: 4 komfo., kompl.eingerichtete im Schwarzwaldstil ausgebaute Fewo mit 2 - 4 Schlafräumen, sep. Wohnzimmer, Küche mit Spülmaschine, Bad, WC, Balkon- Terrasse mit Gartenmöbel, 40-70 qm, bequemer Zugang. Waschaschine und Trocknerbenutzung.
Preis ab 35.- € je nach Pers. u. Saison.

Auf dem Hof: Spielplatz, Grillstelle mit Gartenlaube, Lagerfeuerplatz, Stockbrot, Tischtennis, Spielraum mit Billard, Pool, **Sauna**, Mountainbikes, Ponyreiten für die kleinen, Traktorfahren.
Erleben Sie auf unserem Hof die Vorzüge eines erlebnisreichen u. komfortablen Landurlaubes.
Gemütlicher Gästeraum mit Bar.
Brötchenservice, Frühstück auf Wunsch, Hausprospekt.

73737_100

Urlaub und Genießen beim Biobauern

Alle im Reiseführer aufgeführten Betriebe sind anerkannte Biobetriebe. Viele Unterkünfte sind darüber hinaus mit dem DLG-Gütezeichen ausgezeichnet und garantieren so besonderen Urlaubskomfort.

12,90 €

Nutzen Sie die Bestellkarte auf der letzten Seite!

DLG-Bio-Guide

Der vorliegende DLG-Bio-Guide 2009 präsentiert Vorzeigebetriebe der Bio-Szene. Darunter sind Pioniere der Anfangsphase, innovative Neueinsteiger, Querköpfe mit weltanschaulichen Grundsätzen, Idealisten oder traditionsreiche Klosterbetriebe.

9,90 €

Nutzen Sie die Bestellkarte auf der letzten Seite!

Baden-Württemberg
101 Südlicher Schwarzwald

SCHWARZWALD
herz.erfrischend.echt.

KONUS-Gästekarte
Busse und Bahnen gratis!

KONUS-Gästekarte als Freifahrschein: Wenn Sie bei uns übernachten, können Sie Busse und Bahnen, auch für längere Strecken, kostenfrei im Schwarzwald nutzen. Der optimale Gratis-Service für Ihre Wanderung, Ihren Ausflug oder Ihren Einkaufsbummel.

Weitere Informationen unter:
+49 761.8964693 oder im Internet
unter www.konus-schwarzwald.info

SchwarzwaldCard
Bis zu 60 Euro sparen!

Erleben Sie mit der SchwarzwaldCard über 150 der attraktivsten Ausflugsziele und Attraktionen im gesamten Schwarzwald! Die Karte ist bei allen Attraktionen an drei frei wählbaren Tagen zwischen dem 01.12.2008 und 01.11.2009 gültig. Zudem können zahlreiche ausgesuchte Attraktionen jeweils einmalig kostenfrei auch außerhalb dieser drei Gültigkeitstage besucht werden.

Weitere Informationen unter:
+49 761.8964693 oder im Internet
unter www.schwarzwaldcard.info

Die SchwarzwaldCard ist in vielen örtlichen Tourist-Informationen sowie in fast allen teilnehmenden Attraktionen erhältlich.

www.konus-schwarzwald.info
www.schwarzwaldcard.info

Bad Bellingen
🚶 6 km 🚊 2 km   🚲

Wo Erholung zum Erlebnis wird.
Willkommen in Bad Bellingen. Eingebettet in die sanften Hügel des sonnigen Marktgräfler Landes liegt ein Ort ganz besonderen Reichtums: Bad Bellingen mit seinem heilkräftigen Thermalwasser. Seien Sie eingeladen, diesen Ort kennen zu lernen, wo sich Gesundheit, Wellness und Sport ideal verbinden lassen und Sie mit vielseitigen Arrangements und Pauschalen ein Aufenthalt ganz nach Ihren Wünschen erwartet.

Infos unter: Bade- und Kurverwaltung GmbH
Tel. 07635 - 8080 oder www.bad-bellingen.de

Haus Männlin***
Männlin, Elke und Theo
Kirchstraße 7
79415 Bad Bellingen,
OT Bamlach
Tel. 07635 - 819190
Fax 07635 - 8191919

info@maennlin-bamlach.de
www.maennlin-bamlach.de

Abschalten - Ausspannen - Auftanken

Am Ortsrand von Bad Bellingen-Bamlach liegt unser Bauern- und Winzerhof.
Umgeben von saftig grünen Wiesen, Feldern, alten Obstbäumen und Bauerngarten erleben Sie einen landwirtschaftlichen Familienbetrieb in seiner vielfältigen Form.
Die nahe gelegene Schweiz, das Elsass mit seinen Vogesen und die Rheinebene bieten abwechslungsreiche Ausflugsmöglichkeiten.
Genießen Sie die schönsten Tage des Jahres in einer unserer mit Kiefernmöbeln freundlich und hell eingerichteten 3- und 4-Sterne-Ferienwohnungen.
1 oder 2 separate Schlafzimmer, behindertenfreundlich, keine Teppichböden, Balkon, Sat-TV, Telefon, Bettwäsche, Hand- und Geschirrtücher, Willkommenspräsent etc.
Freisitz, Spielwiese, Kutschfahrten, Mithilfe bei der Weinlese, selbst gebackenes Brot und Zwiebelwaie, Hausbrennerei, eigener Weinbau.
Außerdem verwöhnen wir Sie in unserer Straußwirtschaft mit heimischen Köstlichkeiten.
Besuchen Sie uns im Internet oder fordern Sie unseren Hausprospekt an.

		Anzahl	Art	qm	Personen	Preis
251828_1	F***/****	3	FeWo	36-51	2-4	40,00 - 50,00 €

Baden-Württemberg
Südlicher Schwarzwald

Biederbach
⌂ 35 km 🚉 7 km

Biederbach im Herzen des Zwei-Täler-Landes; Wandern - Biken - Relaxen, Mittelgebirgslandschaft im Schwarzwald, die Wanderwege führen überwiegend durch die offene Landschaft, Wandern, Radwandern und Mountain-Biking, Schießen, Wassertreten, Grill- und Spielplätze, Kutschfahrten, Bauernhofwanderungen, Reiten, Herstellen von Strohschuhen, Dorffest (alle 3 Jahre), Frühlingsfest, Brotbacken.

Infos unter: Gemeinde Biederbach
Tel. 07682 - 91160 oder www.biederbach.de

Melcherhof****
Wernet, Franz
Talstraße 9
79215 Biederbach
Tel. 07682 - 1096
Fax 07682 - 925608

Familienurlaub auf einem schönen zentral gelegenen Bauernhof in herrlicher Umgebung. Die Nähe und den Umgang mit unseren vielen Tieren, Pferd, Kühe, Kälber, Hühner, Katzen, Hasen, Ziegen, Bison, können unsere Gäste täglich genießen. Reit- u. Angelmöglichk., gr. Grill- und Spielplatz, Trampolin, TT. Holzofenbrot, Eier, Butter, Honig usw., WM, Mitarbeit möglich, Hausprospekt.

Anzahl	Art	qm	Personen	Preis
3	FeWo	60-85	4	ab 38,00 €

129292_1   F***/****

Bonndorf

Wer in der Wutanschlucht wandert, sollte sich Zeit lassen. Kann man es sich leisten, wandert man jeweils nur Teilstrecken in der im östlichen Teil des Schwarzwaldes gelegenen Schlucht. Dort ist die Natur noch wild wie eh. Bis zu 170 m tief schneiden sich die Schluchten in die Umgebung ein. Felsen, Wald und Wasser, Pflanzen und Tiere sind in der Schlucht noch fast „unter sich". Ein Naturschauspiel, in seiner Art einzig.

Infos unter: Tourist-Information Bonndorf
Tel. 07703 - 7607 oder www.bonndorf.de

Birkenhof***
Maier, Raimund
Brunnadernerweg 2
79848 Bonndorf
Tel. 07703 - 7797

Birkenhof-bdf@web.de
www.birkenhof-bonndorf.de

Hof im Ort, Ferienwohnungen mit voll eingerichteter Wohnküche, Kinder- u. Elternschlafzimmer, D/WC, TV und Terrasse, großer Obstgarten mit Liegewiese und Grillplatz, Kinderspielplatz, TT. Grünland, Ackerbau, Kühe, Kälber, Ziegen, Schwein, Hasen, Katzen. Fordern Sie unseren Hausprospekt an.

Anzahl	Art	qm	Personen	Preis
2	FeWo	60	2-4	ab 28,00 €

73716_1   F**/***

Baden-Württemberg
101 Südlicher Schwarzwald

Breitnau

🚶 30 km 🚊 5 km

Auf einer Hochebene oberhalb des Höllentales und der Ravennaschlucht mit traumhaftem Ausblick in Richtung Feldberg liegt der Luftkurort Breitnau auf einer Höhe von 550 m - 1200 m ü. NN. Für Wanderbegeisterte steht eine Vielzahl von Wanderwegen zur Verfügung. Auf dem Rossberg-Rundweg, der Sie auf der Sonnenseite von Breitnau rund um den malerischen Ort führt, können Sie die herrliche Aussicht genießen. Über 30 Vollerwerbs-Bauernhöfe bieten Ihnen Ruhe und Entspannung.

Infos unter: Hinterzarten Breitnau Tourismus GmbH
Tel. 07652 - 1206-60 oder www.hinterzarten-breitnau.de

Eckerhof**
Wehrle, Oswald
Hinterdorf 15
79874 Breitnau
Tel. 07652 - 982620
Fax 07652 - 982621

o.wehrle@t-online.de
www.eckerhof.eu

Einzelhof mit Nebenhaus in ruhiger sonniger Lage mit Milchkühen und Kleintieren, familienfreundliche Atmosphäre, VS/NS ermäßigt, Brötchen-, Getränke- und Einkaufsservice, Verkauf von hofeigenen Produkten. Fordern Sie unseren Hausprospekt an oder besuchen Sie gerne unsere Homepage.

Anzahl	Art	qm	Personen	Preis
1	FeWo	75	2-4	ab 42,00 €

331063_1 F****

Donaueschingen

🚶 10 km

Da, wo die Reise der Donau beginnt, liegt Donaueschingen - eine lebendige Verbindung aus Tradition und Fortschritt. Einerseits Kulturstadt und Fürstensitz, andererseits moderner Lebensraum für aktive Menschen. Besuchen Sie unsere Kulturschätze wie die Fürstlich Fürstenbergischen Sammlungen und entdecken Sie die Jugendstil-Ornamentik der Stadt und nutzen Sie die vielfältigen Sportmöglichkeiten in herrlicher Natur - hier beginnt der Klassiker „Donau-Radwanderweg".

Infos unter: Tourist-Info
Tel. 0771 - 8570 oder www.donaueschingen.de

Pension Baarblick**
Familie Albert
Peter-Maier-Straße 3
78166 Donaueschingen,
OT Hubertshofen
Tel. 07705 - 97003
Fax 07705 - 97004

info@baarblick.de
www.baarblick.de

Familiär geführtes Haus mit großem Garten zum Relaxen, Grill, TT, Streichelzoo, Haflingerpferde u. Pony. Gemütliche, heimische Atmosphäre, ruhige Lage, umgeben von Wald und Wiesen. Viele Ausflugsziele in der Nähe, abwechslungsreiche Wander- u. Radwege. Reichhaltiges Frühstücksbüfett, Brötchenservice. Physiotherapiepraxis im Haus.

Anzahl	Art	qm	Personen	Preis
1	FeWo	65	4	ab 53,00 €
9	Zi.		1-4	ab 25,00 €

89993_1 F***P****

Baden-Württemberg
Südlicher Schwarzwald 101

...natürlich

Erholungsort im Schwarzwald

Gemeinsam Ferien auf dem Bauernhof erleben, Natur entdecken. Neuer Walderlebnispfad, Aussichtssturm Hünersedel, wandern in waldreicher Erholungslandschaft, Nordic Walking, Spiel und Spaß beim „Freiämter Kindersommer". Gepflegte Gastronomie, Bauernmarkt, Heimatmuseum, Kurhaus Freiamt, Hallenbad, Sauna.

Nähe Europa-Park – Kostenlos Busse und Bahnen fahren

... mehr sagt die Ferienfibel. Bis bald in Freiamt!

Tourist-Information Freiamt, Postfach 26, 79348 Freiamt
Telefon 0 76 45/91 03-0, Fax 0 76 45/91 03 99, E-Mail: info@freiamt.de

Freiamt
🏨 15 km 🚉 12 km

Freiamt bietet eine Landschaftskulisse in unverfälschter Natur mit idealen Wander- und Ausflugsmöglichkeiten. Bei geselligen Veranstaltungen findet der Gast herzliche Aufnahme in der dörflichen Gemeinschaft. Lebendiges Brauchtum und bodenständige Tracht geben Einblicke in die Tradition der Schwarzwaldgemeinde Freiamt. Seine Freizeit kann jeder Gast individuell gestalten: auf Schusters Rappen die Natur durchstreifen, Minigolf spielen, bei Kinderaktionen Spaß erleben; alles ist möglich!

Infos unter: Tourist-Information Freiamt
Tel. 07645 - 91030 oder www.freiamt.de

Ferienhof Bührer****
Bührer, Elke
Glasig 4
79348 Freiamt
Tel. 07645 - 475
Fax 07645 - 913727

FerienhofBuehrer@aol.com
www.ferienhof-buehrer.de

Wohlfühlurlaub für Groß und Klein auf unserem idyllisch gelegenen Ferienhof. Erholung vom Alltag bieten Ihnen unsere liebevoll eingerichteten FeWo für 2-5 Personen. Entspannen Sie sich in unserer Sauna oder lassen Sie sich bei einer Massage verwöhnen. Unser kinderfreundlicher Ferienhof mit vielen Tieren, großem Spielplatz und Gartenhäusle lässt Kinderherzen höher schlagen!

Anzahl	Art	qm	Personen	Preis
3	FeWo	42-65	2-5	ab 34,00 €

241270_1   F****

Pension Schneider***
Schneider,
Hilda und Hermann
Niedertal 6
79348 Freiamt
Tel. 07645 - 671
Fax 07645 - 1439

pensionschneider@t-online.de
www.urlaub-schneider.de

Kleiner Bauernhof in Waldnähe, gemütliche Ferienwohnungen und Zimmer mit D/WC, Tel., TV. Balkon. Aufenthaltsraum, Sauna, Tischtennisraum, Kinderspielplatz, Liegewiese mit Gartengrill, Gartenmöbel, Spielabende, Ponyreiten für Kinder, Traktor fahren, mit den Kätzchen spielen und im Bach herumtollen.

Anzahl	Art	qm	Personen	Preis
5	FeWo	29-64	2-4	ab 24,00 €
5	Zi.	16-19	2	ab 16,00 €

73739_1   F***

Baden-Württemberg
101 Südlicher Schwarzwald

Stabhalterhof****
Zimmermann, Monika und Dieter
Stabhalterweg 2
79348 Freiamt
Tel. 07645 - 913333
Fax 07645 - 913334

info@stabhalterhof.de
www.stabhalterhof.de

Wohlfühlen, genießen und die Natur auf unserem Ferienhof entdecken. Harm. einger. FeWo mit 1-2 Schlafr., D/WC, Küchenzeile, Wohn-Esszimmer, Tel., TV/Sat, BK bieten ein Zuhause. Streicheltiere, Kühe, Pony, gr. Spielpl., Terr., TT, Blockhaussauna, Massagen, Verwöhnbäder und Frühstücksservice runden das Wohlfühlprogramm ab. Hausprospekt.

Anzahl	Art	qm	Personen	Preis
3	FeWo	40-65	2-5	ab 40,00 €
	Zi.			ab 25,00 €

229050_101   F****

Hinterzarten
🚉 Hinterzarten ⚑ 30 km

Auf einer Hochebene zwischen Höllental und dem Feldberg liegt der heilklimatische Kurort der Premium Class Hinterzarten auf einer Höhe von 850 m - 1400 m ü. NN. Das charakteristische Heilklima und die reizvolle Atmosphäre machen Hinterzarten unverwechselbar - dabei hat sich der Ort seinen ländlichen Charme bewahrt. Das vielfältige Veranstaltungsprogramm bietet Unterhaltung für jedermann. Von geführten Wanderungen und Nordic-Walking-Kursen über Theaterabende, Vorträge und Konzerte bis zu Höhepunkten wie dem internationalen FIS-Sommerskispringen, Tennisturnieren oder Musik-Festivals - einem abwechslungsreichen Urlaub steht nichts im Wege.

Infos unter: Hinterzarten Breitnau Tourismus GmbH
Tel. 07652 - 1206-0 oder www.hinterzarten-breitnau.de

Urbanshof***
Fehrenbach, Siegfried
Alpersbach 11
79856 Hinterzarten,
OT Alpersbach
Tel. 07652 - 1546
Fax 07652 - 5746

urbanshof@t-online.de
www.urbanshof.de

Familienfreundlicher Bauernhof mit vielen Tieren auf 1010 Meter ü. NN, ca. 5 km vom Ortszentrum Hinterzarten entfernt. Ruhige, freie Lage. Umgeben von Wiesen und Wäldern. TV, Telefon, Brötchenservice, WM, Kühe, Kälber, Pony, Esel, Liegewiese, Spielplatz, Grill, TT, Englisch, Loipe 300 m.

Anzahl	Art	qm	Personen	Preis
2	FeWo	50-70	2-5	ab 25,00 €

114637_1   F***

Hotel Sassenhof***
Familie Gundula Lück
Adlerweg 17
79856 Hinterzarten
Tel. 07652 - 918190
Fax 07652 - 9181999

sassenhof@t-online.de
www.sassenhof.de

Umringt von der prächtigen Natur – inmitten des romantischen Dorfes Hinterzarten – unser Wohlfühlhotel Sassenhof, zentral an der Kirchwiese gelegen.

Folgen Sie dem Ruf des Schwarzwaldes und lassen Sie sich in unserem sympathischen Familienhotel verwöhnen.
Wellnessbereich, Frühstücksbüfett, Kaffeestunde – so wird jeder Augenblick zu einem besonderen Genuss.
Unseren Hausprospekt senden wir Ihnen gerne zu.

361936_1   ***

Baden-Württemberg
Südlicher Schwarzwald

Kirchhofener Kellergeheimnisse...

Kellerführungen mit Weinprobe:
Jeden Mittwoch um 15 Uhr oder nach Vereinbarung.

KIRCHHOFENER WEINKELLER Ehrenkirchen Ehrenstetter

Herrenstraße 11 • 79238 Ehrenkirchen-Kirchhofen
Tel. 07633 9509-62 • www.weinkeller-ehrenkirchen.de

Prämierter Genuss
DLG-Wein-Guide · DLG-Bio-Guide

Entdecken Sie Weingüter und ihre Weine und begeben Sie sich auf eine Weinreise durch Deutschland. Mit den aktuellen Testergebnissen der DLG-Wein-Prämierung und den Adressen der prämierten Winzer!

9,90 €

Der vorliegende DLG-Bio-Guide 2009 präsentiert Vorzeigebetriebe der Bio-Szene. Darunter sind Pioniere der Anfangsphase, innovative Neueinsteiger, Querköpfe mit weltanschaulichen Grundsätzen, Idealisten oder traditionsreiche Klosterbetriebe.

9,90 €

Nutzen Sie die Bestellkarte auf der letzten Seite!

Baden-Württemberg
101 Südlicher Schwarzwald

Münstertal
🚆 20 km

Münstertal, das heißt Augenblicke aktiv erleben. Das Tal bietet Ihnen hierfür erlebnisreiche und erholsame Aktivferien. Entdecken Sie auf traumhaften Wandertouren eine einzigartige Landschaft.

„… komm mit in die gesunde Höhle." Das spezielle Kleinklima und die extreme Luftfeuchtigkeit im Schindler-Stollen im ehemaligen Silberbergwerk bieten die idealen Voraussetzungen für einen erholsamen Aufenthalt.

Infos unter: Tourist-Information
Tel. 07636 - 70730 oder www.muenstertal.de

Marianne und Georg Gutmann
Mittlerer Itzenwaldhof
79244 Münstertal
E-Mail: mittlerer-itzenwaldhof@web.de · Tel. u. Fax: 0 76 36 / 595
Internet: www.mittlerer-itzenwaldhof.de

Bergbauernhof mit Viehhaltung (Kühe, Kälber, Schweine, Ziegen, Hühner, Hasen, Katzen) in ruhiger, sonniger Südhanglage, ideales Wintersport-/Wandergebiet, besonders geeignet für Familien mit Kindern.

2 FeWo im Bauernhaus, 2-4 Pers., ab 38,- €
2 FeWo im neuen Leibgedinghäusle, 2-4 Pers., ab 40,- €

Auf Wunsch mit Frühstück, Sat-TV, KB u. Hochstuhl in jeder FeWo, gemütlicher Aufenthaltsraum, Spielplatz, Grillstelle, Liegewiese, sehr viele Streicheltiere, Stallbesuche, Mitarbeit möglich, gemeinsame Wanderungen, Brot backen, Basteln, Butterherstellung, eigene Produkte (Milch, Wurst, Brot, Eier, Käse).
Auf Wunsch - Abholung vom Bahnhof möglich.

Hausprospekt

	Anzahl	Art	qm	Personen	Preis
251827_101 F***/****	4	FeWo	45	2-4	ab 38,00 €

Baden-Württemberg
Südlicher Schwarzwald

Neuenweg

Staatlich anerkannter Sommer- und Wintererholungsort am Rande des Kleinen Wiesentals. Ein Landschaftsgenuss ist das weitläufige landwirtschaftlich geprägte Dorf nahe einem der schönsten Berge des Südschwarzwalds, dem Belchen (1414 m), geschmiegt. Neuenweg bietet Ihnen rund 40 km gut markierte Wanderwege. Der Belchen ist ein bekannter Aussichtsberg und seine einzigartige Natur und Freizeitmöglichkeiten machen ihn im Sommer und im Winter zum Erlebnis.

Infos unter: Touristinformation
Tel. 07673 - 352 oder www.neuenweg.de

***Rützler, Werner
Hinterheubronn 1
79691 Neuenweg,
OT Hinterheubronn
Tel. 07673 - 931563
oder 7234
Fax 07673 - 931564
info@bauernhof-ruetzler.de
www.bauernhof-ruetzler.de

Mini-Appartement mit Kleinküche, KE, KB, Sat-TV. Komfortable Ferienwohnungen. Aufenthaltsraum, Brot backen, Hof wird nach EU-Öko-Richtlinien bewirtschaftet, hofeigene, hausgemachte Erzeugnisse, Liegewiese, Grillplatz, Tischtennis, Sandkasten, Schaukel, kleiner Bach am Haus, Lift und Loipe in der Nähe.

Anzahl	Art	qm	Personen	Preis
2	FeWo		2-4	auf Anfrage
1	Zi.			auf Anfrage

73728_1   F***P****

Schluchsee

Schluchsee - Eine Landschaft zum Verlieben. Unberührte Natur und ein vielfältiges Freizeitangebot für jeden Geschmack machen die Region Schluchsee zu einem der beliebtesten Urlaubsziele im Hochschwarzwald. Aktivsportler, Naturliebhaber, Erholungsurlauber und Familien kommen auf ihre Kosten. Der Ort hat einen lebendigen Ortskern und liegt direkt am See. Schluchsee ist Deutschlands Wanderort des Jahres 2005. Das Angebot ist so groß, dass es diese Zeilen bei weitem sprengt.

Infos unter: Tourist-Information Schluchsee
Tel. 07656 - 7732 oder www.schluchsee.de

Lisahof mit Gästehaus***
Rogg, Franz
In der Hausmatt 6
79859 Schluchsee,
OT Faulenfürst
Tel. 07656 - 431
Fax 07656 - 988566
rogg-franz@web.de
www.lisa-hof.de

Hof am Ortsrand, FeWo mit Balkon/Terrasse, Südlage, Vermietung ganzjährig, plus NK: Kurtaxe, Strom, Wasser, Heizung. Hochstuhl, Spülm., Mikrowelle, KB, SE, Frühstück mögl., Gasthof 50 m, Grill-, Spielpl., Grünland- u. Forstbetrieb, Rinder, Milchkühe, Mitarbeit mögl., Ponyreiten auf dem Hof, Garagen, TT, Tischfußball, Nahrungsmittel aus eig. Herstellung. Waschmaschine n. Vereinbarung.

Anzahl	Art	qm	Personen	Preis
4	FeWo	64-72	4-6	ab 34,00 €

73726_1   F***

Baden-Württemberg
101 Südlicher Schwarzwald

St. Märgen

St. Märgen liegt auf einem Hochplateau ca. 20 km vom Titisee und ca. 25 km von Freiburg entfernt. Von St. Märgen aus haben Sie freien Blick über den Schwarzwald bis zu den Vogesen. Wassertretstellen, Waldlehrpfad. Wir besuchen zusammen mit den Gästen den Schindelmacher, Holzbildhauer, die Daniel-Hof-Mühle und die Uhrenfabrik. Höhepunkt ist das Rossfest im September.

Infos unter: Tourist-Information St. Märgen
Tel. 07669 - 9118-17 oder www.st-maergen.de

***Kreutz, Manfred
Mooshöhe 4
79274 St. Märgen
Tel. 07669 - 429
Fax 07669 - 921307

kreutzhof@t-online.de

Besuchen Sie unser neues Gästehaus in ruhiger, sonniger Lage und wohnen Sie im DZ mit D/WC und BK oder in gemütlicher Ferienwohnung mit KB, TV und Brötchenservice. Unser Grünlandbetrieb mit Rindern und Ziegen ist ein idealer Ausgangspunkt für Rad-/Wander-/Skitouren. Hausprospekt!

233215_1   F***P***

Anzahl	Art	qm	Personen	Preis
2	FeWo	55	2-5	ab 34,00 €
3	Zi.		1-2	ab 15,00 €

St. Peter – ein Ferienort mit Flair

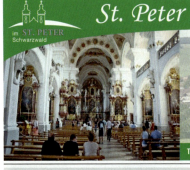

- Prächtige barocke Klosteranlage
- Herrliche Wanderwege mit wundervollem Panorama
- Nordic-Walking-, Langlauf- u. Mountainbike-Strecken
- Hallenbad mit Solarium und Liegewiese
- Verschiedene Wellness-Angebote
- Anspruchsvolles musikalisches Programm
- Interessante Kinderferien-Angebote
- Schwarzwälder Gastronomie für jeden Geschmack

Tourist-Information · 07660 910224 · www.st-peter.eu · tourist-info@st-peter.eu

St. Peter
🚶 20 km 🚆 12 km

Das gastfreundliche Dorf - St. Peter liegt an der Schwarzwald-Panoramastraße im Naturpark Südschwarzwald. Gepflegte Wanderwege führen von ca. 500 auf 1240 m Höhe. St. Peter hat ein Hallenbad mit Solarium und Liegewiese, 3 neue Nordic-Walking-Strecken und Radwanderwege. St. Peter ist berühmt für sein ehemaliges Benediktiner-Kloster mit Barockkirche und Rokoko-Bibliothek. Ausflug: 20 km bis Freiburg.

Infos unter: Tourist-Information St. Peter
Tel. 07660 - 910224 oder www.st-peter-schwarzwald.de

Baden-Württemberg
Südlicher Schwarzwald 101

Ferien auf dem Steingrubenhof★★★★
Blattmann, Lydia und Georg
Haldenweg 4
79271 St. Peter
Tel. 07660 - 1251
Fax 07660 - 920939
steingrubenhof@web.de
www.steingrubenhof.de

Hof am Ortsrand. Sehr schöne, sonnige u. aussichtsr. Lage. Gute Wandermöglichk., Nordic Walking, Mountainbike. Lebensmittel aus eig. Herstellung. Grünland-/Forstwirtschaft, Rinder, Milchkühe, Schweine, Katzen, Hühner, Spielpl., Liegewiese, TT, KB, KE, TV, WM/Trockner, Balkon oder Terrasse, Grillplatz, Hausprospekt.

Anzahl	Art	qm	Personen	Preis
2	FeWo	50-108	2-7	ab 35,00 €

241246_1   F★★★/★★★★

Ingritthof★★★★
Scherer, Patricia u. Markus
Fischerweg 3
79271 St. Peter
Tel. 07660 - 314
Fax 07660 - 314
info@ingritthof.de
www.ingritthof.de

Schwarzwaldhof in ruhiger Südlage am Ortsrand. Ferienwohnungen mit großem Südbalkon u. herrlichem Panoramablick. Je 2 Schlafz., Komfortküche, Spülmaschine, Sat-TV, Grünlandbetrieb, Milchkühe, Kälber, Schweine, Ziegen, Katzen, Spielplatz, Liegewiese, TT, Brötchenservice. Ideal zum Wandern u. Nordic Walking.

Anzahl	Art	qm	Personen	Preis
3	FeWo	55	2-5	ab 35,00 €

73732_1   F★★★★

GSCHWINGHOF★★★★
Weber, Matthäus
Schönhöfe 3
79271 St. Peter
Tel.: 07660 487
Fax: 07660 920591

fewo@gschwinghof.de
www.gschwinghof.de

Einzelhof in ruhiger, sonniger Höhenlage, 980 m ü.M. im Naturpark Südschwarzwald. Herrliche Nordic Walking-, Inliner-, Mountainbike-, Wanderwege und Skiloipen direkt ab Hof inmitten von Wiesen und Waldlandschaft.
Viele Tiere z.B. Ponys, Milchkühe, Kälber, Schweine, Hasen, Ziegen, Katzen und Hühner. Mitarbeit möglich, Reitmöglichkeit, große Spielwiese mit Grill, Tischtennis, Spielplatz, Spielscheune, großes Trampolin, Lebensmittel aus eigener Herstellung, Brot, Käse, Milch, Eier, Wurst, Marmelade.

3 neue Komfort-Ferienwohnungen★★★★ (63-100qm für 2-5 Personen) mit Holzfußböden, gemütliche Massivholzmöbel, mit je 2 Schlafzimmern. Balkon mit Seeblick, Sat-TV, Telefon, Spülmaschine, Waschmaschine. Frühstück möglich. Brötchenservice. Preis ab 50 € pro Tag.

Baden-Württemberg
101 Südlicher Schwarzwald

Titisee-Neustadt
🚆 im Ort

Landschaftliches Highlight ist zweifelsfrei der traumhaft gelegene Titisee, dessen kristallklares Wasser jedes Jahr Tausende Badelustige anlockt. Die touristische Infrastruktur Titisees reicht vom Kurhaus über ein gut markiertes Wanderwegenetz bis hin zum Frei- und Strandbad direkt am See. Im Winter führt ein Loipennetz durch die gesamte Region, das durch Skiabfahrten und eine 1,2 km lange Rodelbahn am 1200 m hohen Hochfirst ergänzt wird.

Infos unter: Tourist-Information
Tel. 07651 - 98040 oder www.titisee.de

Unterhöfenhof****
Hauser, Claudia und Christian
Jostalstraße 66
79822 Titisee-Neustadt
Tel. 07651 - 1486
Fax 07651 - 1413

info@unterhoefenhof.de
www.unterhoefenhof.de

Kinder- und familienfreundlicher Schwarzwaldbauernhof mit Klein- und Großtieren. In einem der schönsten Täler des Hochschwarzwaldes, 5 km vom Titisee, erwarten Sie moderne, komf. FeWo; a. W. mit Frühstück, Grillplatz, Kinderspielzimmer u. -platz, Ponyreiten, 60 m zur Loipe, 2 km zum Skilift, Gaststätten u. Restaurants in unmittelbarer Nähe.

Anzahl	Art	qm	Personen	Preis
5	FeWo	60-80	2-6	ab 44,00 €
2	Zi.			ab 23,00 €

339069_1   F****

Salenhof***
Kleiser, Markus
Schwärzenbach Haus Nr. 26
79822 Titisee-Neustadt
Tel. 07651 - 932712
Fax 07651 - 972887

kleiser@salenhof.com
www.salenhof.com

Einzelhof mit Nebenhaus, 3 FeWo und 2 Ferienhäuschen. Alle mit Balkon o. Terrasse. Grillplatz u. Hütte, KB, SE, WM, TV, Grün-/Forstbetrieb, Kühe, Kälber, Pferd, Esel, Kleintiere, TT, Spielraum, LL-Loipe und Lift in der Nähe. Fordern Sie unseren Hausprospekt an!

Anzahl	Art	qm	Personen	Preis
3	FeWo	60-75	2-6	ab 38,00 €
2	FH	55	2-4	ab 36,00 €

73704_1   F***/****

Bühlhof****
Familie Waldvogel
Obertal 18
79822 Titisee-Neustadt,
OT Waldau
Tel. 07669 - 1332
Fax 07669 - 9399626

info@buehlhof-waldau.de
www.buehlhof-waldau.de

Familienfreundlicher Einzelhof in Südlage. Vollerwerb mit Milchvieh und Kleintieren, ca. 500 m vom Dorf Waldau entfernt auf einer Anhöhe, fernab jeder Verkehrsstraße. Wandermöglichkeiten, Liegewiese, Grillplatz, Kinderspielplatz, Langlauf-Loipe am Hof, Skilift 500 m entfernt, Brötchenservice.

Anzahl	Art	qm	Personen	Preis
4	FeWo	50-85	2-6	ab 45,00 €

73756_1   F***/****

Baden-Württemberg
Südlicher Schwarzwald

Klausbubenhof***
Kleiser, Hubert
Jostalstraße 100
79822 Titisee-Neustadt
Tel. 07651 - 3299
Fax 07651 - 1250

klausbubenhof@t-online.de
www.klausbubenhof.de

Nebenerwerbsbetrieb im Herzen des Hochschwarzwaldes mit artgerechter Rinderaufzucht und vielen Streicheltieren. Umgeben von Wiesen und Wäldern. Ferienwohnungen und Ferienhaus mit KB und TV. SE, KE, Tischtennis, Liegewiese, Grill-/Spielplatz, Brötchenservice, Hausprospekt.

Anzahl	Art	qm	Personen	Preis
3	FeWo	44-55	2-5	ab 37,00 €
1	FH	65	2-5	ab 50,00 €

252531_1   F***/****

Todtnau-Todtnauberg

Herzlich willkommen im Höhenluftkurort und Wintersportplatz Todtnauberg im Todtnauer Ferienland (1020 m). Sonniges Hochtal ohne Durchgangsverkehr. Familienfreundliche Unterkünfte vom Bauernhof bis Komforthotel. Vielseitiges Veranstaltungsprogramm, Sehenswürdigkeiten wie Wasserfälle, Coaster-Rodelbahn, Zauberweg, Streichelzoo, Barfußpfad, 5 Skilifte, 60 km Loipen und Mountainbiken laden zu unvergesslichen Urlaubserlebnissen ein. Kostenlos nutzen: Busse, Bahnen, Freibäder, Minigolf, Museen u. v. m.

Infos unter: Tourist-Information Todtnauberg
Tel. 07671 - 969690 oder www.todtnauer-ferienland.de

Haus Schöneck
Brender, Manfred
Ennerbachstr. 3
79674 Todtnau,
OT Todtnauberg
Tel. 07671 - 8808

info@haus-schoeneck-brender.de
www.haus-schoeneck-brender.de

Ankommen und sich wohl fühlen auf unserem ökologischen Mutterkuhbetrieb mit Kälbern, Pferden, Schwein, Hasen und Hühnern. Unser Haus ist ein idealer Ausgangspunkt für Wanderer, Skifahrer, Biker! Reiten, Kutschfahrten, Sauna, gepflegte Spiel- u. Liegewiese, Brötchen-/Getränkeservice. Seit über 60 Jahren bieten wir unseren Gästen Ruhe und Erholung.

Anzahl	Art	qm	Personen	Preis
2	FeWo	32-70	2-5	ab 34,00 €
3	Zi.	20	1-3	ab 18,00 €

188687_1   F***/****

Bauernhof Kehrwieder***
Familie A. u. R. Brender
Ennerbachstraße 52
79674 Todtnau-Todtnauberg
Tel. 07671 - 605
Fax 07671 - 962997

bauernhof-kehrwieder@web.de
www.kehrwiederhof.de

Ausg. familienfreundlicher Hof in ruhiger, sonniger Lage Nähe Skilift u. Wanderwege. Gemütl. FeWo und Gästezimmer, D/WC, tw. Balkon, Kochecke. Unser Hof ist Heimat von Kühen, Hasen, Katzen, Ziegen und Poldi dem Esel. Aufenthaltsraum, Spielplatz, Spielzimmer, ...
Verwöhnfrühstück vom Büfett, Kräuter-Weg, -Hexe, ...
Wir freuen uns auf Sie!

Anzahl	Art	qm	Personen	Preis
2	FeWo	37-50	2-5	ab 32,00 €
3	Zi.	18-20	2	ab 20,00 €

233615_101   F***/P***

Baden-Württemberg
101 Südlicher Schwarzwald

Bühlhof**
Brender, Stefan und Martina
Martin-Heidegger-Weg 20
79674 Todtnau,
OT Todtnauberg
Tel. 07671 - 1322
Fax 07671 - 1386
info@brender-buehlhof.de
www.brender-buehlhof.de

Ökologischer Mutterkuhbetrieb m. Kälbchen, Bullen, Ochsen, 2 Pferden, 1 Pony, Katzen, Meerschweinchen u. Hasen u. 3 gem. FeWo m. Balk. o. Terr., Sat-TV, Tel., Brötchenserv., WM- u. Trocknerben., TT, Schaukel, Sandkasten sowie viele Spielsachen. Freisitz m. Grill, Spielzimmer, Sauna u. Sanarium. Reitmöglichkeit. Weitere Info's u. viele Bilder auf unserer Homepage. Wir freuen und auf Ihren Besuch.

27339_1 F***/****

Anzahl	Art	qm	Personen	Preis
3	FeWo	39-68	2-6	ab 33,00 €

Waldkirch

⛪ 15 km

Die traumhafte Lage am Waldrand regt zu langen Spaziergängen an in freier Natur - beispielsweise zur Kastelburg oder Schwarzenburg. Auf den Burgen findet so manche Veranstaltung statt. Nehmen Sie Ihre Familie mit in den Schwarzwaldzoo. Dort finden Sie eine Sammlung von Eulen, Bären, Luchsen, andere Wildarten und einen Streichelzoo. Jährlich gibt es die Orgel-Schlemmer-Wochen (meist Oktober), zu denen Waldkircher Köche Orgelplatten auftischen.

Infos unter: Stadtverwaltung Waldkirch
Tel. 07681 - 19433 oder www.stadt-waldkirch.de
oder www.zweitaelarland.de

Ölehof**
Haberstroh, Doris u. Martin
Dettenbach 2
79183 Waldkirch
Tel. 07681 - 3375
Fax 07681 - 4936975
info@oelehof-waldkirch.de
www.oelehof-waldkirch.de

Mutterkuhhaltung und Forstwirtschaft. Im Sommer Weidehaltung, Besuch bei Stier Molli, den Kühen und Kälbern draußen. Es gibt Pferde, Schweine, Ziegen, Katzen und Hofhund Gipsy. Unsere Kinder sind zwischen 9 und 18 Jahre alt. Als Bonbon gibt's für unsere Gäste hausgemachten Apfelmost kostenlos.

219650_1 F**/***

Anzahl	Art	qm	Personen	Preis
2	FeWo	42	2-4	ab 40,00 €

So geht's zu auf dem Bauernhof

Die Foto-Sachgeschichten zeigen, wie Landwirte mit riesigen Traktoren ihre Felder bearbeiten. Was Erdbeerbauern im Tunnel machen. Wie Kühe Milch geben. Und wie Schweine Strom machen …

Ausgezeichnet von der Akademie für Kinder- und Jugendbuchliteratur

9,95 €

Nutzen Sie die Bestellkarte auf der letzten Seite!

Baden-Württemberg
Kaiserstuhl 102

KAISERLICH genießen

Genießen Sie Ihren nächsten Urlaub auf einem Winzerhof am Kaiserstuhl-Tuniberg

- Schauen Sie der Winzerfamilie bei der Arbeit über die Schulter
- Erleben Sie die vielfältige Kultur unserer Region
- Probieren Sie den eigenen Wein Ihrer Gastgeber sowie weitere regionale Produkte
- Entdecken Sie die einzigartige Natur des Kaiserstuhls

Weitere Infos unter www.kaiserstuhl.cc oder unter Tel.: 07667/940155

Bötzingen
🚶 10 km 🚉 1 km

Bötzingen - das Tor zum Naturgarten Kaiserstuhl, mildes Klima, das den Kaiserstuhl zu einem einzigartigen Naturgarten macht. Ausgeschilderte Radwege, großes Freischwimmbad mit Minigolf-Anlage, Bötzinger Dorf- und Weinfest (alle 2 Jahre immer am zweiten Septemberwochenende). Wer als Gast nach Bötzingen kommt, wird eine lebendige Gemeinde entdecken, in der Gemeinschaftsleben groß geschrieben wird.

Infos unter: Gemeindeverwaltung
Tel. 07663 - 93100 oder www.boetzingen.de

Winzerhof Jenne****
Jenne, Günter
Rankstraße 18
79268 Bötzingen
am Kaiserstuhl
Tel. 07663 - 6948
Fax 07663 - 6948
winzerhofjenne@gmx.de
www.winzerhofjenne.de

Winzerhof, ruhige Ortsrandlage. Sehr schöne ****FeWo m. BK u. Gartenm. Sat-TV, Schlafr., Schlaf-Wohnr., Kü./WC, D/WC, Grillecke, Liegew., Fahrr., TT, Tischfußb., Freibad, Weinlehr-Brunnenpfad i. Ort. Hausprosp. Ideal z. Wandern, Radf.; Ausfl. n. FR - Schwarzw. - Europa-Park - Elsass - Rheinauen. Kurzurlaub gegen Mehrpreis. Herzlich willkommen.

Anzahl	Art	qm	Personen	Preis
2	FeWo	50-60	2-4	ab 37,00 €

233331_1   F****

Endingen
GASTFREUNDSCHAFT AM KAISERSTUHL
Mit den Winzerdörfern Amoltern, Kiechlinsbergen, Königschaffhausen

- StadtErlebnis Endingen
- Museen: Vorderösterreich-Museum,
- Käserei-Museum, Heimatmuseum,
- Kirschenmuseum, Zunftstüble im Torle
- Kreative Gastronomie
- Exquisite Weine
- Wandern, Nordic-Walking, Radfahren
- Naturerlebnisse..

Kaiserstühler Verkehrsbüro · Adelshof 20 · 79346 Endingen · Tel. 07642-689990
Fax 07642-6899-99 · info@endingen.de · www.endingen.de

Baden-Württemberg
102 Kaiserstuhl

Freiburg
🚶 3 km 🚉 im Ort

„Schwarzwaldhauptstadt" Freiburg liegt zentral im Herzen Europas vor den Toren des Schwarzwalds im Dreiländereck Deutschland - Frankreich - Schweiz. Freiburg ist eine Stadt für Radler, Läufer und Nordic Walker, es gibt spektakuläre Mountainbike-Strecken, Thermalbad, Wellness, Konzerthaus, Jazzclubs, Discos, Stadtparks, „Freiburger Weinfest", Spargelfest im Stadtteil Opfingen im Mai, Münstermarkt.

Infos unter: Freiburg Wirtschaft Touristik und Messe GmbH & Co. KG
Tel. 0761 - 3881-880 oder www.freiburg.de

Ferienhof Walter****
Kurt und Sigrid Walter
Wippertskirch 2
79112 Freiburg-Opfingen
Tel. 07664 - 1396
Fax 07664 - 1374
info@ferienhof-walter.de
www.ferienhof-walter.de

Erholen Sie sich auf unserem **Obst- und Weinhof**, inmitten einer malerischen Landschaft des Tuniberges, 8 km westlich von Freiburg gelegen. Herrliche Wege laden zum Wandern und Rad fahren ein. Spielplatz, Riesentrampolin und Tischtennis warten auf Ihre Kleinen. Auf Wunsch Frühstücks- oder Brötchenservice.

Anzahl	Art	qm	Personen	Preis
6	FeWo	30-80	2-7	ab 45,00 €
4	Zi.		1-3	ab 35,00 €

241403_1   F***/****P****

Sasbach am Kaiserstuhl
🚉 im Ort, Freiburg 30 km

Der Weinort am Kaiserstuhl, auf halbem Wege zwischen Schwarzwald und Vogesen mit Rheinübergang zum Elsass, ausgeschilderte Rad- und Wanderwege, Badesee, Fußballplätze, Bouleplatz, einzigartiger wissenschaftlicher Lehrpfad (Archäologie, Geologie), Schlossruine Limburg, Wallfahrtskapelle Lützelberg, Wasserski auf dem Rhein, Burg Sponeck, Eichert-Kapelle, Leiselheimer Gestühl mit Kaiserstuhl im Weinberg, Wein- und Maifest in Jechtingen und Ortsteilen.

Infos unter: Touristikgemeinschaft Sasbach am Kaiserstuhl e.V.
Tel. 07642 - 91010 oder www.sasbach-am-kaiserstuhl.de

Gästehaus u. Winzerhof Domke****
Christina und Felix Domke
Rheinstr. 19
79361 Sasbach-Jechtingen
Tel. 07662 - 6302
Fax 07662 - 6363
info@gaestehaus-domke.de
www.gaestehaus-domke.de

2 FeWo, 3 Schlafz., 1 Wohnz. (NR), Küche, TV, KB, Internetzugang. Zentrale Lage Nähe Freiburg, Frankreich, Europapark, Basel. Kennenlernen, Genießen, Durchstarten und Auftanken. Radeln und Wandern im Weingebiet usw. Spaß für die ganze Familie … in südlichem Klima zu jeder Jahreszeit hinreißend schön, um neue Kraft zu schöpfen.

Anzahl	Art	qm	Personen	Preis
2	FeWo	35-75	2-5	45,00-75,00 €

27423_1   F****

Baden-Württemberg

Kaiserstuhl 102
Region Stuttgart 103

Vogtsburg
⌂ 20 km 🚆 0,5 km

Vogtsburg im Herzen des Kaiserstuhls. Der Kaiserstuhl ist ein Gebirge vulkanischen Ursprungs, zwischen Vogesen und Schwarzwald gelegen. Rad- und Wanderwege, Baggersee, Kaiserstühler Weinbaumuseum, Korkenziehermuseum, Nachtwächterrundgang, St.-Michaels-Kirche, Kegelbahn, historische Mittelstadt, Kerzenwerkstatt, diverse Weinfeste, Straußwirtschaften.

Infos unter: Stadt Vogtsburg
Tel. 07662 - 94011 oder www.vogtsburg-im-kaiserstuhl.de

Winzerhof/Gästehaus Schätzle****
Schätzle, Uschi u. Siegbert
Vorholzhof
79235 Vogtsburg,
OT Achkarren
Tel. 07662 - 6705
Fax 07662 - 8582
info@gaestehausschaetzle.de
www.gaestehausschaetzle.de

Ruhige Einzellage, DZ, EZ, MZ mit D/WC, Radio, TV, Fön, Panoramablick, teilweise mit Balkon. Aufenthaltsraum, Frühstücksterrasse, Frühstücksbüfett, Getränkekühlschrank, Liegewiese, Gästeküche, Tischtennis, Weinbergfahrten mit dem Traktor, Naturexkursionen mit dem Winzer, Hausbrennerei, Erlebnistage.

Anzahl	Art	qm	Personen	Preis
1	FeWo	50	2-4	ab 38,00 €
5	Zi.	12-26	1-3	ab 20,00 €

339119_1 F****P****

Murrhardt
🚆 0 km

Natur und Kultur - ein interessantes Spannungsfeld, das Sie zum Entdecken und Erleben einlädt. Über die Hälfte der Murrhardter Gemarkung sind naturnahe Wälder, unterbrochen von weizengelben Feldern und saftig grünen Wiesen. Von West nach Ost zieht sich das Flüsschen Murr. Durch Murrhardt führen die Touristikstraßen Idyllische Straße und Deutsche Limesstraße, die zu Ausfahrten einladen. Wir wünschen Ihnen, dass Sie Murrhardt mit allen Sinnen positiv erleben und sich wohl fühlen.

Infos unter: Touristik-Info im Naturparkzentrum
Tel. 07192 - 213777 oder www.murrhardt.de

***Böhm, Erwin
Steinberger Hauptstr. 10
71540 Murrhardt,
OT Steinberg
Tel. 07192 - 8803
Fax 07192 - 1803
www.ferienwohnungen-boehm.de

Hof am Ortsrand in ruhiger Lage und direkt am Limeswanderweg. Ebenerdige Ferienwohnungen mit KB, Waschmaschine, TV, Radio und Telefon. Grillplatz, Spielwiese, Spielplatz, Grünland- und Forstbetrieb, Milchviehhaltung, Rinder, Katzen, Hasen, Hund. Mitarbeit möglich; eigenes Pferd kann nach Absprache mitgebracht werden. Haustiere nur auf Anfrage.

Anzahl	Art	qm	Personen	Preis
2	FeWo	30-56	2-5	ab 30,00 €

73770_1 F***

Baden-Württemberg
104 Schwäbische Alb

Ferien auf der Schwäbischen Alb in 72813 St. Johann, 726 – 850 m ü. NN

mit den Ortsteilen Würtingen, Bleichstetten, Gächingen, Lonsingen, Ohnastetten, Upfingen und dem Gestüts- und Fohlenhof.
Erleben Sie das attraktive Freizeitangebot der Schwäbischen Alb: Baden, Inlineskaten, Joggen, Kegeln, Langlaufen, Radfahren, Radtouren, Reiten, Rodeln, Segelfliegen, Skifahren, Tennis, Walking, Wandern und vieles mehr.
In der Umgebung sind zahlreiche Ausflugsziele: Märchenschloss Lichtenstein, Landgestüt Marbach, Bärenhöhle usw.
Die Gemeinde St. Johann ist ein ideales Urlaubsrevier mit guter Verkehrsanbindung an die AlbThermen in Bad Urach und das Outlet Center in Metzingen.
Gepflegte Gasthöfe, freundliche Privatzimmer und gemütliche Ferienwohnungen erwarten Sie.

Infos unter: Touristinfo St. Johann, Schulstraße 1, 72813 St. Johann,
Tel. (07122) 82 99 0, Fax (07122) 82 99-333, Mail: info@st-johann.de, www.st-johann.de

347598_1

Bopfingen
🚶 15 km 🚉 2 km

Ein schmuckes Reichsstädtchen, eingebettet in eine idyllische Landschaft, das ist es, was Bopfingen so liebenswert macht. Natur- und Landschaftsschutzgebiete am Rande des Nördlinger Ries mit seinem bekannten Wahrzeichen, dem Ipf. Sehenswürdigkeiten: Museen der Stadt Bopfingen, Schlösser und Burgen in der Umgebung, Abtei Neresheim, Stadtkirche Bopfingen, Wallfahrtskirche Flochberg, Synagoge Oberdorf, Limes-Thermen in Aalen und vieles mehr.

Infos unter: Stadtverwaltung Bopfingen
Tel. 07362 - 8010 oder www.bopfingen.de

Reitanlage Härtsfeldhof
Bruckmeyer, Martha
Hohenberg 3
73441 Bopfingen
Tel. 07362 - 5773
Fax 07362 - 5763

info@haertsfeldhof.de
www.haertsfeldhof.de

EZ, DZ, MBZ - alle mit Du/WC, HP 37,50 €, VP 43,50 €. Ferienwohnungen, Waschmaschine, Trockner, Grillplatz, Haustiere erlaubt. Bei uns können Sie nach Herzenslust reiten (Halle, Gelände, Unterrichtsstunden, Einzelunterricht), Kinderreitferien, Familienurlaub, Wiedereinsteiger, Hausprospekt - bitte anfordern.

Anzahl	Art	qm	Personen	Preis
8	FeWo	60-120	4-8	ab 50,00 €
13	Zi.			ab 29,50 €

227729_1 F***/****

DLG-Wein-Guide

Entdecken Sie Weingüter und ihre Weine und begeben Sie sich auf eine Weinreise durch Deutschland. Mit den aktuellen Testergebnissen der DLG-Wein-Prämierung und den Adressen der prämierten Winzer!

9,90 €

Nutzen Sie die Bestellkarte auf der letzten Seite!

Baden-Württemberg
Schwäbische Alb 104

Hayingen

Der Luftkurort Hayingen mit seinen Stadtteilen gehört seit Jahren zu den beliebten Ferien- und Ausflugsorten auf der Alb. Es erwarten Sie gepflegte Gasthöfe, Cafés, Ferienwohnungen und Privatzimmer, aber auch Quartiere. Hayingen liegt im südlichen Teil des Bundeslandes Baden-Württemberg, im Bereich der mittleren Alb im Kreis Reutlingen. Eines der schönsten Flusstäler in der Alb.

Infos unter: Bürgermeisteramt Hayingen
Tel. 07386 - 977723 oder www.hayingen.de

Sägehof***
Schwegler, Olga
Mühlstraße 22
72534 Hayingen,
OT Indelhausen
Tel. 07386 - 388

2 FeWo, 50 u. 70 qm, 2-4 bzw. 5 Pers., Balkon, 30,- bis 45,- €, TV, KB, komplett ausgestattet, Biobauernhof am Ortsrand, an der Lauter, die für kühles Nass sorgt, dazu ein großer Garten zum Sonnenbaden, für Kinder ein großer Spielplatz, ebenfalls eine Grillstelle. Viele Tiere auf dem Hof, Pferde können Sie mitbringen zum Urlauben. Kommen Sie und überzeugen Sie sich selbst!

Anzahl	Art	qm	Personen	Preis
2	FeWo	50-70	2-5	ab 30,00 €

115793_1   F***

Westerheim
⌖ 10 km 🚆 40 km

Mehrmals ausgezeichnet in Bundes- und Landeswettbewerben „Unser Dorf soll schöner werden", wurde Westerheim zur schönsten Erholungsgemeinde Baden-Württembergs gekürt und erhielt das Prädikat Luftkurort. Abseits der großen Verkehrswege bietet Westerheim seit Jahrzehnten Einwohnern und Gästen eine Vielzahl von Möglichkeiten zur Erholung und sportlichen Betätigung. Seine Gäste und Besucher begrüßt unser Dorf mit echt schwäbischer Gastlichkeit.

Infos unter: Gemeindeverwaltung - Touristbüro - Westerheim
Tel. 07333 - 966612 oder www.westerheim.de

****Knupfer, Peter
Hof-Heuberg 2
72589 Westerheim,
OT Heuberg
Tel. 07333 - 6844

erikaknupfer@compuserve.de

Einzelhof mit Skilift und Loipe am Haus. Ebenerdige Ferienwohnung mit separatem Eingang in ruhiger Lage und mit schöner Fernsicht. Jede weitere Person 5,- €, KB, Waschmaschinenbenutzung, TV, Grillplatz, Hausschlachtung, Ackerbau, Grünland, Forstwirtschaft, Kaninchen, Mitarbeit möglich.

Anzahl	Art	qm	Personen	Preis
1	FeWo	60	2-6	ab 32,00 €

205565_1   F****

Baden-Württemberg
105 Bodensee-Oberschwaben

Argenbühl im Allgäu

✝ Argenbühl

Luftkurort Argenbühl im Allgäu „Bei uns atmen Sie auf!" in unmittelbarer Nähe zum Bodensee, ausgeschilderte Wander- und Radwege, Erlebnisbad, fünf Badeseen, Bocciabahn, Mutter- und-Kind-Kurklinik, Barockkirche, sehenswerte Kapellen, Freilichttheater, Burgruine, Schloss Ratzenried, Hammerschmiede, Kräutergarten mit Barfußpfad, Schäferhof, weben und filzen mit Schafwolle, Wagnerei, Schnapsbrennerei.

Infos unter: Gästeamt Argenbühl
Tel. 07566 - 9402-10 oder www.argenbuehl.de

Pension Volkwein***   K
Volkwein, Bernhard
Sandraz 2
88260 Argenbühl,
OT Eisenharz
Tel. 07566 - 365
Fax 07566 - 2373   pension-volkwein@gmx.de

Einzelhof, Nebenerwerbsbetrieb, Mehrbettzimmer mit Bad/WC, Doppelzimmer mit Dusche/WC, ÜF 17,- €, HP 23,- €, Kurzübernachtungen plus 4,- €, Kurtaxe 0,75 €/Tag, Sat-TV nur im Aufenthaltsraum, KE, KB, Pferde, Tischtennis, Tischfußball, Spielplatz, Hausprospekt.

72932_1   P***

Anzahl	Art	qm	Personen	Preis
3	Zi.			ab 17,00 €

DIE Qualitätsführer
DLG-Bier-Guide · DLG-Bio-Guide

Der Wegweiser zum perfekten Biergenuss –
DLG-geprüfte Qualität –
Gasthausbrauereien im Fokus

9,90 €

Der vorliegende DLG-Bio-Guide 2009 präsentiert Vorzeigebetriebe der Bio-Szene. Darunter sind Pioniere der Anfangsphase, innovative Neueinsteiger, Querköpfe mit weltanschaulichen Grundsätzen, Idealisten oder traditionsreiche Klosterbetriebe.

9,90 €

Nutzen Sie die Bestellkarte auf der letzten Seite!

Baden-Württemberg
Bodensee-Oberschwaben 105

Aulendorf

Der Aulendorfer Stadtpark - ein Juwel Oberschwabens. Den Schlossgarten und Kurpark ließ vor 200 Jahren Graf von Königsegg zu Königsegg-Aulendorf anlegen. Dort blühen Exoten wie Mammutbäume, Tulpen- und Trompetenbäume. Baumkundliche Führung: 2. Samstag im Monat. Im Schlossmuseum wartet eine Spielzeugsammlung. Es wird ein Schloss- und Kinderfest veranstaltet sowie ein mittelalterliches Spectaculum. Naturstrandbad Steeger See, Schwaben-Therme. Historische Stadtführungen.

Infos unter: Stadtverwaltung Aulendorf
Tel. 07525 - 934101 oder www.aulendorf.de

Ferienhof
TIERGARTEN
*****
Der ganz besondere Familienurlaub in Oberschwaben!

- Baby- und kinderfreundlicher Ferienhof
- 3 FeWo mit gehobener Ausstattung
- Doppelzimmer, Mehrbettzimmer
- Fischerhaus separat - ruhige Lage (Kaminofen)
- Hirsch- und Mufflongehege, Streicheltiere
- Fischweiher mit Angelmöglichkeit
- Liegewiese, Grillstadel
- Kinderbetreuung, Abenteuerspielplatz
- Spielscheune beheizt
- Fahrradverleih, Fahrrad- und Wanderwege
- Traktoren, Bobby-Car, Dreiräder, Kettcar, Anhänger ...
- Brötchenservice, Internetzugang
- Kaffeehaus, Frühstücksbüfett

5 Sterne-Ferienhof Tiergarten
Familie Harsch
Beim Tiergarten 11
D 88326 Aulendorf
Tel.: 049 (0) 7525 / 91 31 90
Fax: 049 (0) 7525 / 91 34 16
info@ferienhof-tiergarten.de
www.ferienhof-tiergarten.de

Genießer-Urlaub

„Urlaub beim Winzer" lädt Sie zu genussreichen Tagen in Deutschlands schönen Weinregionen ein. Wählen Sie aus über 100 Winzerhöfen Ihr Feriendomizil aus.   **12,90 €**

Nutzen Sie die Bestellkarte auf der letzten Seite!

Baden-Württemberg
105 Bodensee-Oberschwaben

Bad Waldsee
 30 km Bad Waldsee

Bad Waldsee tut gut! Flanieren Sie über den mittelalterlichen Stadtkern, sobald Sie weiter auswärts wandern, gelangen Sie an die zwei Seen, zwischen denen Bad Waldsee eingebettet liegt. Schwimmen Sie im Strand- und Freibad mit Zugang zum Stadtsee und beheiztem Sportbecken, oder: Waldsee-Therme mit Dampfbad. Besichtigungen: Modell-Eisenbahnmuseum, spätgotisches Rathaus, Stiftskirche St. Peter, Frauenbergkapelle, Vergnügungspark, Wildgehege.

Infos unter: Städt. Kurverwaltung
Tel. 07524 - 941342 oder www.bad-waldsee.de

72918_1 F***

Schmid's Biohof***
Schmid, Margarethe
Wolpertsheim 6
88339 Bad Waldsee
Tel. 07524 - 8159
Fax 07524 - 8182

schmid-wolpertsheim@t-online.de
www.schmids-biohof.de

Unser Einzelhof liegt ca. 2 km von der Kur- und Bäderstadt Bad Waldsee entfernt. Wir sind ein biologisch-dynamisch wirtschaftender Grünlandbetrieb mit Kühen, Hühnern, Katzen und einem Hund. Unsere ebenerdigen Ferienwohnungen befinden sich im Bungalow neben unserem Bauernhof. Besuchen Sie unsere Homepage.

Anzahl	Art	qm	Personen	Preis
2	FeWo	46-80	2-5	ab 30,00 €

Beuron

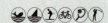

Beuron - das Herz im Naturpark Obere Donau! Unser Naturschutzgebiet bietet viel Platz zum Wandern, Radfahren, Wanderreiten, Nordic-Walking-Treff, hist. Holzbrücke, Bootsfahrten, Kanu fahren, Bogenschießen, Minigolf, Tennis, Kletterkurse, Skilift, Konzerte in der Klosterkirche, Keramik- und Filzwerkstatt, Lehmofenbau mit Weidenprojekten, Schlemmersafari im Naturpark, Erzeugung von Naturparklebensmitteln (Rindfleisch-, Schafsmilch- und Schäfereiprodukte), Klostermetzgerei und -brennerei.

Infos unter: Touristeninformation Beuron
Tel. 07579 - 92100 oder www.beuron.de

Genießer-Urlaub

Genuss, Qualität und Frische gepaart mit frischer Landluft und herzlichen Menschen, das ist es, was Sie mit diesem Reiseführer kennen lernen.

12,90 €

Nutzen Sie die Bestellkarte auf der letzten Seite!

Baden-Württemberg
Bodensee-Oberschwaben 105

Gutshof Käppeler

Urlaub im »Naturpark Oberes Donautal«

Gutshof Käppeler
Ernst Käppeler
88631 Beuron-Thiergarten
Telefon (0 75 70) 95 19 10
Fax (0 75 70) 6 78
E-Mail: info@gutshof-kaeppeler.de
Internet: www.gutshof-kaeppeler.de

Bei uns können Sie was erleben!

Unser Gutshof liegt romantisch gelegen in einer Donauschleife mit Blick auf imposante Kalksteinfelsen. 16 Ferienwohnungen in zwei historischen Gebäuden bieten Komfort und Gemütlichkeit. Naturnah lassen sich die Jahreszeiten erleben.

Eine Rundumversorgung bieten unser Restaurant, Brötchenservice und Produkte aus der Region. Unser weitläufiges Areal bietet mannigfache Plätze, um sich zu erholen: Liegewiese, Gartenterrasse, Grillplatz, Sauna und Solarium, Leseraum, Spielplätze, Restaurant (FR, HP, à la carte).

Erleben lässt sich das Donautal auf dem Hof oder in nächster Umgebung zu Fuß (gerne geben wir Wandertipps und leihen Wanderkarten aus oder Sie gehen einfach mit bei einer der geführten Wanderungen), mit dem Rad (Räder können vor Ort geliehen werden), per Kanu (2 Bootsverleiher vor Ort), auf dem Pferd (exklusiv mit unseren 4 Pferden), im Flugzeug (Flugplatz Leibertingen) von oben oder mit dem Naturparkexpress.

Der Bauernhof bietet Kindern und Erwachsenen jede Menge zu tun, morgens werden die Tiere gefüttert, es gibt das Reitprogramm Kind und Pferd, einmal die Woche treffen sich die Kids beim Kindernachmittag oder Sie gehen einfach mit Bauer oder Bäuerin Traktor fahren, Zäune flicken, Kühe umtreiben oder was sonst alles auf einem Bauernhof anfällt. Einmal die Woche wird gegrillt oder im Lehmofen gebacken. Beim wöchentlichen Hofrundgang gibt es alle notwendigen Informationen zu Hof und Umgebung.

Was bietet unser Gutshof noch?
- Eigenes Fischwasser
- Abholservice vom Bahnhof
- Lebensmittelservice für den Ankunftstag
- Tischtennisplatte überdacht
- Strohburg
- Leseerlebnis
- Wellnessmassagen

Tiere:
- Pferde, Damwild, Kanichen, Hühner, Kühe

Umgebung:
- Bademöglichkeiten in der Donau, Erlebnisbad badcap (20 km), Baggersee 15 km, Freibad 12 km
- Freilichtmuseum, Römermuseum, Keltenmuseum Schloss Sigmaringen und Schloss Meßkirch, Haus der Natur
- Zahlreiche Burgen und Ruinen
- Mineralien und Fossilien sammeln
- Wander- u. Radwege
- Bootswanderungen auf der Donau
- Klettergebiet
- Golf 10 km

72851_105

Anzahl	Art	qm	Personen	Preis
16	Fewo	15-75	2-7	ab 40,00 €

Baden-Württemberg
105 Bodensee-Oberschwaben

Die Ferienregion Nördlicher Bodensee ...

BODENSEE — Illmensee Ostrach Pfullendorf Wald Wilhelmsdorf

Ideal gelegen, nur wenige Kilometer zum Bodensee, zwischen Donautal, Oberschwaben und Allgäu

- Herzliche Gastfreundschaft
- Badespaß an idyllischen Badeseen
- Attraktive Ausflugsziele erleben

Ferienregion Nördlicher Bodensee • Kirchplatz 1 • 88630 Pfullendorf
Tel: 07552 – 25 11 31 • Fax: 07552 – 93 11 30 • info@noerdlicher-bodensee.de • www.noerdlicher-bodensee.de

Deggenhausertal

Bei uns ist der See - mit Abstand - am schönsten. Die Ferienlandschaft Gehrenberg-Bodensee liegt im idyllischen Wiesental entlang der Deggenhauser Aach. Sie liegt eingebettet zwischen Höhenzügen, von welchen aus man bei klarem Wetter eine herrliche Sicht über den Bodensee hat. Bei schlechtem Wetter: Hallenbad mit Wellness-Bereich. Großes Wanderwegenetz, meditativer Franziskusweg, Wanderlehrpfad.

Infos unter: Gemeinde Deggenhausertal
Tel. 07555 - 920013 oder www.deggenhausertal.de

siehe große Landkarte: F 20

218191_1   F****

****Eichenhofer, Josef
Auenhof 1
88693 Deggenhausertal,
OT Untersiggingen
Tel. 07555 - 253
Fax 07555 - 94818

mail@eichenhofer.de
www.eichenhofer.de

Umgeben von Wald, Feldern und Wiesen liegt hier ein Kleinod für Kinder und Ruhesuchende. Behaglich und komfortabel eingerichtete Ferienwohnungen tragen so zu einem angenehmen und erholsamen Urlaub bei.
Bitte Hausprospekt anfordern!

Anzahl	Art	qm	Personen	Preis
3	FeWo	45-80	2-5	ab 34,00 €

Sachen suchen – Bei den Tieren

Großformatige Schaubilder zeigen die heimischen, aber auch die fremden Tiere. Kleine Ausschnitte fordern zum Suchen und Wiederfinden auf. Ein spannender Such-Spaß!

Ab 2 Jahren, 24 Seiten   **4,95 €**

Nutzen Sie die Bestellkarte auf der letzten Seite!

Baden-Württemberg
Bodensee-Oberschwaben 105

Ferienhof Jehle
Annemarie Jehle
Linzgaustrasse 3
88693 Deggenhausertal – Limpach
Tel. 07555-209 Fax. -1337
info@ferienhof-jehle.de
www.ferienhof-jehle.de

114805

Gepflegter Ferienhof am Ortsrand, in schönster und ruhiger Lage mit freiem Ausblick zum Bodensee u. Alpenpanorama. Unsere Komfort-Fewos sind mit allem ausgestattet, was Sie für einen erholsamen Urlaub benötigen: gr. Balkon/Terrasse, 2 getr. Schlafzimmer, teilw. 2 Bäder, sep. WC, kompl. Kinderausstattung, Sat-TV, DVD, W-Lan, Radio u. einer modernen Küche mit Mikro, Spülmaschine, Backofen... Alle Fewos mit Insektenschutzgittern.

Auf unserem gr. Spielplatz mit Sandkasten, Schaukel, Kinderkarussell, Rutschbahn, Seilbahn, Wippe, Basketball, Torwand, Rundlauf, Schaukeltieren, Fußballplatz, einem gr. Trampolin mit Sicherheitsnetz,... können sich die Kids so richtig austoben. Fahrräder und Tretfahrzeuge in allen Größen stehen ebenfalls zur Verfügung. Die Spielscheune mit TT, Tischfußball, Billard, Airhockey, Kasperletheater, Spielschrank und Krabbelecke ist nicht nur bei schlechtem Wetter sehr beliebt.

In unserem Streichelzoo sind Hasen, Zwergziegen und Katzen zum streicheln nahe. Für das kostenlose reiten stehen 12 Ponys und Kleinpferde täglich bereit. Eine Liegewiese, Gartenmöbel, ein Grillplatz mit rustikaler Grillhütte, ein Waschraum mit Waschm. und Trockner, sowie unser Brötchenservice runden unser Angebot ab. Ideal auch für Vorschulkinder! Hausprospekt anfordern!

Anzahl	Art	qm	Personen	Preis HS
1	Fewo*****	85	2 bis 6	ab 70,-- €
1	Fewo*****	72	2 bis 6	ab 70,-- €
1	Fewo**	65	2 bis 5	ab 65,-- €
1	Fewo**	60	2 bis 5	ab 65,-- €
6	Fewo**	60	2 bis 5	ab 65,-- €

Nebenkostenpauschale 35,-- €
In Vor- und Nebensaison bis 30 % Ermäßigung

Franzenhof ****
Markhart, Susanne
Azenweiler 2
88693 Deggenhausertal
Tel. 07555 - 360
Fax 07555 - 368

info@ferienhof-markhart.de
www.ferienhof-markhart.de

Ein Bauerhof wie im Bilderbuch mit weidenden Kühen, Kälbern, Pferden und Streicheltieren.
Unsere Gäste sind im Stall jederzeit willkommen und können auch sonst am bäuerlichen Alltag teilhaben.

Ein Paradies für Eltern und Kinder mit Fußball- und Grillplatz, vielen Spielgeräten, Spielzimmer und 90 qm großem Wellnessbereich.

Für Ausflüge rund um den Bodensee sind wir ein idealer Ausgangspunkt.

In unseren großzügigen und liebevoll eingerichteten Ferienwohnungen mit 1-3 Schlafzimmern, Spülmaschine, SAT-TV und teilweise mit Balkon werden auch Sie sich wohl fühlen.

Beim Landeswettbewerb „Familienferien 2006" wurden wir ausgezeichnet.

Münztelefon, Frühstück, Brötchen- und Getränkeservice, Gästewaschmaschine, Hausprospekt

Anzahl	Art	qm	Personen	Preis		
10	FeWo	40-100	2-6	ab 35,00 €	266316_1	F***/****/*****

661

Baden-Württemberg
105 Bodensee-Oberschwaben

345753_1 F****

Hermannshoehe****
Praster, Martina
Lehenstr. 3
88693 Deggenhausertal,
OT Deggenhausen
Tel. 07555 - 1026
Fax 07555 - 9295908

hermannshoehe@t-online.de
www.hermannshoehe.info

Inmitten der einzigartigen Ferienlandschaft Gehrenberg-Bodensee liegt in einer einmaligen Panoramalage mit Blick ins Deggenhausertal, umrahmt von Bio-Obstbäumen, unser Ferienhof Hermannshoehe. In familienfreundlicher Atmosphäre erleben Sie Mutterkühe mit Kälbern, Schweine, Hasen, Katzen, Hunde und Fische.
Die abseits gelegene ruhige Südhanglage lädt zum Sonnenbaden, Grillen oder Natur-pur-Genießen ein. Unzählige Freizeitmöglichkeiten in unmittelbarer Umgebung bereichern Ihren Urlaub.

Reitmöglichkeit in 5 Min. mit dem Auto erreichbar. Direkt vom Haus aus führen Wanderwege in die herrliche Landschaft des Deggenhausertales mit unvergesslichen Ausblicken bis zu den Alpen.
In ca. 15 Autominuten erreichen Sie den Bodensee mit seinen unbegrenzten Segel-, Surf- und Bademöglichkeiten. Kinder erfreuen sich an dem großzügigen Spielplatz mit Rutsche, Schaukel, Sandkasten, Bolzplatz usw. Unser neuer Aufenthaltsraum (50 qm groß) mit Balkon lädt zu gemütlichen Stunden für Groß und Klein ein.
Es würde uns freuen, Sie auf unserer Homepage begrüßen zu dürfen.

Anzahl	Art	qm	Personen	Preis
4	FeWo	88	2-6	ab 38,00 €

Ebersbach
🚶 30 km 🚆 3 km

Bald sind Ferien! Kilometerlange Rad- und Wanderwege, kaum Autos, seltene Vögel und Schmetterlinge, viele Bänke zum Ausruhen, weite Ausblicke bis hin zu den Bergen - hört sich das nicht traumhaft an? Gerade Wanderreiter von auswärts genießen die Schönheit der Region - mit exklusivem Alpenblick. Nicht nur für Kleine ein Vergnügen: Kutsch-/Planwagenfahrten, schöner Spielplatz, Spiele-Land, Thermal-/Spiel- u. Spaßbad Aulendorf. Museen, Kuranwendungen. Interessante Ausflugsziele.

Infos unter: Gemeinde Ebersbach-Musbach
Tel. 07584 - 92120 oder www.ebersbach-musbach.de

229051_1 F****

Ferienhof****
Baur, Maria
Oberweiler 2
88371 Ebersbach-Musbach
Tel.: 07525 - 91048
Fax: 07525 - 91053

info@ferienhof-maria-baur.de
www.ferienhof-maria-baur.de

Idyllisch gelegener ruhiger „Wohlfühlbauernhof" mit freiem Ausblick auf das Alpenpanorama, ein Paradies für Eltern und Kinder. Familienfr. Atmosphäre, sich wohl fühlen und erholen. Ferienw. komfortabel gemütlich gestaltet, separater Eingang, 2 Schlafr., Balkon, TV, Internet, Pferde, viele Kleintiere, Reitmöglichkeiten, Fußballfeld/-tore, Aufenthaltsraum, Spielplatz, großes Trampolin, Brot backen.

Baden-Württemberg
Bodensee-Oberschwaben

AILINGEN
Im Obstgarten am Bodensee

In Ailingen fühlen sich Familien wohl. Wir haben ein familien- und kindgerechtes Wellenfreibad. Sommer-Ferien-Programm und schöne Wander- und Radwege erwarten Sie nur 4 km vom Bodensee. Ferien auf Bauern- und Reiterhöfen sowie in schönen Privathäusern runden das Angebot ab. Zimmer gibt es schon ab 18 – 20 € und schöne Ferienwohnungen ab 35 – 55 € je nach Größe und Ausstattung.

Touristinformation Ailingen · Hauptstraße 2 · 88048 Friedrichshafen
Telefon 07541 507222 · Fax 507200 · www.ailingen.de · tourismus@ailingen.de

Friedrichshafen

45 km 4 km

Die Messe- und Zeppelinstadt Friedrichshafen liegt inmitten der Ferienregion Bodensee mit Blick auf die Schweizer Alpen und besitzt ein dichtes und ausgeschildertes Radwegenetz, Schulmuseum mit der weltgrößten Sammlung zur Geschichte der Luftschifffahrt, Feuerwehrmuseum, internationales Bodenseefestival im Frühling, SWR-Hafenkonzerte während des Sommers, Schlosskirche, der Aussichtsturm und das Klangschiff an der Hafenmole, Flug mit dem Zeppelin NT, Zeppelin-Werftführung.

Infos unter: Tourist-Information Friedrichshafen
Tel. 07541 - 30010 oder www.friedrichshafen.ws

****Gessler, Claudia
Prälat-Lutz-Str. 2
88048 Friedrichshafen,
OT Hirschlatt
Tel. 07541 - 51256
Fax 07541 - 583522

info@ferienhof-gessler.de
www.ferienhof-gessler.de

Obstbaubetrieb (Kirschen, Äpfel, Zwetschgen, Mirabellen) und Brennerei. Separater Eingang für jede Wohnung, überdachte Terrasse oder Balkon, Sat-TV, Radio, Kinderbett und Hochstuhl, Grillhütte, Liegewiese umgeben von Obstbäumen, Spielplatz, Tischtennis, Waschmaschine, Trockner, Brötchen-, Getränkeservice, Englisch.

Anzahl	Art	qm	Personen	Preis
2	FeWo	60-88	2-6	auf Anfrage

89983_1   F***/****

Hallo, kleines Schweinchen!

Das kleine Ferkel hat jede Menge Spaß auf dem Bauernhof. Es suhlt sich im Matsch und versucht den Schmetterling zu fangen. Mit der kuscheligen Fingerpuppe kann man all seine kleinen Abenteuer miterleben.

Ab 12 Monaten, 16 Seiten   **7,95 €**

Nutzen Sie die Bestellkarte auf der letzten Seite!

Baden-Württemberg
105 Bodensee-Oberschwaben

Gaienhofen
⫟ 1,5 km 🚉 10 km

Intakte, erstaunlich ursprüngliche Landschaft, die förmlich in das Blau des Bodensees eingebettet ist. Der Bodenseerundwanderweg führt rund um die Höri, entlang des Ufers oder - etwas anstrengender - über den Schienerberg bis in die Schweiz hinein. Sehenswürdigkeiten sind die Burgruine Homburg, das Fasnachtsmuseum, die Pfahlbauten bei Unteruhldingen, die Insel Mainau oder der Rheinfall Schaffhausen.

Infos unter: Tourist-Info Gaienhofen
Tel. 07735 - 8180 oder www.gaienhofen.de

Hof Balisheim***
Familie Burkart
78343 Gaienhofen
Tel. 07735 - 93030
Fax 07735 - 930333

info@balisheim.de
www.balisheim.de

Ruhige Lage am Waldrand, kein Durchgangsverkehr, kinderfreundlich, 2,5 km vom Bodensee entfernt, individuelle FeWo, MBZ mit Etagen-D/WC, ÜF, KB, SE, KE, Gästeküche.

Großzügige Liege- und Spielwiese, Trampolin, Reitmöglichkeit, Kinderfahrzeuge, Sandkasten, Beachvolleyballfeld, kleiner Schwimmteich, Grillplatz, Aufenthaltsräume, TT, Tischkicker, Vesperscheune, Lagerfeuer, Bauernhoftiere aller Art, Hausschlachtung, Brötchenservice, WM- und Trocknerbenutzung gegen Gebühr, Parkplätze, Haustelefon, Hausprospekt, Wassersport und Tennisplätze in der Nähe.

Idealer Ausgangspunkt für Ausflugsziele, zum Beispiel:
Insel Mainau, Rheinfall, Reichenau, Schweizer Berge und vieles mehr.

27364_1   F***/****

Anzahl	Art	qm	Personen	Preis
5	FeWo	ab 45	3-6	ab 70,00 €
1	Zi.	ab 20	3-4	ab 60,00 €

Fühl mal die Tiere vom Bauernhof

Das weiche Fell des Lämmchens, das Ringelschwänzchen des Schweinchens, die kuscheligen Ohren vom Kälbchen oder den zotteligen Schweif des Pferdes – hier auf dem Bauernhof kann alles gestreichelt werden.

Ab 18 Monaten, 10 Seiten   **9,95 €**

Nutzen Sie die Bestellkarte auf der letzten Seite!

Baden-Württemberg
Bodensee-Oberschwaben

Hagnau am Bodensee

 8 km

Hagnau - das idyllische Winzer- und Fischerdorf liegt direkt am Bodensee. Das sanft hügelige Hinterland, der Seepark, die gemütliche Uferpromenade - alles lockt, hinauszugehen, tief durchzuatmen, Landschaft und Natur mit allen Sinnen wahrzunehmen. Meersburg-Therme, Boule, Minigolfplatz, Naturbad, Aussichtspunkt „Wilhelmshöhe" mit einmaligem Rundblick auf Bodensee und Schweizer Alpen, Rad- und Wanderwege.

Infos unter: Tourist-Information Hagnau
Tel. 07532 - 434343 oder www.hagnau.de

Ferienhof
Bernhard Gutemann★★★

Seestr. 2
88709 Hagnau
Tel. 07532 - 9446
Fax 07532 - 9754
Ferienhof-Gutemann@t-online.de
www.Ferienhof-Gutemann.de

Erholen und Entspannen in familiärer Atmosphäre auf unserem Ferienhof in zentr., ruhiger u. seenaher Lage mitten in Blumen und Reben. In der Weinlaube können Sie aus eig. umweltschonendem Anbau erzeugtes Obst u. daraus gebrannte edle Destillate sowie Weine des Winzervereins in gemütl. Atmosphäre verkosten. Wir freuen uns, Sie auf unserem Ferienhof begrüßen zu dürfen.

Anzahl	Art	qm	Personen	Preis
2	FeWo	50-75	2-4	ab 58,00 €
6	Zi.	20	1-2	ab 25,00 €

129395_1   F★★★★P★★★

Immenstaad/Bodensee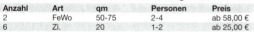

Immenstaad, der Urlaubsort für Familien am Bodensee. Regelmäßig für seine Familienfreundlichkeit ausgezeichnet, finden Familien hier alles, was zu einem perfekten Urlaub gehört: das attraktive Strand- u. Hallenbad Aquastaad, ein spannendes Kinderprogramm u. nicht zuletzt einen abenteuerlichen Kletterpark im Wald. Durch die zentrale Lage Immenstaads sind viele Ausflugsziele in kürzester Zeit zu erreichen (Ravensburger Spieleland, Affenberg Salem, Sea-Live Center in Konstanz).

Infos unter: Tourist-Information Immenstaad am Bodensee
Tel. 07545 - 201110 oder www.immenstaad-tourismus.de

Erlenhof★★★
Arnold, Albert
Frenkenbach 1
88090 Immenstaad/
Bodensee, OT Frenkenbach
Tel. 07532 - 6331
Fax 07532 - 2658
www.erlenhof-bodensee.de

Ferienhof in freier ruhiger Lage, Obstbau, Weinbau u. Brennerei, 1,2 km zum Bodensee, **Komfort-Ferienwohnungen,** Kinderbetten, BK, Liegewiese, TT, Spielplatz, Sat-TV, Preise inklusive Bettwäsche, Geschirr-/Handtücher und Endreinigung, nur Nichtraucher, ganzjährig geöffnet, Hausprospekt.

Anzahl	Art	qm	Personen	Preis
3	FeWo	40-45	2-4	41,- bis 46,- €

27220_1   F★★★

Baden-Württemberg
105 Bodensee-Oberschwaben

Gomeringer
OBST- UND FERIENHOF

...wo Urlaub Spass macht!

Unser Ferienhof liegt inmitten eines 1 Hektar großen Obst- und Weingartens, 1 km vom Bodensee entfernt. Abseits vom Touristenrummel und Durchgangsverkehr, dennoch sehr zentral gelegen, erreichen Sie schnell die schönsten Ausflugsziele.

Die sehr komf. Ferienwohnungen mit Seesicht zeichnen sich durch modernen Komfort und badische Gemütlichkeit aus. Hof- und Brennereibesichtigungen, Verkostung hofeigener Destillate, Alphornvorführungen, Fackelwanderungen, Grillplatz/- hütte, Liegewiese, Aufenthaltsraum, Streichelzoo, Kinderspieleland mit Rutsche, Schaukel, Sandkasten, Kletterwand, Trampolin, Tischtennis, Tischfussball, Basketball, Federball, Hofprodukte, Brötchenservice ...

Familie Gomeringer, Altenbergstr. 16a, 88090 Immenstaad
Tel. 07545/6391; Fax 949015; info@ferienhof-gomeringer.de

www.ferienhof-gomeringer.de

        360919

Kißlegg
5 km / 3 km

Auf, auf zum Luftschlösserbauen! Kißlegg - ein barockes Kleinod - liegt an der Oberschwäbischen Barockstraße. Wo man nur hinschaut: Barocktürme zwischen adeligen Bauten, Stuckaturen neben kunstvollem Fachwerk, schmiedeeiserne Schnörkel an jeder Ecke. Hier ist Kunstgeschichte lebendig. Wo vor ungefähr drei Jahrhunderten bekannte Baumeister prachtvolle Schlösser und Barockkirchen schufen. Zärtlich hegen die Kißlegger ihre historischen Zeitzeugen.

Infos unter: Gästebüro Kißlegg
Tel. 07563 - 9360 oder www.kisslegg.de

Allgäuer Ferienhof***
Fimpel, Heidi und Hermann
Unterhorgen 8/9
88353 Kißlegg
Tel. 07563 - 3787
Fax 07563 - 913441

Bauernhof. Auf saftigen Wiesen weiden Kühe mit Bulle. Pferd, Ponys, Ponyreiten, Kutschfahrten, Pony-Reitunterricht für Kids von 8-14 J. Reitplatz, Gastpferdeboxen, Schmusekatzen, Enten usw. Grill, Liegewiese, TT, Kinderfahrzeuge, Spiel-/Bolzplatz, Spielraum, Waschmaschine, Kurtaxe, SE, KB, Abholung vom Bahnhof.

Anzahl	Art	qm	Personen	Preis
2	FeWo	49-60	4-6	ab 36,00 €

114910_1 F***

Baden-Württemberg
Bodensee-Oberschwaben 105

Kressbronn am Bodensee

Von sanften Hügeln umgeben und gesegnet mit wunderbaren Aussichtspunkten auf See und Alpen liegt **Kressbronn am Bodensee.** Jede Jahreszeit hat ihren Reiz und bestimmt den Rhythmus des Lebens. Familien mit Kindern fühlen sich hier besonders wohl, denn dafür wurde die Gemeinde mit dem Prädikat „Familienfreundlicher Ferienort" Sieger im Landeswettbewerb Baden-Württemberg. Ein abwechslungsreiches und reichhaltiges Kinder- und Familien-Programm vom Ponyreiten über Schnuppersegel-Törns bis hin zum Maislabyrinth im Sommer lassen bei Groß und Klein den Urlaub zum Erlebnis werden.

Infos unter: Tourist-Information Kressbronn
Tel. 07543 - 96650 oder www.kressbronn.de

Hofgut Schleinsee***
Gührer, Maria und Karl
Schleinsee 3
88079 Kressbronn
Tel. 07543 - 6467
Fax 07543 - 6568

info@hofgut-schleinsee.de
www.schleinsee.de

Hofgut in landschaftlich einmaliger Lage im Bodenseehinterland. Unser Motto: „Zurück zum Ursprung Wasser, Wiesen u. Wälder" ist der Garant für einen gelungenen Urlaub auf dem Hofgut Schleinsee. Aktivurlaub m. Angeln, Schwimmen, Reiten, Radeln, Wandern und noch mehr … Eigener See mit Liegewiese, Angelsee, Wellness u. Fastenferien, Nordic Walking, Frühstücksbüfett.

Anzahl	Art	qm	Personen	Preis
3	FeWo	30-60	2-4	ab 35,00 €
1	FH	60	2	ab 90,00 €

27597_1   F***/****

Seitenweise prämierte Qualität
DLG-Wein-Guide · DLG-Bier-Guide

Entdecken Sie Weingüter und ihre Weine und begeben Sie sich auf eine Weinreise durch Deutschland. Mit den aktuellen Testergebnissen der DLG-Wein-Prämierung und den Adressen der prämierten Winzer!

9,90 €

Der Wegweiser zum perfekten Biergenuss –
DLG-geprüfte Qualität –
Gasthausbrauereien im Fokus

9,90 €

Nutzen Sie die Bestellkarte auf der letzten Seite!

Baden-Württemberg
105 Bodensee-Oberschwaben

Markdorf

Die Markdorfer meinen, dass bei ihnen der See - mit Abstand - am schönsten ist! Zwischen Meersburg und Friedrichshafen gelegen, nur wenige Kilometer vom Bodensee entfernt, schmiegt sich die lebendige Stadt Markdorf an den 754 m hohen Gehrenberg. Es besteht ein gut markiertes Rad- und Wanderwegenetz mit Mountainbiketouren. Sport: beheiztes Freibad, Minigolf, Funsport-Anlage, Saunalandschaft. Bischofsschloss, historische Altstadt, Hofkäserei.

Infos unter: Tourismusgemeinschaft Gehrenberg-Bodensee e.V.
Tel. 07544 - 500290 oder www.gehrenberg-bodensee.de

Ferienhof Heiß***
Michaelsberg 1
88677 Markdorf, OT Stadel
Tel. 07544 - 8628
Fax 07544 - 913852

mail@heiss-ferienwohnung.de
www.heiss-ferienwohnung.de

Einzelhof in ruhiger Lage, umgeben von Wald und Wiesen in herrlicher Aussichtslage.

Die Ferienwohnungen im Gästehaus sind neu renoviert und gut möbliert. Zwei Schlafzimmer, helles Bad mit Dusche, kinderfreundlich ausgestattet mit Hochstuhl und Kinderbett, Geschirrspüler, Mikrowelle und Sat-TV.

Bei uns finden Sie viele Streicheltiere, einen Grill und Kinderspielgeräte (Sandkasten, Schaukel, Rutsche). Genießen Sie die unverbaute Sicht auf die nahen Alpen und den Bodensee.

Wer Lust hat, darf bei uns auch gern bei der Arbeit rund um den Bauernhof zuschauen oder mithelfen! Reiten und Pflege des Pferdes im Stall.

114836_1   F***/****

Anzahl	Art	qm	Personen	Preis
2	FeWo	80	4	ab 45,00 €

******Knödler,
Edeltraud und Friedhelm**
Stadel 8
88677 Markdorf
Tel. 07544 - 5833   info@knoedler-stadel.de
Fax 07544 - 5833   www.knoedler-stadel.de

Kinderfreundl. Bauernhof mit Tieren (Kühe, Kälber, Streicheltiere, Brennerei, Obstbau, Biogasanlage. Gemütl. FeWo, Wohnküche, 2 Schlafz., Aufenthaltsraum, WM, Grill, Sat-TV, Spiele u. Geräte für drinnen und draußen, Mitarbeit möglich, Hausprospekt. Ideal f. Ausflüge z. Bodensee, Ravensburger Spieleland, CH, Österreich.

214979_1   F****

Anzahl	Art	qm	Personen	Preis
1	FeWo	60	2-5	ab 38,00 €

Baden-Württemberg
Bodensee-Oberschwaben

OBSTHOF · HOFLADEN UND BESENWIRTSCHAFT
GESUNDHEITSBEWUSSTER URLAUBSHOF

8 gemütliche Ferienwohnungen (3-5 Sterne) zum Wohlfühlen

Hofladen mit frischem Obst je nach Saison, hausgebrannten Edelbränden und Likören, täglich frischem Bauernbrot, hausgemachter Marmelade und Kräuterdips sowie Spezialitäten aus der Region

Brennereihäusle - Besenwirtschaft, jeden Donnerstag ab 17.00 Uhr (1. Mai bis Ende Oktober) geöffnet, Spezialität: ofenfrische Dinnele

Alles für Körper, Geist und Seele: z. B. Kräutergarten zum Entspannen und Pulsgesteuertes Walking

Betriebsführungen mit Wissenswertem zur Obstregion incl. Edelbrand- und Likörproben

Ausfahrten mit dem Obstkistle® durch unsere herrliche Obstlandschaft

Gartenweg 1 · D- 88677 Markdorf-Ittendorf
Tel. +49 - (0)7544 - 73400 · Email: info@steffelin.de
Mehr Informationen und Eindrücke unter www.steffelin.de

234444

***Weigele, Andrea und Willi
Gehrenberg 3
88677 Markdorf
Tel. 07544 - 73262   fewo@weigele-hof.de
Fax 07544 - 912086   www.weigele-hof.de

Bauernhof am Ortsrand mit Blick auf Bodensee u. Alpen. Hauspr. Urgemütliche Ferienwohnung im DG, 2 Schlafz., gr. BK, SE, KB, Spülm., MW, Tel., TV, WM. Ackerbau, Milchvieh, Forstw., 3 Schweine, Pferde, Pony, Kinderhütte im Tobel. Erholen u. Genießen für Erwachsene. Kinder erleben die Freiheit und das Leben auf dem Bauernhof.

Anzahl	Art	qm	Personen	Preis
1	FeWo	85	1-6	ab 42,00 €

230054_1   F***

***Würms, Helga
Unterleimbach 25
88677 Markdorf,
OT Leimbach
Tel. 07544 - 6868   ferienwohnung.bodensee@wuerms.de
Fax 07544 - 9349721   www.wuerms.de

Obsthof am Ortsrand, Ferienwohnungen mit je 2 Schlafzimmern, Sat-TV und Balkon. Nebensaison auf Anfrage. Grillecke, Pkw erwünscht, Ackerbau, Obstbau, Verkauf von hofeigenen Äpfeln, Kirschen und Most. Tischtennis, Spielplatz, Kinder-Swimmingpool, Mitarbeit möglich, 5 km zum Bodensee, jede weitere Person + 5,- €.

Anzahl	Art	qm	Personen	Preis
2	FeWo	60	2-4	ab 36,00 €

129408_1   F***

DLG-Käse-Guide

Der 1. **DLG-Käse-Guide** gibt dem Verbraucher Informationen an die Hand, die ihm bei der Auswahl seines Lieblingskäses helfen. Rund 1.000 Käse warten auf Ihren Genuß.

9,90 €

Nutzen Sie die Bestellkarte auf der letzten Seite!

Baden-Württemberg
105 Bodensee-Oberschwaben

Mühlingen

🚶 10 km

Der Ort und seine Umgebung präsentieren sich als wahre Augenweide: Wiesen und Wälder bilden eine abwechslungsreiche, bewegte Kulturlandschaft mit sanften Hügeln und Tälern. Wer einen kleinen Ferienort mit familiärem Ambiente sucht, der ist in Mühlingen genau richtig. Zahlreiche gut ausgebaute Wege laden zum Wandern zu Fuß oder per Rad ein. Vom Biohof zum Reiterhof, von der Schafhaltung bis zum modernen Landwirtschaftsbetrieb ist alles vorhanden.

Infos unter: Verkehrsamt
Tel. 07775 - 93030 oder www.muehlingen.de

***Steinmann, Klaus
Haldenrain 7
78357 Mühlingen
Tel. 07775 - 538

Einzelhof in herrlicher und ruhiger Lage. Ferienwohnung mit 1 DZ und 1 MBZ, Wohnzimmer, Wohnküche, B/Dusche, separates WC, BK, TV, Radio, Bettwäsche inklusive, Kinderbett. Hühner, Enten, Schweine, Hasen. Grillabende, Spielplatz, Drechseln.
Ruck, zuck sind Sie am Bodensee mit seinen vielfältigen Freizeitmöglichkeiten!

236805_1   F***

Anzahl	Art	qm	Personen	Preis
1	FeWo	120	2-5	auf Anfrage

Neukirch

🚶 15 km 🚉 15 km

Willkommen in Neukirch - Natur und Erholung. Ausgeschilderte Rad- und Wanderwege, Badeseen, Dezember/Januar Theateraufführungen, Sommerfest, Hexenfest, Frühjahrskonzert, Osterkonzert, Herbstkonzert, St.-Ulrichs-Kapelle in Elmenau, Mariengrotte, Ostermarkt, Beachparty, Weihnachtsmarkt, freitags von 8-12 Uhr Wochenmarkt.

Infos unter: Bürgermeisteramt Neukirch
Tel. 07528 - 920920 oder www.neukirch-gemeinde.de

Urlaub mit Pferden

Deutschlands größter Reiter-Reiseführer für den Urlaub mit Pferden. Für Reit-Profis, solche, die es erst noch werden wollen, Anfänger, Erwachsene und Kinder finden sich gleichermaßen viele Angebote.

12,90 €

Nutzen Sie die Bestellkarte auf der letzten Seite!

Baden-Württemberg
Bodensee-Oberschwaben 105

**Späth, Doris und Franz
Kreuzweiherstr. 11
88099 Neukirch -
Wildpoltsweiler
Tel. 07528 - 1744
Fax 07528 - 915704

spaeth-ferienhof@t-online.de
www.ferienhof-spaeth.de

Hof am Ortsrand am Fuße des Allgäus.

Ferienwohnungen mit Terrasse/BK, Garten, SE, Waschmaschine, Sat-TV, Brötchenservice, Preise inklusive Nebenkosten und Bett-/Küchenwäsche. Endreinigung extra. Auf Wunsch statten wir die Wohnung mit Kinderhochstuhl und Kinderreisebett aus.

Grill, Schaukel, TT, Ackerbau, Grünland, kostenloses Ponyreiten, Reitunterricht, Sandplatz, Pferde, Ponys, Esel, Schweine, Ferkel, Ziegen, Kaninchen, Federvieh, Gaststätte, Himbeeren, Bioäpfel.

Reiten, Pensionspferde, Mitarbeit möglich, 100 m zum Badesee, 12 km zum Bodensee, großer Wildpark (2 km Rundweg), Naturschutzgebiet „Kreuzweiher" 200 m.
Auch für Touren in die Allgäuer Berge oder den Bregenzer Wald ist es nicht weit.

Anzahl	Art	qm	Personen	Preis		
3	FeWo	40-70	2-5	ab 38,00 €	218167_1	F**

Oberteuringen
🚏 30 km 🚉 14 km

Die Bodenseeregion Oberteuringen liegt inmitten von prachtvollen Obstplantagen. Traumhafte Ausblicke bieten sich bei Föhn-Wetterlage auf den Bodensee und die Alpenregion. Aktivitäten: geführte Rad- und Wandertouren, Inline-Skateanlage, Ausstellungen, Kunst, Comedy, Spielplätze, Kegelbahn, Abenteuerparadies an der Rotach (Fluss) mit einer Insel im Fluss. Special: geführte Apfeltouren.

Infos unter: Tourist-Information
Tel. 07546 - 29925 oder www.oberteuringen.de

****Hoher, Helmut
Gehrenbergstraße 35
88094 Oberteuringen
Tel. 07546 - 2173
Fax 07546 - 2176

info@h-hoher.de
www.h-hoher.de

Hof in schöner Ortsrandlage mit komf. Ferienwohnungen mit KB, TV, Babyservice und Brötchenservice, SE, Grillplatz, Grillhütte, Grillabende, TT, gr. Spielplatz, Bolzplatz, Liegewiese, Spielscheune, Gesellschaftsraum, Sauna m. Ruheraum u. Massageliege, eig. Schnapsbrennerei, Forstwirtschaft, Apfelplantagen, Streicheltiere, 2 Ponys, Hausprospekt.

Anzahl	Art	qm	Personen	Preis		
10	FeWo	45-80	2-6	ab 42,00 €	233631_1	F****

Baden-Württemberg
105 Bodensee-Oberschwaben

Ochsenhausen
⛪ 15 km

Im Himmelreich des Barock, oberschwäbische Hügellandschaft. Radwanderwege, Rundwanderwege, Naturfreibad Ziegelweiher, wasserbauhistorischer Wanderweg Krummbach, Inliner-Skate-Bahn, Ausstellungen und Konzerte, Musikfestspiele Schwäbischer Frühling, Klostermuseum Ochsenhausen, Klosteranlage der ehemaligen Benediktiner-Reichsabtei, historische Schmalspurbahn „Öchsle" auf der Strecke Ochsenhausen-Warthausen, Spiel- und Grillplätze, Sankt-Georgs-Ritt.

Infos unter: Stadt Ochsenhausen
Tel. 07352 - 922026 oder www.ochsenhausen.de

So geht's zu auf dem Bauernhof
Malen und Spielen mit Freddi · Junior Band 1 Bauernhof · Junior Bauernhof Memo

Riesen-Lese- und Spielespaß für kleine Bauern! In dem DIN-A3-Block finden Sie zwei verschiedene Malvorlagen und drei lustige Spiele zum Ausmalen. Jedes der fünf Motive gibt es viermal, so dass sich alle Kinder/Freunde gemeinsam vergnügen können, ohne Streit und Ärger.

5,00 €

Welche Tiere leben auf dem Bauernhof? Wie kommt die Milch in den Supermarkt? Wie wird aus Korn ein Brot? Die Junior-Reihe von WAS IST WAS ist für Erstleser der richtige Einstieg ins Thema: Altersgerechte Texte, spannende Aktivelemente und doppelseitige Illustrationen laden zum Entdecken ein!

Ab 5 Jahren, Hardcover, 24 Seiten

9,90 €

Tiere, Geräte, Pflanzen und natürlich Bauer und Bäuerin gehören zum Bauernhof. Mit dem Bauernhof Memo lernen Kinder die verschiedenen Begriffe ganz spielerisch kennen und üben gleichzeitig ihre Merkfähigkeit.

Ab 4 Jahren, 64 Memokarten, für 2–5 Spieler

9,90 €

Nutzen Sie die Bestellkarte auf der letzten Seite!

Baden-Württemberg
Bodensee-Oberschwaben

Schon von weitem ist in Ochsenhausen die gewaltige Anlage der ehemaligen Benediktiner-Reichsabtei zu sehen. Die ursprünglich gotische und später barockisierte Kirche gilt mit ihrer reichen Ausstattung als Kleinod des süddeutschen Barock. Berühmt ist die Orgel des aus Ochsenhausen stammenden Orgelbaumeisters Joseph Gabler. Ein besonderer Anziehungspunkt für Eisenbahnfreunde ist die Öchsle-Museumsbahn: Die einzige noch erhaltene Schmalspurbahn in Baden-Württemberg verkehrt von Mai bis Oktober an allen Wochenenden und Feiertagen auf der 19 Kilometer langen Strecke zwischen Ochsenhausen und Warthausen und hat einen eigenen Radweg parallel zur Strecke.

Ochsenhausen

Information: Städtisches Verkehrsamt, Marktplatz 1, 88416 Ochsenhausen
Tel.: +49 (0)7352/9220-26, Fax: 9220-19, E-Mail: stadt@ochsenhausen.de, www.ochsenhausen.de

Willkommen auf dem Mayerhof

siehe große Landkarte: G 19

Mayer, Manfred jun., Mayerhof
88416 Ochsenhausen, OT Mittelbuch
Dietenwengerstraße 17-19
☎ 0 73 52 / 72 68 oder 613, Fax: 72 68
e-mail: info@mayer-hof.de
www.mayer-hof.de

Wir sind noch ein Bauernhof am Ortsrand mit Hasen, Ziegen, Hühnern, Katzen, Pferden und Ponys, Reitmöglichkeit, Streicheltieren, Liegewiese, Spielplatz, beheiztem Swimmingpool, Grillplatz, Bücherei, Friseursalon und Café-Pils-Bar auf dem Hof.

In der nahen Umgebung:
Dampfeisenbahn, Bauernmuseum, Naturfreibäder, Ravensburger Spieleland, Legoland, Thermalbäder u.v.m.

Der Mayerhof bietet Ihnen: 7 FeWo mit Terasse und Grill für 2-5 Personen 60 bis 90 qm, Preise 40,- bis 75,- EUR, keine NK, KB, SAT-TV, WM

Fordern Sie unseren Hausprospekt an!

  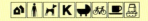

Baden-Württemberg
105 Bodensee-Oberschwaben

Ravensburg
⛪ 15 km

Willkommen in der Stadt der Türme und Tore! Ravensburg liegt am Radwanderweg Donau-Bodensee (Westroute). Am besten, Sie schauen sich das Ganze bei einer Turmbesteigung von oben an (täglich im April-Oktober). Ravensburg bietet alle Vorzüge einer Kleinstadt mit städtischer Galerie, Konzerten, Theater, Kleintierzoo, Sport (Freibad, Hallenbad, Eissporthalle). Wanderwege führen ins Grüne. Specials: Klosterkirche, Figurentheater, Verlagsmuseum Ravensburger, Ravensburger Spiele-Land.

Infos unter: Stadt Ravensburg
Tel. 0751 - 82800 oder www.ravensburg.de

215110_1 F****/*****

Drei-Mädelhaus****
Ambs, Brigitte u. Hermann
Dorfbrunnenstr. 27
88214 Ravensburg,
OT Gornhofen
Tel. 0751 - 64077
Fax 0751 - 65273536   www.bauernhof-ambs.de

Alle Ferienwohnungen mit Sat-TV u. Südbalkon, Bodensee- u. Alpenblick. Ruhige Lage inm. von Obstbaumwiesen. Liegewiese mit Gartenmöbeln, Grillplatz, großer Spielplatz, extra Spielscheune, WM/Trockner. Milchvieh, Pferde, Grünland, Hopfen, Kirschen, Brennerei, Hausprospekt. Bodensee 12 km, RV-Spieleland 4 km.

Anzahl	Art	qm	Personen	Preis
4	FeWo	40-90	1-7	ab 29,00 €

Rot an der Rot
⛪ 15 km 🚆 Tannheim o. Memmingen

Die Gemeinde Rot gehört zur Region Oberschwaben und liegt am gleichnamigen Flüsschen Rot zwischen Biberach an der Riß und Memmingen. Viele Rad- und Wanderwege führen durch die sagenhafte Natur. Genießen Sie die Aussicht auf die Alpen vom Tristolzer Berg oder erleben Sie die Mühlenstraße, die den Weg zu über 100 mühlenwirtschaftlich interessanten Objekten weist. Der Mönchsrote Pfad, ein kulturhistorischer Spaziergang, führt Sie durch die Geschichte von Rot an der Rot.

Infos unter: Touristinfo
Tel. 08395 - 94050 oder www.oberschwaben-tourismus.de

72919_1 F**/***/****P**

Ferienhof Schultheiß***
Schultheiß, Silke und Horst
Konradsweiler 2
88430 Rot an der Rot,
OT Konradsweiler
Tel. 07568 - 207
Fax 07568 - 925985   horst.schultheiss@vr-web.de

Wiesen u. Weiden, Milchkühe, Hof in fr. Lage u. Waldnähe, DZ und MBZ mit D/WC, KB, Aufenthaltsraum mit Küchenzeile u. Sat-TV. Ferienwohnung mit 2 getr. Schlafzimmern, je D/WC. Grill-/Spielpl., TT, Streicheltiere, Hausschlachtung, Honig, viele Ausflugsziele, z. B. Bodensee, Alpen, Insel Mainau, Legoland u. v. m.

Anzahl	Art	qm	Personen	Preis
3	FeWo	65	2-7	ab 30,00 €
2	Zi.		1-3	ab 18,00 €

Baden-Württemberg
Bodensee-Oberschwaben 105

Salem
🍴 40 km 🚉 Salem

Salem liegt in einem breiten Tal durchzogen von Wiesen und Obstplantagen, ausgeschilderte Rad- und Wanderwege entlang von Bauernhöfen, Badesee, Inlineskaten auf Wanderwegen möglich, reichhaltiges Kulturprogramm im Schloss Salem mit Führungen, Ausstellungen, Konzerten, Lesungen, Affenberg Salem mit ca. 200 frei lebenden Berberaffen, Schloss Salem.

Infos unter: Bodensee-Linzgau Tourismus
Tel. 07553 - 917715 oder www.bodensee-linzgau.de

Aspenhof****
Lorch, Willi
Aspen 1
88682 Salem, OT Beuren
Tel. 07554 - 780
Fax 07554 - 784
info@aspenhof.de
www.aspenhof.de

Einzelhof in ruhiger Lage, Ackerbau, Wiesen, Kühe mit Kälbern, Obstbau, Waldnähe. Nichtraucherwohnungen, eine mit Balkon. KB, Bettwäsche, WM, TV, Brötchen- und Getränkeservice, Grillplatz, Liegewiese mit Gartenmöbeln, Spielplatz, TT, Brennerei, Hausschlachtung und selbst gebackenes Brot.

Anzahl	Art	qm	Personen	Preis
2	FeWo	63-80	4-6	ab 45,00 €

114844_1   F***/****

Ferienhof Schwehr
Schwehr, Inge
Schwedenstr. 2
88682 Salem-Beuren
Tel. 07554 - 9416
Fax 07554 - 990750

info@ferienhof-schwehr.de
www.ferienhof-schwehr.de

Aufatmen - Aufblühen - Auftanken - Spaß-Haben

Was kann schöner sein als ein paar Tage Erholung auf unserem gepflegten Ferienhof im Ortskern mit großzügier Hofanlage. Bei uns findet jeder seine persönliche Entspannung. Spiel- und Liegewiese, Spielscheune, Spielzimmer, Kinderfuhrpark mit Tret-Gokarts, Riesentrampolin, Tischtennis, Kicker, Streicheltiere ... Sauna, Solarium, Fitness, Massagen - lassen Sie sich verwöhnen!

Genießen Sie einmal in der Woche unsere lukullisch-kulinarischen Schmankerl aus der Bauernküche und der hofeigenen Brennerei.

Und dann gibt es auch noch die vielen Sehenswürdigkeiten in der Umgebung, die zu tollen Ausflügen einladen.

Wir freuen uns auf Sie! „Herzlich willkommen".

Anzahl	Art	qm	Personen	Preis
3	FeWo	48-55	2-4	ab 50,00 €
2	FH	85	2-8	ab 65,00 €
2	Zi.	20	1-2	ab 39,00 €

2005859_1   F****

675

Baden-Württemberg
105 Bodensee-Oberschwaben

TETTNANG
hat was...

Der familienfreundliche Ferienort in der Bodenseeregion

Der malerische Ferienort Tettnang liegt nur sechs Kilometer vom Bodensee entfernt und ist idealer Ausgangspunkt für Familenausflüge, Rad- und Wandertouren und vielem mehr.
Ein Kinder-Ferienprogramm, die offenen Museumssonntage, Traktorfahrten auf dem Bauernhof sowie Ponyreiten oder Schwimmen in den nahen Seen lassen in Tettnang keine Langeweile aufkommen.
Spaß für die ganze Familie erleben Sie bei einer Wanderung auf dem 4 km langen Hopfenpfad, der Sie direkt zum Hopfenmuseum führt und Sie Ende August die Hopfenernte live miterleben können.
Gerne informieren wir Sie auch über kinderfreundliche Unterkünfte im Rahmen der Tettnanger Familienpauschale „Humulus und Lupulus" (7 Übernachtungen kombiniert mit Ausflügen, dem Spieleland, Fahrradverleih) oder über die Ravensburger Spielelandpauschale.

Wir freuen uns auf Ihren Besuch in Tettnang!

Kontakt:
Tourist-InfoBüro TIB
Montfortstr. 41
88069 Tettnang

Tettnang

⌇ 15 km

Wandern, Radwandern, Schwimmen - Tettnang hat was …, ob beschaulich, erholsam, informativ, unterhaltsam oder aktiv. Die Hopfenstadt liegt zwischen Bodensee und württembergischem Allgäu. Bummeln Sie durch die Stadt und nutzen Sie bei einem Besuch die Einkaufsmöglichkeiten in den individuellen Fachgeschäften, Boutiquen und Läden oder lassen Sie sich in einer der zahlreichen Gaststätten mit regionalen Spezialitäten verwöhnen.

Infos unter: Tourist-Info-Büro TIB
Tel. 07542 - 952555 oder www.Tettnang.de

***Lanz, Anni
Rappertsweiler 21 b
88069 Tettnang,
OT Rappertsweiler
Tel. 07528 - 2814

Idyllisch, malerisch und traumhaft ruhig gelegener Einzelhof am Waldrand. Ausgestattete Ferienwohnungen mit Sat-TV, zusätzlichem Kinderbett und Balkon oder Terrasse. Spiel- und Liegewiese, Grünland, Pferde, Weiderinder, Katzen, Kaninchen, Federvieh und Wildbeobachtung.

72884_1 F***

Anzahl	Art	qm	Personen	Preis
2	FeWo	60-80	2-4	ab 33,50 €

Verwöhn-Urlaub

Einmal wie ein echter Landlord leben! Im Übernachtungsführer „Urlaub auf Landsitzen" werden die schönsten Herrensitze, Burgen und Schlösser und andere historische Gebäude vorgestellt.

12,90 €

Nutzen Sie die Bestellkarte auf der letzten Seite!

Baden-Württemberg
Bodensee-Oberschwaben 105

****Butscher, Elfriede und Walter
Rappertsweiler 3
88069 Tettnang, OT Rappertsweiler
Tel. 07528 - 2837
Fax 07528 - 915729
www.ferienhaus-willburger.de

Unser Ferienhof befindet sich am Rande des Naturschutzgebietes Argen, 9 km vom Bodenseeufer entfernt.

Rappertsweiler liegt idyllisch zwischen Tettnang und Lindau.
Ausflüge ins Allgäu, nach Österreich und in die Schweiz bieten sich an.

Ein Besuch im Ravensburger Spieleland (ca. 10 km) ist sicher lohnenswert.

2 Ferienwohnungen für 4 bis 7 Pers.,
60 bis 100 qm, ab 35,- Euro
2 Ferienwohnungen für je 4 Pers., ab 35,- Euro
1 FH-Bungalow, 2 bis 6 Pers., ab 35,- Euro

Alle Wohnungen haben einen separaten Eingang und großen Balkon, KB, Waschmaschine, Sat-TV.

Vor allem unsere kleinen Gäste erfreuen sich an unserer Liege- und Spielwiese mit Gartengrill.

Wir betreiben einen Grünlandbetrieb mit Hopfen- und Obstanbau, Pferd, Pony, Kaninchen, Katzen und Federvieh.

F***/**** 27368_105

Baden-Württemberg
105 Bodensee-Oberschwaben

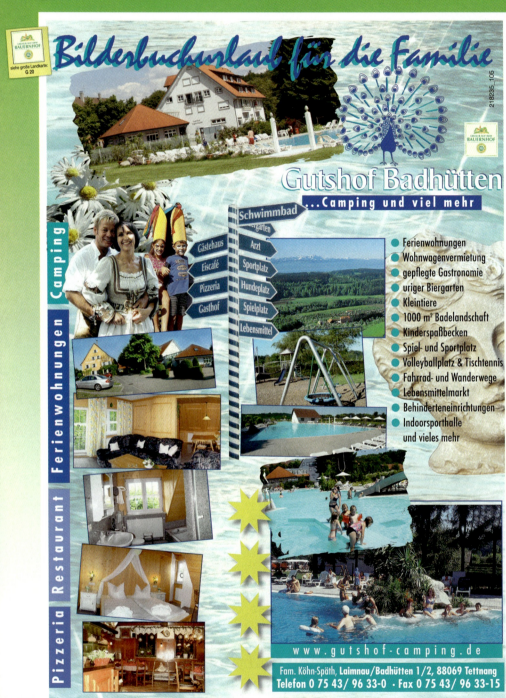

Baden-Württemberg

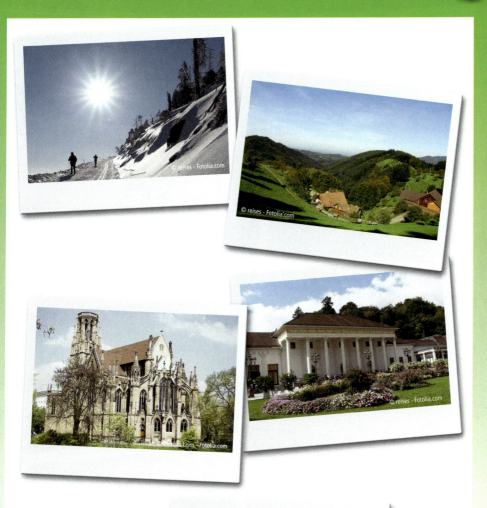

Bayern

Traumlandschaften

© Rainer Schmittchen - Fotolia.com

© Sven Käppler - Fotolia.com

Genuss in den Braustuben, grüne Wälder, saftige Almen, quirlige Metropolen wie München, exklusive Kurorte und wahr gewordene Märchenträume à la Neuschwanstein – ein jeder verbindet mit Bayern ganz eigene Vorzüge.

© Jürgen Effner - Fotolia.com

Blick ins Land

für Genießer

Bayern

Tiefe Schluchten und blaue Seen

© HJ Paulsen - Fotolia.com

Franken

Das vielfältige Reiseland im Norden Bayerns gilt bei vielen Gästen als „verkleinertes Abbild Deutschlands". Jede der 15 unterschiedlichen Reiselandschaften hat ihren eigenen, unverwechselbaren Reiz. Mehr als die Hälfte der Fläche Frankens ist in insgesamt neun Naturparke eingebunden: Traumlandschaften für Genießer. Als Kernland deutscher Geschichte ist Franken mit historischen Städten reich verwöhnt. Nürnberg, Bayreuth, Würzburg, Schweinfurt, Bamberg, Ansbach, Aschaffenburg, Coburg, Kulmbach, Eichstätt, Fürth, Erlangen, Dinkelsbühl und Rothenburg o. d. Tauber zählen zu den Glanzlichtern. Sehenswürdigkeiten, Museen und Kulturleben locken zudem nach Franken. Als „Sahnehäubchen" sind dabei die fränkische Küche, die Bierspezialitäten und vor allem der Frankenwein zu bezeichnen.

Blick ins Land

Chiemgau

Einheimische und Gäste profitieren gleichermaßen vom ungewöhnlichen Wasserreichtum der Region. 50 Seen, 5 Flüsse und 56 Wildbäche zählt die Statistik. Das Chiemgauer Wasser „beliefert" 23 Natur- und Landschaftsschutzgebiete mit einer Gesamtfläche von über 300 km². Auch die acht Bierbrauereien beziehen ihr Wasser aus der Region. Und natürlich gehört zu einem Urlaub hier Wassersport für die ganze Familie - sei es Ruderboot fahren, Segeln, Tauchen, Kiten oder schlicht schwimmen, wie z.B. im Waginger See (mit Temperaturen bis zu 26 °C der wärmste Badesee Oberbayerns).

© Bianka Hagge - Fotolia.com

Allgäuer Seenland

Zwischen den Allgäuer Alpen und der Allgäu-Metropole Kempten, dort wo die Berge den Blick in die Ferne freilassen, liegt das Allgäuer Seenland. Eine geheimnisvolle Region rund um die Orte Buchenberg, Sulzberg und Waltenhofen, in dem Einheimische heute noch das tun, was ihre Vorfahren schon vor Jahrhunderten taten: die Natur achten und Bräuche bewahren. Fünf Seen machen die Gegend zum Bade- und Wassersportrevier des Allgäus – egal ob beim Surfen und Segeln am Rottachsee oder beim Baden am Niedersonthofener See. Die mystischen Highlights der Region bringen Aha-Erlebnisse für Erwachsene und verzaubern Kinder auf Endeckertour durch das Revier der Waldgeister oder beim Ritterabenteuer auf der Burgruine!

Bayern

Das grüne Herz Frankens

Naturpark Steigerwald

Seinen Charakter verdankt er Steigerwald der wechselvollen Abfolge der vor Millionen von Jahren entstandenen Keuperschichten. Im Norden wird die Naturparklandschaft von dem großen Mainbogen im Raum Marktbreit, Schweinfurt und Bamberg umschlossen; im Süden bildet die Aisch zwischen Bad Windsheim und Höchstadt/Aisch eine natürliche Begrenzung. Hier gibt es kaum einen Ort, ein sehenswertes Städtchen, das nicht geschichtlich erwähnenswert wäre.
 Lassen Sie das milde Reizklima auf sich wirken, etwa in der Kurstadt Bad Windsheim. Dort ergießt die stärkste Solequelle Europas ihr wohltuendes Wasser. Gönnen Sie sich ein Bad für Ihre Gesundheit.

Natur

*Infos
erhalten Sie unter
Tel. 0 91 62 / 1 24-24
oder
www.steigerwald-info.de*

Eine sanfte Mittelgebirgslandschaft prägt das Bild; bis zu 500 Meter ragen die Höhenzüge im Steigerwald hinauf. Der Sonne zugewandt wachsen am West- und Südtrauf fruchtige Trauben. Kosten Sie einfach nach einem Spaziergang den Frankenwein, der seinen Geschmack aus diesen sonnenverwöhnten Hängen zieht. Natur und Kultur liegen im Steigerwald nah beieinander.

 **Bayern**

Alles Käse?!

Käseschule

Im Allgäu gibt es traditionell viele kleine Milchbauern und Käsereien. Warum also nutzen Sie Ihren Urlaub nicht mal, um das Käsemachen lernen?
Georg Gründl betreibt im Dorfhaus in Thalkirchdorf die einzige Käseschule in Bayern.
In der urigen und liebevoll eingerichteten Mini-Käserei können Sie unter Anleitung eines Käsermeisters bei der Herstellung von Käse mitwirken. Sie rühren, messen, schneiden und später portionieren Sie Ihren eigenen Käse vom großen Kupferkessel in kleine Käseformen.

Genuss

Infos erhalten Sie unter Tel. 0 83 25 / 95 81 oder www.kaeseschule allgaeu.de

Hier erfahren Sie, wie traditionell im Allgäu Käse hergestellt wird und viel Interessantes um den Bereich Käse und Allgäu.
Während des Schaukäsens erhalten und probieren Sie Käsespezialitäten, wie z.B. Käsepralinen oder Bergkäse und genießen dazu ein kühles Bier. Danach wird ein Allgäuer Heuschnaps gereicht - zur „Käsertaufe".

Bayern

Inzeller Badepark

Naturbadesee

Er bietet Badewasser in Trinkwasserqualität. Natürliche Helfer reinigen das Wasser ganz ohne Chemie. Das bedeutet unbeschwerten Badespaß besonders für die kleinsten Badegäste. Denn das Wasser ist vollkommen frei von Chlor.

Großzügig angelegte Liegewiesen bieten sonnige und schattige Plätze und vom Mutter-Kind-Bereich mit
großem Spielplatz aus können sich die ganz Kleinen und die Nichtschwimmer ins kühle Nass wagen. Im abgegrenzten Schwimmerbereich können Sie auf über 50 Metern Länge Ihre Bahnen ziehen oder sich auf dem Beach-Volleyball-Feld oder dem Bolzplatz richtig auspowern.

Wellness

Hallenbad

Was für den Naturbadesee gilt, ist natürlich auch Motto im Hallenbad. Unbeschwerter Badespaß steht im Vordergrund. Hier dürfen Kinder noch Kinder sein. Toben, spielen und Spaß haben, z.B. in der 62 m langen Riesenröhrenrutsche.

Saunaparadies

Für Erholungssuchende, ist das Saunaparadies das ideale Ziel.
Dort können Sie zur Ruhe finden und das Wechselspiel zwischen Wärme und Kälte genießen, z.B. in der römischen Dampfsauna, dem osmanischen Bad oder der alpenländische Stubensauna.

Infos erhalten Sie unter Tel. 0 86 65 / 16 33 oder www.badepark-inzell.de

Bayern

Einfach Märchenhaft

Märchenpfad

Eine spannende Reise durch die Märchenwelt bietet der Märchenpfad beim Naturbad Aschauerweiher in Bischofswiesen. Auf den Spuren von Aschenputtel, Dornröschen und Co. sammeln die Kinder wichtige Informationen, die zur Lösung eines Rätsels beitragen.
An der Infotafel am Naturbad-Gebäude holen Sie sich einen Flyer mit Übersichtskarte sowie Fragen zu den einzelnen Stationen und dann kann es losgehen!
Der Weg führt zunächst vorbei am Naturbad Aschauerweiher und mündet wenig später in den tiefen, ruhigen Wald am Maximilians-Reitweg. Die vielgestaltigen Sträucher, Moos und Felsen bilden eine eindrucksvolle, geradezu märchenhafte Kulisse.

Hits für Kids

Auf dem ca. 2,5 km langen Rundweg begegnen den Kindern verschiedene Stationen mit Märchenfiguren, Tieren und Pflanzen. Zu den Stationen gehört eine Informationstafel, die das dargestellte Märchen mit Illustrationen vorstellt. Die Fragen sind so angelegt, dass sie auch ohne Lesen lösbar sind, so dass eine breite Altersschicht angesprochen wird.

Wenn die Kinder das Quiz richtig gelöst haben, wird ihr Wissen mit einem kleinen Geschenk belohnt, das in der Tourist-Information Bischofswiesen abgeholt werden kann.

*Infos
erhalten Sie unter
Tel. 0 86 52 / 9 77 22-0
oder
www.bischofswiesen.de*

Bayern

Tierisches Vergnügen

Bayerwald-Tierpark Lohberg

Machen Sie einen Ausflug in den einzigen Zoo der Oberpfalz, der 2009 sein 20-jähriges Bestehen feierte.
Beim 1,5 km langen Rundweg durch den ca. 10 Hektar großen Tierpark, begegnen Sie heimischen Tieren des bayerischen-böhmischen Grenzgebietes in ihrem natürlichen Lebensraum. Rund 400 Tiere in 100 Arten, darunter Biber, Luchse und Wildkatzen, Dachse und Waschbären oder Rothirsche. Zahlreiche Singvögel, Greifvögel und unterschiedliche Eulenarten werden im Tierpark in Volieren gehalten.
Beim Fischotter-Areal verweilen die Kinder lange Zeit und beobachten den niedlichen Gesellen bei ihrem Spiel. Auch Füchse und Elche sind im Bayernwald-Tierpark gern beobachtete Tiere.

Hits für Kids

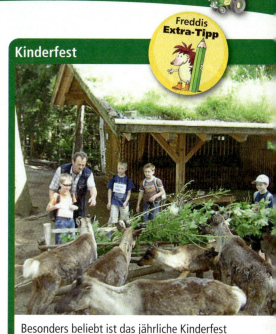

Kinderfest

Freddis Extra-Tipp

Besonders beliebt ist das jährliche Kinderfest im Sommer, wo sich die Kinder bei abwechslungsreichen Spielstationen bestens amüsieren.

Infos erhalten Sie unter Tel. 0 99 43 / 81 45 oder www.bayerwald-tierpark.de

Anziehungspunkt für die Kinder ist selbstverständlich auch das Streichelgehege mit Eseln, Ziegen, Schafen, Kaninchen, Enten, Gänsen und anderen Kleintieren. Mit dem Spezialfutter, das an der Kasse erhältlich ist, dürfen diese Tiere sogar gefüttert werden.

Bayern

Kunst und High-Tech

© Wedgwood Museum, Barlaston

Porzellanikon

Das Porzellanikon in Selb befindet sich in einer 1969 stillgelegten ehemaligen Rosenthal-Fabrik und beherbergt drei verschiedene Museen: das „Europäische Industrie-Museum für Porzellan", das „Rosenthal Museum" und das „Europäische Museum für Technische Keramik".

Teller, Tassen, Kaffeekannen und Blumenvasen kommen nur auf einem Zehntel der gesamten Ausstellungsfläche vor. Die anderen 90 % des alten Fabrikgebäudes sind Dingen gewidmet, die man vermutlich in einem Porzellanmuseum zunächst nicht vermuten würde: ratternde Dampfmaschinen und polternde Gesteinsmühlen, alte Gießkarusselle, auf denen unförmige Gipsformen einst ihre Runden drehten u.v.m. Anfassen darf man hier eigentlich alles. Und man kann auch selbst helfen, einen Becher zu drehen, eine Gipsform zu öffnen oder seine Finger in die Porzellinermilch tunken und probieren, ob Porzellan zwischen den Zäunen knirscht oder nicht.

Kultur

Königstraum und Massenware

© Museum für Angewandte Kunst, Wien

Im offiziellen 300. Jubiläumsjahr des europäischen Porzellans gibt die Ausstellung „Königstraum und Massenware" einen Überblick von exzeptioneller, europaweiter Dimension. Von April bis Oktober 2010 werden auf 3500 qm zum einen alle Anwendungsbereiche von Porzellan in Kunst, Design und Architektur und in der Dauerausstellung in der Technik aufgezeigt. Zum anderen widmet sie sich der Darstellung des Porzellans in ganz Europa, was durch eine Liste hochkarätiger internationaler Leihgeber und wertvollster Exponate garantiert ist.

Sprungschanzenbeläge oder schusssichere Westen, Porsche-Bremsscheiben oder und radelndes Skelett sorgen für staunende Gesichter: Wo überall Keramik drin steckt – wer hätte es gewusst?

**Infos
erhalten Sie unter
Tel. 0 92 87 / 91 80 00
oder
www.porzellannikon.org**

Bayern

Mittelalterliches Vergnügen

Salzsäumerfest

Jedes Jahr wird die Zeit in Grafenau, der ältesten Stadt des Bayerischen Waldes, am ersten Wochenende im August um ein halbes Jahrtausend zurückgedreht. Dann nämlich findet das Salzsäumerfest statt, um an die über 625-jährige Geschichte der Stadt zu erinnern.
Einst war Grafenau wichtiger Umschlagplatz des Salzhandels an der „Gulden Straß" und stand somit im Mittelpunkt des Salzhandels zwischen Bayern und Böhmen. Dies feiert die Stadt jeden August mit dem weithin bekannten Festspiel: Die bärtigen Salzsäumergesellen schlagen am Freitag ihr Nachtlager auf dem Hofmarkplatz auf und ziehen am Samstag mit beladenen Pferden und Planwagen in Richtung

Kultur

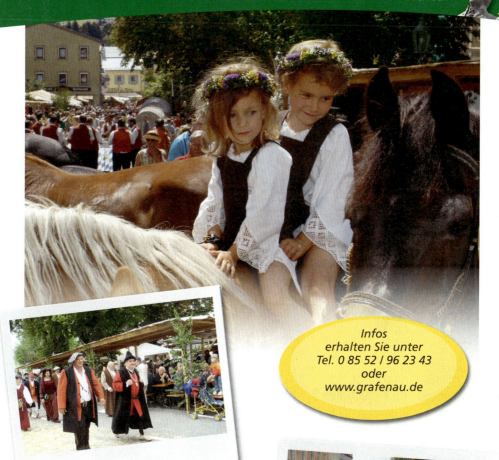

Infos erhalten Sie unter Tel. 0 85 52 / 96 23 43 oder www.grafenau.de

Grafenau, wo sie auf dem Stadtplatz empfangen werden. Dort herrscht reges Markttreiben und natürlich kommt die Unterhaltung der Gäste nicht zu kurz: allerlei Musikanten spielen auf, Komödianten lassen kein Auge trocken, Fechter zeigen spannende Schaukämpfe und das „Fahrende Volk" stellt mit dem Stadtbären seine Künste zur Schau.

Bayern

Man sieht nur,

Kulturweg Egloffstein

Der Kulturweg Egloffstein ist in seiner Art bisher einmalig in Deutschland. Er führt mit einem historischen und vier geographischen Rundwegen zu den schönsten, attraktivsten und bedeutendsten Plätzen der Gemeinde Egloffstein.

Die fünf Wege durch das Umland und den Ort Egloffstein, die immer an einem Gasthaus vorbeiführen, ermöglichen es dank der aufgestellten Informationstafeln und der beiden Begleitbroschüren, die durchwanderten Landschaften und Orte

Aktiv

was man weiß!

Infos erhalten Sie unter Tel. 0 91 97 / 2 02 oder www.egloffstein.de

Kinder-Kultur-Rally

Freddis Extra-Tipp

besser wahrzunehmen und zu verstehen, nach dem Motto: „Man sieht nur, was man weiß!" Dadurch werden Wanderungen und Spaziergänge in und um Egloffstein lebendiger und spannender. Erkunden Sie mit diesem Themenweg die Region im Herzen des Trubachtales.

Am 26. August 2010, um 14 Uhr werden alle Kinder zu einer Kinder-Kultur-Rally eingeladen.

Bayern

Radfans aufgepasst

Radtouren

Oberstaufen bietet abwechslungsreiche Radtouren für Freizeitradler, Familien und trainierte Sportler. Ob eine beschauliche Tour im Talbereich, knackige Feierabendtouren oder eine Ganztagestour - Sie finden für jeden Geschmack genügend Auswahl.
Ein umfangreiches Wegenetz im Talbereich und bis hinauf in die Hochlagen der Alpen garantiert unbeschwerten Bikespaß und ermöglicht eine flexible Routenplanung mit vielen Kombinationsmöglichkeiten. Prachtvolle Blicke auf den Alpsee, bei guter Sicht bis auf den Bodensee und beeindruckende Panoramarundblicke von den Gipfeln der Bergziele lassen das Herz jeden Bikers höher schlagen. Zahlreiche gemütliche Hütten laden zur kulinarischen Rast ein.

Aktiv

„Oberstaufen PLUS"-Gästekarte

Ob Sommerrodelbahn, Freizeit- oder Erlebnisbad, Parkplatz oder Fahrt im Gästebus – Urlauber zahlen dafür keinen Cent. Auch die drei Bergbahnen zum Gipfelsonnenbad oder zur Wanderung im Naturpark Nagelfluhkette können sie völlig kostenfrei nutzen. Und darüber hinaus noch viele weitere Attraktionen wie Minigolf, Museen, Eisenbahn-Erlebniswelt etc.

Die kostenlose „Oberstaufen PLUS"-Gästekarte ist bei über 300 Gastgebern im Preis inbegriffen!

Infos erhalten Sie unter Tel. 0 83 86 / 9 30 00 oder www.oberstaufen.de

Im Internet besteht zusätzlich die Möglichkeit, GPS unterstützte MTB-Routen herunter zu laden. Die aufgeführten Touren in Oberstaufen und der näheren Umgebung sind mit GPS-Geräten erfasst und mit wichtigen Wegpunkten komplettiert worden.

Bayern

Kleinstadt, Großstadt, Weltstadt, Dorf. Berge, Wälder, Wiesen, Flüsse und Seen: In Bayern kann man was erleben! Zwischen Coburg und Kempten, Aschaffenburg und Passau liegt nicht nur das größte Bundesland Deutschlands mit seiner abwechslungsreichen Natur und Kultur zwischen Tradition und Moderne. Die Berge, Wiesen und Wälder bieten genug Raum zum Entschleunigen und jede Menge Attraktionen für Groß und Klein.

Fakten zu Bayern

Hauptstadt:	München
Einwohner:	12,38 Mio.
Fläche:	70.548,00 km²
Einwohner/km²:	176
Webseite:	www.bayern.de

Diese und noch mehr Reisetipps gibt's unter: www.bayern.by

Franken

106	Spessart-Main-Odenwald	704
107	Bayerische Rhön	705
108	Hassberge	-
109	Oberes Maintal/Coburger Land	708
110	Frankenwald	710
111	Fichtelgebirge	714
112	Liebliches Taubertal	-
113	Fränkisches Weinland	719
114	Steigerwald	720
115	Fränkische Schweiz	721
116	Romantisches Franken	727
117	Städteregion Nürnberg	-
118	Frankenalb	-
119	Fränkisches Seenland	729
120	Naturpark Altmühltal	735

Ostbayern

121	Oberpfälzer Wald	737
122	Bayerischer Jura	740
123	Naturpark Bayerischer Wald	742
124	Nationalpark Bayerischer Wald	756
125	Südlicher Bayerischer Wald	760
126	Niederbayern zw. Donau und Inn	770

Oberbayern

127	Ammersee-Lech	772
128	Starnberger Fünf-Seen-Land	774
129	Münchner Umland	-
130	Ebersberg	-
131	Inn-Salzach	-
132	Pfaffenwinkel	775
133	Zugspitzregion	777
134	Tölzer Land	778
135	Tegernsee-Schliersee-Wendelstein	785
136	Chiemsee	786
137	Chiemgau	796
138	Berchtesgadener Land	801

Allgäu

139	Bayerisch Schwaben	-
140	Unterallgäu	809
141	Westallgäu	810
142	Ostallgäu	812
143	Oberallgäu	813

Zahlen und Fakten

Naturpark Steigerwald
Scheinfeld
Natur, Seite 684

Kulturweg
Egloffstein
Aktiv, Seite 698

Porzellanikon
Selb
Kultur, Seite 694

Bayerwald-Tierpark
Lohberg
Hits für Kids, Seite 692

Salzsäumerfest
Grafenau
Kultur, Seite 696

Märchenpfad
Bischofswiesen
Hits für Kids, Seite 690

Käseschule
Thalkirchdorf
Genuss, Seite 686

Radtouren
Oberstaufen
Aktiv, Seite 700

Naturbadesee
Inzell
Wellness, Seite 688

Orte auf der Karte:
- 106 Aschaffenburg
- 107 Bad Kissingen
- 108 Coburg
- 109 Kulmbach
- 110 Hof
- 111 Wunsiedel
- 112 Würzburg
- 113 Bamberg
- 114 Bayreuth
- 115 Weiden
- 116 Rothenburg
- 117 Nürnberg
- 118 Amberg
- 119 Gunzenhausen
- 120 Ansbach
- 121 Thanstein
- 122
- 123 Cham
- 124 Drachselsried / St. Oswald / Regen / Röhrnbach
- 125 Passau
- 126 Landshut
- 127 Landsberg (Lech)
- 128
- 129 Münsing
- 130 Rosenheim
- 131 Wasserburg
- 132 Saulgrub
- 133 Garmisch-Partenkirchen
- 134 Lenggries
- 135
- 136 Traunstein
- 137 Ruhpolding / Waging
- 138 Berchtesgaden
- 139 Augsburg
- 140 Kempten
- 141 Lindau
- 142 Füssen
- 143 Oberstdorf / Oy

München, Ingolstadt, Donauwörth, Regensburg, Rotthal-Münster, Bernau

Flüsse: Main, Altmühl, Naab, Donau, Isar, Inn

Bayern
106 Spessart-Main-Odenwald

Großheubach

Klar, dass die Menschen hier etwas Besonderes sind. Herzlich sind sie, aufgeschlossen und fröhliche Feste können sie feiern. Seit 1989 gibt es einen Weinlehrpfad. Hier kann sich der interessierte Wanderer selbst ein Bild über die verschiedenen Rebsorten und Anbaumethoden machen oder aber von einem Gästeführer über den Weinanbau informieren lassen. Der Fränkische Rotweinwanderweg geht direkt an Großheubach vorbei.

Infos unter: Touristinformation Großheubach
Tel. 09371 - 6500470 oder www.grossheubach.de

Gut Rosshof***
Joachim Steiert
Rosshof 3
63920 Großheubach
Tel. 09371 - 97490
Fax 09371 - 974949

info@rosshof.de
www.rosshof.de

Auf einer malerischen Hochebene oberhalb von Großheubach liegt der Rosshof, ein Vierseithof a. d. 18 Jh. mit 6 top ausgestatteten FeWo, Küche, sep. Schlaf- u. Wohnraum, B/D/WC u. TV m. Sat-Empfang. Gr. Spielplatz, viele Hasen u. Pensionspferde, ein Biergarten oder unsere Gutsschänke bieten Platz für reichlich Erholung. A. W. Frühstück u. HP. Auf Ihren Besuch freuen wir uns.

212391_1 F***/****

Anzahl	Art	qm	Personen	Preis
6	FeWo	30-80	2-8	67,- bis 117,- €

Hasloch-Hasselberg
🚶 12 km 🚆 3 km

In einer landschaftlich reizvollen Region liegt Hasloch. Ein Landstrich, in dem die Geschichte wie kaum irgendwo lebendig ist. So abwechslungsreich wie die Landschaft ist auch das Angebot an Ausflugsmöglichkeiten, Sport- und Freizeitaktivitäten. Zum Beispiel lädt die ehemalige Residenzstadt Wertheim mit ihren mittelalterlichen Gassen, Fachwerkhäusern und der imposanten Burgruine zum Flanieren ein.

Infos unter: Gemeinde Hasloch
Tel. 09342 - 9262 oder www.hasloch.de

Rösshof***
Ott, Helga und Sonja
Rössweg 9
97907 Hasloch-Hasselberg
Tel. 09342 - 84361 od. 5253
Fax 09342 - 84362

In idyllischer Umgebung am Ortsrand erwarten Sie 2 Ferienwohnungen mit 2 Schlafräumen, Kinderbett, behindertenfreundlich, TV, Terrasse, Liegewiese, KE. Zahlreiche Tiere, z. B. Hund, Katzen, Rinder, Schweine, Geflügel und Damwild. Eigener Badeteich und Spielplatz, Brötchenservice, Hausprospekt!

233612_1 F***

Anzahl	Art	qm	Personen	Preis
2	FeWo	75-85	2-4	ab 35,00 €

Bayern
Bayerische Rhön 107

Geroda
⛺ 5 km

Der ländlich strukturierte Markt Geroda liegt malerisch im Thulbatal am Fuße der Schwarzen Berge im Naturpark Bayerische Rhön und im Naturschutzgebiet Schwarze Berge. Vom Ort mit seinen zahlreichen Übernachtungsmöglichkeiten sind die markanten Wanderziele Berghaus Rhön, Kissinger Hütte und Würzburger Karl-Straub-Haus auf fest angelegten Wirtschaftswegen gut zu erreichen. Wir würden uns freuen, Sie einmal hier vor Ort begrüßen zu dürfen!

Infos unter: Tourist-Info
Tel. 09741 - 91190 oder www.geroda.de

***Bohn, Walter
Weißbachweg 9
97779 Geroda, OT Platz
Tel. 09747 - 555

sonja.bohn@gmx.de
www.urlaubshof-bohn.de

Genießen Sie einen erholsamen Urlaub in der Südrhön, Hof mit Kühen, Ziegen und Kleintieren am Dorfrand, sehr ruhige Lage, herrlicher Weitblick. Große gemütliche Ferienwohnung, Balkon/Terrasse, großer Hof, Spiel- und Grillplatz, Wanderparadies, vielfältige Veranstaltungen in den nahen Kurstädten. Hausprospekt.

Anzahl	Art	qm	Personen	Preis		
2	FeWo	70-100	2-6	ab 15,00 €	27318_1	F**/***

Hammelburg
⛺ 15 km 🚂 Hammelburg

Das Tal der Fränkischen Saale dominiert die Gegend rund um Hammelburg. Im Norden schließt sich die Rhön an, im Westen fällt das Gelände allmählich in die Niederungen des Maintals ab. Die von der Autobahn günstig zu erreichende urkundlich älteste fränkische Weinstadt ist reich an Attraktionen. Zahlreiche und zum Teil sehr gut erhaltene Baudenkmäler, gemütliche Restaurants, zahlreiche Sportmöglichkeiten und gute Wandermöglichkeiten laden zum Verweilen ein.

Infos unter: Tourist-Information
Tel. 09732 - 902430 oder www.hammelburg.de

„Haus am Sodenberg"***
Familie Günter Spath
Weickersgrübener Weg 10
97762 Hammelburg,
OT Morlesau-Ochsenthal
Tel. 09357 - 99984
Fax 09357 - 992230

hausamsodenberg@aol.com
www.hausamsodenberg.de

Im wohl malerischsten Winkel des fränkischen Saaletales, am Fuß des Sodenberges, steht unser Haus. Ein Paradies für Natur- und Wanderfreunde. Ruhige FeWo in freier Lage, herrliche Aussicht. TV, Tel., Terrasse, 2000 qm Liegewiese, Gartenmöbel, Grill. Kinder bis 7 J. frei, Endreinigung frei, ab 7 Tage 10 %. Zusatzb. 5 €. Fam. Spath-Hotel Nöth: Pool, TT, Spielplatz, Kanuverleih.

Anzahl	Art	qm	Personen	Preis		
2	FeWo	56-72	1-5	44,- bis 48,- €	251080_1	F***

705

Bayern

107 Bayerische Rhön

Münnerstadt

„Münnerstadt - mittelalterliches Kleinod". Vielgestaltige Landschaft der südlichen RHÖN, sanfte Hügellandschaft, Wälder, Wiesen. Naturschutzgebiet Wacholderheiden, erlebnisreicher Naturlehrpfad durch das Münnerstädter Tal in neun Stationen. Wander- und Radwanderwegenetz, Sportschießen, Wellness- und Massagepraxen, prächtige Rokokokirche des Augustinerklosters, gotische Glasmalereien, Schnapsseminare.

Infos unter: Tourismusbüro
Tel. 09733 - 810528 oder www.muennerstadt.de

Birkenhof****
Pickelmann,
Friedrich und Gunda
Birkenhof
97702 Münnerstadt,
OT Fridritt
Tel. 09733 - 1290
Fax 09733 - 4090

ferien@birkenhof-fridritt.de
www.birkenhof-fridritt.de

Gemütlich wohnen gehört einfach dazu! ****FeWo mit KB, TV, Tel., tlw. Spülmaschine, 2 sep. Schlafräume, gr. Aufenthaltsraum für Gruppen bis 30 Pers. Vollerwerb, 60 Kühe, 2 Ponys, Reitpferd, Hunde und Katzen, gr. Trampolin, Spiel- und Grillplatz im gr. Garten mit lausch. Sitzecken, Sauna, Wäsche inklusive, Brötchenservice.

Anzahl	Art	qm	Personen	Preis
5	FeWo	60-70	2-8	ab 35,00 €

231924_1   F****

Berghof****
Schreiner, Norbert und Inge
Strahlunger Weg 2
97702 Münnerstadt
Tel. 09733 - 4070
Fax 09733 - 4072

www.berghof-schreiner.de

Einzelhof mit Ackerbau und Grünland, Pferde, Hund, Katzen. Ferienwohnungen mit 2 Schlafräumen, KB, TV, Waschmaschine und Trocknerbenutzung, Wäsche inklusive. Schwimmbad, Sauna, Grill- und Spielplatz, Liegewiese, Leseecke, TT, Billard, Kinderhütte, Lehrwand., Seniorenpr., Mitarbeit möglich, Hausprospekt!

Anzahl	Art	qm	Personen	Preis
6	FeWo	64	2-5	ab 38,00 €

231932_1   F****

Urlaub und Genießen beim Biobauern

Alle im Reiseführer aufgeführten Betriebe sind anerkannte Biobetriebe. Viele Unterkünfte sind darüber hinaus mit dem DLG-Gütezeichen ausgezeichnet und garantieren so besonderen Urlaubskomfort.

12,90 €

Nutzen Sie die Bestellkarte auf der letzten Seite!

Bayern
Bayerische Rhön 107

Oberelsbach

Urgemütliche Gasthöfe und Restaurants bieten von der rustikalen Brotzeit bis zum besonderen Menü Streicheleinheiten für den Gaumen. Ob man die Rhön als Wanderwelt Nr. 1, sportlich mit dem Mountainbike erleben oder einfach nur die Natur genießen will, Oberelsbach ist ein idealer Ausgangspunkt für jegliche Aktivität. Das faszinierende Naturschutzgebiet der Rhön lädt zum Wandern, Radfahren oder Bestaunen der geologischen und botanischen Sehenswürdigkeiten ein.

Infos unter: Fremdenverkehrsbüro
Tel. 09774 - 910260 oder www.oberelsbach.de

„Reiterhof am Sonderbach"
Seufert, Alexander
Brauhausgasse 18
97656 Oberelsbach
Tel. 09774 - 1243
Fax 09774 - 850031

info@reiterhof-am-sonderbach.de
www.reiterhof-am-sonderbach.de

Sie wohnen ruhig in komfortablen und gepflegten Ferienwohnungen mit Balkon/Terrasse, komplett ausgestattet, in ruhiger Lage am natürlichen Bach. Bettwäsche und Handtücher inklusive, Nebenkosten. Grillplatz, Fitnessraum, Sauna, TT und Ausritte auf Arabo-Haflingern sorgen für sportliche Aktivität.

Anzahl	Art	qm	Personen	Preis
5	FeWo	25-60	2-6	ab 21,00 €

119179_1

Sulzfeld
 30 km 30 km

Natur zum Wohlfühlen finden Sie hier inmitten der drei Naturparks Rhön, Thüringer Wald und Hassberge. An dem Naturbadesee in Sulzfeld können Sie aus nächster Nähe intakte, natürliche Ökosysteme bewundern oder in die herrliche Natur selbst eintauchen. Bei Streifzügen durch die wunderschöne Landschaft zu Fuß, mit dem Rad oder auf dem Rücken der Pferde sind Begegnungen mit vielen seltenen Tier- und Pflanzenarten keine Seltenheit.

Infos unter: Stadt Bad Königshofen i. Grabfeld
Tel. 09761 - 19433 oder www.badkoenigshofen.de

Gut Rothhof****
Potthoff, P. + A.
97633 Sulzfeld
Tel. 09724 - 522
Fax 09724 - 1209

info@gut-rothhof.de
www.gut-rothhof.de

Ackerbau/Grünlandbetrieb - Willkommen auf Gut Rothhof. Vielseitiger Ackerbau, Pensionspferdehaltung, Haflingerzucht und jede Menge Kleintiere bieten Ihnen bäuerliche Landwirtschaft zum Anfassen und Mitmachen. Ein reizvolles Ambiente und jede Menge „Auslaufmöglichkeiten" sind unsere Vorteile. Übernachten im Heu.
Fordern Sie unseren Hausprospekt an.

Anzahl	Art	qm	Personen	Preis
1	FeWo	45-75	2-6	ab 45,00 €

218233_1   F****

Bayern
109 Oberes Maintal/Coburger Land

Ebensfeld
Ebensfeld

Ebensfeld, das Tor zum oberen Maintal, liegt umrahmt im Norden von der bekannten Wallfahrtskirche Vierzehnheiligen, Kloster Banz und der „Adam-Riese-Stadt" Bad Staffelstein mit dem bekannten Thermalsolbad und im Süden von der Kaiserstadt Bamberg. Kanufahren, Floßfahrten, Warmwasserfreibad mit Riesenrutsche, Vielzahl an Museen, Schlössern, Kunstsammlungen, Klosteranlagen in der näheren Umgebung.

Infos unter: Fremdenverkehrsamt Markt Ebensfeld
Tel. 09573 - 96080 oder www.ebensfeld.de

Ferienhof Gut Ummersberg****

Inh. Jürgen u. Sybille Finkel
Ummersberg
96250 Ebensfeld
Tel. 09573 - 5982
Fax 09573 - 4908

FinkelGutUmmersberg@t-online.de
info@gut-ummersberg.de
www.gut-ummersberg.de

Der **Gutshof Ummersberg** hat eine Fläche von 320 ha und liegt in einem schönen alten Privatpark, 10.000 qm, der als Spiel- und Liegewiese benutzt werden kann.

In nächster Nähe: herrliche Wanderwege durch ausgedehnte Nadel- und Laubwälder, Wassersport, Reitgelegenheit, Naturparks, Thermalbäder und vieles mehr.

Auf unserem Bauernhof in Franken, „wo auch Tiere guten Morgen wünschen", kann man gut Urlaub machen - weit entfernt vom Massentourismus. Sicherlich denken Sie dabei zuerst an Ihre Kinder, jedoch werden auch Sie schöne, romantische Erinnerungen von Ihrem Urlaub auf dem Lande mit nach Hause nehmen.

Ferienwohnungen und Ferienhäuser im Privatpark (ca. 10.000 qm) gelegen mit je 2 Schlafzimmern, Wohnzimmer m. Sofa u. Sessel, Esstisch, Sat-TV, Radio-CD-Player, komplette Einbauküche, Dusche m. WC/Fön, Balkon oder Terrasse. Preis: VS/NS ab 35,- €/Tg. bis 2 Pers., j. w. Pers. + 5,- €, HS ab 38,- € bis 2 Pers., j. w. Pers. + 5,- €, Zusatzbett, Kinderbett, Hochstuhl, Bettwäsche auf Wunsch, Waschmaschinenbenutzung, Vermietung ab 3 Übernachtungen, Brötchenservice, Thermalbad Bad Staffelstein 10 km.
Wir haben einen Ackerbaubetrieb, Rinder, Ziegen, Katzen, Hund, Schafe, Hasen, Aufenthaltsraum, Tischtennisraum, Grillplatz, Kinderspielplatz, Hausschlachtung, Mitarbeit möglich, Lagerfeuer, Kinderspielzimmer, Riesentrampolin.

Urlaub bei uns bedeutet Erholung zu jeder Jahreszeit. Die historische Umgebung wie Bamberg, Coburg, Kulmbach, Kronach und Bayreuth können Sie besichtigen, die herrlichen Mittelgebirge Frankenwald, Fränkische Schweiz, Hassberge und Steigerwald, Thüringen liegen in unmittelbarer Nähe.

Fordern Sie unseren Hausprospekt an.

27494_1   F****

Anzahl	Art	qm	Personen	Preis
1	FeWo	70	2-4	ab 35,00 €
4	FH	70-80	2-4	ab 38,00 €

Bayern
Oberes Maintal/Coburger Land 109

Itzgrund

Entlang der Itz reihen sich saftige grüne Wiesen, fruchtbare Äcker und bewaldete Höhenzüge - Natur pur. Hier nistet der Storch. Der Schäfer, das Symbol des Itzgrundes, weidet seine Schafe in frischer und unbelasteter fränkischer Luft. Der Itzgrund ist der ideale Standort für Ausflüge in die nähere Umgebung. Coburg und Bamberg mit ihren Kulturreichtümern laden nicht nur zum Stadtbummel ein. Schmucke Dörfer mit fränkischen Fachwerkhäusern laden zum Verweilen ein.

Infos unter: Tourist-Info
Tel. 09533 - 921039 oder www.touristikverein-itzgrund.de

Ferienhof „Die Schenkenau"****
Treiber, Alexander
Schenkenau 1+2
96274 Itzgrund
Tel. 09533 - 8023 o. 8024
Fax 09533 - 731
info@die-schenkenau.de
www.die-schenkenau.de

Idyllisches Anwesen auf einer kleinen Flussinsel im Itzgrund zwischen Bamberg und Coburg. Romantische Schlossanlage und Mühlenbau aus dem Barock mit Rosenhof und Garten.
Großzügige Außenanlage, Kinderspielplatz, Bolzplatz, Grillen, TT, Boot fahren und Angeln im eig. Fischwasser. Reitmöglichkeit 1 km. Stromerzeugung durch Wasserkraft.
Ferien in Schenkenau bieten Erholung zu jeder Jahreszeit.

Anzahl	Art	qm	Personen	Preis			
4	FeWo	40-85	2-6	41,00 - 85,00 €	74938_1		F***/****

Lichtenfels

Als deutsche Korbstadt ist Lichtenfels weit über die Grenzen Frankens hinaus bekannt. Der traditionelle Korbmarkt, die Korbkönigin - in Lichtenfels dreht sich vieles um die uralte Handwerkskunst des Flechtens. Unmittelbar vor den Toren von Lichtenfels liegt das berühmte „Fränkische Dreigestirn" - der sagenumwobene Staffelberg, das prachtvolle Kloster Banz und die einzigartige Basilika Vierzehnheiligen, ein architektonisches Bauwerk von europäischem Rang.

Infos unter: Tourist-Information
Tel. 09571 - 795101 oder www.lichtenfels-city.de

Hofbauernhof****
Angermüller, Johannes
Hofbauerweg 5
96215 Lichtenfels,
Buch/Forst
Tel. 09565 - 920200
Fax 09656 - 920204
landurlaub@ferienhof-angermueller.de
www.ferienbauernhof-angermueller.de

Sep. Anlage am Ortsrand, FeWo + NK mit eig. Terrasse u. Eingang, Gemeinschaftshaus, Sauna, Waschküche, Carport, gr. Spiel- und Lagerfeuerplatz, Wasserspielplatz, Nutz- und Streicheltiere, Pferde, Jagdmöglichk., Vollerwerbsbetrieb. Einkaufsmögl. u. Gastronomie im Ort, für Gruppen geeig., Nov.-April (außerhalb d. Ferien) Kinder frei - 12 J., viel Platz u. keine Straße, Hausprospekt.

Anzahl	Art	qm	Personen	Preis			
5	FeWo	50-60	2-5	ab 36,00 €	215672_1		F****

Bayern
110 Frankenwald

Marktleugast

Marktleugast liegt inmitten einer Museenlandschaft und zwischen historischen Denkmälern. Ein besonderes Kleinod der Gemeinde ist die prächtige Wallfahrtsbasilika im Ortsteil Marienweiher. Diese herrliche Rokokokirche (erbaut 1718-1721) ist sowohl für fromme Wallfahrer als auch für kunstbeflissene Besucher ein stets lohnender Anziehungspunkt.

Infos unter: Gästeinformation Marktleugast
Tel. 09255 - 94721 oder www.marktleugast.de

Lustiges Landleben
Malen und Spielen mit Freddi · Was macht das Schwein in der Stadt? Was macht das Schwein auf dem Ei?

Riesen-Lese- und Spielespaß für kleine Bauern! In dem DIN-A3-Block finden Sie zwei verschiedene Malvorlagen und drei lustige Spiele zum Ausmalen. Jedes der fünf Motive gibt es viermal, so dass sich alle Kinder/Freunde gemeinsam vergnügen können, ohne Streit und Ärger.

5,00 €

Jeden Tag nach Körnern scharren, das kann nicht alles sein, denkt Huhn Loretta. Und so verkündet sie kurzerhand den Bauernhoftieren, dass sie heute einen Ausflug in die Stadt machen werden. Bei diesen köstlichen Verwirrungen und Verwicklungen geht es um Schein und Sein, aber auch darum, dass Tiere eben Tiere sind und dass Hühner eigentlich nicht in die Stadt gehören.

12,90 €

Jeden Tag der gleiche Trott? Da muss es doch noch etwas anderes geben, denkt Huhn Loretta. Kurzerhand fordert sie Schwein Knuddel zum Tauschen auf und verbringt nun einen herrlich faulen Tag in dessen Sonnenkuhle. Nach und nach tauschen alle Bauernhoftiere die angestammten Plätze und Aufgaben. Dieses Buch macht einfach Spaß und gute Laune!

12,90 €

Nutzen Sie die Bestellkarte auf der letzten Seite!

Bayern
110 Frankenwald

Marktrodach

Der Frankenwald ist ein Paradies für Wanderer, Radfahrer oder Mountainbiker. Er bietet eine naturnahe Erholung mit einer vielseitigen Denkmallandschaft, einem reichhaltigen Kulturprogramm und abwechslungsreichen Freizeitangeboten. Wer es ruhiger angehen lassen will, kann Tennis oder Minigolf spielen oder im Hallenbad einige Runden schwimmen.

Infos unter: Frankenwald-Tourismus
Tel. 01805 - 366398 oder www.frankenwald-tourismus.de

Urlaub auf dem Schloßberghof ****

Martini, Erwin
Mittelberg 1
96364 Marktrodach
Tel. 09223 - 1416
Fax 09223 - 267

schlossberghof@web.de
www.schlossberghof-frankenwald.de

Bio-Grünlandbetrieb einzellagig, **4 komfort. FeWo**, Sauna/Solar, TT, Kicker, Fitnessraum, Bibliothek, Spielplatz, Liegewiese, Grillplatz, Feuerstelle, Streichelzoo, Nutztierhaltung, Wanderwege, Loipen, Mountainbiken, Jagd, Angeln, Kräuterführung u. v. m. Auch für Gruppen, Hand-/Bettwäsche, Kleinkinderausstattung, TV, WM, Trockner, Brötchenservice/Frühstück. **Hausprospekt** anfordern.

	Anzahl	Art	qm	Personen	Preis
241993 F***/****	4	FeWo	25-65	2-6	ab 25,00 €

Naila

🚶 6 km 🚆 13 km

Wo sich Frankenweg und Rennsteig treffen! Waldreiche Mittelgebirgslandschaft im Saaletal (Naturschutzgebiet); Themenwanderwege; Mountainbike-Zentrum, bayerisches Staatsbad mit Therme (14 km), Museen, Besucherbergwerk, Höllental, Kegelbahnen, Disco, Kinderspielplätze, Stadtpark, Erlebnismärkte in Naila, Wiesenfeste, Bauernmarkt (jeder 1. Samstag im Monat); Hofladen.

Infos unter: Tourismus-Service Ferienregion Selbitztal Berger Winkel Saaletal
Tel. 09282 - 6829 oder www.selbitztal.de

****Lang, Manfred und Rita**
Dreigrün 2
95119 Naila
Tel. 09282 - 98340 o. 93812   info@ferienhof-lang.de
Fax 09282 - 983415   www.ferienhof-lang.de

Erholung fernab von Alltagshektik in der Ruhe des Frankenwaldes, bäuerlicher Familienbetrieb, Ackerbau, Grünland, Forstwirtschaft, Kühe, Kälbchen, Hühner, Enten, Pferd, Hund, Katzen, Stallhasen, Forellenteich, Ferienwohnungen mit Bettwäsche und Handtüchern, Telefon, Sat-TV, Hausprospekt, „Vom Gast empfohlenes Haus".

	Anzahl	Art	qm	Personen	Preis
241261_1 F****	3	FeWo	65-86	2-5	ab 35,00 €

Bayern
Frankenwald 110

Presseck
🚶 ca. 15 km 🚉 2 km

Kommen Sie in die „Ferienfrische Presseck" im „Kulmbacher Land". Umgeben von Wiesen u. Wäldern bietet Presseck Ruhe und Erholung. Gut markierte Wanderwege u. ein ausgedehntes Radwegenetz laden ein zu ausgiebigen Touren durch unsere Landschaft. Gut geschulte Landschaftsführer helfen Ihnen, diese heimatlichen Schönheiten zu erleben. Genießen Sie die Gaumenfreuden der „fränkischen Küche" und die Gastlichkeit in den gemütlichen Gasthäusern und Einkehrmöglichkeiten. Besuchen Sie uns, wir wollen gute Gastgeber sein!

Infos unter: Tourist-Info Presseck
Tel. 09222 - 99700 oder www.mart-presseck.de

Ferienhof Burger****
Burger, Bernhard
Trottenreuth 12
95355 Presseck
Tel. 09222 - 1247
Fax 09222 - 9909793

ferienhof-burger@web.de

Bauernhof in ruhiger Lage am Ortsrand mit vielen Tieren wie Kühe, Kälber, Ponys, Kleintiere. Großer Spielplatz, Reitmöglichkeit für Kinder. Jede Wohnung hat 2 Schlafräume. Wunderbarer Ausgangspunkt für Wanderungen. Ausflugsziele: Kulmbach, Fichtelgebirge, Tschechien, Bayreuth. Wir freuen uns auf Ihren Besuch.

Anzahl	Art	qm	Personen	Preis
2	FeWo	75	2-6	ab 38,00 €

229024_1 F****

Selbitz
🚶 5 km 🚉 3 km

Selbitztal - Die Ferienregion nicht nur allein zum Reiten, Wandern, Walken und Radwandern! Aktivurlaub für Junggebliebene und zum Entspannen für Stressgeplagte. Es wird fränkisch gefeiert und die Freizeit in vollen Zügen genossen - aber schauen Sie selbst: Selbitz, Städtchen nahe des Autobahndreiecks „Bayerisches Vogtland" an der A 9 und A 72 gelegen. Urlaubs- und Naherholungsgebiet mit über 40 km markierten Wanderwegen und dem 20 km langen „Bockpfeifer-Wanderweg".

Infos unter: Touristikgemeinschaft
Tel. 09282 - 6829 oder www.selbitztal.de

Ferienhof Kießling****
Kießling, Karin
Dorfstraße 6
95152 Selbitz
Tel. 09282 - 1542
Fax 09282 - 1585

ferienhof-kiessling@t-online.de
www.ferienhof-kiessling.de

Genießen Sie die schönsten Tage des Jahres in fam. Atmosphäre auf u. voll bewirtschafteten kinderfreundl. Bauernhof mit Kühen, Schweinen, Ziegen, Hasen u. Ponys z. Reiten. Spielplatz, Trettraktoren, Karts, Trampolin usw. Unsere Zimmer u. Ferienwohnungen (je 2 sep. Schlafzi.) sind liebevoll eingerichtet. Verschiedene Wanderwege am Haus. „Vom Gast empfohlenes Haus".

Anzahl	Art	qm	Personen	Preis
4	FeWo	60	4	42,00 €
3	Zi.	ca. 20	2	ab 18,00 €

251818_1 F****P****

Bayern

110 Frankenwald
111 Fichtelgebirge

Wilhelmsthal
🚶 35 km 🚂 12 km

Der malerische Ort Wilhelmsthal ähnelt einem Gebirgsdorf. Er ist ein beliebtes Ausflugsziel. Einen unvergesslichen Anblick bietet Steinach mit seinem hoch aufragenden Schlossberg mit den beiden Kirchen. Der Wanderer kommt im Naturschutzgebiet Dobertal mit seinen seltenen Tier- und Pflanzenarten voll auf seine Kosten. Über markierte Wanderwege lassen sich die umliegenden Orte und Sehenswürdigkeiten zu Fuß erreichen. Dabei bietet sich so manch faszinierender Ausblick.

Infos unter: Gemeinde Wilhelmsthal
Tel. 09260 - 99090 oder www.landkreis-kronach.de

Steffa-Hof****
Greser, Sieglinde
Grümpel 4
96352 Wilhelmsthal
Tel. 09260 - 9417
Fax 09260 - 9419

Steffahof@t-online.de
www.steffahof.de

Erleben Sie Ihren Urlaub auf einem Nebenerwerbsbetrieb, von Kneipp anerkannter Gesundheitshof. Einzelhof, Mutterkuhhaltung, Pony, Katzen und Hofhund, 3 Ferienwohnungen mit TV, Telefon, Spielzimmer, Grillplatz, Tischtennis, Fitnessraum, Preis gilt für 2 Personen, jede weitere Person 5,- €.

Anzahl	Art	qm	Personen	Preis
3	FeWo	80-100	2-6	ab 40,00 €

229021_1   F****

Bad Alexandersbad
🚂 7 km

Das Moor- und Mineralheilbad im Wald, Mittelgebirgslandschaft, ausgeschilderte Rad- und Wanderwege, Waldbad, Nordic-Walking-Strecken, Bäderhaus Alexandersbad, Kulturtage, wechselnde Ausstellungen, Kurkonzerte, Schloss, Altes Kurhaus mit Festsaal „Königin Luise", Kurpark, Haus des Gastes, Kreisvolkshochschule, Sommer- und Lichterfest, Weihnachtsmarkt.

Infos unter: Kurverwaltung Bad Alexandersbad
Tel. 09232 - 99250 oder www.badalexandersbad.de

Landhotel Riedelbauch
Riedelbauch, Dieter
Kleinwendern 12
95680 Bad Alexandersbad
Tel. 09232 - 2559
Fax 09232 - 70170

info@gasthof-pension-riedelbauch.de
www.gasthof-pension-riedelbauch.de

Ruhige Pension am Wald, 2 EZ, 14 DZ, D/WC, teilweise BK, ÜF ab 21,- €, HP und VP möglich. Kinder- und Saisonermäßigung, KB, Wandern, Nordic Walking, Langlauf, Massagen, Kosmetikbehandlungen, Sauna, Dampfbad, Whirlpool, Kneippen, Pauschalen auf Anfrage, regionale Spezialitäten, **Basenfasten**, MBZ möglich.

Anzahl	Art	qm	Personen	Preis
3	FeWo	30	2	ab 29,00 €
13	Zi.	17-27	1-2	ab 23,50 €

233674_1   F***P**

Bayern
Fichtelgebirge 111

Höchstädt

Höchstädt liegt an einer alten Handelsstraße, die bereits im 11. Jahrhundert das Fichtelgebirge durchzog. Sehenswert sind das Granitwerk, das Schlossmuseum, das Museum zum Anfassen, in dem man mit vielen Ausstellungsstücken spielen kann, oder der Töpferhof. Hier ist es der Familienvater selbst, der seine Gäste in die Kunst des Töpferns einführt. Unterhaltsame Stunden erwarten die ganze Familie, in denen jeder sein Souvenir aus dem Fichtelgebirge selber anfertigen kann.

Infos unter: Tourist-Info
Tel. 09235 - 209 oder www.95186-hoechstaedt.de

Gasthof „Rotes Roß"**
Wittig, Konrad und Ruth
Schlossplatz 16
95186 Höchstädt
Tel. 09235 - 278
Fax 09235 - 968591   rotesross@freenet.de

Bürgerliche Küche, Hof am Dorfplatz, Hausprospekt, Zimmer mit D/WC, ÜF, HP, Ü auch für eine Nacht, Preise abhängig von Aufenthaltsdauer, KE, KB, TV, Hausschlachtung, rustikaler Aufenthaltsraum, Ackerbau, Schweine, Federvieh, Jagdmögl., TT, Liegewiese, schattige Bäume, Spielpl., Gruppen willk., Seminare mögl.

Anzahl	Art	qm	Personen	Preis
8	Zi.		1-3	auf Anfrage

74946_1   P**

Kirchenlamitz

15 km Kirchenlamitz-Ost

Granit, Wasser und Natur - Kommen und genießen Sie die Atmosphäre unserer Stadt! Ruhige Wälder - markante Felsen - herrliche Ausblicke, ausgeschilderte Wanderwege; Mountainbiking im Fichtelgebirge mit 4 Routen; „Kartoffelerlebnis-Pfad"; Waldbad; Fränkisches Heubad Hohenbuch; Kneipp-Oase, Burgruine Epprechtstein und Hirschstein; Schönburgwarte am „Großen Kornberg", Volks- und Wiesenfest Anfang Juli.

Infos unter: Fremdenverkehrsamt Kirchenlamitz
Tel. 09285 - 9590 oder www.kirchenlamitz.de

Ferienhof Petzold****
Petzold, Willi
Großschloppen Nr. 1
95158 Kirchenlamitz
Tel. 09285 - 8389
Fax 09285 - 913149   info@ferienhof-petzold.de
www.ferienhof-petzold.de

Unser Bauernhof liegt am Ortsrand. Ideal zum Wandern rund ums Fichtelgebirge. Waldschwimmbad, Seen, eigener Angelteich, Wohlfühlgarten und Liegewiese. Lagerfeuer, Spielplatz, Grillplatz. Esel, Hühner, Zwerghasen, Enten, Schweine. Vollerwerbsbetrieb, Traktorfahrten und Nachtwanderungen.

Anzahl	Art	qm	Personen	Preis
3	FeWo	70-120	4-6	ab 35,00 €

238070_1   F****

Bayern
111 Fichtelgebirge

Münchberg
🚶 Münchberg 🚉 Münchberg

Zentrale Lage zwischen den Naturparks Fichtelgebirge und Frankenwald, markierte Wanderwege, Saale-Radwanderwege, Squashhalle, Schießanlage, 2 Reitställe mit Reithallen, Finnensauna, Grottensolarium, wechselnde Kunstausstellungen, 4 Bundeskegelbahnen, Service-Kino, Spielplätze, Skateboard- und Inlinegelände, Streetball-Feld, Eisläuffläche, Maifest, Münchberger Wiesenfest.

Infos unter: Fremdenverkehrsamt Münchberg
Tel. 09251 - 87428 oder www.muenchberg.de

***Strößner, Heidi
Laubersreuth 7
95213 Münchberg
Tel. 09251 - 5845
Fax 09251 - 850750
heidi.stroessner@t-online.de
www.heidi-stroessner.de

Bioland-Hof in kleinem Dorf mit Kühen, Jungvieh, Hühnern, Ponys u. Kleintieren, im neuen Gästehaus komfortable Ferienwohnungen, KB, SE, Aufenthaltsraum mit Büchern und Spielen, großer Garten, Grillplatz, Mitarbeit möglich, Sauna, eigene Produkte: Obst, Gemüse, Eier, Milch, Hausprospekt, Natur-Aktiv-Hof! Wellness-Massagen auf Anfrage durch Kneipp-Gesundheitstrainerin möglich.

229025_1 F***

Anzahl	Art	qm	Personen	Preis
4	FeWo		2-5	ab 33,00 €

Röslau
🚶 15/20 km 🚉 2 km

Ferienland Fichtelgebirge - Ein sagenhaftes Stück Bayern. Höhenluft tut immer gut. Hier, abseits der verkehrsreichen Hektik der Großstädte, kann der Mensch wieder frei atmen. Das Land erleben, wie es wirklich ist. Natur kosten, wie sie wirklich schmeckt. Erdverbundenes Leben erfahren. Was für ein Fest für Kinder. Endlich anfassen, was man nur aus Büchern kennt. Urlaub mit der ganzen Familie. Wo geht das besser als auf dem Bauernhof. Da kommt bestimmt keine Langeweile auf.

Infos unter: Gemeindeverwaltung Röslau - Fremdenverkehr
Tel. 09238 - 99100 oder www.roeslau.de

Ferienhof Preiß****
Preiß, Armin
Grün 21
95195 Röslau
Tel. 09238 - 254
Fax 09238 - 254
info@ferienhof-preiss.de
www.ferienhof-preiss.de

Unser Bauernhof mit Milchkühen und Kälbern liegt im Herzen des Fichtelgebirges. Im ländlichen Stil eingerichtete Wohnungen mit separatem Eingang. Kinderspielmöglichkeiten mit Liegewiese, Grillplatz, Tischtennis. Rad-/Skiverleih kostenlos, Loipe ab Haus, Gästeabholung. Bitte Hausprospekt anfordern!

183144_1 F****

Anzahl	Art	qm	Personen	Preis
5	FeWo	78-92	4-6	ab 32,00 €

Bayern
Fichtelgebirge 111

Selb
🏠 20 km 🚂 6 km

Für Besucher der Porzellan-Metropole Selb ist die jüngere Geschichte der Stadt von naheliegendem Interesse. Denn in Bauten, Berufsbildern und Familientraditionen findet man noch heute lebendige Zeugnisse der vergangenen 150 Jahre. Bis in die frühen 90er Jahre des vergangenen Jahrhunderts und zu deren Blütezeit stellten die Firmen Hutschenreuther, Rosenthal und Heinrich fast die Hälfte der deutschen Porzellanproduktion her.

Infos unter: Tourist-Information
Tel. 09287 - 883178 oder www.selb.de

Georgihof****
Claudia Wolf
Heidelheim 1
95100 Selb
Tel. 09287 - 2587 o. 4425
Fax 09287 - 890256

Wolf-Georgi@t-online.de
www.georgihof.de.vu

Ruhiger, kinderfreundlicher Hof, Fichtelgebirgsbl., FeWo mit BK/Terr., KE, KB, D/WC, Sat-TV-Anschluss, WM, Aufenthaltsraum, Grillmöglichkeit, Tretfahrzeuge, TT, Sauna, Kneippeinrichtung, Ponyreiten, Ackerbau, Grünland, Kühe/Kälbchen, Hasen, Hühner, Katzen, Mitarbeit mögl., Nichtraucherwohnung, Hausprospekt.

Anzahl	Art	qm	Personen	Preis
4	FeWo	33-63	2-4	ab 30,00 €

215670_1 F****

Stammbach
🏠 5 km 🚂 Stammbach

Weißensteingemeinde im Schnittpunkt von Frankenwald und Fichtelgebirge, 4 Badeseen in 15 - 30 km Umkreis, Mittelgebirgslandschaft, berühmt durch das einzigartige Gestein Eklogit („der Edelstein vom Weißenstein"), „Platz der Jugend" für viele Sportaktivitäten, Kinderspielplätze, Sportanlagen, Sportschießen, Eislauf, Reiten, Physiotherapeut und med. Fußpflege (mit Solarium), Weinfest, Heimat- und Wiesenfest.

Infos unter: Fremdenverkehrsamt Markt Stammbach
Tel. 09256 - 960090 oder www.stammbach.de

Gästehaus Fichtelgebirgsblick****
Böhmer,
Siegfried und Margitte
Förstenreuth 18a
95236 Stammbach
Tel. 09256 - 1598
Fax 09256 - 953343

fichtelgebirgsblick@vr-web.de
www.fichtelgebirgsblick.de

Gästehaus in ruh. Lage mit Panoramablick, z.T. NRWO, Balkon/Terr., Sat-TV, Tel. auf Wunsch. Gem. Aufenthaltsraum, TT, Grill-/Spielplatz, Spielscheune, Brötchen-/Getränkeservice, Hofladen, Hof mit Sauen, Ferkeln, Schafen, Federvieh, Damwild. Pauschalangebote, SE, Hausprospekt, Möglichkeit zum Wandern, Reiten, Baden.

Anzahl	Art	qm	Personen	Preis
4	FeWo	63-75	2-4	ab 37,00 €

218184_1 F****

Bayern
111 Fichtelgebirge

Wunsiedel

Die Festspielstadt im Fichtelgebirge und Geburtsstadt von Jean Paul, 3 km südlich von Wunsiedel befindet sich das größte Felsenlabyrinth Europas, Badesee, Bergwandern, Eislaufen, Eisstockschießen, Fallschirmspringen, Freibad, Klettern, Lifte, Minigolf, Mountain-Biking, Radwandern, Reiten, Sommerrodeln, Natursauna, Luisenburg-Festspiele, Fichtelgebirgsmuseum, Brunnenfest, Waldlehrpfad.

Infos unter: Verkehrs- und Kulturamt Wunsiedel
Tel. 09232 - 602162

115189_1   F***

Becksches Fachwerkhaus***
Beck, Ingrid
Sinatengrün 9
95632 Wunsiedel
Tel. 09232 - 1648
Fax 09232 - 70793

info@becksches-fachwerkhaus.de
www.becksches-fachwerkhaus.de

Wunderschön gelegen in einer aufgelockerten Dorflage. 25.000 qm Erholungsfl. stehen zur Verfügung. Gr. Wasserspielpl. Sportgeräte, gr. Fußballwand. Tägl. frische Milch, knuspr. Semmeln sowie Eier von glückl. Hühnern - das ist Urlaubsgenuss pur. Frühst. u. zünftige Brotzeiten, Lagerfeuer, Eselsnachtwanderung. 50 Jahre altes Dieselross. Bitte fordern Sie u. Infopaket an. Attraktive Pauschalangebote!

Anzahl	Art	qm	Personen	Preis
9	FeWo	40-70	2-4	ab 38,00 €

27524_1   F****P****

Fröberhof****
Fröber, Erwin
Schönlind 1
95632 Wunsiedel,
OT Schönlind
Tel. 09232 - 4149
Fax 09232 - 5105

froeberhof@t-online.de
www.froeberhof.de

Aktiver, besond. kinderfreundl. Bauernhof mit Pferden, Kühen, Kälbern, Schweinen, Hasen, Katzen, Hühnern. Prod. vom Hof. Brotb., Aufenthaltsr. Spielzi., Getränke-/Brötchen-/Frühstücksserv., Bolz-/Reitpl., Reiten kostenl., überd. Grillplatz, Lagerfeuer, Kettcars, TT, Kicker, Trettraktoren, Dreiräder, Bollerw., Tipi, Pavillon, WM/Trockner.

Anzahl	Art	qm	Personen	Preis
3	FeWo	45-50	4	ab 43,00 €
3	Zi.		2-4	ab 16,00 €

202492_1   F***/****

Schelterhof****
Familie Hörath/Hafner
Schönlind 3
95632 Wunsiedel
Tel. 09232 - 2279
Fax 09232 - 8819544

info@schelterhof.de
www.schelterhof.de

Unser gepflegter, im Vollerwerb geführter Bauernhof, umgeben von Wiesen und Wäldern, bietet Ihnen einen unvergesslichen Urlaub in herrlicher Natur, mit vielen Attraktionen für Groß und Klein. Tiere: Kühe, Kälber, Hühner, Katzen, Hasen. Spielplatz, TT, Reiten, Grillplatz, Frühstück, Brötchen. Trettraktoren, Dino-Cars, Waschmaschine/Trockner, Carports. Vermietung ganzjährig.

Anzahl	Art	qm	Personen	Preis
7	FeWo	22-70	1-4	ab 23,00 €

Bayern

Fichtelgebirge 111
Fränkisches Weinland 113

Der Schübelhof****
Schübel, Richard
Schönlind 4
95632 Wunsiedel
Tel. 09232 - 5189
Fax 09232 - 7916

Richard.Schuebel@t-online.de
www.schuebelhof.de

74934_1

Liebevoll gepfl. Vollerwerbshof in idyll., ruhiger Waldrandlage. Es erwarten Sie: gemütl. einger. FeWo mit Balkon, Spiel-/Grillplatz, Aufenthaltsr., Reithalle/-platz, Sternritte, Trailübungen in der Halle für Anf. u. Wiedereinsteiger, Longenstd., Brötchenserv., KB, WM, TT, TV, Tiere: Rinder, Schweine, Hühner, Katzen, Hasen, Ziegen.

Anzahl	Art	qm	Personen	Preis
4	FeWo	70-90	2-6	ab 42,00 €
1	Zi.	25	2	ab 18,00 €

F****P****

Iphofen
⋔10 km 🚆1 km

Iphofen - eine Weinstadt mit Kultur.

Die Weinstadt Iphofen liegt am Fuße des Schwanberges, umgeben von bekannten Weinlagen. Die historische Stadt-Idylle verzaubert mit ihren Türmen, Toren - darunter das bekannte Rödelseer Tor, drei Kirchen und der erhaltenen Wehranlage. Langeweile Fehlanzeige, denn Iphofen bietet hochkarätige Sehenswürdigkeiten, Ausstellungen und Veranstaltungen.

Infos unter: Tourist-Info
Tel. 09323 - 87150 oder www.iphofen.de

Weingut-Winzerhof***
Arnold, Joh.
Lange Gasse 26/28
97346 Iphofen
Tel. 09323 - 89833
Fax 09323 - 89834

mail@weingutarnold.de
www.weingutarnold.de

7082_1

Hof im Ort, gemütliche Zimmer mit D/WC und Frühstück, Kinderermäßigung, Weinbau, Weinproben und Weinlehrpfad, Frühstück mit hofeigenen Produkten, kinderfreundlich, TV, Telefon, Familienzimmer 85,- EUR, PC-Benutzung u. Fitnessraum, schöne Terrasse zum Genießen und Schöppeln, Beratung und Bedienung von fachkundigen Betreuern.

Anzahl	Art	qm	Personen	Preis
2	FeWo	30-65	2-4	ab 29,00 €
5	Zi.		1-2	20,00 €

F***P***

Weingut Winzerhof Weigand***
Weigand, Petra u. Werner
Lange Gasse 29
97346 Iphofen
Tel. 09323 - 3805
Fax 09323 - 870181

w-w-weigand@t-online.de
www.w-w-weigand.iphofen.de

174648_1

Hof in d. Altstadt, am Stadtgraben u. hist. Tor, romantische Ausblick. Hauspros., Weinprobe, Zimmer m. D/WC u. fränk. Frühstück, z.T. BK, Weinwandern m. Verpflegung auf Anfrage, KE, KB, kinderfr., Sat-TV a. Wunsch, Parkpl., Weinbau, Weiß- und Rotwein aus eigener Erzeug., versch. Edelobstbrände, Liköre sowie Gelee.
Vom Magazin „STERN" u. „HÖRZU" empfohlen!

Anzahl	Art	qm	Personen	Preis
9	Zi.		1-2	22,50 €

P***

719

Bayern
114 Steigerwald

Markt Taschendorf
🚶 7 km 🚉 17 km

Stundenlang unterwegs sein, ohne einem Menschen zu begegnen, wo kann man das noch? Im Schwarzenberger Land! Fast nahtlos schließt sich hier ein Waldgebiet an das andere an. Man sollte eine Wanderkarte besitzen und wenn man die gut markierten Wege verlässt, auch einen Kompass. Beliebte Fernradwege entlang der Flusstäler umrahmen den Naturpark Steigerwald. Viele Flusstaltouren sind durchweg leicht zu befahren und daher besonders für Familien geeignet.

Infos unter: Gemeindeverwaltung
Tel. 09552 - 1309 oder www.steigerwald.org

Steigerwaldhof*****
Krafft, Marianne
Hombeer 18
91480 Markt Taschendorf
Tel. 09552 - 404
Fax 09552 - 6380

info@steigerwaldhof-krafft.de
www.steigerwaldhof-krafft.de

Steigerwaldhof Krafft
Ein lebendiger 5-Sterne-Bauernhof mit 100 Kühen und Kälbern! Auf Sie warten 4 Galeriewohnungen, 2 Obergeschosswohnungen, 3 schwellenlose Erdgeschosswohnungen, eingerichtet mit verschiedenen Massivholzmöbeln. Wählen Sie zw. Buche, Kiefer, Eiche, Fichte, Birke, Erle, Esche oder Ahorn.

Bauernhof live:
Spielscheune, Kicker, TT, viele Fahrzeuge usw. - Riesentrampolin - attraktiver Sandspielplatz - Blockhaus mit Grillplatz - Kletteranlage „Wilder Westen" - Nichtraucherhaus, für Allergiker geeignet - Frühstücksangebote, Brotzeiten - für Gruppen Halb- oder Vollpension - Gesundheitsliegen.

Ausflüge machen - Kultur erleben:
Freizeit-Land Geiselwind, Erlebnispark Schloss Thurn, Playmobil Funpark - Erlebnisbad Atlantis - Freibad mit Wasserrutsche, 5 km - Freilandmuseum, Hochseil-Kletter-Garten und Franken-Therme mit großem Salzsee in Bad Winsheim, 30 km - Sommerrodelbahn, Snowtubingbahn, Minigolf, Bierkeller, 7 km - Oasen der Sinne mit Keltenareal, 6 km - Rothenburg, Bamberg, Würzburg, Nürnberg, ca 50 km - Fabrikverkauf: Adidas, Puma, Tee und Gewürze.
Günstige Anfahrt: 7 km von der A 3, Autobahnausfahrt Schlüsselfeld.
Schöpfen Sie Kraft bei Krafft's im Schwarzenberger Land!

Anzahl	Art	qm	Personen	Preis
9	FeWo	58-75	2-6	ab 50,00 €

Uehlfeld

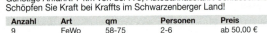

„In Uehlfeld, da tut sich was." In 20 Min. sind Sie mit dem PKW in Erlangen oder Herzogenaurach. Autobahnanschluss in der Nähe; Gottesgab wird fast von Weihern verschlungen, wenn man es aus der Luft betrachten kann. Badeseen, Kräuterrundweg; Brunnen; Reiten; Angeln; Tennis; Sportvereine; verschiedene Sehenswürdigkeiten wie Schloss; Villa; Mühle; Kirchweihen, Adventsmarkt um die Kirche.

Infos unter: Gemeinde Markt Uehlfeld
Tel. 09163 - 99900

Bayern

Steigerwald 114
Fränkische Schweiz 115

Ferienhof Gräbner***
Gräbner, Herbert
Schornweisach 93
91486 Uehlfeld
Tel. 09163 - 959311
Fax 09163 - 959312

h.graebner@vr-web.de
www.ferienhof-graebner.de

2 FeWo für 2-4 Pers., 52-60 qm, 2 Pers. ab 35,- €, je w. Pers. 5,- € inkl. Bettw., Handt. u. Endreinigung. KB, Hochstuhl, TV. Ackerbaubetrieb. Hausmacherspez. im Ort. Wasserspielpl. Freizeitsee z. Schwimmen, Spielen u. Angeln, gemütl. Ecke zum Sitzen, Grillen u. Entspannen. Fahrradverleih, Ausflüge machen u. Kultur erleben. Besuchen Sie unsere Homepage www.ferienhof-graebner.de

Anzahl	Art	qm	Personen	Preis
2	FeWo	52-60	2-4	ab 35,00 €

238075_1   F***

***Schemm, Rudolf
Schornweisach 96
91486 Uehlfeld,
OT Schornweisach
Tel. 09163 - 8427
Fax 09163 - 959011

www.ferienbauernhof-schemm.de

Urlaub auf dem Bauernhof mit Kühen, Kälbern, Schweinen und Katzen, ideale Wander- und Radelmöglichkeiten, Freizeitsee in der Nähe, Tischtennis, Garten zum Toben und Grillen, Hausmacherspezialitäten, Ferienwohnungen mit je 2 Schlafzimmern, Preis für 2 Personen, jede weitere Person 5,- €

Anzahl	Art	qm	Personen	Preis
2	FeWo	60	4	ab 35,00 €

254008_1   F***

Ahorntal
⌂ 5 km

Der Gemeindebereich um die Engtalstrecke des Ailsbaches ist altrenommiertes Reiseland mit einmaliger Romantik. In der Nachbarschaft erhebt sich auf schmalem Felssporn mächtig und talbeherrschend die Burg Rabenstein, einst Stammsitz der Ritter von Rabenstein, die lange die Geschichte des Tals bestimmten. Unter dem Felsmassiv der Klaussteinkapelle befindet sich der wuchtige Eingang zur Sophienhöhle, eine der größten und schönsten Tropfsteinhöhlen Deutschlands.

Infos unter: Gemeinde Ahorntal
Tel. 09202 - 200 oder www.ahorntal.de

Ferienhof****
Neubig, Johann
Pfaffenberg 14
95491 Ahorntal
Tel. 09202 - 389

Hof im Ort, exklusive Ferienwohnungen, Zimmer mit D/WC und Balkon, Preis pro Übernachtung, ÜF 14,- bis 18,- €, Kochgelegenheit, Kinder- und Saisonermäßigung, Kinderbetten, Waschmaschine, TV, TT, Grillplatz, Ackerbau- und Forstbetrieb, Federvieh, Reitmöglichkeit, Mitarbeit möglich, Brotbacken, Seminare möglich.

Anzahl	Art	qm	Personen	Preis
3	FeWo	60-94	2-4	ab 31,00 €
2	Zi.		2-3	ab 14,00 €

74927_1   F****P***

115

721

Bayern
115   Fränkische Schweiz

Ebermannstadt
🚶 25 km 🚆 10 km

Wander- und Radwege, Rodelbahn, Erlebnis- und Freibad bringen den Kreislauf in Schwung. Burg, Schloss, Museen, Wildpark, Höhlen und Kirchen laden zur Besichtigung ein. Die nahe gelegenen Städte Nürnberg, Bamberg und Bayreuth sind eine Reise wert. In den heimischen Brauereigaststätten werden neben den Bieren auch heimische Spezialitäten gereicht.

Infos unter: Stadtverwaltung Ebermannstadt
Tel. 09194 - 506-0 oder www.ebermannstadt.de

***Familie Dormann
Windischgaillenreuth 71
91320 Ebermannstadt,
OT Windischgaillenreuth
Tel. 09242 - 1528
Fax 09242 - 740166
www.dormann-ferienwohnung.de

Hof am Ortsrand, Waldnähe, ruhige Lage, DZ mit D/WC, Balkon und Frühstück, ab 3 Ü 13,50 €. 1 FeWo, Waschmaschine, TV, Radio, Telefon, KB, Preis für 2 Pers., jede weitere Pers. 3,- €, unter 4 Ü einmalig 15,- €. Grill- und Spielplatz, Liegewiese, Ackerbau, Grünland, Forstwirtschaft, Kleintiere, Hausprospekt.

Anzahl	Art	qm	Personen	Preis
1	FeWo	70	2-6	ab 30,00 €
1	Zi.		2	ab 15,00 €

113657_1   F***P***

Egloffstein „Fränkisches Assisi"
🚶 24 km 🚆 9 km

Inmitten des Trubachtales steigt der Ort Egloffstein an den felsigen Hängen hinauf. Die Häuser kleben wie Schwalbennester am Hang, gekrönt von der tausendjährigen Burg der Grafen und Freiherrn von Egloffstein. Hier findet der Gast einen Ort der Romantik und Idylle, der Brunnen und Quellen. Eine Fülle von Freizeitmöglichkeiten bieten die vielen Wanderwege durch die abwechslungsreiche Landschaft, beheiztes Freibad, Kneippanlage, Kurgarten, Minigolf sowie das bekannte Hundshauptener Wildgehege, Schlosskonzerte.

Infos unter: Tourist-Information Egloffstein
Tel. 09197 - 202 oder www.trubachtal.com

Ferienhof Distler****
Karoline Distler
Bieberbach 56
91349 Egloffstein,
OT Bieberbach
Tel. 09197 - 456 + 627272
Fax 09197 - 627273   info@ferienhofdistler.de
www.ferienhofdistler.de

Ruhe und Erholung, aber auch Spaß u. Gesellighkeit: All das finden Sie auf unserem Bauernhof. Ob Single, Alleinerziehend, Paar oder Familie, unser denkmalgeschütztes und komfortabel eing. Fachwerkhaus ist der ideale Ausgangspunkt für einen ganz auf Ihre Wünsche ausgerichteten Urlaub. Für weitere Informationen senden wir Ihnen gerne unseren Hausprospekt zu.

Anzahl	Art	qm	Personen	Preis
6	Zi.	20-40	1-5	ab 17,50 €

27413_1   P****

Bayern
Fränkische Schweiz 115

Etzelwang
⚑ 15 km 🚆 3 km

Etzelwang wünscht Ihnen und Ihrer Familie einen erholsamen und ereignisreichen Urlaub.
Der Neutrasfelsen ist ein Naturmonument, das eine Bergkuppe krönt wie andernorts eine stattliche Burg. Der dominante Anblick unterstützt die Annahme, dass dieses Plateau eine Kultstätte der Kelten war. Viele Burganlagen sind Zeugnisse für eine lange Geschichte der Region. Die Gemeinde Etzelwang kann in ihren Grenzen auf Burgen als ehrwürdige Kulturdenkmäler verweisen.

Infos unter: Verwaltungsgemeinschaft Neuenkirchen
Tel. 09663 - 91300 oder www.etzelwang.de

Res'nbauernhof***
Wagner, Christa
Neutras 3
92268 Etzelwang
Tel. 09154 - 919710
Fax 09154 - 919791

wagner.neutras@t-online.de
www.resnhof.de

Bauernhof-Café „Zum Res'n"

Am Fuße des Neutrasfelsens in idyllischer Waldrandlage liegt unser gepflegter Bauernhof, Café „Zum Res'n".

Kühe, schmusige Kälbchen, Pony, Haflingerpferde, Freilandrinder zum Anfassen. Auf die Mithilfe, Spielen und Toben am Hof freuen sich die Kleinen und Großen (Tischtennis, Basketballkorb, Trettraktoren, Kicker, Kettcars), 2 Spielplätze, 2 große Trampoline, 3 große Rutschen, rustikale Spielscheune, Streichelgarten mit Kleintieren (Hasen, Enten, Tauben, Zwerghühner, Ziegen), Hund Felix, Katzen Molli + Pauli. Gartenhaus, Grillplatz, Liegewiese und viel Platz.

Eine Kutschenfahrt mit unserem „Res'nhofexpress" durch herrliche Mittelgebirgslandschaft (480 m) lässt die Seele baumeln. Selbst gemachte Torten, Kuchen sowie Wurstwaren und Schinken schlemmen Sie zu bürgerlichen Preisen in unserem liebevoll eingerichteten Bauernhofcafé.

Die Ferienwohnungen sind komfortabel mit Buchevollholzmöbeln und 1 bzw. 2 Schlafzimmern, inkl. Bett- und Tischwäsche, TV, Telefon und Geschirrspüler ausgestattet. Kinder bis 2 Jahre sind im Preis inbegriffen. Auf Wunsch Frühstück. Ab 5 Übernachtungen 1 Kutschfahrt für die Familie kostenlos.

Orchideenwanderung, gesellige Grillabende, Ponyreiten, entspannende Nachmittage und Abende im Café, Kirchweih, Weinfest, Silvesterfeier, Faschingskehraus, Osterfrühstück

Neu: Poolbillard und Flipper für Erwachsene!

Anzahl	Art	qm	Personen	Preis		
5	FeWo	52-62	2-5	ab 35,00 €	241251_115	F***/****

723

Bayern
115 Fränkische Schweiz

Hollfeld
🚶 20 km 🚂 25 km

Unsere ruhige und landschaftlich reizvolle nördliche Fränkische Schweiz lädt Sie zu einem erholsamen Urlaub ein! Freizeit- und Sportmöglichkeiten stehen zahlreich zur Verfügung. Ein Erlebnis der besonderen Art ist der Hochseilgarten. Für die einen ist es ein überdimensionaler Abenteuerspielplatz, für die anderen der Gang auf Messers Schneide. Im Winter können Schlittschuhbegeisterte sich auf dem Freizeitweiher austoben. Im Sommer darf hier auch mit dem Schlauchboot gefahren werden.

Infos unter: Tourist-Info
Tel. 09274 - 9800 oder www.hollfeld.de

Gästehaus im Lochautal***
Seeber, Rainer
Wohnsdorf 10
96142 Hollfeld
Tel. 09274 - 1774 oder
947024
seegeo@web.de
www.landurlaub-seeber.de

3 FeWo komplett ausgestattet. Idyllische Berglandschaft, ruhige Waldrandlage, kein Durchgangsverkehr, Spielplatz, Sandkasten, Schaukel, große 11 m lange Rutsche, Grillplatz und Liegewiese am Haus, Angelmöglichkeit, Thermal-Erlebnisbad Obernsees für die ganze Familie nur 6 km entfernt, Burgen, Höhlen usw.

Anzahl	Art	qm	Personen	Preis
3	FeWo	50-90	4-6	ab 30,00 €

191966_1 F***

****Seidler, Angela
Gottelhof 1
96142 Hollfeld
Tel. 09274 - 1424
Fax 09274 - 909160
gottelhof@gmx.de
www.gottelhof.de

Einzelhoflage, sehr ruhig und romantisch. FeWo I, 2-8 Pers., 80 qm, 2 Pers. 30,- €. FeWo II, 2-8 Pers., 85 qm, 2 Pers. 33,- €. FeWo III, 2-7 Pers., 70 qm, 2 Pers. 30,- €, je weitere Pers. 5,- €. Ebenerdig, gr. Terrasse, Waschmaschine, TV, Grill, Spieltenne, Reiten, viels. Tierhaltung, Lehrwandern/Wildbeobachtung, eigener Hausbach mit Naturbadestelle. Hausprospekt.

Anzahl	Art	qm	Personen	Preis
4	FeWo	70-100	2-8	ab 30,00 €

227012_1 F****

Leutenbach
🚶 12 km 🚂 12 km

Die Gemeinde Leutenbach bietet ihren Touristen in vielerlei Hinsicht einen Reiz, dort einen Urlaub oder auch nur ein paar erholsame Tage zu verbringen. Neben der wunderschön im Tal zwischen Ortspitz und Leutenbach gelegenen St.-Moritz-Kapelle imponieren auch die zahlreichen schroffen Jurafelsen. Am ersten Maiwochenende ist das traditionelle Walberlafest ein beliebtes Ausflugsziel. Auf unseren Internetseiten sind weitere Sehenswürdigkeiten und imposante Bilder ausführlich dargestellt.

Infos unter: Tourismusverein „Rund ums Walberla"
Tel. 09191 - 987931 oder www.walberla.de

Bayern
Fränkische Schweiz 115

Kernhof****
Kern, Eustachius u. Maria
Ortspitz 24
91359 Leutenbach, OT Ortspitz
Tel. 09197 - 794
Fax 09197 - 625710
Handy 0173 - 7071910

kernhof@t-online.de
www.kernhof.homepage.t-online.de
www.bauernhofurlaub.com/hoefe/kernhof.htm

Hof am Ortsrand

Preis für 2 Personen in der kleinen Ferienwohnung*** (70 qm) 30,- €,
jede weitere Person 5,- €.
Preis der großen Ferienwohnung***** (140 qm)
45,- €, jede weitere Person 5,- €.
Kinderbetten, SE, Waschmaschine, Kinderhochstühle, Hausschlachtung.

Wir sind ein Ackerbau- und Grünlandbetrieb mit Rindern, Schweinen und Federvieh. Mitarbeit am Hof ist möglich.
Wir bieten Ihnen einen Kinderspielplatz im Hof, einen Grillplatz,
viel Wald mit markierten Wanderwegen!
Ganzjährige Vermietung.

Bitte fordern Sie unseren Hausprospekt an!

FeWo	70 m²	2 Personen	30,00 €	jede weitere Person 5,00 €		
FeWo	140 m²	2 Personen	45,00 €	jede weitere Person 5,00 €	74920_115	F***/*****

Pegnitz
🚶 6 km 🚆 6 km

Kaum ein Landstrich vereinigt auf so engem Raum derartige Gegensätze: markante Felsentürme, gewundene Täler, blühende Obstwiesen und geheimnisvolle Höhlen. Schwimmen im beheizten Freibad, Tennis, Angeln, Radfahren auf kurvigen Straßen, Wandern auf markierten Wegen, Golf oder eine Fahrt mit dem Kanu lässt den Urlaub aktiv gestalten. In den ansässigen Brauereien fließen die süffigen Bierspezialitäten und die fränkische Küche verwöhnt den Gaumen.

Infos unter: Touristinformation Pegnitz
Tel. 09241 - 72311 oder www.tourismus.stadt-pegnitz.de

Böhmerhof***
Brütting, Heinrich
Kosbrunn 7
91257 Pegnitz
Tel. 09241 - 3007
Fax 09241 - 91471   www.boehmerhof.de

Ruhige Südhanglage, familiäre, kinderfreundliche Atmosphäre, idyllisches Grießbachtal. Frühstück auf Wunsch, Waschm., TV, Gartenhaus, Grillplatz. Hausschl., Brotb., Forellen, frische Milch, Vollerw., Milchvieh, Kälber, Schweine, Kaninchen. Kinderspielpl. a. Hof, Sport-, Freizeit-, Angelmögl., Senioren-Kulturprogramme.

Anzahl	Art	qm	Personen	Preis		
3	FeWo	40-60	2-5	ab 30,00 €	106167_1	F***

725

Bayern
115 Fränkische Schweiz

Plech
🚶 0 km 🚆 7 km

Willkommen im liebens- und lebenswerten Portal zur Fränkischen Schweiz und zur Fränkischen Alb mit einem der größten zusammenhängenden Waldgebiete Bayerns. Zahlreiche markierte Wander- und Radwege, Kletterfelsen, Theatervorführungen, Musikdarbietungen, Freizeitpark Fränkisches Wunderland in Plech, traditionelles Pferdefest am Pfingstsonntag im Ortsteil Bernheck.

Infos unter: Markt Plech
Tel. 09244 - 98520 oder www.plech.de

Ferienbauernhof an der Friedenslinde***

Prey, Ludwig
Falterstr. 5
91287 Plech
Tel. 09244 - 544
ludwig.prey@t-online.de
www.ferienbauernhof-prey.de

Hof am Ortsrand, Hausprospekt, allergikergerechte FeWo, Frühstück auf Wunsch, Nichtraucher erbeten, KB, Waschmaschine, Grill- und Spielplatz, selbst gebackenes Brot, eigenes Obst und Gemüse, Ackerbau-/Forstbetrieb, eigener Naturschwimmteich, Kuh, Schweine, Federvieh, Bienen, Hasen, Katze, Hund, TT, Engl.

Anzahl	Art	qm	Personen	Preis
2	FeWo	50-75	2-5	ab 37,00 €

215671_1 F***

Pottenstein
🚶 10 km Ausfahrt Pegnitz

Das romantische Felsenstädtchen hat vielfältige Freizeitmöglichkeiten zu bieten: Klettern, Kajak, Paragliding, Reiten, Rodelanlagen. Asthma-Therapie in der Teufelshöhle, Ewige Anbetung am 6. Januar mit Lichterprozession, Bartholomäus-Kerwa um den 24. August, Osterbrunnen, Johannisfeuer, Felsenbad, 1000-jährige Burg, Fossilklopfplatz, historische Altstadt, Kängurugehege, „Pottensteiner Erlebnismeile".

Infos unter: Verkehrsbüro Pottenstein
Tel. 09243 - 70841 oder www.pottenstein.de

****Familie Haberberger

Rackersberg 14/24
91278 Pottenstein,
OT Rackersberg
Tel. 09243 - 412
Fax 09243 - 700788
anfrage@fewo-haberberger.de
www.fewo-haberberger.de

Hof im Ort (Ferienhaus am Ort), Erdgeschoss-Zimmer mit D/WC und Balkon. Hausschlachtung, Ackerbau- und Forstbetrieb, Rinder, Schweine, Kaninchen, Federvieh, Liegewiese, Grillplatz, Tischtennis, Sauna, Mineralien und Fossilien sammeln, zahlreiche Wanderwege, Mitarbeit möglich.

Anzahl	Art	qm	Personen	Preis
2	FeWo	60	2-4	31,00 €

27608_1 F****

Bayern

Fränkische Schweiz 115
Romantisches Franken 116

Waischenfeld

Mittelgebirgslandschaft mit bizarren Felsformationen im Naturpark Fränkische Schweiz, 180 km bestens markierte Wanderwege, beheiztes Freibad mit gepflegter Kneipp-Anlage, Therme Obernsees Badewelt & Saunaparadies (ausgezeichnet als „Europasauna"), Erfahrungsfeld der Sinne, Naturparadies Burg Rabenstein mit Falknerei und Sophienhöhle, Wildgehege und Freizeitparks in geringer Entfernung. Johannisfeuer.

Infos unter: Tourist-Information
Tel. 09202 - 960117 oder www.waischenfeld.de

****Bauernschmitt, Toni
Saugendorf 11
91344 Waischenfeld
Tel. 09202 - 628
Fax 09202 - 972428
info@ferienhof-bauernschmitt.de
www.ferienhof-bauernschmitt.de

Kinderfreundlicher Hof am Ortsrand, Ferienwohnungen mit Sat-TV, WM, 2 Personen ab 7 Tg. 36,- €, j. w. Person 6,- €, Grillplatz, Ackerbau/Grünland, Forstwirtschaft, Pferde, Schafe, Rinder, Tauben, Hunde, Katze, Hasen, Mitarbeit möglich, kostenlos Reiten, Fossilien sammeln. Gaststätte am Ort. Fordern Sie unseren Hausprospekt an!

Anzahl	Art	qm	Personen	Preis
2	FeWo	65	2-7	ab 36,00 €

227137_1 F****

Colmberg

🍴 15 km 🚉 15 km

„Ferien an der oberen Altmühl" (Auszeichnung Silbermedaille). Regelmäßige Busverbindung, Fränkisches Seenland ca. 35 km, Jakobsweg direkt durch Colmberg, an der Burgenstraße gelegen, verschiedene Wander- und Radwege, Jakobsweg, 2 Naturfreibäder, Schießanlage und Bogenschießen, Kinderspielplätze, Kneipp-Anlage, Burg Colmberg mit Restaurant und Hotelbetrieb, Bienenlehrstand, Eichenwaldweg.

Infos unter: Markt Colmberg
Tel. 09803 - 93290 oder www.colmberg.de

Ferienbauernhof und Heuhotel****
Ohr, Rainer
Binzwangen 33
91598 Colmberg
Tel. 09803 - 289
Fax 09803 - 233
info@ferienbauernhof-ohr.de
www.ferienbauernhof-ohr.de

Hof am Ortsrand mit einer Hecke umgeben, neue FeWo mit bis zu 3 Schlafräumen, Spülm., WM, TV, Tel., Garage, Spielscheune und Gruppenraum, Billard, TT, 8 Ponys z. Reiten, viele Tiere, Mitarbeit mögl., Seminare mögl., Gruppen erwünscht, Selbstversorger-Großküche, Oldtimer-Traktor, Angeln, Basteln, Hausmusik, Englisch.

Anzahl	Art	qm	Personen	Preis
6	FeWo	32-95	2-6	ab 26,00 €

141222_1 F****

Bayern
116 Romantisches Franken

Gerolfingen
🚶 25 km 🚉 20 km

Ein reizvoller Badeweiher lädt zum Schwimmen ein. Wandern, Lehrwanderung durch die gemeindlichen Streuobstwiesen, Radfahren, Skifahren, Heimatmuseum, Fischereimuseum, Deutsches Pinsel- und Bürstenmuseum, Kutschfahrten, Schloss Dennenlohe, Römerpark Ruffenhofen, Falknerei Schillingsfürst, Fränkisches Seenland, …

Infos unter: Tourist-Info
Tel. 09854 - 306 oder www.gerolfingen.de

241259_1 F****

Ferienhof Joas****
Joas, Elfi
Ringstraße 20
91726 Gerolfingen
Tel. 09854 - 308 info@ferienhof-joas.de
Fax 09854 - 1467 www.ferienhof-joas.de

Ortsrandlage. Viel Platz und Spaß für Kinder, Tiere, Tretfahrzeuge, Reitmöglichkeit, Weiher zum Paddeln. Ruhe für Erwachsene, großes Gemeinschaftshaus, Gaststätten, Metzgerei, Bäckereien im Ort. Grillplatz, Stockbrot, Traktor fahren. Eine Wanderung auf den Hesselberg oder zu den Biergärten u. v. m.

Anzahl	Art	qm	Personen	Preis
3	FeWo	50-64	3-5	ab 38,00 €
4	FH	68	bis 5	ab 53,00 €

238148_1 P***

Landgasthof
zum „Roten Ochsen"***
Losert, Günter
Hauptstr. 50
91726 Gerolfingen
Tel. 09854 - 395 info@roten-ochsen.de
Fax 09854 - 976402 www.roten-ochsen.de

Zimmer mit D/WC, TV-Anschluss und Frühstück. Geräume für Busgesellschaften (nach Anmeldung), Familienferien, Mittags- und Abendtisch, Liegewiese mit Gartenhäuschen, Grillmöglichkeit, Landwirtschaft mit Schweinen, Pferden und Kleintieren.
Fordern Sie unseren Hausprospekt an!

Anzahl	Art	qm	Personen	Preis
6	Zi.		1-2	ab 16,50 €

Sachsen
🚶 3 km 🚉 2 km

Umrahmt von der sanften Landschaft im Naturpark Frankenhöhe erwarten die historischen Städte im Romantischen Franken ihre Gäste. In Ansbach zum Beispiel gibt es vor allem für die Kids viel zu erleben: im Freizeitbad „Aquella" erlebt ihr Wasserspaß für die ganze Familie. Danach geht's ins Markgrafen-Museum und hört die geheimnisvolle Geschichte Kaspar Hausers. Dazu gehört auch ein Besuch der unheimlichen Stelle im Hofgarten, an der ein Bösewicht Kaspar Hauser auflauerte.

Infos unter: Gemeinde Sachsen/Rathaus
Tel. 09827 - 92200 oder www.sachsen-b-ansbach.de

Bayern

Romantisches Franken 116
Fränkisches Seenland 119

***Wagner, W.
Rutzendorf 18
91623 Sachsen,
OT Rutzendorf
Tel. 09827 - 6516
Fax 09827 - 927293

Hof am Ortsrand, 3 neue FeWo, TV, Telefon, Zimmer mit D/WC und Frühstück, Kinderermäßigung, TV, Hausschlachtung, selbst gebackenes Brot, Ackerbau, Grünland, Forstwirtschaft, Pferde, Ponys, Kühe, Kaninchen, Federvieh, Mitarbeit möglich, Ponyreiten, Kutschfahrten, Angeln, Haustiere mitbringen nach Vereinbarung.

Anzahl	Art	qm	Personen	Preis		
3	FeWo			auf Anfrage	160528_1	F***

Fränkisches Seenland. 7 Seen. 2000 ha Wasserspaß.

Baden - Radeln - Boot fahren - Wandern - Ausflüge mit dem Schiff - Kinderprogramme
Fränkisches Seenland - Hafnermarkt 13 - 91710 Gunzenhausen - Tel. 09831 500120
Fax 09831 500140 - info@fraenkischeseen.de - www.fraenkischeseen.de

Abenberg

Die historische Burg-, Kloster- und Museumsstadt.
Wenn Sie sich nach etwas sehnen, das Ihnen Muse und Entspannung bietet, können Sie sich für einen der neun Abenberger Rundwanderwege entscheiden, die Sie auf malerischen Routen durch den Rangau führen. Diese Gegend ist wie dafür geschaffen, sie zu Fuß zu entdecken. Weit genug entfernt vom touristischen Rummel und doch nah genug am Ballungsraum Nürnberg-Fürth-Erlangen.

Infos unter: Stadt Abenberg
Tel. 09178 - 98800 oder www.abenberg.de

Lupinenhof***
Schwab, Susanne
Dorfstraße 11/ 8
91183 Abenberg
Tel. 09873 - 97900
Fax 09873 - 979016

info@lupinenhof.de
www.lupinenhof.de

Ruhige Ortsrandlage, fränkische Seen 13 km entfernt.
FeWo mit Kinderbetten, Saisonermäßigung, TV, Telefon. Ackerbau, Schweine, Esel, Federvieh, Katzen, Lehrwandern, Schwimmbad, Fitnesshalle, Spielplatz, Grillplatz, Tischtennis. Tagungen möglich. „Vom Gast empfohlenes Haus". 3 Sterne.

Anzahl	Art	qm	Personen	Preis		
5	FeWo	40-58	2-6	ab 35,00 €	105893_1	F***

Bayern
119 Fränkisches Seenland

Absberg
🚶 32 km 🚉 8 km

Absberg befindet sich in herausragender Lage unmittelbar am Kleinen Brombachsee und am Igelsbachsee. So stehen Ihnen ganz in der Nähe die vielfältigen Freizeitmöglichkeiten des Fränkischen Seenlandes zur Verfügung. Die Internetseiten können Ihnen einen kleinen Überblick geben und das Interesse an einem der schönsten nordbayerischen Urlaubsgebiete wecken. Wir würden uns freuen, auch Sie zu unseren Gästen zählen zu dürfen.

Infos unter: Verwaltungsgemeinschaft Gunzenhausen
Tel. 09831 – 677415 oder www.absberg.de

Pension „Igelsbach"**
Rachinger, Ludwig
Igelsbach 26
91720 Absberg
Tel. 09837 - 274
Fax 09837 - 774
info@pension-igelsbach.de
www.pension-igelsbach.de

Hof im Ort, Zimmer mit D/WC, teilweise Balkon, Preis inklusive Frühstück, Halbpension ab 30,- €, Kurtaxe 0,65 €/Tag/Person, Kinder- und Saisonermäßigung, KB, Sat-TV, Telefon, Föhn, Safe, Hausschlachtung, selbst geb. Brot, Forstwirtschaft, Seminare möglich. Bitte fordern Sie unseren Hausprospekt an.

Anzahl	Art	qm	Personen	Preis
7	Zi.		1-3	ab 22,00 €

229020_1 **

Alesheim
🚉 1 km

Alesheim liegt in der Region Westmittelfranken. Neben den Gemeinden Trommetsheim und Wachenhofen ist Alesheim Mitglied der Verwaltungsgemeinschaft Altmühltal. Der nah gelegene Badesee lädt zum Schwimmen oder Sonnen ein. Wanderfreunde entdecken zu Fuß den Naturpark Altmühltal.

Infos unter: Gemeindeverwaltung Alesheim
Tel. 0914 - 221

Landgasthof „Conrad"***
Conrad, Christian
Weimersheimerstr. 10
91793 Alesheim
Tel. 09146 - 288
Fax 09146 - 940407
info@gasthaus-conrad.de
www.gasthaus-conrad.de

Hof im Ort, Zimmer mit Bad, Frühstück und teilweise Balkon, HP 25,- €, VP nach Vereinbarung, 1 FeWo mit 2 Bädern, Whirlpool, 2 Appartements, Gartenhaus mit Liegewiese, KB, KE, SE, TV, Hausschlachtung, Ackerbau- und Forstbetrieb, Schweine, Kaninchen, Seminare möglich, montags keine Anreise - Ruhetag, Hausprospekt.

Anzahl	Art	qm	Personen	Preis
1	FeWo	120	6-8	50,00 €
10	Zi.		2	ab 20,00 €

27378_1 F***P***

Bayern
Fränkisches Seenland

Auhausen
⚁ 20 km

In der Gemeinde leben gut 1000 Einwohner auf einer Fläche von 1556 ha. Auhausen ist ein Städtchen mit markanten Toren und Türmen. Der historische Stadtkern ist zum größten Teil noch von einem stauffischen Mauerring umgeben. In der Gegend liegen einige Weiler und ein Badestrand (4 km). Ausflüge: Auf zum in den Jahren 1679 - 1687 im Stil der Spätrenaissance erbauten fürstlichen Jagdschloss und ins Brauerei-Museum; geführte Touren. Freibad 7 km, Hallenbad 21 km. Kirchen und Fossilien.

Infos unter: Verwaltungsgemeinschaft Oettingen in Bayern
Tel. 09082 - 70911 oder www.auhausen.de

Familienbauernhof Wüst***
Familie Wüst
Zirndorf 6
86736 Auhausen, OT Zirndorf
Tel. 09082 - 90101   RWuest@t-online.de
Fax 09082 - 90532   www.ferienbauernhof-wuest.de

Großzügige, geschmackvolle u. kindgerechte Ferienwohnungen. Genießen Sie Landleben auf unserem Bauernhof. Im Stall mithelfen oder sich im Garten sonnen, die Erholung ist sicher. Für Kinder alles vorh. v. Sandkasten b. Tretschlepper u. Kühe, Kälbchen, Katzen, Hund u. Pferde z. Streicheln. Tel., ISDN-Anschluss, WM.

Anzahl	Art	qm	Personen	Preis
2	FeWo	60-65	4-6	ab 42,00 €

255134_1   F***

Gunzenhausen
⚁ 30 km 🚆 3 km

Die Stadt am Weltkulturerbe Limes lädt Sie ein, unsere hervorragenden Rad- und Wanderwege, Badeseen und Saunalandschaften zu erleben. Gunzenhausen bietet außerdem einen Nordic-Walking-Parcours, Segelschule, Sanatorium, Tennisplätze, Bouleplatz, Skateranlage, den fränkischen Musiksommer, Museen, Wochen-, Bauern- und Wintertrödelmärkte und eine Brauerei mit Brauereiführungen und Bierprobe. Kommen Sie zu einer Mutter-Kind-Kur, einer Stadtführung oder einer geführten Radtour.

Infos unter: Touristik-Information Gunzenhausen
Tel. 09831 - 508301 oder www.gunzenhausen.de

Kirchdörfer, Rudolf
Aha 35
91710 Gunzenhausen
Tel. 09831 - 4427   pension.kirchdoerfer@t-online.de
Fax 09831 - 612708   www.pension-kirchdoerfer.de

Hof im Ort mit Komfort-Gästezimmern im separaten Gästehaus, Zimmer mit D/WC, teilweise mit Balkon, rustikale Möbel, Holzdecken, Kinderermäßigung, Kinderbetten, TV, Grillplatz, Hausschlachtung, Ackerbau, Fahrradverleih, Segeln und Windsurfen im Altmühlsee 4 km. Bitte fordern Sie unseren Hausprospekt an.

Anzahl	Art	qm	Personen	Preis
7	Zi.		2	ab 22,00 €

204211_1   P***

Bayern
119 Fränkisches Seenland

**Wißmüller,
Peter und Irmgard*****
Leonard-Kittsteiner-Str. 7
91710 Gunzenhausen,
OT Schlungenhof
Tel. 09831 - 2922
Fax 09831 - 610900
info@ferienhof-wissmueller.de
www.ferienhof-wissmueller.de

Kinderfreundlicher Bauernhof in der Nähe vom Altmühlsee. Komf. FeWo m. Sat-TV, teilw. 2 Schlafr., D o. B/WC, SE, Brötchenservice, Freisitz mit Grillmöglichkeit, viele Spielmöglichkeiten im Garten und auf dem Hof, TT. Viele Tiere: Ponys, Schweine, Hühner, Katzen und Brieftauben, spezieller Kinder- und Babyservice, Hausprospekt.

	Anzahl	Art	qm	Personen	Preis
341271_1 F***	4	FeWo		2-6	ab 27,00 €

Haundorf
🚶 16 km 🚆 8 km

Haundorf ist seit dem Jahre 1997 Staatlich anerkannter Erholungsort. Durch seine Lage zwischen dem ruhigen Mönchswaldgebiet und den fränkischen Seen ist das Gebiet für einen ruhigen, erholsamen Urlaub wie geschaffen. Seine Nähe zu den Seenzentren ermöglicht dem Urlauber alle Freizeitmöglichkeiten, die sich bieten, auf kurzem Wege zu nutzen. Als Ausflugsziele bieten sich das Residenzschloss Ellingen, die Burg Spielberg, die Festung Wülzburg und Rothenburg ob der Tauber an.

Infos unter: Tourist-Info
Tel. 09831 - 677415 oder www.haundorf.de

****Reidelshöfer, Albert
Georgentalweg 3
91729 Haundorf
Tel. 09837 - 314
Fax 09837 - 1404
ferienbauernhof@reidelshoefer.de
www.Reidelshoefer.de

Ortsrand, eigenes Gästeprogramm, FeWo mit Wasserbetten, HS 4 Pers. 55,- bis 59,- €, NS 2 Pers. 35,- bis 39,- €, jede weitere Pers. 6,- €, KB, Tel., TV, Grillplatz, Sauna, Solarium, Ackerbau- Grünland- und Forstbetrieb, Schwein, Ponys, Ziegen, Federvieh, Reitmöglichkeit, Meerschweinchen, kinderfreundlich. Fremdenführer im Haus.

	Anzahl	Art	qm	Personen	Preis
113884_1 F****	4	FeWo	61-70	4	ab 35,00 €

So geht's zu auf dem Bauernhof

Die Foto-Sachgeschichten zeigen, wie Landwirte mit riesigen Traktoren ihre Felder bearbeiten. Was Erdbeerbauern im Tunnel machen. Wie Kühe Milch geben. Und wie Schweine Strom machen …

Ausgezeichnet von der
Akademie für Kinder-
und Jugendbuchliteratur

9,95 €

Nutzen Sie die Bestellkarte auf der letzten Seite!

Bayern
Fränkisches Seenland

Meinheim
🏠 30 km 🚂 6 km

Das Fränkische Seenland mit dem Altmühlsee, dem Brombachsee, dem Igelsbachsee und dem Rothsee sowie dem Dennenloher und Hahnenkammsee bedeutet Erholung und Urlaub mit Wasser. Vorbildliche Freizeiteinrichtungen mit ausgedehnten Liegewiesen an herrlichen Sandstränden, Segel-, Surf- und Badeufer und über 1.500 km Radwege rund um die Seen oder von See zu See prädestinieren dieses neue Feriengebiet für Aktivurlauber ebenso wie einfach zum Wandern oder Faulenzen.

Infos unter: Touristik-Information
Tel. 09831 - 500110 oder www.fraenkischeseen.de

Lindenhof-Reitschule FN°°°
Anke Jochum-Müller
Wolfsbronn Nr. 12
91802 Meinheim, OT Wolfsbronn
Tel. 09146 - 662
Fax 09146 - 1406
info@lindenhof-jochum.de
www.lindenhof-jochum.de

Den Alltag vergessen – Zeit für die ganze Familie. Auf dem familienfreundlichen Lindenhof können Sie sich erholen und entspannen bei ausgedehnten Wanderungen oder Radtouren im Altmühltal und Fränkischen Seenland.

Angebot: Ferienwohnungen mit Terrasse bzw. Balkon, komplett eingerichtet, Bettwäsche wird gestellt, Sat-TV-Anschluss, Kinderspielplatz, Grillplatz mit Blockhütte, Pferde und Ponys, Katzen, Hund, Hühner, Streichelzoo. Hausprospekt.

Preise: 2 Personen 40,- €, bis 4 Personen 55,- €, jede weitere Person 6,- €

Spezialangebot „Reiten": Anerkannte Reitschule FN:
10 Pferde und Ponys teilweise turniererfahren, qualifizierter Reitunterricht (Dressur, Springen, Freizeit- und Geländereiten), eigener Dressurplatz (20 m x 40 m), geführte Ausritte. Reitstunde 9,- bis 15,- €.
Eigenes Pferd kann mitgebracht werden, Kosten pro Tag inklusive Box, Futter und Weidegang 8,- bis 15,- €.

131803_119	F***	Anzahl	Art	qm	Personen	Preis
		3	FeWo	85-90	2-6	ab 40,00 €

Ferkel, Schaf, Kartoffelernte

Ferkel, Schaf, Kartoffelernte. Mit spannenden Geschichten von Ferkeln, Schafen, dem Weinbauern über die Arbeit der Maschinenringe zum Kartoffel- und Rapsanbau.

9,95 €

Nutzen Sie die Bestellkarte auf der letzten Seite!

Bayern

119 Fränkisches Seenland

Merkendorf
🚶 12 km 🚆 1,5 km

Die landschaftlich reizvolle Umgebung mit vielen Rad- und Wanderwegen, dem nahe gelegenen Mönchswald und den fränkischen Seen bietet zahlreiche Freizeit- und Erholungsmöglichkeiten. Nahe der Stadt liegt das idyllische Naturfreibad mit großer Spiel- und Liegewiese sowie einem Zeltplatz. Gutbürgerlich geführte Gaststätten, zum Teil mit eigenen Metzgereien, sorgen für das leibliche Wohl der Gäste.

Infos unter: Fremdenverkehrsamt Merkendorf
Tel. 09826 - 6500 oderwww.merkdendorf.de

Appartementanlage Marianne – Ferienhof in Merkendorf

Wo Gast sein Freude macht!

215430

Familie Schottenhammel
Hirschlacher Str. 18
91732 Merkendorf
Tel.: 09826 /62260
Fax: 09826 / 622626
Internet: **www.appartementanlage.de**
www.ferien-seenland.de
E-Mail: info@appartementanlage.de

Zwischen dem Fränkischen Seenland und dem Romantischen Mittelfranken liegt unsere familienfreundliche Ferienanlage – schön, ruhig, und idyllisch am Rande des kleinen Städtchens Merkendorf.

Fühlen Sie sich wohl in unseren gemütlich, geschmackvoll eingerichteten Ferienwohnungen, mit 1 oder 2 Schlafräumen, Allergikerbetten, Korkböden, Fliegengitter, Kabel-TV, Durchwahltelefon, Föhn, Spülmaschine und Balkon. Waschmaschine und Trockner gegen Gebühr. Unter dem großen überdachten Pavillon mit Grillplatz verbringen Sie gemütliche Stunden.

NEU – Spielscheune im Garten – großes Trampolin

Im Wellness-Bereich mit finnischer Sauna, Dampfbad, Solarium, Ruheraum und großem Gemeinschaftsraum mit kompletter Küchenzeile können Sie die Seele baumeln lassen. (Saunabenutzung gegen Gebühr. - Massagen buchbar).

Für die Kinder gibt es einen Spielplatz mit Schaukel, Rutsche, TT, Kicker, Kinderkarussell, Sandkasten, Kinderfahrrädern, Bobby-Cars, Tret-Bulldogs, Dreirädern ....

Ein besonderes Erlebnis für die Kinder sind unsere Tiere – das Pony „Krümel" führen, Pferde striegeln, füttern und auf die Weide führen. Die Katzen, Hasen, Ziegen und Meerschweinchen füttern und streicheln, außerdem ist viel Platz zum Spielen da.

Auf der großen Liegewiese mit Liegen genießen derweil die Eltern den Urlaubstag oder betätigen sich sportlich auf der Golfanlage in Weickershof. Sportgelände in der Nähe.

Aktionen in der Hauptsaison:
Geführte Radtouren, Grillabende, Nachtwanderungen, Lagerfeuer, Jagdmöglichkeit

Nichtraucherwohnungen – keine Haustiere
1 zusätzliches Zimmer mit Stockbett, Dusche/WC und Balkon kann für alle Wohnungen mitgebucht werden, Preis 22,- € bis 2 Personen
Nachsaison auf Anfrage. Die angegebenen Preise gelten ab 7 Belegtagen.

Anzahl	Art	qm	Personen	Preise
8	FeWo	32 - 73	2 bis 5	ab 50,- €

Ferienbauernhof Winkler***
Winkler, Johann
Schulstraße 4
91732 Merkendorf
Tel. 09826 - 9562
Fax 09826 - 1532

winkler-merkendorf@t-online.de
www.ferienbauernhof-winkler.de

Unser idyllisch gel. Bauernhof liegt an der Stadtmauer am Ortsrand. Spielen im Stadtmauerturm auf unserem Hof. Kinderspielfahrzeuge, großer Hofraum. Gartenhaus m. kl Liegewiese. Grill, Schaukel, Sandkasten. Ackerbau, Grünland, Biogasanlage. Kühe, Kälbchen, Katzen u. Zwerghasen. Naturfreibad am Ort. Playmobil Fun Park in der Nähe. 5 Autominuten zum Altmühlsee.

241260_1   F***

Anzahl	Art	qm	Personen	Preis
3	FeWo	35-45	4-6	ab 40,00 €

Bayern

Fränkisches Seenland 119
Naturpark Altmühltal 120

Westheim
🚶 35 km 🚉 15 km

Der Hahnenkamm in Franken ist ein abwechslungsreicher Mittelgebirgszug. Die Wanderrouten mit herrlichen Ausblicken über den Hahnenkamm laden ebenso wie der neue, prämierte Altmühltal-Panoramaweg zum Wandern oder Radfahren ein. Dazu kommen die Routen Rhein-Main-Donau-Karpaten, der Westliche Albrandweg und zwei Dutzend markierte Wanderwege. Der Hahnenkamm ist wie geschaffen für einen erholsamen Urlaub und gilt als Geheimtipp.

Infos unter: VG Hahnenkamm
Tel. 09833 - 981330 oder www.hahnenkamm.de

„Ferienhof Kleeblatt"***
Kleemann, Renate
Schmiedgasse 12
91747 Westheim
Tel. 09082 - 1443   info@ferienhof-kleeblatt.de
                     www.ferienhof-kleeblatt.de

Familienfreundlicher Hof, neu möblierte FeWo, Sat-TV. Kleinkinderausstattung (Allergikerbetten, Zustellbett, Waschm. a. W.). Gr. Garten, Grillpl., Gartenhaus, TT, Spaß für Kinder: Streicheltiere (Zwergziegen, Hasen usw.), Spielpl., gr. Trampolin, Kettcar, kl. Kinderprogramm, Traktor fahren u. mehr. Auf Wunsch Frühstücksbüfett, Brötchens. Gaststätte, Bäckerei, Arzt im Ort, Hausprospekt.

Anzahl	Art	qm	Personen	Preis
2	FeWo	70	2-4	ab 32,00 €
1	Zi.			ab 18,00 €

182013_1   F***

Riedenburg
🚶 15 km 🚉 28 km

Riedenburg gilt als Perle im Naturpark Altmühltal. Im Laufe von Jahrmillionen hat die Natur hier im Herzen Bayerns eine grandiose Landschaft geschaffen. Genießen Sie ihren Reiz auf unvergessliche Weise: Bei einer SCHLEUSENFAHRT mit einem unserer Ausflugsschiffe auf dem Main-Donau-Kanal, auf einer Wander- oder Radtour durch eine der beliebtesten Ferienregionen Deutschlands.

Infos unter: Touristinformation
Tel. 09442 - 905000 oder www.riedenburg.de

****Halbig,
Konrad und Theresia
Zellerstr. 10
93339 Riedenburg,
OT Deising
Tel. 09442 - 2167
Fax 09442 - 584   tuk.halbig@t-online.de
                   www.Ferienhof-Halbig.de

Ferienhof am Ortsrand mit 6 Ferienwohnungen, Kinderbetten, TV-Anschluss, WM. Viele Tiere zum Streicheln: Schafe, Schweine, Ziegen, Pferd, Kaninchen, Gänse, Enten, Hühner und Katzen, Reitmöglichkeit, Basteln, Grillhütte, Winter mietbar, gr. Garten mit Spielplatz, TT, geführte Wanderungen, Brötchenservice. Bitte Hausprospekt anfordern!

Anzahl	Art	qm	Personen	Preis
6	FeWo	40-60		31,- bis 35,- €

231914_1   F***/****

Bayern
120 Naturpark Altmühltal

Titting
🚶 15 km 🚆 Eichstädt

Titting liegt mitten im Naturpark Altmühltal in Oberbayern. Weit und breit nur Grün. Der staatlich anerkannte Erholungsort bildet das Zentrum des Anlautertales. Dort finden Sie eine reichhaltige Flora, romantische Landschaften sowie Versteinerungen von Pflanzen und Tieren, die vor 150 Mio. Jahren im Jurameer existierten. Sie wandern über Lehrpfade zu sagenumwobenen Burgruinen, dem römischen Limes mit Römerturm oder zum fürstbischöflichen Wasserschloss. Macht fit: Radwanderweg.

Infos unter: Markt Titting
Tel. 08423 - 99210 oder www.titting.de

Ferienhof Pfisterer****
Pfisterer, Renate
Bürg 2
85135 Titting
Tel. 08423 - 297
Fax 08423 - 297

urlaub@ferienhof-pfisterer.de
www.ferienhof-pfisterer.de

Frische Milch gibt's gratis. Träumen Sie vom Treckerfahren oder Schlafen im Heu? Oder möchten Sie lieber Fossilien klopfen, neben dem kleinen Bächlein ein Sonnenbad nehmen?
Frühstück, Camping möglich.
Pony, verschiedene Tiere, Sauna und Solarium.

183130_1   F****/*****

Anzahl	Art	qm	Personen	Preis
4	FeWo	45-80	2-4	27,- bis 65,- €

Treuchtlingen
🚶 35 km 🚆 7 km

Ob Erholungsurlaub oder Aktivurlaub, für beides hat Treuchtlingen etwas zu bieten. Die „Altmühltherme" mit Thermalbecken, Thermalfreibad, Kurmittelhaus, Hallenwellenbad mit Riesenrutschen und Kinderspielgarten, Saunalandschaft und beheiztem Freibad. Ein neu ausgebautes Wanderwegenetz, ein Nordic-Walking-Park, viele Radwege, Tennisplätze, Minigolf, Bootfahren auf der Altmühl, Kegelbahnen, Schießanlagen lassen das Herz jedes Aktivurlaubers höher schlagen.

Infos unter: Touristinformation
Tel. 09142 - 2180 oder www.treuchtlingen.de

Gästehaus Gagsteiger***
Gagsteiger, Ernst
Weinbergshof 2
91757 Treuchtlingen
Tel. 09142 - 8162
Fax 09142 - 4016

fewo-gagsteiger@gmx.de
www.weinbergshof.de

Einzelhof mit 6 Ferienwohnungen, Preis gilt für bis zu 4 Personen, jede weitere Person 5,- €, Nebensaison für 2 Personen 40,- €, Nebenkosten, Kinderbetten, TV, Brötchenservice, Hofladen, Hausschlachtung, Brotbacken, Ponys, Schafe, Ziegen, Esel, Galloways, Hund, Katze, Reiten, Mitarbeit möglich.

116131_1   F***

Anzahl	Art	qm	Personen	Preis
6	FeWo	48 - 62	2-6	ab 45,00 €

Bayern

Naturpark Altmühltal 120
Oberpfälzer Wald/Steinwald 121

Ferienhof Hauck***
Hauck, Hans
Windischhausen 8
Untermühle
91757 Treuchtlingen,
OT Windischhausen
Tel. 09142 - 8822
info@Ferienhof-Hauck.de
www.ferienhof-Hauck.de

Genießen Sie die schönsten Tage des Jahres auf unserem kinderfreundlichen Einzelbauernhof mit 2 Ferienwohnungen, Kleinkinderausstattung, Brötchenservice, Saisonermäßigung, Nebenkosten, Sat-TV, Telefon, Spielgeräte, Kicker, Trampolin, Tischtennis, Grillhütte, große Hoffläche mit Bächlein, Tiere, Milchkühe, Kälber, Schafe, Schweine, Hühner, Hund und Katzen.

Anzahl	Art	qm	Personen	Preis
2	FeWo	55-60	2-6	ab 28,00 €

113934_1   F***

***Katheder, Erwin
Bubenheim 18
91757 Treuchtlingen,
OT Bubenheim
Tel. 09142 - 5431 oder 5796
Fax 09142 - 975577

Bauernhof mit FeWo, direkt an der Altmühl / Radweg, abgeschlossene FeWo mit sep. Eingang, 1 DZ mit zusätzlichem Bett, 1 DZ Wohnzimmer, Küche mit Spülmaschine, Essecke, Bad/D/WC, BK, Sat-TV-Anschluss; Kinder willkommen; Tiere: Pferd, Pony, Kühe, Katzen, Hasen. Ab 38,- €, Preis für 4 Pers., jede weitere 5,- €.

Anzahl	Art	qm	Personen	Preis
1	FeWo	100	4-6	ab 38,00 €

113927_1   F***

Bruck
⇈ 12 km 🚉 2,5 km

Bruck war schon im Mittelalter ein Ort zum Verweilen. Auf Grund seiner günstigen Verkehrslage hielten schon damals hier die Händler auf ihrem Weg nach Prag. Heute bieten Bruck und seine Umgebung eine reiche Geschichte mit Burgen und Klöstern und viele erholsame Freizeitmöglichkeiten. Auf einem gut ausgebauten Wander- und Radwegenetz können Sie in Bruck und dem Oberpfälzer Seenland verschiedene Touren unternehmen. Wir wünschen Ihnen dabei viel Spaß und gute Erholung.

Infos unter: Touristen-Information Bruck
Tel. 09434 - 94120 oder www.brock-i-d-opf.de

****Fischer, Ilse
Hinterrandsberg 1
92436 Bruck
Tel. 09434 - 1258
info@fischer-ferienbauernhof.de
www.fischer-ferienbauernhof.de

Ferienhaus und Ferienwohnung mit KB, Waschmaschine, Sat-TV, SE, Aufenthaltsraum, großer Garten, Grillplatz, Ackerbau, Grünland, Forstwirtschaft, Pony, Reitmöglichkeit, TT, Basketball, Spiel- und Bolzplatz, Boulebahn, Angeln, Mitarbeit möglich, selbst gebackenes Brot beim Nachbarn. **„Baby-Kinder-Bauernhof"**

Anzahl	Art	qm	Personen	Preis
1	FeWo	60	2-4	ab 40,00 €
1	FH	100	4-7	ab 47,00 €

214963_121   F****

Bayern
121 Oberpfälzer Wald/Steinwald

Friedenfels
🍴 10 km 🚉 10 km

Erholungsort am Sonnenhang des Naturparks Steinwald. 140 km Wanderwege führen rund um den Steinwald. In 2 Stunden ist man auf 946 m gewandert und bis Tschechien sind es nur 25 km. Als Ausflugsziele zu empfehlen sind das Naturtheater Luisenburg, eine Porzellanmanufaktur, Seltmann/Rosenthal/Witt-Weiden oder das tiefste Loch der Erden (KTB)! Für Sportfreunde gibt es Möglichkeiten zum Schwimmen, Wassersport und Nordic Walking.

Infos unter: Gemeinde Friedenfels
Tel. 09683 - 92310 oder www.friedenfels.de

Oidhof****
Familie Josef Dietz
Bärnhöherstr. 26
95688 Friedenfels
Tel. 09683 - 280
Fax 09683 - 929717

info@oidhof.de
www.oidhof.de

Idyllisch gelegener Ferienhof im Naturpark Steinwald. Unser Vierseithof ist ein Paradies für Kinder zum Tretcarfahren, Stelzenlaufen oder Spielturm und -scheune entdecken. In unseren Nichtraucher-Ferienwohnungen verwöhnen wir Sie mit Brötchen-, Getränke-, Einkaufs- und Reinigungsservice.

Anzahl	Art	qm	Personen	Preis
3	FeWo	31-62	2-5	ab 27,00 €

27409_1   F***/****

Neunburg vorm Wald

Die Festspielstadt Neunburg vorm Wald liegt ca. 50 km nordöstlich von Regensburg entfernt. Auf einem Felsplateau im malerischen Schwarzachtal - umgeben von einer herrlichen Wald- und Berglandschaft. Wandern auf markierten Wanderwegen, geführte Themenwanderungen, Radeln auf dem Schwarzachtalradweg oder Bay.-Böhmischen Freundschaftsweg, Schloss, Skateranlage, Minigolf, Bootsverleih.

Infos unter: Tourist-Information Neunburg vorm Wald
Tel. 09672 - 9208421 oder www.neunburg.de

Käsbauerhof****
Familie Käsbauer
Seeweg 11
92431 Neunburg,
OT Seebarn
Tel. 09672 - 2949

info@kaesbauerhof.de
www.kaesbauerhof.de

Erholen Sie sich auf unserem ruhig geleg. Bauernhof in 1 gemütl. FeWo oder FH, je 2 SZ, B/D/WC, KB, Balkon o. Terrasse. Ein großer Garten mit Liegewiese, Grillmöglichkeit, Spielplatz, TT, Boot stehen Ihnen zur Verfügung. Kühe, Kälber, Hasen, Hühner, Katzen u. Hund „Oskar" lassen sich gerne streicheln. Brötchenservice.

Anzahl	Art	qm	Personen	Preis
1	FeWo	70	2-4	ab 35,00 €
1	FH	60	2-4	ab 35,00 €

112474_1   F****

Bayern
Oberpfälzer Wald/Steinwald

Reitschule - Pension Fuchsenhof FN°°°°
Familie Vetter
Stettner Weg 1
92431 Neunburg, OT Seebarn
Tel. 09672 - 2000
Fax 09672 - 3456
info@fuchsenhof.de
www.fuchsenhof.de

Wetterunabhängiger Aktivurlaub für die ganze Familie in fam. Atmosphäre unter Pferdefreunden. 4-Sterne-Reitschule mit Landgasthof, Tennis, Kinderspielpl., Bade-/Angelsee mit Grillhütte, Insel und Boot. Neuer kleiner Beauty- und Wellnessbereich mit Sauna, Dampfbad und Solarium. Kostenlos: Tennis, Angeln, Ponyführen.

Anzahl	Art	qm	Personen	Preis
18	FeWo	30-70	2-6	ab 30,00 €
1	Zi		2	auf Anfrage

74373_121 P***/F***/****

Schönsee
† 40 km 🚆 40 km

Schönsee ist mit seinen vielen Geschäften, Hotels, Pensionen und Gasthöfen der Mittelpunkt des Schönseer Landes. Mit dem 896 m hohen Weingartnerfels ganz dicht an der böhmischen Grenze und dem Böhmerwaldaussichtsturm befindet sich hier die höchste Erhebung im Landkreis. Das Schönseer Land im Naturpark Oberpfälzer Wald ist ein wunderschönes Wandergebiet. Ca. 250 km markierte Wege - von leichten bis zu anspruchsvollen Touren - sind ideal zum Wandern.

Infos unter: Tourist-Information Schönseer Land
Tel. 09674 - 317 oder www.schoenseer-land.de

Landgasthof „Lindauer Wirt"***
Schmid, Andreas
Lindau 3
92539 Schönsee, OT Lindau,
Post Schönsee
Tel. 09674 - 524
Fax 09674 - 524
LindauerWirt@t-online.de
www.lindauerwirt.de

Stockbrotbacken, eine Fackelwanderung und Ausbuttern macht unseren kleinen Gästen immer viel Spaß. Mitarbeit auf dem Hof, Kutschen- und Schlittenfahrten, selbständiges Reiten mit unseren Haflingern, auf Traktor mitfahren und vieles mehr machen den Urlaub erlebnisreich!

Anzahl	Art	qm	Personen	Preis
8	Zi.	16-25	2-3	ab 25,00 €

131691_1 P***

Ferienhof Wegmann***
Wegmann, Norbert
Rodenzenreuth 7
95679 Waldershof
Tel. 09231 - 7446
Fax 09231 - 71937
ferienhof.wegmann@gmx.de
www.ferien-reiterhof-wegmann.de

Herzlich willkommen auf u. Ferienhof. Wir erwarten Sie mit Kaffee u. Kuchen. Ein Erlebnis für Groß u. Klein. Ponys, Pferde, Zwergziegen, Katzen, Meerschweinchen, Kaninchen u. Hühner. Hauseig. Badeteich mit Kahn, Tischfußball, TT, Darts, Grillabende, Nachtwanderung, Lagerfeuer, gem. 2 Aufenthaltsräume, Radelweg ab Hof, viele Ausflugsmöglichkeiten, Koppelreiten kostenlos, Ausritte gegen Entgelt. Geführte Geopark-Touren!

Anzahl	Art	qm	Personen	Preis
7	FeWo	25-67	2-4	ab 29,- €

118370_1 F***/****

Bayern
122 Bayerischer Jura

Freudenberg
🚶 22 km 🚆 10 km

Freudenberg liegt dort, wo sich die Ausläufer des Oberpfälzer Waldes mit der lieblichen Juralandschaft vereinen. Über 60 km markierte Wanderwege durchziehen die waldreiche Mittelgebirgslandschaft. Weitab von Stress und Alltag kann man in Freudenberg die Landschaft beim Radfahren und Wandern genießen. Im Sommer lockt das Freibad und wenn im Winter die weiße Flockenpracht Einzug hält, warten Rodelbahn, Skilift, Abfahrten sowie 25 km Loipe auf die Wintersportler.

Infos unter: Gemeinde Freudenberg
Tel. 09627 - 921014 oder www.gemeinde-freudenberg.de

Biehlerhof***
Biehler, Reinhard
Schwand 7
92272 Freudenberg
Tel. 09627 - 286
Fax 09627 - 91287

info@biehlerhof.de
www.biehlerhof.de

Baby- und Kleinkinderhof

Ein Geheimtipp für alle, die das Besondere lieben.
Sowohl in unseren gemütlichen Nichtraucher-Ferienwohnungen als auch in unseren weitläufigen Außenanlagen finden Sie viel Herzlichkeit und Liebe zum Detail.

Da können Sie Ihren Urlaub genießen … Unsere idyllische Lage garantiert Ruhe und einen naturverbundenen Urlaub.

Komplette Babyausstattung gratis, viele verspielte Streicheltiere, großer Fuhrpark, Spielwiese, Spielscheune, TT, Kicker, Mithilfe möglich, Grillecke, Lagerfeuer, Radverleih, Kreativkurse, Bastelecke.

Bitte fordern Sie unseren Hausprospekt an!

331058_1   F***/****

Anzahl	Art	qm	Personen	Preis
2	FeWo	75-85	1-6	ab 40,00 €
1	FH	110	1-6	ab 60,00 €

Hirschbach
🚶 15 km 🚆 9 km

Das Hirschbachtal ist ein echtes Wanderparadies. Gesunde Natur pur erwartet Sie: lieblich, beschaulich und kurzweilig präsentieren sich ihre Täler und Höhen. Allein um Hirschbach herum stehen Ihnen 200 km markierte Wanderwege zur Verfügung. Eine Besonderheit ist der Höhlen-Rundwanderweg; eine einmalige Einrichtung in Nordbayern. Die Route führt an 30 Höhlen vorbei, von denen einige nur mit Lampe befahrbar sind. Abenteuer pur!

Infos unter: Tourist-Info
Tel. 09665 - 91310 oder www.gemeinde-hirschbach.de

Bayern
Bayerischer Jura 122

Landgasthof „Zum Elsabauern" G***/***
Herbst, Karin
Pruppach 3
92275 Hirschbach
Tel. 09665 - 91450
Fax 09665 - 914525

elsabauer@t-online.de
www.elsabauer.de

251093_1   F***G***

Wir sind ein gemütlicher, komfortabler Landgasthof mit familiärem Charakter und ländlichem Charme. Unsere Zimmer (EZ, DZ, FW) sind alle mit D/WC, Kühlschrank, Telefon, kostenloser WLAN-Verbindung u. digitalem TV ausgestattet. Rollstuhlgerechte Zimmer sind vorhanden. Gruppen mit Behinderten auch willkommen. Wir bieten Ihnen auf Wunsch eine reichhaltige Halbpension mit hausgemachten Lebensmitteln an. Unser Hof verfügt über einen Grill- und Spielplatz mit Gartentrampolin, TT-Platte u. Baumhaus, Sauna, Dampfgrotte, Whirlwanne u. kleinen Fitnessbereich. Fahrräder u. Rollschuhe/Inliner können Sie sich bei uns leihen. Wir sind ein FN-anerkannter Ferienbetrieb mit Reitschule u. erteilen Unterricht am Platz o. in der eigenen Reithalle. Ausritte, Waldrallyes, Naturführungen u. heilpädagogisches Reiten gehören auch zu unserem Programm. Gastboxen/Offenstall stehen für mitgebrachte Pferde zur Verfügung. Ein 18-Loch-Golfplatz u. ein Tennisplatz sind nur 1 km entfernt. Originelle Pauschalangebote, die Abenteuer pur versprechen, sind z. B. Höhlenexpeditionen. Kanutouren u. Klettersteigen runden Ihren Urlaub ab. Wir verwöhnen Sie auch gerne mit Massagen, Ayurvedasitzungen, Reiki o. lassen Sie sich doch mal hypnotisieren. Fordern Sie unseren Hausprospekt an o. schauen Sie auf unserer Homepage vorbei.
Wir freuen uns auf Ihren Besuch.

Anzahl	Art	qm	Personen	Preis
3	FeWo	60	1-4	ab 42,00 €
10	Zi.		1-2	ab 23,00 €

Sulzbach-Rosenberg
🚉 im Ort

Die Stadt Sulzbach-Rosenberg liegt am Rande der Fränkischen Alb. Das Zentrum liegt erhöht auf einem Felsen, unterhalb der Stadt fließt der Rosenbach, der vor Amberg in die Vils mündet. Das Sulzbacher Bergland bietet nicht nur viele Wanderwege, sondern liegt auch am Fünf-Flüsse-Radweg oder am Radfernweg Bayern-Böhmen. Aber auch zu besichtigen gibt es jede Menge: den Bergbau-Schaustollen, das Schloss Sulzbach oder wie wäre es mit einer Tour durch die historische Altstadt?

Infos unter: Tourist-Information + Kulturwerkstatt
Tel. 09661 - 510110 oder www.sulzbach-rosenberg.de

Rennerhof****
Renner, Fritz
Siebeneichen 19
92237 Sulzbach-Rosenberg
Tel. 09661 - 7929
Fax 09661 - 906156

rennerhof.7-eichen@t-online.de
www.rennerhof-siebeneichen.de

Landw. Betrieb in idyllischem Ort zw. Sulzbach u. Amberg. **In der Nähe:** Wald- und Erlebnisbad, Kneipp-Becken, Abenteuerspielplatz. Dirtbike-Strecke u. v. m. **Am Hof:** Riesentrampolin, Ruderbootfahrten am eig. Weiher, Riesenkettcar u. Trike u. Slackline. Pferd „Don Pedro", Ziegen, Katzen, Hasen u. Gänse freuen sich schon auf Streicheleinheiten u. Leckereien. Brötchenserv., Eistruhe.

Anzahl	Art	qm	Personen	Preis
4	FeWo	50-60	2-5	44,00 - 74,00 €
1	Zi.	22	2	ab 36,00 €

356015_1   F****P****

Bayern
123 Naturpark Bayerischer Wald

Komm mit uns durchs Drachenland

Urlaubsland Furth im Wald - Hohenbogenwinkel
⛰ 80 km 🚲 0-9 km

Familienerlebnisse mit nachhaltigem Erinnerungswert:
Eisvogelsteig in Arnschwang, Bayerisch-böhmische Begegnungen in Eschlkam, Drachenstichfestspiele in Furth im Wald, Sport- und Freizeitzentrum Hohenbogen in Neukirchen b. Hl. Blut, unterirdische Felsengänge, Klostergarten, Wildgarten, Wandern, Radeln und, und, und

Infos unter:
Urlaubsland Furth im Wald - Hohenbogenwinkel
Tel. 09947/940821   Fax: 09947/940844   www.hohenbogenwinkel.de   info@hohenbogenwinkel.de

Altenthann
⛰ 15 km

Infolge seiner beglückend-schönen Lage, umgeben von einem weiten Hügelland mit Ausblick auf die großen Waldungen des fürstlichen Tierparks und den im Nordwesten liegenden Jungberg, ist der Vorwaldort Altenthann ein gern gesuchtes Wanderziel und ein Eldorado für Erholungssuchende. In der Nähe verläuft der beliebte Donau-Radwanderweg „Tour de Baroque" und in den Ortschaften finden Sie gemütliche Gastwirtschaften und Biergärten, die zum Verweilen einladen.

Infos unter: Verwaltungsgemeinschaft Donaustauf
Tel. 09403 - 95020 oder www.vg-donaustauf.de/altenthann

27330_1   F***P***

Ferienhof Brandl***
Brandl, Hildegard und Felix
Roidhof 1
93177 Altenthann
Tel. 09408 - 352
Fax 09408 - 859065

Brandl@Roidhof-Online.de
www.roidhof-online.de

Inmitten herrlicher Natur gelegener Einzelhof mit vielen Tieren. Urlaub für Groß und Klein: Fahrradtouren, Wandern, Wintersport, Spielen oder einfach gemütlich beisammensitzen

Hausprospekt

Geschmackvoll eingerichtete DZ mit D/WC und Küche und komplett ausgestattete Ferienwohnungen mit Waschmaschine und TV, SE.

Grillplatz, Liegewiese, Ackerbau, Forstwirtschaft, Rinder, Schweine, Federvieh, Schlittenfahrten, Wanderwege, Kinderspielplatz, Wintersport.

Nahe Ausflugsziele: Otterbachtal mit dem Ort Altenthann und die Römerstadt Regensburg, Schloss Fürst von Thurn und Taxis, Walhalla, Befreiungshalle, Wildpark.

Anzahl	Art	qm	Personen	Preis
2	FeWo	50	2-5	32,50 €
2	Zi.	20	1-2	15,00 €

Bayern
Naturpark Bayerischer Wald 123

Arnbruck

Ein Bayerwaldort mit fortschrittlicher Note inmitten des Zellertales zum Vergessen der Alltagssorgen. Das Panoramabad mit Sauna und Solarien und zahlreiche andere Freizeitangebote sorgen ebenso für Abwechslung wie ein Bayerwaldrundflug vom nahe gelegenen Segel- und Sportflugplatz. Ein besonderes Erlebnis ist ein Besuch in der Glashütte, wo Sie mitverfolgen können, wie aus flüssigem Glas hochwertiges Bleikristall entsteht und in der Glasschleiferei veredelt wird.

Infos unter: Tourist-Info Arnbruck
Tel. 09945 - 941016 oder www.arnbruck.de

****Danzer, Alois
Baumgarten 1
93471 Arnbruck,
OT Baumgarten
Tel. 09945 - 647
Fax 09945 - 647
info@danzerhof.de
www.danzerhof.de

Einzelhof, Kinder- und Saisonermäßigung. Ferienwohnungen mit 1-3 Schlafzimmern, Balkon od. Terrasse, Kinderbetten, TV, Waschmaschine, Liegewiese, TT, Spielplatz, Grill, Blockhütte, selbst erzeugte Produkte, Mitarbeit möglich, ganzjährige Vermietung. Kühe, Kälber, Katzen, Hasen, Bienen, großes Wandergebiet für Jung u. Alt direkt ab Hof. Hausprospekt.

Anzahl	Art	qm	Personen	Preis
3	FeWo	50-100	2-7	ab 33,00 €

27386_1   F****

Auerbach
🚶 5 km 🚗 15 km

Abseits vom Trubel bietet die reizvolle Landschaft, die sich um Auerbach aus dem Ohetal in den Bayerischen Wald erhebt, zahlreiche Wanderwege über sanfte Hügel und durch schattige Wälder. Hier können Sie ganz nach Ihren Vorstellungen und Wünschen Urlaub machen, auf Entdeckungsreise gehen und neue Eindrücke sammeln. Auf Ihren Wegen können Sie viele Naturschönheiten kennen lernen. So manche Dorfkapelle sowie liebevoll geschmückte Häuser können Sie entdecken.

Infos unter: Gemeinde Auerbach
Tel. 09901 - 3033 oder www.gemeinde-auerbach.de

****Nagl, Josef und Maria
Berging 1
94530 Auerbach, OT Berging
Tel. 09901 - 7649
schachtenwald@t-online.de
www.schachtenwald.de

Haus am Schachtenwald, Ortsrand, Ferienwohnungen mit Telefon, (WLAN möglich), Kinderbett und Sat-TV, Grünland- und Forstbetrieb, Pony, Katzen, Hund, Pferd, Hühner, Hasen, Englischkenntnisse, TT, Spielplatz, biologischer Obst-/Gemüseanbau, Grillkamin, Swimmingpool, Kinderfahrzeug. Wir freuen uns auf Ihren Besuch.

Anzahl	Art	qm	Personen	Preis
2	FeWo	47-67	2-6	ab 28,00 €

90038_1   F****

Bayern
123 Naturpark Bayerischer Wald

Bad Kötzting
🚶 45 km

Kneippheilbad und Pfingstrittstadt im Tal des Weißen Regens umgeben von den Bayerwaldbergen Kaitersberg und Hoher Bogen. Umgeben von einem weitläufigen Rad- und Wanderwegenetz, direkter Anschluss an die Fernwanderwege und Fernradwege. Erste deutsche Klinik für Traditionelle Chinesische Medizin und Mittelbayer. Rehabilitationszentrum für Orthopädie und Neurologie. Fußgängerfreundliche Innenstadt mit interessanten Fachgeschäften, Kaufhäusern, Cafés und großem Kurpark.

Infos unter: Kurverwaltung und Tourist-Info
Tel. 09941 - 602150 oder www.bad-koetzting.de

Bummer, Anneliese****
Reitensteiner Weg 32
93444 Bad Kötzting,
OT Reitenstein
Tel. 09941 - 1802
Fax 09941 - 1875

FerienwohnungenBummer@t-online.de

Wir bieten Ihnen vier gemütlich und exklusiv eingerichtete FeWo für 2-5 Pers. mit separatem Eingang, Liegewiese, Grillplatz, Spiel- und Tischtennisraum, separatem Aufenthaltsraum sowie Pferde und Kleintiere. Neben einem umfangreichen Freizeitangebot bieten wir unseren Gästen auch wohltuende Wellnesseinrichtungen. Hausprospekt.

Anzahl	Art	qm	Personen	Preis
5	FeWo	45-75	2-5	ab 26,00 €

113029_1 F***/****

Drachselsried
🚶 35 km

Drachselsried ist ein ruhiger, staatlich anerkannter Erholungsort in der Ferienregion Zellertal an der Glasstraße im Naturpark Bayerischer Wald. Asbachtal-Erlebniswanderweg, Rodelbahnen, Massagepraxis, Sauna, Standkonzerte, Heimatfeste, Glaskunstgalerie, Waldspielplatz, Kirchweih, jeden Freitag Wochenmarkt am Dorfplatz, Brauerei Falter, Kinderferienprogramm, geführte Wanderungen, „Drei-Geister-Rundgang".

Infos unter: Tourist-Information
Tel. 09945 - 905033 oder www.drachselsried.de

Veit-Sepp-Hof***
Geiger, Rosina und Hans
Hofmark 24
94256 Drachselsried
Tel. 09945 - 1475

veit-sepp-hof@web.de

Einzelhof, Südlage, Ferienwohnungen mit Balkon oder Terrasse, Endreinigung, Handtücher und Bettwäsche inkl., Brötchens., DZ mit D/WC, BK, Aufenthaltsraum mit Kachelofen, Sat-TV, Frühstück mit eig. Produkten, Hausschlachtung, Kühlschrank, Kaffeemaschine, Grünland, Rinder, Federvieh, Pflanzenkläranlage, sehr ruhig. Selbst gemachte Butter von unseren Weide-Rindern!

Anzahl	Art	qm	Personen	Preis
2	FeWo	40-50	2-4	ab 27,00 €
2	Zi.	20	1-2	ab 13,00 €

90000_1 F**/***P***

Bayern
Naturpark Bayerischer Wald

Eschlkam
🚶 80 km 🚆 6 km

Die Marktgemeinde Eschlkam liegt im Naturpark Oberer Bayerischer Wald inmitten einer Mittelgebirgslandschaft, eingerahmt von den Bergen des Bayerischen Waldes und des Böhmerwaldes, ausgeschilderte Rad- und Wanderwege, Ski- und Freizeitwoche im Februar, Wellness, Theateraufführungen im Frühjahr und Herbst, Kegelbahnen, Sommereisstockbahnen. Kunstwanderweg, Bauernmarkt.

Infos unter: Tourist-Information Eschlkam
Tel. 09948 - 94080 oder www.markt-eschlkam.de

Ferienhof Altmann****
Neumarker Str. 58
93458 Eschlkam, OT Neuaign
Tel. 09948 - 223
Fax 09948 - 290
info@ferienhof-altmann.de
www.ferienhof-altmann.de

Erholung zu jeder Jahreszeit auf unserem ruhig gelegenen Bauernhof. **Wir bieten Ihnen:** Wellness-Angebote, Sauna, Solarium, Fitnessraum, TT, Reitunterricht, Reithalle, Raucher- u. Nichtraucheraufenthaltsraum, Grill-/Lagerfeuerplatz, gr. Kinderspielplatz und viele Tiere (Kühe, Kälber, Pferde, Pony, Katzen, Hasen, Hund). Hofeigenes Angelgewässer, herrliche Radwege. Hausprospekt.

Anzahl	Art	qm	Personen	Preis
4	FeWo	70-90	2-8	ab 35,00 €
3	Zi.		2-3	ab 17,00 €

90028_1   F****/P****

***Pongratz, Josef
Pflaumermühle 1
93458 Eschlkam
Tel. 09948 - 346 oder
09971 - 801915
Fax 09948 - 904338

info@pflaumermuehle.de
www.pflaumermuehle.de

Einzelhof, ruhige Lage, Ferienwohnungen im Gästehaus, teilw. m. Spülmaschine, SE, TV, WM, überdachte Terrasse, Aufenthaltsraum, Liegewiese, Grillplatz, Ackerbau, Grünland, Forstwirtschaft, Federvieh, Schweine, Ponys, Hunde, Katzen, Hasen, Mitarbeit möglich, Brötchenservice, Hausprospekt.

Anzahl	Art	qm	Personen	Preis
3	FeWo	45-70	2-6	ab 27,00 €

214535_1   F***

Genießer-Urlaub

Genuss, Qualität und Frische gepaart mit frischer Landluft und herzlichen Menschen, das ist es, was Sie mit diesem Reiseführer kennen lernen.

12,90 €

Nutzen Sie die Bestellkarte auf der letzten Seite!

Bayern
123 Naturpark Bayerischer Wald

Geiersthal
🚶 25 km 🚆 15 km

Liegt in der Nähe zum Nationalpark Bayerischer Wald. Ca. 100 km ausgeschilderte Wanderwege, Anschluss an den Regental-Radweg (führt von Regensburg nach Bayerisch Eisenstein), ausgeschilderte Reitwege, Burganlage Altnußberg: Größte und älteste Burganlage des Bay. Waldes, die seit 1983 ausgegraben und archäologisch erfasst wird. Führungen durch Burganlage und Museum finden von Mai bis Oktober statt.

Infos unter: Tourist-Information Geiersthal
Tel. 09923 - 841511 oder www.geiersthal.de

******Schessl,
Anita und Josef**
Dorfstraße 5
94244 Geiersthal,
OT Altnußberg
Tel. 09923 - 3313

Schessl-Josef@t-online.de
www.ferienbauernhof-schessl.de

Hof im Ort, Hausprospekt, 2 Ferienwohnungen, davon 1 mit Balkon, Saison-Ermäßigung, Kinderbetten, TV, Waschmaschinen- und Trocknerbenutzung, Liegewiese, Spielplatz, Brötchenservice, Ackerbau, Grünland, Forstwirtschaft, Rinder, Katzen, Mitarbeit möglich, Tischtennis, Fahrräder, Töpfern.

Anzahl	Art	qm	Personen	Preis
2	FeWo	65	2-5	ab 27,00 €

Gleißenberg
🚆 10 km

Der staatlich anerkannte Erholungsort Gleißenberg liegt, umgeben von einer Bergkette des Bayerischen Waldes, in einem nach Süden offenen Talkessel. Durch sein mildes, windgeschütztes Klima wird der Ort auch das „bayerische Meran" genannt. Ein sehr gut ausgebautes Wander- und Radwegenetz laden Sie zum Verweilen in der Natur ein. Abwechslungsreiches Freizeitangebot: beheiztes Freibad, Hallenbad mit Sauna, Sport- und Tennisplätze, Kinderspielplätze, Holzkegelbahn, Kneippbecken, Eislauffläche und Kutschenfahrten.

Infos unter: Tourist-Information Gleißenberg
Tel. 09975 - 902035 oder www.gleissenberg.de

„Wiegentalblick"****
Stelzer, Luise
Wiegentalstr. 30
93477 Gleißenberg
Tel. 09975 - 786
Mobil 0173 - 3506528

luisestelzer@t-online.de
www.ferienwohnung-drachenstich.de

Urlaub im sonnigen Wiegenbachtal. Umgeben von Wald, Wiesen und Feldern. Willkommen im Ferienhaus Stelzer, idyllisch am Südhang gelegen. Herrliche Rad- und Wanderwege. Komplett ausgestattete Ferienwohnungen mit gr. Balkon/Terrasse. Familien mit Kindern u. Urlauber m. Haustieren fühlen sich bei uns wohl!

Anzahl	Art	qm	Personen	Preis
2	FeWo	90	2-7	auf Anfrage

Bayern
Naturpark Bayerischer Wald

Haibach
🏠 15 km 🚉 35 km

In der Umgebung von Haibach gibt es zahlreiche Ausflugsmöglichkeiten. Wir möchten Ihren Urlaub so erholsam und angenehm wie möglich machen. Unser Angebot reicht von individuellen Busreisen, Erlebnisbädern und Freizeitparks über Kunstgeschichte, Schlösser und Museen. Auf unserer Homepage finden Sie viele interessante Vorschläge für Ihre Freizeitaktivitäten.

Infos unter: Tourist-Info
Tel. 09963 - 1030 oder www. haibach-elisabethszell.de

Gasthaus Dirscherl***

Familie Dirscherl
Maierhofen 6
94353 Haibach,
OT Maierhofen
Tel. 09963 - 756
Fax 09963 - 2854
info@gasthaus-dirscherl.de
www.gasthaus-dirscherl.de

Einzelhof mit Gasthaus, 11 DZ und 3 MBZ mit Waschmaschine, Kinderbetten, TV, Balkon, Grillplatz, Grünlandbetrieb, Rinder, kostenloses Ponyreiten, 2 Bundeskegelbahnen (Clubs!), TT, Fahrradweg (200 m entfernt). Hallenbad, Sauna, 28-30° C Wassertemperatur, besonders geeignet für selbständige Rehabilitation, Solarium, Wasser nur mit Salz angereichert, Hausprospekt. HP ab 29,00 €.

Anzahl	Art	qm	Personen	Preis
14	Zi.		2-3	ab 23,00 €

90013_1   P***

****Schötz, Friedrich

Schuhchristleger 1
94353 Haibach
Tel. 09965 - 84070
Fax 09965 - 840730
fewo-schoetz@t-online.de
www.ferienwohnungen-schoetz.de

Ferienwohnungen mit KB, Waschmaschinenbenutzung, Sat-TV, SE, Grillplatz, Sauna, Solarium, Bolz- und großer Abenteuerspielplatz mit Spielhaus und Seilbahn, Grünland- und Forstbetrieb, Ponys, Rinder, Kühe, Hasen, Brötchenservice, Kneippbecken, Hausmusik, Hausprospekt mit Sonderwoche ab 127,- €/Ferienwohnung.

Anzahl	Art	qm	Personen	Preis
4	FeWo	45-70	2-5	ab 23,00 €

230116_1   F****

Glantz-Zeiten

Die weitverzweigte Familie Glantz bewirtschaftete rund 300 Jahre verschiedene Güter in Mecklenburg. Heute steht der Name Glantz im Raum Hamburg und in der Region Wismar-Schwerin für Erdbeeranbau.

9,95 €

Nutzen Sie die Bestellkarte auf der letzten Seite!

Bayern
123 Naturpark Bayerischer Wald

Hohenwarth
⌘ 60 km 🚆 im Ort

Im Naturpark Bayerischer Wald liegt, umgeben von den Bergzügen Kaitersberg und Hoher Bogen, der beschauliche Erholungsort Hohenwarth. Das Tal wird durchschnitten von dem Flüsschen Weißer Regen, das seinen Ursprung im 25 km weiter östlich liegenden Abersee hat. Durch seine zentrale Lage eignet sich die ehemalige „Veste Hohenwarte" ganz besonders für Ausflüge in die nähere und weitere Umgebung. Bei Anmeldung erhalten Sie Ihre persönliche Gästekarte mit vielen Vergünstigungen.

Infos unter: Tourist-Info
Tel. 09946 - 90280 oder www.hohenwart.de

Familienferienhof****
Fischer, Franz
Ponholz 1
93480 Hohenwarth,
OT Ponholz
Tel. 09946 - 863
Fax 09946 - 9029665
info@familienferienhof-fischer.de
www.familienferienhof-fischer.de

Erholung zu jeder Jahreszeit finden Sie auf unserem Baby- und Kinderbauernhof. Unser Angebot: Wintergarten, Fitnessraum, Billard, Tischtennis, Liegewiese, Waschmaschine, Trockner, Grillabende, Ponyreiten, **Spielraum, -scheune und -platz,** Weiher mit Boot, Kinderfahrzeuge, Streicheltiere, Prospekt.

	Anzahl	Art	qm	Personen	Preis
82616_123 F****	3	FeWo	50-70	2-6	ab 32,00 €

www.bayerwaldpension-weiss.de

Wohlfühl-Urlaub auf unserem Gesundheitshof F*****/P*****
Doppelzimmer · Appartements · Ferienwohnungen · Frühstücksbuffet
Gemütlicher Frühstücksraum, Küchennutzung, Gästekühlschrank, Fernseh-/Leseraum mit Kachelofen, Nichtraucher. Sauna, Solarium, Fitnessraum, TT, Whirlpool, Kneippanlage. Waschm./Trockner, Skiraum, Grillhütte, Spielplatz, Schlitten-/Kutschenfahrten, Loipe in Hofnähe. Pferde, Ziege, Hasen, Katzen.
NEU: Wohlfühlmassagen und Naturkosmetik.

Bitte **Hausprospekt** und **Pauschalangebote** anfordern.

241148_123

Anz.	Art	qm	Pers.	Preis
2	FeWo	27-68	2-5	ab € 35,-
5	Zimmer		1-3	ab € 20,-

Pension Weiß
Familie Weiß · Thening 6 · 93480 Hohenwarth · Tel. 09946/273 · Fax 905255 · pension-weiss@vr-web.de

---

Achtung! Bauernhof!

Das große Spielbuch vom Bauernhof. Hier darf geklappt, gedreht, geschoben und gefühlt werden. Und die Ausklappseite bietet einen Überblick über den gesamten Bauernhof.

Ab 2 Jahren, 14 Seiten   **14,95 €**

Nutzen Sie die Bestellkarte auf der letzten Seite!

Bayern
Naturpark Bayerischer Wald 123

Kirchberg i. Wald
🚶 20 km 🚆 11 km

Kirchberg i. Wald - das Bienenparadies, wo Milch und Honig fließen. Im Naturpark „Bayerischer Wald" gelegen, ausgeschilderte Wander- und Radwege, Rodelbahnen, geführte Wanderungen durchs Moor und Schneeschuhwanderungen, Eisstockschießen, Schlittschuhlaufen, Wassertretbecken, Pferdekutsch- und -schlittenfahrten; Wurfscheibenschießanlage, im Sommer Kinderferienprogramm, „Haus der Bienen".

Infos unter: Touristikinformation Kirchberg i. Wald
Tel. 09927 - 940028 oder www.kirchbergimwald.de

Aulingerhof***
Aulinger, Josef
Kaltenbrunn 31
94259 Kirchberg
Tel. 09908 - 493 oder 666
Fax 09908 - 871968

urlaub@aulingerhof.de
www.aulingerhof.de

Ihre Kinder werden es lieben! Sie können reiten, im Heu toben und übernachten, im Pool plantschen, ein Lagerfeuer machen, Brot backen, die Pferde, Hasen, Katzen, Schafe, Ziegen, Hühner versorgen! TV, Spielraum, Spielplatz, Fischteich, Sauna, Solarium, Aufenthaltsraum.
Hauseigener Skilift!

Anzahl	Art	qm	Personen	Preis
5	FeWo	50-80	2-5	ab 25,00 €

331046_1   F***

Gras und Heu riechen, ein Pony reiten, Stallgeruch schnuppern, eine neue Welt entdecken, mit der Fackel wandern, Stockbrot backen, Fünfe gerade sein lassen, melken lernen, im Stall mitanpacken, die Kinder versorgt wissen, nicht auf die Uhr schauen, den Vögeln lauschen, auf den Alltag pfeifen, Traktor mitfahren, Freundschaften schließen, in der Spielscheune spielen, den Körper verwöhnen, in der Sauna schwitzen - auf dem Wieshof Urlaub machen. Auf unserem herrlich gelegenen **Einzelhof** erwarten Sie neben herzlicher familiärer Atmosphäre Kühe-Pferde-Schafe-Ziegen-Hasen-Hühner-Enten-Hund und Katzen. Kinderfreundlich - **Erholung pur!**

Wieshof - Fam. Leonhard Neumeier
Ebertsried 23, 94259 Kirchberg im Wald
Tel.: 0 99 27 / 34 8 - Fax: 0 99 27 / 90 34 38
e-mail: wieshof@wieshof-neumeier.de
www.wieshof-neumeier.de

Bayern

123 Naturpark Bayerischer Wald

Langdorf
Deggendorf 35 km 5 km

Die „blühende Gemeinde" Langdorf liegt am Nationalpark Bayerischer Wald mit 130 km bestens markierten Wanderwegen. Radwege, Nordic-Walking-Trails, Wellnesshotel und Gesundheitsbauernhof, Theateraufführungen, Spielplätze, Kegelbahn (7 km), Kinderprogramm, geführte Themen- und Erlebniswanderungen, Kirchweih, Vereinsfeste, Kauf von Bienenhonig direkt bei den Imkern, Imkereiführungen.

Infos unter: Tourist-Information Langdorf
Tel. 09921 - 941113 oder www.langdorf.de

132069_1 F***/****

Balshof****
Ellerbeck, Michael
Hauptstraße 37
94264 Langdorf
Tel. 09921 - 5381
Fax 09921 - 5381

ellerbeck.ferienhof@t-online.de
www.ferienhof-ellerbeck.de

Kneipp- + Gesundheitshof

9 Ferienwohnungen, davon 3 behindertengerecht, Grundpreis für 2 Personen 33,- €, für 4 Personen 43,- €, im Winter 3,- € Zuschlag.

Aufenthaltsraum mit TV, Kinderbetten, Saisonermäßigung, Sauna, Solarium, Grillplatz, Hofabende, Tischtennis, Pferde, Rinder, Katzen, Hund, Mitarbeit möglich, Wünschelrutengehen, Bastelabende, hofeigene Produkte, Waschmaschine.

Wellness- und Gesundheitsangebote, Kneippanwendungen: Güsse, Heublumenpackungen, Kräuter- und Milch-Honig-Bäder, hofeigenes Arm-Fuß-Kneippbecken.
Neu: Infrarotwärmekabine, Biosauna, Chi-Maschine, Magnetfeld-Resonanz-Matte, Massagen, Lichtbahnenbehandlung, Meditationsabende.

Bitte Prospekt anfordern!

Anzahl	Art	qm	Personen	Preis
9	FeWo	50-66	2-4	ab 33,00 €

141601_1 F***/****P***

Bauernwagner-Hof****
Zitzelsperger, Johann
Hauptstraße 35
94264 Langdorf
Tel. 09921 - 5919
Fax 09921 - 9719699

bauernwagner@web.de
www.ferienhof-zitzelsperger.de

Hof im Ort, Waldnähe, Acker- und Grünlandbetrieb mit Kühen, Kälbern, Pferden, Ziegen und Kaninchen. Mitarbeit möglich. Kinderbetten, TV, WM, Spiel- und Liegewiese mit Grillplatz, Carport, Tischtennis, Thai-Massage. Der Erholungsort Langdorf liegt mitten im Bayerischen Wald und ist für Wanderungen ideal.

Anzahl	Art	qm	Personen	Preis
4	FeWo	40-98	2-7	ab 28,00 €
1	Zi.	30	2-4	ab 12,00 €

Bayern
Naturpark Bayerischer Wald 123

Nittenau
⛪ 20 km 🚉 15 km

Urlaub in Nittenau ist ein Erlebnis für Naturfreunde, Angler, Wanderer, Hobbysportler - oder einfach für Genießer. Gastfreundschaft in der reizvollen Landschaft des mittleren Regentales. Idealer Ausgangspunkt für Tagesfahrten in den Bayerischen und Oberpfälzer Wald, zur historischen Reichsstadt Regensburg, zum bayerischen Ruhmestempel „Walhalla" oder zur Befreiungshalle in Kelheim mit einer Schifffahrt durch den Donaudurchbruch zum Kloster Weltenburg.

Infos unter: Touristikbüro
Tel. 09436 - 902733 oder www.nittenau.de

Bio-Bauernhof****
Familie Dirnberger
Muckenbach 6
93149 Nittenau
Tel. 09436 - 2429
Fax 09436 - 902965
info@urlaub-am-regen.de
www.urlaub-am-regen.de

Unser bewirtschafteter Biobauernhof, mit Mutterkuhhaltung, liegt direkt am Regen-Fluss und bietet für jedermann Ruhe und Entspannung. Kinder sind herzlich willkommen und dürfen gern am Hofleben teilnehmen. Sehr beliebt sind unsere Streicheltiere, die Ponys, Esel, Hund, Hasen und Meerschweinchen. In einem separaten, beheizbaren Holzhaus direkt neben dem Spielplatz haben wir eine geräumige Kinderspielscheune sowie einen gemütlichen Gemeinschaftsraum eingerichtet. Angler kommen voll auf ihre Kosten. Das Wasser ist sauber und der Fluss bietet ein artenreiches Fischvorkommen. Wandern Sie durch herrliche Landschaften, fahren Sie mit dem Radl gemütlich am Fluss entlang oder unternehmen Sie Bootsfahrten auf dem Regen, der bei uns ein romantisches Tal mit Burgruinen durchfließt. Die Region um Nittenau mit den vielen Attraktionen und Ausflugszielen ist ideal für einen erlebnisreichen Familienurlaub oder eine ruhige Erholungsreise zu zweit. Wohnen Sie bei uns in einem liebevoll restaurierten Gebäude mit romantischem Kreuzgewölbe. Unsere sechs Ferienwohnungen bieten hohen Komfort. In zwei Wohnungen befinden sich gemütliche Wintergärten mit direktem Ausblick ins Regental. Erwachsene und Kinder erfreuen sich an unseren Angeboten. Erleben und genießen Sie das unbeschwerte Landleben in Muckenbach.

Anzahl	Art	qm	Personen	Preis
6	FeWo	36-63	2-4	ab 40,00 €

213749_123   F***/****

DLG-Bio-Guide

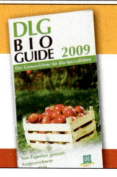

Der vorliegende DLG-Bio-Guide 2009 präsentiert Vorzeigebetriebe der Bio-Szene. Darunter sind Pioniere der Anfangsphase, innovative Neueinsteiger, Querköpfe mit weltanschaulichen Grundsätzen, Idealisten oder traditionsreiche Klosterbetriebe.

9,90 €

Nutzen Sie die Bestellkarte auf der letzten Seite!

Bayern
123 Naturpark Bayerischer Wald

Patersdorf

🚶 20 km 🚆 6 km

Die wanderfreundliche Gemeinde, Mittelgebirgslandschaft, Naturparkgebiet, zahlreiche ausgeschilderte Wanderwege: „Erlebnispfad Panoramablick" 3,5 km, Reitwanderwege, Saunalandschaft in ca. 20 km Entfernung, Kirche St. Martin, Disco, Kreuzwegstationen, Christkindlmarkt in Prünst, traditionelle Garten- und Waldfeste.

Infos unter: Tourist-Info Patersdorf
Tel. 09923 - 801040 oder www.patersdorf.de

Hackerhof****
Familie Hacker
Perlesried 1
94265 Patersdorf
Tel. 09929 - 1594
Fax 09929 - 1511

stefanhacker@t-online.de
www.hackerhof.de

27614_1 P****

Bei uns können Sie das unbeschwerte Landleben genießen.

Bergpension mit DZ D/WC, Wohnecke, Sat-TV, zusätzliches Kinderschlafzimmer, Balkon, KE, KB.
In unserer gemütlichen Gaststube servieren wir Ihnen ein reichhaltiges Frühstück und gutbürgerliches Abendessen.

Ackerbau-/Grünland-/Forstbetrieb, Pferdezucht, Rinderzucht, Schweine, Hühner, Reiten, Kutschfahrten, Grill- und Hüttenabende, Sonnenterrasse, Liegewiese, Spielplatz, Tischtennis, Naturlehrpfad.

Ruhige Lage mit herrlichem Ausblick, Wandern in unberührter Natur, gut ausgebautes Radwegenetz. Ausgangspunkt für viele Ausflüge, z. B. ins benachbarte Tschechien, auf den Großen Arber, Schifffahrten auf der Donau u. v. m.

Mitarbeit möglich.

HP von 21,00 € bis 25,00 €
ÜF von 16,00 € bis 20,00 €

Anzahl	Art	qm	Personen	Preis
5	Zi.			ab 16,00 €

DLG-Käse-Guide

Der 1. DLG-Käse-Guide gibt dem Verbraucher Informationen an die Hand, die ihm bei der Auswahl seines Lieblingskäses helfen. Rund 1.000 Käse warten auf Ihren Genuß.

9,90 €

Nutzen Sie die Bestellkarte auf der letzten Seite!

Bayern
Naturpark Bayerischer Wald 123

Prackenbach

Prackenbach liegt mitten im Naturpark Bayerischer Wald. Es gibt unter anderem folgende Sehenswürdigkeiten: der Große Pfahl und der Höllenstein-Stausee. Man kann mit dem Fahrrad auf dem „Regental-Radweg" entlang der ehemaligen Bahnlinie der Regentalbahn fahren. Bootswandern am Regenfluss, in der Nähe liegt das Wintersportzentrum in St. Englmar, Kinderspielplätze, Fun-Arena, Weihnachtsmarkt in Moosbach.

Infos unter: Tourist-Info Prackenbach
Tel. 09942 - 9445-0 oder www.prackenbach.de

Hof Schloßbauer***
Hastreiter, Peter
Krailing 1
94267 Prackenbach,
OT Krailing
Tel. 09942 - 8844   info@urlaub-bayern.net
Fax 09942 - 905467   www.urlaub-bayern.net

Hof am Ortsrand, Hausprospekt, Ferienwohnungen mit Kinderbetten, Saison-Ermäßigung, Waschmaschine, TV, Ackerbau, Grünland, Forstwirtschaft, Rinder, Damwild, beheiztes Schwimmbad, Mitarbeit möglich, Grillplatz, TT, Wohnwagenstellplätze, Radweg.

Anzahl	Art	qm	Personen	Preis
2	FeWo	60	2-4	ab 25,00 €

74306_1   F***

Regen
🚶 30 km 🚆 5 km

Regen ist eine reizende Kleinstadt im Mittleren Bayerischen Wald. Die Stadt ist geprägt von mittelständischem Handwerk, Handel und Gewerbe, der größte Betrieb ist die Fa. Rodenstock (Optik und Brillenherstellung). Daneben besticht der Luftkurort vor allem durch sein vielseitiges Freizeitangebot. Auch Kunst und Kultur kommen in Regen mit seinen Museen, dem Skulpturenwanderweg sowie den vielfältigen kulturellen Veranstaltungen und Ausstellungen nicht zu kurz.

Infos unter: Kurverwaltung Regen
Tel. 09921 - 60482 oder www.regen.de

Weidererhof*****
Weiderer, Hans und Rosmarie
Unterdorf 11
94209 Regen
Tel. 09921 - 6601   urlaub@weidererhof.de
Fax 09921 - 904708   www.weidererhof.de

Unser am Ortsrand gelegener Bauernhof bietet Erholung zu jeder Jahreszeit. Baby- und Kleinkinderausstattung, Swimmingpool, Wellness, Sauna, beheiztes Spielzimmer, Spielscheune, Forellenteich, Pferde, Vital- und Erholungstage und vieles mehr.
Ausgezeichnet mit 3 bis 5 Sternen und 5 Bärchen.

Anzahl	Art	qm	Personen	Preis
4	FeWo	65-100	4-7	ab 31,00 €

241255_1   F***/****/*****

Bayern
123 Naturpark Bayerischer Wald

St. Englmar
⛺ 17 km

Das einzigartige Sankt Englmar liegt im Mittelgebirge, Naturpark Bayerischer Wald, 120 km ausgeschilderte Wanderwege, 300 km Mountainbike-Touren, Kurpark, Spielstraße, Naturbadeweiher, Erlebnishof „Alte Mühle", Bauernladen, Wellnesshotels, Mutter-Kind-Kuren, Kosmetikstudios und Schönheitsfarm, Massageabteilungen, Sommerrodelbahn, Forellenzucht, Bauernmarkt, Vorführung Schau-Brotbacken.

Infos unter: Tourist-Information Sankt Englmar
Tel. 09965 - 840320 oder www.sankt-englmar.de

Fuchshof****
Anerkannter
Gesundheitshof
Rettenbach 13
94379 St. Englmar
Tel. 09965 - 84090
Fax 09965 - 840929

fuchs.h@t-online.de
www.fuchs-hof.de

Gesundheitshof in Ortsrandlage mit herrlichem Blick auf St. Englmar. Direkt am Wanderwegenetz gelegen, Hausprospekt.

Komfortable, ländliche Ferienwohnungen mit Kinderbetten, Hochstuhl, Sat-TV, Telefon, Radio, Fön, Waschmaschine, Trockner, Brötchenservice, Frühstück auf Wunsch, Kinder unter zwei Jahren frei, von 2 bis 6 Jahre 2,- €/Tag, ab 6 Jahre 4,- €/Tag und ab 16 Jahre 5,- €/Tag, SE, KE.

Spielplatz, Grillplatz, Grünlandbetrieb, Forstwirtschaft, z.T. alternativer Landbau, Rinder, Federvieh, Hasen, Katzen, Sauna, Solarium, Kneippanwendungen, TT-Raum, eigenes Quellwasser, gespurte Langlaufloipe.

Sparwochen auf Anfrage:
1 Woche wohnen für 2 Pers. ab 182,- €
2 Wochen wohnen für 2 Pers. ab 350,- €

206370_1

	Anzahl	Art	qm	Personen	Preis
F****	6	FeWo	42-56	2-6	ab 31,00 €

Genießer-Urlaub

Genuss, Qualität und Frische gepaart mit frischer Landluft und herzlichen Menschen, das ist es, was Sie mit diesem Reiseführer kennen lernen.

12,90 €

Nutzen Sie die Bestellkarte auf der letzten Seite!

Bayern
Naturpark Bayerischer Wald 123

Erlebnishof Reiner
Urlaub auf dem Bauernhof

Maibrunn 3
94379 St. Englmar
Tel. 09965/84100
erlebnishof@freenet.de

Wir bieten Ihnen:
- Saunalandschaft
  (Finnische-, Biosauna, Infrarotkabine)
- Whirlwanne
- Kneippbecken
- Kegelbahn, Billardtisch
- Bolzplatz, Erlebnisspielplatz
- goße Spielscheune mit Trampolin
- Grillabende
- Kleintiere (Ponys, Hasen, Katzen)
- Mountainbikeverleih
- Tischtennis- und Fitnessraum
- Waschmaschine, Trockner ...
- **NEU: Massage**

Ferienwohnungen ab 31 Euro je Tag
Komfortzimmer ab 16,50 pro Person und Tag
Sparwochen

www.erlebnishof-reiner.de

Schießlhof**
Schießl, Helga
Glashütt 19
94379 St. Englmar
Tel. 09965 - 317 o. 84110
Fax 09965 - 841120

info@schiesslhof.de
www.schiesslhof.de

Hof am Ortsrand, Hausprospekt, DZ mit D/WC, Balkon, Küchenbenutzung, KE bis 50 %, Ferienwohnungen mit Sat-TV, Waschmaschine, KE. **Sparwochen**, KB, SE, Sauna, Solar., TT, Freizeitraum, Grünland-/Forstbetrieb, Pferde, Kühe, Kälber, Hühner, Katzen. Reitmöglichkeit, Langlaufloipe, Kneipp, Spielplatz, Wassertreten.

Anzahl	Art	qm	Personen	Preis
3	FeWo	50-60	2-6	ab 31,00 €
4	Zi.	18-25	2-4	ab 13,50 €

74365_1

F****P****

Bayern
124 Nationalpark Bayerischer Wald

Eppenschlag
🚶 30 km 🚆 6 km

In Erzählungen und Volksliedern über den Bayerischen Wald ist viel von den Stuben voller Kinder die Rede. Kinder gehören einfach dazu. Es ist deshalb ganz selbstverständlich, dass Kinder und Familien im Bayerischen Wald gern gesehene Gäste sind. Einrichtungen für Kids gibt es überall; vom Freizeitpark bis hin zu Ferien auf dem Bauernhof, wo Kinder das Wachsen und Werden bäuerlicher Erzeugnisse, Tiere auf dem Hof und in der Natur hautnah und unmittelbar erleben.

Infos unter: Touristikbüro
Tel. 08554 - 960441 oder www.eppenschlag.de

siehe große Landkarte: O 17

213636_1 F***P***

Feriengut Zum Fürst'n***
Steininger, Josef
Daxberg 1
94536 Eppenschlag
Tel. 08553 - 511
Fax 08553 - 6993

info@zum-fuersten.de
www.zum-fuersten.de

Ruhe und Natur im Naturpark Bayerischer Wald

Wollen Sie bei der Heuernte helfen? Unsere Streicheltiere (Hasen, Katzen, Zwergziegen, Gänse, Ponys) füttern? Oder wollen Sie sich einfach nur in der Sauna entspannen und die Ruhe auf unseren sonnigen Wiesen und in den kühlen Wäldern genießen? Dann sind Sie bei uns richtig.

Wir bieten einen alten Hof in Kombination mit komfortabel eingerichteten Zimmern und Wohnungen in traumhafter Alleinlage, ohne Verkehr und Lärm, umgeben von den Wäldern des Naturparks Bayerischer Wald.

Was wir Ihnen sonst noch bieten:
Spielplatz, Sauna, Lagerfeuer, (Fackel-)Wanderungen im Nationalpark Bayerischer Wald, Grillfeste mit Musik, Wintergarten, Loipen direkt ab Haus, kleine Kinderrodelbahn.
Außerdem bieten wir Ihnen ein großes Frühstücksbüfett oder zusätzlich als Halbpension mit Dreigangmenü und Salatbüfett.

Anzahl	Art	qm	Personen	Preis
6	FeWo			auf Anfrage
4	Zi.		1-2	auf Anfrage

Malen und Spielen mit Freddi

Riesen-Lese- und Spielespaß für kleine Bauern! In dem DIN-A3-Block finden Sie zwei verschiedene Malvorlagen und drei lustige Spiele zum Ausmalen. Jedes der fünf Motive gibt es viermal, so dass sich alle Kinder/Freunde gemeinsam vergnügen können, ohne Streit und Ärger.

5,00 €

Nutzen Sie die Bestellkarte auf der letzten Seite!

Bayern
Nationalpark Bayerischer Wald 124

Freyung
♁ 40 km 🚉 40 km

„Die kleine Stadt am großen Wald" im Dreiländereck Bayern-Böhmen-Österreich ist das Tor zum Nationalpark Bayerischer Wald. Medizinische Kurklinik Bavaria. Spezielle Angebote gibt es für Kinder, die ihre Eltern zum Kuraufenthalt begleiten. Bergglashütte, in der man den Glasbläsern über die Schulter schauen kann. Ausgeschilderte Wander- und Radwege, auch für Nordic Walking geeignet.

Infos unter: Tourist-Information/Kurverwaltung Freyung
Tel. 08551 - 588-150 oder www.freyung.de

Sammerhof****
Winkelbrunn 24
94078 Freyung
Tel. 08551 - 1487

info@sammerhof.de
www.sammerhof.de

Am Fuße des Ochsenberges gelegen, mit Blick auf die Kulisse des Drehortes zur Serie „Forsthaus Falkenau", ist unser Vierseithof ein idealer Ausgangspunkt für Nordic Walking, Wandern und Mountainbiken. Herrliche Ausritte auf Ponys, Schwarzwäldern und Haflingern sowie Kutschfahrten auf den Spuren des Goldenen Steiges sind möglich. Im Winter Pferdeschlittenfahrten.

Anzahl	Art	qm	Personen	Preis
5	Zi.		1-2	ab 18,00 €

74363_1   P****

Grafenau
♁ 40 km 🚉 3 km

Es eröffnet sich dem Besucher eine Naturschutzregion besonderer Art - einzigartig stellt sich das größte Waldgebiet Europas dar, in dem auf weiten Flächen das Sterben und Werden des Waldes seinen natürlichen Lauf nehmen darf. Für Vergnügen und Bewegung sind Sie in Grafenau an der richtigen Adresse. Eine Vielzahl von Wanderwegen und der nahe gelegene Nationalpark bieten das ganze Jahr die Möglichkeit für viel Bewegung in der freien Natur.

Infos unter: Tourist-Info
Tel. 08552 - 96230 oder www.grafenau.de

Haflinger-Hof****
Blöchinger, Helmut
Reismühle 7
94481 Grafenau
Tel. 08552 - 1365
Fax 08552 - 1365

info@haflingerhof-urlaub.de
www.haflingerhof-urlaub.de

Einzelhof, Hausprospekt, 2 Ferienwohnungen mit KB, Waschmaschine, TV, SE, Grillplatz, Ackerbau, Grünland, Forstwirtschaft, Rinder, Schweine, Ziegen, Kaninchen, Federvieh, Hund, Katze, Ponyreiten, Mitarbeit möglich.
1 l Milch pro Tag gratis.

Anzahl	Art	qm	Personen	Preis
2	FeWo	65-75	2-5	ab 32,00 €

230053_1   F****

Bayern

124 Nationalpark Bayerischer Wald

Grainet

⛺ 35 km 🚆 35 km

Das „Säumerdorf" Grainet verdankt seine Entstehung dem „Goldenen Steig", einem Handelsweg von Passau nach Böhmen. Eine intakte Naturlandschaft lädt Sie ein. Klare Bäche murmeln von Stein zu Stein. Es gibt die Möglichkeit zu angeln, Eisstockschießen, den Haidel-Aussichtsturm 1167 m erklimmen, von dort aus haben Sie einen herrlichen Panoramablick zu den Bayer- und Böhmerwaldbergen und zu den Alpen.

Infos unter: Tourismusbüro Grainet
Tel. 08585 - 960030 oder www.graineturlaub.de
und www.dreilaendereck-bayerischer-wald.de

Glaserhof***
Glaser, Josef
Unterseilberg 6
94143 Grainet
Tel. 08585 - 270
Fax 08585 - 962130

info@franzlbauer.de
www.franzlbauer.de

Hof im Ort.

4 Ferienwohnungen für 2 bis 6 Personen, 40-70 qm, ab 30,- €, Saisonermäßigung, Kinderbett kann gestellt werden, Waschmaschinenbenutzung, TV, großzügige Terrasse mit Grillplatz.

Ackerbau, Grünland, Forstwirtschaft, Rindvieh, Ponys, Kaninchen, Mitarbeit möglich.

Schlittenfahrten, Skiunterricht, Langlaufloipen und Schlepplift liegen fast vor der Tür, Sauna und Solarium mit Ruheraum, Kinderspielboden, Spielgelegenheiten für Groß und Klein (Schaukel, Sandkiste, Tischtennisplatte und vieles mehr), Familienanschluss.

Hausprospekt.

230110_1

	Anzahl	Art	qm	Personen	Preis
F***	4	FeWo	40-70	2-6	ab 30,00 €

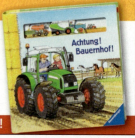

Achtung! Bauernhof!

Das große Spielbuch vom Bauernhof. Hier darf geklappt, gedreht, geschoben und gefühlt werden. Und die Ausklappseite bietet einen Überblick über den gesamten Bauernhof.

Ab 2 Jahren, 14 Seiten   **14,95 €**

Nutzen Sie die Bestellkarte auf der letzten Seite!

Bayern
Nationalpark Bayerischer Wald 124

Neureichenau
🚶 43 km

„Auf der Sonnenseite des Dreisesselberges" - Der markanteste Punkt in der Gemeinde Neureichenau ist der Dreisessel mit 1312 m Höhe. Der Sage nach stritten sich hier einst die Könige des Dreiländerecks über den Verlauf der Landesgrenzen.
In der Gemeinde Neureichenau werden in der Wintersaison etwa 60 km Loipen gespurt. Sauna, Whirlpool, Hallenwellenbad, Kneippanlage, Kinderspielplatz.

Infos unter: Gemeinde Neureichenau
Tel. 08583 - 960120 oder www.neureichenau.de

Bauernhof Paster****
Paster, Margot
Röhrndlberg 5
94089 Neureichenau,
OT Altreichenau
Tel. 08583 - 467

info@bauernhof-paster.de
www.bauernhof-paster.de

Entspannen ... die Seele baumeln lassen
Erholen ... neue Kraft schöpfen
Erleben ... den Urlaub mit allen Sinnen genießen

Urlaub von der ersten Minute an.
Erholsame Tage ohne Hast und dennoch kommt keine Langeweile auf.
Wir halten auf unserem Einzelhof: Rinder - zum Anschauen und Beobachten, Pferd und Pony zum Reiten, eine kleine Ziege zum Spazierengehen, Hasen und Katzen zum Streicheln und Verwöhnen, Hühner für frische Frühstückseier und unseren „Wachhund" Luci.
Die Kinder spielen im Garten mit den vielen Spielgeräten und Sie entspannen sich beim Kaffeetrinken und Grillen im Freisitz oder im Liegestuhl auf dem Balkon oder im Garten oder in der Hängematte liegen und dem Brunnen beim Plätschern zuhören oder …
Ebenso steht Ihnen unsere gemütliche „Zeug-Weba-Stube" (Aufenthaltsraum), unser Tischtennisraum mit kleiner Fitnessecke zur Verfügung.
Für nähere Infos zu unserem Bauernhof besuchen Sie bitte unsere Homepage oder wir senden Ihnen gerne unseren Hausprospekt zu.

116136_1

F****

Anzahl	Art	qm	Personen	Preis
2	FeWo	50	2-4	ab 45,00/60,00 €

Der Bauernhof

Wo kommt die Milch her? Wie kommt ein Küken zur Welt? Und was macht der Bauer am Sonntag? Ein Besuch auf dem Bauernhof, bei dem schon kleine Kinder viel Wissenswertes erfahren und hinter Klappen entdecken können.

Ab 2 Jahren, 16 Seiten **8,95 €**

Nutzen Sie die Bestellkarte auf der letzten Seite!

Bayern
125 Südlicher Bayerischer Wald

Natur genießen im passauer land

Die grünen Wälder des Südlichen Bayerischen Waldes, die sonnige Weite zwischen Donau & Inn – vielfältig ist die Natur im Passauer Land. Hier, rund um die Dreiflüssestadt Passau, gibt es neben der faszinierenden Natur auch spannende Ausflugsziele für die ganze Familie.

Kostenlose Infos:
Tourist-Info Passauer Land
Tel. 0851/397-600
tourismus@landkreis-passau.de

bayerns passauer land
flüsse · wälder · thermen

www.passauer-land.de

Breitenberg
39 km ⛪ 36 km 🚆

Urlaub in Breitenberg: erholsame Tage ohne Hast und Lärm, mitten im Grünen, wo die Luft rein und die Landschaft noch echt ist. Genießen Sie die Ferien beim Schwimmen und Faulenzen am Badesee, aktiv bei abwechslungsreichen Radtouren, entspannend beim Wandern zu immer neuen Zielen. Haben Sie als Urlaubsquartier eine Ferienwohnung auf dem Bauernhof gewählt, dann kommt für Sie und Ihre Kinder bestimmt keine Langeweile auf!

Infos unter: Tourist-Info
Tel. 08584 - 96180 oder www.breitenberg.de

***Geretschläger, Sylvia und Ludwig
Am Glauberg 3
94139 Breitenberg,
OT Gollnerberg
Tel. 08584 - 1008
Fax 08584 - 1008

info@ferienwohnungen-breitenberg.de
www.ferienwohnungen-breitenberg.de

Idyllischer Einzelhof im Bayerischen Wald, Nebenerwerbsbetrieb mit kleiner Schafzucht. Komplett ausgestattete Ferienwohnungen mit KB, TV und Telefon, Grillplatz, Tischtennis, Grünland, Forstwirtschaft, Schafe, alternativer Landbau, Kaninchen, Katze, Wandern, Radfahren und Wintersport! Hausprospekt.

218220_1   F***

Anzahl	Art	qm	Personen	Preis
2	FeWo	40-50	2-5	ab 30,00 €

Peterhof****
Lichtenauer,
Elfriede und Georg
Kramerhügel 20
94139 Breitenberg
Tel. 08584 - 335
Fax 08584 - 962217

georg.lichtenauer@t-online.de
www.peterhof-breitenberg.de

Idyllisch, absolut ruhig gelegener Bauernhof in herrlicher Landschaft des südl. Bayerischen Waldes mit unbegrenzten Möglichkeiten zum Wandern, Radfahren, Schwimmen, Reiten, Wintersportgebiet. Viele Streicheltiere, Milchviehbetrieb. Brötchenservice, Frühstück möglich. Kinderausstattung, Spielplatz u. -zimmer, Sauna, Massage, Sonnenterrasse, Grillplatz. Viele Ausflugsziele: Passau, Südböhmen u.v.m.

74339_1   F***/****

Anzahl	Art	qm	Personen	Preis
4	FeWo	55-75	2-5	ab 38,00 €

Bayern
Südlicher Bayerischer Wald

****Schauberger, Erna und Josef
Gollnerbergstraße 20
94139 Breitenberg
Tel. 08584 - 478
Fax 08584 - 962153
info@ferienwohnungen-schauberger.de
www.ferienwohnungen-schauberger.de

Genießen Sie einen Urlaub auf unserem neuerb. Hof in herrl., ruhiger Lage,1,2 km vom Ort Breitenberg entfernt, mit 3 komf., gepflegten ****FeWo. Sauna, Solarium, Fitness, Gartenhaus, Grillplatz, Liegewiese, TT, schöner Spielplatz, Trampolin, Brötchen- und Getränkeservice, Golfplatznähe. Schöne Wanderwege und Ausflugsziele in der Umgebung. Frühstück möglich. Hausprospekt.

Anzahl	Art	qm	Personen	Preis
3	FeWo	69-160	4-8	ab 30,00 €

267060_1 F****

Büchlberg

Bunt blühende Frühjahrswiesen unter weißblauem Himmel, goldgelb wogendes Getreide im Sommerwind, leuchtendes Herbstlaub in Malkastenfarben, tief verschneiter Wald in weißem Flockenwirbel - das ist Büchlberg. Büchlberg verzaubert Sie. Immer und immer wieder, denn sein Charme kennt keine Jahreszeit und keine Langeweile. Büchlbergs Ausflugs-Palette ist bunt wie die Landschaft im Wechsel der Jahreszeiten. Ob Sport oder Kultur, in Büchlberg ist alles drin. Nichts wie hin!

Infos unter: Tourist-Info Büchlberg
Tel. 08505 - 90080 oder www.buechlberg.de

****Ritzer, Josef
Mitterbrünst 8
94124 Büchlberg,
OT Mitterbrünst
Tel. 08505 - 939131
Fax 08505 - 939130
info@ferienhof-ritzer.de
www.ferienhof-ritzer.de

Herzlich Willkommen auf den Internet-Seiten des "Ritzer - Hofes"

Hof am Dorfrand, Hausprospekt, komplett eingerichtete, gemütliche Ferienwohnungen mit 2 Schlafräumen, sep. Bad/WC, Wohnk. und Familienzimmer mit sep. Bad/WC und TV, Grillplatz, Ackerbau-, Grünland- und Forstbetrieb, Pony, Rinder, Schwein, Federvieh, Reiten, Mitarbeit möglich. Schnupperspartage, Preisschlager.

Anzahl	Art	qm	Personen	Preis
5	FeWo			auf Anfrage
3	Zi.			auf Anfrage

90027_1 F****P***

Ferkel, Schaf, Kartoffelernte

Ferkel, Schaf, Kartoffelernte. Mit spannenden Geschichten von Ferkeln, Schafen, dem Weinbauern über die Arbeit der Maschinenringe zum Kartoffel- und Rapsanbau.

9,95 €

Nutzen Sie die Bestellkarte auf der letzten Seite!

Bayern
125 Südlicher Bayerischer Wald

Neukirchen vorm Wald
🚶 7 km

Sie suchen Erholung fernab vom Massentourismus? Dann ist Neukirchen vorm Wald der ideale Urlaubsort für Sie. Natur genießen und ausspannen, Angeln, Reiten Radfahren oder Wandern, reizt die Sinne und bringt Körper und Geist neu in Schwung. Idyllisch, ländlich inmitten sanft geschwungener Hügel, nur 17 km nördlich der Dreiflüssestadt Passau und doch schon im Bayerischen Wald gelegen, lässt sich der Urlaub genießen.

Infos unter: Touristinfo Neukirchen vorm Wald
Tel. 08504 - 91520 oder www.neukirchen-vorm-wald.de

Ferienhof Kobler***
Passauer Str. 26
94154 Neukirchen v. Wald,
OT Witzling
Tel. 08504 - 93183
Fax 08504 - 93184

Ortsrand. Zimmer mit D/WC und Balkon, Aufenthaltsraum, Kochgelegenheit, TV, Liegewiese, TT, Häuschen mit Grillmöglichkeit, Ponyreiten, Hausprospekt. Camping. Gute Lage zu lohnenden Ausflugszielen, Auszeichnung: „Gastliches Bayern" 1986, Seminare möglich.

Anzahl	Art	qm	Personen	Preis
1	FeWo	56	2-4	ab 25,00 €
2	Zi.		1	ab 11,00 €

74332_1   F***P***

Salzweg
🚶 10 km 🚆 10 km

Salzweg „am Goldenen Steig".
Besonders stolz sind wir auf unser schönes Ilztal, das bundesweit zur schönsten Flusslandschaft 2002/2003 gekürt wurde. Die Ilz und ihre drei Quellbäche präsentieren sich Ihnen auf dem „Ilztalwanderweg" in einer Weise, die Erholung und Erlebnis gleichermaßen verspricht. Erholung, weil man sich nirgendwo sonst so entspannen kann. Erlebnis, weil man auf diesem Wanderweg Einblick in das Leben früherer Zeiten gewinnt.

Infos unter: Touristikverein Salzweg e.V.
Tel. 0851 - 949980 oder www.salzweg.de

Haus Stolzesberg***
Löw, Otto
Stolzesberg 2
94121 Salzweg,
OT Stolzesberg
Tel. 08505 - 1363
Fax 08505 - 939862

info@loew-ferienhof.de
www.loew-ferienhof.de

Hof am Ortsrand, Ferienwohnungen teilweise mit Balkon, KB, Waschmaschine, TV-Anschluss, Telefon, Garten mit Blockhaus u. Grillmöglichkeit, voll bewirtschafteter Grünlandbetrieb, Milchvieh, Reitmöglichkeit, Reitplatz, Mitarbeit möglich, eigener Weiher zum Angeln, Skikurse für Anfänger und Fortgeschrittene, Englisch.

Anzahl	Art	qm	Personen	Preis
4	FeWo	23-75	2-6	ab 40,00 €

202481_1   F***

Bayern
Südlicher Bayerischer Wald 125

Sonnen

Familien, Senioren, aber auch Jugendliche finden in Sonnen und Umgebung ein reichhaltiges Angebot für einen schönen und erholsamen Urlaub. Ski, Tennis, Wandern, Freibad, der 6 km entfernte Badestrand, Bergwerk, Sommereisstockbahn und Kneipptretbecken sorgen für einen abwechslungsreichen und entspannten Aufenthalt in Sonnen.

Infos unter: Gemeinde Sonnen
Tel. 08584 - 961990 oder www.gemeinde-sonnen.de

Hausröglhof***
Moser, Karolina und Gustav
Stüblhäuser 1
94164 Sonnen,
OT Stüblhäuser
Tel. 08584 - 1618 oder 859   Moser.August@gmx.de
Fax 08584 - 962343   www.hausroegl-moserhof.de

Einzelhof, DZ und MBZ mit D/WC, Küchenbenutzung, KE, Ferienwohnungen mit SE, KB, TV; 1 Ferienwohnung ist rollstuhlgeeignet, auf Wunsch Frühstück, Grünland-/Forstbetrieb, Rinder, Federvieh, Bauernmalerei, Hausmusik, Basteln, TT, Spielplatz, Liegewiese, Loipe am Haus, Gruppen möglich, Kneipptretbecken.

Anzahl	Art	qm	Personen	Preis
3	FeWo	50-60	4-6	ab 25,00 €
2	Zi.			ab 10,00 €

74345_1   F***P****

DLG-Bier-Guide

Der Wegweiser zum perfekten Biergenuss –
DLG-geprüfte Qualität –
Gasthausbrauereien im Fokus

9,90 €

Nutzen Sie die Bestellkarte auf der letzten Seite!

DLG-Wein-Guide

Entdecken Sie Weingüter und ihre Weine und begeben Sie sich auf eine Weinreise durch Deutschland. Mit den aktuellen Testergebnissen der DLG-Wein-Prämierung und den Adressen der prämierten Winzer!

9,90 €

Nutzen Sie die Bestellkarte auf der letzten Seite!

Bayern
125 Südlicher Bayerischer Wald

Thyrnau
🚶 5 km 🚆 9 km

Hoch auf den Donauufern, auf den Ausläufern des Bayerischen Waldes liegt Thyrnau auf 450 m Höhe, nur 9 km von der Dreiflüssestadt Passau entfernt. Thyrnau ist eine Nachbargemeinde von Österreich und bietet Urlaubern viele Möglichkeiten zum Entspannen und Erleben. Für Sportbegeisterte gibt es eine Golfanlage, ein Naturfreibad, Reiterhöfe, Minigolf und einen Nordic-Walking-Fitnesspark. Das ehemalige Jagdschloss, Kloster St. Josef lädt ein zum Verweilen.

Infos unter: Touristik-Info Kellerberg - Thyrnau
Tel. 08501 - 320 oder www.thyrnau.de

74340_1   F**/***

Lichtenauer-Hof
Lichtenauer, Wolfgang
Zwölfling 3
94136 Thyrnau
Tel. 08501 - 90030
Fax 08501 - 9003123

lichtenauer-hof@t-online.de
www.lichtenauer-hof.de

Schöne Pension in Einzellage inmitten von Wiesen und Feldern.

Der nahe gelegene Wald lädt zum Wandern ein. Der ideale Ausgangspunkt für Wanderungen und Ausflüge in die Umgebung.

3 EZ mit D/WC, 11 DZ mit D/WC und Balkon, 6 MBZ mit D/WC und Balkon; Übernachtung mit Frühstück ab 24,50 €.
HP ab 33,50 €, Kinder-Ermäßigung, Kinderbetten.

5 Ferienwohnungen für 2-5 Personen, 40-70 qm, Preis ab 34,50 €.

Inkl. Hallenbad und TV.

Liegewiese, Grillplatz, Kinderspielplatz, Tischtennis.

Bitte fordern Sie unseren Hausprospekt an!

Anzahl	Art	qm	Personen	Preis
5	FeWo	40-70	2-5	ab 34,50 €
20	Zi.		2-4	ab 24,50 €

Glantz-Zeiten

Die weitverzweigte Familie Glantz bewirtschaftete rund 300 Jahre verschiedene Güter in Mecklenburg. Heute steht der Name Glantz im Raum Hamburg und in der Region Wismar- Schwerin für Erdbeeranbau.

9,95 €

Nutzen Sie die Bestellkarte auf der letzten Seite!

Bayern
Südlicher Bayerischer Wald 125

**Ferienhof
Konrad Schiermeier******
Kelchham 4
94136 Thyrnau
Tel. 08501 - 93110
Fax 08501 - 93119

Konrad.Schiermeier@t-online.de
www.hof-schiermeier.de

Das Familien- und Kinderparadies am Bauernhof! In traumhafter, ruhiger Ortsrandlage, mit herrlichem Panoramablick auf den Bayerischen Wald, umgeben von Wald und Wiesen, finden Sie hier Erholung und Spaß für die ganze Familie!
Das besondere Erlebnis ist der Umgang mit den vielen Tieren: 35 Milchkühe, Kälber, 8 Pferde und 3 Reitponys, Zwergziegen, Hasen, Meerschweinchen und viele verschmuste Katzen. Dazu finden Sie direkt am Hof ein großes Sport- und Freizeitangebot: eigenes Naturfreibad, Sporthalle mit Außenanlage, 2 Angelteiche, Liegewiese mit Obstgarten und Grillhütte, gr. Spielplatz (5000 qm). Bolzplatz, TT, Billard, Kicker, Sauna, Rodeln und Einstieg in Wanderwege und Loipe direkt am Hof.
FN-qualifizierter Reitunterricht am Allwetterreitplatz und geführte Ausritte ins herrliche Gelände, Gastpferdeboxen, 15 Campingstellplätze, Zeltplatz, Hütte für 40 Personen.

Bitte Hausprospekt anfordern!

Anzahl	Art	qm	Personen	Preis
4	FeWo	35-100	2-8	ab 35,00 €
1	FH		49	auf Anfrage
2	Zi.		2-4	ab 20,00 €

105899_1 F***/****P****

Tittling
🚶 15 km 🚆 15 km

Wandern Sie durch das Dreiburgenland vom Ilztal bis zur Region Sonnenwald und entdecken Sie schöne Eckerl und Fleckerl auf dem gut markierten Wanderwegenetz - mancherorts scheint die Zeit still zu stehen. Ausflugs-Muss: Das Museumsdorf im Bayerischen Wald am schönen Dreiburgensee ist eines der größten europäischen Freilichtmuseen. Steinbruch-Führungen. Highlight: Theater - Im Jahr 2006 wurde die Seebühne im Steinbruch Merckenschlager (Hötzendorfer Granitwerke) eingeweiht.

Infos unter: Tourist-Information
Tel. 08504 - 401-14 oder www.tittling.de

Gästehaus Edhof***
Familie Klinger
Edhof 1
94104 Tittling-Witzmannsberg
Tel. 08504 - 91440   info@ferienwohnungen-edhof.de
Fax 08504 - 914422   www.ferienwohnungen-edhof.de

Unser traumhaft gelegenes Gästehaus erwartet Sie. Jedes App. ist mit Bad/Dusche, mit voll eing. Küche, Terr./BK, Sat-TV, Radio u. mit Tel. ausgestattet. Frühstücks-/Aufenthaltsraum, Liegewiese, Grillplatz, Parkplätze. Auch für die Kleinen hat der Edhof viel zu bieten: Spielplatz mit Kletterturm, Kinderspielhaus, Schaukel, Sandkasten, Rutsche, viele Tiere wie Ponys, Katzen, Hasen, Hühner.

Anzahl	Art	qm	Personen	Preis
8	FeWo	ab 30	2-5	ab 28,00 €

234349_1 F***

Bayern
125 Südlicher Bayerischer Wald

Endlhof****
Riesinger, Christine
Ilzrettenbach 10
94104 Tittling
Tel. 08504 - 1306
Mobil: 0171 - 4211218

info@endlhof.de
www.endlhof.de

Ankommen und sich wohl fühlen auf unserem liebevoll gepflegten Vierseithof! Zum Hof gehören ein Obst-, Kräuter-, Bauern- und ein Zaubergarten. Kuschelige Sitz- u. Liegemöglichkeiten, Spielwiese, Schaukel, Wippe, Sandkasten, Räder, TT, Tischfußball u. eine verwunschene Spielscheune. Kräuterwanderungen, Grillabende, Floristikkurse, Traktor fahren. Pauschalen beachten, bitte Hausprospekt anfordern!

255916_1 F****

Anzahl	Art	qm	Personen	Preis
3	FeWo	70-95	2-6	ab 42,00 €

Vilshofen an der Donau
🍴 5 km 🚉 im Ort

Die wunderschöne Stadt Vilshofen liegt am westlichen Eingang des niederbayerisch-oberösterreichischen Donaudurchbruchs und zeigt sich vom Gegenufer wie eine auf dem Strom schwimmende Insel. Reiten, Eislaufbahn, Sauna, Promenadenfest „Donau in Flammen", „Schwimmender Christkindlmarkt", Jazzkonzerte, Kinderspielplätze, Afrikamuseum, Weinfest, Wochenmarkt, Brauereiführung, Edelobstbrennerei.

Infos unter: Stadt Vilshofen - Tourismus
Tel. 08541 - 208112 oder www.vilshofen.de

Landhof Eineder***
Schönerting 42
94474 Vilshofen a. d. Donau
Tel. 08543 - 1323
Fax 08543 - 91142

info@landhof-eineder.de
www.landhof-eineder.de

27454_1 P***

Landhotel, Wirtshaus und Ferienhof mit bayerischem Biergarten. Gemütliche Zimmer im angebauten Gästehaus mit D/WC, Sat-TV, teils mit Balkon, ÜF 25,- €, HP möglich, Frühstücksbüfett, KE.

Eigenes Schwimmbad im Garten, Spielscheune, TT, Bauernhof mit Streicheltieren.

Wandern, Radwandern, Angeln möglich an Vils und Donau, Reiten am Ort, Ausflüge zum Bäderdreieck, Wild-/Vogelpark, Glasbläserei, Museumsdorf, Brauerei, Tschechien, Österreich.

Wir senden Ihnen gerne unseren Hausprospekt!

Sie sind herzlich willkommen!

Anzahl	Art	qm	Personen	Preis
10	Zi.	25	1-4	ab 25,00 €

Bayern

125 Südlicher Bayerischer Wald

Wegscheid

🚶 35 km 🚴 30 km

Inmitten der Wohlfühllandschaft des südlichen Bayerischen Waldes liegt Wegscheid. Ein Hallenbad, zwei Freibäder, ein Skilift (beleuchteter Hang) und ca. 60 km gespurte Loipen bieten eine große Möglichkeit der Freizeitgestaltung. Eine besondere Attraktion ist der Rannasee. Er ist sehr schnell zu einem Paradies für Bade-, Surf- und Paddelfreunde geworden.

Infos unter: Tourismusbüro Wegscheid
Tel. 08592 - 8880 oder www.wegscheid.de

So geht's zu auf dem Bauernhof

Malen und Spielen mit Freddi · Junior Band 1 Bauernhof · Junior Bauernhof Memo

Riesen-Lese- und Spielespaß für kleine Bauern! In dem DIN-A3-Block finden Sie zwei verschiedene Malvorlagen und drei lustige Spiele zum Ausmalen. Jedes der fünf Motive gibt es viermal, so dass sich alle Kinder/Freunde gemeinsam vergnügen können, ohne Streit und Ärger.

5,00 €

Welche Tiere leben auf dem Bauernhof? Wie kommt die Milch in den Supermarkt? Wie wird aus Korn ein Brot? Die Junior-Reihe von WAS IST WAS ist für Erstleser der richtige Einstieg ins Thema: Altersgerechte Texte, spannende Aktivelemente und doppelseitige Illustrationen laden zum Entdecken ein!

Ab 5 Jahren, Hardcover, 24 Seiten   **9,90 €**

Tiere, Geräte, Pflanzen und natürlich Bauer und Bäuerin gehören zum Bauernhof. Mit dem Bauernhof Memo lernen Kinder die verschiedenen Begriffe ganz spielerisch kennen und üben gleichzeitig ihre Merkfähigkeit.

Ab 4 Jahren, 64 Memokarten, für 2–5 Spieler   **9,90 €**

Nutzen Sie die Bestellkarte auf der letzten Seite!

REISCHLHOF
★★★ S family & wellness

Nicht daheim und doch zu Haus

Einfach zum Wohlfühlen ...
die familiäre Atmosphäre, der hohe Komfort, die leckere Küche, die wunderschöne Natur, herrlich entspannende Beauty- und Wellnessanwendungen ... Erleben und Entdecken nach Lust und Laune. Urlaub für die ganze Familie – im Reischlhof.

650 qm großer Wellnessbereich – für die ganze Familie!

Tägliches Programm – da ist immer was los
- Geführte Rad-, Wander- und Kanutouren, Nordic-Walking-Kurse, Kutschenfahrten
- Abwechslungsreiches Kinder- und Abendprogramm
- Alles rund ums Pferd (nur 500 m zum Reiterhof)
- Wintersport und zahlreiche Ausflugsmöglichkeiten

Echt familienfreundlich
immer inkl. HP, Bade- und Saunaspaß, tägl. Zimmerservice
- Erwachsene ab 48,- Euro
- Kinder bis 2 Jahre kostenlos
- Kinder bis 6 Jahre 26,- Euro / bis 10 Jahre 35,- Euro
- Jugendliche bis 18 Jahre 40,- Euro

Ankommen und geborgen fühlen

Familie Reischl | Sperlbrunn 7 | 94110 Wegscheid
Telefon 0 85 92 / 93 90 – 0 | Fax 93 90 – 70 | www.reischlhof.de | info@reischlhof.de

Bayern
126 Niederbayern zwischen Donau und Inn

Bad Birnbach
⛪ 20 km 🚆 3 km

Xund und munter im ländlichen Bad. In Bad Birnbach werden Sie sich in modernsten Badeanlagen mit Ausblick auf unberührte Natur sauwohl fühlen, wie auf dem Land. Von Anfang an haben die Birnbacher alles ein bisschen anders gemacht. Ohne Beton, Bettenburgen und seelenlose Perfektion, dafür menschlich im vorgefundenen Rahmen. Festivals, Theater, Kabarett und Brauchtumsfeste wechseln das ganze Jahr hindurch. Nehmen Sie teil am Aktivprogramm im Gesundgarten der Rottal-Therme.

Infos unter: Kurverwaltung Bad Birnbach
Tel. 08563 - 963040 oder www.badbirnbach.de

Bruckhuberhof***
Bachhuber, Maria und Rudolf
Dorfplatz 1, OT Hirschbach
84364 Bad Birnbach
Tel. 08563 - 455
Fax 08563 - 975185

bruckhuberhof@aol.com
www.bruckhuberhof.de

Denkmalgeschützter Rottaler Vierseithof, Ortschroniktafel a. Rottaler Bauernhaus.

Neues Ferienhaus mit Ferienwohnungen, 2 Ferienwohnungen sind rollstuhlgerecht, Waschmaschine, Trockner, Sat-TV, Telefon, Kinderbetten, SE, Grillplatz, Hausmusik für und mit Gästen, 6 Autogaragen, Fahrräder, Anglerkarten.

Ackerbau, Grünland, Forstwirtschaft, Rinder, Obstbau, Mitarbeit möglich.

Seniorenprogramme Kurort Bad Birnbach, Lehrwanderung, Kuranwendungen und Gesundheitsurlaub mit offener ambulanter Badekur in Bad Birnbach. Wir machen für Sie die Termine.
Rottaltherme mit Saunalandschaft und Thermenbach.
Sportmöglichkeiten: Wandern, Rad fahren, Reiten, Tennis, Golf, Surfen am Rottauensee.
„Bella Vista" neuer Golfpark in Bad Birnbach.
Hausprospekt.

218183_1

	Anzahl	Art	qm	Personen	Preis
F***	6	FeWo	50-70	2-5	ab 38,00 €

Verwöhn-Urlaub

Einmal wie ein echter Landlord leben! Im Übernachtungsführer „Urlaub auf Landsitzen" werden die schönsten Herrensitze, Burgen und Schlösser und andere historische Gebäude vorgestellt.

12,90 €

Nutzen Sie die Bestellkarte auf der letzten Seite!

Bayern
Niederbayern zwischen Donau und Inn 126

Fürstenzell
🍴 10 km 🚂 2 km

Ein besonderer Anziehungspunkt ist die kleine Wallfahrtskapelle Heiligenbrunn mit ihrer frischen Quelle in einer idyllischen Lichtung des Neuburger Waldes. Noch heute holen jede Woche Hunderte von Menschen das Wasser in dem festen Glauben, dass es nicht nur besonders gut schmeckt, sondern auch heilsame Kräfte besitzt. Fordern Sie unser umfangreiches Prospektmaterial an oder kommen Sie gleich vorbei!

Infos unter: Fürstenzell
Tel. 08502 - 8020 oder www.fuerstenzell.de

Ferienhof Silbereisen★★★★
Silbereisen, Juliane und Alois
Obersulzbach 34
94081 Fürstenzell
Tel. 08506 - 305
Fax 08506 - 1343
service@ferienhof-silbereisen.de
www.ferienhof-silbereisen.de

Ruhe u. Erholung auf u. Vierseithof mit Tierhaltung: Pferde, Ponys, Hund, Katzen, Rinder, Schweine, in herrl. Alleinlage. Wohnungen teilw. 2 Schlafz., Küche m. Essplatz, Bad/WC, Terr. o. BK, Tel., TV-Anschl., WM, SE, Brötchenservice, Frühstück a. W., Trampolin, Liegewiese, Grillpl., Spielpl,/-scheune, Gemeinschaftsr. m. Spülmasch., Reiten für Kinder. Aufpreis für j. w. Pers. 6,- €, Golfplatz 3 km. Prädikat: „Vom Gast empfohlenes Haus".

Anzahl	Art	qm	Personen	Preis		
5	FeWo	45-60	2-4	37,- bis 54,- €	219673_1	F★★★★

Ferienhof Urlhardt★★★★
Urlhardt, Juliane u. Ludwig
Maieröd 1
94081 Fürstenzell
Tel. 08506 - 213
Fax 08506 - 281
service@ferienhof-urlhardt.de
www.ferienhof-urlhardt.de

Ruhe und Erholung auf unserem 4-Sterne-Ferienhof mit Pferden, Hunden, Katzen, Hühnern und Schweinen in ruhiger Ortsrandlage. Einmaliger Panoramablick, Nähe Passau (10 km), Schwimmteich, Grillplatz, Liegewiese, Kinderspielplatz, Gemeinschaftsraum mit Sonnenterrasse, Brötchenservice, Frühst. a. Wunsch, Hausprosp.

Anzahl	Art	qm	Personen	Preis		
4	FeWo	60	2-5	ab 40,00 €	229041_126	F★★★★

Urlaub mit Pferden

Deutschlands größter Reiter-Reiseführer für den Urlaub mit Pferden. Für Reit-Profis, solche, die es erst noch werden wollen, Anfänger, Erwachsene und Kinder finden sich gleichermaßen viele Angebote.

12,90 €

Nutzen Sie die Bestellkarte auf der letzten Seite!

Bayern
127 Ammersee-Lech

Inning

🚶 1 km 🚉 5 km

Vor der majestätischen Kulisse der bayerischen Alpen liegt das Urlaubsparadies „Starnberger Fünf-Seen-Land". Obwohl nur 20 km von München entfernt, ist es eingebettet in sanfte Moränenhügel. Biergärten, malerische Orte, Häuser mit Lüftlmalerei an den Fassaden - „Bilderbuch Oberbayern". Es gibt neun Naturschutzgebiete, über zwei Drittel der Fläche stehen unter Landschaftsschutz. Ausgezeichnete Wasserqualität. Reiten und Kutschfahrten, Seniorenprogramme.

Infos unter: Tourismusverband Starnberger Fünf-Seen-Land
Tel. 08143 - 9210 oder www.starnberger-fuenf-seen-land.de

600993_1   F****P****

Broslhof****
Glas, Annelies und Georg
Bruckerstr. 3
82266 Inning
Tel. 08143 - 7041
Fax 08143 - 95482

info@broslhof.de
www.broslhof.de

Der Broslhof liegt zwischen Ammersee und Wörthersee und bietet Ihnen: EZ, DZ und MBZ mit Bad und Balkon, Küchenbenutzung und Kinder-Ermäßigung.

Appartements und Ferienwohnung, Bettwäsche gegen Gebühr, Kinderbetten, Frühstücksbüfett, Waschmaschine

Aufenthaltsraum mit Kinderspielecke, Grillplatz, Spielplatz, Liegewiese, Fischweiher, beheiztes Hallenschwimmbad, Solarium, Englisch, eigener Hofladen

Ackerbau- und Forstbetrieb, Rinder, Mutterkühe, Schweine, Kleintiere

Bitte fordern Sie unseren Hausprospekt an!

Anzahl	Art	qm	Personen	Preis
6	FeWo	20-60	1-5	auf Anfrage
3	Zi.			auf Anfrage

Landsberg am Lech

🚶 1 km 🚉 im Ort

Erleben Sie das Land zwischen Ammersee und Lech.
Natur und Kultur laden Sie ein! Im Land zwischen Ammersee und Lech lässt es sich gut leben! Das Radler- und Wanderparadies bietet mit ca. 300 Kilometern Radwanderwegen beschauliche Idylle, atemberaubende Radwege, Romantische Straße, Wanderwege König-Ludwig-Weg, Lechhöhenweg.

Infos unter: Tourismusverband Ammersee-Lech e.V.
Tel. 08191 - 128-247 oder http://www.ammerseelech.de

Bayern
Ammersee-Lech 127

Ferienhof Arnhard****
Arnhard, Hildegard
Schwiftingerstraße 42
86899 Landsberg am Lech
Tel. 08191 - 5146
Fax 08191 - 4286552
H.Arnhard@web.de
www.Arnhardhof.de

Ferienwohnung mit Terrasse, Bügelraum mit Waschmaschine und Trockner, Spielplatz, Liegewiese, TT, Kicker, Fahrräder, kompl. Kinderausstattung, 2 Schlafzimmer. Unser Hof mit Milchwirtschaft u. Kleintieren (Enten, Hühner, Katzen, Hunde, Ziegen) liegt am Ortsrand d. Stadt Landsberg a. Lech, 10 Min. z. Ammersee, 50 km n. München

241319_1   F****

Anzahl	Art	qm	Personen	Preis
1	FeWo	53	2-4	ab 40,00 €

Rott
🚶 19 km 🚂 12 km

Ein dunkler Moorsee liegt ca. 2 Kilometer südlich von Rott, der Engelsrieder See. Rundherum liegen idyllische Moore mit alten Torfstichen und Birkenwäldern. Der Blick geht auf den Hohen Peißenberg und die Kette der Werdenfelser Alpen. Nur 20 km entfernt liegt Andechs mit Kirche (von 1132) und Kloster, eine der größten Pilgerstätten Deutschlands. Die Klosterbrauerei ist im Besitz der Mönche, die das berühmte Andechser Bier herstellen.

Infos unter: Gemeinde Rott
Tel. 08869 - 234 oder www.rott-lech.de

Landhaus Strauß****
Strauß, Anni
Landsberger Str. 6
86935 Rott,
OT Pessenhausen
Tel. 08194 - 211
Fax 08194 - 931386

info@landhausstrauss.de
www.landhausstrauss.de

Grüß Gott im Landhaus Strauß! Wir stellen uns vor: Grünlandbetrieb mit Vieh (Pony, R, S, Streichelzoo), Café in schöner Voralpenlandschaft, **Nähe Ammersee**, BAB Augsburg u. München, B 17 u. B 2, Bahnstation Diessen u. Weilheim 12 km, Gäste werden abgeholt.
2 DZ, 1 MZ, D/WC, ZH, Bad/WC, 2 Aufenthaltsräume, Terrasse, Liegewiese, Spielplatz, TT, Fahrräder, HP 28,- € mit Übernachtung, abends traditionelles gutes Essen aus unserer Landhausküche mit vielen frischen Produkten, Familien u. Singles sind herzlich willkommen, auch für Gruppen und Wanderer geeignet, 12-15 Pers., Vermietung ganzjährig.
1 Ferienwohnung für 2-5 Pers., mit Kochgelegenheit, Preis auf Anfrage, a. W. mit Verpflegung, Speisegaststätte im Haus, zum See 3 km, beheiztes Freibad 6 km, Ammersee 14 km entfernt, Reitgelegenheit 800 m. Frühjahr u. Herbst sind auch für ältere Gäste bei uns sehr geeignet. Unser Haus ist sehr familienfreundl. u. mit dem DLG-Gütezeichen ausgez., idealer Ausgangsp. für Ausflüge: Garmisch, Königsschlösser, Starnberger See, Moorseen in der Nähe, ausgebaute Rad- u. Wanderwege, Nordic Walking, Stockverleih, ab Haustüre, Skilanglaufmöglichkeiten, Winterurlaub u. Wintersport, Alpin-Skilaufen 40 km, Moorkuren 40 km, auch für Behinderte, Hausprospekt anfordern.
Pauschalangebote „für Gruppen" auf dem Bauernhof.

74895_1   F****P****

Anzahl	Art	qm	Personen	Preis
1	FeWo		2-5	auf Anfrage
3	Zi.		2	auf Anfrage

Bayern
128 Starnberger Fünf-Seen-Land

Münsing

⚲ 2 km 🚉 7 km

Münsing, die Sonnenseite am Starnberger See, liegt sehr idyllisch und dennoch zentral am Ostufer des Sees. Hier können Sie Ihre schönsten Tage des Jahres mit Radfahren, Schwimmen, Wandern und vielen Sehenswürdigkeiten genießen. Durch seine verkehrsgünstige Lage bieten sich Tagesausflüge nach München, Garmisch, zu den Königsschlössern und vielen anderen Zielen an. Genießen Sie die Schönheit des Fürstensees vor atemberaubendem Alpenpanorama.

Infos unter: Gemeinde Münsing
Tel. 08177- 9301-93 oder www.muensing.de

74800_1 F****

Ferienhof Holzer**
Familie Holzer
Ambacher Str. 4
82541 Münsing,
OT Holzhausen,
am Starnberger See
Tel. 08177 - 8566
Fax 08177 - 8566

willkommen@ferienhof-holzer.de
www.ferienhof-holzer.de

Herzlich willkommen auf unserem gepflegten Ferienhof mit Milchwirtschaft und Kleintieren. Der familiär geführte Hof bietet geräumige und gemütliche Zimmer und liegt am Ortsrand von Holzhausen in unmittelbarer Nähe zum Starnberger See. Großer Obstgarten mit Liegewiese und Grillplatz, selbst gebackenes Brot.

Anzahl	Art	qm	Personen	Preis
2	FeWo	60-83	2-5	ab 45,00 €

74801_1 F*****P****

Doasahof**
Familie Singer
Attenkam 6
82541 Münsing,
OT Holzhausen
Tel. 08177 - 92124
Fax 08177 - 92125

doasahof@gmx.de
www.doasahof.de

Einzelhof, Hausprospekt, Doppelzimmer mit D/WC, Balkon und Frühstück, Kochgelegenheit, Kinderbett, TV. Ferienwohnungen mit TV, Telefon, Balkon/Terrasse, Kinderermäßigung, Kinderbett, Fitnessraum, Sauna, Tischtennis, Grillplatz, Brotbacken, Kräutergarten, Grünland- und Forstbetrieb, Rinder, Hasen, Katzen.

Anzahl	Art	qm	Personen	Preis
3	FeWo	30-56	2-4	ab 35,00 €
2	Zi.		2	20,00 €

Urlaub und Genießen beim Biobauern

Alle im Reiseführer aufgeführten Betriebe sind anerkannte Biobetriebe. Viele Unterkünfte sind darüber hinaus mit dem DLG-Gütezeichen ausgezeichnet und garantieren so besonderen Urlaubskomfort.

12,90 €

Nutzen Sie die Bestellkarte auf der letzten Seite!

Bayern

Starnberger Fünf-Seen-Land 128
Pfaffenwinkel 132

Schwabbauernhof****
Vogl, Josef
Dörfel 6
82541 Münsing,
OT Holzhausen
Tel. 08177 - 550
Fax 08177 - 926922

vogl@schwabbauernhof.de
www.schwabbauernhof.de

Der Schwabbauernhof liegt in sehr ruhiger und sonniger Lage am Ortsrand von Holzhausen (Sackstraße), ganz in der Nähe des Starnberger Sees.

2 Doppelzimmer, 1 Dreibettzimmer mit Dusche, WC und Balkon, 3 Ferienwohnungen im Nebenhaus.

Ganzjährige Vermietung, Grillplatz, große Liegewiese mit schattigen Bäumen, Tischtennis, Leih-Fahrräder, Grünland, Rinder.

Bitte fordern Sie unseren Hausprospekt an!

Anzahl	Art	qm	Personen	Preis
3	FeWo	42	4	ab 40,00 €
3	Zi.		2-3	ab 20,00 €

74899_1   F****P****

Bernbeuren

Bernbeuren liegt am Fuße des **1055 m hohen Auerberges**. Die landschaftlich reizvollen Hügel und kleinen Seen sind Teil der eiszeitlichen Moränenlandschaft des **Voralpenlandes**. Der Auerberg ist wohl der schönste **Aussichtspunkt im Pfaffenwinkel**. Traditioneller Georgiritt am letzten Sonntag im April.

Infos unter: Tourist-Information Bernbeuren
Tel. 08860 - 210 oder www.bernbeuren.de

Socherhof***
Socher, Paul und Marion
Hafegg 2
86975 Bernbeuren
Tel. 08860 - 922101
Fax 08860 - 922103

socherhof@vr-web.de
www.socherhof.de

Kinder- und familienfreundl. Hof auf 800 m in ruh. Lage mit Bergblick u. vielen Tieren. Wir liegen außerhalb vom Ort u. ein Spielparadies f. Kinder, Heuhüpfen, Gokart fahren o. Trampolinhüpfen sind die Renner bei uns. Rad-/Wanderwege liegen direkt am Hof, Badesee 5 km. Bei uns kann man im Stall und Feld noch mitarbeiten. Kühe, Kälber, Hasen, Pferde, Hund und Katzen. Hausprospekt.

Anzahl	Art	qm	Personen	Preis
1	FeWo	80	bis 5	ab 40,00 €

368618_1   F***

Bayern
132 Pfaffenwinkel

Böbing

30 km · 9 km

Böbing - malerischer Erholungsort im Herzen des Pfaffenwinkels. Schwimmen im Badesee können Sie überall - die Böbinger feiern ihre Feste: Schützenball, Skijöring, Kinderfasching, Musikergunkel, Oberlandrallye, Sonnwendfeuer, Kurkonzert, Bergmesse, Böllerschützentreffen, Theater, Schnittkurs vom Obst- und Gartenbau-Verein, Bezirksmusikfest der Blaskapelle, Seefest, Weinfest, Gauwallfahrt, Oktoberfestzug, Schlepperturnier, Adventsmarkt, Er-&-Sie-Schießen, Neujahrsblasen …

Infos unter: Gemeindeverwaltung Böbing
Tel. 08867 - 910012 oder www.boebing.de

Stroblhof**
Mayr, Maria und Johann
Herkulan-Schwaiger-Weg 12
82389 Böbing, OT Pischlach
Tel. 08867 - 452
Fax 08867 - 468

info@stroblhof.de
www.stroblhof.de

Gesundheitshof nach Kneipp in herrlicher Bergwelt mit Kühen, Ponys, Federvieh, Ziegen, Hasen und Katzen

Ein Paradies für Kinder!

Erleben Sie Kutschenfahrten mit der Bäuerin und verwöhnen Sie sich anschließend in der Sauna. Lang-/Skiläufer kommen bei uns voll auf ihre Kosten.

Im Einklang mit der Natur können Sie Ihre Seele baumeln lassen und den Alltag vergessen. Grillplatz, Gartenhäuschen, Liegewiese, Spielplatz, Trampolin und Wassertretbecken. Heupuppen basteln und Stoffdruck können Sie bei uns erlernen.

251842_1

	Anzahl	Art	qm	Personen	Preis
F****	3	FeWo	75-100	2-7	ab 52,00 €

Genießer-Urlaub

„Urlaub beim Winzer" lädt Sie zu genussreichen Tagen in Deutschlands schönen Weinregionen ein. Wählen Sie aus über 100 Winzerhöfen Ihr Feriendomizil aus.

12,90 €

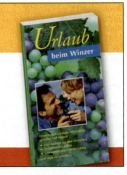

Nutzen Sie die Bestellkarte auf der letzten Seite!

Bayern

Pfaffenwinkel 132
Zugspitzregion 133

Hohenfurch
🚆 Schongau

Im Schönachtal, von Wiesen und Wäldern umgeben, liegt Hohenfurch (1500 Einwohner), die Pforte zum Pfaffenwinkel. Vom Hügel der St.-Ursula-Kapelle bietet sich ein herrlicher Blick auf Hohenfurch und seine wunderbaren Wiesen und Wälder, die zum Wandern und Radeln einladen. Ein großzügiges Netz von Rad- und Wanderwegen sowie andere Freizeitangebote wie Reiten und Tennis.

Infos unter: Tourismus-Information Hohenfurch
Tel. 08861 - 9081798 oder www.hohenfurch.de

Ponyhof Kögl****
Kögl, Alfred
Schongauer Straße 24
86978 Hohenfurch
Tel. 08861 - 8108

info@ponyhof-koegl.de
www.ponyhof-koegl.de

Glückliche Kinder, zufriedene Eltern.
Ponyreiten, Kutsche fahren, Kühe melken, Hühner necken, hinter Heuballen verstecken, mit Hund und Katze spielen, Spielplatz, Fuhrpark, Spielhaus, Tischtennis, Kegelspiel, Almhütte mit Grillplatz, Grillabende, Mithilfe auf dem Hof, ruhige Lage.

Anzahl	Art	qm	Personen	Preis
1	FeWo	80	4-7	ab 45,00 €

74812_1   F****

Bad Kohlgrub
🚶 20 km 🚆 1 km

Deutschlands höchstgelegenes Moorheilbad (900 m), Garantie zum Wohlfühlen, Bayerns erster WellVital-Ort eingebettet in die Traumlandschaft der Ammergauer Alpen, Wanderwege, Radeln, Sommerstockschießen, Nordic Walking, Moorbäder, Sauna, Dampfbad, Kuren, Festspielhaus, Märchenschlösser Linderhof und Neuschwanstein, Benediktinerkloster, Freilichtmuseum, Schlossmuseum, Fronleichnamsprozession.

Infos unter: Kur- und Tourist-Information
Tel. 08845 - 74220 oder www.bad-kohlgrub.de

****Freißl, Josef
Sprittelsberger Straße 3
82433 Bad Kohlgrub
Tel. 08845 - 240
Fax 08845 - 703564

info@beim-karlbauer.de
www.beim-karlbauer.de

Bauernhof im Weiler, Spielplatz, Spielgeräte, TT, Garten mit Liegewiese, Parkplatz am Haus, Bergtouren, Grillabende, Treckerfahrten, Gästeabholung vom Bahnhof, Brötchen-, Getränke- und Wäscheservice, Kühe, Kälber, Katze, Mitarbeit möglich; 50 Minuten vor den Toren Münchens.

Anzahl	Art	qm	Personen	Preis
2	FeWo	50	1-4	ab 41,00 €

331389_1   F****

Bayern

133 Zugspitzregion
134 Tölzer Land

Oberammergau
🚆 1 km

Der oberbayerische Ferienort liegt in den Ammergauer Alpen umgeben von drei Naturschutzgebieten (Steinadler sichten!). Bereits 2005 schafften die Ammergauer Alpen den zweiten Platz bei der Wahl zum schönsten Wanderziel. Dazu gibt's Kultur an jeder Straßenecke, z. B. Lüftlmalerei aus dem 18. Jahrhundert an den Hauswänden, Kirchen u. Klöster und natürlich Passionsspiele und Holzbildhauer. Langlauf, Alpinski, Nordic Walking. Bergbahn. Schloss Linderhof, Barockjuwelen Ettal und Wieskirche.

Infos unter: Oberammergau-Tourismus
Tel. 08822 - 92310 oder www.oberammergau.de

Ferienhof Zoberbauer****
Gerold, Konrad
Kofelauweg 20
82487 Oberammergau
Tel. 08822 - 1396
Fax 08822 - 932484
info@zoberbauer.de
www.zoberbauer.de

Einzelhof, Hausprospekt, DZ mit D/WC und Balkon, gemütliche Ferienwohnungen mit Kinderbetten und TV, Preise inkl. Endreinigung, Vermietung ganzjährig, Grünland- und Forstbetrieb, Rinder, Englischkenntnisse, Kräuterpädagoge.

Anzahl	Art	qm	Personen	Preis
3	FeWo	25-50	2-4	47,00 bis 65,00 €
3	Zi.		1-2	31,00 bis 50,00 €

F**** p****

106075_133

Benediktbeuern
🚶 6 km 🚆 Benediktbeuern

Das ruhige oberbayerische Urlaubsdorf im Alpenvorland, vor der Benediktenwand (1803 m) gelegen, Wanderwege und Radwandernetz, Alpenwarmbad (beheizt 2300 qm), Bergsteigen, Mountainbiken sowie Konzerte, Theater, Ausstellungen, naturkundliche Führungen, ältestes Kloster Oberbayerns, Fraunhofersche Glashütte, älteste Fronleichnamsprozession Bayerns, altbayerischer Christkindlmarkt, Textilmarkt.

Infos unter: Gästeinformation Benediktbeuern
Tel. 08857 - 248 oder www.benediktbeuern.de

Zum Wimmer****
Geiger, Hermann
Mariabrunnweg 39
83671 Benediktbeuern
Tel. 08857 - 271
Fax 08857 - 697029

info@ferienhof-geiger.de
www.ferienhof-geiger.de

Familienfreundlicher Grünlandbetrieb mit Rindern u. Kleintieren am Ortsrand, sehr ruhige Lage in Wald- und Schwimmbadnähe mit freiem Blick auf die Berge. Liegewiese, Kinderspielplatz (Kletterseil, Fußballkicker, TT, Kettcars, gr. Trampolin usw.) u. Grillmöglichkeit. FeWo mit 2 getr. Schlafzimmern, KB, Hochstuhl, E-Herd, Geschirrspüler, Sat-TV und BK.

Anzahl	Art	qm	Personen	Preis
3	FeWo	45-80	2-6	ab 35,00 €

F****

27537_1

Bayern
Tölzer Land 134

Rummelbartlhof***
Rieger, Ursula und Sebastian
Schwimmbadstr. 8
83671 Benediktbeuern
Tel. 08857 - 8544 o. 8017
Fax 08857 - 697296

info@rummelbartlhof.de
www.rummelbartlhof.de

Unser Hof liegt idyllisch am Ortsrand mit Blick auf die Berge. Wir haben Hasen, Ziegen, Schweine und Rinder. Grünland, 2 gemütlich eingerichtete Ferienwohnungen mit Sat-TV, Balkon. Appartement mit Kochnische. Gr. Liegewiese, Terrasse, Grill- und Spielplatz, Riesentrampolin m. Netz, Gartenhaus, TT, Tischfußball. Die Zimmer sind mit D/WC.

Anzahl	Art	qm	Personen	Preis
2	FeWo	45-50	4	ab 44,00 €
2	Zi.		2	ab 33,00 €

74839_1   F***P***

Abrahamhof****
Sindlhauser,
Cordula und Franz
Angerfeldweg 10
83671 Benediktbeuern
Tel. 08857 - 1560
Fax 08857 - 694460

info@abrahamhof.de
www.abrahamhof.de

Landwirtschaftlicher Meisterbetrieb, Grünland, Forstwirtschaft, Rinder, Ponys, Zwergziegen, Katzen, Hasen, ruhige Lage, Ortsrand, Nähe Kloster, herrlicher Gebirgsblick, Paradies für Kinder, rundherum Natur pur.

Komfortable und stilvolle Ferienwohnungen, Vor- und Nachsaison ermäßigt, Vermietung ganzjährig, Gästeabholung vom Bahnhof auf Wunsch, Angebote für Groß und Klein, Semmelservice.

Liegewiese, Grill, Tischtennis, großer Abenteuerspielplatz mit Riesentrampolin, jede Menge Kettcars, Streichelzoo, Radverleih, Reiten (Ponys), Kutsch- und Schlittenfahrten, große Grillkota, besondere Naturführungen mit dem Bauern, Hausprospekt.

Beliebtester Ferienhof Bayerns 1997, 1998, 1999, 2000, 2002

DLG-Ferienhof des Jahres 1998 und 2003

Beliebtester Kinderferienhof Deutschlands 2003

Anzahl	Art	qm	Personen	Preis
6	FeWo	38-68	2-5	ab 40,00 €

74889_1   F***/****

Sachen suchen – Bei den Tieren

Großformatige Schaubilder zeigen die heimischen, aber auch die fremden Tiere. Kleine Ausschnitte fordern zum Suchen und Wiederfinden auf. Ein spannender Such-Spaß!

Ab 2 Jahren, 24 Seiten **4,95 €**

Nutzen Sie die Bestellkarte auf der letzten Seite!

779

Bayern
134 Tölzer Land

Greiling
🚂 3 km Bad Tölz

Am besten schaut man sich den Ort zwischen Tegernsee und Starnberger See einmal bei einer Ballonfahrt von oben an. Wenn man nicht zu hoch fliegt, tauchen Felsburgen, Königsschlösser und Kirchen auf. Fliegt man etwas tiefer, sieht man im Moorgebiet der Greilinger Ötz Bergwanderer, später Badende (in Badesee und Freibad) oder im Winter Schlittenfahrer und Langläufer (Skilifte 6 u. 9 km). Aber Vorsicht - das Karwendelgebirge naht!

Infos unter: Gemeinde Greiling
Tel. 08041 - 9044 oder www.gemeinde-greiling.de

74795_1   F***P***

Sixthof***
Haslinger, Thomas und Anna
Schererweg 3
83677 Greiling
Tel. 08041 - 3572
Fax 08041 - 7939599

Hof in ruhiger Ortsrandlage mit Forstwirtschaft, freie Sicht, großer Hofraum.
Zentraler Ausgangspunkt zu den Bergen, Seen und Schlössern.
35 km nach Österreich und ca. 50 km nach München.

2 schöne, große Doppel-/Mehrbettzimmer mit Frühstück, D/WC, Sat-TV, Kühlschrank im Zimmer, Kinderermäßigung und Balkon.
Je nach Wetterlage Frühstück auf der Terrasse, Liegewiese, Grillplatz, überdachter Freisitz, Aufenthaltsraum mit Kachelofen und Sat-TV.

1 Appartement mit TV ab 2 Personen ab 27,00 € inklusive Hand- und Bettwäsche.
Auf Wunsch Brötchenservice.

2 Gasthäuser und Lebensmittelmarkt im Ort.

Grünland- und Forstbetrieb, Brennerei, Imkerei.
Rinder, Pferde, Fahrradverleih 100 m.
Gelegentlich Kutsch- und Schlittenfahrten. Reiten möglich.

Anzahl	Art	qm	Personen	Preis
1	FeWo			ab 27,00 €
2	Zi.		2-3	ab 17,00 €

Welches Tier läuft denn hier?

Viele verdächtige Spuren gibt es auf dem Bauernhof.
Mia folgt ihnen auf der Suche nach ihrem Haarband. Mit der Drehscheibe können kleine Spurensucher selbst herausfinden, zu welchen Tieren die Spuren gehören.

Ab 2 Jahren, 10 Seiten   **7,95 €**

Nutzen Sie die Bestellkarte auf der letzten Seite!

Bayern
Tölzer Land 134

Jachenau
🏨 45 km 🚂 5

In Jachenau, dem Sonnental am Walchensee, gibt es herrliche Radwege und Mountainbike-Strecken. Das Angebot reicht von Heimatabenden, Blaskonzerten und Trachtenfesten über Kurpark und Barockkirche bis hin zu Wasserfall und Wildbachschluchten. Erwähnt seien auch: Fronleichnamsprozession mit Musikkapelle, Maibaum aufstellen, Jachenauer Wildspezialitäten aus heimischem Wild: Rehe, Hirsche, Gämsen.

Infos unter: Gästeinformation Jachenau
Tel. 08043 - 919891 oder www.jachenau.de

***Neuner, Anna
Erbhof 12
83676 Jachenau
Tel. 08043 - 254
Fax 08043 - 919920

info@neunerhof.de
www.neunerhof.de

Hof am Ortsrand bietet 2 Ferienwohnungen mit Wohnküche, 2-3 Schlafz., 2 D/WC, Balkon, KB, auf Wunsch mit Frühstück (Aufpreis), Zimmer mit D/WC und Balkon, teilw. Sat-TV, Gästeküche, Aufenthaltsraum mit Sat-TV, Saison- und Kinderermäßigung, Grünland, Forstwirtschaft, Kühe, Rinder, Loipennähe, Rodeln.

Anzahl	Art	qm	Personen	Preis
2	FeWo	55-60	2-6	ab 35,00 €
2	Zi.		2-3	18,00 €

205217_1   F****P***

Jörglbauernhof***
Sachenbacher, Cäcilia
Sachenbach 1
83676 Jachenau,
OT Sachsenbach
Tel. 08851 - 61147 oder 359
Fax 08851 - 614673

benedikt_sachenbacher@hotmail.com

Gepflegter Naturlandhof direkt am Walchensee, Waldnähe.

Ferienwohnungen teilweise mit Seeblick, TV, Brötchen- und Getränkeservice, Waschmaschine, Liegewiese, Spielplatz, Bootsverleih für Angler, Grillmöglichkeit, Badestrand.

204183_1   F***

Grünland- und Forstbetrieb mit Rindern, Pony, Hasen. Hofeigene Produkte, eigene Alm, hofeigener Kiosk (Mai bis Oktober bei schönem Wetter) mit hausgemachtem Kuchen.

Idealer Ausgangspunkt für zahlreiche Wander- und Fahrradtouren.

Anzahl	Art	qm	Personen	Preis
5	FeWo	32-65	2-5	ab 39,00 €

Bayern
134 Tölzer Land

Kochel am See
🚉 Kochel

Im Südwesten des Landkreises Bad Tölz - Wolfratshausen liegt die Gemeinde Kochel am See, geprägt von abwechslungsreicher Landschaft. Bademöglichkeiten an Kochel- und Walchensee, Fahrt mit der Herzogstandbahn auf Bayerns schönsten Aussichtsberg, zahlreiche Bergtouren, Familien- und Erlebnisbad trimini, Freilichtmuseum, Bootsverleih, Kinderspielplätze, Minigolfplatz, Kreativwerkstatt für Kinder.

Infos unter: Tourist-Info Kochel am See
Tel. 08851 - 338 oder www.kochel.de

Jodlhof***
Familie Krinner
Orterer Straße 14
82431 Kochel am See, OT Ort
Tel. 08851 - 5229
Fax 08851 - 923781
info@jodlhof-kochelamsee.de
www.jodlhof-kochelamsee.de

Gepflegter Bauernhof in ruhiger freier Lage mit Bergblick. Wir bieten unseren Gästen ländlich eingerichtete FeWo und Zimmer mit D/WC und Balkon, z.T. Kochecke. Liegewiese, Gartenhaus mit Grillmöglichkeit, Kinderspielplatz, Sat-TV, Semmeldienst, Streicheltiere, TT, Trampolin, Go-Car, Gästekühlschrank, Rinder. Zustellbett möglich. Wir freuen uns auf Sie.

Anzahl	Art	qm	Personen	Preis
4	FeWo	25-65	2-5	28,- bis 56,- €
2	Zi.	25	2-3	18,- bis 21,- €

105915_1   F***P***

Erharthof****
Lautenbacher,
Benedikta und Mathias
Kapellenweg 8
82431 Kochel, OT Ort
Tel. 08851 - 1429
Fax 08851 - 940057

erharthof@t-online.de
www.erharthof.de

Inmitten der Natur und abseits vom Verkehr liegt unser gepflegter Bauernhof (Grünland- und Forstbetrieb) mit geräumigen, gut ausgestatteten Ferienwohnungen. Ein Bächlein mit klarem Wasser, das zum Plantschen und Verweilen einlädt, fließt durch die den Hof umgebende Liege- und Spielwiese.

Vielfältige Beschäftigungs- und Erlebnismöglichkeit: Streichelzoo mit vielen Kleintieren, Abenteuerspielplatz, Piratenschiff, Traktorfahren, Tischtennis- und Billardraum, Trampolin, Feuerstelle, Fahrräder, Schlitten, Hofmuseum, Skilift usw.
Unsere verspielten Ponys warten auf Freunde!

Durch biologisches Wirtschaften „**Bioland**" helfen wir mit, die Harmonie zwischen Mensch, Tier und Pflanze zu erhalten.
Direktvermarktung von hofeigenen Produkten.

Vitalhof - **Gesundheitsangebot**

Anzahl	Art	qm	Personen	Preis
6	FeWo	60-80	2-6	ab 55,00 €

74817_1   F****/*****

Bayern
Tölzer Land   134

Lenggries
🚶 20 km 🚉 2 km

Lenggries - funkelndes Juwel im Isarwinkel. Der traditionsreiche Isarwinkel liegt zwischen Tegernsee und Walchensee - daher: „Tor zum Karwendel". Hauptort ist der Luftkurort Lenggries (700 m ü. NN). Im Süden stille Täler, dahinter die schroffen Felsen des Karwendel, Wetterstein mit Zugspitze im Westen, Wendelstein im Osten, die Zillertaler, Hohe Tauern, Großglockner ... Aktivitäten: River-Rafting auf der Isar, Floßfahrt nach München. Badestrand, Hallenbad, Kutsch-/Schlittenfahrten.

Infos unter: Gästeinformation
Tel. 08042 - 50180 oder www.lenggries.de

Haus Fuhrreiser***
Dräxl, Alexandra u. Thomas
Grasleitenweg 29
83661 Lenggries, OT Anger
Tel. 08042 - 2881
Fax 08042 - 973072
haus-fuhrreiser@t-online.de
www.fuhrreiser.de

Unser Haus in ruhiger Lage bietet 2 neu renovierte FeWo jeweils mit 2 getrennten Schlafzimmern u. großem Balkon u. ein 1-Zimmer-Appartement mit kl. Kochgelegenheit, Kühlschrank u. TV. Semmellieferung ans Haus, Liegewiese, Grünland-/Forstbetrieb mit Rindern, 8 Pferde u. 2 Ponys am Haus, Wandern, Kutsch-/Schlittenfahrten, Trampolin, Spielhaus, Sandkasten.

Anzahl	Art	qm	Personen	Preis
3	FeWo	25-80	2-6	ab 50,00 €

204179_1   F***

Wir spielen auf dem Bauernhof

In diesem Bauernhofbuch fordern 22 Magnetteile zum Spielen, Ausprobieren und Entdecken auf. Zahlreiche Spielmöglichkeiten fördern die Kreativität und Fantasie des Kindes.

Ab 2 Jahren, 10 Seiten   **14,95 €**

Nutzen Sie die Bestellkarte auf der letzten Seite!

Malen und Spielen mit Freddi

Riesen-Lese- und Spielespaß für kleine Bauern! In dem DIN-A3-Block finden Sie zwei verschiedene Malvorlagen und drei lustige Spiele zum Ausmalen. Jedes der fünf Motive gibt es viermal, so dass sich alle Kinder/Freunde gemeinsam vergnügen können, ohne Streit und Ärger.

5,00 €

Nutzen Sie die Bestellkarte auf der letzten Seite!

Bayern
134 Tölzer Land

Reichersbeuern
🏨 15 km 🚉 im Ort

Die 2000 Einwohner wohnen schön ruhig am Rande der Vorberge zwischen Isarwinkel und Tegernseer Tal. Es ist ein typisch oberbayerischer Ort, dessen Geschichte 1200 Jahre zurückreicht. Schloss wie Pfarrkirche gelten als sehenswerte Bauwerke. Das nahe Bad Tölz bietet alle Annehmlichkeiten einer Kurstadt (Alpamare-Freizeitbad, Massagen, Inhalationen, Bäder …). Im Ort: Natur-Eisplatz. Viele Ausflugsmögl., z. B. eine Viertelstunde bis zum Tegernsee. Berge und Aussichtsgipfel vor der Tür.

Infos unter: Gemeindeverwaltung Reichersbeuern
Tel. 08041 – 78220 oder www.reichersbeuern.de/freizeit.htm

215378_1   F***

Landhaus Ritter***
Ritter, Oskar u. Anneliese
Am Kirchberg Nord 4
Tel. 08041 - 2421
Fax 08041 - 2421

ritter-reichersbeuern@t-online.de
www.landhaus-ritter.de

Ruhig gelegenes **Landhaus in bevorzugter, sonniger Hanglage**. Gehoben, mit viel Liebe zum Detail ausgestattete Ferienwohnungen für 2-5 Pers., Tagespreis ab 40,- €. Jeweils sep. Einbauküchen mit Spülmaschine, Sat-TV, Radio, Balkon. Kostenloser Service wie Fahrradverleih, Schlitten, **SAUNA**. Mountainbikes gg. Gebühr.
In der Nebensaison sehr günstige Sparwochen, z. B. ab 212,- €/Woche!
Liegewiese, Grill, Gartenhaus, Spielplatz, KFZ-Stellplatz, Bauerngarten.

Zentraler Standort für Ausflüge zu den Königsschlössern, den oberbayerischen Seen und dem Karwendelgebirge. Golfplatz 3 km (auch Anfängerkurse). Sommerrodelbahn 3 km.

Zu den **Badeseen** Tegernsee 10 Autominuten, Kirchsee 5 Autominuten, Schlitten fahren am Haus, Skilanglauf ab Ort, Ski alpin Brauneck, Wallberg, Blomberg.
Ganzjährige Vermietung, Kurzurlaub ab 3 Tage, Farbprospekt.

Anzahl	Art	qm	Personen	Preis
2	FeWo	42-65	2-5	ab 40,00 €

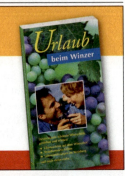

Genießer-Urlaub

„Urlaub beim Winzer" lädt Sie zu genussreichen Tagen in Deutschlands schönen Weinregionen ein. Wählen Sie aus über 100 Winzerhöfen Ihr Feriendomizil aus.

12,90 €

Nutzen Sie die Bestellkarte auf der letzten Seite!

Bayern
Tegernsee-Schliersee-Wendelstein 135

Bayrischzell

🚶 30 km 🚊 Bayrischzell

Bayrischzell - am Fuße des Wendelsteins, ca. 70 km südlich von München herrlich gelegener Ort inmitten der bayerischen Voralpen am Fuße des Wendelsteins, gut beschildertes Wanderwegenetz und Mountainbike-Strecken, 100 km Langlaufloipen, 2 Skigebiete mit insgesamt 25 Liftanlagen und 50 km Skiabfahrten, heilklimatischer Kurort, Wellness, viele traditionelle Brauchtumsfeste, Trachtenschneiderei, Kurkonzerte.

Infos unter: Tourist-Info Bayrischzell
Tel. 08023 - 648 oder www.bayrischzell.de

Huberhof***
Huber, Hubert
Hochkreut 1
83735 Bayrischzell,
OT Hochkreut
Tel. 08023 - 454
Fax 08023 - 1488

huber.hochkreut@t-online.de
www.huber-hochkreut.de

Höchstgelegener Bergbauernhof des Leitzachtales in wunderbar ruhiger Lage. Viele Wandermöglichkeiten in die schöne Bergwelt, Wassersport und Bootsfahrten in den nahe gelegenen Seen. Wellnessalm: finnische Sauna, Bio-Sauna, Massagen. Wintersportmöglichkeiten: mitten im Skiparadies von Wendelstein und Sudelfeld (Spitzingseegebiet 15 km).

Anzahl	Art	qm	Personen	Preis
1	FeWo	53	2-4	ab 42,00 €
2	Zi.		2-3	ab 22,00 €

127504_1 F***p***

Lechner Hof****
Reisberger, Georg
Alpenstraße 18
83735 Bayrischzell
Tel. 08023 - 549
Fax 08023 - 819866

info@lechnerbauer.de
www.lechnerbauer.de

Hof am Ortsrand, Ferienwohnungen mit Balkon, Saisonermäßigung, Kinderbetten, Kleinkinderausrüstung, Kurzurlaub möglich, Brötchenservice, Waschmaschinenbenutzung, TV. Spielplatz, Grillplatz, Liegewiese, Grünland, Forstwirtschaft, Rinder, eigene Alm.

Anzahl	Art	qm	Personen	Preis
4	FeWo	30-70	2-6	ab 30,00 €

238333_1 F****

Genießer-Urlaub

Genuss, Qualität und Frische gepaart mit frischer Landluft und herzlichen Menschen, das ist es, was Sie mit diesem Reiseführer kennen lernen.

12,90 €

Nutzen Sie die Bestellkarte auf der letzten Seite!

Bayern

135 Tegernsee-Schliersee-Wendelstein
136 Chiemsee

Brannenburg
🚶 3 km 🚆 2 km

Grüß Gott am Luftkurort im Wendelstein! Die 5500 Brannenburger nehmen jährlich 100.000 Gäste auf. Hauptgästegruppen: Familien mit Kindern, aktive Senioren. Diese gehen auf gepflegten Wander- und Radwegen Kirchen, das Schloss Brannenburg und Schloss Kufstein erkunden. Außer Wandern sind Radeln, Schwimmen und Reiten sehr beliebt, auch die Kneipp-Anlage und das Bergsteigen (500-1840 m). Bierfest und Trachtenveranstaltungen. Freibad 3 km, Hallenbad 8 km, Skigebiet 10 km.

Infos unter: Gemeinde Brannenburg
Tel. 08034 - 90610 oder www.brannenburg.de

Mailhof***
Bichler, Maria und Josef
Mail 14
83098 Brannenburg,
OT Mailhof
Tel. 08034 - 3165
Fax 08034 - 3165   mailhof-bichler@web.de

Bergbauernhof in ruhiger, schöner Lage, eigene Alm, 3 Ferienwohnungen und 1 Ferienhaus jeweils für 2 bis 4 Personen, Preis inklusive Endreinigung, Hausprospekt, Grillplatz, selbst gebackenes Brot, Grünland-, Forst- und Almbetrieb, Obst- und Gemüsebau, Kühe, Hasen.

Anzahl	Art	qm	Personen	Preis
3	FeWo	55	2-4	ab 40,00 €
1	FH	55	2-4	ab 40,00 €

173779_1   F***

Bernau
🚶 4 km 🚆 2 km

Im Liegestuhl die Seele baumeln lassen, bei einem abendlichen Spaziergang am See die Ruhe genießen oder endlich mal wieder ein gutes Buch lesen. Urlaub, das bedeutet für Sie aktiv sein und in frischer Luft Kraft und Energie tanken. Also schwingen Sie sich aufs Rad oder ziehen Sie die Wanderschuhe an, schwimmen Sie sich frei oder segeln Sie auf und davon - genießen Sie die Erfüllung aktiver Erholung in Bernau.

Infos unter: Tourist-Info Bernau
Tel. 08051 - 98680 oder www.bernau-am-chiemsee.de

Maurerhof***
Steindlmüller, Stefanie
Kraimoos 17
83233 Bernau, OT Kraimoos
Tel. 08051 - 7523
Fax 08051 - 9640894   maurerhof-bernau@t-online.de
                        www.maurerhof.de

Unser Hof liegt abseits vom Straßenverkehr am Ortsrand von Bernau, ruhig und idyllisch gelegen, umgeben von Wiesen und Wald. Sowohl unser Kleintiergehege als auch Grillplatz, Liegewiese, Tischtennis und Kinderspielplatz stehen Ihnen zur Verfügung. Außerdem lohnt sich ein Besuch unserer Alm.

74893_1   F***

Anzahl	Art	qm	Personen	Preis
4	FeWo	28-37	2-5	ab 35,00 €

Bayern
Chiemsee 136

Schusterhof***
Weingartner, Wolfgang
Reitham 14
83233 Bernau
Tel. 08051 - 7477 info@schusterhof-bernau.de
Fax 08051 - 970532 www.schusterhof-bernau.de

Voll bewirtschafteter Milchviehbetrieb in ruhiger sonniger Lage mit herrlichem Bergblick, abseits vom Durchgangsverkehr. Seit über 30 Jahren DLG-prämiert! Nichtraucherhaus, Spielplatz mit Trampolin, Liegewiese, Grillplatz, Tischtennis, diverse Tretfahrzeuge. Semmelservice, Frühstücksbüfett mit Produkten aus z.T. eigener Erzeugung.

Anzahl	Art	qm	Personen	Preis
4	FeWo	35-55	2-4	ab 40,00 €
6	Zi.		2	ab 20,00 €

74902_1 F***P***

Hanznhof****
Familie Wierer
Steigackerstr. 12
83233 Bernau
Tel. 08051 - 7290 info@hanznhof.de
Fax 08051 - 8899 www.hanznhof.de

Bauernhof in ruh. Ortsrandlage mit Bergblick, Streichelgehege, Pferde, Ponys, Kühe, Kälber, Rehe, Schweine, Hasen, Federvieh, Ziegen, Katzen, Hund, Reitplatz am Hof, tgl. kostenlos Ponyreiten f. Kinder (außer sonntags). Komf. ausgestattete Zimmer m. D/WC, teilw. BK, gr. Südterrasse, Frühstücksbüfett, Gästekühlschrank, Getränkeservice, Freizeithalle (Kicker, Billard), WLAN kostenlos.

Anzahl	Art	qm	Personen	Preis
6	Zi.	20-30	3-6	ab 28,00 €

74903_1 P****

Chieming

Traumhafte Sonnenuntergänge am „Bayerischen Meer". Direkt am Ostufer des Chiemsees können Sie wunderbar Radfahren, Wandern, Reiten, Surfen, Golfen, Baden und Entspannen. Erleben Sie unsere traditionellen Fischer am Chiemsee-Ostufer und genießen Sie unsere Fischspezialitäten. Nehmen Sie teil an einer geführten Vogelbeobachtung, einer historischen Dorfführung oder historischem Theater. Besuchen Sie unsere Adventsmärkte, Dorf- und Seefeste und Kneipp-Anlagen.

Infos unter: Tourist-Information Chieming
Tel. 08664 - 988647 oder www.chieming.de

Wimmerhof****
Mitterleitner, Peter
Ising Kirchberg 2
83339 Chieming
Tel. 08667 - 7106 wimmerhof@t-online.de
Fax 08667 - 885956 www.wimmerhof-ising.de

Ruhe und Erholung finden Sie bei uns mit Pferden, Hasen und Katzen. Schöne Wander- und Radwege. Zum Chiemseeufer ca. 800 m. In unmittelbarer Nähe Reitanlage, Golf- und Tennisplatz. ****FeWo, D/WC, je 2 Schlafzimmer, Wohnraum mit TV, kompl. Küche, Mikrowelle, Spülmaschine. Bitte Hausprospekt anfordern.

Anzahl	Art	qm	Personen	Preis
3	FeWo	50-65	2-4	ab 60,00 €

231921_1 F****

Bayern
136 Chiemsee

238068_1 F***

„Beim Moier"***
Niederbuchner, Anneliese
Fehling 19 c
83339 Chieming
Tel. 08664 - 556
Fax 08664 - 556

Auf unserem ruhig, aber dennoch zentral gelegenen Bauernhof am Ortsrand bieten wir Ihnen 5 Ferienwohnungen mit Kinderbetten, TV, Waschmaschine, Balkon, Saisonermäßigung, Grillplatz.

Wir sind ein Grünlandbetrieb mit Ackerbau, Mutterkuhhaltung und vielen Kleintieren.

Der nahe Chiemsee bietet Möglichkeiten zum Baden, Angeln, Segeln oder mit uns auf Almwanderungen die Schönheit der Bergwelt kennen und lieben zu lernen.

Blockhaus.

Bitte fordern Sie unseren Hausprospekt an!

Anzahl	Art	qm	Personen	Preis
3	FeWo	53-67	2-4	ab 25,00 €

Eggstädt
🚶 12 km 🚂 8 km

Eggstätt liegt in einem der größten und ältesten Naturschutzgebiete Bayerns auf einem flachen Höhenrücken (539 m). Die Eggstätt-Hemhofer Seenplatte hat 17 Seen, die als Toteisgebiet zwischen dem Inn- und Chiemseegletscher entstanden sind. Die Übergangsmoore der Seenplatte sind eine Kostbarkeit des Voralpengebietes. Dazwischen finden sich Übergänge von Nieder- und Hochmoorvegetationen mit Pflanzengesellschaften, die als Relikte der Eiszeit äußerst seltene Exemplare aufweisen.

Infos unter: Tourist-Information
Tel. 08056 - 1500 oder www.eggstaedt.de

125445_1 F****

Möderlhof****
Plank, Annemarie
Oberndorf 2
83125 Eggstätt,
OT Oberndorf
Tel. 08056 - 1739
Fax 08056 - 1739

moederlfarm@aol.com
www.moederlhof.de
www.touristhome.de(53823)

Liebevoll restaurierter Hof im Naturschutzgebiet Eggstätter Seenplatte - 3 km zum Chiemsee! Ruhige Lage, schöner Garten, Leihräder, Kühe, Haflingerpferd, Grill, Spielplatz, Kutschfahrten. Komfort-Wohnungen mit 2 Schlafzimmern. Vor- und Nachsaison Sonderangebote, Preise jeweils ab 2 Personen.

Anzahl	Art	qm	Personen	Preis
4	FeWo	35-60	2-5	ab 47,00 €

Bayern
Chiemsee 136

Höslwang
🚂 15 km 🚉 5 km

Zwischen München u. Salzburg findet man in der Mitte Höslwang. Landschaftlich reizvoll auf der Kuppe eines Moränenhügels gelegen, bietet es dem Betrachter einen umfassenden Blick nach Süden auf das tiefer gelegene Waldseegebiet „Eggstätt - Hemhofer - Seenplatte", den Chiemsee und darüber hinaus auf die ganze Alpenkette. Die Pfarrkirche St. Nikolaus gehört zu den meistbesuchten Kunstdenkmäler im Umland. Wegen der Innenausstattung mit Wessobrunner Stuck zählt sie zu den künstlerisch wertvollsten Kirchen des späten Rokoko, die sich im Landkreis Rosenheim erhalten haben.

Infos unter: Gemeinde Höslwang
Tel. 08055 - 488 oder www.83129h.de

Ferienparadies Wimmerhof****

Arnold, Maria
Almertsham 6
83129 Höslwang,
OT Almertsham
Tel. 08053 - 2283
Fax 08053 - 3660

info@wimmerhof-chiemgau.de
www.wimmerhof-chiemgau.de

Genießen Sie die schönste Zeit des Jahres auf dem Ferienparadies Wimmerhof.

Wir, die Familie Arnold, laden Sie herzlich dazu ein.
Während die Kinder den Bauernhof erleben, ob im neuen Tiergehege beim Streicheln der Ziegen, Gänse, Enten und Hasen oder beim Füttern der Fische am Weiher, ob sie im Stall beim Melken zusehen oder die Kälbchen füttern, **Ponyreiten** oder aus dem Hühnerstall das Frühstücksei holen, lassen die Eltern unter den Obstbäumen ihre Seele baumeln oder genießen ein Stück hausgemachten Kuchen. Aber auch auf dem **Spielplatz** mit Trampolin, Schaukel, Sandkasten, Rutsche usw., beim großen Fuhrpark oder beim Fußballspielen wird es Groß und Klein nie langweilig.

Nach einer himmlischen Nachtruhe lassen Sie sich am **Frühstücksbüfett**, auch mit selbst gemachten Produkten, verwöhnen.

Nach einem Ausflug in die herrliche Gegend des Chiemgaus, einem Badenachmittag an einem der idyllischen Seen oder einer gemeinsamen Almwanderung lassen wir den Tag bei einem zünftigen Grillfest oder einer leckeren Bauernpizza aus dem Steinbackofen genüsslich ausklingen.

97392_1   F***/****/*****

1 FeWo - 40 qm - 2 Pers. - ab 62,- Euro
2 FeWo - 60 qm - 4 Pers. - ab 70,- Euro
1 FeWo - 52 qm - 4 Pers. - ab 65,- Euro
1 FeWo - 74 qm - 4 Pers. - ab 81,- Euro

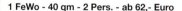

Anzahl	Art	qm	Personen	Preis
5	FeWo	40-74	2-4	ab 62,00 €

Bayern
136 Chiemsee

Marquartstein
🚶 8 km 🚆 10 km

Der idyllische Ort im Chiemgau ist umgeben von den Bergen Hochgern (1744 m) und Hochplatte (1586 m). Er gilt als beliebtes Wanderzentrum an der Tiroler Ache. Radwege führen zum nahe gelegenen Chiemsee und dem Bayrischen Meer. Weitere sportl. Angebote sind z. B. Tennis, Boccia und im Winter eine Rodelbahn und gespurte Loipen sowie geräumte Winterwanderwege. Ein bes. Erlebnis für die kleinen Gäste ist der Märchen- und Erlebnispark mit Sommerrodelbahn nicht weit entfernt von Marquartstein.

Infos unter: Tourist-Info
Tel. 08641 - 699558 oder www.marquartstein.de

27613_1 F****

Donauerhof****
Hacher, Georg und Agnes
Donau 1
83250 Marquartstein
Tel. 08641 - 8837   info@donauerhof.de
Fax 08641 - 697121   www.donauerhof.de

Kinderfreundlicher Bauernhof in herrlicher Lage mit vielen Tieren und Spielmöglichkeiten, Bambini-Stalldiplom, Streichelzoo, Ponys, Ziegen, schönes Kinderspielzimmer. Ausgangspunkt für schöne Wanderungen und Radtouren oder im Winter zum Skilaufen. Eigene Almhütte, gemütliche Grillabende, Sauna und Solarium. FeWo mit D/WC/Blk. Familie Hacher freut sich auf Ihren Besuch!

Anzahl	Art	qm	Personen	Preis
4	FH	35-90	2-6	ab 50,00 €

Rimsting
🚶 6 km 🚆 1 km

Rimsting - Der Luftkurort am Chiemsee hat eine der seenreichsten Landschaften Bayerns. Eingebettet zwischen dem Chiemsee und der Ratzinger Höhe liegt die Gemeinde Rimsting umsäumt von grünen Wiesen und waldigen Höhen. Sie lädt ein zur beschaulichen Erholung und Entspannung. Die Vielzahl aktiver Freizeitangebote sorgt dafür, dass Ihre Ferien zum Erlebnis werden. Daneben hat sich der staatlich anerkannte Luftkurort bis heute seinen ländlichen Charakter bewahrt.

Infos unter: Touristik-Information Rimsting im Rathaus
Tel. 08051 - 687621 oder www.rimsting.de

So geht's zu auf dem Bauernhof

Die Foto-Sachgeschichten zeigen, wie Landwirte mit riesigen Traktoren ihre Felder bearbeiten. Was Erdbeerbauern im Tunnel machen. Wie Kühe Milch geben. Und wie Schweine Strom machen ...

Ausgezeichnet von der
Akademie für Kinder-
und Jugendbuchliteratur

9,95 €

Nutzen Sie die Bestellkarte auf der letzten Seite!

Bayern
Chiemsee 136

★★★★★
Fürstner Hof
»Gut urlauben und Natur erleben am Chiemsee«

Als DLG-Ferienhof des Jahres 2005 bieten wir Ihnen höchste Urlaubsqualität. Vom Deutschen Tourismusverband wurde unser gesamter Reiterhof mit 5 Sternen klassifiziert.

Auf unserem voll bewirtschafteten Bauernhof mit zugehörigem Landhaus können Sie gut urlauben und Natur erleben. Wir unterhalten ebenso Groß- wie Kleinvieh. Für Pferdefreunde ist der Fürstnerhof ein Paradies, mit Sandplatz und geräumiger Reithalle.

Das schöne Umland bietet auch die Möglichkeit zum Wandern oder Radfahren (Fahrradverleih vorhanden). Wem das alles zu anstrengend ist, kann es sich im großen Obstgarten mit Liegewiese gemütlich machen oder an einer Kutschfahrt teilnehmen. Auch unsere schönen Ferienwohnungen und gemütlichen Zimmer werden Ihnen sicher gefallen.

Fürstner Hof

Sebastian Mayer · Fürst 1
83253 RIMSTING *bei Prien am Chiemsee*
Tel. 08051/4374 · Fax 08051/64361
E-Mail: sebastian.mayer@fuerstner-hof.de
Internet: www.fuerstner-hof.de
Öffnungszeiten: halbjährlich

Bayern
136 Chiemsee

Seeon - Seebruck - Truchtlaching

🍴 15 km 🚉 18 km

Die drei vom Chiemsee - Seeon - Seebruck - Truchtlaching - Kultur - Natur und Sport - ganz nah bei uns! Herrlicher Blick über die Chiemgauer Alpen, 1000-jähriges ehemaliges Benediktiner-Kloster, Strandbäder, größter Segelhafen am Chiemsee, Wandern auf ausgeschilderten Wegen, Konzerte im Kloster im Bereich der Klassik, Volksmusik und Jazz, Römermuseum mit Außengelände, Weinfest.

Infos unter: Tourist-Information Seebruck
Tel. 08667 - 7139 oder www.seeon-seebruck.de
oder seebruck.de

siehe große Landkarte: M 20

27387_1   F***P***

Keilhof***
Fam. Daxenberger
und Bernhart
Burgham 12
83358 Seebruck, OT Burgham
Tel. 08667 - 7899
Fax 08667 - 879474   keilhof@t-online.de

1 DZ D/WC, 2 MBZ D/WC, 1 DZ Etagen-D/WC, Küchenbenutzung, Aufschlag bei Einzelübernachtung, FeWo mit KB, TV, Kinder- und Saisonermäßigung, Ackerbau-, Grünland- und Forstbetrieb, Pferd, Rinder, Reiten für Kinder, Reitunterricht möglich, TT, Grillhaus, Kutschfahrten, ruhige Lage, herrlicher Blick auf See und Gebirge.

Anzahl	Art	qm	Personen	Preis
2	FeWo	50-70	2-4	ab 41,00 €
4	Zi.		2-3	ab 13,00 €

siehe große Landkarte: M 20

»Höllthalmühle«
Gerhard Huber
Höllthal 1 · 83376 Seeon/Seebruck
Tel. (0 86 21) 74 93 · Fax 97 98 02
E-Mail: hoellthal-muehle@t-online.de
Homepage: www.chiemsee-urlaub.com

Kinderfreundlicher Bauernhof in ruhiger Lage im idyllischen Alztal in der Nähe des Chiemsees. Genießen Sie das Wohnen an einem der saubersten Flüsse Europas und erleben Sie romantische Spaziergänge entlang der Alz. Badesteg mit Liegewiese vor dem Haus, Kinderspielplatz, Kastanienterrasse, Grillplatz, Tischtennis, Angeln und Baden sowie Bootsfahrten am Haus. Ponyreiten, Kühe, Kälber, Streicheltiere, Katzen, Garage für Fahrräder, großer Parkplatz, Heizung. Vermietung ganzjährig. **Besuchen Sie bitte unsere Homepage für weitere Infos und freie Termine.**
Sehr günstige Nebensaison.

1 FeWo ★★★★★ und 3 FeWo ★★★★ mit jeweils 2 Schlafzimmern, Wohnzimmer, Küchenzeile, Bad/WC, Balkon, Farb-Sat-TV. Jede Wohnung verfügt über eine Spülmaschine.

93413_136   F★★★★/★★★★★

Preise pro Tag:
FW   85 m²   € 45,– bis 75,– Euro
FW   70 m²   € 45,– bis 75,– Euro
Nebensaison ab   € 49,– Euro

Bayern
Chiemsee 136

Luginger Hof**
Maier, Elfriede und Xaver
Luging 1
83376 Truchtlaching
Tel. 08667 - 681
Fax 08667 - 879230

luginger-hof@t-online.de
www.luginger-hof.de

Ein herzliches „Grüß Gott" sagt ein echter obb. Bauernhof. Wo Kinder sich wohl fühlen, können auch Eltern ausspannen. Auf unserem freistehenden Dreiseithof ist Langeweile tabu, egal bei welchem Wetter. Ponys, Ziege, Hasen und Katzen möchten gestreichelt und gefüttert werden. Wer einmal da war, kommt gerne wieder!

Anzahl	Art	qm	Personen	Preis
4	FeWo	50-70	2-6	ab 40,00 €

218667_1   F***/****

Dem Paradies ein Stück näher...
Der traumhafte Ferienhof für Kinder & Eltern

Esterer Hof

Esterer Hof
Hans u. Maria Ober
Esterer 1
83370 Seeon
Tel. 0 86 21/12 07
Fax 0 86 21/64 58 50
estererhof@t-online.de
www.estererhof.de

Gönnen Sie sich und Ihren Kindern die besondere Atmosphäre auf unserem Bauernhof mit den vielen Tieren, der idyllischen Ruhe und allem, was Kinder- u. Erwachsenenherzen höher schlagen lässt.

2 Luxus-FeWo*****, € 90,- bis 125,-/Tag
4 Komfort-FeWo*****, € 62,- bis 82,-/Tag
Familienfreundliche Angebotspauschalen unter:
www.estererhof.de

Bayern
136 Chiemsee

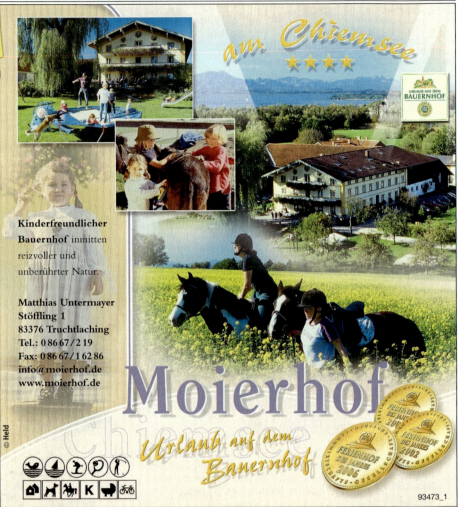

am Chiemsee ★★★★

Kinderfreundlicher Bauernhof inmitten reizvoller und unberührter Natur.

Matthias Untermayer
Stöffling 1
83376 Truchtlaching
Tel.: 0 86 67 / 2 19
Fax: 0 86 67 / 1 62 86
info@moierhof.de
www.moierhof.de

Moierhof
Urlaub auf dem Bauernhof

Verwöhn-Urlaub

Einmal wie ein echter Landlord leben! Im Übernachtungsführer „Urlaub auf Landsitzen" werden die schönsten Herrensitze, Burgen und Schlösser und andere historische Gebäude vorgestellt.

12,90 €

Nutzen Sie die Bestellkarte auf der letzten Seite!

Bayern
Chiemsee 136

Staudach-Egerndach
🚶 7 km 🚉 7 km

„Große Ferien im kleinen Dorf" zwischen Chiemsee und Reit im Winkl, Österreich 20 km, Salzburg 60 km, Erlebnispfad, ausgeschilderte Rad- u. Wanderwege, Nordic-Walking-Strecke, Wassertretbecken, Naturrodelbahn, Heimatabende, Almtänze, romanisch-gotische Pfarrkirche St. Andreas (um 1500), Waldfest, mobile Käserei Scholz - zusehen mit gleichzeitiger Verkostung.

Infos unter: Verkehrsverein
Tel. 08641 - 2560 oder www.staudach-egerndach.de

Hafnerhof***
Aschl, A./Plenk, M.
Bayern 9
83224 Staudach-Egerndach
Tel. 08641 - 2406
oder 598193
Fax 08641 - 697327
aschl@hafnerhof-bayern.de
www.hafnerhof-bayern.de

Machen Sie Urlaub auf unserem ruhig gelegenen, denkmalgeschützten Bio-Bauernhof mit Milch- und Forstwirtschaft. Unser ***-Hof liegt in einem Weiler am Waldrand und grenzt an eine naturgeschützte Moorlandschaft. Wege ab dem Hof zum Inlinern, Nordic Walking oder auf dem Radweg zum nahe gelegenen Chiemsee.

Anzahl	Art	qm	Personen	Preis
3	FeWo	32-56	2-5	ab 34,00 €
1	Zi.	17	2	ab 18,00 €

105911_1   F***P***

Übersee
🚶 2 km 🚉 Übersee

Übersee mit dem längsten Natursandstrand am Chiemsee, das besterhaltene Binnendelta Mitteleuropas, Naturschutzgebiet Hochmoor-Kendelmühlfilzen, 3 vom DSV ausgewiesene Nordic-Walking-Strecken, Chiemseeradrundweg, Strandbad und 5 km Natursandstrand entlang des Chiemseeufers, Therme, Theateraufführung der Volksbühne, Heimatabende der Trachtenvereine, Minigolf, Beachvolleyball, Schaukäserei.

Infos unter: Tourist-Information Übersee
Tel. 08642 - 295 oder www.uebersee.com

Donebauer****
Gschoßmann, Josef
Ringstraße 44
83236 Übersee
Tel. 08642 - 6857
Fax 08642 - 598195
jgschossmann@t-online.de
www.josef-gschossmann.de

In ruhiger, doch zentraler Lage heißen wir Sie auf unserem voll bewirtschafteten Bauernhof mit Kühen, Kälbern und Streicheltieren zu jeder Jahreszeit herzlich willkommen. Mitarbeit mögl., 2 gemütliche Ferienwohnungen mit Balkon. Eigene Produkte, Brötchenservice, Grillplatz, Liegewiese, Hütte mit Freisitz, Schaukel, Sandkasten, Trampolin, Kettcar, div. Spielsachen.

Anzahl	Art	qm	Personen	Preis
2	FeWo	65-85	4-5	ab 50,00 €

264238_1   F****

Bayern
137 Chiemgau

DIE GEBIRGS-LUFTKURORTE AM WASSER, WO SIE GRENZEN ÜBERSCHREITEN

Oberaudorf und Kiefersfelden, Orte mit einer interessanten Mischung aus schönen altbayerischen Bauernhöfen, einigen stolzen Patrizierfällen aus der Gründerzeit und ehemaligen Handwerker- und Arbeiterhäusern, bieten vielfältige Angebote und Ausflugsziele.

- Freizeitgebiet Hocheck mit der Sommerrodelbahn
- Gießenbachklamm mit dem größten Wasserrad Bayerns
- über 200 Kilometer Wanderwege
- Wachtl-Museums-Eisenbahn
- Innfähre und die innschifffahrt mit dem Fahrgastschiff "St. Nikolaus"
- Museum im Blaahaus und Museum im Burgtor
- Ritterschauspiele im ältesten Dorftheater Deutschlands mit seiner noch einzig erhaltenen barocken Drehkulissenbühne
- Wasserskilift Hödenauer See
- 5 Badeseen - Freizeitbad Innsola
- Rafting und Canyoning - Winterwandern
- Langlaufen - Ski alpin mit längster Flutlichtpiste Deutschlands

Pauschalen:
- Berge & Brauchtum & Blasmusik - Musikwoche im Oktober
- Schmalspurwochenende im Inntal - Programm für Eisenbahnfreunde
- Oberaudorf Reisach Musiktage im Juni
- 1. Bergwanderschule Deutschlands mit speziellen Angeboten für Familien
- Bergwanderwoche im Oktober
- kostenlos Skifahren jeweils 1 Woche im Januar und März

Kaiser-Reich
Oberaudorf Kiefersfelden

Kaiser-Reich Information Oberaudorf Kiefersfelden
Dorfstraße 23 83088 Kiefersfelden
Tel.: 08033/9765-27 - Fax: 08033/9765-44
info@kaiser-reich.com • www.kaiser-reich.com

Petting
🚶 18 km 🚂 5 km

Der anerkannte Erholungsort Petting (450 m ü. NN) hat 2400 Einwohner. Die ländlich strukturierte Gemeinde im Chiemgau liegt am Tor zum Berchtesgadener und Salzburger Land. In der Jahrtausende alten Kulturlandschaft am Südufer des Waginger Sees (einem der wärmsten Naturseen Bayerns) bietet es intakte, abwechslungsreiche Naturlandschaften. Mit dem Schönramer Filz ist eine ökologisch interessante Hochmoor- und Heidelandschaft zu erkunden. Nach Salzburg sind es nur 20 km.

Infos unter: Tourist-Information Petting
Tel. 08686 - 200 oder www.gemeinde-petting.de

---

siehe große Landkarte:
N 20

92598_1   F****

Peterkainhof****
Mayr, Nikolaus
Seestr. 21
83367 Petting
Tel. 08686 - 8413   info@peterkainhof.de
Fax 08686 - 919946   www.peterkainhof.de

Hof beruhigt am Ortsrand mit Seeblick. Hausprospekt, VS-Ermäßigung, gemütl., komfort. Wohnungen mit Sat-TV, Tel., 2 getrennte Schlafzimmer, BK, WM-Benutzung, Heuspielscheune, große Spiel-/Liegewiese, Grillplatz, TT, Milchviehbetrieb. Grünland, Getreide, 2 Pferde, Kleintiere, kostenlose Reitmöglichkeit, Segeln, geführte Heide-/Kräuterwanderungen.

Anzahl	Art	qm	Personen	Preis
4	FeWo	36-58	2-5	ab 42,00 €

Der Bauernhof

Wo kommt die Milch her? Wie kommt ein Küken zur Welt? Und was macht der Bauer am Sonntag? Ein Besuch auf dem Bauernhof, bei dem schon kleine Kinder viel Wissenswertes erfahren und hinter Klappen entdecken können.

Ab 2 Jahren, 16 Seiten   **8,95 €**

Nutzen Sie die Bestellkarte auf der letzten Seite!

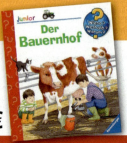

Bayern
Chiemgau 137

Reit im Winkl
🚶 25 km 🚆 33 km

Der bekannte Luftkurort in den Bayerischen Alpen, Chiemsee ca. 30 km, voralpine Gebirgslandschaft, Naturschutzgebiet, Badeseen, ausgeschilderte Rad- und Wanderwege, Hallenbad, Minigolf, Wellness-Einrichtungen, bayerisches Brauchtum, Mineralienmuseum, umfangreiches kostenloses Kinderprogramm „Kids Aktiv", Kurpark, Kneippanlage, Kegelbahnen, Bierfeste, Bergbahn, Weihnachtsmarkt, Sommerfeste, Almfest.

Infos unter: Tourist-Info
Tel. 08640 - 80020 oder www.reitimwinkl.de

Knapphof****
Breitwieser, Michaela
Blindauer Str. 27
83242 Reit im Winkl,
OT Blindau
Tel. 08640 - 8359
Fax 08640 - 798415
knapphof@vr-web.de
www.knapphof.de

Herzlich willkommen, wir sind ein familienfreundlicher Hof im Ortsteil Blindau, gemütliche Bauernstube, vielfältiges Frühstück, Liegewiese, Terrasse, Spielplatz, freier Eintritt im Frei- und Hallenbad, freie Fahrt am Dorflift, eigene Alm in Winklmoos als Ferienwohnung 01.10. bis 30.5., ÜF 23,50 bis 28,- €.

Anzahl	Art	qm	Personen	Preis
6	Zi.	12-22	1-3	ab 23,50 €

27448_1   P****

Beim Draxl*****
Hubert u. Elisabeth Heistracher
Blindauer Str. 44
83242 Reit im Winkl
Tel. 08640 - 1570
Fax 08640 - 1312

beim.draxl@t-online.de
www.familie-heistracher.de

Bauernhof-Urlaub, Grünlandbetrieb, neu erbautes Gästehaus in Blindau. Ruhige, sonnige Lage für Gäste, die Erholung suchen. Freier Blick in die vorgelegenen Wiesen und umliegenden Berge. Keine Verkehrsstraße am Haus.
Gemütlich eingerichtete Ferienwohnungen mit getrennten Wohn- und Schlafräumen, DU/WC, mit TV und voll ausgestatteten Küchen, Bettwäsche und Handtücher werden gestellt. Zusätzl. Kinderbett möglich. Balkon, Terrasse, Liegewiese, Aufenthaltsraum, Sauna, Solarium, Tischtennis, hauseigener Spielplatz, Badespaß im Holzfass und Schwimmbad im Garten. Parkplatz am Haus. Skilifte mit Ermäßigungen, Loipen, Rodelbahn, Wanderwege am Haus. Zentraler Ausgangspunkt für viele Wander- und Ausflugsmöglichkeiten. Spezielle Sportarten wie z.B. Joggen, Bikertouren, Skifahren und Rodeln möglich.
Vermietung ganzjährig.

– Günstige Vor- und Nachsaisonpreise –

Anzahl	Art	qm	Personen	Preis
6	FeWo	40-90	2-8	Preis auf Anfrage

2004457_137   F*****

Bayern
137 Chiemgau

Ruhpolding

🚶 10 km 🚆 Ruhpolding

Ferienglück in den Bayerischen Alpen, keine hochalpinen Wege, ideal zum Wandern und Radfahren mit der Familie, Wellness- und Erlebnisbad, Reiten, Minigolf, Bergbahnen, Kutschfahrten, historische Glockenschmiede, Freizeitpark Ruhpolding, Kurpark, Kegelbahn, Ruhpoldinger Gästeschießen mit Kleinkalibergewehren, ganztägige Kinderbetreuung, Fronleichnamsprozession, Schnapsbrennerei.

Infos unter: Tourist-Information Ruhpolding
Tel. 08663 - 88060 oder www.ruhpolding.de

Sterhof***
Huber, Stefan und Hildegard
Vordermiesenbach 4
83324 Ruhpolding,
OT Untermiesenbach
Tel. 08663 - 9456
oder 0175 - 8182723
Fax 08663 - 5400512

info@sterhof.de
www.sterhof.de

Hof am Ortsrand, KE, sonnige Ferienwohnungen mit KB, WM, TV und Balkon, Bettwäsche und Handtücher werden gestellt, Brötchenservice, Grill, Käseherstellung, Grünlandbetrieb, bewirtschaftete Alm, Rinder, Langlauf, kinderfreundlich, Aufenthaltsraum, Fitnessraum, Kinderspielplatz und Liegewiese.

74803_1 F***

Anzahl	Art	qm	Personen	Preis
3	FeWo	50	2-4	ab 40,00 €

Prämierter Genuss
DLG-Wein-Guide · DLG-Bio-Guide

Entdecken Sie Weingüter und ihre Weine und begeben Sie sich auf eine Weinreise durch Deutschland. Mit den aktuellen Testergebnissen der DLG-Wein-Prämierung und den Adressen der prämierten Winzer!

9,90 €

Der vorliegende DLG-Bio-Guide 2009 präsentiert Vorzeigebetriebe der Bio-Szene. Darunter sind Pioniere der Anfangsphase, innovative Neueinsteiger, Querköpfe mit weltanschaulichen Grundsätzen, Idealisten oder traditionsreiche Klosterbetriebe.

9,90 €

Nutzen Sie die Bestellkarte auf der letzten Seite!

Bayern
Chiemgau 137

Oberaschenauer Hof**
Theodor Weibhauser
Aschenau 15
83324 Ruhpolding
Tel. 08663 - 9144
Fax: 08663 - 883556

theo.weibhauser@t-online.de
www.oberaschenauer-hof.de

Herzlich willkommen im Oberaschenauer Hof!

Urlaub:

Einmal so richtig ausspannen und erholen oder aktiv sein, auch im Urlaub.

Auf unserem Bauernhof mit familiärer Atmosphäre sind Sie genau richtig. Inmitten nahezu unberührter Natur mit freiem Blick auf die umliegende Bergwelt bietet unser Hof behagliche Wohnungen für Ihren Urlaub.

Erholung:

Entdecken Sie auf zahlreichen wunderschönen Spazier- und Wanderwegen die Schönheiten des Ruhpolginger Tals mit seiner beeindruckenden Bergkulisse ringsherum.

Freizeit:

Die Freizeitmöglichkeiten in Ruhpolding sind schier unbegrenzt: Tennis - Golf - Paragliden - Wandern - Klettern - Shoppen - Kultur ... um nur einige Möglichkeiten aufzuzählen. Auch für die Wintersportler stehen zahlreiche Anlagen für das unbegrenzte Vergnügen im Schnee bereit.

Wohlfühlen:

In den neu renovierten, bäuerlich gestalteten Ferienwohnungen (zum Teil mit Kachelofen) kommt das Wohlfühlen in der bayerischen Atmosphäre schon fast von selbst. Das bayerische Frühstück im Haus oder der Brötchenservice runden das Angebot ab.

74901_1   F****

Anzahl	Art	qm	Personen	Preis
7	FeWo	48-65	2-5	ab 36,00 €

DLG-Käse-Guide

Der 1. DLG-Käse-Guide gibt dem Verbraucher Informationen an die Hand, die ihm bei der Auswahl seines Lieblingskäses helfen. Rund 1.000 Käse warten auf Ihren Genuß.

9,90 €

Nutzen Sie die Bestellkarte auf der letzten Seite!

Bayern
137 Chiemgau

Siegsdorf
🚶 Siegsdorf 🚆 Siegsdorf

Gemütlicher Familienferienort im Chiemgau in Voralpenlandschaft. Beheiztes Familienfreibad, 100 km markierte Wander- und Radwanderwege, Naturkunde- und Mammutmuseum, Wallfahrtskirche Maria Eck, Minigolfanlagen, Spielplätze, Kurpark „Steinzeit-Siegsdorf", Oster- und Bauernmarkt, Christkindlmarkt, Adventsingen, Gartenfeste, Brauchtumsabende, Herbstbauernhof - Herstellung von Käse und Schnaps.

Infos unter: Tourist-Information
Tel. 08662 - 498745 oder www.siegsdorf.de

Neue exklusive 5-Sterne-Nichtraucher-Ferienwohnungen mit herrlichem Bergblick und Terrasse sowie gemütliche 4-Sterne-Zimmer. Frühstücksbuffet mit vielen selbsterzeugten Produkten!

"Ferienparadies Daxlberger Hof"
Theo und Gabi Buchöster
Daxlberg 8 • 83313 Siegsdorf
Tel. 08662-9264 • Fax 12253
E-Mail: info@daxlbergerhof.de

Preis pro Person/Übernachtung
mit Frühstücksbuffet in €:
DZ Du/WC   30,-
Ferienwohnung   89,- bis 120,- p.Tag

www.daxlbergerhof.de

Ferkel, Schaf, Kartoffelernte

Ferkel, Schaf, Kartoffelernte. Mit spannenden Geschichten von Ferkeln, Schafen, dem Weinbauern über die Arbeit der Maschinenringe zum Kartoffel- und Rapsanbau.

9,95 €

Nutzen Sie die Bestellkarte auf der letzten Seite!

Bayern
Berchtesgadener Land 138

Ainring
🍴 4 km 🚆 1 km

Etwas abseits vom Massentourismus der großen, weltbekannten Ausflugsorte des Berchtesgadener und Salzburger Landes liegt der Luftkurort Ainring. Die Ferienregion in einer der schönsten Landschaften Bayerns verspricht, die schönste Zeit des Jahres zum Erlebnis werden zu lassen. Spüren Sie die Heilkraft des Ainringer Mooses - Moorerlebnis rundum. Hier wird seltenen Tier- und Pflanzenarten eine neue Heimat geboten, auch auf den Menschen übt es eine ganz besondere Anziehungskraft aus.

Infos unter: Gemeinde Ainring
Tel. 08654 - 5750 oder www.ainring.de

Unterfürberg-Hof****
Familie Ufertinger
Bichelin 3
83404 Ainring
Tel. 08654 - 5621

unterfuerberg@t-online.de
www.unterfuerberg-hof.de

Ein herzliches Grüß Gott auf unserem Erlebnisbauernhof mit Pferden und vielen Kleintieren in idyllischer Lage am Fuß des Högels mit herrlichem Blick auf Salzburg und die Berge.
Reiten, Spielplatz, Grill- und Liegewiese, Fahrradverleih. Ferienwohnungen mit 2 Schlafzimmern, Wohnküche, D/WC, Balkon.

Anzahl	Art	qm	Personen	Preis
2	FeWo	65-70	2-6	ab 49,00 €

233624_1   F****

Anger
🍴 2 km 🚆 7 km

Faszinierende Landschaft, mildes Klima, erholsame Ruhe - und ein Dorf, das schon die Aufmerksamkeit Ludwig I. weckte. Anger - mitten im Berchtesgadener Land gelegen - war für den Bayernkönig sein „schönstes Dorf". Bereits der erste Blick auf den einzigartigen Dorfplatz zeigt, wovon Ludwig I. schwärmte. Anger ist idealer Ausgangspunkt für gemütliche Spaziergänge und romantische Wanderungen.

Infos unter: Tourist-Info
Tel. 08656 - 98890 oder www.anger.de

Barmbichlhof****
Stumpfegger, Josef
Vachenluegerstraße 17
83454 Anger
Tel. 08656 - 1264
Fax 08656 - 983886

barmbichlhof@t-online.de
www.barmbichlhof.de

Ökologisch bewirtschafteter Bauernhof inmitten von Wiesen mit herrlichem Bergblick. Ermäßigte Vor-, Nach- und Nebensaison. Milchvieh, Pferde und Kleintiergehege. Ki.-Bett, TV, Radio, Telefon, Waschmaschine, Grillhütte, Spielplatz, Spielscheune, Liegewiese. Idealer Ausgangspunkt für Wanderer und Mountainbiker. Senioren-Wochen.

Anzahl	Art	qm	Personen	Preis
3	FeWo	30-65	2-6	31,00 bis 51,00 €

238064_1   F****/*****

Bayern
138 Berchtesgadener Land

Bad Reichenhall
🚶 Bad Reichenhall 🚉 Bad Reichenhall

Das bayerische Staatsbad Bad Reichenhall ist ein Mineralheilbad, umgeben und beschützt von Bergen und ist der erste deutsche alpine Wellness-Ort. Saunalandschaft Beauty & VitalCenter, Burgruine Karlstein, Burg Gruttenstein, Reichenhaller Akademie: 160 Seminare - Bildhauerei, Acryl- und Ölmalerei, Aquarell, Zeichnen, Druckgrafik, plastisches Gestalten. Grund-, Aufbau- und Meisterkurse. Puppenstube.

Infos unter: Tourist-Info Bad Reichenhall
Tel. 08651 - 6060 oder www.bad-reichenhall.de

Kleinreiterhof★★★★

Gleißner/Limmer
Reichenhaller Straße 6-8
83435 Bad Reichenhall
Tel. 08651 - 78146   fewo@kleinreiterhof.de
Fax 08651 - 68921   www.kleinreiterhof.de

Neu erbauter Einzelhof in stadtnaher Lage, Panoramablick auf umliegende Berge, FeWo für 1-5 Pers. Wanderungen u. Radtouren auf hofeigenen Rädern, Kinderspielplatz, Grillpl. m. Lagerfeuer, TT, Rinder u. Haflinger, Kleintiergehege, Friseurs. i. Haus, Brötchenservice. FeWo mit BK, TV, Radio, Tel., KB, WM. Kur-Urlaub geeignet.

238137_1   F★★★★/★★★★★

Anzahl	Art	qm	Personen	Preis
4	FeWo	38-110	1-5	ab 35,00 €

Berchtesgaden
🚶 12 km 🚉 0,5 km

Berchtesgaden hat's - ob Bergtour, Salzbad oder Almabtrieb. Entlang abenteuerlicher Schluchten (Winter-)Wandern auf 120 km geräumten Wegen. Eisstockschießen am Hintersee, Eislaufen, Rodeln auf Naturrodelbahnen. Dazu 50 km Abfahrten auf 600-1800 m Höhe, 83 km Langlaufloipen. Bevor zum Aufwärmen Dampfbad und Sauna rufen, geht es nachts los im Pferdeschlitten oder zur Fackelwanderung mit anschließender Hütteneinkehr. Und *Montag auf d'Nacht … werd a Musi gemacht …*

Infos unter: Tourist-Information Berchtesgaden
Tel. 08652 - 9445300 oder www.berchtesgaden.de

„Hafnerlehen"★★★

Aschauer, Andreas
Auerdörfl 14
83417 Berchtesgaden,
OT Oberau
Tel. 08652 - 61506   urlaub@hafnerlehen.de
Fax 08652 - 66491   www.hafnerlehen.de

Hof am Ortsrand, Blick auf d. Berge, beste Erholung, ruhige Lage, DZ und Ferienwohnungen mit D/WC, Balkon, Aufenthaltsraum, Gästeküche, Sat-TV, Kinderermäßigung, Spielplatz, TT, gr. Trampolin, Grünland-, Forstwirtschaft, Rinder, Mitarbeit möglich, Langlaufloipe am Haus, Skiabfahrt bis zum Haus, ideal zum Wandern.

174489_1   F★★★/★★★★P★★★

Anzahl	Art	qm	Personen	Preis
2	FeWo		2-4	ab 55,- €
5	Zi.		1-2	ab 19,- €

Bayern
Berchtesgadener Land 138

Lacklehenhof***
Kurz, Markus
Resten 28
83471 Berchtesgaden,
OT Resten
Tel. 08652 - 61177
Mobil 0170 - 4307963

Genießen Sie Ihren Urlaub auf unserem Hof im Ort. Wintervermietung, Kinder-Ermäßigung, Ferienwohnungen mit Kinderbetten und TV, Grillplatz, Grünland- und Forstbetrieb. Rinder, Bienen, Tischtennis, 10 Minuten zum Skilift, 15 Minuten zum Langlaufgebiet. 10 Minuten zum Lebensmittelladen.
Wir freuen uns auf Sie.

Anzahl	Art	qm	Personen	Preis
3	FeWo	36-85	2-6	ab 40,00 €

74814_1   F***

Haus Wiesenrand****
Kurz, Anton und Veronika
Obersalzbergstr. 4
83471 Berchtesgaden
Tel. 08652 - 66425
Fax 08652 - 657843   wiesenrand@freenet.de
www.wiesenrand.de

Einzelhof in ruhiger Lage. Aufenthaltsraum mit Kachelofen, Sat-TV, Gästeküche, Grillplatz, Liege- und Spielwiese, Kinder unter 6 Jahren frei, Tischtennis, kinderfreundlich.
Langlaufloipe und Abfahrt am Haus, idealer Ausgangspunkt für Wanderungen.
Herzlich willkommen - ALPiNE Gastgeber.

Anzahl	Art	qm	Personen	Preis
1	FeWo	58	2-5	ab 48,00 €
3	Zi.	15-20	2	ab 19,50 €

184150_1   F****P****

Hof Hartlerlehen****
Rasp, Monika und Franz
Klammweg 13
83471 Berchtesgaden,
OT Maria Gern, Hartlerlehen
Tel. 08652 - 4801
Fax 08652 - 977515   anna.rasp@gmx.de
www.hartlerlehen.de

Machen Sie Urlaub auf unserem Bergbauernhof in Alleinlage am Waldrand. Absolut ruhig am Ende einer Privatzufahrt im idyllischen Hochtal von Maria Gern gelegen. Grünland- und Forstbetrieb mit Rindern - Mithilfe mögl., Nichtraucher-Ferienwohnungen mit Balkon, TV, Kinderbetten, Kinderspielplatz, Beratung für Wander- und Radtouren, viele Ausflugsziele bei jedem Wetter, Hausprospekt.

Anzahl	Art	qm	Personen	Preis
2	FeWo	35-58	2-5	ab 38,00 €

184205_1   F****

Sachen suchen – Bei den Tieren

Großformatige Schaubilder zeigen die heimischen, aber auch die fremden Tiere. Kleine Ausschnitte fordern zum Suchen und Wiederfinden auf. Ein spannender Such-Spaß!

Ab 2 Jahren, 24 Seiten   **4,95 €**

Nutzen Sie die Bestellkarte auf der letzten Seite!

Bayern
138 Berchtesgadener Land

143926_1   F****P****

Haus Jagerlehen****
Renoth, Georg und Maria
Lercheckerweg 25
83471 Berchtesgaden,
OT Oberau
Tel. 08652 - 4873
Fax 08652 - 4873

info@landurlaub-renoth.de
www.landurlaub-renoth.de

Gepflegtes Bauernhaus mit herrlichem Bergblick in Waldnähe, ruhig und sonnig, Liegewiese.

Zimmer mit D/WC, teilweise mit Balkon, Kinderermäßigung, gemütlicher Aufenthaltsraum mit Kühlschrank und Farb-TV.

Im Nebenhaus: eine sehr schöne Ferienwohnung mit 2 Schlafzimmern, D/WC, Wohnzimmer mit TV, kleine Küche, Diele, Terrasse, Südseite, Brötchenservice.

Grünland- und Forstbetrieb, Kühe, Mitarbeit möglich, kinderfreundlich.

Ausflugsziele in unmittelbarer Umgebung: Königssee, Kehlstein, Salzbergwerk, Salzburg.

Herrliche Bergwanderungen, Skilifte, Langlaufloipen, Wintervermietung.

Anzahl	Art	qm	Personen	Preis
1	FeWo	70		ab 40,00 €
4	Zi.		1-3	ab 18,00 €

346555_1   P****

Pension Rennlehen****
Wimmer, Hans u. Gertraud
Rennweg 21
Tel. 08652 - 62180
Fax 08652 - 66601

rennlehen@t-online.de
www.rennlehen.de

Ihr Traumurlaub in sonniger, ruhiger Alleinlage am Obersalzberg mit Komfortzimmern. Alle mit Balkon, Radio, Telefon, Sat-Empfang, D/WC; herrlicher Bergblick, reichhaltiges Frühstücksbüfett. Wellness: Fitnessraum, Dampfbad, Sauna, Sonnenbank. TT, Spiel- und Liegewiese, Grill, Bolzplatz, Gartenhäuschen, gemütlicher Aufenthaltsraum, Gästeküche, Streicheltiere, Reitmöglichkeit, Pony.

Anzahl	Art	qm	Personen	Preis
7	Zi.		2-4	ab 24,00 €

Bischofswiesen
⌘ 18 km 🚂 1,5 km

Ein herzliches Grüß Gott aus Bischofswiesen, der Heimat des mehrfachen Olympiasiegers im Rennrodeln, Georg Hackl. Der heilklimatische Kurort Bischofswiesen mit seinem imposanten Wahrzeichen, dem Watzmann, der abwechslungsreichen Hügel- und Berglandschaft und dem Königssee schafft ideale Voraussetzungen für erholsame Wanderungen und zünftige Radtouren. Lassen Sie den Alltag zurück und verbringen Sie unvergessliche Urlaubstage in Bischofswiesen.

Infos unter: Tourist-Information Bischofswiesen
Tel. 08652 - 977220 oder www.bischofswiesen.de

Bayern
Berchtesgadener Land 138

***Brandner, Martina und Sebastian
Reitweg 8-10
83483 Bischofswiesen,
OT Oberreitlehen
Tel. 08652 - 62260
Fax 08652 - 62267

oberreit@t-online.de
www.FeWo-Oberreit.de

236808_1

Einzelhof, Hausprospekt, Kurzurlaub möglich, Ferienwohnungen mit Kleinkinderausrüstung, Kinderbetten, TV, Zusatzzimmer buchbar, Grillplatz, Hausschlachtung, Grünland, Forstwirtschaft, Rinder, Schwein, Federvieh, Katzen, Hund, Pferd, Loipe ab Hof, Englischkenntnisse, genießen Sie Urlaub bei uns im Alpenidyll!

Anzahl	Art	qm	Personen	Preis	
4	FeWo	35-45	2-6	ab 45,00 €	F***/****

Ferienwohnungen Kressenlehen****
Lichtmannegger, Michael und Katharina
Kressenweg 16
83483 Bischofswiesen
Tel. 08652 - 1411
Fax 08652 - 979404

k-m.lichtmannegger@t-online.de
www.kressenlehen.de

317375_1

Mitten im Grünen, in sehr schöner ruhiger Lage mit Blick auf die gesamte Bergkette der Berchtesgadener Alpen. Unser neu erbauter Bauernhof mit komfortabel eingerichteten Ferienwohnungen bietet Ihnen alle Voraussetzungen für einen erholsamen Urlaub. Besuchen Sie unsere Homepage mit 360°-Video!

Anzahl	Art	qm	Personen	Preis	
8	FeWo	35-90	1-6	ab 40,00 €	F****

Marktschellenberg
🚶 8 km 🚲 7 km

Jedes Jahr halten die Marktschellenberger Gesundheitswochen ab. Im März leiten Ärzte zwei Wochen lang Entschlackungskuren, auch für stressbedingte Erkrankungen und Koronarpatienten. Aktiv: Reiten, Schwimmen, Lehrwandern. Ausflug: Mozartstadt Salzburg mit Festspielen. Bergsteiger verlustieren sich in der wildromantischen Almbachklamm, den Wandergebieten Ettenberg und Scheffau sowie auf Berg- und Klettertouren am Untersberg. Arno-Weitwanderweg in unmittelbarer Nähe.

Infos unter: Verkehrsamt Marktschellenberg
Tel. 08650 - 988830 oder www.marktschellenberg.de

Freidinglehen****
Aschauer, Gertraud und Martin
Obersteinerweg 21
83487 Marktschellenberg,
OT Scheffau
Tel. 08650 - 1341
Fax 08650 - 984606

info@freidinglehen.de
www.freidinglehen.de

231905_1

Einzelhof mit Ferienwohnungen mit 3 Schlafräumen, ganzjährige Vermietung, Brötchenservice, Kinder-Ermäßigung, Balkon, Kinderbetten, TV, selbst gebackenes Brot, Hausschlachtung, Rinder, Schweine, Federvieh, viele Ausflugsziele und Angebote in der Umgebung. Wir freuen uns auf Ihr Kommen!

Anzahl	Art	qm	Personen	Preis	
2	FeWo	70-100	2-6	ab 50,00 €	F****

Bayern
138 Berchtesgadener Land

161069_1 F***/****P***

****Brandauer, Franz
Kedererweg 11
83487 Marktschellenberg,
OT Scheffau
Tel. 08650 - 858
Fax 08650 - 984488
kederlehen@t-online.de
www.kederlehen.de

Vom Kneipp-Bund e.V. anerkannter Gesundheitshof, kinderfreundlich, ruhige, familiäre Atmosphäre, Zimmer mit D/WC, BK und großem Frühstück, bestens ausgestattete Ferienwohnungen mit TV, SE, Kinderbetten, Grünland, Rinder, Katzen, Wintervermietung, Sauna, Kneippeinrichtung, vielfältige Ausflugsmöglichkeiten.

Anzahl	Art	qm	Personen	Preis
3	FeWo	30-66	2-6	ab 40,00 €
2	Zi.		2-3	ab 19,00 €

229190_1 F****

Haus am Wald****
Brandner, Susanne und Franz
Alte Berchtesgadener Str. 42
83487 Marktschellenberg
Tel. 08650 - 518
Fax 08650 - 1241
info@landurlaub-brandner.de
www.landurlaub-brandner.de

Natur und Kultur, Radl oder Motorrad! Golf, Wandern, Kajak, Gleitschirm oder Canyoning! Bauerntheater, Kirchweih, Bierzelt und Museum! Skifahren, Rodeln u. v. m. Lassen Sie sich von der Vielfalt Berchtesgadens und dem Komfort unserer Nichtraucher-Ferienwohnungen überzeugen - allein, zu zweit, mit Familie oder Freunden.

Anzahl	Art	qm	Personen	Preis
2	FeWo	65	2-4 (5)	ab 60,00 €

229026_1 F****

Schmuckenhof****
Ebner, Siegfried und Hermine
Schmuckenweg 6
83487 Marktschellenberg
Tel. 08650 - 553
Fax 08650 - 919969
anfrage@schmuckenhof.de
www.schmuckenhof.de

Einzelhof direkt am Waldrand, familiäre Atmosphäre, Ferienwohnungen und Doppelzimmer mit D/WC, TV, Balkon, Spielplatz, Liegewiese, Grillplatz, Parkplatz, Solarium, Sauna, Dampfbad, Kneippbecken, Gastpferdeboxen, Hundezwinger.
Bitte fordern Sie unseren Hausprospekt an!

Anzahl	Art	qm	Personen	Preis
5	FeWo	45-60	2-5	ab 30,00 €

74813_1 F****

„Michinglehen"****
Familie Köppl
Nesseltalweg 5
83487 Marktschellenberg,
OT Scheffau
Tel. 08650 - 984454
Fax 08650 - 984453
m.koeppl@t-online.de
www.michinglehen.de

Unser Hof liegt in ruhiger Lage zwischen Wiesen u. Wäldern im gentechnikfreien Ort Marktschellenberg. Er ist idealer Ausgangspunkt für Wanderungen, Bergtouren u. Ausflugsziele zwischen Salzburg u. Königssee. Genießen Sie die kostbarste Zeit des Jahres in einer unserer Nichtraucher-Ferienwohnungen.
Wir freuen uns auf Sie!

Anzahl	Art	qm	Personen	Preis
3	FeWo	60-80	2-5	ab 47,00 €

Bayern
Berchtesgadener Land 138

Amerosen****
Krenn, Johann u. Rosemarie
Goetschenweg 4
83487 Marktschellenberg
Tel. 08650 - 405
Fax 08650 - 984885
hans@krenn-amerosen.de
www.krenn-amerosen.de

Sehr sonnig und ruhig liegt unser Bergbauernhof auf 800 m Seehöhe mit wunderschönem Ausblick auf die Berchtesgadener Bergwelt. Idealer Ausgangspunkt für Wanderungen. Lassen Sie sich verwöhnen mit Sauna, Aroma- u. Dampfbad, Solarium u. Kneippmöglichkeiten. Die FeWo sind komplett im bäuerlichen Stil ausgestattet. Preis nach Personenanzahl v. 40,- bis 70,- € inkl. NK.

Anzahl	Art	qm	Personen	Preis
3	FeWo	68-80	2-6	ab 40,00 €

269913_1 F****

Krugermeierlehen***
Moldan, Franz
Tiefenbachstr. 14
83487 Marktschellenberg,
OT Landschellenberg
Tel. 08650 - 524
Fax 08650 - 984588
info@krugermeierlehen.de
www.krugermeierlehen.de

Hof am Ortsrand, Waldnähe, Doppelzimmer mit D/WC, Kinderermäßigung, Ferienwohnungen auf Wunsch mit Frühstück, Kinderbetten, TV, Grillplatz, Grünland- und Forstbetrieb, Kühe, kinderfreundlich. Ausflugsziele: Salzburg, Bad Reichenhall, Königssee, Salzbergwerk, Kehlstein, Jenner, Rossfeld.

Anzahl	Art	qm	Personen	Preis
1	FeWo	55	2-5	ab 35,00 €

184196_1 F***

Pfeffererlehen Familienbauernhof***
Stanggassinger, Heinrich
Tiefenbachstr. 8
83487 Marktschellenberg, OT Scheffau
Tel. 08650 - 481
Fax 08650 - 985950

info@pfeffererlehen.de
www.pfeffererlehen.de

Hof am Ortsrand, Tiere hautnah erleben und streicheln können, wandern und Rad fahren.

Alle gemütlichen Wohnungen mit 2 getrennten, bzw. 3 getrennten Schlafzi. Zum Teil 3 getr. DU/WC, 2x wöchentlich Reiten.

Sehr kinderfreundlich, viel Platz zum Toben u. Spielen. Nach Salzburg 14 km, nach Berchtesgarden 9 km. Solarium, Fitnessraum, Mountainbikes, Grillplatz, Tischtennis, Pferde, Ponys, Rinder, Ziegen, Schweine, Hund, Katzen, Hühner und Hasen, Lagerfeuer, Reiten, geführte Wanderungen.

Wir bieten mehr als andere, und wissen, was Ihnen gefällt!

Anzahl	Art	qm	Personen	Preis
3	FeWo	37-84	2-8	ab 40,00 €
3	Zi.		1-2	25,00 €

184224_138 F*** P***

807

Bayern
138 Berchtesgadener Land

Ramsau
🚶 20 km 🚆 15 km

Ramsau ist von Bergen umgeben, es liegt im Berchtesgadener Talkessel. Das Gebiet wird geografisch abgeschlossen durch Watzmann- und Hochkaltermassiv, Lattengebirge sowie Reiteralpe-Massiv nach Österreich hin. Hier liegt das wildromantische Wimbachtal. Das Ramsauer Tal durchfließt die Ramsauer Ache. Zugänge bilden die Pässe Schwarzbachwacht, Hirschbichl und Hochschwarzeck. In der Gemeinde liegt der einzige Hochgebirgs-Nationalpark der Bayrischen Alpen.

Infos unter: Tourist-Information Ramsau
Tel. 08657 - 988920 oder www.ramsau.de

303505_1 G***

Gästehof WörndlhofG***
Bartels, Wolfgang
Am See 21
83486 Ramsau
Tel. 08657 - 373
Fax: 08657 - 764

woerndlhof@t-online.de
www.woerndlhof.de

Stille hören, Natur genießen, Urlaub erleben! Unser Motto für Sie. Entspannen in ruhiger und bester Ausgangslage am Hintersee in Ramsau, der ideale Ausgangspunkt für zahlreiche Tagesausflüge und Wandertouren. Kulinarisch verwöhnen wir Sie mit regionalen und nationalen Produkten und Spezialitäten wie z. B. fangfrischen Forellen und Saiblingen in unserem Restaurant. Wir freuen uns auf Ihren Besuch!

Anzahl	Art	qm	Personen	Preis
11	Zi.	20-45	1-5	ab 34,00 €

184190_1 P***

Kaltbachlehen***
Maltan, Sebastian
Alpenstr. 97
83471 Ramsau,
OT Taubensee
Tel. 08657 - 273
Fax 08657 - 983703

maltan.wasti@t-online.de
www.kaltbachlehen.de

Schönes, gepflegtes Bauernhaus, eigene Alm, große Liegewiese und Terrasse, gemütlicher Aufenthaltsraum, Doppelzimmer mit D/WC, teilweise mit Balkon, MBZ mit D/WC und Balkon, ganzjährige Vermietung, Grünland- und Forstbetrieb, Kühe, Rinder, Katzen, Schweine, Schafe, Tischtennis, Mitarbeit möglich, kinderfreundlich.

Anzahl	Art	qm	Personen	Preis
6	Zi.	16-21	2-4	ab 15,00 €

Genießer-Urlaub

„Urlaub beim Winzer" lädt Sie zu genussreichen Tagen in Deutschlands schönen Weinregionen ein. Wählen Sie aus über 100 Winzerhöfen Ihr Feriendomizil aus.

12,90 €

Nutzen Sie die Bestellkarte auf der letzten Seite!

Bayern
Unterallgäu 140

Pfaffenhausen
🚶 10 km 🚆 3 km

Pfaffenhausen liegt im nördlichen Unterallgäu. Mächtig grüßt die große Kirche in alle Richtungen und lenkt den Blick auf einen besonderen Ort. Die Kenner unserer Heimat verbinden mit Pfaffenhausen einige Begriffe, wie: alter Marktflecken, prächtige Kirche, südlichster Storchenstandort, freundliche Gaststätten, die traditionsreiche Storchenbrauerei u. v. m. Es lohnt sich also, den schmucken Marktflecken im breiten Mindeltal näher vorzustellen und damit gleichzeitig zu einem Besuch/Halt einzuladen.

Infos unter: Gemeinde Pfaffenhausen
www.marktpfaffenhausen.de

Ferienhof Hertlehof****
Familie Biehler
Hertlehof
87772 Pfaffenhausen
Tel. 08265 - 329
Fax 08265 - 329
biehler@hertle-hof.de
www.hertlehof.de

Unser Kneipp-Gesundheitshof ist wunderschön mitten in den Wiesen gelegen. Erholen Sie sich in einer nach Feng Shui gebauten 4-5-Sterne-Wohnung. Entspannen Sie bei uns in: Sauna, Whirlpool, Massage, Reiki und Kosmetik. Für Kinder steht ein gr. Spielplatz, Spielzimmer u. Spielstadl zum Entdecken bereit. Unsere Streicheltiere freuen sich schon auf die Streicheleinheiten.

Anzahl	Art	qm	Personen	Preis
5	FeWo	30-75	2-6	ab 30,00 €

336862_1   F****/*****

Genießer-Urlaub
Urlaub beim Winzer · Genießen auf dem Land

„Urlaub beim Winzer" lädt Sie zu genussreichen Tagen in Deutschlands schönen Weinregionen ein. Wählen Sie aus über 100 Winzerhöfen Ihr Feriendomizil aus.

12,90 €

Genuss, Qualität und Frische gepaart mit frischer Landluft und herzlichen Menschen, das ist es, was Sie mit diesem Reiseführer kennen lernen.

12,90 €

Nutzen Sie die Bestellkarte auf der letzten Seite!

Bayern
141 Westallgäu

Isny Allgäu

Gesangsverein
Kühe, Schafe, Ziegen, Pferde, Hunde, Katzen, Gockelhahn

Isny Marketing GmbH 07562. 97563-0 www.isny.de

Ellhofen
20 km / 5 km

Voralpenlandschaft: sanfte Hügel mit Hausbachklamm, Enschenstein (beeindruckendes Felsmassiv) und Erratischer Block (Eiszeitfindling), Wassergymnastik, historisches Rathaus, sehenswerte Kirchen und Kapellen, malerischer Ortskern, Kurpark, Kegelbahn, Squash, Kneippanlage, Spielplätze, Minigolf, Yoga, traditionelle Käserei (Besichtigung und Käseverkauf), verschiedene Feste während der Sommermonate.

Infos unter: Kur- und Gästeamt
Tel. 08387 - 39150 oder www.weiler-tourismus.de

Burghof**
Lau, Martin
Burg 1
88171 Ellhofen
Tel. 08384 - 237   urlaub@ferienhof-lau.de
Fax 08384 - 821217   www.ferienhof-lau.de

Spätestens wenn die Kinder fragen: „Wo wächst die Butter?" hilft nur eins - Urlaub auf dem Bauernhof. Unser Einzelhof am Waldrand mit weitem Blick ins Land u. Quellwasser am Haus bietet alles, was zu einem 4-Sterne-Bauernhof gehört. Für das besonders familienfreundl. Ferienangebot hat uns das Bundesministerium für Jugend und Familie ausgezeichnet. Besuchen Sie uns im Internet!

Anzahl	Art	qm	Personen	Preis
2	FeWo	55-60	4-5	ab 37,00 €
1	FH	80	2-5	ab 43,00 €

74717_1   F****

Auf dem Bauernhof

Auf dem Bauernhof gibt es viel zu entdecken. Wo leben die Tiere? Was wird da geerntet? Welche Fahrzeuge sind das? Spannende Klappen geben überraschende Einblicke.

Ab 4 Jahren, 16 Seiten   **12,95 €**

Nutzen Sie die Bestellkarte auf der letzten Seite!

Bayern
Westallgäu 141

Grünenbach
🚶 8 km 🚆 10 km

Grünenbach liegt 35 km vom Bodensee entfernt. Naturschutzgebiet Eistobel, eingerahmt von bis zu 130 m hohen Felswänden stürzt dort das Wasser der oberen Argen über mehrere Felswände entlang eines drei Kilometer langen Wanderweges talwärts. Viele ausgeschilderte Wanderwege. Badeseen, Spaßbäder im Umkreis von 10 km. Kursanatorium-Landhaus König, Maibaum, verschiedene Feste der Vereine. Käserei.

Infos unter: Verkehrsverein Grünenbach
Tel. 08383 - 346 oder www.gruenenbach.de

Ferienhof Wiedemann***
Petra Wiedemann
Ebratshofen 10
88167 Grünenbach,
OT Ebratshofen
Tel. 08383 - 9587
Fax 08383 - 9588
info@ferienhof-wiedemann.de
www.ferienhof-wiedemann.de

Romantischer Bauernhof im Ort, liebevoll im bäuerlichen Stil eingerichtete Appartements mit TV und DZ mit D/WC, großer Garten mit Liegewiese, Gartenhaus, Grillplatz. Idealer Ausgangspunkt für Tagestouren. Grünlandbetrieb mit eigener Alpe und Mutterkühen, Schafen, Hasen und Katzen.

Anzahl	Art	qm	Personen	Preis
3	FeWo	24-47	2-4	ab 36,00 €
3	Zi.	19-20	1-2	ab 19,00 €

74785_1 F***P***

Maierhöfen
🚶 7 km 🚆 Oberstaufen

„Abseits vom Trubel - mitten im Leben", unser Maierhöfer Leitspruch. Über Maierhöfen liegt der höchste Aussichtspunkt des Westallgäus, die *Kugel* mit 1069 m. Das etwa 3,5 km lange Naturschutzgebiet *Eistobel* bietet zu jeder Jahreszeit ein unvergleichliches Naturerlebnis. Bildhauerkunst u. Literatur sind entlang des *Skulpturenweges* aufgestellt. Auch im Winter ist in Maierhöfen einiges geboten: 2 Ski- u. Kinderlifte, Skischule, Rodelhang, Winterwanderwege, Schneeschuhwandern u. 60 km Langlaufloipen. Da ist für jeden etwas dabei.

Infos unter: Gästeamt Maierhöfen
Tel. 08383 - 98040 oder www.maierhoefen.de

Bengelhof****
Holzer, Winfried
Bengel 5
88167 Maierhöfen, OT Bengel
Tel. 08383 - 478
Fax 08383 - 1349
mail@bengelhof.de
www.bengelhof.de

Herzlich willkommen auf unserem Bauernhof in ruhiger, sonniger Lage mit Blick auf die Alpen. Ferienwohnungen mit Balkon, Kinderbetten, SE, Sat-TV. Aufenthaltsraum, Spiel- und Grillplatz mit Liegewiese. Kühe, Hasen, Katzen, Hund, Ziege, Hühner. Gespurte Langlaufloipe am Hof, eigene Alpe. Supersparwochen. Hausprospekt.

Anzahl	Art	qm	Personen	Preis
4	FeWo	50-60	2-5	ab 45,00 €

119016_1 F****

Bayern

141 Westallgäu
142 Ostallgäu

Nonnenhorn

... zwischen Obstbäumen und Weinreben liegt der malerische Luftkurort direkt am bay. Bodensee. Das Weindorf mit seiner spätgotischen St.-Jakobus-Kapelle u. dem Weintorkel wird umrahmt von einer reizvollen Landschaft mit Alpenkulisse. Im Frühjahr die atemberaubende Obstblüte und der farbenfrohe Herbst zur Erntezeit. Schiffsfahrten, Segeln, Rad-/Wander-/Nordic-Walking-Wege etc. sowie Ausflüge nach A und CH. Beheiztes Strandbad am See. Konzerte, Serenaden, Feste, wöchentl. Veranstaltungen und ein buntes Kinder-Ferienprogramm gestalten die Saison. Für das leibliche Wohl sorgen hervorragende Gaststätten und die guten Seeweine. Fernab vom Alltag kann man einfach mal **„Am See genießen"**.

Infos unter: Verkehrsamt Nonnenhorn
Tel. 08382 - 8250 oder www.nonnenhorn.eu

Gästehaus Hornstein***

Hornstein, Gabriele
Uferstraße 14
88149 Nonnenhorn
Tel. 08382 - 8483
Fax 08382 - 89827

info@gaestehaus-hornstein.de
www.gaestehaus-hornstein.de

Es erwartet Sie ein Haus in ruh. u. sonniger Wohnlage. Sauna, Solarium, gr. Aufenthaltsraum, Liegewiese, privater See-Naturbadestrand, Fahrradgarage/-verleih kostenfrei, Parkplätze am Haus. Eigener Wein- u. Obstanbau mit Erzeugnissen aus Kelterei u. Brennerei. Ein „Rädle", andernorts als Besenwirtschaft bezeichnet, bietet guten Wein u. zünftiges Vesper, auch fröhliche Gesellschaft.

Anzahl	Art	qm	Personen	Preis
5	FeWo	35-65	2-5	ab 52,50 €
8	Zi.	20-35	2	ab 27,00 €

2005947_1 F**/***P***

Lechbruck am See

🚶 25 km

Familienurlaub im Land des Märchenschlosses Neuschwanstein. Erleben und genießen mit allen Sinnen. Im Voralpenland gelegen, Fluss- und Seenlandschaft mit Blick auf die Berge. Naturschutzgebiet, Segeln, Bootfahren, Rafting, frühklassizistische Kirche, Flößermuseum, Exkursionen auf den Spuren der Flößer und entlang der Römerstraße, Dorffeste, Bootsverleih, Starkbierfest, lange Museumsnacht.

Infos unter: Tourist-Information
Tel. 08862 - 987830 oder www.lechbruck.de

Wagegger Hof****

Leiß, Christine
Wagegg 1
86983 Lechbruck am See,
OT Wagegg
Tel. 08862 - 8219 oder 77693
Fax 08862 - 987947

info@ferienhofleiss.de
www.ferienhofleiss.de

Einzelhof auf einer Anhöhe mit herrlichem Alpenblick. Schönste Rad-/Wanderwege direkt ab Hof. Sowie eigener Forellenbach zum Angeln. Grünland/Forstbetrieb mit Mutterkühen, Kälbern, Ponys, Katzen, Hasen, Enten, Ziegen, Gartenhaus, Grillmöglichkeit, Liegewiese, TT, Spielplatz, Trettraktoren, Bergcart, Kicker u.v.m. Hausprospekt.

Anzahl	Art	qm	Personen	Preis
5	FeWo	45-90	2-5	ab 47,00 €

74718_1 F***/****

Bayern
Oberallgäu 143

Balderschwang

„Dem Himmel am nächsten" - kleinste und höchstgelegene selbständige Gemeinde Bayerns, bekannt wegen Schneereichtum/-sicherheit im Winter und Natürlichkeit mit 7 Sennalpen im Sommer. Badeweiher und Kinderspielplatz, Wald- und Naturerlebnispfad. Heimatabende mit Trachtengruppe, Scheuenwasserfall, Kinderspielplatz, Wald- und Naturerlebnispfad. Alpsennereien mit Besichtigung und Käseprobe Burglmesse.

Infos unter: Verkehrsamt Balderschwang
Tel. 08328 - 1056 oder www.balderschwang.de

Theresienhof***
Bilgeri, Michael
Schlipfhalden 37
87538 Balderschwang
Tel. 08328 - 1045
Fax 08328 - 344
info@theresienhof.com
www.theresienhof.com

Familien- und kinderfreundlicher Hof am Ortsrand in ruhiger, sonniger Lage. Ferienwohnungen voller Bergromantik und mit freier Sicht auf die Berge. Wanderwege und Loipe direkt vom Haus aus, Kinderspielplatz, Tischtennisraum, auf Wunsch Frühstück. Bitte Hausprospekt anfordern!

Anzahl	Art	qm	Personen	Preis
8	FeWo	30-60	2-6	ab 28,00 €

27294_1   F**/***P***

„Bim schwarza Stürar"***
Steurer, Christl und Josef
87538 Balderschwang
Tel. 08328 - 1068
Fax 08328 - 924736
info@ferien-bei-steurers.de
www.ferien-bei-steurers.de

Bergbauernhof im Hochallgäu mit eigener Butter- und Käseherstellung. Komfortabel ausgestattete Doppel-, Mehrbettzimmer und Ferienwohnungen. Bergwandern in Naturwiesen, saubere Luft, Aufenthaltsraum, Spielplatz, Liegewiese, Freisitz, Grill, Kühe, Kälber, Schweine, Katzen, Loipe am Haus, Lift in der Nähe, traumhaftes Wandergebiet.

Anzahl	Art	qm	Personen	Preis
2	FeWo		2-4	ab 40,00 €
4	Zi.		2-3	ab 20,00 €

111247_1   F***P***

Genießer-Urlaub

Genuss, Qualität und Frische gepaart mit frischer Landluft und herzlichen Menschen, das ist es, was Sie mit diesem Reiseführer kennen lernen.

12,90 €

Nutzen Sie die Bestellkarte auf der letzten Seite!

Bayern
143 Oberallgäu

Blaichach
🚶 20 km 🚉 Sonthofen

Willkommen in Blaichach und dem Gunzesrieder Tal! Seiner zentralen Lage wegen ist Blaichach der ideale Ausgangspunkt für Ausflüge in Richtung Österreich, an den Bodensee oder zu den Königsschlössern. Das Wander- und Radwegenetz reicht von den Illerauen über das Gunzesrieder Hochtal (900-1750 m). Ein Urlaubsparadies in unverfälschter Natur. Die Blaichacher freuen sich, Sie demnächst als Gast zu begrüßen und heißen Sie herzlich willkommen.

Infos unter: Gemeinde Blaichach
Tel. 08321 - 80080 oder www.blaichach.de

Landhaus „Waibelhof"****
Waibel, Peter und Gabriele
Gunzesrieder Tal 74
87544 Blaichach,
OT Gunzesried
Tel. 08321 - 4580
Fax 08321 - 4528
info@waibelhof.de
www.waibelhof.de

Oberallgäu Gunzesrieder Tal

Ferienhof der Spitzenklasse

74780_1   F**** p****

Buchenberg
🚶 10 km

Buchenberg nennt sich *die Sonnenterrasse des Allgäus*. Der Ort ist im Sommer sehr grün und im Winter oft sehr weiß - dann kann man dort langlaufen, Ski alpin und Snowboard fahren, auf die Eisstockbahn gehen und sich hinterher aufwärmen im Freizeitbad mit Sauna. Im Grünen powerwalken Sie über Wanderwege zum Badesee oder Minigolf, Reiten auf dem Trimm-Trab Richtung Heimatmuseum und Frei-/Hallenbad (12 km). Asphaltstockbahn, Ballonfahrten. Pfarrkirche Buchenberg.

Infos unter: Tourist-Info Buchenberg
Tel. 08378 - 920222 oder www.buchenberg.de

***Familie Haggenmüller
Eschach 105
87474 Buchenberg,
OT Eschach
Tel. 08378 - 265
Fax 08378 - 932191
info@ferienhof-haggenmueller.de
www.ferienhof-haggenmueller.de

Grünlandbetrieb mit Jungvieh, Pferd und Ziegen, auf 1000 m Höhe gelegen mit herrlichem Blick auf die Alpen.
Wanderwege und Loipen direkt vom Haus aus.
Doppelzimmer mit Frühstücksbüfett; Ferienwohnung auf Wunsch mit Frühstück. Tennis, Kicker und Riesentrampolin.

Anzahl	Art	qm	Personen	Preis
1	FeWo	55	2-4	ab 38,00 €
4	Zi.	16-18	1-2	ab 25,00 €

27620_1   F***p***

814

Bayern
Oberallgäu 143

Burgberg im Allgäu
🚶 23 km 🚉 4 km

Knappendorf Burgberg ist im Voralpenland gelegen, direkt am Fuße des Grünten, dem Wächter des Allgäus, Voralpenlandschaft, Wandergebiet, kleines Moosgebiet, ausgeschildertes Rad- und Wanderwegenetz, Nordic-Walking-Strecken, Schneeschuhwanderungen, geführte Wanderungen, Natur-Freibad, Segelflugplatz, Erzgruben-Erlebniswelt, Kegelbahn, Mo-Lok-Eisenbahnausstellung, Naturlehrpfad, Allgäuer Käse.

Infos unter: Gästeinformation Burgberg
Tel. 08321 - 787897 oder www.burgberg.de

Auenhof***
Müller, Otto und Hedwig
Agathazell Nr. 15
87545 Burgberg,
OT Agathazell
Tel. 08321 - 81868
Fax 08321 - 81868

auenhof.mueller@web.de
www.auenhof-agathazell.de

Sehr schöne Einzellage mit herrlichem Bergblick. Grünlandbetrieb, Pferde, Rinder und Kleintiere. Ferienwohnung mit Wohnküche, 2 großen Schlafzimmern, Balkon, TV, Bad mit sep. WC, Spiel- und Liegewiese, Moorwanderweg, Bergwandern, Wintersportmöglichkeiten, Loipe am Haus.

Anzahl	Art	qm	Personen	Preis
1	FeWo	70	2-5	ab 38,00 €

74733_1   F***

Immenstadt
🚶 8 km 🚉 6 km

Die beiden Perlen der Gegend sind der große und der kleine Alpsee, die bei Immenstadt liegen. Im Sommer finden Open-Air-Tage auf der Seebühne in Bühl am Alpsee statt, die erst 2003 gebaut wurde und schon bekannt ist. Im Sommer: Segeln, Bootfahren, Wasserskien und Surfen; im Winter: Eislaufen und Eisstockschießen. Sehr vielfältiges Freizeitangebot: (Winter-) Wanderwege, Biotop, Kletterwald, Langlauf & Skating, Ski & Snowboard, Rodeln, Schneeschuhwandern, Bergbauernmuseum.

Infos unter: Gemeinde Immenstadt
Tel. 08323 - 914176 oder www.immenstadt.de

Herzhof***
Familie Herz
Dietzen 7+8
87509 Immenstadt-Eckarts
Tel. 08379 - 7442
Fax 08379 - 7768

info@herzhof.de
www.herzhof.de

Kinderfreundlicher Einzelhof, Ferienwohnungen, Appartement und DZ mit D/WC und Balkon, Küchenbenutzung, Kinderermäßigung, Kinderbetten, Grünland- und Forstbetrieb, Mitarbeit möglich. Milchkühe, Kälber, Schweine, Kleintiere, Liegewiese, Tretbecken, Gartenhaus, Grillmöglichkeit, Loipe, Übungs- und Rodelhang.

Anzahl	Art	qm	Personen	Preis
3	FeWo	28-46	2-4	ab 28,00 €
2	Zi.		1-2	ab 18,00 €

90032_1   F***P***

Bayern
143 Oberallgäu

105904_1 F**/***

Ferienhof Klepf**
Familie Klepf
Knottenried 11
87509 Immenstadt,
OT Knottenried
Tel. 08320 - 284
Fax 08320 - 1375

info@ferienhofklepf.de
www.ferienhofklepf.de

Einzelhof, Ferienwohnungen mit Kinderbetten, Waschmaschine, Bettwäsche und Handtücher inklusive, Saisonermäßigung. Grünland- und Forstbetrieb, Rinder, Schweine, Federvieh, anerkanntes Erholungsgebiet, Langlaufparadies am Haus, Tischtennis, Sternwarte, Spielplatz. Bitte Hausprospekt anfordern!

Anzahl	Art	qm	Personen	Preis
3	FeWo	35-60	2-5	ab 30,00 €

ferienhof westenried

74783_143

Unser Bauernhof ist ein Paradies für Kinder und Familien, für Naturfreunde und Ruhesuchende.

Ihr Urlaub im Herzen des Allgäus: keine Straßen, kein Verkehr, dafür viele Tiere und idyllische Ruhe.

Unsere Ferienwohnungen bieten den richtigen Rahmen, um sich rundum wohl zu fühlen.

Erleben Sie bei uns Landleben im Frühjahr, Sommer, Herbst und Winter.

Eine familiäre Atmosphäre und herzliche Gastfreundschaft erwarten Sie! Herzlich willkommen!

5 *** & ****-Ferienwohnungen (42 – 65 qm) für 2 – 4 Personen ab 40 EUR/Übernachtung

Gerne senden wir Ihnen unser Hausprospekt zu.

Familie Hans-Peter Weber · Knottenried 12 · 87509 Immenstadt/Allgäu
Tel. 0 83 20-3 20 · Fax 0 83 20-92 50 45 · www.westenried.de · urlaub@westenried.de

So geht's zu auf dem Bauernhof

Die Foto-Sachgeschichten zeigen, wie Landwirte mit riesigen Traktoren ihre Felder bearbeiten. Was Erdbeerbauern im Tunnel machen. Wie Kühe Milch geben. Und wie Schweine Strom machen …

Ausgezeichnet von der Akademie für Kinder- und Jugendbuchliteratur

9,95 €

Nutzen Sie die Bestellkarte auf der letzten Seite!

Bayern
Oberallgäu 143

Obermaiselstein
🚂 7 km

Die Luft ist rein, würzig, pollenarm, die Sonne auf dem Hochplateau scheint überdurchschnittlich lange, das alpine Reizklima tut gut. Dort, wo Quellen aus den Felsen treten, löscht man getrost seinen Durst nach aufregendem Rafting in der Iller, Gleitschirmfliegen als Passagier, Reiten (Haflinger, Hof/Halle), leichter Höhenwanderung. Im Winter nach der Schlittenfahrt: Schneeballschlacht auf 860 m ü. NN. Unbedingt einplanen: Führung durch die Sturmannshöhle, wo das Allgäu einen Riss hat!

Infos unter: Obermaiselstein-Tourismus
Tel. 08326 - 277 oder www.obermaiselstein.de

Gästehaus „Alpenecho"***
Berwanger,
Andreas und Rosemarie
Niederdorf 12
87538 Obermeiselstein
Tel. 08326 - 7450
Fax 08326 - 35188

www.obermaiselstein.de/alpen-echo

Hof im Ort, Hausprospekt, komfortable Ferienwohnungen, teilweise auch als Doppel- und Mehrbettzimmer mit Dusche/WC und Balkon, mit Frühstück ab 18,- € zu vermieten, Kinder-Ermäßigung. Komfortabel eingerichtete Ferienwohnungen mit Kinderbetten, Saisonermäßigung und TV. Aufenthaltsraum.

Grünlandbetrieb mit Rindern, Mitarbeit im Stall möglich, Sandkasten, Kinderspielplatz, Liegewiese, Tischtennis.

Ideales Wintersportgebiet, Skiparadies Grasgehren, Nebelhorn, Loipe am Haus, Skischule und Skikindergarten am hauseigenen Kleinschlepplift.

Auf Wunsch Frühstück auch in den Ferienwohnungen möglich.

74380_1   F**/***

Anzahl	Art	qm	Personen	Preis
6	FeWo	35-70	2-6	ab 29,00 €

Fühl mal die Tiere vom Bauernhof

Das weiche Fell des Lämmchens, das Ringelschwänzchen des Schweinchens, die kuscheligen Ohren vom Kälbchen oder den zotteligen Schweif des Pferdes – hier auf dem Bauernhof kann alles gestreichelt werden.

Ab 18 Monaten, 10 Seiten **9,95 €**

Nutzen Sie die Bestellkarte auf der letzten Seite!

Bayern
143 Oberallgäu

Oberstaufen
🚶 31 km

Alpenflair mit Anspruch, das einzige Schroth-Heilbad Deutschlands, die Ferienregion Oberstaufen liegt im südlichen Teil Deutschlands. Die einmalige landschaftliche Kombination aus Mittelgebirgslandschaft und alpinem Gelände, zwischen Schloss Neuschwanstein und Bodensee, macht den Ort zum Urlaubsparadies. Wellness, viele Feste, Bergbahnen, Erlebniswanderwege, Fußballferiencamp.

Infos unter: Oberstaufen Tourismus Marketing GmbH
Tel. 08386 - 9300-0 oder www.oberstaufen.de

Ferienhotel Starennest***
Familie Zinth
Fluhstr. 14
87534 Oberstaufen,
OT Schnidelberg
Tel. 08386 - 939360
Fax 08386 - 9393613

info@starennest.de
www.starennest.de

Doppelzimmer, Familienappartements mit separatem Kinderzimmer oder Ferienwohnungen, Halbpension.

Kleintiere, Rinder, Kinderspielraum, Spielplatz, Kinderspielscheune mit Heuhüpfburg, Gästewanderungen, Grillabende, Tischtennis.

Skilifte, Skikurse und Loipe direkt am Haus. Garten mit Wassertretbecken, sehr ruhige und sonnige Lage, Golfplätze und Tennisplätze.

Familienpauschalpreise mit Halbpension.

Erlebnisbad Aquaria, Bergbahnen und Skilifte, Sommerrodelbahn kostenlos.

82686_1 ***

Anzahl	Art	qm	Personen	Preis
13	Zi.	20-50	2-4	ab 35,00 €

Oberstdorf
🚶 30 km 🚆 8 km

Rundum ersteigbare Rundsichtgipfel. Dazu Bergseen, Hochmulden und Hangwälder; milde und südliche Täler allein für Wanderer, Radler und Pferdewagen. Geführte Gemeinschaftswanderungen (botanisch - geologisch und vogelkundlich im Sommer) sowie Berg- u. Hüttentouren 200 km lang, mit leichten Hangpfaden und sportlichen Bergsteigen. Kuranw. Ausflüge: Schloss Neuschwanstein, Insel Mainau. Skilifte und Bergbahnen, Langlaufloipen, Schlittenfahrten - und das bei Super-Schnee.

Infos unter: Kurverwaltung und Tourist-Information Oberstdorf
Tel. 08322 - 7000 oder www.oberstdorf.de

Bayern
Oberallgäu 143

Bergbauernhof Serafin***
Berktold, Maria und Michael
Anatswald 2
87561 Oberstdorf
Tel. 08322 - 6177
Fax 08322 - 959193

hausserafin@t-online.de
www.bergbauernhof-serafin.de

Einzelhof, Hausprospekt, mit Liebe zum Detail eingerichtete Ferienwohnungen, KE, KB, Waschmaschine, Bettwäsche, TV, Grillplatz, Spielplatz, Mitarbeit möglich, Liegewiese, Brötchenservice, Englischkenntnisse, Grünland, Rindvieh, Schafe, Federvieh, Esel, Sauna, Bergwandern und Bergsteigen vom Haus aus möglich. Freie Fahrt im Sommer mit unseren 5 gr. Bergbahnen.

241257_1   F***/****

Anzahl	Art	qm	Personen	Preis
3	FeWo	50-58	2-5	ab 48,00 €

Berggasthof Spielmannsau***
Geiger, W. u. J.
Spielmannsau 4
87561 Oberstdorf
Tel. 08322 - 96030 oder 3015
Fax 08322 - 8860

info@Spielmannsaude
www.Spielmannsau.de

Erfahren Sie liebenswerte Gastlichkeit - ob in unserem neu erbauten Gasthof oder dem gemütlichen Landhaus. Lassen Sie die schönsten Tage des Jahres zu einem unvergesslichen Erlebnis werden.

Wohnbehagen in komplett eingerichteten Ferienwohnungen oder in Gästezimmern mit Bad oder Dusche/WC, TV-Anschluss und Telefon. Außerdem stehen Ihnen ein Kaminzimmer, ein Tischtennisraum, eine große Liegewiese, Sauna, Solarium, Leihfahrräder, Garagen und ausreichend Parkplätze zur Verfügung.
Das Tal ist für den Autoverkehr gesperrt, nur unsere Hausgäste erhalten eine Sondergenehmigung.

Grünland, Forstwirtschaft, Schafe, Ziegen, Schweine, Pferd, Reitmöglichkeit, Kutsch- und Schlittenfahrten.

Preise: ÜF 25,00 bis 45,00 €, HP 33,50 bis 57,50 €.
Ferienwohnungen 43,00 bis 66,00 €.

Fordern Sie unseren Hausprospekt an!

241280_1   F**/***P***

Anzahl	Art	qm	Personen	Preis
2	FeWo	25-45	2-4	ab 43,00 €
12	Zi.		1-2	ab 25,00 €

Landhaus Schraudolf***
Schraudolf, Wilhelm
Riedweg 23
87561 Oberstdorf, OT Rubi
Tel. 08322 - 3926
Fax 08322 - 98698

landhaus.schraudolf@t-online.de
www.landhaus-schraudolf.de

Bergbauernhof, sehr ruhig, in Waldnähe, kein Durchgangsverkehr, Kinderspielplatz, KE, gemütlicher Frühstücks- und Aufenthaltsraum. Zimmer mit Balkon, Sat-TV und herrlichem Blick auf die Oberstdorfer Berge. Wellnessbereich, Sauna, Solarium, Ruheraum, Tretbecken, Hausprospekt, Tiere: Rinder, Kälber, Katzen, Pony.

74767_1   F***/****P***

Anzahl	Art	qm	Personen	Preis
3	FeWo	40-70	2-5	ab 52,00 €
5	Zi.	20	2-3	ab 22,00 €

Bayern
143 Oberallgäu

Ofterschwang
🚶 0 km 🚆 5 km

Das „himmlisch schöne" Ofterschwang liegt im Oberallgäu und ist ein weitläufiges und vielseitiges Feriengebiet mit elf Ortsteilen für den aktiven oder ruhesuchenden Urlaubsgast. Wanderwege, ausgeschilderte Strecken zum Rollerfahren (Auffahrt mit der Viererselbahn, Abfahrt mit dem Roller), Mountainbike-Strecken, Funkenfeuer, Maibaumaufstellung, Bergfeste, Trachtenfeste und Heimatabende.

Infos unter: Gästeinformation Ofterschwang
Tel. 08321 - 82157 oder www.ofterschwang.de

***Rapp, Alfred
Schweineberg 3
87527 Ofterschwang,
OT Schweineberg
Tel. 08321 - 3590
Fax 08321 - 619426

www.ferienhof-rapp.de
finiundfredy@t-online.de

Hof am Ortsrand, Hausprospekt, Zimmer mit D/WC, Miniküche, Balkon, Kinderermäßigung, Kinderbetten, TV. Grünland- und Forstbetrieb, Rinder, Mitarbeit möglich, schöne, ruhige Lage mit Bergblick, Langlaufloipe, herrliches Rad- und Wandergebiet, Leihräder und Radservice, reichhaltiges Frühstück, Reitmöglichkeit.

Anzahl	Art	qm	Personen	Preis
5	Zi.		2-4	ab 19,00 €

74739_1 P****

Oy-Mittelberg
🚶 3 km 🚆 2 km

Oyoyoy, die Mischung macht's - gemäßigte Höhen für gemütliche Bergwanderungen, luftige Grate fürs Bergabenteuer. Der Tag gipfelt bei handgemachten, deftigen Gaumenfreuden. Die Seen laden im Winter zu eisigem Sportvergnügen ein - erste Schritte auf schmalen Kufen wagen oder vielleicht lieber ein konzentrierter Schub mit dem bewährten Eisstock? Es lockt die längste Sommerrodelbahn des Allgäus auf 1000 m Länge. Im Winter ein schneesicheres Familien-Skigelände im Allgäu.

Infos unter: Kur- und Tourismusbüro Oy-Mittelberg
Tel. 08366 - 207 oder www.oy-mittelberg.de

Ferienhof mit Reitschule****
Claudia und Josef Schall
Haag 12
87466 Oy-Mittelberg
Tel. 08366 - 821
Fax 08366 - 984650

info@reiterhof-allgaeu.de
www.reiterhof-allgaeu.de

Ferienhof am Ortsrand mit Wellnessbereich (Sauna etc.), Hausprospekt, Ferienwohnungen mit Balkon, Kinderermäßigung, KB, TV, Brötchenservice, Spielplatz, Grillplatz, Liegewiese, Grünland, Pferde, Ponys, Rinder, Kälber, Ziegen, Esel, Hund, Katzen, Reitplatz und -halle, Reitschule, Kutschfahrten.

Anzahl	Art	qm	Personen	Preis
4	FeWo		2-4	ab 31,00 €

251810_1 F****

820

Bayern
Oberallgäu 143

Rettenberg
🏨 15 km 🚉 8 km

Allgäuer Bergwelt - von der Sonne verwöhnt! Rettenberg ist das südlichste Brauereidorf Deutschlands. Durch seine freie Lage hat man einen eindrucksvollen Ausblick. Das Brauereihandwerk ist seit 550 Jahren Tradition und Programm - Pro-Bier doch Rettenberg! Hier steht „Bayerns kleines Bierkrug-Museum". Natur und Freizeitsport im Oberallgäu: Bergsteigen, Mountainbiken, Minigolf, Baden, Rafting u.a. Brauchtum hat einen hohen Stellenwert: Funkenfeuer im Frühjahr, Heimatveranstaltungen, Dorffest.

Infos unter: Gäste- und Sportamt
Tel. 08327 - 93040 oder www.rettenberg.de

Ferienhof Kiesel****
Josef Kiesel
Kranzegger Str. 9
87549 Rettenberg
Tel. 08327 - 591
Fax 08327 - 930680

info@ferienhofkiesel.de
www.ferienhofkiesel.de

Herzlich willkommen in Rettenberg am Fuße des Grüntens. Unser familienfreundlicher Hof mit reizvoller Ortsrandlage, freiem Bergblick, großer Spiel- und Liegewiese, aktiver Landwirtschaft mit Kühen und vielen Kleintieren, gemütlichen FeWo lädt jede Generation Sommer und Winter in idyllischer Landschaft mit vielen Freizeitangeboten zum Verweilen ein.

Anzahl	Art	qm	Personen	Preis
3	FeWo	60-85	2-8	ab 41,00 €

153451_1   F****

***Schneider,
Angela und Reinhard
Gindels Nr. 3
87549 Rettenberg
Tel. 08327 - 7118
Fax 08327 - 9305900

info@schneiderhof-gindels.de
www.schneiderhof-gindels.de

Herzlich willkommen am Fuße des Rottachberges in gemütlichen Ferienwohnungen mit Küche, D/WC, Sat-TV, z.T. Balkon. Kein Durchgangsverkehr - **für Kinder ideal**. Viele Spielmöglichkeiten und Mithilfe im Stall möglich, Brötchenservice, Bettwäsche und Handtücher vorhanden. Wir freuen uns mit Ihnen auf Ihren Urlaub!

Anzahl	Art	qm	Personen	Preis
2	FeWo	45-75	2-4	ab 24,00 €

74762_1   F***

Sachen suchen – Bei den Tieren

Großformatige Schaubilder zeigen die heimischen, aber auch die fremden Tiere. Kleine Ausschnitte fordern zum Suchen und Wiederfinden auf. Ein spannender Such-Spaß!

Ab 2 Jahren, 24 Seiten   **4,95 €**

Nutzen Sie die Bestellkarte auf der letzten Seite!

821

Bayern
143 Oberallgäu

Waltenhofen
🚶 6 km 🚆 1 km

„Allgäuer Seenland erfrischend natürlich" - Erholungsgebiet „Niedersonthofener See", ausgeschildertes Rad- und Wanderwegenetz (ca. 100 km) über Wiesen, Wälder und Hochmoor, Wassertretanlage, Bauerntheater, Wasserfall Niedersonthofen, Kegelbahnen, Spielplätze an den Badeplätzen, Beachvolleyball, Schnitzerei-Wochenendkurse (3 Tage), Weihnachtsmärkte, Krämer- und Viehmarkt, Kapellenfest.

Infos unter: Gemeinde Waltenhofen
Tel. 08303 - 79-0 oder www.waltenhofen.de

251809_1   F***

Ferienhof Klöck***
Klöck,
Annemarie und Thaddäus
Werdensteiner Weg 1
87448 Waltenhofen,
OT Oberdorf
Tel. 08379 - 7064
Fax 08379 - 7064

Grünlandbetrieb am Ortsrand, naturnah, Ferienwohnungen mit je 2 Schlafzimmern, Balkon, Sat-TV, herrlichem Bergblick, Waschmaschine, Brötchenservice, Tischtennis, Basketball, Spielplatz mit Geräten und Sandkasten, Kühe, Kälber, Katzen, Esel, ideal für Bahnreisende, NR erwünscht (Rauchen nur auf dem Balkon).

Anzahl	Art	qm	Personen	Preis
2	FeWo	60	2-4	ab 35,00 €

74761_1   F***

Gut-Hof***
Familie Schneider
Hof 3
87448 Waltenhofen,
OT Niedersonthofen
Tel. 08379 - 253
Fax 08379 - 728396

info@gut-hof-schneider.de
www.gut-hof-schneider.de

Einzelhof, Grünland- und Forstbetrieb, eigene Alpe, freie Südhanglage, Blick zum See und den Allgäuer Alpen, seit 1975 DLG-geprüft, Prädikat „Vom Gast empfohlenes Haus".

Kühe, Rinder, Kälber, Pferde, Pony, Katzen, Hasen, Ziegen, gepflegter Hof mit großzügigen Ferienwohnungen im Landhausstil, gemütlicher Aufenthaltsraum mit TV, kleiner Hausbibliothek. Grillabende auf der Alpe, Reitgelegenheit in Bewegungshalle, großes Trampolin.

Ferienwohnungen mit 2 Schlafräumen, Wohnküche, komfortable D/WC, Sat-TV, NK, Frühstück auf Wunsch, Kinder- und Saisonermäßigung, Kinderbetten, Waschmaschine, Liegewiese, Grill- und Kinderspielplatz mit Spielhaus, Tischtennis, Basketball, Tischfußball, Parkplatz, Wanderwege, Loipe am Haus, Vermietung ganzjährig.

Anzahl	Art	qm	Personen	Preis
4	FeWo	47-60	2-5	ab 40,00 €

Bayern
Oberallgäu 143

Einödhof Schöll****
Schöll, Margret u. Bernhard
Rieggis 1
87448 Waltenhofen,
OT Niedersonthofen
Tel. 08379 - 7640
Fax 08379 - 728280
urlaub@einoedhof-schoell.de
www.einoedhof-schoell.de

Gebirgs-/Seeblick, kinderfreundlich, Einzellage ohne Durchgangsverkehr, Milchvieh, Kühe - Rinder - Kälber - Pferd - Ziege - Schwein - Enten - Hühner - Hasen - Katzen, Mitarbeit möglich, Reiten, Spielplatz, Spielscheune u. -Zimmer, Ballspielwiese mit Fußballtor, 4 m Trampolin, Sauna. Loipen, Skilifte/-schule, Waschmaschine, 1000 m ü. NN!

Anzahl	Art	qm	Personen	Preis
4	FeWo	56-90	3-6	ab 47,00 €

219688_1 F***/*****

Wengen
🏠 12 km 🚆 12 km

Die Lage ist einfach ideal: Mitten in herrlicher Natur. Zentraler Ausgangspunkt zu schönsten Ausflugszielen. Und das vor den Toren Kemptens mit historischer Altstadt, Shoppingmeile und vielfältigem Kulturangebot. Sie finden bei uns Bodenständigkeit und alpenländische Lebensart. Bei Festen, z. B. Maibaumaufstellen, Burgfest, Herbstmarkt und Almabtrieb, lernen Sie unser Brauchtum kennen. Sport und Freizeit werden in unserer Region groß geschrieben.

Infos unter: Markt Weitnau
Tel. 08375 - 92020 oder www.weitnau.de

Jörg-Hof****
Jörg, Max
Altach 2
87480 Wengen, OT Altach
Tel. 08375 - 8008
Fax 08375 - 8008
info@bauernhof-joerg.de
www.bauernhof-joerg.de

Einzelhof in sehr ruhiger Lage, Hausprospekt, App. und FeWo, Frühstück auf Wunsch, Zimmer mit D/WC, Balkon, Kühlschrank, KB, TV, KE, WM, Aufenthaltsraum, Grillplatz, eigenes Schwimmbad, Grünland- und Forstbetrieb, Rinder, Jagdmöglichkeit, Mitarbeit möglich, Fitnessraum, Solarium und Wärmekabine.

Anzahl	Art	qm	Personen	Preis
2	FeWo		2-4	auf Anfrage
2	Zi.		1-3	ab 18,00 €

74686_1 F****P****

DLG-Käse-Guide

Der 1. DLG-Käse-Guide gibt dem Verbraucher Informationen an die Hand, die ihm bei der Auswahl seines Lieblingskäses helfen. Rund 1.000 Käse warten auf Ihren Genuß.

9,90 €

Nutzen Sie die Bestellkarte auf der letzten Seite!

823

www.landtourismus.de

- DLG-geprüfte Ferienhöfe
- Pauschalangebote
- Last-Minute-Angebote
- Viele Informationen zum Thema
- Mal- und Spielideen für Kinder

Wertvolle Informationen rund um den Landurlaub
Weitere DLG-geprüfte Ferienhöfe, Pauschal- und Last-Minute-Angebote, viele Informationen rund um Ihren Landurlaub und tolle Mal- und Spielideen für Kinder finden Sie auch auf www.landtourismus.de

Besonders attraktive Angebote für Kinder: Freddis Extra-Tipp auf
www.landtourismus.de

Buchungen Reiserücktritt

Quartierbestellung
Bitte wenden Sie sich direkt an den Vermieter. Die DLG / der DLG-Verlag übernehmen keine Vermittlung.

Preise
Lassen Sie sich die Preise und die eingeschlossenen Leistungen bei der Buchung vom Vermieter bestätigen. Für die Katalogangaben einschließlich der Preise sind die Gastgeber selbst verantwortlich. Die meisten Anbieter schicken Ihnen auf Anforderung gerne ihren Hausprospekt zu, der weitere Informationen über das Ferienangebot enthält.

Ermäßigungen
Je nach Alter der Kinder gewähren die Gastgeber zum Teil Kinderermäßigung (KE). Voraussetzung ist allerdings in der Regel, dass keine Erwachsenenbetten beansprucht werden.
Beachten Sie auch die angebotenen Ermäßigungen für die Vor- und Nachsaison (SE). Die genaue Höhe erfragen Sie bitte bei den Gastgebern.

Reiserücktritt
Bei der Reservierung der Zimmer und Ferienwohnungen geht es nicht ohne rechtliche Regelung. Eine vom Gast vorgenommene und vom Gastgeber akzeptierte Reservierung begründet zwischen beiden Parteien ein Vertragsverhältnis. Wie alle Verträge kann dieser Vertrag nur mit Einverständnis beider Parteien gelöst werden. Im Einzelnen ergeben sich aus ihm u. a. folgende Rechte und Pflichten:

1. Der Vertrag ist abgeschlossen, sobald das Quartier bestellt und zugesagt ist.
2. Der Gastgeber ist verpflichtet, bei Nichtbereitstellung des Quartiers dem Gast Schadensersatz zu leisten.
3. Der Gast ist verpflichtet, bei Nichtinanspruchnahme des Quartiers den vereinbarten Preis zu bezahlen, abzüglich der vom Gastgeber ersparten Aufwendungen. Diese betragen bei Übernachtung 10 %, bei Übernachtung mit Frühstück 20 %, bei Übernachtung mit Halbpension 30 % und bei Übernachtung mit Vollpension 40 %.
Achten Sie jedoch auch immer auf die individuellen Konditionen der Gastgeber zum Reiserücktritt.
4. Der Gastgeber ist gehalten, nicht in Anspruch genommene Quartiere nach Möglichkeit anderweitig zu vergeben.

Impressum

Urlaub auf dem Bauernhof 2010

45. Ausgabe, 2010

Herstellung:
Nina Eichberg, DLG-Verlag

Redaktion:
Gesine Schnabel, Gisa Diehl, Dr. Michaela Roland – DLG-Verlag; Guido Oppenhäuser; Johannes Volz; Dirk Gieschen und Frauka Schumacher-Gutjahr – beide gmc Marketing & PR, Tamstedt

Lektorat:
Laura Schnabel

Bilder Innenteil:
www.aboutpixel.com;
www.fotolia.de;
www.farmundviehfoto.de;
www.photocase.com;
www.sxc.hu

Layout:
Die Welfenburg, Ravensburg
Carsten Weißenrieder und Othmar Anselm, GREISERDRUCK GmbH & Co. KG

Satz und Druck:
GREISERDRUCK GmbH & Co. KG
Karlsruher Straße 22
76437 Rastatt
www.greiserdruck.de
Printed in Germany

Druck auf chlorfrei gebleichtem Papier.

Die Eintragungen in allen Teilen des Reiseführers erfolgen ohne Gewähr. Irrtümer vorbehalten. Gewährleistungs- oder Regressansprüche aus diesen Eintragungen sind daher ausdrücklich ausgeschlossen.
Alle Rechte vorbehalten, Nachdruck und Ausschnittwerbung verboten. Alle Informationen und Hinweise ohne jede Gewähr und Haftung.

© 2009, DLG-Verlags-GmbH
Eschborner Landstraße 122
60489 Frankfurt am Main
Telefon (0 69) 2 47 88-4 51
Telefax (0 69) 2 47 88-4 84
E-Mail: dlg-verlag@dlg.org
Internet: www.dlg-verlag.de

© Veronika Weltmaier - Fotolia.com

Ortsverzeichnis

Ortsverzeichnis
mit Koordinatensystem

A

Abenberg I 16	729
Absberg I 16	730
Ahaus C 8	332
Ahorntal K 14	721
Ainring N 20	801
Alesheim I 17	730
Altenberg O 12	496
Altenmedingen I 5	204
Altenthann M 16	742
Amelinghausen H 5	205
Anger N 20	801
Ankum D 7	195
Argenbühl G 20	656
Arnbruck N 16	743
Ascheberg D 9	332
Auerbach N 17	743
Auhausen I 17	731
Aukrug H 3	50
Aulendorf G 20	657

B

Bad Alexandersbad L 14	714
Bad Arolsen F 10	417
Bad Bellingen C 20	638
Bad Berleburg E 11	390
Bad Bevensen I 5	208
Bad Birnbach N 18	770
Bad Driburg F 9	349
Bad Gandersheim H 9	242
Bad Kohlgrub I 20	777
Bad Kötzting N 16	744
Bad Lauterberg I 9	245
Bad Malente I 2	84
Bad Mergentheim G 15	608
Bad Peterstal D 18	618
Bad Reichenhall N 20	802
Bad Rippoldsau E 18	620
Bad Waldsee G 20	658
Bad Zwischenahn E 5	181
Balderschwang H 21	813
Balve D 10	358
Barderup G 1	58
Bastorf L 2	118
Bayrischzell L 20	785
Beerfelden F 15	431
Belzig M 8	302
Benediktbeuern K 20	778
Bensersiel D 4	158
Berchtesgaden N 20	802
Bergen H 6	208
Beringstedt G 3	51
Bernau M 20	786
Bernbeuren I 20	775
Bernstadt R 11	493
Beuron F 19	658
Beverungen G 9	350
Biederbach D 19	639
Bischofswiesen N 20	804
Bispingen H 5	210
Blaichach H 21	814
Bleialf A 13	524
Bliesdorf I 2	58
Blieskastel C 16	578
Boberow L 5	298
Böbing I 20	776
Bohndorf I 5	211
Boldekow O 4	129
Boldenshagen L 3	119
Bomlitz G 6	212
Bonndorf D 20	639
Bopfingen H 17	654
Borgentreich F 9	351
Borken F 11	424
Börm G 2	52
Bosau I 3	86
Bösdorf I 2	88
Bothkamp H 2	88
Bötzingen C 19	651
Brakel F 9	352
Brannenburg L 20	786
Breitenberg O 17	760
Breitnau D 19	640
Briedel C 14	536
Brietlingen I 5	212
Brilon E 10	360
Brockel G 5	213
Brodersby H 1	59
Brodersdorf H 2	60
Bruchköbel F 13	430
Bruck M 16	737
Brück M 8	302
Bücheloh I 12	461
Buchen F 15	605
Buchenberg H 20	814
Buchet A 13	525

Büchlberg O 18	761
Büdingen F 13	426
Burg C 14	536
Burgberg H 21	815
Burgwald F 11	418
Butjadingen E 4	158

C

Carolinensiel D 4	159
Celle H 7	214
Chieming M 20	787
Colmberg H 16	727
Coswig O 11	491
Cuxhaven F 3	184

D

Dagebüll F 1	26
Dargen P 3	128
Dargow/Schaalsee I 4	92
Deggenhausertal F 20	660
Diedorf H 12	460
Diemelsee F 10	418
Donaueschingen E 19	640
Dörentrup F 8	352
Dornstetten E 18	613
Dornum D 4	160
Dorum F 4	184
Dörzbach G 16	611
Drachselsried N 16	744
Drebber E 6	200
Drense O 5	299
Drögennindorf H 5	215
Duderstadt H 10	244
Dülmen C 9	333
Durbach D 18	622

E

Ebensfeld I 14	708
Ebermannstadt K 15	722
Ebersbach G 20	662
Ebersdorf F 4	185
Eggermühlen D 7	196
Eggstätt M 20	788
Egloffstein K 15	722
Eilscheid A 13	525
Ellhofen G 21	810
Emmelsbüll F 1	27
Emmelshausen C 13	543
Emsdetten D 8	333
Emstek E 6	197
Endingen E 19	651
Ennigerloh D 9	334
Eppenschlag O 17	756
Erden B 14	537
Ernst C 13	538
Eschede H 6	215
Eschlkam N 16	745
Esens D 4	160
Eslohe E 10	360
Etzelwang K 15	723
Eutin I 2	89
Everswinkel D 8	334

F

Falkenberg O 6	301
Fehmarn K 2	72
Fischerbach	???
Fischerbach D 18	624
Fleringen B 13	526
Flörsheim D 15	547
Föhr F 1	47
Frankenroda H 11	458
Freiamt D 19	641
Freiburg D 19	652
Freudenberg L 15	740
Freudenstadt E 18	614
Freyung O 17	757
Friedenfels L 14	738
Friedrichshafen F 20	663
Friesoythe D 5	198
Fürstenzell O 18	771

G

Gaienhofen F 20	664
Ganschow L 4	130
Garding F 2	28
Garlstorf H 5	216
Gartow K 6	217
Gaußig P 11	494
Geiersthal N 17	746
Geringswalde N 11	490
Geroda G 13	705
Gerolfingen I 17	728
Gleißenberg M 16	746
Gönnheim D 15	548
Grafenau O 17	757
Grainet O 17	758
Greiling K 20	780
Gremersdorf I 2	61
Gronau C 8	336
Groß-Kordshagen N 2	121
Großheubach F 15	704
Grube K 2	61
Grünenbach H 20	811
Gumperda K 12	463
Gunzenhausen I 16	731
Gutach D 19	626

H

Hagermarsch C 4	162
Hagnau F 20	665
Haibach M 17	747
Hallig Hooge F 1	48
Hammelburg G 14	705
Hamminkeln B 9	328
Hanstedt H 5	219
Hardheim G 15	605
Haren C 6	191
Haselünne D 6	194
Hasloch-Hasselberg G 14	704
Hasselberg H 1	62
Hattstedt F 2	29
Haundorf I 16	732

Ortsverzeichnis

Havetoftloit G 1		62
Havixbeck C 8		338
Hayingen G 19		655
Hedwigenkoog F 2		29
Heiligkreuzsteinach F 15		606
Heinkenborstel H 2		53
Heinsdorfergrund M 12		499
Hellwege G 5		220
Hemsbünde G 5		221
Herrstein C 14		544
Heuchelheim-Klingen D 16		549
Hilders H 12		428
Himbergen I 5		222
Hinterzarten D 20		642
Hirschbach K 15		740
Höchstädt L 14		715
Hofbieber G 12		429
Hohenfurch I 20		777
Hohenkirchen I 11		462
Hohenwarth N 16		748
Hollfeld K 14		724
Holzbach C 14		544
Hömberg D 13		533
Hooksiel E 4		162
Höpfingen G 15		607
Hopsten D 7		340
Horn-Bad Meinberg F 9		354
Hornberg D 19		627
Horstmar C 8		341
Hosenfeld G 12		430
Höslwang M 20		789

I

Ilbesheim D 16		549
Immenstaad/Bodensee F 20		665
Immenstadt H 21		815
Inning K 19		772
Iphofen H 15		719
Isenbüttel I 7		238
Itzgrund I 14		709

J

Jachenau K 21		781
Jade E 4		164

K

Kabelhorst K 2		63
Kaiser-Wilhelm-Koog F 3		31
Kaköhl I 2		91
Kall B 12		388
Kappeln H 1		64
Karstädt L 5		298
Kellenhusen K 2		64
Kerkwitz R 9		303
Kirchberg C 14		545
Kirchberg N 17		749
Kirchenlamitz L 14		715
Kirchhundem D 11		363
Kirchlinteln G 6		223
Kirrweiler D 16		550
Kißlegg G 20		666
Klixbüll F 1		32
Kochel am See K 20		782
Königerode K 9		270
Konz B 14		539
Korbach F 10		419
Kressbronn G 21		667
Krokau I 2		65
Kronprinzenkoog F 3		32
Kruchten A 14		527
Krummhörn C 4		164
Külsheim G 15		608

L

Lage F 8		355
Landsberg am Lech I 19		772
Langdorf N 17		750
Langen-Brütz K 4		118
Langenhorn F 1		33
Lauperath A 13		527
Lauterbach G 12		426
Lechbruck am See I 20		812
Leinsweiler D 16		550
Lembruch E 7		201
Lenggries K 20		783
Lennestadt D 11		364
Leutenbach K 15		724
Lichtenfels K 14		709

Liebenwalde N 6		299
Linda L 12		463
Lindewitt G 1		34
Lohmar C 11		389
Lommatzsch N 11		492
Longuich B 14		540
Löningen D 6		198
Loßburg E 18		614
Lüdinghausen C 9		342

M

Maierhöfen H 20		811
Manderscheid B 13		528
Mardorf G 7		238
Marienberg N 12		496
Markdorf F 20		668
Märkische Heide P 8		303
Markt Taschendorf I 15		720
Marktleugast L 13		710
Marktrodach K 13		712
Marktschellenberg N 20		805
Marquartstein M 20		790
Mechernich B 12		388
Mehring B 14		542
Meinheim I 17		733
Merkendorf I 16		734
Meschede E 10		366
Metelen C 8		343
Middelhagen O 2		124
Mittegroßefehn D 4		182
Mittweida N 11		490
Möhnesee E 10		367
Molmerswende K 9		271
Mörel H 2		55
Mossautal F 15		432
Müden H 7		223
Mühlenbach D 19		625
Mühlingen F 20		670
Münchberg L 13		716
Münnerstadt H 13		706
Münsing K 20		774
Munster H 6		224
Münstertal C 20		644
Murrhardt G 17		653

N

Naila L 13	712
Naumburg F 10	416
Nennhausen M 7	300
Nentershausen H 11	425
Nettetal A 10	329
Neuenkirchen C 7	343
Neuenkirchen G 5	224
Neuenweg C 20	645
Neufelderkoog F 3	34
Neuharlingersiel D 3	166
Neuhausen O 12	497
Neukirch G 20	670
Neukirchen v. Wald O 18	762
Neunburg vorm Wald M 16	738
Neureichenau O 17	759
Neuschoo D 4	168
Neuseußlitz O 10	492
Neustadt I 10	458
Neustadt G 7	239
Neustadt I 10	458
Niebüll F 1	35
Nieheim F 9	356
Nittenau M 16	751
Nonnenhorn G 21	812
Norddeich F 2	36
Norden C 4	169

O

Oberammergau I 21	778
Oberderdingen E 16	610
Oberelsbach H 13	707
Oberharmersbach D 18	628
Oberhof K 3	122
Obermaiselstein H 21	817
Oberstaufen H 21	818
Oberstdorf H 21	818
Oberteuringen G 20	671
Oberuckersee O 5	300
Oberwesel D 13	533
Oberwolfach D 18	629
Ochsenhausen G 19	672
Ockenheim D 14	548
Oederan N 11	497
Oelde E 9	344
Ofterschwang H 21	820
Oldenswort F 2	36
Olsberg E 10	368
Oppenau D 18	631
Osterode H 9	245
Oy-Mittelberg H 20	820

P

Padenstedt H 3	56
Patersdorf N 17	752
Pegnitz K 15	725
Pellworm F 1	48
Petershagen F 7	357
Petting N 20	796
Pfaffenhausen H 19	809
Pfalzgrafenweiler E 18	616
Pilsum C 4	174
Plech K 15	726
Pommerby H 1	66
Pottenstein K 15	726
Prackenbach N 16	753
Prebberede M 3	131
Presseck K 13	713
Preußisch Oldendorf E 7	357
Priesitz N 9	272

Q

Quern H 1	66

R

Radevormwald C 10	389
Ramin P 4	129
Ramsau N 21	808
Rankwitz O 3	128
Ranschbach D 16	551
Ratekau I 3	67
Ravensburg G 20	674
Regen N 17	753
Rehden E 7	202
Reichelsheim F 15	433
Reichersbeuern L 20	784
Reit im Winkl M 20	797
Remptendorf K 12	464
Rettenberg H 21	821
Reußenköge F 1	38
Ribnitz-Damgarten M 2	122
Riedenburg L 17	735
Rietzel L 8	270
Rimsting M 20	790
Rommersheim A 13	529
Röslau L 14	716
Rot an der Rot G 19	674
Rott I 20	773
Ruhpolding M 20	798

S

Saalburg L 12	464
Saarburg A 15	542
Sachsen I 16	728
Salem F 20	675
Salzweg O 18	762
Sasbach C 19	652
Sassenberg D 8	344
Sauensiek G 4	186
Schafstedt G 2	57
Schiltach D 18	632
Schlausenbach A 13	530
Schlitz G 12	427
Schluchsee D 20	645
Schmadebeck L 3	123
Schmallenberg E 11	370
Schneverdingen H 5	226
Schönböken H 3	91
Schönsee M 15	739
Schönwalde I 2	92
Schöppingen C 8	346
Schotten F 12	427
Schwäbisch Hall G 16	612

Ortsverzeichnis

Schwanewede F 5		187
Seelbach D 18		634
Seeligstadt P 11		495
Seeon-Seebruck M 20		792
Selb L 13		717
Selbitz L 13		713
Sellerich A 13		530
Selsingen G 4		188
Siegsdorf M 20		800
Simmersfeld E 18		617
Sinspelt A 14		531
Sohland R 11		495
Sohren C 14		546
Soltau H 6		226
Sonnen O 18		763
Sonsbeck B 9		329
Spahl H 12		460
Sprakebüll G 1		39
Sprakensehl I 6		229
Springe G 8		240
St. Egidien M 12		491
St. Englmar N 17		754
St. Georgen D 19		635
St. Märgen D 19		646
St. Martin D 16		552
St. Peter D 19		646
St. Wendel C 15		579
Stadum F 1		40
Stammbach L 13		717
Staudach-Egerndach M 20		795
Stedesdorf D 4		174
Steimbke G 6		241
Stein H 2		68
Steinberg/ Steinbergkirche H 1		68
Steinhorst I 6		230
Stimpfach H 16		612
Strücklingen D 5		182
Sulzbach C 14		547
Sulzbach-Rosenberg L 15		741
Sulzfeld H 13		707
Sundern D 10		384
Syke F 6		203

T

Tating F 2	40
Tensbüttel G 2	41
Teschendorf N 4	133
Tetenbüll F 2	42
Tettnang G 20	676
Thyrnau O 18	764
Timmendorfer Strand I 3	70
Titisee-Neustadt D 20	648
Titting K 17	736
Tittling O 17	765
Todtnau D 20	649
Trebel K 6	230
Trendelburg G 9	417
Treuchtlingen I 17	736
Tümlauer Koog F 2	43

U

Übersee M 20	795
Uedem A 9	330
Uehlfeld I 15	720
Ummanz N 1	125
Undeloh H 5	231
Uslar G 9	244
Utzerath B 13	532

V

Varel E 4	175
Viersen B 10	331
Vilshofen N 18	766
Visselhövede G 6	232
Vogtsburg C 19	653
Vöhl F 10	420
Vollerwiek F 2	44

W

Waischenfeld K 14	727
Waldershof L 14	739
Waldkirch D 19	650
Walkendorf M 3	132
Walsrode G 6	236
Waltenhofen H 20	822
Wanfried H 11	422
Wangerland E 4	176
Warendorf D 8	347
Wegscheid O 18	768
Weikersheim G 15	609
Welschneudorf D 13	535
Wengen H 20	823
Wennbüttel G 2	45
Werdohl D 10	385
Werdum D 4	179
Wesselburenerkoog F 2	46
Westerheim G 18	655
Westerkappeln D 7	348
Westheim I 17	735
Wiefelstede E 5	183
Wienhausen H 7	237
Wilhelmshaven E 4	180
Wilhelmsthal K 13	714
Willingen E 10	421
Wilsum C 7	189
Winnemark H 1	71
Winterberg E 10	386
Witterda I 11	459
Witzenhausen G 10	423
Wolfach D 18	635
Wolkenstein N 12	498
Wunsiedel L 14	718